中国民族统计年鉴 2017

CHINA'S ETHNIC STATISTICAL YEARBOOK 2017

国家民族事务委员会经济发展司
国家统计局国民经济综合统计司 编

中国统计出版社
China Statistics Press

图书在版编目（CIP）数据

中国民族统计年鉴. 2017 / 国家民族事务委员会经济发展司, 国家统计局国民经济综合统计司编. -- 北京 : 中国统计出版社, 2018.6
ISBN 978-7-5037-8480-4

Ⅰ. ①中… Ⅱ. ①国… ②国… Ⅲ. ①民族地区－统计资料－中国－2017－年鉴 Ⅳ. ①D633-54

中国版本图书馆 CIP 数据核字(2018)第 110063 号

中国民族统计年鉴—2017

作　　者/国家民族事务委员会经济发展司　国家统计局国民经济综合统计司
责任编辑/郭　栋　王建生
封面设计/李雪燕　李　静
出版发行/中国统计出版社
通信地址/北京市丰台区西三环南路甲 6 号　邮政编码/100073
电　　话/邮购（010）63376907　书店（010）68783172
网　　址/http://www.zgtjcbs.com
印　　刷/河北鑫兆源印刷有限公司
经　　销/新华书店
开　　本/880×1230mm　1/16
印　　张/62
字　　数/1920 千字
版　　别/2018 年 6 月第 1 版
版　　次/2018 年 6 月第 1 次印刷
定　　价/360.00 元

中国统计版图书，如有印装错误，本社发行部负责调换。

《中国民族统计年鉴—2017》
编辑委员会名单

地方民委系统

范　宝　北京市民族事务委员会副主任
沈淑娟　天津市民族事务委员会副主任
崔晓辉　河北省民族宗教事务厅副厅长
刘国庆　山西省民族事务委员会主任
孟智军　内蒙古自治区民族事务委员会副主任
施光磊　辽宁省民族和宗教事务委员会副主任
金惠淑　吉林省民族事务委员会专职委员
刘　明　黑龙江省民族事务委员会主任
花　蓓　上海民族和宗教事务委员会主任
方未艾　江苏省民族事务委员会副主任
钟昌明　浙江省民族宗教事务委员会副主任
陆友勤　安徽省民族事务委员会主任
黄进发　福建省民族与宗教事务厅厅长
马哲海　江西省民族宗教事务局副局长
马传凯　山东省民族事务委员会主任
贾瑞琴　河南省民族事务委员会主任
段绪光　湖北省民族宗教事务委员会二级巡视员
赵仁秀　湖南省民族宗教事务委员会副主任
李秀英　广东省民族宗教事务委员会巡视员
杨启标　广西壮族自治区民族宗教事务委员会副主任
吉明江　海南省民族宗教事务委员会主任
丁时勇　重庆市民族宗教事务委员会主任
姚　斌　四川省民族宗教事务委员会主任
徐　飞　贵州省民族宗教事务委员会副主任
马开能　云南省民族宗教事务委员会副主任
拉巴次仁　西藏自治区民族宗教事务委员会巡视员
王爱民　陕西省民族事务委员会主任
马虎成　甘肃省民族事务委员会主任
刘　华　青海省民族宗教事务委员会副主任
杨志文　宁夏回族自治区民族事务委员会主任
买合木提•吾斯曼　新疆维吾尔自治区民族事务委员会主任
司惠明　新疆生产建设兵团民族宗教事务局局长

《中国民族统计年鉴—2017》

编者说明

一、由国家民族事务委员会主办的《中国民族统计年鉴》（2017），是一部全面反映中国政府民族经济工作以及全国少数民族和民族自治地方国民经济社会发展情况统计资料的大型资料性工具书。

二、本书由“专文”“综述篇”“统计资料篇”“附录”共4部分组成。

1.专文。收录了国家民委主要领导在2016年有关民族工作的部分文章和讲话。

2.综述篇。分“民族自治地方发展综述”“民族乡镇发展综述”“民族经济工作综述”等3个类目，收录了2016年全国、各省（自治区、直辖市）民族自治地方和民族乡镇经济社会发展情况及2016年全国和各省区市及兵团民族经济工作情况的综合性文稿。

3.统计资料篇。分“民族自治地方”“陆地边境县”“牧区半牧区县”“民族乡镇”“全国少数民族发展情况”“其他资料”等6部分。涉及到的全国性统计数据均不包括台湾省和香港特别行政区、澳门特别行政区的资料。统计资料主要来源于国家政府主管部门、各级统计和民族工作部门。部分数据合计数或相对数由于单位取舍不同而产生的计算误差均未作机械调整。全部统计资料均经国家统计局国民经济综合统计司审核。

4.附录。收编了各类民族方面的资料。

目　　录

专　　文

综述篇

民族自治地方发展综述

民族乡镇发展综述

民族经济工作综述

统计资料篇

民族自治地方

陆地边境县

牧区半牧区县

民族乡镇

全国少数民族发展情况

一、人口

附　录

专 文

收录了国家民委主要领导在2016年有关民族工作的部分讲话。

国家民委主任巴特尔同志在全国民委主任会议上的讲话

（2016 年 12 月 22 日）

这次全国民委主任会议的主要任务是：全面贯彻党的十八届六中全会和中央民族工作会议精神，深入学习贯彻习近平总书记系列重要讲话精神，总结 2016 年工作，部署 2017 年任务，持续推进我国民族团结进步事业迈上新台阶。党中央、国务院对这次会议十分重视。会前，中共中央政治局常委、全国政协主席俞正声，中共中央政治局委员、国务院副总理刘延东，分别听取汇报，对我们开好这次会议、做好 2017 年工作作出重要指示。今天下午，刘延东副总理将出席国家民委委员全体会议并发表重要讲话。我们一定要认真学习领会，抓好贯彻落实。

刚才，六个地方的同志发了言，对大家做好工作是很好的启发和借鉴。下面，我讲三点。

一、2016 年推动中央民族工作会议精神持续落实取得新成效

2016 年是贯彻落实中央民族工作会议精神的持续推进年。在党中央、国务院正确领导下，我们深入学习贯彻习近平总书记系列重要讲话特别是关于民族工作重要论述精神，以增强“四个意识”为总要求，以落实管党治党责任为总抓手，贯彻落实中央民族工作会议精神取得了新成绩。概括起来，主要有 9 项工作：

一是把全面从严管党治党责任落到实处。国家民委党组认真履行主体责任，突出抓好巡视整改、“两学一做”学习教育、学习贯彻十八届六中全会精神 3 件大事，层层抓责任、层层抓落实，不断把全面从严治党引向深入。我们全力支持和配合中央巡视组工作，成立巡视整改工作领导小组，制定整改方案和进度表，根据 24 类问题采取了 100 项整改措施，整改完善 179 项规章制度，收到了祛病驱邪、健体强身的效果。我们扎实推进“两学一做”学习教育，突出正常教育，突出问题导向，突出以上率下，对委直属机关 123 个党支部、委属 25 个社团党建工作集中整顿和全面检查，推动学习教育融入日常、覆盖全体党员。十八届六中全会后，我们迅速传达学习，制定计划和方案，掀起学习热潮。全国民委系统的同志们，衷心拥护习近平同志在全党的核心地位，一致表示要深入学习贯彻六中全会精神，把国家民委党的建设提高到新水平。经过全面从严治党，以党风带政风，一大批突出问题得到集中整治，委内政治生态优化了，队伍更加整齐了，各方面发生了可喜变化。

二是贯彻中央民族工作会议精神结硕果。为把会议精神贯彻持续引向深入，经中央批准，召开了经验交流会，俞正声主席发表重要讲话，总结了经验、剖析了不足，对下一步贯彻落实提出了明确要求。大家一致认为，通过学习俞主席讲话和总结交流，对中央的新精神有了更准确、更清晰的理解，进一步统一了思想和行动。我们抓住契机，组织 31 个省（区、市）开展了贯彻落实情况的自查自纠；联合有关部门赴 9 个省区，对总书记在云南考察时的重要讲话以及民族教育、喀什和霍尔果斯经济开发区、“特困三地州”等政策文件的落实情况，开展了调研检查。今年，中央对统战工作系列重大决策部署落实情况开展了大调研大检查，民族工作是重点内容。可以说，今年监督检查工作广度、深度都是空前的，推动了任务落实、工作深化。

三是“十三五”时期民族工作规划编制基本完成。“十三五”规划纲要把“推动民族地区健康发展”“推进边疆地区开发开放”单列成节、系统部署，把“民族地区奔小康行动”纳入“特殊类型地区发展重大工程”大力推进，安排了 30 多项与民族地区息息相关的重大工程和项目。国家“十三五”专项重点规划数从“十二五”的 95 个压缩到 22 个，给

民族工作保留了1个，就是《"十三五"促进民族地区和人口较少民族发展规划》。兴边富民行动规划也将以国办名义下发，这是中央的特殊关怀。规划数量虽然从3个压缩到2个，但基本内容都保留了，政策还有所突破。经报国务院同意，我们会同有关部门制定了民贸民品政策文件，把这一优惠政策延续到了"十三五"，同时加强了对民贸企业认定等相关工作的规范。我们积极争取，协调有关部门在出台专项规划时对民族地区予以倾斜。目前，各级各类"十三五"规划陆续出齐，从中央到地方都对加快少数民族和民族地区发展给予了有力支持。

四是民族地区脱贫致富奔小康步伐加快。我们相继召开武陵山片区和对口支援西藏新疆的工作会议以及自治州、自治县（旗）等经验交流会，加大分类指导力度，着力提高政策的针对性和实效性。比如，武陵山片会，是中央扶贫开发工作会议后第一个贯彻落实的部门会议，四省八方签订合作协议，拓宽了旅游减贫、开发性金融脱贫的新路子。2016年，各部门支持武陵山片区超过2000亿元，国家开发银行向片区新增发放贷款544亿元。比如，自治县会，采取以会代训的形式，邀请相关部委的负责同志做辅导报告，效果很好。在国家财政收支压力加大的情况下，我们积极协调财政部加大少数民族发展资金投入，2016年比2015年增长15%，达46亿元。截至2016年前3季度，民族八省区发展整体良好，一些主要经济指标高于东部地区，西藏、贵州经济增速位列全国前3名。

五是民族事务治理法治化力度加大。我们抓住牵头落实全国人大常委会执法检查报告的机遇，加强研究和协调力度，推动28个部委和单位制定了改进举措，推动民族区域自治法进一步贯彻落实，得到全国人大常委会的充分肯定。针对反恐维稳中出现的歧视性问题，我们商国家反恐办下发通知，要求各地坚决予以杜绝和纠正，维护各民族群众的合法权益。针对部分少数民族群众姓名采集问题，我们联合公安部、工信部等12个部门下发通知，就规范信息系统中少数民族姓名间隔符"·"的使用标准等提出明确要求，得到社会各界的点赞。网友说，这是"点滴小事，民生大事"。我们与中央统战部、国家宗教局联合发通知，贯彻落实中央统战工作领导小组会议纪要精神，妥善治理"清真泛化"等问题。针对近年来民族法治领域的前沿问题，我们组织科研院所和专家学者，对涉及民族因素的歧视性言行、清真食品管理、少数民族摊贩占道经营、青海与甘肃"拉面店纷争"等问题，进行专题调查研究，提出了解决办法。制定实施全国民委系统"七五"普法规划，与最高人民法院、甘肃省共同举办"民族法制文化与司法实践"研讨会，民族法制宣传和研究的力度进一步加大。我们牵头起草了《依法治理民族事务促进民族团结的意见》，针对民族法治中存在的突出问题，提出了政策措施，争取近期以中办、国办名义印发，这种专门文件还是第一次。我们推动《城市民族工作条例》修订稿向社会征求意见，目前正根据各方面意见进行修改完善。

六是民族团结进步创建活动深入开展。我们制定了创建活动示范州（地、市、盟）试点考核验收方案，采取委托省区民族工作部门组织考核验收，国家民委统一部署、同步督导的方式，全部完成试点考核验收和命名工作。启动双语和谐乡村（社区）试点工作，以遴选方式，在全国确定了7个基层单位，引导民族地区群众以语言相通促进心灵相通，目前全部通过验收，并创造了一些鲜活的经验。启动新一轮示范单位和教育基地评审命名工作，首次纳入了新社会组织，进一步推动了创建活动的广泛深入开展。将创建单列成章，纳入《"十三五"促进民族地区和人口较少民族发展规划》，确定了促进各民族交往交流交融等4项主要任务和创建保障行动等3项重点工程。完善少数民族参观团组织办法，联合中央统战部、国家公务员局改进了民族团结进步表彰工作方案，以突出基层、更好地发挥创建表彰的示范引导和激励作用。

七是全国少数民族文艺会演成功举办。习近平、李克强、俞正声、刘云山等党和国家领导人接见了演职人员代表，观看了开幕式文艺晚会，并对演出给予了高度评价。俞正声等党和国家领导人出席了颁奖仪式暨闭幕式文艺晚会，为获奖代表团和个人代表颁奖，并给予充分肯定。会演期间，35个代表团56个民族的演员，精心打造45台优秀剧目，演出92场次，唱响了"中华民族一家亲，同心共筑中国梦"的时代主题，演出规模、参演人数、艺术形式均创历史之最。会演首次开设了官方微信，全球超过2亿人次通过电视和网络进行了观看和关注。

我们联合文化部、北京市，共同举办了民族地区文化创意与可持续发展专题研讨班，探索推进民族文化产业化的新途径。

八是民族工作大宣传格局持续形成。国庆前后，我们集中发表两篇文章，一篇是纪念红军长征胜利80周年文章，刊登在《求是》杂志；一篇是党的十八大以来以习近平同志为核心的党中央推进民族工作创新发展的大综述，由新华社播发。这是十八大以来，第3次刊发关于民族工作的大综述，体现了党中央对民族工作的特殊关怀。我们协调组织《习近平谈治国理政》《习近平总书记系列重要讲话读本》等重要读物、政策文件民族文字版的出版发行，把中央最新精神及时送到少数民族群众手上。我们配合中宣部等部门，出台加强涉及民族、宗教因素舆情引导的文件；与中央网信办联合，建立重大舆情快速处置机制。我们成立了舆情应对工作领导小组，建立舆情会商机制，提高了主动回应社会关切的能力。围绕《城市民族工作条例》修订、清真食品管理立法等突发舆情，主动接受媒体采访，及时组织刊发文章，澄清事实、反对炒作、加强引导。继续打造“中华一家亲”品牌活动，连续举办中国少数民族古籍珍品暨保护成果展、自治州和自治县逢十周年大庆成就展等展览展示，利用多种形式加大宣传推介力度，让更多的人了解和支持民族工作。

九是双语干部人才培养短板着力补齐。我们按照中央领导同志指示，联合有关部门研究论证，出台推进民族地区干部双语学习的意见，从培养对象、考核标准、激励机制等方面提出了要求，这样的专门文件，新中国成立以来是第一个。联合最高人民法院，在3所委属院校设立“全国双语法官培训基地”，为民族地区培养懂藏汉、维汉等民汉双语的基层法官，也是第一次。这一做法在联合国人权理事会等场合，受到了国际有关方面的关注和好评。今年的工作亮点还有一些，就不一一列举了。

总的说，2016年是民族工作接续发展、稳中有进的一年，是抓住机遇、创新有为的一年。这些成绩的取得，离不开党中央、国务院的正确领导，离不开各委员单位和中央国家机关各部门的大力支持，离不开各地民委的共同努力。特别是今年，为更好发挥国家民委委员制作用，我们组织民委委员单位的同志，深入四川、福建、吉林等地，开展联合调研，做了一些创新和探索。各委员单位的同志积极参与，就灾后重建、基础设施建设、脱贫攻坚、特色村镇保护与发展、民族教育等方面的问题，现场听意见解难题，合力推进民族地区发展，取得了很好的效果。这里，我代表国家民委，向各委员单位和兄弟部门的同志们，向全国民委系统的全体干部，表示衷心的感谢并致以崇高的敬意！

二、全力为党的十九大召开营造民族团结进步的良好氛围和环境

当前，我国民族工作的形势是好的，同时也面临着很多困难和挑战。根据中央总体部署，按照俞正声主席和刘延东副总理的重要指示精神，明年民委工作的总体思路是：紧密团结在以习近平同志为核心的党中央周围，认真贯彻党的十八大和十八届三中、四中、五中、六中全会精神，高举中国特色社会主义伟大旗帜，以邓小平理论、“三个代表”重要思想、科学发展观为指导，深入学习贯彻习近平总书记系列重要讲话特别是关于民族工作的重要论述精神，切实增强政治意识、大局意识、核心意识、看齐意识，牢牢把握稳中求进这个治国理政的重要原则，紧紧扭住贯彻落实中央民族工作会议精神这条主线，着力促进各民族交往交流交融，着力加快民族地区脱贫奔小康步伐，着力推进民族事务治理法治化，为实现“中华民族一家亲，同心共筑中国梦”作出新的更大贡献，以优异成绩迎接党的十九大胜利召开。为此，要把握“三个一”的基本要求。

第一，服务一个大局。保持经济平稳健康发展和社会和谐稳定，是当前党和国家工作的大局。服从服务这个大局，必须坚持稳中求进的工作总基调，在稳的前提下不断进取，加强政策谋划和工作落实，积极参与做好稳增长、促改革、调结构、惠民生、防风险各项工作。树立强烈的底线思维，完善各种预案，依法妥善处理涉及民族因素的突发性案（事）件，避免小问题演变为大事件和舆论漩涡，切实维护好民族团结、社会稳定的良好局面。

第二，围绕一条主线。就是持续推动中央民族工作会议精神贯彻落实。我们所有的思路和打算，都要紧紧围绕这条主线来展开，不断推动会议精神落地开花、惠及各族群众。把贯彻落实引向深入，既要抓好宣传解读、及时回应社会关切，又要根据

新精神新要求，进行再谋划再部署，还要加强调查研究和督促检查，推动会议精神结出更多硕果。

第三，抓住一个机遇。少数民族多处在贫困落后地区，国家把脱贫奔小康作为“十三五”时期的硬任务，给民族地区发展带来了难得的机遇。要抓住和用好机遇，调动和发挥好各方面的积极性，推动民族地区摆脱贫困、加快发展，为如期实现全面小康打牢基础。

关于明年工作，《国家民委 2017 年工作要点》已经做出安排。会上已经印发，请大家提出意见并抓好落实。这里，我强调明年的几项重点任务。

一是贯彻落实十八届六中全会精神。六中全会确立习近平总书记在全党的核心地位，这是历史性的贡献。我们要按照中央要求，切实抓好会议精神的学习宣传，坚决维护党中央权威和习近平总书记的核心地位，确保政令畅通，做到令行禁止。管党治党要从党内政治生活管起严起，使党内生活真正成为“金钥匙”“大熔炉”“净化器”。党内监督要体现在时时、处处、事事上，增强向体内病灶开刀的自觉性，真正形成科学管用的防错纠错机制，不断增强自我净化、自我完善、自我革新、自我提高能力。民族工作归根结底是党的工作。要不断加强党对民族工作的领导，把民族工作融入到党建工作中，同研究同部署，在全面从严治党中推动党的民族政策落到基层、落到实处。全国民委系统各级党组织要落实好主体责任，特别是一把手要肩负好第一职责，带头学习、带头研究、带头落实，层层传导压力，层层落实责任。

二是筹备组织内蒙古自治区成立 70 周年大庆。内蒙古是在我们党领导下成立的第一个省级民族自治地方。要按照中央要求，借鉴以往经验，做好庆祝活动的相关工作。要总结好内蒙古自治区成立 70 年来民族团结进步的经验，宣传好我国民族区域自治的巨大成就和优越性，进一步增强各族群众和社会各界对民族工作的“四个自信”。这是民族工作向十九大的献礼。这项工作政治性特别强，而且内容多、环节多、战线长，需要做大量艰苦、细致的工作，要扎扎实实，环环相扣，确保万无一失。

三是实施好“十三五”促进民族地区和人口较少民族发展规划、兴边富民行动规划。这两个规划保留住很不容易，一定要把好事办好、办实。要做好规划的宣传解读，通过举办规划培训班、现场会等多种形式，把中央精神原汁原味地传达到各地各部门、送到各族群众身边。从目前的势头看，部分民族地区率先实现全面小康是可能的。明年，我们将开展人口较少民族“两个率先”现场观摩和经验交流活动，进一步推动人口较少民族聚居的建档立卡贫困村精准脱贫，发展水平较好的人口较少民族率先小康。我们正就民族特色村镇规范化管理、民族地区脱贫奔小康等方面，制定配套的政策文件，目的是要进一步推动政策措施细化、实化，解决好规划落实中的重点难点问题。搞好统计监测、提高规划实施精准度，一直是“老大难”问题。我们已经开发了扶持人口较少民族发展、边境地区发展、民族传统手工艺品等数据信息管理系统，明年还将联合国家统计局，共同推进“少数民族和民族地区经济社会数据研究开发基地”建设，力争从数据信息采集到开发应用等方面有大的突破。这些都需要各地大力支持、做好对接，从上到下协力推进。

四是召开全国民族自治州全面建成小康社会现场会。这个会议明年是第 3 次，连续召开的目的是趁热打铁，抓住用好习近平总书记等中央领导同志关于自治州工作的重要批示精神，释放更多推动自治州乃至民族地区加快发展的政策红利。去年出台了支持 3 个特困自治州的文件。前不久，中央印发了加强东西部扶贫协作工作的文件，明确提出在完善省际结对关系的同时，要实现对民族自治州和西部贫困程度深的市州全覆盖。这些都是落实中央领导同志批示精神的重大成果。明年的会议，要把学习贯彻落实东西部扶贫协作工作的文件精神作为重要内容，邀请有关部门、对口支援省市的同志参加，争取出台配套文件，或签订多方参与的框架协议，从产业合作、劳务协作、人才支援、资金支持、动员社会参与等方面提出措施。借鉴今年自治县会议的做法，也可以考虑以会代训的形式，不断汇聚自治州协同发展的智慧和力量。

五是召开全国民族团结进步创建活动经验交流现场会。创建活动是个老品牌，明年的经验交流现场会是第 4 次，目的是总结交流十八大以来的经验，部署“十三五”时期工作，以更好地适应新要求、发挥新作用。我们正研究制定加强新形势下民族团结进步创建工作的意见，从原则、目标、任务等方面进一步规范和明确，提出可量化、可考核、可复制、可推广的指标，推动各地把创建作为重大任务，真正融入到各部门各行业各领域工作中去，而不仅仅是作为民族工作部门的一项活动、一个抓手。

六是做好少数民族流动人口服务与管理。年初的全国城市民族工作会议，已经作了重点部署。北京、河南、辽宁、广东、宁夏、内蒙古等多个省区市召开的城市民族工作会议，也对此作了部署和安排，有的地方还制定或修订了相关法律法规和政策文件。全国城市民族工作会议上，我们就少数民族流动人口服务管理的文件进行了讨论。经反复征求相关部门意见，中央统战部和国家民委已会签上报中办、国办，争取以两办名义尽快下发。明年，我们还将召开贯彻落实全国城市民族工作会议经验交流会，总结成绩、交流经验，进一步推动中央关于城市民族工作决策部署落到实处。今年我们坚持上下联动，指导并推动北京市瞄准语言障碍这一突出问题，为来京务工的新疆维吾尔族群众，首次开设语言文化政策学习班，经过 7 个月培训，务工群众不仅提高了汉语能力，而且提升了知法守法意识，为在北京生活就业创造了条件。俞正声主席高度肯定，批示要“多地推行，长年坚持”。明年将召开现场观摩经验交流会，共同研究和借鉴，不断丰富少数民族流动人口服务与管理的平台和载体。

七是切实搞好清真食品服务管理。做好清真食品服务管理关系重大。要把中央统战工作领导小组会议纪要的落实情况，作为监督检查重点。各地要进一步加快本地相关法律法规的制定修订，推动清真食品服务管理的规范化、法治化。对出现的“清真泛化”问题，要积极稳妥处理，防止借“不清真”之名干预群众世俗生活、破坏市场秩序甚至进行宗教渗透。对“清真不清不真”等问题，要进一步加强监管，切实依法维护各民族平等合法权益，同时要依法坚决打击故意挑起民族矛盾、破坏社会稳定等违法犯罪行为。要坚持“不炒作”原则，加强对涉及清真食品舆情的管控和引导，制止跟风炒作、恶意攻击，避免造成新的不稳定因素。

三、抓好习近平总书记关于民族工作重要论述精神的学习贯彻

十八大以来，以习近平同志为核心的党中央，继承和发扬我们党重视做好民族工作的优良传统，召开了民族、宗教、统战、新疆、西藏、扶贫开发、东西部扶贫协作等多个重要会议，对做好新形势下的民族工作、推动民族地区加快发展，进行了全面部署。特别是总书记在中央民族工作会议等多个场合发表重要讲话，提出了一系列新思想、新论断、新要求。我到国家民委工作后，无论集体学习还是个人自学，学得最多的就是总书记系列重要讲话特别是关于民族工作的重要论述，深深感到，总书记的重要论述，内涵丰富、博大精深，所有思想上的疑惑、工作中的难题，都能从中找到答案。学习贯彻总书记关于民族工作的重要论述、推动民族团结进步事业创新发展，是当前和今后一个时期民族工作战线的重大政治任务。要牢牢把握以下几个方面的重点：

——牢牢把握我国的民族理论政策是正确的、我国民族工作是最成功的这一重大判断。怎么评价我们党的民族工作实践，是一个关系民族工作向何处去的重大问题。总书记直面近些年来民族领域的大争论，对比了国外特别是西方国家广泛存在民族问题的客观事实，旗帜鲜明地指出“党的民族理论和方针政策是正确的，中国特色解决民族问题的道路是正确的，我国民族关系总体是和谐的”。强调“同世界上其他国家相比，我国民族工作做得都是最成功的，不要妄自菲薄！”总书记的这一重大判断，充分展现了我们共产党人的高度自信。我们党 90 多年民族工作的光辉实践，所形成的理论、政策、制度、经验，已经成为我们党的基本理论、基本路线、基本纲领、基本经验的重要组成部分，不容扭曲、不容抹杀、不容否定。任何扭曲、抹杀、否定，都是从民族工作方面扭曲、抹杀、否定我们党的领导，对我们党的集中统一是极大的危害。

——牢牢把握我国是统一多民族国家这一基本国情。实践证明，认识是一切的总开关、总根源。有什么样的看法，就有什么样的说法，自然也就会有什么样的做法。近年来社会上对民族理论政策之所以众说纷纭，归根到底就是对国情看不清。总书记的这一重要论述，从根本和源头上澄清了社会各界的种种模糊认识，进一步统一了思想认识。把握这一基本国情，就必须把多民族看做“一笔重要财富”“一个重要优势”和“发展的一大有利因素”，

将之用好、发挥好。在全社会宣讲这一基本国情，要注意方式方法，突出侧重点，提高针对性。在少数民族中要多讲“一”，突出这是主线、是方向；在汉族中要多讲“多”，突出强调这是要素、是动力。

——牢牢把握中国特色解决民族问题正确道路“八个坚持”的科学内涵。总书记精辟概括的“八个坚持”，旗帜鲜明地回答了事关民族工作全局最核心、最根本的问题，丰富和发展了我们党民族工作的基本经验。在道路问题上，最怕的就是不自信，就是来回折腾。一切乱的根源，都始于怀疑和否定。把握这一道路的科学内涵，必须不断增强道路自信、理论自信、制度自信、文化自信，任何时候都要坚定不移走自己的路，不重蹈苏联模式的覆辙，不踏上西方模式的歧途。

——牢牢把握“中华民族一家亲，同心共筑中国梦”这一共同目标任务。中国梦，是56个民族共同的梦；实现中国梦，需要凝聚56个民族的智慧和力量。这一目标任务，是十八大以来党中央治国理政新思想在民族领域的具体体现，为民族工作服务党和国家工作全局指明了方向。把握这个目标任务，必须把握中华民族发展演变的历史大势，处理好中华民族和各民族的关系，既搞好“大家庭”内的民族关系，又搞好“大家庭”的巩固发展，推动中华民族走向凝聚力更强、包容性更大的命运共同体。

——牢牢把握坚持和完善民族区域自治这一国家的基本制度。邓小平同志指出，制度是决定性的东西。我们党在解决民族问题上的“决定性的东西”，就是民族区域自治制度。民族区域自治，是我国的一项基本政治制度，是党的民族政策的源头。总书记关于坚持和完善民族区域自治的重要论述，澄清了在这个重大问题上的模糊认识，给各族干部群众吃了定心丸。把握这一制度，要体察老一辈革命家的良苦用心和政治智慧，深刻认识到这一制度是对“大一统”而又“因俗而治”政治传统的超越，深刻认识到“取消论”是民族工作领域的“颠覆性错误”。同时，要把握“两个结合”这个方向，把握帮助自治地方发展经济、改善民生这个关键，把握开展民族识别和建立民族自治地方的任务已基本完成这个底线，进一步发挥民族区域自治制度的优越性。

——牢牢把握促进各民族交往交流交融这一根本途径。这一重要论断，深刻把握了中华民族发展大势，深刻洞察了多民族国家民族发展规律，表明我们党对民族团结工作规律的认识达到了新的高度。过去在这个问题上，有过两种倾向，或者无所作为，或者胡乱作为，其结果要么是扩大差异，要么是强制融合。把握这一根本途径，关键是正确处理差异性和共同性，把握好界限、拿捏好分寸，推动中华民族多元一体格局深入发展。

——牢牢把握确保民族地区同步实现小康这一坚定承诺。这一承诺，是“五位一体”总体布局、“四个全面”战略布局和新发展理念在民族领域的集中体现，深刻揭示了民族地区发展规律，极大鼓舞了各族人民的信心决心。发展是解决当代中国民族问题的核心。全面建成小康，民族地区是重点难点；脱贫攻坚，民族地区是主战场。如果地区发展差距拉大趋势长期得不到根本扭转，就会造成心理失衡乃至民族关系失衡。把握这一承诺，体制保证是发挥好中央、发达地区和民族地区“三个积极性”，政策保障是完善和实施好差别化的区域政策，核心指标是实现国内生产总值和城乡居民人均收入比2010年翻一番以及基本公共服务均等化。

——牢牢把握依法保障民族团结这一重要原则。坚持依法治国，是中国特色解决民族问题正确道路的基本内容。这一重大论断，深刻总结了古今中外处理民族问题经验教训，揭示了全面推进依法治国这一基本方略对民族工作的根本要求。我们在处理涉及民族因素的矛盾纠纷中，提出了维护人民利益、维护法律尊严、维护民族团结、维护国家统一的基本原则，核心就是维护法律尊严。这是历史的经验，更是血的教训。把握这一重要原则，必须坚持法律面前人人平等，大力推进民族事务治理法治化，建设完备高效严密有力的民族法治体系，使法治成为我国民族关系的“保护神”、压舱石。

——牢牢把握构建各民族共有精神家园这一战略任务。这一战略任务的提出是第一次，宣示了增强文化认同是做好新时期民族工作的关键所在。民族团结，有一个文化认同问题。文化自信是民族自信的源头，文化认同是最深层次的认同。文化认同问题解决了，其他的认同才能巩固。把握这一战略任务，必须把中华文化是各民族文化的集大成、各民族都作出了重要贡献这一事实讲清楚，坚决纠正和反对种种错误观念，树立正确的祖国观、民族观、文化观，保护和发展少数民族文化，推进各民族文化互学互鉴、融合发展。

——牢牢把握加强党对民族工作的领导这一根本保证。党是中国特色社会主义事业的领导核心。没有坚强有力的政治领导，一个多民族国家要实现团结统一是不可想象的。党的领导是做好民族工作的根本保证，也是各民族大团结的根本保证。把握这一根本保证，就是要衷心拥护和维护习近平总书记的核心地位，真正从思想上行动上与习近平同志关于民族工作重要论述精神保持高度一致。要把民族工作摆上重要议事日程，坚持从政治上把握民族关系，完善体制机制，夯实基层基础，汇聚强大合力。

总的来说，总书记关于民族工作的重要论述，是总书记系列重要讲话精神的重要组成部分，进一步创造性地回答了怎么认识统一多民族这一我国的基本国情、怎么解决我国现阶段的民族问题这一根本问题，开辟了马克思主义民族理论中国化的新境界。这些重要论述，与我们党的民族理论政策既一脉相承又与时俱进，是在毛泽东、邓小平、江泽民、胡锦涛等同志关于民族工作重要论述基础上，实现的最新一次飞跃，是当代中国的马克思主义民族理论。十八大以来，我国民族工作之所以在国内外风云变幻中谱写新篇章，靠的就是这一重要论述精神的指引。我们要进一步以总书记关于民族工作的重要论述精神武装头脑、指导实践，更好地服从服务党和国家工作大局，谱写“中华民族一家亲，同心共筑中国梦”的新篇章。

同志们！决战决胜全面建成小康、实现中国梦，是波澜壮阔、接力奋斗的伟大事业。在喜迎十九大、开创新局面的关键阶段，民族工作一定要更加奋发有为，努力为决战决胜增光添彩、为实现中国梦凝聚正能量。要进一步增强政治意识、大局意识、核心意识、看齐意识，坚决维护习近平同志的核心地位，坚定不移维护党中央集中统一，做到忠诚干净担当，确保中央各项决策部署不折不扣落实到位。要进一步坚定道路自信、理论自信、制度自信、文化自信，不断坚持和完善党的民族理论政策，开辟中国特色解决民族问题正确道路更加宽广的前景。要进一步服务“四个全面”战略布局，创新载体，凝聚力量，努力为实现中华民族伟大复兴的中国梦作出更大的贡献。要进一步提高学习能力、研究能力、协调能力、执行能力，打造一支爱学习、善研究、能协调、执行力强的干部队伍，为推动民族团结进步事业提供坚强保证。

天时人事日相催，冬至阳生春又来。同志们，让我们紧密团结在以习近平同志为核心的党中央周围，切实把思想和行动统一到习近平总书记关于民族工作的重要论述精神上来，开拓创新、真抓实干，以民族工作的新成绩迎接党的十九大胜利召开！

国家民委副主任罗黎明同志在全国民族经济工作暨民族地区经济形势分析现场会上的讲话

（2016 年 3 月 30 日）

同志们：

在全国上下掀起学习“两会”精神的热潮之际，我们在美丽的椰城海口召开全国民族经济工作暨民族地区经济形势分析现场会。这次会议的主要任务是：全面贯彻落实党的十八届五中全会、中央民族工作会议、中央扶贫开发工作会议、中央经济工作会议和全国“两会”精神，总结交流2015 年民族经济工作和民族地区经济运行情况，分析当前民族地区经济形势和任务，研究部署 2016 年民族经济工作，实现“十三五”开好局、起好步。

昨天，我们实地考察了海南省琼海市少数民族特色村寨建设及特色产业发展情况，相信大家一定很有收获。刚才，海南、河北、黑龙江、贵州、云南等五省民委有关同志作了大会交流发言，分别介绍了各自经验做法和今后工作思路，大家讲得都很好，既讲了成绩，又谈到了责任，更树立了信心，听了深受启发、倍感振奋。国家发改委投资司、工信部运行监测协调局、统计局综合司等部门有关同志，从本部门的业务角度，给大家介绍了“十三五”有关政策导向，听了很有收获，信心倍增。希望大家珍惜这次难得机会，结合各自实际，互相学习、相互借鉴，努力推动民族地区加快发展，迈上新台阶。

下面，我谈几点意见。

一、正确认识当前经济形势，切实把思想和行动统一到中央关于经济工作的决策部署上来

（一）正确认识当前国际国内形势，牢牢把握我国经济发展趋势

2015 年下半年以来，中央先后召开了党的十八届五中全会、中央扶贫工作会议、中央城市工作会议和中央经济工作会议等一系列重要会议。特别是2016 年中央经济工作会议，全面科学地分析了当前国际国内经济形势，系统总结了“十二五”时期的经济工作，明确了 2016 年我国经济工作的总体要求、政策取向、主要任务和工作部署。

一是当前我国经济形势基本面是总体向好。2015 年以来，面对错综复杂的国际形势和艰巨繁重的国内改革发展稳定任务，中央按照协调推进“四个全面”战略布局的要求，牢牢把握经济社会发展主动权，主动适应经济发展新常态，经济保持中高速增长，经济运行总体平稳，经济结构日趋优化，改革开放向纵深迈进，民生保障持续改善，社会大局保持稳定，实现了“十二五”规划目标胜利收官，使我国站在更高的发展水平上。在肯定成绩的同时，必须清醒地认识到，我国经济增速换档、结构调整阵痛、动能转换困难相互交织，有效需求乏力和有效供给不足并存，经济下行压力还在加大，经济发展中困难很大、隐患不少、风险凸显。世界经济仍将延续疲弱复苏态势，仍在深度调整和分化中，许多新兴经济体面临经济增速下滑、货币贬值、资本外流等多重压力，可能遭遇国际金融危机发生以来“第三波”冲击。2016 年世界经济增速可能会略有回升，但总体复苏疲弱态势难有明显改观，国际大宗商品价格波动，地缘政治风险增多，外部环境挑战上升。对这些问题和风险，我们必须高度重视，及时化解，防止叠加共振。但总体上看，我国经济长期向好的基本面没有改变，仍处于发展大有作为的重要战略机遇期。我们一定要充分认清中央对当前经济形势的基本判断，紧密结合民族经济工作实际，深入研判民族地区经济运行规律，准确把握民

族地区面临的机遇与挑战。

二是今年我国经济工作的总基调是稳中求进。在全面建成小康社会决胜阶段的开局之年、推进结构性改革的攻坚之年，中央经济工作会议明确了做好 2016 年经济工作的总体要求：“全面贯彻党的十八大和十八届三中、四中、五中全会精神，以邓小平理论、‘三个代表’重要思想、科学发展观为指导，加强和改善党对经济工作的领导，统筹国内国际两个大局，按照‘五位一体’总体布局和‘四个全面’战略布局，牢固树立和贯彻落实创新、协调、绿色、开放、共享的发展理念，适应经济发展新常态，坚持改革开放，坚持稳中求进工作总基调，坚持稳增长、调结构、惠民生、防风险，实行宏观政策要稳、产业政策要准、微观政策要活、改革政策要实、社会政策要托底的总体思路，保持经济运行在合理区间，战略上坚持持久战，战术上打好歼灭战，着力加强结构性改革，在适度扩大总需求的同时，去产能、去库存、去杠杆、降成本、补短板，提高供给体系质量和效率，提高投资有效性，加快培育新的发展动能，改造提升传统比较优势，增强持续增长动力，推动我国社会生产力水平整体改善，努力实现‘十三五’时期经济社会发展良好开局。”我们一定要按照中央对今年经济工作的总体要求，主动适应经济新常态，把思想和行动统一到中央对今年经济工作的决策部署上来，扎实做好 2016 年各项民族经济工作。

三是我国经济结构性改革的重点是五大任务。推进供给侧结构性改革是当前和今后一个时期我国经济改革的重点任务，是适应和引领经济发展新常态的重大创新，是适应国际金融危机发生后综合国力竞争新形势的主动选择，是适应我国经济发展新常态的必然要求。在我国经济进入新常态的大背景下，当前经济发展中存在的问题主要是结构性问题，必须通过推进结构性改革来解决，这种改革具体而言是要求淘汰落后产能，将发展方向锁定新兴领域、创新领域，创造新的经济增长点。推进供给侧结构性改革，要着力抓好“去产能、去库存、去杠杆、降成本、补短板”五大任务。“去产能”，就是要加快企业兼并重组，在保持社会稳定、金融稳定的前提下有效出清过剩产能。“去库存”，重点在于消化房地产市场库存，通过加快农民工市民化，扩大有效需求，打通供需通道，消化库存。“去杠杆”，主要在于有效化解地方政府、非金融企业部门债务风险。“降成本”，重心在于进一步清理企业部门负担的各类税费，降低制度性交易成本。“补短板”，则是要通过打好脱贫攻坚战、支持企业技术改造和设备更新、培育发展新产业、补齐软硬基础设施短板、加大投资于人的力度、继续抓好农业生产等扩大有效供给，提高全要素生产力，弥补供需错配的短板。在此基础上，2016 年推进供给侧结构性改革主要抓好以下工作：一是积极稳妥处置“僵尸企业”；二是帮助企业降低成本；三是化解房地产库存；四是扩大有效供给；五是防范化解金融风险。面对经济结构性改革的五大任务，民族经济工作与以往相比，面临的挑战更多了，肩上的责任更重了。我们既要提振信心、不负重托，又要直面挑战、勇于担当，推动民族经济工作不断创新发展。

（二）面对改革发展新情况新特点，科学分析民族地区面临的挑战

面对经济发展新常态、供给侧结构性改革，在我国经济下行压力较大，结构调整遇到阵痛，企业经营困难增多的大环境下，我们必须清醒的认识到，由于特殊的自然和历史原因，民族地区比全国其他地区经济发展面临的形势更严峻、矛盾更突出、任务更艰巨。

一是民族地区宏观经济环境比全国其他地区更加复杂严峻。2015 年世界经济仍处于金融危机之后的深度调整期，我国国内市场有效需求依然不足，全国工业生产者出厂价格持续下降，制造业 PMI 仍位于荣枯线以下，房地产、金融、地方债务等领域风险犹存。深受国内外需求不足及总体经济调整影响，民族地区经济下行压力仍然较大。2015 年，民族地区生产总值增速尽管高于全国，但增速比 2012 年、2013 年和 2014 年分别回落 3.3、1.8 和 0.6 个百分点，呈持续放缓趋势；规模以上固定资产投资增长 15.2%，比 2014 年增速下降 3.1 个百分点；社会消费品零售总额增长 10.3%，比 2014 年增速回落 1.8 个百分点；外贸进出口总额增长 13.8%，较 2014 年增速收窄 1.6 个百分点；财政收入增幅继续回落，仅增长 8.2%，比 2014 年下降 1.2 个百分点，财政收支矛盾再度加剧。

二是民族地区供给侧结构性矛盾比全国其他地

区更为突出。民族地区正处于结构调整的爬坡过坎阶段，调结构与稳增长的矛盾突出，旧动力减弱与新动力不足的矛盾突出，经济发展与生态保护的矛盾突出，传统产业产能过剩压力大。2015 年，民族地区工业产能利用率仅为 79%，特别是石油加工、煤炭开采、有色金属、钢铁冶炼等行业的产能利用率低等问题尤为突出，工业企业亏损面达 9.9%，比 2014 年扩大 0.9 个百分点；企业亏损总额增长 24.5%，比 2014 年上升 9.8 个百分点，是全国供给侧结构性矛盾影响最为深刻的地区。特别是当前民族地区要去产能、去库存，加快僵尸企业淘汰，将进一步加大经济下行压力。因昔日支撑民族地区快速发展的钢铁、石化、建材等旧动力产业高速扩张期已日渐回落，短期内又难以找到体量相当、带动力相近、适应新需求的新兴替代产业，新旧动力结构转换困难较大。民族地区正处在工业化中期初级阶段就进入经济发展新常态，将持续面临开发与保护、吃饭与建设的双重压力，生态资源环境约束大，节能减排压力大，正处在“进则全胜、不进则退”的关键时期。2015 年，民族地区单位 GDP 能耗仍高于全国平均水平，且下降速度慢于全国水平。总体来看，民族地区产业结构重型化特征明显，农牧业发展方式粗放，生态环境还比较脆弱，资源环境负担日益加重，产业转型升级与绿色发展的要求十分紧迫。

三是民族地区脱贫攻坚任务比全国其他地区更加艰巨。2012 年至 2015 年民族八省区贫困发生率为 21.1%、17.1%、15.4%和 12.1%，分别高出全国同期 10.9、8.6、8.2 和 6.4 个百分点。全国 14 个集中连片特困地区有 11 个在民族地区。2015 年，民族八省区农村贫困人口还有 1813 万人，占全国农村贫困人口的 32.5%。民族地区种植业生产收入占农民家庭经营性收入超过 50%，农民收入增长对种植经济作物依赖性较强，各种植业生产成本不断上升，农产品市场价格低迷，导致农民面临增收瓶颈。总体来看，民族地区脱贫攻坚任务艰巨，是脱贫攻坚战的“主战场”和最难啃的“硬骨头”。

（三）发展面临新机遇，推进民族经济健康持续发展

“十三五”时期，民族地区虽然面临不少困难和挑战，但有利因素也很多，仍面临着难得的发展机遇。

一是中央高度重视。中央民族工作会议，对当前和今后一个时期的民族工作和加快民族地区发展作出了部署，指明了方向。近年来，习近平总书记、李克强总理多次到民族地区调研，亲自为民族地区如期实现全面建成小康目标把脉会诊。习近平总书记在云南、吉林考察时强调“全面实现小康，一个民族都不能少”，极大激励了各族干部群众。今年“两会”期间，习近平总书记在参加青海、黑龙江、湖南代表团审议时就“民族团结、脱贫攻坚、生态保护、人口较少民族奔小康”等一系列重大问题发表了重要讲话，引起强烈共鸣和热烈反响。李克强总理在政府工作报告中关于民族工作的重要论述及在参加新疆代表团审议时的重要讲话，对于我们当前民族经济工作具有重大指导意义。中央领导同志对民族工作作出一系列重要批示和指示，是对少数民族和民族地区干部群众的亲切关怀，也是对民族经济工作的更高要求，表明了中央对民族地区加快发展的高度重视和有力支持。

二是差别化政策支持。政策是最大的机遇，也是资源和生产力。近日，审议通过的《国家“十三五”规划纲要》明确提出了支持民族地区发展的指导思想、战略定位、目标任务、重大项目和支持政策，突出强调把加快少数民族和民族地区发展摆到更加突出位置，加大财政投入和金融支持，改善基础设施条件，提高基本公共服务能力。支持民族地区发展优势和特色经济。促进少数民族事业发展，大力扶持人口较少民族发展，支持民族特需商品发展，大力推进兴边富民行动，加大边民扶持力度。推进人口较少民族整族整村精准脱贫，对陆地边境抵边一线乡镇因守土戍边不宜易地搬迁的边民采取就近就地脱贫措施。实施少数民族特色村镇保护与发展工程，重点建设一批少数民族特色村寨和民族风情小镇。支持少数民族传统手工艺品保护与发展。围绕解决少数民族和民族地区发展中的特殊困难和问题，国家民委会同有关部门正在编制《“十三五”促进民族地区和人口较少民族发展规划》，在财税、中央投资、金融以及基础设施、公共服务、特色产业、人才培养、生态保护、对外开发、对口支援等领域加大对少数民族和民族地区的倾斜力度。

三是“三大战略”的实施。建设“一带一路”，开辟了我国全方位对外开放新格局，使民族地区由改革开放的末梢变成了前沿阵地，为民族地区打开了新的战略空间，发展开放型经济、参与区域合作、调整优化结构、推进新型城镇化都迎来新机遇。国家发展改革委、外交部和商务部联合发布了《推动共建丝绸之路经济带和21世纪海上丝绸之路的愿景与行动》，各地实施方案衔接工作也基本完成，正在陆续出台，“一带一路”建设步入快车道。围绕“一带一路”战略全面实施，我们要进一步开动脑筋、多想办法、主动作为，优先抓好基础设施的互联互通，通过实施“一带一路”建设，构筑人流、物流、信息流的“宽带”，架起优势互补、互利共赢的“财路”。我们要善于发挥沿边优势，打好“开放牌”；要善于发挥资源优势，打好“经贸牌”。此外，还要围绕京津冀协同发展、长江经济带建设，找准民族工作切入口和着力点，全面为国家区域发展“三大支撑带”战略服务。

二、深入贯彻落实中央民族工作会议精神，确保民族地区与全国同步如期实现全面建成小康社会

在党中央、国务院的正确领导下，“十二五”期间，民族地区各族人民认真贯彻落实中央关于经济工作的决策部署，主动适应经济发展新常态，攻坚克难、砥砺前行，民族地区经济社会发展取得了可喜成绩。

2010年至2015年，民族八省区国内生产总值（GDP）从42053亿元增加到74736亿元。地方公共财政收入稳步增长，从4048亿元增加到8886亿元。规模以上固定资产投资71322亿元，增长12.9%。其中，贵州、云南、新疆的增速分别为6.5%、5.9%和5.8%，居全国前三位。内蒙古粮食总产、牲畜存栏均创历史新高，牛奶、羊肉产量居全国首位。广西糖料蔗、特色水果、桑蚕茧等农林产品产量保持全国前列。新疆粮食产量实现“八连增”。宁夏实施“1561”工程，建成了全球最大单晶硅棒加工项目、西部最大工业蓝宝石生产基地。以信息、旅游、电商等为代表的现代服务业获得快速成长，第三产业比重历史首次超过第二产业达到42.5%。贵州“五大新兴产业”发展迅猛，大数据信息产业年均增长37.7%，电子商务交易额年均增长64%。云南积极推进“互联网+”、大数据等信息产业发展。西藏积极打造旅游升级版，2015年旅游收入达280亿元，文化产业产值突破30亿元。青海服务业增加值超过千亿元，旅游人次和总收入分别增长15.5%和22.8%。民族地区城乡居民收入平衡较快增长，2010年至2015年，民族地区农村常住居民人均可支配收入从4236元增加到8766元，民族地区城镇常住居民人均可支配收入从15926元增加到26901元；人口较少民族聚居地区快速发展，部分民族可以率先实现全面小康。总之，少数民族和民族地区已初步具备实现全面小康的基础条件，但任务相当艰巨，重点要做好以下几个方面工作。

（一）集中力量打赢脱贫攻坚战

中共中央、国务院《关于打赢脱贫攻坚战的决定》明确提出，打赢脱贫攻坚战的总体目标是：“到2020年，稳定实现农村贫困人口不愁吃、不愁穿，义务教育、基本医疗和住房安全有保障。实现贫困地区农民人均可支配收入增长幅度高于全国平均水平，基本公共服务主要领域指标接近全国平均水平。确保我国现行标准下农村贫困人口实现脱贫，贫困县全部摘帽，解决区域性整体贫困。”目前，民族八省区农村贫困人口还有1813万人，占全国1/3，贫困发生率高出全国一倍。全国14个集中连片特困地区，有11个在民族地区。贫困问题不解决，民族地区就谈不上小康。扶贫攻坚要创新思路和机制，把整体推进与精准到户结合起来。要按照李克强总理的指示，“在扶贫攻坚中统筹加大对民族地区发展的支持力度”，加快推进集中连片特困地区区域发展与扶贫攻坚，提高扶贫效能。要瞄准特困地区、特困群体、特困家庭，扶到点上、扶到根上、扶到家庭，确保实现民族地区贫困家庭和困难群众全部脱贫。要坚持输血和造血相结合，坚持民族和区域相统筹，重在培育区域自我发展能力，重在促进贫困区域内各民族共同发展。要广泛动员社会力量参与民族地区扶贫的工作，确保到2020年民族地区和少数民族群众与全国人民一道同步进入全面小康社会。

（二）推进交通基础设施建设和城镇化进程

交通落后是制约民族地区发展的最大瓶颈。民族地区路网密度低、道路等级差、通达能力弱、物流成本高，是全国交通运输体系的“短板”。要把民族地区交通基础设施建设列为“十三五”专项规划

的重点，推动重大交通基础设施向西部民族地区布局，优先启动最紧要最急迫最具带动力的重点项目建设，加快形成比较完善的路网骨架和运输体系。要贯彻落实《国家新型城镇化规划(2014-2020年)》，在民族地区培育发展一批城市群、区域性中心城市，促进边疆中心城市、口岸城市联动发展，引导有市场、有效益的劳动密集型产业优先向民族地区转移，吸引从东部返乡和就近就地转移的务工人员，加快产业集群发展和人口集聚，形成带动区域经济发展和对外开放的新增长极，让民族地区广大群众在家门口也能分享城镇化成果。

（三）大力发展特色优势产业，打造新的经济增长点

民族地区产业以资源型为主，结构单一、发展层次低。在经济下行压力加大的情况下，抓住时机推动产业承接转移，这是民族地区优化产业结构、健全产业体系的有效途径。民族地区要在优化开发区或重点开发区集中打造产业聚集平台，整体规划，滚动发展。要把好市场准入门槛和技术关，防止落后产能和污染企业输入，把承接产业转移与优化提升自身产业结构结合起来，实现“在承接中提升，在提升中承接”。在招商引资方面，过渡期内可暂停税收等优惠政策清理工作，但从长远看，要把工作重心放到营造务实精简、优质高效的政务环境和投资环境上来。

（四）把优先保障和改善民生放在突出重要位置

李克强总理指出“国家正在制定十三五经济发展规划，准备上一批重大工程、重大项目，要集中向集中连片特困地区倾斜，增强其经济发展支撑能力，为群众发展生产、改善生活创造条件”。民族地区要保障和改善民生的重点是做好“水电路气房、教卫文就保”十个方面的工作。“水电路气房”要以住房为切入点，首要解决好“居者有其屋”的问题，以此带动农牧区水、电、路、气等生产生活设施建设。“教卫文就保”要以教育为切入点，提高人口素质，为就业打好基础，并以此带动解决卫生、文化、社会保障等基本公共服务问题。

（五）正确处理好经济发展与生态保护的关系

习近平总书记指出：“不少地方既是贫困地区，又是重点生态功能区域自然保护区，还是少数民族聚居区，加大贫困地区生态保护修复力度，增加重点生态功能转移支付，扩大政策实施范围”。绿水青山是民族地区发展的优势所在，要坚持在发展中保护，在保护中发展，不能照搬照抄其他地方的发展模式，不能走先破坏后治理的路子。要加强生态保护，筑牢国家生态安全屏障，推进资源节约循环高效利用，推进环境污染治理。民族地区所有在建项目都要严把生态关、产业政策关、资源消耗关，严格执行节能减排考核，建立生态保护奖惩机制，保住青山绿水，走出一条生产发展、生活富裕、生态良好的可持续发展道路。在资源开发中要注重保护民族地区的利益，把更多的利益用来造福少数民族群众。

三、围绕“十三五”重点工作，扎实做好2016年民族经济工作

党的十八届五中全会已经明确“十三五”时期民族地区全面建成小康社会的目标任务，中央扶贫开发工作会议的召开已经吹响了民族地区打赢脱贫攻坚战的号角，今年政府工作报告明确了民族工作的重点任务和要求。2016年是“十三五”开局之年，是全面建成小康社会进入决胜阶段的第一年，我们要紧紧围绕贯彻落实十八届五中全会和中央民族工作会议精神以及今年“两会”精神，努力践行习近平总书记关于“全面实现小康，一个民族都不能少”的重要思想，立足职责、科学谋划、创新思路，加快推进少数民族和民族地区全面建成小康社会进程，落实好2016年民族经济工作，努力实现“十三五”民族经济工作良好开局。

（一）承上启下，编制实施好民族工作专项规划

编制实施好民族工作“十三五”专项规划，是当前一项十分重要而紧迫的工作。我们要在总结评估“十二五”规划的基础上，全力做好“十三五”规划的编制和实施工作。今年国家大幅压缩专项规划数量，经过协调争取，国务院已同意将少数民族事业、扶持人口较少民族发展和少数民族特色村镇保护与发展三规合一，编制由国务院审批的《促进民族地区和人口较少民族发展“十三五”规划》，在前期工作的基础上，充分利用国家民委委员单位这个民族工作平台，积极协调有关部委继续加大对边境地区、人口较少民族、少数民族事业以及少数民族特色村镇给予更多的支持，争取拿出力度更大、

操作性更强的好规划。当前，国家“十三五”规划纲要和各地各部门的“十三五”规划也将集中推出，一系列重大政策也将连续出台。我们要抢抓机遇，把握节奏，加大协调力度争取出台更多惠及民族地区的干货实招，争取更多惠及民族地区的重大政策、重大工程、重大项目纳入规划。制定规划，更要落实好规划。随着规划的实施，我们要将规划作为解决各族群众切身利益突出问题的有力抓手，为民族地区补短板、增后劲、促均衡、上水平，提供强大支撑，为加快民族地区全面小康进程提供强大助力。

（二）攻坚克难，坚决打赢民族地区脱贫攻坚战

《中共中央国务院关于打赢脱贫攻坚战的决定》已经明确了到2020年“确保我国现行标准下农村贫困人口实现脱贫，贫困县全部摘帽，解决区域性整体贫困”的目标和任务。当前及今后几年，脱贫攻坚将是最紧迫、最重要的任务，我们要自觉服从服务于这个大局，积极投身到民族地区脱贫攻坚中。习近平总书记明确强调“民族地区是全国扶贫攻坚的硬骨头”，李克强总理强调“打好全国扶贫攻坚战，民族地区是主战场”，这些都对我们民族地区咬定目标苦干加实干形成倒逼机制。一是要充分认识打赢民族地区脱贫攻坚战的重要性和艰巨性。消除贫困、改善民生、逐步实现共同富裕，是社会主义的本质要求，是我们党的重要历史使命。改革开放以来，党中央实施大规模扶贫开发行动，先后实施《国家八七扶贫攻坚计划（1994—2000年）》等一系列扶贫政策，使民族地区贫困人口大幅减少，贫困群众生活水平显著提高，贫困地区面貌发生根本变化。党的十八大以来，以习近平同志为总书记的党中央把扶贫开发工作纳入“四个全面”战略布局，实施精准扶贫、精准脱贫，特别是高度重视民族地区的贫困问题。习近平总书记多次作出过“一个民族都不能少”的重要指示和批示。我们一定要深入学习、深刻领会习近平总书记的重要批示精神，充分认识打赢民族地区脱贫攻坚战的重要性。同时，当前民族地区脱贫攻坚形势依然严峻。截至2015年年底，贫困人口超过500万的6个省区，民族八省区就占了3个；贫困发生率超过15%的5个省区，民族八省区就占了4个。因此，我们必须深刻认识民族地区贫困问题的艰巨性、复杂性，树立信心、加大力度，坚决打赢民族地区脱贫攻坚战。二是坚持因地制宜、分类指导的原则，精准施策。建立精准扶贫工作机制，通过对贫困户和贫困村精准识别、精准帮扶、精准管理和精准考核，引导各类扶贫资源优化配置，实现扶贫到村到户。加大对人口较少民族、“直过民族”的支持力度，对陆地边境抵边一线乡镇因守土戍边不宜易地搬迁的边民采取就近就地脱贫措施。坚持分类指导原则，把产业扶持、易地搬迁、生态补偿、教育支持、社会保障等五大举措与民族地区脱贫攻坚“对号入座”，因地制宜，靠山吃山，靠水吃水，念好“山海经”，唱好“林草戏”，谱好“牧羊曲”，真正让扶贫措施帮到点上，让扶贫成效落实到户、到人。三激发内生动力，调动民族地区和贫困人口脱贫致富积极性。扶贫必先扶志，要做好对贫困地区干部群众的宣传、教育、培训、组织工作，让他们的心热起来、行动起来，引导他们树立“宁愿苦干、不愿苦熬”的观念，克服“等、靠、要”思想，自力更生、艰苦奋斗，靠辛勤劳动改变贫困落后面貌。要尊重扶贫对象主体地位，各类扶贫项目和扶贫活动都要紧紧围绕贫困群众需求来进行，支持贫困群众探索创新扶贫方式方法。扶贫既要富口袋，也要富脑袋。要坚持以促进人的全面发展的理念指导扶贫开发，丰富贫困地区文化活动，加强贫困地区社会建设，提升贫困群众教育、文化、健康水平和综合素质，振奋贫困地区和贫困群众精神风貌。

（三）加强研究，落实民族地区差别化政策

落实民族地区差别化支持政策，是中央民族工作会议赋予民族地区的重大政策导向，必须在政策的研究和落实上下功夫。要准确把握差别化之所在，坚持把民族因素与区域因素相统一，以维护全国统一市场为前提，同时考虑民族地区在市场竞争、自然条件、历史基础方面的地位。2016年中央经济工作会议深入分析了当前国内国际经济形势，就引领层经济发展新常态、推进结构性改革作出了全面部署，提出了今年五大重点任务，要结合供给侧结构性改革，推出民族地区优化产业布局的支持政策，发挥民族地区回旋余地大的优势，为民族地区去产能、去库存、去杠杆、降成本、补短板服务，为经济下行条件下稳增长、调结构、惠民生、防风险作出积极贡献。民族地区人口密度、海拔、气候等条件和内地有很大的差别，由此也带来基础设施建设等方面的成本差异，因此，民族地区建设重大基础设施、重大基本公共服务项目、重大生态保护工程等应加大投入。要推动重大改革在民族地区率先实施，率先在民族地区实行资源有偿使用制度和生态补偿制度，加快自然资源及其产品价格改革，加快资源税改革。要进一步完善一般性财政转移支付增长机制，确保民族地区转移支付在总盘子中的比重继续增加。公共财政要把重点放在改善民生上，在教育、民族文化和脱贫攻坚上加大投入力度。国家基本公共服务体系规划有效实施，基本公共服务机制不断健全，到 2020 年总体实现公共服务均等化。要积极协调银行、证券和保险金融机构对民族地区加大支持力度。要着眼于保障少数民族权益，在少数民族文化、双语教育、新闻出版、广播电视、宣传等方面，照顾民族地区的差异，完善相应专项扶持民族地区的政策措施。要做好“十三五”民贸民品政策的研究工作，民贸民品政策直接惠及民生，是党的民族政策的具体体现。当前要顺应改革，积极协调，抓紧研究提出“十三五”民贸民品政策上报国务院，努力保持民贸民品的连续性、稳定性和优惠性。

（四）求真务实，做好统计监测和经济形势分析工作

民族统计监测和经济形势分析工作是我国社会经济统计的有机组成部分，是党和政府制定民族工作方针政策，编制规划、计划的重要依据，是宣传少数民族各项事业发展的主要信息渠道，是民族经济工作中一项重要的、不可缺少的基础性工作。民族统计报表制度是经国家统计主管部门批准的，是有法可依的报表制度，各级民委要严格按照《统计法》及其实施细则行使统计职能，依法行政。希望各地民委高度重视民族统计工作，建立相对稳定的民族统计队伍，定期开展民族统计业务培训，创新民族统计数据质量审核机制。对于工作做得好的省区，我们要充分肯定并给予表扬、鼓励。民族统计监测和经济形势分析工作离不开多年来各省区市统计、发改、经信等部门同志的大力支持和帮助。在此，我谨代表国家民委对大家表示衷心感谢！希望大家今后一如继往地支持我们的工作。

（五）强化管理，提高民族经济工作能力和水平

民族工作部门承担着贯彻落实党中央、国务院关于民族工作方针和政策的重要职责，努力建设一支讲政治、守纪律、能吃苦、能战斗的干部队伍尤为重要。一是要进一步加强作风建设。深入学习贯彻落实习近平总书记系列重要讲话精神和党章党规，切实增强政治意识、大局意识、核心意识、看齐意识，深入贯彻执行中央八项规定精神，认真开展好“两学一做”学习教育活动，自觉践行“三严三实”，密切联系群众，深入基层搞调研摸实情，牢固树立作风建设永远在路上的理念。二是要进一步加强能力建设。有计划、有重点、有针对性地加强干部队伍知识结构培训，不断增强战略思维能力、政策把握能力、统筹谋划能力、改革创新能力和业务能力。三是要进一步监管权力运行。讲纪律、讲廉洁、讲奉献，严格遵守《准则》和《条例》，正确行使国家和人民赋予的权力。进一步加强规划落实的各项监管工作，严肃财经纪律，全面规范少数民族发展资金管理使用。

最后，我代表国家民委党组感谢海南省委、省政府对本次会议的大力支持，感谢海南省民委和会务组同志们所付出的辛勤努力！

谢谢大家！

综述篇

分“民族自治地方发展综述”、“民族乡镇发展综述”、“民族经济工作综述”3个类目，收录了2016年全国、各省区市民族自治地方、民族乡镇经济社会发展情况及2016年全国和各省区市及新疆生产建设兵团民族经济工作情况的综合性文稿。

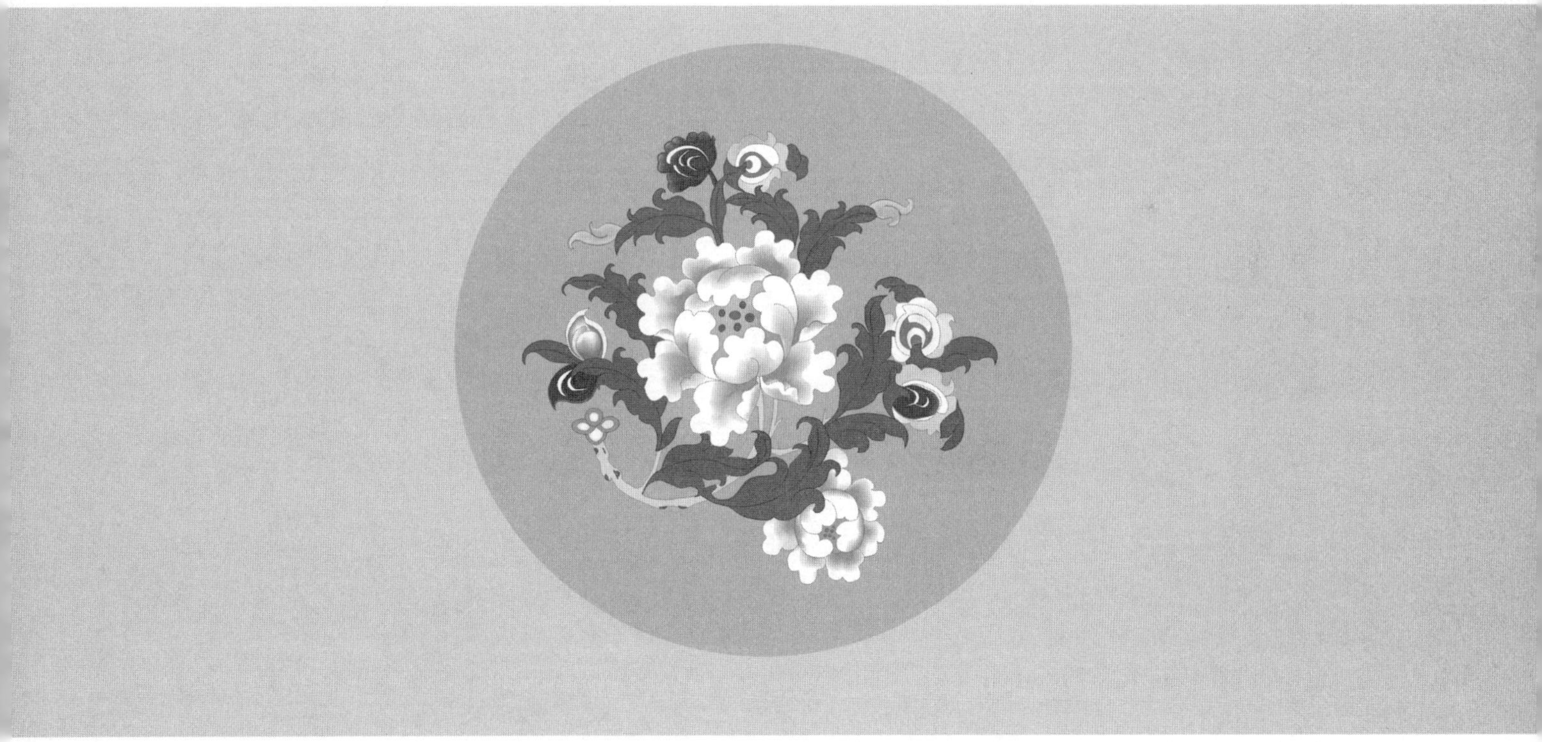

民族自治地方
发展综述

全国民族自治地方经济社会发展综述

2016 年，在党中央和国务院的正确领导下，在各族干部群众的共同努力下，民族自治地方各族干部群众深入学习习近平新时代中国特色社会主义思想和系列重要讲话精神，认真贯彻落实党的十八大和十八届三中、四中、五中、六中全会以及中央经济工作会议精神，统筹做好稳增长、促改革、调结构、惠民生、防风险等各项工作，民族地区经济在新常态下保持平稳运行，总体呈现出稳中有进、稳中向好的良好态势，实现了“十三五”良好开局。

一、民族自治地方经济发展

（一）生产总值增速较为平稳

2016 年全国民族自治地方经济保持中高速增长，经济总量保持稳定增长。初步核算，生产总值完成 70283.4 亿元，按可比价格计算，同比增长 8.1%，增速较上年回落 0.2 个百分点。民族自治地方生产总值占全国的比重为 9.5%，较上年回落 0.2 个百分点。其中，西藏自治区生产总值增长速度达到 10.1%，居于 5 个自治区首位。第一产业增加值完成 10501.9 亿元，增长 3.9%；第二产业增加值完成 29790.5 亿元，增长 7.8%；第三产业增加值完成 29991.1 亿元，增长 9.9%，其中二产、三产增加值增速分别较上年提升 9.1 和 1.2 个百分点。

（二）农业生产持续稳定增长

2016 年，民族自治地方农业生产稳中有升，农业生产条件进一步改善。全年完成农林牧渔副业总产值 17646.0 亿元。

农作物总播种面积保持稳定，农作物总产量总体平稳。2016 年农作物总播种面积为 3376.2 万公顷，增长 1.9%，其中粮食播种面积达到 1974.9 万公顷，油料播种面积达到 263.6 万公顷，棉花播种面积达到 181.2 万公顷。全年粮食产量 9768.7 万吨，与上年基本持平，其中棉花产量 359 万吨，油料产量 565.7 万吨，水果产量 5599.3 万吨，分别较上年增长 1.6%、10.3%、7.7%。

2016 年民族自治地方大牲畜、猪、羊年末存栏头（只）数分别为 5917.7 万头、8326.8 万只和 16013.0 万只，分别占全国总量的 49.7%、19.1%和 53.2%。全年肉类总产量达到 1664.4 万吨，增长 1.4%，其中猪肉、牛肉、羊肉产量分别为 869.4 万吨、244.8 万吨、232.6 万吨，牛羊奶产量 1285.2 万吨，羊毛产量达 34.1 万吨，水产品产量 546.6 万吨。

民族自治地方农产品人均占有量保持平稳，其中粮食、油料等农作物保持增长，棉花、大牲畜略有回落。2016 年粮食人均占有量达 521.4 公斤，与上年基本持平；油料人均占有量 30.2 公斤，增长 9.6%；大牲畜人均占有量为 0.32 头，增长 5.5%

农业生产条件进一步改善。2016 年末，民族自治地方农业机械总动力 16754.7 万千瓦；全年农村用电量 449.8 亿千瓦小时，农田有效灌溉面积 1240.5 万公顷。

（三）工业生产平稳发展，产能进一步优化

全年工业生产稳步增长，工业总产值及工业品总产量保持平稳增长趋势，对经济发展仍然发挥着重要的支撑主导作用。

2016 年，民族自治地方年产品销售收入 2000 万元以上工业企业（以下简称规模以上工业企业）有 21299 个，合计完成工业销售产值 70362.9 亿元，增长 5.9%，完成主营业务收入 72036.8 亿元，增长 11.5%。

工业产能进一步优化。其中机制纸及纸板产量 468.2 万吨，增长 6.5%；成品糖产量 1237 万吨，下降 23.5%；卷烟产量 2529.9 亿支，增长 14.4%；原煤产量 11.2 亿吨，下降 5.4%；原油产量 2974.6 万吨，下降 8.0%。发电量 13692.4 亿千瓦时，增长 9.5%；生铁产量 5357.2 万吨，增长 10.4%，粗钢产量 5309.2 万吨，增长 3.6%；水泥产量 39656.3 万吨，增长 8.9%。

工业生产产销衔接保持稳定，经济效益总体水平保持稳定。全年规模以上工业企业实现利润总额 3909.3 元，增长 11.9%。

（四）固定资产投资持续快速增长，建筑业水平平稳增长

2016 年民族自治地方全社会固定资产投资完成 70882.0 亿元，较上年增长 7.1%。其中国有单位固定资产投资完成 28277.5 亿元，增长 10.9%。从资金来源看，仍以国家预算内资金和国内贷款为主，对外商投资的吸引力降低。国家预算内资金 10016.7 亿元，增长 16.3%，国内贷款 7704.9 亿元，下降 3.6%，利用外资 262.4 亿元。

建筑业实现平稳增长，企业资产规模总额实现新跨越，利润总额大幅提升。全年建筑业总产值完成 9767.8 亿元，增长 7.3%；房屋竣工面积 27846.7 万平方米，增长 21.9%%。企业资产总额达 9254.4 亿元，增长 13.2%。建筑业增加值 3153.8 亿元，增长 4.1%。

（五）内需市场强劲增长，服务业贡献明显加强

2016 年民族自治地方消费市场活力持续释放，消费能力进一步提升，餐饮住宿业销售额明显上升，销售企业库存压力上升较明显。全年社会消费品零售总额完成 24884.4 亿元，增长 10.0%。企业库存压力有效缓解，限额以上批发零售贸易企业年末库存总额 1582.1 亿元，增长 17.4%。

（六）对外贸易继续保持高位增长，增速有所放缓

2016 年，民族自治地方出口有所下降，进口保持增长，接受中东部产能转移，外资企业数量快速增长，外资利用情况继续下降。全年进出口贸易总额完成 947.9 亿美元，较上年下降 6.3%，其中，出口 545.4 亿美元，下降 15.7%；进口 422.6 亿美元，增长 9.4%。民族自治地方年末实有外商投资企业 11238 个，增长 7.3%，全年实际利用外资 71.5 亿美元，增长 5.1%。

（七）交通运输业稳步增长，邮电通信业有所下降

2016 年民族自治地方国有铁路营业里程 3 万公里，与上年基本持平；公路线路里程达到 119.8 万公里，增长 3.7%。民族自治地方铁路和公路完成货物运输周转量 13250 亿吨公里，增长 3.0；完成旅客运输周转量 2952.1 亿人公里，增长 2.9%。

邮电通信业全年完成邮电业务总量 2045 亿元。移动电话用户 14188 万户，较上年下降 1.0%，固定电话用户 2058 万户，下降 5.8%；互联网接入用户 2512 万户。

（八）旅游业强劲增长，旅游收入再创新高

民族自治地方旅游资源丰富，对海内外游客形成了持续增强的吸引力。截至 2016 年底，民族自治地方共有世界自然遗产 6 处、文化遗产 4 处、人类口述和非物质遗产 10 处；国家重点自然保护区 121 个，保护区面积达 8142 万公顷；国家历史文化名城、名镇、名村分别为 26 个、36 个和 53 个；国家重点文物保护单位 512 个；国家 5A 级旅游区 51 个，4A 级旅游区 182 个，3A 级 147 个，2A 级 216 个，1A 级 46 个；国家级重点风景名胜区 50 处。

2016 年国内外旅游产业走势强劲，维持高位增速，旅游收入再创新高。民族自治地方共有旅行社 3214 个，较上年增长 7.5%。国内旅游人次达到 13.9 亿人次，增长 21.9%；实现国内旅游收入 1.5 万亿元，增长 30.0%，实现国际旅游外汇收入 71.4 亿美元，增长 21.0%。

（九）财政收入持续增长，金融业运行健康平稳

2016 年民族自治地方财政收支保持较快增长，财政赤字余额持续拉大。全年完成地方公共财政预算收入 7136.2 亿元，增长 1.3%；地方公共财政预算支出 23615.5 亿元，增长 8.5%。

金融业运行稳中有增，金融机构存贷款年末余额稳定增加，上市公司利润水平小幅增长。2016 年民族自治地方金融机构各项存款年末余额 10.3 万亿元，比年初增加 17203.7 亿元，增长 20.0%。全部金融机构各项贷款余额 79876.7 亿元，比年初增加 13739.9 亿元，增长 20.8%；上市公司利润总额 267.1 亿元，增长 11.3%；全年实现净利润 206.9 亿元，增长 19.6%。

（十）城乡居民收入稳定增长，就业民生持续改善

2016 年民族自治地方城乡居民收入稳定增长，增速高于全国平均水平，人民生活持续明显改善。城镇居民人均可支配收入为 28325.0 元，名义值比上年增长 8.6%；全年城镇居民人均生活费支出为 18813.3 元，增长 7.2%。农村居民人均纯收入为 9722.8 元，较上年增长 9.4%；农村居民人均生活费支出为 8079.8 元，增长 9.5%。城镇居民家庭恩格尔系数 30.9%，较上年下降 0.5 个百分点。农村居民家庭恩格尔系数 34.4%，较上年下降 0.5 个百分点。

就业和民生工作持续取得新进展，就业人员劳动报酬水平稳步提高，私营企业对拉动就业和民生改善的贡献日益突出。2016 年末民族自治地方从业人员 1571.3 万人。其中国有单位提供近 60.5%的就业岗位。2016 年民族自治地方就业人员年平均工资为 62925 元，增长 7.7%。其中国有单位、城镇集体单位和其他单位年平均工资分别增长 9.5%、15.7% 和 20.5%。

二、民族自治地方社会发展

（一）科学研究与技术进一步稳定发展

2016 年末，民族自治地方研究与开发机构及情报文献机构 763 个，从业人员 4.8 万人，从事科技活动人员 3.7 万人。科技活动经费收入 108.1 亿元，支出 103.0 亿元。科学研究与技术开发成果数量继续保持快速增长。拥有有效发明专利总数 2072 件，较上年增长 3.1%；专利申请量 1706 件，增长 6.8%；专利授权量 1057 件，增长 4.7%。发表科技论文 10852 篇，增长 16.5%；出版科技著作 389 种，增长 18.6%。

（二）教育事业健康稳步发展

2016 年末，民族自治地方共有普通高等院校 237 所，比上年增加 9 所；招生 62.0 万人，较上年增长 7.5%；在校本、专科生 203.6 万人，增长 5.5%。普通中学 10349 所，招生 416.6 万人，在校学生 1193.6 万人。普通小学 33040 所，招生 268.2 万人，在校学生 1500.3 万人。

（三）文化事业继续推进

2016 年末，民族自治地方有各种艺术表演团体 1101 个，公共图书馆 766 个，文化馆 801 个，博物馆 520 个。全年报纸出版 13.3 亿份，各类杂志出版 8342 万册，图书出版 5.0 亿册（张）。共有广播电视台 545 个，广播电台 17 个，电视台 26 个。民族自治地方广播综合人口覆盖率 95.9%，电视人口综合覆盖率 97.8%。

（四）卫生事业进一步改进

2016 年末，民族自治地方卫生事业条件均得到不同程度改善。其中共有卫生机构（其中包括医院、基层医疗卫生机构、专业公共卫生机构）5.3 万个，卫生机构床位 91.4 万张，较上年增长 4.8%；卫生技术人员 100.7 万人，增长 5.9%。民族自治地方卫生机构万元以上设备改进工作得到进一步贯彻落实，价值 10 万元以下的设备共 50.2 万台，较上年增长 10.6%；10 至 49 万元的设备共 12.7 万台，增长 17.6%；50 万元至 100 万元的设备有 2.1 万台，增长 21.2%；价值 100 万元以上的设备有 1.7 万台，增长 19.6%。

（撰稿：万晓璐 马帅 审稿：张志刚 王海青 朱卫东）

河北省

一、人口及基层组织情况

截止 2016 年底，河北省共有 6 个自治县（丰宁满族自治县、围场满族蒙古族自治县、宽城满族自治县、青龙满族自治县、大厂回族自治县、孟村回族自治县）、3 个民族县（滦平、隆化、平泉），总人口为 3408164 人，其中少数民族人口为 2010041 人，占总人口的 58.98%；乡镇总数为 181 个，占河北省乡镇总数的 9.28%，村委会 2250 个。共有共产党员 146400 人，占总人口的 4.3%。

二、经济及财政情况

截止到 2016 年底，河北省自治县（民族县）实现地区生产总值 11427556 万元，比上年增加 706894 万元；人均地区生产总值 33529 元，为全省平均水平的 78.69%，比上年增加 0.47 个百分点。

全省自治县（民族县）城镇居民人均可支配收入为 25585 元，是河北省平均水平的 90.57%。其中，大厂回族自治县城镇居民人均可支配收入为 35265 元，高出河北省平均水平 7016 元；城镇居民人均可支配收入最少的是丰宁满族自治县，为 19986 元，比全省平均水平低 8263 元。城镇居民消费性支出为 18176 元，是全省平均水平的 95.13%，比上年增加 4.48 个百分点。

全省自治县（民族县）农村居民人均可支配收入为 9141 元，是全省平均水平的 76.69%，比上年增加 1.81 个百分点。其中，农村居民人均可支配收入最高的县是大厂回族自治县，为 14235 元，高出全省平均水平 2316 元；最少的是丰宁满族自治县，为 6829 元，比全省平均水平低 5098 元。

全省自治县（民族县）财政总收入为 1206175 万元，比去年增加 41743 万元。其中增量最多的是大厂回族自治县，比上年增加 71039 万元，青龙满族自治县、丰宁满族自治县、隆化县、滦平县均为负增长，其中滦平县减少最多，比去年减少 17512 万元。人均财政收入 3539 元，比上年增加 115 元，是全省平均水平的 60.45%，比上年减少了 2.36 个百分点。地方财政支出为 2312812 万元，人均财政支出 6786 元，是全省平均水平的 83.96%。

三、教育、医疗卫生情况

河北省自治县（民族县）共有 11 所农业中等职业技校，在校人数 20127 人；高中 18 所，在校学生 44434 人；初中 89 所，在校学生 96829 人；小学 465 所，在校生总数为 258081 人。教师总数为 32370 人。

全省自治县（民族县）县、乡、村三级医疗卫生机构共有 3078 个，医务人员 12057 人，具有高级职称的有 1042 人，占总人数的 8.33%；具有中级职称的有 3861 人，占总人数的 32.02%。

（撰稿：靳磊　审稿：陈泽辉）

内蒙古自治区

2016 年，面对严峻复杂的国内外形势，在内蒙古自治区党委、政府的正确领导下，认真贯彻落实“创新、协调、绿色、开放、共享”五大发展理念，加快推进供给侧结构性改革，抓好各项工作部署，全区经济发展总体实现了稳中有进。结构调整深入推进，民生工作扎实有效，取得了“十三五”良好开局。但同时，当前全区经济发展中还存在一些深层次的矛盾和问题，需要克服并加以解决。

一、2016 年全区经济运行基本情况

总体看，全区积极推进供给侧结构性改革，努力促进新旧动能加速转换，坚持发挥优势和补齐短板一起做，调整存量和做优增量同步抓，经济运行总体平稳、稳中有进、稳中提质、稳中向好，较好地完成了全年的主要目标，为“十三五”开了一个好局。具体分领域看：

（一）整体经济保持平稳，增长质量显著提高

1．经济总量持续扩大，产业结构优化升级

初步核算，全年实现生产总值 18632.6 亿元，按可比价格计算，比上年增长 7.2%，高于全国平均增速 0.5 个百分点。分季度看，一季度同比增长 7.2%，上半年增长 7.1%，前三季度增长 7.1%。分产业看，第一产业增加值 1628.7 亿元，比上年增长 3.0%；第二产业增加值 9078.9 亿元，增长 6.9%；第三产业增加值 7925.1 亿元，增长 8.3%。人均生产总值达到 74069 元。三次产业结构呈现明显变化。第三产业增加值占生产总值比重为 42.5%，比上年提高 2.1 个百分点；第三产业增速高于第二产业 1.4 个百分点，是从 2002 年以来，在 2015 年首次快于二产增速 0.1 个百分点之后的继续提高；三产对经济增长的贡献率达到 47.2%，拉动 GDP 增长 3.4 个百分点。

2016年地区生产总值总量及增速季度累计图

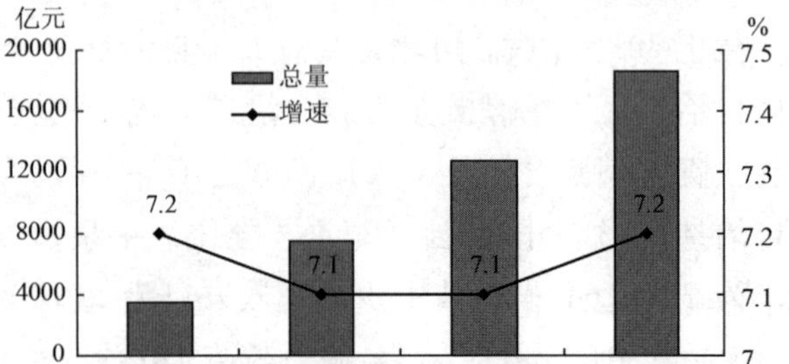

2．节能降耗稳步推进，顺利完成预期控制目标

2016 年，全区单位 GDP 能耗同比下降 4.1%，低于控制目标 1.3 个百分点。单位工业增加值能耗

下降 5.9%。规模以上工业综合能源消费量仅增长 0.9%，七大高耗能行业能源消费量仅增长 0.8%。全社会用电量达 2605.0 亿千瓦时，比上年增长 2.4%，增幅较上年降低 2.8 个百分点。

（二）从供给侧结构性改革的情况看

1．农牧业生产形势较好，牲畜出栏增加明显

粮食生产获得丰收。在 2016 年受到较大自然灾害的背景下，全区各地积极抗灾保丰收，2016 年，全区粮食播种面积达 578.48 万公顷，粮食产量达到 556.04 亿斤，为历史第二个高产年，仍居全国各省区市第 10 位。从养殖业看，牲畜头数继续增加。2016 年牧业年度，全区牲畜总头数达到 13597.92 万头（只），同比增长 0.1%。全区出栏牲畜总头数 8439.68 万头（只），同比增加 536.52 万头（只），增幅为 6.8%。肉类产量保持增长。全区主要畜禽产品产量稳中有增，猪牛羊禽肉产量达到 248.2 万吨，比上年增长 4.8%。其中，猪肉产量 72.1 万吨，增长 1.8%；牛肉 55.6 万吨，增长 5.1%；羊肉 99.0 万吨，增长 6.9%。牛奶产量 734.1 万吨，下降 8.6%。

2．工业生产保持稳定，结构继续优化

2016 年，全区规模以上工业增加值按可比价格计算比上年增长 7.2%，高于全国平均增速 1.2 个百分点。非公有制工业企业增加值比上年增长 9.6%，高于规模以上工业增加值增速 2.4 个百分点。新兴工业增势良好。41 个行业大类中，有 31 个行业保持增长。其中，计算机、通信和其他电子设备制造业增长 62.1%，铁路等运输设备制造业增长 53%，汽车制造业增长 13.4%。部分工业产品拥有重要市场份额。煤炭、煤制油、煤制天然气产能产量和发电装机容量、外送电量均居全国第一。原煤产量占全国 24.9%，铁合金产量占全国 19.4%，乳制品产量占全国 11.2%。全年规模以上工业企业产销率达到 96.4%。工业企业效益回暖。工业生产者出厂价格从 9 月份开始扭转了连续 50 个月的下降态势，12 月份同比上涨 10.8%，全年累计下降 1.1%。2016 年，规模以上工业企业实现利润总额 1242.1 亿元，同比增长 31.0%，高于全国平均水平 22.5 个百分点。

2016年规模以上工业增加值累计增速

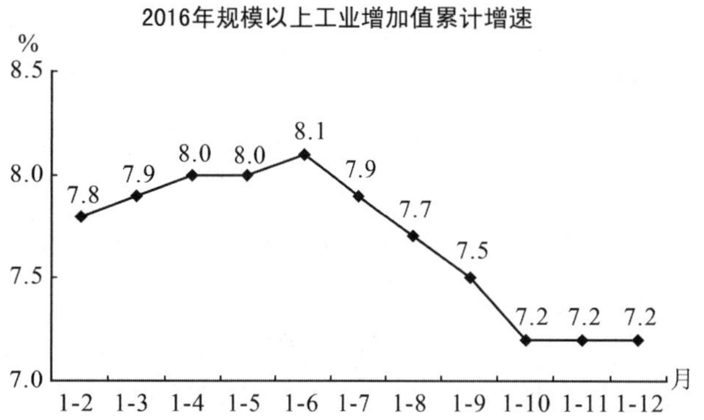

3．服务业运行平稳，部分新兴行业增势较好

第三产业发展既快又优，有力支撑了全区经济平稳增长，对经济转型升级和提质增效起到了积极的促进作用，是 2016 年自治区经济发展中的浓墨重彩之笔。一是，第三产业对经济的支撑作用增强。第三产业增加值 7925.1 亿元，比上年增长 8.3%，高于第二产业 1.4 个百分点，高于工业 1.3 个百分点。第三产业增加值占全区生产总值比重为 42.5%，比上年提高 2.1 个百分点。第三产业对全区经济增长的贡献率达到了 47.2%，拉动 GDP 增长 3.4 个百分点。二是，第三产业发展新动能不断集聚。旅游、交通、金融、快递等行业快速发展。旅游业迈上新台阶，全年接待国内外游客接近 1 亿人次，达到 9805.3 万人次，增长 15.2%；完成旅游业总收入 2714.7 亿元，增长 20.3%。铁路货运量从 9 月份扭转了连续 20 个月负增长，全年增长 4.8%。金融机构人民币存贷款余额分别同比增长 17.1%和 13%。伴随电子商务加快发展和消费市场转型升级，快递业发展较快，快递业务量增长 56.6%。邮政业务总量增长 17.3%，保费收入增长 23.1%。第三产业用电量加速增长，反映出第三产业实体经济增长潜力强劲。第三产业用电量 127.4 亿千瓦时，增长 8.1%，增速比第二产业用电量高 6.3 个百分点。三是，第三产业发展潜力突显。投资作为驱动源头，为第三产业发展提供了强劲动力。500 万元以上项目投资中，第三产业完成投资 8091.2 亿元，占固定资产投资总额的 52.9%；比上年增长 25.2%，快于第一产业 11.5 个百分点，快于第二产业 26.5 个百分点。特别是信息传输、软件和信息技术服务业、文化、体育和娱乐业投资增长较快，意味着信息、科技服务、体育等将是第三产业发展的潜力所在。随着“互联网+”蓬勃兴起，推动第三产业转型升级。规模以上

信息传输、软件和信息技术服务业企业实现营业收入 249.8 亿元，同比增长 4.5%。其中，软件和信息技术服务业企业实现营业收入 13.4 亿元，增长 18.5%。

4．供给侧结构性改革成效明显，“五大任务”顺利推进

“三去一降一补”措施有效推行。去产能方面，提前完成了煤炭、钢铁等去产能年度任务。原煤产量比上年下降 8.1%，焦炭下降 7.4%，电解铝下降 4.3%，平板玻璃下降 1.1%。去库存方面，规模以上工业企业产成品资金占用额同比下降 9.2%。全年商品房待售面积为 1385.0 万平方米，比上年减少 98.4 万平方米，下降 6.6%。降成本方面，规模以上工业企业每百元主营业务收入中的成本为 83.5 元，较 1-11 月份下降 0.54 元，较前三季度下降 0.94 元。补短板方面，实施 9 大类 45 项重点工程，薄弱领域得到加强。基础设施建设加快推进，新开工了一批铁路、公路、民航、电力通道、地下综合管廊、地铁等重点项目。脱贫攻坚各项重点任务进展顺利，超额完成全年减少 21 万以上贫困人口的任务。生态环境保护的投入得到切实加强。

（三）从需求侧表现出的动力看

1．固定资产投资稳中有升，房地产开发投资继续回暖

2016 年，全区 500 万元以上项目固定资产投资突破 1.5 万亿元，达到 15283.4 亿元，比上年增长 12.0%，高于全国平均增速 3.9 个百分点。国企投资增长 26.0%，民间投资下降 6.5%。重点领域投资持续发力。全区基础设施投资（不含电力、热力、燃气及水生产和供应业）完成 4331.0 亿元，比上年增长 43.6%，比全国平均增速快 26.2 个百分点。第三产业投资增长 25.2%，高于第二产业投资 26.5 个百分点。与民生密切相关的卫生和社会工作投资增长 12.4%，文化、体育和娱乐业增长 55.4%。新兴产业投资快速增长。信息传输和软件技术服务业投资比上年增长 49.6%，高于全部投资增速 37.6 个百分点，租赁和商务服务业投资增长 41.5%，高于全部投资增速 29.5 个百分点。

全年房地产开发完成投资 1133.5 亿元，比上年增长 4.9%，自 8 月份以来连续 5 个月保持正增长。全区商品房销售面积 2527.9 万平方米，增长 6.7%；商品房销售额 1149.1 亿元，增长 9.2%。

2016年500万元以上项目固定资产投资累计增速

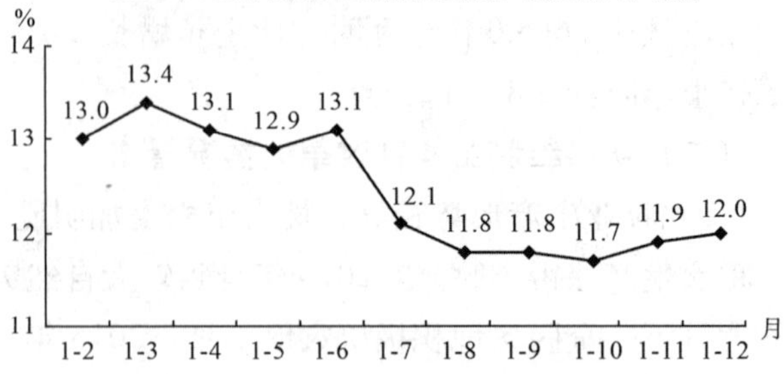

2．消费品市场稳中有升，消费结构同步优化调整

2016 年，消费对全区经济增长起到了稳定支撑的作用。全年实现社会消费品零售总额 6700.8 亿元，比上年增长 9.7%，全年月度增速均稳定在 9%以上。按经营单位所在地分，城镇消费品零售额 6056.1 亿元，增长 9.5%，乡村消费品零售额 644.6 亿元，增长 12.0%。按消费类型分，餐饮收入 1027.3 亿元，增长 10.6%，商品零售 5673.4 亿元，增长 9.5%。升级商品消费增长较快。从限额以上单位商品零售分类看，化妆品类增长 24.5%，金银珠宝类增长 14.4%，汽车类增长 13.1%。在新模式消费带动下，快递业务量增长 56.6%，快递业务收入增长 50.4%。

2016年社会消费品零售总额月度累计增速图

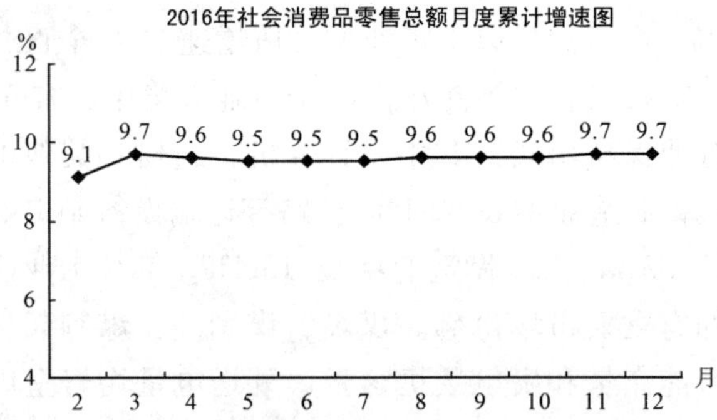

3．进出口降幅收窄，对外开放水平不断提升

2016 年，全区进出口总值 772.8 亿元，累计降幅自 8 月份开始逐月收窄，全年下降 2.1%，比 2015 年收窄 9.5 个百分点。其中，出口值 295.3 亿元，下降 15.7%；进口值 477.5 亿元，增长 8.7%。从贸易方式看，进料加工贸易进出口值增长较快，增速为 138.6%。利用外资稳中有升。全年实际利用外资 39.7 亿美元，比上年增长 17.8%。阿尔山口岸获批成为进境粮食指定口岸。2016 年，质检总局公布全国进境粮食指定口岸名单，内蒙古阿

尔山口岸获批为 C 类进境口岸，该口岸成为继二连浩特和满洲里口岸后内蒙古第三个进境粮食指定口岸。阿尔山口岸是与蒙古国、俄罗斯，以及整个欧洲开展经济技术合作、扩大产品出口和劳务输出、扩大对外开放和发展国际旅游业的重要通道。粮食口岸建成后，从蒙古国直接进口粮食，将大幅减少运输、仓储、损耗等费用，大量节约企业成本，更好的地服务内蒙古自治区农业“走出去”战略要求，对兴安盟“向北开放”战略发展将起到促进作用。

4. 财政收入实现了新跨越，支出规模继续扩大

2016 年，全区财政收入突破 2000 亿元大关，实现新跨越；财政支出规模继续扩大，较好地落实了保工资、保运转、保基本民生的要求，完成了全年财政收支目标。2016 年，全区一般公共预算收入完成 2016.5 亿元，比 2015 年增加 52 亿元，增长 2.6%；剔除营改增等减税降费政策性因素影响，同口径增长 7%。其中，完成税收收入 1335.9 亿元，增长 1.1%；完成非税收入 680.6 亿元，增长 5.7%。分盟市看，各盟市财政收入均有所提高。呼包鄂三市一般公共预算收入总量接近千亿元，占到全区财政收入的 49.2%。其中，鄂尔多斯市完成 451 亿元，总量继续保持全区第一位；兴安盟增速达 13.1%，为各盟市之首。分旗县看，全区 103 个旗县市区一般公共预算收入均超过亿元，其中收入超 70 亿元的旗县 3 个，超 20 亿元的旗县 18 个，超 10 亿元的旗县 38 个。从支出看，2016 年，全区一般公共预算支出达到 4526.3 亿元，比上年增长 6.4%，高于年初预算 0.4 个百分点。一是全力稳定经济发展。成功发行地方债券 2502 亿元，实施生产用电临时扶持政策，加大政府投资力度，全面支持重点项目建设，大力推广政府和社会资本合作项目，全区 66 个政府和社会资本合作项目落地，吸引社会投资 802 亿元。二是着力保障民生改善。全区财政用于民生方面支出接近 3000 亿元，达到 2979.4 亿元，占一般公共预算支出的 65.8%；财政扶贫专项资金增长 22.8%。

（四）从民生改善看

1. 居民消费价格小幅合理上涨，工业生产者价格有所下降

全年居民消费价格比上年上涨 1.2%，比全国平均水平低 0.8 个百分点，全年各月累计涨幅保持在 1.1%—1.3%之间，整体属于温和上涨状况。城市上涨 1.2%，农村牧区上涨 1.1%。分八大类消费类别看，呈现“六升一平一降”。食品烟酒价格累计上涨 2.2%，衣着上涨 1.4%，生活用品及服务上涨 0.1%，教育文化和娱乐上涨 0.7%，医疗保健上涨 4.4%，其他用品和服务上涨 1.8%；居住价格与上年持平；交通和通信下降 1.1%。在食品烟酒价格中，粮食价格上涨 0.8%，猪肉上涨 15.4%，鲜菜上涨 10.7%。工业生产者价格有所下降。2016 年，全区工业生产者价格一直处于下降的状态，但降幅呈逐步缩小态势，特别是后期缩小态势更为明显。2016 年，全区工业生产者出厂价格比上年下降 1.1%；其中，生产资料价格下降 1.4%，生活资料价格上涨 0.3%。全区工业生产者购进价格同比下降 2.6%；在九大类别中，价格降幅较大的有黑色金属材料类（下降 8.5%）、有色金属材料和电线类（下降 3.9%）、建筑材料及非金属矿类（下降 3.2%）和纺织原料类（下降 3.2%）等。

2016年居民消费价格指数（上年同期=100）

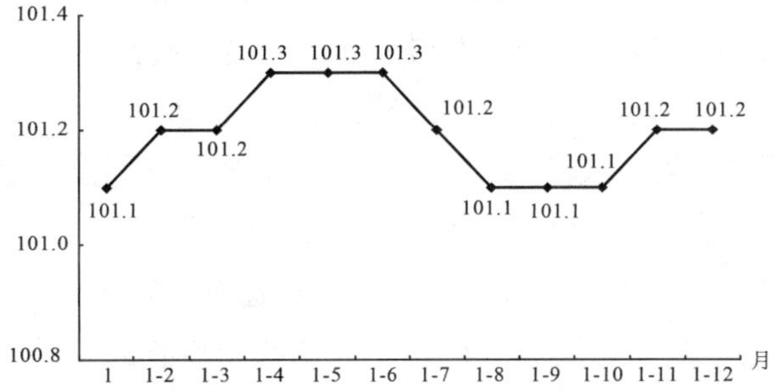

2. 居民收入稳步增加，居民消费继续增长

2016 年全体居民人均可支配收入 24127 元，比上年增长 8.1%。按常住地分，城镇居民人均可支配收入 32975 元，增长 7.8%，其中工资性收入 20355 元，占 61.7%，增长 7.2%；农村居民人均可支配收入 11609 元，增长 7.7%，其中经营净收入 6216 元，占 53.5%，增长 0.5%。城乡居民人均收入倍差 2.84。全年全体居民人均生活消费支出 18072 元，比上年增长 5.2%。按常住地分，城镇居民人均生活消费支出 22744 元，增长 4.0%；农村居民人均生活消费支出 11463 元，增长 7.8%。

2016年居民人均可支配收入累计增速图

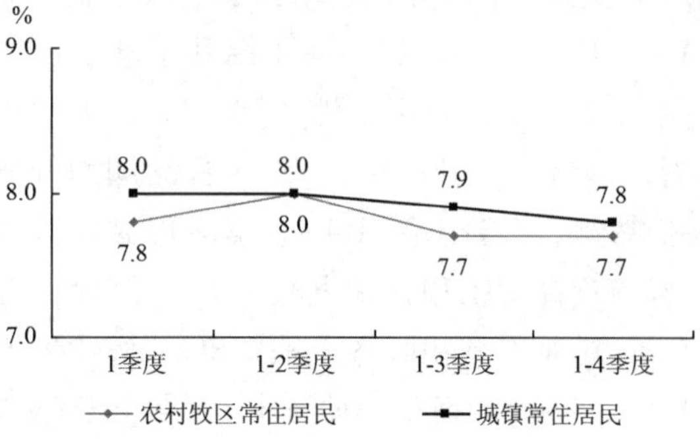

3．人口总量平稳增长，城镇化率不断提高

年末全区常住人口为2520.1万人，比上年增加9.1万人。其中，城镇人口为1542.1万人，乡村人口为978.1万人。全年出生人口为22.7万人，出生率为9.0‰；死亡人口为14.3万人，死亡率为5.7‰；人口自然增长率为3.3‰。城镇化率达到61.2%，比上年提高0.9个百分点。

二、2016年全区经济运行呈现出的特点和变化

2016年全区经济运行呈现出的特点和变化可提炼为12个字，即“总体平稳、稳中有进、稳中提质”。从以下具体的数据和发展情况印证这个特点。

首先，总体平稳。可以用下面三句话来体现“平稳”的特点。第一，经济运行处于合理区间。从全区主要指标数据看，全区生产总值增长7.2%，不仅仍在7%以上，也高于全国平均增速0.5个百分点，守住了全区的发展底线；一般公共预算收入突破了2000亿元，按可比口径增长7%，高于上年增速0.5个百分点，也处于合理的区间内；固定资产投资增长12%，社会消费品零售总额增长9.7%，居民消费价格涨幅、城镇登记失业率分别控制在1.2%和3.63%的较低水平，这些指标也均处于合理的区间内。第二，基本符合预期。与2016年年初自治区《政府工作报告》中提出的预期目标对照可以看到，2016年全区经济运行基本符合预期，社会消费品零售总额增速、一般公共预算收入增速超预期目标，固定资产投资增速、城镇新增就业完成预期目标，单位生产总值能耗降幅、居民消费价格涨幅等均控制在了目标之内，所以总体运行情况基本符合预期。第三，大多指标的增速高于全国平均水平。2016年，全区生产总值、固定资产投资、规模以上工业增加值等重要指标的增速均高于全国平均水平。所以，经济总体呈现出了平稳的特点。

第二，稳中有进。主要是指结构的“进”和动力的“进”。从产业结构看，第三产业对整体经济的带动作用非常明显。三次产业比由2015年的9.1：50.5：40.4调整为了2016年的8.8：48.7：42.5。第三产业的比重上升了2.1个百分点，第三产业对生产总值增长的贡献率达到了47.2%，拉动生产总值增长3.4个百分点，充分体现出了全区产业结构调整的力度之大。从供需结构看，全区在适当扩大总需求的同时，大力推进供给侧结构性改革。如传统产业占比明显下降，煤炭、火电、化工行业占规模以上工业的比重下降了1.1个百分点，汽车、计算机、通信和其他电子设备制造业等新兴产业增速明显快于工业平均增速。从动力结构看，改革驱动、开放驱动、技术驱动、创新驱动正逐步代替资源能源驱动、劳动力驱动和传统产业驱动。从市场结构看，市场在资源配置中的决定性作用更加凸显，市场活力更强。大众创业、万众创新蓬勃发展，全年专利申请量增长25%，新登记市场主体36.7万户，增长8.3%，平均每天超过1000户。可以看出，从以上四个角度的结构变化印证了“稳中有进”。

第三，稳中提质。2016年，全区经济在总体保持平稳增长的同时，发展的质量和效益也显著提升。从效益看，最为突出的便是工业企业的效益明显提高。随着国家及自治区“减税降费、降成本”系列措施的推进落实及部分行业市场形势的好转等因素的影响，企业利润增速逐步加快，屡创近年来的最高值。2016年，全区规模以上工业企业实现利润同比增长31.0%，较上年同期提高54.8个百分点，这是自2012年以来的月度累计最高增速，也就是连续60个月以来的最高增速。从质量看，在经济保持较好增长的同时，全区的民生和社会事业也实现平稳较好增长。从发展方面的质量看，2016年，全区的人均生产总值达到了74069元，仍居全国前列；单位生产总值能耗下降4.1%，超额完成了年初制订的目标，主要污染物减排也达到了国家要求。从民生改善的质量看，2016年，全区居民人均可支配收入达24127元，比全国平均水平高306元。扶贫成效也很突出。全年全区有21.2万贫困人口实现了脱贫，12个自治区级贫困旗县全部实现整体脱贫摘帽。实

施了更加积极的就业政策，启动“创业内蒙古”行动，全年城镇新增就业 26.84 万人，农牧民转移就业 257 万人。

三、2016 年经济运行中存在的主要问题

2016 年,全区经济在总体实现稳中有进的同时,也存在一些诸如结构性、稳定性、动力转换等方面的问题,需要在 2017 年及以后的工作中逐步加以引导和解决，以确保内蒙古经济实现长期保持稳中有进的目标。具体表现为：

（一）经济下行压力仍然较大，特别是工业生产增长下滑明显

总体看，2016 年全区经济实现了稳中有进、稳中向好，但同时整体经济下行的压力仍较大，面临的经济形势也更为严峻复杂。生产总值增速已由 2013-2015 年三年平均的 8.2%下降至 2016 年的 7.2%，也未能完全达到 2016 年预期增长目标。生产性服务业发展受第二产业影响也存在发展不足的困难。此外，受部分企业市场竞争性布局需求和固定资产投入持续增大影响，服务业企业营业利润下滑局面短期内难以扭转。

（二）民间投资明显不足，直接影响了固定资产投资增速

民间资本投资明显不足,出现了下降态势。2016 年，全区完成民间投资 6883.6 亿元，比上年下降 6.5%，低于全国平均增速 9.7 个百分点，也低于国有企业投资增速 32.5 个百分点。投资领域的“国进民退”现象需要认真分析原因，切实加以解决。

（三）农牧民收入增长缓慢，落实“共享发展”理念仍需努力

2016 年以来，受部分地区旱灾等自然因素以及肉类产品价格下跌等市场因素的共同影响，全区农牧民收入增长较为缓慢。2016 年，全区农村牧区常住居民人均可支配收入同比增长 7.7%，不仅低于全国平均增速 0.5 个百分点，也低于全年预期增长目标 1.3 个百分点，是未能完成预期增长目标的指标之一。

（四）财政增收较为困难，收入结构不尽合理

2016 年虽然按同口径（剔除“营改增”等减税降费政策因素影响）比较，全区一般公共财政预算收入同比增长 7%，完成了 2016 年预期增长目标；但名义增速仅为 2.6%，低于 6%的全年预期增速目标。2017 年，随着减税降费各项措施的深入推进，财政增收也将更为困难。从收入结构看，财政增收更多依靠的是非税收收入增长，而税收收入增长缓慢，也体现出了收入结构的不尽合理。2016 年，税收收入仅增长 1.1%，非税收入增长 5.7%，非税收入对一般公共预算收入增长的贡献率达 70.9%。

（撰稿：李日树　审稿：云冰）

辽宁省

2016 年面对新形势、新任务和新要求，辽宁省民族自治地方以群众路线教育实践活动所取得的成果和整改落实为动力，按照围绕省委、省政府关于民族工作的决策部署经济工作的基本要求，坚持不懈、不折不扣抓好落实，全省民族自治地方经济社会取得长足发展，少数民族群众民生得到改善。

一、基本情况

辽宁省共有岫岩满族自治县、清原满族自治县、新宾满族自治县、本溪满族自治县、桓仁满族自治县、宽甸满族自治县、阜新蒙古族自治县、喀左蒙古族自治县 8 个自治县，行政区域共计 34166 平方公里，占我省总面积的 23.1%，共有 30 个乡（其中民族乡 3 个），119 个镇，11 个街道办事处，99 个居民委员会，1511 个村民委员会。

二、经济总量

2016 年全年生产总值 728.2 亿元，按可比价格计算，比上年下降 10.3%。其中，第一产业 211.8 亿元，下降 6.6%；第二产业 175.9 亿元，下降 24.7%；第三产业 340.5 亿元，下降 1.6%。生产总值三次产业构成为 29:24:47。

三、农林牧渔业

2016 年农林牧渔业总产值 439 亿元，按可比价格计算，与上一年减少 6.8%。其中，农业产值 175.8 亿元，下降 8.3%；林业产值 59.8 亿元，下降 13.2%；牧业产值 165.3 亿元，下降 9.2%；渔业产值 24.3 亿元，下降 1.9%。

2016 年全省农作物总播种面积 601.4 千公顷，比上年减少 1.7%。粮食作物播种面积 433.1 千公顷，比上年减少 6.4%。受旱灾影响，2016 年粮食总产量 227.7 万吨，比上年增收 21.81 万吨，增长了 11.7%。油料播种面积 84.7 千公顷，比上年增长 19.1%，油料产量 7.0 万吨，同去年基本持平。烟叶产量 9180 吨，比上年增加 15.8%。水果产量 29.9 万吨，与去年基本持平。年末农业机械总动力 304.8 万千瓦，比上年末下降 23.9%。农村用电量 21.6 亿千瓦小时，比上年增长 8.5 亿千瓦小时。农用化肥施用量 24.2 万吨，比上年增加 9.4 万吨。

全年大牲畜存栏 68.8 万头，比上年增长 3.4%。猪存栏 131.3 万头，比上年下降 23.4%。羊存栏 183.1 万头，比上年下降 12.3%。全年大牲畜出栏 60.2 万头，比上年减少 15.1%。猪出栏 308.6 万头，比上年减产 18.3%。羊出栏 311.8 万头，比上年减产 13.4%。全年肉类总产量 68.2 万吨，比上年下降 6.2%。其中，猪肉产量 28.7 万吨，下降 6.2%；牛肉产量 4.9 万吨，比上年下降 35.5%；羊肉产量 5.7 万吨，同上年基本持平%；奶类产量 9.4 万吨，照比去年下降了一半；羊绒产量 389.6 吨，比上年增加 5.3%。全年造林面积 16.4 千公顷。

四、工业和建筑业

2016 年规模以上工业企业 350 家，数量照比上年大幅度下滑：其中国有企业 7 个，比上年减少 2 家；集体企业 8 个，比上年减少 46 家；港澳台商投资企业 12 家，比上年减少 3 家；外商投资企业 10 个，规模以上工业企业销售产值 195.5 亿元，本年应交增值税 12.7 亿元，资产总计 476.1 亿元，主营业务收入 275.2 亿元，利润总额 17.5 亿元。

全年建筑企业 130 家，比上年减少 8 家。建筑业增加值 39.1 亿元，比上年减少 25.8%。从业人员 11.9 万人，建筑业总产值 47.0 亿元。房屋建筑施工面积 460.3 万平方米，房屋建筑竣工面积 213.1 万平方米，资产总计 70.5 亿元；实现利润 2.1 亿元。

五、贸易

全年社会消费品零售总额 442.0 亿元，比上年略有下降。按行业分，批发和零售业 316.7 亿元，比上年下降 5.8%；住宿和餐饮业 43.5 亿元，比上年增长 6.9%。

当年新利用外资协议（合同）项目 6 个，比上年减少 4 个。全年实际利用外资额 9804 万美元，年末实有外商投资企业 31 个。

六、交通运输、邮电和旅游

全年客运量总计 3211.6 万人，比上年下降 20.6%。货运总量 10992.7 万吨，比上年下降 2.4%。旅客周转量 18.7 亿人公里，比上年减少 27.8%。

全年完成邮电业务总量 13.7 亿元，比上年增长 20.2%。移动电话用户 118.7 万户，比上年减少 8.7%；固定电话用户 86.5 万户，比上年末减少 4.7%，国际互联网络用户 34.6 万户，比上年增长 7.5%。邮电营业网点 279 处，比上年新增 83 处。邮路总长度 1.6 万公里，农村投递路线总长度 2.1 万公里，两项邮递线路长度均同上年基本持平。

全省民族自治地方旅行社总数为 54 家，比上年增加 4 家。全年接待国内外旅游者 2306.9 万人次，比上年减少 18.7%。其中，接待国内旅游者 2303.8 万人次，比上年减少 18.6%；接待国际旅游者 3.1 万人次，比上年减少了一半。

七、财政

全年地方财政一般预算收入 40.4 亿元，比上年下降 0.7%。其中，各项税收 28.0 亿元，比上年减少 3.4%。在各项税收中，国内增值税 8.9 亿元，比上年翻一番；营业税 4.4 亿元，比上年下降一半；企业所得税 2.5 亿元，同上年基本持平；个人所得税 0.8 亿元，同上年基本持平。

全年地方财政一般预算支出 190.1 亿元，比上年增加 8.6%。其中，一般公共服务支出 13.3 亿元，比上年增加 6.4%；教育支出 34.5 亿元，比上年增长 6.8%；科学技术支出 0.4 亿元，比上年减少 42.9%；文化体育与传媒支出 2.3 亿元，比上年减少 23.3%。

八、金融

全年各个金融机构各项存款 1162.4 亿元，比上年增长 12.9%。其中城乡居民储蓄存款年末余额 903.7 亿元，比上年增加 37.0%；全部金融机构各项贷款 632.7 亿元，比上年增长 18.7%。

九、教育

普通中学 141 所，在校生 11.9 万人，招生 3.8 万人，毕业生 4.1 万人，教职工 1.5 万人，专任教师 1.1 万人。中等职业学校 9 所，在校生 0.63 万人，招生 0.23 万人，毕业生 0.25 万人，教职工 893 人。普通小学 435 所，在校生 14.0 万人，招生 2.2 万人，毕业生 2.6 万人，教职工 1.4 万人。教育经费支出 35.6 亿元。

十、文化、卫生

年末有艺术表演团体 80 个，艺术表演场所 13 个，群众艺术馆 3 个，文化馆 7 个，公共图书馆 8 个，博物馆 9 个。全年出版图书 2 种，印数 5 万册，出版报纸 7 种，出版量 233.6 万册；期刊 2 种，出版量 0.3 万册。

年末有各类卫生机构 2880 个。医院、卫生院 205 个，其中，卫生院 159 个。各类卫生机构拥有病床，12636 张。其中，医院、卫生院有病床 11516 张。卫生机构人员 16115 人，其中卫生技术人员 13058 人，执业医师 5059 人。

十一、人民生活和社会保障

全年农村居民人均纯收入 19148 元，平均每人消费性支出 14376 元，比上年增加了近一倍。年末城镇居民最低生活保障 3.4 万人，比上年降低 19.0%；城镇居民最低生活保障支出 1.4 亿元，比上年减少 17.6%。农村最低生活保障 10.2 万人，比上年降低了 6.4%；农村最低生活保障支出 2.2 亿元，同上年持平。新型农村合作医疗参加 227.4 万人，比上年增加 11.1%，新型农村合作医疗费用支出 9.5 亿元，比上年增加 14.5%。新型农村合作医疗参合率达到 96.47%。

十二、环境保护和安全生产

全年工业废水排放总量 638.8 万吨，工业废水中化学需氧量排放 COD 量 2.05 万吨。工业固体产生量 1353.6 万吨，工业固体废物综合利用量 1245.3 万吨。

（撰稿：赵经纬　审稿：施光磊）

吉林省

一、民族自治地方经济发展

（一）综合

据初步核算，2016 年，全省民族自治地方实现地区生产总值 1415.64 亿元，按可比价格计算，比上年增长 6.3 %，其中，第一产业增加值 202.26 亿元，增长 3.5%；第二产业增加值 581.98 亿元，增长 4.2%；第三产业增加值 631.40 亿元，增长 9.4%。三次产业的构成为 14.3 : 41.1 : 44.6。

（二）财政

地方财政收入 111.8 亿元，与上年基本持平，其中，各项税收 59.3 亿元；全年完成地方财政支出 430.24 亿元，比上年增长 12.7%。其中，一般公共服务支出 32.85 亿元；教育支出 60.85 亿；科学技术支出 2.38 亿；文化体育与传媒 8.29 亿元。

（三）农业

继续保持稳步发展。民族自治地方农林牧渔业总产值 369.92 亿元，其中，农业产值 199.79 亿元，粮食作物播种面积 829.95 千公顷，粮食总产量 453.49 万吨。

（四）畜牧业

大牲畜、猪、羊年末存栏头（只）数分别为 90.61 万头、132.45 万只和 78.28 只。全年肉类总产量达到 27.92 万吨，其中猪肉、牛肉和羊肉产量分别为

13.35 万吨、7.4 万吨和 1.09 万吨。

（五）工业

实现工业销售产值 1980.4 亿元，比上年增长 5.2%；实现主营业务收入 1827.1 亿元，比上年增长 4.3%；实现利润总额 57.2 亿元。

（六）国内贸易及固定资产投资

实现社会消费品零售总额 769.72 亿元，比上年增长 10.5%；实现固定资产投资完成额（不含农户）1324.89 亿元，比上年增长 13.4%。全社会固定资产投资新增固定资产 994.45 亿元。

（七）对外贸易

2016 年民族自治地方全年累计实现外贸进出口总值 21.97 亿美元，基本与上年持平。其中，实现出口总额 10.6 亿美元，比上年回落 16.4%；实现进口总额 10.6 亿美元。

（八）交通运输和邮电通信业

2016 年，全省民族自治地方货运总量 6303 万吨。公路总里程 1.67 万公里。全省民族自治地方全年完成邮电业务总量 5.54 亿元。

（九）旅游业

截至 2016 年末，全省民族自治地方有旅行社 180 家。全省民族自治地方接待国内外旅游者 2271.7 万人次，其中，接待国内旅游者 2200 万人次。

（十）人民生活水平

2016 年全省民族自治地方城镇居民人均可支配收入达到 23076 元，比上年增长 10.7%；农村居民人均纯收入达到 10428 元，比上年增长 14.1%。

二、全省民族自治地方社会发展

（十一）教育事业

2016 年末，全省民族自治地方小学 431 所，招生 2.25 万人，在校生 14.39 万人。普通中学 221 所，招生 4.0 万人，在校生 11.32 万人。中等职业学校 30 所，招生 0.51 万人，在校生 1.36 万人，毕业生 0.45 万人。

（十二）文化事业

截至 2016 年末，全省民族自治地方拥有文化馆 12 个，艺术表演场所 4 个；公共图书馆 12 个；博物馆 13 个。全省民族自治地方出版图书 10349 种，图书印数 7287.5 万册；期刊 22 种，年总印发量近 54.8 万册；报纸类 12 种，年总印发量近 2740 万份。

（十三）卫生事业

截至 2016 年末，全省民族自治地方有卫生机构数 3146 个；卫生机构床位 1.5 万张，卫生机构人员 2.5 万人，其中卫生技术人员 2.02 万人，其中执业医师和执业助理医师 0.83 万人。

（撰稿：翟文斌　审稿：田永亮）

黑龙江省

一、2016 年工作总结

过去的一年，县政府与全县各族干部群众在县委的坚强领导下，在县人大、县政协的监督支持下，深入学习贯彻习近平总书记系列重要讲话特别是对我省两次重要讲话精神，攻坚克难，开拓进取，各项工作目标如期完成，经济社会发展取得新的成绩。

（一）千方百计稳增长，“十三五”实现良好开局

积极争取国家民委、省直各部门项目资金 11.2 亿元、债券资金 1 亿元，可用财力保持 10 亿元，及时发放公务员职务职级并行、各类工资补贴 3506 万元，实施 500 万元以上重点项目 59 个，完成固定资产投资 42 亿元、增长 113.7%，地区生产总值实现 104.9 亿元、增长 7.6%，地方财政收入实现 4.16 亿元，主要经济指标保持全市五区四县前列。

（二）坚定不移调结构，产业转型升级步伐加快

积极争取“两牛一猪”补贴政策，中以农业（奶牛）合作、谷实 10 万头生猪养殖项目启动建设，奶牛牧场投用总数达到 80 处，与台湾元盛集团合作推广繁改和牛 1366 头，肉牛肉羊生猪等多元牧业规模化程度全市领先；成功举办全国性渔业论坛、钓鱼大赛、冰雪渔猎文化节，连环湖鱼打入新加坡市场，

11家直销店落户哈尔滨、绥化、大庆，获评“中国大银鱼第一县”；深入推进种植业结构调整，有效应对严重旱情，调减玉米 30 万亩，水田总面积达到60万亩，土地确权外业测量全面完成，现代农业科技示范园区建成投用，粮食总产达到20.9亿斤，与外埠粮食购销企业签订玉米贸易粮购销合同 20 万吨，农民卖粮难问题有效解决；成功盘活顺力锻造、查干食品等企业闲置资产，地方产品展厅对外开放，瑞航摩擦材料、春光钢构、拉弹泡风电、百湖酒业技术改造等项目建成投产，规上工业增加值实现14.9亿元、增长9.3%；广西颐高美丽乡村及互联网+双创项目签约落户，以旅游为主的现代服务业快速发展，全年接待国内外游客112万人次，实现旅游收入3.9亿元，拉动社会消费品零售总额实现19亿元、增长7.3%，入选首批“国家全域旅游示范区”创建单位。

（三）全力以赴增动能，招商引资取得历史性突破

深入落实县委“招商引资年”总体部署，及时兑现伊利、瑞好、海达等企业历史政策返还款项3976万元，企业投资信心有效增强。多次赴北京、上海、宁夏、内蒙古等地开展招商活动，共签约项目42个，瑞航摩擦材料、康大水产加工、谷实生猪养殖等34个项目成功落地，其中亿元以上项目11个。伊品玉米深加工、九阳豆粉加工、翰沃城市综合配送中心、奥德燃气长输管线和压缩母站等7个项目完成签约并已做好开工前期准备，通用航空产业园、中新房新店森林特色小镇、升隆鱼丸鱼糜加工等8个项目已达成合作意向，合同引资额达到143亿元，实际到位资金 25.7 亿元，完成市招商任务指标的160.6%。

（四）不遗余力补短板，城乡功能面貌整体提升

升级改造四道街、红旗小学路、铁东社区巷道，拓宽电业巷、二中路，新建农村公路76.2公里、村屯巷道55.7公里，辟建停车场3处，施划停车泊位986个，改造农村泥草房（危）房4153户，城镇化率和农村住房砖瓦化率分别提高到38.9%和69.5%。天湖公园护岸堤坝重新修筑，城南出口靓丽敞开，45栋楼体全新亮化，10条街巷安装路灯316盏，告别无灯历史。城市管理联合执法制度化，卫生日常保洁、亮化绿化美化、高效清雪常态化，占道经营、违章建筑、露天烧烤有效整治，城市秩序焕然一新。全年造林2.4万亩，改草20万亩，依法严厉打击草原开荒、偷牧放牧等破坏生态行为，处罚140万元、判刑1人、刑拘1人，恢复草原植被9986.5亩，国家生态县顺利通过验收。

（五）尽心竭力惠民生，人民生活水平不断提高

整合各类资金 3.8 亿元，发放扶贫再贷款 3 亿元，实施贫困村基础设施、产业项目19个，6个贫困村摘帽，7560名贫困人口实现脱贫，城镇新增就业2700人，转移农村富余劳动力（）人，城乡居民可支配收入分别达到 21159 元、12356 元，同比分别增长7.7%、6.6%。新建校舍1.9万平方米，中医医院、妇幼保健院移址新建工程加速推进，招考医护人员41人、学前教育和义务教育教师215人，招录特岗教师96人，其中本县毕业生达到60%，招考人数全省最多，全部充实到农村教育一线，农村师资队伍有效优化，全县教育教学水平整体提升，得到学生、家长和社会的一致好评。成功举办建县60周年庆祝活动、第23届那达慕大会，集中开展破案抓逃、打击黄赌毒、整治道路交通违法、排查火灾隐患、规范油田治安“五项专项行动”，严查客车、运送学生车辆超员违法行为，信访维稳、安全生产形势持续稳定，国防兵役、双拥优抚等工作切实加强，儿童、妇女、老龄、残疾人等群体得到持续关爱，人民群众安全感、获得感、幸福感不断提升。

（六）坚持不懈转职能，政府自身建设得到加强

深化“两学一做”，加强专题学习，切实增强“四个意识”，全面执行县委决策部署，自觉接受人大法律监督和政协民主监督，共办理人大代表建议 46件、政协提案65件。完善政府决策规则和程序，认真落实“三重一大”集体决策，定期组织召开工作例会，项目实施邀请人民群众监理，年度工程项目手续齐备、依法依规建设。持续推进简政放权，全面施行“五证合一”“两证整合”，严控乡村举债干事，党政机关公车改革全面完成，“三公”经费支出持续减少。

在看到成绩的同时，我们也清醒地认识到发展中还存在一些困难和问题，政府工作中也存在一些差距和不足。主要是：经济总量小，减收因素多，持续稳增长难度依然较大；产业短板尚未补齐，重大项目接续不足，产业转型升级仍需加快；以奶牛为主的畜牧业滑坡严重，农业持续增效、农民持续增收难度加大，脱贫攻坚任务艰巨；部分干部思想解放程度、干事创业意识、工作效率还有待加强。对此，我们将本着对党和人民高度负责的态度，直面问题，勇于担当，在今后工作中认真加以解决。

二、2017 年工作安排

2017 年是实施“十三五”规划的重要一年，是脱贫攻坚决战决胜之年，也是本届政府肩负历史使命、履职尽责的开局之年，做好今年的政府工作意义重大、影响深远。按照县委十八届二次全会总体部署，今年工作总的指导思想是：坚决贯彻落实中央、省市和县委部署，紧紧围绕县第十八次党代会确定的目标任务，坚持以稳增长转方式调结构为主线，牢牢把握稳中求进、以进为主的总基调，全力实施项目建设、农业供给侧结构性改革、水产业发展、民生改善、从严治党“五大任务”，统筹推进其他各项工作，促进经济平稳健康发展、社会和谐稳定，如期完成脱贫摘帽任务，以优异成绩迎接党的十九大胜利召开。

主要预期目标是：地区生产总值、地方财政收入分别实现 117 亿元、4.2 亿元，同比分别增长 7.6%、1%；城乡常住居民人均可支配收入分别实现 22600 元、13600 元，同比分别增长 7.2%、10.6%；社会固定资产投资实现 44 亿元，同比增长 8.1%；社会消费品零售总额实现 20.5 亿元，同比增长 7.3%。

（一）突出开源节流、强征严管，力促综合实力稳步提升

持续向经济建设中心聚集发力，依法理财，强化监管，为经济社会发展提供坚实保障。积极争取壮财力。深入研究、用足用好国家和省市推动民族地区发展的政策措施，加大专项资金、政府债券资金争取力度，努力在重点产业项目摆布、重大基础设施建设等方面获得更多支持。加快汇集新动能。密切跟踪分析经济运行指标苗头性变化，精心培植伊利等骨干企业财源，加强个体工商业户等税源的监控监测，加大税收征缴力度，严厉打击偷漏税违法行为，做到应收尽收、均衡入库。抓好 45 个投资 500 万元以上重点项目建设，力争尽快投产达效、形成税收。多方挖潜稳增长。出台国有资源管理使用办法，开展土地、草原、林地、水面、滩涂等国有资源清查和确权登记，建立国有资源信息库，严肃清理行政事业单位非账内国有资产，依法经营、管理、盘活、处置，实现保值增值，增加财政收入。规范行政事业性收费、罚没收入和专项收入，完成非税收入 6210 万元。积蓄力量干大事。牢固树立精打细算“过紧日子”思想，围绕“保基本、守底线、惠民生”，把有限财力用到发展最关键、群众最需要的地方。全面实行县乡村三级重大工程、重点项目报告制度，抓好地方存量债务置换，严控乡村两级举债干事，有效防范政府债务风险。

（二）突出做优存量、扩大增量，力促地方工业发展壮大

狠抓产业项目“一号工程”，积极推动工业企业转型升级，扩大工业经济总量。提升工业经济质效。从破解企业发展瓶颈入手，搞好银企对接，尽全力为企业解决资金难题。扶持瑞航摩擦材料、春光钢结构、拉弹泡风电、古道庄园米业 4 家临规企业晋级规上，做优伊利、瑞好等 27 家规上企业存量，做大百丰绿豆仓储加工、康大水产品加工 2 个续建项目增量，规上工业企业增加值同比增长 5.5%。进一步加大园区基础投入力度，提高园区承载能力，园区工业增加值达到 13.2 亿元，同比增长 5.6%。推进项目落地建设。落实好“招商成果转化年”任务，实施招商、建设“两轮”驱动，重点做好伊品玉米深加工、九阳豆粉加工、谷实生猪二期、翰沃城市综合配送中心、奥德天燃气长输管线和压缩母站、中船重工热电联产、颐高美丽乡村及互联网+双创、大时代农业废弃物处置基地、瑞好通华电气设备 9 个新建项目的前期准备工作，确保如期开工建设。扩大招商引资成果。坚持以资源换产业、以市场换项目，积极跟进通用航空产业园、中新房森林特色小镇、升隆鱼丸鱼糜加工、天时利和大银鱼种质资源科研基地、天时利和水产品加工及批发市场、合隆羽绒种鹅（鸭）繁育基地、蒙薯马铃薯加工 7 个意向项目。拓宽协会招商、以商招商、以情招商渠道，深入谋划农畜产品、水产品加工和新能源等重点领域产业项目，以市委下达的“三个一”考核任务为基准，提高 3 亿元以上招商引资项目针对性和成功率，引进亿元以上项目 6 个、千万元以上项目 20 个，实际到位资金 17 亿元以上。

（三）突出示范引领、规模集约，力促多元牧业全面发展

瞄准“全省畜牧业绿色发展示范县”发力，巩固和深化畜牧产业主导地位，推动以奶牛为主的多元牧业质效提升。稳步推进基地转型。完成中以奶牛合作示范牧场建设，引建3000头以上规模奶牛标准化牧场3处，全县运营牧场达到90处，牧场自有奶牛比例达到70%，牧场存栏奶牛达到4万头。提高牧场管理水平。以中以奶牛合作为契机，以2000万元种养结合项目为牵动，聘请牧场经理人，提升标准化生产水平。推广优质冻精7万剂，奶牛良种核心群数量达到4万头，牧场先进管理系统使用比例达到50%以上，奶牛平均单产7吨以上。统筹发展多元牧业。紧密对接省“两牛一猪三禽”政策，落实《多元牧业发展五年规划》，繁改和牛总数达到1万头，推进谷实生猪养殖项目建成投产，新建肉牛、肉羊、生猪规模化养殖场80处，鹅鸭、狐貉饲养总量达到130万只。加快万川禽业、海峰牛肉、寿山领头羊等产品开发，走多元牧业品牌化发展道路，促进规模化向产业化快速转变。夯实饲草饲料保障。积极推广秸秆黄贮、微贮和盐化技术，年产优质饲草15万吨、青贮玉米35万吨。新组建草业公司3家，加快形成饲草饲料“产供销”完整产业链，牧业总产值达到39亿元，同比增长4.6%。

（四）突出调优结构、提高效益，力促现代农业加速发展

以促进农民增收为工作重点，主动适应市场化需求，坚守耕地红线，稳定粮食产能，打造安全高效、绿色有机、富有竞争力的现代农业。优化种植结构。引进玉米优质品种，提高玉米单产，引导扩大红高粱、糯高粱、绿豆、红小豆和中草药材等优势经济作物种植面积，粮豆轮作、粮改饲和绿色有机作物种植面积分别增加2.5万亩、6.3万亩和10万亩，经济作物耕种面积增长36.1%。水田面积达到62万亩，粮食产量稳定在20亿斤。加强基础设施建设。完善水田发展规划，实施高效节灌项目，新建水稻育秧大棚1876栋。推进一心、连环湖、敖林西伯土地整治工程，计划新打机电井432眼，修筑农田路136公里，架设高低压线路255公里。促进产业化发展。制定《全县农畜产品品牌化建设实施意见》，培育沿江水稻、乳肉加工、观光旅游、涉农金融、农耕体验等新业态，落实五粮液集团10万亩高粱订单种植面积，订单农业比重达到15.2%。发展农业产业化龙头企业3家，新组建水稻、杂豆、果蔬、棚室、中草药材等行业协会5个，统一打造水稻、小米、果蔬、杂豆品牌，建设全省绿色蔬菜杂粮果蔬基地。稳步实施农业改革。以泰康镇、一心乡、连环湖镇及沿江水稻产区乡镇为重点，实施黑土地保护利用示范县项目，农业“三减”示范面积达到22万亩。通过市场化运作、政府扶持，打造杜尔伯特绿色有机蔬菜品牌，探索在大中城市建立绿色有机食品直销体验店。建立县乡村土地流转服务平台，组建产权交易中心，完成土地仲裁“三室一厅”建设，全面完成土地确权登记和国有林场改革，土地规模经营面积达到80万亩，转移农村富余劳动力1.7万人，多措并举促进农民持续增收，农业总产值实现66.5亿元，同比增长4.6%。

（五）突出龙头支撑、释放潜能，力促特色水产业创新发展

坚持把水产业作为富民立县战略重点之一，做实品种、品牌、品质“三篇文章”，全力打造龙江淡水渔乡。健机制添活力。积极推进《水产业发展条例》立法工作，落实《全县水产业发展五年规划》《关于水产业融合发展的实施意见》，与黑龙江生物科技职业学院合作培训渔民600人次，引进招录水产专业人才，成立渔政执法队伍，确保全县水产业稳定健康发展。提质量增效益。建立小型水产品养殖实验示范基地一处，完成石人沟、连环湖名特优水产品苗种繁育基地建设，加大增殖放流力度，科学投放名特优水产品苗种数量，鼓励发展水产合作社5家，培养水产品经纪人80人，推广冬储窖藏500处、名特优养殖60万亩，水产品产量达到3.5万吨。转方式调结构。扶持康大、虹亿、石人沟3个水产品加工企业投产达效，大力发展订单渔业，积极与周边地市大型餐饮企业合作，提高现有省内外20家直销店销售数量，创新销售模式，发展加盟直销店，完成区域公用品牌整体申报，在全国叫响“连环湖鱼”品牌。建平台促融合。以争创全省休闲渔业文化目的地为目标，继续强化与央视、龙广、大庆新闻传媒以及新浪、网易、腾讯等媒体的密切合作，嫁接旅游产业做活水产营销，完善连环湖温泉景区、克尔台湖水岸渔村、当奈湿地等六大休闲渔业平台，开发渔家乐、渔家宴、渔趣体验等项目，举办好鱼品饮食文化高峰论坛、开江节、冰雪渔猎文化节、江鱼美食体验、钓鱼邀请赛等系列活动，持续提高杜尔伯特水产品知名度和美誉度。

（六）突出全域牵动、品牌打造，力促旅游产业提档升级

深化旅游招商，抓好景区营造，强化产品推介，加快推进国家级全域旅游示范区创建进程。强化基础设施建设。深入推进景区建设、服务创新，成立旅游咨询服务中心，在高铁、客运枢纽设立旅游咨询服务网点，筹建垂钓、马术俱乐部，建成两处旅游干线沿路自驾驿站和阿木塔房车营地，健全完善主要交通节点旅游标识、指路标牌，实现旅游景区 Wi-Fi 全覆盖。提高宣传营销水平。紧跟全省旅游业整体营销趋势，加强区域系统化集成营销及景区具体项目营销，在强化与旅行社合作的同时，深化与主流媒体对接开发散客市场，全年组织开展美食、节庆、景区宣传推介活动 10 批次，持续扩大旅游影响力。优化旅游产品质量。依托旗敖包、富裕正洁寺遗址、多克多尔山等历史民俗资源，拓展延伸旅游线路 9 条，开展“乡间有我一分田”“钓鱼大赛”等活动，丰富一心棚室采摘，连环湖、齐家泡垂钓等旅游项目，服务指导合隆、瑞好推进工业旅游产品建设，加大旅游特色纪念品和绿色农产品开发力度，在品牌标识、绿色特色、品质包装上做文章，促进旅游与一、二、三产业深度融合，预计全年接待旅客 120 万人次，实现旅游收入 4.2 亿元，分别同比增长 7.1%、7.6%。

（七）突出夯实载体、畅通渠道，力促现代服务业融合繁荣

大力实施服务业“提速”行动计划，推动服务提升、比重提高，第三产业增加值实现 29.8 亿元，同比增长 14.2%。精准发展外向型经济。推动三产服务业向精细和高品质转变，统筹规划城区农贸市场，启动建设城市综合配送中心，移址新建客运站，推进跨境商贸、冷链物流、融资租赁等新兴业态成型见效，着力打造全省最大出口创汇渔业基地。充分释放大众消费活力。依托新型城镇化建设，围绕棚户区改造、路网升级等项目，加快发展研发设计、中介咨询、信息服务等生产性服务业，积极培育家政服务、休闲养生、体育健身等生活性服务业，打造创业新载体、消费新热点。纵深推进电子商务产业。积极争创国家级电子商务进农村综合示范县项目，深化与广西颐高集团科技合作，发展民族特色产业，深度培育本土实体企业，力争打造电商龙头企业 5 家，带动发展电商网店 40 家，实现电商产业新突破。

（八）突出成果保护、建管并重，力促生态文明有效加强

牢固树立“绿水青山就是金山银山、冰天雪地也是金山银山”发展理念，持续攻坚，长效管护，厚植绿色发展优势。加强生态建设。继续坚持林草水并举，风沙碱兼治的原则，完成造林 1.5 万亩、封山育林 1 万亩；加强村屯绿化工程，绿化村屯 63 个，对原有村屯绿化缺苗断空进行补植，见缝插绿、填绿补绿；改良草原 24 万亩；落实河长制，积极申报新建东吐莫泄洪闸项目，提升蓄水泄洪能力，水域面积保持在 180 万亩。深化环境保护。全面落实中央环保督察整改意见，科学划定生态红线、畜禽禁养区，切实加强生态功能区和自然保护区监管，在生态环境保护上不越底线、不碰红线。落实重污染天气应急预案，计划淘汰黄标车、老旧车 56 台，全面取缔县城建成区 10 蒸吨及以下燃煤小锅炉，提升空气质量。全面落实《加强林业草原管理工作意见》，成立森林草原公安局，组建生态建设工作综合执法大队，加大林业草原管护力度，增加财政预算，乡镇、村、屯三级安排专人管护、死看死守，依法严厉打击非法毁林、开荒、偷放牧行为，对原有林地草原破坏区域进行全面恢复。完善《全县生态审计工作方案》，强化责任追究，巩固生态县创建成果。强化环境整治。持续加强农村环境综合整治，巩固成果，提档升级，防止反弹，环境卫生保洁从重点村屯向偏远村屯延伸，继续实施清洁庭院星级评比、小手拉大手活动，大力宣传一心乡民主村、四家子林场日常保洁、常态管理经验，增强村民参与卫生保洁维护的自觉性和主动性，确保农村环境卫生不留死角。发展生态产业。大力推进林下经济，依托新店林场抓好“森林猪”“森林鸡”养殖示范，试验种植林下羊肚菌、家参党参等经济作物，发展樟子松嫁接红松 1500 亩，冬果沙棘试验试范基地 1000 亩。挖掘湖泊、湿地、草原、风能、地热等资源潜力，探索开发具有地域特色的休闲度假、温泉养生、冰雪旅游等幸福产业，切实把生态优势转化为产业优势、发展优势。

（九）突出品位提升、功能完善，力促城乡建设全面优化

围绕“一个尊重五个统筹”要求，突出“现代”“宜居”和民族特色，完善城乡功能，推进精细化管理，进一步增强城市综合承载能力。改善人居环境。按照“东转、西进、南控、北优”战略，修编城镇总体规划，全力实施南环路打通及周边部分棚户区改造工程，全年棚户区改造总量达到1300户，开发金秀蒿城，盘活一些烂尾楼，逐步解决低洼地段房屋易涝问题，开发建设面积达到20万平方米。提升市政功能。抓好天湖公园护岸、学府公园、四道街、城南水厂、供热管线等续建项目，推进奥德天然气长输管线进县工程，安装路灯5条街巷、84盏，撤并个人供热站，城区供热全部并入集中供热管网。建设美丽乡村。全面落实《美丽乡村建设三年行动计划实施方案》，巩固提升4个示范村标准，逐步提高33个重点村和28个达标村基础设施建设水平。对铁东至林甸界12.9公里林肇路进行大修，建设村级公路30公里，集中改造建档立卡贫困户、分散供养五保户、低保户和贫困残疾人家庭农村泥草（危）房4037户。投资2.74亿元，改造升级农村电网，积极争取国家“小康电”示范县项目，实施输变电新改扩建工程10个，全面提升电力供应保障。加强城市管理。落实好“门前三包”，强化城市日常保洁，加大棚户区、住宅楼区卫生清洁力度，消除城镇卫生死角死面。解决好老旧小区物业管理问题，突出违法建筑、占道经营、沿街抛撒、超载超速、小广告等专项治理，确保城市环境整洁有序。高效清除冰雪，增加投入，购置设备，提高机械作业能力。号召各机关企事业单位增设爱心驿站，让广大环卫工人歇歇脚、暖暖身、避避雨、喝上热水，逐步提高环卫工人工资待遇，减轻环卫工人劳动强度。结合“天眼工程”平台，实现资源共享，抓好数字城管，提高城市运营管理专业化、智能化水平。

（十）突出产业带动、整合力量，力促脱贫攻坚全面完成

坚持把脱贫攻坚作为重大政治任务和头号民生工程，围绕“两不愁三保障”，推进产业、金融、帮扶、健康扶贫，坚决确保2017年如期脱贫摘帽。突出项目牵动夯基础。采取整村推进形式完成剩余7个贫困村基础设施建设，修建村屯巷道20公里、边沟3000延长米，新建广场12个10000平方米，安装路灯160盏，提高贫困村整体基础设施建设水平。全面整合行业部门资金力量，实现2931户贫困户安全住房、1184户贫困户安全饮水。注重产业带动增内力。投入财政专项扶贫资金100万元，采取购雏补贴和免费防疫相结合的方式，发展30万只扶贫鹅养殖。依托炼化公司200万元扶持项目，实施奶牛、生猪、家禽孵化养殖和打抗旱井项目，合理规划好贫困村、贫困户收益分配比例，达到扶持一户、脱贫一户。抓好谷实生猪项目，通过政府贴息、贫困户担保、企业贷款模式，申请产业扶贫贷款6000万元，采取年底分红方式实现托底扶持特困户1166户、2742人。创新帮扶机制强保障。降低贫困专项贷款“门槛”，进一步完善创新小额信贷到户扶贫形式，贴息帮扶支农再贷款3.5亿元。积极主动与39家驻庆企业、高校、金融部门进行沟通，细化对接帮扶工作措施，切实提高帮扶精准度。做好贫困人口动态认定工作，保持建档立卡系统全年纠偏，确保顺利通过国家扶贫工作验收。

（十一）突出普惠共享、优化保障，力促群众获得感提升

合理编制财政预算支出，保持民生保障投入只增不减，有计划、有针对地办好一批群众要求强烈、感受明显的民生实事。统筹建设社会保障体系。依托宁夏伊品、杭州九阳、北京翰沃等落地企业，推进大中专毕业生、城镇就业困难人员和农村转移劳动力等群体充分就业，城镇新增就业2700人，城镇登记失业率保持在4.2%以内。建立覆盖低保、残障、精神疾患等特殊群众的普惠性保障制度，实施全民参保计划，按国家政策继续提高城乡低保和特困人员救助等社会救助标准，合理提高机关事业单位和企业退休人员基本养老金标准，完成城乡居民医保制度整合工作，实现基本医疗保险全民覆盖。系统巩固全民创业成果。持续大力推动大众创业、万众创新，提高大学生、农民、城镇转移就业职工三支队伍创业质量，搭建更多平台，留住更多人才，计划为乡镇招录农业、畜牧、水产等专业技术人员30名，为县直单位招录食品、文秘、财务、法律、建筑、规划等专业公务员30人。落实大庆市全民创业三年行动计划，投放小额担保贷款2500万元，新增创业主体1500个，推动更多人力资源进入以互联网为基础的新领域、新业态，培育更多新型企业家和“小精专”企业。深入打造城乡均衡教育。抓好学前教育，办好职业教育，创新民族教育，持续改善办学条件，实施他拉哈中心学校教学楼、克尔台蒙古族学校食宿楼、蒙古族中学运动场、巴彦查干中心学校和烟筒屯中心学校教师周转宿舍建设工程，加强师资队伍建设、强化校园管理，确保义务教育均衡发展通过国家评估验收。持续优化便民医疗服务。建成投用中医医院、妇幼保健院，积极申报蒙古族医院新建项目，深化公立医院改革，理顺医药价格体系，建立符合县情和行业特点的人事薪酬制度。组建县乡医疗联合体，促进优质医疗服务向基层、向乡村延伸，让广大人民群众共享医改成果。大力支持民族文化发展。加大非遗传承与保护力度，发展壮大“努恩牧仁”“夕阳红”等民间文体社团和协会，推动儿童、妇女、老龄等特色文化活动开展，定期组织民族歌舞团文艺惠民下乡汇演，深入推进蒙古族四胡音乐“三进活动”，全年培养传承人100名。

（十二）突出培育动力、激发活力，力促重点领域创新改革

坚持变中求新、变中求进、变中突破，打通体制机制，释放发展潜能，力争办事效率更高、营商成本更低、服务意识更强。推进重点改革。加快事业单位改革，搞好非政府公共部门改革，深化事业单位公务用车、机关事业养老保险和城乡居民医保改革，认真履行好省下放的殡葬、公共养老机构基本服务等价格管理权限，积极稳妥推进农村承包土地经营权和农民住房财产权抵押贷款试点，盘活资源要素。促优发展环境。深化“放管服”改革，推行“信用承诺、先建后审、宽进严管”模式，建立实施市场准入负面清单制度，把投资项目开工前的审批事项减到最低，能取消的一律取消，能合并的一律合并。加快全县电子政务集约化发展，推进“互联网+政务服务”工作，启动行政服务中心移址新建工程，提供一体化、一站式服务。降低园区土地使用税，利用好国家、省市产业投资基金，支持金融机构开发支小支微、市政建设、脱贫攻坚等信贷产品，全年贷款余额达到26亿元，助力重点产业、重点项目、重点企业发展。深化县校融合。深化与八一农大等周边院校合作，推进农产品溯源体系、数字化智慧牧业等共建项目建设，现代农业科技示范园区远程监控面积达到2万亩、实验新品种达到16个。充分发挥胡吉吐莫“智慧小镇”示范作用，选择3处牧场作为高校教学实践基地，以点带面，促进农业生产、牧业养殖标准化水平提高。

（十三）突出强化保障、创新治理，力促各项社会事业协调发展

以全国文明城市创建为总抓手，更加注重联动融合、开放共治，提高社会治理法治化、智能化和专业化水平。深化民族团结进步共建。利用民族项目资金重点完善28个少数民族村基础设施建设。设立民族教育事业发展基金300万元，重点支持困难学生交通、就餐补贴，蒙古语授课学生助学金额度提高到生均200元。创新全民共建共享机制。全面启动“七五”普法，建成投用法院审判法庭、看守所，做好社区矫正、戒毒和安置帮教各项工作，进一步发挥社区和居委会在舆情表达、矛盾调处、综治维稳等方面的积极作用，促进城市共管、社会共治、成果共享。创新公共安全保障机制。严格落实信访、安全、稳定“一岗双责”和企业主体责任，全面贯彻落实《黑龙江省食品安全条例》，持续开展校车、客运车辆超员巡查和专项整治，加强生产、消防、交通、人员密集场所等重点领域监管和隐患治理，防止重特大安全生产事故发生。加强网上信访信息系统建设，设立群众信访问题调处中心，继续坚持县乡同步接访，做到有访必接待、有理必解决，依法加大对无理访、非法访、专业缠访打击力度，全力维护信访形势稳定。创新社会治安防控机制。加强全县立体治安防控体系建设，全面实施群防群治，启动“天眼工程”项目建设，在县乡公共区域、道路交通卡口、红绿灯路口、居民小区安装高清数字视频监控、电子抓拍系统，并全部同公安部门联网。加强网络舆情监测和应急处突能力建设，及时查处、严厉打击各类违法犯罪活动，确保社会大局和谐稳定。

（撰稿：杜金环　审稿：李彦龙）

浙江省

2016年以来，面对严峻复杂的经济环境和持续加大的经济下行压力，全县上下认真贯彻落实稳增长、调结构、促改革、惠民生一系列政策措施，坚持稳中求进的工作总基调，以促进经济转型升级为主线，以改革发展、创新发展为动力，切实增强全县经济社会发展的动力和活力，实现了“十三五”的良好开局。

一、2016年经济发展主要特征

（一）稳增长措施得力，发展动力明显提升

综合实力稳步增长。全年实现地区生产总值49亿元，同比增长8.2 %，增速排名全市第2位，高于年度预期目标。其中一产实现增加值6.97亿元，同比增长2.9%；二产实现增加值13.9亿元，同比增长8%；三产实现增加值28.12亿元，同比增长9.8%。三次产业结构优化为14.2：28.4：57.4。

三驾马车有序增长。全年完成固定资产投资52.97亿元，同比增长13.7%，增速排名全市第2位。重点项目建设加快推进。34个重点项目完成投资37亿元，完成年度投资计划的104.7%，其中14个省市重点项目完成投资22.74亿元，完成年度计划的140.99%，10个市级前期项目有序推进，其中4个项目超梯度完成年度前期目标任务。全年完成全社会消费品零售总额27.9亿元，同比增长12.2%，其中商品零售完成24.8亿元，同比增长5.3%，餐饮收入完成1591.8万元，同比下降12.3%。实现网络零售额10.7亿元，同比增长54%。全年实现外贸进出口总额6.04亿元，同比增长22.2%，增速排名全市第3位；其中实现外贸出口5.87亿元，同比增长24.6%，增速排名全市第2位。

要素支撑保障不断增强。全年实现财政总收入11.54亿元，同比增长8.1%，其中一般公共预算收入6.23亿元，同比增长12.7%；一般公共预算支出34.5亿元，同比增长32%，其中民生类支出26.02亿元，同比增长37.7%，占总支出的比重高达75.4%，比上年同期提高3.1个百分点。金融业发展势头良好，全年实现金融机构本外币存款余额93.84亿元，同比增长13%；实现贷款余额69.47亿元，同比增长7.8%，增速排名全市第3位；存贷比为74.03。

（二）调结构方法适当，发展质量逐步提高

工业产业结构不断优化。全年实现规上工业产值15.46亿元，同比增长8.5%，增速排名全市第2位；规上工业增加值实现6.14亿元，同比增长12.2%，增速排名全市首位。全年高新技术增加值、战略新兴产业增加值、装备制造业增加值分别完成9513万元、1153万元、6063万元，分别同比增长15.4%、9.1%、16.2%，三项增加值占规上工业增加值比重为27.3%；实现新产品产值25026万元，同比增长46.7%，增速排名全市第2位。

农旅融合步伐加快。成功通过省级旅游服务标准化试点县项目验收，出台《景宁畲族自治县加快推进农产品转化为旅游地商品三年行动计划》，“农业+互联网+旅游”的乡村旅游新模式初步形成，全年实现旅游总收入42亿元，同比增长37.78%，新建休闲观光农业区4个，农业物联网试验示范基地1个，完成农产品旅游地商品转化30个，培育农产品旅游地商品生产主体20家，农业企业电商普及率71%，建设运营农旅产品展销展示中心，建成5家企业视频直播系统，农产品旅游地商品购物网点8个，实现营销额1.73亿元。环敕木山茶旅慢游景观带项目完成了县政府批复立项和招投标代理公司拟标书的委托工作，启动了惠明寺生态观光茶园建设。

市场主体培育不断加快。出台《景宁畲族自治县“精准帮扶企业促发展”行动方案》、《景宁畲族自治县小微企业“助保贷”合作平台管理办法（试行）》等扶持政策，降低了企业用能成本，提升市场发展活力。全年新增农家乐、民宿客栈85家，同比增长57.41%；新增工业企业“规下”升“规上”2家，“限下”批发零售、住宿餐饮业小微企业升“限上”2家，“限下”服务业小微企业升“限上”1家，推动4家小微企业在浙江股权交易中心挂牌，小微企业实现股权融资家数1家，金额1650万元。银行

类金融机构向小微企业发放贷款余额 9.84 亿元。

（三）促改革力度加大，发展活力不断增强

成功列入多项国家和省级试点。列入国家级农村综合改革标准化试点，完成《景宁县农村产权流转交易服务标准化试点工作实施方案》编制。作为Ⅲ类地区成功列入首批省级服务业强县试点，制定出台《景宁畲族自治县省级服务业强县培育试点方案（2016-2020）》，重点发展畲族文化、风情旅游、养生养老三大服务业。成功列入省级低碳试点县名单，完成省级低碳试点县实施方案和 2015 年度温室气体清单编制，探索碳汇林业项目建设，全县第一批毛竹林经营碳汇项目规划已完成，现在第三方核准过程中。列入省级光伏扶贫试点县，出台《景宁畲族自治县光伏小康工程试点工作实施方案》。

重点改革试点稳步推进。特色小镇加快推进，编制《景宁畲族自治县关于加快特色小镇规划建设的实施意见》，发布实施畲乡小镇建设规划。启动第二轮省级重点生态功能区小城市培育试点三年行动计划（2017-2019 年）编制。扎实推进县级公务用车制度改革，共保留车辆 184 辆，拍卖公车 91 辆，节支率达到 6.89%。积极推进省级民族地区可持续发展改革试点和省级茶叶低温气象指数综合改革试点方案编制和申报工作。启动户籍制度改革，出台《景宁畲族自治县积极稳妥推进户籍管理制度改革的实施意见》。继续推进农村金融改革，筛选申报 10 家农村金融改革示范点，全年完成“三权”抵押贷款余额 8.09 亿元，累计发放扶贫贴息贷款 2821 笔，金额 1.58 亿元。

（四）惠民生步伐加快，发展基础更加坚实

就业社保工作稳步推进。全年城镇新增就业岗位 1109 个，城镇失业人员实现再就业 544 人，困难人员再就业人数 169 人，实现创业人数 1230 人，创业带动就业 2346 人，就业创业培训 1890 人，城镇登记失业率控制在 2.96%。利用“景宁就业”微信公众号、畲乡人力资源网等五大公共服务平台为 80 多家用人单位发布就业岗位信息 6000 多条次。继续推进社会保障体系建设，首次实现企业和机关事业单位退休人员基本养老金同步调整，共涉及 8107 人。

社会事业加快发展。创新活力不断增强，中国畲乡电子商务创业创新园区入选浙江省首批电子商务创业创新园，景宁畲药产业科技创新服务平台正式成立，创设了“景宁创新社区”。教育质量不断提高，杭州学军中学和景宁中学正式开展了结对帮扶，景宁中学高考本科率达 83.26%，位居全丽水市第三；第一次实现万人高考本科率达到全省平均水平；高考上线率达到 100%。卫生服务能力不断增强，出台《关于推进责任医生签约服务工作的指导意见》、《景宁畲族自治县全面提升医疗卫生服务能力两年行动计划》，民族医院项目建设有序推进。文化事业加快发展，出台《关于实施“文化引领” 建设“文化高地”推动文化发展走在全国民族自治县前列的若干意见》（简称文化新十条），推出畲族题材音乐剧《畲娘》和畲族服饰秀《凤凰传奇装》，《畲娘》作为全省唯一参演剧目赴京参加第五届全国少数民族文艺会演并获最佳音乐创作奖，成功举办第二届中国畲族发展景宁论坛。

规划编制工作重点突出。《景宁畲族自治县国民经济和社会发展第十三个五年规划纲要》顺利通过县人大五次会议审议，已经县政府发布实施，出台“十三五”发展主要目标任务分解方案，13 个 “十三五”系列专项规划完成编制、审查、发布、实施。加强年度规划编制管理，2016 年下达年度规划编制 48 项，预算经费 1437 万元。与 2015 年相比，增加规划计划 27 项，缩减经费 955.2 万元。

二、经济社会发展存在的主要问题

受宏观形势偏紧影响，经济增长动力不足、下行压力较大，部分指标完成情况与计划目标还有一定差距，经济社会发展中一些问题和矛盾还比较突出。主要表现在：经济下行压力明显，供给侧改革任务艰巨，保持增长速度难度不小；项目投资进度较慢，投资规模大、辐射能力强、经济效益好的项目储备不足；转型升级难度大，传统产业面临困境，创新能力薄弱，现代服务业有待加快培育，特色产业优势发挥不明显；资源约束趋紧，土地、能源、人才等供需矛盾较为突出，风险防控体系有待加强。我们要高度重视，充分估计经济下行带来的困难和挑战，增强忧患意识，坚持底线思维，既保持战略定力，又及时做好预警预案预控，更加有效应对，认真加以解决。

三、2017 年工作建议

（一）打好九大战役，在优化发展环境上谋求更大成效

全力打好“拆治归”组合拳。围绕“拆”字，打好违法建筑拆除百日攻坚战，确保攻坚战期间拆除违法建筑 25 万平方米；打好地质灾害综合治理“大搬快治”百日攻坚战，争取全年完成地质灾害搬迁 2322 人，解危 738 人；打好城镇环境脏乱差整治百日攻坚战，着力打造小城镇环境综合整治样板。围绕“治”字，开展鹤溪河污泥浊水整治百日攻坚战，强化鹤溪河水环境整治提升；开展全域断面水质巩固提升百日攻坚战，年底岭根交接断面水质提升至优秀，誓夺“大禹鼎”；开展加快城区截污纳管百日攻坚战，加快推进鹤溪河污水主管网、鹤溪花园排水排污管网改造等 7 个项目，杜绝污水直排鹤溪河。围绕“归”字，打好招商引资“双十双百”百日攻坚战，争取百日完成全年工作任务；深入开展有效投资“四百”攻坚战活动，力争 5 月底前有 20 个以上项目开工，完成投资 15 亿元以上；打好行政审批服务提速百日攻坚作战，进一步提高审批效率。

（二）优化产业结构，在提升产业竞争上谋求更大成效

坚持把全域旅游作为第一战略支柱性产业来培育，以文旅融合、城旅融合、农旅融合、工旅融合为抓手，加快浙江省全域旅游示范县创建，争取全年旅游收入突破 50 亿元。积极推进汇龙游艇俱乐部项目进度，加快水隅仙境、千峡垂钓中心等项目前期，努力把千峡湖打造成为全域旅游发展的重要载体。积极发展“畲家乐”，建成农家乐综合体 1 个、民宿示范乡镇 1 个、农家乐集聚区 2 个。启动“畲乡山耕”产品推广中心项目，建设休闲观光农业示范点 4 个，转化农产品旅游地商品 19 个，力促畲族彩带、服饰、银饰等畲族文化产品向旅游地商品转化。积极推进现代物流、电子商务、金融等新兴服务业态发展。继续发展茶叶、毛竹、香榧等特色优势产业，新增茶叶基地 2000 亩、香榧基地 2000 亩、油茶基地 1000 亩，力争培育生态精品农业示范主体 20 个，争创生态精品农业示范县。加快培育以节能环保、生物技术、新能源等为代表的新兴产业，着力对竹制品行业进行整合提升，加速农民创业园基础配套设施建设，加快博士园生物科技、亚资科技等企业建成投产。加大丽景民族工业园工业招商力度，壮大工业经济总量。

（三）突出改革创新，在增强发展活力上谋求更大成效

积极推进国家级农村综合改革标准化试点、省级服务业强县（市、区）试点、省级低碳试点、省级光伏扶贫试点等国家及省级试点建设，力争各项改革工作取得顺利进展，确保完成年度改革工作任务。争取创建民族地区可持续发展改革试点，加快民族地区可持续发展总体方案编制，尽快争取得到省发改委的批复。强力推进县域经济体制综合改革、农村产权制度改革等相关改革，实施小城市培育试点三年行动计划（2017-2019 年）。扎实推进畲乡小镇建设，协同推进畲乡生态创业小镇、东坑爱情小镇培育工作，着手谋划森林小镇、惠明禅茶小镇等一批具有县域特色的小镇建设。开展茶叶低温气象指数综合保险试点工作以及政策性农业保险共保体协同推进机制试点工作。

（四）补齐发展短板，在夯实经济基础上谋求更大成效

2017 年安排基本建设项目 153 个，计划投资 63 亿元，重点项目 35 个，计划投资 39.75 亿元，占基本建设项目计划的 63%，重大项目前期安排 53 个，估算总投资 172.86 亿元。加快交通基础设施建设，继续推进 G235 溪口至澄照段改建工程、山呑至张村公路、棚洞工程等项目建设，争取开工建设 332 国道景宁段改建工程和金钟大桥，争取国完成景文高速项目工可批复，抓紧对接青景庆公路等级提升工程。加快城乡统筹发展，大力发展城市公交，加快外舍桥系、人民中路改建、千年山哈宫、东弄旅游综合体等项目建设，深入推进“六边三化三美”，启动创建“花样村庄”10 个、美丽经济示范村 3 个。

（五）改善民本民生，在提升幸福指数上谋求更大成效

坚持教育优先发展，继续推进凤凰学校、澄照创业园学校等教育基础设施建设，加快职业高中迁建和素质教育基地项目前期，谋划第二高中，努力探索农村学校“新乡村教育”、城区学校“三品教育”，实现各阶段教育质量新突破。加快发展卫生事业，完善“双下沉、两提升”长效机制，开展全科医生签约、分级诊疗工作，推进民族医院一期内部装修工程，建设区域诊断共享中心，不断提高公共卫生和基本医疗服务水平。积极发展文化事业，争取体育健身中心、体育场复建项目等重点项目完成主体工程建设，加快民间博物馆园区（一期）项目前期，切实推动畲乡文化传承创新。落实好大众创业促进就业工作和企业稳岗补贴等政策，大力开展各类就业培训活动，培训专业技术人才 1200 人，新增城镇就业岗位 900 个，城镇登记失业率控制在 4%以内。大力实施城镇失地农民保险，实现新增参保 1200 人。加强保障性安居工程建设，建成安置房 119 套，基本建成公共租赁房 50 套。

（撰稿：潘晶　审稿：钟建文）

湖北省

2016 年，湖北省民族自治地方“一州两县”（即恩施土家族苗族自治州、五峰土家族自治县和长阳土家族自治县）在省委、省政府的正确领导下，以《中共中央、国务院关于进一步加强民族工作，加快少数民族和民族地区经济社会发展的决定》和《国务院实施〈中华人民共和国民族区域自治法〉若干规定》为依据，按照《中共湖北省委、湖北省人民政府关于加强和改进新形势下全省民族工作的意见》（鄂发〔2014〕25 号）文件的要求，深化改革，开拓创新，使我省民族地区经济保持了稳定、协调、健康、持续发展的良好态势，国民经济稳定增长。据统计，2016 年，民族自治地方“一州两县”完成生产总值 929.94 亿元。其中，第一产业 212.35 亿元，第二产业 324.02 亿元，第三产业 393.57 亿元。

一、农业生产稳定发展

农业有效灌溉面积 77.9 千公顷。农业机械总动力 310.09 万千瓦，比上年增长 2.2%。粮食总产量 1680626 吨。当年造林面积 57.85 千公顷，农林牧渔业总产量 364.93 亿元，比上年增长速度 6.94%。

二、工业经济发展迅速

规模以上工业企业工业销售总产值（当年价）574.7 亿元，比上年增长 7.99%。主营业务收入 517.3 亿元，比上年增长 3.63%。全年规模以上工业企业达到 655 个，比上年增长 1.71%。

三、固定资产投资保持快速增长

全年全社会固定资产投资完成额达到 871.04 亿元，比上年增长 0.5%。按资金来源分，国家预算内资金 204.06 亿元，增长 52.2%；全社会固定资产投资新增固定资产 389.6 亿元。

四、国内贸易市场稳定，对外贸易繁荣活跃

国内贸易全年实现社会消费品零售总额 571.5 亿元，比上年增长 12.4%，其中：批发和零售业总额 127.8 亿元；住宿和餐饮业总额 70.81 亿元，增长 10.8%。进出口总额 62729.7 万美元，比上年增长 4.5%。

五、财政收入稳步增加

全年完成财政总收入 156.15 亿元，比上年增长 6.65%。其中：地方一般公共预算收入 82.7 亿元，增长 3.4%。地方一般公共预算支出 375.37 亿元，比上年减少 0.13%。全部金融机构各项存款 14522647 万元；全部金融机构各项贷款 818.29 亿元。

六、城乡居民收入稳定增长

全年城镇居民人均可支配收入 24283 元，比上年增 9.5%；城镇居民人均消费支出 16967 元，比上年增加 11.44%。全年农民人均纯收入 8734 元，比上年增长 9.45%。

七、旅游业发展较快

全年旅行社总数达到 85 个。旅游人数突破 5310 万人次。其中，国际旅游 46.8 万人次，国内旅游 5264 万人次。国际旅游收入 6116.12 万美元，国内旅游

收入 376.12 亿元。

八、教育事业快速发展

湖北民族地区认真落实农村义务教育保障新机制，努力改善办学条件，扎实推进素质教育，加强师资队伍建设，不断规范学校管理，各类教育长足发展，专任教师有所增加，教师队伍质量明显提高。2016 年，九年制义务教育成果得到巩固，小学适龄儿童入学率达到 100%。教育经费共支出 54.23 亿元。

九、文化、卫生事业蓬勃发展

截至 2016 年末，共有艺术表演团体 12 个，艺术表演场所 5 个，文化馆 11 个，公共图书馆 11 个，博物馆 12 个。全年卫生机构数 3708 个，医疗机构床位数 25909 张，比上年增长 2.87%；卫生机构人员数 29951 人，比上年增长 6.99%。

（撰稿：商振华　审稿：江华富）

湖南省

2016 年，面对错综复杂的国内外形势和经济下行压力，湖南省民族自治地方认真贯彻落实党中央、国务院的各项决策部署，全面贯彻新发展理念，坚持稳中求进的工作总基调，坚定不移推进供给侧结构性改革，经济总体运行平稳，呈现出稳中有进、稳中提质的发展态势。

经济规模持续扩大。2016 年，湖南省民族自治地方完成地区生产总值（GDP）12322700 万元，按可比价格计算，同比增长 9.14%。其中，第一产业增加值 2009038 万元，增长 8.57%；第二产业增加值 3743607 万元，增长 4.27%；第三产业增加值 6570055 万元，增长 12.3%。按常住人口计算，人均地区生产总值 20648 元，同比增长 14.69%。全年全社会固定资产投资完成额为 9613074 万元，同比增长 21.55%。其中，固定资产投资（不含农户）8972174 万元，增长 24.81%。国有经济投资 5121491 万元，集体经济投资 30128 万，外商、港澳台经济投资 16551 万元。全社会固定资产投资新增固定资产 5365218 万元。

农业生产总体稳定。全省民族自治地方完成农林牧渔业总产值 2998637.5 万元，按可比价格计算，同比下降 3.39%。其中，农业总产值 1887571 万元，增长 1.7%；林业总产值 182117.3 万元，下降 39.18%；牧业总产值 811609.4 万元，下降 3.46%；渔业总产值 73342.6 万元，增长 12.65%。农业基础设施建设加快，生产条件不断改善。全省民族自治地方年末实有耕地面积 421.4 千公顷，农作物总播种面积 826.98 千公顷。民族自治地方全年农村用电量 84092.87 万千瓦小时，比上年增长 44.66%；地膜使用量 5277.14 吨，减少 0.92%；农药使用量 7865.45 吨，比上年减少 3.65%。主要农产品产量大部分增长，粮食总产量 2081303.69 吨，比上年增长 1.54%；油料总产量 203821.27 吨，比上年增长 0.53%；棉花产量 569.46 吨，比上年增长 9.17%；糖料产量 35479.81 吨，比上年增长 39.74%；麻类产量 1389.33 吨，增长 293.58%；烟叶产量 53626.18 吨，增长 3.61%；茶叶产量 4231 吨，增长 24.83%；水果产量 1758728.43 吨，增长 3.73%。期末存栏大牲畜 97.22 万头，比上年减少 14.38%；出栏大牲畜 51.32 万头，同比增长 240.09%；出栏肉猪 351.92 万只，同比下降 0.71%；出栏羊 76.73 万只，比上年增加 5.83%；肉类产量 339834.92 吨，比上年增长 0.58%；奶类产量 48988 吨，比上年增加 7.3%；全年水产品产量达 52371.99 吨，同比下降 0.58%。

工业经济企稳回升。2016 年，克服众多不利因素影响，全省民族自治地方工业经济逆势上扬。全省民族自治地方规模以上工业企业单位数 630 个，比上年增加 86 个；规模以上工业企业销售产值 5917863.2 万元，增长 3%；主营业务收入 6231901.4 万元，增长 21.71%；利润总额 369185.4 万元，同比增长 92.55%。主要工业产品大部呈增产态势，原煤产量 229141 吨，同比增长 9.05%；发电量 539304.19 万千瓦时，同比增长 11.23%；生铁产量 239192 吨，同比增长 18.03%；木材产量 329430 立方米，同比增长 173.48%；粗钢产量 31008 吨，同比下降 16.84%。

财政金融平稳增长。全年财政总收入 1340593 万元，增长 18.47%；地方一般公共预算收入 840012 万元，增长 118.87%；地方一般公共预算支出 4634963 万元，增长 20.04%。全年全部金融机构各项存款达 17172328.24 万元，同比增长 17.38%；贷款规模进一步扩大，全部金融机构各项贷款达 9082334.46 万元，同比增长 18.46%；城乡居民储蓄存款年末余额 9531055.2 万元，同比增长 11.94%。

贸易旅游提质升级。全年社会消费品零售总额 4741397.4 万元，增长 8.79%；其中，批发和零售业达 4116967.9 万元，增长 36.97%；住宿和餐饮业达 624431.5 万元，增长 27.96%。全年进出口总额 27812 万美元。本年实际利用外资额 15450 万美元，下降 16.05%。年末实有外商投资企业 35 个，比上年增加 12 个。2016 年，全省民族自治地方共有旅行社 137 个，比上年增加了 17 个。全年共接待游客 94967976 人次，增长 39.77%。其中，国际旅游 2716543 人次，增长 28.97%；国内旅游 92255463 人次，增长 40.53%。国际旅游收入达 6166.56 万美元，增长 36.69%；国内旅游收入达 5755016.7 万元，增长 31.4%。

社会事业全面进步。2016 年，全省民族自治地方有普通高等学校 5 所，在校本科、专科学生 43680 人，毕业生 12604 人，教职工 2350 人，其中专任教师 1594 人；有普通中学 397 所，在校学生 283991 人，毕业生 86735 人，教职工 22224 人，其中专任教师 21145 人；有中等职业学校 45 所，在校学生 44100 人，毕业生 11726 人，教职工 2539 人，其中专任教师 2131 人；有普通小学 938 所，在校学生 437962 人，教职工 26450 人，其中专任教师 25459 人。全年教育经费支出 673493 万元。截至 2016 年末，全省民族自治地方拥有卫生机构 5989 个，有医院、卫生院 844 个，村卫生室 4342 个。共有卫生技术人员 28552 人，其中，执业（助理）医师 11175 人。卫生机构床位数 31760 张。新型农村合作医疗制度覆盖全省所有民族地区，参保人数达 477.25 万人，平均参合率 98.6%。城镇居民最低生活保障人数达 124746 人；保障支出达 45315.93 万元，同比增长 18.38%。农村居民最低生活保障人数达 459793 人；保障支出达 60784.58 万元，比上年增长 16.31%。群众生活水平不断提高，城镇居民人均可支配收入 18714 元，同比增长 9.86%；农村居民人均纯收入 6559 元，同比增长 12.74%

（撰稿：黄淼　审稿：肖丽萍）

广东省

一、民族自治地方经济社会发展综述

2016 年，在国家民委和省委、省政府的正确领导下，广东民族地区坚持围绕“三个定位，两个率先”总目标，总要求，坚持以党的十八大和十八届三中、四中、五中、六中全会以及习近平总书记系列重要讲话精神为引领，全面贯彻落实中央民族工作会议、全省民族工作会议以及全省扶贫工作会议精神，紧扣《扶持民族地区加快发展的意见》，采取一系列积极举措，抓项目、强基础、稳增长、惠民生，保持经济平稳运行。

（一）主要经济指标稳定增长

2016 年，连南瑶族自治县、连山壮族瑶族自治县和乳源瑶族自治县实现地区生产总值 144.71 亿元，比上年增长 8.87%，增长速度比全省高 1.37 个百分点。其中，连南 40.04 亿元，连山 30.97 亿元，乳源 73.70 亿元，分别比去年增长 8%、3.8%、9.5%。分产业看，第一产业增加值 21.82 亿元，增长 12.19%；第二产业增加值 53.78 亿元，增长 7.56%；第三产业增加值 69.11 亿元，增长 10.74%；人均地区生产总值 34020.33 元，比去年增长 5.90%。各项经济监测指标与 2015 年相比，基本保持了上升的态势。2016 年全省 3 个自治县三次产业结构为 15.08：

37.16：47.76，产业结构仍然保持“三二一”。尽管3个自治县当年主要经济指标呈现稳定增长态势，但在经济发展中仍然面临诸多问题，经济总量少，财政收支矛盾依然突出，经济增长后劲不足，企业规模不大，自主创新能力不强，农民持续增收难度加大，区域发展不协调等。

（二）农业生产增长保持平稳

2016年，3个自治县继续推进农村综合改革，积极完善各项扶持政策，培育壮大绿色特色农业产业带长廊和休闲产业基地建设，促进了农业生产稳定增长，农民收入有较大幅度提高。经统计，3个自治县全年完成农林牧渔业总产值达34.66亿元，同比增长12.02%。其中，农业产值202993.63万元，比上年增长13.63%；林业产值60233.97万元，同比增长7.74%；畜牧业产值59495.94万元，比上年增长12.93%；渔业产值5860.76万元，比上年增长12.08%。农作物总播种面积67.89千公顷，粮食作物播种面积29.77千公顷，粮食总产量135956吨，与去年基本持平；油料播种面积6.54千公顷，比上年增长8.10%；油料产量达到17921吨，比去年增长15.86%；畜牧业生产稳定增长。大牲畜年末存栏头（只）为3.6万头，与去年基本持平。猪、羊年末存栏头（只）分别为12.79只和0.97只，与去年基本持平。肉类总产量达到18831吨，同比增加10.94%，其中牛肉、羊肉和猪肉产量分别为678吨、110吨和13771吨，同比增加259吨、77吨和4776吨。

（三）工业稳中有升建筑业下降

2016年，规模以上工业完成销售产值108.47亿元，同比增加1.86亿元；实现利润总额8.17元，与去年增加2.18亿元。受国家调控影响，建筑业全年建筑业总产值完成8.77亿元，同比下降10.72%。全社会完成建筑业增加值9.56亿元，同比增长1.87亿元。

（四）固定资产投资小幅增长

2016年，在工业企业扩能、教育卫生、道路交通、旅游服务基础设施、城乡供电和供水基础设施完善改造、房地产开发等主要项目推动下，3个自治县固定资产投资保持高增长。全社会固定资产投资完成额82.21亿元，同比增长4.50%。其中，连南10.10亿元，比上年增长10.26%，连山5.14亿元，比上年减少2.28%，乳源66.97亿元，比上年增长2.84%。总体上看，2016年3个自治县全社会新增固定资产投资27.33亿元，同比减少25.72亿元，同比减少48.48%。

（五）财政收入平稳提升

2016年，为贯彻落实中央和全省民族工作会议精神，广东省财政对3个自治县加大转移支付力度，各县也继续实施积极财政政策和适时放宽的货币政策，财政收入实现预期目标。3个自治县完成地方财政总收入68.84亿元，比上年增长2.67%。公共财政预算收入7.91亿元，比去年减少4.12%。其中，连南1.48亿元，比去年减少8.66%；连山1.22亿元，比去年减少6.77%；乳源5.21亿元，比去年增长3%。公共财政预算支出为56.63亿元，同比减少4.63%。其中，教育领域支出为9.84亿元，一般公共服务支出8.22亿元，社会保障和就业支出6.42亿元，医疗卫生和计划生育支出6.30亿元。金融流通运行平稳。3个自治县全部金融机构年末各项存款余额172.16亿元，比上年增长11.14%。

（六）文化体育事业取得新成绩

2016年，广东省民族地区民族文化事业蓬勃发展。连山壮族瑶族自治县文化馆被文化部命名为“国家一级文化馆”，瑶族舞剧《瑶妃忆》获得第五届岭南舞蹈大赛表演金奖，民俗“牛王诞”列入广东省级非遗项目保护名录。乳源瑶族自治县世界瑶族经贸文化交流中心区列入广东省“一带一路”建设项目，南岭瑶族文化资源多媒体数据库通过文化部验收。盘王纪念馆被评为广东省级非遗传承基地，“瑶族双朝节”“西京古道石阶除道”“苦爽酒酿造技艺”列入韶关市级非遗项目保护名录，完成可移动文物普查1576件和观澜书院修缮。连南瑶族自治县以“瑶艺节”等节庆活动、“排瑶婚俗”等专题片、微信等新媒体为载体开进行宣传，效果明显。截至2016年末，广东省民族自治地方有各种艺术表演团体28个，公共图书馆3个，文化馆3个，博物馆3个，满足了民族地区群众的文化需求。

（七）教育事业持续发展

2016年3个自治县继续调整优化教育资源，努力提高教育教学质量，城乡、民族、各级各类教育均衡发展，教育整体水平再上新台阶。3个自治县学龄儿童入学率100%，小学毕业生升学率100%，职业教育学生推荐就业率98%。2016年末，民族自治地方共有普通中学27所，招生数9789人，在校学生20647人。普通小学65所，招生数13577人，在校学生36546人。中等职业学校3所，招生数1016人，在校学生数1969人。

（八）民生改善步伐加快

2016年，各自治县在改善民生方面继续增加投入力度，人民生活有所改善，呈现城乡居民收入增速高于GDP增速的可喜现象。全年城镇居民可支配收入20595元，比上年增长9.48%。农民人均纯收入11264元，比去年增长9.16%。

（九）社会保障机制和福利事业更加完善

2016年，3个自治县医疗卫生投入持续提高，医疗卫生网络进一步完善。民族自治地方卫生机构358个，医疗机构床位数1288张，卫生机构人员2915人。医疗卫生基础设施得到进一步完善，连山人民医院由清远人民医院托管初显成效，成功创建为“二甲医院”，易地改扩建工程已完成了新建门（急）诊大楼和改建住院综合楼；乳源瑶族自治县建成县人民医院新住院大楼。连南瑶族自治县中医院选址已经确定，具体建设方案正进一步细化完善中。同时，全年3个自治县继续开展社会保障事业，共有985名城镇居民和16103名农村居民得到政府最低生活保障，城镇居民及农村居民最低生活保障支出达到575.89万元和3437.83万元。

（撰稿：余森河　审稿：李秀英）

广西壮族自治区

2016年，面对复杂严峻的国内外经济环境和持续较大的经济下行压力，自治区党委、政府坚决贯彻落实中央的各项决策部署，坚持稳中求进工作总基调，统筹做好稳增长、促改革、调结构、惠民生、防风险等各项工作，着力推进供给侧结构性改革，全区经济运行呈现缓中趋稳、稳中向好的态势，各项社会事业不断进步，实现了“十三五”良好开局。

一、综合

初步核算，全年全区生产总值（GDP）18245.07亿元，比上年增长7.3%。其中，第一产业增加值2798.61亿元，增长3.4%；第二产业增加值8219.86亿元，增长7.4%；第三产业增加值7226.60亿元，增长8.6%。第一、二、三产业增加值占地区生产总值的比重分别为15.3%、45.1%和39.6%，对经济增长的贡献率分别为7.2%、47.0%和45.8%。按常住人口计算，人均地区生产总值37876元。

二、农业

全年全区粮食播种面积3023.6千公顷，比上年减少35.7千公顷。油料种植面积257.21千公顷，增加8.85千公顷；甘蔗种植面积951.03千公顷，减少22.71千公顷；蔬菜种植面积1269.74千公顷，增加48.74千公顷；木薯种植面积206.87千公顷，减少6.41千公顷；果园面积1232.59千公顷，增加67.08千公顷；桑园面积205.24千公顷，增加3.87千公顷。

全年全区粮食总产量1521.3万吨，比上年减少3.5万吨，减产0.2%。全年全区猪牛羊禽肉总产量402.8万吨，比上年下降1.5%。全年生猪出栏3280.1万头，比上年下降4.0%；年末生猪存栏2216.1万头，比上年末下降3.8%。全年蚕茧产量37.80万吨，增长4.8%。水产品产量361.52万吨，增长4.6%，其中海水产品产量186.95万吨，增长4.2%。全年全区木材采伐量3410万立方米，比上年增长14.4%。松脂产量67.35万吨，增长3.4%。

三、工业和建筑业

全年全区全部工业增加值6764.13亿元，比上年增长7.3%.全年全区规模以上工业增加值增长7.5%。全年全区规模以上工业企业主营业务收入21978.4亿元，比上年增长9.0%；利税总额2285.2亿元，增长3.2%，其中利润总额1287.7亿元，增长8.9%。全年全区全社会建筑业增加值1456.41亿元，比上年增长7.8%。

四、固定资产投资

全年全区全社会固定资产投资 18236.78 亿元，比上年增长 12.4%，扣除价格因素，实际增长 12.9%。其中，固定资产投资（不含农户）17652.95 亿元，比上年增长 12.8%。全年全区房地产开发投资 2397.99 亿元，比上年增长 25.6%。

五、国内贸易

全年全区社会消费品零售总额 7027.31 亿元，比上年增长 10.7%，扣除价格因素，实际增长 10.3%。按经营地统计，城镇消费品零售额 6193.53 亿元，增长 10.6%；乡村消费品零售额 833.78 亿元，增长 11.5%。

在限额以上企业商品零售额中，建筑及装潢材料类零售额比上年增长 130.0%，中西药品类增长 15.1%，汽车类增长 13.9%，家具类增长 11.8%，通讯器材类增长 11.2%，日用品类增长 9.4%，体育娱乐用品类增长 8.4%，服装鞋帽针纺织品类增长 5.5%，化妆品类增长 4.4%，石油及制品类增长 3.5%，家用电器和音像器材类增长 2.0%，粮油食品类下降 1.6%。

六、对外经济

全年全区货物进出口总额 3170.42 亿元，比上年下降 0.5%。其中，货物出口 1523.83 亿元，比上年下降 12.4%；货物进口 1646.59 亿元，增长 13.9%。贸易逆差（出口小于进口）122.75 亿元。从出口企业性质看，国有企业出口 164.58 亿元，比上年下降 10.9%；外商投资企业出口 283.63 亿元，增长 3.1%；私营企业出口 993.80 亿元，下降 21.6%。

全年全区批准项目合同外资额（商务部口径，下同）23.19 亿美元，比上年下降 30.9%；实际利用外资额 8.88 亿美元，比上年下降 48.4%。

全年全区对外承包工程和劳务合作完成营业额 8.51 亿美元，比上年下降 9.5%。

七、交通、邮电和旅游

全年全区交通运输、仓储和邮政业增加值 855.67 亿元，比上年增长 4.5%。

年末全区公路总里程 12.05 万公里，比上年新增 0.25 万公里；其中，高速公路里程 4603 公里，比上年新增 315 公里。年末铁路营业总里程 5141 公里，比上年新增 55 公里；其中，高速铁路营业里程 1751 公里。

全年全区港口完成货物吞吐量 3.21 亿吨，比上年增长 1.9%，其中外贸货物吞吐量 1.22 亿吨，下降 4.1%。港口集装箱吞吐量 251.49 万标准箱，增长 23.0%。

年末全区民用汽车保有量 427.34 万辆，比上年末增长 16.6%，其中轿车 208.76 万辆，增长 18.2%。年末私人汽车保有量 378.12 万辆，增长 19.4%。

全年全区完成邮电业务总量 1000.57 亿元，比上年增长 53.5%。全年局用交换机（含接入网设备）总容量 1158 万门。年末固定电话用户达到 348.94 万户。年末全区固定及移动电话用户总数达到 4123.09 万户，比上年末增加 88.55 万户。电话普及率达到 85.59 部/百人。年末互联网用户 3953.9 万户，比上年末增加 439.82 万户。

全年全区入境过夜游客 482.52 万人次，比上年增长 7.2%；国际旅游（外汇）消费 21.64 亿美元，增长 12.9%。接待国内旅客 4.04 亿人次，增长 20.1%，国内旅游消费 4047.65 亿元，增长 29.1%。旅游总消费 4191.36 亿元，增长 28.8%。

八、金融

全年全区金融业增加值 1135.45 亿元，比上年增长 10.9%。年末全区金融机构本外币各项存款余额 25477.80 亿元，比年初增加 2684.26 亿元，其中人民币各项存款余额 25257.56 亿元，增加 2690.59 亿元。年末金融机构本外币各项贷款余额 20640.54 亿元，比年初增加 2521.15 元，其中人民币各项贷款余额 20175.77 亿元，增加 2518.92 亿元。

年末全区上市公司（A 股）数量 35 家，市价总值 3541.45 亿元，比上年末下降 2.7%。全年全区保险公司原保险保费收入 469.2 亿元，比上年增长 21.6%。

九、教育和科学技术

全年全区在校研究生 2.77 万人，普通高等教育在校生 81.03 万人，各类中等职业教育（含技工）在校生 81.02 万人，普通高中在校生 91.89 万人，普通初中在校生 198.75 万人，普通小学在校生 451.37

万人，特殊教育在校生 1.59 万人，学前教育在校生 209.64 万人。

全年全区安排科学研究与技术开发计划项目 1573 项，资助经费 68955 万元。取得省部级以上登记科技成果 3364 项，全年全区获广西科技进步奖项目 155 项，全年全区专利申请量 59231 件，全年全区授权专利 14852 件，全年共签订技术合同 1832 项。全区累计完成产品认证企业个数（有效期内）1253 个。累计制、修订地方标准 208 个，有效期内广西名牌产品数 390 个，地理标志保护产品 56 个。全区共有地震台站 128 个，地震监测台网 7 个。

全年全区各级气象台共发布气象预警信号 9826 次，全年自治区气象台发布预警 121 次。全区共有海洋观测站 5 个。

十、文化、卫生和体育

年末全区共有县级以上公共图书馆 112 个，文化馆 123 个，博物馆 106 个，国有艺术表演团体 22 个。年末全区共有 50 个项目列入国家级非物质文化遗产名录，618 个项目列入自治区级非物质文化遗产名录。

按机构分，年末全区共有广播电台 7 座，电视台 6 座，广播电视台 84 座。有线广播电视用户 673.82 万户，数字电视用户 510.47 万户。年末广播节目综合人口覆盖率为 96.9%；电视节目综合人口覆盖率为 98.4%。全年全区出版各类报纸 6.57 亿份，各类期刊 0.47 亿册，图书 2.77 亿册。年末全区共有档案馆 158 个，已开放各类档案 81.59 万卷。

年末全区共有医疗卫生机构 34255 个，卫生技术人员 29 万人，医疗卫生机构床位 22.47 万张。全年全区甲乙丙类法定报告传染病 51.48 万例，报告发病率 1073.5 人/10 万，报告死亡率 6.14 人/10 万。

全年全区运动员在世界三大赛中获金银铜牌 15 枚，其中金牌 6 枚，银牌 7 枚，铜牌 2 枚。有 2 人创 2 项世界纪录，有 3 人创 4 项全国纪录。

十一、人口、人民生活和社会保障

年末全区户籍总人口 5579 万人，比上年末增加 61 万人。年末全区常住人口[4]4838 万人，比上年末增加 42 万人，其中城镇人口 2326 万人。全年出生人口 77 万人，出生率 13.82‰；死亡人口 29 万人，死亡率 5.95‰；自然增长率 7.87‰。

全年全区居民人均可支配收入 18305 元，比上年增长 8.5%，扣除价格因素，实际增长 6.8%。按常住地分，城镇居民人均可支配收入 28324 元，农村居民人均可支配收入 10359 元。全年全区居民人均消费支出 12295 元，比上年增长 7.8%，扣除价格因素，实际增长 6.1%。按常住地分，城镇居民人均消费支出 17268 元，农村居民人均消费支出 8351 元。农村居民家庭食品消费支出占消费总支出的比重（即恩格尔系数）为 34.5%，城镇为 34.4%。

年末全区参加城镇职工（包括企业和机关事业单位）基本养老保险人数 751.91 万人，参加城镇基本医疗保险的人数 1096.42 万人，参加城镇基本医疗保险的农民工 26.54 万人，参加失业保险的人数 283.71 万人，领取失业保险金人数 5.93 万人，参加工伤保险的人数 374.07 万人，参加生育保险的人数 319.59 万人，年末参加城乡居民基本养老保险的人数 1772.03 万人。2016 年末全区社会保障卡持卡人数达到 2586.37 万人。

年末全区共有 111 个县（市、区）开展了新型农村合作医疗试点工作，新型农村合作医疗参合率 99.3%；新型农村合作医疗基金支出总额为 180.64 亿元，受益人数 6651.49 万人次。

年末全区共有提供住宿的养老服务机构和设施 1.2 万个，床位 16.2 万张，年末收养 6.9 万人。为儿童提供救助收养服务的机构 43 个，床位 3130 张，年末收养 1550 人。各类社区服务设施 1146 个，其中社区服务中心 82 个，社区服务站 633 个。城市低保 22.4 万人，农村低保 290.6 万人，特困人员救助供养 26.9 万人。民政部门资助参加基本医疗保险 147.7 万人，民政部门直接救助 60.1 万人次。

十二、资源、环境

全年全区国有建设用地供应总量 1.51 万公顷，比上年下降 5.6%。其中，工矿仓储用地 0.29 万公顷，增长 3.6%；住宅用地 0.23 万公顷，增长 4.6%；基础设施等用地 0.91 万公顷，下降 9.9%。

全年全区水资源总量 2232.7 亿立方米。全年总用水量 290.6 亿立方米，比上年下降 2.9%。全年全区完成造林面积 244.5 千公顷，其中人工造林面积 105.3 千公顷，占全部造林面积的 43.1%。全区建成自然保护区达到 78 个，其中国家级自然保护区 23 个。自然保护区面积 135.3 万公顷。森林覆盖率 62.28%。活立木蓄积量 7.62 亿立方米。森林蓄积量（乔木林）7.23 亿立方米。新增水土流失治理面积 1775.5 平方公里。

全年全区能源消费总量比上年增长 3.4%，电力消费量增长 1.78%。全区万元地区生产总值能耗下降 3.6%。规模以上万元工业增加值综合能源消耗比上年下降 5.5%。工业企业原油加工单位综合能耗下降 0.72%，单位氧化铝综合能耗下降 1.08%，单位电解铝综合能耗下降 0.06%，每千瓦时火力发电标准煤耗上升 2.17%。

（撰稿：翟丽　审稿：覃汉华）

海南省

一、概况

海南省有 6 个民族自治县，分别是白沙黎族自治县、乐东黎族自治县、昌江黎族自治县、陵水黎族自治县、保亭黎族苗族自治县、琼中黎族苗族自治县。民族自治地区陆地面积约 11497.96 平方公里，占全省陆地面积 33.9%。民族自治地区总人口 1749724 人，其中少数民族人口 909318 人，主要以黎、苗族为主。2016 年，民族自治地方围绕“共同团结奋斗、共同繁荣发展”的工作主题，克服经济下行压力的影响，持续推进国际旅游岛建设向纵深发展，大力开展民族团结进步创建活动，坚定不移地走绿色、开放、可持续发展道路，民族地区经济社会继续保持快速发展。民族自治地方生产总值 482.49 亿元，增长 12.47%，保持较快的增长速度。其中第一、第二、第三产业增加值分别为 199.81 亿元、99.6 亿元和 183.12 亿元，增长 10.43%、10.24% 和 14.94%。人均地区生产总值 31022.17 元，增长 10.14%，高于全省（6.7%）的增速。

二、农业

2016 年，海南省民族自治地方培育、壮大热带特色高效农业发展，落实强农惠农富农补贴资金，推进农业传统产业和特色产业发展，促进农业稳定增长、农民快速增收。全年农林牧渔业总产值 307.62 亿元，比上年增长 9.36%，保持稳定增长。2016 年，在经受强台风“电母”和“莎莉嘉”的侵袭下，全省种植业生产依然保持平稳较快发展，蔬菜和果用瓜产量均比上年有所增长，畜禽生产总体保持稳定，渔业生产呈稳中向好，林业生产小幅增长，人工造林面积、更新造林面积均有大幅增长。其中，农业总产值 178.79 亿元，林业总产值 35.09 亿元，牧业总产值 41.60 亿元，渔业总产值 43.18 亿元，分别增长 5.38%、6.08%、3.85%、3.30%。（1）农业调结构转方式取得突破。大力调减低效产业规模，加快发展生态循环农业，养殖场环保改造行动、化肥农药减施行动启动实施。做精做优特色主导产业，大力推广瓜菜适销品种和配套技术，实现了冬季瓜菜产量、出岛量、效益较快增长。（2）农业园区化进程加快。省级现代农业示范基地创建行动拉开序幕，《国家南繁科研育种基地（海南）建设规划（2015-2025）》经国务院批准印发，南繁事业迎来新篇章。继续对乐东香蕉栽培、昌江斑节对虾健康养殖、白沙绿茶栽培、琼中绿橙栽培 4 个国家级农业标准化示范区进行扶持，推动农产品加工园区建设。（3）信息技术广泛应用。互联网信息技术在农业各领域广泛应用，农产品电商达数百家，大力发展农业电商，陵水、白沙“农村淘宝”项目顺利实施。用“互联网+”的理念、思维和技术推进镇域信息化基础设施建设，以互联网促进整个镇域经济社会的转型升级。

三、工业

2016 年，海南省民族自治地方积极推进工业园区和工业项目建设，工业生产平稳增长，海南中部绿色产业园、昌江工业园区、陵水清水湾国际信息产业园、白沙邦溪农林产品加工与交易基础等园区基础设施不断完善，产业集聚水平明显提高。西南电厂、昌江核电并网发电，全省发电量大幅度增长，项目产能不断释放，给海南省工业经济增长注入了新活力；农副食品加工、非金属矿物制造及化学原料及化学制品业生产情况持续好转。全年民族地区规模以上工业企业销售产值 108.226 亿元，同比增长 21.93%。

四、旅游业

2016 年，海南省民族自治地方依照全省旅游发展规划，继续推动旅游业提档升级，整治旅游市场环境秩序，提高旅游服务质量，邮轮游艇游、乡村游、健康旅游等旅游新业态加快发展，旅游业出现新的亮点，旅游经济总体保持稳定较快的发展态势，接待过夜游客人数 1131.9 万人次，旅游收入 39.27 亿元。成功举办环岛公路自行车赛、黎族苗族传统节日“三月三”等会展赛事节庆活动，以丰富多彩的活动吸引数十万游客参与。目前全省共有 5 个 5A 级景区，民族自治地方共有 3 家，分别是陵水黎族自治县分界洲旅游区、保亭黎族苗族自治县槟榔谷旅游区、保亭黎族苗族自治县呀诺哒雨林风景区。开展乡村旅游示范单位创建，加快少数民族特色村寨建设，2016 年全省共有 11 个少数民族特色村寨上报国家民委申请“第二批中国少数民族特色村寨”挂牌，其中 6 个自治县上报 6 个，占 55%。以琼中黎族苗族自治县什寒村为代表的一批乡村旅游区游客接待量保持稳定增长，逐步形成了集休闲农业、农家乐、森林人家、水乡渔村、旅游名镇名村等多种类型的乡村旅游产品体系，乡村旅游发展进入快车道。保亭黎族苗族自治县被评为全国休闲农业与乡村旅游示范县。

五、固定资产投资

2016 年，海南省民族自治地方固定资产投资总额完成 449.19 亿元，增长 7.4%。房地产开发投资、交通运输业和水利环境公共设施管理业投资较快增长，拉动了全部投资加快增长。白沙黎族自治县四季春天•温泉小镇中环道路工程、道银坡告村生态扶贫移民项目、高石村美丽乡村建设、农村电网改造升级等项目竣工；木棉湖项目、麓湖度假区、芭蕉水库度假区项目等超额完成年度投资任务；牙叉水厂改建扩建工程、牙港大桥、福才大桥等项目开工建设；昌江黎族自治县核电（一期）工程已竣工投入商运，华盛水泥节能环保技改项目已完成部分设备安装，棋子湾旅游度假区开元酒店已建成营业；乐东黎族自治县九龙大道通海工程、抱由至佳西岭旅游公路、黄流商贸城、乐兴北路及公共停车场等如期完成，三个湿地生态修复项目、莺歌海渔业加工区及配套码头、千家镇自来水供水工程等项目开工建设等。城市和行政村光纤宽带网络覆盖率分别达到 87%、74%，4G 覆盖率分别达到 98%、85%，信息基础设施建设水平进一步提高。

六、财政金融

2016 年，海南省民族自治地方城乡居民收入较快增长。财政支出结构继续优化，各项民生保障力度进一步加大。民族地区地方一般公共财政预算收入 72.05 亿元，增长 6.04%；地方一般公共预算支出 219.81 亿元，增长 21.13%。2016 年，海南省民族自治地方全部金融机构人民币各项存款余额 691.87 亿元，其中城乡居民储蓄存款年末余额 351.85 亿元。

七、人民生活

2016 年，海南省民族自治地方城乡居民收入小幅增长，城镇常住居民人均可支配收入 2.53 万元，增长 1.03%；农民常住居民人均可支配收入 1.05 万元，增长 2%。农民收入增长快于城镇居民收入。继续调控物价，实施物价联动补贴机制，省财政以及陵水、昌江等地向城乡低保、优抚对象和领取失业保险金人员等发放物价临时补贴，物价涨幅控制在年度目标之内，其中居民消费价格同比上涨 1%。继续实施保障性安居工程危房改造工程，改善居民居住条件。

八、教育

2016 年，6 个民族自治县积极促进民族教育事业发展，推动实施高中阶段家庭经济困难少数民族学生“三免一补”政策。省民宗委会同省教育厅、省财政厅开展专项调研，形成调研报告报省政府，推动出台《海南省普通高中家庭经济困难少数民族学生资助实施方案》，从 2016 年秋季学期起，免除全省普通高中建档立卡家庭经济困难少数民族学生学杂费住宿费和教材费、补助生活费，加快少数民族基础人才的培养。举办“民族旅游人才”中专班。为服务我省全域旅游，提高民族地区旅游从业人员技能，我委与海南省旅游学校联合举办“民族旅游人才”中专班，主要招收少数民族和民族地区应往届高中毕业生或待业青年。“民族旅游人才”中专班去年秋季首次招生，共招收41名学生，学生完成学业后由省旅游学校颁发普通中等职业教育学历毕业证书和相应的职业资格证书，由省民宗委与省旅游学校联合推荐就业。积极开展少数民族贫困大学新生爱心助学活动，共募集助学资金50万元，对我省100名世居少数民族贫困大学生新生进行资助。

九、文化

一是成功举办 2016 年海南黎族苗族传统节日“三月三”节庆活动。2016年“三月三”节庆活动于4月9日至4月11日举行。主会场活动由省人民政府主办，省民宗委、省文体厅、省旅游委、省商务厅、白沙黎族自治县人民政府和五指山市人民政府共同承办。白沙主会场以“山水黎乡•绿韵白沙•欢乐三月三”为主题，开展了黎锦苗绣技艺展示及比赛、少数民族传统体育竞技比赛、房车露营、民族特色商品及美食展、民族地区经济社会发展成果展和少数民族非物质文化遗产展、民族团结进步宣传等一系列主体活动，着力展示民族和谐、繁荣发展；五指山主会场举办黎祖祭祀活动，万余名黎族及兄弟民族群众齐聚一堂，共同祭拜先祖、感恩祈福，突出展现了民族传统文化；同时，海口、三亚、儋州、琼中、陵水等12个市县和中央民族大学分别举办分会场活动，充分展示民族风采，弘扬民族文化，促进民族团结，推动了商贸、旅游、文化融合发展。据统计，“三月三”节庆期间共举办大小活动一百多项，参与、观看、关注的人数逾百万人次，实现旅游总收入0.9亿元，“三月三”节庆的知名度和影响力不断提升。二是参加第五届全国少数民族文艺会演取得佳绩。我省投入 760 万元精心打造的参演作品——大型原创歌舞诗《黎族家园》，一举夺得第五届全国少数民族文艺会演最高奖“剧目金奖”以及单项奖“最佳舞台美术奖”，入选了“最受观众欢迎剧目” 举办第七届海南省黎族织锦大赛。歌舞诗《黎族家园》参加“第五届全国少数民族文艺会演”获得“剧目金奖”和“最佳舞台美术奖”，民族舞剧《东坡海南》在国家大剧院歌剧院成功首演。三是推动民族通信息项目开通上线。2016 年 4 月 9 日，作为服务民族地区的移动互联信息平台，民族通项目正式开通上线。民族通微信公众号与 APP 同时开通，微信公众号陆续推出《黎族“形象活化石”》等文章，阅读量达 5 万多人次，进一步宣传推广我省少数民族优秀文化，取得了良好的社会效应。四是积极推动少数民族文化遗产抢救和保护工作。开展黎族传统古村落数字化保护项目，对白查村、初保村实施数字化保护，形成地方特色文化旅游产品，助推地方旅游经济发展；开展海南回族“教育与经堂教育”古籍资料整理工作，填补海南回族“教育与经堂教育”历史文化的空白。

十、卫生

2016年，海南省民族自治地方继续发展医疗卫生事业。推进公共卫生和基层医疗服务体系建设，进一步加大民族市县疾病控制机构、乡镇卫生院、县级医院的改扩建步伐，均已实现村村有卫生院的目标，县、乡、村三级医疗卫生服务体系进一步完善。继续推进县级公立医院改革，免费孕前优生健康检查和地中海贫血病筛查覆盖范围从农村扩大到全省城乡育龄人群。挖掘、保护传统黎医药资源，建设海南黎药种植养生基地，促进海南黎药产业化发展。全面推行大病医保，按照“统一购买大病保险、统一报销政策、统一资金使用、统一经办管理”原则，使城乡居民享受平等的大病医疗保险待遇和服务。提高新型农村合作医疗保障水平，新农合人均筹资标准从2010年的140元提高到450元，其中各级财政对新农合的补助标准提高到360元/人，城乡居民参保率超过 90%，民族地区新农合实现全覆盖。全面实施乡镇级医院住院“限费医疗”，参合农民在县域内的乡镇级医院住院时，缴纳规定的起付线后，其基本医疗费用予以全额报销。发挥海南省慈善惠民医院扶贫济困作用，为 6 个民族自治县农村贫困人口和城乡低收入人群提供重大疾病惠民医疗服务。

十一、社会保障

2016年，海南省民族自治地方城乡保障制度不断完善，继续提高社会保障水平。全省 6 个自治县城镇居民最低生活保障人数 99810 人，城镇居民最低生活保障支出 10204.8 元；农村居民最低生活保障人数 140544 人，农村居民最低生活保障支出 11163.4 元。全面实施新型农村社会养老保险和城镇居民社会养老保险制度，提高城乡低保补助标准和补助水平，2016 年城镇和农村居民基础养老金统一提高到 145 元，远高于国家现定基础养老金最低标准，居全国前列。80 岁以上老人津贴制度实现全省覆盖，保障了老年人的基本生活。连续第 12 年提高企业退休人员基本养老金，人均增加 185 元，企业最低工资标准提高 150 元。实施低收入群体补贴与简称物价联动补贴机制，为农村五保户、重点优抚对象等对象发放物价联动补贴，缓解了物价上涨对低收入群体基本生活的影响。

十二、环境保护

2016 年，海南省民族地区继续加强生态环境保护，加大环保专项资金投入，坚持“增绿”“护蓝”并举，推进“绿化宝岛”大行动，生态环境质量持续保持良好。开展节能减排，发展循环经济和节能环保产业，实施燃煤电厂和水泥厂脱硫脱硝改造，加大对昌江循环经济示范园区支持力度，建设热电联产、垃圾焚烧发电等一批重大节能减排项目。推进污水垃圾处理项目建设，抓好污水处理厂脱氮除磷升级改造建设，城乡生活垃圾无害化处理率超过 76.0%。加强自然保护区建设，加大对黎母山、吊罗山、尖峰岭、七仙岭、霸王岭、鹦哥岭等国家森林和国家级自然保护区保护工作。民族地区环境、大气、水体质量继续保持全国一流水平，其中城镇环境空气质量优良天数比例为 99%，环境空气中主要污染物二氧化硫、二氧化氮浓度符合国家环境空气质量一级标准，地表水环境质量总体优良，近岸海域水质达标率为 90%，绝大部分监测海域水质处于清洁状态。

（撰稿：赵浩　审稿：胡莲）

重庆市

2016 年，重庆市坚持中国特色解决民族问题的正确道路，促进各民族交往交流交融，巩固和发展全市各民族大团结。民族地区按照“四个全面”战略布局，紧紧围绕“科学发展、富民兴渝”总任务，把加快发展作为民族工作的重中之重，实施五大功能区战略，着力推进武陵山特色经济示范区建设，构建渝东南民族地区对外开放和招商引资平台，加快民族地区基础设施建设和公共服务体系建设，促进全市少数民族和民族地区加快发展，人民生活水平进一步提高。

2016 年，民族自治地方地区生产总值（当年价格）达到 5542047 万元。其中：第一产业增加值 99.4557 亿元，增长 14.78%；第二产业增加值 250.9742 亿元，增长 8.37%；第三产业增加值 203.7748 亿元，增长 12.4%。

一、农村经济全面发展

2016 年，实现农林牧渔业总产值 1582796 万元。其中：农业 829640 万元，林业 90905 万元，牧业 619471 万元，渔业 23604 万元。农作物总播种面积 473.899 千公顷，其中，粮食作物播种面积 286.894 千公顷，油料播种面积 54.01 千公顷。全年粮食总产量为 1289692 吨；油料产量 104188 吨；烟叶产量 32630 吨。全年肉类总产量达到 210295 吨，其中猪肉 151530 吨，牛肉 30253 吨，羊肉 7211 吨。

二、工业稳步推进

2016 年，民族自治地方规模以上工业企业 196 个，工业增加值 174.361 亿元，同比增加 11.14%；资产总计 5009496 万元，主营业务收入 3489663 万元，利润总额 347623 万元；主要工业产品本年生产产量：原煤 1648200 吨，水泥 5077672 吨，发电量 1142116 万千瓦时。

三、固定资产投资稳中有升

2016 年，民族自治地方完成全社会固定资产投资达 7093476 万元，同比增长 17.8%。其中：固定资产投资（不含农户）6939117 万元，全社会固定资产投资新增固定资产 2951957 万元。按控股类型分：国有控股 3702470 万元，集体控股 493113 万元，外商、港澳台控股 105867 万元；按资金来源分：国家预算内资金 1514191 万元，国内贷款 187486 万元，利用外资 117255 万元。

四、地方财政收收入增加明显，金融机构贷款余额有所增加

2016 年，民族自治地方财政总收入 1422501 万元，同比增长 35.15%。地方财政一般预算收入 531215 万元，同比增长 14.12%；地方一般公共预算支出 2025389 万元，同比增长 13.15%。民族自治地方金融机构存贷款额有所增加。全部金融机构各项存款余额 7830026 万元，全部金融机构各项贷款余额 4914061 万元，城乡居民储蓄存款年末余额 5015261 万元。

五、城乡贸易市场活跃

2016 年，民族自治地方全年实现社会消费品零售总额 2332987 万元，同比增长 15.08%。其中：批发零售贸易业实现 2066145 万元，同比增长 15.05%；住宿和餐饮业实现 266842 万元，同比增长 15.37%

六、城乡居民生活不断改善

2016 年，民族自治地方城镇居民可支配收入 25491.25 元。平均人均现金消费支出 14190.73 元。城市人均住房建筑面积 41.90 平米。农村居民人均纯收入达到 9325 元，农村人均住房面积 45.40 平方米。

七、交通运输快速发展

2016 年，重庆民族自治地方加大基础设施建设力度，交通运输条件进一步改善，公路线路里程总计 17452.86 公里。其中：等级公路 14883.54 公里，高速公路 349.18 公里。完成客运量总计 4229.37 万人。完成货运量总计 1773.16 万吨。

八、旅游业健康发展

随着黔江濯水古镇、板夹溪十三寨，石柱黄水、冷水镇，秀山清溪场镇大寨村，酉阳桃花源、酉水河镇河湾山寨，彭水乌江画廊、鞍子镇罗家沱苗寨等一批旅游资源的进一步开发，初步形成以“村”带“游”，以“游”促“村”的局面，旅游业快速发展。2016 年共接待游客 38264743 人次，创造旅游收入 1737993 万元。

2016 年，重庆民族自治地方社会事业得到进一步发展，取得了可喜的成绩。

一、教育事业稳步发展

2016 年，民族自治地方加大教育投入，教育事业得到进一步发展。共有普通中学 107 所，职业中学 5 所，小学 462 所。年末在校学生：普通中学 150896 人；职业中学 15281 人；小学 199654 人。教育经费支出 355480 万元，同比增长 7.49%。

二、卫生事业进一步发展

2016 年末，民族自治地方拥有医院、卫生院 183 个，村卫生室 1010 个，拥有医院、卫生院病床 10187 张，卫生技术人员 7612 人。其中：执业（助理）医生 3643 人。医疗卫生基础设施和医疗器械设备得到进一步完善，医疗技术人员能力不断提高，处置突发性公共卫生事件的能力进一步增强。

三、社会保障体系覆盖面加大，新型农村合作医疗体系进一步健全和完善

2016 年，民族自治地方城镇居民最低生活保障支出资金 12277.1 万元，农村居民最低生活保障支出资金 18732.2 万元。

2016 年，民族自治地方参加新型农村合作医疗共计 229.5133 万人，新型农村合作医疗费用支出 102126.07 万元，新型农村合作医疗参合率达到 92.148%以上。

四、民族自治地方城市设施建设协调推进

2016 年，民族自治地方加强生态环境的保护和综合治理，水环境质量、声环境质量、大气环境质量有了明显改善，有力地促进了生态环境质量的改善和经济、社会、环境的协调发展。城市总人口 667600 人，城市非农业人员 305048 人；年末实有道路面积 6082842 平方米，城市绿地面积 1655.1 公顷，公园 34 个。

（撰稿：陶先涛　审稿：向远道）

四川省

2016年，在经济增速放缓的严峻复杂形势下，四川民族自治地方认真贯彻落实中央和省委的决策部署，认真落实中央、省各项决策部署和支持民族自治地方经济社会发展的一系列政策措施，主动适应经济新常态，以供给侧结构性改革为主线，千方百计稳增长、促改革、调结构、惠民生、防风险，扎实推动重大政策、重大改革、重大项目落地落实，扎实推进藏区"六大民生工程计划"和彝区"十项扶贫工程"，全力推动民族地区经济发展、民生改善和社会进步，民族地区经济社会发展水平显著提升，努力为实现与全国、全省同步建成小康社会目标奠定良好基础。

一、民族地区经济增速明显回升

2016年，民族自治地方实现GDP 2031.7亿元，比上年增长6.2%，增速比上年提高2.2个百分点。51个县（市）中，4个县（市）经济总量超过100亿，其中西昌市超过400亿，会理县超过200亿。2012-2016年，全省民族自治地方GDP年均增长8.3%。其中，农业平稳增长，实现第一产业增加值406.6亿元，增长4.2%。工业增长提速，实现第二产业增加值953.1亿元，增长6.9%，增速比上年提高4.9个百分点。服务业发展势头良好，实现第三产业增加值671.9亿元，增长6.4%，第三产业占GDP比重提升了2.4个百分点。三次产业结构调整为20.0：46.9：33.1，第三产业比重比上年提高0.7个百分点。

二、农业经济平稳增长

2016年，坚持绿色发展理念，深入实施川西藏区生态保护与建设工程，进一步加大对民族自治地方特色产业的扶持力度，实施特色农产品"区域品牌+企业品牌"双品牌战略，加快推进"互联网＋农业"行动计划。"圣洁甘孜"、"大凉山"等民族品牌知名度大力提升。农业产业结构调整加快推进，农业经济稳定增长。全年民族自治地方实现第一产业增加值406.6亿元，同比增长4.2%，比全省平均水平高0.4个百分点。实现农林牧渔总产值669.8亿元。农业基础设施显著改善，耕地面积827.7千公顷，农田有效灌溉面积224.4千公顷。

三、工业回升较快

2016年，全省民族自治地方工业增加值677.5亿元，增速从上年下降0.9%转为增长4%。其中，甘孜州工业增加值增长11.3%，居全省第1位；凉山州工业增加值止滑回升，从上午下降3.7%转为增长2.4%。45个县（市）实现增长，比上年增加8个；21个县（市）增速比上午提高，22个县（市）增速高于全省平均水平，35个县（市）高于民族自治地方平均水平。从规上工业看，甘孜州规模以上工业增加值增长11.6%，增速比全省高3.7个百分点，居全省第2位；凉山州从上年下降4.6%转为增长2.4%。建筑业增加值276，2亿元，增长15%，增速比全省高8.4个百分点。其中，凉山州建筑企业明显增多，实现产值145亿元，比上年增长47.7%；实现增加值增长17.8%，比全省高11.2个百分点，增速居全省第1位。

四、投资规模扩大

在"项目年"的带动下，民族自治地方投资规模继续扩大，2016年全社会固定资产投资突破2000亿元，达到2052.7亿元；增速从上年增长0.4%提升至3.1%，提高2，7个百分点。51个县（市）中有31个实现增长，23个县（市）呈两位数增长，19个县（市）高于全省平均水平。2012-2016年年均增长8.7%，比GDP高0.4个百分点。

五、消费品市场增势稳定

2016年，全省民族自治地方社会消费品零售总额766.8亿元，比上年增长10，9%，增速比上年提高0.2个百分点。50个县（市）实现增长，41个县（市）呈两位数增长，25个县（市）增速高于民族自治地方平均水平，22 个县（市）高于全省平均水平。2012-2016 年年均增长 14.1%，高于全省平均水平 0.8 个百分点。

六、城乡居民收入增长迅速

随着国家对民族地区惠民政策的继续实施，在民族自治地方工资性收入、转移性收入增长较快等因素的带动下，居民收入不断增加。民族自治地方居民收入增长较快，农村居民人均可支配收入首次突破万元，达到 10201 元，比上年增长 10.3%，高于全省 1 个百分点，其中甘孜、阿坝、凉山分别增长 11，4%、10.2%、10%，增速居全省前三位；城镇居民人均可支配收入 26387 元，增长 8.0%，与上年持平；城乡收入比从上年的 2.64 缩小为 2.59。

七、基础设施取得较大突破

以新一轮“交通大会战”为契机，大力推进民族地区重大基础设施建设。交通：成兰铁路（四川境内段）、川藏铁路成都（朝阳湖）至雅安段、成昆铁路扩能改造工程峨米段分别累计完成路基土石方总量的 59.5%、58%、6.3%，川藏铁路雅安至康定（新都桥）段已完成可研修编并上报。甘孜机场获批立项，进场公路开工建设。雅安至康定、汶川至马尔康高速公路分别累计完成路基土石方总量的 66%、54%，绵阳至九寨沟（川甘界）高速公路控制性隧道开工建设，国道 317 线雀儿山隧道、省道 303 线映秀至卧龙公路全线贯通。民族自治地方公路通车里程达到 78665 公里，增长 7.6%。水利：凉山州大桥水库一期工程竣工验收；会理大海子、泸定顺河堰、金川崇化水利工程，德昌和平、北川开茂水库加快建设。市政：2016 年三州保障性住房建设和危旧房棚户区改造开工 25857 套，基本建成 19135 套，竣工 11977 套。民族自治地方城镇化率达到 33.2%。康定灾后重建 392 个项目已完工 287 个、在建 105 个，累计完成投资 32.4 亿元。

八、民生改善成效明显

民族自治地方统筹实施藏区“六项民生工程计划”和大小凉山彝区“十项扶贫工程”，2016 年分别投入各级资金 67.9 亿元、64 亿元。教育发展方面：深入实施民族自治地方十五年免费教育、大小凉山彝区“一村一幼”计划等。2016 年共招录“9+3”免费职业教育学生 8815 人，其中藏区 3213 人、大小凉山彝区 5602 人。民族自治地方适龄儿童入学率达到 98.9%。医疗卫生方面：深入实施民族地区卫生发展十年行动计划，每千人拥有卫生技术人员数达到 4.98 人。累计开展艾滋病检测 63.6 万人次；完成包虫病病情调查 48.5 万人次。就业社保方面：城乡基本养老保险参保人数达 337 万人，保障城乡低保对象 102.7 万人。重点医疗救助对象政策范围内住院自付费用救助比例在年度救助限额内均达到 70%。文化繁荣方面：大力推进“藏羌彝民族文化走廊”建设，成功举办全省少数民族艺术节、三州夏秋冬季音乐季活动等。2016 年共计为农村公益放映电影超过 10 万场次，695.1 万人次观影。

九、脱贫攻坚成效显著

民族自治地方紧紧围绕“两不愁、三保障”和“四个好”目标，坚持“六个精准”，扎实推进“五个一批”扶贫攻坚行动计划，共计减少农村贫困人口 15.15 万人，贫困发生率降低到 13.3%。2016 年度民族自治地方 69237 人建档立卡贫困人口易地扶贫搬迁工程全部开工，并完成住房建设。农村扶贫公路共计建成约 1.34 万公里。2016 年度 2 万户藏区新居、21250 户彝家新寨建设任务全部完工，其中藏区新居建档立卡贫困户 8736 户。围绕脱贫攻坚统筹推进幸福美丽新村示范县建设，三州建成幸福美丽新村 893 个，新建农房 13965 户，改造农房 31944 户，建成“1+6”村级公共服务活动中心 556 个。

（撰稿：李学华　审稿：荣跃泽仁）

贵州省

民族自治地方共辖黔东南、黔南、黔西南 3 个自治州；道真、务川等 11 个自治县，总面积 9.8 万平方公里，占贵州省总面积的 55.5%。年末总人口 1796.26 万人，占贵州省总人口的 50.0%，其中少数民族人口 1077.55 万人，占民族自治地方总人口的 63.56%。

2016 年，在以习近平同志为核心的党中央坚强领导下，省委、省政府团结带领全省各族人民，贵州民族自治地方在省委、省政府坚强领导下，自觉践行五大新发展理念，牢牢守住发展和生态两条底线，坚持以供给侧结构性改革为主线，大力实施主基调主战略，强力推进大扶贫、大数据两大战略行动，以开局就是决战、起步就要冲刺的劲头，统筹做好稳增长、促改革、调结构、惠民生、防风险各项工作，顺利完成全年经济社会发展主要目标任务，经济社会发展呈现出速度较快、结构优化、效益提升、民生改善的良好态势，在“守底线、走新路、奔小康”新征程中迈出了坚实有力的第一步。贵州省各族人民发挥当家作主的积极性，努力发展和谐的社会主义民族关系，促进了民族自治地方经济社会又好又快发展。

一、综合

2016 年贵州省民族自治地方地区生产总值（GDP）为 3870.27 亿元，占全省的 32.9%，比上年增加 542.96 亿元，增长 13.0%；地区生产总值中，第一产业增加值 878.85 亿元，比上年增长 6.43%；第二产业增加值 1456.1 亿元，比上年增长 13.5%；第三产业增加值 1839.68 亿元，比上年增长 16.7%。第一产业、第二产业、第三产业增加值占地区生产总值的比重，分别为 22.7%、29.8%、47.4%。人均地区生产总值 27777 元，比上年增长 13.3%，比贵州省低 5350 元。

二、农业

民族自治地方全年农林牧渔业总产值 1287.1 亿元，比上年增长 6.35%。其中，农业 731.3 亿元，增长 5.5%；林业 84.4 亿元，增长 13.1%；牧业 345.0 亿元，增长 9.2%；渔业 48.3 亿元，增长 82.5%。

全年粮食作物种植面积 1301.59 千公顷，比上年增加 0.96%；油料作物种植面积 256.8 千公顷，比上年增长 5.7%；烤烟产量（未加工）16.0 万吨，比上年增长 41.0%。粮食总产量 530.3 万吨，比上年增长 4.7%，创历史最高水平。茶叶产量 5.8 万吨，比上年增长 21.2%，水果产量 96.88 万吨，比长年增长 25.4%。当年造林面积 173.8 千公倾。

年末大牲畜存栏 503.4 万头，其中猪 635.9 万头，羊 204.9 万头。大牲畜出栏 354.2 万头，其中猪 742.4 万头，羊 143.4 万头。肉类产量 85.9 万吨，水产品产量 20.0 万吨。

三、工业和建筑业

全年民族自治地方规模以上工业销售产值（当年价）3275.6 亿元，比上年增长 12.0%，所有者权益合计 1244 亿元，比上年增加 16.6%，全年规模以上工业企业主营业务收入 2480.6 亿元，实现利润总额 127.7 亿元，比上年增加 17.7%。

原煤产量 813 万吨，农用氮磷钾化肥总计（折纯）184.8 万吨，比上年增加 1%。发电量 252.0 万千瓦时。水泥 4524.2 万吨.

四、固定资产投资

民族自治地方全年全社会固定资产投资完成 7420 亿元，比上年增长 41.5%。其中固定资产投资（不含农户）3722.4 亿元，新增固定资产投资 2306.4 亿元，比上年增加 3.27%。

五、市场和物价

民族自治地方全年社会消费品零售总额 979.9 亿元，比上年增长 12.7%。按行业分，批发和零售业 501.8 亿元，略有下降；住宿和餐饮业 106.8 亿元，增长 17.7%，其他行业 162.5 亿元。

对外贸易、利用外资进出口总额 30509 万美元，其中进口总额2654 万美元，出口总额30141 万美元。

2016 年，全省居民消费价格比上年小幅上涨 1.4%。其中，食品烟酒价格上涨 3.6%。全省工业生产者出厂价格比上年下降 2.1%，工业生产者购进价格比上年下降 1.5%，降幅分别比上年收窄 1.8 和 1.0 个百分点。

六、交通运输、邮电和旅游

年末贵州省民族自治地方公路通车里程 94164 公里%，其中高速公路通车里程 2571 公里，比上年增长 5.18%；等级公路 60537 公里，比上年增长 1.06%。铁路营业里程 1433 公里，比上年增长 1.78%，内河航道里程 3651 公里。

全年客运量为 91663 万人，其中公里客运量 66691 万人，铁路客运量 26679 万人；货运量总计 75697 万吨，其中公路货运量 39179 万吨，铁路货运量 36518 万吨；旅客周转量为 5327689 万人公里。

民用机场达 5 个。

全年邮电业务总量 92.6 亿元，比上年增长 80.9%。年末移动电话用户 283062 万户，固定电话年末用户 9919 万户，互联网宽带接入用户 1576803 户，邮政局所 759 处，邮政总长度 22952 公里，农村投递线路总长度 47244 公里。

贵州省民族自治地方旅行社总数 80 个，旅游总人数 1.59 亿人次。其中，接待国内旅游人数 1.58 亿人次，增长 18.2%；接待入境旅游人数 52.6 万人次。实现国内旅游收入 1377 亿元，国际旅游收入 14038 万美元。

七、财政和金融

贵州省民族自治地方全年财政总收入 601.7 亿元，比上年增长 7.6%。一般公共预算收入 384.0 亿元，比上年增长 6.1%，其中税收收入 259.8 亿元，营业税 41.1 亿元。。

全年一般公共预算支出 1320.8 亿元，比上年增长 7.76%。其中，教育支出 318.0 亿元，增长 12.4%；社会保障和就业支出 116.67 亿元，增长 3.3%；医疗卫生与计划生育支出 143.7 亿元，增长 6.4%；住房保障支出 97.7 亿元，文化体育与传媒支出 29.1 亿元，科技技术支出 19.0 亿元。

年末金融机构人民币各项存款余额 5397.3 亿元，比上年末增长 31.5%。其中，全部金融机构各项贷款 3438.5 亿元，增长 65.2%，城乡居民储蓄存款年末余额 2507.9 亿元，增长 8.42%。

八、人民生活

贵州省民族自治地方全年城镇居民人均可支配收入 25156 元，比上年名义增长 8.7%。按常住地分，城镇常住居民人均可支配收入、农村常住居民人均可支配收入分别为 25156 元和 7998 元，分别比上年名义增长 8.7 和 9.7%。

全年城镇常住居民人均消费支出 15411 元，比上年增长 6.8%；农村常住居民人均消费支出 7378 元，比上年增长 6.8%。城市人均住房建筑面积 38 平方米，和上年持平，农村人均住房面积 40 平方米，增长 7.3%。

九、民族教育

贵州省民族自治地方年末普通高等学校、中等学校、中等职业学校、普通小校分别为 12、1010、74、3847 所，在校生数分别为 68527、1190523、185403、1278210 人，各级各类学校专任教师数为 163897 人。小学学龄儿童入学率 99.5%，比上年提高 0.4 个百分点；初中阶段毛入学率 103.0%，比上年提高 1.5 个百分点；高中阶段毛入学率 85.1%，比上年提高 8.0 个百分点；高等教育毛入学率 31.2%，比上年提高 1.8 个百分点。

十、文化、卫生和体育

贵州省民族自治地方年末共有艺术表演团体 33 个，文化馆 56 个，公共图书馆 49 个，博物馆 48 个。全年图书印数 21 万册，图书种类 46 种，报纸种类 28 种，报纸印数 2465.8 万册。年末广播综合人口覆盖率 95.3%，电视综合人口覆盖率 99.0%。

年末共有卫生机构 1.14 万个。其中，医院、卫生院 1287 个，其中卫生院数 813 个，村卫生室数 9200 个。卫生机构床位数 73269 张，比上年末增长 7.95%。卫生机构人员数 89308 人，比上年末增长 7.7%，卫生技术人员 67616 人，比上年末增长 10.7%。其中，执业（助理）医师数 21328 人。

十一、人口、就业和社会保障

贵州省民族自治地方年末常住人口 1767.97 万人，其中少数民族人口 1049.9 万人。按城乡分，城镇人口 476.46 万人，乡村人口 1291.53 万人。按性别分，男性人口 930.58 万人，女性人口 837.39 万人。

年末城镇居民最低生活保障人数 34.1 万人，农村居民最低生活保障人数 249.32 万人，比上年增加 3.2%；城镇社区服务设施达 4302 个。新型农村合作医疗参加人数 1473 万人，新型农村合作医疗费用支出 61.4 亿元，比上年增长 8.4%；新型农村合作医疗参合率达 99%。

总的来看，2016 年贵州省经济运行延续了“十二五”时期高于全国、高于西部增长水平的良好发展态势，基础不断夯实、动力不断增强，结构不断优化，发展的速度、质量和效益同步向好，供给侧结构性改革成效初显，经济增长新动能不断累积。同时应当看到，民族自治地方基础薄弱，自然条件相对落后，经济提速增长的基础尚不牢固。下一步，我们要更加紧密地团结在以习近平同志为核心的党中央周围，更加坚定不移地贯彻落实新发展理念，更加凝心聚力地守住发展和生态两条底线，更加扎实有力地推进供给侧结构性改革，更加坚持不懈地推进大扶贫大数据两大战略行动，促进民族自治地方经济持续平稳健康发展和社会和谐稳定，以优异成绩迎接党的十九大胜利召开。

（撰稿：张发刚　审稿：潘选）

云南省

2016 年，省委、省政府团结带领全省各族人民，积极适应把握引领经济发展新常态，坚持新发展理念，加快培育发展新动能，以推进供给侧结构性改革为主线，采取一系列既利当前、更惠长远的举措，精准发力、克难奋进，有效应对经济下行压力持续加大等严峻挑战，全省民族地区经济保持了稳中有进的发展态势。同时，坚定围绕民族团结进步示范区建设目标，坚持把发展作为解决民族地区各种问题的总钥匙，采取了一系列差别化政策措施促进全省民族地区经济社会加快发展，全省民族地区实现了社会进步、民族团结、宗教和顺的“十三五”良好开局。

经济保持平稳较快增长。2016 年民族地区各级政府坚持稳中求进工作总基调，强化经济运行分析研判，超前谋划并及早出台稳增长开好局等一系列政策措施，稳增长促发展取得新成绩，民族地区主要经济指标增幅高于全省平均水平。2016 年，民族自治地方实现生产总值 6075.3 亿元，比上年增长 9.8%，高于全省平均水平 1.1 个百分点，其中：第一产业增加值 1258.4 亿元，第二产业增加值 2229.8 亿元，第三产业增加值 2587.5 亿元，分别比上年增长 5.8%、11.7%、10.2%，增幅分别高于全省平均 0.2、2.8、0.7 个百分点；人均 GDP 达到 26114 元，比上年增长 9.3%，高于全省平均水平 1.3 个百分点；实现全部工业增加值 1530.1 亿元，比上年增长 9.0%，高于全省平均水平 2.5 个百分点；社会消费品零售总额 1973.7 亿元，比上年增长 13.6%，高于全省平均水平 1.5 个百分点；城镇居民人均可支配收入 27362 元，比上年增长 8.8%，高于全省平均水平 0.3 个百分点；农村居民人均可支配收入达到 8971 元，略低于全省平均水平，比上年增长 9.8%，高于全省平均增速 0.4 个百分点。

农业农村经济稳中向好。全省狠抓强农惠农富农政策措施落实，狠抓高原特色现代农业重点产业推进，着力推进农业“小巨人”振兴行动计划，启动文山州个旧市等县“粮改饲”试点，在石林彝族自治县、文山州砚山县开展休耕试点，大力推进冬季农业开发，推动“好资源”变成“好产品”，“云系”“滇牌”进一步打响。全省高原特色现代农业在高起点上实现了稳中向好、提质增效，烟叶、核桃、咖啡面积和产量继续保持全国第一，蔬菜、茶叶、油料、水产品实现较快增长。民族地区主要农产品供给稳定。2016 年云南民族自治地方农林牧渔业总产值达到 2207.4 亿元，比上年增长 6.4%，高于全省

0.6 个百分点。粮食总产量达到 1072.2 万吨，比上年略有增长；人均粮食产量 454 千克，比全省人均粮食产量多 55 千克。水果产量 615.4 万吨，比上年同期增长 5.1%，人均水果产量 265 千克，比上年增长 12 千克，比全省人均水果产量多 106 千克；蔬菜产量 1005.8 万吨，比上年增长 5.7%，人均蔬菜产量 432 千克，比上年增加 21 千克，比全省人均蔬菜产量多 19 千克；烤烟产量 47.3 万吨，与上年同期基本持平；茶叶产量 21 万吨，比上年增长 2.9%；油料产量 28.6 万吨，比上年同期增长 1.1%；甘蔗产量 1356.2 万吨，比上年同期减少 7.8%；猪牛羊肉总产量 290.5 万吨，与上年同期基本持平，人均猪牛羊肉产量 125 千克，比全省人均猪牛羊肉产量多 47 千克。年末大牲畜存栏数 823.3 万头，猪存栏 2471.1 万头，羊存栏 860.8 万头。农产品质量安全水平稳定，没有发生重特大农产品质量安全事故。农业机械总动力达 2045.5 千瓦，比上年增长 2.2%。

基础设施建设取得新突破。全省启动实施 2016—2018 年“十、百、千”项目投资计划，即以“十大投资专项”为重点，谋划投资规模大、拉动力强、利长远、增后劲的“百项重大工程”，推动“千个重点项目建设”，全省一大批重大项目相继开工建设。同时，深化投融资体制改革，推动了投资高速增长。2016 年民族自治地方完成固定资产投资（不含农户）7081.3 亿元，比上年增长 22.6%。沧源佤族自治县机场建成通航，澜沧拉祜族自治县机场续建、陇川等 4 个民族自治地方通用机场开工建设。华丽、香丽等 8 条高速公路全面推进，上关至鹤庆等高速公路建成通车，民族自治地方公路里程达 18.4 万公里，其中：高速公路达 0.24 万公里，等级公路达 11.5 万公里。铁路运营里程达 900 多公里，“溜索改桥”项目基本完成。金沙江中游航运基础设施综合建设项目进展良好，民族地区开工建设 28 件骨干水源工程，完成 189 万农村人口饮水安全巩固提升任务。新一轮农网改造升级工程启动实施。加快推进“全光网省”建设，实现光纤和 4G 网络覆盖省内所有民族自治地方县和边境县。民族地区邮电业务总量达 256.9 亿元，比上年增长 48.4%；移动电话年末用户达 1861.3 万户，比上年增加 164 万户；国际互联网络用户达 467.2 万户，比上年增加 101 万户。

生态文明建设扎实推进。进一步加强城乡规划建设管理，启动云南省空间体系等规划编制，23 个县市区“多规合一”和“十城百镇”规划试点稳步推进。启动楚雄州楚雄市、德宏州瑞丽市、大理州剑川县沙溪镇第三批国家新型城镇化综合试点。启动实施以“四治三改一拆一增”和“七改三清”为主的城乡人居环境提升行动，“一水两污”、燃气管网、城市公厕等城镇基础设施加快建设。传统村落民居、民族特色村寨和历史文化名街、名村、名镇、名城保护力度加大。2016 年民族自治地方造林面积达 27.3 万公顷。

民生保障水平不断提高。建立健全脱贫攻坚机制，聚焦 4 个集中连片特困地区和少数民族深度贫困群体，压缩行政开支，在财政收支困难的情况下，财政支出的 73.8%用于民生保障；积极整合资金，省级财政专项扶贫资金投入实现翻番。启动实施现代职业教育和县级公立医院及妇女儿童医院扶贫工程，在迪庆藏族自治州、怒江傈僳族自治州实施建档立卡贫困家庭 14 年免费教育。实施三峡、华能、烟草等央企对口帮扶直过民族和人口较少民族发展。2016 年，民族自治地方贫困人口由 2015 年的 240 万人减少至 189 万人。民族自治地方新型农村合作医疗参合率达 99%，新型农村合作医疗费用支出 87.7 亿元，比上年增长 29.5%。民族自治地方城镇居民最低生活保障人数 46.4 万人，城镇居民最低生活保障支出 18.9 亿元；农村居民最低生活保障人数 259.6 万人，农村居民最低生活保障支出 49.8 亿元。全省开工建设农村危房改造和抗震安居房 60.75 万户，普洱市景谷傣族彝族自治县地震灾后恢复重建全面完成。

外向型经济不断发展。2016 年民族地区引进省外到位资金 3394.1 亿元，比上年同期增长 10.9%；实现进出口总额 113.6 亿美元，比上年同期增长 10.8%；接待国内外游客 2.18 亿人次，比上年同期增长 27.3%；实现国际旅游收入 19.4 亿美元，与上年同期增长 22%，实现国内旅游收入 2237.5 亿元，比上年同期增长 44.3%。

财政金融运行持续稳健。2016 年民族自治地方完成地方一般公共预算收入 520.6 亿元，比上年增长 5.8%；完成地方一般公共预算支出 2071.1 亿元，比上年同期增长 8.1%。民族自治地方全部金融机构人民币各项存款余额为 8495.7 亿元，比年初增长

13.9%，其中：城乡居民储蓄存款年末余额 4654.2 亿元，比年初增长 17.1%；金融机构各项贷款余额 5264.0 亿元，比年初增长 9.9%。

（撰稿：易永红　审稿：陈新华）

西藏自治区

2016 年是“十三五”开局之年。面对新形势新任务，自治区党委、政府团结带领全区各族人民，深入贯彻落实习近平总书记系列重要讲话精神、特别是“治国必治边、治边先稳藏”的重要战略思想和“加强民族团结、建设美丽西藏”的重要指示，深入贯彻落实中央第六次西藏工作座谈会和自治区第九次党代会精神，牢固树立“五大发展理念”，主动适应新常态，坚持稳中求进工作总基调，狠抓稳增长、调结构、强支撑、促改革、惠民生、保稳定、防风险各项措施，经济平稳运行，目标任务接近预期，质量效益不断提升，实现了“十三五”良好开局。

全年地区生产总值达 1150.07 亿元，增长 10.0%；农林牧渔业总产值 160.87 亿元，增长 4.5%；规上工业增加值 75.26 亿元，增长 12.7%；固定资产投资完成 1655.50 亿元，增长 23.3%；社会消费品零售总额完成 459.41 亿元，增长 12.5%；城镇居民人均可支配收入 27802 元，增长 9.2%；农村居民人均可支配收入 9094 元，增长 10.3%；居民消费价格指数 102.5，上涨 2.5%。

农牧业形势持续向好。2016 年以来，我区气候适宜，雨水充沛，自然灾害较少，为农牧业生产创造了十分有利的自然条件。实现农林牧渔业总产值 160.87 亿元，增长 4.5%。其中：农业产值 73.25 亿元，增长 4.5%；牧业产值 81.54 亿元，增长 5.1%。蔬菜产量 70.69 万吨，增长 1.5%。猪牛羊肉产量 28.63 万吨，下降 2.2%；奶类产量 36.17 万吨，增长 2.1%。牲畜存栏 1803.48 万头，下降 1.6%。

产业延伸促进工业附加值不断增加。我区特色工业规模持续壮大，产业链条不断延伸，工业持续快速发展。全区全年规模以上工业企业完成增加值 75.26 亿元，增长 12.7%。实现工业销售产值 165.22 亿元，产品销售率达 96.9%，较上年同期提高了 0.4 个百分点。从产品产量看，发电量完成 46.34 亿千瓦时，增长 39.0%；水泥 617.66 万吨，增长 34.7%；包装饮用水 53.66 万吨，增长 1.2 倍；中成（藏）药 2044 吨，增长 1.7%；铜金属含量 4.36 万吨，增长 48.3%。从行业生产看，食品制造业实现增加值 2.32 亿元，增长 14.9%；非金属矿物制品业 16.03 亿元，增长 23.1%；电力、热力的生产和供应业 14.59 亿元，增长 13.2%。

强化改革保障第三产业活力增强。旅游市场继续保持极大的活力，主导产业的优势进一步得以发挥。据旅游部门统计，全区全年接待海内外旅游者 2315.94 万人次，增长 14.8%。其中，接待国内旅游者 2283.75 万人次，增长 14.9%；接待入境旅游者 32.19 万人次，增长 10.0%。实现旅游总收入 330.75 亿元，增长 17.3%。公路、铁路、航空运输方式结构持续优化。全区全年旅客运输量 1554.34 万人，同比增长 6.0%。其中，铁路 242.44 万人，增长 10.4%；航空 423.90 万人，增长 12.7%；公路 889.00 万人，增长 2.1%。货物运输量 2516.20 万吨，下降 2.3%。其中，铁路 607.14 万吨，增长 22.9%；航空 3.06 万吨，增长 7.8%；公路 1906.00 万吨，下降 8.2%。

投资拉动作用明显。全区全年固定资产投资总额完成 1655.50 亿元，增长 23.3%。其中，500 万元以上投资项目完成 1596.05 亿元，增长 23.2%；民间投资完成 264.57 亿元，下降 17.3%。在固定资产投资总额中，第一产业完成 97.24 亿元，增长 17.3%；第二产业 294.84 亿元，增长 11.7%；第三产业 1263.42 亿元，增长 26.9%。第三产业投资规模大、增长快，依然是拉动固定资产投资总额较快增长的主导力量。

消费拉动持续发力。全区全年社会消费品零售总额累计实现 459.41 亿元，同比增长 12.5%。分城乡看，城镇消费品零售额 383.68 亿元，增长 12.7%；乡村消费品零售额 75.74 亿元，增长 11.4%，城镇消费市场活跃度略高于乡村市场。商品零售额 383.10

亿元，增长12.2%，餐饮收入76.31亿元，增长14.0%。

进出口降幅收窄。受2015年“4•25”尼泊尔地震影响，我区的进出口贸易萎缩严重。经过一年多的不断努力，形势有了明显好转。全区全年实现进出口总值51.68亿元，下降8.6%，降幅明显收窄。其中，出口31.24亿元，下降13.8%，降幅比上半年收窄36个百分点；进口20.44亿元，增长0.6%，进出口形势逐步回暖。

为民生提供财力保障。2016年，财政积极发挥服务保障作用，支出进一步向民生倾斜，用于提供基本公共服务、改善人民生活方面支出大幅增长。全年用于一般公共服务、社会保障和就业、城乡社区事务、教育、医疗卫生与计划生育、交通运输等支出分别为235.73亿元、180.54亿元、132.96亿元、168.70亿元、73.66亿元和207.67亿元，分别增长了7.1%、73.1%、62.9%、2.1%、12.3%和19.3%。

居民收入节节攀升。为实现2020年前全面脱贫的工作目标，自治区党委、政府制定出台精准扶贫、精准脱贫攻坚实施方案，大力推进各项扶贫措施，使得农牧民增收基础进一步巩固，人均可支配收入继续节节攀升。2016年，城镇居民人均可支配收入27802元，增长9.2%；农村居民人均可支配收入9094元，增长10.3%，增速均为全国第一。

物价上涨温和可控。自治区一系列物价调控措施积极有效，全区CPI温和上涨，通货膨胀风险可控。2016年全区居民消费价格总水平同比上涨2.5%，涨幅较上年同期提高0.6个百分点。八大类商品价格呈现“七升一降”，食品烟酒、衣着、居住、生活用品及服务、教育文化和娱乐、医疗保健、其他用品服务分别上涨4.9%、3.2%、0.8%、1.5%、1.1%、2.1%和3.1%；交通和通信类价格下降0.5%。

改革开放活力强。大力推进简政放权，公布政府权责清单和随机抽查事项清单，取消行政许可22项，清理规范行政审批中介服务23项。大力推进商事制度改革，非公经济蓬勃发展，新增市场主体4.7万户，各类市场主体突破19万户。西藏华钰矿业、高争民爆、易明西雅医药3家企业成功上市。积极推动豫藏经济合作，促进川藏区域经济合作。科学编制西藏面向南亚开放重要通道建设规划，积极参与“一带一路”国家战略，推进孟中印缅经济走廊建设。首列粤藏中南亚班列开通运营，开辟了广东西藏尼泊尔公铁联运新通道。

生态环境优。在全国率先建设江河源生态功能保护区，纳木措和羊卓雍措纳入国家良好湖泊保护试点，拉萨市被评为国家环境保护模范城市，拉萨、山南列入国家首批生态文明先行示范区。各级自然保护区47个，保护区面积占全区国土面积的35.34%，居全国首位。全区水环境、大气环境基本没有受到污染，江河湖泊及地下水质均为一、二类，城镇空气质量优良率全天候达标，西藏高原生态系统总体趋好。

（撰稿：洛桑群佩　审稿：金美）

甘肃省

甘肃省是一个多民族聚居的省份。省内现有55个少数民族，少数民族人口241.05万人，占全省常住人口的9.4%。人口数较多的少数民族有10个，即：回族、藏族、东乡族、裕固族、保安族、蒙古族、哈萨克族、撒拉族、土族、满族。其中东乡族、保安族、裕固族是甘肃省独有的民族。甘肃民族地区包括2个自治州和7个自治县；其中东乡县和积石山县隶属于临夏回族自治州。民族地区共有21个县（市），土地面积18.36万平方公里，占全省总面积的43%。民族地区年末常住人口324.55万人，占全省常住总人口的12.5%。2016年以来，全省民族自治地方认真贯彻落实党的十八大，十八届三中、四中、五中、六中全会精神，在中央和省委、省政府的坚强领导下，面对错综复杂的宏观经济形势、艰巨复杂的改革任务和持续加大的经济下行压力，坚持稳中求进的工作总基调，坚持新发展理念，以推进供给侧结构性改革为主线，扩大需求，积极应对风险挑战，脱贫攻坚全面深入，基础设施建设不断完善，群众生活持续改善，经济社会保持平稳健康发展，实现了“十三五”良好开局。

一、经济综合实力进一步增强

2016年，是全面深化改革的关键之年，也是“十三五”规划的开局之年，更是甘肃民族自治地方脱贫攻坚的重要之年。2016年，全省民族自治地方生产总值达到506亿元，增长7.7%；固定资产投资达到864亿元，增长11.11%；完成社会品零售总额172亿元，增长10.7%；城镇居民人均可支配收入达到19163元，增长8.1%，农村居民人均可支配收入达到6085元，增长9.2%，增速均高于全省平均水平。在民族自治地方中，临夏州全年完成地区生产总值230.11亿元、增长8.3%；固定资产投资145.41亿元、增长8.9%；社会消费品零售总额83.68亿元、增长10%；一般公共预算收入18.21亿元、增长15.74%；城镇居民人均可支配收入17912元、增长8.5%；农村居民人均可支配收入5680元、增长8.3%；甘南州全年完成地区生产总值135.95亿元、增长5.6%；固定资产投资208.83亿元、增长12.1%；社会消费品零售总额45.32亿元、增长9%；一般公共预算收入9.84亿元、增长7.4%；城镇居民人均可支配收入21327元、增长8.5%；农村居民人均可支配收入6414元、增长8.2%。临夏州地区生产总值增速在全省各市州中排名第四名，社会消费品零售总额增速排名全省第一，甘南州固定资产投资增速在全省排名第一。其他民族自治县各项经济指标，均完成了任务目标。

二、脱贫攻坚成效显著

民族自治地方全年共减少贫困人口约17万，临夏州聚焦年度减贫11.5万人的目标和“两不愁、三保障”要求，统筹推进农村水、电、路、房和优美环境建设，完成农村公路畅通工程和村社道路硬化350公里，解决5.3万人的饮水安全问题，改造农村危房1.96万户，完成易地搬迁1.5万人，所有贫困村已实现动力电全覆盖。甘南州全年实施易地扶贫搬迁3503户17025人，投资5.88亿元，建档立卡贫困户人均补助标准由8000元提高至10000元。建成农牧村饮水安全集中供水工程1862处，大口井430眼，新增、巩固灌溉面积1.12万亩，新建堤防133.6公里。落实建制村通畅工程30项416公里，“千村美丽”交通项目29项290公里，农村扶贫公路3项37公里及6座农牧村独立桥梁。甘南州车巴河流域特困片区实施各类项目55个，到位资金3.97亿元，尼江两村民房改造、农网升级改造、车巴河流域地质灾害防治等项目完成年度建设任务，累计完成投资3.14亿元。天祝县全年减少贫困人口3607户1.36万人，实现13个贫困村整体脱贫目标。张家川县255个村级扶贫互助协会，资金规模全部达到30万元以上，向3074户贫困户发放精准扶贫专项贷款1.73亿元，扎实推进272户1284人建档立卡贫困户易地扶贫搬迁工程，实施了10乡镇40村整村推进项目，贫困面下降到19.45%。

三、项目建设进展顺利

甘肃民族自治地方坚持把抓项目、保固投作为稳增长的关键举措，加大项目建设力度，有力促进了经济平稳增长。甘南州总投资805.76亿元的各类项目，纳入国家发改委编制的《“十三五”支持藏区发展规划建设项目方案》，总投资将比“十二五”增加100亿元。夏河至青海同仁二级公路建成通车，碌曲至青海河南、玛曲至青海久治二级公路、玛曲至青海玛沁三级公路完成年度建设任务。“引洮济合”、玛曲县城供水、黄河干流玛曲段防洪工程建设进展顺利，“引洮入潭”工程已建成通水。临夏州积极抢抓国家和省上推进“三州”意见落实的重大机遇，全州共实施500万元以上重点项目682项，总投资1077.1亿元，完成投资322.4亿元。引黄济临工程建成通水，州医院迁建、现代职业学院二期、民族大剧院等州庆项目建成，双达高速公路、康冶二级公路、折红二级公路项目进展顺利。天祝县在建500万元以上项目306项，总投资153.17亿元，同比增加105项。肃南县开工建设肃南县城至青海祁连二级公路、嘉峪关至祁丰一级旅游公路等87.4公里，修建建制村通畅公路15条182公里、牧道141公里。张家川县谋划“十三五”十大重点工程项目440项，总投资达到602.5亿元。

四、现代农业健康发展

各项惠农政策得到全面落实，现代农业实现健康发展。甘南州农作物种植面积达到113.22万亩。

其中：粮食作物 53.20 万亩，减少 0.42 万亩；经济作物 48.06 万亩，增加 6.01 万亩；青饲料 11.96 万亩，减少 1 万亩。粮、经、饲种植结构由 2015 年的 49.4∶38.8∶11.8 调整为 2016 年的 47.0∶42.4∶10.6，粮食总产量达到了 88074 吨。年末各类牲畜存栏 376.26 万头、只，增加 2.35 万头、只，增长 0.6 %。临夏州新增设施蔬菜 1 万亩、中药材 1 万亩、优质林果 12.9 万亩，新建规模养殖场（养殖小区）102 个、新发展规模养殖户 1018 户，完成劳务培训 6.1 万人、组织劳务输转 49.8 万人、劳务收入增长 4.7%。天祝县农作物播种面积达到 78.89 万亩，特色农业种植面积达到 61.42 万亩，粮经饲比例调整为 22:40:38，全县新开工设施农牧业 5184.5 亩，累计达到 14.46 万亩。肃南县新建养殖小区 30 个，配套建成养殖暖棚 217 座、储草棚 174 座，分户暖棚羊舍 3000 座，创建省级标准化养殖示范场 1 个、市级标准化养殖示范场 2 个，全年出栏各类牲畜 60 万头（只）。肃北县牲畜饲养量达到 36.15 万头（只），完成农作物播种面积 15340 亩。

五、工业经济健康平稳运行

民族自治地方工业经济运行实现了平稳健康运行的良好态势。甘南州受乳制品、电力生产、黄金等行业较快增长的拉动，全州全部工业完成增加值 18.21 亿元，完成目标任务的 96.4%，同比增长 8.4%，增速比上年提高 7 个百分点。其中：规模以上工业企业完成增加值 10.80 亿元，增长 8.5%；规模以下工业完成增加值 7.41 亿元，增长 8.3%。临夏州完成工业增加值 26.86 亿元，同比增长 8.9%，其中，完成规模以上工业增加值 14.5 亿元，同比增长 7.6%。天祝县实施工业项目 29 项，完成工业固定资产投资 29.82 亿元。实现工业增加值 21.14 亿元，增长 9.1%。阿克塞县恒亚 120 万吨干法水泥生产线二期和年产 1.6 万吨胶状乳化炸药生产线建成投产，甘肃光热公司光热发电测试平台并网发电、50 兆瓦高温熔盐槽式光热发电项目列入国家示范项目名录，大图 330 千伏变电站投运。肃北县建成工业企业 129 家，其中，规模以上企业 23 家。工业增加值对全县 GDP 贡献率达 80%以上，工业财税对县财政的贡献率达 95%。

六、社会事业长足进步

教育事业全面发展，甘南州全年落实中央和省上资金 2.97 亿元，4 个农牧村初中校舍改造工程、130 套教师周转宿舍、22 所行政村幼儿园实施建设，95 个义务教育改薄项目已开工建设，州中等职业学校建设项目累计完成投资 2.28 亿元，10 个单体工程已基本完工。临夏州建成寄宿制学校 38 所、教师周转房 300 套。张家川县实施全面改薄、行政村幼儿园项目 144 项。医疗卫生条件不断强化，甘南州中心血站业务楼已完成主体，州疾控中心、州地方病研究院、州卫生监督所等项目进入收尾阶段，8 个乡镇卫生院及 30 套卫生院周转宿舍建设项目全面启动。临夏州州医院迁建、州疾控中心基本建成，4 县中医院等项目正在加快建设。肃南县建成县妇幼保健站业务楼、县疾控中心业务楼等业务用房。天祝县医院内科住院楼、藏研所门诊科研楼以及 6 家乡镇卫生院改扩建项目主体完工。文化事业全面发展，甘南州卓尼、临潭、夏河体育场、甘南日报社民文数字出版设备等项目前期工作顺利推进。临夏州州博物馆、广河齐家文化博物馆等项目建成。天祝县综合体育馆、图书馆、博物馆等公共文化服务基础设施建设项目建成投入使用。

七、生态文明建设全面推进

民族自治地方始终坚持绿色发展的新理念，着力实施生态功能区保护、生态防护林、水土流失治理等建设项目，生态文明建设取得了良好实效。甘南州有效管护天然林 643.42 万亩，生态公益林 290.27 万亩，实施封山育林 3.3 万亩、人工造林 0.2 万亩、退耕还林 9.24 万亩、森林抚育 5.9 万亩。启动实施了新一轮草原生态保护补助奖励政策，兑付草原生态保护奖补资金 2.89 亿元。综合治理流动沙丘、沙化草地和“黑土滩”型退化草地 118 万亩。临夏州完成人工造林 33.6 万亩，新建绿色通道 720 公里，大夏河生态环境综合治理、和政海螺生活垃圾处理等项目加快推进。肃南县完成人工种草 10.6 万亩、治理草原鼠害 37 万亩、人工治蝗 60 万亩。争取资金 5800 万元，实施天然林保护、重点公益林建设、退耕还林等工程，完成封山育林 1.65 万亩；投入植树造林资金 2600 多万元，完成人工造林 5000

亩，义务植树 44.8 万株。

八、各项改革不断深入

民族自治地方认真贯彻落实国家、省上关于简政放权、放管结合、优化服务的决策部署，全力做好放、管、服工作。甘南州行政审批制度和商事制度改革加快推进，“三张清单一张网”改革补充完善，建立动态调整机制，加快政务服务中心标准化建设，推行网上审批，缩短了审批时限。严格实行“先照后证”制度，全州共发放“三证合一”营业执照 3347 份。积极开展“营改增”工作，全州 3333 户企业税负得到减免。小微企业减免税收 448 万元。临夏州取消行政审批事项 39 项，严格落实“三张清单一张网”，推进网上行权，加强发布事项动态管理，加快推进商事制度改革，推行“三证合一”、“一照一码”，全州新增各类市场主体 5000 户、注册资金达 100 亿元。肃南县推进放管服相结合，精简行政审批事项 20 项，县级便民服务大厅建成投入运行，入驻单位 19 个，集中办理行政审批及便民服务事项 286 项。阿克塞县深化行政审批制度改革，落实下放行政审批事项 137 项。

（撰稿：孔庆斌　审稿：王宇卫）

青海省

2016 年，面对错综复杂的经济运行环境及各种挑战，省委、省政府带领全省各族人民砥砺前行、攻坚克难，深入贯彻落实党中央国务院决策部署和习近平总书记视察青海时的重要讲话精神，深刻把握“四个扎扎实实”重大要求，牢固树立新发展理念，主动适应经济发展新常态，坚持稳中求进工作总基调，全省经济总体平稳、稳中向好。

一、综合

年末全省常住人口 593.46 万人，比上年末增加 5.03 万人。按城乡分，城镇常住人口 306.40 万人，占总人口的比重为 51.63%，比上年末提高 1.33 个百分点；乡村常住人口 287.06 万人，占 48.37%。少数民族人口 283.14 万人，占 47.71%。全年人口出生率 14.70‰，比上年低 0.02 个千分点；人口死亡率 6.18‰，比上年高 0.01 个千分点。全年人口自然增长率 8.52‰，比上年低 0.03 个千分点。全省人户分离的人口为 100.73 万人，其中流动人口 83.81 万人。年末全省户籍人口 579.66 万人，其中城镇户籍人口 238.01 万人，占总户籍人口的 41.06%；乡村户籍人口 341.65 万人，占 58.94%。

初步核算，全年全省地区生产总值 2572.49 亿元，按可比价格计算，比上年增长 8.0%。分产业看，第一产业增加值 221.19 亿元，增长 5.4%；第二产业增加值 1249.98 亿元，增长 8.5%；第三产业增加值 1101.32 亿元，增长 8.0%。第一产业增加值占全省地区生产总值的比重为 8.6%，第二产业增加值比重为 48.6%，第三产业增加值比重为 42.8%。人均地区生产总值 43531 元，比上年增长 7.1%。

全年全省城镇新增就业人员 6.35 万人，比上年增加 0.11 万人。年末城镇登记失业率为 3.1%，比上年末下降 0.1 个百分点。全年农牧区劳动力转移就业 119 万人次，比上年增加 1 万人次。

全年全省居民消费价格总水平比上年上涨 1.8%。其中，城市上涨 1.8%，农村上涨 1.8%。

全年农业生产资料价格比上年上涨 1.5%。工业生产者出厂价格下降 1.5%，工业生产者购进价格下降 3.8%。固定资产投资价格下降 0.4%。西宁市新建商品住宅销售价格下降 0.2%，二手住宅销售价格下降 0.5%。

全年全省公共财政预算收入 359.96 亿元，比上年增长 7.7%。其中，地方公共财政预算收入 238.43 亿元，增长 8.3%；上划中央收入 121.54 亿元，增长 6.6%。在公共财政预算收入中，增值税 99.18 亿元，增长 28.8%；营业税 57.58 亿元，增长 69.1%；企业所得税 42.62 亿元，下降 18.6%；个人所得税 16.02 亿元，增长 12.4%。全省公共财政预算支出 1522.55 亿元，比上年增长 0.5%。其中，农林水支出比上年增长 12.1%（其中扶贫支出增长 44.2%），住房保障支出增长 6.7%，教育支出增长 5.0%，医疗卫生与计划生育支出增长 3.8%，社会保障和就业支出增长 3.7%，一般公共服务支出增长 3.5%。

二、种植业和畜牧业

全年农作物总播种面积 561.33 千公顷，比上年增加 2.94 千公顷。粮食作物播种面积 281.05 千公顷，比上年增加 3.99 千公顷。其中，小麦 86.27 千公顷，减少 1.94 千公顷；青稞 45.43 千公顷，增加 2.23 千公顷；玉米 26.62 千公顷，减少 0.88 千公顷；豆类 28.50 千公顷，增加 1.70 千公顷；马铃薯 93.11 千公顷，增加 2.99 千公顷。经济作物播种面积 177.40 千公顷，比上年增加 0.38 千公顷。其中，油料 142.61 千公顷，减少 2.26 千公顷；枸杞 31.90 千公顷，增加 2.31 千公顷。蔬菜及食用菌播种面积 50.36 千公顷，比上年增加 0.71 千公顷。全年粮食产量 103.45 万吨，比上年增长 0.7%。

年末全省牛存栏 483.68 万头，比上年末增长 6.2%；羊存栏 1390.69 万只，下降 3.1%；猪存栏 123.60 万头，增长 4.4%；家禽存栏 299.85 万只，增长 7.6%。全年全省牛出栏 125.23 万头，比上年增长 8.4%；羊出栏 676.22 万只，增长 3.0%；猪出栏 138.34 万头，增长 0.6%；家禽出栏 463.33 万只，增长 7.8%。全年全省猪牛羊肉产量 34.67 万吨，增长 3.9%。

三、工业和建筑业

全年全省全部工业增加值 901.68 亿元，按可比价格计算，比上年增长 7.4%。规模以上工业增加值比上年增长 7.5%。在规模以上工业中，按轻、重工业分，轻工业增长 13.6%，占规模以上工业增加值的 19.1%，比重比上年提高 1.7 个百分点；重工业增长 6.2%，占 80.9%。按经济类型分，股份制企业增长 7.4%，国有企业增长 9.6%，股份合作企业增长 20.2%，集体企业下降 9.3%，外商及港澳台商投资企业增长 5.7%。按门类分，制造业增长 9.7%，采矿业增长 4.3%，电力、热力、燃气及水的生产和供应业增长 0.8%。

全年全省规模以上工业 37 个行业中，26 个行业增加值比上年增长。

规模以上工业中，新能源产业增加值比上年增长 4.3%、新材料产业增长 14.8%、盐湖化工产业增长 11.8%。装备制造业增加值比上年增长 35.1%，占规模以上工业增加值的 6.5%，比重比上年提高 1.8 个百分点。高技术产业增加值比上年增长 16.0%，占规模以上工业增加值的 6.4%，比重比上年提高 0.7 个百分点。

规模以上工业中，资源类行业增加值比上年增长 4.3%，占规模以上工业增加值的 13.6%，比重比上年下降 3.1 个百分点。六大高耗能行业增加值比上年增长 4.9%，占规模以上工业增加值的 62.5%，比重比上年下降 0.3 个百分点。

全年规模以上工业企业实现利润 76.94 亿元，比上年增长 8.1%。其中，股份制企业实现利润 70.33 亿元，增长 6.2%；国有企业实现利润 1.85 亿元，增长 4.0 倍；外商及港澳台商投资企业实现利润 4.45 亿元，增长 7.7%。

全年全省建筑业增加值 348.67 亿元，按可比价格计算，比上年增长 11.5%。注册地在省内的具有资质等级的总承包和专业承包建筑企业 412 个，实现利润 13.37 亿元。

四、固定资产投资

全年全省完成全社会固定资产投资 3533.19 亿元，比上年增长 10.9%，其中民间投资 1212.08 亿元，增长 9.4%。按产业分，第一产业投资 159.56 亿元，增长 7.4%；第二产业投资 1302.67 亿元，下降 10.9%，其中工业投资 1193.44 亿元，下降 8.5%；第三产业投资 2070.96 亿元，增长 31.5%。全年基础设施投资 1419.13 亿元，增长 21.4%。

在 50 万元及以上工业项目固定资产投资中，新能源产业投资 335.69 亿元，比上年增长 19.7%；新材料产业投资 85.39 亿元，增长 12.3%；盐湖化工产业投资 126.05 亿元，增长 15.3%；生物产业投资 97.26 亿元，增长 56.7%。

全年全省房地产开发投资 396.92 亿元，比上年增长 18.1%。其中，商品住宅投资 227.78 亿元，增长 13.1%；商业营业用房投资 96.02 亿元，增长 48.6%。

五、国内贸易

全年全省社会消费品零售总额 767.30 亿元，比上年增长 11.0%。按经营地分，城镇消费品零售额 666.31 亿元，增长 11.0%，其中城区消费品零售额

392.83 亿元，增长 11.1%；乡村消费品零售额 100.99 亿元，增长 11.3%。按消费形态分，商品零售 705.34 亿元，增长 11.1%；餐饮收入 61.96 亿元，增长 9.9%。

在限额以上批发零售企业商品零售额中，粮油、食品类零售额比上年增长 14.5%，汽车类增长 20.7%，饮料类增长 18.7%，石油及制品类增长 9.2%，化妆品类增长 8.2%，服装、鞋帽、针纺织品类增长 6.9%，烟酒类增长 6.1%，日用品类增长 6.2%，家用电器和音像器材类下降 0.3%，金银珠宝类下降 9.7%，中西药品类下降 18.1%。

六、对外经济

全年全省货物进出口总额 100.78 亿元，比上年下降 15.9%。其中，出口额 90.29 亿元，下降 11.2%；进口额 10.49 亿元，下降 42.1%。

全年新批外资项目 6 个。合同使用外商直接投资金额 0.96 亿美元，实际使用外商直接投资金额 0.15 亿美元。全年对外承包工程业务完成营业额 3.09 亿美元，对外劳务合作派出各类劳务人员 713 人。

七、交通、邮电和旅游

年末全省铁路营运里程 2274 公里，与上年末持平，其中高速铁路 218 公里；公路通车里程 78579 公里，比上年末增加 2986 公里；其中高速公路 3500 公里，增加 377 公里；民航通航里程 120057 公里，增加 27368 公里。

年末全省民用汽车保有量 89.61 万辆，比上年末增长 12.8%，其中私人汽车保有量 73.90 万辆，增长 14.8%。民用轿车保有量 43.95 万辆，增长 13.1%，其中私人轿车保有量 38.26 万辆，增长 14.3%。

全年全省邮电业务总量 155.20 亿元，比上年增长 46.7%。其中，邮政业务量 4.83 亿元，增长 29.7%；电信业务量 150.37 亿元，增长 47.3%。全年邮政业完成函件业务 321.53 万件，包裹业务 15.93 万件，快递业务量 1078.56 万件，快递业务收入 3.00 亿元（比上年增长 64.7%）。年末电话用户总数 641.80 万户，比上年末增长 0.05%，其中移动电话用户 539.80 万户，增长 0.4%；固定电话用户 102.07 万户，减少 1.9%。电话普及率 109.07 部/百人。固定互联网宽带接入用户 99.66 万户，比上年末增长 34.0%。移动宽带用户[[23]]384.00 万户，比上年末增长 9.8%，其中，4G 移动电话用户 279.30 万户，增长 1.3 倍。

全年接待国内外游客 2876.92 万人次，比上年增长 24.3%。其中，国内游客 2869.91 万人次，增长 24.3%；入境游客 7.01 万人次，增长 6.8%。实现旅游总收入 310.30 亿元，增长 25.1%，其中，国内旅游收入 307.24 亿元，增长 25.1%；旅游外汇收入 4415.67 万美元，增长 13.9%。

八、金融

年末全省金融机构人民币各项存款余额 5570.17 亿元，比年初增加 357.27 亿元，同比增长 6.9%。其中，境内住户存款余额 2002.42 亿元，增长 10.2%；境内非金融企业存款余额 1642.42 亿元，增长 0.6%。金融机构人民币各项贷款余额 5579.76 亿元，比年初增加 591.74 亿元，同比增长 11.9%。其中，境内住户贷款余额 518.38 亿元，增长 15.2%；境内非金融企业及机关团体贷款余额 5059.92 亿元，增长 11.5%。

全年保险公司原保险保费收入 68.73 亿元，比上年增长 22.1%。其中，寿险保费收入 28.84 亿元，增长 27.3%；财产险保费收入 29.64 亿元，增长 13.5%；健康险和意外伤害险保费收入 10.24 亿元，增长 36.4%。全年保险赔付额 27.38 亿元，比上年增长 34.7%。其中，寿险赔付额 7.72 亿元，增长 74.2%；财产险赔付额 14.89 亿元，增长 23.2%；健康险和意外伤害险赔付额 4.76 亿元，增长 25.3%。

九、人民生活和社会保障

全年全省全体居民人均可支配收入 17302 元，比上年增长 9.4%。其中，人均工资性收入 10235 元，比上年增长 11.4%；人均经营净收入 2629 元，增长 7.5%；人均财产净收入 863 元，增长 7.5%；人均转移净收入 3575 元，增长 6.0%。全年全体居民人均生活消费支出 14775 元，比上年增长 8.6%。

全年全省城镇常住居民人均可支配收入 26757 元，比上年增长 9.0%。其中，人均工资性收入 18741 元，比上年增长 10.9%；人均经营净收入 2008 元，增长 13.7%；人均财产净收入 1451 元，增长 9.0%；人均转移净收入 4558 元，增长 0.2%。全年城镇常住居民人均生活消费支出 20853 元，比上年增长 8.6%。

全年全省农村常住居民人均可支配收入 8664 元，比上年增长 9.2%。其中，人均工资性收入 2464 元，增长 10.3%；人均经营净收入 3197 元，增长 4.5%；人均财产净收入 325 元，下降 0.2%；人均转移净收入 2678 元，增长 15.7%。全年农村常住居民人均生活消费支出 9222 元，比上年增长 7.7%。

年末全省养老保险参保人数 367.52 万人，比上年末增加 33.97 万人。其中，城镇企业职工基本养老保险参保人数 103.13 万人，增加 3.06 万人；机关事业单位养老保险参保人数 29.18 万人；城乡居民基本养老保险参保人数 235.21 万人，增加 1.73 万人。全省医疗保险参保人数 552.49 万人，比上年末增加 1.71 万人。其中，城镇职工基本医疗保险参保人数 97.88 万人，增加 2.29 万人；城乡居民医疗保险参保人数 454.61 万人，减少 0.58 万人。全省失业保险参保人数 40.77 万人，比上年末增加 0.66 万人，其中农民工参保人数 0.18 万人。全省工伤保险参保人数 59.75 万人，比上年末增加 1.75 万人，其中农民工参保人数 8.62 万人。全省生育保险参保人数 49.65 万人，比上年末增加 1.68 万人。年末全省享受城镇最低生活保障人数 16 万人，享受农村最低生活保障人数 52 万人。

全省年末实有贫困人口 42 万人，当年减少贫困人口 11.6 万人。

十、教育、科学技术和文化体育

全年全省学龄儿童入学率 99.8%，与上年持平；普通初中毛入学率 110.6%，比上年提高 1.4 个百分点。全年全省研究生教育招生 1319 人，在校生 3508 人，毕业生 990 人。普通高等教育招生 2.48 万人，在校生 7.46 万人，毕业生 1.99 万人。中等职业教育招生 2.69 万人，在校生 7.41 万人，毕业生 1.93 万人。普通高中招生 4.26 万人，在校生 12.03 万人，毕业生 3.80 万人。初中学校招生 6.96 万人，在校生 20.79 万人，毕业生 6.97 万人。普通小学招生 8.18 万人，在校生 45.79 万人，毕业生 7.23 万人。特殊教育招生 694 人，在校生 3747 人，毕业生 349 人。幼儿园在园幼儿 19.98 万人。

全年全省取得省部级以上科技成果 470 项，比上年增加 25 项，其中，基础理论成果 80 项，应用技术成果 365 项，软科学成果 25 项。专利申请 3284 件，比上年增加 694 件，其中发明专利申请 1381 件，增加 278 件。专利授权 1357 件，比上年增加 140 件，其中发明专利授权 271 件，增加 64 件。签订技术合同 986 项，比上年增加 33 项；成交金额 56.9 亿元，比上年增长 21.3%。年末全省共有天气雷达观测站点 11 个，县级以上卫星云图接收站点 52 个，地震台站 122 个，地震遥测台网 3 个。

年末全省有艺术表演团体 12 个；文化馆 46 个，公共图书馆 49 个，博物馆 23 个；广播综合人口覆盖率 98.2%，比上年末提高 0.2 个百分点；电视综合人口覆盖率 98.2%，比上年末提高 0.2 个百分点。全年出版杂志 301 万册、报纸 9352 万份、图书 1128 万册（张），其中少数民族文字图书 307 万册（张）。

年末全省有等级运动员 381 人，其中，国家级运动健将 5 人，一级运动员 93 人，二级运动员 283 人。全年销售体育彩票 6.40 亿元。

十一、卫生

年末全省医疗机构 909 个，床位 3.44 万张。其中，医院 199 个，床位 2.86 万张；乡镇卫生院 405 个，床位 4106 张；社区卫生服务中心（站）235 个，采供血机构 9 个，妇幼保健机构 55 个。医疗卫生技术人员 3.44 万人，其中，执业（助理）医师 1.20 万人，注册护士 1.38 万人。

十二、资源、环境和安全生产

年末全省有自然保护区 11 个，面积 2177 万公顷，其中国家级自然保护区 7 个，面积 2074 万公顷。森林面积 452 万公顷，森林覆盖率 6.3%。湿地面积 814.36 万公顷，其中自然湿地面积 800.1 万公顷。国家重点公益林管护面积 496.1 万公顷，天然林保护面积 367.8 万公顷。全年全民义务植树 1500 万株。当年治理水土流失面积 205.8 平方公里。

全年全省各类生产安全事故死亡 342 人，比上年减少 10 人。道路交通事故 1023 起，比上年减少 13 起；死亡 529 人，比上年减少 2 人。火灾 1379 起，比上年减少 151 起。

（撰稿: 王姿棋　审稿: 董富海）

宁夏回族自治区

2016年是“十三五”规划的开局之年，是推进供给侧结构性改革和脱贫攻坚的起步之年，也是全区经济下行压力持续加大、矛盾困难不断增多的一年。在自治区党委、政府的坚强领导下，全区上下深入贯彻党的十八大和十八届三中、四中、五中、六中全会精神，牢固树立新发展理念，全面落实习近平总书记系列重要讲话特别是来宁视察重要讲话精神，坚持稳中求进工作总基调，牢固树立新发展理念，通过推进供给侧结构性改革和“6+4”工作机制，积极应对经济下行压力与结构性矛盾的挑战，稳增长、促改革、调结构、惠民生、防风险各项工作统筹推进，全区经济发展呈现“稳中有升、稳中有进、稳中向好”的运行态势，实现了“十三五”良好开局。

一、全年经济运行情况

（一）经济运行稳中向好，经济结构进一步优化

自治区综合施策，打好稳增长组合拳，全区经济增长呈现逐季回升态势，预计全年地区生产总值增长8%以上，高于预期目标0.5个百分点。规上工业在1—2月探底后企稳回升，增速连续7个月保持在7%以上。全年城镇新增就业8.2万人，总体形势好于预期。居民消费价格上涨1.5%，处于合理区间。结构调整和产业转型升级取得新进展，三次产业结构由上年的8.2:47.4:44.4调整为7.9:47.2:44.9，服务业比重上升了0.5个百分点，对经济增长的贡献率提高到50%以上。“1+4”农业特色优势产业提质增效，占农业总产值的比重达到86.5%；现代纺织、生物医药加快发展，轻工业占规上工业增加值的比重提高1.5个百分点，高耗能工业比重下降0.5个百分点。新能源综合示范区建设成效显著，新能源装机占全区电力装机比重达到41%。

（二）重大项目建设取得历史性突破，投资实现较快增长

认真落实“6+4”、“三重一改”工作机制，深入开展项目建设审批、预算内资金拨付、重点项目开工、项目应统尽统“四项清零行动”，压实项目投资主体责任，形成工作合力。自治区60个重点项目的74个子项中73个全部开工，中卫至兰州高铁具备开工条件，投资完成额创历史新高。全球单套投资项目规模最大、装置最大、拥有自主知识产权的400万吨煤制油项目建成投产，宁东至浙江特高压直流输电工程、中南部城乡饮水安全水源及连通工程和河东国际机场三期建成投运，银川至西安高铁全线开工。干塘至武威南增建二线、青兰高速东山坡至毛家沟段、固原至西吉高速公路以及兵沟、滨河、永宁3座黄河大桥建成通车，黄河宁夏段二期防洪工程、中部干旱带脱贫攻坚水源工程和盐环定扬黄泵站更新改造工程加快建设。全年争取中央预算内资金54亿元，落实国家专项建设基金前两批129亿元。预计全年完成固定资产投资3880亿元，同比增长10%左右，为稳增长发挥了重要作用。

（三）“双创”活动深入开展，新经济新动能加快孕育

制定完善推进大众创业万众创新的若干政策文件，不断释放发展动力，促进新旧动能转换。全区各类创业园区（孵化基地）达到217家，培育小企业3775个，新增市场主体9.6万户，创业带动就业6.4万人。与全国同步举办宁夏“双创”活动周，开展“双创”活动41场，参与人数5万余人。全面落实科技创新驱动战略，新培育科技创新型企业141家，新增国家地方联合工程实验室3家，新组建自治区级科技创新平台30家，在现代煤化工、3D打印、机器人等方面取得了一批重大关键技术成果，全区登记技术合同742项，交易额3.92亿元。共享装备公司被列入国家首批“双创”示范基地，并获批成为全国首个智能铸造产业创新中心；吴忠市成为西部唯一“中国制造2025”试点示范城市，夏进乳业和青铝集团等成为国家级“两化”融合典型示范企业；中卫云数据中心和中兴智慧银川大数据中心成为国家首批绿色数据中心试点。

（四）重点领域改革不断深化，发展活力持续释放

供给侧结构性改革扎实推进。提前超额完成了煤炭去产能任务，关闭煤矿 11 处，退出产能 554 万吨；通过保障房货币化安置、支持农民进城购房等措施，减少商品住房库存 150 多万平方米，全区房地产去库存周期较上年底缩短 2.3 个月；“营改增”、输配电价、非居民用天然气价格等改革全面落地，阶段性降低社会保险费率，下调社会保险缴费基数，在宁东、中宁等 6 个重点工业园区实施了低成本改造，累计为企业减负 90 亿元。投融资体制改革继续深化。我区首家全国性保险机构挂牌成立，新引进民生银行等金融机构 35 家。新增挂牌企业 243 家，融资总规模达到 1625 亿元。新发地方政府债券 366.6 亿元，开工建设或建成 PPP 示范项目 49 个，总投资 1417.3 亿元，带动民间投资增长 14.5%，增幅位居全国前列。全区银行业金融机构贷款加权平均利率较上年末下降 1.1 个百分点。行政审批、商事制度、国企国资、农业农村、生态文明、公车改革等成效明显，部分经验在全国推广。电力体制、农垦、供销社和国有林场改革等稳步推进。

（五）主动融入“一带一路”，对外合作不断深化

认真落实开放宁夏建设意见，深入推进内陆开放型经济试验区建设，对外开放新格局初步形成，开放平台效益逐步显现，对外合作不断深化，开放通道更加畅通。我区与 130 多个国家和地区保持经贸文化交流合作，与 39 个国家的 52 个地方政府建立了国际友城关系，与内蒙古、陕西、甘肃、贵州等省区开展了区域合作；成功举办外交部推介宁夏、中阿博览会走进埃及、中美旅游高层对话、中国（宁夏）国际旅游博览会等重大活动；中国—阿曼（杜古姆）产业园和中国—沙特（吉赞）产业园列入 2016 年国家重点推动建设的 20 个国际产能合作示范区，宁夏跨境电子商务监管服务系统投入试运行，全区跨境电商交易额增长 43.2%。新设外商投资企业 18 家，实际利用外资增长 36%；银川河东国际机场国家和地区航线达到 12 条，国内省会城市直飞率达到 86%。旅客吞吐量突破 655 万人次，同比增长 18%。“中阿号”国际货运班列实现常态化运行，中阿网上丝绸之路经济合作试验区暨宁夏枢纽工程获国家批复。

（六）新型城镇化稳步推进，城乡统筹发展势头良好

召开自治区城市工作会议，制定出台统筹城乡发展多项政策措施，启动了省级空间规划和“多规合一”试点。全区常住人口城镇化率达到 56.2%。组织实施基础设施、生态环境、公共服务、主导产业等城镇化项目 400 个，建成美丽小城镇 29 个，美丽村庄 138 个，改造老旧小区 550 万平方米、棚户区住房 6.35 万套、危窑危房 3.18 万户，拆除违章建筑 8.78 万平方米，城乡面貌进一步改观。出台建设项目配建停车场（库）标准，建成社会公共停车场 13 个、停车泊位 5 万个。灵武市、平罗县等 8 个市县数字化城管系统投入使用，银川市、固原市分别跻身国家综合管廊和国家海绵城市试点，银川市、盐池县、惠农区红果子镇被国家列为第三批国家新型城镇化综合试点，镇北堡镇、泾河源镇成为国家首批特色小城镇。

（七）脱贫攻坚首战告捷，民生工作继续加强

按照“五个一批”路径，启动实施脱贫攻坚 13 项行动计划，建立建档立卡贫困户精准脱贫机制，推进“十三五”易地扶贫搬迁工程，全年脱贫销号贫困村 249 个，减少贫困人口 19.3 万人，建设或回购移民住房 1.1 万套。国家东西部扶贫协作座谈会在银川召开，习近平总书记对闽宁合作模式给予高度评价。加大民生投入，民生支出占全区财政总支出的 70%以上。30 项民生实事全部完成，改造义务教育薄弱学校 653 所，新改建幼儿园 70 所，免除 2.8 万贫困学生学杂费，新建养老服务机构 58 个，解决了 113 万群众的吃水问题。提高城乡居民基本医疗保险补助、退休人员养老金、最低生活保障等标准，开展了政府购买学前教育服务试点，取消了县级公立医院药品加成，在全国率先实现基本医疗省级统筹和基本医疗保险、大病保险联网即时结算，全区社会保障能力和基本公共服务水平明显提升。城乡常住居民人均可支配收入分别增长 8%和 9%，与经济增长基本保持同步。

（八）美丽宁夏建设深入推进，生态环境持续改善

自治区党委印发了《关于落实绿色发展理念加快美丽宁夏建设的意见》《自治区环境保护督察方案

（试行）》和《党政领导干部生态环境损害责任追究实施细则（试行）》等重大政策措施。开展了“蓝天碧水•绿色城乡”专项行动，一手抓生态建设，一手抓环境保护。深入实施退耕还林还草、三北防护林、天然林保护等重大生态林业工程，完成营造林 121 万亩，治理荒漠化面积 54.6 万亩、水土流失面积 871 平方公里。认真整改中央环保督查组反馈意见，加强大气、水、土壤污染综合治理，实施治污项目 386 个。对 1005 万千瓦火电机组进行了超低排放改造，淘汰燃煤锅炉 511 台、黄标车老旧车 3.6 万台，全区优良天数比例为 75.3%，城市空气质量优良天数较上年增加 6 天；开展黄河支流、入黄排水沟、城市黑臭水体综合治理，黄河宁夏段Ⅲ类良好水质以上断面达到 100%。

二、全年经济运行中存在的主要问题

一是新旧动能转换不畅。新经济、新产业增势强劲，但规模小，尚不足以替代传统增长动力，全区经济尤其是工业增长主要依靠传统产业带动的局面短期内难以改变。加快结构调整，促进传统产业提质增效、积极培育壮大新经济新动能仍将是我区经济发展的主要任务。

二是实体经济发展面临不少困难。受市场供求关系不平衡、生产成本偏高、企业核心竞争力不强等因素制约，一些“原”字头、“初”字头的工业企业整体盈利能力依然较弱，企业经营困难、效益下滑的状况没有根本好转，经济增长的基础不稳固。

三是城乡收入增长缓慢。在经济下行压力加大、企业效益下滑、就业结构性矛盾凸显及农产品价格波动的情况下，城乡居民收入增长的途径不多，实际收入水平下降。同时，居民收入增速放缓也反过来制约了消费能力的提高，影响消费增长。

四是部分领域的风险仍然存在。全区房地产库存偏高，个别县区地方债务规模较大，部分企业还款能力下降，全区银行业金融机构不良贷款率有所上升，潜在的金融风险没有消除。此外，城乡山川发展不平衡、创新型人才短缺和创新能力不强、R&D 经费投入不够等问题也比较明显，需要引起高度重视并下大力气认真解决。

（撰稿：金晓玲　审稿：马汉功）

新疆维吾尔自治区

2016 年，面对错综复杂的宏观经济环境和艰巨繁重的改革发展任务，自治区党委、人民政府团结带领全区各族人民，始终坚持以社会稳定和长治久安总目标为引领，坚持稳中求进工作总基调，牢固树立和贯彻五大发展理念，主动引领经济发展新常态，积极推进供给侧结构性改革，着力创新宏观调控，奋力激发市场活力，努力培育创新动力，国民经济在新常态下平稳运行，结构调整出现积极变化，民生事业持续改善，经济社会持续稳定发展，实现了“十三五”良好开局。

一、综合

全年实现地区生产总值（GDP）9617.23 亿元，按可比价计算，比上年增长 7.6%。其中，第一产业增加值 1648.97 亿元，增长 5.8%；第二产业增加值 3585.22 亿元，增长 5.9%；第三产业增加值 4383.04 亿元，增长 9.7%。三次产业结构为 17.1：37.3：45.6。按常住人口计算，全年人均地区生产总值 40427 元，增长 5.3%，按 2016 年全年平均汇率折算为 6086 美元。

二、农业

全年实现农林牧渔业总产值 2969.70 亿元，按可比价计算，比上年增长 6.0%，其中，农业产值 2163.11 亿元，增长 6.1%；林业产值 50.28 亿元，增长 7.2%；畜牧业产值 653.15 亿元，增长 5.4%；渔业产值 22.18 亿元，增长 6.6%；农林牧渔服务业产值 80.98 亿元，增长 6.9%。

全年农作物播种面积 9348.42 万亩，增长 1.7%。其中，粮食（含薯类）3601.70 万亩，增长 0.3%；

棉花 3232.36 万亩，同口径对比下降 5.2%；油料 382.82 万亩，增长 16.9%；甜菜 115.69 万亩，增长 26.0%；蔬菜 489.84 万亩，增长 0.9%(工业番茄 97.02 万亩，下降 6.8%；工业辣椒 76.87 万亩，增长 4.8%)。特色林果 2475.48 万亩，增长 3.3%，其中，园林水果 1490.64 万亩，增长 2.3%。

年末猪牛羊存栏 4621.35 万头（只），比上年下降 1.4%。全年猪牛羊出栏 4341.90 万头（只），增长 4.5%。猪牛羊肉总产量 134.70 万吨，增长 4.4%，其中，牛肉产量 42.48 万吨，增长 5.0%；羊肉产量 58.32 万吨，增长 5.2%；猪肉产量 33.90 万吨，增长 2.5%。禽肉产量 15.92 万吨，增长 11.4%。禽蛋产量 36.13 万吨，增长 10.7%。牛奶产量 156.08 万吨，增长 0.2%。水产品产量 16.16 万吨，增长 6.7%。

年末农业机械总动力 2581.96 万千瓦，增长 4.0%。拥有大中型拖拉机 48.68 万台，增长 3.5%；小型拖拉机 26.74 万台，下降 4.8%。农作物机耕率 99.27%，农作物机播率 94.49%。化肥施用量（折纯）250.21 万吨，增长 0.9%。农村用电量 108.16 亿千瓦时，增长 3.9%。

三、工业和建筑业

全区规模以上工业企业 2894 家，比上年增长 6.9%。全年规模以上工业实现增加值 2440.94 亿元，按可比价计算，增长 3.7%。在自治区重点监测的十大产业中，石油工业增加值 741.44 亿元，下降 0.3%；有色工业 233.18 亿元，增长 9.2%；电力工业 320.46 亿元，增长 4.6%；化学工业 273.02 亿元，增长 12.1%；钢铁工业 11.40 亿元，增长 9.0%；煤炭工业 129.37 亿元，增长 1.6%；纺织工业 80.40 亿元，增长 47.1%；农副食品加工工业 91.49 亿元，增长 10.0%；装备制造工业 101.55 亿元，增长 5.6%；建材工业 120.31 亿元，增长 3.2%。

全年实现建筑业增加值 1049.92 亿元，增长 9.6%。具有资质等级的总承包和专业承包建筑企业实现利润总额 49.15 亿元，增长 2.1%。

四、固定资产投资

全年完成固定资产投资（不含农户）9983.86 亿元，比上年下降 6.9%。其中，第一产业投资 498.01 亿元，增长 35.9%；第二产业投资 3879.67 亿元，下降 25.1%；第三产业投资 5606.18 亿元，增长 8.1%。在第二产业投资中，工业投资 3738.46 亿元，下降 26.1%。

房地产开发投资 923.40 亿元，下降 7.6%，其中，住宅投资 518.83 亿元，下降 14.1%。房屋施工面积 11530.59 万平方米，增长 0.6%；房屋竣工面积 1695.91 万平方米，增长 5.4%。商品房销售面积 1828.22 万平方米，增长 0.2%；商品房销售额 846.84 亿元，下降 0.3%。

五、国内贸易

全年实现社会消费品零售总额 2825.90 亿元，比上年增长 8.4%，扣除价格因素，实际增长 7.9%。

全年疆内企业通过网购实现零售额 44.40 亿元，比上年下降 2.6%；新疆本地消费者通过网购实现零售额 437.40 亿元，增长 34.6%，占同期新疆社会消费品零售总额 15.5%。

六、对外经济

全年货物进出口总额 179.63 亿美元，比上年下降 8.7%。其中，出口 159.12 亿美元，下降 9.1%；进口 20.51 亿美元，下降 5.6%。

全年拥有 162 个贸易伙伴国家和地区，其中，对哈萨克斯坦进出口额 63.29 亿美元，增长 10.1%；吉尔吉斯斯坦 39.42 亿美元，增长 21.7%；塔吉克斯坦 12.67 亿美元，下降 9.1%；俄罗斯 13.33 亿美元，增长 42.0%；美国 12.10 亿美元，下降 41.6%。

七、交通、邮电和旅游

全年完成货运量 79104.84 万吨，比上年增长 1.9%。其中，铁路货运量 6901 万吨，增长 10.7%；公路货运量 65140 万吨，增长 1.0%；民航货运量 18.22 万吨，增长 2.4%；管道货运量 7045.62 万吨，增长 2.1%。

全年完成客运量 34961.74 万人，比上年下降 2.4%。其中，铁路客运量 3188 万人，增长 15.9%；公路客运量 28993 万人，下降 12.7%；民航客运量 2780.74 万人，增长 9.6%。

年末铁路营业里程 6166.40 公里，与上年持平；民航通航里程 22.99 万公里，增长 9.8%；公路线路年末里程 18.21 万公里，增长 2.1%，其中，高速公路 4395 公里，增长 1.8%。

全年完成邮电业务总量 564.50 亿元，比上年增长 41.4%，其中，邮政业务总量 27.50 亿元，增长 23.6%；电信业务总量 537 亿元，增长 41.4%。年末固定电话用户 491 万户，下降 3.8%。固定电话普及率每百人 10.8 部。年末移动电话用户 2132.10 万户，增长 6.9%，其中，移动电话普及率每百人 90.30 部，增长 0.3%。互联网宽带接入用户 468.40 万户，增长 6.9%。

全年接待旅游总人数 8102 万人次，增长 24.3%。其中，接待入境旅游 201 万人次，增长 19.6%；国内旅游 7901 万人次，增长 24.5%。实现旅游总消费 1401 亿元，增长 24.6%。其中，国内旅游消费 1340 亿元，增长 24.8%；入境旅游消费 9.01 亿美元，增长 23.4%。

八、财政和金融

全年全口径财政收入 2344.62 亿元，比上年下降 3.9%。地方财政收入 1637.05 亿元，下降 1.7%。其中，一般公共预算收入 1298.95 亿元，下降 2.4%。

全年地方财政支出 4496.73 亿元，增长 7.9%。其中，一般公共预算支出 4138.25 亿元，增长 8.8%。全年民生财政支出 3090.35 亿元，增长 9.9%，占一般公共预算支出的 74.7%。

年末金融机构（含外资）人民币各项存款余额 18747.64 亿元，比上年增长 9.5%。其中，非金融企业存款余额 5742.29 亿元，增长 8.0%；住户存款余额 7498.27 亿元，增长 10.4%。年末金融机构（含外资）人民币各项贷款余额 14552.71 亿元，比上年增长 11.6%。

九、教育和科学技术

全年在校研究生 1.92 万人，增长 6.7%；本专科在校生 31.99 万人，增长 5.0%；中等职业教育学校在校生 23.51 万人，增长 6.1%；普通高中，在校生 53.77 万人，增长 8.0%；初中在校生 89.48 万人；小学在校生 215.94 万人，增长 5.4%。

全年安排自治区级科技计划项目 1419 项，其中，自治区重大科技专项 7 项，自治区重点研发专项 56 项，自治区科技成果转化示范专项 465 项，自治区创新条件（人才、基地）建设专项 708 项，自治区区域协同创新专项 164 项，自治区科技成果转化引导基金 19 项。共获得省部级以上科技成果 182 项。

全年受理专利申请 14105 项，其中，受理发明专利申请 3598 项，占 25.5%；获得专利授权 7116 项，其中，获得发明专利授权 910 项，占 12.8%。登记技术合同 504 项，技术合同成交金额 3.99 亿元，其中，技术交易额 3.85 亿元。

十、文化、卫生和体育

年末共有文化馆 119 个，公共图书馆 107 个，博物馆 90 个，艺术表演团体 110 个。国家综合档案馆 111 个，开放档案 62.75 万卷。全区拥有广播电台 6 座，电视台 8 座，广播电视台 91 座，中、短波广播发射台和转播台 68 座。广播综合人口覆盖率 96.82%。电视综合人口覆盖率 97.25%。有线电视用户 198.39 万户，其中，有线数字电视用户 193.16 万户。广播电视农村直播卫星用户 340.67 万户。

年末共有医疗卫生机构 15721 个。医院、卫生院拥有床位 13.64 万张，增长 11.0%。卫生技术人员 14.44 万人，增长 6.7%，其中，执业医师和执业助理医师 5.09 万人，注册护士 5.63 万人。疾病预防控制中心 121 个。卫生监督检验机构 1 个。乡镇卫生院 929 个，拥有床位 2.68 万张，乡镇卫生院卫生技术人员 2.10 万人。82 个县（市）开展了新型农村合作医疗试点工作，覆盖农村人口 1129.81 万人。实际参加农村合作医疗农民 1125.75 万人，参合率为 99.64%。

全区运动健儿在国际比赛中荣获金牌 1 枚，银牌 4 枚，铜牌 2 枚。在全国比赛中荣获金牌 75 枚，银牌 94 枚，铜牌 99 枚。

十一、人口与人民生活

年末常住总人口 2398.08 万人，其中，城镇人口 1159.47 万人，乡村人口 1238.61 万人。城镇人口占总人口比重（常住人口城镇化率）为 48.35%。全年人口出生率 15.34‰，死亡率 4.26‰，自然增长率 11.08‰。

全年城乡居民人均可支配收入 18354.65 元，比上年增长 8.9%，扣除价格因素，实际增长 7.4%。

十二、劳动就业和社会保障

年末就业人员 1263.11 万人。全年通过各种途径实现城镇就业再就业 45.5 万人，其中，就业困难人员实现就业 5.78 万人。城镇登记失业率 3.22%。

年末参加职工基本养老保险 463.31 万人，增长 31.2%。参加城乡居民基本养老保险 539.58 万人，增长 1.7%。参加城镇基本医疗保险 687.55 万人，增长 4.7%。参加失业保险 233.62 万人，增长 1.8%。参加工伤保险 257.27 万人，增长 1.5%。参加生育保险 248 万人，增长 2.9%。

年末城市居民最低生活保障人数 78.65 万人，农村居民最低生活保障人数 166.52 万人。

（撰稿：裴海龙　审稿：姜国利）

民族乡镇发展综述

北京市

北京市有 5 个民族乡，其中 2 个回族乡、2 个满族乡和 1 个满族蒙古族乡，共涉及 62 个行政村，人口 79038 人，其中少数民族人口为 21357 人，占 27%。北京市民族乡城市化进程较快，其中，朝阳区常营回族乡、密云区檀营满族蒙古族乡已基本完成城市化。

一、加快产业转型升级，经济发展质量不断提高

2016 年，全市民族乡实现财政收入 67493 万元，同比增长 46%，财政支出 80669.7 万元，财政自给率约为 83.7%。北京市民族乡受疏解非首都功能和产业禁限制发展等政策影响，特别是地处生态涵养区的民族乡，一产和二产规模不断减小，4 个民族乡（因密云区檀营满族蒙古族乡已城市化，无统计数据）乡镇企业总产值 14111 万元，其中，工业企业总产值 47114.1 万元，农林牧渔业总产值 31671.5 万元。3 个涉农的民族乡紧抓国家战略政策机遇，深入挖掘民族文化特色，大力推进农业供给侧结构性改革，加快产业提质增效，逐步形成了科技带动、产业融合、生态友好的发展模式。于家务回族乡立足京津冀协同发展和城市副中心建设，引入国内外知名企业 60 余家，吸引各类企业投入资金近 30 亿元，着力构建国际种业园区“高精尖”经济结构。全乡农民合作社 24 家，其中国家级示范社 1 家、市级示范社 3 家，解决农民劳动力就业 2000 多人，人均年工资性收入近 2 万元。喇叭沟门满族乡位于北京市最北端，有“北极乡”之称，林木覆盖率高达 93%，生态环境优美，文化特色突出。近年来，致力于打造“白桦林”和“满族文化”两个品牌，积极推动发展集文化休闲、养生度假和生态体验于一体的特色旅游产业。全乡民俗户日接待能力增至 6000 人次，2016 年接待游客 21 万人次，民俗旅游发展的后劲持续增强。长哨营满族乡积极适应经济新常态，牢牢把握城区功能疏解带来的发展机遇，主动承接中心城区溢出的功能产业，吸纳社会资本 5600 万元，努力构建与生态涵养功能相适应的“八个八”（八旗新村、古街、彩田、大集、大营、秀水、驿站、庄园）的发展格局。因地制宜提升长哨营、遥岭、古洞沟等高效农业产业园区，打造“蘑菇之乡”、“特菜之乡”。

二、加大基础设施建设力度，发展环境不断改善

5 个民族乡的 62 个行政村全面实现“通路、通自来水、通电、通电话、通邮”，且自然村与自然村也全部实现了通油路。2016 年，继续加大对民族乡的支持力度，投入 2 亿多元，实施了一批道路、污水、供水、河道治理、生态建设等基础设施建设项目，民族乡面貌得到改善，区域发展环境进一步优化提升。实施造林、健康林、中幼林抚育工程约 9 万亩。支持喇叭沟门满族乡前沟路改扩建和后沟路大修工程、长哨营满族乡中心区道路改造工程，民族乡道路通行条件进一步改善。开展前喇叭沟生态清洁小流域治理工程建设，投入 2500 万元完成于家务回族乡湿地集中绿化景观改造和超磁泵站建设，水质达到四类水标准，民族乡水生态环境得到保护提升。通过实施山区搬迁、民居改建、抗震节能改造、大中型水库移民后期扶持等工程，民族乡群众的居住条件得到明显改善。积极开展“绿色燃气”、“送气下乡”、“煤改电”等能源惠民工程，清洁用能水平得到提高。全面开展垃圾清运、违建拆除、绿化美化等环境建设工程，绿化美化面积约 30 万平米。2016 年，喇叭沟门和长哨营满族乡共有 6 个民族村被国家民委命名为“中国少数民族特色村寨”，喇叭沟门满族乡中榆树店村被住建部评为全国美丽宜居示范村。

三、持续改善民生保障水平，发展成果人人共享

全市 4 个民族乡农民人均纯收入达 24490.7 元，较 2015 年增长 1131 元，增幅 4.8%。基础养老金、

福利养老金、新农合和低保等“四项”社会保障同步提升，低保标准、低收入家庭认定标准和专项救助办法实现城乡统一。民族乡共有17所学校，在校生8922人，中小学办学条件全部达到全市中小学统一标准。实现广播电视、数字影厅、全民健身设施和文化活动室（站）全覆盖。建有医院、卫生院4个、村卫生室58个，按照15至30分钟可及原则，实现了基层医疗卫生服务全覆盖。投入资金2600多万元支持怀柔区喇叭沟门满族乡中心幼儿园、敬老院等项目建设，民族乡居家养老服务更加快捷便利，养老床位基本满足需求。

（撰稿：李灵犀　审稿：范　宝）

天津市

孙各庄满族乡是天津市唯一的少数民族乡，也是边远山区，革命老区，位于蓟州城区东北部山区，燕山南麓。西距城25区公里。东与遵化市相连，西与下营镇、穿芳峪乡相邻，南与马伸桥镇接壤，北与遵化市东陵相连。全乡总面积26平方公里，辖13个行政村，总人口7141人，其中满族人口2389人，少数民族人口占乡总人口33.7%。

2016年，在市委和区委的正确领导下，深入开展“两学一做”学习教育活动，紧紧围绕区委区政府的决策部署，制定了创建全国少数民族示范乡发展的总体规划和空间规划。总的思路是积极构建“一心”、“两翼”，全力打造“三个之乡”。“一心”，即构建特色民族乡综合服务中心；“两翼”，即农业旅游发展翼和文化旅游发展翼；“三个之乡”，即满族文化旅游之乡、薄皮核桃之乡、成熟满蜜之乡。

一、主要经济指标完成情况

2016年孙各庄满族乡实现地区生产总值29500万元，占年计划的101.2%，同比增长14.3%；固定资产投资完成94000万元，占年计划的103.3%，同比增长20%；招商引资完成26000万元，占年计划的110.6%，同比增长6.1%；农民人均可支配收入完成17900元，占年计划的102.1%，同比增长12%。各项指标均完成和超额完成全年任务指标。

二、制定村庄详细发展规划

在孙各庄满族乡总体规划经区政府原则同意的基础上，启动了村庄详规制定工作。首先，按照突出满族文化、满族民俗的原则，依托中华文明孝道园和隆福寺及行宫恢复建设两个大项目，科学制定了隆福寺、丈烟台两个村的详细发展规划，已经通过了初审，正在进一步修改中。其次，依托荣山村良好生态环境优势，积极引进天津九州弘公司投资开发建设民俗旅游村，指导帮助该公司聘请专业旅游规划设计团队，先期制定了荣山村详细发展规划，为下一步开发建设打下了良好基础。

三、招商引资取得新进展

在今年的招商引资工作过程中，孙各庄满族乡组建三支专业队伍，依靠资源优势、突出文化特色、制定优惠政策，紧紧盯住市八大民主党派会员，借助京津冀协同发展机遇，积极洽谈项目，大力度引进税收企业和项目。截止到目前，已成功引进落地的项目2个，拟定签约项目1个，正在洽谈的项目3个，另有储备项目5个正在对外招商之中；商务中心楼宇企业入驻踊跃。高标准的办公用房，完善的配套服务设施，“保姆式”跟踪服务，吸引着多方企业落户孙各庄。今年入驻企业总数已达到32家，实现楼宇税收150万元。

四、重点项目持续发力

坚持把实施核桃川提升工程，作为农民增收致富的重要载体，持之以恒抓好基础设施建设。今年以来，先后投资400万元，新打机井两眼，铺设管道1500米，架设高低压线路1000米，新建和修复破损防渗渠道6000米，新增优质核桃500亩，嫁接优质核桃1000亩。基础设施的不断完善，为农民增收打下坚实基础，进一步做大做强了全乡主导产业。

重点推动投资9亿元的东帝龙山生命纪念公园和东帝龙山堪舆文化园项目，投资3000万元的东丽宜垦集团核桃创意园项目，投资1500万元的核桃油压榨、核桃粉加工等核桃深加工项目，投资2000万元以核桃为主题的观光、体验、核桃博物馆为建设内容的乡野公园项目，投资800万元的蜜蜂养殖加工项目。

五、美丽乡村建设工程全面落实

今年以来，通过采取市补贴、县配套、乡统筹等多种方式，总计投资1248万元，完成我乡4个美丽村庄建设任务，共计硬化路面81平方千米，安装路灯490盏，修建健身广场3000平米；在13个村制定了环境整治规划，明确了环境整治重点，截止目前共整治主干街道28条，里巷街道75条，清除公路周边垃圾杂物50处，清理河道1800米，清除漂浮物及坡岸垃圾杂物750吨，新增、提升绿化4700米；引入东方蓟洁保洁有限公司运行“户收集、村集中、乡转运”的生活垃圾处理模式，明确农村生活垃圾管理部门，村配备专门保洁人员34名，各村配备垃圾转运箱共36个，垃圾转运车3辆，形成稳定的管理体系和保洁队伍，做到了农村生活垃圾日产日清，实现了环境整治常态化管理。

六、狠抓“促惠上”工作落实

通过走访调研，摸清需要帮扶解决的问题底数，针对各村各企业和项目的不同问题，制定了相应的帮扶计划，自活动开展以来，涉及企业经营、项目建设、融资需求以及安全生产等方面的问题已全部得到解决，解决率达到100%。帮助中小企业完成科技型转型，有效促进了乡域发展环境的优化，保障了经济社会的健康发展。虽然全乡经济发展得到平稳较快增长，但仍存在经济总量不够大，财政实力不够强，楼宇企业税收不够多，大项目少进展缓慢，特色产业大而不强不精等问题，制约着孙各庄满族乡的发展。

七、社会事业和谐发展

乡文体中心和13个村农家书屋的高效运转，极大丰富了群众业余文化生活。各村卫生服务站已全部开始正常运作，在农村卫生医疗方面发挥重要作用，使得农村卫生服务水平稳步提升，社会保障事业做到了高质量、全覆盖，计生工作有了新的发展和进步，一系列惠农政策得到充分落实。积极创新社会治理，安全生产大检查深入开展，平安示范村创建工程圆满完成，平安法制孙各庄建设取得新成绩。

（撰稿：王海洋　审稿：沈淑娟）

河北省

河北省50个民族乡共有651个行政村。其中647个村通公路、571个村通自来水，分别占行政村总数的99.39%、87.71%、651个村全部通邮、通电、通电话；行政区划面积为5109.3平方公里，占河北省总面积的2.72%，总人口894444人，其中少数民族人口351634人，占全省少数民族总人口的9.88%。

全省民族乡乡镇企业总产值571.05亿元、比去年增加157.52亿元，农林牧渔业总产值90.48亿元；农作物总播种面积为1627528亩，其中粮食总播种面积为1354896亩，其中粮食产量为557875吨，肉类产量为131720.4吨。财政收入90886.37万元，其中滦平县小营满族乡完成财政收入31624万元，人均财政收入为20841元，居全省50个民族乡之首；财政支出66776.19万元；全省民族乡平均农民人均可支配收入为8837元，同比增长32.21%，是全省平均水平（全省为11919元）的74.14%，比去年增加13.66个百分点。

全省民族乡学校总数为282所，在校学生总数为69223人，教师5383人，建有117个图书馆、文化站，65个医院、卫生院（所），医务人员858人，病床1711张，医生与病床数倒置问题基本得到解决。

（撰稿：靳磊　审稿：陈泽辉）

内蒙古自治区

促进民族乡经济文化等事业的发展，保障少数民族的合法权益，增强民族团结是内蒙古开展民族乡工作基本准则。

一、内蒙古自治区民族乡经济社会发展现状

内蒙古自治区现有民族乡 18 个，主要分布在内蒙古自治区的呼伦贝尔市、兴安盟、赤峰市和乌兰察布市。18 个民族乡中鄂温克族民族乡 7 个，满族民族乡 4 个，达斡尔族民族乡 2 个，鄂伦春族、朝鲜族、回族、俄罗斯族、达斡尔族与鄂温克族联合乡各 1 个。

18 个民族乡地区面积共计 27633.04 平方公里，约占我区土地面积的 2.34%；人口总数为 201374 人，约占我区人口总数的 0.83%；少数民族人口为 69597 人，约占全区少数民族人口的 1.38%；民族乡主体民族人口约 32365 人，约占全部民族乡少数民族人口的 46.5%。我区 18 个民族乡普遍具有以下两个特点：一是多民族聚居。大部分民族乡均由 10 个左右民族成分构成。各民族间和睦相处，不同民族间通婚比较普遍。二是地处偏远，交通不便。18 个民族乡中除阿荣旗新发朝鲜民族乡、额尔古纳市三河回族乡、根河市敖鲁古雅鄂温克民族乡、赤峰市松山区当铺地满族乡 4 个民族乡外，大部分民族乡远离干线公路和旗县政府所在地，莫力达瓦达斡尔族自治旗杜拉尔民族乡距 111 国道 60 公里，恩和俄罗斯族民族乡距额尔古纳市政府所在的拉布大林镇 168 公里。

18 个民族乡的经济社会事业有了长足发展，人民生活显著提高。2016 年，18 个民族乡地区生产总值占全区地区生产总值的 3.8%。18 个民族乡农牧民人均纯收入约为 12962 元，高于全区农牧民人均纯收入平均水平。民族乡抓住发展机遇，利用国家、自治区和盟市、旗县（市、区）政府对民族乡在项目安排和资金扶持上的优惠政策，大力改善农牧民生产生活的基础设施条件，文化、体育、广播电视事业快速发展，村村通工程基本完成；全面推进新型农村合作医疗，积极发展乡村医疗服务，社会事业不断完善。

二、贯彻落实民族工作会议精神及采取的政策举措

中央和自治区民族工作会议召开以来，内蒙古自治区各级政府认真贯彻会议精神，面对民族工作的新形势、新要求，全面贯彻落实党的民族政策。呼伦贝尔市、兴安盟、赤峰市、乌兰察布市及相关旗县（市、区）不断加强对民族乡的工作力度，加快推进民族乡经济社会发展和全面建成小康社会的步伐。

（一）采取有效措施，加快少数民族贫困人口脱贫步伐

民族乡按照自治区安排部署，结合实际，以增加民族乡贫困人口收入为核心，始终坚持“开发扶贫”和“精准扶贫”相结合，因村施策、因人施策，大力推进民族乡扶贫开发工作，通过实施整村推进、科技扶贫及扶持产业、就业发展、政府救助等带动和帮助贫困户脱贫致富，取得了较好的效果，脱贫人数逐年增加。截止 2016 年年底，18 个民族乡建档立卡贫困人口 14256 人，18 个民族乡贫困发生率为 7.08%。

（二）凝神聚力支持和推进民族乡优势经济产业的发展

18 个民族乡因地制宜，大力发展肉牛、肉羊、奶牛、玉米、大豆、马铃薯、柞蚕、木耳等各具地方特色的支柱产业。畜牧业养殖向规模化、集约化、产业化迈进。积极发展设施农业，建立现代化农业园区，推广公司加基地加农户生产模式，带动农牧民发展生产，增加收入，农牧业基础地位进一步加强。如：阿荣旗新发朝鲜民族乡依托朝鲜族传统水稻种植优势，大力发展绿色水稻产业，推行“龙头企业+合作社+基地+农户”和企业自建基地等发展模式，并通过“绿色产业链”打造出“阿伦新米”、“笑

顺稻”、“口粮田”等绿色大米品牌，形成了市场竞争力强的优势产业。

（三）积极保护和传承优秀民族文化

18个民族乡大部分都建有民族乡博物馆。各民族乡积极开展民族语言传承工作，积极培养本民族语言教师，开展民族语言教学课程，推动各民族文化共同繁荣发展。有的民族乡还拥有自己的文化名片，如：阿荣旗新发朝鲜民族乡组建了朝鲜族专业文化团体；鄂温克民族乡在传统节日“瑟宾节”开展具有民族特色的文体活动；恩和俄罗斯民族乡的俄罗斯“巴斯克节”和俄罗斯族民间舞蹈列入自治区首批非物质文化遗产，使优秀少数民族传统文化得到了传承与保护。

（四）大力发展旅游业，促进各民族间开放和交流

一些民族乡依托乡域内丰富的自然资源和民族文化优势，积极发展文化旅游产业，促进民族乡群众转产增收。如：额尔古纳市恩和俄罗斯族民族乡通过扶持人口较少民族发展和特色村寨项目资金建设，依托俄罗斯族民俗风情积极发展俄罗斯家庭旅游项目，2016年旅游接待人数30万人次，家庭游经营户年均旅游收入21000元以上，俄罗斯家庭游俨然成为了当地经济发展的支柱产业。根河市聘请专家对敖鲁古雅乡进行总体规划，从民俗、旅游和建筑风格上再现“敖鲁古雅风情、驯鹿部落文化”特色，打造具有鄂温克民族风情的敖鲁古雅。

三、内蒙古自治区民族乡当前面临的主要困难和问题

18个民族乡通过近几年的发展，经济社会都有了长足的提升。基础设施建设不断完善、生产生活条件不断提高、民族文化事业不断提升。虽然取得的成绩显而易见，但与全面建成小康社会的要求还有不可忽视的差距，主要存在以下困难和问题：

（一）民族乡综合实力不强，再生动力不足

18个民族乡4个地处国贫旗市（县、区），10个地处区贫旗市（县、区），自然条件相对恶劣、地理位置相对偏远、基础设施相对滞后、生产生活相对粗放、增收难度相对较大。市场经济条件下发展的理念落后和基础设施建设制约民族乡发展再生动力。

（二）民族乡多种成因沉积，发展水平不均

18个民族乡由于自然、历史、区位和成因等诸多方面原因，各民族乡之间发展极其不均衡，发展短板随着民族乡经济社会加快发展集中显现。如：呼伦贝尔市阿荣旗新发朝鲜民族乡、额尔古纳市三河回族乡随着经济社会发展，人民群众收入均在2万元以上，乡文化室、卫生室、博物馆一应俱全。发展相对滞后的呼伦贝尔市莫旗巴彦鄂温克民族乡，乌兰察布市凉城曹碾满族乡人均纯收入仅5200元，收入高低相差15800元，基础设施滞后，严重阻碍这些民族乡群众的增产增收。

（三）民族乡特色产业显雏形，支柱产业未形成

大部分民族乡特色产业过于集中在农牧业，农牧独大且产业化、市场化程度不高，农牧民增产增收渠道较窄。我区大部分民族乡工业基本是空白，服务业更是发展不足。缺少如云南丽江、江西婺源等这样围绕少数民族生产生活开展的文化旅游精品。缺乏资本投入、人才培养对这些特色优势产业和特色种养殖的支持，难以形成造福一方的特色支柱性产业。

（四）民族乡民族文化保护，文化传承投入不足

民族乡经济社会事业快速发展，群众生产生活水平不断提高，但民族乡的民族符号相对淡化，民族特点不够显目，少数民族优秀传统文化亟待保护。如莫力达瓦达斡尔族自治旗的杜拉尔鄂温克民族乡，当地鄂温克族，只有语言没有文字，众多民歌、传说都是口口相传、代代接续，随着城镇化脚步的加快，年轻的鄂温克人多外出打工、外出求学，文化传承人严重短缺，甚至一些年轻人已经不会讲本民族语言，这些民族的民歌、传说和传统文化亟待保护和传承。

四、对策及建议

（一）攻坚克难，坚决打赢民族乡脱贫攻坚战

中央和自治区党委关于打赢脱贫攻坚的决定，吹响了脱贫攻坚的冲锋号，由于历史和自然等原因，内蒙古自治区民族乡多为多民族杂居，且相对偏远的地区，贫困程度较深，截至2016年底，18个民族乡里有14个地处国贫旗市或区贫旗市中，建档立卡贫困人就有14256人，且贫困程度较深。按照习近平总书记关于“全面实现小康，一个民族都不能

少”的指示要求，“十三五”期间，要进一步加大脱贫攻坚力度，脱贫工作实施中要优先考虑安排民族乡贫困群众。建议国家进一步加大对这些地区，特别是贫困地区的一般性转移支付力度，减免其重大项目、重大工程的配套资金比例，进一步加快民族乡全面建设小康社会步伐。

（二）同心助力，改善民族乡基础设施短板

民族乡多为基础差、底子薄、历史欠账多的现状。贫困人口集中的民族乡多处在自然环境恶劣，生态环境脆弱，基础设施陈旧，生产技术落后，经济结构单一，依然处在靠天吃饭，广种薄收的状况，且交通、就业、上学、取暖等因素造成生活成本大幅上升，同时相应的生产生活等各方面都需要加大投入，导致农牧民群众的实际可支配收入增长缓慢，支出较大。建议国家加强政策顶层设计，强化民族乡增产增收的政策导向。建议国家进一步加大民族乡的基础设施投入，特别是道路交通设施建设的支持，把着力点放在与人民群众生产生活密切相关的项目上，帮助民族乡村经济加快发展。

（三）传承保护，加强民族特色人才培养

民族乡少数民族群众由于其长期处于获得能力较低的实际现状，与时俱进的发展意识又极为被动，优秀的民族传统文化如何创新发展，如何传承保护，如何在“大众创业、万众创新”这样一个大背景下焕发青春，既需要资金支持，更需要文化人才队伍建设。建议从国家层面给予政策支持，特别是对民族乡年轻民族文化传承人的培育方面，给予更多走出去，学进去，使新一代较少民族群众不仅精通本民族文化精髓，更懂得未来文化发展方向。建设一批少数民族非物质文化遗产生产性保护示范基地，以便于传承保护民族乡少数民族传统的生产生活习惯，通过创新发展、继承发展，使民族文化精髓，进行商业化文化创新工程。

（四）绿色发展，加强民族乡生态保护和建设

“绿色是内蒙古的底色和价值，生态是内蒙古的责任和潜力”。民族乡多地处生态脆弱区，且靠天吃饭的现状仍未得到根本性改变。建议国家强化民族乡增产增收的政策导向，进一步健全生态补偿机制，增强内蒙古自治区生态安全屏障功能，增加生态补偿一般性转移支付，使民族乡守着绿水青山，也不丢掉金山银山。

（撰稿：李日树　审稿：云冰）

辽宁省

2016 年，辽宁省有 54 个民族乡，其中：满族乡 38 个，蒙古族乡 9 个，朝鲜族乡 2 个，民族联合乡 5 个。民族乡行政区划总面积为 7355.46 平方公里，年末总人口达到 88.9 万人，其中少数民族人口达到 52.0 万人，占民族乡总人口的 58.5%。

2016 年，全省民族乡镇经济社会得到进一步发展，基础设施不断改善，人民生活水平不断提高。全省民族乡共有 510 个村民委员会，已通自来水的村有 342 个，占 67.1%；525 个村全部通公路、通电、通邮、通电话。

2016 年，全省民族乡乡镇企业从业人员 52712 人，乡镇企业总产值 270.1 亿元，其中工业总产值 169.3 亿元，乡镇企业年净利润总额 13.9 亿元。

2016 年，全省民族乡农作物总播种面积 2468.6 万亩，其中粮食播种面积 186.7 万亩。2016 年，由于气候干旱，民族乡粮食产量大幅度减产，仅为 84.6 万吨，肉类总产量达到 24.8 万吨。民族乡实现农林牧渔业总产值 110.9 亿元。

2016 年，全省民族乡财政收入为 6.7 亿元，财政支出为 6.4 亿元；农民人均纯收入达到 9242 元，比上年增长 188 元。全省共有农民合作社 1416 个，合作社成员 3.2 万户，农业技术服务机构 208 个，农技机构从业人员 544 位。

2016 年，全省民族乡共有学校 216 所，在校学生总数 5.5 万人，教师总数 5975 人；图书馆 74 个，文化站 54 个，村文化活动室 481 个。医院卫生院 56 个，其中医生 524 人，病床 1389 张；村卫生室 600 个，医生 673 人。

（撰稿：赵经纬　审稿：施光磊）

吉林省

一、全省民族乡（镇）经济发展

2016 年底，全省有民族乡（镇）33 个，其中：村民委民会 395 个。民族乡（镇）总人口数 62.62 万人，其中少数民族人口 18.6 万人，少数民族人口占人口的 29.7%。财政收入 7.33 亿元，财政支出 7 亿元。

（一）乡镇企业生产稳步增长

2016 年，全省民族乡镇企业实现总值 270.7 亿元，比上年增长 5.1%，其中，工业企业实现工业总产值 158.2 亿元，比上年增长 12.9%；工业总产值占民族乡镇企业总产值的 58.4%。乡镇企业全年实现净利润 23.4 亿元，比上年增长 1.2%。从业人员达 4.56 万人。

（二）农业生产发展平稳

2016 年，全省民族乡镇实现农林牧渔业总产值 78.1 亿元，比上年增长 2.8%；农作物总播种面积 288.2 万亩，其中粮食播种面积 232.0 万亩。粮食总产量达到 141.6 万吨，肉类总产量 10.8 万吨。

（三）农业生产条件有所改善

2016 年，全省民族乡镇农作物总播种面积 288.2 万亩，其中粮食播种面积 232 万亩，粮食总产量达 141.6 万吨，肉类总产量达 10.8 万吨。

（四）人民生活水平进一步改善

2016 年，全省民族乡镇农民人均纯收入 10167 元，比上年增长 2.9%。全省 395 个民族乡镇全部通电、通邮。

二、全省民族乡社会发展

2016 年，全省民族乡（镇）拥有各类学校 129 个，在校学生 3.55 万人；教师 4793 人。图书馆 62 个，文化站 43 个，村文化活动室 374 个，医院、卫生院 38 个，拥有医生 550 人。拥有病床 717 张。村卫生室 399 个，拥有医生 556 人。

（撰稿：翟文斌　审稿：田永亮）

黑龙江省

一、基本情况

黑龙江省现有少数民族乡（镇）63 个，其中，52 个少数民族乡，11 个少数民族建制镇。全省少数民族乡（镇）数量占全省乡镇数量的 7.5%。少数民族乡（镇）总户数 29.2 万户，其中少数民族户数 12 万户，占总户数的 41.2%；总人口 104.8 万人，其中，少数民族人口 40.5 万人，占少数民族乡镇总人口的 38.7%。有 43 个乡镇有明显民族特色，占少数民族乡镇总数的 66.2%。

按地区划分黑龙江省少数民族乡（镇）数量

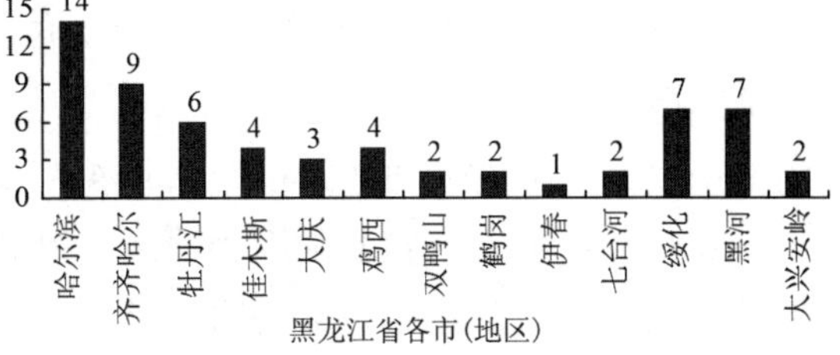

按民族划分黑龙江省少数民族乡（镇）数量

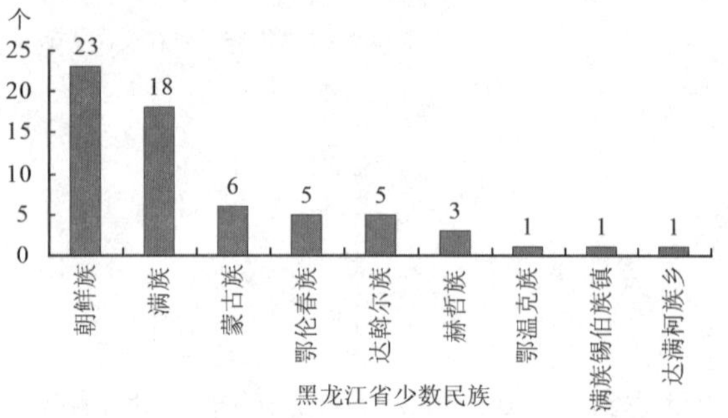

截至 2016 年底，黑龙江省共有少数民族村 727 个。全省少数民族村数量占全省行政村的 8%。少数民族村总户数 34.7 万户，其中少数民族户数 20.5 万户，占总户数的 59%；总人口 122.9 万人，其中，少数民族人口 72.3 万人，占少数民族乡镇总人口的 58.8%。有 258 个民族村有明显民族特色，占少数民族村总数的 35.7%。有 545 位村长（村主任）民族成份是建村民族，占全部民族村的 75.5%。

按地区划分黑龙江省少数民族村数量

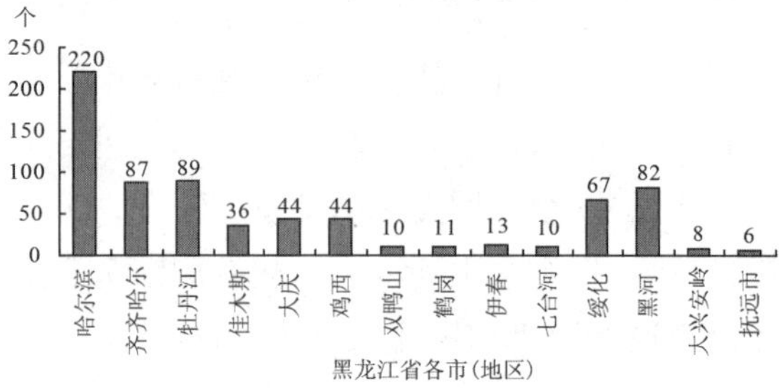

按地区划分黑龙江省少数民族村数量

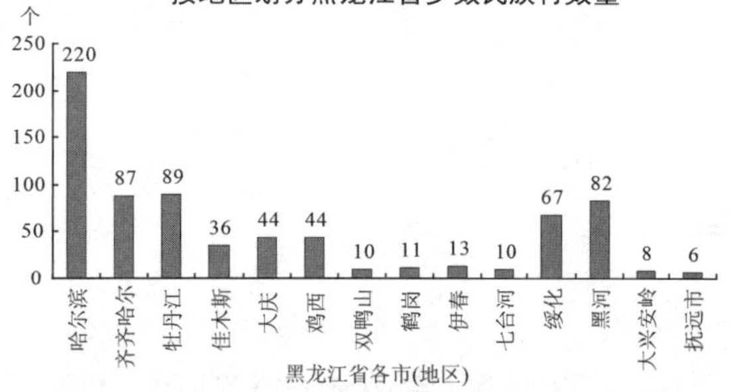

截至 2016 年底，黑龙江省少数民族乡（镇）地区生产总值为 242.6 亿元，比 2010 年增长近 23%；人均地区生产总值为 24467 元，比 2010 年增长 42%。但仍低于黑龙江全省人均地区生产总值 40432 元。绝大多数少数民族乡（镇）的财力薄弱，财政收入仅够维持政府机构的运转，无力对基础设施和公共事业建设进行投资，自给能力弱、缺乏经济增长点、财政收入增长缓慢是少数民族乡（镇）的普遍特点。

二、经济发展情况

近年来，为帮助少数民族乡（镇）摆脱当前的经济发展困境，党和政府通过多项措施齐抓并举、花大力气做好少数民族地区的发展建设工作，并已初步取得成效。

1. 三产比重逐步调整。经过几年的政策性引导和结构性调整，2016 年黑龙江省少数民族乡（镇）第一产业（农林牧渔）、第二产业（工业、建筑业）、第三产业（商业、饮食业、服务业、交通运输业）比重为 45∶35∶20，与全省相比较，少数民族乡（镇）一产占比减小，二、三产业占比提高。2016 年全省少数民族乡（镇）中龙头企业共有 186 个，其中哈尔滨市少数民族乡（镇）有龙头企业 98 个，占全省少数民族乡（镇）中龙头企业个数的 52.7%。

旅游业正在成为少数民族乡镇经济发展的快速增长点，2016 年全省少数民族乡（镇）民族旅游景点个数达到 63 个，民族旅游收入突破 3 亿元，相对于 2016 年我省旅游业总收入占全省 GDP 十分之一的比例，民族旅游业仍存在极大的潜力有待挖掘，民族旅游收入仍具有较大上升空间。

2. 产业结构逐年优化。近年来，在加快民族乡（镇）经济增长方面，黑龙江省以产业结构优化为突破口，实现少数民族群众快速致富为出发点，全力推动民族乡（镇）产业结构向"固一产、促二产、强三产"的方向迈进，目前已经初步取得成效。

（1）第一产业稳固提高。近年，黑龙江省民族乡（镇）在优化一产结构上，以大力发展特色种养殖业为抓手，在水稻种植、食用菌栽培、特色养殖等方面都形成了优势产业，确保农民收入增加。以黑河市爱辉区为例，2013 年，坤河乡政府派出考察组先后五次到东宁及黑龙江省生物研究所学习考察挂袋木耳制菌、栽培和管理技术，决定把食用菌发展作为促进农民增收的新途径。2014 年，乡政府以"三带百村"工程为契机，利用少数民族发展资金 100 万元率先在坤河村进行了挂袋木耳示范种植，历经一年的实践探索，示范种植取得了良好的经济效益。2015 年园区新建挂袋木耳大棚 10 栋，扩建厂房及养菌室，完善水、电、路等基础设施，实现全自动化喷灌。2016 年，合作社继续扩大生产规模，当年实现挂袋木耳实现销售 140 万元，利润 73.5 万元，社员平均收益 1.47 万元，挂袋木耳真正成为坤河乡致富增收的新亮点。新生乡依托鄂伦春族长期游猎生活积累形成的饲养经验，积极发展鄂伦春马、野猪等特色养殖。成立新生刺尔滨种马场有限公司，被确定为“国家级鄂伦春马遗传资源保种场”，全乡鄂伦春马存栏 261 匹、野猪存栏 625 头。引进黑龙江省牧岚牧业有限公司落户新生，注册资金 1000 万元，购进西门塔尔肉牛 90 头，以“公司+农户”方式进行饲养，并鼓励其他散户加入进行规模饲养。推动文化与手工业融合发展。依托鄂伦春族手工艺传统，扶持桦皮手工艺制作人成立瑟尔魄乌娜吉手工艺品加工厂，在传统刻、压、镶、嵌的基础上，不断创新制作技艺，制作出近百种桦树皮作品，远销国内外。紧跟“互联网+”政策导向，定位 “互联网+农产品”发展理念，建立乡村电商服务中心和示范点，与当地农户、手工艺品加工商、商品供应商进行对接，收集销售农产品信息。

（2）第二产业不断加快。民族乡（镇）以开发利用自身在土地、矿产、劳动力和血缘关系等方面的比较优势为着力点，积极对外开展招商引资，不断推动工业大项目落地，实现资本、土地和劳动力等生产要素的优化重组，推动民族乡（镇）工业经济快速发展。例如，宁安市充分发挥与韩国亲缘、族缘和地缘优势，不断强化对韩国的招商引资工作力度，引进东部韩农（黑龙江）化工有限公司等 12 家韩国企业，引资总额达到 8 亿元，为当地民族乡（镇）工业发展，打造工业强镇奠定深厚基础。

（3）第三产业迅速提升。近年来，黑龙江省民族乡（镇）在发展劳务经济、旅游产业、传统文化开发利用等环节上加快发展步伐，实现第三产业快速增长。例如，同江市街津口乡是赫哲人口含量最大，文化底蕴深厚的民族乡。针对这一优势，近年来街津口乡依托伊玛堪艺术团，对原生态文化做了挖掘传承和保护，培育出国家级特质文化遗产传承人 1 名，省级各类传承人 6 名，注册了“赫哲故里”、“赫哲第一乡”等文化地域品牌。挖掘和赋予乌日贡开幕式、祭江节等新的文化内容，赫哲族婚礼申报中。鱼皮技艺传习所多次召开了座谈会，组织成立了鱼皮服饰联合社。现全乡加工和销售旅游工艺品的农户达 36 家，从事餐饮服务业的有 48 家，经营游船和出租车业的有 10 家，年客流量达 15 万人次，仅旅游一项经济创收在 450 万元以上。另外 2016 年接待各级媒体采访调研达 50 余次，并多次在赫哲族网站、日报等报刊杂志上发表推介街津口文章，扩大了街津口赫哲族的知名度和影响力。经过近几年的建设，街津口乡已列为全省百强镇建设重点乡，国家级特色旅游名镇，中华民族文化艺术之乡，并逐渐实现“六化”目标。即：赫乡唱赫歌习惯化、传统手工艺品产业化、地标建筑景观民族元素化、婚礼风俗、宗教仪式艺术化、非物质传承培训最大化、赫哲故里第一乡知名化。

3. 基础设施条件日益改善。在推动民族乡（镇）发展方面，黑龙江省以加强民族乡（镇）基础设施建设为着力点，逐年加大投入，不断改善农民生产生活条件。“十二五”期间，全省民族乡镇共完成基础设施建设项目 465 个，新建、扩建、维修道路 10000 多公里。2016 年，又有近百个基础设施项目在民族乡村落地，为我省民族地区全面建成小康社会打下了坚实的基础。在 727 个少数民族聚居村中，通公交车的有 650 多个；吃上自来水有 700 多个，通网络的有 710 多个，所有民族村全部做到通电、通电话、通邮。

4. 收入水平大幅度增长。经过几年努力，截至 2016 年底，黑龙江省少数民族乡镇农村居民人均纯收入达到 13686 元，比 2010 年增长 83%，比 2013 年增长 20%。

三、工作建议

1. 建议制定与出台切合少数民族乡（镇）发展实际情况的专项工作方案或指导意见。民族乡（镇）经济在民族地区经济中占有较大比重，但目前仍缺乏规范性文件对民族乡（镇）的发展给予指导和扶持。各地仍存在照搬照抄其他地区发展经验的现象，从而走了不少弯路，拖累了发展速度。因此，应尽快把制定出台加快民族乡（镇）经济和社会发展的专项工作方案与意见列入议事日程，对少数民族乡（镇）结构调整、产业化和资源开发的步伐进行指导和规范，避免不必要的资源及财力的浪费。

2. 建议中央在安排少数民族发展资金比重上，继续增大对民族乡（镇）的整体扶持力度。民族乡镇由于经济基础长期薄弱，增长乏力，主导产业不明显，缺乏造血功能等原因，已经无力依靠自身力量来推动经济和社会的全面持续健康发展，因此，尽管党和政府高度重视民族乡（镇）的经济发展，省市各级政府和部门也提出了许多优惠措施，对于这剂良药，民族乡镇仍需要相当长的一段时间来化开药力、使之转变为自身的能量。因此仍需中央对财政困难的各民族乡镇在农业、林业、水利等产业发展和基础设施、公共事业、群众生活等建设项目中给予重点倾斜，帮助少数民族乡镇积蓄并迸发出自己的力量。

（撰稿：张泽坤　审稿：李彦龙）

江苏省

高邮市菱塘回族乡是江苏省唯一的民族乡。2015 年实现地区生产总值 32.89 亿元、财政收入 2.14 亿元、公共预算收入 1.03 亿元、居民可支配收入 2.86 万元，2015 年，在扬州乡镇综合发展水平考评中位居第 9 位。2014 年、2015 年连续两年获得高邮乡镇园区经济社会发展综合考评一等奖。被命名、表彰为全国重点镇、全国民族团结进步创建活动示范乡镇，全国文明村镇、国家卫生镇通过复检，第三次被国务院表彰为全国民族团结进步模范集体。编制了电线电缆产业发展规划、旅游业总体策划、生态文明建设规划，制定了两轮推进旅游业发展的三年行动计划，出台并执行了扶持、激励农业、工业、建筑业、旅游业等发展政策。五年累计向上争取项目资金 2.3 亿元。

稳中求进、转型升级。全乡始终坚持以创新理念引领经济发展，不断提高经济发展的质量和效益。确定了特种电缆、绿色照明、现代农业、民族旅游等四大基本产业。创成了国家火炬特种电缆特色产业基地、省创新型试点乡镇、省科普示范镇、省电子商务示范镇。累计竣工 5000 万元以上项目 32 个，其中亿元项目 16 个、5 亿元项目 1 个、10 亿元项目 3 个；工业增加值、全部工业开票销售、全部工业入库税收分别达到 23.6 亿元、46 亿元、1.5 亿元，年均分别增长 7.5%、5.1%、7.4%。

彰显特色、美化家园。坚持“四化同步”、以人为本，扎实推进新型城镇化建设，把生态文明作为重要标杆，统筹推进“美丽乡村”建设，为全乡各族群众打造了生态宜居的新环境。菱塘村创成全市首家国家级生态村并入选“2016 中国名村影响力排行榜”。清真村创成省最具魅力休闲乡村、省村庄建设与环境整治示范村。菱塘村、清真村、骑龙村被命名为省水美乡村。

以民为本、改善民生。深入实施民生幸福工程，各项民生实事全面完成。直接用于民生及与民生密切相关的财政支出占全乡公共财政支出的 58.4%。新农合参保率保持 100%。落实“菜单式”精准扶贫，低收入农户累计脱贫率达 100%。全面落实了清真食品补贴。出台急难家庭救助办法，救助低保边缘群体 371 人次。发放“惠民十金”和精准扶贫资金 700 多万元。完成人均年收入 5000 元以下低收入农户脱贫任务。

不忘初心、为民服务。坚持依法行政、为民勤政、用心服务。认真抓好中央八项规定精神的贯彻执行，认真落实廉政建设主体责任和监督责任，驰而不息反对“四风”。建设完善了乡村两级便民服务大厅（中心）。不断加大政务信息公开力度，正常运行门户网站，开通 “印象菱塘”微信公众号。落实安全领导责任，定期召开例会、开展督查，强化安全监管。切实维护人民群众生命财产安全，多次为全市系列平安创建提供现场。创成中华诗词之乡、省文明单位、省双拥模范乡镇、省妇女法制宣传教育示范点、扬州市“四有一责”建设示范乡镇，蝉联扬州市社会治安安全乡镇和农村信访工作“六无”乡镇，6 个村（社区）创成省民主法治示范村，清真村、骑龙村、文昌社区创成省和谐社区建设示范村（社区）。

（撰稿：洪　静　审稿：鲍蜀生）

浙江省

浙江省世居少数民族以农村畲族为主，具有大分散、小聚居的特点。全省有 18 个民族乡（镇），均为畲族乡（镇）。截至 2016 年底，全省民族乡（镇）总人口数为 189073 人，其中少数民族人口 40448 人，占人口总数的 21.39%。行政区划总面积 1153.2 平方公里，共辖 212 个行政村，其中民族村 80 个；分布在杭州市、温州市、金华市、衢州市和丽水市的 13 个县（市、区），它们是：杭州市桐庐县的莪山畲族乡，温州市平阳县的青街畲族乡，苍南县的岱岭畲族乡、凤阳畲族乡，文成县的西坑畲族镇、周山畲族乡，泰顺县的司前畲族镇、竹里畲族乡，金华市武义县的柳城畲族镇，兰溪市的水亭畲族乡，衢州市龙游县的沐尘畲族乡，丽水市莲都区的老竹畲族镇、丽新畲族乡，龙泉市的竹垟畲族乡，云和县的雾溪畲族乡、安溪畲族乡，遂昌县的三仁畲族乡，松阳县的板桥畲族乡。民族乡（镇）主要分布浙南或浙西南，一般地理位置较偏，一半左右的民族乡（镇）离县城有 30 至 50 公里路程，公路密度约为 0.8 公里/平方公里。18 个民族乡（镇）中有 16 个是我省的革命老区乡镇，其中有 10 个曾被列入全省 211 个重点扶持的欠发达乡镇、或省重点欠发达县特别扶持计划范围。

浙江省民族乡（镇）经济发展“赶趟”步子稳健。2016 年 18 个民族乡（镇）共创造工农业产值 61.67 亿元，比 2015 年的 60.1 亿元增长 2.27%。其中农业总产值 14.82 亿元，较 2015 年 13.2 亿元增长 12.27%；财政收入 3.56 亿元，财政支出 4.15 亿元。

从农民人均收入方面来看，全省 18 个民族乡（镇）农民人均收入达到 13461 元。其中，农民人均可支配收入最高的乡（镇）均为莪山畲族乡，达到 19835 元。另外仍有青街畲族乡农民人均纯收入低于 10000 元，仅为 8102 元。

（撰稿：潘晶　审稿：钟建文）

安徽省

安徽省现有 9 个民族乡（肥东县牌坊回族满族乡、五河县临北回族乡、颍上县赛涧回族乡、凤台县李冲回族乡、寿县陶店回族乡、淮南市谢家集区孤堆回族乡、淮南市潘集区古沟回族乡、定远县二龙回族乡、宁国市云梯畲族乡），1 个回民农场和 1 个回民街道（皖河农场三益回民分场、亳州市谯城区花戏楼街道，均享受民族乡待遇）。2016 年，全省各民族乡围绕“确保到 2020 年少数民族聚居地区与全省同步实现小康”的工作任务，推动域内各族群众“共同团结奋斗、共同繁荣发展”，在基础设施建设、特色产业发展、基本公共服务、人居环境整治等方面取得了长足进步。通过干部群众共同努力，民族乡脱贫攻坚进程显著加快，综合实力明显提升。2016 年，全省 9 个民族乡建档立卡贫困户 1795 户 5034 人实现脱贫，分别占总数的 41.8%和 44.5%，经济运行平稳，乡镇工业企业总产值 16.96 亿元，比上年增长 7.85%，地区粮食和肉类总产分别达到 192958 吨和 15482 吨，均稳步超过上年水平，较好的完成了预定目标。

一、围绕精准扶贫，脱贫攻坚稳步推进

各民族乡深入贯彻落实中央和省市县决策部署要求，坚持精准识别、精准施策，扎实推进脱贫攻坚工作。一是规范操作，精准识别。寿县陶店回族乡按照上级统一部署，实施精准核查回头看活动，完成全乡 1208 户建档立卡贫困户和 3158 名建档立卡贫困人口重新识别工作。定远县二龙回族乡严格按照程序，经

过多轮筛查，全乡评定出建档立卡贫困村 3 个，建档立卡贫困户 385 户 1288 人。二是强化领导，压实责任。淮南市潘集区古沟回族乡成立了高规格的扶贫工作领导小组，古沟、新河两个贫困村分别建立了驻村扶贫工作队，选派干部担任扶贫工作队队长，其他各村配齐配强村级扶贫专干，明确了工作内容和工作职责，并与各村签订扶贫攻坚责任状，形成了一级抓一级，层层抓落实的工作格局。三是因户施策，精准帮扶。定远县二龙回族乡实施了因户施策，“一村一品”的脱贫攻坚战略。全乡为贫困户办理扶贫小额信贷 64 户 267 万元，帮助发展产业 265 户、补贴 653930 元；帮助 13 户贫困户解决了就业；为 198 户预脱贫户解决了 2016 年度人均 120 元的新农合参保费用；实施教育“雨露计划”，共有 27 户享受年均 3000 元补助；3 个贫困村安装光伏发电 180 千瓦，村集体经济年均增收 4 万多元；40 户安装光伏发电 120 千瓦，户增收 2000 多元。

二、加强基础设施建设，群众生产生活条件持续改善

一是道路基础设施不断完善。五河县临北回族乡对红旗路临北段进行拓宽改造 4.6 公里，由原来的 4 米拓宽至 6 米，有效提升民族乡过境公路通行能力。淮南市谢家集区孤堆回族乡为满足广大群众的出行及生活需要，落实了回民路改扩建工程，给少数民族群众聚居的村庄加装路灯，扩大孤堆污水管网辐射圈。投入 20 万元用于 9 条村级主干道路绿化、亮化、安保工程；一事一议资金 81.9 万元用于道路亮化等基础设施建设。二是水利建设步伐不断加快。肥东县牌坊回族满族乡先后清淤扩挖当家塘坝 61 口，硬化渠道 2 公里，实施 6 个小型电站技改工程，极大地改善了全乡农业基础设施条件。定远县二龙回族乡兴修了塘坝 34 口，在三苏村老邵组、小岗村双河、红卫村谭村、中汤村后汤组和吴坂组新建 5 座电灌站，硬化了宋圩排水渠约 1.5 公里，清淤拓宽渠道 3 条，改善了灌溉面积 6800 亩，群众生产生活条件明显提高。淮南市潘集区古沟回族乡疏浚 1200 米排涝中沟一条；新建砼干渠 989 米，配套桥涵闸 5 座；更新改造陶郢电灌站，新建於湖小站渠（砖砌）620 米。三是供电供水设施不断改造升级。定远县二龙回族乡完成三苏、岗镇、红卫老村、小岗村沿 X046 线及中汤村一个村民组的高低压电路改造任务 40 千米，更换及新增变压器 14 台套；基本完成集镇内部 PE 自来水管网的更换埋设，新规划自来水线路 13.5 千米。四是农田基本建设不断提质增效。淮南市潘集区古沟回族乡实施总投资 624 万元的千亿斤粮项目高湖、古沟田间配套工程项目，预计 2017 年 3 月底完工。在蔡庙、太平、新河三个村实施总投资 877 万元的 2016 年度国家农业综合开发高标准农田建设示范工程项目，改善灌溉面积 0.65 万亩。

三、突出特色产业，农业产业结构调整加快

各民族乡坚持以农民增收为目标，积极培育具有鲜明民族特色的种养业产业基地、少数民族农业产业化龙头企业和各类少数民族农民专业合作组织，大力实施农业产业结构调整。一是发展定位日趋精准。肥东县牌坊回族满族乡坚持城郊型现代农业发展定位，结合土地整理、土地流转等工作，积极做活土地文章，推进适度规模经营，新增家庭农场 1 家，种养殖大户 26 家；重点实施“一村一品”战略，全面发展设施农业、休闲旅游等特色产业，全乡蔬菜规模种植已达 1.6 万亩，年产蔬菜 7 万多吨，产值近 2 亿元。二是产业链条纵向延伸。颍上县赛涧回族乡共实施土地流转 1.6 万亩，引进培育新型现代农业企业经营主体 9 家，创办民营企业 5 家。认真打好民族品牌，发展牛羊养殖和畜产品深加工产业，全乡现有各类加工业企业 17 个，种养殖业专业合作社 25 个，各类产业主体涵盖了养殖加工、经饲作物、草皮及经果林种植等诸多领域。三是内生动力持续增强。淮南市谢家集区孤堆回族乡全面落实强农惠农政策，扶持特色农业产业发展，充分激发产业发展内在动力，农业发展基础不断夯实。大力支持江永食用菌种植专业合作社、文祥肉牛养殖专业合作社等发展，进一步发挥以海悦粮油为代表的龙头企业的支撑和引领作用；加强农业科技培训和农村劳动力技能培训，培养“有文化、懂技术、会经营”的新型农民，充分发挥农民在社会主义新农村建设中的主体作用。

四、立足民生工程，社会事业全面发展

坚持把保障和改善民生摆在更加突出的位置，

加大投入，狠抓落实，让发展成果由人民共享。一是民族学校办学环境得到改善。定远县二龙回族乡民族学校实行了封闭式教学管理，借助均衡教育的契机，校园硬件设施显著提高，干部教师队伍得到加强。成立教育关工委，募集资金，建立健全师生奖惩制度。2016 年，民族乡慰问了考取二本以上大学生 48 人，同时争取王贵伦慈善基金会、关工委等单位资助贫困学生 15 人，资助金额 5 万多元。二是医疗卫生水平得到提升。寿县陶店回族乡利用财政资金 405 万元建设乡卫生院住院楼和宿舍楼，增设医疗科室，新购彩超等医疗器械，不断提高医疗服务能力，满足各族群众就医需求。颍上县赛涧回族乡实现农村卫生服务网络全覆盖，全力改善了卫生院及卫生室的基础设施建设，医疗卫生资源进一步优化提升。三是群众文化生活日益丰富。淮南市潘集区古沟回族乡新建太平群众文化活动广场，并安装户外大型LED电子显示屏幕，丰富群众文化生活。寿县陶店回族乡建成乡综合文化广场和陶店、马店村级文化乐园，乡文化站活动中心、各村农家书屋正常开放，如期完成送戏、送电影下乡任务，群众文化娱乐活动开展氛围浓厚。四是社会保障日益完善。肥东县牌坊回族满族乡及时兑现城镇低保金和农村低保金、伤残金、五保补助费；切实抓好救济粮款发放及危旧房改造工程，实施城乡居民合作医疗保障制度和大病救助活动，城乡居民合作医疗参合率达 100%；加大城乡居民社会养老保险宣传力度，全乡城乡居民社会养老保险参保率达 100%；严格惠民资金审核发放程序，发放财政补贴资金 1840 万元；全面完成年度农业政策性保险任务。

五、建设美好乡村，环境整治成效明显

凤台县李冲回族乡投资约 2800 余万元，实施茅仙洞风景区提升建设项目；主要道路实现数字城管全覆盖，案件整改率近 95%，道路环境显著改善；成立了环卫所，专职负责农村环境卫生整治，实现了所有 6 个村的全覆盖，生活垃圾得到有效处理。经过乡村干部的扎实工作和各族群众齐心协力，成功创建省级森林城镇和森林村庄各 1 个。宁国市云梯畲族乡云梯村作为集镇建成区整合整治和省级美丽乡村中心村开展建设，投入 400 多万元，开展集镇乱搭乱建撤除、云梯村文化广场、老街改造、政府与老街连接路改造、特色路灯改造和新装、污水管网延伸和文化墙等建设项目。肥东县牌坊回族满族乡高标准完成牌坊社区美丽乡村建设省级考核工作，全面实施乡政府建成区专项整治，突出抓好治脏、治乱，在推进“两治理一加强”的基础上，健全和完善基础设施建设和公共服务配套，铺设人行道板砖近 2000 平方，安装多功能公交车站台 6 组，新建游园步道近 200 米，深入挖掘民族传统文化，建设“孝”字主题文化长廊及“时光记忆”农耕文化园，全力打造美丽乡村的“升级版”，得到省市考核专家组的一致好评。

六、把握团结主题，新型社会主义民族关系不断发展

各民族乡牢牢把握“共同团结奋斗，共同繁荣发展”的主题，坚持以民族团结进步宣传月、民族团结进步创建活动等工作为载体，以多种形式营造宣传党的民族政策、促进民族团结进步的良好氛围，促进各民族交往、交流、交融，各民族间平等、团结、互助、和谐的新型民族关系不断发展。宁国市云梯畲族乡民族团结进步事业持续推进，在千秋畲族村实施全国少数民族特色村寨建设，通过对原有建筑的“穿靴戴帽”式改造和引进推广福建宁德畲族风格建筑式样，结合畲族风情文化广场和安徽畲族文化交流中心等，形成了“产村一体、村企共建、整村推进”的发展模式。畲族民歌和婚嫁习俗等 2 项省级非遗项目得到传承和弘扬，积极申报畲族红曲酒的省级非遗。举办“畲乡三月三”活动，央视旅游指南栏目组、中国摄影家协会等先后进行采风或专题拍摄，安徽卫视等四大卫视同步联播在民族乡设立直播点，扩大了畲乡的美誉度。淮南市潘集区古沟回族乡认真实施少数民族和民族聚居地区“共同发展”提升行动，大力宣传贯彻党和国家民族政策，尊重少数民族的风俗习惯和宗教信仰，注重帮助少数民族群众解决生产生活实际问题，推动各民族“共同团结奋斗、共同繁荣发展”。 开斋节期间，乡党委政府负责同志亲自到辖区内三座清真寺，慰问教职人员和信教群众，与各族群众一起欢度佳节。

（撰稿：张正喆　审稿：孙丽芳）

福建省

2016 年，福建省认真贯彻中央和省委省政府的决策部署，按照国家民委的工作要求，狠抓机遇，突出重点，积极落实各项帮扶举措，持续推进全省民族乡村经济社会事业的全面发展。

一、民族乡村基本情况

福建省有 19 个民族乡，其中 18 个畲族乡，1 个回族乡。全省民族乡行政区域面积为 2145 平方公里，共辖 321 个村民委员会，其中民族行政村 137 个。2016 年，全省民族乡总人口 44.62 万人，其中少数民族人口 14.32 万人，占 32.1%。2016 年，民族乡经济总量持续增长，其中公共财政收入 45861.21 万元，同比增长 5.8%；乡镇企业总产值 258.91 亿元，乡镇企业年净利润总额 11.77 亿元，同比分别增长 6.2%和 27.1%；农林牧渔业总产值为 39.52 亿元，同比增长 9.5%；粮食产量和肉类产量分别为 11.87 万吨和 3.14 万吨，同比分别增长 4.3%和 19.8%。民族乡所辖民族行政村均已全部实现通邮、通电、通路、通电话，已通自来水的村共有 311 个，达 96.9%。

二、民族乡村经济持续发展

1.实施挂钩帮扶，乡村发展得到有力支持。一是出台帮扶政策，民族乡村发展保障有力。2016 年，省政府办公厅出台《中共福建省委办公厅、福建省人民政府办公厅关于做好挂钩帮扶民族乡村工作的通知》（闽委办〔2016〕10 号），使挂钩帮扶民族乡村的政策保障更加有力。二是启动新一轮挂钩帮扶民族乡村工作。继续实施省直单位、沿海发达县（市、区）挂钩帮扶 19 个民族乡，每年省财政和省直单位、有关市县区共同出资 400 万元帮扶一个民族乡，要求将挂钩帮扶成效列入各挂钩帮扶单位及民族乡所在县（市、区）的领导政绩和绩效考核。同时，积极推动挂钩帮扶工作延伸到民族村，要求各设区市参照省一级挂钩帮扶民族乡机制，推行市一级挂钩帮扶民族村机制。2016 年，全省 19 个民族乡共落实帮扶资金达 8525 万元，有力助推民族乡村的发展。

2.注重示范带动，规模经济效益逐步形成。充分发挥“能人经济”、“龙头企业”的典型示范作用，注重品牌带动，生产名优产品，从品牌中提升效益。一是继续实施特色经济发展扶持增收工程。2016 年，集中资金扶持 65 个民族村开展特色经济发展扶持增收工程。二是开展学习交流。全省加快民族乡村特色经济发展培训班暨现场经验交流会，进一步推动我省民族乡村特色经济的发展。目前，全省民族乡村，初步形成了特色经济产业和优势产品，有效促进了农民增产增收。2016 年，全省民族乡农民人均纯收入 14014 元，同比增长 9.7%。

3.建立合作组织，农业发展方式不断创新。各民族乡村通过建立新型农民专业合作经济组织、行业协会或专业公司等形式，不断创新发展方式，着力培育一批组织规范、产业优势明显、带动能力强、市场活力优的专业合作社，并由政府各部门从政策、财政资金、信贷、税收等方面给予大力扶持，促进了现代农业的健康发展。2016 年，全省民族乡共建立农民合作社 687 个，拥有成员 9693 人，同比分别增长 27.7%和 20.0%。

4.开展技能培训，群众就业能力不断提升。积极引导民族乡村依靠科技进步和提高劳动者就业能力的轨道上来，提高民族乡村经济发展的科技贡献率，促进民族乡村加快现代农业发展和少数民族群众增产增收。2016 年举办多期少数民族农村实用技术、电子商务、月嫂和厨师等培训班，培训少数民族群众 1200 多人。

5.重视精准施策，扶贫力度得到不断加强。一是实施整村推进扶贫。将人均年收入 4500 元以下的 23 个民族贫困村纳入省级整村推进扶贫开发工作重点村实施范围，每村每年支持帮扶资金 20 万元。二是开展干部驻村蹲点。实现全省 19 个民族乡、567 个少数民族村全覆盖，助推少数民族群众脱贫解困。三是调动社会力量帮扶。全省 21 个民族村纳入省委统战部开展的“百企帮百村”精准扶贫；全省宗教界积极开展民族乡村扶贫公益活动，全年共捐款1331.95万元用于扶持民族乡村发展。

三、社会事业发展取得新成效

1.教育资源不断增加。继续安排民族经费支持民族乡村学校改善基础设施和教学设备。联合省教育厅组织开展优秀教师、骨干教师到民族中学开展巡回讲学，将优质课堂和先进教育理念送到民族乡村学校。省级设立民族教育专项补助经费，建立少数民族学生助学金制度，2016年将补助标准提高至初中每生1000元和高中每生1600元，确保全省每年1万名左右家庭经济困难少数民族学生顺利完成学业。2016年，全省民族乡拥有学校84所，在校学生数33479人，教师数2909人。

2.文化建设不断加强。支持民族乡村文化设施建设，支持各地开展“三月三”等少数民族传统节庆活动，组织节目到民族乡开展巡回演出，丰富少数民族群众的文化生活。目前，民族乡建有图书馆、文化站34个，303个村建立了文化活动室。

3.医疗条件不断改善。下达资金支持民族乡卫生院改善医疗条件，提升就医水平。联合省委统战部、卫计委组织省级医疗专家赴民族乡村开展义诊活动，解决少数民族群众看专家门诊难的问题。目前，全省19个民族乡共有卫生院19所，医生数为206人，村卫生室320所，有村医376人。

（撰稿：赖龙娣　审稿：兰铁军）

江西省

2016年江西省8个民族乡在当地党委、政府的领导下，在各级民族工作部门的大力支持下，在省民族工作领导小组成员单位的新一轮帮扶下，牢固树立“创新、协调、绿色、开放、共享”五大发展新理念，主动适应经济发展新常态，积极谋划民族乡发展新思路，大力推进民族乡经济社会“稳中有进、进中向好”的发展态势，实现了“十三五”的良好开局。

依托产业发展，经济总量平稳增长。2016年，江西省8个民族乡在推动传统产业增效、优势产业提升、家庭产业壮大等方面提出了新的谋篇布局。巩固发展油茶、毛竹、茶叶、优质水稻等传统产业，扶持发展食用菌、金银花、太子参、白莲等特色产业，大力发展以生态为本，民族文化为核心，传统林业与现代服务业相融合的生态休闲旅游和民俗风情旅游。新增特色种养基地，培植新型农业经营主体，组建各种专业合作社，积极引导农户发展电子商务等新兴业态企业，经济效益不断显现，基本形成了一村一品、一村多品、多村一品的产业格局。2016年8个民族乡公共财政收入2亿元，同比增长22%；公共财政支出1.6亿元，同比增长16.5%；农民人均纯收入11775元，同比增长9.7%。各项经济指标稳中有进。

紧扣项目建设，民族乡面貌大改善。民族乡把项目建设作为第一抓手，积极争取、整合各类项目资金，不断提升基础设施建设和完善社会基本公共服务，进一步夯实民族乡发展的基础。金坪民族乡总投资1737万元的移山水库“二改一”扩建项目、总投资72.3万元的金坪民族风情园公路拓宽和路面“白改黑”及新民村景观廊桥工程已全面竣工；龙冈畲族乡修建的村组公路里程达47公里，在全县率先实现了村组公路全覆盖。总投资2582万元的龙冈孤江河防洪工程建设已完成工程预验收；赤土畲族乡完成了赤瓦公路拓宽建设，实施了赤土河流域治理，兴建了十八栋旅游示范路等。2016年江西省民族乡争取各类各级项目资金8800多万元，大大推进了民族乡道路交通、农田水利、新农村建设等基础设施建设，民族乡面貌大为改善。

推进精准扶贫，群众生活改善明显。民族乡把脱贫攻坚作为头等大事和第一民生工程，通过实施产业扶贫、搬迁扶贫、光伏扶贫、教育扶贫、就业扶贫等，极大改善了民族乡贫困群众的生产生活条件。2016年，江西省民族乡脱贫1165户4397人。赤土畲族乡探索出具有本地特色的“6+1+3”精准扶贫发展模式，精心打造甜柚、脐橙、油茶、生猪、经济林、家具 6 大扶贫产业基地，搭建 1 个在外乡亲回馈家乡结对扶贫平台，发展光伏、电商、生态旅游 3 项帮扶新举措。通过产业脱贫 448 户 1797 人，落实光伏发电 1201 户，发放光伏贷款 3603 万元；金竹畲族乡引导贫困户务工就业 218 人次，向贫困户提供公益性就业岗位 108 个，帮扶批准 3 个专业合作社和 63 户贫困户小额信用贷款总额 407 万元；樟坪民族乡全年参加新农合 3923 人，参保率达 99%，为 459 名患者报销医药费累计 149.8 万元。新农保共收缴 2289 人保费 18.4 万元，完成参保率 94.5%。积极开展助医、助学、扶困工作，及时足额发放优抚金、低保金、五保金、大病求助资金和救济资金等共计 89.1 万元。8 个民族乡实施精准扶贫项目 97 个，投入资金 3367 万元，全面贯彻落实扶贫政策，民族乡贫困群众生活明显改善。

坚持全面发展，社会事业长足进步。龙冈畲族乡进入全国民族团结进步创建活动示范单位行列；并成功举办第二届“三月三”乌饭节，接待各类游客 3 万余人次；以龙冈发生的历史事件为创作背景的大型采茶畲歌戏《热血山哈》获得第五届全国少数民族文艺会演戏剧类银奖。东固畲族乡筹资 80 余万元对民族中学进行“薄改工程”；投资 42 万余元对陈旧医疗设备进行更新升级，着力提升民族乡医疗水平；完成敖上毛泽东旧居等革命旧居旧址维修，全面完成广播电视“户户通”工程 1500 户。赤土畲族乡投资 52 万元新建村级文化室 2 个，投资 110 万元新建村级卫生室 11 个，投资 120 万元的乡卫生院综合楼建成并投入使用。太源畲族乡总投资 200 万元占地 1200 平方米的学生公寓、食堂已交付使用；文化活动室农家书屋藏书 2500 册，村级广场均安装了健身器材。民族乡教育、医疗条件得到全面改善，极大丰富了畲汉群众文化娱乐生活。

（撰稿：茅黎　审稿：马哲海）

山东省

2016 年，山东省民族乡镇立足镇域经济发展，在经济下行压力增大的严峻形势下，致力于少数民族扶贫开发工作，积极发展民族经济，大力发展工业经济、实施农业增效增收，经济社会各项事业持续健康发展，社会和谐稳定，人民生活水平显著提高。

一、民族乡（镇）经济发展情况

2016 年财政收入 26474 万元，同比增加 4842 万元；财政支出 18270 万元，同比增加 1148 万元。

（一）乡镇企业生产稳步增长

2016 年，民族镇企业生产总值 270.9 亿元，比去年增加 34.9 亿元，增长 11%，其中，工业企业实现 251.4 亿元，比去年增加 52.6 亿元，增长 12%；乡镇企业年净利润总额 14.19 亿元，比去年增加 9.13 亿元，上升 7.3%，从业人员 20956 万人，就业人员比去年增加 498 人。

（二）农业生产平稳发展

2016 年，全省 4 个民族镇实现农林牧渔业总产值 41.1 亿元，农作物总播种面积 27.9 万亩，其中粮食播种面积 22.4 万亩，比去年增加 15.7%；粮食总产量 14.8 万吨，肉类总产量 4.8 万吨，比去年略有减少。2015 年农民专业合作社 239 个，比去年增加 55 个，农民专业合作社成员 2566 户。

（三）少数民族群众生活水平进一步改善

2016 年，全省 4 个民族镇，实现村村通路、通电（包括电话）、通邮、通自来水。农民人均纯收入 1.3 万元，生活水平进一步提高。

二、脱贫攻坚成效显著

2016 年，全省 4 个民族乡（镇），按计划完成少数民族群众脱贫任务，脱贫攻坚工作成效显著，共实现脱贫 211 户，脱贫人口 382 人。

三、全省民族乡（镇）社会发展情况

2016 年，全省 4 个民族镇拥有各类学校 35 个，在校学生 1.22 万人，教师 910 人。图书馆 9 个，文化站 16 个，村文化活动室 170 个。拥有农业技术服务机构 39 个，农业技术服务机构从业人员 125 人。医院、卫生院 5 个，医生 152 人，拥有病床 240 张；村卫生室 93 个，医生 171 人。

4 个民族镇农村低保等各项惠农政策落实到位，新农合、新农保参合人保率达到 90%以上；适龄儿童入学率、小学初中毕业率均达到 100%，城乡文化、医疗设施逐步完善，社会保障体系逐步健全。

（撰稿：韩昌钦　审稿：罗　军）

河南省

河南省有 12 个回族乡和 9 个回族镇，2016 年，民族乡（镇）总行政区划面积 437.14 平方公里，辖 206 个行政村，年末总人口 79.76 万人，其中少数民族 18.89 万人，少数民族人口比例为 24%。在各级党委、政府的领导下，民族乡（镇）干部群众团结一心、开拓创新，少数民族群众生活水平和质量不断提高，民族乡（镇）经济社会各项事业持续健康发展。

一、主要经济指标圆满完成

21 民族乡（镇）实现生产总值 328.1 亿元，农林牧渔业总产值 24.86 亿元，粮食产量 21.84 万吨，继续实现增产丰产；肉类总产量 4.3 万吨；有各类乡镇企业 11238 家，实现乡镇企业总产值 279.1 亿元，其中工业企业总产值 166.7 亿元，增长 3.5%。21 个民族乡（镇）公共财政收入 5.2 亿元，公共财政支出 5.4 亿元，农民人均纯收入 10226 元，其中有 12 个超过所在县（市）区平均水平。

二、农业生产状况良好

各民族乡坚持以农民增收为目标，积极培育具有鲜明民族特色的种养业产业基地、少数民族农业产业化龙头企业和各类少数民族农民合作社等新型生产经营主体，大力推进“一乡一业”、“一村一品”富民工程建设。21 个民族乡（镇）年末农作物总播种面积达到 68.9 万亩，建有农业技术服务机构 112 个，从业人员 642 人；有各类农民合作社 263 家，成员 5321 人。襄县颖桥农业结构更加优化，围绕烟叶、红薯、葡萄、小尖辣椒等经济作物种植，不断优化农业结构，积极推进土地流转，走规模化、产业化、现代化的农业之路，实现农民增收、农业增效、农村发展。目前，全镇土地流转面积达到 7000 余亩，全部用于烟叶、红薯、葡萄、小尖辣椒等经济作物种植，农民收入大幅增加；民权县伯党回族乡通过积极培养，大力发展，相继规划建设了伯东村、伯西村、袁柿园村花卉苗木基地，翟庄村、伯南村无公害蔬菜基地等多个特色种植基地。2016 年种植优质小麦 13570 亩，绿化苗木 7000 多亩，无公害蔬菜近 1500 亩，其它经济作物近 10450 亩，粮食总产量 2635 万公斤，单产亩均实现超千斤。

三、招商引资工作成效明显

2016 年民族乡通过改善招商引资环境，创新招商引资方式，开拓招商引资渠道，实现招商引资新突破，固定资产投资和项目建设拉动民族乡（镇）经济社会发展。伯党回族乡新上大中型企业 36 家，其中规模以上企业 24 家，各类工商个体户 150 多家。2016 年工业总产值完成 12520 万元，超亿元招商项目德荣清真食品、神乔灯具、恒宇食品、祁氏福余等相继落户民权县产业集聚区；郏县姚庄回族乡招商选资实际到位固定资产投资完成 5.9 亿元，新开工项目 2 个，续建项目 3 个，正在洽谈项目 3 个；镇平县郭庄回族乡通过上门招商、亲情招商、以商招商等多种途径，引进浙江中马集团，依托 7000 余亩无公害蔬菜种植基地，建立集种植、采摘、仓储、包装、运输、销售为一体的全产业链现代农业基地，打造蔬菜产业品牌，使蔬菜产业由低端种植走向高端加工、由单一富农走向富农富乡的健康、可持续发展道路。

四、民营经济稳步运行

全省民营经济通过强化领导，加大投入，优化环境，政策驱动，积极引导等措施，民营经济在民族乡（镇）迅速发展，呈现出了皮革制品、交通运输、饮食服务、食品加工、畜牧养殖等产业格局。2016年各民族乡（镇）克服经济下乡压力，工业经济持续发展，工业企业总产值达到167亿元，比上年度增长6%，年净利润总额245亿元。其中，郏县姚庄回族乡有规模牛肉屠宰加工场16个，小型冷库3座，烧鸡、烧兔店20多家。从业人员达800多人，年屠宰量300万公斤，产值8000万元。2016年，睢县城关回族镇各类少数民族企业发展到200余家，从业人员达3万余人，少数民族创造的经济效益占全镇经济总值的76%，上缴税金占地方财政收入的80%，新增投入占固定资产总数的70%。一批民营企业带动了皮毛制革、养殖、交通运输、食品加工、电子加工、饮食服务、制衣制鞋等行业的发展，民族企业规模不断扩大，效益逐步提高，出现了皮毛制品、木材制品、牛肉系列、电子产品和制衣制鞋五大产品优势。皮毛皮革企业生产的羊剪绒系列制品90%出口，远销美国、韩国、日本、澳大利亚、香港等10多个国家和地区。

五、基础设施建设进一步改善

21个民族乡（镇）实现了乡乡通水泥路，所辖206个行政村全面完成道路“村村通”工程，电力、广播电视、邮政、电话“村村通”。各民族乡不断加强基础设施建设，提高群众生产生活条件。郏县姚庄回族乡新社区配套设施建设实现了“五通、六有、两集中”的标准。对社区部分配套设施进行完善，新修筑水泥路450米，铺设供水管道350米，修筑排水设施450米，高标准完成社区三线入地工程，力争把姚庄新型农村社区建成郏县的精品社区；镇平县郭庄回族乡对集镇街道实施硬化、亮化、美化“四大工程”，投资50万元对邮电口街道进行硬化，硬化道路700米；投资48万元在集镇街道安装太阳能路灯120盏，实施街道亮化工程，投资60万元的街道房屋立面特色化改造，投资20万元的街道绿化正在实施。投资12万元，在集镇中心投资安装led大型显示屏，弘扬主旋律，传播正能量。

六、社会事业和谐发展

21个民族乡(镇)内建有学校204所，教师9347人，在校学生16万人。21个民族乡（镇）卫生院条件持续改善，民族乡（镇）所在地有各类医院、卫生院49所，有村级卫生室205个。21个民族乡（镇）实现新型农村合作医疗制度全覆盖。敬老院、文化科技大院等一批少数民族公益事业在民族乡（镇）兴建。21个民族乡（镇）建有图书馆39个，文化站24个、村文化活动室163个。镇平县郭庄回族乡争取资金121.4万元，对郭庄的回族中学、小学、幼儿园进行操场、厕所整修、改扩建工程，对校内墙壁进行粉刷，校园内地面进行硬化；临颍县繁城回族镇新建2所镇办幼儿园，4处校中园，基本解决了全镇适龄幼儿入园问题，教育资源布局更加合理。21个民族乡（镇）坚持以民族团结宣传月、民族团结进步创建活动、“民族团结一家亲，同心共筑中国梦”等活动为载体，营造宣传民族政策、促进民族团结进步、经济社会发展的良好氛围。2016年，21个民族乡（镇）在民族关系方面未发生矛盾纠纷，保持了平等、团结、互助、和谐的民族关系。

（撰稿：王霞　审稿：余德海）

湖北省

2016年，湖北省12个民族乡（镇）在地方各级党委、政府的正确领导下，紧紧围绕“农业、农村、农民”和精准扶贫精准脱贫的各项要求，着力改善民生，坚持统筹城乡发展，深化农村改革，强化支农惠农政策，稳定粮食生产，努力改善经济发展环境，加快农村劳动力转移就业，促进了农村经济稳定发展，农民收入实现稳定增长。截止2016年底，全省12个民族乡（镇）下辖185个村委会，人口共计293541人，其中少数民族人口131105人。

乡镇经济发展迅速。各民族乡（镇）围绕迅速壮大乡镇经济规模、增强财税收入为目标，坚持以产业发展为龙头，以招商引资和发展民营经济为突破口，以发展资源型工业、培育特色经济和发展壮大园区经济为主要途径，因地制宜、分类指导、多管齐下，努力提高工业化、城镇化和农业产业化水平。截止 2016 年底，全省 12 个民族乡（镇）财政总收入为 29411 万元，财政支出 34241 万元；乡镇企业从业人员 19257 人，乡镇企业总产值 756143 万元，其中工业企业产值 692758 万元；乡镇企业年净利润总额达到 63168 万元。

农业基础得到巩固。各民族乡（镇）大力推进农业结构战略性调整，积极树立人与自然和谐发展的观念，将农业结构调整同生态城市建设相融合，大力推进生态型现代农业的快速发展，为增加农民收入开拓了新的渠道。同时，在努力维持现有粮食产量，确保粮食安全的前提下，通过充分发挥地域比较优势，进一步发展壮大特色农产品基地，发展高附加值农作物，推进农业标准化生产，农产品品质和农民收入大幅提高。截止 2016 年底，全省 12 个民族乡（镇）年末农林牧渔业总产值 429102 万元，农作物总播种面积 826388 亩，其中粮食播种面积 436845 亩，粮食产量 155452 吨。

基础设施逐步改善。各民族乡（镇）争取整合开发、交通、国土、水利、电力、财政、民政、烟草等各部门项目资金，大力推进农村基础设施建设，城乡面貌发生了显著变化。尤其在村庄建设过程中，坚持“能依山的不占良田，能集中的不分散，能体现民族特色的不建洋房”三项原则，注重落实“规划、宣传、示范、引导、协调”五个环节，以调整区域村庄布局、集中建设中心村、改造农民住房、建设特色民居、治理村庄环境、改善村容村貌、完善公共基础设施、建立长效管理机制等为主要内容，积极探索集中建设居民点的新农村模式。截止 2016 年底，全省 12 个民族乡（镇）185 个行政村中，已通公路的有 185 个，已通自来水的有 185 个，已通电的有 185 个，已通电话的有 185 个，已通邮的有 185 个。

教育事业蓬勃发展。各民族乡（镇）把教育放在优先发展的战略地位，加大投入，改善办学条件，认真落实教育经费保障机制和“两免一补”政策，创新管理机制，实施教育综合改革，加强教师队伍建设，推行素质教育，教育教学质量稳步提高。截止 2016 年底，全省 12 个民族乡（镇）共有学校 68 所，在校生 15223 人，教师 1693 人。

卫生防疫工作成绩明显。各民族乡（镇）完善了镇村两级卫生体系，农村卫生基础设施进一步改善。截止 2016 年底，全省 12 个民族乡（镇）共有医院、卫生院 11 个，医生 296 名，469 个病床；村卫生室 161 个，医生 232 名；全面推行新型农村合作医疗工作，参合率达 98%以上，农民因病返贫、因病致贫的现象得到遏制.扎实开展疾病预防控制、妇幼保健、爱国卫生运动、艾滋病预防等工作，群众健康得到保障，卫生工作成绩明显。

民主法制建设进一步健全。各民族乡（镇）自觉接受人大的法律监督和工作监督，认真办理人大代表提出的建议、批评和意见，使人大代表在“三个文明”建设中的桥梁、纽带和模范带头作用得到较好发挥。积极推进村级财务管理体制改革，全面推行政务、村务、财务“三公开”，村民的“四权”得到全面落实，村民自治的民主化、法治化建设得到进一步加强。深入开展普法工作，不断增强干部群众的法律意识和依法行政能力。加大社会矛盾纠纷的排查调处力度，保障工作经费投入。认真开展社会治安综合治理工作，积极开展创建无毒社区活动，严厉打击邪教组织，维护了社会的稳定。

（撰稿：商振华　审稿：江华富）

湖南省

2016 年，湖南省 84 个散居民族乡（镇）干部群众，在当地党委、政府的坚强领导下，坚持发展第一要务，深入贯彻落实上级决策部署，开拓创新，攻坚克难，全省民族乡（镇）经济社会发展步伐加快，综合实力迈上新台阶。

截至 2016 年末，全省乡镇区划调整后，湖南省 84 个民族乡（镇）总面积 11434 平方公里，有 1274 个村民委员会。总人口 1394159 人，其中少数民族人口 856362 人，少数民族人口占民族乡（镇）总人口达 61.42%。

经济实力持续增强。全省 84 个民族乡（镇）实现农林牧渔业总产值 970542.07 万元，同比增长 20.06%；公共财政收入 55211.14 万元，公共财政支出 54545.72 万元，同比分别增长 32.9%、31.22%。全省民族乡（镇）企业有从业人员 42093 人，乡（镇）企业总产值 989702.84 万元，其中工业企业总产值 635220.86 万元，乡（镇）企业年净利润总额 104714.02 万元。全省民族乡（镇）农作物总播种面积 2223525.52 亩，粮食产量 658753.48 吨，同比增长 21.81%；肉类总产量 203316.98 吨，同比增长 112.33%。农民人均纯收入 3835.38 元，同比增长 13.98%。

基础设施日臻完善。2016 年末，全省 84 个民族乡（镇）的 1274 个行政村中，已通公路的村有 1249 个，已通自来水的村有 818 个，已通电的村有 1269 个，已通电话的村有 1246 个，已通邮的村有 1237 个，基础设施建设步伐加快，人民生产生活条件更为便利。

民生事业持续进步。2016 年，全省 84 个民族乡(镇)有农民合作社 780 个,农民合作社成员 28093 户；有农业技术服务机构 130 个，农业技术服务机构从业人员 423 人。全省民族乡（镇）共有学校 441 个，在校学生 101234 人，教师 6958 人；有图书馆 121 个，文化站 122 个，村文化活动室 1262 个；有医院、卫生院和村卫生室 1174 个，医生 2344 人，病床 2215 张。

（撰稿：黄淼　审稿：肖丽萍）

广东省

广东省有 7 个民族乡，其中瑶族乡 5 个，壮族瑶族乡 1 个，畲族乡 1 个。行政区划面积为 1383.3 平方公里，占广东省总面积的 0.77%，年末人口 83856 人，其中少数民族人口 37911 人，占广东省少数民族总人口的 1.05%。

2016 年，全省 7 个民族乡紧紧围绕建设宜居宜游生态乡镇这条主线，以发展民族特色产业为抓手，保持经济社会平稳快速发展。

一、经济实力显著增长

近年来，全省民族乡得到长足发展，经济实力迅速提升。2016 年，民族乡完成农林牧渔业总值 72284 万元，同比增长 10.42%；公共财政收入 7018.90 万元，比去年增长 53.17%；农民人均纯收入 10815 元，同比增长 13.77%。

二、基础设施不断改善

各民族乡多渠道整合资金，大力推进农村基础设施建设，改善群众生产生活条件。截至 2016 年底，广东省 7 个民族乡 50 个行政村已全部通公路、通自来水、通电、通电话、通邮。2016 年，各民族乡积极开展美丽乡村建设，实施“农村环境综合整治工程”，成立生活垃圾清运队，购置清运车辆、工具一批，安排清洁工程专项资金，建立长效机制，确保清洁工程正常运作，乡村宜居环境质量不断提升。连州市三水瑶族乡完成 8723 平方米巷道硬底化建设。龙门县蓝田瑶族乡投资 100 万，实施“南新街美化、亮化工程”。东源县漳溪畲族乡安装太阳能路灯 600 盏和普通路灯 1300 盏，解决群众夜间出行问题。

三、工业发展形势喜人

2016 年，7 个民族乡工业总产值 14.83 亿元，比去年持平。东源县漳溪畲族乡经济总量不断壮大，生产总值达 7.1 亿元，同比增长 15.1%，水泥支柱产业主导作用进一步增强，2 家规模以上水泥企业带动作用凸显。惠州市龙门县蓝田瑶族乡以“飞地”模式设立“蓝田瑶族工业园”，规模 1217 亩，已投产项目 3 家，在建企业 2 家，可利用地 600 多亩。阳山县秤架瑶族乡一级水电站增效扩容工程通过验收省专家验收，装机容量达到 3.52 万千瓦，创造了阳山县小水电站新的装机纪录，电站每年可增加收入 800 多万元，对促进阳山县绿色经济发展作出了积极贡献。

四、农业经济效益继续提高

2016 年，各民族乡大力依托本地优势，发展现代农业，注重培育特色产业。农作物总播种面积 127210 亩，粮食作物播种面积 70776 亩，粮食产量 26271 吨。东源县漳溪畲族乡形成了沙糖桔、中药材、油茶和大果山楂等 4 个种植基地，农产品产、供、销服务网络基本形成。连州市瑶安瑶族乡创建高产优质粮食示范片 1200 亩，经济作物 2300 亩，种植茶叶 200 多亩，注册成立农业公司 1 家，农民种养合作社 15 间，家庭农场 3 个。三水瑶族乡种植山茶 2300 亩，成立 3 个合作社和 1 家加工企业，产值 144 万，形成有机生态茶产业。龙门县蓝田畲族乡种植粉蕉 1250 亩、柑桔 1380 亩、经济林 3 万多亩，建设 300 亩高山茶示范场和 200 亩油菜花、450 亩紫云英观光团。

五、旅游业取得新进展

民族乡重点推进蓝田瑶族风情园、漳溪黄龙岩畲族风情园、秤架广东第一峰景区、瑶安百里画廊、三水新八竹海、深渡水樱花谷、下帅红霞湾生态旅游区等纳入《关于扶持民族地区加快发展的意见》（粤办发〔2015〕11 号）的项目建设，推动从景点旅游模式向全域旅游模式转变。怀集县下帅壮族瑶族乡招商引资 5000 万元，计划分三年两期完成玫瑰花种植、观光、深加工项目。东源县漳溪畲族乡“黄龙岩畲族风情景区”还被确定为全国民族大团结教育基地，荣获“广东省民族团结进步创建活动示范单位”称号。

六、社会事业稳步推进

一是教育事业继续发展。2016 年末，民族乡共有学校 18 所，在校学生 4354 人。我省 7 个民族乡全部被评为全省教育强镇（乡）。各乡规范化学校覆盖率达 100%，各中小学校体育卫生和艺术教育基本条件达标率均达到 100%，小学学龄儿童入学率达 100%。二是弘扬传承少数民族文化。各民族乡开展一系列丰富的文体活动，如举办迎春文艺联欢活动、“闹元宵”、“牛王诞”、“三月三”等。怀集县下帅壮族瑶族乡被评为广东省民间艺术之乡。东源县漳溪畲族乡“正月初三捕鱼节”、“四月初九畲族节”、“六月六显烈公巡游节”被列入河源市非物质文化遗产名录。截至 2016 年末，7 个民族乡有公共图书馆 6 个，文化站 7 个，村文化活动室 73 个。三是卫生事业持续加强。到 2016 年末，各民族乡共有医院和卫生院 7 个，村卫生室 52 个，病床 113 张。下帅、深渡水、蓝田等民族乡卫生院救护车、B 超、X 光、全自动生化机、心电图等必要设备已配备到位。基层医疗卫生机构的医疗服务业务管理管理系统、电子版病历、门诊处方等信息系统已经安装完毕。由广东省卫生计生委指定有关医院对口支持 7 个民族乡的卫生院政策已落实，有力地提升了民族乡卫生院的医疗水平，较好地解决农民看病难的的问题，民族乡医疗卫生服务网络进一步健全，医疗救护保障功能进一步提高。

（撰稿：余森河　审稿：李秀英）

广西壮族自治区

广西壮族自治区有 59 个民族乡，分布在南宁、柳州、桂林、梧州、防城港、贵港、百色、贺州、河池等 9 个设区市的 33 个县（市、区）。其中，有瑶族乡 46 个，苗族乡 9 个，瑶族苗族乡 1 个，侗族乡 1 个，回族乡 1 个，仫佬族乡 1 个。59 个民族乡行政区划面积为 15734.58 平方公里，占广西总面积的 6.62%，年末总人口 1164716 人，其中少数民族人口 891385 人，占广西少数民族总人口的 4.08%。

2016 年，在各级各部门的大力支持下，全区 59 个民族乡经济社会事业进一步发展，基础设施建设进一步加强，人民生活条件得到进一步改善。

一、经济实力稳步增长

2016 年，民族乡经济发展稳中求进，大部分指标同比增长。59 个民族乡实现乡镇企业总产值 66.72 亿元，比 2015 年同比增长了 19.72%。实现农林牧渔业总产值 74.31 亿元，同比增长 12.32%。公共财政收入 5.34 亿元，同比增长 21.64%；公共财政支出 6.65 亿元，同比增长 36.55%。

二、民生问题持续改善

2016 年，民族乡基础设施建设明显加强，群众生产生活条件显著提高，民生问题持续改善。截止 2016 年末，全区 59 个民族乡 593 个行政村中，已通公路的行政村有 591 个，占 99.66%；已通自来水的行政村有 514 个，占 86.68%；已通电的行政村有 593 个，占 100%；已通电话的行政村有 593 个，占 100%；已通邮的行政村有 540 个，占 91.06%，均比 2015 年有所增加。

三、社会事业蓬勃发展

2016 年，各级党委、政府不断加大对民族乡社会事业发展的扶持力度，逐步改善中小学办学条件，完善乡镇两级卫生体系。2016 年底，全区 59 个民族乡有各类学校 631 所，教师人数 6666 人，在校学生 10.75 万人。民族乡医疗卫生条件逐步改善，民族乡所在地有各类医院、卫生院 70 所，有村级卫生室 557 个。59 个民族乡建有图书馆 33 个、文化站 59 个、村文化活动室 535 个。

四、农民增收任务较重

广西的民族乡一般都地处偏僻、交通不便地区，虽历经了各级政府多次组织实施的扶贫攻坚战、村村通电、通路和通广播电视等基础设施建设工程，在道路交通、农田水利、广播电视、基础教育等民生项目上实现了历史性的跨越，生产生活条件有了明显的改善，但部分民族乡农田整治、排灌抗旱、茅草房改造、环境卫生等基础设施建设标准低，配套设施不完善，还有很多少数民族村屯不通公路，不少村屯属石漠化大石山区，自然条件恶劣，抵御自然灾害能力弱。总体来说，广西 59 个民族乡经济总量小、综合实力弱，工业化、城镇化水平仍然较低，其中有 43 个民族乡位于全区 54 个贫困县，扶贫开发和农民增收任务较重。2016 年，广西 59 个民族乡农民人均纯收入为 6504.63 元，低于广西全区农民人均纯收入 10359 元。

（撰稿：翟丽　审稿：覃汉华）

重庆市

2016 年，民族乡经济进一步发展，基础设施建设进一步加强，人民生活进一步改善，社会事业有了长足进步。

2016 年，全市辖有民族乡 14 个，98 个村民委员会。已通电的村 98 个；已通公路的村 98 个；已通电话的村 98 个；已通邮的村 80 个；已通自来水的村 91 个；民族乡行政区划面积 1420.3 平方公里。年末总人口 167684 人，其中少数民族人口 74742 人。

2016 年，全市民族乡农林牧渔业总产值 14627.4 万元；农作物总播种面积为 419169.1 亩；全年粮食总产量为 65119.46 吨；全年肉类总产量达到 12097.4 吨；人均纯收入 9484.30 元。

2016 年，全市民族乡有学校 30 所，在校学生总数 8659 人，教师总数 662 人；图书馆、文化站共 29 个；医院、卫生院 15 个，医生 164 人，病床 260 张；农业科技与服务单位 20 个，农业技术服务机构从业人员 149 人。

（撰稿：陶先涛　审稿：向远道）

四川省

1984年以来,四川省先后建立过128个民族乡。由于行政区划调整和城镇化步伐加快,有30个民族乡相继撤乡建镇或两乡合并,截止2015年,全省共有98个民族乡,行政区划面积1.67万平方公里。民族乡总人口76.32万人,其中少数民族人口35.16万人,占民族乡总人口46.1%。

四川民族乡分布在全省12个市(州)的29个县(市、区),大部分位于盆地边缘或高原向盆地过渡的高山峡谷地带,散杂居地方的民族乡还与云南、贵州、重庆、湖北、陕西等省市的民族地方毗邻。

2016年,全省民族乡经济不断发展,基础设施进一步改善。有村民委员会654个。其中,已通公路的村628个,占96%;已通自来水的村546个,占83.5%;已通电的村632个,占96.6%;已通电话的村623个,占95.3%;已通邮的村478个,占73.1%。

2016年,全省民族乡农业总产值163.6亿元,工业总产值113.5亿元,粮食总产量38.4万吨。民族乡财政收入12.1亿元,财政支出12.8亿元,人均纯收入9865.5元,比上年增加1212.5元,增长14%。

2016年,全省民族乡共有220所学校,在校学生6.79万人,教师4541人。图书馆143个,文化站146个,村文化活动室576个。医院、卫生院100个,医生690人,病床1114个。村卫生室564个。

(撰稿:李学华　审稿:荣跃泽仁)

贵州省

2016年贵州省各民族乡在各级党委、政府的领导下,坚持主基调主战略,坚持发展为要、民生为本、企业为基、环境为重的工作理念,牢牢守住发展和生态两条底线, 以供给侧结构性改革为主线,大力实施主基调主战略,强力推进大扶贫、大数据两大战略行动,以开局就是决战、起步就要冲刺的劲头,认真贯彻国务院颁布的《民族乡工作条例》,积极争取上级各部门大力支持,努力增强自我发展能力,促进了民族乡经济社会又好又快发展。

一、基本情况

2016年,全省民族乡193个,占全省1572个乡镇(办事处)的12.3 %,占全国民族乡总数的20.4%,居全国第一,共有2102个村民宗委员会,占全省16612个村民宗委员会的12.6%,行政区划面积2.04万平方公里,占全省行政区划面积的20.8%。年末总人口425.72万人,占全省年末常住人口的12.0%,少数民族人口236.8万人,占民族乡总人口的55.6%。财政收入29.6亿元,比上年增长13.1%;财政支出29.6亿元,保持收入相对平衡,略有节约。农村居民纯收入达7571元,比上年增长775元。民族乡大多分布在较偏远地区,因劳动力外出和返回比较频繁,常住人口总量受此影响变动幅度较大,2016民族乡年末总人口略有上升,但少数民族人口较上年有所下降。

二、2015年民族乡经济社会发展状况

(一)农民人均纯收入大幅上升

全省193个民族乡中,农民人均纯收入在3000元以下的乡有1个,和上年持平;3000－4000元的乡3个,比上年减少1个;4000－5000元的乡14个,比上年减少2个;5000－6000元以上的乡39个,比上年增加14个,6000－7000元以上的乡有80个,比上年增加41个,7000－8000元的乡有93个,比上年增加45个,8000－10000元的乡有24个,比上年增加14个,10000元以上的乡有17个,比上年增加8个。不难看出,3000－5000元的乡有下降,5000元以上的乡大辐度增加,说明扶贫各项

措施得当，农民生活得到有效改善，民族乡的经济发展变化成效明显。2016 年全省农民人均纯收入为 7387 元，152 个民族乡在全省平均水平以下，比上年减少了 9 个，占民族乡的 78.7%，比上年也有所下降；41 个民族乡在全省平均水平以上，占民族乡的 21.2%；1 个民族乡处在现行贫困标准线以下。

民族乡农民人均纯收入增长变动情况表

农民人均纯收入（元）	2015 年	2016 年	2016 比 2015 增长（%）
3000 以下	1	1	0
3000–4000	4	3	−25.00
4000–5000	16	14	−12.50
5000－6000	25	39	56.00
6000–7000	39	80	105.13
7000–8000	48	93	93.75
8000–10000	10	24	140.00
高于 100000	9	17	88.89
省平均水平以下	161	152	−5.59

（二）科教文卫事业发展加快

2016 年，全省民族乡 1693 个中小学拥有在校学生 46.6 万人，拥有教师 30338 人，在校生比上年减少 1.35 万人，教师数比上年增加 437 人。师生比为 1:15。平均每个教师负担的学生人数比全省少 5.5 人，比民族地方少 0.3 人。

民族乡拥有医院、卫生院 264 个，比上年增加 42 个，村级卫生室 2144 个，比上年增加 41 个，各类病床 5251 张，比上年增加 757 张，各类医生 3591 人，比上年增加 811 人。民族乡每 823 人拥有一张床位，每 718 人拥有一名医生。

农村基层科技文化事业主要表现为农技机构、人员和文化场所的的建设。乡级图书馆、文化站及村办文化室分别为 133 个、217 个和 1950 个，分别比上年增加 51、17、132 个。平均每 1 个民族乡拥有 0.7 个图书馆，每个民族乡拥有 1.1 个文化站，每个民族乡拥有 10 个村级文化室。农技推广服务机构 225 个，3514 个农村合作社，农技推广服务从业人员 1669 人，比上年增加 126 人。

（三）基础设施建设大幅提升

截止 2016 年末，民族乡共设 2102 个行政村，其中：已通公路的村 2095 个、已通自来水的村 1784 个、已通电的村 2102 个、已通电话的村 1848 个、已通邮的村 1009 个。分别比上年增加 4.44%、1.77%、0.43%，占民族乡行政村总数的 99.0 %、84.9%、100%、87.9%、48.0%。

（四）农业产业化发展加快

农林牧渔业总产值为 299.5 亿元，比 2015 年增加 36.5%，农作物播种面积 793.3 万亩，粮食总产量 196.4 万吨，比上年增长 55%，农民合作社 3514 个，比上年增加 1308 个，农民合作社成员达 41879 户，为民族乡今后的跨越发展打下良好的基础。

三、存在的主要问题

（一）农村贫困问题依然严峻

与 2015 年数据相比，“五通”村的村数相对有所增加，虽然数据反应基础设施投入大幅度提升，但相比城镇化交通建设速度发展较慢，农村自来水饮水工程投入较弱，通讯事业发展较快，群众拥有手机数量增加，书信投递业务减少。纵向比较，民族乡的发展虽然取得了较好的成绩，但与全省及民族地方平均水平相比仍然存在明显差距。有些民族乡虽然已经脱了贫，但基础不牢，极易返贫。民族乡生产生活基础设施建设相对落后，由于起点低，仍未从根本上得到改善，民族乡“五通工程”（通电、通路、通水、通电话、通广播电视）任务十分艰巨。

（二）民族乡师资力量仍然不足

从民族乡统计数据看，在校学生减少是计划生育国策的周期性影响，与全省全国的大趋势一致；民族乡居民居住分散，教学点或学校相应设立分散，师生比在 1:10 左右比较理想，目前的师生比例反映了民族乡仍缺乏师资的现状。

（三）民族乡公共医疗资源不足

民族乡因撤乡变镇人口不降反增，但医生数、病床数等公共资源投入不足，民族乡医疗卫生发展速度虽在大幅度提高，但与全省比较差距仍然很大。

（四）对民族乡关注力度不够

部分干部对民族乡的整体情况深入调查不够，分析研究不够，情况摸不清、底数搞不明、问题吃不透的现象还比较严重。有的还只停留在民族乡的数量、人口情况上，而对民族乡的经济发展、文化建设情况的分析不够，对地方之间和民族之间的比较研究不够，特别是对民族贫困状况了解不够，加上客观上近年民族乡撤乡变镇较为频繁，对统计工作带来不便，统计数据粗，分析对比浅，致使对民族乡工作分类指导不够，工作力度不够。

（撰稿：张发刚　审稿：潘选）

云南省

2016 年云南省纳入统计范围的民族乡（镇）有 140 个，比上年减少 4 个，国土总面积 4.12 万平方公里，辖 1053 个行政村，总人口 274.8 万人，其中少数民族人口 174.2 万人，占总人口的 63.4%。一直以来，云南省在出台的一系列扶持少数民族和民族地区发展的政策和规划中，都对加强民族乡工作、加快民族乡经济社会发展做出了明确要求。通过实施一系列扶持民族乡发展的政策措施，近年来，全省民族乡持续实现了经济快速发展、民生持续改善、社会和谐稳定的良好局面。

综合实力明显增强。通过逐年加大对民族乡整乡推进、整村推进、移民搬迁、农村危房改造和抗震安居工程、财政一事一议、美丽乡村、民族团结进步示范乡和示范村建设等项目建设投入力度，民族乡综合发展步伐明显加快。2016 年 140 个民族乡实现农林牧渔业总产值 285.7 亿元，比上年同期增长 26.5%；实现乡镇企业总产值 148.7 亿元，比上年增长 10.5%，其中：工业企业实现总产值 109.4 亿元，比上年增长 16.5%；财政支出 25.9 亿元，比上年略有下降；实现农村居民人均可支配收入 7334 元，比上年增长 13.5%。

基础设施不断改善。2016 年 140 个民族乡公路通达率达 100%，通畅率达 98%以上；民族乡所辖的 1053 个行政村 100%通公路、通电和通电话；自来水受益村 1032 个，占 98%；大力发展电子商务进农村，建制村通宽带覆盖率达 60%以上，目前通快递的村 457 个，占 43.4%。民族乡农业生产条件明显改善，如玉溪市《关于进一步加强民族乡工作的决定》规定，民族乡的基础设施建设项目降低或免除配套资金。红塔区小石桥彝族乡投资 12726 万元建成总库容 436 万方的龙母箐水库，投资 2164.23 万元完成了邓家沟坝、羊歇窝提水泵站和 1448 口小水窖的工程建设，全乡供水需求基本得到保障；投资 540 万元的红地垴烟水项目改良农田 3320 亩；覆盖三个村的土地整治和石漠化治理项目累计投入资金 2843.31 万元，实施了 309.14 公顷土地的整治，实现新增耕地 18.94 公顷。

特色农业较快发展。各民族乡坚持因地制宜发展特色优势产业，严格保护耕地，稳定粮食生产，农业基础地位持续稳固。2016 年 140 个民族乡农作物播种面积达 885.5 万亩，人均农作物播种面积 3.2 亩；粮食播种面积 535.7 万亩，粮食产量达 155.1 万吨，比上年增产 4 万吨，比上年增长 2.6%，人均粮食产量 564.5 千克，比上年增加 10 千克，比全省人均粮食产量多 165 千克，粮食生产实现了连年增产。肉类总产量达 43.8 万吨，比上年同期增长 3.1%，人均肉类总产量 159 千克，比上年增加 6 千克，高于全省人均肉类总产量 81 千克；大力发展高原特色现代农业，比如昭通市 19 个民族乡坚持走特色农业路子，着力发展畜牧业、马铃薯、蔬菜、蚕桑、魔芋、林果、天麻、竹子八大农业优势产业，在区域优势明显的民族乡，实施玉米杂交良种、马铃薯、反季节蔬菜项目 80 万亩，建立畜禽养殖基地 59 个，连片种植核桃、花椒、竹类、蚕桑、苹果等 45 万亩，实现民族乡户均有 2 至 3 亩经济林。同时，各民族乡积极发展农民产业专业合作社。2016 年末 140 个民族乡有农民专业合作社 1893 个，比上年增加了 102 个，社员 9.97 万人，比上年增加了 0.5 万人。农民专业合作社相对于分散农户更有利于争取和落实国家的扶持政策，成为了扶持农户增收的新引擎。

脱贫攻坚深入推进。全省各级党委、政府把脱贫攻坚作为最硬的政治任务和最大的民生工程，层层压实脱贫攻坚责任，严格落实干部、部门“双挂钩”和帮扶措施“清单制”，扎实组织开展“挂包帮”“转走访”工作，稳步推进基础设施改善、产业发展、生态保护、易地搬迁、培训就业、教育扶贫、卫生扶贫、保障兜底、金融支持等扶贫措施。2016 年民族乡建档立卡贫困户由 2015 年的 50.6 万人下降到 40.3 万人，比 2015 年减少 10.3 万人，贫困发生率由 18.6%下降到 14.7%。

农村民生持续改善。2016 年 140 个民族乡建有学校 1173 所，教师 2.1 万人，在校学生 30.7 万人。

所有民族乡都建了文化站，共有村文化活动室 1852 个。医疗卫生条件不断改善，每个民族乡都有卫生院，共有医生 1768 人，病床 3278 张，村卫生室 1070 个，村卫生室医生 1850 人。城乡居民医疗保险、大病保险和新型农村养老保险政策已实现全覆盖。

民族团结进步创建工作持续推进。一直以来各级各部门高度重视民族乡的民族团结进步创建工作，全省 140 个民族乡都成立了创建工作领导机构，截止目前，全省共开展民族团结进步创建活动进乡（镇、街道）459 个，大理州、西双版纳州在民族团结进步创建示范州工作中，把民族乡作为重中之重，实现了州内民族乡民族团结进步创建全覆盖。全省自上而下加强对民族乡贯彻执行党的民族政策和民族法律法规的指导，不断提高乡镇干部认识和处理民族问题的能力。加强民族团结进步宣传教育，促进各民族相互了解、相互尊重、相互学习、相互帮助，各民族乡定期不定期排查影响民族关系的不稳定因素，及时有效化解涉及民族因素的矛盾纠纷，维护民族团结和社会稳定。近年来，云南民族乡没有发生过一起影响民族团结和社会稳定的群体性事件。

（撰稿：易永红　审稿：陈新华）

西藏自治区

西藏自治区共有 9 个民族乡，分别为山南地区错那县勒、麻玛、贡日、基巴 4 个门巴民族乡、隆子县斗玉珞巴民族乡；林芝地区墨脱县达木珞巴民族乡，林芝县更章门巴民族乡，米林县南伊珞巴民族乡和昌都地区芒康县盐井纳西民族乡。

一、山南市斗隆子县斗玉洛巴民族乡经济社会发展综述

（一）基本情况

斗玉珞巴民族乡位于隆子县东北方向，距县城 129 公里。是隆子县六个边境乡之一，也是山南地区唯一的珞巴族群众聚居地，全乡行政区域 333 平方公里，与印控塔克新和俯里、沙里地区相邻，边境线总长度为 29 公里，有 3 个对外通道。全乡有 3 个行政村，11 个自然村，197 户，644 人，其中珞巴族 53 户 203 人，占总人口的 31.5%，全乡劳力 373 人，联防队员 21 名，护林员 170 名，民兵 18 名，耕地面积 484 亩，森林面积 25.5 万亩，草场面积 26.6 万亩，牲畜总头数 1692 头（只 匹），享受边民补贴 394 人，2016 年全乡农村经济总收入达到 1520.23 万元，同比增长 4.7%，农村人均纯收入达到 15203 元，同比增长 14.7%，人均可支配收入 11398 元，同比增长 8.2%。

（二）农林牧业生产稳中求进

2016 年全乡农作物播种总面积 484 亩，其中青稞播种面积 204.2 亩，油菜 57 亩，小麦 180.4 亩，油菜 59.9 亩，蔬菜 20.2 亩，在青稞种植面积中 102 亩用于黑青稞种植，青稞产量达到 98.5 吨。全乡有放牧点 21 个，牲畜总头数 2249 头（只、匹），其中大畜 1801 头、小畜 917 只、新生仔畜 373 头（只、匹），成活率 98%。

（三）积极落实各项支农惠农政策

2016 年共计落实支农惠农资金 195 万元，其中护林员工资 86.6 万元，边民补贴 67 万元，草补资金 35 万元，其他的各项补贴 41.4 万元；鼓励群众参与项目建设，2017 年全乡实施 12 个项目，总投资 1600 万元，群众通过项目增收 240 万元。

（四）教育卫生事业不断发展

2016 年全乡共有 1 个教学点，学生 30 名，其中学前教育生 9 名，21 名小学生，适龄儿童入学率为 100%，初中入学率达到 100%。设有卫生所 1 处，医生 9 名，全乡农牧民实现合作医疗，群众医疗参保率为 100%，享受相关医疗政策待遇，全年有 9 名产妇住院分娩，住院分娩率达到 100%。

二、山南市错那县贡日门巴民族乡经济社会发展综述

（一）基本情况

贡日门巴民族乡于 1984 年正式挂牌成立，下辖斯木村、贡日村 2 个行政村，2 个村均处公路沿线，

均已实现通路、通水、通电、通信号。全乡总面积735平方公里，平均海拔3600米，位处勒布沟景区，距错那县城36公里，全乡农业人口为60户176人，门巴族158人，占89.83%，藏族18人，占10.17%，城镇人口9户9人，乡干部职工32人（其中门巴族3人）。

（二）社会经济各类指标

2016年农村经济生产总值338.68万元，同比增长-14%，平均农村居民纯收入12972.88元，同比增长4.49%。

（三）农林牧渔业生产稳步向前

农牧业是贡日门巴民族乡的支柱产业。2016年，粮食播种面积共157.95亩，粮食作物总产量59.36吨，同比增长-32.6%，全年牲畜出售和自宰216头，同比增长25.58%。

（四）特色产业发展情况

本乡下辖两村各有一项主导特色产业。斯木村将荞麦加工厂作为主导，群众通过参与荞麦种植，深化加工，增加劳务收入，目前加工厂正在积极寻求合作伙伴。贡日村致力野猪驯化新型养殖，加大养殖基地基础建设的投入，做大做好这一新型养殖业，积极招商引资，洽谈拓宽市场渠道，致力打造我乡特色养殖业，目前已与多家有意愿商家达成初步合作协议。另外贡日门巴民族乡大力发展门香加工等特色副业，为群众创收增收提供有力保障。

三、山南市措那县吉巴门巴民族乡经济社会发展综述

（一）基本情况

吉巴门巴民族乡于1984年正式挂牌成立，下辖吉巴村、让村2个行政村。2个行政村均已实现通路、通水、通电、通信号。全乡总面积202平方公里，平均海拔3500米，东与麻玛乡相邻，南与不丹相邻，距错那县城39公里。全乡总人口为200人，门巴族185人，占92.5%，藏族15人，占7.5%。

（二）社会经济各项指标

2016年，全年农村经济总收入460.55万元，同比增长7.4%，年人均收入12667.5元，同比增长7.46%。

（三）农牧业发展情况。农牧业是吉巴门巴民族乡的支柱产业。2016年，粮食播种面积共542亩，其中谷物415.5亩，占总粮食播种面积的76.7%。粮食总产量达69.5吨。全年肉类总产量30吨，同比增长46.3%。

（四）特色产业发展情况

一是将荞麦系列产品作为吉巴门巴民族乡主导的特色产业。目前荞麦系列产品有荞麦糌粑、荞麦枕头、苦荞茶、门隅甘露。二是发展旅游业。根据各村旅游景点的开发及规划BJ小康村的建设，我乡将建成错那县门巴特色民俗小康村，形成一个高起点规划建设，加快推进重点项目开发建设力度，大力发展旅游业。三是继续发展野猪养殖业，促进我乡农牧民群众增收。

四、山南市措那县勒门巴民族乡经济社会发展综述

（一）基本情况

基本情况。勒门巴民族乡于1984年11月1日经国家民委批准正式成立，下辖勒村、贤村2个行政村，勒村、葛林久、贤村、贤定4个自然村，2个行政村、4个自然村均已实现通路、通水、通电、通信号。全乡行政面积363平方公里，平均海拔2350米，东与浪坡乡连接，南与印控达旺地区接壤，西与不丹毗邻，北与麻玛门巴民族乡相连，距县城52公里。全乡总人口为54户140人，门巴族86人，藏族54人。

（二）社会经济各项指标

2016年全乡国民生产总产值实现452.25万元，同比增长14%，农牧民人均纯收入达到17864元，同比增长6.07%。

（三）农牧业生产不断发展

勒门巴民族乡属于半农半牧乡，主要种植和加工茶叶，另外还种植青稞、鸡爪谷和勒布青椒等。2016年共加工出茶叶15200斤，创收182万元。以饲养大畜为主，2016年末牲畜存栏总头数334头，牧业收入为40.73万元。

（四）特色产业发展情况

一是茶叶作为勒门巴民族乡主导的特色产业，全乡茶田面积693亩，成立了茶叶种植、大叶茶加工、红茶、绿茶加工以及销售为一体的茶叶农牧民专业合作社，群众作为茶叶农牧民专业合作社成员，通过参与茶叶种植、管理、加工、销售等，经济收

入明显。二是把旅游业作为全乡的龙头产业，加大旅游基础设施建设、完善旅游服务功能，发掘特色民俗文化、开发地方特色产品，积极建设涵盖自然风光、民俗风情、文化古迹、红色遗迹为主要内容的勒门巴民族乡旅游休闲度假区，先后投入资金2000万元实施了森木札景区基础设施和旅游公共服务设施建设，新建了旅游景区专用公路、游步道、停车场、游客服务中心等设施，成效明显。三是以勒门巴民族乡小康示范村为示范发展旅游业。勒门巴民族乡勒村作为自治区首批特色小城镇试点之一已全面建成，群众将通过开办农家乐大力发展旅游业。

五、山南市措那县麻麻门巴民族乡经济社会发展综述

（一）基本情况

麻麻门巴民族乡于1984年正式挂牌成立，下辖麻麻村一个行政村。行政村处公路沿线，已实现通路、通水、通电、通信号。全乡总面积82.7平方公里，平均海拔2800米，距错那县城40公里。全乡总人口66户156人，其中门巴族106人，占68.5%，藏族50人，占31.5%。

（二）社会经济各项指标

2016年全年村经济总收入456.94万元，同比增长23.5%，农牧民平均纯收入15231.33元，同比增长10.7%。

（三）农牧业生产

2016年粮食播种面积共116.85亩，粮食总产量达31.39吨。全年肉类总产量9吨。

（四）特色产业发展情况

一是茶叶种植产业。全乡共种植茶叶352亩，其中长势良好的有近300亩。二是.旅游业发展情况。全乡群众共开办52个家庭旅馆，有298个床位，7家餐馆、5家茶馆、5家商店、7家民族特色产品销售点，有效增加了群众的收入，自小康示范点建成以来，共为群众创收848200元，户均12659元。三是民族手工业木碗加工。合作社制作木碗加工的共计10人，现全村木碗加工已成熟的有四家，随着游客的不断增加，一年可为其家庭增收近10000元。

六、林芝市墨脱县达木珞巴民族乡经济社会发展综述

（一）基本情况

达木珞巴民族乡于1988年正式挂牌成立，下辖达木村、卡布村、珠村、贡日村4个行政村。4个行政村均处公路沿线，均已实现通路、通水、通电、通信号。全乡总面积800多平方公里，平均海拔1930米，东与察隅县相邻，南与墨脱镇相接，西隔嘎隆拉与波密县毗邻，北与格当乡为邻，距墨脱县城39.41公里。全乡总人口为271户1081人（农业人口265户1071人），珞巴族677人，占62.6%，门巴族378人，占34.9%，汉族5人，藏族21人。

（二）社会经济各项指标

2016年，全年农村经济总收入1652万元，同比增长12.7%，平均农村居民纯收入10112.86元，同比增长14.03%，在全县排名第二，人均现金收入8276.04元，同比增长14.01%。

（三）农牧业发展情况

农牧业是达木珞巴民族乡的支柱产业。2016年，粮食播种面积共2633亩，其中谷物2283亩，占总粮食播种面积的86.7%；豆类26亩，占总粮食播种面积的0.9%。粮食总产量达671吨。全年肉类总产量98.37吨，同比增长1.76%。

（四）特色产业发展情况

一是将茶叶作为达木珞巴民族乡主导的特色产业。共计有800亩的茶叶种植基地，群众通过参与茶叶种植劳务收入，经济收入明显。二是发展野花椒、红米等配套特色产业。目前，达木珞巴民族乡共发展了120亩野花椒种植基地、30亩野花椒育苗基地，100亩红米种植基地效益良好。三是以达木珞巴小康示范村为示范发展旅游业。根据达木村发展规划，达木村将建成墨脱县珞巴特色民俗第一村，形成德兴代表门巴、达木代表珞巴的示范村寨，大力发展旅游业。截止2016年底，建成9户家庭式农家乐，其中扎西农家乐年收入达到15万元，效益初步体现。

七、林芝市巴宜区更章门巴民族乡经济社会发展综述

（一）基本情况

2016年底，全乡人口1363人318户，劳动力

611 人。截止 2017 年底，全乡耕地面积 3847 亩。

（二）社会经济各项指标

2016 年全乡农村经济总收入达 3122.83 万元，农牧民人均纯收入达到 14892.09 元（人均现金收入 10069.29 元）。

（三）农牧业发展情况

2016 年全乡农作物总产量 182.5 万斤，其中蔬菜产量 29.9 万斤；全乡共饲养牲畜 10477 头，肉食总产量 25.2 万斤。

（四）加快特色产业发展

一是做大做强久巴村草莓种植基地，更章村经济林木和天麻种植产业，门仲村老排龙片区木耳种植产业，加快了农业产业结构调整，有效地促进了农民增收。二是依托白玛店复耕土地，打造千亩产业园区，集观光旅游和现代农业林牧业综合开发，深挖发展潜力。三是依托多布库区区位优势，多方洽谈，初步达成综合旅游开发项目。四是老排龙片区棚户区改造完成，小集镇棚户区改造预计于 2018 年 8 月完成。

（五）教育卫生事业

更章门巴民族乡小学及附属幼儿园基础设施经维修、改造、新建，办学硬件基础取得极大改善。同时狠抓入学率，全乡适龄儿童入学率达 100%；建立健全了乡村卫生服务网络，推进了村级医疗卫生站的建设，落实了县乡两级医疗费用全免政策解决了农牧区缺医少药的问题。推动新型农村合作医疗保险制度，参保率达 100%。深入开展了以“美化家园”为主题的农村环境卫生综合大整治，村村建立环卫保洁队伍，发放了垃圾箱，建立了垃圾回收程序，极大地改善了村民的居住环境，提高了生活质量。

八、林芝市米林县南伊珞巴民族乡经济社会发展综述

（一）农牧业生产情况

2016 年，南伊珞巴民族乡农作物播种总面积为 1875.9 亩。其中：粮食播种面积 1156.55 亩，油菜 231.9 亩、蔬菜 133.95 亩，其他作物 457.5 亩。粮油总产量达 269.11 吨，蔬菜产量 95.6 吨，其他作物产量 16.81 吨。牲畜总数 3287（头、只、匹），其中大牲畜 1543（头、只、匹）。肉类总产量 68.7235 吨，酥油产量 17.67 吨。出售家禽 159 只。

（二）旅游产业不断发展

结合南伊珞巴民族乡独特的地理优势和文化内涵，大力发展旅游业，培育旅游特色产品，引导群众创收致富。积极配合县政府同旅游公司协商，落实旅游惠民基金 187 万元。截止 2016 年底，南伊珞巴民族乡拥有家庭旅馆 14 户，预计增加农牧民就业岗位 33 人。2017 年，旅游商品饮食业为民族乡群众创收 15 万余元。

（三）教育卫生事业不断发展

南伊珞巴民族乡小学现有教职员工 33 人，在校生 168 人。适龄儿童入学率达 100%，在校生巩固率、教育“三包”经费到位率、初中适龄少年入学率均达到 100%，巩固率达 99.8%；全乡现有卫生院一所，村级卫生室 3 个，3 个行政村各配了 2 名村医。加强妇幼保健工作，建立健康档案，认真落实好“一孩、双女”及特殊子女家庭特别扶助制度。合作医疗账户覆盖率 100%，个人缴费率 100%，报销率 100%。

九、昌都市芒康县盐井纳西民族乡经济社会发展综述

（一）基本情况

纳西民族乡地处滇藏 214 国道线上，为西藏的东南大门。距芒康县城 112 公里，南与云南省德钦县佛山乡接壤。全乡面积 374.9 平方公里，其中森林面积 10337 公顷。现有耕地面积 3153.75 亩，人均占有耕地 0.77 亩；全乡辖 4 个行政村，21 个村民小组，835 户、总人口 4604 人。

（二）社会经济各项指标

2016 年全乡农村经济总收入达 12138.1 万元，同比增长 16%，完成了年度计划的 100%；劳务输出 5332 人次，劳务收入达 895 万元；农牧民人均收入达到 12166.5 元，其中现金收入 9615 元。

（三）特色优势产业发挥作用

为了提高农牧民经济收入，在原有的葡萄种植基地 645 亩的基础上增加了 543.3 亩种植葡萄。经济林木种植 1441.08 亩，其中橘子 65.03 亩、苹果 729.41 亩、石榴 646.64 亩。在上级相关单位的支持下，建立了康巴蜜橘产业基地，基地占地 900 余亩。成立了以书记为组长、政府乡长等为副组长的产业

建设领导小组。建造温室大棚 83 座，总亩数 155.89.建立三家卡若香猪养殖厂，香猪存栏 918 头；一家奶牛厂，奶牛 30 头。成立大峡谷农牧民施工队、汽车运输队等，每年可为群众增收 150 万元。

（四）发挥旅游产业优势

依托国家“4A 级旅游景区”、“茶马古道”和“大香格里拉旅游圈”，打造“三江流域”精品旅游区，扩大了农民群众旅游从业人员，壮大“藏家乐”队伍，通过吃、住、娱一体化消费，促进群众增收。截止 2017 年底，全乡共有 63 户藏家乐，每年可创收 200 万元左右。纳西乡加达村注册资金 107 万元成立的康巴旅游合作社，可为群众创收 10 万元左右。

（五）教育卫生工作取得良好成效

盐井小学（纳西民族乡所在地小学）在职教师 60 名，在校学生 633 名，入学率 100%。盐井中学在职教师 67 名，在校学生 1297 名，入学率 100%。纳西乡医疗保险参保人数为 4604 人，参保率达到 100%。2017 年在乡卫生院医疗报销共计 30 万元，病患就诊康复率达到 85%。适龄儿童免疫接种 1186 人次，接种率达 100%。包虫病筛查 5625 人。

（撰稿：洛桑群佩　审稿：金美）

陕西省

2016 年，在国家民委和各级党委、政府的大力支持下，我省民族乡镇团结进取、攻坚克难，积极应对复杂多变的经济环境，着力推进经济持续健康发展，各项社会事业取得新进步，人民生活质量和水平显著提高。

陕西是一个少数民族散杂居省份，有回、满、壮、苗、蒙古族等少数民族成份 54 个，少数民族人口近 20 万，总体呈大分散、小聚居态势。全省有三个民族乡镇，均为回族镇，分别是商洛市镇安县西口回族镇、茅坪回族镇和安康市宁陕县江口回族镇。三个回族镇总面积 746 平方公里，2016 年总人口 39075 人，其中少数民族 12276 人，占民族镇总人口的 31.4%。三个族镇共有 24 个村民委员会和 1 个社区，24 村和 1 个社区全部通公路、通自来水、通电、通电话、通邮。

2016 年，全省民族镇乡镇企业从业人员 844 人，乡镇企业总产值 83624 万元，其中工业总产值 80524 万元，乡镇企业年净利润总额 9590 万元；农林牧渔业总产值 28602 万元，农作物总播种面积 88229 亩，其中粮食播种面积 64261 亩。

2016 年，全省民族镇共有学校 17 所，在校学生总数 3624 人，教师总数 270 人；图书馆 20 个，文化站 9 个，村文化活动室 24 个。医院卫生院 4 个，其中医生 62 人，病床 79 张；村卫生室 33 个，医生 33 人。

（撰稿：马珂　审稿：雷西明）

甘肃省

甘肃是一个多民族省份，56 个民族俱全，少数民族人口 241.05 万人，占全省总人口的 9.43%。世居甘肃的少数民族有回、藏、东乡、保安、裕固、蒙古、撒拉、哈萨克、土、满等 10 个，其中东乡族、保安族、裕固族是甘肃独有少数民族。全省共有 2 个民族自治州，7 个民族自治县，21 个民族县（市），34 个民族乡。民族地区国土面积 18.3 万平方公里，占全省总面积的 43%，常住人口 319.5 万人，占全省总人口的 12.4%。全省 34 个民族乡，分布在白银、张掖、平凉、酒泉、庆阳、陇南、临夏、甘南 8 个市（州）的 16 个县（市、区）。34 个民族乡中，回族乡 15 个，东乡族乡 8 个，藏族乡 7 个，蒙古族乡 2 个，裕固族乡和土族乡各 1 个。34 个民族乡总人口 32.5 万人，其中少数民族人口 21.6 万人，占总人口的 66.4%；国土面积 16629.7 平方公里，占全省区划面积的 3.7%。

一、经济发展水平显著提升

近年来，省委、省政府始终高度重视民族乡发展问题，各级党委、政府积极探索促进民族乡发展的新思路、新办法，加大对民族乡的扶贫攻坚支持力度，民族乡各族群众因地制宜，大力发展优势产业，群众生活水平有了较大提高，脱贫攻坚取得了显著成效。2016 年，全省 34 个民族乡农业总产值达到 21.4 亿元，粮食总产量达到 25.2 万吨；农林牧渔总产值达到 22.2 亿元，比上年增长 27%；农民专业合作社达到 615 个，比上年增加 51 个，增长 9%；34 各民族乡公共财政收入达到 2.4 亿元，比上年增长 9%；公共财政支出达到 2.5 亿元，比上年增长 13.6%。306 个行政村中已通公路的 306 个，通自来水的 301 个，全部通电、通电话，通邮的 243 个，通网络的 255 个。农村居民人均可支配收入达到 6619 元，有 13 个民族乡人均可支配收入超过全省平均水平，11 个民族乡实现整体脱贫。其中，张掖市白银蒙古族乡、马蹄藏族乡、祁丰藏族乡和瓜州县的黄泥堡裕固族乡、腰站子东乡族乡农村居民人均可支配收入超过万元。

二、脱贫攻坚力度不断加大

为推动民族乡的脱贫攻坚工作，2016 年 9 月，省委省政府在平凉市召开了全省民族乡脱贫“攻坚拔寨”现场会，总结脱贫经验，推进各项扶持政策的落实，安排部署了今后一个时期的工作。各地认真落实省委省政府脱贫攻坚的部署，始终把民族乡的发展和扶贫攻坚摆上重要位置。酒泉市将移民民族乡作为全市扶贫攻坚的主阵地，建立市级领导包抓民族乡制度；陇南市形成了四大班子主要领导每人包抓一个民族乡的“四个一”扶贫工作机制。同时，加大资金和项目的支持力度。各地把移民搬迁作为推进精准扶贫的有力抓手，改善贫困群众生产生活条件。平凉市采取就近安置、建移民新村集中安置、插花分散安置等方式对需要移民的贫困户进行妥善安置；庆阳市五顷塬回族乡实施退耕还林生态移民搬迁工程安置群众 27 户，实施农村危旧房改造 168 户，建成小康农宅 22 户。陇南市对生存条件脆弱，脱贫难度最大的坪垭藏族乡实施整乡易地搬迁工程，已于 2016 年 3 月正式启动。大力培育发展特色优势产业，不断增加民族乡农民收入。平凉市发挥回族群众善于养牛贩牛的传统优势，大力培育牛产业；引导白庙、大秦等回族乡少数民族群众组成“馒头军”，开店 3000 多家，带动就业 7800 多人，走出了“小馒头、大就业”的脱贫致富路子。酒泉市大力支持民族乡村发展特色产业，在 6 个移民乡推广种植枸杞 5 万亩，带动了农民增收。临夏州在梁家寺东乡族乡大力推广“公司＋贫困户种养殖+公司收购”模式，发展獭兔养殖、啤特果种植、野鸡养殖等产业；张掖市肃南县马蹄乡建成运营藏乡电商第一村特色馆和马蹄藏乡电商服务中心特色馆 2 家淘宝店，打造了统一区域品牌——“藏乡电商第一村”。

三、社会事业全面发展

民族乡全面协调发展，教育、文化、卫生等社会事业取得了一定成绩。一是将国家支持的教育项目重点放在民族地区，通过实施援藏项目、国家义务教育工程等项目，大大改善了民族乡的办学条件。34 个民族乡全部实现了“两基”目标。目前，全省民族乡有中小学 247 所，教职工 2592 人，在校学生近 3 万人，学龄儿童入学率达到 96.3%。二是推进深化医疗改革，每年安排资金支持民族乡医疗卫生基础设施和村级卫生网点建设，着力改善医疗卫生条件。完成民族乡医疗机构改造建设任务，目前，34 个民族乡共有乡镇卫生院 37 个，医生 336 名，病床 452 张；村卫生室 247 个，医生 238 名。民族乡卫生院达到了“三配套”目标，每个行政村都具备了一个医疗点，乡、村医疗、卫生、保健体系进一步完善。三是公共服务水平明显改善，民族乡新农合覆盖面不断扩大，保障能力逐步提高，新型农村合作医疗制度进一步完善，新农合保障和服务水平不断提升。实施广播电视村村通工程、广播电视覆盖工程、西新工程、农村电影放映工程和广播电视直播卫星户户通工程，扩大了民族乡广播影视覆盖面。四是认真贯彻落实《国务院关于进一步繁荣发展少数民族文化事业若干意见》，为民族乡行政村建立了共享工程村级服务点，现共有文化站 33 个，村文化室 292 个，实现了标准化乡镇综合文化站和行政村农家书屋全覆盖。

（撰稿：孔庆斌　审稿：王宇卫）

青海省

青海省有 28 个民族乡，行政区划面积 5649 平方公里。分布在 4 个市（州）的 12 个县，其中藏族乡 17 个，回族乡 8 个，蒙古族乡 2 个，土族乡 1 个。

2016 年，民族乡总人口 22.6 万人，其中少数民族人口 15.2 万人，占民族乡总人口 67%。2016 年有村民委员会 340 个。其中，已通公路 339 个，占 99.7%；已通自来水的村 329 个，占 96.8%；已通电话的村 330，占 97%；已通邮的村 264 个，占 77.6%。财政收入 1.8 亿元，财政支出 1.7 亿元。学校 150 所，在校学生 2.2 万人，教师 1448 人。图书馆 62 个，文化站 30 个，村文化活动室 246 个。医院、卫生院 31 个，医生 236 人，病床 290 张。

（撰稿：王姿棋　审稿：董富海）

新疆维吾尔自治区

2016 年，新疆维吾尔自治区共有民族乡 42 个，其中：哈萨克族乡 13 个，回族乡 5 个，柯尔克孜族乡 6 个，蒙古族乡 10 个，锡伯族乡 1 个，乌孜别克族乡 1 个，塔吉克族乡 4 个，塔塔尔族乡 1 个，达斡尔族乡 1 个。从区域分布看，南疆 9 个、东疆 4 个、北疆 29 个；其中边境县（市）24 个、农区 8 个、牧区 34 个。民族乡行政区划总面积 5.21 万平方公里，年末总人口达到 36.18 万人，其中少数民族人口 28.89 万人，占民族乡总人口的 79.85%。经济社会发展情况如下：

——综合经济方面。2016 年，全区 42 个民族乡经济发展速度略有放缓。全年农林牧渔业总产值 63.43 亿元，比上年减少 15.05%。农作物播种总面积 216.22 万亩，增长 1.15%，其中由于受种植结构调整影响粮食播种面积为 135.49 万亩，比上一年减少了 14.43%；粮食总产量 67.67 万吨，比上一年减少 17.11%。肉类总产量达到 9.9 万吨，比上一年减少 14.23 %。全区 42 个民族乡乡镇企业总产值达 29.484 亿元，其中工业总产值 12.18 亿元，分别比上一年增长了 45.84 %和 1.6。

——财政收支实现增长。2016 年，全区 42 个民族乡公共财政收入达到 7.08 亿元，比上年增长 4.48%。公共财政支出 7.96 亿，比上年增长 4.6 %。

——基础设施日趋完善。全区 42 个民族乡的 257 个村民委员会中，已通公路的村 252 个，占 98%；已通自来水的村 234 个，占 91%；已通电的村 252 个，占 98%；已通电话的村 250 个，占 97.27%；已通邮的村 247 个，占 96. 1%。

——社会事业取得进步。2016 年，全区民族乡共有学校 110 所，在校学生总数 3.44 万人，教师总数 4541 人；村文化活动室 231 个。农村三级卫生保健网建设情况良好，有卫生院 51 个，医生 647 人，病床 863 张；村卫生室 206 个，医生 226 人。农业技术服务机构 92 个，从业人员 398 人。

——农牧民收入稳步增加。2016 年，42 个民族乡农牧民人均可支配收入 12605 万元，比上年增长 4.6%。其中农牧民人均可支配收入 1 万元以上的民族乡有 33 个，占 42 个民族乡的 78.5%；8000－1 万元的 2 个，占比为 4.8%；5000－8000 元的 5 个，占比为 11.9%；3000 元-5000 元的 2 个，占比为 4.8%；在农牧民家庭总收入中，非农业收入比重明显增加，主要包括农牧民家庭经营的第二、第三产业收入和乡镇企业、个体私营企业、转移劳动力等工资性收入。

（撰稿：裴海龙　审稿：姜国利）

民族经济工作综述

北京市

2016年是“十三五”开局之年，也是实现全面小康决胜阶段的开局之年，北京市民族经济工作认真贯彻落实中央、北京市民族工作会议精神和有关工作部署，切实增强以首善标准做好首都民族经济工作的自觉性，各项工作取得明显成效。

一、科学绘就发展蓝图

为确保民族经济工作开好头、起好步，我市全面回顾总结了“十二五”时期促进民族经济发展的经验成效，围绕新形势下的首都民族工作要求和京津冀协同发展战略，坚持高位推动安排部署，认真筹划、协调推进各项工作。一是出台了一个规划。印发实施了《北京市“十三五”时期少数民族事业发展规划》，这是北京市第二个少数民族事业发展规划，从总体上描绘了“十三五”时期本市少数民族事业的发展蓝图，明确了少数民族乡村、清真食品等民族经济工作的指导思想、发展目标、主要任务和重点工作，具化了工作措施，坚实了制度保障。二是完成了一件审议。2016年，市人大常委会依法安排听取和审议《市政府关于本市少数民族乡村经济社会发展情况的专项工作报告》。以此为契机，我市全面、系统地总结了“十二五”时期促进民族乡村经济社会发展的做法和成效，认真分析了存在的问题和困难，科学研断了当前的形势、任务和要求，明确了“十三五”时期民族乡村经济社会发展的思路、目标、任务和措施。全市上下进一步凝聚共识，为民族乡村科学发展奠定了坚实基础。特别是在市人大常委会的推动下，民族乡村经济发展专项资金额度进一步增至4800万元增幅33%。三是召开了两个会议。成功召开了北京市清真食品专项工作会和全市少数民族乡村经济工作会。两个会议系统回顾总结了“十二五”期间关于促进民族乡村经济发展和加强清真食品市场规范管理、产业发展方面的工作措施和经验成效，研究部署了“十三五”期间北京市民族乡村经济发展和清真食品工作的重点任务，有力推动了工作落实。

二、民族乡村经济发展实现良好开局

2016年，民族乡村经济社会进一步发展，民族村集体资产经营状况持续向好，集体资产总额和净资产额同比分别增长13.3%和12.2%；产业发展水平不断提升，逐步从单一传统农业向一二三产融合发展转型升级；民族乡村基础设施、居住条件、生态环境有了明显提升；民族村公共服务和社会保障水平较大提高，农民人均所得超过2.3万元，超过全市平均水平近1900元，继续保持90%以上的民族村人均收入达到全市或所在区平均水平，7个民族村被评为“中国少数民族特色村寨”，8个民族村通过了美丽乡村验收。继续坚持和不断完善以奖代补考核机制，会同市农委、市财政局、区民族工作部门完成考核工作，有效调动了区、乡镇政府和民族乡村的积极性，市、区、乡镇各级各部门促进民族乡村经济发展的合力进一步凝聚。认真学习领会中央和北京市有关工作精神，在全市低收入村、户精准识别和建档立卡工作中，积极建言献策，推动实现在信息采集中增加民族成份选项，为今后工作奠定了基础。加大专项资金帮扶力度，2016年投入4400万元支持32个产业项目发展，90%的资金投向山区民族村、未达标民族村和低收入民族村（户）。2017年度资金预分配工作继续着力向山区民族村发展、未达标民族村增收和低收入民族村（户）帮扶工作倾斜。引导社会力量参与帮扶，组织开展“宗教慈善周”活动，组织宗教界为617户少数民族乡村困难户捐款123.4万元。认真落实国家民委有关工作安排，组织完成本市第二批“中国少数民族特色村寨”推荐评选，开展特色小镇专项建设基金项目入库储备等工作。

三、清真食品市场更加规范有序

一是规范化建设水平不断提升。制定并实施《北京清真餐饮食品行业品质提升培训方案》。继续开展规范化清真特色餐厅和规范化清真食品专柜的增选评审工作。对全市 9 个区的 23 家新申请清真餐饮企业进行了实地评审，复核确认了各区推荐的 10 家规范化清真食品专柜，全市规范化清真特色餐厅、食品专柜分别达到 124 家和 215 家。二是保障民生需求能力进一步加强。印发《关于印发北京市具有清真饮食习惯少数民族低保群众牛羊肉价格分类救助方案的通知》，制定分类救助长效机制。2016 年春节前，首次组织各区实施，按照每人 300 元的标准，为 2497 名少数民族低保群众发放救助金约 75 万元。同时，继续积极推动“社企对接”，在具有清真饮食习惯群众相对聚居的重点区域开展清真食品进社区展卖活动，成功举办第九届北京清真美食文化节，宣传党的民族政策、弘扬清真饮食文化，为首都社会稳定和谐做出了积极贡献。三是日常监督管理机制更加完善。在春节、两会、国庆和全国少数民族文艺会演等重点节日和重大活动期间，将清真食品市场检查工作纳入我市安全维稳整体工作，多次组织各区重点排查交通枢纽、旅游景点、庙会等人口密集区域的清真饮副食网点，重点检查了清真食品货源、存贮加工场所、从业人员以及新版清真食品牌证使用等情况，有力确保全市清真食品市场健康有序。四是专项治理工作取得成效。深入贯彻落实中央统战部、国家民委和国家宗教局联合下发通知（统发〔2016〕56 号）精神，在全市范围内开展为期一个月的“清真食品管理专项治理活动”，并召开清真食品专题工作会交流研讨。经查，我市无违反中央有关精神的清真食品事件。五是认真做好少数民族文艺会演清真食品保障工作。按照“市级统筹、区级实施、分工负责、分类服务”的思路，确立了三级体系、三个阶段、三种保障、四个“一”的工作安排，建立由市、区和清真餐饮保障单位组成的三级服务保障机制，3 家在地、28 家周边和 1 家送餐提供了全覆盖的清真餐饮保障，配送清真外卖约 1300 份，顺利完成少数民族文艺会演清真食品保障工作。

四、政策资金使用管理更加安全有效

按照财政体制改革要求，不断完善全方位、全流程、全覆盖的廉政风险防控体系，进一步提高各类政策资金使用管理水平，更好的发挥政策资金作用。一是注重工作关口前移。按照公开征集、择优录取、市级统筹、区级实施的原则，在认真总结近年考核评审工作要求的基础上，研究制定了《北京市清真专项资金项目申报和评审指南》。围绕年度重点工作印发专项资金使用管理工作的通知，进一步明确资金扶持方向和条件、工作流程和要求。组织各区相关部门和清真食品企业代表开展了专项资金使用管理工作的专题培训。二是注重推进项目储备。按照“储备一批、推进一批、实施一批”的原则，指导各区加强项目库建设，并将项目储备作为市级相关部门研究制定专项资金预分配方案的依据。三是注重规范引导。通过近年来的引导，今年有 11 个区委托了第三方机构对本区申报项目进行了决算评审，且市区评审结论日趋相近，区级项目组织审核和资金管理水平明显提升。四是注重制度建设，研究起草新的专项资金使用管理办法。在充分征求各区意见的基础上，修订了两个专项资金的使用管理办法。进一步明确了专项资金的政策目标、实施期限、补助对象、使用范围和资金分配办法，规范了项目申报、资金分配、绩效评价结果等各个环节的工作要求。五是充分发挥专项资金作用。继续坚持和不断完善专项资金以奖代补工作机制，优化考核指标体系，突出政策导向，加大督查、考核力度，进一步督促各区政府加大政策和资金向民族经济工作倾斜聚集力度。2016 年 6200 万元专项资金共扶持 115 个经济发展项目，取得良好的经济社会效益。六是严把民品工作的审核关、监管关。共审核民族特需商品定点生产企业流动资金贷款 14 笔共约 4.8 亿元，贴息 1382 万元，有力地促进了民品企业的发展。

（撰稿：李灵犀　审稿：范　宝）

天津市

2016 年，天津市民族经济工作坚持围绕“四个全面”战略布局作为谋划和开展工作的出发点，以贯彻落实中央和市民族工作会议精神为主线，以依法加强监管和提升服务水平作为着力点，以“两学一做”学习教育活动成果为落脚点，主要做了以下几方面工作：

一、开展结对帮扶，积极推进低收入民族村加快发展

天津共有少数民族村53个，其中低于全市农村居民平均收入的有29个。为着力提升我市低收入民族村的“造血能力”，市委市政府高度重视，在全市民族工作会议上，确定将低收入民族村全部纳入全市500个困难村的结对帮扶工作。

一年来，在市农委和市财政局的大力支持下，一是实施精准帮扶，确定“五项发展举措”。结合我市民族村经济发展现状与发展瓶颈，我们积极协调指导民族村发展现代都市农业，提出“在推动民族村农业产业结构上下功夫，在开展民族村科技帮扶上下功夫，在协调争取金融支持民族村上下功夫，在推进民族村‘互联网+’上下功夫，在培育和宣传民族村农产品品牌上下功夫”等五项发展举措。二是制定“一村一策”，推进强村富民。我市低收入民族村已经全部制定“一村一策”经济发展方案，确定了产业发展项目44个，其中果蔬种植项目8个、畜牧水产养殖项目3个、乡村旅游项目3个，计划投入总额8589.5万元，已经到位资金4005.75万元。三是发挥民委委员单位作用。市农委将53个民族村全部纳入美丽村庄建设，提升了民族村基层设施建设水平，改善了村容村貌。年底前，低收入民族村已经全部达到“清洁村庄”创建标准，完成基础设施建设项目27个，硬化道路22.6万平米，已有10个民族村建成了美丽村庄。市体育局出资支持少数民族体育人才培养和传统体育项目建设，提升我市少数民族传统体育运动水平。为我市全国少数民族特色村寨——蓟县孙各庄满族乡隆福寺村修建登山步道，提升该村满族特色旅游配套设施建设水平。四是继续开展“暖心工程”。为使全市民族村特困低保户切身感受到民族政策的关怀，我们在2016年春节，积极筹集资金5.05万元，对101户少数民族特困家庭进行了慰问。

二、认真研究谋划，做好少数民族特色村寨保护与发展工作

一年来，我们围绕已在我市挂牌命名的全国少数民族特色村寨——蓟州区孙各庄满族乡隆福寺村为工作重点，努力发挥其示范引领作用，切实做好我市数民族特色村寨的保护与发展。2016年10月份，市人大常委会主任肖怀远亲自调研少数民族乡村经济社会发展情况，对少数民族特色村寨建设给予了充分肯定。

一是深入调研，完善规划。我们在2014年制作的《天津市蓟县孙各庄满族乡隆福寺村少数民族特色村寨保护与发展规划》的基础上，进一步结合当地发展规划和建设现代都市农业及发展民族特色旅游进行调查研究，指导和推动孙各庄满族乡和村两委班子对规划开展修订。二是完成部分保护与发展项目。经过反复的前期论证，去年该村建成满族特色仿古牌楼1座，置换腾空满族特色古民居2个，拆修建满族特色仿古门楼12个，市区共投入资金160万元。三是做好第二批全国少数民族特色村寨的申报工作。按照国家民委关于少数民族特色村寨命名挂牌的相关文件要求，我们在广泛调研的基础上，指导蓟州区渔阳镇桃花寺村完成了申报工作，并通过国家民委专家组的审核，今年已正式被国家民委批准。

三、提升清真食品监管水平，保障少数民族合法权益

天津共有清真饮食习惯的少数民族约30万，清真食品生产经营市场主体2000余个。一年来，我们创新工作载体，不断提升清真食品依法监管水平，积极促进清真食品市场健康发展。一是建设清真食品网络监管服务平台。按照李克强总理在政府工作报告中提出的“大力推行‘互联网+政务服务’，实现部门间数据共享，让居民和企业少跑腿、好办事、不添堵”的工作要求，我们在深入调研论证的基础上，通过互联网技术、移动互联技术、云计算和大数据技术的综合设计开发应用，完成了包含清真食品监管服务网、清真食品备案管理系统和微信公众平台在内的天津市清真食品监管服务平台建设，实现了全市清真食品监管规范化、标准化、便捷化、

信息化、数字化和可追溯。二是维护清真食品市场稳定。按照中央统战工作领导小组会议纪要及中央统战部、国家民委、国家宗教局相关文件精神，我们指导各区民族工作部门依法做好清真食品备案工作，严把清真食品生产经营“入口关”，坚决防止“清真”泛化和清真食品不清真。排查清真食品市场存在的隐患和问题，加大节日期间清真食品市场检查力度，及时妥善处理涉及清真食品的投诉。三是配合相关部门，确保清真食品安全。在我市开展的食品药品安全大检查工作中，加强与市食安办、市市场监管委等相关部门的沟通联系，协调解决突出问题，深入各区开展调研督导检查，指导各区在建立相关工作台账的同时，参与全市双随机抽查，联合检查了 8 家涉及清真食品生产经营的企业。

四、做好民族特需商品定点生产相关政策落实工作

2016 年是国家“十二五”民族特需商品生产政策与“十三五”政策的衔接期，为保证此项民族政策的连续贯彻落实，我们认真搜集整理 2015 年度定点企业的基础档案，指导企业建立民族特需商品生产台账。积极与市财政局沟通协商，对部分定点企业民族特需商品的生产情况进行调研，完成了“十三五”时期民族特需商品生产政策征求意见的反馈工作。同时，针对部分定点企业一年期流动资金贷款到期倒贷的问题，我们在国家民委民贸处的业务指导下，与市财政、市人行反复会商，积极争取最大限度地支持我市民族特需商品的生产。

五、做好全国民委系统对口支援工作

按照中央民族工作会议精神、中央扶贫工作会议精神以及国家民委关于全国民委系统对口支援西藏新疆的要求，我们结合当前民族工作的主题和我市与受援地的工作实际，有针对性地做好对口支援工作。一是向受援地民族工作部门发函，了解受援地民族工作亟待解决的突出问题。二是在参加“全国民委系统对口援藏援疆工作会议”期间，我委相关领导同志就对口支援工作分别与西藏昌都市民宗局和新疆和田地区民宗委的负责同志面对面沟通情况，确定援助项目。三是向两受援地拨款 30 万元，用于开展民族团结进步创建工作。四是配合教育主管部门加强内地民族班建设。筹措资金 10 万元余元，慰问在津过年的新疆、西藏班学生和举办以“感恩伟大祖国，增进民族团结”为主题的师生演讲比赛，不断增强内地民族班学生“五个认同”和“三个离不开”的思想观念。

（撰稿：王海洋　审稿：沈淑娟）

河北省

2016 年，是“十三五”的开局之年，河北省委省政府认真贯彻党的十八届三中四中五中六中全会和习近平总书记系列重要讲话精神、中央民族工作会议精神，出台政策措施、凝聚社会合力，全力推动民族地区经济社会发展和少数民族群众民生改善。

一、以深入贯彻中央民族工作会议精神为主线，着力推动差别化政策落地见效

我们始终把贯彻落实中央民族工作会议精神，特别是习近平总书记系列重要讲话精神作为重大政治任务，多措并举搞好学习传达。我们牢牢抓住党政领导干部这个龙头，把中央民族会议精神纳入各级党校、行政学院教学内容；抓住民族工作干部这个主体，举办多期省市县民族工作干部培训班，确保会议精神层层落地。我们把加强工作机制建设作为落实会议精神的重要保障，组织召开一年一度的省民委委员工作会议，听取各委员单位工作汇报，安排部署 2016 年重点工作，并结合实际将省民委委员单位由 31 个充实到 37 个，充分发挥协调整合作用，集中力量为民族地区解决重大问题。指导市、县成立民族事务委员会，形成了党委领导、政府负责、有关部门协同配合、全社会通力合作的民族工作新格局。我们深入贯彻落实全国城市民族工作会

议精神，构建市、区、街道、社区四级工作网络，形成有机衔接、协调联动、整体发力的良性互动局面。进一步加大对民族团结示范社区的支持力度，扎实做好少数民族流动人口服务管理等工作，积极推动建立相互嵌入的社会结构和社区环境。

我们召开贯彻落实中央民族工作会议精神推进会，总结交流各地经验做法，分析存在问题，创新工作。省政府出台了《加快我省民族地区发展的若干措施》（冀政办发〔2016〕5 号），进一步加大差别化支持力度，大力推动省委省政府《关于进一步加强和改进民族工作的实施意见》（冀发〔2015〕9 号）等政策措施落实，同时瞄准各地各部门集中推出“十三五”规划的有利时机，加大协调力度，争取更多惠及少数民族的政策措施进入各级各类规划及配套专项。省民族宗教厅与省委统战部、省人大民侨外工委联合对各地贯彻落实民族区域自治法“一法两规定”和省委省政府出台政策落实情况进行调研督导，盯紧推动均衡性转移支付提高 2 个百分点、民族乡补助金、对口帮扶民族村等优惠政策落地见效，及时协调解决问题，努力放大政策红利。

二、以全面建成小康社会为目标，着力促进民族地区经济加快发展

1. 持续搞好赴民族地区现场办公。本着创新提高、越办越好目标，协调省民委委员单位同心协力把这个平台打造好、使用好。年初，省政府召开省民委委员会议，就做好滦平、隆化两县现场办公和加快民族地区发展作出安排部署。在搞好统筹安排、项目对接、大事协调、重点落实的基础上，组织 47 个省直部门赴两县现场办公，分管副省长许宁亲自主持，共支持两县项目 451 个、资金 92.22 亿元，帮扶资金是 2011 年两县现场办公的 2 倍，再次实现历史突破。省民宗厅认真发挥民委主任委员作用，加强调度督导，做好项目资金跟踪问效和落实情况评估工作，定期汇总民委委员支持工作开展情况，推动帮扶项目资金落地见效，集中解决一批制约民族地区发展的瓶颈问题。在国家民委召开的全国民族经济工作暨民族地区经济形势分析现场会上，我省以《规划引领 形成合力 以现场办公强力助推精准扶贫》为题作典型发言，并印发推广。

2. 深入推动少数民族特色村镇建设。按照好中选优、扶优扶强的原则，持续加力，推动 100 个少数民族特色村寨建设，24 个村被国家民委命名为第二批中国少数民族特色村寨，数量位列民族散杂居省份首位。我们规划建设的环京津少数民族特色村寨示范带，被国家民委列入《“十三五”促进民族地区和人口较少民族发展规划》重点支持的特色村镇廊带建设工程，这是我省民族专项工作首次被列入国家民委 5 年期综合规划。同时特色村寨示范带还被列入我省自行改革试点和京津冀协同发展、生态文明建设、新型城镇化建设、建设体系规划 4 个实施意见。我们举办全省少数民族特色村镇建设工作研讨班，现场参观、广泛讨论，推广经验、明确标杆，激发各级各地建设热情。

3. 强力推动京津冀民族工作协同发展。为主动融入京津冀协同发展大局，省民族宗教厅厅长潘冬青深入调查研究，广泛问计求策，亲自谋划京津冀民族工作协同发展工作方案，多次到国家民委汇报争取支持，举全厅之力集中攻坚。在京津两市民委广泛赞誉、全力支持配合下，举办了京津冀民族工作协同发展座谈会，三省市民族工作部门签署了《共同推动京津冀民族工作协同发展合作框架协议》，围绕打造“京津冀民族团结发展示范区”，在协同推进少数民族特色村镇示范带建设、帮扶少数民族贫困群众脱贫等 9 个方面达成共识、开展合作。

4. 着力推动民族地区打赢脱贫攻坚战。我们把少数民族和民族地区脱贫攻坚纳入全省扶贫工作总体规划，并突出抓好三方面工作，助力精准扶贫、精准脱贫。一是深入调研，摸清贫困民族村底数。积极与省扶贫办配合，指导各市在全省贫困村中筛选出 883 个贫困民族村，54.67 万贫困人口，编制《全省少数民族地区贫困民族村台账》，为实施脱贫攻坚提供有力支撑。二是用好资金，以项目促进民族地区加快脱贫步伐。2016 年，共投入中央、省级少数民族发展资金 8117 万元，实施项目 530 个，惠及少数民族群众 40.8 万人。大力实施“百村帮扶”工程，对 116 个贫困民族村进行精准帮扶；将中央财政第二批少数民族发展资金，全部安排到国定贫困县和集中连片特困地区，支持贫困民族村脱贫攻坚。三是协调联动，汇聚脱贫攻坚工作合力。召开全省民族村精准扶贫工程暨民族地区全面建成小康社会研讨班，会同省发展改革委、扶贫办，对全省各市、

自治县、民族县及民族工作重点县民族工作部门进行业务培训，总结全省民族地区脱贫攻坚工作经验做法，对今后一个时期精准脱贫工作安排部署。认真做好帮扶村脱贫攻坚工作，直接支持和协调支持项目 15 个，总投入 600 余万元，有力地推动了帮扶村经济社会发展步伐，帮扶工作初见成效。

三、以保障和改善民生为重点，着力推动民族地区社会事业全面发展

一是深入开展文化下基层活动。紧密结合“中华民族一家亲，同心共筑中国梦”主题，举办 16 场次，累计 15000 多名观众观看文艺演出，展示了我省民族团结进步和少数民族文艺创作的丰硕成果，进一步营造了各民族和睦相处、和衷共济、和谐发展的浓厚氛围，收到了良好效果。二是突出抓好民族教育工作。深入贯彻落实全国第六次民族教育工作会议精神，认真抓好《关于加快发展民族教育的实施意见》落实见效，省财政厅、教育厅安排民族地区教育资金 5000 万元，改善民族地区基层教育办学条件。积极争取国家民委直属 6 所大学在我省增加招生计划。三是努力振兴民族体育。会同省体育局开展了河北省少数民族地区体育事业发展现状调查，形成了《河北省民族地区体育基础设施建设状况调查报告》，为做好民族地区体育工作提供重要支撑。省体育局“十三五”时期安排民族体育资金 2000 万元，2016 年到位 300 万元。四是积极组织向民族地区送科技活动。组织农技专家赴全省 8 市 20 多个民族乡村开展送科技活动，推广新技术 20 多项，解答相关问题 200 多个，帮助解决生产生活中的实际困难和技术难题，惠及少数民族群众万余人。

(撰稿：靳磊　审稿：陈泽辉)

山西省

2016 年，山西省认真贯彻落实习近平总书记系列重要讲话和中央民族工作会议精神，牢牢把握各民族共同团结奋斗、共同繁荣发展的主题，为少数民族群众办实事、做好事，努力克服经济下行压力，保持民族经济稳定增长。

一、聚焦精准，为少数民族聚居村脱贫致富持续发力

年初，根据年度工作安排，山西省民委下发了《山西省少数民族聚居村基本情况表》，从基本情况、建档立卡贫困人口、五保户、低保户、劳动力情况、村“两委”班子建设情况、基础设施建设情况、耕地情况、农业合作社、特色产业、人均收入等对全省少数民族聚居村进行调研，全面了解山西少数民族聚居村经济社会发展现状，通过统计汇总，分析查找问题，探讨推动发展的办法。3 月，山西省民委与省检验检疫局座谈商研做好少数民族聚居村农产品扩大出口工作，4 月，联合下发《关于进一步做好少数民族聚居地方农产品扩大出口工作的通知》，加强对少数民族农产品出口工作的扶持，发掘具有出口潜力的农林特色产品，促进产业升级转型，拉动少数民族经济发展。6 月，临汾市民宗局与侯马市出入境检验检疫局签订了《关于促进临汾市少数民族聚居村食品、农产品出口合作协议》，建立了合作机制。11 月，在民委系统调研统计的基础上，为进一步核准数据，山西省民委发函省扶贫办，对全省少数民族聚居村贫困村数、建档立卡贫困户数、贫困人口数等相关数据进行核实，数据与本系统上报不一致的，逐一落实，力求做到统计数据精准，扶持对象精准，脱贫任务精准，为少数民族发展资金分配打好基础。据统计：2016 年，中央及山西省级财政共投入少数民族发展资金 804 万元，建设项目 34 个，有力推动了少数民族聚居村经济社会全面发展。全省 41 个少数民族聚居村人均收入 7813.19 元，较上年增长 6.61%，最低收入 3524 元，最高收入 13173 元，其中 6000 元以下的村有 12 个；6000-10000 元的村 22 个；10000 元以上村的 7 个。

二、强化监管，切实提高少数民族发展资金使用效益

2016年，为进一步科学规范少数民族发展资金的使用、管理、监督工作，山西省民委先后下发了《山西省民委关于做好少数民族发展资金使用管理工作有关事项的通知》和《山西省民委关于开展2015-2016年度少数民族发展资金专项督查检查的通知》，在各市上报备案及自查的基础上，11月，山西省民委由民族处、综合处、政法处等相关处室人员组成督查检查组，通过听取汇报、召开座谈会、查阅资料、实地查验等方式，共检查大同、阳泉、长治、晋城、临汾、运城6个市的8个县、市（区）近两年少数民族发展资金项目19个，约占项目总数的1／4。整体上看，各地、各部门近年普遍加大了对少数民族发展资金监管力度。作为扶贫专项资金，山西省少数民族发展资金主要用于少数民族聚居村道路建设、人畜饮水、农网改造、环境整治等普惠工程，受益面广，各族群众发自内心拥护支持党的好政策；从检查的帐目上看，少数民族聚居村普遍实行村帐乡管，帐目基本清晰，未发现挪用、套用、挤占等违规使用资金的现象。少数民族发展资金对加快山西省少数民族聚居村的发展，起到了积极的资金引领和示范作用，通过几年的扶持，少数民族聚居村群众收入逐年提高，村容村貌焕然一新。

三、主动协调，帮助少数民族企业健康发展

山西省现有少数民族中小企业80余家，涉及餐饮、种养殖、运输、服装纺织、房地产、建材、农机具制造、农产品加工、药品生产销售、屠宰、民族工艺品等行业，在经济整体下行压力下，各级民族工作部门积极帮助少数民族企业落实优惠政策，服从服务山西转型发展主战略，有力地支持山西经济发展。2016年，山西省民委指导少数民族特需商品定点生产企业完善基础档案，积极配合财政部驻省财监办、省财政厅、人行太原支行，落实好“十二五”期间民品生产企业贴息政策，及时将国家关于民品企业优惠政策的相关精神快速传达到民品生产企业，并做好调研摸底，为“十三五”期间民品优惠政策出台做好前期准备工作。

四、积极引导，依法加强对清真食品监管工作

通过建立服务网络，积极建立与工商、卫生、食药等部门的协调机制，维护清真食品经营者合法权益，引导清真食品经营者依法经营，完成了对全省清真食品生产经营单位的摸底备案工作，下发了《山西省清真食品管理监督员管理办法》，依据《山西省清真食品监督管理条例》，首次聘请10位省级清真食品监督员，加强清真食品日常监管和节假日联合检查。山西省民委指导各市进一步规范清真食品认证监制工作，做好节假日期间清真食品生产经营的安全检查工作，积极营造和谐氛围，维护民族团结、社会稳定。

（撰稿：刘晋辉　审稿：魏慈悯）

内蒙古自治区

2016年是“十三五”开局之年，也是全面建成小康社会进入决胜阶段的第一年。内蒙古自治区的发展既面临着经济下行压力持续加大的困难，也喜逢国家对民族地区进一步加大实施差别化政策的良机。既是经济工作面临新形势新任务的一年，也是民族工作创新发展自我提高的一年。一年来，在国家民委的大力支持和指导下，在自治区党委、政府的正确领导下，内蒙古民族工作战线认真学习贯彻习近平总书记关于民族工作的重要论述和考察内蒙古重要讲话精神，把贯彻落实中央民族工作会议精神和自治区党委民族工作会议精神作为持续推进年，再学习、再部署、再落实，围绕自治区经济社会发展大局，积极推进少数民族和民族地区全面建成小康社会，为自治区民族工作增光

添彩，贡献力量。

一、深入贯彻落实中央和自治区党委民族工作会议精神

2016年是贯彻落实中央民族工作会议和自治区党委民族工作会精神的持续推进年。自治区党委、政府更加重视民族工作，进一步深入学习贯彻习近平总书记系列重要讲话精神，把学习宣传和贯彻落实中央和自治区党委民族工作会议精神作为一项重大的政治任务。自治区党委书记李纪恒同志在讲话和调研中多次强调重视民族工作，亲自研究和部署民族工作。自治区政府主席布小林同志主持召开主席办公会，专题研究民族工作。李纪恒书记、布小林主席带队专程到国家民委汇报对接工作。在自治区第十次党代会报告中，专门用较大篇幅对民族工作进行了阐述，提出了对民族工作的新要求新任务。高位推动、力求突破、创新发展、永葆光彩的民族工作新格局正在进一步筑牢强化。

二、认真贯彻实施差别化政策，积极推动少数民族聚居地区经济发展

内蒙古自治区始终紧紧围绕全面建成小康社会目标，把落实国家和自治区的差别化支持政策，推动少数民族聚居地区加快发展作为一项重要工作任务抓实抓好抓出成效。

（一）全面总结评估兴边富民行动和扶持人口较少民族发展“十二五”规划执行情况

2016年初，以自治区兴边富民行动领导小组办公室和自治区扶持人口较少民族发展领导小组办公室的名义，分别组织19个和18个成员单位根据工作分工全面总结了“十二五”两个专项规划的执行情况，对规划执行效果进行了全面评估，既总结了成绩经验，也发现了问题不足，为“十三五”做好相关工作提供了正确导向。

（二）牵头编制自治区“十三五”时期少数民族事业发展规划（草案）

根据国家《“十三五”促进民族地区和人口较少民族发展规划（送审稿）》、《内蒙古自治区党委自治区人民政府关于加强和改进新形势下民族工作的实施意见》、《内蒙古自治区国民经济和社会发展第十三个五年规划纲要》，先行启动了内蒙古自治区“十三五”民族工作专项规划的编制工作。按照自治区专项规划审批程序要求，先后完成了征求自治区42个委办厅局 14 个盟市意见建议、组织召开专家评审、邀请党委人大政协负责同志开展专题协商、文件合法性审查等程序，在党的十八届六中全会和自治区第十次党代会召开后，按照会议的最新精神对规划文本做了修改，确保把党中央和自治区党委的决策部署及时准确的体现在规划当中，历经五稿，基本完成规划草案的定稿工作。

（三）持续深入推进兴边富民行动和扶持人口较少民族发展

2016年自治区把继续深入持久推进兴边富民行动和扶持人口较少民族发展两项工作写入政府工作报告，列入政府重点督查内容，工作推进情况和采取的措施做法实行月报告制度，政府每一个季度通报一次，每半年点评一次，层层传导压力，层层压实责任。2016年扎来诺尔区被国家纳入兴边富民行动扶持范围，内蒙古自治区边境旗市由19个增加到20个。人口较少民族聚居村由192个增加到231个。指导边境旗市和人口较少民族聚居旗市实施重大工程和重点项目，进一步加强基础设施建设、培育特色优势产业、改善农牧民生产生活条件，着力补齐边境地区和人口较少民族聚居地区发展短板。组织我区人口较少民族聚居地区民族工作部门负责人赴黑龙江省考察学习扶持人口较少民族发展工作。

（四）积极争取，依法管理使用少数民族发展资金

积极争取国家少数民族发展资金对内蒙古自治区投入规模。2016年中央财政总计预算安排内蒙古自治区少数民族发展资金41185万元，比上年增加4225万元，增幅11.43%。自治区本级财政预算安排少数民族发展资金7800万元，与上年持平。依据额度分配和资金管理相关规定，将资金切块下达到旗县市区，重点支持边境地区、人口较少民族聚居地区、牧区、少数民族聚居贫困旗县及散居地区开展兴边富民行动、扶持人口较少民族发展、少数民族脱贫攻坚、少数民族特色村镇和少数民族传统手工艺品保护与发展等项工程，对我区民族地区加快发展切实补齐发展短板，全面建成小康社会发挥了强有力的推动作用。及时适应财政管理体制改革的需要，积极更新观念，主动转变思路，针对项目审批

权下放基层后出现的新情况新问题，从实际出发，适时修定了内蒙古自治区少数民族发展资金和项目管理使用办法，修订了内蒙古自治区民委少数民族发展资金额度分配暂行办法，制定了内蒙古自治区少数民族发展资金绩效考评办法，积极支持贫困旗县统筹整合涉农涉牧财政扶贫资金，实施精准扶贫精准脱贫工程。

（五）做好新一轮民贸民品生产企业优惠政策落实工作

按照国家民委关于“十三五”时期民族贸易和民族特需商品生产有关指导意见，会同自治区财政厅、中国人民银行呼和浩特中心支行修订了内蒙古自治区民族贸易旗（县）内民族贸易企业认定办法，完成了“十三五”时期内蒙古自治区首批民族贸易旗（县）内民族贸易企业认定工作，首批确定全区民族贸易企业 619 家。在国家“十三五”民贸民品生产相关优惠政策尚未出台之前，一方面耐心细致的对民贸民品生产做好解释宣传工作，一方面积极协调财政和人民银行做好基础数据的统计和贴息准备工作，在国家重新确定少数民族特需商品定点生产企业之前，“十二五”确定的企业名单仍然有效，延续执行。

（六）加大少数民族特色村镇和少数民族传统手工艺品保护与发展支持力度

2016 年进一步加大了对少数民族特色村镇和少数民族传统手工艺品保护与发展支持力度，年初确定了全区 16 个少数民族特色村镇和 15 个民族手工艺品制作重点扶持对象，分别投入专项补助资金 1280 万元和 300 万元。不断提升少数民族传统文化保护发展的高度和参与面。积极与自治区发改委、住建厅、旅游局沟通，把少数民族特色村镇建设纳入自治区特色小镇建设规划和旅游发展规划当中，把少数民族优秀传统文化与旅游业和城镇建设深度融合。实施少数民族手工艺品制作领军人物培养计划，依托雄厚的师资力量和教学经验，与民族职业中学合作，举办了首届以 80 名农牧民群众为培训对象的全区少数民族手工艺品培训班。2016 年底，针对全区民族手工艺品发展的良好势头，我们对少数民族传统手工艺品保护与发展实施扩面行动，扶持旗县区由原来的 15 个增加到 30 个。

三、积极参与少数民族扶贫开发，打赢少数民族脱贫攻坚战

2016 年进一步加大和强化了少数民族脱贫攻坚工作的参与力度，与自治区扶贫办紧密联系通力配合，明确提出少数民族贫困人口和少数民族聚居贫困地区是我区扶贫攻坚主战场。兴边富民行动和扶持人口较少民族发展成为自治区脱贫攻坚工程中针对边境地区和人口较少民族聚居地区采取的主要措施。中央财政和自治区本级财政预算安排的少数民族发展资金，重点向全区 57 个贫困旗县倾斜，分配资金量占总规模的 70%以上。协调自治区发改委、扶贫办和相关盟市，把少数民族建档立卡贫困户优先纳入脱贫对象，对不同区域的少数民族贫困人口脱贫工作分类指导，制定脱贫时间表和路线图。协调财政厅落实边民补贴机制和加大对民族乡财政转移支付力度。积极支持贫困旗县统筹财政涉农涉牧资金整合使用。确保到 2019 年全区 80 万贫困人口，其中少数民族贫困人口 26 万如期脱贫，57 个贫困旗县如期摘帽。

（撰稿：李日树　审稿：云冰）

辽宁省

一、继续实施全省少数民族百乡万户惠民工程

主动进入全省脱贫攻坚“主战场”，以民族专项资金为支撑，以兴边、扶少、特色村镇等国家民委专项工作为载体，继续开展全省少数民族百乡万户惠民工程，服务民族地区加快发展。2016 年，全省共投入民族专项资金 1.5 亿元，整合其它资金 12.3

亿元，实施项目445个，项目覆盖61个县（市、区）、225个乡镇、426个村屯，带动农户超过13万户，受益群众43万人，得到了省委省政府和基层干部群众的高度认可。

二、“十三五”民族工作专项规划编制工作进展顺利

启动全省民族工作“十三五”规划编制工作，成立起草工作小组，开展专题调研，广泛征求各地、省民委委员单位和相关省直部门的意见。多次就总结评估“十二五”规划，编制“十三五”规划的基本思路、重点内容、政策措施等向省政府主管部门和国家民委汇报沟通。根据求发省长提出的“五个衔接”要求，对应国家民族专项规划，编制了“四规划一意见”，即：《辽宁省少数民族事业“十三五”规划》、《辽宁省兴边富民行动“十三五”规划》、《辽宁省少数民族特色村镇保护与发展“十三五”规划》、《辽宁省少数民族语言文字工作“十三五”规划》和《辽宁省扶持人口较少民族发展“十三五”实施意见》。

三、深入开展兴边富民行动

投入民族专项资金4523万元，安排项目117个，投入发改专项资金2380万元，安排项目23个。围绕实施《辽宁省少数民族事业“十三五”规划》重点工程和“兴边富民行动专项规划”工作思路，加大对边境地区基础设施投入力度，对少数民族群众增收致富带动能力强、少数民族群众参与程度高的产业项目重点扶持，带动边境一线26个乡镇（社区）、259个行政村的相对贫困群众脱贫致富，使边境地区基础设施条件和经济建设发生了可喜变化，极大提升了边境地区国门形象。

四、有效实施特色村寨保护与发展

投入专项资金3516万元，重点对沈北新区腰长河锡伯族村、岫岩古洞满族村、清源筐子沟满族村等36个基础设施条件好、民族特色浓厚、区位优势明显、地方积极性高、预期成效好的村进行特色村镇保护与发展建设。同时，为整合资金，提高我省特色村镇建设水平，与省住建厅协商争取，9个民族特色小镇列入省政府重点建设小镇计划。沈北新区兴隆台村、金普新区石河子村、本溪县湖里村等31个村被国家民委命名为第二批中国少数民族特色村寨。

五、有序推进扶持人口较少民族发展工作

本着整村推进重点突破、因地制宜突出特色、国家扶持群众参与的原则，实施便民畅通工程、饮水安全工程、小型农田水利设施建设工程、村容村貌整治工程。投入民族专项资金1226万元，实施项目26个，覆盖6个市、7个县（市区）、18个乡镇、30个村屯；投入发改专项资金2550万元，实施基础建设项目19个。通过努力，全省锡伯族聚居村基础设施建设持续加强，自我发展能力逐步提高，群众生产生活条件明显改善，民族团结、社会和谐呈现新局面。

六、按计划落实民贸民品企业优惠政策

根据国家民委、财政部、中国人民银行通知要求，省民委、省财政厅、中国人民银行沈阳分行对全省2016年度民族贸易和民族特需商品生产贷款贴息资金进行全面审核，并对审查情况进行通报；下发《关于做好民族贸易和民族特需商品生产企业有关工作的通知》，为国家调整“十三五”民族特需商品生产企业做相关准备工作；下发《关于确认我省“十三五”期间第一批民族贸易企业的通知》，发展壮大民族贸易企业，30家企业被纳入省级民贸企业；分类表彰了一批先进企业，并挂牌，调动民族贸易和民族特需商品企业积极性。

七、按要求做好民族统计与监测工作

举办全省民族经济统计监测工作培训班，对我省8个自治县的355项指标，5个边境县的192项指标，6个半牧区的146项指标，56个民族乡的36项指标，2个锡伯族聚居乡的119项指标，81个锡伯族聚居村的84项指标，共13482条数据进行汇总、比对、审核、校正和上报，如期完成了国家民委赋予的民族统计监测工作。

（撰稿：赵经纬　审稿：施光磊）

吉林省

吉林省民族自治地方在省委、省政府的正确领导下，同全省人民一道，深入贯彻落实科学发展观，着力破解长期积累的矛盾和问题，统筹推进“三化”，实施“三动”战略和富民工程，开拓创新，扎实推进，民族自治地方实现了经济的较快发展和社会的全面进步。

一、民族自治地方经济发展

（一）综合。据初步核算，2016 年，全省民族自治地方实现地区生产总值 1415.64 亿元，按可比价格计算，比上年增长 6.3 %，其中，第一产业增加值 202.26 亿元，增长 3.5%；第二产业增加值 581.98 亿元，增长 4.2%；第三产业增加值 631.40 亿元，增长 9.4%。三次产业的构成为 14.3 : 41.1 : 44.6。

（二）财政。地方财政收入 111.8 亿元，与上年基本持平，其中，各项税收 59.3 亿元；全年完成地方财政支出 430.24 亿元，比上年增长 12.7%。其中，一般公共服务支出 32.85 亿元；教育支出 60.85 亿；科学技术支出 2.38 亿；文化体育与传媒 8.29 亿元。

（三）农业。继续保持稳步发展。民族自治地方农林牧渔业总产值 369.92 亿元，其中，农业产值 199.79 亿元，粮食作物播种面积 829.95 千公顷，粮食总产量 453.49 万吨。

（四）畜牧业。大牲畜、猪、羊年末存栏头（只）数分别为 90.61 万头、132.45 万只和 78.28 只。全年肉类总产量达到 27.92 万吨，其中猪肉、牛肉和羊肉产量分别为 13.35 万吨、7.4 万吨和 1.09 万吨。

（五）工业。实现工业销售产值 1980.4 亿元，比上年增长 5.2%；实现主营业务收入 1827.1 亿元，比上年增长 4.3%；实现利润总额 57.2 亿元。

（六）国内贸易及固定资产投资。实现社会消费品零售总额 769.72 亿元，比上年增长 10.5%；实现固定资产投资完成额（不含农户）1324.89 亿元，比上年增长 13.4%。全社会固定资产投资新增固定资产 994.45 亿元。

（七）对外贸易。2016 年民族自治地方全年累计实现外贸进出口总值 21.97 亿美元，基本与上年持平。其中，实现出口总额 10.6 亿美元，比上年回落 16.4%；实现进口总额 10.6 亿美元。

（八）交通运输和邮电通信业。2016 年，全省民族自治地方货运总量 6303 万吨。公路总里程 1.67 万公里。全省民族自治地方全年完成邮电业务总量 5.54 亿元。

（九）旅游业。截至 2016 年末，全省民族自治地方有旅行社 180 家。全省民族自治地方接待国内外旅游者 2271.7 万人次，其中，接待国内旅游者 2200 万人次。

（十）人民生活水平。2016 年全省民族自治地方城镇居民人均可支配收入达到 23076 元，比上年增长 10.7%；农村居民人均纯收入达到 10428 元，比上年增长 14.1%。

二、全省民族自治地方社会发展

（十一）教育事业。2016 年末，全省民族自治地方小学 431 所，招生 2.25 万人，在校生 14.39 万人。普通中学 221 所，招生 4.0 万人，在校生 11.32 万人。中等职业学校 30 所，招生 0.51 万人，在校生 1.36 万人，毕业生 0.45 万人。

（十二）文化事业。截至 2016 年末，全省民族自治地方拥有文化馆 12 个，艺术表演场所 4 个；公共图书馆 12 个；博物馆 13 个。全省民族自治地方出版图书 10349 种，图书印数 7287.5 万册；期刊 22 种，年总印发量近 54.8 万册；报纸类 12 种，年总印发量近 2740 万份。

（十三）卫生事业。截至 2016 年末，全省民族自治地方有卫生机构数 3146 个；卫生机构床位 1.5 万张，卫生机构人员 2.5 万人，其中卫生技术人员 2.02 万人，其中执业医师和执业助理医师 0.83 万人。

（撰稿：翟文斌　审稿：王喜年）

黑龙江省

2016年，黑龙江省民委经济处按照委（局）提出的“抓两头促中间”发展理念和思路，谋划全年工作，重点做好贫困民族地区脱贫和人口较少民族率先全面建成小康社会这两项工作，完成了少数民族发展资金管理和使用，推动特色村镇保护与发展工作等各项工作任务。

一、工作完成情况

（一）脱贫攻坚工作

1.全面了解掌握建档立卡贫困民族村发展情况。

在全省开展建档立卡贫困民族村脱贫攻坚工作调研。编制调研方案，设计调研表格，印发了《黑龙江省民族事务委员会关于开展建档立卡贫困民族村脱贫攻坚工作调研的通知》（黑族发〔2016〕18号），要求相关县（市、区）开展基础数据和情况的调查。由委（局）领导带队组成的4个调研组分赴杜尔伯特蒙古族自治县、绥化市北林区、望奎县、双鸭山市友谊县、佳木斯市汤原县、抚远市等地开展实地调研，掌握贫困民族村贫困状况。经调查，全省共有建档立卡贫困民族村90个，其中有24个贫困民族村是人口较少民族村。贫困民族村集中在我省中西部地市，齐齐哈尔、大庆、绥化3个城市共有贫困民族村54个，占全部贫困民族村的60%。基础设施和公共服务能力建设方面，通水和通路仍然是贫困村需要重点解决的问题，贫困民族村中泥草房和危房比重远高于全省民族村平均水平。经济发展现状方面，贫困民族村经济收入主要来源于农业收入，农业收入主要来源于种植业收入。农业收入占总收入的93.4%，其中种植业收入占总收入的78.6%。人均收入上贫困民族村农民年可支配收入和增长幅度大大低于全省平均水平。从贫困群体致贫原因构成来看，因家庭成员患病导致的贫困是贫困群体致贫的主要原因。

2.指导全省少数民族和民族地区开展脱贫攻坚工作。

一是研究起草了《黑龙江省少数民族和民族地区脱贫攻坚实施意见》。二是研究起草了《少数民族和民族地区下半年脱贫攻坚重点工作通知》，要求全省少数民族和民族地区加紧推进脱贫攻坚工作。

3.多措并举，合力推进贫困民族地区脱贫工作。

一是加大资金投入力度。在2016年第一批少数民族发展资金20128万元中，为贫困县安排9001万元，建设76个项目。其中为龙江、依安、泰来、甘南、富裕、克山、克东、拜泉、桦川、同江、绥滨、饶河、孙吴、林甸、兰西、青岗、明水、海伦、望奎、绥棱、杜尔伯特、抚远22个贫困市县安排7273万元，建设59个项目；为梅里斯达斡尔族区安排1728万元，建设17个项目。76个项目分类如下：产业(种植业、养殖业、农副产品加工业、林牧渔、民族旅游等)3253万元，14个项目；基础设施建设(农田水利、人畜饮水、乡村道路、架电等)4193万元，42个项目；公共服务(小城镇建设、村容村貌、路灯等)1405万元，18个项目；能力建设(劳动力培训、合作社建设等)150万元，2个项目。第二批少数民族发展资金中又拿出70%，5790.4万元，专项用于建档立卡贫困民族村建设。二是结合扶贫日活动，做好贫困村帮扶工作。10月17日-18日，我委赴自治县巴彦他拉村、好田格勒村开展“扶贫日”慰问活动。慰问巴彦他拉村、好田格勒村各5户贫困户，每户现金500元；协调爱心企业到贫困村开展扶贫解困，自治县民贸民品企业为贫困户捐献了10袋米，10桶豆油。三是整合资金推进脱贫攻坚工作。哈尔滨市南岗区红旗满族乡东升村在少数民族发展资金的扶持下满族风情旅游业逐渐发展。2015、2016年满族风情园为村内带来纯利润超过160万元，今年村民代表会议一致通过，从利润中拨付20万元帮扶红旗满族乡金星满族村发展。延寿县玉河乡火星村有急需改造的危房9户，全部为贫困家庭居住。今年延寿县整合扶贫、住建、发改等部门资金31万元，解决了玉河乡火星村9户贫困户危房改造问题，其中为8户贫困户新建了彩钢房，1户购买本村砖瓦房。今冬，这 9 户贫困户全部住上了暖屋子。四是采取精准扶贫措施促进脱贫。11 月，我委委托培训机构举办全省贫困少数民族地区育婴师培训班，面向全省 90 个建档立卡少数民族贫困村中贫困家庭的健康妇女开展育婴师培训，并负责为学员推荐工作。通过培训，学员将掌握母婴生活护理技能，毕业颁发育婴师资格证。基于贫困群众受职业技能缺乏的限制，导致收入低的原因，我委采取了这项精准扶贫措施，帮助少数民族群众增加职业技能，促进就业，最终脱贫致富。

4.配合开展脱贫攻坚督查工作。

按照省扶贫开发领导小组《关于抽调省扶贫开发领导小组成员单位人员开展脱贫攻坚督查工作的紧急通知》要求，我委组成督查组三次，分别到五大连池市、嫩江县、呼兰区、肇州县、肇源县、大同区、汤原县、延寿县等地开展脱贫攻坚督查工作，并按要求向省扶贫开发领导小组做专题汇报。

（二）人口较少民族工作

1.人口较少民族率先全面建成小康社会工作。

按照国家民委十三五期间人口较少民族全面建成小康社会指导路线图和我省实际情况，研究确定了全省人口较少民族全面建成小康社会指导路线图：赫哲族、柯尔克孜族、锡伯族要在 2017 年之前完成；鄂伦春族、鄂温克族、俄罗斯族要在 2018 年之前完成；达斡尔族在 2019 年之前完成。为如期完成目标，8-9 月，经济处开展了如下工作。一是开展了赫哲族、锡伯族、柯尔克孜族民族村发展情况的调研。一方面通过发放调研表格开展基础数据调研，经统计汇总我省赫哲族、锡伯族、柯尔克孜族共有 12 个民族村，总户数 4014 户、总人口 15102 人，其中少数民族户数 2185 户、少数民族人口 7811 人。2015 年 12 个人口较少民族村经济总收入 21129 万元，其中种植业收入 13780 万元、养殖业收入 1553 万元、加工业收入 25 万元、特色产业收入 3286 万元、其他收入 2485 万元，种植业收入占经济总收入的 65%。另一方面开展了实地调研，委主任带队到兰西县调研榆林镇林强锡伯族满族村经济发展情况，为林强村提前建成小康社会提供发展思路。二是重点扶持了赫哲族、锡伯族、柯尔克孜族村的发展。2016 年第二批少数民族发展资金中的 15%，1240.8 万元用于扶持赫哲族、锡伯族、柯尔克孜族村建设。

2.人口较少民族发展规划验收工作。

一是开展了扶持人口较少民族发展规划(2011-2015 年）总结评估，通过各地自检、省级抽检和国家验收等阶段，对全省人口较少民族村进行了全面总结评估。我省人口较少民族村全部达到考核验收标准。二是迎接了国家民委检查。按照国家民委《关于做好〈扶持人口较少民族发展规划(2011-2015 年)〉总结评估和“十三五”扶持人口较少民族发展有关工作的通知》，陪同国家民委检查组到齐齐哈尔市梅里斯达斡尔族区和黑河市实地检查验收。

（三）突出抓好“十三五”规划编制工作

十三五期间，国家民委将规划调整成 2 个规划，一个是将兴边富民规划、扶持人口较少民族发展规划、少数民族事业规划和特色村镇保护与发展规划合为《“十三五”促进民族地区和人口较少民族发展规划》，另一个是由国务院批准发布《兴边富民行动规划（2016-2020 年）》。按照此精神，我委及时调整规划编制工作，将我省规划调整为《黑龙江省“十三五”促进民族地区和人口较少民族发展规划》和《黑龙江省兴边富民行动规划（2016-2020 年）》，积极推进规划编制。一是开展全省民族乡村经济发展基本情况调查。通过调查表总结分析“十二五”全省民族乡、村经济发展情况，做好规划发展目标的测算。赴杜尔伯特蒙古族自治县、明水县、望奎县开展内陆民族地区发展情况调研。了解掌握基本资料，为编制《规划》中内陆部分提供依据。二是开展《黑龙江省兴边富民行动规划（2016—2020 年》征求意见工作，共 90 份征求意见稿至相关部门和地市。按照收回的反馈意见，修改完善规划。三是形成了《黑龙江省兴边富民行动规划（2016—2020 年》编制说明。四是调整十三五时期规划框架，多规合一编制《黑龙江省“十三五”促进民族地区和人口较少民族发展规划》，重新起草写作提纲，充实内容，并不断修改完善。

在编制规划的同时，我们积极谋划了十三五时期重点项目。按照《国家民委办公厅国家发展改革委办公厅关于请尽快研究提出“十三五”兴边富民行动和扶持人口较少民族发展重点建设项目的通知》（民办发〔2015〕147 号）要求，相关地市谋划了本地重点项目，我处按照要求筛选汇总了兴边富民行动和人口较少民族2016年到2018年重点项目，经与省发改委协商后，报送国家发改委、国家民委储备。

（四）少数民族发展资金管理和使用工作

1.完成了2016年少数民族发展资金分配工作。

2016年国家共拨付我省少数民族发展资金28968万元，2015年12月下达第一批资金20128万元，2016年8月下达第二批资金8840万元。按照因素测算法，2016年少数民族发展资金全额拨付到有关地区。

第二批资金指标下达后，经济处起草印发了《黑龙江省民族事务委员会关于做好2016年度第二批少数民族发展资金安排与使用工作的通知》（黑族发〔2016〕53号），要求2016年第二批少数民族发展资金因素测算分配到的34个县（市、区）做好扶持人口较少民族发展率先全面建成小康社会工作、建档立卡贫困少数民族村脱贫攻坚工作、特色村镇保护与发展工作。全年围绕经济发展重点工作投入建设。

2.强化项目监管力度。

一是加强少数民族发展资金项目管理。在审计署对国家重大政策措施贯彻落实跟踪审计工作中，发现黑龙江省个别地方的少数民族发展资金项目存在长期滞留、效益发挥不明显、公告公示不全面等问题。针对这些问题，为进一步加强少数民族发展资金项目管理，印发了《黑龙江省民族事务委员会关于切实加强少数民族发展资金项目管理的通知》（黑族发〔2016〕62号），要求各市（地）、县（市、区）必须严格执行少数民族发展资金项目建设要求，加强管理，要求对2011年以来少数民族发展资金使用管理情况开展自查、自纠，进行认真梳理，对项目建设未完成、效益不明显等说明原因，并迅速制定整改措施，确保少数民族发展资金安全、顺畅和高效运行。二是对少数民族发展资金项目进行绩效考评。自2015年，少数民族发展资金项目审批权限下放到县（市、区），为此，省民委、省财政厅印发了《黑龙江省少数民族发展资金和项目管理实施细则》，其中，对绩效考评工作进行了明确规定：每年12月底前，应对各地少数民族发展资金项目进行绩效考评；绩效考评采取打分制，各地考评分数将影响下一年度资金测算分配额度。2016年9月26日，印发了《黑龙江省民族事务委员会　黑龙江省财政厅关于对少数民族发展资金项目进行绩效考评的通知》（黑族发〔2016〕75号），对2015年和2016年第一批少数民族发展资金项目情况进行绩效考评。绩效考评工作将成为今后的常态化工作，项目开工时间、产生效益情况在绩效考评中都有相应的测评指标，绩效考评取得的分数将直接影响县（市、区）的资金因素测算分配。三是聘请会计师事务所对少数民族发展资金项目进行审计。为保障少数民族发展资金的使用安全，我委利用省级预留的项目管理费聘请会计师事务所对全省2013—2015年少数民族发展资金项目进行审计。现在，审计工作已全部完成，审计报告正在整理成文过程中。今后，将把聘请会计师事务所开展专项审计与年度绩效考评工作、日常调研检查工作结合起来，多角度、多渠道对少数民族发展资金项目进行监管检查。四是督促饶河县进行整改。7月12日，针对审计署提出的问题，印发了《黑龙江省民族事务委员会关于对饶河县少数民族发展资金项目管理中存在问题进行整改的通知》（黑族发〔2016〕42号），要求双鸭山市、饶河县民族宗教局对存在问题提出整改意见，并立即整改。9月26—28日，我处到饶河县对少数民族发展资金项目整改情况进行了督导。截至9月底，饶河县存在问题的3个项目招投标手续已完成，并已开工建设，问题已整改。

（五）少数民族特色村镇和少数民族传统手工艺品保护与发展工作

1.开展第二批中国少数民族特色村寨命名挂牌工作。

按照国家民委工作要求，通过各地推荐、实地调研、综合考评等方式，综合民居特色、民族文化、民族团结、经济产业发展等多方面因素，推荐我省哈尔滨市南岗区东升村等17个民族村参加第二批中国少数民族特色村寨评选。现评选工作公示阶段已经完成，我省17个民族村全部在列。

2.开展特色小镇建设项目储备工作。

按照《国家民委办公厅国家发展改革委办公厅关于做好2016年少数民族特色小镇专项建设基金项目储备工作的通知》（民办发〔2016〕43号）要求，经与省发展改革委沟通，联合印发了《关于做好 2016 年专项建设基金少数民族特色小镇项目储备工作的通知》(黑族发〔2016〕33 号)。经各地推荐，并与发展改革委沟通配合，确定我省纳入重大项目库的特色小镇建设地点为绥化市绥胜满族镇和永安满族镇。

3.召开全省少数民族特色村寨和少数民族传统手工艺品保护与发展现场经验交流会。

8 月 10 日—12 日，在佳木斯市召开全省少数民族特色村寨和少数民族传统手工艺品保护与发展现场经验交流会。会议通过考察学习和交流发言等形式交流了工作经验，国家民委经济发展司统计监测处处长朱卫东参加了会议，委（局）刘主任参加会议并就十三五时期全省民族经济重点工作和少数民族特色村镇、少数民族传统手工艺品保护与发展工作提出了三点意见。会议收到预期效果，得到参会代表的一致好评。

会后各地积极落实会议精神，推进相关工作开展。哈尔滨市结合会议获得的经验，召开了哈尔滨市少数民族事业补助资金规范管理推进会，会上南岗区红旗满族乡东升满族村介绍了该村特色村寨建设情况。牡丹江市命名牡丹江渤海靺鞨文化发展有限公司为牡丹江少数民族传统手工技艺基地，命名海南乡中兴村引进的黑龙江智韩旅游发展有限公司为牡丹江市朝鲜民族风情体验示范单位，并授牌。富裕县民族宗教局与齐齐哈尔市产业办，塔哈镇政府共同举办了手工艺品培训班，从齐齐哈尔市聘请了齐齐哈尔大学民俗馆教授及黑龙记省编制协会传承人陈田和白德仁等 10 位手工艺品大师到塔哈村现场教授蒲棒工艺品制作及布艺，扎染等传统手工艺。呼玛县白银钠乡手工艺品从业人员 20 多人，现尝试组织成立了一家联合社与客商对接，力争合力打出品牌，增加效益。

（六）民贸民品工作

1.民族贸易县内民族贸易企业认定及相关工作。

按照《国家民委办公厅关于进一步规范民族贸易县内民族贸易企业认定及相关工作的通知》(民办发〔2016〕89 号）和《国家民委关于进一步规范民族贸易县内民族贸易企业认定及相关工作的意见》（民委发〔2016〕66 号）文件要求，为进一步发挥民族贸易企业经销少数民族特需品、生产生活必需品以及收购民族地区农副产品的主渠道作用，更好的服务于少数民族群众生产生活特殊需要，向杜尔伯特蒙古族自治县民族宗教局印发《黑龙江省民族事务委员会关于进一步规范民族贸易县内民族贸易企业认定及相关工作的通知》(黑族发〔2016〕64 号)，要求对县内民贸企业资格进行梳理，并开展基础档案制度和台账制度建设。同时，经与财政厅国际金融处、中国人民银行哈尔滨中心支行货币信贷处沟通，向杜尔伯特蒙古族自治县民族宗教局印发《黑龙江省民族事务委员会关于开展民族贸易县内民族贸易企业的通知》(黑族发〔2016〕67 号)，启动民族贸易县内民族贸易企业认定工作。按照上述两个文件要求，经实地调研和梳理，原有 5 家企业和拟加入的 7 家企业认定资格无问题，已向国家民委备案。

2.开展了推荐参加“千家培育百家壮大”工程中“百家壮大”民族贸易企业工作。

按照《国家民委办公厅关于推荐参加“千家培育百家壮大”工程中“百家壮大”民族贸易企业的通知》(民办发〔2016〕85 号）精神，我省可以推荐 1 家民族贸易县内民族贸易企业加入“百家壮大”民族贸易企业。向杜尔伯特蒙古族自治县民族宗教局印发《黑龙江省民族事务委员会关于推荐参加国家民委“千家培育百家壮大”工程中“百家壮大”民族贸易企业的通知》(黑族发〔2016〕65 号)，要求自治县进行初步推荐，省民委对推荐企业资格进行审核。9 月末，推荐黑龙江伊利乳业有限责任公司参加“百家壮大”民族贸易企业评选。

（七）民族统计工作

1.开展了民族村旱田改水田基本情况统计，形成《民族村旱田改水田基本情况汇总表》，研究提出《全省民族地区旱田拟改水田情况》。经调研，全省 731 个民族村共有耕地 948 万亩，其中旱田 687 万亩，水田 261 万亩。旱田中有 94.4 万亩适宜改种水田，有计划、有意愿改为水田的旱田面积有 64 万亩，需资金 8.9 亿元。90 个贫困民族村有耕地 192.4 万亩，其中旱田面积 153.3 万亩，水田面积 39.1 万亩，有 16.5 万亩旱田拟改造成水田，需资金 20323 万元。

2.完成了《黑龙江省民委关于民族统计工作摸底调查情况的报告》，《中国民族年鉴》和《中国民族统计年鉴》等多份稿件。

3.数据填报系统正式上线。在系统试运行期间，我们根据“十三五”新时期的报表指标要求，经过委领导审核、委内各处室征求意见，与统计局相关部门沟通，更改了项目备案、民族乡、民族村等三大类系统核心数据层的逻辑关系，并且重新制定了报表，以及修改部分系统 UI。在近 2 个多月的修改后，8 月份发布第二个测试版。目前系统功能已经完全按照要求开发完毕，于 9 月 18 日正式上线。

（八）配合国家民委开展调研工作

一是 8 月 14 日—17 日，配合国家民委经济发展司来我省开展少数民族发展资金使用管理情况调研。陪同去齐齐哈尔市、抚远市调研。二是 9 月 21 日—9 月 23 日，配合开展全国政协十二届四次会议重点办理提案联合调研。陪同去大兴安岭地区漠河县调研。三是 9 月 26 日—9 月 30 日，陪同国家民委政研室调研组赴同江市、抚远市调研。按照国家民委调研要求，我处制定了接待方案、调研路线，撰写了调研所需相关材料，等等。

全年，经济处还完成了多份文字材料的起草报送和征求意见的反馈。

二、存在问题和 2017 年工作清单

1.少数民族特色村镇保护与发展工作。

问题：对少数民族特色村镇发展状况了解不够深入。

2017 年，进一步加大对全省少数民族特色村镇保护与发展工作支持力度，利用少数民族发展资金对特色村镇建设的促进作用，力争全年支持 15—20 个少数民族村开展特色村镇建设。同时，深入到少数民族特色村镇建设地点，现场了解村镇发展规划，使村镇建设更加贴合特色村镇保护发展工作目标。

2.民贸民品工作。

问题：与民贸民品企业沟通联络还不够

2017 年，在民族贸易和民族特需商品生产优惠政策调整后，进一步加强与民贸民品企业的沟通联络，帮助他们更好的解读政策、利用政策，引导他们为少数民族和民族事业的发展做出积极贡献。

积极与省财政厅、中国人民银行哈尔滨中心支行沟通，对我省民贸民品政策进行修订，进一步规范民贸民品企业申请贷款贴息工作流程，强化企业和各地民族宗教局在民贸民品工作上的制度管理机制。

3.少数民族传统手工艺品保护与发展工作

问题：少数民族传统手工艺品销路窄，从业者收入不高。

鼓励整合现有少数民族传统手工艺品注册品牌，尝试在已建成的少数民族特色村镇中建立 1-2 家专营店，销售全省的少数民族传统手工艺品。尝试推进较有规模的手工艺品加工企业帮扶民族乡村发展手工艺品。

4.内外兼修，在统计工作上重点监控关键县区，并且定期监测全省民族乡村总体情况。

问题：统计人员流动性大，统计数据上报不及时，指标理解不准确，层级上报中间环节出现数据错误等

采用省、市、县三级统计数据管理体系，突出加强对县一级管理体系的培训和历练，从源头上保障数据的准确、有效和合理。同时，牢牢把握住市一级这个重点环节，强化上报中期的监控和修正，并且将基本通用的统计数据形成全范围的共享和整合。此外，积极协调系统开发公司对全省民族地区统计人员进行多形式、多角度和多范围的综合培训，利用一切资源条件保障数据的准确和翔实。加强与省统计局的联系和沟通，及时掌握统计专业领域的最新动态，保证数据内外一致，拿的出，说的通，有借鉴，很实用。

5.脱贫攻坚工作。

问题：贫困民族乡产业机构单一，经济结构不合理，缺少经济增长点。

加大对贫困民族地区产业扶贫力度。依托民族地区资源禀赋、区位条件和历史文化等发展要素，充分发挥比较优势，推动转变农业发展方式和调整产业结构，大力发展特色种植养殖业、绿色食品业、文化旅游业，打造一批产业特色鲜明的专业乡村。积极引导和鼓励少数民族群众创业脱贫。把精准扶贫与促进农民创业结合起来，积极引导民族地区群众借助“互联网＋”的方式，发展绿色有机农业，促进民族地区一二三产业融合发展增加收入，脱贫致富。

问题：贫困民族地区基础设施和生产生活条件相对较差。

加大投入，扶持贫困民族地区基础设施和生产

生活条件改善。

问题：因病致贫现象突出

积极发挥少数民族发展资金的引领和带动作用，引导和指导贫困民族地区筹建养老大院、幸福大院，根据因病致贫户的不同情况，因户、因人施策，依托养老院和幸福大院进行养老式和托管式扶贫，解放因病致贫拖累的家庭陪护人员，使他们腾出身子从事其它打工劳务，增加收入。

6.人口较少民族发展工作。

问题：人口较少民族率先全面建成小康社会进程中经济总量翻番存在不确定因素

鼓励人口较少民族地区积极调整农业内部产业结构，增加多种收入渠道。

(撰稿：李彦龙　审稿：刘烈军)

上海市

2016年，上海市民族宗教委在市委、市政府的正确领导下，在国家民委的精心指导和大力帮助下，深入学习贯彻党的十八大和十八届五中全会、中央民族工作会议精神，坚持以提升服务水平和依法加强监管作为民族经济工作的突破点与着力点，积极努力、狠抓落实，切实维护了民族宗教领域的和谐稳定，有力地促进了上海民族经济工作的健康发展，较好地满足了少数民族群众的特殊生活需求，为少数民族和民族地区的社会经济发展做出了努力。

一、充分发挥上海民族宗教系统特点和优势，继续做好少数民族地区对口帮扶工作

1. 继续做好云南独龙族和其它民族对口帮扶工作。一是组织委领导、市级宗教团体、相关区民族宗教办赴云南考察独龙族、怒族帮扶项目，安排资金 700 万元。二是协助做好上海黄浦区民宗办与云南省普洱市的对口帮扶工作的沟通与协调，确定帮扶项目，落实帮扶资金 50 万元。三是赴云南省保山市考察上海爱心人士捐赠的 200 万元帮扶项目。

2. 积极主动开展援藏工作。2016 年度，对西藏日喀则地区共投入帮扶资金 100 万元，包括建立 3 个卫生院、3 个教学点和 3 个图书室，并提供培训资金 10 万元。2016 年 8 月 26 日，参加国家民委在拉萨召开的全国民委系统对口支援新疆、西藏工作会议，并在会上作为交流发言。组织委领导考察 2016 年度对口帮扶项目，并与日喀则民宗局进行工作座谈，确定了近几年上海对口帮扶日喀则的工作思路。

3. 根据国家民委要求开展援疆工作。2016 年，我委根据国家民委的相关要求，拨付资金 100 万元用于喀什地区红提栽培和技术培训等对口帮扶项目。

二、认真贯彻落实《上海市清真食品管理条例》

1. 加强政府监管，充分发挥清真食品工作联席会议的协调机制作用。一是按职能分工以分级负责、属地管理为原则，对已挂牌的清真食品生产经营单位，在春节、中秋、国庆前夕依法进行监督检查，重点检查“四专”、确保清真食品供应的平稳、有序，确保节日供应。二是根据中央统战部、国家民委、国家宗教局有关清真食品管理和认证中发现的问题的情况通报精神，会同市食药监局对本市清真食品市场情况进行了排查，未发现“清真食品不清真”、“清真”概念泛化和滥用清真标识的情况。要求市伊协对协会所进行的清真监制和认证的企业和产品进行自查，也未发现随意扩大和滥用清真标识的情况。三是狠抓从业人员上岗培训及单位内部清真监督员的责任落实。

2. 加强法制宣传、强化社会监督。对上海相关企业和各区义务监督员及街道统战干部进行清真条例的法制宣传。按照分级负责、属地管理原则，各区县民宗部门通过清真食品义务监督员队伍和清真食品监督网络对辖区内的清真食品生产经营单位进行实时社会监督，对监督执行情况定期进行检查和不定期进行抽查。确保已制定的制度贯彻落实。

3. 加强调查研究，推动清真食品网点规划布局。与商务委、市财政等相关部门多次协商，并由我委和市商务委委托第三方进行上海清真食品行业的发展规划调研，目前调研工作已全部完成。拟推

动上海清真食品行业的发展规划，并在规划的引领下，逐步地有效缓解来沪少数民族大量增加区域少数民族群众的对清真食品的需求。

4. 加强政策导向，使用好财政优惠政策。通过调研、评估，会同各方对《上海市清真食品办法基本供应点专项资金管理办法》行进了修改。依照清真食品财政专项扶持资金的预算额度，经上海市商务委、市财政局及我委组成的项目评审小组审定，确定装修改造的清真食品基本供应点 8 家，总投资 1054.7 万元，补贴资金为 280.4 万元；清真副食品专柜租金补贴 84 家，补贴资金为 67.2 万元；流动资金贷款贴息 1 家，贷款利息总额 145.1 万元，补贴资金为 83.5 万元。上海市财政执行 2016 年清真食品专项资金预算 435.3 万元。区级财政配套资金 259.4 万元。市区二级财政共补贴资金 694.7 万元。这些扶持政策的贯彻执行，得到了少数民族和广大消费者的称赞。

5. 完成人大建议的答复工作。完成市十四届人大四次会议代表二件清真食品书面建议的答复办理工作。及时处理涉及清真食品的突发事件，及时答复市民有关清真食品的来信来访。举办本市清真食品企业学习交流会。

三、把民族经济工作作为满足少数民族特殊生活需求和上海服务全国的大事来抓

按照中央的要求，上海要做好自身发展和服务全国这两篇大文章。在上海市委、市政府领导下，认真贯彻落实党的民族政策，把做好少数民族特需用品生产工作作为民族工作的重要内容，作为上海主动服务全国的一个重要抓手。经国家民委等五部委确定的“十二五”期间我市少数民族特需用品生产定点企业共有八家单位（其中清真食品生产企业 5 家）。他们积极响应党中央提出的“西部大开发”的战略决策，加强与民族地区的联系，发展与民族地区的贸易。上海圣华副食品有限公司在招聘员工过程中，尽量招聘回族员工，并聘请了六名阿訇。目前，企业少数民族员工 57 名，其中回族员工 42 名，占少数民族员工总数的 73%。少数民族的风俗习惯在公司内得到尊重，少数民族员工和汉族员工之间相处和睦。企业清真家禽产品已开始在北京、广州、福建、江苏、浙江等地销售，在全国共有销售供应网点 822 个，实现销售收入 2018 亿元、利润 200 多万元。老凤祥既加大了少数民族喜爱的产品开发，又对销往民族地区的产品予以适度让利，目前产品已经遍及全国 31 个省市、自治区，2016 年销往民族自治区和民族聚集区的销售额已达 55.89 亿元。此外，老凤祥还积极参与民族地区的对帮扶工作。自 2006 年起，每年拨付专项资金，派遣专业人才对云南省德昂族开展有关产品设计、玉器加工制作等专业知识技能的培训，扶植潞西市开办“玉器珠宝加工”职业中专班，引导扶持潞西市成为玉雕工艺品加工基地，变输血为造血，提高当地发展经济的能力水平。上海牛羊肉公司坚持以《上海市少数民族权益保障条例》和《上海市清真食品管理条例》为指导，抓质量、保供应、强管理，重点推进了清真牛羊肉的销售、清真冷库制冷系统改造、关怀民族民生等方面的工作，为上海少数民族和广大市民提供安全、放心的清真牛羊肉，全年实现营业收入 12052 万元，全面完成各项经济责任指标。2016 年“上食清真牛羊肉”又再次荣获“上海市农副产品优质畅销品牌”、“上海市名牌”和“上海市著名商标”称号。

四、2016 年中央财政贷款利率补贴政策落实情况

在中国人民银行上海分行和上海市财政局支持下，自 2016 年 1 月到 2016 年 12 月，我市民族用品生产优惠贷款利率补贴政策落实情况：上海圣华副食品有限公司、上海民族乐器一厂、上海爱普食品工业有限公司、老凤祥银楼等共 4 家企业，国家财政贴息正在落实。

（撰稿：龙劲松　审稿：钱小弟）

江苏省

2016年，江苏省民委党的十八大和十八届三中、四中、五中、六中全会精神为指导，深入学习贯彻习近平总书记系列重要讲话和中央民族工作会议精神，认真落实全国城市民族工作会议和国家民委、省委、省政府各项工作部署，扎实推动全省民族经济工作迈上新的台阶。

一、持续深入贯彻落实中央民族工作会议精神

全省各级党委、政府和有关部门继续把学习宣传和贯彻落实好中央民族工作会议精神作为首要任务来抓，并以会议精神统领全省民族工作。

一是召开全省民族宗教局长会议。1月22日，全省民族宗教局长会议在南京召开，省政府副省长许津荣出席会议并讲话。会议传达学习全国城市民族工作会议、全国民委主任会议和全国宗教局长会议精神，回顾总结2015年全省民族宗教工作，研究部署2016年主要任务。2016年全省民族宗教工作的总体思路是：认真贯彻落实党的十八大和十八届三中、四中、五中全会精神，按照中央民族工作会议、全国宗教工作会议、全国城市民族工作会议部署，准确把握民族宗教工作规律，抓基层、打基础，依法管理民族宗教事务，切实维护民族宗教领域和谐稳定，引导民族宗教界为建设“强富美高”新江苏作出积极贡献。

二是召开“一带一路”民族宗教工作座谈会。10月25日，“一带一路”民族宗教工作座谈会在连云港市召开。连云港市副市长王开宇出席会议并致辞，省民委主任、省宗教局局长李国华发表讲话。李国华强调，推进“一带一路”战略，经济领域是主体，但经贸交往过程中，必然涉及多元文化交流，民族文化、宗教文化在实现“一带一路”战略构想中可以发挥不可替代的突出作用，在一定意义上，民族文化、宗教文化应当领先一步、主动服务，进一步发挥民族宗教独特优势，更好的为“一带一路”建设贡献自己的力量。王开宇向与会各位代表表示热烈的欢迎，并简要介绍了连云港在“一带一路”战略中拥有的优势和面临的机遇。会上，各地民宗部门围绕抢抓“一带一路”机遇，发挥民族宗教工作整体优势进行了深入探讨，总结经验、交流做法，为彼此工作的开展奠定良好基础。

三是调整省民委兼职委员单位职责和兼职委员。4月，省政府办公厅印发《关于调整省民族事务委员会兼职委员单位职责和兼职委员的通知》，对省民委兼职委员单位和单位职责进行了调整，调整后的省民委兼职委员单位共25家。通知进一步明确了各兼职委员单位的职责，由分管民族工作的副省长定期或不定期主持召开省民委兼职委员会议，交流民族工作情况，听取兼职委员单位对做好民族工作的意见和建议，研究并协调解决民族工作中的重大问题。

二、加快民族聚居地方发展

我委按照省委“两聚一高”战略部署和精准扶贫工作要求，紧贴少数民族和民族聚居地方发展需求，积极争取各方支持，不断加大扶持力度，有效提升了全省民族聚居地方发展水平。

一是制定出台《江苏省少数民族发展资金管理办法》。我委按照简政放权的有关要求，结合我省少数民族和民族聚居地方发展实际，在充分调研和反复征求意见的基础上，联合省财政厅制定出台《江苏省少数民族发展资金管理办法》，对少数民族发展资金的扶持对象、使用范围、检查验收、绩效考评等方面进行了规范。同时，将资金的审批权限下放到市县，进一步强化市县民族工作部门和财政部门的工作职责。2016年，省财政按照1:1的比例配套中央下达我省的少数民族发展资金，共计3814万元。我们投入2203万元对14个民族村的少数民族特色村寨建设项目进行扶持，投入1576万元对少数民族种植、养殖、加工、安置就业项目予以扶持。14个民族村的面貌焕然一新，带动4000多名少数民族群众发家致富。在少数民族特色村寨项目的扶

持下，全省少数民族群众的生产生活条件得到显著改善，“一村一品、一村多品”的产业发展格局初步形成。南京市江宁区禄口街道石埝村、常州市武进区雪堰镇城西村、泗阳县众兴镇杨集村成功入选第二批中国少数民族特色村寨命名挂牌名录公示名单。

二是举办民族专项资金及少数民族特色村镇建设培训班。7 月底，我委举办民族专项资金和少数民族特色村镇建设培训班，就少数民族发展资金以及各专项资金的项目申报、规范管理等，对有关市、县（市）民宗局分管领导、经办人员以及民族乡镇、村负责人进行培训，并组织参训人员赴淮安、宿迁、扬州等地现场考察、座谈交流少数民族特色村镇建设经验。

三是开展少数民族发展资金督查。为进一步加强少数民族发展资金的管理，提高资金使用效益，我委联合省财政厅在各相关市、县（市）自查的基础上，于 6 月下旬组成 4 个督查组，对 2014 和 2015 年度少数民族发展资金项目实施情况进行专项督查。通过听取汇报、查看资料、实地检查、群众走访等形式，抽查了 36 个县（市、区）少数民族发展资金项目实施情况、资金管理办法执行情况以及项目公示、审核、实施、检查验收、资金拨付、绩效考评等环节。督查结束后，我委联合省财政厅对督查中发现的问题进行了公开通报，并限期整改到位。

三、着力推进城市民族工作

一是筹备全省城市民族工作会议。针对我省城市化进程的加快以及城市民族工作出现的新情况新问题，今年以来我委专门成立城市民族工作调研组分赴南京、徐州、苏州、南通、淮安等地，实地调研苏南、苏中、苏北等不同类型和地区的城市民族工作，梳理存在问题，把握特点规律，总结方式方法，创新体制机制，为召开全省城市民族工作会议把好脉、开好方奠定基础。

二是召开全省社区民族工作推进会。11 月 2 至 3 日，全省社区民族工作推进会在南京市召开。会议分析了我省当前城市民族工作面临的形势和任务，就进一步推进全省社区民族工作作出具体部署。各辖区市民宗局分管局长、民族处长，省管县（市）民宗局分管局长参加会议。全体与会人员先后参观了南京市江宁区石埝社区和秦淮区评事街、七家湾社区，就近年来社区民族工作开展情况和下一步工作打算作了交流，并就进一步做好城市民族工作提出意见建议。

三是保障少数民族群众清真饮食需求。2016 年，我委专门下发文件对全省申领清真标志牌的企业和饮食店进行调查摸底，对清真标志牌的发放管理工作提出明确要求，进一步加强对清真食品监管工作，在切实防止扩大“清真”范围、滥用“清真”标识等“清真泛化”的同时，确保少数民族群众的清真饮食需求和饮食安全。1 月 28 日，江苏省暨南京市第二届清真食品展在南京市朝天宫广场隆重举办。南京、常州、扬州、镇江、泰州、宿迁等各市民宗局开展清真食品检查，举办清真美食节、清真拉面比赛等活动，提升了当地清真食品的品牌效应。我委利用 200 万元清真饮食网点建设补助经费，对全省 21 家清真饮食店（企业）以及 6 家清真示范拉面店予以补助，这也是我委连续第四年对清真示范拉面店予以专项补助，对规范、引导少数民族流动人口守法、文明经营拉面店起到示范带动作用。同时，我委积极敦促各地坚决落实好对有清真饮食习惯的少数民族群众每月不低于 11 元的清真食品补贴，全年各级财政投入近 2000 万元。

四、对口支援见实效

我委一直把做好民委系统对口援藏援疆工作作为一项重要政治任务抓好抓实。为落实好国家民委重点帮扶项目之一的喀什市色满乡阿塔古村，我委在去底落实捐赠 100 万元的基础上，今年又协调高邮市菱塘回族乡拿出 100 万元，用于阿塔古村民族团结教育活动中心和 100 座庭院经济拱棚建设项目。9 月，我委组成江苏省民族工作考察团专程赴阿塔古村，举办现场捐赠仪式，并与喀什市和色满乡等地方领导以及阿塔古村各族群众进行了座谈交流。随后，考察团一行赴克州，与克州民宗委开展工作对接并签订《江苏省民委系统与克州民宗委系统对口支援和工作协作协议书》，协调省伊协现场向克州民宗委捐赠 2 万元现金用于州伊斯兰教团体建设。10 月，我委在南京与新疆伊犁州民宗委签订对口支援和工作协作意向书，协调省佛协向伊犁州佛协捐赠了一辆考斯特工作用车。今年我们还圆满完成了新疆伊犁州民族团结进步模范参观团来江苏学习考察接待工作。3 月份，我委组织部分宗教团体赴贵州省三都水族自治县开展扶贫帮困工作，累计投入 10 余万元用于帮扶当地群众发展脱贫项目。同时，我委还在 5 月份组织三都水族自治县各级干部到江苏考察培训、对接扶贫项目，并签订帮扶协议。2016 年，我委还协调、指导全省各地民族工作部门向各受援地区民族工作部门捐赠办公经费和办公用品数十万元。

(撰稿：洪　静　审稿：鲍蜀生)

浙江省

2016 年，浙江省民族经济工作在国家民委的指导下，在省委、省政府的正确领导下，按照中央民族工作会议和省民族工作会议的部署，牢牢把握各民族"共同团结奋斗、共同繁荣发展"的民族工作主题，按照习近平总书记在 G20 峰会期间提出的"秉持浙江精神，干在实处、走在前列、勇立潮头"的新要求，以精准发力切实改善少数民族和民族地区民生，共同为建设美丽浙江、创造美好生活作出应有贡献。2016 年全省少数民族人均可支配收入达到 14527 元，较 2015 年增长了 20.85%。

一、以深入贯彻落实中央和省民族工作会议精神为重点，谋划"十三五"时期民族经济工作的新局面

2016 年是贯彻落实中央民族工作会议和全省民族工作会议精神的"持续推进年"。围绕这条主线，我们以宣传贯彻落实会议精神为引领，认真总结"十二五"时期浙江民族经济工作的经验和做法，科学谋划"十三五"时期民族经济工作的新篇章。

一是不断深化"两个会议"精神的学习宣传。全省各地进一步通过理论中心组、民族团结进步宣传月、党校主体班次教学等多种形式深入宣传"两个会议"的主要精神，提高干部群众对民族工作重要性的认识。民宗部门还与电视台联合举办"畲乡情•民族风"专题栏目，每星期在省公共新闻频道推出一期贯彻会议精神的典型，一批优秀少数民族特色村寨、少数民族经济发展典型等得到全方位展示和宣传，在全社会引起强烈反响。

二是深入总结"十二五"时期浙江民族工作。民族经济成效明显，2015 年全省少数民族农村居民人均收入达到 12021 元，比 2010 年 5533 元增长了 117%。景宁全县生产总值从 2010 年的 266989 万元增加到 2015 年的 444281 万元，年均增长 8.4%。城镇居民人均可支配收入从 17901 元增加到 28296 元，年均增 10.6%；农村居民人均可支配收入从 6202 元增加到 13663 元，年均增 13.4%。2015 年 18 个民族乡（镇）共创造工农业产值 60.3 亿元，比 2010 年的 34.1 亿元增长 76.8%，年均增长 15.4%。

三是科学谋划"十三五"时期浙江民族工作。浙江结合少数民族和民族工作的实际，认真做好编制规划工作，目标到 2020 年，在经济发展上，少数民族和民族地区与全省同步实现生产总值、人均生产总值、城镇居民人均可支配收入和农民居民人可支配纯收入比 2010 年"翻番"目标。

二、以全面建成少数民族和民族地区高水平小康为目标，找准精准帮扶工作的新路径

习近平总书记在浙江工作时曾指出，"要把扶持我省少数民族地区加快发展摆到更加突出的战略位置"。因此，我们牢记习总书记的嘱托，以"水滴石穿"的精神，实实在在推动民族乡村的发展。

一是明确帮扶目标。少数民族和民族地区围绕省委省政府提出的"2015 年基本消除家庭人均年收入低于 4600 元的贫困现象"的要求，多措并举、精准发力，初步实现了民族地区的脱贫。围绕高水平建成小康社会的要求，民宗部门深入基层、深入农村、深入农户，并多次调研协商，专门制订了《关于在全省少数民族和民族地区深化精准帮扶工作的意见》。《意见》要求，争取到 2020 年，景宁畲族自治县和民族乡（镇）、民族村经济发展主要指标接近或超过所在市、县（市、区）同级平均水平；全面消除村级集体收入低于 10 万元以下的薄弱村；少数

民族低收入农户人均可支配收入超过 1.5 万元。

二是摸清工作底数。一是基本指标心中有数。民族部门专门编印了《浙江省少数民族和民族地区相关经济情况统计》，对自治县、民族乡（镇）和民族村的农民人均收入、财政收入或集体经济收入等主要指标有了清晰的了解并进行分析研究，为制订帮扶政策提供了科学的依据。二是重点对象心中有数。确立一批有基础、有特色、有潜力的重点帮扶的村（镇），确定一批重点帮扶家庭，建立精准扶贫大数据库。通过动态管理，实施脱贫销号，将返贫人口及时列为扶贫对象，做到有进有出、管理到位。三是帮扶措施心中有数。运用“大数据”思维，加强精准帮扶。建立健全财政转移支付力度、结对挂钩帮扶、部门政策倾斜、社会力量支持等“四位一体”的帮扶机制，通过产业扶持、就业培训、异地搬迁等帮扶举措，切实使帮扶工作落到实处。宗教界今年继续捐资 600 万元支持 20 个民族村“五水共治”，推动民族乡村生态环境的改善。

三是加强精准指导。一是召开工作现场会。在温州市泰顺县召开全省民族经济工作现场会暨民族乡（镇）主要负责人培训会，通过大会交流、现场考察、专家培训等形式，进一步开阔了工作视野，探讨了发展路径。二是继续做好展会经济。坚持内生为主发展绿色经济，整合景宁畲族自治县、18 个民族乡（镇）和 400 多个民族村的资源和优势，通过积极参与森博会、农博会等重大展会，打响全省民族经济发展的独特品牌。在第 9 届中国义乌国际森林产品博览会上，由我委主办、景宁畲族自治县政府协办的“畲族风情馆”，受到高度评价。累计人流量达 10 万人次，现场销售额达 110 余万元，现场签约合同金额 650 余万元，意向合同 900 余万元。三是深化工作督查。加大对贯彻落实省委 4 号《意见》和省府 98 号文件精神的督查，将少数民族发展资金主要用于《意见》提出的绿色发展自强计划、特色畲寨培育计划、低收入农户收入倍增计划、绿水青山保护计划等“六大计划”。2016 年全省对 211 个民族乡（镇）、村及有关民族部门实施了 226 个项目，总投资达 13735.68 万元，其中民族部门安排或以民族因素安排的资金达 11614 万元，推动了民族乡村产业的升级和发展。

三、以少数民族特色村镇建设为重点，创新民族文化经济工作的新活力

根据浙江民族工作的特点，民族部门将民族文化与民族经济有机融合，以少数民族特色村镇建设为抓手，推动民族文化经济的创新发展。

一是进一步统筹兼顾。深化整合资源、彰显特色。与美丽乡村建设相结合，省里专门印发了《浙江省深化美丽乡村建设行动计划（2016—2020）》，民宗部门也结合实际，出台《进一步加强特色村寨建设的指导意见》，将特色村镇建设融入到大盘子里，推动民族村建设的升级。与民族文化繁荣相结合，积极培养少数民族文化队伍，及时抢救、修复、建设一批带有民族特色的特色民居，注重对民族民间工艺技艺、家谱等方面的挖掘和传承，使民族村更加具有文化内涵。与民族团结进步创建相结合，积极引导民族村参与到“民族团结进步创建示范单位名录”的培育中来，打牢民族团结的基础。

二是进一步共享发展。彰显个性寻找特色发展，打造“一乡一品、一村一品”。如湖州中张、郎村利用其自然风光秀丽，打造成为诗画山水的旅游休闲胜地。串点成线寻求双赢发展，把“盆景”融入到“风景”中，实现双赢发展。如景宁大均乡的大均村等民族村，有机地融入“畲寨之窗”景区建设的大背景，实现了“村庄即景区”的良好发展态势。推动产业发展，把特色村寨与特色产业有机结合，将其做大、做强、做出品牌。如文成培头村的向日葵基地等都成为一大亮点。

三是进一步创新机制。启动开展“浙江省十佳特色村寨示范单位名录”培育，计划在“十三五”期间推选 3 批“十佳特色村寨示范单位培育名录”，真正打造成具有全国影响力的特色村寨。积极争取中国少数民族特色村寨命名挂牌工作，2016 年我省又有 15 个村已列入名录。探索开展少数民族特色小镇保护与发展工作，在条件成熟时，争取列入到省里特色小镇，真正高质量提升少数民族特色小镇的创建水平。

四、以加强民族工作组织机制建设为保障，打造民族经济工作的新格局

一是精心编制《浙江省少数民族事业发展“十

三五”规划》。该规划是列入省级“十三五”专项规划编制目录之一的规划。编制规划的主要依据是《国务院“十三五”促进民族地区和人口较少民族发展规划》《浙江省国民经济和社会发展第十三个五年规划纲要》，以及《中共浙江省委 浙江省人民政府关于进一步加强新形势下民族工作的若干意见》（浙委发〔2015〕4号）等，《规划》全面回顾了“十二五”规划实施情况，深刻分析了当前民族工作面临的新形势和新机遇，明确了指导思想、基本原则，确立了浙江省少数民族事业“十三五”期间总体发展目标和主要任务，科学准确地设置了发展指标体系。

二是协助完成《条例》的修订工作。协同省人大共同做好《浙江省少数民族权益保障条例》的修订。新修订的《条例》根据新时期民族工作的特点，把加快少数民族和民族地区发展等内容通过法律的形式加以确认，有力地推动了民族地区加快发展。

三是加强民族干部的培训。加强民宗干部的培训，通过民宗局长班、民族干部培训班等多种形式，提高民族干部的综合素质。坚持走下去，走进基层，委主要领导亲赴景宁等少数民族和民族地区为干部讲课，加强对民族工作的指导。加强对基层干部培训的指导，协助丽水学院民族学院积极打造“三个基地”。

四是加强对基层民族经济工作的考评。省民宗部门加强对基层市县的科学考核，通过认领项目、自定项目等形式确定了推动特色村镇建设、民族产业发展典型培育等作为重点，既加强对基层工作的指导，又充分发挥了基层工作的能动性和积极性，推动了民族工作能力水平的提升。通过科学考核的考评机制，激发了基层政府的主体责任，进一步推动了民族乡村的加快发展。

(撰稿：潘晶　审稿：钟建文)

安徽省

2016年，安徽省民委按照国家民委的总体要求和部署，紧紧围绕省委省政府中心工作，开拓创新，锐意进取，圆满地完成了年初既定的各项目标任务，有力地促进了全省少数民族和民族聚居地区经济社会加快发展。

一、以推进机制创新为突破，深入实施少数民族和民族聚居地区“共同发展”提升行动联合攻坚

一是创新机制，开展考核。以省民族宗教工作领导小组名义印发《关于深入推进“共同发展”提升行动联合攻坚工作的通知》，从完善建档立卡、加大产业帮扶等6个方面，对省民委委员单位帮扶工作提出具体要求，建立联合攻坚考核制度，明确帮扶工作7项考核指标和评分细则。截至2016年底，省民委委员单位共在15个困难民族村安排项目56个，累计资金4197.89万元。二是加强统筹，做好服务。对贫困民族村入村进户调查，统筹推进帮扶工作。编印联合攻坚简报21条（期）、更新专题网站信息29条，制作帮扶工作成果画册、总结材料汇编，搭建帮扶单位经验交流和学习宣传的平台。三是带头落实，做出表率。对太和县坟台镇民族村制定对口帮扶方案。推进前程养殖专业合作社黄牛托养扶贫项目，发挥合作社引领效应和少数民族发展资金带动效益。帮助该村改进基本公共卫生服务，切实提高群众健康保健水平和防病能力。经过省民委及民委委员单位的扎实工作，联合攻坚行动帮扶的15个贫困民族村中，太和县经济开发区闪庄民族村等3个村已实现脱贫，阜南县焦陂镇三和民族村在年底通过安徽省脱贫攻坚成效第三方评估，被评定为出列村，其他村也圆满完成年度脱贫任务。时任代省长李国英听取了专题汇报，对取得的成绩予以了肯定，认为我省民族工作积极有效。

二、以精准扶贫为关键，加快推进少数民族和民族聚居地区扶贫开发

安徽省民委始终把少数民族和民族聚居地区精准扶贫工作作为当前民族经济工作的首要任务来抓。一是开展调研，摸清底数。围绕精准扶贫，全面开展全省民族乡村经济社会发展情况调查统计。

与省扶贫办对接，建立全省少数民族贫困户和贫困人口精准台账。落实省政府专题会议议定事项，起草并实施《“高度重视少数民族脱贫”工作方案》。二是抓住机遇，多方协调。积极争取领导重视，陪同省人大常委会副主任王翠凤、省政协副主席张学平等调研民族乡村扶贫工作。抓住省委省政府《关于坚决打赢脱贫攻坚战的决定》加强农村基础设施建设机遇，协调省交通运输厅在全省农村道路畅通工程中优先安排109个民族村道路建设项目367个，里程共计 535.5 公里，惠及各族群众 58739 户。鼓励引导有关地方在落实光伏扶贫政策时优先考虑建档立卡的少数民族贫困户和贫困村，截至 2016 年，民族村光伏发电项目已达到 22 个。三是突出重点，发展产业。2016 年少数民族发展资金和补助资金投向贫困地区和贫困人口的比例达到 65.5%。2017 年提前下达少数民族发展资金也全部投向扶贫开发重点县（区）。为推进产业扶贫工作，省民委按每个贫困村不少于 20 万元的标准安排少数民族发展资金，指导贫困民族村大力实施“一村一品”特色种养业扶贫项目，帮助少数民族民族困难群众增收致富。

三、以完善因素分配为重点，加强少数民族发展资金管理

一是进一步完善因素分配。严格执行财政扶贫资金和少数民族发展资金管理规定，突出“建档立卡贫困村、联合攻坚帮扶村”和“少数民族贫困人口”分配因素，分配 2016 年第二批和 2017 年提前下达少数民族发展资金。二是进一步规范资金管理。与各市民委签订《少数民族发展资金监督管理责任书》，明确各市民委资金监管主体责任。召开少数民族专项资金管理座谈会，明确项目审批权限下放到县后资金使用和监督管理有关要求。协调省财政厅专门下发文件，明确民族乡（街道）少数民族发展资金由每年每乡（街道）80 万元增加到 200 万元，并列入对市（县、区）的体制补助基数。三是进一步加强监督检查。针对 2015 年发展资金备案中发现的问题，部署各市自查整改，明确 2016 年项目备案有关要求。聘请会计师事务所审计 2013-2014 年部分县区发展资金项目，配合省审计厅对少数民族发展资金项目延伸审计，对审计中发现的问题，督促有关市县及时整改。认真对待巡视整改，制定了《安徽省少数民族发展资金项目管理实施细则》，绘制了少数民族发展资金项目运作流程图，强化公告公示制、项目台账制等要求，健全资金监管长效机制。

四、以落实差别化扶持政策为核心，切实服务少数民族企业发展

一是协调落实差别化扶持政策。编制预算评审说明，参加省财政厅预算评审会，争取省财政安排民族企业技改贷款贴息和生产补助专项资金 1000 万元。编报部门预算及财政支出绩效目标申报表，做好涉企系统录入审核工作。二是动态调整省民族企业。在审查材料、实地调研、会议研究和网上公示的基础上，重新认定了合肥新晟天工贸有限公司等 100 家企业为安徽省民族企业。三是调研民族企业发展情况。在滁州、安庆、马鞍山多地实地调研民族企业，了解企业发展现状和存在的突出问题，向省人大民宗侨外委做《关于安徽省民族企业发展情况》的专题报告。

五、以建设美丽民族乡村为指引，持续推进少数民族特色村镇建设

一是组织申报中国少数民族特色村寨。按照国家民委部署，对 10 个少数民族特色村寨建设项目进行实地验收，指导完善申报材料，并全部推荐申报第二批中国少数民族特色村寨命名挂牌备选项目。经过国家民委发文认定，10 个村已全部被命名为第二批中国少数民族特色村寨。二是结合美丽乡村建设推进特色村寨建设。积极协调省美丽乡村办将 5 个民族村、5 个民族乡政府驻地纳入重点建设范围，并将全省 9 个民族村纳入 2017 年美丽乡村中心村建设名单。三是组织申报特色小镇建设项目。与省发展改革委联合发文并共同指导肥东县牌坊回族满族乡、望江县漳湖镇上报少数民族特色小镇专项建设基金储备项目。

六、以让各族群众受益为根本遵循，落实定点扶贫工作任务

一是强化项目带动。安排少数民族发展资金和补助资金共计 83.3 万元，支持石台县河口村食用菌种植、茶叶加工、光伏发电、老年活动中心和民族团结进步宣传等多个项目建设，收到良好的经济和

社会效益。二是帮助合作社建设。帮助组建了食用菌合作社和茶叶合作社，配备必要设备，指导开展工作。以合作社为龙头，带动周边少数民族贫困群众增收脱贫。三是加强技能培训。围绕食用菌种植和茶叶加工对河口村 70 多位群众进行专题培训。联系食用菌种植专家，现场传授技艺，指导食用菌种植技术提升、产品升级。

（撰稿：张正喆　审稿：孙丽芳）

福建省

2016 年，在省委、省政府的高度重视和正确领导下，福建省各级各部门认真学习习近平总书记关于民族工作的重要论述，按照中央和省委省政府关于民族工作的决策部署，谋划重点、解决难点、创新亮点，稳步推进全省民族经济持续健康发展。

一、积极争取政策支持，助力推进民族乡村加快发展

为促进新一轮挂钩帮扶工作，进一步推进民族乡村发展，2016 年 3 月，省委办公厅、省政府办公厅出台了《关于做好挂钩帮扶民族乡村的通知》（闽委办[2016]10 号），对各级各有关部门挂钩帮扶民族乡村工作提出新要求：明确“各设区市要在 2016 年 3 月底前，按照属地负责的原则，参照挂钩帮扶民族乡的做法，建立健全由民族村所在地的市、县（区）部门和发达乡镇（街道）共同挂钩帮扶民族村的工作机制”。开展干部驻村蹲点，实现全省 567 个民族村挂钩帮扶全覆盖。

二、着力发挥部门优势，不断提升民族工作服务水平

2015 年底，福建省民族工作协调委员会更名为福建省民族工作联席会议，进一步明确各成员单位在民族工作联席会议中的目标责任，着力发挥联席会议成员单位的优势。2016 年初，根据机构改革部门合并和工作职能需要，重新调整充实了福建省民族工作联席会议成员单位，并启动第五轮挂钩帮扶民族乡工作。一年来，各挂钩帮扶单位认真贯彻落实省委、省政府部署，带着感情、带着责任，积极主动开展挂钩帮扶工作。各单位从民族乡的实际情况出发，发挥各自在政策、技术、人才、项目、资金等方面的优势，把基础设施建设、产业发展、民生改善作为帮扶重点，有针对性开展资金帮扶、项目帮扶和结对挂钩帮扶，以产业带经济，以精准铸精品，着力提升民族乡“造血”功能。各民族乡党委政府加强与挂钩帮扶单位的沟通联系，主动与挂钩帮扶单位开展项目对接、措施对接、资金对接、立足实际、着眼长远，因地制宜、集挂钩帮扶单位的有限资源与无限智慧，多方施策，不断激发民族乡村发展内生潜力，推进民族乡经济社会全面发展。据各民族乡上报数据统计，截至 2016 年底，已有 14 个民族乡制定了 2016-2020 年发展规划。全省 19 个民族乡共投入资金 8525 万元，其中省直挂钩帮扶单位投入资金 2625 万元，沿海经济发达县（市、区）1920 万元，省财政转移支付 1900 万元，民族乡所在市、县（市、区）投入 2050 万元。全省 19 个民族乡公共财政收入 45861.21 万元，同比增长 5.8%；农民人均纯收入 14014 元，同比增长 9.7%。农村路网改造、安全饮水工程、农村环境整治等基础设施得到加强，农民生产生活条件得到进一步改善。宁德赤溪村通过挂钩帮扶，实现了“山村巨变”，为贫困民族乡村赶超发展跟上全面小康步伐创造了新经验、新模式。2016 年初，习近平总书记再次通过人民网视频连线赤溪村，向村民传递亲切关怀。

三、纵深推进精准扶贫，确保民族乡村同步实现小康

紧紧围绕习近平总书记关于“全面实现小康，少数民族一个都不能少，一个都不能掉队”的重要指示要求，精心谋划“十三五”民族乡村发展规划，千方百计推动民族乡村经济社会持续加快发展。组织人员深入全省 23 个人均年收入 4500 元以下的少数民族贫困村调研指导精准扶贫工作，鼓励各地用好用足用活政策，激发民族乡村发展内生潜力。对

于发展相对滞后的民族乡村和少数民族贫困户，坚持精确识别、精确帮扶、精确管理，实行输血与造血并重、释放政策动力与激发内生潜力并行，在精、细、准上下功夫，确保全省民族乡村与全省同步实现小康。据调查摸底，全省年人均可支配收入在4500元以下的 23 个少数民族贫困村中，尚有少数民族217 户、627 人处于贫困线下。对这些贫困少数民族群众，各级政府实行建档立卡，有针对性开展“一对一”、“一户一策”的帮扶，并建立数据库，实施动态管理，确保精准扶贫、精准脱贫。同时，结合部门优势，调动社会力量，精准帮扶民族乡村发展。全省 21 个民族村纳入省委统战部开展的“百企帮百村”精准扶贫；全省宗教界积极开展民族乡村扶贫公益活动，全年共捐款 1331.95 万元用于扶持民族乡村发展。继续落实优惠政策助推实施“造福工程”。根据《中共福建省委、福建省人民政府关于加强和改进新形势下民族工作的实施意见》(闽委发[2015]8号）要求，“对造福工程危房改造中少数民族搬迁户每人叠加补助增加到 1000 元”。2016 年，省民族宗教厅联合省财政厅、农业厅共同下达 2015 年度少数民族搬迁叠加补助资金 647.6 万元，共有 6476 人少数民族群众享受到了此项优惠政策。

四、注重发展保护关系，促进少数民族特色村寨建设

全省特色村寨、美丽乡村建设、环境综合整治力度不断加大，国家级生态乡镇、全国传统村落、省级美丽乡村等称号不断涌现。完成了第二批中国少数民族特色村寨挂牌材料上报工作，全省共有 32 个少数民族村被命名公示。2016 年，全省开始实施第三批 47 个少数民族特色村寨保护与发展试点工作，投入资金 1470 万元。举办第三批全省少数民族特色村寨建设培训班，进一步提高各级民族工作干部建设特色村寨的指导水平。

五、继续实施增收工程，推动民族乡村优势产业发展

因地制宜，打造特色龙头产业，推进民族乡村经济发展。2016 年，继续安排 642 万元扶持 65 个民族村实施“民族乡村特色经济发展扶持增收工程”。召开全省加快民族乡村特色经济发展培训班暨现场经验交流会，推动了民族乡村特色经济的发展。引导鼓励民族乡村通过建立新型农民专业合作经济组织、行业协会或专业公司等形式，不断创新发展方式，着力培育一批组织规范、产业优势明显、带动能力强、市场活力优的专业合作社，并由政府各部门从政策、财政资金、信贷、税收等方面给予大力扶持，促进特色经济产业健康快速发展。在各种资金带动作用下，全省 19 个民族乡和 500 个民族村，初步形成了特色经济产业和优势产品，有效促进了农民增产增收，推动了民族乡村经济社会赶超发展。

六、贯彻国家扶持政策，持续开展较少民族发展工作

认真按照国家扶持较少民族发展规划，继续扶持全省高山族群众发展生产，帮助其解决生活困难等。一是省民族宗教厅与省发改委共同完成“十三五”扶持人口较少民族发展重点建设项目的核对工作，并向国家发改委和国家民委联合报送《关于再次报送福建省“十三五”扶持人口较少民族发展重点建设项目的函》。二是下达人口较少民族发展资金 290 万元，其中到户资金 123.3 万元，公益性项目和人才培训等资金 166.7 万元。三是落实国家发改委下达中央预算内投资补助资金 280 万元，支持 3 个整村推进行政村的基础设施建设。

七、加强部门沟通联系，切实做好援疆援藏对口帮扶工作

按照国家民委工作部署，福建主动对接新疆、西藏自治区民委，认真做好对口帮扶工作。一是积极与我省援疆援藏指挥部联系，做好有关项目的协调落实工作。二是认真完成“十二五”期间对口支援新疆西藏工作总结并上报国家民委。三是全力以赴做好接待工作。2016 年，先后接待新疆昌吉州民族宗教委员会组织的“民族团结模范考察团”来闽学习考察，共三批 50 多人次。

（撰稿：赖龙娣　审稿：兰铁军）

江西省

2016年，江西以党的十八大和十八届三中、四中、五中、六中全会精神为指导，以深入贯彻中央民族工作会议精神为主线，以实现民族地区与全省同步全面小康为目标，以推动民族地区精准脱贫为重点，以增进各民族团结为保障，开拓进取、稳中求进，不断推动了全省民族经济工作有序有力有效开展。

坚持落实差别化政策，加大对民族地区经济发展的支持力度。持续推动2014年中央9号文件和2015年赣发8号文件精神，特别是有关差别化政策的全面贯彻落实。江西省民族工作领导小组召开专题会议，检查、督促省委有关部门、省直有关单位全面贯彻落实中央和省委、省政府关于加强和改进新形势下民族工作决策部署情况。争取财政部门加大对民族乡村一般性财政转移支付力度，民族乡较其他乡镇增加一般性财政转移支付20万元，民族行政村较其他行政村增加安排2万元。协调省发改部门支持民族乡申报国家少数民族特色小镇，协调省住建部门把民族乡纳入省级特色小镇申报建设范围。全面加强同省直有关单位的沟通协调，争取把民族地区重点重大项目纳入“十三五”有关专项规划内容，把中央和省委省政府对于民族地区的差别化政策落到实处，使民族地区经济社会发展与全省同频共振。

坚持用规划指导发展原则，认真编制实施全省少数民族事业发展“十三五”规划。2016年初，江西省正式启动编制《江西省少数民族事业发展“十三五”规划》，年底报送省政府审定，于2017年上半年印发实施。根据新形势、新任务要求，规划把促进全省民族地区经济社会发展、城市民族工作和流动少数民族人口服务管理等方面事业共同发展作为主要内容，包括发展基础和面临形势、指导思想基本原则和发展目标、主要任务、重点项目、保障措施等五个部分，要求做到构架科学、主题明确、重点突出，既有“普通话”，又有“江西味”，符合中央和省委省政府明确的民族地区发展大方向，适应民族地区与全省同步全面建成小康社会目标要求。本规划的编制实施，明确了江西“十三五”期间民族工作的目标方向，对少数民族和民族地区实现全面小康具有重要指导和推进作用。根据国家发改委和国家民委要求，还编制完成了“十三五”扶持人口较少民族发展重点项目规划，积极组织申报建设少数民族特色小镇。

坚持以精准扶贫示范为重点，加快民族地区扶贫攻坚步伐。按照习近平总书记“全面实现小康，少数民族一个都不能少，一个都不能掉队”指示精神，积极贯彻落实中央、省委作出的决战五年打赢脱贫攻坚战战略部署，实施民族地区精准脱贫示范工程，切实推进民族地区精准扶贫工作。从2016年初开始，选择了37个民族村组作为民族地区精准扶贫示范点，探索打赢民族乡村扶贫攻坚战的好经验、新路径。每个示范点每年安排少数民族发展资金20万元；安排一个省直部门对其开展对口支援，优先纳入所在县秀美乡村建设工作范围；实施传统产业增效、优势产业提升、家庭产业壮大相互推进发展计划，培植合作社+农户、村党支部+村民联合创业的新经济联盟；举办民族地区精准扶贫工作培训班，加大对村两委班子、返乡创业人员、致富带头人员和产业专业户人员的培训力度；推动各示范民族村组制定精准脱贫规划，并按规划实施项目，确保到2020年前，少数民族人均可支配收入赶上全省平均水平，实现精准脱贫。

坚持持续开展对口支援，推动民族团结进步创建不断深入。部门对口支援民族乡村，是江西开展民族团结进步创建活动的一种好形式。2011-2015年，参加对口支援的29个省直单位以增进民族团结进步为己任，指导、帮助编制对口支援中长期发展规划30多篇，到受援民族乡村调研、指导、督促工作达到700多人次，召开专门办公会议、现场会议200多次，召开乡村干部、群众代表座谈会300多次，走访困难群众几千户，实施项目共269个，投入资金1.46亿元，受援民族乡村农民人均可支配收入和社会公共服务赶上了全省平均水平，贫困人口占比和贫困再发生率均低于全省平均水平，进入发展速度最快、群众获得最多、村容村貌变化最大最好的时期。在此基础上，2016年江西省再次启动了新一轮省直有关部门对口支援民族乡村经济社会工作，要求最大化发挥精准支援作用，把发展民族地区经济社会事业、开展民族团结宣传教育和民族团结进步创建作为根本任务，确保受援民族乡村与全省同步实现全面小康。

坚持改革资金管理使用方式，确保发展资金安全、效益充分发挥。落实全面深化改革战略，下放少数民族发展资金审批权限，省负责按因素法分配资金，县负责项目审批，省、市、县共同加强少数民族发展资金监管。建立2016-2018年民族地区发展资金项目库，以对民族地区实现精准脱贫、全面小康有支撑作用的中小型基础设施建设、民生改善和产业扶贫项目为主，实行滚动管理，每3年更新一次，各地审批项目要求从项目库中选择安排。实行项目申报建设全过程公开制度，建立资金监管常态化机制和绩效考核机制，把所有落实到民族地区的各类扶持资金都纳入监管、督查、公开范围，做到每一笔资金都心中有数，有监管台帐、有督查纪录、有网上公开，层层落实责任，层层传导压力，真正发挥少数民族发展资金的经济、社会、政治效益。适应财政涉农扶贫资金整合大形势，举办少数民族发展资金整合研讨班，探讨做好少数民族发展资金增量工作的具体办法。对民族特色村寨项目资金到位及项目建设情况开展专项检查，探索项目审批权下放后民族特色村寨建设推进的新途径。

（撰稿：兰祥平　审稿：马哲海）

山东省

2016年，山东省民委在国家民委的指导和山东省委、省政府的领导下，全面贯彻党的十八大和十八届三中、四中、五中、六中全会精神以及中央民族工作会议精神，牢牢把握“两个共同”民族工作主题，大力推进少数民族脱贫攻坚，切实服务和改善民生，不断加强政策落实和各项机制建设，努力加快少数民族及民族聚居地方经济发展，为全省民族团结和谐稳定打下了坚实基础。

1. 多措发力，全面深化少数民族脱贫攻坚。一是组建工作机构，制定实施意见。成立山东省民委扶贫开发领导小组，建立了工作协调、信息宣传等运作机制；制定印发《山东省民委关于进一步推进全省少数民族扶贫开发工作实施意见》和《省民委2016年-2018年脱贫攻坚任务表》，加强对各市少数民族扶贫开发工作的指导部署，形成上下协作、共抓共促的工作局面。二是开展数据分析，对全省17个市统计员进行业务培训，为实施精准扶贫提供依据。在全省民宗部门多次深入开展少数民族贫困状况专项调查分析工作，指导市县到村到户到人，对少数民族贫困村、贫困人口进行逐一登记制表，实行数据动态管理，分清贫困类型及占比，分析致贫原因，并形成专项报告。组织专门力量，对2016年度中央及省级少数民族发展资金项目覆盖贫困情况进行精确分析，加大资金投入，大力实施贫困村户重点帮扶，全省150个少数民族项目资金覆盖少数民族贫困村32个，贫困户7846户，贫困人口13009人。2016年，全省少数民族实现脱贫村22个，脱贫户3705户，脱贫人口8482人。三是统筹整合资金集中扶贫，着力加大对贫困民族村基础设施和产业发展扶持力度。2016年，国家及省财政共投入少数民族发展资金3416万元，扶持项目150个，主要用于民族乡村道路交通、电网改造、农田水利、农业产业结构调整等，按照“政策引导，科技推动，典型带动，产业拉动”的原则，以产业结构调整为主线，着力发展民族乡村优势产业和特色农业，大力扶持少数民族特色村寨建设，通过资金扶持，民族乡村基础设施得到较大改善，同时产业不断兴起壮大。2016年春节期间，为切实改善少数民族贫困群体生活水平，省、市财政共拿出专项资金3719万元，向全省12万户穆斯林农户和城市低保户，按每户300元的标准发放了牛羊肉价格补贴。四是积极引导各级各部门推动少数民族脱贫攻坚。2016年指导济南市民宗局协调市直相关部门，在全市农村少数民族贫困家庭中实施了“温居工程”帮扶项目，为其改善最基本的生活居住条件，做到“抄底”、“兜底”、“保底”。指导东营市民宗局在全市开展了“脱贫攻坚，民品先行”活动，采取民族特需商品生产企业直接帮包少数民族贫困户、签订就业协议等方式，在帮扶少数民族贫困群体的同时，在社会上营造了共同参与推动扶贫开发的良好氛围。五是开展科技培训，努力提升少数民族自我发展能力和水平。2016 年会同省科技厅、农业厅，制定下发了《山东省少数民族农村科技人才培训工程（2015-2020 年）工作方案》及实施细则，重点明确了对民族村居家庭农场、农村合作组织负责人及致富带头人的培训目标任务，建立了少数民族科技培训长效机制。联合省科技厅、省农科院在德州市临邑县举办了两期少数民族农村科技培训班，当地 200 余名少数民族群众接受蔬菜大棚种植及养殖技术培训，为推动少数民族脱贫致富发挥积极作用。六是完成省委脱贫攻坚年度督导考核。在对全省民族部门脱贫攻坚开展自查基础上，形成了年度及各季度自查报告，对 17 市党委政府脱贫攻坚工作进行了专项评价和量化打分，以“首战的布局、进程及成效”为题编制了省民委脱贫攻坚战绩表，顺利通过了省委脱贫攻坚年度督导考核。七是积极拓宽社会扶贫渠道，不断深化扶贫开发工作。引导宗教界参与精准扶贫工作。省天主教两会组织人员到菏泽市郓城县西王楼村开展了精准扶贫爱心捐助活动，向该村贫困小学捐赠了 3 万余元的教学物资；并救助帮扶临沂市费县 7 户患病特困家庭和沂水县 13 名农村孤儿。捐助善款 34 万元，帮助省贫困村临沂市沂南县栗林村建立起了养羊特色产业、修路、通自来水公共设施建设、扶贫就业加工点及便民服务平台等 4 个项目，惠及 1716 人，得到社会好评。召开全省宗教公益慈善工作经验交流会，引导宗教界人士和广大信教群众强化责任意识和担当意识，积极参与扶贫攻坚工作。积极争取社会各方参与精准扶贫，

2. 建实制度，不断加强少数民族发展资金使用监管。一是调整完善少数民族发展资金分配办法。会同省财政厅研究分配年度资金时充分考量贫困数据等量化指标所占比重，及时切块下达到相关市及省直管县，具体项目资金审批由市县来组织实施。二是着重加强资金项目制度监管。指导各地建立少数民族发展资金项目库，在项目库范围内审批，加强扶贫资金科学统筹整合，强化项目论证实施、资金专项运转等各项管理规范。完善了资金绩效考评和项目备案制度，各市县资金项目使用管理测评情况与下年度资金分配挂钩。三是着力配合做好资金项目审计、巡视检查和整改工作 2016 年，对“十二五”期间中央及省级少数民族发展资金项目使用情况、管理情况及数据情况进行了全面的总结梳理，形成多份报告分别向国家民委、审计署驻济南特派办、省审计厅、省委巡视组呈报。积极配合审计署、审计厅，开展对我省部分市县的少数民族资金专项审计工作。

3. 深入调研，努力做好民品政策调整落实等工作。根据“十三五”国家关于民品政策调整变化，积极配合省政协深入德州、烟台等市开展了对我省民品工作的综合调研，并形成专项调研报告。就“十二五”山东民品政策执行情况与财政部驻济南专员办对接，提供相关资料，配合做好对有关市县民品企业政策执行情况的调研检查工作。协调省财政厅、中国人民银行济南分行，并积极指导各有关市县，及时落实了各民品企业 2016 年度流动贷款贴息资金。会同省委统战部加强清真食品管理工作，下发通知贯彻落实中央相关工作意见，指导各市开展定期检查和抽查，发现问题及时纠正，切实保障了少数民族的合法权益，维护了民族领域和谐稳定。

4. 加强协调，认真做好对口支援新疆西藏和涉疆服务管理工作。参加国家民委对口支援新疆西藏工作会议，并就贯彻落实会议精神向各市做了部署。配合省援疆办等部门积极做好我省高校新疆籍少数民族毕业生就业创业工作，指导各市搭建少数民族服务平台，切实保障合法权益，创新措施帮助解决实际困难和问题，不断深化此项工作开展。会同省委统战部到河南省有关市县，调研交流开展涉疆服务管理机制建设等工作情况，形成工作报告报省委省政府领导。指导济宁市民宗局、聊城市民宗局，协助当地部门切实做好新疆籍 300 余名少数民族员工到汶上县培训和到冠县打工等协调服务管理工作。

（撰稿：韩昌钦　审稿：罗　军）

河南省

2016年，河南省民族经济工作以贯彻落实中央民族工作会议精神为主线，以服务少数民族聚居地区经济发展、加快少数民族聚居地区群众脱贫步伐为宗旨，坚持把握“两个共同”民族工作主题，真抓实干，创新发展，民族经济工作取得了新突破，少数民族聚居地区经济呈现良好的发展势头。

一、超前谋划，科学编制了我省少数民族事业“十三五”规划

“十三五”时期是全面建成小康社会最后冲刺的五年与决胜时期，也是全面深化改革要取得决定性成果的五年。我省少数民族人口多，发展任务重，我们提前谋划，认真编制了我省少数民族事业十三五规划，坚持共享、发展、开放、创新、绿色的发展理念，着眼实现民族地区经济实力显著增长，群众生活水平、质量显著提高，社会事业、生态环境显著改善，民族事务治理能力显著增强等全方位进行了设计，对今后五年我省民族地区发展起到明确的指导作用。

二、积极参与，认真实施“一带一路”和扶贫攻坚两大战略

我们积极行动推动民族聚居地区、民族经济融入“一带一路”建设，帮助少数民族企业和民族聚居地区走出去，引进来，全面提升开放型水平，变内陆地区为开放前沿。先后组织民族企业参加了中国（郑州）第十届投资贸易洽谈会、2016年郑州精品年货博览会、中国（青海）国际清真食品及民族用品展会等经贸活动。我省众多民族企业踊跃参加，签定合同、合作意向30多亿元，与中东、中亚、东南亚等地区达成了多项经贸合作协议。依托民族文化、宗教习俗，加强民族地区与丝绸之路沿线国家的交流、交往。

“十三五”期间，扶贫攻坚，全面建成小康社会是头等大事和第一民生工程，出台了《河南省民委关于推进少数民族精准扶贫精准脱贫工作的实施意见》。一是通过各种形式加大宣传力度，营造支持民族聚居地区脱贫的氛围；二是摸清底数，找准原因，有序指导民族聚居地区脱贫攻坚；三是加大少数民族发展资金投入，支持改善贫困地区少数民族群众生产生活条件。2016年下拨少数民族发展资金5771万元；四是加强科技与就业培训，帮助少数民族贫困群众实现就业脱贫；五是大力支持民族地区发展特色产业，帮助民族聚居地区加快脱贫。

三、加强监管，提高少数民族发展资金使用效率

我省严格遵守少数民族发展资金管理的有关规定、政策，明确资金使用向最困难的少数民族聚居地区倾斜，体现雪中送炭、拾遗补缺，严格管理使用，研究制定了《河南省民委办公室关于进一步加强少数民族发展资金管理工作的通知》。一是坚持改革、行政放权。按照上级要求，减少审批程序，将资金项目审批权下放到市、县，由市县自主确定用途，自主确定扶持项目，使项目的安排更方便、快捷，更符合实际，也提高了资金的使用效率；二是严格按政策及因素法测算，做到分配合理；三是严格备案掌握资金使用情况。四是举办全省少数民族发展资金使用管理培训班。18个省辖市、10个直管县（市）资金项目管理人员参加了培训，邀请财政厅农业处同志详细讲解发展资金使用管理政策措施、项目管理注意事项等内容。

四、真抓实做，支持少数民族特色村寨建设

少数民族特色村寨建设是民族聚居地区加快发展的重要载体。特色村寨建设可以保护民族文化传承，保护环境，突出当地特色，推动当地经济发展，群众致富。在特色村寨建设方面，一是明确方向，推动落实省民委关于推进少数民族特色村寨保护与发展的意见，建设一批具有中原风貌、民族特色、特色产业的村镇；二是注重将少数民族特色村寨建

设与新农村建设相结合；三是注重将少数民族特色村寨建设与美丽乡村、旅游等其它部门的项目相结合，借力、借势，共同打造；四是分类指导，加强民族特色小镇文化资源挖掘与保护，突出当地特点，宜工则工，宜商则商，宜农则农，宜游则游，培育发展影响力、辐射力强的集商贸、餐饮、休闲、文化、旅游一体的特色消费聚集地。

五、真情投入，做好援疆工作

支援哈密地区和兵团十三师民族工作部门是省委、省政府、国家民委安排的一项光荣的政治任务，按照工作安排，我们积极主动，切实把援疆工作当作政治任务来抓，坚持求实求效、真情援疆的原则，努力把民族工作援疆建成爱国、团结、奋进的品牌，和民心工程，力争在当地取得明显成效。一是2016年经与哈密地区、十三师、援疆办沟通、协调，分批进行了哈密地区民族宗教界人士到豫参观学习、哈密地区宗教界人士来豫培训、哈密宗教界人士来豫学习等项目。二是省民委主任贾瑞琴带队专程赴哈密市、兵团十三师对接部门援疆和涉疆服务管理工作，分别召开对接工作座谈会，并向哈密市、十三师民宗委各捐助支援办公经费10万元；与河南省援疆前方指挥部交流沟通民族宗教援疆工作，看望慰问援疆干部。三是编辑出版援疆宣传书籍——《同心梦》。通过再现学员在豫的学习生活和亲身感受，让各民族群众在潜移默化中体会到“三个离不开”，认识和领悟中华民族一家亲的历史和现实，推动各民族的交往交流交融，巩固和促进民族团结。

（撰稿：王霞　审稿：余德海）

湖北省

2016年，湖北民族经济工作在国家民委的指导和省委、省政府的正确领导下，坚持以大力推进湖北武陵山试验区建设为统领，继续深化“616”对口支援工程、省内部分市对口支援民族地区县市工作机制，结合精准扶贫精准脱贫要求，切实落实各项民族优惠政策，民族经济工作取得了显著成绩，圆满完成了全年工作任务。

一、全力推进湖北武陵山片区建设

认真落实《关于推进湖北武陵山少数民族经济社会发展试验区建设的意见》（鄂发〔2011〕25号）20条扶持政策，在加强基础设施改善、培植壮大特色产业、加强生态文明建设、加快社会事业发展、加快新农村建设和推进城镇化建设等方面对武陵山试验区、龙凤经济协作区进行帮扶。加强对《关于加强和改进新形势下全省民族工作的意见》（鄂发〔2014〕25号）12条支持政策贯彻落实的督查力度，引导武陵山试验区各成员单位在财税、金融、电力、水利、产业、生态、扶贫以及教育、卫生、社保等实现基本公共服务均等化等重点领域加大对武陵山试验区、龙凤经济协作区的扶持力度。抓好《关于支持恩施州建设全国先进自治州的决定》（鄂发〔2010〕13号）25条政策措施的贯彻落实，以将武陵山片区打造为“推动湖北跨越式发展的战略支撑板块”为目标，大力支持恩施州加强基础设施建设、培植壮大特色产业、加快社会事业发展、加强生态文明建设、完善发展保障机制。2016年度，武陵山试验区各成员单位共落实项目851个，项目总投资257.8亿元，落实支持资金127.6亿元。

二、深化拓展“616”对口支援工程工作内涵

在联系省领导的带领下，协调各实施单位全面落实省委、省政府关于加强和完善“616”对口支援工程的要求，继续坚持定期召开协调会议的制度，认真落实帮扶措施。根据省委办公厅、省政府办公厅2016年4月《关于支持恩施州“十三五”发展有关事项的复函》要求，将对口支援工作与精准扶贫工作相结合，协调各实施单位每两年在对口支援县市帮扶1个贫困村，帮助每个村解决1个以上基础设施、产业发展、民生改善方面突出问题。协调组织各实施单位编制和启动“616”对口支援工作规划，

抓住“十三五”规划编制的机遇，结合实施单位承担的对口支援责任编制帮扶规划，推动帮扶规划与国家和省相关规划、与片区各县市相关规划高度衔接，与帮助片区实施精准扶贫精准脱贫工作相衔接，促进“616”对口支援工程在新的历史条件下发挥更大更重要的作用。2016 年度，“616”工程各成员单位共落实项目 380 个，项目总投资 208.3 亿元，落实支持资金 61.4 亿元。

三、落实完善省内部分市对口支援民族县市工作机制

继续抓好《中共湖北省委办公厅 湖北省人民政府办公厅关于建立省内部分市对口支援民族县市工作机制的通知》（鄂办文〔2011〕73 号）精神的贯彻落实，指导承担对口支援任务的市积极为民族县市提供人力、物力、财力、智力等多方面支援。在帮扶资金上继续执行“武汉市按上年度地方财政一般预算收入总量的 0.1%测算安排，其它各支援市按上年度地方财政一般预算收入总量的 0.2%测算安排”的规定。2016 年度，各参与省内对口帮扶的 9 个市共落实项目 57 个，项目总投资 2.77 亿元，落实支持资金 1.24 亿元，引导社会无偿捐助 988 万元。

四、全力打好脱贫攻坚战

深入推进精准扶贫精准脱贫工作，突出扶贫对象精准、措施到户精准、项目安排精准、资金使用精准、因村派人精准、脱贫成效精准，区分类别，靶向施策，通过发展产业扶持一批、易地搬迁安置一批、生态补偿脱贫一批、助学启智资助一批、社会保障兜底一批“五个一批”行动，精准解决了民族地区贫困群众突出问题和区域性整体贫困。坚持因地制宜、分类指导工作原则，把精准扶贫理念贯穿扶贫工作全过程，指导民族地区建立健全驻村帮扶机制、统筹项目资金机制，财政、审计、监察联合督查、跟踪问效的项目评价机制。围绕“精准扶贫、竞进小康”目标，指导民族地区实施“市州主导、区县主体、乡村落实”精准扶贫工作责任制，整合中央和国家机关、企事业单位和省直部门“616”对口帮扶单位、省内部分市对口支援力量，完善经济支援、干部支援、人才支援、科技支援等相结合的全面对口支援机制，引导、鼓励、支持社会力量采取定向、包干等方式自发参与扶贫，政府、市场、社会“三位一体”扶贫新格局初步形成。

五、积极推进少数民族特色村寨保护与发展试点工作

对全省少数民族特色村寨保护与发展试点工作进行了调研和总结，梳理了项目，完善了数据库。对我省少数民族特色村镇情况进行了摸底，为下一步申报少数民族特色村镇建设试点项目奠定基础。举办了全省少数民族特色村寨保护与发展试点工作培训班。

六、认真贯彻落实民贸民品政策

根据国家民委要求，聘请专家对全省民贸企业进行了重新评审，认定了民贸企业 816 家。与省财政厅配合，下达了 2016 年度省级民贸企业网点建设和民品企业技术改造专项资金 195 万元，支持民贸民品企业发展。

七、做好少数民族专项资金的分配管理工作

按照财政专项扶贫资金管理要求，及时下达 2016 年度中央少数民族发展资金和省级少数民族专项资金、2017 年度提前批中央少数民族发展资金。支持民族地区统筹整合少数民族资金用于脱贫攻坚工作，加强资金使用监管，发挥资金使用效益。

（撰稿：商振华　审稿：江华富）

湖南省

2016 年，我省深入贯彻落实中央、省委民族工作会议精神，紧紧围绕全面建成小康社会这个目标，突出精准扶贫这个重点，抓住创新和落实民族政策这根红线，主动站位、积极作为，切实发挥好民族

工作优势，全力推动我省民族地区经济社会发展，取得明显成效。

一、完善政策，科学引领民族地区经济社会发展

近年来，坚持把民族政策研究作为民族工作的重中之重，加强调查研究，搞好顶层设计，制定并推动出台了一系列差别化政策，为片区经济社会发展提供了强大驱动力。针对我省民族地区的特点和现状，制定实施了《中共湖南省委湖南省人民政府关于做好新形势下民族工作的实施意见》、《关于深入实施西部大开发战略推进湘西土家族苗族自治州加快发展的若干意见》、《关于继续深入实施湘西地区开发战略，促进全面建成小康社会的意见》、《关于对武陵山片区农村基层教育卫生人才发展提供重点支持的若干意见》等20多个规范性文件，编制实施了《湖南省武陵山片区区域发展与扶贫攻坚实施规划（2011—2020年）》、《湖南省武陵山片区区域发展与扶脱贫攻坚"十三五”实施规划》、《湖南省农村扶贫开发实施纲要》、《大湘西生态文化旅游圈发展规划》等涉及民族地区的一系列规划，初步形成了财税、金融、产业、贸易、用地等方面的片区差别化经济政策体系。特别是《湖南省“十三五”少数民族事业发展规划》和《湖南省少数民族特色村镇保护与发展“十三五”规划》两个民族工作专项规划，是我省在大面积压缩专项规划的背景下，第一次启动了民族工作专项规划的编制工作。省委、省政府对民族工作规划编制工作高度重视，省民族工作领导小组专题听取规划编制工作汇报，省委、省政府领导多次就规划编制作出指示、提出要求，有力地推动了规划编制工作。规划编制由省民宗委牵头，省民族工作领导小组成员单位、省民委委员单位、民族地区相关市州人民政府等参加编制。省民宗委党组坚持把编制规划作为贯彻落实中央民族工作会议精神的重要举措，2015年全面启动规划编制工作，成立规划编制工作领导小组和起草工作组，制定了规划编制工作方案。安排相关人员参加了国家民委举办的规划编制研讨班，及时了解掌握国家层面关于促进少数民族事业发展的最新政策和动态，并专题向上级规划编制工作主管部门汇报我省规划编制工作进展情况。组织专门班子，围绕规划中涉及的区域发展、基础设施建设、精准扶贫、特色产业发展、少数民族特色村镇保护与发展、人才队伍建设等重大课题，开展调查研究，进行可行性论证，先后完成了《关于我省民族地区全面建成小康社会的调研报告》、《关于我省民族教育发展情况调研报告》、《关于武陵山片区旅游协作发展的调研报告》等多项课题，为规划编制工作提供了有力支撑。省民宗委领导还带队深入湘西、张家界、怀化、邵阳、永州5个市州，民族地区24个县市区和辖有民族乡的县（市、区）开展专题调研，认真听取当地党委政府、人大代表、政协委员、民族工作部门的意见建议。民族工作专项规划文本形成后，征求了省民族工作领导小组成员单位、省民委委员单位、民族地区相关市州人民政府意见，并组织专家学者进行了评审论证。

二、创新思路，大力助推民族地区经济社会发展

一是探索金融扶贫新模式。在国家民委的大力支持下，按照“大胆探索、先行先试”的要求，与国家开发银行湖南省分行等金融机构密切合作，积极推动金融支持武陵山片区精准扶贫。截止2016年12月，国开行湖南省分行共为怀邵衡、黔张常铁路等重大基础项目和“五个一批”精准扶贫项目提供672亿元授信，在武陵山片区贷款余额598.8亿元，覆盖片区公共基础设施建设、产业发展和民生项目建设等众多领域。怀化市麻阳县作为全省金融扶贫改革创新试点县，积极探索用财政投入的产业开发资金通过担保与引导信贷资金投入，推出扶贫信贷资金微型担保模式，走出了一条“政府主导、银行支持、企业参与、贫困户贷款、扶贫贴息、发展产业”的精准信贷扶贫新路子。麻阳县扶贫小额信贷试点工作成果得到了国务院扶贫办的充分肯定。2015年，全国扶贫小额信贷座谈会在麻阳县召开，该县扶贫小额信贷被认为是“可复制、可推广”的成功经验。2016年，我省武陵山片区累计发放扶贫小额贷款36.4亿元，民族地区共发放19.78亿元。二是开拓旅游减贫新路径。积极抢抓全域旅游先机，通过大力挖掘、保护和弘扬民族传统文化，推动民族文化旅游与少数民族特色村镇建设深度融合发展。按照国家民委牵头四部门制定下发的《推进武

陵山片区旅游减贫致富与协同发展的意见》的有关精神，《湖南省旅游业“十三五”发展规划纲要》把民族地区 22 个县市区列入旅游资源开发重点县，29 个少数民族特色小镇进入特色旅游小镇笼子；《湖南省“十三五”时期文化改革发展规划纲要》明确将大湘西板块建设成为全省文化旅游融合发展示范区，印发实施了《大湘西地区文化生态旅游融合发展精品线路建设总体设计方案及总体工作方案》，大力推进大湘西地区 12 条文化生态旅游精品线路建设，涵盖 95 个景区节点和 436 个特色村镇，预计通过旅游扶贫开发，可带动 500 万人就业和实现脱贫致富。截止 2016 年底，大湘西地区文化生态旅游精品线路建设工程累计完成投资 30 多亿元，取得了较好成效，打出了“神韵湘西”品牌形象，产生了广泛的社会影响。《湖南省关于实施乡村旅游精准扶贫工程的意见》中，50 个少数民族特色村镇进入乡村旅游精准扶贫工程范围，822 个少数民族特色村镇进入国家旅游局、国家发改委等 12 部委确定的全国乡村旅游扶贫重点村名单；省民宗委与省旅发委联合制定下发了《关于支持少数民族特色村镇创建国家 A 级景区的通知》，明确在政策、资金、宣传上加大支持力度。据不完全统计，2009-2016 年，重点扶持建设的片区 198 个特色村镇在民族文化事业领域投入超 10 亿元，修建了寨门、风雨桥、文化长廊等公共文化设施，培养了一批乡土文化能人、民间文化传承人和非物质文化遗产代表性传承人，组建了一批具有当地特色的文化团体和表演队伍。2016 年，片区 198 个特色村镇旅游人数突破 2000 万人次，旅游收入达 12 亿元，带动 2 万多人就近就业。三是首创民族客栈新标准。坚持把民族客栈建设作为推动民族地区脱贫致富的有效手段，找准定位，精准发力。2016 年 7 月，我省率先制定出台了《民族客栈标准》，填补了湖南民族类地方标准的空白，得到国家有关部门的高度肯定。目前，我省已建设了一批独具民族特色、营销理念先进、接待游客休闲化且客源稳定的民族客栈，成为推进片区精准扶贫的一支生力军。据不完全统计，全省现有民族客栈 500 余家，年总收入达 4 亿多元，每家客栈平均年纯收入达 20 余万元，有力促进了民族地区经济社会发展，有效带动了少数民族群众脱贫致富。

三、彰显特色，全面促进民族地区经济社会发展

一是狠抓少数民族特色村镇建设。2009 年以来，按照国家民委、财政部的要求，省民宗委和省财政等部门密切配合，切实加大少数民族特色村镇工作力度。截至 2016 年，在武陵山片区累计投入少数民族发展资金 2.16 亿元用于少数民族特色村镇建设，引导整合各类资金 200 多亿元。重点保护和发展了 200 个左右少数民族特色村镇，其中，有 58 个村寨被国家民委命名为“中国少数民族特色村寨”，连续三届在全省举办评审活动评选了 32 个村镇为“湖南省最美少数民族特色村镇”，进一步增强了片区精准扶贫的内生动力。特别是 2011-2012 年，花垣县十八洞村被确定为省民宗委建设扶贫点后，省民宗委高度重视，选派精干力量组成建设扶贫工作组，开展驻村扶贫。根据十八洞村民族文化底蕴深厚、生态环境优美等特点，将该村纳入了特色村镇项目库，高起点规划，高标准建设，积极探索可推广、可复制的扶贫开发新路子，引起了社会各界的关注。2013 年 11 月 3 日，习近平总书记到十八洞村考察，首次作出了“精准扶贫”的重要指示。如今，十八洞村已成为全国精准扶贫的典范。2016 年，我省武陵山片区脱贫退出的贫困村为 624 个、民族地区 529 个。二是狠抓特色优势产业发展。我省是民贸民品工作大省，“十二五”期间全省有民族贸易县 12 个，民族特需商品定点生产企业 72 家，2016 年认定民族贸易企业 259 家，民族特需商品定点生产企业、民族贸易县及民族贸易企业主要集中在武陵山片区。据初步统计，2011-2016 年，全省民贸民品企业享受流动资金贷款贴息达 6.8 亿元左右，撬动流动资金贷款 200 多亿元，促进了武陵山片区企业发展壮大，形成了茶业、民族医药、特色农业及加工业、民族手工艺品等一批特色优势产业，在帮助片区群众脱贫致富方面发挥了独特的作用。目前，有 8 家企业被评为国家民委“千家培育百家壮大”工程中的“百家壮大”民贸民品企业，龙头带动作用明显。特别是我省边销茶产业在国家民族优惠政策的扶持下，得到飞速发展，“十二五”期间，我省有边销茶定点生产企业 11 家，总数居全国第一；2016 年湖南省边销茶销售总量达到 5 万吨左右，占全国总量的

40%以上，带动当地农户实现了脱贫梦想。三是狠抓自治地方逢十周年庆典。近年来，我省民族自治地方迎来了新一轮逢十周年庆典。省民宗委积极向国家民委和省委省政府汇报，主动协调相关部门，进一步加大支持力度，强力推进各地庆典项目有序梯次推进，带动民族地区后发赶超、跨越发展。我省 7 个民族自治县抓住逢十庆典机遇，实施了一批民生重点项目，每县的投资规模都在 50 亿元以上，最高的达 170 亿元。湘西土家族苗族自治州 60 周年庆典已实施重点项目 300 个，总投资 2376 亿元，2014 至 2017 年计划完成投资 1526 亿元。同时，我省高度重视做好民族乡逢十周年庆典工作，省财政将散居发展资金规模增加至 2000 万元；2016 年，我省安排 440 万元资金用于 11 个乡的乡庆项目，带动其他资金向民族乡倾斜，11 个民族乡通过乡庆活动每个乡争取资金支持 2000 万元以上。

（撰稿：黄淼　审稿：肖丽萍）

广东省

2016 年，广东省民族宗教委认真学习贯彻党的十八大和十八届三中、四中、五中全会以及省委十一届四次、五次全会精神，深入贯彻习近平总书记系列重要讲话、中央民族工作会议及全省民族工作会议精神，按照中央和省委关于民族工作的重大决策部署，坚持稳中求进总基调，围绕加快民族地区发展和全面建成小康社会步伐这项重点工作，统筹兼顾、全面推进，有力地推动了少数民族和民族地区经济平稳较快发展。

一、贯彻落实《关于扶持民族地区加快发展的意见》

一是建立省领导挂点联系 3 个自治县制度。为把贯彻落实中央和广东省民族工作会议精神持续引向深入，按照今年 7 月召开的贯彻落实中央民族工作会议精神经验交流会的部署要求，结合新时期精准扶贫精准脱贫三年攻坚战，2016 年 8 月，广东省委、省政府决定安排 3 位省领导挂点联系 3 个少数民族自治县，帮助解决自治县经济社会发展中的实际问题，加快推动少数民族地区脱贫奔康，确保 2018 年广东民族地区在全国民族地区中率先全面建成小康社会。其中，广东省委常委、统战部部长林雄挂点联系清远市连南瑶族自治县，省委常委、常务副省长徐少华挂点联系韶关市乳源瑶族自治县，副省长何忠友挂点联系清远市连山壮族瑶族自治县。二是落实小额贴息贷款政策。广东民族宗教加强与省扶贫办、省财政厅、省农村信用社联合社等有关单位的沟通协商，在广州召开 3 个自治县农信社有关负责人座谈会，推动 3 个自治县各 500 万元、7 个民族乡各 50 万元金融帮扶小额贴息贷款政策的落实，制定并印发《广东省小额贷款贴息资金管理办法（试行）》。三是实施免征民族自治地方企业所得税地方分享部分政策。为促进广东省民族自治地方经济社会健康快速发展，经广东省人民政府同意，从 2015 年至 2017 年，广东乳源瑶族自治县、连山壮族瑶族自治县、连南瑶族自治县免征本地区企业应缴纳企业所得税中属于地方分享部分（含省级和市级）。该税收优惠政策实施以来，对降低民族地区企业税负、提高企业利润水平、推动民族地区企业数量增加等方面发挥了积极作用。2015 年有 1393 家企业办理税务登记，同比增长一倍多。民族地区优惠政策的贯彻落实，让 3 个自治县企业所得税的名义税负下降到 15%，有效减轻了企业税收负担。3 个自治县企业所得税优惠政策实施后，企业减税负的同时还促进了利润率提高，有效增强企业的发展信心，提高民族地区企业的竞争力。从国税系统数据来看，盈利的查账征收企业中，2013 年至 2015 年的企业利润率（利润总额/营业收入）由 4.28%增长到 7.6%，增幅达 77.6%。

二、严格管理专项资金，努力提高少数民族发展资金的使用效益

2016 年，广东省财政厅、省民族宗教委联合下达中央和省财政少数民族发展资金 6879 万元。重点

用于支持少数民族和民族地区的道路建设、饮水工程、农田水利设施、安居工程、农业发展、特色村寨保护等。2016 年 11 月，广东民族宗教委组成检查组，赴粤东西北民族地区和部分少数民族聚居村对少数民族发展资金使用管理情况进行督查式调研，指导民族地区做好资金使用管理工作。检查组主要检查了各地少数民族发展资金支出使用情况，还实地查看了项目建设情况，并听取各地关于少数民族发展资金使用管理的情况汇报。检查未发现违规现象，全部按照规定实行报账制、严格管理，会计核算真实规范。此外，为进一步加强和规范少数民族发展资金的管理使用，确保财政专项资金安全运行，有效提高资金的使用效益，广东民族宗教印发了《关于进一步规范少数民族发展资金项目建设若干问题的通知》（粤民宗发〔2016〕63 号）、《关于进一步加强省级财政少数民族发展资金安排与使用的通知》（粤民宗函〔2016〕172 号）等文件，委托第三方对 3 县 7 乡 2014-2015 年少数民族发展资金进行审计。

三、少数民族特色村镇建设保护与发展试点工作取得新进展

一是编制完成《广东省少数民族特色村镇保护与发展规划（2016—2020 年)》。2016 年，广东省民族宗教委牵头启动了《广东省少数民族特色村镇保护与发展规划（2016-2020 年)》编制工作，并在连南瑶族自治县召开编制工作座谈会，听取了专家学者和民族地区对编制规划的意见建议。9 月，在征求广州、韶关、肇庆、清远、潮州市人民政府，连南、连山、乳源自治县人民政府，省发展改革委、省财政厅、省住房城乡建设厅、省文化厅、省旅游局、省民族宗教研究院等地方及部门的意见基础上，在华南理工大学召开专家评审组评审会议并审议通过了《规划》文本。二是完成 2016 年少数民族特色村寨检查验收工作和做好第二批少数民族特色村寨命名挂牌推荐工作。按照国家民委部署，广东省民族宗教委对“十二五”时期全省尚未通过验收的 13 个少数民族特色项目村寨进行了检查验收。其中，被评为“优秀”等级的有 12 个。经研究，推荐广州市增城区正果镇畲族村等 12 个村寨申报第二批中国少数民族特色村寨命名挂牌且获批 10 个。三是做好少数民族特色小镇专项建设基金项目储备工作。今年 5 月，国家民委与国家发展改革委联合发文，要求各省区做好 2016 年少数民族特色小镇专项建设基金项目储备工作。广东省民族宗教委根据文件要求，及时与省发展改革委沟通协调并联合下发通知，指导县级民族工作部门按照中央文件精神，积极配合当地发展改革部门，选取条件成熟的项目，尽快做好项目前期准备工作，并按照有关要求做好文件报送和项目库信息报送入库工作。

四、积极协调有关部门稳步推进民族贸易和民族特需商品生产企业工作

广东认真贯彻落实民族贸易优惠政策，加强对少数民族特需商品定点生产企业的指导，积极帮助民贸民品企业解决政策落实中遇到的困难和问题，根据国家民委有关文件要求，完成了本省民族贸易和民族特需商品定点生产企业贷款情况摸底工作，完成十三五族贸易和民族特需商品定点生产企业相关优惠政策制定的征求意见工作，重新认定民族贸易县民族贸易企业 12 家，并推荐广东宝华农业科技有限公司申报“百家壮大”民族贸易企业。

五、认真做好民族地区经济形势监测和统计分析

广东省民族宗教委认真完成《中国民族统计年鉴》（广东部分）和《广东省年鉴》的编撰工作，按时通过“民族地区监测系统”向国家民委上报我省 3 个自治县和 7 个民族乡《2016 年度广东省民族自治地方统计报表》、《广东省民族乡镇统计报表》和《广东省内地西藏班和新疆班统计报表》，并对 2016 年全省民族聚居地区经济发展情况进行了详细统计和分析，全面掌握民族地区经济运行状况和发展态势，为各级部门决策民族工作提供重要依据。

（撰稿：余森河　审稿：李秀英）

广西壮族自治区

2016 年，在国家民委和广西壮族自治区党委、自治区人民政府的正确领导下，广西各级民族工作部门紧紧围绕各民族“共同团结奋斗、共同繁荣发展”的民族工作主题，想方设法帮助少数民族群众解决生产生活中的一些特殊困难和问题，有力推动少数民族和民族地区经济社会发展。

一、以规划为抓手，推进民族事业发展

一是加大少数民族聚居区扶持力度。广西目前有 62 个县少数民族人口达到 30%以上（习惯称之为少数民族聚居县）。2016 年推动落实了 3 个多亿的少数民族发展资金，支持这 62 个县推进脱贫攻坚。二是继续推进扶持人口较少民族发展。推动落实了 8200 万元少数民族发展资金，实施了 181 个项目，支持柳城、东兴、环江、罗城推进扶持人口较少民族发展工作。三是启动了广西贯彻落实促进民族地区和人口较少民族发展规划实施意见的编制工作。结合广西实际情况和国家《“十三五”促进民族地区和人口较少民族发展规划》征求意见稿，起草了《广西贯彻落实十三五促进民族地区和人口较少民族发展规划实施意见框架文本》（征求意见稿）。

二、加大扶持力度，持续推进兴边富民行动

一是继续加大扶持力度。2016 年推动落实了 1 个多亿的少数民族发展资金，实施了 250 个项目，支持我区 8 个边境县推进兴边富民行动。实施了涵盖交通、水利、产业、教育、文化、卫生、口岸等方面项目，使边境地区面貌发生了明显变化，为边境的安宁，人民的富裕，边防的巩固，祖国的统一做出了应有的贡献。二是启动了广西贯彻落实兴边富民行动“十三五”规划实施意见文本的编制工作。在总结广西“十二五”兴边富民行动规划实施情况的基础上，围绕全面建成小康社会目标，起草了《广西贯彻落实兴边富民行动“十三五”规划实施意见框架文本》（征求意见稿）。

三、立足发展保护，建设少数民族特色村镇

支持开展少数民族特色村寨保护与发展工作，在分配资金时将少数民族特色村寨建设作为资金分配因素，支持有关县开展少数民族特色村寨保护与发展工作，着力培育一批国家级少数民族特色村寨。配合发展改革做好少数民族特色小镇专项建设基金项目储备工作，指导市、县民族工作部门配合发展改革部门做好第三批专项建设基金项目的申报工作。遴选了 40 个村寨申报第二批“中国少数民族特色村寨”。

四、落实扶贫要求，扎实推进脱贫攻坚工作

一是做好定点帮扶工作。2016 年，推动落实了 3 个定贫困村帮扶资金 561 万元。组织开展“扶贫日”捐赠活动和“结对帮扶行动月”活动，募集机关和直属单位干部职工捐款和衣物送往定点帮扶贫困村。二是做好行业扶贫。2 月 15 日我委印发了《关于做好 2016 年扶贫工作有关事项的通知》，将扶贫工作任务分解落实到有关市县。据统计，投入贫困村屯级道路建设的少数民族发展资金 1 亿多元，安排到 54 个贫困县的少数民族发展资金达到 2.5 亿元，占资金总量的 73%，超额完成了自治区党委、政府交给的扶贫攻坚任务。

五、落实优惠政策，推动民族贸易企业发展

一是指导民贸企业建立完善基础档案和台账。基础档案和台账是认定民族贸易企业的主要依据。民贸企业必须建立第三方审计制度（即每年年终企业聘请第三方审计时，邀约审计内容中增加确定“经销少数民族特需品、生产生活必须品以及收购（加工销售）民族地区农副产品销售额占民族贸易企业销售比例”的内容），根据审计结果完善民族贸易企

业基础档案和台账。二是重新认定“十三五”民族贸易企业。牵头组织财政、人民银行等有关部门对各市申报的“十三五”民族贸易企业进行集中审核，重新认定了555家企业为我区“十三五”期间民族贸易企业。三是推荐田东南华糖业有限责任公司等8家企业为全国“百家壮大”民族贸易企业候选名单。

六、完善管理制度，加强市县工作指导

为进一步加强市县工作指导，在征求各市、县意见的基础上，参照广西专项扶贫资金管理办法，出台了《自治区民委关于进一步规范少数民族发展资金项目建设若干问题的通知》，进一步规范各类项目建设适用标准和补助标准，使各地在项目建设工作中有据可依。同时，还出台了《关于做好2016年扶贫工作有关事项的通知》，会同有关部门制定实施了《关于做好2016年少数民族特色小镇专项建设基金项目储备工作的通知》、《协助做好2016年少数民族发展资金绩效考评工作的通知》等，指导各地开展好各项工作。

七、强化资金监管，充分发挥资金效益

2016年5月，广西抽调各市有关人员组成3个督查组，对2015年、2016年兴边富民行动资金进行专项督查，共抽查项目183个，占项目总数的62.7%，涉及的资金6595万元，占资金总量的71.7%。项目涵盖了道村屯道路修建、文化中心项目建设、饮水项目建设、水利建设、产业基础设施建设以及其他一些建设项目。9月又组成2个督查组对2015年、2016年扶持人口较少民族发展资金进行专项督查，共检查项目135个，占项目总数的66.5%，涉及资金5888.29万元，占资金总量的74.5%。检查期间，督查组每到一个县采取听取汇报、查阅资料、走访抽查相结合方式，详细了解该县资金使用和项目建设情况。检查结束后，督查组还向各县反馈了检查情况，对资金项目实施好的方面给予充分肯定，对检查发现的问题，提出整改意见和建议。

(撰稿：翚丽　审稿：覃汉华)

海南省

一、概况

2016年，海南省民族宗教事务委员会认真贯彻党的十八大、十八届三中、四中、五中、六中全会精神和习近平总书记系列重要讲话精神，以及中央民族工作会议，牢牢把握各民族“共同团结奋斗、共同繁荣发展”的主题，立足民族地区实际，以推进民族地区基础设施建设、大力发展民族经济、改善少数民族群众民生为主旨，以解决少数民族和民族地区经济社会发展中的突出问题和特殊困难为切入点，加快民族地区的经济社会发展，民族经济工作取得新突破。

二、积极争取中央和省财政加大对民族地区的扶持力度

为加快推进民族地区发展，打好脱贫攻坚战，争取国家民委下达中央少数民族发展资金8030万元，省级财政安排配套资金3500万元，共1.153亿元，资金投入大幅度增加，为民族地区特色产业发展、少数民族特色村寨建设、脱贫攻坚工作提供了良好的资金保障。

三、全力推进少数民族特色村寨建设

少数民族特色村寨建设是省委省政府2016年“为民办实事十大事项”之一，计划在14个市县建设21个少数民族特色村寨。2016年，我委安排少数民族发展资金3300万元，带动市县配套资金1.19亿元，共推动实施23个少数民族特色村寨项目，改造特色民居1306户，受益群众5726人，超额完成既定的工作任务，顺利兑现省委省政府为民办实事的承诺。一年来，各市县民宗部门认真落实省委省政府的部署，将特色民居、特色文化、特色产业、生态保护、民族团结“五位一体”建设理念有机融合，加大力度推进特色村寨建设，助推脱贫攻坚和

美丽乡村建设，取得了显著的成效。陵水隆广镇常皮村依托旅游优势，将特色村寨与旅游观光、住宿餐饮、农家乐等项目融合发展；儋州兰洋镇南罗村大力推进民族团结进步进村寨，在民居的墙壁上人工图画黎族同胞生产生活的场景，满足游客住宿观光、领略黎族民俗文化的需求；琼中什运乡光一村、光二村结合基础设施大开发的有力条件，打造特色旅游和生态农业品牌，促进产业结构调整和乡村旅游的转型升级，给当地村民带来了良好的经济效益。2016 年，我省三亚市吉阳区中廖村等 11 个特色村寨被国家民委授予“第二批中国少数民族特色村寨”荣誉称号。目前，特色村寨已成为民族地区推进全面小康建设、推动旅游产业升级发展、加快新型城镇化和美丽乡村建设的重要抓手。

四、大力发展特色产业，助推少数民族贫困户增收脱贫

2016 年我委安排少数民族发展资金 8230 万元，实施特色产业项目 147 个，精准帮扶 6970 户贫困户，大大突破年初帮扶 2000 户贫困户的目标，精准帮扶效果明显。各市县充分利用少数民族发展资金，采取“公司+合作社+贫困户”的帮扶模式，重点发展五指山豪猪、东方黑山羊、黄牛、昌江霸王山鸡、琼中蜜蜂养殖等特色产业项目，帮助贫困户拓宽增收渠道。如，五指山毛阳镇唐干村将全村 145 户贫困户全部纳入豪猪养殖合作社，促进农民增收；昌江王下乡优创农业合作联社大力开展山鸡养殖，合作社以“市场为核心+政府主导+合作社服务+农民集体制生产”的宗旨，带领 796 户农户发展现代农业产业，力创优品奔康致富，取得了较好的经济和社会效益。

五、加强少数民族发展资金监督管理

2016 年，我们认真配合审计署驻深圳特派办、财政部驻琼专办、国家民委、省委巡视组等部门开展了 5 项专项审计工作，并协助省委省政府开展国务院扶贫资金项目督查。据反馈，全省少数民族发展资金管理没有发生截留、挤占、挪用、套取的情况，资金项目实施程序规范。通过严格的资金监督，切实发挥少数民族发展资金的使用效益，助力民族地区脱贫攻坚大局。

(撰稿：赵浩　审稿：胡莲)

重庆市

2016 年，重庆市民族经济工作紧紧围绕全市工作大局，深入贯彻落实中央民族工作会议和市委民族工作会议精神，创新方法，强化措施，狠抓落实，全力攻坚，有力推进了我市少数民族地区经济社会事业发展。

一、加强少数民族发展资金管理

加强资金项目管理，依据《重庆市少数民族发展资金绩效评估暂行办法》和《重庆市少数民族发展资金项目验收暂行办法》。委托第三方对 2015 年度少数民族发展资金使用管理情况进行了绩效评估，对民族地区和部分散居区县的少数民族发展资金及项目实施进展情况进行了指导检查。重点对滞留资金、迟延验收项目等情况进行了督查，进一步规范了资金使用、项目实施。

二、推进少数民族特色村镇建设

市政府召开全市少数民族特色村寨调研座谈会，统一了思想，明确了任务，提出了措施。对全市少数民族特色村镇进行摸底调研，为做好“十三五”少数民族特色村镇保护与发展奠定基础。指导各区县完成“十二五”期间我市少数民族特色村镇项目验收自查工作。2016 年，安排少数民族发展资金 4766.5 万元，新启动重点打造 25 个特色村镇项目。少数民族特色村镇已初步成为民族文化生态旅游的新景点、新亮点、新热点。2016 年，我市少数民族特色村镇累计接待游客约 150 万人次，实现乡村旅游收益约 2 亿元，当地农民人均纯收入超过 1 万元，高于全市平均水平，促进了乡村旅游特色产业发展和群众增收致富。

三、抓好少数民族地区特殊民生工程

一是实施便民桥、便民路等民生工程，支持民族地区基础设施、特色产业、扶贫脱贫、公共服务等等特殊民生工程 100 项，重点解决了边远贫困地区少数民族群众饮水难、通行难问题。二是实施少数民族地区贫困群众家庭残疾人康复救助和就业培训工程，全年康复培训和技能培训残疾人 420 名，其中康复救助 280 名（听力、脑瘫、孤独症 150 例，肢体矫正 130 例），技能培训及就业（试点）140 名。三是实施少数民族青年才俊工程。资助少数民族贫困大学生新增 1300 余名，资助 100 名藏族学生完成学业。四是协调“中华健康快车”为我市民族地区白内障患者免费实施复明手术 1051 例。

四、落实民贸民品企业贷款贴息政策

认真贯彻落实民贸民品优惠政策，对有贷款需求、具备贷款资格、符合贷款条件并提出贷款申请的民贸民品企业，按照“暂行办法”规定审核、放贷和贴息。2016 年渝东南民族地区民贸企业达 366 家。在民贸民品优惠政策支持和激励下，我市民贸民品市场主体不断增多、体量逐渐扩大、抗风险能力明显增强，民贸民品企业生产规模不断拓展、产品质量不断提升、销售市场不断延伸、企业效益不断提高。同时，企业服务少数民族群众生产生活特殊需要的效益不断提高，为少数民族群众生产生活提供了有效服务，为当地经济社会建设做出了应有贡献。

五、开展民族地区经济统计分析

2016 年，我委继续开展，民族地区经济统计分析工作，每季度对民族地区 GDP、全部工业增加值、固定资产投资、社会消费品零售总额、一般公共预算收入、金融机构存款（贷款）余额、农村常住居民人均可支配收入等重要经济指标进行统计分析，并与民族地区周边湘西州、恩施州和铜仁市的主要经济指标进行对比，形成文字分析材料，同时对我市民贸民品企业贷款贴息数据进行统计分析。

六、积极做好对口支援昌都市工作

按照《重庆市民宗委系统对口支援西藏自治区昌都市民族工作实施方案（2015 年—2017 年）》要求，一是指导重庆市少数民族青年才俊工程落实 90 万元，资助 100 名昌都市少数民族建卡贫困户、城镇低保户家庭学生就读大学（含高职）。二是组织动员重庆华岩文教基金会、九龙坡区民宗委、酉阳县民宗委等单位和部门开展对口支援工作，2016 年共捐赠工作经费 40 万元。三是培训昌都市民族宗教系统干部。2016 年在重庆市委党校举办 2 期专题培训班，帮助昌都市培训民族宗教干部近 100 人。四是共同做好昌都籍在渝少数民族群众服务和权益保障工作，积极协调各有关方面，为来渝经商、就学、就医、就业的昌都籍少数民族群众提供方便，帮助解决实际困难和问题，维护合法权益。五是支持办好重庆市西藏中学，协调各有关方面支持重庆西藏中学发展。

(撰稿：陶先涛　审稿：向远道)

四川省

2016 年是“十三五”开局之年，在国家民委的大力支持和精心指导下，在四川省委、省政府的正确领导下，四川省民族自治地方深入学习贯彻习近平总书记系列重要讲话精神，切实落实中央和省委、省政府关于民族工作的决策部署，按照“五位一体”总体布局和“四个全面”战略布局，紧紧围绕新时期全省民族工作思路，着力破解民族地区经济社会发展问题，努力促进民族地区经济社会全面发展和长治久安。

一、深入谋划研究，积极编制民族经济规划

加强民族地区经济发展的各类重点、难点和突出问题研究，谋划促进民族地区经济发展的新方法、

新思路和新举措。密切关注国家、全省及民族地区的规划动态，及时了解把握各类规划的重点和方向，力争更多的民族地区项目列入国家和全省规划。结合我省实际，对国家民委《"十三五"促进民族地区和人口较少民族发展规划草案》提出了24条政策建议，部分意见建议已被采纳。积极参与省级相关部门"十三五"规划编制和修改工作，对《四川省国民经济和社会发展第十三个五年规划纲要》、《川西北生态经济区"十三五"规划》、《攀西经济区"十三五"发展规划》、《进一步加强全省旅游市场综合监管的实施意见》等30余份总体规划和专项规划文件提出了意见和建议。

二、严格项目审批，提高民族发展资金促进效益

按照国家民委《关于提前下达2016年少数民族发展资金的通知》民委发〔2015〕137号、财政部《关于提前下达 2016 年中央财政扶贫资金预算指标的通知》财农〔2015〕170号文要求，我们按照"突出重点、兼顾全面、拾遗补缺"和因素法分配的原则，及时切块下达到民族自治地方。同时，注重加强对项目的跟踪监督，及时掌握项目推进情况，确保项目更加符合实际，更贴近少数民族群众的生产生活需求，不断提高项目合理性和科学性，充分发挥项目资金的经济效益和社会效益。

三、开展业务培训，提升民族经济工作水平

为贯彻落实国家民委经济工作会议精神，提高民族经济工作干部业务能力，2016年4月，在阿坝州茂县组织举办了 2016 年度四川省民宗系统民族经济工作业务培训。全省21个市（州）民宗局领导，省发改委、省统计局、部分市州统计局等相关部门负责同志参加了会议。会议传达学习了中央、省委经济工作会议和全国民族经济工作会议精神，并就2016年少数民族发展资金、民族统计、民贸民品工作进行了安排部署和业务培训。

四、积极协调配合，推动民族特色小镇建设

按照《国家民委办公厅 国家发展改革委办公厅关于做好 2016 年少数民族特色小镇专项建设基金项目储备工作的通知》要求，进一步做好少数民族特色小镇保护与发展工作，保护与传承少数民族优秀传统文化，发展特色优势产业。经省民宗委与省发改委等部门多次沟通协调，共同研究制定工作方案，加强对民族地区宣传和衔接，争取更多的少数民族特色小镇纳入专项建设基金项目。甘孜、阿坝、凉山、宜宾、雅安、泸州、达州、乐山、绵阳、广元等10个市州积极上报，共上报申请项目33个，涉及藏、羌、彝、土家、苗、回6个少数民族。省民宗委多次与省发改委、省重大项目工程咨询院对33个项目材料进行评审，甄选出凉山州普格县螺髻山特色风情小镇、甘孜州道孚县八美镇少数民族特色小镇、阿坝州金川县勒乌镇少数民族特色小镇、乐山市峨边彝族自治县黑竹沟彝族特色文化旅游小镇、阿坝州松潘县青云民族特色小镇、甘孜州德格县马尼干戈镇少数民族特色小镇6个有代表性的建设项目，上报国家民委、国家发改委。

五、加强组织指导，扎实推进民族特色村寨挂牌

按照《国家民委办公厅关于开展第二批中少数民族特色村寨命名挂牌工作有关事项的通知》要求，我们切实加强对各地的指导，要求各市州结合自身实际，从已建成的少数民族特色村寨、灾后重建新村、幸福美丽家园、牧民新村、彝家新寨等范围筛选符合命名挂牌条件的特色村寨，对符合条件的特色村寨进行认真地筛选和实地考察，在突出民族特色和地域文化特点的基础上，将村寨特色经济可持续发展和村民生产生活水平提高作为重要参考依据，切实体现特色，真正起到示范带动作用。对各地上报材料进行汇总评估，并正式上报国家民委，经国家民委审定，已授予我省50个少数民族特色村寨。

六、强化服务管理，认真落实民贸民品政策

按照国家民委要求，认真总结我省"十二五"期间扶持民族贸易和民族特需商品定点生产企业政策执行情况，分析存在的问题，对"十三五"民贸民品政策提出建议，并形成总结报告上报国家民委，

同时按要求上报了我省“千家扶持，百家壮大”民品企业三家。认真落实民贸民品政策，加强对民贸民品定点生产企业的指导，进一步宣传国家支持民贸民品政策，鼓励更多民族贸易和产品生产企业关注民贸民品政策，进一步争取更多政策支持。

七、加强调研督导，促进城市民族经济发展

为全面贯彻落实全国、全省城市民族工作会议精神，先后多次调研少数民族进城务工人员的情况，加强工作协作。深入大中城市少数民族居住较多的社区、街道督导推进嵌入式服务管理工作。与基层民族工作部门研究探索新形势下城市少数民族工作新规律、谋划城市少数民族工作新思路。为满足城市少数民族生活需求，促进少数民族地区经济发展，积极协调有关部门，着力推动我省城市清真产业与回族乡发展结合起来，民族产业与少数民族精准扶贫工作结合起来，鼓励推动城市清真产业为主的民族经济在“一带一路”中发挥作用，积极协调，支持蕃坊清真产业、百味居实业公司等民族经济发展。

八、积极主动作为，全力推进少数民族民生工程

认真实施“四件套”和“二选一”年度计划，根据彝区群众和基层政府的建议，组织完成了对“四件套”的优化设计，组织省直部门和地方政府对优化后的“四件套”进行了审定。同推进藏区“六大民生工程”计划和“彝区十大扶贫”工程。按照省委将“四件套”和“二选一”合并为“六件套”的指示，起草了“六件套”实施的初步方案，并配合有关部门做好了修改完善、意见征求等相关工作。切实履行“双牵头”职责，积极配合做好藏区六大民生工程计划相关工作。牵头做好彝区十大扶贫工程中“现代文明普及工程”的相关工作。

九、推进科学决策，统筹脱贫与县域发展

紧紧围绕省委“确保全省每年减少农村贫困人口 100 万左右，到 2020 年全面消除绝对贫困，全省农村贫困人口全部脱贫，贫困县农民人均纯收入比 2010 年翻一番以上”目标，省民族宗教委牵头组织精准脱贫与民族地区县域经济发展座谈会，会议邀请了省级部门、甘孜、阿坝、凉山三州所辖 48 个民族县、3 个民族自治县和 16 个享受少数民族地区待遇县的 100 多人导参会，推动精准脱贫与民族地区县域经济发展如何有机结合、走出双轮驱动的路子。部分县域经济发展较好的县在会议上分享成功经验，来自县域经济研究领域的专家共同探讨了发展方向，凝聚了发展共识。

十、落实绿色发展，推进民族地区生态保护

为贯彻落实省委十届八次全会上作出的《中共四川省委关于推进绿色发展建设美丽四川的决定》，加快推进民族地区树立绿色发展理念，大力促进生态文明建设，全省民族地区紧紧围绕建设西部地区生态屏障目标不动摇，坚定促进转型发展，坚决守护绿水青山，在推进绿色发展、改善生态环境上发挥重要作用并取得了显著成效，并得到省人大常委会高度关注。根据省人大常委会要求，专门听取省政府关于民族自治地方生态保护和补偿机制的建立及落实情况。受省人民政府委托，由省民宗委牵头负责汇报工作，为切实办好此项工作，省民宗委历时半年，分别对民族地区三州、自治县和待遇县开展调研和收集相关数据，撰写调研报告，征求相关单位和部门意见，并形成汇报材料。省第十二届人大常委会第 28 次会议听取了省民宗务委主任姚斌作《四川省人民政府关于民族自治地方生态保护和补偿机制的建立及落实情况、资源开发补偿和资源开发带动当地经济发展情况的工作报告》，人大常委会对民族自治地方生态保护和补偿机制的建立及落实工作作出了高度肯定，结合报告提出 6 条审议意见，要求省政府及相关部门贯彻执行。

十一、抓好统计分析，提高服务经济决策水平

认真开展民族地区统计监测工作，加强与省级有关部门和民族地区统计部门的联系，分析民族地区经济运行情况，及时研判民族地区经济运行形势，及时为省委、省政府和省级各有关部门提供民族地区经济发展季度报表和经济运行报告，按照要求提供历年民族地区经济和社会发展数据，及时上报国家民委下达的各项统计报表及运行报告，为民族地

区经济决策提供有益的参考。

十二、突出扶贫攻坚，争取国家部委专项支持

为确保我委联系帮扶的色达县及下甲斗村脱贫攻坚各项工作圆满完成。我们加大了对其的督促指导力度，2016 年先后 6 次深入色达，在县上查看资料，进村入户检查，了解群众收入和生活变化情况，查看村里公共服务和公共基础设施配套完善情况，到项目现场，实地查看工程进展情况。积极参加了省委、省政府对全省扶贫攻坚专项检查工作，结合我省民族地区脱贫攻坚的紧迫实际，积极向国家相关部委汇报衔接，努力沟通和争取，推动实现了我省凉山州列入国家重点支持加快建设小康社会三个民族自治州之一，配合做好国家部委相关调研，积极为国家发展改革委、国家民委提供出台《关于支持四川省凉山彝族自治州云南省怒江傈僳族自治州甘肃省临夏回族自治州加快建设小康社会进程的若干意见》（发改西部〔2015〕1307 号）的相关材料，配合省政府出台了《若干意见》的落实意见。

（撰稿：李学华　审稿：荣跃泽仁）

贵州省

一、少数民族特色村寨保护与发展工作取得显著成效

出台了《关于加强少数民族特色村寨保护与发展的指导意见》、《关于 2016—2020 年命名挂牌少数民族特色村寨的实施方案》和《关于加强少数民族特色小镇保护与发展的指导意见》，进一步修改完善《贵州省少数民族特色村寨保护与发展总体规划》和《贵州省少数民族特色村镇保护与发展规划（2016—2020 年）》。制定了命名挂牌的标准和程序，安排部署了“十三五”期间命名挂牌 1000 个少数民族特色村寨工作。和省委统战部、省旅发委共同命名了贵州省首批 272 个少数民族特色村寨，并授予匾牌。同时申报了第二批中国数民族特色村寨命名挂牌工作，我省有 151 个入列第二批中国数民族特色村寨，全年共投入 5615 万元民族特色村镇建设专项资金。

二、深入推进人口较少民族村率先全面小康工作

收集整理了人口较少民族聚居行政村率先全面小康统计监测指标数据。2016 年将已投入 42889 万元。对 2014、2015 年度基本实现全面小康的 39 个村开展了抽查验收和评估，29 个村基本实现全面小康，10 个村部分指标实现小康。完成《贵州省扶持人口较少民族发展“十三五”专项发展规划》编制工作；到目前为止，我省有毛南族、仫佬族、土族等 3 个民族共 77 个村属于国家人口较少民族十三五规划重点扶持范围。争取了国家扶持人口较少民族专项资金 4432 万元，支持人口较少民族聚居行政村率先全面小康创建。

三、多措并举助推民贸民品企业加快发展

会同贵州省财政厅和人民银行贵阳中心支行制定了《贵州省民族贸易企业认定办法》，对原认定的民贸企业进行清理，重新认定民贸企业 1473 家。加强了统计监测，按季度向省政府上报数据。加强了与财政部驻贵州专员办的协调沟通，协商解决政策落实中存在的不协调问题。在上海市举办了 1 期 50 人民贸民品企业人才培训班。与贵州省商务厅共同组织 11 家民贸民品企业赴亚美利亚和俄罗斯参展参会。2016 年，全省 1-3 季度共有 379 家民贸民品企业享受流动资金优惠利率贷款突破 107 亿元，企业享受中央财政贷款贴息突破 2.09 亿元。

四、扎实推进民族传统手工艺的扶持和保护

安排中央、省级传统手工艺专项资金 1000 万元，扶持 162 家企业发展刺绣、染绘、银饰、剪纸、陶艺、编织、漆器、雕刻、服饰、乐器、纺织等传统手工艺保护与开发项目。印发了《贵州省民宗委

贵州省文联关于2016-2020年命名少数民族传统手工艺传习所的实施方案》，与省文联共同命名挂牌第一批200家“少数民族传统手工艺传习所”。协助国家民委开展了少数民族传统手工艺保护与发展的调查，报送了调查表。

五、认真做好民族地区扶贫工作

开展少数民族特困地区和人口数量较少民族精准扶贫。由省扶贫开发领导小组办公室下发了《关于对少数民族特困地区和人口数量较少民族精准扶贫进行分解落实的通知》以及《关于对加快少数民族特困地区和人口数量较少民族发展推进精准扶贫实施方案的责任分解通知》。会同省财政厅、省扶贫办组成调研组对65个人口少数较少民族贫困村开展了实地调研，起草了《贵州省扶持人口数量较少民族贫困村整体脱贫实施方案》。做好了第4批17名国家民委派驻贵州省武陵山片区联络员的日常联络服务工作，建立了月调度监测制度，开展了定期监测调度工作。积极配合做好《推进武陵山片区旅游减贫致富与协同发展合作协议》和《国家民委国家旅游局全国工商联国家开发银行关于推进武陵山片区旅游减贫致富与协同发展意见》等文件精神的落实。

六、加强了民族统计监测工作

完成了贵州省政府民族工作联席会及全省民委主任会议参阅资料数据材料，以及民族自治地方、民族乡、全省民贸民品企业享受优惠政策情况、扶持人口较少民族情况等统计报表填报任务。编印了《2015年贵州民族统计监测手册》、《贵州民族统计监测指导手册》分发市州。召开了2016年民族统计数据审核会，对2015年度民族数据进行了现场审核，并向国家民委报送了相关审核数据。下达2016年民族统计监测工作经费176万元，同时下发了《省民宗委关于明确民族统计监测工作经费用途的通知》，进一步规范了民族统计监测经费使用范围。

七、落实好少数民族建房工作任务

按照重点突出、兼顾特殊、点面结合的安排原则，共安排少数民族建房专项补助资金300万元，以每户10000元标准，完成300户农村少数民族住房困难群众改造居住环境。实施过程中，按照农村少数民族群众住房困难等级的程度，以州市、县民族部门逐级推荐，按轻重缓急逐年实施，做到公平、公正、公开。

八、抓好人口计生综合治理工作

认真落实与省委、省政府签订的《贵州省人口和计划生育工作综合治理目标管理责任书》目标任务。及时调整人口计生综合治理领导小组、加强学习宣传人口和计生政策、抓好人口计生的综合治理、明确计生“三结合”目标帮扶任务。安排专项帮扶资金60万元，按每户1000元标准帮扶计生户600户。

九、做好“黔系列”民族文化产业品牌打造工作

共安排专项经费500万元打造“黔系列”民族文化品牌工作。按照《打造“黔系列”民族文化产业品牌工作方案》要求，在《贵州日报》《贵阳都市报》《贵州民族报》、网络面向社会、高校发布了征集“黔系列”形象标识（logo）公告，征集了297幅作品，并邀请专家进行评审，筛选了15幅作品报省政府领导。由黔系列办公室组织召开了2个联席会议，起草并向省政府报送了《关于打造贵州民族文化产业“黔系列”品牌宣传方案》、黔系列标识（logo）的征求意见和联系专家对标识的修改及黔系列品牌宣传的招标等工作。

十、扶持民族地区农村电子商务发展

根据贵州省农村电子商务发展的要求，认真开展调查研究，结合民族特色村镇建设、扶持人口较少民族发展、民族地区扶贫等工作，在民族地区投入资金400万元，扶持建设了100个农村电子商务示范站（点），推动民族地区电子商务发展。

（撰稿：张发刚　审稿：潘选）

云南省

2016 年是“十三五”开局之年，也是云南民族经济工作取得重要突破的一年。一年来，在省委、省政府的正确领导和国家民委的关心支持下，全省民族工作部门紧紧围绕建设民族团结进步示范区这个中心和决战脱贫攻坚这个大局，坚持把发展作为解决民族地区各种问题的总钥匙，切实采取有力措施，努力促进全省民族地区加快发展。

谋篇布局，为“十三五”开好局、起好步。2016 年，我们按照国家民委的要求和省委、省政府的部署，牵头编制实施了《云南省建设我国民族团结进步示范区规划（2016—2020 年）》、《云南省少数民族特色村镇保护与发展规划（2016—2020 年）》、《云南民族团结进步示范区建设“十县百乡千村万户示范创建工程”三年行动计划（2016—2018 年）》，参与编制实施《云南省全面打赢“直过民族”脱贫攻坚战行动计划（2016—2020 年）》、《云南省“直过民族地区”沿边地区较大人口规模自然村通硬化路建设规划》等一系列发展规划和行动计划，进一步明确各级各部门职责，高位推进少数民族和民族地区加快发展。

着力改善边境沿线群众生产生活条件。为深入推进兴边富民行动，省委、省政府于 2015 年 7 月，启动实施了《云南省深入实施兴边富民工程改善沿边群众生产生活条件三年行动计划(2015—2017 年)》，省民族宗教委作为牵头部门，积极协调，加大投入，有力改善沿边群众生产生活条件，到 2016 年末，省级部门投入沿边 373 个行政村资金 55.2 亿元，边境州市县整合资金 18.7 亿元，协调落实企业帮扶资金 2.5 亿元，群众自筹资金 22 亿元，共计投入资金 98.4 亿元，扎实推进抗震安居、产业培育壮大、基础设施建设、公共服务提升、村寨环境整治、劳动者素质提高等六项工程 31 个子工程建设。在国家民委的关心支持下，云南省民族宗教委安排 5 亿元，重点支持沿边群众实施抗震安居房建设和特色产业等发展。通过实施沿边三年行动计划，进一步增强了群众守土固边的责任心和自豪感，成为深受沿边各族群众欢迎的国门工程、惠民工程。

不断加大对直过民族和人口较少民族精准扶贫力度。2016 年，与省扶贫办共同制定实施了 11 个直过民族和人口较少民族精准脱贫实施方案，2016 年已累计完成投入 35.76 亿元，建设一批基础设施、公共服务和群众增收项目。同时，省民族宗教委还安排专项资金 4060 万元，以村级产业互助资金方式，扶持直过民族和人口较少民族聚居村群众产业发展。安排省级财政资金 2645 万元，为人口较少民族聚居村 18.5 万户 77.1 万人购买人身意外伤害保险和农房险，向人口较少民族高中、大学本科和大专院校学生发放助学补助，有效缓解了人口较少民族因残、因灾、因学致贫返贫现象。与省交通运输厅共同编制《云南省“直过民族地区”沿边地区较大人口规模自然村通硬化路建设规划》，规划计划投资 112.5 亿元(其中交通运输部投入 62.5 亿元)，对 9049 个自然村 2.5 万公里实施道路硬化建设。积极参与协调三峡集团、华能集团、大唐集团、云南中烟工业公司、云南烟草专卖局（公司）等中央、省级 5 家企业集团履行社会责任，与我省签订帮扶合作协议助推脱贫攻坚，共投入资金 64.5 亿元，帮扶布朗、阿昌、怒、普米、景颇、拉祜、佤、傈僳等 8 个直过民族和人口较少民族聚居区 43 万贫困人口精准脱贫，涉及 8 个州市 21 个县市区，目前，帮扶资金已到位 18 亿元。争取上海市民族宗教委安排帮扶资金 650 万元，支持怒江州怒族发展等，有力推进直过民族和人口较少民族脱贫步伐。

扎实推进示范区建设“十百千万”示范创建。按照“率先发展、全面小康”、“精准脱贫、跨越发展”和“突出特色、融合发展”三种类型创建模式，启动实施第二轮“十百千万”示范创建工程，2016 年安排资金 5.4 亿元，启动建设 10 个示范县、36 个示范乡镇、15 个民族特色乡镇，实施了 101 个民族特色村寨、262 个示范村、17 个示范社区。打造了一批民居有特色、产业强、环境好、民富村美人和谐的民族特色示范村镇，涌现出一大批民族团结进步示范典型和模范，形成了以点串线、以线连片、以片带面的示范创建格局。

大力推进少数民族特色村镇建设。2016 年，安排资金 1.34 亿元，建设了 101 个民族特色村寨，并启动了 15 个民族特色乡镇建设。迄今共建设了 561 个少数民族特色村寨和 15 个特色乡镇，其中有 154 个被国家民委命名为“中国少数民族特色村寨”。会同省发展改革委共同向国家民委、国家发展改革委申报了 18 个少数民族特色小镇建设项目。其中，大理剑川县沙溪镇、红河州红河县迤萨镇、楚雄州禄丰县黑井镇、德宏州芒市芒海镇、大理州大理市喜洲镇、红河州蒙自市鸣鹫镇、西双版纳州勐腊县勐仑镇、文山州丘北县八道哨镇等 8 个少数民族特色小镇被国家发改委和国家民委列入 2016 年第三批专项建设基金项目，给予低息贷款支持，重点打造。

继续支持民贸民品企业发展。根据国家民委要求，清理调整了我省民族贸易县民族贸易企业，截至 2016 年 10 月，由企业申报，通过县、州市、省三级认定审核的民族贸易企业达 622 户。配合财政部驻云南专员办对 2015 年民贸民品企业贷款贴息进行了审核，清算 2015 年民贸民品中央贴息资金 2527 万元，预拨 2017 年贴息资金 10486 万元，实现我省民贸民品工作新突破。争取省级设立 1000 万元民贸民品专项资金，并按因素法下达到州市县，加大对民贸民品中小企业的扶持力度。加强调查研究，撰写了《云南省民族贸易和民族特需商品生产政策执行情况》调研报告，为民贸民品企业的发展提供支持。

（撰稿：易永红　审稿：陈新华）

西藏自治区

认真贯彻执行党的民族政策，全面贯彻落实党的十八大和十八届三中、四中、五中、六中全会精神，全面贯彻落实中央第六次西藏工作座谈会、中央民族工作会议、全国宗教工作会议和全区民族工作会议精神，贯彻落实习近平总书记系列重要讲话精神，特别是“治国必治边、治边先稳藏”的重要战略思想和“加强民族团结、建设美丽西藏”的重要指示，贯彻落实党的治藏方略和“依法治藏、富民兴藏、长期建藏、凝聚人心、夯实基础”的重要原则，贯彻落实自治区党委、政府关于民族宗教工作的系列决策部署，紧紧围绕“贯彻一个会议精神、办好两件大事、开展好六项工作”的民族宗教工作要点，以维护民族宗教领域团结稳定为首要任务，以创建全国民族团结模范区为目标，以推进民族宗教事务法治化为主要抓手，全力推进工作落实，谱写好了民族宗教工作“十三五”开局新篇章。

坚持高度重视，把民族团结作为各族人民的生命线。自治区党委、政府坚持把维护民族团结作为重大政治责任，始终放在心上、牢牢抓在手上，作为一条生命线贯穿全区发展稳定各项工作，做到了思想上高度重视、行动上统一步调、体制上建立健全、措施上细化完善、目标上同心同向。一是摆上突出位置。区党委、政府和各级各部门坚持把民族团结作为重中之重、列入重要议事日程，党政主要负责同志亲自抓，分管负责同志具体抓，民宗部门全力抓，其他部门支持配合、齐抓共管，做到了“五不忘”，即研究部署工作不忘民族团结、考核检查工作不忘民族团结、财政预算不忘民族团结工作经费、选配干部不忘选好民族工作战线上的干部、表彰先进不忘表彰民族团结工作中的先进集体、个人和家庭。二是健全责任机制。坚持自治区、地（市）、县（市、区）、乡镇（街道）四级联动，形成了党委统一领导、政府具体落实、部门紧密配合、社会广泛参与的工作格局。三是融入日常工作。坚持“两个重在”（重在平时、重在交心），各级党委、政府定期不定期召开各族各界代表人士座谈会，省级领导带头、全区县处级以上党员干部每人联系 1 个村 1 座寺庙和 2-3 户困难群众，建立直接联系服务群众制度、“进村入户、结对认亲交朋友”，经常深入村组、寺庙、农牧户走访慰问，主动邀请结对群众到家中做客“走亲戚”，拉近了与群众之间的距离，增进了与群众之间的感情，密切了与群众之间的关系。

坚持依法治藏，坚定不移执行民族区域自治制度。自治区党委、政府认真执行党的民族政策和民族区域自治制度，切实落实好、维护好各民族在政治、经济、文化、社会等方面的权益，保障各族人民依法自主管理民族事务。一是建立健全民族政策法规。制定出台了《西藏自治区学习、使用和发展藏语文的规定》、《关于设立“西藏百万农奴解放纪念日”的决定》、《拉萨市促进民族团结条例》等290多部地方性法规和具有法规性质的决议决定，对多项全国性法律制定了符合西藏实际的实施办法，形成了具有西藏特点、较为完善的民族政策法规体系。二是充分保障各族人民民主权利。目前，自治区20名全国人大代表中，少数民族代表占70%；自治区人大常委会组成人员中，少数民族干部占57%；自治区、地（市）、县（市、区）、乡镇人大代表中，少数民族代表占93%以上；全区29名全国政协委员中，少数民族委员占89%。三是切实维护人口较少民族权益。在人口较少民族聚居区设立9个民族自治乡，其中门巴民族乡5个、珞巴民族乡3个、纳西民族乡1个，各少数民族充分享受到祖国大家庭的温暖。

坚持抓住关键，培养壮大民族干部人才队伍。自治区党委、政府认真贯彻落实党的干部路线方针政策，按照德才兼备、以德为先的用人标准，着力抓好民族干部人才队伍建设，为西藏跨越式发展和长治久安提供了组织保障和人才支撑。一方面，大力培养选拔使用民族干部。自治区历届人大常委会主任、人民政府主席、政协主席均由藏族干部担任，7个地（市）中5个地（市）委书记是藏族干部，74个县（市、区）党政一把手中有80多名藏族干部，694个乡镇（街道）党政正职中均配有一名民族干部，各级党政机关中藏族和其他少数民族干部比例达70.4%。近年来，全区共选拔地厅级、县处级、乡科级后备干部417人、4547人、11261人，其中民族干部分别占60%、68%、83%，形成了数量充足、门类齐全的民族后备干部库。一方面，大力建设民族专业人才队伍。深入实施西藏少数民族专业技术人才特殊培养工程，分层次、多形式培训党政、专业技术、企业经营管理等人才6万余人次。目前，全区专业技术人才达6.64万人，其中少数民族专业人才占78%。

坚持传承弘扬，保护发展民族特色文化。自治区党委、政府高度重视保护、传承和弘扬西藏优秀传统文化，努力建设中华民族特色文化保护地。一是切实保护和发展藏语言文字。藏语文的学习、使用和发展受到法律保护，藏语文在日常生活中得到广泛应用；藏文字符计算机编码已通过国家标准和国际标准，藏文成为中国第一个具有信息交换文字编码国际标准的少数民族文字；全面启动城镇三年、农牧区两年学前藏汉“双语”教育工程，新建、改扩建“双语”幼儿园276所，全区幼儿园增加到613所，以藏语文授课为主的“双语”教学体系得到大力推行；自治区广播电视、报刊杂志、互联网和手机等媒体都有专门的藏语频道、栏目及功能，藏文图书发行量逐年增多。二是切实保护和传承民族遗产。加强重点文物保护工作，全面启动“十二五”46项重点文物维修保护项目、总投资达10.09亿元，共维修保护布达拉宫、罗布林卡、萨迦寺等文物单位65处、红色遗迹14处，新建改建博物馆6个。目前，全区共有全国重点文物保护单位55处、自治区级非遗保护项目323项，布达拉宫、罗布林卡、大昭寺被列入世界文化遗产名录，拉萨、日喀则、江孜被列为国家级历史文化名城，拉萨八廓街、江孜加日郊老街等被列为中国历史文化名街，西藏博物馆被列为国家一级博物馆，《格萨尔王传》等非物质文化遗产得到及时抢救和保护。推进重要历史和革命文物（红色遗迹）保护工作，共调查、登录重要历史和革命文物点204处，其中31处革命文物和45处重要历史文物已被列为各级文物保护单位；安排资金近4000万元，对山南乃东克松村第一党支部旧址等13处重要历史和革命文物实施了保护维修工程，建设了一批重要的自治区级爱国主义教育基地。加强贝叶经保护和研究工作，先后编印了《西藏自治区珍藏贝叶经总目录》、《西藏自治区珍藏贝叶经影印大全》、《西藏自治区珍藏贝叶经影印大全简目》、《西藏自治区贝叶经保护纪实》等书目，圆满完成了“加强保护、编出目录”两大重要任务。初步确定，西藏迄今珍藏有梵文贝叶经影印本共1000多个函(种)、近6万叶。三是切实保护和尊重民族传统习俗。充分尊重各民族饮食、服饰、住房、婚丧嫁娶、信仰禁忌等风俗习惯，保护好“神山”、“圣湖”；每年举办拉萨雪顿节、日喀则珠峰文化艺术节、山南雅砻艺术节、林芝大峡谷文化旅游节、昌都康巴艺术节、那曲恰青赛马节、阿里象雄文化艺术节等传统大型节庆活动，不断扩大影响力、提高知名度，成为地域性民族文化品牌。

坚持夯实基础，促进各民族深度交流融合。自治区党委、政府坚持把筑牢基层基础、提高直接联系服务群众能力作为推进民族团结进步的重要环节来抓。一是深入开展干部驻村工作。2011 年 10 月以来，自治区、地（市）、县（市、区）、乡镇四级联动，连续 5 年每年选派 2 万多名优秀干部组成工作队，进驻 5464 个行政村（居委会），与群众同吃、同住、同学习、同劳动，面对面拉家常、听意见，手把手算细账、谋致富，心贴心办实事、解难事。完成好建强基层组织、维护社会稳定、拓宽致富门路、开展感党恩教育、办好实事好事、落实惠民政策、推进扶贫开发等重点任务，解决了一大批实际困难和问题，把党和政府的关怀与温暖送到各族群众的心坎上，与各族群众建立了深情厚谊，夯实了民族团结的群众基础。二是深入开展“先进双联户”创建评选。2013 年 5 月开始，在全区 80 多万户、300 多万名各族群众中，以 5 户或 10 户作为一个联户单位开展创建活动，坚持联户平安、联户增收，利益共享、责任共担，共创平安和谐、共同增收致富、共建美好家园。目前，全区共建立联户单位 9 万多个、实现了城乡居民全覆盖。三是深入开展“党员干部进村入户、结对认亲交朋友”活动。全区乡科级以上党员干部结合单位驻村点，每人直接联系 2-3 户困难群众，每月登门走访一次，看望慰问、倾听意见、解决问题；每半月电话联系一次，嘘寒问暖、沟通联系；每月向单位党委（党组）报一份联户群众情况报告。活动开展以来，全区 46921 名党员干部同 67066 户农牧民群众结对认亲，为各族群众办实事好事 38800 余件，和各族群众搭上了“亲情链”、架起了“连心桥”，党群干群关系日益密切。

我们始终坚持高举民族团结的旗帜，把民族工作作为事关全区大局的大事来抓，正确处理发展改革稳定的关系，紧紧围绕发展稳定两件大事，办好利民惠民、利寺惠僧“十件实事”，着力解决好各族群众最关心最直接最现实的利益问题，坚持成果共享，切实增强各族群众的幸福指数，全区城乡居民幸福指数不断提高，使之过上更加幸福美好的生活，确保完成脱贫攻坚各项任务，为全面实现“十三五”规划目标奠定更加坚实基础。

（撰稿：洛桑群佩　审稿：拉巴次仁）

陕西省

2016 年，在国家民委精心指导和陕西省委、省政府的正确领导下，我们紧紧围绕年度民族工作要点确定的民族经济工作任务开展工作，加快农村少数民族地区经济发展，协调落实少数民族特需商品定点生产企业优惠政策，积极推进民族经济交流合作，依法加强清真食品管理工作，促进了我省民族经济健康发展。现将我省 2016 年民族经济工作情况报告如下：

一、加快农村少数民族地区经济发展

（一）开展全省农村少数民族贫困人口统计工作

年初，为了准确掌握我省农村少数民族地区贫困人口的基本情况，我委指导各市对全省少数民族人口占全村总人口比例达到 5%以上的行政村进行了统计摸底，经过对各市上报数据进行归纳梳理，全省范围内符合统计要求的行政村有 77 个，农村少数民族贫困户共 1437 户、5060 人，同时，基本摸清了我省农村少数民族地区生产生活基本条件及产业发展的基本情况。

（二）建立全省少数民族发展资金项目库

为进一步更好、更精准地解决少数民族和少数民族聚居地区的实际困难和问题，提高中央财政少数民族发展资金使用效率，做到提前组织谋划，提前筛选、备案。4 月份，我委会同省财政厅下发了通知，向各市征集少数民族发展资金项目库项目，经过市、县民族工作部门研究，逐级审核申报，共征集项目 74 个，成为安排少数民族发展资金的重要参考。

（三）做好少数民族发展资金项目审批和资金下达工作

按照国家民委 2016 年度少数民族发展资金计划，3 月份，我委与省财政厅联合下发了通知，要求各市做好项目实施工作，涉及资金 1232 万元，审批项目 36 个，其中人畜饮水工程 9 个、村容村貌工程 8 个、农村道路工程 11 个、桥涵工程 3 个、农田水利工程 1 个、危房改造工程 1 个、种植业扶持 1 个、养殖业扶持 2 个。7 月份，根据国家民委、财政部关于少数民族发展资金使用原则的新规定，我委会同省财政厅对中央财政新增少数民族发展资金实行项目审批权下放到县，资金直接切块下达到县，省级进行备案管理，向 6 个县切块下达了新增少数民族发展资金 368 万元。12 月初，与省财政厅就 2017 年中央财政提前下达少数民族发展资金工作进行了安排部署，资金直接切块下达 27 个县（市、区），共计 1440 万元。

（四）加强少数民族发展资金项目监管工作

2 月底至 3 月初，由委领导带队对咸阳、宝鸡、汉中、商洛市等重点市 2016 年度少数民族发展资金项目规划、建设和资金落实情况与效果进行了实地调研，并对各市少数民族村镇扶贫开发与经济发展工作与当地民族工作部门和少数民族群众进行了交流座谈，充分听取意见和建议，确保发展资金和项目安排的科学性。8 月份，先后对宝鸡、汉中、安康市 2015、2016 年项目落实情况进行了实地检查，确保项目按规定落实。为了让各市县更好掌握少数民族发展资金项目审批的新政策、新精神、新要求，10 月 11 日，我委召开全省少数民族发展资金监管工作座谈会，就少数民族发展资金项目审批权改革后市、县（区）工作如何开展进行了安排部署，对市、县（区）民族工作部门提出了具体要求，确保合法、规范使用少数民族发展资金。

（五）第二批少数民族特色村寨申报工作

6 月 14 日，我委印发了《关于开展第二批中国少数民族特色村寨命名挂牌申报工作的通知》，对第二批中国少数民族特色村寨申报工作进行安排部署，并根据各市上报情况由委领导带队对申报村逐一进行实地检查，最终确定了 6 个村，向国家民委申报为第二批中国少数民族特色村寨，目前，这 6 个村已通过审核被国家民委正式命名为第二批中国少数民族特色村寨。

（六）举办全省首期少数民族镇村农业科技知识培训班

6 月下旬，我委依托西北农林科技大学在杨凌举办了全省首期少数民族镇村农业科技知识培训班，对来自我省农村少数民族居住相对集中的镇、村负责民族工作的干部及少数民族聚居村的致富带头人，共计 65 人开展了包括陕西脱贫攻坚面临的形势和任务，农业经济的现状及分析，农作物种植、畜牧养殖等技术，电子商务与农产品市场营销等方面知识的培训，为我省少数民族镇村同步够格进入小康社会打下知识基础，得到了全体学员一致好评。

二、做好城市少数民族经济工作

（一）落实民族特需商品定点生产企业优惠政策

经过对全省定点企业贷款贴息情况进行摸底，依据国家对民族特需商品定点生产企业流动资金贷款利率优惠政策，指导各市为企业出谋划策，鼓励企业依托政策优势扩大发展规模，协调省财政厅、人民银行西安分行，全年落实贴息金额共计 557.63 万元。

（二）组织少数民族企业开展经贸交流活动

为更好地参与和服务我省“一带一路”发展战略，帮助我省少数民族企业“走出去”，扩大我省少数民族企业影响力和知名度，按照省政府的安排，精心挑选、组织我省 20 余家少数民族企业于 5 月 19 至 22 日，赴青海参加“2016 第十届中国（青海）国际清真食品及民族用品展览会”。此次参展活动，得到了各方好评，进一步促进了我省少数民族企业经贸交流活动，开拓了我省少数民族企业眼界，增强了我省少数民族企业做大做强的信心和决心。

（三）完成了民族经济数据上报工作

按照国家民委要求，对我省商洛市镇安县西口回族镇、茅坪回族镇和安康市宁陕县江口回族镇三个回族镇和一家企业、两所民族学校相关情况开展统计调查工作，并按时完成了各项经济数据的上报工作。

三、依法加强清真食品管理工作

（一）加强全省清真食品生产经营活动的日常监管

为认真落实《陕西省清真食品生产经营管理条

例》(以下简称：《条例》)，规范我省清真食品生产经营和市场秩序，依法保护少数民族群众合法权益，于 1 月 7 下发《对全省清真食品生产经营行业进行检查的通知》，扎实细致地做好重要节日、重大活动和敏感时期清真食品管理工作。11 月，根据中央统战部、国家民委、国家宗教局《关于贯彻落实〈中央统一战线工作领导小组会议纪要〔2016〕第 3 号〉的通知》精神，我委与省委统战部联合印发《关于进一步做好清真食品生产经营管理工作的通知》，要求各市对清真食品生产经营活动进行自查，重点检查“清真食品不清真”和清真食品概念泛化问题。12 月中旬，我委领导带队，对重点市的清真食品生产、运输、储存、销售等环节的管理工作进行了检查，进一步规范了全省清真食品生产经营秩序。

（二）对全省贯彻实施《条例》情况进行调研

2 月份，为了更好的依法加强全省清真食品管理工作，认真总结和梳理执行以来我省清真食品管理工作中取得的成绩，正确看待《条例》执行过程中出现的问题和制约清真食品产业健康发展的因素，我委下发了通知，对全省开展《条例》落实情况调研工作进行了安排。6 月底，根据实地调研情况及各市工作开展情况，完成调研工作并形成了《贯彻落实<陕西省清真食品生产经营管理条例>情况调研报告》。

（三）举办全省清真食品社会监督员培训班

为了切实加强清真食品监督员队伍建设，规范监督行为，充分发挥其在清真食品生产经营管理活动中的作用，我委于 11 月份举办了全省各地市负责清真食品管理工作干部和清真食品社会监督员的培训班，统一了思想，强化了责任意识和担当意识，提高了清真食品社会监督员的理论知识，使他们掌握了实施监督工作的技能。

四、落实对口支援新疆西藏民族工作部门的工作

为落实国家民委提出的民族工作系统对口支援新疆西藏民族工作部门的要求，年初与新疆和田地区民宗委及西藏阿里地区民宗局协商，于 5 月份支援新疆和田地区民宗委“开展民族团结进步创建年”活动经费补助 15 万元，支援西藏阿里地区民宗局办公经费 30 万元。8 月底，组织西安市民委、咸阳市民宗局、榆林市民宗局负责人组成调研组，由我委领导带队，赴西藏阿里地区实地调研考察对口支援工作，期间，阿里地区普兰县、噶尔县和措勤县民宗局与我省西安市民委、咸阳市民宗局和榆林市民宗局就 2016 年民族工作部门对口支援工作草签项目议定书，并就“十三五”期间的对口支援工作坦率地交换了意见。9 月初，在我省举办了西藏阿里地区民族宗教干部培训班，来自阿里地区的 13 名民族宗教干部参加了培训。培训班邀请西北大学知名专家教授为大家讲解了中国传统文化、习近平总书记系列重要讲话精神等，组织学员赴我省民族企业及宗教活动场所进行调研交流，还组织学员赴革命圣地延安进行延安精神和革命传统教育。

(撰稿：马珂　审稿：雷西明)

甘肃省

2016 年，甘肃民族经济工作在省委、省政府的正确领导下，在国家民委的支持和关心下，认真贯彻落实党的十八大，十八届三中、四中、五中全会，以及中央民族工作会议和省民族工作会议精神，按照年初任务目标和工作部署，紧紧围绕促进少数民族和民族地区经济社会发展，突出强化任务落实、加强调查研究、提高工作能力，扎实推进年度工作目标任务，各项工作进展顺利。

一、加强对少数民族发展资金的管理

根据省上和国家民委对扶贫资金管理的新要求，严格按照甘办发〔2014〕66 号文件规定，以管任务、不管项目，管总量、不管结构，管监督、不管实施的原则，采取因素分配，切块到县、县级统筹整合使用的办法，2016 年共下达资金 24514 万元，其中中央少数民族发展资金 19214 万元、省级配资

金1000万元、民族自治县开发资金700万元、民族乡发展资金3600万元，主要用于少数民族贫困地区脱贫攻坚和推进兴边富民行动、扶持人口较少民族发展、少数民族特色村镇建设、少数民族传统手工艺品保护与发展、“出彩工程”以及散杂居地区贫困少数民族聚居村和民族乡脱贫攻坚。

二、全力做好“十三五”民族规划编制

落实省政府和国家民委有关通知要求，积极做好《甘肃省“十三五”民族地区经济和社会发展规划》、《甘肃省“十三五”扶持人口较少民族发展规划》、《甘肃省“十三五”兴边富民行动规划》、《甘肃省“十三五”少数民族特色村镇保护与发展规划》的编制工作。8月22日省政府正式发布了《甘肃省“十三五”民族地区经济和社会发展规划》。3个专项规划，经过前期征求意见、完善修改、专家评审等多个环节，已于2017年5月与省发改委联合印发实施。

三、加快推进民族地区脱贫攻坚

为进一步促进民族地区经济社会发展和脱贫攻坚，2016年少数民族发展资金比2015年增长2800多万元，增长17%。并先后深入民族地区，就民族地区经济社会发展和脱贫攻坚中面临的新情况、新问题开展调研。同时，为深入贯彻落实全省脱贫攻坚战略部署，全面总结近年来我省民族乡扶贫脱贫工作经验，动员和推动全省民族地区脱贫攻坚战的深入实施，2016年9月在平凉市召开了的全省民族乡脱贫“攻坚拔寨”现场会，有相关市（州）、县（区）、民族乡领导和民族工作部门负责同志参加会议，作了会议交流，探讨了民族乡脱贫攻坚经验。

四、做好扶持人口较少民族和兴边富民工作

汇总上报“十三五”扶持人口较少民族及兴边富民项目，按照国家民委、国家发改委对“十三五”扶持人口较少及兴边富民项目报送要求，会同省发改委下发了项目申报通知，通过省发改委重大项目库，已向国家上报扶持人口较少民族发展项目662项，上报投资14.3亿元，兴边富民项目16项，上报投资1.27亿元。

五、加大少数民族特色村镇保护与发展

按照《国家民委办公厅、国家发改委办公厅关于做好2016年少数民族特色小镇专项建设基金项目储备工作的通知》要求，对我省少数民族特色小镇建设项目进行摸底，经审核向国家发改委、国家民委上报了符合条件的少数民族特色小镇建设项目。组织推荐中国少数民族特色村寨的命名工作，对我省少数民族特色村寨进行摸底，按照国家民委命名评定要求，选送了13个少数民族特色村寨。

六、积极协调推动相关政策落实

积极推动《国家发展改革委国家民委关于支持临夏回族自治州加快建设小康社会进程的若干意见》的落实，按照责任分工，加大与国家民委的衔接力度，赴国家民委汇报协调落实工作；根据国家民委通知，对我省落实《若干意见》的情况进行督查，对涉及省直30多个部门的174个项目进展情况进行的督查；参加了在四川凉山州召开的三州联系会议，对落实《若干意见》提出了建议。认真开展少数民族传统手工艺保护与发展工作，全年完成少数民族劳务技能特色培训“出彩工程”培训2.6万人次。

七、认真落实民贸民品政策

认真研究国家民贸民品和民族金融政策，积极做好《国家民委关于进一步规范民族贸易县内民族贸易企业认定及相关工作的意见（征求意见稿）》的意见反馈工作；根据《国家民委关于进一步规范民族贸易县内民族贸易企业认定及相关工作的意见》和《国家民委办公厅关于进一步规范民族贸易县内民族贸易企业认定及相关工作的通知》精神，对我省民族贸易县内民族贸易企业进行了重新认定，认定民贸企业264家；根据《国家民委办公厅关于推荐“千家培育百家壮大”工程中“百家壮大”民族贸易企业的通知》精神，向国家民委推荐了5家民贸“百家壮大”企业。

八、加强对民族地区经济发展调研

为进一步促进民族地区经济社会发展和脱贫攻坚，结合省委大研究，主要就民族地区经济社会发展中面临的新情况、新问题，深入临夏、甘南、陇

南、天水、平凉、白银等市州开展调研，形成了《甘肃民族地区经济社会发展调研报告》的总报告和《东乡县积石山县经济社会发展调研报告》、《甘南游牧民定居调研报告》、《民族地区公益性项目调研报告》等6个分报告。

九、做好民族统计和经济形势分析工作

认真做好我省民族地区和少数民族各类经济数据的统计和分析工作，提供真实、可靠、有据的数据。一是参加了全国民族地区经济形势分析会，并向会议提交了我省民族地区经济形势分析材料；二是对扶持人口较少民族发展报表填报及相关市县扶持人口较少民族发展动态监测数据进行了审核汇总上报。三是完成了国家民委民族地区经济监测系统填报工作，以及中国民族经济年鉴相关资料报送工作。

十、其它工作完成情况

在全力做好民族经济工作任务的同时，认真做好其他各项工作，一是认真完成了省扶贫攻坚领导小组安排的各项工作任务和总结报告等。二是根据省委、省政府《“丝绸之路经济带”甘肃段建设总体方案》确定的重点工作，对省民委2016年推进丝绸之路经济带甘肃段建设进展情况总结。三是对国家民委《“十三五”促进民族地区和人口较少民族发展规划草案>（征求意见稿）》《中共甘肃省委甘肃省人民政府贯彻落实<中共中央国务院关于打赢脱贫攻坚战的决定>的实施意见任务分解方案（征求意见稿）》及省上有关重点规划的征求意见稿等反馈了意见建议。四是对政协省第十一届委员会第四次会议560号《关于民族杂居县民族政策全覆盖的提案》进行了答复。五是4月份向国家民委专项汇报了我省民族地区精准扶贫工作情况，争取国家民委对我省民族地区脱贫攻坚工作的支持，增加少数民族发展资金的投入。五是组织19家清真食品及民族用品企业参加2016第十届中国(青海)国际清真食品及民族用品展览会，在展会期间，与青海、陕西民族工作部门的相关部门的同志，就进一步加强清真食品管理、加强交流、促进合作等工作进行了座谈。六是做好兰洽会新疆代表团的接待工作，积极协调联系，赴新疆邀请组团参加兰洽会，并做好接待衔接工作。

（撰稿：孔庆斌　审稿：王宇卫）

青海省

2016年，在省委省政府的坚强领导下，省民宗委全面贯彻落实“五大发展”理念和“四个全面”战略布局，认真学习贯彻党的十八届六中全会、习近平总书记系列重要讲话精神和“四个扎扎实实”重大要求，按照省委“131”总体要求，围绕“共同团结奋斗，共同繁荣发展”主题，坚定信心，理清思路，科学谋划，真抓实干，民族团结进步先进区建设持续深化，宗教工作法治化水平不断提升，全省民族宗教领域呈现团结、稳定、和谐、向好的良好态势。

（一）重实效，民族经济发展取得新成绩

在委领导的有力领导下，积极协调国家民委、省政府办公厅、省财政厅，争取落实少数民族发展资金22208万元，同比增长11.4%（其中扶持人口较少民族发展资金12767万元，少数民族特色村寨3000万元，少数民族特困发展补助资金6000万元，项目管理费441万元)。资金已全部切块下达到县，项目实行省级备案制。同时，积极协调省发展改革委，落实扶持人口较少民族发展中央预算内资金7990万元，同比增长57.4%。

（二）重创新，助推特色产业发展

1.完成了藏医药产业发展基金审批工作。在委领导的高度重视和直接领导下，在征求国家相关部委、金融机构和有关专家意见、赴省外实地考察调研基础上，与相关厅局做了大量的衔接协调工作，结合我省藏医药产业发展实际，会同省财政厅向省政府上报了《青海省藏医药产业发展基金设立方案》，并对相关省长及部门提出的问题进行答复反馈。省政府下达基金设立方案的批复后。按要求完

成招标工作和基金合作企业的变更事宜。目前，基金管理公司预核名工作已完成，正在推进公司工商登记工作，预计 2017 年 2 月中旬基金设立完毕。

2.进一步规范了民族贸易县内贸易企业认定及相关工作，对不符合认定条件的 24 家企业进行清理、调整，新增 35 家民族贸易企业，并完善基础档案制度。目前，我省认定民族贸易县内民族贸易企业 165 家。同时，推荐 7 家企业为全国“百家壮大”民族贸易企业。

（三）重长远，扎实做好“十三五”民族宗教工作专项规划编制工作

《青海省扶持人口较少民族发展专项建设规划》、《青海省少数民族特色村镇建设规划》、《青海省少数民族事业发展规划》、《青海省寺院基础设施和公共服务设施后续工程建设规划》4 个专项规划编制工作有序推进。召开衔接会，征求相关单位及各州市民宗部门意见，正在修改完善。待国家规划确定后再予衔接就可论证发布。

同时，主动与国家民委沟通协调，将“十二五”时期未纳入规划的 46 个人口较少民族村纳入到“十三五”规划进行扶持；在“十二五”时期确定的 30 个少数民族特色村寨的基础上，将我省的少数民族特色村寨扩大到 244 个（其中：少数民族特色小镇 31 个、少数民族特色村寨 213 个），并对 144 个重点村镇进行建档立卡。

（四）重落实，寺院基础设施投入力度进一步加大

积极协调省财政厅，下达 2016 年寺院危殿堂维修加固省级专项补助资金 2000 万元，指导 6 个市州民宗部门完成了当年寺院危殿堂维修加固建设任务批复，对 107 座寺院的危殿堂进行维修加固。做好 2016 年重点寺院水电路等基础设施及公共服务设施后续完善建设工作，协调省发改委落实项目资金 11427 万元，解决 60 座重点寺院实际困难。筛选 2016 年“平安寺院”基础设施建设项目，提出了项目资金分配建议。按照省政府和省门源地震灾后恢复工作协调领导小组对灾后恢复规划编制工作安排，完成门源地震灾后宗教活动场所恢复项目实地核实及项目报送工作，配合省发改委完成项目下达工作。

（五）重建设，协调做好省伊斯兰教经学院建设项目

办理完成项目“两证一书”、公开招投标等前期各项工作，2016 年 6 月进场开工建设。项目第 3 标段 10 月 17 日完成招投标。截止目前，项目土建工程已全部完成，已完成投资 30%，主体建设已完成 70%，主体封顶。

（六）重帮扶，精准扶贫取得新成效

深入扶贫点调研制定脱贫方案，确定脱贫主导产业，加大精准扶贫政策和资金方面支持力度。截至目前，落实资金 273 万元，支持扶贫点基础设施和建设及特色产业发展；积极协调省交通厅落实“美丽乡村”松多村村内道路硬化项目 756 万元，同时，落实了 80 万元的文化广场项目。

（七）重基础，认真做好统计、培训工作

做好我省 2015 年少数民族和民族自治地方国民经济和社会发展统计工作，指导相关地区完成数据填报工作。同时，指导人口较少民族项目县完成了《扶持人口较少民族发展监测系统》中 2015 年相关基础数据的填报工作。

举办了一期项目会计人员、统计人员培训班，对 90 名州、县项目会计和管理人员进行了业务培训。

（八）重规范，认真做好项目督导检查和调研工作

继续深化“简政放权”，把项目审批权限下放到县，资金切块下达到县。建立并完善监管和考评制度，做好“十三五”时期项目数据库建设工作，各地正在录入项目数据。组织开展项目督导检查和民族经济调研工作，先后 10 余次赴有关州市，完成 20 个县 78 个项目的督导检查（项目包括：少数民族发展资金特困补助、少数民族特色村寨、寺院危殿堂、民贸民品补助等）。根据委党组安排，配合省委巡视组完成了民宗委、民政厅延伸基层巡视、检查工作，对巡视出的问题进行了全面整改。加强民族地区经济社会发展调研，搜集、整理民族经济及民族特色产业相关材料，完成了《青海藏医药产业发展的现状与思考》的调研报告。

（撰稿：王姿棋　审稿：董富海）

宁夏回族自治区

2016年是“十三五”的开局之年，是持续推进中央和自治区民族工作会议精神落实的关键之年。宁夏民族经济工作紧紧围绕自治区“两大战略”和“两区”建设，结合民族地区实际特点和发展需要，加强对项目资金的管理使用，为切实改善民族地区贫困群众的生产生活条件，促进民族地区经济发展、社会稳定和民族团结作出了积极贡献。

一、2016年民委经济工作情况

（一）少数民族发展资金管理使用情况

2016年，国家民委、财政部下达宁夏少数民族发展资金9380万元，自治区配套2000万元，分别比2015年增加1300万元和300万元，共计11380万元。按照国家财政扶贫资金改革政策要求，我区把资金项目扶持的着眼点和着力点放在改善民生、促进民族团结上，落实到惠及各族群众上，为解决少数民族群众生产、生活等特殊困难发挥了积极作用。

1. 改革管理模式，服务中心工作。一是下放审批权限，调动基层主动性。根据自治区政府《关于改革财政专项扶贫资金管理机制实施意见》(宁政办[2015]112号)，宁夏民委改革少数民族发展资金审批和管理模式，将项目审批权下放至市、县（区），由市、县（区）依据中央和自治区资金管理办法规定的用途，以解决少数民族聚居村、镇在全面建设小康社会中的突出短板和特殊困难及特色产业扶持为重点，突出少数民族特色村寨保护与发展项目，少数民族聚居村、镇的基础设施项目，少数民族群众劳动技能、先进适用生产技术推广项目，少数民族传统手工艺及回医回药的抢救、挖掘、整理和研发项目及民族团结进步创建活动开展等方面，自主确定扶持项目，报宁夏民委备案。同时，加强项目资金的公示、公告，所有拟定项目都在拟定建设项目所在地的乡（镇）、村进行公示后方可确定。项目确定后，各县（区）在本级人民政府网站开设的“涉农资金信息公开板块”上进行公示，确保资金使用的规范和透明。这一改革，充分调动市、县（区）工作积极性和主动性，不仅遴选项目更加切合实际，而且可以统筹资金，围绕县（区）部署的重点任务集中发力，解决资金量不足的老大难问题。二是转变职能，强化资金监管。项目审批权限下放至市、县（区）后，为了确保各地严格按照国家和自治区有关规定规范安排使用少数民族发展资金，宁夏民委转变职能，加大对资金管理使用情况的跟踪检查，对全区各地2014年至2015年少数民族发展资金管理使用情况进行全面督查。会同自治区扶贫办等自治区九部门对2015年各类扶贫资金使用管理情况进行监管检查，对有关问题进行了通报，督促整改落实。

2. 立足本职工作，助力经济发展。一是以创建促发展，实施示范带动项目。深入持久开展民族团结进步创建工作，将民族团结进步创建与经济社会发展有机结合起来，全区共投入860万元开展民族团结进步创建活动，注重发挥示范带动作用。召开全区民族团结进步暨和谐寺观教堂创建活动经验交流会，进一步营造各民族和谐发展的良好环境。会同自治区党委统战部联合举办了全区首期民族团结进步创建活动专题培训班，全体学员赴广西壮族自治区桂林市和南宁市学习当地民族团结进步创建活动的做法经验。二是围绕扶贫攻坚，解决特殊困难，惠及少数民族群众。各地以中央和自治区民族工作会议精神为指导，在项目遴选中，六盘山片区县（区）结合自治区扶贫规划，重点安排了2016年必须脱贫销号的少数民族聚居村的相关项目；川区县（区）则以解决少数民族聚居的吊庄移民村的特殊困难及扶持特色产业为重点安排项目，帮助少数民族群众解决生产生活困难。三是打造特色品牌，助力美丽乡村建设。近年来，宁夏以生态移民区、黄河金岸、旅游景区、商贸集镇为重点，大力推进特色村寨保护与发展试点工作，打造了一批民族特色鲜明、各方面基础较好的特色村庄，实现发展经济、促进增收与民族文化保护传承的有机结合。根据全区少数民族特色村镇保护与发展工作实际需要，宁夏民委与浙江大学合作举办全区“少数民族特色村镇保护与建设”培训班，学习借鉴了杭州市美丽小镇建设的做法经验。

3. 发挥资金效益，助力脱贫攻坚。一是加大少数民族发展资金向六盘山集中连片 11 个县（区）的投入和倾斜力度，共安排 7463 万元，占资金总量的 66%，总体比 2015 年增加了 1683 万元。重点用于 2016 年必须销号的建档立卡贫困少数民族聚居乡村道路、饮水等基础设施建设，帮助各族群众改善生产生活条件。二是按照《宁夏统一战线“助力脱贫攻坚”2016 年行动实施方案》确定的目标任务，自治区民委在同心、西吉、海原三个重点贫困县中选择 30 个“销号”村为重点帮扶对象，在当地党委、政府实施精准脱贫工作的基础上，充分发挥少数民族发展资金作用，指导三县以“回族特色村寨建设”为抓手，通过实施基础设施建设、扶持特色产业发展等项目，助力脱贫攻坚。2016 年共向三县切块下达少数民族发展资金 3057 万元（其中，同心县 1029 万元、西吉县 1028 万元、海原县 1000 万元），比去年增加 962 万元。

（二）编制自治区“十三五”少数民族事业发展规划

按照国家民委要求，编制自治区“十三五”少数民族事业发展规划，为推动宁夏民族工作科学发展提供指导。围绕“一带一路”等国家重大战略部署，发挥民族工作部门优势，引导各族群众加强与沿途国家人文、经贸交流。

（三）做好民贸企业认定管理工作

抢抓“十三五”国家民贸民品政策调整机遇，继续落实好国家优惠政策，做好民贸企业认定工作，使更多企业进入民品定点企业行列，带动全区民族特色产业做大做强。根据《国家民委关于重新认定民族贸易县民族贸易企业的指导意见》要求，会同自治区财政厅、中国人民银行银川中心支行，新认定民族贸易企业 39 家，使我区认定民族贸易企业达到 213 家。认真实施民贸民品“千家培育百家壮大”工程，增强企业市场竞争能力，实现上规模、上层次、上效益。

认真落实国家民委关于规范民贸民品企业的相关要求，组织全区各民族贸易县（区）民族宗教局，对辖区内过去已经认定的民族贸易企业，严格按新的认定条件、认定原则进行了审查确认，建立并完善了民族贸易企业基础档案，指导民族贸易企业建立第三方审计制度和企业销售台账制度。

二、2017 年工作重点

1. 认真贯彻国务院和国家民委有关文件要求及《自治区人民政府办公厅关于支持贫困县开展统筹整合使用财政涉农资金试点的实施意见》（宁政办发[2016]127 号）精神，进一步加大对六盘山片区贫困县的扶持力度，指导县（区）做好资金统筹整合工作，为改善贫困地区基础设施和生产、生活条件，加快脱贫致富的步伐，增强民族地区经济发展贡献力量。

2. 加强项目资金后续监管，把资金扶持的着眼点和着力点放在改善民生、扶贫攻坚、促进民族团结上，解决少数民族聚居地区交通、用水等生产生活方面的特殊困难。以国家民委命名的我区全国少数民族特色村寨为先进典型，大力宣传好做法好经验，深化推进实施少数民族特色村镇保护与发展工程，努力打造更多具有宁夏民族特色的村镇。

3. 贯彻落实好“十三五”国家民贸民品优惠政策，助力全区民族特色产业做大做强。

（撰稿：金晓玲　审稿：马汉功）

新疆维吾尔自治区

2016 年，在国家民委大力指导和帮助下，在自治区党委、人民政府的领导下，我委坚持以中央民族工作会议、中央第二次新疆座谈会、自治区第九次党代会和全国民委主任会议精神为统领，紧紧围绕社会稳定和长治久安总目标，积极落实国家支持少数民族和民族地区的特殊政策，稳步推进兴边富民行动、扶持人口较少民族发展、少数民族特色村寨保护和发展工作，努力完成好自治区安排的支持村级惠民生建设工程任务，扎实做好边境扶贫专项行动的牵头工作等，各项工作取得较好成效。

一、推进兴边富民行动、扶持人口较少民族发展、少数民族特色村寨保护和发展工作的深入开展

一是认真总结好“十二五”期间我区实施《兴边富民行动规划》、《扶持人口较少民族发展规划》、《少数民族特色村寨保护和发展规划》情况。完成了《自治区扶持人口较少民族发展规划（2011-2015年）终期评估报告》、《新疆兴边富民行动“十二五”取得的成绩存在的问题及“十三五”期间着力点》等总结材料，全面总结了“十二五”的工作成效。二是积极做好《兴边富民行动“十三五”规划》、《扶持人口较少民族“十三五”规划》、《少数民族特色村寨保护和发展“十三五”规划》的编制工作。召开了自治区兴边富民行动和扶持人口较少民族发展“十三五”规划编制工作领导小组联络员会议，通报了规划编制工作的相关情况，部署了下一阶段的工作，为进一步做好规划编制工作奠定了基础。按照国家民族工作“十三五”专项规划和《自治区国民经济与社会发展第十三个五年规划纲要》总体部署，结合国务院《关于支持沿边重点地区开发开放若干政策措施的意见（国发〔2015〕72号)》，根据《中华人民共和国政府采购法》《中华人民共和国招标投标法》《中华人民共和国政府采购法实施条例》等有关规定，确定新疆博联经济发展规划研究院为自治区民委委托编制自治区三个民族工作专项规划的中标单位，并组织规划研究院开展调研，搜集相关资料，全面启动三个规划的编制工作。三是积极配合做好国家兴边富民行动、扶持人口较少民族发展和少数民族特色村寨保护与发展“十三五”规划编制新疆地区基础数据的采集、审核、录入、上报工作。四是会同自治区发改委按期完成中央预算内兴边富民行动和扶持人口较少民族发展“十二五”规划总结和“十三五”规划项目库建设工作。五是组织我区少数民族特色村寨申请国家民委挂牌，并会同自治区发改委共同做好少数民族特色村镇项目的组织申报工作。

二、积极落实自治区安排的支持村级惠民生工程任务，着力解决少数民族群众面临的突出困难和问题

我委是“自治区脱贫攻坚民生改善行动”成员单位。根据自治区党委、自治区人民政府开展“访惠聚”活动的要求，我委坚持把实施“访惠聚”的村级惠民生工程与兴边富民行动和扶持人口较少民族发展工作结合起来，既扶持边境县市和人口较少民族聚居村，又兼顾完成自治区“访惠聚”的惠民生项目。共投入少数民族发展资金 51，564 万元，实施村级惠民生工程 1031 个，涉及行政村 1000 个。为高质量地完成村级惠民生工程任务，我们按照少数民族发展资金管理使用办法的管理程序，将村级惠民生工程任务与少数民族发展资金项目同申报、同审核、同拨付，并要求各级民宗委积极同驻村“访惠聚”活动工作组对接，确保报送的项目，反映群众的心声、符合群众的发展意愿。着力解决长期困扰基层群众的出行难、饮水难、持续发展难等突出问题，基层群众的生产生活条件得到了明显改善，村容村貌发生了巨大变化，为农村发展、农业增效、农牧民增收打下了坚实的基础。根据自治区“访惠聚”活动办的要求，为全面了解 2016 年少数民族发展资金用于村级惠民生项目的建设和实施情况，及时有效地协调、解决项目实施中存在的问题，督促并规范项目建设。我委会同自治区财政厅，组成三个督查组，分赴全疆 10 个地（州）、20 个县（市）实施全覆盖督查。通过督查，使各地（州）、县（市）都能积极推进惠民生项目建设工作，严格按照国家、自治区少数民族发展资金管理规定，组织实施项目、拨付项目资金，加强项目管理，保证了大部分特别是边境地区贫困村项目如期完工，取得了较好的经济和社会效益，为实现脱贫攻坚任务奠定基础。

三、切实加大对边境地区和人口较少民族聚居区的支持力度

一是加强与国家民委进行对接，积极反映我区边境地区、人口较少民族聚居区少数民族群众面临的特殊困难和问题，争取国家民委加大对我区在资金政策上的支持力度。今年，国家民委已批准我区新增 65 个人口较少民族聚居村，扶持范围扩大至

462 个村。安排我区少数民族发展资金 72067 万元，比去年增加 8，237 万元，增长 13.4%。二是合理分配资金，精准确定项目，有力的支持了少数民族和民族地区的发展，帮助少数民族贫困群众实现了脱贫，促进了民族团结，产生了较好的经济效益和社会效益。按照因素分配及促进我区民族团结进步年开展的需要，今年安排国家及自治区配套少数民族发展资金共计 72567 万元，其中用于兴边富民行动 36200 万元、安排项目 727 个，扶持人口较少民族发展 19614 万元、安排项目 319 个，少数民族特色村寨保护和发展 4000 万元、安排项目 57 个，少数民族传统手工艺品保护和发展 3000 万元、安排项目 44 个，少数民族特殊困难问题及促进民族团结进步年开展 8340 万元、安排项目 204 个。项目涉及农田水利、村级道路、安全饮水、夜间照明、牲畜棚圈、技能培训、节水灌溉、少数民族特色手工艺、特色村寨等诸多民生事项，覆盖了我区少数民族聚居的 15 个地州、86 个县（市）的 1400 多个行政村，解决了许多少数民族和民族地区贫困群众的生产生活困难，有力推动了少数民族和民族地区脱贫攻坚的步伐。三是加大对少数民族发展资金项目实施情况的监督检查。会同自治区财政厅对 20 多个县市 2016 年少数民族发展资金项目实施情况进行了监督检查，及时发现了在项目管理、项目档案等存在的问题，并责成进行了整改。按照 2015 年自治区审计厅对少数民族发展资金审计整改要求，积极督促有关地州落实好整改措施。四是组织地（州）、县（市）民宗委的同志召开了贯彻落实“国家民委办公厅关于支持贫困县开展统筹整合使用少数民族发展资金工作的通知”座谈会，就民委系统开展整合使用少数民族发展资金工作进行动员，进一步统一思想认识，并结合我区实际，研究贫困县涉农资金统筹整合后少数民族发展资金如何既支持当地脱贫攻坚任务，又兼顾支持兴边富民行动、扶持人口较少民族发展和少数民族特色村寨保护与发展规划的实施的思路，以及为落实好民族工作任务奠定基础。

四、注重顶层设计，不断提升少数民族发展资金项目管理的层次和水平

根据中央和自治区有关财政涉农资金项目审批权限完全下放到县（市）的要求，少数民族发展资金属涉农财政资金范围，项目审批权限也要下放到县（市），为了适应这一新变化，探索新形势下少数民族发展资金项目管理监督的途径和办法，更好的使用和管理好少数民族发展资金，为实施民族工作的三个专项规划服务，我委与自治区财政厅两家反复商议，在多次召开座谈会征求全疆民委系统和相关部门的意见和建议的基础上，共同制定了《新疆维吾尔自治区少数民族发展资金“因素法”分配暂行办法》和《新疆维吾尔自治区少数民族发展资金项目报备监管暂行办法》（以下简称“两个办法”），并报请自治区人民政府批准同意后，于 2017 年 2 月底下达全疆民宗委和财政局执行。“两个办法”的主要特点：一是少数民族发展资金用于兴边富民行动、扶持人口较少民族发展、少数民族特色村寨保护和发展、少数民族传统手工艺品保护与发展、少数民族特殊困难和问题（存量部分）项目的资金全部采取因素法分配。二是对原分配兴边富民行动、扶持人口较少民族发展项目资金的因素指标做了重大调整。其中“十三五”时期每年兴边富民行动资金额度分配按“边境线长度”、“少数民族人口数”、“边境一线村数”、“地方财力”和“完成任务情况”5 项因素，其权重分别按 10%、20%、20%、20%和 30%进行测算取整确定；扶持人口少数民族发展的资金额度分配按“人口较少民族人口数”、“人口较少民族聚居村数”、“人口较少民族聚居贫困村数”、“地方财力”和“完成任务情况”5 项因素，其权重分别按 20%、30%、10%、10%和 30%进行测算取整确定。三是少数民族发展资金用于兴边富民行动、扶持人口较少民族发展的项目下放审批权限，按照《新疆维吾尔自治区少数民族发展资金项目报备监管暂行办法》执行，不再报自治区人民政府审批。少数民族发展资金用于少数民族特色村寨保护与发展、少数民族传统手工艺品保护与发展、解决少数民族特殊困难和问题（存量部分）的资金项目的审批，考虑到拟重点扶持项目的不确定性、专业性强、开展试点工作需要等因素，暂不下放，仍由各地逐级上报，自治区审批、下达，待条件成熟，再逐步下放项目审批权限。四是明确和细化了项目审批权限下放县（市）后，区、地、县各级民委项目管理的职责，建立了“十三五”时期，县（市）年度兴边富民行动和扶持人口较少民族项目审批报备的程

序，县（市）设立下一年度项目库建设的内容和报备程序，明确了区、地两级履行少数民族发展资金项目监督检查职责和办法。通过这些措施的建立和完善，从制度层面为顺利推进国务院和我区“十三五”时期民族工作专项规划和扶贫攻坚任务的落实奠定了坚实的基础。

五、认真贯彻落实自治区党委脱贫攻坚战略部署，履行好边境扶贫专项行动牵头单位职责

根据自治区党委2016年2号文件和自治区党委办公厅41号文件精神，我委做为自治区扶贫攻坚专项行动之“边境扶贫专项行动”总牵头单位，积极发挥好总牵头的作用，完成了自治区扶贫开发工作领导小组安排的各项工作任务。一是牵头组织有关单位完成了《自治区脱贫攻坚边境扶贫专项行动实施方案》的编制，并经自治区扶贫开发领导小组第二次全体会议审议通过，由自治区党委办公厅、自治区人民政府办公厅正式下发有关部门及边境县（市）执行。二是起草完成了“自治区脱贫攻坚边境扶贫专项行动领导小组”组成建议名单和职责分工”，并就牵头做好边境扶贫专项行动工作向指挥长肖开提·依明常委做了专题汇报。三是认真履行牵头单位的职责，积极加强边境扶贫专项行动相关事宜的对接协调。注重发挥职能作用，做好上传下达工作，把自治区扶贫领导小组做好边境扶贫专项行动的要求和精神及时向自治区相关成员单位传达。定期与相关成员单位保持密切联系，了解工作进度，梳理汇总边境地区的政策措施，协调和解答工作中出现的各类问题和疑惑，督促各成员单位按照边境扶贫专项行动实施方案的总体要求，细化工作流程，全力推动边境扶贫专项行动顺利开展。四是积极参加自治区扶贫领导小组安排的各类会议，主动提供详细材料，并派人参与脱贫验收、扶贫资金项目检查等工作，全力支持脱贫攻坚工作的开展。五是加大对边境贫困地区少数民族发展资金的投入，支持少数民族贫困群众实现脱贫。今年，对15个未摘帽边境贫困县（市）累计投入少数民族发展资金总量为27247万元，项目540个，其中兴边富民行动资金16500万元，项目330个，扶持人口较少民族发展资金8364万元，项目167个，少数民族特色村寨保护与发展、特色手工艺和存量部分投入资金8297万元，项目43个，覆盖了边境一线156个贫困村。这些项目涉及农田水利、村级道路、安全饮水、夜间照明、牲畜棚圈、技能培训、节水灌溉、少数民族特色手工艺、特色村寨等诸多民生事项，解决了许多边境地区和人口较少民族聚居区贫困群众的生产生活困难，有力推动了边境地区脱贫攻坚的步伐。

六、扎实有效落实好民贸民品政策，不断增强为民贸民品企业服务的能力和水平

从全疆贴息数据显示，2015年度全疆共有459家企业享受民贸民品流动资金贷款贴息57997.6万元，比上年增长13.6%，其中有135家民品企业享受民贸民品流动资金贷款贴息36906.948万元，324家民贸企业享受民贸民品流动资金贷款贴息21090.63万元；全疆贴息额超过500万的企业共有12家，其中民品企业占83.3%，全疆共有87家企业贴息额低于10万元，其中民贸企业占81.6%。据统计，2015年度全疆557家民贸企业从业人员33688人，其中少数民族员工22391人，占企业总员工数的66%。年销售额242.74亿元，年产值300亿元，年利润9.57亿元，创税金1.38亿元。

我委及时开展了我区民贸县内民贸企业的清理和调整工作。全疆共清理68家民贸企业，新申报的330家民贸企业按照相关要求进行了审核，终审符合条件的企业共327家截至到今年全疆民贸企业达843家。

(撰稿：裴海龙　审稿：姜国利)

新疆生产建设兵团

2016年，兵团民族经济工作以深入贯彻落实习近平总书记系列重要讲话精神和第二次中央新疆工

作座谈会、中央民族工作会议精神和自治区、兵团党委关于民族工作的决策部署为主线，紧紧围绕新疆、兵团工作总目标，立足本职、发挥优势、主动作为、突出重点、全面推进，较好地履行了兵团党委赋予的工作职能、完成了各项工作任务，为维护新疆社会稳定和长治久安提供了和谐稳定的有利环境和强大的力量保证。

一、深入推进兴边富民行动

(一)坚持一个思想，确保项目顺利实施

2016年，兴边富民行动坚持使边境民族地区基础设施条件得到明显提高，经济社会事业全面进步，最终达到富民、兴边、强国、睦邻的目的的指导思想。在项目选择上，按照“投资少、见效快、职工群众得实惠”原则，全年共实施畜牧养殖业、农业基础设施、设施农业和其他建设项目60个，总投资26446.47万元，建成温室大棚113座79932平方米，完成4395亩林果业种植基地和6000亩特色种植基地建设，建成羊圈282.4万平方米，扶持2242户养殖户发展畜禽养殖，带动3028人就业，项目区户均增收3.8万元，5.5万人直接受益，边境团场呈现出经济发展持续增长、职工收入持续增加、基础设施建设持续推进、社会事业持续发展的良好势头。

（二）加强督导检查，确保项目取得实效

为确保兴边富民行动的成效真正体现在边兴民富上，对2016年兵团兴边富民行动工作开展情况进行了督导检查。在各师自查基础上，由民宗局牵头、各成员单位协同配合，组成2个督导调研组，部局领导带队，对58个边境团场兴边富民行动项目建设和资金使用等情况进行了实地检查，起到了很好的督促作用。从整体情况来看，兴边富民行动在推进边境团场经济社会发展、改善职工群众生产生活水平、提高维稳戍边能力等方面发挥了积极作用。

（三）组织力量，认真编制《兵团兴边富民行动“十三五”规划》

为实现全面建成小康社会的目标，更好地发挥兵团安边固疆稳定器、凝聚各族群众大熔炉、先进生产力和先进文化示范区的作用，我们组织专门力量，根据国家《兴边富民行动规划（2016-2020年）》、《新疆生产建设兵团“十三五”脱贫攻坚专项规划》，在认真总结兴边富民行动“十二五”期间取得的成效、存在的问题，以及“十三五”面临机遇和挑战的基础上，又深入实地进行调查研究，结合兵团社会经济发展实际情况，编制完成了规划文本初稿，提出了兵团兴边富民行动“十三五”期间的指导思想、基本原则、总体思路、发展目标和重点任务及保障措施。

二、认真做好扶持少数民族发展资金的使用管理。

组织实施了2016年扶持少数民族发展资金项目的申报、论证、评审、实施方案的拟定、项目批复及督导检查工作，实施了涉及畜牧养殖业、温室大棚、农牧业基础设施建设等类型的15个项目，总投资1675.56万元，比上年增长31.2%，目前项目完成良好，受益人口基本达到了项目实施方案设定的目标。

三、扶持人口较少民族发展项目实现预定目标，成效显著

今年投入160万元建成三师托云牧场柯尔克孜刺绣合作社基地，采取订单生产+来料加工的模式运行，目前成效凸显，项目不仅解决20人就业，同时还开展刺绣培训，带动周边连队的家庭妇女都参与到项目中来，拓宽了连队家庭妇女的就业渠道，增加了家庭收入，人均增收可达4000元，撑起脱贫致富的“半边天”。

四、加大精准扶贫工作力度，共同致富谋发展

按照兵团党委的部署，2016年起，兵团每年从本级财政中拿出1亿元用于“五共同一促进”创建活动的补助经费，为兵团开展“共同学习、共同生活、共同工作、共同维稳、共同致富，促进各民族交往交流交融”（简称“五共同一促进”）为主题的民族团结进步创建活动，奠定了扎实的物质基础，2016年在精准扶贫、农业发展、就业增收等共同致富谋发展方面取得了一定的实效。

一是精准扶贫共推。各师团因地制宜，发挥优势，在优质棉基地建设、提供技术帮扶、技术培训、吸纳就业等方式帮助地方农民创收，据不完全统计，各师落实精准帮扶地方贫困村51个。以集中就近原则合力安排师团所属300个连队，通过转移就业、培训、以工代赈等方式使300户地方农民群众脱贫。

二是农业发展共兴。充分发挥兵团农业集团化、规模化和科技化的现代大农业优势，以农业高新技术引领，辐射带动地方农业发展。选派 50 个科技服务团队深入南疆四地州开展农业技术辐射带动，举办各类培训 280 多次，培训职工群众 16000 多人次，带动农户 7000 多户。实施科技帮扶项目 400 多个，农业科技辐射带动项目近 300 个，代耕、代种、代收 300 万亩，带动了地方 570 个乡和村。

三是就业增收共促。兵师团积极努力，以产业发展为依托、以优惠政策落实为抓手吸引就业，积极吸纳地方少数民族群众到兵团辖区就业，去年一年吸纳地方少数民族群众来兵团就业 4100 人，季节性劳务用工达 10 万余人。

五、积极协调有关部门，保持民贸民特政策的连续性

组织相关师开展摸底，会同有关部门对兵团民贸企业认定和边销茶经营及产品储备情况进行深入调研，总结了十二五期间政策落实情况，对存在的问题进行了纠查，对十三五期间的实施提出了意见和建议。积极协调人民银行和资金拨付部门，及时落实民贸民特优惠政策和资金，2016 年，兵团辖区内符合条件的 172 家企业均享受到国家民贸民特优惠贴息政策，享受的贴息金额财务预算拨款达 3.3 亿元。

六、认真落实利民惠民举措

开展“百企帮百连”行动。组织兵团民营企业重点与南疆师贫困单位结成扶贫帮困对子。2016 年，已有超过 250 家民营企业与一、二、三、十四师等 94 个连队进行了对口帮扶。截至目前，民营企业公益捐款捐物价值近 1100 万元，开展劳动力就业培训 1500 多人，产业扶贫项目 15 个，产业投资 2000 余万。根据兵团领导的批示，组织协调兵团有关部门参加了中国民族贸易促进会于 2016 年 11 月 11 日-14 日在北京举办的“同心圆梦·综援计划”2016 年全国民族地区投资贸易洽谈会。洽谈会上，介绍了兵团的基本情况，推介了 45 个项目，展示了兵团经贸发展的各项成果及优势资源、优良产品。

（撰稿：叶红　审稿：安尼瓦尔·加帕尔）

统计资料篇

分“民族自治地方”、“陆地边境县”、“牧区半牧区县”、“民族乡镇”、“全国少数民族发展情况”、“其他资料”6部分。涉及到的全国性统计数据均不包括台湾省和香港特别行政区、澳门特别行政区的资料。统计资料主要来源于国家政府主管部门、各级统计和民族工作部门。部分数据合计数或相对数由于单位取舍不同而产生的计算误差均未作机械调整。全部统计资料均经国家统计局国民经济综合统计司审核。

民族自治地方

一、行政区划

1-1 民族自治地方行政区划(2016年末)

省级		地级		县级		乡级
合计	行政区划单位	合计	行政区划单位	合计	行政区划单位	行政区划单位
5	5 自治区	77	33 地级市 11 地　区 30 自治州 3 盟	711	81 市辖区 74 县级市 383 县 49 旗 117 自治县 3 自治旗	7752
河　北				6	6 自治县	117
内蒙古		12	9 地级市 3 盟	103	23 市辖区 11 县级市 17 县 49 旗 3 自治旗	775
辽　宁				8	8 自治县	149
吉　林		1	1 自治州	11	6 县级市 2 县 3 自治县	111
黑龙江				1	1 自治县	11
浙　江				1	1 自治县	19
湖　北		1	1 自治州	10	2 县级市 6 县 2 自治县	102
湖　南		1	1 自治州	15	1 县级市 7 县 7 自治县	208
广　东				3	3 自治县	23
广　西		14	14 地级市	111	40 市辖区 7 县级市 52 县 12 自治县	1118

*乡级行政区划单位不包括街道办事处。

1-1 续表

省级	地级		县级		乡级
行政区划单位	合计	行政区划单位	合计	行政区划单位	行政区划单位
海　南			6	6 自治县	60
重　庆			4	4 自治县	127
四　川	3	3 自治州	51	1 县级市 46 县 4 自治县	1171
贵　州	3	3 自治州	46	4 县级市 31 县 11 自治县	638
云　南	8	8 自治州	78	11 县级市 38 县 29 自治县	786
西　藏	7	5 地级市 2 地　区	74	6 市辖区 68 县	685
甘　肃	2	2 自治州	21	2 县级市 12 县 7 自治县	268
青　海	6	6 自治州	35	3 县级市 25 县 7 自治县	320
宁　夏	5	5 地级市	22	9 市辖区 2 县级市 11 县	192
新　疆	14	4 地级市 5 地　区 5 自治州	105	13 市辖区 24 县级市 62 县 6 自治县	872

1—2 民族自治地方县(旗)、市分布(2016年末)

地　区	数　量	县（旗）、市名称
河　北	6 自治县	秦皇岛市：青龙满族自治县 廊坊市：大厂回族自治县 承德市：宽城满族自治县、丰宁满族自治县、围场满族蒙古族自治县 沧州市：孟村回族自治县
内蒙古	9 地级市 3 盟 23 市辖区 11 县级市 17 县 49 旗 3 自治旗	* 呼和浩特市：新城区、回民区、玉泉区、赛罕区、托克托县、 和林格尔县、清水河县、武川县、土默特左旗 * 包头市：昆都仑区、东河区、青山区、石拐区、白云鄂博矿区、 九原区、固阳县、土默特右旗、达尔罕茂明安联合旗 * 乌海市：海勃湾区、海南区、乌达区 * 赤峰市：红山区、元宝山区、松山区、林西县、宁城县、 阿鲁科尔沁旗、巴林左旗、巴林右旗、 克什克腾旗、 翁牛特旗、喀喇沁旗、敖汉旗 * 通辽市：科尔沁区、霍林郭勒市、开鲁县、科尔沁左翼中旗、 科尔沁左翼后旗、库伦旗、 奈曼旗、 扎鲁特旗 *鄂尔多斯市：康巴什区、东胜区、达拉特旗、准格尔旗、鄂托克前旗、 鄂托克旗、杭锦旗、乌审旗、伊金霍洛旗 * 呼伦贝尔市：海拉尔区、扎赉诺尔区、满洲里市、牙克石市、 扎兰屯市、额尔古纳市、根河市、阿荣旗、 莫力达瓦达斡尔族自治旗、陈巴尔虎旗、新巴尔虎左旗 新巴尔虎右旗、 鄂伦春自治旗、鄂温克族自治旗、 * 巴彦淖尔市：临河区、五原县、磴口县、乌拉特前旗、乌拉特中旗、 乌拉特后旗、杭锦后旗 * 乌兰察布市：集宁区、丰镇市、卓资县、化德县、商都县、兴和县、 凉城县、察哈尔右翼前旗、察哈尔右翼中旗、 察哈尔右翼后旗、四子王旗 兴安盟：乌兰浩特市、阿尔山市、突泉县、科尔沁右翼前旗、 科尔沁右翼中旗、扎赉特旗 锡林郭勒盟：锡林浩特市、二连浩特市、多伦县、阿巴嘎旗、 苏尼特左旗、苏尼特右旗、东乌珠穆沁旗、西乌珠穆沁旗、 太仆寺旗、镶黄旗、正镶白旗、正蓝旗 阿拉善盟：阿拉善左旗、阿拉善右旗、额济纳旗
辽　宁	8 自治县	鞍山市：岫岩满族自治县 抚顺市：新宾满族自治县、清原满族自治县 本溪市：本溪满族自治县、桓仁满族自治县 丹东市：宽甸满族自治县 阜新市：阜新蒙古族自治县 朝阳市：喀喇沁左翼蒙古族自治县
吉　林	1 自治州 6 县级市 2 县 3 自治县	四平市：伊通满族自治县 白山市：长白朝鲜族自治县 松原市：前郭尔罗斯蒙古族自治县 延边朝鲜族自治州：延吉市、图们市、敦化市、珲春市、龙井市、 和龙市、汪清县、安图县
黑龙江	1 自治县	大庆市：杜尔伯特蒙古族自治县
浙　江	1 自治县	丽水市：景宁畲族自治县
湖　北	1 自治州 2 县级市 6 县 2 自治县	宜昌市：长阳土家族自治县、五峰土家族自治县 恩施土家族苗族自治州：恩施市、利川市、建始县、巴东县、宣恩县、 咸丰县、来凤县、鹤峰县

1. 内蒙古行政区划中的旗相当于县。

2. 表中有*号的为民族自治地方所辖地级市。

1–2 续表 1

地 区	数量	县(旗)、市名称
湖 南	1 自治州 1 县级市 7 县 7 自治县	邵阳市：城步苗族自治县 永州市：江华瑶族自治县 怀化市：麻阳苗族自治县、新晃侗族自治县、芷江侗族自治县、靖州苗族侗族自治县、通道侗族自治县 湘西土家族苗族自治州：吉首市、泸溪县、凤凰县、花垣县、保靖县、古丈县、永顺县、龙山县
广 东	3 自治县	韶关市：乳源瑶族自治县 清远市：连山壮族瑶族自治县、连南瑶族自治县
广 西	14 地级市 40 市辖区 7 县级市 52 县 12 自治县	* 南宁市：青秀区、兴宁区、江南区、西乡塘区、良庆区、邕宁区、武鸣区、横县、宾阳县、上林县、隆安县、马山县 * 柳州市：柳北区、城中区、鱼峰区、柳南区、柳江县、柳城县、鹿寨县、融安县、三江侗族自治县、融水苗族自治县 * 桂林市：象山区、叠彩区、秀峰区、七星区、雁山区、阳朔县、临桂区、灵川县、全州县、兴安县、永福县、灌阳县、龙胜各族自治县、资源县、平乐县、荔浦县、恭城瑶族自治县 * 梧州市：长洲区、万秀区、龙圩区、岑溪市、苍梧县、藤县、蒙山县 * 北海市：海城区、银海区、铁山港区、合浦县 * 防城港市：港口区、防城区、东兴市、上思县 * 钦州市：钦南区、钦北区、灵山县、浦北县 * 贵港市：港北区、港南区、覃塘区、桂平市、平南县 * 玉林市：玉州区、福绵区、北流市、容县、陆川县、博白县、兴业县 * 百色市：右江区、靖西市、田阳县、田东县、平果县、德保县、那坡县、凌云县、乐业县、田林县、隆林各族自治县、西林县 * 贺州市：八步区、平桂区、昭平县、钟山县、富川瑶族自治县 * 河池市：金城江区、宜州区、罗城仫佬族自治县、环江毛南族自治县、南丹县、天峨县、凤山县、东兰县、巴马瑶族自治县、都安瑶族自治县、大化瑶族自治县 * 来宾市：兴宾区、合山市、象州县、武宣县、金秀瑶族自治县、忻城县 * 崇左市：江州区、凭祥市、扶绥县、大新县、天等县、宁明县、龙州县
海 南	6 自治县	白沙黎族自治县、昌江黎族自治县、乐东黎族自治县、陵水黎族自治县、保亭黎族苗族自治县、琼中黎族苗族自治县
重 庆	4 自治县	石柱土家族自治县、秀山土家族苗族自治县、酉阳土家族苗族自治县、彭水苗族土家族自治县
四 川	3 自治州 1 县级市 46 县 4 自治县	绵阳市：北川羌族自治县 乐山市：峨边彝族自治县、马边彝族自治县 阿坝藏族羌族自治州：汶川县、理县、茂县、松潘县、九寨沟县、金川县、小金县、黑水县、马尔康县、壤塘县、阿坝县、若尔盖县、红原县 甘孜藏族自治州：康定县、泸定县、丹巴县、九龙县、雅江县、道孚县、炉霍县、甘孜县、新龙县、德格县、白玉县、石渠县、色达县、理塘县、巴塘县、乡城县、稻城县、得荣县、 凉山彝族自治州：西昌市、盐源县、德昌县、会理县、会东县、宁南县、普格县、布拖县、金阳县、昭觉县、喜德县、冕宁县、越西县、甘洛县、美姑县、雷波县、木里藏族自治县

1－2　续表 2

地　区	数量	县（旗）、市名称
贵　州	3 自治州 4 县级市 31 县 11 自治县	遵义市：道真仡佬族苗族自治县、务川仡佬族苗族自治县 安顺市：镇宁布依族苗族自治县、关岭布依族苗族自治县、紫云苗族布依族自治县 毕节市：威宁彝族回族苗族自治县 铜仁市：玉屏侗族自治县、印江土家族苗族自治县、沿河土家族自治县、松桃苗族自治县 黔西南布依族苗族自治州：兴义市、兴仁县、普安县、晴隆县、贞丰县、望谟县、册亨县、安龙县 黔东南苗族侗族自治州：凯里市、黄平县、施秉县、三穗县、镇远县、岑巩县、天柱县、锦屏县、剑河县、台江县、黎平县、榕江县、从江县、雷山县、麻江县、丹寨县 黔南布依族苗族自治州：都匀市、福泉市、荔波县、贵定县、瓮安县、独山县、平塘县、罗甸县、长顺县、龙里县、惠水县、三都水族自治县
云　南	8 自治州 11 县级市 38 县 29 自治县	昆明市：石林彝族自治县、禄劝彝族苗族自治县、寻甸回族彝族自治县 玉溪市：峨山彝族自治县、新平彝族傣族自治县、元江哈尼族彝族傣族自治县 丽江市：玉龙纳西族自治县、宁蒗彝族自治县 普洱市：宁洱哈尼族彝族自治县、墨江哈尼族自治县、景东彝族自治县、景谷傣族彝族自治县、镇沅彝族哈尼族拉祜族自治县、江城哈尼族彝族自治县、孟连傣族拉祜族佤族自治县、澜沧拉祜族自治县、西盟佤族自治县 临沧市：双江拉祜族佤族布朗族傣族自治县、耿马傣族佤族自治县、沧源佤族自治县 楚雄彝族自治州：楚雄市、双柏县、牟定县、南华县、姚安县、大姚县、永仁县、元谋县、武定县、禄丰县 红河哈尼族彝族自治州：蒙自市、个旧市、开远市、弥勒市、建水县、石屏县、泸西县、元阳县、红河县、绿春县、屏边苗族自治县、金平苗族瑶族傣族自治县、河口瑶族自治县 文山壮族苗族自治州：文山市、砚山县、西畴县、麻栗坡县、马关县、丘北县、广南县、富宁县 西双版纳傣族自治州：景洪市、勐海县、勐腊县 大理白族自治州：大理市、祥云县、宾川县、弥渡县、永平县、云龙县、洱源县、剑川县、鹤庆县、漾濞彝族自治县、南涧彝族自治县、巍山彝族回族自治县 德宏傣族景颇族自治州：芒市、瑞丽市、梁河县、盈江县、陇川县 怒江傈僳族自治州：泸水县、福贡县、贡山独龙族怒族自治县、兰坪白族普米族自治县 迪庆藏族自治州：香格里拉市、德钦县、维西傈僳族自治县
西　藏	5 地级市 2 地区 6 市辖区 68 县	* 拉萨市：城关区、堆龙德庆区、林周县、当雄县、尼木县、曲水县、达孜县、墨竹工卡县 * 日喀则市：桑珠孜区、南木林县、江孜县、定日县、萨迦县、拉孜县、昂仁县、谢通门县、白朗县、仁布县、康马县、定结县、仲巴县、亚东县、吉隆县、聂拉木县、萨嘎县、岗巴县 * 昌都市：卡若区、江达县、贡觉县、类乌齐县、丁青县、察雅县、八宿县、左贡县、芒康县、洛隆县、边坝县 * 林芝市：巴宜区、工布江达县、米林县、墨脱县、波密县、察隅县、朗县 * 山南市：乃东区、扎囊县、贡嘎县、桑日县、琼结县、曲松县、措美县、洛扎县、加查县、隆子县、错那县、浪卡子县 那曲地区：那曲县、嘉黎县、比如县、聂荣县、安多县、申扎县、索县、班戈县、巴青县、尼玛县、双湖县 阿里地区：噶尔县、普兰县、札达县、日土县、革吉县、改则县、措勤县

1－2　续表 3

地　区	数量	县（旗）、市名称
甘　肃	2 自治州 2 县级市 12 县 7 自治县	天水市：张家川回族自治县 武威市：天祝藏族自治县 张掖市：肃南裕固族自治县 酒泉市：肃北蒙古族自治县、阿克塞哈萨克族自治县 临夏回族自治州：临夏市、临夏县、康乐县、永靖县、广河县、和政县、东乡族自治县、积石山保安族东乡族撒拉族自治县 甘南藏族自治州：合作市、临潭县、卓尼县、舟曲县、迭部县、玛曲县、碌曲县、夏河县
青　海	6 自治州 3 县级市 25 县 7 自治县	西宁市：大通回族土族自治县 海东市：民和回族土族自治县、互助土族自治县、化隆回族自治县、循化撒拉族自治县 海北藏族自治州：海晏县、祁连县、刚察县、门源回族自治县 黄南藏族自治州：同仁县、尖扎县、泽库县、河南蒙古族自治县 海南藏族自治州：共和县、同德县、贵德县、兴海县、贵南县 果洛藏族自治州：玛沁县、班玛县、甘德县、达日县、久治县、玛多县 玉树藏族自治州：玉树市、杂多县、称多县、治多县、囊谦县、曲麻莱县 海西蒙古族藏族自治州：德令哈市、格尔木市、乌兰县、都兰县、天峻县
宁　夏	5 地级市 9 市辖区 2 县级市 11 县	* 银川市：金凤区、兴庆区、西夏区、灵武市、永宁县、贺兰县 * 石嘴山市：大武口区、惠农区、平罗县 * 吴忠市：利通区、红寺堡区、青铜峡市、盐池县、同心县 * 固原市：原州区、西吉县、隆德县、泾源县、彭阳县 * 中卫市：沙坡头区、中宁县、海原县
新　疆	4 地级市 5 地区 5 自治州 13 市辖区 24 县级市 62 县 6 自治县	* 乌鲁木齐市：天山区、沙依巴克区、新市区、水磨沟区、头屯河区、达坂城区、米东区、乌鲁木齐县 * 克拉玛依市：克拉玛依区、独山子区、白碱滩区、乌尔禾区 * 吐鲁番市：高昌区、鄯善县、托克逊县 * 哈密市：伊州区、巴里坤哈萨克自治县、伊吾县 阿克苏地区：阿克苏市、温宿县、库车县、沙雅县、新和县、拜城县、乌什县、阿瓦提县、柯坪县 喀什地区：喀什市、疏附县、疏勒县、英吉沙县、泽普县、莎车县、叶城县、麦盖提县、岳普湖县、伽师县、巴楚县、塔什库尔干塔吉克自治县 和田地区：和田市、和田县、墨玉县、皮山县、洛浦县、策勒县、于田县、民丰县 昌吉回族自治州：昌吉市、阜康市、呼图壁县、玛纳斯县、奇台县、吉木萨尔县、木垒哈萨克自治县 博尔塔拉蒙古自治州：博乐市、阿拉山口市、精河县、温泉县 巴音郭楞蒙古自治州：库尔勒市、轮台县、尉犁县、若羌县、且末县、和静县、和硕县、博湖县、焉耆回族自治县 克孜勒苏柯尔克孜自治州：阿图什市、阿克陶县、阿合奇县、乌恰县 伊犁哈萨克自治州：伊宁市、奎屯市、霍尔果斯市、伊宁县、霍城县、巩留县、新源县、昭苏县、特克斯县、尼勒克县、察布查尔锡伯自治县 塔城地区：塔城市、乌苏市、额敏县、沙湾县、托里县、裕民县、和布克赛尔蒙古自治县 阿勒泰地区：阿勒泰市、布尔津县、富蕴县、福海县、哈巴河县、青河县、吉木乃县 自治区直辖区县级行政单位：石河子市、阿拉尔市、图木舒克市、五家渠市、北屯市、铁门关市、双河市、可克达拉市、昆玉市

主要统计指标解释

行政区划 指国家对行政区域的划分。根据宪法规定，民族自治地方的行政区域划分如下：(1) 自治区分为地区（市、自治州)、县、自治县、市；(2) 自治州分为县、自治县、市；(3) 自治县分为乡、民族乡、镇。

二、综　合

2–1 民族自治地方国民经济与社会发展主要指标

指　　标	总量指标					
	1990年	1995年	2000年	2005年	2010年	2015年
人口与就业						
人口（万人）						
年底总人口	15296	16044	16818	17311	18531	18618
#少数民族人口	6880	7232	7767	8239	8814	9458
就业						
单位从业人员数(万人)	1543	1672	1733	1202	1297	1591
宏观经济						
地区生产总值(亿元)		**4901**	**7486**	**15706**	**38989**	**66553**
第一产业		1629	2022	3300	6198	9937
第二产业		1747	2834	6419	18809	29298
第三产业		1526	2629	5987	13982	27318
人均地区生产总值(元)		**3055**	**4451**	**8991**	**22060**	**35181**
固定资产(亿元)						
全社会固定资产投资总额		1444	2477	8358	29876	63830
#国有单位	259.4	983	1553	3767	12046	25412
财政（亿元）						
公共财政预算收入	166.7	248	476	1026	3257	6850
公共财政预算支出	304.4	595	1173	3050	10512	20658
产　　业						
农业						
耕地面积(万公顷)	1763	1508	2086	2033	2380	2556
灌溉面积(万公顷)	764	838	936	1027	1156	1299
农林牧渔总产值(亿元)		2537	3200	5349	10374	16881
主要农产品产量						
粮食产量(万吨)	5373	5801	6381	7187	8308	9801
棉花产量（万吨）	47	95	146	188	248	354
油料产量（万吨）	208	264	353	372	422	513
大牲畜年底头数(万头)	5286	5618	5566	6153	6068	5576
羊年底头数（万只）	11362	11906	13076	16391	14885	16471
猪年底头数(万头)	5668	7240	8201	8526	8141	8411
工业						
主要工业产品产量						
布(亿米)	7.4	6.9	5.0	3.5	3.6	1.4
机制纸及纸板(万吨)	94	191	175	273	385	440
成品糖(万吨)	223	240	498	678	907	1237
原煤(亿吨)	1.2	1.7	1.5	3.8	10.4	11.8
原油(万吨)	1265	1610	2292	2833	3059	3233
发电量（亿千瓦小时）	739	1187	1712	3052	6730	12500
粗钢(万吨)	368	700	647	1846	4005	5126
生铁(万吨)	417	555	725	2087	4447	4854
水泥(万吨)	1958	4296	5703	10156	21653	36409
建筑业						
建筑业企业人数（万人）			132	142	194	241
建筑业总产值(亿元)			754	1656	5203	9105
施工房屋面积(万平方米)			9232	15964	35052	59121
竣工房屋面积(万平方米)			5326	8072	15418	22842

2016年	速度指标(%)								
	指数（2016年为以下各年）						平均增长速度		
	1990年	1995年	2000年	2005年	2010年	2015年	1991—2016年	1996—2016年	2001—2016年
18736	122.5	116.8	111.4	108.2	101.1	100.6	0.8	0.7	0.7
9655	140.3	133.5	124.3	117.2	109.5	102.1	1.3	1.4	1.4
1571	101.8	94.0	90.6	130.7	121.2	98.8	0.1	-0.3	-0.6
70283		**937.0**	**607.5**	**349.1**	**178.7**	**108.1**		**11.2**	**11.9**
10502		306.8	233.6	177.2	134.1	103.9		5.5	5.4
29790		1595.2	947.4	454.5	193.6	107.8		14.1	15.1
29991		932.1	579.6	337.7	181.0	109.9		11.2	11.6
39606		**1296.5**	**889.7**	**440.5**	**179.5**	**112.6**		**13.0**	**14.6**
70882		4908.7	2861.6	848.1	237.3	111.0		20.4	23.3
28278	10901.1	2877.8	1821.3	750.6	234.7	111.3	19.8	17.3	19.9
7136	4280.9	2876.3	1500.6	695.3	219.1	104.2	15.5	17.3	18.4
23615	7758.0	3968.3	2013.4	774.2	224.7	114.3	18.2	19.2	20.6
2771	157.2	183.7	132.8	136.3	116.4	108.4	1.8	2.9	1.8
1240	162.4	148.0	132.6	120.7	107.3	95.5	1.9	1.9	1.8
17646	4368.2	313.3	238.7	175.1	111.3	105.4	15.6	5.6	5.6
9769	181.8	168.4	153.1	135.9	117.6	99.7	2.3	2.5	2.7
360	765.8	380.5	246.1	191.5	144.9	101.8	8.1	6.6	5.8
566	272.0	214.3	160.2	152.1	133.9	110.3	3.9	3.7	3.0
5918	112.0	105.3	106.3	96.2	97.5	106.1	0.4	0.2	0.4
16013	140.9	134.5	122.5	97.7	107.6	97.2	1.3	1.4	1.3
8327	146.9	115.0	101.5	97.7	102.3	99.0	1.5	0.7	0.1
2.6	35.8	38.4	52.9	75.7	72.9	193.3	-3.9	-4.5	-3.9
468	497.6	244.9	266.9	171.6	121.5	106.5	6.4	4.4	6.3
1203	540.5	502.4	241.5	177.4	132.7	97.3	6.7	8.0	5.7
11.2	921.6	671.8	762.6	293.5	107.3	94.6	8.9	9.5	13.5
2975	235.1	184.8	129.8	105.0	97.2	92.0	3.3	3.0	1.6
13692	1853.3	1154.0	799.6	448.6	203.5	109.5	11.9	12.4	13.9
5309	1441.6	758.9	820.5	287.6	132.6	103.6	10.8	10.1	14.1
5357	1284.7	965.8	739.1	256.7	120.5	110.4	10.3	11.4	13.3
39656	2025.6	923.1	695.3	390.5	183.1	108.9	12.3	11.2	12.9
349			265.5	246.5	179.8	145.2			6.3
9768			1294.9	589.9	187.7	107.3			17.4
63044			682.9	394.9	179.9	106.6			12.8
27847			522.9	345.0	180.6	121.9			10.9

2–1 续表

指　标	总量指标					
	1990年	1995年	2000年	2005年	2010年	2015年
邮电运输						
铁路营业里程(万公里)	1.31	1.70	1.43	1.69	2.12	3.02
公路通车里程(万公里)	29	33	42	59	91	116
邮电业务总量(亿元)	9	78	297	892	2456	2044
邮路及农村投递						
线路总长度(万公里)	88	107	110	110	127	185
国内商业						
社会消费品零售总额(亿元)	682	1692	2570	4874	11685	22625
对外经济贸易						
进出口总额(亿美元)			86	222	533	1033
出口额			50	126	331	647
进口额			36	95	202	386
国际旅游						
国际旅游人数(万人次)			269	467	820	1583
旅游外汇收入(亿美元)			8	13	30	59
金融						
金融机构各项存款(亿元)			7906	16324	46622	86180
金融机构各项贷款(亿元)			6548	11300	30579	66137
教育、文化、卫生						
教育						
在校学生数(万人)						
普通高等学校	13.6	18.6	34.2	100.0	161.9	200.8
普通中学	610	632	873	1082	1050	991
普通小学	1853	1889	1886	1668	1536	1464
专任教师数(万人)						
普通高等学校	2.8	3.7	3.6	6.3	9.5	10.9
普通中学	41.5	41.5	47.9	61.1	67.4	80.3
普通小学	84.8	85.8	89.9	88.1	90.7	88.3
文化						
出版数量						
图书(万册)	30166	42275	42310	41958	43099	69844
杂志(万册)	7866	7881	8332	10280	8276	27155
报纸(万份)	79120	94985	123277	169518	174848	188006
卫生						
医院、卫生院数　(万个)	1.06	1.23	1.25	1.18	1.20	1.27
医院、卫生院床位　(万张)	33.2	35.7	36.1	38.4	55.7	82.5
社会服务						
福利类收养单位床位数(万张)					27.3	32.7
城镇社区服务设施数（个）					6188	10203
城乡最低生活保障人数(万人)					1907.4	1828

注：规模以上工业企业统计范围1998年至2006年签字全部国有及年主营收入在500万元及以上非国有工业企业；
2007至2010年为年主营业务收入在500万元及以上的工业企业；
2010年以后为年主营业务收入在2000万元及以上的工业企业。
2016年以后医院卫生院统计范围为医院、基础卫生医疗机构数，基础卫生医疗机构数包括社区卫生服务中心(站)、卫生院、门诊部、诊所、卫生所、医务室。

2016年	速度指标(%)								
	指数（2016年为以下各年）						平均增长速度		
	1990年	1995年	2000年	2005年	2010年	2015年	1991—2016年	1996—2016年	2001—2016年
3.04	232.4	179.1	213.3	180.2	143.4	100.7			4.8
120	407.8	360.6	282.7	203.1	131.3	103.7	5.6	6.3	6.7
1747	20312.0	2239.5	588.4	195.9	71.1	85.4	22.7	16.0	11.7
196	223.2	183.9	179.3	179.1	155.0	106.1	3.1	2.9	3.7
24884	3649.8	1470.5	968.3	510.5	213.0	110.0	14.8	13.7	15.2
968			1130.2	437.0	181.5	93.7			16.4
545			1097.8	431.5	164.5	84.3			16.2
423			1175.0	444.3	209.4	109.4			16.6
2906			1080.4	622.4	354.4	183.7			16.0
71			945.8	557.8	238.0	121.0			15.1
103384			1307.7	633.3	221.7	120.0			17.4
79877			1219.9	706.9	261.2	120.8			16.9
209.6	1541.0	1126.7	612.8	209.6	129.5	104.4	11.1	12.2	12.0
1015	166.5	160.6	116.3	93.8	96.6	102.5	2.0	2.3	0.9
1500	81.0	79.4	79.5	90.0	97.7	102.5	-0.8	-1.1	-1.4
11.4	406.2	307.4	312.5	180.5	120.1	104.0	5.5	5.5	7.4
73.9	178.0	178.2	154.3	120.9	109.6	92.0	2.2	2.8	2.7
91.1	107.4	106.2	101.3	103.4	100.4	103.1	0.3	0.3	0.1
50263	166.6	118.9	118.8	119.8	116.6	72.0	2.0	0.8	1.1
8342	106.0	105.8	100.1	81.1	100.8	30.7	0.2	0.3	0.0
132705	167.7	139.7	107.6	78.3	75.9	70.6	2.0	1.6	0.5
4.72	446.3	382.7	377.8	398.4	394.6	371.9	5.9	6.6	8.7
86.5	260.7	242.4	239.6	225.1	155.3	104.9	3.8	4.3	5.6
32.3					118.2	98.7			
10861					175.5	106.4			
1701.3					89.2	93.1			

2-2 民族自治地方国民经济与社会发展主要指标占全国的比重

指 标	1990年	1995年	2000年	2005年	2010年	2014年	2015年	2016年
人口与就业								
年底总人口	13.38	13.25	13.27	13.36	13.82	13.71	13.54	13.55
单位从业人员	10.98	11.22	14.29	10.79	9.94	8.66	2.05	2.02
地区生产总值		**8.52**	**7.70**	**7.94**	**8.92**	**10.12**	**9.71**	**9.45**
第一产业		13.68	13.62	14.35	15.29	16.41	16.33	16.49
第二产业		6.50	6.19	6.62	8.55	10.92	10.44	10.06
第三产业		8.14	7.19	7.69	7.92	8.21	7.94	7.81
人均地区生产总值		60.54	56.65	63.98	67.00	73.60	70.37	73.37
全社会固定资产投资		**7.21**	**7.52**	**9.41**	**10.74**	**11.48**	**11.77**	**11.69**
国有单位固定资产投资	8.70	9.02	9.41	12.70	14.46	18.15	18.25	21.91
财政								
公共财政预算收入	8.60	8.31	7.42	6.80	8.02	8.74	8.49	4.47
公共财政预算支出	14.60	12.33	11.31	12.13	14.23	15.01	14.48	12.58
农业								
农业总产值	12.80	12.47	12.84	13.56	14.97	11.10	15.77	15.74
耕地面积	18.40							
灌溉面积	16.12	17.00	17.40	18.67	19.16	16.33	19.72	18.48
主要农牧产品								
粮食	12.00	12.43	15.75	14.85	15.20	16.11	15.77	15.85
棉花	10.40	19.84	33.11	32.89	41.68	59.61	63.09	67.92
油料	12.90	11.73	11.95	12.09	13.08	13.84	14.50	15.59
大牲畜年末头数	40.60	35.40	36.74	39.09	49.58	47.98	45.72	49.70
羊年末只数	54.10	43.00	45.04	43.98	53.00	53.90	52.96	53.18
猪年末头数	15.60	16.40	18.35	16.94	17.52	18.77	18.64	19.14
工业								
工业总产值	5.40	4.60	4.59	4.23	5.51			
主要工业产品								
布(混合数)	3.90	2.70	1.81	0.74	0.45	0.13	0.15	0.29
机制纸及纸板	6.86	6.80	7.06	5.05	3.92	4.08	3.75	3.80
成品糖	38.25	42.84	71.17	75.09	81.15	98.38	83.89	83.37
原煤	11.20	12.20	14.65	17.37	32.12	33.36	31.47	32.70
原油	9.10	10.70	14.06	15.66	15.07	17.49	15.07	14.90
发电量	11.90	11.80	12.63	12.33	16.00	20.17	21.50	22.29
粗钢	5.60	7.30	5.04	5.24	6.28	6.19	6.38	6.57

2-2 续表

指 标	1990年	1995年	2000年	2005年	2010年	2014年	2015年	2016年
生铁	6.68	5.27	5.53	6.32	7.45	7.57	7.02	7.63
水泥	9.34	9.03	9.55	9.55	11.51	14.52	15.43	16.45
木材	31.60	48.10	22.28					
建筑业								
建筑业总产值			4.50	4.77	5.42	3.64	5.04	5.05
运输								
铁路营业里程	24.50	31.10	24.30	22.41	23.28	21.38	24.98	24.55
公路线路里程	28.40	28.70	30.20	17.63	22.75	25.08	25.24	25.50
国内商业								
社会消费品零售总额	9.40	8.20	7.50	7.26	7.44	7.72	7.52	7.49
对外经济贸易								
进出口贸易			1.81	1.56	1.79	2.51	2.61	2.76
出口额			1.99	1.91	2.10	3.09	2.84	2.73
进口额			1.60	1.25	1.45	1.82	2.30	2.79
国际旅游								
国际旅游人数			4.17	4.42	7.04	20.29	11.83	20.99
旅游外汇收入			4.65	4.37	6.50	13.57	5.19	5.95
教育								
在校学生								
普通高等学校	6.59	6.40	6.15	6.40	7.25	7.27	7.65	7.77
普通中学	13.29	11.76	11.85	14.88	13.64	15.11	14.81	15.16
普通小学	15.14	14.32	14.49	15.35	15.45	15.57	15.10	15.13
专任教师								
普通高等学校	7.09	9.23	7.86	6.48	7.05	7.00	6.95	7.10
普通中学	13.68	12.44	11.96	12.82	13.38	14.42	15.53	14.15
普通小学	15.19	15.15	15.35	15.75	16.15	13.73	15.54	15.74
卫生								
医院卫生院数	17.00	18.10	18.78	19.68	19.84	21.68	19.54	4.94
医院卫生院床位数	12.70	12.60	12.25	11.96	11.77	11.85	11.76	12.34
卫生技术人员	12.50	12.40	7.91	10.66	10.85	8.64	11.87	11.91

注：1.本表中涉及民族自治地方GDP占全国的比重，分母为全国31个省(区、市)相加的合计数。
2.财政收支占全国的比重是指占全国地方财政收支的比重。
3.2016年以后#医院卫生院统计范围为医院、基础卫生医疗机构数，基础卫生医疗机构数包括社区卫生服务中心(站)、卫生院、门诊部、诊所、卫生所、医务室。

2-3 按区域分的国民经济和社会发展主要指标（2016年）(一)

指 标	全国总计	民族自治地方		东部地区	
		绝对数	占全国比重(%)	绝对数	占全国比重(%)
自然资源					
土地面积(万平方公里)	960	613	63.9	92	9.5
人口					
总人口(年末)(万人)	138271	18736	13.6	52951	38.3
国民经济核算					
国内(地区)生产总值(亿元)	744127	70283	9.4	410186	55.1
第一产业	63671	10502	16.5	21930	34.4
第二产业	296236	29790	10.1	173446	58.5
第三产业	384221	29991	7.8	214811	55.9
人均国内(地区)生产总值(元)	53980	39606	73.4	77465	143.5
固定资产投资					
全社会固定资产投资总额(亿元)	606466	70882	11.7	252923	41.7
财政					
地方一般公共财政收入(亿元)	159605	7136	4.5	50027	31.3
地方一般公共财政支出(亿元)	187755	23615	12.6	67884	36.2
对外贸易					
货物进出口总额（亿元）	243386	6713	2.8	202659	83.3
出口额	138419	3782	2.7	114717	82.9
进口额	104967	2930	2.8	87943	83.8
农业					
主要农产品产量(万吨)					
粮食	61625	9769	15.9	14917	24.2
棉花	530	360	67.9	96	18.2
油料	3630	566	15.6	803	22.1
工业					
主要工业产品产量					
原油(万吨)	19969	2975	14.9	7873	39.4
发电量(亿千瓦小时)	61425	13692	22.3	24285	39.5
粗钢(万吨)	80761	5309	6.6	46143	57.1
水泥(万吨)	241031	39656	16.5	82073	34.1
交通运输业					
铁路营业里程(公里)	123992	30446	24.6	28935	23.3
公路里程(公里)	4696263	1197652	25.5	1135649	24.2
旅客周转量(亿人公里)	22880	2952	12.9	8317	36.3
货物周转量(亿吨公里)	166882	13250	7.9	90039	54.0
邮电通信业					
邮电业务总量(亿元)	23014	1747	7.6	13455	58.5
国内商业					
社会消费品零售总额(亿元)	332316	24884	7.5	171143	51.5
教育					
普通高等学校					
学校数(个)	2596	228	8.8	1000	38.5
招生数(万人)	749	62	8.3	2842086	38.0
在校学生数(万人)	2696	210	7.8	10415824	38.6
毕业生数（万人）	704	50	7.1	2762660	39.2
卫生					
医院、卫生院数(个)	955658	47196	4.9	313098	32.8
卫生技术人员（万人）	845	101	11.9	3433824	40.6
医院、卫生院床位数(万张)	713	87	12.1	252	35.4
人民生活					
城镇居民可支配收入（元）	33616	28325	84.3	39651	118.0
农村居民人均纯收入（元）	12363	9723	78.6	15498	125.4

2-3(一)　续表

指　　标	中部地区		西部地区		东北地区	
	绝对数	占全国比重(%)	绝对数	占全国比重(%)	绝对数	占全国比重(%)
自然资源						
土地面积(万平方公里)	103	10.7	687	71.5	79	8.2
人口						
总人口(年末)(万人)	36709	26.5	37414	27.1	10910	7.9
国民经济核算						
国内(地区)生产总值(亿元)	160646	21.6	156828	21.1	52410	7.0
第一产业	15781	24.8	18613	29.2	6342	10.0
第二产业	72952	24.6	67356	22.7	20012	6.8
第三产业	70913	18.5	70860	18.4	26056	6.8
人均国内(地区)生产总值(元)	43762	81.1	41917	77.7	48038	89.0
固定资产投资						
全社会固定资产投资总额(亿元)	159706	26.3	157195	25.9	31264	5.2
财政						
地方一般公共财政收入(亿元)	15335	9.6	17265	10.8	4613	2.9
地方一般公共财政支出(亿元)	33785	18.0	46291	24.7	12391	6.6
对外贸易						
货物进出口总额（亿元）	15729	6.5	16975	7.0	8023	3.3
出口额	10223	7.4	10032	7.2	3448	2.5
进口额	5506	5.2	6944	6.6	4575	4.4
农业						
主要农产品产量(万吨)						
粮食	18328	29.7	16503	26.8	11876	19.3
棉花	68	12.8	366	69.1		
油料	1544	42.5	1097	30.2	186	5.1
工业						
主要工业产品产量						
原油(万吨)	374	1.9	6438	32.2	5284	26.5
发电量(亿千瓦小时)	12390	20.2	21311	34.7	3439	5.6
粗钢(万吨)	16459	20.4	10926	13.5	7233	9.0
水泥(万吨)	66501	27.6	82300	34.1	10157	4.2
交通运输业						
铁路营业里程(公里)	27975	22.6	50236	40.5	16845	13.6
公路里程(公里)	1267456	27.0	1905561	40.6	387599	8.3
旅客周转量(亿人公里)	6936	30.3	5789	25.3	1838	8.0
货物周转量(亿吨公里)	35723	21.4	25996	15.6	15125	9.1
邮电通信业						
邮电业务总量(亿元)	3934	17.1	4311	18.7	1314	5.7
国内商业						
社会消费品零售总额(亿元)	69819	21.0	61488	18.5	29127	8.8
教育						
普通高等学校						
学校数(个)	677	26.1	661	25.5	258	9.9
招生数(万人)	2097281	28.0	1919958	25.6	626785	8.4
在校学生数(万人)	7441853	27.6	6723917	24.9	2376839	8.8
毕业生数（万人）	1961165	27.9	1689935	24.0	628040	8.9
卫生						
医院、卫生院数(个)	266272	27.9	301629	31.6	74659	7.8
卫生技术人员（万人）	2064664	24.4	2280454	27.0	665461	7.9
医院、卫生院床位数(万张)	190	26.7	207	29.0	63	8.9
人民生活						
城镇居民可支配收入（元）	28879	85.9	28610	85.1	29045	86.4
农村居民人均纯收入（元）	11794	95.4	9918	80.2	12275	99.3

注：1.旅客周转量全国总计大于分地区之和的原因是有不分地区合计数，为民航完成数；
2.货物周转量全国总计大于分地区之和的原因是有不分地区合计数，不分地区合计数中包括铁路行包运量、民航、管道、中远集团海外公司和中海集团香港有限公司完成数。
3.2016年以后#医院卫生院统计范围为医院、基础卫生医疗机构数，基础卫生医疗机构数包括社区卫生服务中心(站)、卫生院、门诊部、诊所、卫生所、医务室。

2-3 按区域分的国民经济和社会发展主要指标（2016年）(二)

指　　标	全国总计	民族自治地方	
		绝对数	占全国比重 (%)
县级行政区域单位数(个)	**2851**	**711**	**24.9**
土地面积(万平方公里)	**960**	**613**	**63.9**
人口			
总人口(年末)(万人)	138271.0	18736.2	13.6
国内(地区)生产总值(亿元)	**744127.2**	**70283.4**	**9.4**
第一产业	63670.7	10501.9	16.5
第二产业	296236.0	29790.5	10.1
第三产业	384220.5	29991.1	7.8
人均国内(地区)生产总值(元)	53980.0	39605.8	73.4
固定资产投资			
全社会固定资产投资总额(亿元)	606466.0	70882.0	11.7
财政			
地方一般公共财政收入(亿元)	159605	7136.2	4.5
地方一般公共财政支出(亿元)	187755	23615.5	12.6
农业			
农林牧渔业总产值(亿元)	112091.3	17646.0	15.7
粮食(万吨)	61625.0	9768.7	15.9
肉类总产量　(万吨)	8537.8	1664.4	19.5
工业			
规模以上工业企业资产总计(亿元)	1085866	99147	9.1
教育			
普通中学			
学校数　(个)	65485	9160	14.0
在校学生数　(万人)	6695.6	1014.9	15.2
专任教师数　(万人)	522.1	73.9	14.2
普通小学			
学校数　(个)	177633	33040	18.6
在校学生数　(万人)	9913	1500.3	15.1
专任教师数　(万人)	578.9	91.1	15.7
卫生			
医院、卫生院数(个)	955658.0	47196.0	4.9
卫生技术人员 (万人)	845.4	100.7	11.9
医院、卫生院床位数(万张)	713.1	86.5	12.1
人民生活			
农村居民人均纯收入 (元)	12363.4	9722.8	78.6

牧区半牧区县		陆地边境县		青海等省藏区	
绝对数	占全国比重（%）	绝对数	占全国比重（%）	绝对数	占全国比重（%）
268	**9.4**	**140**	**4.9**	**74**	**2.6**
417	**43.4**	**194**	**20.2**	**102**	**10.6**
4778.69	3.5	2375.60	1.7	551.76	0.4
20711.00	**2.8**	**8887.84**	**1.4**	**1820.82**	**0.2**
3607.20	5.7	1796.99	3.1	287.40	0.5
9763.16	3.3	3513.33	1.3	849.23	0.3
7340.64	1.9	3577.76	1.1	684.19	0.2
44497.87	82.4	37412.94	79.1	28782.29	53.3
18259.69	3.0	8407.92	1.5	2726.68	0.4
1290.34	0.8	607.79	0.4	173.20	0.1
5274.64	2.8	2747.39	1.5	1382.74	0.7
6011.31	5.4	2732.93	2.6	398.65	0.4
6546.60	10.6	24.43	3.8	114.10	0.2
672.41	7.9		3.6	52.25	0.6
27887.63	2.57			4755.45	0.4
2147	3.5	1009565	1.7	309	0.5
200.4	3.0	9.1	1.5	29.7	0.4
18.4	3.5		1.6	2.0	0.4
7611	4.3	1562394	2.7	1674	0.9
308.9	4.6	11.25	1.7	49.07	0.5
21.9	3.8		2.1	3.46	0.6
6125.0	0.6	85687	0.2	2366	0.2
18.9	2.2		1.0	2.9	0.3
16.3	2.3	10.9	1.3	1.9	0.3
10343.1	83.7	10500.6	84.9	8693.7	70.3

2–4　民族自治地方地区生产总值

年 份	地区生产总值（亿元）	第一产业	第二产业	第三产业	地区生产总值构成（%）	第一产业	第二产业	第三产业
1992	2182.62	822.51	750.34	609.77	100	37.7	34.4	27.9
1993	2762.41	938.13	1072.35	751.93	100	34.0	38.8	27.2
1994	3976.93	1294.45	1450.44	1232.04	100	32.5	36.5	31.0
1995	4901.14	1628.55	1746.52	1526.07	100	33.2	35.6	31.2
1996	5658.35	1876.61	2208.18	1753.56	100	33.2	35.8	31.0
1997	6333.26	2047.92	2320.2	1965.14	100	32.3	36.6	31.1
1998	6589.84	2055.62	2381.01	2153.21	100	31.2	36.1	32.7
1999	6886.17	2007.83	2528.18	2350.16	100	29.2	36.7	34.1
2000	7486.15	2022.30	2834.43	2629.41	100	27.0	37.8	35.2
2001	8179.19	2088.98	3085.54	3004.67	100	25.5	37.7	36.8
2002	9015.06	2200.28	3438.70	3376.08	100	24.4	38.1	37.5
2003	10381.02	2455.72	4163.54	3761.76	100	23.7	40.1	36.2
2004	12518.62	2919.70	5347.60	4251.32	100	23.3	42.7	34.0
2005	15705.93	3300.20	6419.02	5986.71	100	21.0	40.9	38.1
2006	18659.12	3622.87	8089.54	6946.71	100	19.4	43.4	37.2
2007	22852.78	4311.54	10265.37	8275.88	100	18.9	44.9	36.2
2008	27940.20	5002.01	13202.16	9736.03	100	17.9	47.3	34.8
2009	32015.43	5243.11	14643.71	12128.61	100	16.4	45.7	37.9
2010	38988.79	6198.21	18808.87	13981.72	100	15.9	48.2	35.9
2011	47915.67	7242.74	23885.14	16787.79	100	15.1	49.8	35.0
2012	54078.62	8145.70	26550.14	19382.77	100	15.1	49.1	35.8
2013	59265.87	8989.72	28568.63	21707.52	100	15.2	48.2	36.6
2014	64369.23	9572.90	29676.60	25120.21	100	14.9	46.1	39.0
2015	66553.23	9937.46	29297.62	27318.11	100	14.9	44.0	41.0
2016	70283.40	10501.86	29790.45	29991.10	100	14.9	42.4	42.7

2–5　民族自治地方地区生产总值指数

(上年=100)

年 份	地区生产总值	第一产业	第二产业	第三产业
1993	111.7	104.7	121.8	113.8
1994	113.8	107.1	118.8	114.7
1995	109.4	106.3	112.4	109.3
1996	110.6	110.1	112.3	109.1
1997	110.7	108.4	112.7	110.6
1998	108.8	105.7	111.3	109.0
1999	107.3	102.5	109.5	109.4
2000	107.9	101.7	109.2	111.8
2001	108.3	103.1	109.2	111.4
2002	110.2	105.4	112.4	111.3
2003	111.9	105.9	117.2	110.2
2004	113.4	106.7	119.0	111.7
2005	114.9	107.3	121.7	112.4
2006	114.4	106.2	119.7	113.3
2007	115.4	105.4	120.2	114.8
2008	113.8	106.4	117.1	112.9
2009	114.0	105.0	117.9	113.3
2010	114.0	105.6	118.2	112.1
2011	113.5	105.7	117.1	112.3
2012	112.0	106.1	114.5	111.0
2013	110.5	104.4	112.3	109.6
2014	108.6	105.8	110.3	109.1
2015	108.3	104.7	108.0	110.1
2016	108.1	103.9	107.8	109.9

2-6 民族自治地方分地区生产总值(2016年)

单位：亿元

地区	地区生产总值	第一产业	第二产业	工业	建筑业	第三产业
合计	**70283.40**	**10501.86**	**29790.45**	**23303.80**	**6496.97**	**29991.10**
河北	700.95	136.42	294.20	250.21	43.99	270.32
内蒙古	18128.10	1637.39	8553.63	7233.00	1322.50	7937.08
辽宁	728.17	211.81	175.87	133.11	45.90	340.50
吉林	1470.12	202.29	636.78	585.02	55.41	631.06
黑龙江	104.90	37.33	41.47	41.21	0.49	26.09
浙江	49.07	6.96	14.09	8.28	5.80	28.02
湖北	929.94	212.35	324.02	266.12	57.90	393.57
湖南	1006.00	184.64	335.94	276.61	49.64	485.42
广东	144.71	21.82	53.78	44.21	9.56	69.11
广西	18317.64	2796.80	8273.66	6816.64	1458.41	7247.18
海南	482.50	199.81	99.58	43.95	55.63	183.11
重庆	554.20	99.46	250.97	174.36	76.61	203.77
四川	2031.66	406.60	949.54	674.89	274.65	675.51
贵州	3802.54	812.19	1150.67	845.75	304.91	1839.68
云南	6075.96	1258.36	2230.43	1529.47	700.96	2587.17
西藏	1151.41	115.78	429.17	86.44	342.73	606.46
甘肃	506.75	87.29	131.95	100.04	31.91	287.51
青海	1280.50	183.99	709.24	462.50	175.82	387.27
宁夏	3168.59	241.60	1488.44	1054.34	434.20	1438.55
新疆	9649.70	1648.97	3647.01	2677.63	1049.93	4353.72

2–7 民族自治地方分地区生产总值指数和人均地区生产总值(2016年)

地　区	地　区 生产总值 (以2015年为100)	第一产业	第二产业	第三产业	人均地区 生产总值 (元)
合　计	**108.1**	**103.9**	**107.8**	**109.9**	**39606**
河　北	106.7	107.8	105.0	108.0	37231
内蒙古	107.2	103.0	106.9	108.3	72064
辽　宁	89.6	93.4	75.3	98.4	25372
吉　林	106.3	103.5	104.3	109.4	45310
黑龙江	107.6	107.6	108.0	106.8	43222
浙　江	108.2	102.9	107.7	109.8	28514
湖　北	122.4	111.5	124.4	128.3	89200
湖　南	107.5	103.3	106.2	110.3	20772
广　东	107.8	104.7	103.9	112.3	34893
广　西	107.3	103.4	107.4	108.6	38027
海　南	108.5	104.8	111.7	112.2	31441
重　庆	141.1	121.0	151.4	139.0	28714
四　川	106.2	104.2	106.9	106.4	26983
贵　州	113.0	98.4	113.2	116.7	27807
云　南	109.8	105.8	111.5	110.2	26115
西　藏	110.1	104.5	112.2	109.6	35184
甘　肃	107.2	107.4	112.5	156.8	14274
青　海	107.6	105.9	107.9	109.1	30788
宁　夏	108.1	104.5	107.9	109.0	47194
新　疆	107.6	105.8	106.2	109.4	40564

2-8　民族自治地方分地区生产总值构成（2016年）

单位：%

地　区	地区生产总值	第一产业	第二产业	工　业	建筑业	第三产业
合　计	**100**	**14.9**	**42.4**	**33.2**	**9.2**	**42.7**
河　北	100	19.5	42.0	35.7	6.3	38.6
内蒙古	100	9.0	47.2	39.9	7.3	43.8
辽　宁	100	29.1	24.2	18.3	6.3	46.8
吉　林	100	13.8	43.3	39.8	3.8	42.9
黑龙江	100	35.6	39.5	39.3	0.5	24.9
浙　江	100	14.2	28.7	16.9	11.8	57.1
湖　北	100	22.8	34.8	28.6	6.2	42.3
湖　南	100	18.4	33.4	27.5	4.9	48.3
广　东	100	15.1	37.2	30.6	6.6	47.8
广　西	100	15.3	45.2	37.2	8.0	39.6
海　南	100	41.4	20.6	9.1	11.5	37.9
重　庆	100	17.9	45.3	31.5	13.8	36.8
四　川	100	20.0	46.7	33.2	13.5	33.2
贵　州	100	21.4	30.3	22.2	8.0	48.4
云　南	100	20.7	36.7	25.2	11.5	42.6
西　藏	100	10.1	37.3	7.5	29.8	52.7
甘　肃	100	17.2	26.0	19.7	6.3	56.7
青　海	100	14.4	55.4	36.1	13.7	30.2
宁　夏	100	7.6	47.0	33.3	13.7	45.4
新　疆	100	17.1	37.8	27.7	10.9	45.1

2–9 全国民族自治区、自治州、自治县(旗)基本情况(2016年)(一)

地区	年末总人口(万人)	#少数民族	少数民族占总人口(%)	地区生产总值(亿元)	第一产业(亿元)	第二产业(亿元)	第三产业(亿元)
5个自治区合计	**10761.44**	**4860.68**	**45.17**	**50415.44**	**6440.54**	**22391.91**	**21582.99**
内蒙古自治区	2520.00	556.39	22.08	18128.10	1637.39	8553.63	7937.08
广西壮族自治区	4838.00	2185.32	45.17	18317.64	2796.80	8273.66	7247.18
西藏自治区	330.54	297.99	90.15	1151.41	115.78	429.17	606.46
宁夏回族自治区	674.90	249.85	37.02	3168.59	241.60	1488.44	1438.55
新疆维吾尔自治区	2398.00	1571.13	65.52	9649.70	1648.97	3647.01	4353.72
30个自治州合计	**5949.65**	**3551.04**	**59.68**	**17130.69**	**3332.07**	**6668.93**	**7129.70**
吉林省							
延边朝鲜族自治州	212.04	84.34	39.77	915.12	69.19	445.75	400.19
湖北省							
恩施土家族苗族自治州	404.01	220.91	54.68	735.70	152.52	264.73	318.45
湖南省							
湘西土家族苗族自治州	263.60	241.70	91.69	530.87	80.83	165.63	284.42
四川省							
阿坝藏族羌族自治州	91.95	73.84	80.30	281.32	44.05	132.90	104.36
凉山彝族自治州	512.36	283.53	55.34	1403.92	280.71	684.15	439.06
甘孜藏族自治州	110.10	95.30	86.56	229.80	59.27	82.71	87.83
贵州省							
黔东南苗族侗族自治州	477.43	383.33	80.29	939.05	184.11	261.36	493.58
黔南布依族苗族自治州	417.28	246.41	59.05	1023.39	183.36	359.47	480.56
黔西南布依族苗族自治州	357.63	149.36	41.76	929.14	188.84	298.31	441.99
云南省							
西双版纳傣族自治州	99.02	76.95	77.71	366.03	92.22	98.61	175.21
文山壮族苗族自治州	362.10	209.66	57.90	735.88	155.58	262.64	317.66
红河哈尼族彝族自治州	458.73	278.22	60.65	1336.99	214.30	604.53	518.16
德宏傣族景颇族自治州	129.40	61.80	47.76	320.99	78.05	79.06	163.88
怒江傈僳族自治州	53.66	50.32	93.76	126.46	20.00	37.87	68.59
迪庆藏族自治州	36.41	32.39	88.96	180.58	11.39	64.11	105.09
大理白族自治州	360.53	187.40	51.98	974.20	205.32	372.94	395.93
楚雄彝族自治州	263.68	94.55	35.86	847.44	162.63	322.67	362.14

地区生产总值增长速度(%)	人均地区生产总值(元)	公共财政预算收入(亿元)	公共财政预算支出(亿元)	农民人均纯收入(元)	规模以上工业企业数(个)	规模以上工业企业资产总计(亿元)	农林牧渔业总产值(亿元)	农业机械总动力(万千瓦特)
7.43	**47050.33**	**5415.29**	**15935.17**	**10466**	**13929**	**76094.77**	**11021.90**	**10626.20**
7.20	72064	2016.43	4512.71	11609	4289	30900.83	2794.20	3331.10
7.30	38027	1556.27	4441.70	10360	5464	16023.46	4591.40	3527.30
10.10	35184	155.99	1587.97	9094	108	1110.65	173.00	635.10
8.10	47194	387.65	1254.54	9852	1174	8521.18	493.60	580.50
7.60	40564	1298.95	4138.25	10183	2894	19538.65	2969.70	2552.20
9.08	**28782.29**	**1635.69**	**6695.94**	**9143**	**5706**	**22918.98**	**5183.43**	**4987.45**
7.60	43003	91.51	339.11	12940	503	1038.31	130.27	225.20
7.90	22050	71.91	320.24	8728	556	484.36	262.71	270.00
6.90	20145	51.02	269.68	7413	292	298.80	135.92	183.20
6.20	30171	32.60	221.06	10702	121	592.66	68.38	77.23
6.00	29549	121.03	459.15	10368	316	3011.40	482.94	339.70
7.00	19596	32.26	300.48	9367	50	826.89	79.10	99.50
13.30	26858	110.68	377.25	7584	414	563.49	311.35	297.10
12.50	31472	110.05	328.36	8844	726	1215.20	312.94	311.00
13.30	32833	113.83	303.84	7779	64	746.51	23.83	278.41
8.60	31338	30.48	117.31	11049	84	273.67	162.24	112.54
10.00	20362	54.69	272.23	8403	167	619.12	265.27	236.10
10.10	28653	133.10	378.79	9449	301	1621.73	364.47	342.32
9.40	24951	32.61	134.26	8659	114	364.68	126.31	145.38
10.50	23289	9.46	83.35	5299	20	113.07	32.34	28.31
9.30	44153	16.47	118.68	7088	23	267.96	18.71	54.09
9.00	27416	82.01	294.82	9612	271	742.09	388.80	299.66
11.00	30962	73.64	235.21	9181	320	730.41	290.72	301.60

2-9(一) 续表 1

地 区	年末总人口(万人)	#少数民族	少数民族占总人口(%)	地区生产总值(亿元)	第一产业(亿元)	第二产业(亿元)	第三产业(亿元)
甘肃省							
临夏回族自治州	220.51	131.73	59.74	230.11	38.37	46.33	145.41
甘南藏族自治州	73.69	46.70	63.38	135.95	29.12	21.85	84.98
青海省							
海北藏族自治州	29.58	19.94	67.42	100.67	17.79	44.42	38.46
黄南藏族自治州	27.15	25.47	93.84	74.65	19.70	25.17	29.78
海南藏族自治州	46.83	38.91	83.08	152.68	32.42	76.87	43.39
果洛藏族自治州	20.40	18.72	91.80	36.48	6.25	12.77	17.46
玉树藏族自治州	40.37	39.84	98.69	61.48	26.20	22.55	12.73
海西蒙古族藏族自治州	40.43	13.07	32.32	486.96	28.09	326.67	132.20
新疆维吾尔自治区							
昌吉回族自治州	140.10	38.87	27.74	1118.24	223.24	544.28	350.72
巴音郭楞蒙古自治州	126.43	57.45	45.44	916.09	199.28	451.45	265.36
克孜勒苏柯尔克孜自治州	60.29	56.14	93.11	100.33	15.02	33.73	51.58
博尔塔拉蒙古自治州	47.75	17.33	36.29	277.55	61.61	79.55	136.39
伊犁哈萨克自治州	466.20	276.88	59.39	1562.61	452.61	445.85	664.15
120个自治县(旗)合计	**3284.20**	**2139.14**	**65.13**	**8664.19**	**2039.24**	**2698.31**	**3295.00**
河北省							
大厂回族自治县	13.07	3.03	23.19	91.52	7.29	33.16	51.07
孟村回族自治县	23.42	6.06	25.88	90.68	7.56	55.52	27.60
青龙满族自治县	56.68	42.19	74.44	100.19	35.97	14.85	49.36
丰宁满族自治县	41.11	29.38	71.46	101.41	25.93	38.85	36.64
围场满族蒙古族自治县	54.18	35.61	65.74	109.01	41.29	29.23	38.49
宽城满族自治县	26.20	17.65	67.36	208.14	18.38	122.60	67.16
内蒙古自治区							
鄂伦春自治旗	25.46	3.16	12.40	69.61	22.62	8.62	38.37
莫力达瓦达斡尔族自治旗	31.93	4.05	12.67	106.50	44.72	25.78	35.99
鄂温克族自治旗	13.94	5.90	42.31	115.69	7.57	77.61	30.51
辽宁省							
阜新蒙古族自治县	72.15	15.36	21.29	121.27	49.57	19.03	52.67
喀喇沁左翼蒙古族自治县	42.65	9.70	22.74	85.61	31.10	16.56	37.95
岫岩满族自治县	51.01	45.91	90.00	196.03	26.01	29.91	51.08

地区生产总值增长速度（%）	人均地区生产总值（元）	公共财政预算收入（亿元）	公共财政预算支出（亿元）	农民人均纯收入（元）	规模以上工业企业数（个）	规模以上工业企业资产总计（亿元）	农林牧渔业总产值（亿元）	农业机械总动力（万千瓦特）
8.30	11396	12.02	193.22	5680	38	179.75	62.67	
5.60	19213	9.85	149.29	6414	33	123.70	29.26	53.81
5.90	35953	5.09	75.30	10735	39	96.77	25.93	46.60
3.70	27633	3.93	71.75	7455	9		24.91	17.24
8.60	32488	10.34	94.69	9550	46	313.15	47.01	49.02
2.20	18378	3.64	70.15	6020	3	15.15	7.58	4.63
1.90	15232	3.65	93.66	6177			30.10	13.10
8.50	95314	45.22	125.71	11539	133	2222.37	44.47	42.44
8.20	70162	121.40	274.97	16439	346	2618.90	324.71	238.00
6.00	64142	75.08	212.94	15280	239	1907.25	369.21	272.00
10.10	15222	9.68	120.45	6392	32	155.41	32.81	44.95
10.07	57987	20.07	86.80	13191	90	152.80	86.64	75.80
9.10	33120	148.37	573.21	13190	356	1623.37	641.84	528.51
6.78	**31830**	**539.53**	**2862.22**	**10800**	**3038**	**7816.63**	**3479.60**	**2916.15**
5.10	70527	22.20	36.69	14235	59	85.39	13.19	23.50
8.20	42996	2.94	13.77	9749	120	76.53	14.90	34.18
5.80	19954	3.17	23.25	8600	20	59.45	58.80	22.05
6.30	28362	6.75	31.08	6829	36	151.57	44.62	45.16
7.60	25493	4.71	32.75	7138	40	190.91	67.11	62.62
7.00	81705	7.01	17.08	10450	44	404.74	18.90	9.23
7.30	27305	3.76	27.93	8069	7	22.86	36.46	63.00
6.20	33362	2.66	29.38	8678	13	23.75	73.72	104.00
7.00	82878	7.78	21.50	18969	14	281.52	13.88	20.20
-12.40	18236	5.70	41.30	13004	55	93.73	133.99	134.20
-9.90	29441	3.30	24.26	11136	67	64.69	61.67	19.40
-13.10	20989	5.68	22.72	13395	72	80.36	42.48	36.00

2–9(一) 续表 2

地区	年末总人口（万人）	#少数民族	少数民族占总人口（%）	地区生产总值（亿元）	第一产业（亿元）	第二产业（亿元）	第三产业（亿元）
新宾满族自治县	29.70	23.16	78.00	48.86	16.08	10.24	22.53
清原满族自治县	33.07	21.50	65.00	50.45	16.18	8.71	25.56
本溪满族自治县	28.73	19.12	66.56	121.09	23.02	36.41	61.66
桓仁满族自治县	29.62	16.50	55.70	113.60	27.26	34.93	51.41
宽甸满族自治县	42.75	23.89	55.89	80.30	22.58	20.07	37.64
吉林省							
长白朝鲜族自治县	8.00	1.46	18.31	41.75	5.24	19.36	17.15
前郭尔罗斯蒙古族自治县	58.04	7.61	13.12	350.43	74.22	121.92	154.30
伊通满族自治县	45.60	17.43	38.23	162.82	53.65	49.75	59.41
黑龙江省							
杜尔伯特蒙古族自治县	24.18	4.98	20.58	104.90	37.33	41.47	26.09
浙江省							
景宁畲族自治县	17.22	2.00	11.59	49.07	6.96	14.09	28.02
湖北省							
长阳土家族自治县	39.66	26.00	65.56	131.11	38.87	38.19	54.05
五峰土家族自治县	19.99	16.86	84.33	63.13	20.96	21.10	21.07
湖南省							
城步苗族自治县	27.86	17.44	62.60	36.37	10.32	12.36	13.68
通道侗族自治县	23.98	21.15	88.20	37.30	7.81	11.95	17.54
江华瑶族自治县	52.67	38.66	73.39	102.41	23.45	29.20	49.76
新晃侗族自治县	25.98	22.75	87.57	54.12	7.56	26.72	19.84
芷江侗族自治县	38.23	24.47	64.00	99.59	23.01	41.08	35.50
靖州苗族侗族自治县	27.48	20.53	74.72	74.53	14.74	26.62	33.18
麻阳苗族自治县	40.00	37.99	95.00	70.81	16.93	22.38	31.50
广东省							
连南瑶族自治县	17.37	9.73	55.99	40.04	6.39	11.31	22.34
连山壮族瑶族自治县	12.30	7.87	64.03	30.97	7.37	8.61	14.99
乳源瑶族自治县	22.32	2.62	11.74	73.70	8.06	33.86	31.78
广西壮族自治区							
都安瑶族自治县	71.79	66.90	93.19	44.44	13.57	7.49	23.39
融水苗族自治县	51.98	39.29	75.59	83.71	16.28	35.08	32.35

地区生产总值增长速度（%）	人均地区生产总值（元）	公共财政预算收入（亿元）	公共财政预算支出（亿元）	农民人均纯收入（元）	规模以上工业企业数（个）	规模以上工业企业资产总计（亿元）	农林牧渔业总产值（亿元）	农业机械总动力（万千瓦特）
-5.70	19791	3.66	18.82	11718	21	25.99	34.08	31.40
-10.80	15254	4.86	19.08	11985	26	33.94	33.11	22.50
-14.00	42123	7.00	19.48	13563	1	91.68	45.36	16.88
-11.20	38356	5.26	19.95	14815	78	79.20	51.11	14.70
-5.90	18782	4.92	25.27	13000	30	6.48	38.03	29.70
7.40	51824	3.31	19.26	9427	33	19.32	9.31	3.17
6.40	60382	11.74	41.75	11289	133	146.42	143.51	166.40
-0.90	35737	5.19	30.12	10891	40	158.18	87.14	42.92
7.60	43222	3.64	21.31	12356	27	65.58	63.66	79.70
8.20	28514	6.23	34.51	14989	24	18.06	10.98	9.50
7.80	33790	7.55	32.49	8839	60	66.87	65.97	23.40
6.70	33360	3.24	22.16	8642	39	34.79	36.25	16.69
7.80	13744	2.97	23.50	6176	26	28.87	18.47	20.04
7.20	17530	2.22	20.54	5906	30	6.69	13.43	25.30
9.50	19338	7.96	36.12	8561	60	62.03	43.05	40.00
8.20	21665	2.85	22.66	6732	35	21.24	15.45	16.10
8.10	28666	5.19	25.27	7285	50	25.31	35.29	
7.60	29367	2.64	20.97	7914	30	11.71	24.36	41.49
8.30	20245	2.97	24.41	6763	29	11.19	26.50	18.40
8.00	29882	1.48	15.60	11007	10	10.02	9.56	4.05
3.80	32322	1.23	18.69	11051	4	6.09	12.13	4.80
9.50	39857	5.21	22.35	11734	69	135.24	12.97	9.08
7.80	8310	2.44	36.21	4795	13	22.07	24.14	42.83
9.30	20186	4.33	30.72	10310	37	33.64	28.40	28.67

2-9(一) 续表 3

地区	年末总人口（万人）	#少数民族	少数民族占总人口（%）	地区生产总值（亿元）	第一产业（亿元）	第二产业（亿元）	第三产业（亿元）
三江侗族自治县	40.13	34.66	86.37	47.08	17.87	9.66	19.55
龙胜各族自治县	17.29	14.01	81.00	60.55	11.10	31.99	17.46
金秀瑶族自治县	15.72	12.58	79.99	28.19	7.84	6.30	14.04
隆林各族自治县	42.67	34.15	80.04	46.34	11.00	15.68	19.65
巴马瑶族自治县	30.11	26.02	86.40	37.20	10.34	9.21	17.65
罗城仫佬族自治县	38.58	29.28	75.88	43.67	15.81	8.57	19.29
富川瑶族自治县	33.62	19.59	58.27	67.26	23.26	24.29	19.71
大化瑶族自治县	47.44	44.75	94.34	55.10	9.45	24.59	21.06
环江毛南族自治县	37.72	35.46	94.02	45.30	16.10	9.17	20.02
恭城瑶族自治县	30.47	19.18	62.95	73.11	24.28	26.14	22.70
海南省							
白沙黎族自治县	19.53	12.80	65.50	44.27	20.99	4.71	18.58
昌江黎族自治县	25.50	10.48	41.10	101.18	28.38	42.07	30.74
乐东黎族自治县	53.44	20.73	38.79	117.69	71.52	15.18	30.99
陵水黎族自治县	38.04	21.70	57.04	134.37	43.96	25.92	64.49
琼中黎族苗族自治县	21.67	13.61	62.79	43.42	18.71	6.50	18.20
保亭黎族苗族自治县	16.79	11.62	69.22	41.57	16.25	5.21	20.10
重庆市							
石柱土家族自治县	54.80	43.32	79.05	145.42	25.25	71.73	48.44
秀山土家族苗族自治县	66.69	38.91	58.35	150.62	21.25	71.48	57.88
酉阳土家族苗族自治县	85.35	69.59	81.53	129.48	27.71	54.53	47.24
彭水苗族土家族自治县	70.29	47.10	67.00	128.69	25.25	53.23	50.21
四川省							
北川羌族自治县	23.85	9.06	38.00	43.89	10.39	15.54	17.95
木里藏族自治县	13.99	11.45	81.81	29.74	5.71	15.62	8.41
马边彝族自治县	21.83	10.74	49.22	34.93	7.81	14.85	12.27
峨边彝族自治县	14.88	6.23	41.85	37.80	4.37	19.39	14.05
贵州省							
松桃苗族自治县	72.53	49.33	68.01	103.37	27.75	33.69	41.93
镇宁布依族苗族自治县	40.22	23.05	57.29	86.25	16.60	21.51	48.14
紫云苗族布依族自治县	40.37	25.76	63.80	78.89	18.90	16.24	43.75

地　　区生产总值增长速度(%)	人均地区生产总值(元)	公共财政预算收入(亿元)	公共财政预算支出(亿元)	农民人均纯收入(元)	规模以上工　业企业数(个)	规模以上工业企业资产总计(亿元)	农林牧渔业总产值(亿元)	农业机械总动力(万千瓦特)
8.90	15306	2.07	22.62	10086	9	7.26	28.96	23.09
6.70	38120	3.03	17.18	6847	23	77.37	17.76	31.09
3.20	21919	0.96	13.10	8490	14	10.63	13.42	11.56
8.60	13039	2.78	9.67	7707	9	37.32	18.58	28.22
8.59	16107	1.48	24.55	6675	13	12.36	16.72	16.43
4.90	14138	1.53	26.57	6638	16	26.45	27.36	22.53
5.40	25163	3.94	24.89	9179	18	70.85	37.40	20.96
2.80	14803	3.03	29.34	6745	6	62.06	16.74	20.17
5.70	16185	2.51	25.77	8122	23	28.31	27.20	32.89
-2.20	28470	3.81	20.64	10800	22	45.43	37.85	59.80
6.50	26365	1.60	25.20	9649	4	8.93	32.04	13.40
10.50	43147	10.03	29.96	11532	12	397.59	43.82	17.90
8.10	24816	10.12	46.84	11149	4	50.02	106.46	73.50
9.00	40719	41.45	65.76	11068	1	7.89	67.96	11.80
7.70	24467	4.29	34.70	9713	8	2.49	30.85	29.33
6.60	27619	4.55	17.35	9696	2	2.93	26.48	6.72
10.50	37776	13.54	45.49	10674	57	117.07	38.68	32.18
10.20	30814	12.03	46.91	9263	67	100.37	34.24	34.10
10.10	23370	13.61	58.14	8069	36	117.15	44.83	38.80
10.30	25619	13.94	52.00	9294	36	166.37	40.52	5.00
8.30	20243	4.00	21.42	10677	32	57.72	17.71	8.41
5.90	22029	5.61	26.79	8006	5	256.98	10.48	10.00
7.10	18821	3.47	19.79	9433	22	96.23	14.99	5.60
7.00	27855	2.65	18.69	9225	30	65.64	7.49	11.10
12.70	21632	6.00	36.60	6501	59	51.39	45.45	42.00
13.50	30263	5.27	25.01	7232	22	45.38	27.53	27.54
10.90	22196	3.28	20.54	7200	22	44.90	30.21	28.20

2-9(一) 续表 4

地　　区	年　末 总人口 (万人)	#少数民族	少数民族 占总人口 (%)	地　　区 生产总值 (亿元)	第一产业 (亿元)	第二产业 (亿元)	第三产业 (亿元)
威宁彝族回族苗族自治县	139.56	35.52	25.45	215.15	71.83	55.34	87.98
关岭布依族苗族自治县	40.02	26.87	67.13	60.33	21.50	9.76	29.07
三都水族自治县	37.10	36.07	97.22	58.54	17.42	8.59	32.53
玉屏侗族自治县	15.69	13.34	85.00	68.32	7.08	38.09	23.14
道真仡佬族苗族自治县	35.01	25.83	73.79	55.92	19.66	10.80	25.46
务川仡佬族苗族自治县	46.97	41.66	88.70	59.38	20.97	12.50	25.91
印江土家族苗族自治县	45.22	34.37	76.00	90.54	25.44	16.41	48.68
沿河土家族自治县	68.34	45.78	67.00	92.81	26.15	17.18	49.48
云南省							
峨山彝族自治县	16.98	10.60	62.41	70.22	11.22	26.75	32.25
石林彝族自治县	25.10	9.02	35.93	77.41	19.24	20.91	37.25
沧源佤族自治县	18.78	15.80	84.13	37.40	9.40	12.70	15.30
耿马傣族佤族自治县	29.14	16.11	55.28	81.14	29.13	24.55	27.45
玉龙纳西族自治县	22.12	19.02	85.98	53.45	10.88	22.54	20.03
宁蒗彝族自治县	27.55	23.02	83.56	33.32	8.00	12.24	13.09
江城哈尼族彝族自治县	12.70	10.13	79.74	26.70	8.97	9.55	8.19
澜沧拉祜族自治县	50.05	39.87	79.65	63.05	18.65	23.12	21.27
孟连傣族拉祜族佤族自治县	14.01	12.08	86.23	26.20	9.97	5.42	10.81
西盟佤族自治县	9.47	8.92	94.16	12.23	2.82	2.64	6.77
河口瑶族自治县	9.20	6.34	68.91	42.14	9.52	9.72	22.90
屏边苗族自治县	15.88	10.75	67.68	28.86	6.46	10.80	11.61
贡山独龙族怒族自治县	3.49	3.37	96.44	11.04	2.42	2.29	6.33
巍山彝族回族自治县	32.02	14.69	45.88	52.67	17.22	15.84	19.61
南涧彝族自治县	22.75	12.23	53.76	49.20	12.66	15.62	20.92
寻甸回族彝族自治县	42.90	10.86	25.31	82.23	22.36	24.98	34.90
元江哈尼族彝族傣族自治县	20.88	17.06	81.71	72.16	18.57	14.54	39.04
新平彝族傣族自治县	27.68	20.23	73.10	124.75	18.64	48.69	57.42
墨江哈尼族自治县	37.04	28.63	77.29	56.55	15.19	17.89	23.47
双江拉祜族佤族布朗族傣族自治县	18.35	8.62	47.00	38.61	10.55	13.22	14.84
兰坪白族普米族自治县	21.49	20.40	94.90	51.63	7.54	19.12	24.97
维西傈僳族自治县	15.50	13.55	87.41	41.88	5.48	14.12	22.28

地　　区生产总值增长速度（%）	人均地区生产总值（元）	公共财政预算收入（亿元）	公共财政预算支出（亿元）	农民人均纯收入（元）	规模以上工　业企业数（个）	规模以上工业企业资产总计（亿元）	农林牧渔业总产值（亿元）	农业机械总动力（万千瓦特）
14.10	16805	10.01	67.18	7643	95	122.57	114.38	35.00
13.20	22196	4.88	24.00	7230	13	11.34	37.20	23.20
12.30	21793	3.25	23.55	8289	28	12.91	27.55	19.00
12.60	56525	4.45	19.03	9498	103	116.14	13.61	11.00
13.20	22667	4.11	21.99	8291	42	21.33	33.94	19.38
12.90	18462	4.60	26.35	8257	28	23.74	35.45	24.00
13.00	31732	2.72	30.60	7319	48	18.12	41.15	38.00
12.60	20538	4.18	40.12	7274	28	17.74	45.60	34.60
12.00	41466	4.18	14.86	10921	25	47.75	17.67	43.52
8.80	29863	6.13	16.26	12443	42	72.68	36.50	29.87
9.40	19915	2.37	19.87	8658	9	25.11	17.88	8.23
9.50	26412	3.62	25.20	9267	20	40.93	46.49	36.68
7.00	24242	7.66	25.67	9272	8	228.94	22.33	19.00
8.00	12081	2.10	25.30	6151	10	89.78	13.52	8.40
9.00	21075	1.70	14.03	8315	14	39.15	15.20	21.00
9.40	12627	5.16	36.00	8031	12	322.78	31.08	38.12
10.50	18750	1.52	15.13	8226	7	6.98	18.30	18.73
11.00	12941	0.72	13.18	8135	4	5.12	5.02	13.99
12.00	39221	2.75	15.45	10361	6	5.05	14.17	2.30
12.70	18712	1.47	14.17	7110	13	12.77	10.81	4.80
11.80	28658	0.79	11.15	5110	3	16.63	3.55	4.45
9.60	16854	3.20	21.23	7881	21	13.52	29.52	21.28
10.80	21785	2.91	18.00	7779	16	94.58	23.12	10.50
8.00	17832	6.77	26.55	7524	36	142.68	40.06	31.60
12.50	32250	4.24	19.25	10690	29	52.41	31.28	16.79
10.10	42852	12.06	27.06	11226	26	171.59	35.25	34.00
12.10	15362	3.38	24.75	8504	13	83.83	27.75	27.44
8.70	21041	3.25	18.69	8887	16	16.58	17.25	20.50
10.90	23883	3.50	22.76	5380	2	44.31	12.46	11.10
11.10	25570	3.10	30.66	7015	5	14.19	9.57	19.33

2-9(一) 续表 5

地　　区	年末总人口（万人）	#少数民族	少数民族占总人口（%）	地区生产总值（亿元）	第一产业（亿元）	第二产业（亿元）	第三产业（亿元）
景东彝族自治县	36.55	18.58	50.83	63.10	23.85	18.67	20.58
景谷傣族彝族自治县	31.14	14.98	48.11	93.39	29.28	35.85	28.26
宁洱哈尼族彝族自治县	19.21	10.77	56.08	47.39	10.99	17.48	18.92
漾濞彝族自治县	10.57	7.13	67.50	20.69	5.85	7.63	7.20
禄劝彝族苗族自治县	48.72	15.83	32.48	81.96	22.31	22.89	36.77
金平苗族瑶族傣族自治县	38.57	33.78	87.59	47.48	11.18	25.52	10.78
镇沅彝族哈尼族拉祜族自治县	21.26	12.03	56.58	46.13	18.82	13.39	13.91
甘肃省							
张家川回族自治县	33.95	23.53	69.32	27.36	6.48	3.19	17.69
天祝藏族自治县	20.87	8.58	41.11	50.50	7.42	23.58	19.50
肃南裕固族自治县	3.87	2.20	56.92	28.69	4.82	15.78	8.09
肃北蒙古族自治县	1.21	0.50	41.12	18.82	0.52	11.56	6.74
阿克塞哈萨克族自治县	0.91	0.35	38.42	15.31	0.57	9.66	5.09
东乡族自治县	33.51	30.26	90.31	17.30	4.53	2.77	10.01
积石山保安族东乡族撒拉族自治县	26.59	14.35	53.96	15.14	3.80	1.18	10.15
青海省							
互助土族自治县	40.07	11.14	27.80	107.40	18.62	48.95	39.83
化隆回族自治县	30.05	25.10	83.52	55.60	6.10	35.76	13.74
循化撒拉族自治县	13.55	12.68	93.60	30.05	4.43	13.44	12.19
河南蒙古族自治县	3.95	3.86	97.61	14.11	6.38	4.17	3.56
门源回族自治县	16.14	10.36	64.21	37.20	7.24	14.71	15.24
大通回族土族自治县	46.38	23.89	51.50	98.20	14.33	61.92	21.94
民和回族土族自治县	43.63	26.51	60.77	76.33	10.06	40.72	25.55
新疆维吾尔自治区							
巴里坤哈萨克自治县	10.71	4.11	38.40	52.66	10.96	24.63	17.07
塔什库尔干塔吉克自治县	4.05	3.78	93.26	12.32	1.60	6.04	4.69
木垒哈萨克自治县	8.84	3.32	37.54	28.03	11.25	5.42	11.36
焉耆回族自治县	16.21	10.00	61.70	63.18	14.91	15.28	32.99
察布查尔锡伯自治县	19.60	13.17	67.19	48.10	23.32	11.00	13.78
和布克赛尔蒙古自治县	5.35	3.51	65.63	34.04	4.52	12.08	6.97

地区生产总值增长速度(%)	人均地区生产总值(元)	公共财政预算收入(亿元)	公共财政预算支出(亿元)	农民人均纯收入(元)	规模以上工业企业数(个)	规模以上工业企业资产总计(亿元)	农林牧渔业总产值(亿元)	农业机械总动力(万千瓦特)
8.60	17213	4.46	26.02	8879	12	31.68	40.20	34.28
9.00	31372	5.41	25.45	9162	32	210.35	49.09	28.18
10.70	24725	3.39	17.86	9007	18	29.35	18.45	25.72
11.00	19628	1.19	12.43	9075	17	12.27	10.50	10.02
8.70	19873	6.37	31.29	7301	27	111.24	41.58	41.34
12.00	12759	2.24	23.23	7121	17	37.88	18.72	16.20
11.60	21678	3.63	19.82	9001	10	37.94	31.86	28.10
7.60	9180	1.47	21.25	5843	10	12.06	10.44	17.04
8.60	28343	4.56	35.18	6369	48	39.81	12.72	30.27
8.10	82998	2.33	12.72	14418	25	69.67	4.82	8.23
5.30	123014	1.42	6.65	21393	22	121.83	1.04	3.92
3.80	145840	1.29	5.30	22879	9	26.25	0.96	
8.40	5790	0.76	24.17	4497	3		7.69	19.10
8.70	6218	1.41	19.75	4793			7.36	10.64
	26878	3.31	36.65	9029	20	98.86	18.94	
9.00	26126	1.60	25.43	8271	15	13.88	10.43	20.86
12.03	22898	1.00	18.98	8919	15	10.93	6.71	6.44
11.50	34826	0.53	13.47	8988	1		8.10	
7.60	22954	1.19	25.97	9646	15		11.62	
6.60	21939	4.64	40.52	9443	36	360.77	28.64	45.91
12.50	20929	2.47	36.94	9013	18	134.67	17.64	48.86
10.00	49000	3.49	19.28	11733	23	192.80	18.24	14.26
12.00	30431	1.78	17.10	6943	1	6.08	2.62	3.00
10.00	31494	3.70	16.31	13581	6	20.54	21.04	17.74
7.00	46522	3.26	16.03	15298	19	14.77	24.68	28.32
7.80	24497	2.51	21.26	12908	11	32.84	33.21	25.06
-1.70	52639	5.82	13.78	12250	7	73.03	9.91	5.14

2-9 全国民族自治区、自治州、自治县(旗)基本情况(2016年)(二)

地　区	粮食总产量(万吨)	肉类总产量(万吨)	全社会固定资产投资(亿元)	社会消费品零售总额(亿元)	进出口总额(亿美元)	普通中学在校学生数(万人)
5个自治区合计	**6286.41**	**889.69**	**48994.50**	**17863.48**	**809.40**	**600.43**
内蒙古自治区	2780.30	258.90	15080.00	6700.76	116.40	106.14
广西壮族自治区	1521.30	411.20	18236.80	7027.31	476.27	290.65
西藏自治区	101.90	27.70	1596.00	459.41	7.82	17.72
宁夏回族自治区	370.61	30.89	3794.20	850.10	32.52	42.67
新疆维吾尔自治区	1512.30	161.00	10287.50	2825.90	176.38	143.25
30个自治州合计	**2962.65**	**607.89**	**18857.28**	**5514.99**	**208.05**	**317.65**
吉林省						
延边朝鲜族自治州	137.85	5.98	903.12	531.20	20.39	6.62
湖北省						
恩施土家族苗族自治州	149.77	44.98	719.40	500.39	5.43	17.73
湖南省						
湘西土家族苗族自治州	83.85	10.01	410.47	253.00	1.22	14.56
四川省						
阿坝藏族羌族自治州	16.08	8.82	393.68	83.88	0.35	4.38
凉山彝族自治州	217.34	45.89	1111.52	551.38	0.46	25.32
甘孜藏族自治州	25.44	6.87	438.28	81.59	0.15	4.86
贵州省						
黔东南苗族侗族自治州	122.35	18.99	1745.04	290.16	0.26	28.54
黔南布依族苗族自治州	127.38	20.39	1053.58	247.91	2.40	23.33
黔西南布依族苗族自治州	106.40	16.06	800.16	216.82	0.39	25.03
云南省						
西双版纳傣族自治州	50.12	3.51	415.07	116.41	20.50	5.13
文山壮族苗族自治州	160.90	53.01	627.36	323.72	5.92	20.17
红河哈尼族彝族自治州	185.55	90.65	2106.68	366.56	20.15	24.24
德宏傣族景颇族自治州	75.38	11.15	310.57	124.73	42.52	6.90
怒江傈僳族自治州	20.22	3.72	120.92	32.63	0.15	2.92
迪庆藏族自治州	17.99	2.99	315.46	45.93	0.10	2.05
大理白族自治州	177.60	53.40	750.61	332.99	2.65	19.57
楚雄彝族自治州	126.80	40.59	1009.45	298.77	5.11	14.19

小学在校学生数（万人）	医院、卫生院数（个）	医院、卫生院卫生技术人员数（人）	医院、卫生院床位数（张）	文化馆（个）	图书馆（个）	城镇居民最低生活保障人数（人）	城镇居民最低生活保障支出（万元）	农村居民最低生活保障人数（人）	农村居民最低生活保障支出（万元）
889.71	**84781**	**690794**	**423796**	**335**	**445**	**1768835**	**801950**	**6378019**	**1224998**
133.81	23326	170406	109676	107	117	491401	281170	1127626	321580
451.37	32563	289872	148480	109	114	226134	99903	2905689	422456
30.29	6691	14829	10397	74	81	35856	30145	257236	35582
58.29	4158	44700	32027	26	26	145716	62060	422218	121874
215.94	18043	170987	123216	19	107	869728	328672	1665250	323507
479.13	**8371**	**298560**	**276594**	**370**	**278**	**1270285**	**526854**	**5557549**	**1054503**
8.46	150	15976	10971	8	9	77525	46197	56737	14151
26.33	129	21089	21969	9	9	16610	8867	200663	48090
20.32	280	17901	15873	9	9	61665	19040	263426	39168
6.27	1488	6091		14	14	45713	14742	111448	22632
57.92	681	17934	22648	18	18	64831	21581	464490	93039
9.70	375	6170	4918	19	19	26285	9467	220323	38103
34.78	318	22561	21985	17	17	42237	19640	587355	124449
29.07	2471	16796	17922	13	13	29298	13494	244914	50701
32.29	238	13901	13566	9	9	19581	9848	294430	61919
9.48	75	8920	6955	4	4	8296	3610	32109	6778
34.50	173	15782	14453	106	9	50371	22835	437344	79472
38.92	177	21914	25789	13	14	99162	41000	472809	85777
10.87	84	7147	6711	6	6	35035	15703	125036	27177
4.63	40	2360	2224	5	5	12548	8332	184038	30494
2.73	39	1892	1385	4	4	14358	4592	115139	21344
23.86	195	16753	12358	14	13	65904	26408	329253	61220
16.15	194	14155	14627	11	11	97301	33940	185618	36239

2-9(二) 续表 1

地区	粮食总产量（万吨）	肉类总产量（万吨）	全社会固定资产投资（亿元）	社会消费品零售总额（亿元）	进出口总额（亿美元）	普通中学在校学生数（万人）
甘肃省						
临夏回族自治州	80.90	5.87	331.91	83.68	0.13	9.45
甘南藏族自治州	8.80	7.44	208.83	45.32	0.07	4.64
青海省						
海北藏族自治州	6.21	5.56	141.40	20.95		1.77
黄南藏族自治州	2.88	4.09	86.69	9.43		1.67
海南藏族自治州	14.99	6.24	251.73	27.58		2.83
果洛藏族自治州	0.13		71.94	5.89		0.96
玉树藏族自治州	2.04	4.11	57.72	11.33		2.36
海西蒙古族藏族自治州	9.27	3.41	559.97	89.83		2.48
新疆维吾尔自治区						
昌吉回族自治州	198.63	48.88	1536.94	243.93	6.23	7.16
巴音郭楞蒙古自治州	73.94	15.88	796.22	165.02	4.06	8.42
克孜勒苏柯尔克孜自治州	37.55	4.44	146.82	20.08	3.05	3.98
博尔塔拉蒙古自治州	68.25	2.55	303.85	40.46	5.97	2.12
伊犁哈萨克自治州	658.04	62.44	1131.88	353.44	60.34	24.28
120个自治县(旗)合计	**2057.83**	**356.00**	**8404.43**	**2668.68**	**49.39**	**183.76**
河北省						
大厂回族自治县	4.37	2.06	146.50	20.28	0.85	0.66
孟村回族自治县	16.64	4.08	116.13	28.10		0.71
青龙满族自治县	11.76	6.97	71.14	38.52	0.05	2.07
丰宁满族自治县	15.88	5.17	135.14	43.63		1.70
围场满族蒙古族自治县	28.44	5.57	127.73	47.53	0.03	2.65
宽城满族自治县	5.93	2.07	193.33	43.79	0.11	0.98
内蒙古自治区						
鄂伦春自治旗	57.20	1.18	27.75	27.93		0.71
莫力达瓦达斡尔族自治旗	164.13	3.10	37.07	34.68		0.72
鄂温克族自治旗	3.17	1.88	72.27	17.51		0.33
辽宁省						
阜新蒙古族自治县	91.46	35.05	30.24	44.78	0.40	2.98
喀喇沁左翼蒙古族自治县	25.60	9.04	43.02	48.06	0.82	2.15
岫岩满族自治县	26.40	5.74	46.73	91.32	0.39	1.44

小学在校学生数（万人）	医院、卫生院数（个）	医院、卫生院卫生技术人员数（人）	医院、卫生院床位数（张）	文化馆（个）	图书馆（个）	城镇居民最低生活保障人数（人）	城镇居民最低生活保障支出（万元）	农村居民最低生活保障人数（人）	农村居民最低生活保障支出（万元）
18.96	142	4990	7832	9	9	134344	62882	472719	76293
9.19	124	3907	2270	9	9	33682	16635	164922	33687
2.29	45	1331	1560	5	5	12024	6484	22484	3921
2.59		1135		5	5	10591	4920	43427	6109
4.07	50	1561	1680	6	6	19979	8937	51694	8774
1.81	55	744	644	1	7	9490	5178	33964	6138
4.49	63	1371	2116	7	6	18814	8499	112423	16089
3.61	65	3074	2296	8	9	16697	8034	6444	2551
8.16	119	11332	8612	8	8	9572	4678	14124	3691
12.19	138	9091	7438	11	10	39383	16341	45637	10071
6.33	45	3406	3438	5	5	40741	13741	93983	15671
2.88	38	3393	2299	6	5	30982	8445	25151	4664
36.28	380	25883	22055	11	11	127266	42789	145445	26093
268.10	**2692**	**118226**	**115185**	**143**	**141**	**457493**	**200114**	**2843770**	**524286**
0.95	7	517	437	1	1	174	84	988	435
2.12	8	528	251	1	1	1607	590	4937	1016
4.03	27	1057	1013	1	1	5904	3296	30531	8764
3.09	30	1390	1902	1	1	6094	3070	38327	7265
4.10	48	1304	1846	1	1	6317	2001	41452	7293
2.18	22	1062	1278	1	1	3519	1113	17216	3115
0.91	14	1372	728	1	1	22872	13781	4031	1548
1.52	24	1257	858	1	1	13853	7341	23880	7825
0.48	17	1047	656	1	1	7253	3608	2444	1107
3.07	38	1907	1776	1	1	3094	1437	28985	6064
2.10	35	2483	1486	1	1	3595	1256	9931	1810
2.62	28	1921	1712	1	1	1102	671	9927	1718

2-9(二)　续表 2

地　　区	粮　食 总产量 （万吨）	肉　类 总产量 （万吨）	全社会 固定资产投资 （亿元）	社会消费品 零售总额 （亿元）	进出口 总　额 （亿美元）	普通中学 在　校 学生数 （万人）
新宾满族自治县	20.30	2.71	7.51	39.40	0.13	1.10
清原满族自治县	20.60	4.01	7.56	41.99		0.65
本溪满族自治县	12.75	3.79	33.52	55.47	0.41	1.01
桓仁满族自治县	14.90	3.17	28.46	49.30	0.12	0.85
宽甸满族自治县	15.73	4.71	13.95	71.70	0.40	1.68
吉林省						
长白朝鲜族自治县	2.47	0.16	60.85	11.62	1.35	0.26
前郭尔罗斯蒙古族自治县	207.97	10.65	294.64	168.50	0.23	2.38
伊通满族自治县	103.58	12.74	75.00	58.40		2.06
黑龙江省						
杜尔伯特蒙古族自治县	82.95	4.14	42.03	19.05		1.28
浙江省						
景宁畲族自治县	3.88	0.60	52.98	27.90	0.92	0.57
湖北省						
长阳土家族自治县	10.25	6.93	94.41	49.11	0.72	1.13
五峰土家族自治县	8.04	3.12	57.23	21.96	0.13	0.44
湖南省						
城步苗族自治县	7.82	1.89	49.45	24.65	0.09	1.09
通道侗族自治县	8.05	1.22	38.38	13.32		0.86
江华瑶族自治县	21.90	4.95	104.17	41.86	1.01	2.36
新晃侗族自治县	8.00	2.36	52.06	15.59		1.02
芷江侗族自治县	20.97	3.89	59.43	37.90		1.74
靖州苗族侗族自治县	12.38	2.38	46.78	28.69		0.32
麻阳苗族自治县	10.97	2.23	56.86	28.03		1.66
广东省						
连南瑶族自治县	3.49	0.55	10.10	8.41	1.59	0.76
连山壮族瑶族自治县	4.16	0.74	5.14	6.24		0.41
乳源瑶族自治县	5.95	0.59	66.97	22.47	1.28	0.90
广西壮族自治区						
都安瑶族自治县	12.57	3.99	38.60	21.64		3.59
融水苗族自治县	12.00	2.92	105.24	27.02		2.31

小学在校学生数（万人）	医院、卫生院数（个）	医院、卫生院卫生技术人员数（人）	医院、卫生院床位数（张）	文化馆（个）	图书馆（个）	城镇居民最低生活保障人数（人）	城镇居民最低生活保障支出（万元）	农村居民最低生活保障人数（人）	农村居民最低生活保障支出（万元）
1.10	18	1243	780	1	1	4789	1861	10498	1834
1.26	21	1684	1365	1	1	4881	2195	14848	3265
1.04	14	1383	970	1	1	4406	2381	5557	1622
1.13	21	786	819		1	5246	2630	6159	1582
1.66	30	1651	2608	1	1	5803	2774	15163	4423
0.29	12	397	291	1	1	7206	3219	5442	1321
3.29	30	2845	1278	2	1	7133	2622	23364	4566
2.15	205	1063	1577	1	1	5183	2673	25092	3403
1.04	83	892	768	1	1	5739	2707	10416	2161
0.89	24	776	350	1	1	615	324	7607	2066
1.43	14	1811	1893	1	1	2527	1074	18887	4071
0.69	10	777	752	1	1	408	171	6452	924
2.22	19	876	1277	1	1	7869	2349	13682	2256
1.65	22	1079	872	1	1	3134	1095	4538	3026
4.46	33	2368	2824	1	1	3433	1163	41063	6600
1.78	27	743	1230	1	1	3573	1146	14686	2551
2.29	32	1528	1656	1	1	2282	1129	6861	2556
1.78	20	1267	1094	1	1	5986	1875	14272	2410
2.59	32	1803	1339	1	1	4929	1772	23580	4145
1.28	9	618	362		1	380	237	7861	1802
0.80	14	564	305	1	1	260	123	3647	1823
1.58	13	1159	546	1	1	392	213	4335	1076
5.91	25	1560	1612	1		917	494	109325	8361
3.93	24	2070	1625	1	1	3296	1234	46428	3158

2-9(二) 续表 3

地　　区	粮　食 总产量 （万吨）	肉　类 总产量 （万吨）	全社会 固定资产投资 （亿元）	社会消费品 零售总额 （亿元）	进出口 总　额 （亿美元）	普通中学 在　校 学生数 （万人）
三江侗族自治县	7.05	1.91	46.65	21.12		1.78
龙胜各族自治县	6.30	1.17	48.86	9.00		0.62
金秀瑶族自治县	4.78	0.84	15.47	8.50		0.57
隆林各族自治县	9.20	2.00	39.99	15.23		2.52
巴马瑶族自治县	6.25	1.93	36.55	13.20		1.64
罗城仫佬族自治县	11.34	2.13	22.74	17.37		1.39
富川瑶族自治县	12.94	3.23		15.72	0.10	1.45
大化瑶族自治县	7.39	2.81	32.20	16.82		2.66
环江毛南族自治县	12.19	2.12		21.07		1.64
恭城瑶族自治县	8.38	2.41	78.62	26.44		1.21
海南省						
白沙黎族自治县	3.12	1.87	14.15	14.22		0.79
昌江黎族自治县	4.16	1.87	83.76	17.58		1.27
乐东黎族自治县	13.09	2.84	73.89	29.95		2.86
陵水黎族自治县	9.36	1.77	202.81	27.72		1.56
琼中黎族苗族自治县	4.35	1.62	43.79	14.30		0.77
保亭黎族苗族自治县	2.92	1.55	30.79	14.04		0.75
重庆市						
石柱土家族自治县	26.49	4.27	156.36	55.17	0.27	3.08
秀山土家族苗族自治县	31.70	4.55	201.54	66.43		3.18
酉阳土家族苗族自治县	38.49	6.74	171.58	52.33	2.10	4.79
彭水苗族土家族自治县	32.29	5.47	179.87	59.37	0.18	4.04
四川省						
北川羌族自治县	4.69	2.01	43.00	17.86		0.88
木里藏族自治县	5.18	1.11	71.41	7.16		0.65
马边彝族自治县	6.64	1.42	41.12	17.24		0.91
峨边彝族自治县	3.97	0.92	25.14	14.85	0.04	0.47
贵州省						
松桃苗族自治县	24.05	3.82	146.25	21.41		4.69
镇宁布依族苗族自治县	10.46	1.30	101.73	21.10		1.33
紫云苗族布依族自治县	9.49	1.96	101.67	23.34		1.95

小学在校学生数（万人）	医院、卫生院数（个）	医院、卫生院卫生技术人员数（人）	医院、卫生院床位数（张）	文化馆（个）	图书馆（个）	城镇居民最低生活保障人数（人）	城镇居民最低生活保障支出（万元）	农村居民最低生活保障人数（人）	农村居民最低生活保障支出（万元）
3.46	18	1209	1219	1	1	4825	2011	46252	5478
1.02	13	361	444	1		1386	538	17105	2233
1.00	14	636	603	1	1	771	280	14546	2113
4.33	22	682	1016	1	1	2703	1209	68677	10309
2.99	14	1118	617	1	1	757	291	25578	3581
2.70	14	1316	924	1	1	3009	1108	58151	7873
2.58	15	1138	691		1	3631	1290	23998	2885
4.41	18	1425	1650	1	1	652	1078	51814	8269
2.61	16	934	893	1	1	941	386	39731	3401
2.10	13	1370	821	1	2	872	774	19206	2759
1.73	26	904	741	1	1	3116	1244	3604	1066
1.94	18	1315	767	1	1	6327	2589	9016	2066
3.77	19	1768	1444		1	6925	2793	18858	4512
3.15	23	1313	839	1	1	4843	1365	8489	1634
1.70	15	1228	1006		1	3868	1358	4044	919
1.39	19	998	526	1	1	2415	960	4464	1065
3.49	45	2025	2876	1	1	4942	2335	15409	4143
4.42	37	1293	2415	1	1	11019	5028	13855	3512
6.77	55	1954	2786	1	1	6347	3178	34201	9580
5.29	46	2340	2110	1	2	7004	3287	25530	6767
1.09	25	1071	1323	1	1	4595	1649	7396	1707
1.25	34	618	633	1	1	2581	999	15263	3415
2.24	22	628	537	1	1	1401	493	17818	3278
1.12	21	475	378	1	1	1116	446	8667	1632
4.78	30	1675	2186	1	1				
2.93	19	1135	950	1	1	1335	645	33436	6576
3.14	18	1007	1115	1	1	3913	1456	45399	10980

2–9(二)　续表 4

地　　区	粮　食总产量（万吨）	肉　类总产量（万吨）	全社会固定资产投资（亿元）	社会消费品零售总额（亿元）	进出口总　额（亿美元）	普通中学在　校学生数（万人）
威宁彝族回族苗族自治县	49.55	8.50	299.00	32.72		18.00
关岭布依族苗族自治县	10.78	3.27	94.97	14.44		2.05
三都水族自治县	10.03	1.59	42.28	38.98		2.50
玉屏侗族自治县	4.14	1.05	149.73	51.75		0.84
道真仡佬族苗族自治县	14.91	2.01	51.72	13.83		2.29
务川仡佬族苗族自治县	17.42	2.41	60.14	13.97		3.46
印江土家族苗族自治县	14.48	2.90	134.50	13.59		3.02
沿河土家族自治县	18.97	3.25	188.99	18.91		4.53
云南省						
峨山彝族自治县	7.13	2.50	72.56	15.72	0.11	0.99
石林彝族自治县	15.41	6.26	144.04	39.59		1.47
沧源佤族自治县	7.80	1.38	85.20	9.76	0.89	0.86
耿马傣族佤族自治县	12.00	3.04	107.27	18.99	5.02	1.19
玉龙纳西族自治县	12.01	5.80	60.20	11.31	0.10	0.93
宁蒗彝族自治县	8.20	4.20	40.20	10.24	0.06	1.86
江城哈尼族彝族自治县	4.50	0.72	26.14	6.43	0.54	0.58
澜沧拉祜族自治县	25.39	2.83	52.33	17.97	0.28	1.75
孟连傣族拉祜族佤族自治县	6.20	0.76	22.02	9.52	8.80	0.48
西盟佤族自治县	4.41	0.42	14.22	2.72	0.19	0.42
河口瑶族自治县	3.05	0.78	68.64	6.83	16.11	0.40
屏边苗族自治县	8.20	3.27	64.87	11.19		0.55
贡山独龙族怒族自治县	1.08	0.23	8.94	2.74		0.14
巍山彝族回族自治县	16.46	4.46	31.56	17.99	0.04	1.82
南涧彝族自治县	12.17	3.51	29.56	14.94		1.33
寻甸回族彝族自治县	24.64	8.90	105.97	31.55	0.09	2.38
元江哈尼族彝族傣族自治县	9.91	2.19	73.00	24.46	0.13	1.08
新平彝族傣族自治县	16.17	4.64	111.01	21.51	0.28	1.43
墨江哈尼族自治县	15.70	2.54	53.96	11.68		1.37
双江拉祜族佤族布朗族傣族自治县	7.20	1.87	62.40	8.21	0.01	0.70
兰坪白族普米族自治县	8.92	1.34	50.82	11.10		1.25
维西傈僳族自治县	7.72	1.16	89.14	7.94		0.55

小学在校学生数（万人）	医院、卫生院数（个）	医院、卫生院卫生技术人员数（人）	医院、卫生院床位数（张）	文化馆（个）	图书馆（个）	城镇居民最低生活保障人数（人）	城镇居民最低生活保障支出（万元）	农村居民最低生活保障人数（人）	农村居民最低生活保障支出（万元）
18.66	60	2350	2230		1				
3.13	14	858	809	1	1	3377	1604	13001	3595
3.21	28	939	1058		1	1321	1157	21716	5091
1.20	12	1225	951	7	1				
2.46	24	736	752	1	1	1516	521	16098	3522
3.11	23	1996	2161	1	1	2213	688	47361	6536
3.20	24	1385	1467	1	1				
5.86	36	1991	1463	1	1				
0.94	13	1011	822	1	1	2727	1189	5027	903
1.75	9	1423	1332	1	1	1300	603	7893	2070
1.28	17	430	570	1	1	4634	1780	54534	11288
2.60	20	1089	1229	1	1	5795	2244	58661	13096
1.17	17	754	819	1	1	3803	1246	15645	3043
2.30	20	586	524	1	1	9528	3258	52833	10268
0.91	9	569	470	1	1	2259	938	30910	5477
3.10	21	931	1185	1	1	3411	1356	152430	29849
1.19	8	469	320	1	1	390	189	24377	477
0.68	11	272	279	1	1	2381	980	36206	6293
0.76	10	612	735	1	1	9553	3788	7968	1833
1.06	8	505	529	1	1	6135	3038	26160	4291
0.28	6	189	171	1	1	946	1256	16466	2019
2.01	14	1229	1071	1	1	4722	2047	35274	6620
1.62	14	400	820	1	1	2906	1254	34255	6185
2.88	29	1586	2641	1	1	6522	2388	29134	6295
1.56	13	1061	839	1	1	5080	2154	12377	2468
1.83	21	1586	1362	1	1	3339	1518	10718	2561
2.15	22	1038	940	1	1	2862	1239	58423	10941
1.16	10	388	515	1	1	6607	2539	40306	7702
1.82	11	680	708	1	1	4981	2013	65652	12196
1.12	13	457	301	1	1	3256	1454	51550	9643

2-9(二) 续表 5

地　区	粮　食 总产量 (万吨)	肉　类 总产量 (万吨)	全社会 固定资产投资 (亿元)	社会消费品 零售总额 (亿元)	进出口 总　额 (亿美元)	普通中学 在　校 学生数 (万人)
景东彝族自治县	18.80	3.40	46.34	15.89		1.57
景谷傣族彝族自治县	18.64	1.96	63.16	20.88		1.39
宁洱哈尼族彝族自治县	9.50	2.64	55.47	12.28		0.72
漾濞彝族自治县	6.89	1.76	19.12	6.55		0.48
禄劝彝族苗族自治县	23.47	8.73	152.28	31.91		2.30
金平苗族瑶族傣族自治县	14.55	3.92	84.13	10.32	0.07	1.92
镇沅彝族哈尼族拉祜族自治县	12.26	2.31	43.30	11.38	0.01	0.92
甘肃省						
张家川回族自治县	11.01	0.69	51.04	7.79		1.66
天祝藏族自治县	5.09	1.62	129.59	26.70		1.05
肃南裕固族自治县	2.69	0.99	31.40	5.50		0.03
肃北蒙古族自治县	0.45	0.25	70.55	2.06		0.06
阿克塞哈萨克族自治县	0.13	0.20	41.23	2.02		0.06
东乡族自治县	8.50	1.52	28.30	2.69		0.92
积石山保安族东乡族撒拉族自治县	10.26	0.44	25.86	5.39		1.10
青海省						
互助土族自治县	11.80	3.34	132.18	16.18		2.19
化隆回族自治县	18.85	0.71	59.96	8.29		0.90
循化撒拉族自治县		0.50	49.23	8.29		0.20
河南蒙古族自治县		1.65	16.70	1.04		0.51
门源回族自治县	4.97		47.44	9.24		1.11
大通回族土族自治县	23.10	3.35	96.36	23.07		2.75
民和回族土族自治县	34.48	1.61	129.37	23.30		2.35
新疆维吾尔自治区						
巴里坤哈萨克自治县	9.67	2.32	44.32	6.93		0.14
塔什库尔干塔吉克自治县	2.06	0.32	33.04	1.87	4.30	0.22
木垒哈萨克自治县	25.54	1.67	100.46	7.91	0.01	0.29
焉耆回族自治县	10.19	1.21	35.33	8.33		0.63
察布查尔锡伯自治县	54.92	2.35	30.06	3.42		0.84
和布克赛尔蒙古自治县	1.43	1.38	32.13	2.78		0.24

小学在校学生数（万人）	医院、卫生院数（个）	医院、卫生院卫生技术人员数（人）	医院、卫生院床位数（张）	文化馆（个）	图书馆（个）	城镇居民最低生活保障人数（人）	城镇居民最低生活保障支出（万元）	农村居民最低生活保障人数（人）	农村居民最低生活保障支出（万元）
2.38	21	978	1217	1	1	4293	1841	37286	7052
2.31	13	1209	888	1	1	1707	529	21319	3044
1.11	14	946	637	1	1	3170	1373	18201	3431
0.76	13	364	406	1	1	2354	1006	13674	2224
2.80	27	1599	2137	1	1	2217	1914	35154	8294
3.60	22	892	740	1	1	3990	1482	98025	18619
1.41	12	518	427	1	1	3064	1246	22656	4336
2.40	23	820	1084	1	1	6577	3145	70200	11627
1.06	28	901	1239	1	1	8296	3900	44267	9122
0.16	20	245	404	1	1	1115	530	4118	1240
0.06	6	121	156	1	1	555	291	547	442
0.08	4	115	82	1	1	567	778		
3.09	25	452	577	1	1	12840	5626	102012	18360
2.56	19	694	984	1	1	6575	2797	74139	13434
2.42	23	882	1083	1	1				
2.20	22	484	520	1	1				
1.55	16	372	728	1	1				
0.51	2	164	280	1		1187	583	5400	892
1.21	16	558	475	1	1	6413	3148	11600	1910
3.28	37	1784	1201	1	1	9012	3841	30623	6701
3.08	33	828	1207	16	15				
0.47	16	395	220	1	1				
0.37	57	286	206	16	15	3527	1505	19746	4187
0.47	11	533	374	1	1	2094	966	1924	434
1.02	16	628	655	1	1	8189	2749	6195	1031
1.49	77	1214	410	1	1	8744	2862	14695	2043
0.42	15	648	496	1	1	2378	1064	4095	893

主要统计指标解释

国内（地区）生产总值(GDP) 指按市场价格计算的一个国家所有常住单位在一定时期内生产活动的最终成果。国内生产总值有三种表现形态，即价值形态、收入形态和产品形态。从价值形态看，它是所有常住单位在一定时期内生产的全部货物和服务价值与同期投入的全部非固定资产货物和服务价值的差额，即所有常住单位的增加值之和；从收入形态看，它是所有常住单位在一定时期内创造并分配给常住单位和非常住单位的初次收入之和；从产品形态看，它是所有常住单位在一定时期内最终使用的货物和服务价值与货物和服务净出口价值之和。在实际核算中，国内生产总值有三种计算方法，即生产法、收入法和支出法。三种方法分别从不同的方面反映国内生产总值及其构成。

对于一个地区来说，称为地区生产总值或地区GDP。

当年价格 指报告期的实际价格，如工厂的出厂价格、农产品的收购价格、商业的零售价格等。使用当年价格计算的数字，是为了使国民经济各项指标互相衔接，便于考察当年社会经济效益，便于对生产和流通、生产和分配、生产和消费进行经济核算和综合平衡。

按当年价格计算的价格指标在不同年份之间进行对比时，因为包含有各年间价格的因素，不能确切地反映实物量的增减变动，必须消除价格变动因素后才能真正反映经济发展动态。因此，在计算增长速度时都使用按可比价格计算的数字。

不变价格 指用同类产品的年平均价格作为固定价格来计算各年产品价值。按不变价格计算的产品价值消除了价格变动因素，不同时期对比可以反映生产的发展速度。新中国成立后，随着工农业产品价格水平的变化，国家统计局先后五次制定了全国统一的工业产品不变价格和农业产品不变价格，1949-1957 年使用 1952 年工（农）业产品不变价格，1957-1971 年使用 1957 年不变价格，1971-1981 年使用 1970 年不变价格，1981-1990 年使用 1980 年不变价格，1990 年开始使用 1990 年不变价格。

平均每年增长速度 在我国计算平均增长速度有两种方法：一种是习惯上经常使用的“水平法”，又称几何平均法，是以间隔期最后一年的水平同基期水平对比来计算平均每年增长（或下降）速度；另一种是“累计法”，又称代数平均法或议程法，是以间隔期内各年水平的总和同基期水平对比来计算平均每年增长（或下降）速度。

三次产业 三次产业的划分是世界上较为常用的产业结构分类，但各国的划分不尽一致。根据国家统计局《三次产业划分规定》和《国民经济行业分类》（GB/T 4754-2017），我国的三次产业划分是：

第一产业是指农、林、牧、渔业（不含农、林、牧、渔专业及辅助性活动业）。

第二产业是指采矿业（不含开采专业及辅助活动），制造业（不含金属制品、机械和设备修理业），电力、热力、燃气及水生产和供应业，建筑业。

第三产业即服务业，是指除第一、二产业以外的其他行业。

三、人　口

3–1 民族自治地方年末总人口及构成

单位：万人

年 份	民族自治地方总人口	民族自治地方少数民族人口	少数民族人口占民族自治地方总人口的比重(%)
1952	5600.95		
1957	6464.90		
1965	7739.20		
1975	10441.43		
1978	11077.22	4342.36	39.2
1979	11333.94		
1980	11586.35	4714.31	40.7
1981	11767.29		
1982	12127.26	5007.50	41.3
1983	12659.05	5339.10	42.2
1984	12899.98	5491.20	42.6
1985	13547.71	5852.87	43.2
1986	13927.03	6072.23	43.6
1987	14246.65	6252.58	43.9
1988	14579.84	6442.79	44.2
1989	15060.57	6688.63	44.4
1990	15295.71	6879.58	45.0
1991	15462.71	7044.32	45.6
1992	15630.06	7125.20	45.6
1993	15776.06	7179.08	45.5
1994	15974.68	7286.83	45.6
1995	16044.41	7232.13	45.1
1996	16230.41	7393.99	45.6
1997	16407.92	7451.12	45.4
1998	16615.95	7577.45	45.6
1999	16678.00	7571.34	45.4
2000	16817.70	7766.76	46.2
2001	16870.10	7799.47	46.2
2002	17051.24	7930.39	46.5
2003	17214.12	8016.96	46.6
2004	17311.28	8114.66	46.9
2005	17498.65	8238.95	47.1
2006	17679.86	8367.37	47.3
2007	17947.89	8501.22	47.4
2008	18135.33	8616.02	47.5
2009	18317.90	8713.71	47.6
2010	18531.02	8813.76	47.6
2011	18656.16	8913.86	47.8
2012	18802.17	9066.54	48.2
2013	18915.97	9274.86	49.0
2014	18755.38	9059.49	48.3
2015	18617.90	9457.67	50.8
2016	18736.22	9655.00	51.5

注：本表未扣除区域变动因素，年度之间不可比。下同。

3–2 民族自治地方分地区年末总人口和少数民族人口(2016年)

地　区	年末总人口（万人）	#少数民族人口	少数民族占总人口的比重（%）
合　计	**18736.22**	**9655.00**	**51.53**
河　北	214.66	133.92	62.39
内蒙古	2520.00	556.39	22.08
辽　宁	329.68	175.14	53.12
吉　林	323.66	110.84	34.25
黑龙江	24.18	4.98	20.58
浙　江	17.22	2.00	11.59
湖　北	463.66	263.77	56.89
湖　南	499.80	424.70	84.97
广　东	51.99	20.22	38.89
广　西	4838.00	2185.32	45.17
海　南	174.97	90.93	51.97
重　庆	277.13	206.23	74.41
四　川	774.97	478.71	61.77
贵　州	1796.27	1100.60	61.27
云　南	2293.16	1313.43	57.28
西　藏	330.54	297.99	90.15
甘　肃	355.02	213.60	60.17
青　海	378.42	255.26	67.46
宁　夏	674.90	249.85	37.02
新　疆	2398.00	1571.13	65.52

3–3 民族自治地方分地区人口构成(2016年)

单位：万人

地 区	按性别分		按城乡分	
	男	女	城镇人口	乡村人口
合 计	**9460.35**	**8441.46**	**7897.68**	**10837.60**
河 北	111.86	102.79	50.02	164.64
内蒙古	1273.33	1247.74	1542.00	978.00
辽 宁	168.20	161.50	93.71	235.98
吉 林	162.14	161.52	177.91	145.76
黑龙江	12.09	12.09	6.25	17.93
浙 江	9.06	8.17	3.45	13.77
湖 北	241.83	221.83	107.53	355.17
湖 南	261.31	238.49	162.21	337.59
广 东	27.00	24.99	14.77	37.22
广 西	2516.80	1863.00	2326.00	2512.00
海 南	91.88	83.09	50.74	124.23
重 庆	146.24	130.89	83.37	193.76
四 川	398.27	376.69	162.55	612.42
贵 州	943.54	852.72	519.68	1276.58
云 南	1179.21	1113.95	758.98	1534.18
西 藏	167.86	162.68	97.71	232.83
甘 肃	180.63	174.39	78.02	276.99
青 海	193.32	185.10	123.90	254.52
宁 夏	343.26	331.63	379.87	295.02
新 疆	1032.50	988.20	1159.00	1239.00

注：因部分省份城镇人口与乡村人口为户籍人口数，故与总人口数不等。

主要统计指标解释

人口数 指一定时点、一定地区范围内的有生命的个人的总和。年度统计的年末人口数指每年 12 月 31 日 24 时的人口数。

城镇人口和乡村人口 城镇人口是指居住在城镇范围内的全部常驻人口；乡村人口是指除上述人口以外的全部人口。

市 指经国家批准成立“市”建制的城市。

镇 指经省、自治区、直辖市批准的镇。1963 年以前为常住人口在 2000 人以上，非农业人口占 50%以上的人口聚居地。1964 年起改为常住人口在 3000 人以上，非农业人口占 70%以上或常住人口在 2500 人以上，不满 3000 人，非农业人口占 85%以上的。1984 年后又调整为凡县级地方国家机关所在地；或总人口在 20000 人以下的乡，乡政府驻地非农业人口超过 2000 人的；或总人口在 20000 人以上的乡，乡政府驻地非农业人口占全乡 10%以上；或少数民族地区、人口稀少的边远地区、山区和小型工矿区、小港口、风景旅游地、边境口岸等地，非农业人口虽不足 2000 人，都可建镇。

四、就业人员和劳动报酬

4-1 民族自治地方单位就业人员年平均工资

单位：元

年 份	合 计	国有单位	城镇集体单位	其他单位
1981	816	848	650	
1982	845	827	686	
1983	884	917	711	
1984	1026	1077	810	
1985	1142	1202	899	
1986	1320	1392	1011	
1987	1465	1535	1156	
1988	1739	1815	1396	
1989	1850	1931	1420	
1990	2040	2150	1525	2033
1991	2214	2318	1718	2284
1992	2527	3006	1949	2538
1993	3074	3210	2363	3652
1994	3970	4092	3185	4205
1995	4559	4857	3492	4801
1996	5268	5436	4033	5513
1997	5593	5799	4102	6077
1998	6243	6414	4580	6739
1999	6822	6979	5093	7234
2000	7802	7976	5716	8165
2001	9548	9839	6762	9385
2002	10990	11303	7277	11042
2003	12471	12877	8365	12164
2004	14583	15235	10161	13370
2005	15481	15869	10966	15201
2006	17766	18323	12375	17041
2007	21374	22334	15163	19603
2008	25232	26034	18600	23854
2009	28187	29351	21439	25994
2010	32218	33258	27263	30111
2011	37310	38094	32726	36033
2012	41549	41718	35705	41784
2013	49679	46671	40905	55887
2014	50435	48845	43915	53592
2015	58437	61177	49730	47539
2016	62925	66979	57555	57265

注：1．本表未扣除区域变动因素，年度之间不可比。下同。
　　2．1998年以后为人均劳动报酬。

4-2 民族自治地方分地区年末单位就业人员(2016年)

单位：万人

地区	合计	国有单位	城镇集体单位	其他单位
合计	**1571.25**	**928.61**	**36.36**	**603.80**
河北	10.71	6.84	0.19	3.68
内蒙古	293.20	167.80	5.80	119.60
辽宁	13.38	9.62	0.87	2.81
吉林	29.60	17.49	0.51	11.60
黑龙江	1.19	0.90	0.01	0.28
浙江	1.01	0.71	0.01	0.30
湖北	24.81	13.16	0.75	10.91
湖南	23.45	17.16	1.03	5.26
广东	3.27	2.15	0.37	0.76
广西	401.39	201.82	13.21	186.36
海南	9.43	6.63	0.21	0.21
重庆	13.43	7.38	0.42	5.63
四川	45.26	33.59	0.84	10.83
贵州	71.75	53.86	2.38	15.52
云南	156.56	87.63	4.05	64.87
西藏	28.63	24.20	0.24	4.20
甘肃	23.97	18.47	1.33	4.17
青海	29.02	17.45	0.45	11.11
宁夏	70.69	35.45	0.73	34.52
新疆	320.50	206.30	2.99	111.20

4-3 民族自治地方分地区单位就业人员劳动报酬(2016年)

单位：亿元

地　区	合　计	国有单位	城镇集体单位	其他单位
合　计	**9887.12**	**6219.77**	**209.29**	**3457.69**
河　北	53.55	36.15	1.08	16.32
内蒙古	1828.20	1106.60	35.60	686.00
辽　宁	60.22	43.72	5.89	10.36
吉　林	127.48	79.53	2.35	45.58
黑龙江	5.74	5.04	0.03	0.66
浙　江	8.31	6.42	0.04	1.86
湖　北	126.67	82.41	6.65	37.61
湖　南	130.92	101.88	3.72	25.32
广　东	16.87	12.51	1.39	2.96
广　西	2282.00	1276.60	54.70	950.60
海　南	57.45	39.76	0.88	16.81
重　庆	76.82	51.43	1.61	23.78
四　川	304.69	241.55	4.73	58.40
贵　州	577.23	439.09	34.76	103.38
云　南	927.70	623.99	25.28	278.44
西　藏	320.89	286.46	1.53	32.90
甘　肃	130.60	109.23	4.86	16.51
青　海	204.99	126.36	2.80	75.82
宁　夏	468.30	246.53	3.90	217.88
新　疆	2178.50	1304.50	17.50	856.50

4-4 民族自治地方分地区单位就业人员平均劳动报酬(2016年)

单位：元

地　区	合　计	国有单位	城镇集体单位	其他单位
合　计	**62925**	**66979**	**57555**	**57265**
河　北	50024	52881	57810	44325
内蒙古	62353	65948	61379	57358
辽　宁	45017	45432	67941	36899
吉　林	43064	45459	46095	39300
黑龙江	48189	55893	26952	23907
浙　江	82085	90559	53182	62512
湖　北	51047	62615	89193	34479
湖　南	55833	59374	36190	48120
广　东	51523	58310	38101	38847
广　西	56853	63254	41404	51010
海　南	56853	59945	41883	802594
重　庆	57212	69666	38739	42245
四　川	67325	71918	56528	53918
贵　州	80446	81525	146197	66627
云　南	59256	71206	62336	42921
西　藏	112076	118370	64741	78424
甘　肃	54495	59156	36431	39621
青　海	70640	72401	61939	68228
宁　夏	66243	69550	53385	63120
新　疆	67972	63233	58615	77025

4-5 民族自治地方分地区年末在岗职工人数(2016年)

单位：万人

地区	合计	国有单位	城镇集体单位	其他单位
合计	**1437.40**	**879.41**	**31.41**	**535.33**
河北	9.62	6.54	0.18	2.89
内蒙古	284.42	167.83	5.77	119.64
辽宁	12.77	9.32	0.81	2.56
吉林	27.47	16.33	0.48	10.67
黑龙江	1.18	0.90	0.01	0.27
浙江	0.94	0.65	0.01	0.29
湖北	22.57	11.44	1.08	10.05
湖南	21.44	16.16	0.83	4.45
广东	3.12	2.07	0.31	0.74
广西	325.47	178.36	9.62	137.50
海南	8.74	6.08	0.21	2.45
重庆	11.02	6.86	0.34	3.83
四川	41.46	30.77	0.63	10.06
贵州	74.89	55.24	2.09	17.56
云南	136.68	76.96	3.55	56.17
西藏	28.63	24.20	0.24	4.20
甘肃	22.20	17.59	1.26	3.36
青海	28.10	17.30	0.43	10.36
宁夏	66.19	33.08	0.68	32.43
新疆	310.48	201.74	2.88	105.86

4-6 民族自治地方分地区在岗职工工资总额(2016年)

单位：亿元

地　区	合　计	国有单位	城镇集体单位	其他单位
合　计	**9390.33**	**6071.69**	**194.29**	**3116.62**
河　北	49.51	35.40	1.08	13.04
内蒙古	1795.71	1096.25	35.28	664.18
辽　宁	58.16	42.96	5.80	9.15
吉　林	122.54	77.72	2.29	42.53
黑龙江	5.72	5.04	0.03	0.65
浙　江	8.01	6.19	0.03	1.79
湖　北	115.48	76.44	6.47	35.57
湖　南	125.12	99.35	3.02	22.75
广　东	19.65	15.37	1.39	2.90
广　西	1989.74	1209.77	42.68	737.29
海　南	55.39	38.32	0.86	16.21
重　庆	66.19	46.90	1.81	17.48
四　川	292.88	234.09	4.03	54.75
贵　州	564.95	427.50	33.06	92.11
云　南	874.42	604.43	24.02	245.96
西　藏	311.59	279.59	1.23	30.78
甘　肃	139.61	119.99	4.89	14.73
青　海	200.51	124.06	5.62	72.63
宁　夏	454.83	240.35	3.73	210.76
新　疆	2140.30	1291.98	16.97	831.36

4-7 民族自治地方分地区在岗职工平均工资(2016年)

单位：元

地　区	合　计	国有单位	城镇集体单位	其他单位
合　计	**65328**	**69043**	**61853**	**58219**
河　北	51485	54151	58178	45038
内蒙古	63136	65319	61107	55516
辽　宁	45553	46111	71376	35747
吉　林	44606	47599	47891	39878
黑龙江	48458	55944	24095	24203
浙　江	85056	95209	53077	62639
湖　北	51172	66821	59933	35402
湖　南	58345	61476	36348	51083
广　东	62917	74200	44178	39233
广　西	61134	67829	44366	53622
海　南	63374	62989	41753	66147
重　庆	60053	68400	53982	45645
四　川	70645	76087	64047	54418
贵　州	75434	77392	157908	52452
云　南	63977	78541	67712	43788
西　藏	108828	115528	52173	73364
甘　肃	62874	68232	38938	43800
青　海	71367	71711	130010	70073
宁　夏	68713	72648	54562	64996
新　疆	68935	64041	58888	78537

主要统计指标解释

单位就业人员 指报告期末最后一日24时在本单位中工作，并取得工资或其他形式劳动报酬的人员数。该指标为时点指标，不包括最后一日当天及以前已经与单位解除劳动合同关系的人员，是在岗职工、劳务派遣人员及其他就业人员之和。就业人员不包括：

(1)离开本单位仍保留劳动关系，并定期领取生活费的人员；

(2)在本单位实习的各类在校学生；

(3)本单位因劳务外包而使用的人员。

乡村劳动力 指乡村人口中实际参加各种行业劳动并取得实物或货币收入的劳动力人数。包括劳动年龄内实际参加劳动的人数和不足或超过劳动年龄实际参加劳动的人数。

城镇登记失业人员 指有非农业户口，在一定的劳动年龄内(16 周岁至退休年龄)，有劳动能力，无业而要求就业，并在当地劳动保障部门进行失业登记的人员。

城镇登记失业率 城镇登记失业人员与城镇单位就业人员(扣除使用的农村劳动力、聘用的离退休人员、港澳台及外方人员)、城镇单位中的不在岗职工、城镇私营业主、个体户主、城镇私营企业和个体就业人员、城镇登记失业人员之和的比。

在岗职工 指在本单位工作且与本单位签订劳动合同，并由单位支付各项工资和社会保险、住房公积金的人员，以及上述人员中由于学习、病伤、产假等原因暂未工作仍由单位支付工资的人员。在岗职工还包括：

(1)应订立劳动合同而未订立劳动合同人员(如使用的农村户籍人员)；

(2)处于试用期人员；

(3)编制外招用的人员；

(4)派往外单位工作，但工资仍由本单位发放的人员(如挂职锻炼、外派工作等情况)。

劳动者报酬 指劳动者从事生产活动应获得的全部报酬，既包括货币形式的报酬，也包括实物形式的报酬。主要包括工资、奖金、津贴和补贴，单位为其员工交纳的社会保险费、补充社会保险费和住房公积金、行政事业单位职工的离退休金、单位为其员工提供的其他各种形式的福利和报酬等。

工资总额 指根据《关于工资总额组成的规定》(1990 年 1 月 1 日国家统计局发布的一号令)进行修订，在报告期内(季度或年度)直接支付给本单位全部就业人员的劳动报酬总额。包括计时工资、计件工资、奖金、津贴和补贴、加班加点工资、特殊情况下支付的工资，是在岗职工工资总额、劳务派遣人员工资总额和其他就业人员工资总额之和。

工资总额是税前工资，包括单位从个人工资中直接为其代扣或代缴的房费、水费、电费、住房公积金和社会保险基金个人缴纳部分等。

工资总额不论是计入成本的还是不计入成本的，不论是以货币形式支付的还是以实物形式支付的，均应列入工资总额的计算范围。

平均工资 指单位就业人员在一定时期内平均每人所得的工资额。它表明一定时期工资收入的高低程度，是反映就业人员工资水平的主要指标。计算公式为：

$$平均工资=\frac{报告期就业人员工资总额}{报告期就业人员平均人数}$$

五、固定资产投资

5-1 民族自治地方全社会固定资产投资和新增固定资产完成情况

单位：亿元

年份	全社会固定资产投资	#国有经济固定资产投资	新增固定资产
1980			40.03
1981		61.62	29.25
1982		74.20	45.56
1983		93.24	63.21
1984		115.00	75.72
1985		161.94	118.88
1986		171.84	131.72
1987		200.17	241.92
1988		246.86	176.40
1989		230.99	193.15
1990		259.45	226.34
1991		340.84	251.00
1992	675.39	531.01	354.29
1993	978.51	791.44	543.07
1994	1271.46	994.16	603.75
1995	1444.03	982.60	924.65
1996	1611.37	1078.76	950.21
1997	1791.29	1198.37	1000.95
1998	2077.93	1342.49	1226.82
1999	2230.47	1411.56	1445.81
2000	2477.00	1552.59	1803.97
2001	2928.36	1610.05	1718.51
2002	3542.10	2187.80	2058.52
2003	4733.93	2652.59	2582.59
2004	6259.40	2923.32	
2005	8357.69	3767.48	5006.48
2006	10564.01	4642.16	5795.57
2007	13517.34	5198.81	7729.66
2008	17285.35	6655.11	7595.31
2009	23262.59	9397.21	14512.25
2010	29875.92	12045.84	16149.52
2011	37052.16	12437.33	21110.05
2012	43674.83	15580.17	27542.49
2013	53006.70	18294.19	28379.95
2014	58759.26	22692.92	29604.66
2015	66158.55	25494.34	43451.36
2016	70881.96	28277.52	39641.26

5-2 民族自治地方分地区全社会固定资产投资和新增固定资产(2016年)

单位：亿元

地区	全社会固定资产投资	其中：不含农户投资	新增固定资产
合计	**70881.96**	**67683.34**	**39641.26**
河北	789.96	768.49	554.65
内蒙古	15080.00	14894.00	10161.00
辽宁	210.99	195.94	144.35
吉林	1333.62	954.16	711.48
黑龙江	42.03	42.03	39.47
浙江	52.98	52.98	29.61
湖北	871.04	867.44	389.57
湖南	817.62	722.46	301.35
广东	82.21	66.11	27.33
广西	18236.80	17652.90	11350.50
海南	449.19	403.02	183.31
重庆	709.35	693.91	295.20
四川	2052.74	1959.14	779.60
贵州	4927.47	3805.68	1452.80
云南	7047.17	6853.84	3723.55
西藏	1596.00	1596.00	
甘肃	864.53	831.78	512.31
青海	1636.56	1630.57	876.89
宁夏	3794.20	3709.00	2094.68
新疆	10287.50	9983.90	6013.60

5–3 民族自治地方分地区按经济类型分的全社会固定资产投资(2016年)

单位：亿元

地　区	全社会固定资产投资	#国有经济	#集体经济	#外商港澳台经济
合　计	**70881.96**	**28277.52**	**1017.17**	**697.46**
河　北	789.96	299.22	5.14	15.66
内蒙古	15080.00	6417.60	162.20	28.70
辽　宁	210.99	70.43	14.19	6.18
吉　林	1333.62	436.25	17.75	14.67
黑龙江	42.03	22.46		
浙　江	52.98	29.79		
湖　北	871.04	439.89	55.08	1.57
湖　南	817.62	369.77	2.16	3.46
广　东	82.21	18.85		5.39
广　西	18236.80	3846.10	162.40	295.70
海　南	449.19	101.50	5.55	49.21
重　庆	709.35	370.25	49.31	10.59
四　川	2052.74	1130.23	0.16	0.42
贵　州	4927.47	1938.50	98.81	63.96
云　南	7047.17	4498.18	228.44	59.98
西　藏	1596.00	1239.60	1.90	3.30
甘　肃	864.53	498.17	44.99	0.53
青　海	1636.56	856.92	142.90	11.55
宁　夏	3794.20	996.30	0.10	96.70
新　疆	10287.50	4697.50	26.10	29.90

5-4 民族自治地方分地区按资金来源分的全社会固定资产投资(2016年)

单位：亿元

地 区	国家预算内资金	国内贷款	利用外资
合 计	**10016.65**	**7704.94**	**262.36**
河 北	120.22	81.61	1.47
内蒙古	1094.30	1753.20	1.50
辽 宁	19.08	29.13	3.73
吉 林	181.03	42.01	2.80
黑龙江			
浙 江	14.55	2.60	
湖 北	204.06	39.83	0.14
湖 南	114.89	127.30	0.09
广 东	7.44	0.73	
广 西	1669.30	2196.20	20.50
海 南	56.42	61.77	43.79
重 庆	151.42	18.75	11.73
四 川	363.69	425.50	
贵 州	566.68	519.23	150.85
云 南	1528.38	583.66	2.16
西 藏	1153.80	78.50	
甘 肃	243.92	57.10	1.15
青 海	464.54	108.41	14.35
宁 夏	244.30	754.30	4.12
新 疆	1818.60	825.10	4.00

5-5 民族自治地方国有经济基本建设投资

单位：亿元

年份	基本建设投资	年份	基本建设投资
1950—1952	5.60	1976—1980	237.58
1953—1957	40.78	1981—1985	344.71
1958—1962	119.93	1986—1990	662.88
1963—1965	45.06	1991—1995	2399.00
1966—1970	90.05	1996—2000	4876.74
1971—1975	152.12	2001—2003	5169.67

主要统计指标解释

全社会固定资产投资 是以货币形式表现的在一定时期内全社会建造和购置固定资产的工作量以及与此有关的费用的总称。该指标是反映固定资产投资规模、结构和发展速度的综合性指标，又是观察工程进度和考核投资效果的重要依据。全社会固定资产投资按登记注册类型可分为国有、集体、联营、股份制、私营和个体、港澳台商、外商、其他等。

固定资产投资（不含农户） 指城镇和农村各种登记注册类型的企业、事业、行政单位及城镇个体户进行的计划总投资 500 万元及 500 万元以上的建设项目投资和房地产开发投资，包含原口径的城镇固定资产投资加上农村企事业组织项目投资，该口径自 2011 年起开始使用。

固定资产投资的实际到位资金 根据固定资产投资的资金来源不同，分为国家预算资金、国内贷款、利用外资、自筹资金和其他资金。

(1)国家预算资金 国家预算包括一般预算、政府性基金预算、国有资本经营预算和社保基金预算。各类预算中用于固定资产投资的资金全部作为国家预算资金填报，其中一般预算中用于固定资产投资的部分包括基建投资、车购税、灾后恢复重建基金和其他财政投资。各级政府债券也应归入国家预算资金。

(2)国内贷款 指报告期固定资产项目投资单位向银行及非银行金融机构借入用于固定资产投资的各种国内借款，包括银行利用自有资金及吸收存款发放的贷款、上级主管部门拨入的国内贷款、国家专项贷款（包括煤代油贷款、劳改煤矿专项贷款等），地方财政专项资金安排的贷款、国内储备贷款、周转贷款等。

(3)利用外资 指报告期收到的境外（包括外国及港澳台地区）资金(包括设备、材料、技术在内)。包括对外借款(外国政府贷款、国际金融组织贷款、出口信贷、外国银行商业贷款、对外发行债券和股票)、外商直接投资、外商其他投资(包括利用外商投资收益在国内进行固定资产再投资活动的资金)。不包括我国自有外汇资金(国家外汇、地方外汇、留成外汇、调剂外汇和国内银行自有资金发放的外汇贷款等)。各类外资按报告期末的外汇牌价（中间价）折成人民币计算。

新增固定资产 是指已经完成建造和购置过程，并已交付生产或使用单位的固定资产的价值，包括已经建成投入生产或交付使用的工程投资和达到固定资产标准的设备、工具、器具的投资及有关应摊入的费用。该指标是表示固定资产投资成果的价值指标，也是反映建设进度，计算固定资产投资效果的重要指标。

六、财　政

6–1 民族自治地方财政收支情况

单位：亿元

年 份	收 入			支 出			收支差额
	合 计	五个自治区	自治州、县	合 计	五个自治区	自治州、县	
1952	4.96	3.81	1.15	4.39	3.34	1.05	0.57
1957	11.48	8.91	2.57	12.43	9.58	2.85	-0.95
1960	29.19	21.92	7.27	42.87	35.12	7.75	-13.68
1961	16.58	12.54	4.04	21.36	16.54	4.82	-4.78
1962	13.23	9.93	3.30	14.15	11.10	3.05	-0.92
1963	15.71	11.57	4.14	16.69	12.60	4.09	-0.98
1964	17.62	13.22	4.40	20.55	16.09	4.46	-2.93
1965	19.67	15.09	4.58	23.06	18.48	4.58	-3.39
1966	21.18	16.65	4.53	26.07	21.00	5.07	-4.89
1968	10.68	8.74	1.94	17.02	13.12	3.90	-6.34
1972	22.05	15.94	6.11	43.12	31.55	11.57	-21.07
1973	22.72	15.13	7.59	47.83	34.91	12.92	-25.11
1974	22.87	15.31	7.56	49.66	36.90	12.76	-26.79
1975	23.49	15.80	7.69	50.63	38.01	12.62	-27.14
1976	24.41	16.24	8.17	55.70	41.24	14.46	-31.29
1977	28.46	19.26	9.20	59.97	43.35	16.62	-31.51
1978	40.79	30.18	10.61	83.35	62.02	21.33	-42.56
1979	34.00	25.88	8.12	87.97	69.93	18.04	-53.97
1980	31.07	22.44	8.63	81.20	62.45	18.75	-50.13
1981	29.67	19.77	9.90	76.13	56.17	19.96	-46.46
1982	36.31	23.86	12.45	86.81	63.42	23.39	-50.50
1983	41.48	27.81	13.67	100.62	73.11	27.51	-59.14
1984	45.33	30.65	14.68	131.58	96.28	35.30	-86.25
1985	63.45	42.32	21.13	156.98	112.67	44.31	-93.53
1986	80.66	55.04	25.62	198.62	142.22	56.40	-117.96
1987	97.51	65.62	31.89	210.43	147.92	62.51	-112.92
1988	119.39	78.74	40.65	241.10	167.49	73.61	-121.71
1989	147.65	96.49	51.16	273.26	182.62	90.64	-125.61
1990	166.74	109.28	57.46	304.37	202.37	102.00	-137.63
1991	204.35	136.28	68.07	342.70	227.70	115.00	-138.35
1992	210.00	135.17	74.83	367.52	239.11	128.41	-157.52
1993	302.69	199.59	103.10	462.31	301.48	160.83	-159.62
1994	201.49	139.97	61.52	516.96	338.52	178.44	-315.47
1995	248.13	172.56	75.57	595.12	397.04	198.08	-346.99
1996	313.01	211.19	101.82	720.15	464.65	255.50	-407.14
1997	355.66	246.98	108.68	774.97	512.39	262.58	-419.31
1998	399.31	284.16	115.15	868.54	605.10	263.44	-469.23
1999	437.18	314.86	122.32	1003.77	693.84	309.93	-566.59
2000	475.54	347.35	128.19	1172.90	817.34	355.56	-697.36
2001	544.92	406.88	138.04	1608.60	1132.38	476.22	-1063.68
2002	594.66	449.83	144.83	1926.50	1426.71	499.79	-1331.84
2003	673.97	508.78	165.19	2109.30	1511.01	598.29	-1435.34
2004	825.78	637.72	188.06	2467.73	1749.48	718.25	-1641.95
2005	1026.35	800.56	225.79	3050.44	2158.08	892.36	-2024.08
2006	1281.04	981.34	299.70	3732.88	2613.53	1119.35	-2451.84
2007	1660.89	1297.14	363.75	4898.51	3461.27	1437.24	-3237.61
2008	2099.88	1650.05	449.83	6496.73	4635.88	1860.85	-4396.85
2009	2548.23	2002.30	545.93	8368.64	5798.07	2570.57	-5820.41
2010	3255.56	2532.74	722.82	10511.53	7088.57	3422.95	-7255.97
2011	4276.36	3299.54	976.81	13588.74	9283.00	4305.75	-9312.39
2012	5220.36	3978.32	1242.04	16070.80	10900.99	5169.81	-10850.44
2013	6013.42	4569.48	1443.95	17605.65	11891.69	5713.96	-11592.23
2014	6630.22	5012.43	1617.79	19395.46	12863.52	6531.94	-12765.24
2015	7044.69	5321.07	1723.62	21766.14	14643.30	7122.84	-14721.45
2016	7136.18	5415.29	1720.89	23615.49	15935.17	7680.31	-16479.31

注：表列五个自治区，系指内蒙古自治区、广西壮族自治区、西藏自治区、宁夏回族自治区和新疆维吾尔自治区。
自治州、县系指除上述五个自治区以外各省所属的民族自治州、自治县。

6-2 民族自治地方分地区财政收入情况(2016年)

单位：亿元

地区	财政总收入	#公共财政预算收入	#各项税收
合计	**8645.45**	**7136.18**	**4677.56**
河北	90.43	46.78	34.99
内蒙古		2016.43	1335.88
辽宁	222.85	40.39	28.04
吉林	190.10	111.76	55.67
黑龙江	4.20	3.64	2.65
浙江	11.54	6.23	5.07
湖北	156.15	82.70	58.00
湖南	127.29	77.82	46.22
广东	68.84	7.91	5.27
广西	2454.08	1556.27	1036.22
海南	248.38	72.05	56.68
重庆	142.25	53.12	32.01
四川	482.69	196.02	117.43
贵州	601.74	384.05	259.84
云南	958.08	520.58	316.69
西藏	206.75	155.99	99.05
甘肃	104.31	32.94	11.88
青海	295.93	84.89	60.25
宁夏	642.78	387.65	246.55
新疆	1637.05	1298.95	869.18

6-3 民族自治地方分地区各项税收情况(2016年)

单位：亿元

地　区	各项税收	#增值税	#营业税	#企业所得税	#个人所得税
合　计	**4677.56**	**1278.99**	**665.96**	**423.05**	**221.50**
河　北	34.99	4.24	12.72	1.92	0.75
内蒙古	1335.88	300.30	155.42	96.93	52.69
辽　宁	28.04	8.81	4.43	2.50	0.80
吉　林	55.67	16.88	8.27	7.74	2.94
黑龙江	2.65	0.58	0.24	0.86	0.05
浙　江	5.07		0.85	0.59	1.02
湖　北	58.00	16.86	9.64	4.37	2.81
湖　南	46.22	7.60	6.88	3.52	1.50
广　东	5.27	1.67	0.30	0.08	0.19
广　西	1036.22	285.46	156.00	117.03	40.16
海　南	56.68	6.47	10.61	4.59	1.22
重　庆	32.01	7.62	5.75	2.69	1.06
四　川	117.43	44.16	16.90	11.94	4.01
贵　州	259.84	66.94	41.13	21.95	9.35
云　南	316.69	102.25	41.35	14.49	9.05
西　藏	99.05	48.77	15.74	4.64	13.00
甘　肃	11.88	4.60	4.06	1.30	0.53
青　海	60.25	11.52	14.91	4.58	9.29
宁　夏	246.55	84.04	45.27	24.47	9.85
新　疆	869.18	260.24	115.47	96.87	61.23

6-4 民族自治地方分地区财政支出情况(2016年)(一)

单位：亿元

地 区	公共财政预算支出	#一般公共服务	#教育	#科学技术
合 计	**23615.49**	**2275.86**	**3779.29**	**226.04**
河 北	154.61	13.55	25.81	0.99
内蒙古	4512.71	324.69	554.97	32.38
辽 宁	190.89	13.31	34.51	0.41
吉 林	430.24	32.85	60.85	2.38
黑龙江	21.31	1.77	3.55	0.03
浙 江	34.51	3.96	4.91	0.32
湖 北	374.89	39.80	70.65	3.65
湖 南	443.15	44.41	74.17	1.70
广 东	56.64	8.22	9.84	0.46
广 西	4441.70	450.78	854.55	45.20
海 南	219.81	27.85	36.93	1.50
重 庆	202.54	21.59	32.48	1.28
四 川	1040.58	98.40	166.99	4.94
贵 州	1320.86	175.25	318.09	19.04
云 南	2076.88	197.04	388.58	39.51
西 藏	1587.97	228.04	169.64	4.81
甘 肃	423.61	60.52	60.09	0.97
青 海	689.80	69.51	95.58	3.23
宁 夏	1254.54	75.79	152.57	18.26
新 疆	4138.25	388.53	664.52	44.98

6-4 民族自治地方分地区财政支出情况（2016年）（二）

单位：亿元

地　　区	#文化体育与传媒	#社会保障和就业	#医疗卫生	#保障住房支出
合　　计	**439.51**	**3026.60**	**1911.00**	**1094.46**
河　　北	1.82	19.95	12.02	5.50
内 蒙 古	89.25	642.54	284.63	210.71
辽　　宁	2.29	30.07	18.98	5.40
吉　　林	10.96	68.87	30.91	15.97
黑 龙 江	0.24	2.89	1.66	0.57
浙　　江	2.32	2.66	3.44	0.85
湖　　北	6.80	52.92	42.40	16.63
湖　　南	8.69	60.15	42.22	34.80
广　　东	1.24	6.42	6.30	1.42
广　　西	71.08	538.95	468.18	185.55
海　　南	3.64	27.28	18.11	18.11
重　　庆	2.87	20.46	22.27	7.51
四　　川	15.73	108.43	98.13	23.16
贵　　州	29.13	116.06	143.73	99.42
云　　南	31.08	299.26	224.92	112.00
西　　藏	34.85	208.47	69.97	51.14
甘　　肃	8.99	60.77	31.78	26.29
青　　海	15.67	91.85	52.87	34.85
宁　　夏	25.23	164.24	82.03	63.58
新　　疆	77.61	504.37	256.43	181.02

主要统计指标解释

一般公共预算收入 指国家财政参与社会产品分配所取得的收入，是实现国家职能的财力保证。主要包括：(1) 各项税收：包括国内增值税、国内消费税、进口货物增值税和消费税、出口货物退增值税和消费税、营业税、企业所得税、个人所得税、资源税、城市维护建设税、房产税、印花税、城镇土地使用税、土地增值税、车船税、船舶吨税、车辆购置税、关税、耕地占用税、契税、烟叶税等。(2) 非税收入：包括专项收入、行政事业性收费、罚没收入和其他收入。财政收入按现行分税制财政体制划分为中央本级收入和地方本级收入。

一般公共预算支出 指国家财政将筹集起来的资金进行分配使用，以满足经济建设和各项事业的需要。主要包括：一般公共服务、外交、国防、公共安全、教育、科学技术、文化体育与传媒、社会保障和就业、医疗卫生与计划生育、节能环保、城乡社区、农林水、交通运输、资源勘探信息等、商业服务业等、金融、援助其他地区、国土海洋气象等、住房保障、粮油物资储备、政府债务付息等方面的支出。财政支出根据政府在经济和社会活动中的不同职权，划分为中央财政支出和地方财政支出。

地方财政收入 指按现行分税制财政体制划分的中央本级收入和地方本级收入。属于地方财政的收入包括营业税（不含铁道部门、各银行总行、各保险公司总公司集中交纳的营业税)、地方企业上缴利润、城市维护建设税（不含铁道部门、各银行总行、各保险公司总公司集中交纳的部分)、房产税、城镇土地使用税、土地增值税、车船税、耕地占有税、契税、烟叶税、印花税、增值税 25%部分、纳入共享范围的企业所得税 40%部分、个人所得税 40%部分、证券交易印花税 3%部分、海洋石油资源税以外的其他资源税、地方非税收入等。

地方财政支出 指根据政府在经济和社会活动中的不同职责，划分中央和地方政府的责权，按照政府的责权划分确定的支出。地方财政支出包括一般公共服务支出、公共安全支出、地方统筹的各项社会事业支出等。

七、人民生活

7-1 民族自治地方农村经济收益分配

单位：万元

年 份	总收入	总费用	纯收入	农村居民人均纯收入（元）
1980	1150891	340849	810042	76
1981	1185423	306249	879174	85
1982	1469052	325352	1143700	121
1983	2365174	523817	1841357	196
1984	2934551	664198	2270353	213
1985	4374432	1197661	3176771	272
1986	4659810	1475707	3184103	282
1987	5612773	1843054	3769719	390
1988	7269734	2614861	4654873	357
1989	8384964	3310070	5074719	316
1990	9808134	3557847	6250287	402
1991	11103900	4257723	6846177	508
1992	14516956	6839613	7677343	568
1993	17647399	9213249	8434150	629
1994	26941170	15745332	12395140	820
1995	39168900	24476400	14634500	945
1996	58982800	30164200	16527500	1300
1997			19025038	1489
1998			20493461	1633
1999			21238277	1653
2000			18513508	1626
2001			18771435	1726
2002			20097149	1771
2003			21630125	1895
2004			23661775	2113
2005			26373410	2287
2006			29105425	2517
2007			33292764	2900
2008			38672130	3369
2009			22860767	3346
2010			46926039	4232
2011			56936464	4969
2012			62011078	5800
2013			71273039	6636
2014			87488994	7943
2015			94974293	8889
2016			105371441	9723

7-2 民族自治地方分地区城镇居民生活水平情况(2016年)(一)

单位：元

地 区	城镇居民可支配收入	城镇居民人均生活费支出合计	#食 品	#衣 着	#居 住
合 计	**28324.99**	**18813.32**	**5819.62**	**1584.08**	**3474.74**
河 北	25745.84	16429.47	4247.70	1781.93	2804.26
内蒙古	32974.90	22744.50	6445.80	2543.30	4006.10
辽 宁	19742.11	14571.56	3964.47	2432.89	1770.92
吉 林	29070.34	25375.01	6106.17	2506.49	4370.07
黑龙江	21159.00	16504.00	4419.00	1908.00	2086.00
浙 江	30899.00	21275.00	6682.00	1901.00	1052.00
湖 北	24283.71	16967.44	5516.61	1637.91	3222.76
湖 南	20400.52	12548.13	3972.89	1022.40	2396.89
广 东	20840.41	14327.32	5622.80	782.66	2123.10
广 西	28324.40	17268.50	5937.20	886.30	3784.30
海 南	25348.47	16473.90	8027.52	885.85	1449.47
重 庆	25122.70	14477.17	5376.02	1873.83	2223.88
四 川	26384.71	16942.74	6392.65	1344.05	2591.15
贵 州	25155.64	15468.92	4945.36	1305.97	2769.66
云 南	27301.89	15823.25	5070.29	1142.05	2671.53
西 藏	27802.40	19440.50	8727.80	1812.50	3614.50
甘 肃	19535.82	14733.86	4967.76	1496.84	2945.96
青 海	25717.23	17426.06	4825.78	1602.57	2629.53
宁 夏	27153.00	20364.20	4889.20	1726.70	3770.50
新 疆	28463.40	21228.50	6179.40	1966.10	3543.90

7-2 民族自治地方分地区城镇居民生活水平情况(2016年)(二)

单位：元

地　区	#家庭设备及服务	#医疗保健支　出	#交通和通　讯	#娱乐教育文化服务
合　计	**1239.58**	**1385.83**	**2662.05**	**2154.85**
河　北	912.00	1449.98	2351.93	1831.40
内蒙古	1565.10	1840.20	3045.20	2598.90
辽　宁	1281.09	899.30	1688.59	2315.43
吉　林	1496.45	2485.62	4352.70	3418.16
黑龙江	650.00	2526.00	3873.00	1042.00
浙　江	2682.00	5201.00	1902.00	1281.00
湖　北	1080.09	1224.58	1775.26	1965.07
湖　南	785.15	790.01	1271.47	1988.12
广　东	935.04	962.30	1928.02	1735.29
广　西	1032.80	1065.90	2259.80	2003.00
海　南	1087.39	713.73	2036.23	1601.90
重　庆	1006.56	909.11	1283.24	1435.60
四　川	1412.92	955.77	2082.96	1616.51
贵　州	963.21	786.46	2344.55	1855.84
云　南	1077.51	1026.40	2769.05	1799.72
西　藏	983.00	585.30	2198.40	922.50
甘　肃	1126.90	991.01	1816.31	1111.35
青　海	1116.02	1430.83	2395.62	1524.10
宁　夏	1245.10	1874.00	3896.50	2415.70
新　疆	1543.80	1934.80	3074.10	2404.90

7−3 民族自治地方分地区农村居民生活水平情况(2016年)(一)

单位：元

地　区	农村居民人均纯收入	农村居民人均生活费支出合计	#食　品	#衣　着	#居　住
合　计	**9722.77**	**8079.75**	**2779.08**	**467.33**	**1544.57**
河　北	9045.68	6973.04	2259.58	483.64	1366.79
内蒙古	11609.00	11462.60	3362.90	814.00	1995.90
辽　宁	12817.32	7074.10	2026.03	481.83	1247.21
吉　林	11894.60	10481.90	2828.65	699.75	2345.10
黑龙江	12356.00	8402.00	2378.00	688.00	533.00
浙　江	14989.00	11785.00	4865.00	642.00	537.00
湖　北	8734.24	7260.29	2802.85	484.41	1432.25
湖　南	7334.78	6740.94	2222.32	385.05	1199.23
广　东	11371.62	8587.27	3336.93	284.76	1809.62
广　西	10359.50	8351.20	2880.40	252.00	1903.80
海　南	10737.37	6970.88	3614.99	219.11	918.22
重　庆	9154.40	8002.76	3326.43	464.53	832.03
四　川	10263.07	7889.90	3742.90	546.43	1209.10
贵　州	7997.88	7451.58	2356.00	437.47	1460.95
云　南	9134.67	7020.53	2501.31	317.79	1238.68
西　藏	9093.80	6070.30	3183.30	642.60	851.50
甘　肃	5994.22	5516.79	2085.42	419.71	1164.22
青　海	9426.93	8328.77	3289.83	644.92	1283.83
宁　夏	9851.60	9138.40	2419.10	672.90	1631.40
新　疆	10183.20	8277.00	2624.20	710.30	1643.40

7-3 民族自治地方分地区农村居民生活水平情况(2016年)(二)

单位：元

地　区	#家庭设备及服务	#医疗保健支出	#交通和通　讯	#娱乐教育文化服务
合　计	**454.48**	**695.12**	**1084.66**	**899.69**
河　北	365.31	840.70	1027.52	562.09
内蒙古	506.80	1187.70	1790.30	1553.00
辽　宁	303.44	642.17	1216.43	1040.80
吉　林	768.00	1294.01	1500.78	865.58
黑龙江	458.00	1308.00	2240.00	797.00
浙　江	732.00	2599.00	1259.00	978.00
湖　北	503.51	613.76	639.31	660.28
湖　南	379.49	539.72	754.21	1112.01
广　东	497.04	697.14	1124.16	846.02
广　西	455.80	781.80	972.00	1000.80
海　南	356.39	417.99	617.06	595.57
重　庆	592.65	475.69	773.62	725.21
四　川	470.15	402.32	778.42	560.80
贵　州	531.35	408.90	1070.45	958.74
云　南	386.42	535.48	1081.16	829.51
西　藏	346.00	152.60	602.10	192.90
甘　肃	402.83	398.38	554.26	389.16
青　海	471.76	817.04	1254.79	673.56
宁　夏	578.60	1040.60	1509.60	1077.50
新　疆	400.60	846.80	1226.50	716.40

7-4 民族自治地方分地区居民住房情况(2016年)

地　区	城镇人均使用面积（平方米）	农村人均住房面积（平方米）
合　计	**47.1**	**33.9**
河　北	31.8	28.8
内蒙古	32.2	27.4
辽　宁	28.7	28.4
吉　林	29.9	28.5
黑龙江	31.0	35.0
浙　江	38.5	51.0
湖　北	54.3	57.3
湖　南	44.3	41.6
广　东	40.4	47.7
广　西	39.2	46.3
海　南	23.8	29.5
重　庆	41.5	45.3
四　川	37.5	39.4
贵　州	38.1	40.0
云　南	42.2	34.2
西　藏	27.8	33.9
甘　肃	28.7	25.4
青　海	13.0	26.2
宁　夏	31.3	32.1
新　疆	109.0	

7–5　民族自治地方城乡居民储蓄存款年末余额

单位：亿元

年　份	城乡居民储蓄存款	城镇储蓄	农户储蓄
1980	38.33	24.19	14.14
1981	48.87	31.68	17.19
1982	62.88	40.51	22.37
1983	82.46	60.30	22.16
1984	105.73	78.40	27.33
1985	151.03	110.92	40.11
1986	209.48	155.74	53.74
1987	282.22	217.81	64.41
1988	350.60	271.30	79.30
1989	452.80	364.29	88.51
1990	623.43	506.11	117.32
1991	791.09	644.34	146.75
1992	1007.72	819.57	188.15
1993	1316.27	1078.18	238.09
1994	1798.84	1475.18	323.66
1995	2390.94	1996.03	394.91
1996	2906.20	2439.79	466.41
1997	3473.46	1817.66	1655.80
1998	3932.65	2098.71	1833.94
1999	4351.35	2504.78	1846.57
2000	4765.37		
2001	5299.30		
2002	6131.85		
2003	7353.07		
2004	8162.68		
2005	9665.26		
2006	11180.18		
2007	12124.58		
2008	14955.75		
2009	18086.29		
2010	21538.04		
2011	23708.57		
2012	30688.72		
2013	35289.64		
2014	31782.10		
2015	42995.58		
2016	38462.25		

7-6 民族自治地方分地区城乡居民储蓄存款年末余额(2016年)

单位：亿元

地　区	城乡居民储蓄存款年末余额
合　计	**38462.25**
河　北	584.86
内蒙古	
辽　宁	903.72
吉　林	1271.67
黑龙江	
浙　江	69.47
湖　北	920.23
湖　南	1014.10
广　东	87.67
广　西	12548.64
海　南	285.61
重　庆	501.53
四　川	1492.50
贵　州	2439.10
云　南	4654.16
西　藏	785.89
甘　肃	629.59
青　海	546.90
宁　夏	2228.34
新　疆	7498.27

主要统计指标解释

居民可支配收入 指居民可用于最终消费支出和储蓄的总和，即居民可用于自由支配的收入。既包括现金收入，也包括实物收入。按照收入的来源，可支配收入包含四项，分别为：工资性收入、经营净收入、财产净收入和转移净收入。

工资性收入 指就业人员通过各种途径得到的全部劳动报酬和各种福利，包括受雇于单位或个人、从事各种自由职业、兼职和零星劳动得到的全部劳动报酬和福利。

经营净收入 指住户或住户成员从事生产经营活动所获得的净收入，是全部经营收入中扣除经营费用、生产性固定资产折旧和生产税之后得到的净收入。计算公式为：

经营净收入=经营收入−经营费用−生产性固定资产折旧−生产税

财产净收入 指住户或住户成员将其所拥有的金融资产、住房等非金融资产和自然资源交由其他机构单位、住户或个人支配而获得的回报并扣除相关的费用之后得到的净收入。财产净收入包括利息净收入、红利收入、储蓄性保险净收益、转让承包土地经营权租金净收入、出租房屋净收入、出租其他资产净收入和自有住房折算净租金等。财产净收入不包括转让资产所有权的溢价所得。

转移净收入 计算公式为：转移净收入=转移性收入−转移性支出

转移性收入 指国家、单位、社会团体对住户的各种经常性转移支付和住户之间的经常性收入转移。包括养老金或退休金、社会救济和补助、政策性生产补贴、政策性生活补贴、救灾款、经常性捐赠和赔偿、报销医疗费、住户之间的赡养收入，本住户非常住成员寄回带回的收入等。转移性收入不包括住户之间的实物馈赠。

转移性支出 指调查户对国家、单位、住户或个人的经常性或义务性转移支付。包括缴纳的税款、各项社会保障支出、赡养支出、经常性捐赠和赔偿支出以及其他经常转移支出等。

居民消费支出 指居民用于满足家庭日常生活消费需要的全部支出，既包括现金消费支出，也包括实物消费支出。消费支出可划分为食品烟酒、衣着、居住、生活用品及服务、交通通信、教育文化娱乐、医疗保健以及其他用品及服务八大类。

食品烟酒 指用于各种食品和烟草、酒类的支出。

衣着 指与居民穿着有关的支出，包括服装、服装材料、鞋类、其他衣类及配件、衣着相关加工服务的支出。

居住 指与居住有关的支出，包括房租、水、电、燃料、物业管理等方面的支出，也包括自有住房折算租金。

生活用品及服务 指家庭及个人的各类生活品及家庭服务。包括家具及室内装饰品、家用器具、家用纺织品、家庭日用杂品、个人用品和家庭服务。

交通通信 指用于交通和通信工具及相关的各种服务费、维修费和车辆保险等支出。

教育文化娱乐 指用于教育、文化和娱乐方面的支出。

医疗保健 指用于医疗和保健的药品、用品和服务的总费用。包括医疗器具及药品，以及医疗服务。

其他用品及服务 指无法直接归入上述各类支出的其他用品与服务支出。

居民储蓄存款余额 指城乡居民在某一时点上在银行和其他金融机构的本（人民币）、外币储蓄存款总额。不包括居民的手存现金和工矿企业、部队、机关、团体等单位存款。

八、城市概况

8—1 民族自治地方分地区城市情况(2016年)

地 区	城市数（个）	#地级市	#县级市
合 计	**106**	**34**	**72**
河 北			
内蒙古	20	9	11
辽 宁			
吉 林	6		6
黑龙江			
浙 江			
湖 北	2		2
湖 南	1		1
广 东			
广 西	20	14	6
海 南			
重 庆			
四 川	1		1
贵 州	4		4
云 南	11		11
西 藏	3	3	
甘 肃	2		2
青 海	3		3
宁 夏	7	5	2
新 疆	26	3	23

8-2 民族自治地方分地区城市市区情况(2016年)

地　区	市区面积（平方公里）	市区人口（万人）	市区暂住人口（万人）
合　计	**745950**	**5830**	**927**
河　北			
内蒙古	147096	982	224
辽　宁			
吉　林	27270	173	15
黑龙江			
浙　江			
湖　北	8573	174	9
湖　南	1093	33	6
广　东			
广　西	62670	2259	232
海　南			
重　庆			
四　川	2655	66	18
贵　州	8185	233	22
云　南	41483	458	66
西　藏	18886	113	77
甘　肃	2774	35	15
青　海	162251	45	11
宁　夏	22931	343	61
新　疆	240082	916	171

8–3 民族自治地方分地区城市城区面积和人口情况(2016年)

地区	城区面积 (平方公里)	城区人口 (万人)	城区暂住人口 (万人)
合计	**18550.43**	**2997.77**	**762.40**
河北			
内蒙古	4871.72	685.28	202.14
辽宁			
吉林	473	117	12
黑龙江			
浙江			
湖北	185.00	42.27	6.00
湖南	54.10	25.29	3.20
广东			
广西	5716.26	860.56	210.94
海南			
重庆			
四川	400.72	35.79	13.23
贵州	526.66	101.80	16.23
云南	565.93	176.23	53.01
西藏	422.67	62.13	46.90
甘肃	49.06	21.55	9.83
青海	161.15	22.56	7.65
宁夏	2119.18	229.76	54.85
新疆	3004.88	617.14	126.53

8—4 民族自治地方分地区城市用地情况(2016年)

地 区	建成区面积（平方公里）	城市建设用地（平方公里）
合 计	**5146.81**	**7227.44**
河 北		
内蒙古	1241.59	1595.27
辽 宁		
吉 林	119.75	172.17
黑龙江		
浙 江		
湖 北	55.00	99.65
湖 南	37.90	38.00
广 东		
广 西	1316.20	1991.91
海 南		
重 庆		
四 川	42.52	68.92
贵 州	162.80	246.69
云 南	311.46	460.20
西 藏	118.02	179.36
甘 肃	35.00	48.60
青 海	71.63	78.14
宁 夏	441.80	537.88
新 疆	1193.14	1710.65

8-5 民族自治地方分地区城市供水、液化气供气情况(2016年)

地　区	城市供水综合生产能力（万立方米/日）	供水管道长度（公里）	城市液化石油气储气能力（吨）	液化石油气供气总量（吨）
合　计	**2211.52**	**50589.33**	**80576.14**	**300.33**
河　北				
内蒙古	422.79	9485.90	12052.30	131988.23
辽　宁				
吉　林	60.18	1469.75	877.50	7010.05
黑龙江				
浙　江				
湖　北	18.00	767.50	100.00	2450.00
湖　南	13.00	683.60	3101.53	61409.65
广　东				
广　西	680.16	17412.17	1505.00	19941.20
海　南				
重　庆				
四　川	16.80	583.50	650.00	3190.00
贵　州	42.24	1751.06	502.00	2022.38
云　南	86.96	3678.28	54897.05	118927.80
西　藏	70.40	1146.66	322.50	17793.60
甘　肃	11.93	338.18	1430.00	1895.54
青　海	38.58	1131.81	2611.26	6230.32
宁　夏	160.78	2532.28	40.00	124.36
新　疆	589.70	9608.64	2487.00	23436.03

8-6 民族自治地方分地区城市道路情况(2016年)

地　区	城市道路长度（公里）	城市道路面积（万平方米）
合　计	**34507.85**	**71433.95**
河　北		
内蒙古	9728.22	20807.84
辽　宁		
吉　林	904.15	1462.24
黑龙江		
浙　江		
湖　北	314.56	423.40
湖　南	436.51	994.48
广　东		
广　西	8490.67	18320.98
海　南		
重　庆		
四　川	260.61	584.06
贵　州	852.70	1798.27
云　南	2111.98	3957.47
西　藏	964.66	1802.95
甘　肃	159.63	356.41
青　海	384.89	841.33
宁　夏	2214.23	6577.57
新　疆	7685.04	13506.95

8-7 民族自治地方分地区城市绿化面积(2016年)

地 区	绿化覆盖面积（公顷）	建成区	绿地面积（公顷）	建成区
合 计	**299735.67**	**196204.40**	**273695.84**	**176875.69**
河 北				
内蒙古	69683.46	49480.06	65552.20	45676.35
辽 宁				
吉 林	5065.51	4604.56	4501.09	4222.46
黑龙江				
浙 江				
湖 北	2353.50	1841.00	2136.90	1584.90
湖 南	1830.20	1440.20	1154.90	1114.90
广 东				
广 西	92337.28	50023.58	84317.04	43306.92
海 南				
重 庆				
四 川	1711.43	1695.43	1653.60	1653.60
贵 州	7542.16	4460.48	5120.38	4018.91
云 南	14485.05	11029.70	12957.06	9812.44
西 藏	5633.05	5532.74	4587.13	4531.98
甘 肃	469.00	449.00	288.47	202.87
青 海	1903.86	1827.86	1803.45	1709.98
宁 夏	27220.46	17860.01	25088.18	16969.50
新 疆	69500.71	45959.78	64535.44	42070.88

8-8 民族自治地方分地区城市公园情况(2016年)

地　　区	公园绿地面积（公顷）	公园个数（个）	公园面积（公顷）
合　　计	**52870.17**	**1123**	**37301.73**
河　　北			
内 蒙 古	17541.22	265	13820.88
辽　　宁			
吉　　林	1487.09	32	721
黑 龙 江			
浙　　江			
湖　　北	424.7	9	227
湖　　南	640.32	5	98
广　　东			
广　　西	12699.49	235	8839.65
海　　南			
重　　庆			
四　　川	558.83	35	659.77
贵　　州	1232.43	28	1292.2
云　　南	2714.32	136	2297.31
西　　藏	821.02	79	945.92
甘　　肃	168.85	5	137.05
青　　海	266.8	7	151.6
宁　　夏	5208.75	77	2484.65
新　　疆	9106.35	210	5626.7

8-9 民族自治地方分地区城市环境卫生情况(2016年)

地　区	生活垃圾处理量 (万吨)	垃圾无害化 处理厂(场)数 (座)	公厕数 (座)
合　计	**1510.24**	**113.00**	**11168.00**
河　北			
内蒙古	341.36	28.00	4163.00
辽　宁			
吉　林	51.77	5.00	517.00
黑龙江			
浙　江			
湖　北	19.71	3.00	158.00
湖　南	10.70	1.00	65.00
广　东			
广　西	403.93	24.00	1488.00
海　南			
重　庆			
四　川	17.64	1.00	214.00
贵　州	43.23	4.00	182.00
云　南	104.19	12.00	704.00
西　藏	5.10		295.00
甘　肃	20.18	2.00	57.00
青　海	17.52	3.00	139.00
宁　夏	110.23	9.00	747.00
新　疆	364.68	21.00	2439.00

8—10 民族自治地方分地区城市市政公用设施水平情况(2016年)(一)

地　区	人口密度（人/平方公里）	人均日生活用水量（升）	用水普及率（%）	燃气普及率（%）
合　计	**2026.00**	**182.84**	**96.18**	**91.13**
河　北				
内蒙古	1826.00	102.16	99.03	94.56
辽　宁				
吉　林	2733.00	132.14	90.02	94.93
黑龙江				
浙　江				
湖　北	2609.00	156.30	92.56	90.33
湖　南	5266.00	302.97	87.75	77.57
广　东				
广　西	1874.00	258.39	97.68	96.31
海　南				
重　庆				
四　川	1223.00	206.15	75.48	63.18
贵　州	2241.00	128.43	92.98	75.28
云　南	4227.00	141.00	97.32	60.64
西　藏	2429.00	392.10	62.86	60.62
甘　肃	6396.00	107.48	95.28	58.70
青　海	1433.00	241.51	100.00	88.12
宁　夏	1343.00	187.77	94.75	90.69
新　疆	2507.00	166.45	99.10	98.46

8-10 民族自治地方分地区城市市政公用设施水平情况(2016年)(二)

地　　区	建成区供水管道密度(公里/平方公里)	人均道路面积(平方米)	建成区排水管道密度(公里/平方公里)	人均公园绿地面积(平方米)
合　　计	**9.76**	**18.9**	**8.06**	**14.02**
河　　北				
内 蒙 古	7.18	23.35	10.56	20.07
辽　　宁				
吉　　林	12.27	11.31	8.51	11.5
黑 龙 江				
浙　　江				
湖　　北	13.95	8.77	5.39	8.80
湖　　南	18.04	34.91	8.35	22.48
广　　东				
广　　西	13.23	17.1	8.49	11.85
海　　南				
重　　庆				
四　　川	13.72	11.91	7.91	11.40
贵　　州	10.76	15.24	5.84	10.44
云　　南	12.73	17.92	12.23	11.63
西　　藏	9.00	17.94	11.44	7.99
甘　　肃	9.66	11.36	5.50	5.38
青　　海	13.19	36.06	10.95	8.46
宁　　夏	5.73	23.11	3.68	18.30
新　　疆	8.08	17.78	5.79	12.26

8-10 民族自治地方分地区城市市政公用设施水平情况(2016年)(三)

地　区	建成区绿化覆盖率(%)	建成区绿地率(%)	生活垃圾处理率(%)	生活垃圾无害化处理率(%)
合　计	**38.42**	**34.62**	**98.45**	**96.62**
河　北				
内蒙古	39.99	36.95	98.87	98.87
辽　宁				
吉　林	38.45	35.26	94.79	86.30
黑龙江				
浙　江				
湖　北	33.47	28.82	97.10	95.80
湖　南	38.00	29.42	99.89	99.89
广　东				
广　西	38.01	32.90	98.96	98.96
海　南				
重　庆				
四　川	39.87	38.89	99.69	98.60
贵　州	27.40	24.69	94.65	94.65
云　南	36.96	32.83	96.39	92.96
西　藏	49.04	40.05	91.15	91.15
甘　肃	12.83	5.80	99.44	72.76
青　海	24.72	22.78	96.28	96.28
宁　夏	40.43	38.41	98.28	98.28
新　疆	39.10	35.81	96.46	83.30

主要统计指标解释

供水管道长度 指从送水泵至用户水表之间所有管道的长度。不包括新安装尚未使用、水厂内以及用户建筑物内的管道。

供水总量 指报告期供水企业（单位）供出的全部水量。包括有效供水量和漏损水量。

用水普及率 指报告期末城区内用水人口与总人口的比率。计算公式为：

$$用水普及率=\frac{城区用水人口（含暂住人口）}{城区人口+城区暂住人口}\times 100\%$$

供气管道长度 指报告期末人工燃气生产厂制气、净化、输送等环节的综合生产能力，不包括备用设备能力。一般按设计能力计算，当实际生产能力大于设计能力时，应按实际测定的生产能力计算。测定时应以制气、净化、输送三个环节中最薄弱的环节为主。

供气总量 指报告期燃气企业（单位）向用户供应的燃气数量。包括销售量和损失量。

燃气普及率 指报告期末城区内使用燃气的人口与总人口的比率。

$$燃气普及率=\frac{城区用气人口（含暂住人口）}{城区人口+城区暂住人口}\times 100\%$$

城市道路 指城市供车辆、行人通行的，具备一定技术条件的道路、桥梁、隧道及其附属设施。城市道路由车行道和人行道等组成。在统计时只统计路面宽度在 3.5 米（含 3.5 米）以上的各种铺装道路，包括开放型工业区和住宅区道路在内。

道路长度 指道路长度和与道路相通的桥梁、隧道的长度，按车行道中心线计算。

道路面积 道路实际铺装面积和与道路相通的广场、桥梁、隧道的铺装面积（统计时，将车行道面积、人行道面积分别统计）。

人行道面积按道路两侧面积相加计算，包括步行街和广场，不含人车混行的道路。

建成区面积 城市行政区内实际已成片开发建设、市政公用设施和公共设施基本具备的区域。对核心城市，它包括集中连片的部分以及分散的若干个已经成片建设起来，市政公用设施和公共设施基本具备的地区组成。因此建成区范围，一般是指建成区外轮廓线所能包括的地区，也就是这个城市实际建设用地所达到的范围。

绿地面积 指报告期末建成区内用作园林和绿化的各种绿地面积。包括公园绿地、生产绿地、防护绿地、附属绿地的面积。

其中：**公园绿地** 指向公众开放的、以游憩为主要功能，有一定游憩设施的绿地。

人口密度 指建成区范围内的人口疏密程度。

计算公式：

$$建成区人口密度（人/平方公里）=\frac{建成区常住人口（人）}{建成区面积（公顷）}\times 100$$

人均日生活用水量 指用水人口平均每天的生活用水量。计算公式：

$$建成区人均日生活用水量（升/人）=\frac{建成区年生活用水量（万立方米）}{建成区用水人口（人）}\div 365\times 10^{7}$$

人均公园绿地面积 指报告期末建成区范围内平均每人拥有的公园绿地面积。

计算公式：

$$建成区人均公园绿地面积（平方米/人）=\frac{建成区公园绿地面积（公顷）}{建成区常住人口（人）}\times 10^{4}$$

建成区绿化覆盖率 指报告期末建成区范围内绿化覆盖面积与建成区面积的比率。

计算公式：

$$建成区绿化覆盖率(\%)=\frac{建成区绿化覆盖面积（公顷）}{建成区面积（公顷）}\times 100\%$$

建成区绿化率 指报告期末镇（乡）建成区范围内绿地面积与建成区面积的比率。

计算公式：

$$建成区绿地率(\%)=\frac{建成区绿地面积（公顷）}{建成区面积（公顷）}\times 100\%$$

生活垃圾处理率 指报告期建成区范围内生活垃圾处理量与生活垃圾产生量的比率。

计算公式：

$$建成区生活垃圾处理率(\%)=\frac{建成区生活垃圾处理量（吨）}{建成区生活垃圾产生量（吨）}\times 100\%$$

生活垃圾无害化处理率 指报告期建成区范围内生活垃圾无害化处理量与生活垃圾产生量的比率。

计算公式：

$$建成区生活垃圾无害化处理率(\%)=\frac{建成区生活垃圾无害化处理量（吨）}{建成区生活垃圾产生量（吨）}\times 100\%$$

由于生活垃圾产生量不易取得，用清运量代替。

九、资源和环境

9-1 民族自治地方自然资源及状况(2016年)

项　目	2016年	民族自治地方占全国比重(%)
土地资源		
土地总面积(万平方公里)	611.75	63.7
耕地面积(千公顷)(2016)	31930.30	23.7
草原面积(千公顷)(2015)	285794.10	72.8
#可利用草原面积(2014)	236682.10	71.5
森林资源		
森林面积(万公顷)	9036.14	43.5
森林蓄积量(亿立方米)	64.97	
水资源		
水资源总量(亿立方米)	11378.00	35.0
人均水资源量(立方米/人)	5855.88	248.7
主要矿产资源基础储量		
煤(亿吨)	893.95	35.9
铁矿石(亿吨)	31.34	15.6
硫铁矿(万吨)	33126.56	25.9
石油(万吨)	78808.50	22.5
天然气(亿立方米)	21519.30	39.6
铜矿 (万吨)	1255.23	47.9
铝土矿(万吨)	64958.15	64.3
锰矿(万吨)	24602.25	79.3
铬矿(万吨)	261.30	64.2
铅矿(万吨)	1190.63	65.8
锌矿(万吨)	3064.77	69.0
高岭土(万吨)	47925.89	69.2

9-2 民族自治地方分地区面积(2016年)

地　区	*总面积(平方公里)	#民族自治地方面积	民族自治地方面积占总面积(%)	民族自治地方人口密度(人/平方公里)
全国总计	**9600000**	**6117462**	**63.72**	
合　计	8362920	6117462	73.15	22.40
河　北	187700	23994	12.78	11.44
内蒙古	1183000	1183000	100.00	21.30
辽　宁	145900	34277	23.49	22.60
吉　林	187400	53578	28.59	17.27
黑龙江	454600	6176	1.36	0.53
浙　江	101800	1950	1.92	1.69
湖　北	185900	29613	15.93	24.94
湖　南	211800	30886	14.58	23.60
广　东	177900	4820	2.71	2.92
广　西	236000	236000	100.00	205.00
海　南	33920	11469	33.81	51.58
重　庆	82400	14532	17.64	33.63
四　川	485000	308121	63.53	15.98
贵　州	176000	95688	54.37	102.06
云　南	394000	275546	69.94	58.20
西　藏	1228400	1228400	100.00	2.69
甘　肃	454000	174726	38.49	7.82
青　海	721200	688686	95.49	5.25
宁　夏	66000	66000	100.00	102.26
新　疆	1650000	1650000	100.00	14.53

注：1.合计为全国民族自治地方面积合计数。
　　2.总面积为全省区面积数。

9-3 流经民族自治地方主要河流及流域面积

流域名称	流域面积（平方公里）
外流河	
黑龙江及绥芬河	934802
辽河、鸭绿江及沿海诸河	314146
黄河	752773
长江	1782715
元江及澜沧江	240389
怒江及滇西诸河	157392
雅鲁藏布江及藏南诸河	387550
藏西诸河	58783
额尔齐斯河	48779
内陆河	
内蒙内陆河	311378
河西内陆河	469843
准噶尔内陆河	323621
中亚细亚内陆河	77757
塔里木内陆河	1079643
青海内陆河	321161
羌唐内陆河	730077
松花江、黄河、藏南闭流区	42271

9-4 民族自治地方主要山脉基本情况

名　称	山峰高程（米）	雪线高程（米）	冰川面积（平方公里）
阿尔泰山	4374	3000—3200	287
天山	7435	3600—4400	9548
祁连山	5826	4300—5240	2063
帕米尔	7579		2258
昆仑山			11639
喀喇昆仑山	8611	5100—5400	3265
唐古拉山	6137		2082
羌塘高原	6596		3566
念青唐古拉山	7111	4500—5700	7536
横断山	7556	4600—5500	1456
喜玛马拉雅山	8844	4300—6200	11055
冈底斯山	7095	5800—6000	2188

9—5 民族自治地方主要城市气候情况(2016年)

城　市	年平均气温（摄氏度）	年平均相对湿度（%）	年降水量（毫米）	年日照时数（小时）
呼和浩特	7.1	49.0	531.3	2838.4
南　宁	22.3	80.0	1546.4	1582.9
拉　萨	9.5	37.0	551.6	3020.1
银　川	10.7	50.0	264.9	2845.7
乌鲁木齐	8.4	60.0	387.1	2719.8

9—6 民族自治区水资源总量和总供水量(2016年)

地　区	水资源总量（亿立方米）	#地表水资源量	#地下水资源量	人均水资源量（立方米/人）	总供水量（亿立方米）	地表水	地下水	其　他
全　国	**32466.4**	**31273.9**	**8854.8**	**2354.9**	**6040.2**	**4912.4**	**1057.0**	**70.8**
内 蒙 古	426.5	268.5	248.2	1695.5	190.3	98.3	88.8	3.2
广　西	2178.6	2176.8	529.2	4522.7	290.6	278.0	11.5	1.1
西　藏	4642.2	4642.2	1028.0	141746.6	31.1	28.6	2.5	
宁　夏	9.6	7.5	18.6	143.0	64.9	59.4	5.3	0.2
新　疆	1093.4	1039.3	610.4	4596.0	565.4	445.9	118.6	0.9

注：水资源总量等于地表水资源量加地下水资源量减两者之间的重复计算水量。

9—7 民族自治区总用水量和人均生活用水量(2016年)

地　区	总用水量（亿立方米）	农　业	工　业	生　活	生　态	人均生活用水量（立方米/人）
全　国	**6040.2**	**3768.0**	**1308.0**	**821.6**	**142.6**	**438.1**
内 蒙 古	190.3	139.2	17.4	10.6	23.1	756.5
广　西	290.6	198.3	49.8	39.7	2.7	603.3
西　藏	31.1	26.9	1.5	2.5	0.3	949.6
宁　夏	64.9	56.3	4.4	2.2	2.0	966.5
新　疆	565.4	533.3	11.7	13.9	6.5	2376.6

9–8 民族自治地方分地区工业废水排放及处理情况和工业固体废物产生与综合利用情况(2016年)

单位：万吨

地　区	工业废水排放总量	工业固体废物产生量	工业固体废物综合利用量
合　计	**126045**	**59705**	**27493**
河　北	412	3631	154
内蒙古	24200	24762	11359
辽　宁	639	1354	1245
吉　林	17	1	1
黑龙江	134	4	4
浙　江	7		
湖　北	804	155	31
湖　南	3285	1247	131
广　东	571	8	8
广　西	32554	6476	4152
海　南	617	115	34
重　庆	953	231	130
四　川	134	39	39
贵　州	4188	2071	1235
云　南	28618	7966	3628
西　藏	249	426	42
甘　肃	478	102	134
青　海	90	9	9
宁　夏	12194	3618	1886
新　疆	15900	7491	3274

主要统计指标解释

自然资源 指人类可以直接从自然界获得，并用于生产和生活的物质资源。自然资源一般可以分成可再生资源和非再生资源两大类。可再生资源是指在较短时间内可以再生、可以循环利用的资源，包括土地资源、水资源、气候资源、生物资源和海洋资源等。非再生资源是指在使用后不能再生的资源，包括矿产资源和地热资源。

土地资源 土地指陆地的表层部分，主要由岩石、岩石的风化物和土壤构成。土地资源按利用类型可以分为农用地、建筑用地和未利用地。

森林资源 指森林、林木、林地以及依托森林、林木、林地生存的野生动物、植物和微生物。

森林面积 包括郁闭度 0.2 以上的乔木林地面积和竹林面积，国家特别规定的灌木林地面积，农田林网以及村旁、路旁、水旁、宅旁林木的覆盖面积。

森林蓄积量 指一定森林面积上存在着的林木树干部分的总材积。

水利资源 水在自然界中以固态、液态和气态三种聚集状态存在，分布于海洋、陆地（包括土壤）以及大气之中，通过水循环形成水利资源。水利资源包括经人类控制并直接可供灌溉、发电、给水、航运、养殖等用途的地表水和地下水，以及江河、湖泊、井、泉、潮汐、港湾和养殖水域等。水利资源是发展国民经济不可缺少的重要自然资源。

矿产资源 矿产资源指由地质作用形成的，具有利用价值的，呈固态、液态、气态的自然资源，是社会生产发展的重要物质基础。目前我国已发现矿种有 170 多种，按其特点和用途，可分为能源矿产(如煤炭、石油、天然气、地热)、金属矿产(如铁矿、锰矿、铜矿、铅矿、铝土矿)、非金属矿产(如金刚石、石灰岩、粘土)和水气矿产(如地下水、矿泉水、二氧化碳气)四大类。其中：金属矿产按其物质成份和性质又可分为：黑色金属矿产、有色金属矿产、贵金属矿产、稀有金属矿产、稀土金属矿产、分散元素金属矿产六类。

矿产基础储量 基础储量是查明矿产资源的一部分。它能满足现行采矿和生产所需的指标要求，是控制的、探明的并通过可行性或预可行性研究认为属于经济的、边界经济的部分，用未扣除设计、采矿损失的数量表示。

气温 指空气的温度，我国一般以摄氏度（℃）为单位表示。气象观测的温度表是放在离地面 1.5 米处通风良好的百叶箱里测量温度的，因此，通常所说的气温指的是离地面 1.5 米处百叶箱中的温度。计算方法为：月平均气温是将全月各日的平均气温相加，除以的天数而得。年平均气温是将 12 个月的月平均气温累加后除以 12 而得。

降水量 指从天空降到地面的液态或固态（经融化后）水，未经蒸发、渗透、流失而在地面上积聚的深度。计算方法为：月降水量是将全月各日的降水量累加而得。年降水量是将 12 个月的降水量累加而得。

耕地 指种植农作物的土地，包括熟地，新开发、复垦、整理地，休闲地（含轮歇地、轮作地）；以种植农作物（含蔬菜）为主，间有零星果树、桑树或者其他树木的土地；平均每年能保证收获一季的已垦滩地和海涂。耕地中包括南方宽度<1.0 米，北方宽度<2.0 米固定的沟、渠、路和地坎（埂）；临时种植药材、草皮、花卉、苗木等的耕地，以及其他临时改变用途的耕地。

相对温度 指空气中实际所含水蒸气密度的百分比值。其统计计算方法与气温相同。

日照时数 指太阳实际照射地面的时间，通常以小时为单位表示。其统计方法与降水量相同。

流域 每条河都有自己的干流和支流，干支流共同组成这条河流的水系。每条河流都有自己的集水区域，这个集水区域就称为该河流的流域。

外流河 指直接或间接流入海洋的河流。供给外流河河水的区域称为外流区。

内陆河 指在陆地内部干燥地区，河水沿途消失于沙漠或注入内陆湖泊的河流。供给内陆河河水的区域称为内陆区。

工业固体废物产生量 指未被列入《国家危险废物名录》或者根据国家规定的危险废物鉴别标准（GB5085）、固体废物浸出方法（GB5086）及固体废物浸出毒性测定方法（GB/T 15555）鉴定方法判定不具有危险特性的工业固体废物。

工业固体废物综合利用量 指报告期内企业通过回收、加工、循环、交换等方式，将固体废物中提取或者使其转化为可以利用的资源、能源和其他原材料的固体废物量（包括当年利用的往年工业固体废物累计贮存量）。如用作农业肥料、生产建筑材料、筑路等。综合利用量由原产生固体的单位统计。

十、农　业

10—1 民族自治地方农村基层组织情况

年 份	乡镇个数（个）	乡村户数（万户）	乡村人口（万人）
1983	10129	2024.28	10269
1984	17742	2083.79	10444
1985	18429	2189.20	10968
1986	19165	2303.86	11198
1987	18776	2361.84	11794
1988	11594	2451.26	12034
1989	11792	2575.50	12998
1990	11295	2591.42	12358
1991	11149	2700.09	12446
1992	11031	2741.34	12511
1993	10501	2750.84	12602
1994	10645	2865.33	12652
1995	10491	2869.52	12677
1996	9660	2803.80	12495
1997	9943		12782
1998	9972		12544
1999	9630		12856
2000	9534		11414
2001	9045		12959
2002	8916		13027
2003	8747		13104
2004	8737		13243
2005	8275		13331
2006	7796		9193
2007	7743		13262
2008	7802		13362
2009	7757		11853
2010	7794		11087
2011	7832		11459
2012	7987		10885
2013	7906		10741
2014	7684		10082
2015	7678		10684
2016	7752		10838

10-2 民族自治地方分地区农村基层组织情况（2016年）

地　区	乡镇个数（个）	村民委员会（个）	乡村人口（万人）	乡个数（个）	镇个数（个）
合　计	**7752**	**81096**	**10837.60**	**4010**	**3742**
河　北	117	1453	164.64	69	48
内蒙古	775	11078	978.00	272	503
辽　宁	149	1511	235.98	30	119
吉　林	111	1357	145.76	32	79
黑龙江	11	79	17.93	6	5
浙　江	19	254	13.77	15	4
湖　北	102	2612	355.17	40	62
湖　南	208	2867	337.59	75	133
广　东	23	219	37.22		23
广　西	1118	14276	2512.00	330	788
海　南	60	588	124.23	16	44
重　庆	127	918	193.76	60	67
四　川	1171	8390	612.42	912	259
贵　州	638	7031	1276.58	234	404
云　南	786	7016	1534.18	372	414
西　藏	685	5259	232.83	545	140
甘　肃	268	2382	276.99	181	87
青　海	320	2614	254.52	208	112
宁　夏	192	2271	295.02	90	102
新　疆	872	8921	1239.00	523	349

10-3 民族自治地方农、林、牧、渔业总产值及指数(一)

年 份	绝对数(亿元)				
	农林牧渔业总产值	#农业	#林业	#牧业	#渔业
1981					
1982					
1983					
1984					
1985					
1986					
1987					
1988	733.21	422.84	50.37	171.42	7.48
1989	653.47	372.19	45.26	156.61	7.11
1990					
1991	1070.63	612.22	71.14	291.41	19.88
1992	1208.49	675.72	85.39	336.87	27.51
1993	1400.64	859.91	92.13	412.92	35.68
1994	1994.17	1210.66	111.28	615.86	56.37
1995	2536.60	1538.41	124.65	795.14	78.40
1996	2947.22	1796.40	137.89	918.38	94.55
1997	3175.11	1911.99	138.79	1014.52	109.81
1998	3210.06	1990.68	145.76	951.34	122.28
1999	3159.95	1898.60	157.68	974.90	128.77
2000	3199.77	1853.04	165.19	1038.43	143.12
2001	3327.71	1899.61	170.36	1110.98	146.77
2002	3501.22	1981.90	187.22	1179.83	152.26
2003	4014.59	2136.46	264.58	1342.09	166.64
2004	4803.39	2509.73	277.23	1708.31	193.54
2005	5349.47	2830.56	290.25	1900.65	210.20
2006	5905.76	3148.31	327.92	2073.17	229.49
2007	7104.18	3693.64	399.90	2552.73	263.07
2008	8260.45	4157.44	470.71	3103.73	306.18
2009	8670.89	4470.73	521.74	3118.90	331.07
2010	10374.44	5647.96	586.69	3506.11	379.30
2011	12125.67	6471.01	712.44	4185.01	467.53
2012	13631.28	7350.19	831.81	4595.38	530.13
2013	15012.66	8083.35	900.53	4972.54	586.22
2014	11352.35	6058.66	662.97	4145.15	249.08
2015	16881.48	9340.95	1006.57	5355.50	697.86
2016	17645.96	9708.26	987.20	5616.95	735.60

注：1992年以前农业总产值包括副业，2003年执行新国民经济行业分类标准，总产值包括农林牧渔服务业产值。下表同。

10-3 民族自治地方农、林、牧、渔业总产值及指数（二）

年 份	指数(上年=100)				
	农林牧渔业总产值	#农业	#林业	#牧业	#渔业
1981	107.4	105.1	120.1	111．4	115.3
1982					
1983	107.8	106.7	111.9	106.4	114.6
1984	109.4	107.1	122.7	108.4	108.2
1985	110.8	108.1	114.2	116.3	120.2
1986	103.5	101.7	95.5	107.5	114.7
1987	105.7	106.1	99.4	105.4	113.4
1988	105.8	105.2	102.7	105.7	111.8
1989	106.1	104.8	107.1	108.7	113.0
1990	110.2	115.3	105.8	104.6	146.8
1991	105.9	99.5	130.2	124.0	145.4
1992	107.6	107.6	107.0	108.4	115.4
1993	105.1				
1994	107.1	104.9	106.2	109.8	134.2
1995	108.7	106.1	102.6	114.2	126.2
1996	109.0	108.2	102.2	111.2	118.4
1997	105.7	105.0	99.2	107.2	115.0
1998	106.9	110.4	105.1	99.7	114.1
1999	104.6	104.0	102.9	105.5	109.1
2000	101.9	99.1	103.7	106.6	106.1
2001	104.5	104.1	99.1	106.3	104.8
2002	105.4	105.2	108.7	105.5	104.0
2003	105.8				
2004	108.2				
2005	108.1	106.9	102.6	110.7	106.5
2006	107.4	106.4	109.0	108.0	107.5
2007	106.9	105.9	104.3	105.3	101.0
2008	107.6	107.1	111.8	108.1	105.5
2009	105.8	104.6	103.7	106.6	107.2
2010	106.8	106.3	98.7	106.9	106.0
2011	106.6	107.2	107.6	103.2	107.7
2012	106.5	107.1	107.5	106.0	107.1
2013	105.9	106.8	107.6	103.7	106.7
2014	105.4	105.3	106.3	105.4	106.8
2015	104.6	106.1	104.1	101.9	104.9
2016	104.4	104.8	102.4	103.4	105.0

注：1992年以前农业总产值包括副业，2003年执行新国民经济行业分类标准，总产值包括农林牧渔服务业产值。下表同。

10-4 民族自治地方分地区农、林、牧、渔业总产值及指数(2016年)(一)

地区	绝对数(亿元)				
	农林牧渔业总产值	#农业	#林业	#牧业	#渔业
合计	**17645.96**	**9708.26**	**987.20**	**5616.95**	**735.60**
河北	217.52	105.36	15.38	90.33	2.55
内蒙古	2794.20	1415.10	98.60	1202.90	33.00
辽宁	439.81	175.80	59.84	165.26	24.27
吉林	370.23	199.99	11.23	78.95	6.46
黑龙江	63.66	22.46	0.25	37.33	3.56
浙江	10.98	7.51	1.62	1.58	0.23
湖北	364.93	199.38	11.79	143.35	6.69
湖南	312.47	187.65	25.27	91.71	5.34
广东	34.66	20.30	6.02	5.95	0.59
广西	4591.40	2347.90	323.50	1266.40	464.20
海南	307.62	178.80	35.09	41.60	43.18
重庆	158.28	82.96	9.09	61.95	2.36
四川	670.61	321.03	34.14	296.09	6.13
贵州	1072.63	606.44	70.63	287.02	29.65
云南	2205.61	1130.14	210.77	756.14	63.80
西藏	173.00	52.20	2.39	113.80	0.24
甘肃	121.91	64.18	4.59	49.71	0.38
青海	273.13	116.07	6.61	141.97	3.81
宁夏	493.60	311.89	10.11	131.71	16.97
新疆	2969.70	2163.10	50.30	653.20	22.20

注：本表绝对数按当年价格计算，指数按可比价格计算。

10-4 民族自治地方分地区农、林、牧、渔业总产值及指数(2016年)(二)

地　区	指数(上年=100)				
	农林牧渔业总产值	#农业	#林业	#牧业	#渔业
合　计	**104.4**	**104.8**	**102.4**	**103.4**	**105.0**
河　北	107.6	118.6	95.4	99.7	106.5
内蒙古	103.1	102.8	100.3	103.6	102.8
辽　宁	93.2	91.7	86.8	90.8	98.1
吉　林	103.1	105.1	62.7	111.3	112.9
黑龙江	107.7	103.4	104.6	110.2	113.1
浙　江	103.0	102.0	105.8	108.5	104.6
湖　北	105.5	107.5	99.9	103.9	100.3
湖　南	103.4	106.8	105.6	102.1	104.6
广　东	104.9	105.9	106.6	100.9	106.4
广　西	103.3	104.7	105.9	98.3	104.3
海　南	104.9	105.4	105.5	103.5	103.2
重　庆	108.3	106.8	113.3	109.2	122.8
四　川	104.0	103.6	105.7	104.1	108.6
贵　州	106.7	106.7	107.9	104.0	110.1
云　南	106.0	105.8	103.5	106.8	109.6
西　藏	112.6	74.7	110.4	147.1	136.2
甘　肃	106.0	106.7	102.7	106.6	110.5
青　海	111.7	105.6	105.4	105.1	115.3
宁　夏	104.4	103.7	83.6	107.9	108.3
新　疆	106.0	106.4	107.4	104.4	106.6

注：本表绝对数按当年价格计算，指数按可比价格计算。

10-5 民族自治地方农、林、牧、渔业总产值构成

单位：%

年 份	农、林、牧、渔业总产值	农业	林业	牧业	副业	渔业
1980	100	65.94	4.82	22.17	6.62	0.45
1981	100	64.53	5.38	22.99	6.62	0.48
1982	100	62.11	6.78	22.02	8.37	0.72
1983	100	61.49	7.04	21.75	8.96	0.76
1984	100	60.20	7.90	21.56	9.59	0.75
1985	100	58.77	8.15	22.62	9.65	0.81
1986	100	57.75	7.51	23.49	10.35	0.90
1987	100	57.99	7.06	23.41	10.57	0.97
1988	100	57.67	6.87	23.38	11.06	1.02
1989	100	56.96	6.92	23.97	11.06	1.09
1990	100	59.60	6.65	22.75	9.55	1.45
1991	100	55.99	8.19	26.64	7.19	1.99
1992	100	56.02	8.13	26.84	6.68	2.15
1993	100	61.61	8.09	27.84		2.46
1994	100	60.03	8.03	28.55		3.08
1995	100	58.87	7.58	29.98		3.57
1996	100	58.43	7.11	30.58		3.88
1997	100	60.22	4.37	31.95		3.46
1998	100	62.01	4.54	29.64		3.81
1999	100	60.08	4.99	30.85		4.08
2000	100	57.91	5.16	32.45		4.47
2001	100	57.08	5.12	33.39		4.41
2002	100	56.60	5.35	33.70		4.35
2003	100	53.22	6.59	33.43	2.61	4.15
2004	100	52.25	5.77	35.56	2.39	4.03
2005	100	52.91	5.43	35.53	2.20	3.93
2006	100	53.31	5.55	35.10	2.15	3.89
2007	100	51.99	5.63	35.93	2.74	3.70
2008	100	50.33	5.70	37.57	2.69	3.71
2009	100	51.56	6.02	35.97	2.63	3.82
2010	100	54.44	5.66	33.80	2.44	3.66
2011	100	53.37	5.88	34.51	2.39	3.86
2012	100	53.92	6.10	33.71	2.38	3.89
2013	100	54.78	5.97	32.60	2.52	4.14
2014	100	53.37	5.84	36.51	2.08	2.19
2015	100	55.33	5.96	31.72	2.85	4.13
2016	100	55.02	5.59	31.83	3.39	4.17

注：1.本表按当年价格计算。
　　2.2003年后，总产值包括农林牧渔业服务业。

10-6 民族自治地方分地区农、林、牧、渔业总产值构成(2016年)

(以农、林、牧、渔业和农林牧渔服务业总产值为100)

地　区	农业	林业	牧业	渔业
合　计	**55.02**	**5.59**	**31.83**	**4.17**
河　北	48.44	7.07	41.53	1.17
内蒙古	50.64	3.53	43.05	1.18
辽　宁	39.97	13.60	37.57	5.52
吉　林	54.02	3.03	21.32	1.74
黑龙江	35.27	0.39	58.64	5.59
浙　江	68.37	14.73	14.36	2.10
湖　北	54.64	3.23	39.28	1.83
湖　南	60.06	8.09	29.35	1.71
广　东	58.56	17.38	17.16	1.69
广　西	51.14	7.05	27.58	10.11
海　南	58.12	11.41	13.52	14.04
重　庆	52.42	5.74	39.14	1.49
四　川	47.87	5.09	44.15	0.91
贵　州	56.54	6.59	26.76	2.76
云　南	51.24	9.56	34.28	2.89
西　藏	30.17	1.38	65.78	0.14
甘　肃	52.64	3.76	40.78	0.31
青　海	42.50	2.42	51.98	1.40
宁　夏	63.19	2.05	26.68	3.44
新　疆	72.84	1.69	22.00	0.75

注：本表按当年价格计算。

10-7 民族自治地方耕地面积、总播种面积和粮食播种面积

单位：万公顷

年 份	耕地面积	总播种面积	#粮食播种面积	粮食播种面积占总播种面积比例
1952	1347.97	1548.56	1344.16	86.80
1957	1536.43	1846.69	1568.33	84.93
1962	1629.33	1770.48	1531.27	86.49
1965	1672.33	1897.81	1637.43	86.28
1975	1635.47	1962.02	1659.29	84.57
1978	1639.60	2018.10	1674.34	82.97
1980	1657.56	1939.90	1583.71	81.64
1981	1650.33	1898.34	1544.39	81.35
1982	1651.91	1933.57	1561.88	80.78
1983	1685.61	1972.06	1609.35	81.61
1984	1661.42	1965.80	1576.22	80.18
1985	1747.06	2022.08	1542.37	76.28
1986	1697.07	2061.43	1579.60	76.63
1987	1698.51	2084.79	1622.16	77.81
1988	1725.04	2139.69	1619.59	75.69
1989	1751.54	2231.22	1685.37	75.54
1990	1763.39	2274.08	1717.69	75.53
1991	1743.00	2266.62	1666.78	73.54
1992	1766.25	2352.48	1697.90	72.17
1993	1776.09	2424.17	1341.07	55.32
1994	1805.89	2410.23	1281.97	53.19
1995	1508.00	2439.00	1726.78	70.80
1996	1804.98	2469.04	1742.38	70.57
1997	2069.84	2620.54	1832.01	69.91
1998	2068.50	2667.96	1862.78	69.82
1999	2095.99	2684.13	1831.14	68.22
2000	2086.44	2660.02	1754.33	65.95
2001	2062.60	2645.44	1721.52	65.07
2002	2006.63	2691.71	1719.73	63.89
2003	1967.68	2624.32	1614.21	61.51
2004	2048.18	2699.24	1660.58	61.52
2005	2033.13	2766.88	1695.65	61.28
2006	2087.60	2797.27	1696.06	60.63
2007	2287.60	2802.92	1718.69	61.32
2008	2302.55	2866.25	1746.29	60.93
2009	2306.86	2964.58	1854.66	62.56
2010	2380.48	3051.75	1911.16	62.63
2011	2375.66	3109.74	1912.17	61.49
2012	2374.57	3168.26	1922.39	60.68
2013	2589.61	3317.19	2026.51	61.09
2014	2130.12	3289.30	1986.87	60.40
2015	2555.67	3313.42	1969.82	59.45
2016	2770.95	3376.15	1974.87	58.49

10-8 民族自治地方分地区耕地面积和农作物播种面积(2016年)

单位：千公顷

地　　区	年末实有耕地面积	农作物总播种面积	#粮　食	#油　料	#棉　花
合　　计	**27709.50**	**33761.54**	**19748.75**	**2635.93**	**1812.18**
河　　北	283.65	255.74	194.38	8.76	0.31
内 蒙 古	9259.00	7921.90	5784.80	1026.80	0.10
辽　　宁	678.53	601.40	433.09	84.68	
吉　　林	790.49	727.15	634.84	48.60	
黑 龙 江	161.82	153.25	146.70	1.69	
浙　　江	7.67	15.04	7.29	0.30	
湖　　北	395.88	904.44	499.89	79.48	
湖　　南	374.46	690.15	349.23	108.49	0.91
广　　东	35.72	67.89	29.77	6.54	
广　　西	4402.30	6145.30	3023.60	257.20	2.20
海　　南	162.54	213.86	75.83	6.94	
重　　庆	277.77	473.90	286.89	54.01	
四　　川	774.66	952.12	657.28	43.08	
贵　　州	1508.58	2430.88	1301.59	256.86	3.44
云　　南	1769.04	3963.06	2499.70	173.89	0.02
西　　藏	238.12	257.90	182.94	22.60	
甘　　肃	281.75	349.86	222.53	39.12	
青　　海	245.86	495.01	239.00	108.28	
宁　　夏	1937.10	1275.20	778.30	68.40	
新　　疆	4124.56	5867.50	2401.10	240.20	1805.20

10-9 民族自治地方主要农产品产量

单位：万吨

年 份	粮 食	棉 花	油 料	烟 叶		糖 料		
					#烤烟		甜 菜	甘 蔗
1949	1155.50	1.02						
1952	1581.50	3.14	21.47	1.90	1.90	109.52	0.16	109.36
1957	1882.50	5.98	28.79	3.68	3.68	156.86	24.48	132.38
1962	1717.50	3.02	13.03			62.13	12.41	49.72
1965	2217.00	8.87	27.49	5.47	5.47	271.99	39.43	232.56
1975	3069.50	5.39	32.01	10.62	10.62	417.70	56.83	360.87
1978	3123.50	5.97	36.15	12.29	12.29	578.46	65.68	512.78
1980	3300.10	8.33	36.68	8.53	8.53	694.20	133.14	561.06
1981	3371.00	11.73	106.79	17.33	13.51	855.15	127.21	727.94
1982	3744.15	15.21	129.40	27.58	21.51	1208.71	196.50	1012.21
1983	4026.64	16.83	140.51	17.72	13.61	1227.15	207.68	1019.47
1984	4114.67	20.92	153.95	26.22	20.79	1338.80	235.36	1103.44
1985	4006.33	19.36	192.82	46.40	33.72	1780.68	243.59	1537.09
1986	4065.04	22.40	198.79	31.32	23.15	1954.26	270.50	1683.76
1987	4338.74	28.58	175.58	35.14	26.66	2008.29	306.06	1702.23
1988	4361.40	28.26	174.16	51.67	41.43	2335.47	397.04	1938.43
1989	4662.37	29.80	169.33	53.65	42.29	2139.35	335.89	1803.46
1990	5372.98	47.37	208.13	48.76	39.30	2673.98	532.30	2141.68
1991	5516.37	65.24	230.06	63.69	51.96	3404.49	655.32	2749.17
1992	5612.34	67.89	235.23	85.11		3840.06	652.16	3187.90
1993	5157.09	68.93	226.29	90.50	77.08	3657.16	571.25	3085.91
1994	5092.17	89.14	242.91	60.79	49.36	4211.21	1080.18	3131.03
1995	5800.83	94.60	264.09	65.32	55.34	3317.69	613.93	2703.76
1996	6799.13	94.99	252.63	89.82	75.01	4560.67	722.92	3837.75
1997	6640.68	115.85	255.21	158.62		5190.36	822.67	4367.69
1998	7150.42	141.05	290.60	85.92				
1999	6873.84	136.14	332.87	68.57				
2000	6381.36	146.24	353.16	69.19				
2001	6492.55	157.66	313.36	63.34				
2002	6586.77	148.20	355.39	66.94		6656.91		
2003	6480.24	160.81	359.22	65.63		7972.26		
2004	6764.42	179.94	397.36	70.40		6446.32		
2005	7186.78	187.93	372.02	80.30		6511.64		
2006	7202.07	219.46	359.47	82.49		8074.50		
2007	7321.31	302.14	286.54	77.02		9905.47		
2008	7925.39	303.34	396.60	94.68		10427.56		
2009	8005.93	252.97	397.31	103.40		9389.06		
2010	8307.91	248.47	422.40	104.38		9118.30		
2011	8691.24	290.42	416.65	110.68		9360.30		
2012	9141.60	354.53	454.67	120.98		10097.28		
2013	9589.16	352.46	478.59	120.37		10381.90		
2014	9780.23	368.40	485.54	108.88		10497.37		
2015	9800.96	353.52	512.75	101.65		9935.36		
2016	9768.71	359.92	565.66	99.84		9848.52		

10—10 民族自治地方分地区主要农产品产量(2016年)

单位：万吨

地　区	粮　食	油　料	棉　花	麻　类	糖　料	烟　叶	茶　叶	水　果
合　计	**9768.71**	**565.66**	**359.92**	**2.91**	**9848.52**	**99.84**	**49.70**	**5599.25**
河　北	83.02	1.78	0.05					61.92
内蒙古	2780.30	220.00		0.20	266.20	1.00		316.30
辽　宁	227.74	20.62				0.92		29.91
吉　林	451.88	13.00			0.38	0.75		12.92
黑龙江	82.95	0.54						0.16
浙　江	3.88	0.05					0.22	1.10
湖　北	168.06	12.62				6.07	11.69	39.57
湖　南	173.93	16.24	0.05	0.02	2.66	4.03	0.42	173.36
广　东	13.60	1.79			0.48	0.17	0.12	4.66
广　西	1521.30	68.90	0.30	1.10	7461.30	2.70	6.80	1882.50
海　南	37.01	2.04		0.30	79.69		0.05	106.93
重　庆	128.97	10.42		0.13	0.02	3.26	0.78	13.21
四　川	274.16	7.99		0.01	6.86	13.41	1.19	152.40
贵　州	530.38	37.35	0.12	0.02	116.63	16.10	5.88	96.89
云　南	1073.90	28.49		0.02	1358.54	51.23	22.53	592.76
西　藏	101.90	6.21					0.01	1.48
甘　肃	109.07	8.80			0.77			15.39
青　海	123.75	22.76						1.13
宁　夏	370.61	14.65				0.20		305.77
新　疆	1512.30	71.40	359.40	1.10	555.00			1790.90

10–11 民族自治地方牲畜年末头(只)数及比重

年份	牲畜总头数(万头/只)	大牲畜	猪	羊	比重(%) 大牲畜	猪	羊
1949	4108.00	1646.00	796.00	1666.00	40.07	19.38	40.55
1952	7606.50	2439.20	1136.90	4030.00	32.07	14.95	52.98
1957	9914.20	2926.30	1589.00	5398.90	29.52	16.03	54.45
1962	10424.60	2560.60	1255.30	6605.70	24.57	12.05	63.38
1965	14119.70	3372.90	2151.40	8595.40	23.89	15.24	60.87
1975	16226.95	3848.53	3031.85	9346.57	23.72	18.68	57.60
1978	16656.50	3807.20	3256.70	9579.60	22.87	19.58	57.55
1980	17168.30	3928.32	3286.26	9983.72	22.88	18.97	58.15
1981	17713.95	4057.86	3314.11	10314.98	22.91	18.71	58.38
1982	18026.93	4244.84	3635.67	10146.42	23.55	20.17	56.28
1983	17983.04	4339.77	3970.58	9672.69	24.13	22.08	53.79
1984	18198.34	4462.62	4047.20	9688.52	24.52	22.24	53.24
1985	19038.77	4748.79	4532.86	9757.12	24.94	23.81	51.25
1986	19808.61	4950.94	4869.33	9988.34	24.99	23.58	50.43
1987	20260.96	5046.00	4968.82	10246.14	24.91	24.52	50.57
1988	20938.16	5130.19	5085.00	10722.97	24.50	24.29	51.21
1989	21948.68	5229.87	5434.73	11284.08	23.83	24.76	51.41
1990	22312.78	5285.92	5668.05	11361.81	23.69	25.39	50.92
1991	22151.91	5308.61	5564.71	11278.59	23.96	25.12	50.91
1992	23039.85	5391.81	6726.06	10921.98	23.40	29.19	47.41
1993	22779.51	5429.58	6443.30	10926.63	23.81	28.26	47.93
1994	23449.37	5480.15	6729.43	11239.79	23.37	28.70	47.93
1995	24763.73	5618.25	7239.62	11905.86	22.69	29.23	48.08
1996	24891.68	5545.03	7138.86	12207.79	22.28	28.68	49.04
1997	25884.50	5636.80	7517.70	12690.00	21.81	29.09	49.10
1998	25455.63	5564.79	7046.73	12844.11	21.86	27.68	50.46
1999	26015.82	5688.57	7291.72	13035.53	21.87	28.03	50.10
2000	26842.63	5565.95	8200.84	13075.84	20.74	30.55	48.71
2001	27039.50	5549.57	8251.87	13238.06	20.52	30.51	48.97
2002	27572.94	5570.19	8062.49	13940.26	20.20	29.24	50.56
2003	28326.20	5797.61	7728.94	14799.65	20.47	27.29	52.25
2004	30155.18	5973.76	7955.65	16225.77	19.81	26.38	53.81
2005	31069.89	6152.63	8526.44	16390.83	19.80	27.44	52.75
2006	30868.69	6265.13	8143.88	16459.68	20.30	26.38	53.32
2007	29010.23	5744.65	7972.45	15293.12	19.80	27.48	52.72
2008	27762.38	5598.60	7696.79	14467.00	20.17	27.72	52.11
2009	28433.52	5683.81	7943.70	14806.01	19.99	27.94	52.07
2010	29094.29	6067.84	8141.22	14885.23	20.86	27.98	51.16
2011	28790.25	6023.70	8098.93	14667.63	20.92	28.13	50.95
2012	29170.85	5485.62	8554.60	15130.63	18.81	29.33	51.87
2013	29028.95	5368.30	8511.18	15149.48	18.49	29.32	52.19
2014	30850.72	5768.55	8742.82	16339.36	18.70	28.34	52.96
2015	30458.43	5576.34	8410.86	16471.23	18.31	27.61	54.08
2016	30257.46	5917.69	8326.77	16013.00	19.56	27.52	52.92

10—12 民族自治地方大牲畜、猪、羊年末头(只)数占全国的比重

单位：%

年 份	牲畜总头数	大牲畜	猪	羊
1949	25.66	27.42	13.78	39.34
1952	33.36	31.90	12.66	65.24
1957	30.20	34.91	10.89	54.77
1962	34.19	36.48	12.56	49.06
1965	36.20	40.05	12.89	61.82
1975	30.75	39.63	10.78	57.21
1978	28.71	60.55	10.82	56.37
1980	29.20	41.24	10.66	53.30
1981	30.58	41.56	11.28	55.09
1982	30.89	41.17	13.19	61.16
1983	31.61	41.93	13.30	57.94
1984	31.73	41.17	13.19	61.16
1985	31.67	41.72	13.67	62.48
1986	31.83	41.64	14.45	60.23
1987	32.16	41.39	15.16	56.82
1988	31.34	31.04	14.87	53.35
1989	31.69	40.84	15.40	53.32
1990	31.76	40.59	15.63	54.10
1991	31.30	40.23	15.05	54.69
1992	31.72	39.98	17.51	52.68
1993	30.39	38.82	16.40	50.30
1994	29.12	36.70	16.20	46.70
1995	30.81	38.20	17.40	49.50
1996	28.67	43.50	15.60	40.10
1997	27.87	33.85	16.44	41.83
1998	30.32	37.59	16.68	47.74
1999	30.26	37.90	16.90	46.70
2000	30.20	36.74	18.35	45.04
2001	29.86	37.01	18.04	44.38
2002	29.61	36.60	17.42	44.03
2003	29.46	37.40	16.59	43.45
2004	29.99	37.96	16.51	44.29
2005	30.90	39.09	17.69	44.74
2006	30.23	39.74	16.47	44.61
2007	34.18	46.67	18.12	53.54
2008	32.05	45.70	16.63	51.51
2009	32.82	46.40	17.16	52.72
2010	33.59	49.53	17.59	53.00
2011	33.10	50.34	17.32	51.95
2012	33.54	45.84	18.29	53.59
2013	33.38	44.86	18.20	53.65
2014	34.69	47.98	18.77	53.90
2015	34.45	45.72	18.64	52.96
2016	35.38	49.70	19.14	53.18

10-13 民族自治地方分地区牲畜出栏数和年底存栏数(2016年)

单位：万头(只)

地区	牲畜当年出栏数			牲畜年末存栏数		
	大牲畜	猪	羊	大牲畜	猪	羊
合计	**2163.56**	**11286.30**	**13623.74**	**5917.69**	**8326.77**	**16013.00**
河北	28.56	135.57	146.65	29.56	82.86	104.13
内蒙古		909.20	5971.25	854.90	640.00	5506.20
辽宁	60.22	308.60	311.81	68.78	131.34	183.06
吉林	127.59	183.61	73.13	145.27	167.28	79.48
黑龙江	13.25	12.80	15.02	11.38	8.96	24.71
浙江	0.33	4.80	1.62	0.36	2.65	0.90
湖北	16.08	568.12	160.57	46.68	476.61	149.68
湖南	21.44	292.53	69.18	85.23	255.19	53.43
广东	0.61	17.92	0.53	3.67	12.80	0.97
广西		3280.10		448.60	2216.10	203.70
海南	5.78	102.66	21.99	20.53	80.77	23.95
重庆	22.46	204.94	51.53	48.03	151.47	42.64
四川	277.75	582.40	412.18	692.63	468.48	787.09
贵州	369.77	742.44	143.40	503.41	635.93	204.97
云南	332.84	3202.71	572.12	822.12	2471.12	860.83
西藏	157.28	18.30	380.59	648.50	37.40	1437.70
甘肃	118.05	53.58	357.63	269.38	54.39	565.61
青海	195.15	98.86	723.50	528.93	67.07	1287.54
宁夏	71.60	96.15	598.22	118.93	68.96	580.73
新疆	344.80	471.00	3612.82	570.80	297.40	3915.70

10—14 民族自治地方主要畜产品产量

单位：万吨

年 份	猪 肉	牛 肉	羊 肉	牛羊奶	羊 毛
1980	131.04	14.30	19.66	43.78	10.70
1981	124.29	19.34	20.56	54.41	11.66
1982	136.55	15.30	23.14	61.08	12.18
1983	135.20	18.58	29.08	65.02	12.59
1984	151.09	20.46	28.54	76.37	12.64
1985	179.85	27.41	31.13	86.76	15.76
1986	191.05	29.60	35.35	111.18	13.00
1987	212.84	30.18	36.32	123.15	13.86
1988	217.22	33.94	35.37	119.51	14.57
1989	235.76	39.12	43.31	126.07	15.62
1990	245.99	40.59	31.33	135.06	17.96
1991	301.63	45.97	51.21	129.32	15.82
1992	304.09	51.50	53.44	150.90	15.45
1993	336.61	56.56	37.20	159.31	15.15
1994	390.88	66.29	57.06	173.76	15.44
1995	454.16	78.77	65.07	185.79	19.34
1996	501.72	87.60	74.09	201.04	16.86
1997	506.74	101.14	84.34	216.85	17.89
1998	536.96	105.56	91.16	230.70	18.05
1999	583.74	111.47	97.72	243.49	18.19
2000	554.17	120.89	110.78	260.52	18.37
2001	616.96	125.44	111.71	304.57	18.66
2002	579.99	131.58	118.54	397.36	18.92
2003	589.18	152.46	138.54	595.35	20.95
2004	607.72	167.04	165.05	830.12	23.43
2005	672.40	185.08	189.69	1071.01	25.71
2006	717.14	204.48	209.96	1301.53	25.70
2007	696.04	194.50	203.38	1385.04	25.89
2008	705.04	199.44	188.94	1377.67	25.59
2009	752.96	208.68	196.13	1363.29	25.58
2010	801.87	220.45	216.09	1405.83	27.89
2011	810.44	219.82	213.68	1408.84	27.60
2012	865.29	220.69	206.87	1427.31	28.51
2013	866.87	220.97	205.07	1296.03	30.11
2014	911.87	211.75	207.38	1365.53	29.47
2015	881.98	235.56	223.38	1363.12	21.16
2016	869.42	244.79	232.62	1285.20	34.06

10—15 民族自治地方分地区畜产品和水产品产量(2016年)(一)

单位：万吨

地　区	肉类总产量	#猪　肉	#牛　肉	#羊　肉	牛羊奶产量
合　计	**1664.37**	**869.42**	**244.79**	**232.62**	**1285.20**
河　北	25.91	10.43	6.52	1.85	13.31
内蒙古	258.90	72.10	55.60	99.00	741.30
辽　宁	68.22	28.70	4.94	5.71	9.44
吉　林	29.53	7.37	3.78	0.88	10.28
黑龙江	4.14	1.02	1.93	0.30	33.13
浙　江	0.60	0.46	0.04	0.03	
湖　北	55.03	46.46	2.54	3.44	0.04
湖　南	28.93	21.06	2.67	1.11	4.56
广　东	1.88	1.38	0.07	0.01	
广　西	411.20	249.80	14.70	3.30	9.70
海　南	11.52	8.14	0.55	0.29	
重　庆	21.03	15.15	3.03	0.72	
四　川	65.92	41.30	13.85	7.15	27.22
贵　州	85.91	65.68	8.29	2.49	0.51
云　南	326.09	246.85	36.01	10.44	51.72
西　藏	27.70	1.50	16.20	8.20	34.70
甘　肃	17.05	3.76	6.49	6.26	12.59
青　海	32.91	6.89	14.65	12.63	32.84
宁　夏	30.89	7.47	10.42	10.52	139.47
新　疆	161.00	33.90	42.50	58.30	164.40

10—15 民族自治地方分地区畜产品和水产品产量(2016年)(二)

单位：万吨

地区	羊毛	羊绒	水产品
合计	**34.06**	**2.20**	**546.60**
河北	0.18	0.01	3.44
内蒙古	14.31	0.85	15.80
辽宁	0.35	0.04	10.73
吉林	3.24	0.98	2.93
黑龙江	0.08		3.24
浙江			0.13
湖北			2.84
湖南			4.40
广东			0.64
广西			361.80
海南			26.44
重庆			0.99
四川	0.70	0.01	3.20
贵州	0.05		20.08
云南	0.06		54.52
西藏	0.86	0.10	0.10
甘肃	0.89	0.01	0.43
青海	1.74	0.04	1.23
宁夏	1.17	0.06	17.46
新疆	10.43	0.11	16.20

10—16 民族自治地方人均农业总产值和主要农产品人均占有量

年 份	农林牧渔业总产值（元）	粮 食（公斤）	棉 花（公斤）	油 料（公斤）	大牲畜（头）	猪（头）	羊（只）
1980	139.27	287.96	0.73		0.34	0.28	0.87
1981	146.86	288.69	1.01	9.15	0.35	0.28	0.89
1982	225.09	313.39	1.28	10.83	0.36	0.30	0.85
1983	233.81	324.91	1.36	11.34	0.35	0.32	0.78
1984	248.10	321.97	1.64	12.05	0.35	0.32	0.76
1985	265.61	302.96	1.47	14.58	0.36	0.34	0.74
1986	264.63	295.91	1.63	14.47	0.36	0.35	0.73
1987	272.78	308.00	2.03	12.46	0.36	0.35	0.73
1988	282.05	302.60	1.96	12.08	0.36	0.35	0.74
1989	290.99	314.60	2.01	11.43	0.35	0.37	0.76
1990	303.10	342.70	3.00	13.30	0.34	0.36	0.72
1991	692.39	356.75	4.22	14.88	0.34	0.36	0.73
1992	773.18	359.10	4.30	15.00	0.34	0.40	0.70
1993	887.83	330.90	4.40	14.60	0.35	0.40	0.70
1994	1248.33	317.25	5.55	15.14	0.34	0.42	0.73
1995	1580.99	374.97	5.91	16.14	0.35	0.45	0.74
1996	1815.86	426.20	5.95	15.84	0.46	0.45	0.77
1997	1935.11	406.93	7.10	15.64	0.44	0.46	0.78
1998	1931.91	430.75	8.50	17.51	0.34	0.42	0.77
1999	1894.68	412.15	8.16	19.96	0.34	0.44	0.78
2000	1902.62	379.44	8.70	21.00	0.33	0.49	0.78
2001	1972.55	389.29	9.45	18.79	0.33	0.49	0.79
2002	2053.35	386.29	8.69	20.84	0.34	0.49	0.82
2003	2332.15	376.45	9.34	20.87	0.34	0.45	0.86
2004	2774.72	390.75	10.39	22.95	0.35	0.46	0.94
2005	3090.16	411.43	10.76	21.30	0.35	0.49	0.94
2006	3340.39	407.36	12.41	20.33	0.35	0.46	0.93
2007	3958.22	407.92	16.83	15.97	0.32	0.44	0.85
2008	4570.00	438.46	16.78	21.94	0.31	0.43	0.80
2009	4733.56	437.05	13.81	21.69	0.31	0.43	0.81
2010	5598.42	448.32	13.41	22.79	0.33	0.44	0.80
2011	6499.55	465.86	15.57	22.33	0.32	0.43	0.79
2012	7265.23	487.23	18.90	24.23	0.29	0.46	0.81
2013	7936.50	506.93	18.63	25.30	0.28	0.45	0.80
2014	6052.85	521.46	19.64	25.89	0.31	0.47	0.87
2015	9067.34	526.43	18.99	27.54	0.30	0.45	0.88
2016	9418.10	521.38	19.21	30.19	0.32	0.44	0.85

注：人均农林牧渔业总产值1980年、1981年按1970年不变价格计算，1982—1990年按1980年不变价格，1991年至现在按当年价格计算。

10—17 民族自治地方农业机械总动力、有效灌溉面积、农村用电量和化肥施用量

年 份	农业机械总动力（万千瓦）	有效灌溉面积（万公顷）	农村用电量（万千瓦小时）	化肥施用量(折纯)（万吨）
1980		684.39	237400	99.90
1981		677.29	260443	98.30
1982		672.67	278432	116.37
1983	1869.9	689.30	292538	138.72
1984	1964.5	673.01	328503	140.87
1985	2144.4	685.53	335832	154.74
1986	2468.7	705.20	422109	179.52
1987	2643.8	717.61	463331	197.23
1988	2908.4	723.44	485995	209.46
1989	3329.5	736.79	568346	245.69
1990	3817.1	764.37	702621	266.86
1991	3569.0	749.85	691599	307.51
1992	3675.7	825.83	927593	323.79
1993	4104.7	821.52	991140	363.87
1994	4137.4	841.44	947083	396.92
1995	4563.3	837.80	1109215	458.42
1996	5053.4	898.62	1146385	508.59
1997	5166.3	879.69	1238268	501.17
1998	5353.7	899.28	1230817	551.10
1999	5857.5	918.00	1248000	528.40
2000	6206.5	935.70	1273827	545.08
2001	6547.2	962.36	1405697	572.80
2002	7117.7	982.97	1438346	597.60
2003	7369.8	975.49	1500085	623.23
2004	7871.7	988.74	1645652	656.61
2005	8611.3	1027.41	1892751	724.86
2006	9088.1	1050.00	2059616	813.06
2007	9900.2	1096.53	2191476	865.09
2008	11323.0	1114.16	2506820	980.54
2009	12186.7	1139.28	2712534	919.87
2010	13239.3	1156.22	3085795	961.73
2011	14099.9	1186.01	3271024	1006.52
2012	15094.0	1235.25	3775199	1033.02
2013	16029.5	1291.00	3689347	1102.97
2014	16637.9	1053.81	4074455	1140.28
2015	17292.4	1299.10	3317031	1141.87
2016	16754.7	1240.48	4500854	1257.16

10—18 民族自治地方分地区农业机械总动力、化肥施用量及农村用电量(2016年)

地　区	农业机械总动力（万千瓦）	化肥施用量（万吨）	农村用电量（万千瓦小时）
合　计	**16754.72**	**1257.16**	**4500854.13**
河　北	196.73	9.20	189947.00
内蒙古	3331.10	234.60	710917.75
辽　宁	304.78	24.19	215712.00
吉　林	437.69	43.08	48022.03
黑龙江	79.70	5.89	8140.00
浙　江	9.50	0.45	2635.00
湖　北	310.09	40.32	65338.78
湖　南	344.53	36.51	52738.86
广　东	17.94	2.62	10360.41
广　西	3527.30	262.10	953700.00
海　南	152.65	12.58	20535.13
重　庆	110.08	37.49	61599.38
四　川	541.54	3.79	50362.00
贵　州	1169.43	65.66	312668.98
云　南	2045.49	155.49	471749.27
西　藏	635.10	5.90	12111.00
甘　肃	113.27	10.94	54748.26
青　海	295.10	15.47	36350.00
宁　夏	580.50	40.70	141642.28
新　疆	2552.20	250.20	1081576.00

10–19 民族自治地方分地区有效灌溉面积和当年造林面积(2016年)

地　　区	有效灌溉面积 (千公顷)	当年造林面积 (千公顷)
合　　计	**12404.81**	**2063.16**
河　　北	90.04	71.30
内 蒙 古	3131.50	618.40
辽　　宁	135.48	13.78
吉　　林	212.93	129.27
黑 龙 江	9.94	1.21
浙　　江	6.20	0.94
湖　　北	77.90	57.85
湖　　南	278.69	23.66
广　　东	18.52	7.17
广　　西	1646.10	120.10
海　　南	41.90	1.08
重　　庆	49.95	32.39
四　　川	224.35	307.36
贵　　州	695.04	231.43
云　　南	1048.74	246.51
西　　藏	251.50	42.06
甘　　肃	78.44	41.63
青　　海	80.39	35.12
宁　　夏	515.20	81.90
新　　疆	3812.00	

主要统计指标解释

农林牧渔业总产值 指以货币表现的农、林、牧、渔业全部产品和对农林牧渔业生产活动进行的各种支持性服务活动的价值总量，它反映一定时期内农林牧渔业生产总规模和总成果。1957 年以前的农林牧渔业总产值中包括了厩肥和农民自给性手工业(如农民自制衣服、鞋、袜，自己从事粮食初步加工等)。1958 年及以后，林业中增加了村及村以下竹木采伐产值；牧业中取消了厩肥产值；副业中取消了农民自给性手工业产值，增加了村及村以下办的工业产值； 渔业中增加了海洋捕捞水产品产值。1980 年及以后，在副业中增加了农民家庭兼营工业商品部分的产值。从 1984 年起村及村以下工业产值划归工业。从 1993 年起取消副业，将野生动物的捕猎划入牧业，野生植物采集和农民家庭兼营商品性工业划归农业。从 2003 年起，执行新的国民经济行业分类标准，农林牧渔业总产值中包括了农林牧渔服务业产值。林业中增加了森林采运业产值。农业中取消了家庭兼营商品性工业产值，将野生林产品的采集划归林业。第一次农业普查以后，由于畜牧业产品年报数据与普查数据之间存在一定的差距，根据农业普查结果，对畜牧业年报数据和畜牧业产值进行了修正。2010 年执行《统计用产品分类目录》，对 2009 年的农业、林业产值做了相应调整。

农林牧渔业总产值的计算方法通常是按农、林、牧、渔业产品及其副产品的产量分别乘以各自单位产品价格求得；少数生产周期较长，当年没有产品或产品产量不易统计的，则采用间接方法匡算其产值；然后将四业产品产值及农林牧渔服务业产值相加即为农林牧渔业总产值。

实用耕地面积 指种植农作物并经常进行耕锄的田地。包括热地、当年新开荒地、连续撂荒未满三年的耕地和当年的休闲地（轮歇地），也包括以种植农作物为主，附带种植桑、茶、果树和其他林木的土地以及沿海、沿湖地区已围垦利用的“海涂”、“湖田”等和小于 1 米宽的渠、路、田埂。不包括专业性的桑园、茶园、果园、果木苗圃、林地、芦苇地、天然草原等。

农业机械总动力 指全部农业机械动力的额定功率之和。农业机械是指用于种植业、畜牧业、渔业、农产品初加工、农用运输和农田基本建设等活动的机械及设备。农机总动力按使用能源不同分为以下四部分：

柴油发动机动力：指全部柴油发动机额定功率之和；

汽油发动机动力：指全部汽油发动机额定功率之和；

电动机动力：指全部电动机（含潜水电泵的电动机）额定功率之和；

其他机械动力：指采用柴油、汽油、电力之外的其他能源，如水力、风力、煤炭、太阳能等动力机械功率之和。

这个指标的统计数据主要来源于农机部门。

农村用电总量 指调查年度内农村范围内所有企业、事业、行政单位和住房从事生产经营活动、工作和日常生活用电总量。

农用化肥施用量 指调查年度内实际用于农业生产的化学肥料数量。包括氮肥、磷肥、钾肥和混合肥。施用量要求按折纯法计算，即各类化学肥料的实施施用量按其含氮、五氧化二磷、氧化钾的比例折成 100% 计算。其计算公式为：折纯量=实物量 × 某种化肥有效成分含量的百分比。

农用化肥施用量 指本年内实际用于农业生产的化肥数量，包括氮肥、磷肥、钾肥和复合肥。化肥施用量要求按折纯量计算数量。折纯量是指把氮肥、磷肥、钾肥分别按含氮、含五氧化二磷、含氧化钾的百分之百成份进行折算后的数量。复合肥按其所含主要成分折算。公式为：

折纯量=实物量 × 某种化肥有效成份含量的百分比

耕地灌溉面积 指具有一定的水源，地块比较平整，灌溉工程或设备已经配套，在一般年景下能够进行正常灌溉的耕地面积。在一般情况下，耕地灌溉面积应等于灌溉工程或设备已经配套，能够进行正常灌溉的水田和水浇地面积之和。它是反映我国农田水利建设的重要指标。

农作物总播种面积 指农业生产经营者应在日历年度内收获农作物在全部土地（耕地或非耕地）上的播种或移植面积。凡是本年内收获的农作物，无论是本年还是上年播种，都算为播种面积，但不包括本年播种，下年收获的农作物面积。

农作物产量 指调查年度内全社会生产农产品的数量，不论耕地上与非耕地上的农作物产量，都应该统计在内。各种主要作物产量按国家的统一规定计算。谷物一律按脱粒后原粮计算（玉米按脱粒后的粒子计算）；薯类产量按五斤折一斤计算；豆类按去豆荚后干豆计算；棉花按去籽后的皮棉计算；麻类除亚麻以麻秆计算、苎麻以刮皮后的干麻计算、苘麻和线麻以熟麻皮计算外，其余一律以生麻计算；烤烟和晒烟均以干烟叶计算；花生以带壳的干花生计算；甘蔗以蔗秆计算；甜菜以根块计算。城市郊区按蔬菜计算的薯类和豆类产量按鲜品统计。

粮食产量 指农业生产经营者日历年度内生产的全部粮食数量。按收获季节包括夏收粮食、早稻和秋收粮食，按作物品种包括谷物、薯类和豆类。其产量计算方法：谷物按脱粒后的原粮计算，豆类按去豆荚后的干豆计算；薯类(包括甘薯和马铃薯，不包括芋头和木薯)1963 年以前按每 4 公斤鲜薯折 1 公斤粮食计算，从 1964 年开始改为按 5 公斤鲜薯折 1 公斤粮食计算，2014 年开始按鲜薯计算；城市郊区作为蔬菜的薯类(如马铃薯等)按鲜品计算，并且不作粮食统计。1989 年以前全国粮食产量数据主要靠全面报表取得，1989 年开始使用抽样调查数据。

棉花产量 指全社会的产量。包括春播棉和夏播棉。产量按皮棉计算。不包括木棉。

油料产量 指全部油料作物的生产量。包括花生、油菜籽、芝麻、向日葵籽、胡麻籽（亚麻籽）和其他油料。不包括大豆、木本油料和野生油料。花生以带壳干花生计算。

茶叶产量 指调查年度内生产的全部茶叶数量。包括从成片茶园和荒芜未垦土地上种植的以及零星种植的茶树上所采摘的全部产量，不论自食的或出售的，都应统计在内。茶叶产量按经过初步加工后的干毛茶计算。

水果产量 指调查年度内从果树上收获的全部水果数量。不论自食的或出售的，都应统计在内。但不包括果用瓜，如西瓜、甜瓜、白兰瓜、哈密瓜、脆瓜等以及主要作蔬菜用的藕、西红柿等；也不包括采集的野生水果。水果产量按鲜果计算，干枣、葡萄干、柿饼、橘饼等应统一折成鲜果计算。

造林面积 指在荒山、荒地、沙丘等一切可以造林的土地上，采用人工播种、植苗、飞机播种等方法新植的成片乔木林和灌木林，经验收符合“造林技术规程”要求株数，成活率达 85%以上的面积。四旁植树如一侧在 4 行以上，连续面积 0.0667 公顷（1 亩以上），应统计在造林面积内。不包括补植面积、治沙种草面积、经济林垦复面积、迹地更新面积和低产林改造面积。

禽畜出栏数 指报告期内各种类型生产单位和住户饲养的已屠宰或出售的全部畜禽数量。包括交售给国家、集市上出售以及自食的部分但出售或食用的仔畜不包括在内。

期初(末)畜禽存栏头(只)数 指报告期初(末)农村各种合作经济组织和国营农场、农民个人、机关、团体、学校、工矿企业、部队等单位以及城镇居民饲养的大牲畜、猪、羊、家禽等畜禽的数量。数据上报方式及数据调整情况同猪、牛、羊肉产量。

猪、牛、羊肉产量 指当年出栏并已屠宰、除去头蹄下水后带骨肉(即胴体重)的重量。包括全社会范围内的产量。1996 年以前为全面统计并逐级上报数据。1996 年第一次农业普查以后，根据普查结果，对畜牧业主要年报数据进行了修正。1999 年以后，国家统计局在部分地区开展了猪、牛、羊、禽等主要畜禽品种的抽样调查，并用抽样数据作为国家定案数据使用。未开展抽样调查的地区和品种，仍使用各级统计部门逐级上报数据。2007 年，根据第二次农业普查结果，对 2000—2006 年畜牧业主要年报数据进行了修正。2008 年，建立了主要畜禽监测调查制度，猪、牛、羊、禽等主要畜禽数据均以抽样调查数为法定数据。

水产品产量 指渔业（捕捞和养殖）生产活动的最终有效成果，包括全部海水和淡水鱼类、甲壳类(虾、蟹)、贝类、头足类、藻类和其他类渔业产品的最终产量。水产品产量是通过各级水产部门逐级上报取得数据。1995 年及以前，贝类中牡蛎按鲜肉计算；蚶、蛤、蛏按 5 斤鲜品折 1 斤计算。1996 年以后则统一按鲜品计算。

十一、工　业

11-1 民族自治地方工业总产值

单位：亿元

年 份	工业总产值	国有经济	集体经济	私营经济	联营经济	城乡个体经济	其他经济
1980	240.14						
1981	245.24				11.27		
1982	296.01	238.75	56.52		12.06		0.74
1983	331.51	267.06	62.92		14.18		1.53
1984	364.63	283.58	75.96	12.11	15.02	2.59	2.50
1985	449.72	343.02	96.31	17.30	21.15	5.62	4.77
1986	508.84	378.07	125.70	23.02	33.51	3.72	1.35
1987	585.92	428.89	126.24	26.28	20.47	27.99	2.80
1988	685.93	487.73	154.15	31.21	25.74	35.73	8.32
1989	772.93	531.13	186.43	40.66	33.20	44.42	10.93
1990	814.99	558.24	193.00	42.95	33.96	53.62	10.13
1991	1548.96	1108.70	326.39	82.58	37.27	94.24	19.63
1992	1835.50	1266.64	401.67	111.72	51.37	141.15	26.04
1993	2245.70	1381.41	517.54	151.09	80.62	262.97	83.78
1994	2876.52	1422.95	766.83	166.80	14.02	410.25	22.43
1995	3024.36	1558.91	709.81	255.92	15.34	449.12	35.26
1996	3528.43	1323.68	1375.34	271.34	15.57	713.51	171.01
1997	3686.82	1430.52	897.91	33.46	13.27	987.39	314.27

注：1. 工业总产值1980年、1981年按1970年不变价格计算；1982—1990年按1980年不变价格计算， 1991—1997年按1990年不变价格计算。
2. 1994—1997年工业总产值按新口径统计。

11-2 民族自治地方工业总产值构成

单位：%

年　份	工业总产值	国有经济	集体经济	#乡办工业	#村办工业	城乡个体工业	其他经济类型工业
1980	100						
1981	100				4.60		
1982	100	80.66	19.09		4.07		0.25
1983	100	80.56	18.98		4.28		0.46
1984	100	77.77	20.83	3.32	4.12	0.71	0.69
1985	100	76.27	21.41	3.85	4.70	1.26	1.06
1986	100	74.30	24.70	4.52	6.58	0.73	0.27
1987	100	73.20	21.54	4.49	3.49	4.78	0.48
1988	100	71.11	22.47	4.55	3.75	5.21	1.21
1989	100	68.72	24.12	5.26	4.30	5.75	1.41
1990	100	68.50	23.68	5.27	4.17	6.58	1.24
1991	100	71.58	21.07	5.33	2.41	6.08	1.27
1992	100	69.01	21.88	6.09	2.80	7.69	1.42
1993	100	69.51	23.05	6.73	3.59	11.71	3.73
1994	100	55.28	24.43	7.40	3.88	14.33	5.96
1995	100	54.20	23.47	10.20	3.77	14.85	7.48
1996	100	46.13	14.47	7.42	5.77	21.86	4.25
1997	100	38.80	24.35	7.73	7.05	27.05	9.79

注：1990年以前的村办工业中包括城乡合作经营工业，比重偏大。

11-3 民族自治地方分地区规模以上工业企业单位数(2016年)

单位：个

地　　区	总　计	#国有企业	#集体企业	#股份合作企　　业	#港、澳、台商投资企业	#外　　商投资企业
合　　计	**21299**	**2518**	**6839**	**2320**	**941**	**380**
河　　北	319	8		126	4	12
内 蒙 古	4289	674	1740	4	155	89
辽　　宁	350	7	8		12	10
吉　　林	709	9	2	2	124	38
黑 龙 江	27	2		24		1
浙　　江	24	1				
湖　　北	655	9	1	634	7	4
湖　　南	552	21	2	402	6	1
广　　东	83	6		10	13	2
广　　西	5464	572	3013		426	
海　　南	31	6		14	2	
重　　庆	196	7	3	69	3	1
四　　川	571	9	5	82	5	7
贵　　州	1664	158	54	675	20	110
云　　南	1670	62	11	36	35	26
西　　藏	108	6	32	95		6
甘　　肃	185	17	49	43		
青　　海	334	14	3	103	5	1
宁　　夏	1174	144	771	1	42	24
新　　疆	2894	786	1145		82	48

11-4 民族自治地方分地区规模以上工业企业主要财务指标(2016年)(一)

单位：亿元

地　区	工业销售产　值	本年应交增值税	主营业务收　入	资产合计
合　计	**70362.93**	**1780.83**	**72036.84**	**99146.93**
河　北	816.38	11.28	773.61	968.59
内蒙古	19780.43		20056.67	30900.83
辽　宁	195.49	12.72	275.23	476.09
吉　林	1975.06	20.08	1825.29	1362.23
黑龙江	65.58	0.77	65.70	65.58
浙　江	12.25	0.36	11.69	18.06
湖　北	574.73	17.23	517.26	586.02
湖　南	657.18	14.96	625.04	465.84
广　东	108.47	3.23	106.48	151.34
广　西	23520.58	641.48	22231.30	16023.46
海　南	108.23	6.17	107.74	469.84
重　庆	367.07	32.18	348.97	500.95
四　川	1577.64	84.91	1501.03	4650.54
贵　州	3323.52	74.40	2505.81	2997.86
云　南	3611.31	502.93	3792.54	6499.60
西　藏	163.73	9.14	171.82	1110.65
甘　肃	228.75	5.74	198.35	573.07
青　海	1258.74	40.98	975.26	3266.56
宁　夏	3912.00		7646.10	8521.18
新　疆	8105.79	302.27	8300.96	19538.65

11-4 民族自治地方分地区规模以上工业企业主要财务指标(2016年)(二)

单位：亿元

地　区	负债合计	所有者权益合计	利润总额
合　计	**63201.51**	**35742.71**	**3909.27**
河　北	632.89	303.05	40.07
内蒙古	19445.75	11455.08	1344.41
辽　宁	241.16	216.75	17.54
吉　林	685.03	677.20	56.81
黑龙江	38.81	25.70	7.46
浙　江	8.90	9.16	2.07
湖　北	319.03	267.03	40.51
湖　南	245.32	220.24	27.52
广　东	84.80	66.67	8.17
广　西	9825.40	6198.06	1393.35
海　南	316.71	152.96	7.66
重　庆	343.13	150.31	34.76
四　川	3407.55	1242.30	130.02
贵　州	1644.81	1265.12	129.56
云　南	4515.43	1984.17	48.69
西　藏	535.56	554.21	16.94
甘　肃	411.27	162.50	0.21
青　海	2201.50	1030.82	73.69
宁　夏	5773.39	2747.79	143.23
新　疆	12525.08	7013.57	386.59

11-5 民族自治地方主要工业产品产量(一)

年 份	布 (万米)	机制纸及纸板 (万吨)	成品糖 (万吨)	卷烟 (亿支)	原煤 (万吨)	原油 (万吨)
1952	3500	1.31		2.58	178	5
1957	8100	3.97		3.57	545	10
1962	8000	5.86			1631	101
1965	18200	7.86	22.20	7.70	2029	97
1975	25700	20.97	32.72	36.28	4561	441
1978	37300	30.90	43.57	51.43	6081	578
1980	44300	32.07	65.62	89.39	5418	624
1981	45789	31.65	78.99	107.05	5430	617
1982	52136	34.56	82.30	131.60	5799	625
1983	52995	45.30	101.16	150.99	6521	672
1984	47414	44.51	107.32	174.47	6993	705
1985	54183	59.21	126.91	209.89	8597	805
1986	67766	64.33	174.52	257.20	8875	862
1987	67210	72.68	187.81	323.60	9261	899
1988	69419	79.68	180.75	371.08	10995	973
1989	77916	93.16	198.65	413.84	13924	1113
1990	73705	94.10	222.62	443.10	12077	1265
1991	71433	109.52	249.06	441.27	12227	1402
1992	69287	131.85	372.82	444.05	13064	1405
1993	66505	151.27	373.94	479.78	14157	1637
1994	70072	153.00	280.20	491.60	14860	1466
1995	69306	191.21	239.54	353.63	16639	1610
1996	61689	172.84	312.42	271.45	17205	1813
1997	69246	168.99	312.42	458.85	19038	2003
1998	52548	155.82	519.48	446.28	17570	2047
1999	52191	153.07	567.20	434.76	15361	2058
2000	50096	175.46	498.22	376.49	14623	2292
2001	47197	178.51	437.68	395.74	15930	2229
2002	37000	177.95	669.09	417.34	15727	2460
2003	29969	219.68	823.95	444.73	20614	2597
2004	23135	224.94	813.02	1756.45	27127	2843
2005	34786	272.85	678.09	2105.57	38038	2833
2006	47193	258.73	758.48	2042.46	42931	2914
2007	44604	283.39	1005.39	2077.56	50991	3033
2008	32091	358.32	1174.42	1684.40	65284	3055
2009	30885	500.22	1047.41	2620.44	83287	2975
2010	36326	385.27	906.89	2672.64	103894	3059
2011	37356	437.37	935.39	2762.32	107862	3186
2012	20687	512.94	1102.30	2404.79	138050	3230
2013	17489	508.86	1282.80	2509.31	134546	3345
2014	12064	481.43	1616.04	2864.33	129248	3698
2015	13710	439.82	1236.65	2211.29	117922	3233
2016	26497	468.23	1203.26	4973.29	111516	2975

注：卷烟2003年及以前计量单位为万箱。

11-5 民族自治地方主要工业产品产量(二)

年 份	发电量（亿千瓦小时）	生铁（万吨）	粗钢（万吨）	水泥（万吨）	农用氮磷钾化肥（万吨）
1952	0.81	0.90			
1957	0.43	4.50			
1962	23.40	41.70	10.30	11.92	1.03
1965	33.40	55.80	39.40	91.01	36.43
1975	125.65	89.90	66.20	334.98	48.67
1978	173.99	168.20	128.50	554.00	
1980	193.36	177.52	166.60	576.09	57.10
1981	202.24	190.02	166.15	587.12	61.95
1982	221.25	182.76	167.59	699.87	67.11
1983	239.30	195.66	173.38	843.38	74.55
1984	260.90	214.98	197.82	940.78	80.18
1985	389.01	258.12	232.45	1222.08	85.72
1986	400.81	295.08	248.06	1343.15	100.03
1987	518.97	346.23	291.09	1538.03	131.85
1988	553.34	328.60	291.36	1667.50	128.64
1989	675.57	362.88	320.04	1714.40	153.93
1990	738.80	417.03	368.25	1957.83	197.05
1991	712.72	376.86	414.14	2372.10	203.59
1992	847.62	450.92	435.21	2828.96	213.31
1993	992.09	515.34	489.40	3210.18	205.37
1994	1107.87	536.70	493.48	3952.47	205.25
1995	1186.46	554.68	699.57	4295.92	218.75
1996	1228.93	663.67	722.14	4181.51	189.47
1997	1230.44	841.30	663.72	4454.00	227.50
1998	1356.79	701.73	632.76	4905.98	299.79
1999	1428.87	696.44	643.34	5271.35	314.57
2000	1712.00	725.00	647.05	5703.15	388.65
2001	1777.00	853.00	738.45	5896.53	431.86
2002	1957.00	988.00	899.82	6552.63	517.24
2003	2243.24	1156.93	1082.34	7828.52	554.61
2004	2363.18	1409.66	1321.02	8394.46	636.55
2005	3052.23	2086.77	1846.25	10155.90	717.29
2006	3740.15	2384.34	2150.20	11752.67	862.66
2007	4903.37	2907.68	2660.04	14011.36	932.08
2008	5500.95	3021.32	2980.87	15779.76	950.32
2009	5910.84	3945.56	3468.61	21375.54	1159.96
2010	6729.86	4447.49	4004.81	21652.56	1294.62
2011	7131.44	4799.34	3240.01	23235.36	889.79
2012	8989.47	5140.50	4018.94	31246.76	1091.50
2013	10455.23	5838.65	4471.60	35512.69	936.44
2014	11688.53	5399.95	5092.39	36174.12	667.23
2015	12500.12	4853.60	5125.79	36408.86	1374.18
2016	13692.43	5357.19	5309.23	39656.34	734.30

11-6 民族自治地方分地区主要工业产品产量(2016年)(一)

地区	布 (万米)	机制纸及纸板 (万吨)	原盐 (万吨)	成品糖 (万吨)	卷烟 (亿支)
合计	**26497.32**	**468.23**	**1100.97**	**1203.26**	**4973.29**
河北	151.00				
内蒙古		12.27	154.89	72.25	329.50
辽宁					
吉林					308.53
黑龙江					
浙江					
湖北	276.00	3.96			2853.00
湖南	790.00	12.91			
广东					
广西	4500.00	288.71		914.68	738.67
海南			3.04	4.84	
重庆					
四川		0.90	4.70		104.50
贵州	2067.20	9.37		7.78	13.81
云南	175.05	76.84		159.78	353.78
西藏		11.10			
甘肃					
青海			206.12		
宁夏	938.07	20.67	72.42		84.50
新疆	17600.00	31.50	659.80	43.93	187.00

11－6 民族自治地方分地区主要工业产品产量（2016年）（二）

地区	原煤（万吨）	原油（万吨）	天然气（万立方米）	发电量（亿千瓦小时）	生铁（万吨）
合计	**111515.95**	**2974.61**	**2925838.88**	**13692.43**	**5357.19**
河北			2853.41	56.47	376.90
内蒙古	84600.00	44.92	2700.00	3949.81	1469.37
辽宁	43.59			51.40	413.17
吉林	429.00	90.26	629.00	74.18	
黑龙江					
浙江					
湖北	26.02			106.10	5.01
湖南				14.86	12.17
广东				23.67	
广西	400.00	47.40	2000.00	1346.51	1216.42
海南	0.02			107.43	
重庆	164.82			114.21	
四川	71.41			1532.06	420.00
贵州	813.11			836.26	108.80
云南	628.22		5457.60	982.00	331.16
西藏				54.48	
甘肃	395.82			152.88	
青海	774.61	221.00	98.87	426.60	
宁夏	7069.32	6.16		1144.38	154.27
新疆	16100.00	2564.86	2912100.00	2719.13	849.92

11-6 民族自治地方分地区主要工业产品产量(2016年)(三)

地　区	粗钢（万吨）	水泥（万吨）	平板玻璃（万箱）	农用氮磷钾化肥（万吨）
合　计	**5309.23**	**39656.34**	**3186.78**	**734.30**
河　北	361.00	115.24		
内蒙古	1813.24	6298.44	1001.23	253.49
辽　宁		365.19	664.41	
吉　林		326.73		
黑龙江				
浙　江				
湖　北	0.10	525.47		0.83
湖　南	2.96	771.55		17.18
广　东	3.95			
广　西	2109.50	12034.87	520.06	94.30
海　南		457.74	1.96	
重　庆		507.77		3.41
四　川	387.70	1063.39		2.10
贵　州	14.24	4337.05	655.26	189.03
云　南	411.70	4702.16	293.86	91.95
西　藏		623.29		
甘　肃		441.33		12.69
青　海	45.66	851.19		14.65
宁　夏	159.18	1984.71	50.00	54.67
新　疆	868.37	4250.23	457.92	334.75

主要统计指标解释

工业 指从事自然资源的开采，对采掘品和农产品进行加工和再加工的物质生产部门。具体包括：(1)对自然资源的开采，如采矿、晒盐等(但不包括禽兽捕猎和水产捕捞)；(2)对农副产品的加工、再加工，如粮油加工、食品加工、缫丝、纺织、制革等；(3)对采掘品的加工、再加工，如炼铁、炼钢、化工生产、石油加工、机器制造、木材加工等，以及电力、燃气及水的生产和供应等；(4)对工业品的修理、翻新，如机器设备的修理等。工业统计调查单位为工业法人单位。

工业法人单位指从事工业生产经营活动的法人单位。工业法人单位应同时具备以下条件：①依法成立，有自己的名称、组织机构和场所，能够独立承担民事责任；②独立拥有（或授权）使用资产，承担负债，有权与其他单位签订合同；③具有包括资产负债表在内的帐户，或者能够根据需要编制帐户。

工业总产值 指以货币表现的工业企业在报告期内生产的工业产品总量。

工业总产值包括：生产成品价值、对外加工费收入以及自制半成品、在产品期末期初差额价值。

工业总产值不包括：非本企业生产的工业产品价值、本企业工业生产过程中产生的废料（如锯末、切屑、矸石等）的出售价值。工业总产值计算价格：

（1）不变价格：又称固定价格，指在计算不同时期的总产值时，采用同一时点的工业产品出厂价格。采用不变价格计算工业总产值，主要是为消除不同时期价格变动影响，以保证计算工业发展速度时可比。

新中国成立以来，我国已编制过 5 次工业产品不变价格：1952 年不变价格，1957 年不变价格，1970 年不变价格，1980 年不变价格，1990 年不变价格。目前采用的是 1990 年不变价格。

（2）当年价格：指计算工业总产值时，采用的报告期内的产品实际销售价格。报告期的产品销售价格前后有变动，或同一种产品在同一时期有几种销售价格的，应分别按不同价格计算总产值，如生产完成时还不能确定按哪一种价格销售，可按报告期实际平均销售价格计算。实际销售价格指产品销售时的实际出厂价格不含增值税销项税额）。工业总产值中有些项目，如自制设备、提供本企业基本建设和生活福利部门的产品和工业性作业等，没有出厂价格，可以把它们的实际成本作为当年价格。

工业增加值 指工业企业在报告期内以货币表现的工业生产活动的最终成果。工业增加值有两种计算方法：一是生产法，即工业总产值减去工业中间投入加上应交增值税；二是收入法，即从收入的角度出发，根据生产要素在生产过程中应得到的收入份额计算，具体构成项目有固定资产折旧、劳动者报酬、生产税净额、营业盈余。

生产法：工业增加值=工业总产值-工业中间投入+应交增值税

工业销售产值 指以货币表现的工业企业在一定时间内销售的本企业生产的工业产品总量。包括已销售的成品、半成品价值，对外提供的工业性作业价值。工业销售产值按现行价格计算。

主营业务收入 指企业确认的销售产品、提供劳务等主要经营业务取得的收入。

主营业务成本 指企业经营主要业务所发生的成本总额。

资产总计 指企业过去的交易或者事项形成的，由企业拥有或控制的，预期会给企业带来经济利益的资源。资产一般按流动性分为流动资产流动资产和非流动资产。其中流动资产可分为货币资金、交易性金融资产、应收票据、应收账款、预付款项、其他应收款、存货等；非流动资产可分为长期股权投资、固定资产、无形资产及其他非流动资产。

负债合计 指企业过去的交易或者事项形成的，预期会导致经济利益流出企业的现时义务。负债一般按偿还期长短分为流动负债和长期负债。

所有者权益 指企业投资人对企业净资产的所有权。企业净资产为企业全部资产与企业全部负债的差额，包括实收资本、资本公积、盈余公积、未分配利润等。

利润总额 指企业在一定会计期间的经营成果、是生产经营过程中各种收入扣除各种耗费后的盈余，反映企业在报告期内实现的盈亏总额。

十二、建筑业

12-1 民族自治地方分地区建筑业基本情况

年份 地区	单位数 (个)	建筑业 总产值 (亿元)	房屋建筑 施工面积 (万平方米)	房屋建筑 竣工面积 (万平方米)	年末 从业人数 (万人)
1999	5092	639.67	9148.76	5408.04	133.80
2000	4828	754.30	9231.85	5325.88	131.59
2001	4587	916.49	10448.20	6149.86	133.77
2002	4148	1064.46	11547.41	6480.94	138.67
2003	4108	1227.17	13420.09	7221.96	138.10
2004	4361	1358.38	14100.68	6893.58	132.56
2005	4508	1610.27	15964.37	8072.09	141.73
2006	4694	1927.93	18543.61	9183.23	151.85
2007	4945	2500.49	22694.59	11234.59	162.61
2008	5198	3082.89	24600.04	11857.88	165.28
2009	5250	3961.73	28156.47	13167.00	183.97
2010	5380	5202.99	35052.18	15418.48	194.24
2011	5407	6391.76	42752.82	17483.12	190.14
2012	5207	6823.22	49143.97	19199.42	195.96
2013	5471	8221.44	60197.25	20339.00	224.42
2014	4634	6434.90	62184.62	19065.45	132.17
2015	5761	9104.94	59121.00	22842.35	240.51
2016	6086	9767.76	63043.71	27846.72	349.31
合计	**6086**	**9767.76**	**63043.71**	**27846.72**	**349.31**
河北	65	56.58	261.57	109.54	1.92
内蒙古	870	1220.81	6296.00	2538.60	29.70
辽宁	130	47.03	460.27	245.70	11.85
吉林	257	150.48	853.35	455.88	4.68
黑龙江	10	1.30	3.49	2.89	0.12
浙江	17	13.03	50.85	28.07	0.51
湖北	131	156.40	837.66	508.59	6.01
湖南	80	67.13	569.14	196.38	2.50
广东	8	8.77	56.27	26.20	0.35
广西	1139	3449.19	26531.90	7998.00	120.02
海南	42	107.36	633.85	304.44	0.05
重庆	68	134.90	685.15	226.12	2.47
四川	202	164.84	669.80	5581.85	13.65
贵州	281	318.37	6003.27	1446.53	69.75
云南	748	796.30	3849.99	1911.04	27.69
西藏	173	111.28	244.20	144.00	2.84
甘肃	85	87.36	481.10	269.02	4.18
青海	105	107.13	471.95	166.18	2.66
宁夏	531	511.25	2771.30	1017.80	9.93
新疆	1144	2258.24	11312.60	4669.90	38.41

12-2 民族自治地方分地区建筑业主要财务指标(2016年)

单位：亿元

地　区	企业资产合计	企业负债合计	企业所有者权益	企业利润总额	建筑业增加值
合　计	**9254.43**	**6151.90**	**3102.53**	**333.45**	**3153.80**
河　北	50.96	23.68	27.28	2.85	43.81
内蒙古	1975.86	1243.56	732.30	60.63	270.59
辽　宁	70.49	42.96	27.53	2.11	39.12
吉　林	187.99	121.07	66.92	38.60	49.28
黑龙江	0.35	0.35		0.05	0.49
浙　江	7.56	4.38	3.18	0.73	5.80
湖　北	111.19	64.01	47.18	5.00	46.76
湖　南	78.15	33.78	44.36	8.07	42.56
广　东	17.00	11.20	5.79	0.66	9.56
广　西	1898.15	1247.08	651.07	67.75	583.74
海　南	0.06	0.06		-0.01	32.55
重　庆	123.85	75.71	48.14	7.59	79.81
四　川	129.99	75.25	54.74	3.88	252.51
贵　州	566.59	367.72	198.87	13.10	284.55
云　南	616.49	357.00	259.49	31.82	698.89
西　藏	195.76	101.81	93.95	11.58	25.47
甘　肃	66.54	28.54	37.99	7.23	31.82
青　海	90.48	58.14	32.34	1.71	59.27
宁　夏	747.63	522.21	225.42	19.95	92.53
新　疆	2319.34	1773.38	545.96	50.15	504.67

主要统计指标解释

建筑业统计单位 指从事房屋、构筑物建造和设备安装活动的法人企业。建筑业法人企业应具有建筑业资质并能够独立核算，同时还应具备以下条件：①依法成立，有自己的名称、组织机构和场所，能够承担民事责任；②独立拥有和使用资产，承担负债，有权与其他单位签订合同；③独立核算盈亏，能够编制资产负债表。

建筑业总产值 是以货币形式表现的建筑业企业在一定时期内生产的建筑业产品和提供服务的总和。建筑业总产值包括：

⑴建筑工程产值：指列入建筑工程预算内的各种工程价值。

⑵安装工程产值：指设备安装工程价值，不包括被安装设备本身的价值。

⑶其他产值：建筑业总产值中除建筑工程、安装工程以外的产值。包括房屋构筑物修理产值、非标准设备制造产值、总包企业向分包企业收取的管理费以及不能明确划分的施工活动所完成的产值。

a.房屋构筑物修理产值：指房屋和构筑物修理所完成的产值，但不包括被修理房屋、构筑物本身价值和生产设备的修理价值。

b.非标准设备制造产值：指加工制造没有定型的非标准生产设备的加工费和原材料价值(如化工厂、炼油厂用的各种罐、槽，矿井生产统一使用的各种漏斗、三角槽、阀门等)以及附属加工厂为本企业承建工程制作的非标准设备的价值。

建筑业增加值 指建筑业企业在报告期内以货币形式表现的建筑业生产经营活动的最终成果。

从 2004 年第一次全国经济普查开始，建筑业现价增加值按生产法和分配法(收入法)两种方法计算，以收入法的计算结果为准，即从收入的角度出发，根据生产要素在生产过程中应得的收入份额计算。具体计算方法：经济普查年度建筑业增加值按照《经济普查年度 GDP 核算方案》计算，非经济普查年度建筑业增加值按照《非经济普查年度 GDP 核算方案》计算。

房屋建筑施工面积 指报告期内施工的全部房屋建筑面积，包括本期新开工的房屋建筑面积、上期跨入本期继续施工的房屋建筑面积、上期停缓建在本期恢复施工的房屋建筑面积、本期竣工的房屋建筑面积及本期施工后又停缓建的房屋建筑面积。

房屋建筑竣工面积 指报告期内房屋建筑按照设计要求已全部完工，达到住人和使用条件，经验收鉴定合格或达到竣工验收标准，可正式移交使用的各栋房屋建筑面积的总和。

十三、运输和邮电

13—1 民族自治地方运输、邮电情况

年 份	铁路营业里程（万公里）	公路里程（万公里）	全年铁路货运量（万吨）	全年公路货运量（万吨）	邮电局、所（个）	邮路及农村投递线路（万公里）
1949	0.35	1.14				
1952	0.38	2.59		355	3499	13.13
1957	0.55	6.27		1425	4452	39.72
1962	0.72	12.57			5174	45.73
1965		12.55		4165	5272	36.37
1975		17.71		10695		
1978	0.90	20.80		13448	7222	94.75
1980	0.20	21.16		10266	7136	88.68
1981	1.22	21.21		12059	7121	84.61
1982	1.23	21.65	9999	14960	7226	86.19
1983	1.21	23.00	11014	11885	7482	88.11
1984	1.21	23.54	12066	12864	7578	87.04
1985	1.25	25.41	13101	22013	8075	90.40
1986	1.26	25.09	13212	31628	8809	88.37
1987	1.27	27.57	12283	38566	8219	87.27
1988	1.27	27.68	14045	53937	8276	86.61
1989	1.29	30.05	15599	61385	8443	95.10
1990	1.31	29.37	18078	58371	8436	88.02
1991	1.33	28.67	17066	76352	9589	90.51
1992	1.35	28.30	17651	68366	8509	84.25
1993	1.45	30.84	27038	122362	8422	85.61
1994	1.67	31.19	23117	128162	8814	83.29
1995	1.70	33.21	20385	111060	9076	106.82
1996	1.76	36.33			9082	108.00
1997	1.69	36.49	22250	113947	9836	100.38
1998	1.71	37.64	18909	110164	12664	102.56
1999	1.75	40.26	19294	120064	13564	106.07
2000	1.42	42.36	21248	181784	10893	109.52
2001	1.43	49.57	22734	136983	12574	109.04
2002	1.44	52.70	23045	119536	7855	100.37
2003	1.51	54.78	24246	133128	8812	108.53
2004	1.68	55.67	35285	154040	9049	108.06
2005	1.69	58.96	34170	171842	9321	109.67
2006	1.80	77.28	39932	333614	9110	114.23
2007	1.83	84.25	45027	214636	9171	112.29
2008	2.00	86.35	58892	264528	8814	115.59
2009	2.09	88.01	65509	292338	9124	123.06
2010	2.12	91.19	81690	343776	9083	125.75
2011	2.30	96.14	92350	430562	9064	139.18
2012	2.37	102.46	98221	445176	10358	161.24
2013	2.56	102.99	100804	424938	8142	190.12
2014	2.39	111.97	98692	490947	6909	135.72
2015	3.02	115.53	79847	499828	18486	185.07
2016	3.04	119.77	81932	568789	22500	196.42

注：1.本表未扣除区域变动因素，年度之间不可比。
2.2000年后铁路营业里程指国有铁路营业里程。
3.2002年后邮电局、所数据仅指邮政局所数。

13—2　民族自治地方分地区运输条件(2016年)

单位：公里

地　区	公路线路里　程	#等级路	国有铁路营业里程	内河航道里　程	民用机场数(个)
合　计	**1197652**	**940393**	**30446**	**16779**	**80**
河　北	14965	8113	83		
内 蒙 古	196061	188340	12339	2403	21
辽　宁	15585	13240	167	144	
吉　林	12437	9519	962		1
黑 龙 江	1583		60	146	
浙　江	1967	1955		94	
湖　北	28780	25661	252	728	1
湖　南	26767	15101	492	1284	1
广　东	3277	1494			
广　西	120547	108947	5192	5707	7
海　南	7056	6829	267		
重　庆	17453	14884	241	145	
四　川	76826	56446	20	74	5
贵　州	92920	61533	1433	3651	5
云　南	183365	115404	932	2050	7
西　藏	82096	71356	786		4
甘　肃	22952	19844		211	1
青　海	76990	43847	32	11	5
宁　夏	33940	33767	1320	130	4
新　疆	182085	144113	5869		18

13-3 民族自治地方分地区公路、铁路旅客、货物运输量(2016年)

地 区	客运量合计（万人）	#公 路	#铁 路	货运量合计（万吨）	#公 路	#铁 路
合 计	**334637**	**244621**	**27479**	**679359**	**568789**	**81932**
河 北	1020	970	50	4899	4889	10
内蒙古	15735	10347	5388	186726	130613	56113
辽 宁	3212	4089		10993	11035	
吉 林	4282	3305	829	6303	5581	721
黑龙江		290	65		340	4
浙 江	157	142		189	169	
湖 北	5319	4570	518	4384	4207	12
湖 南	12984	11902	987	7426	6221	1296
广 东	1169	200		497	497	
广 西	48699	39750	8388	160761	128247	5898
海 南	3895	3895		2929	2152	777
重 庆	4229	3974	251	1773	1705	55
四 川	9675	9675		15325	15325	
贵 州	129229	66691	2081	56954	53553	1265
云 南	41915	35934	4678	90965	90141	748
西 藏	1155	889	265	1971	1906	65
甘 肃	4596	4596		3281	3281	
青 海	6460	6499	166	8762	6367	2308
宁 夏	8757	7910	659	43260	37421	5839
新 疆	32148	28993	3155	71961	65139	6822

13-4 民族自治地方分地区公路、铁路旅客、货物周转量(2016年)

地　区	旅客周转量（亿人公里）	#公　路	#铁　路	货物周转量（亿吨公里）	#公　路	#铁　路
合　计	**2952.07**	**2024.24**	**919.88**	**13250.07**	**8304.34**	**3603.76**
河　北	4.62	3.44	1.18	29.65	28.75	0.90
内蒙古	374.97	152.75	222.22	4341.74	2423.64	1918.10
辽　宁	21.83	21.83		43.81	43.81	
吉　林	26.84	26.84		113.18	113.18	
黑龙江		0.93			0.92	
浙　江	0.79	0.79		1.36	1.36	
湖　北	28.00	27.50	0.05	89.73	89.44	
湖　南	54.25	53.27	2.29	68.75	60.37	7.37
广　东	26.76	26.76		2.43	2.43	
广　西	743.83	390.05	351.08	4260.41	2248.46	679.03
海　南	17.90	17.90		16.06	16.06	
重　庆	19.51	18.94	0.57	11.21	10.68	0.08
四　川	75.23	75.23		203.47	203.47	
贵　州	555.39	541.41	8.84	654.23	637.07	9.36
云　南	309.44	279.82	27.84	487.55	472.39	14.74
西　藏	39.78	23.74	16.04	124.63	94.50	30.14
甘　肃	28.57	28.57		53.69	53.69	
青　海	56.59	56.59		124.34	124.34	
宁　夏	109.72	64.42	45.20	819.94	577.56	242.38
新　疆	458.06	213.47	244.58	1803.88	1102.21	701.66

13-5 民族自治地方分地区邮电业情况(2016年)

地 区	邮电业务总量（亿元）	营业网点（处）	邮路总长度（万公里）	农村投递线路（万公里）	移动电话年末用户（万户）	固定电话年末用户（万户）	互联网接入用户（万户）
合 计	**1746.83**	**22500**	**125.49**	**70.94**	**15164.74**	**28545.94**	**2902.94**
河 北	9.88	56	0.40	0.88	147.46	15.13	21.42
内蒙古	276.89	4150	26.66	11.44	2470.80	268.10	417.20
辽 宁	13.66	279	1.60	2.10	118.72	86.51	34.63
吉 林	5.54	146	0.31	0.25	415.55	52.03	47.00
黑龙江	0.32	11	0.14	0.01	7.00	26749.00	1.86
浙 江	0.23	22	0.27	0.27	17.85	1.22	1.19
湖 北	30.96	103	0.42	2.84	353.57	27.70	8.28
湖 南	52.89	1612	1.45	1.44	318.94	27.14	61.09
广 东	2.11	23	0.05	0.04	100.62	4.04	112.22
广 西	452.66	6166	25.29	10.76	3774.20	348.90	790.00
海 南	7.99	204	0.34	0.60	116.24	16.62	16.48
重 庆	10.99	168	0.45	0.33	168.45	19.26	15.28
四 川	76.59	508	3.60	3.36	532.30	77.95	86.13
贵 州	93.05	1186	2.34	7.08	1105.81	90.32	163.55
云 南	256.90	1076	6.20	10.35	1861.29	126.94	467.16
西 藏	36.07	965	5.76	10.40	284.40	38.90	40.20
甘 肃	14.33	209	0.62	0.87	253.68	23.23	13.74
青 海	15.50	373	24.14	1.48	269.36	31.45	25.21
宁 夏	109.93	1297	5.28	0.90	716.40	70.50	111.90
新 疆	280.35	3946	20.18	5.56	2132.10	471.00	468.40

主要统计指标解释

铁路营业里程 又称营业长度，指办理客货运输业务的铁路正线总长度。

公路里程 指报告期末公路的实际长度。统计范围：包括城间、城乡间、乡（村）间能行驶汽车的公共道路，公路通过城镇街道的里程，公路桥梁长度、隧道长度、渡口宽度。不包括城市街道里程，断头路里程，农（林）业生产用道路里程，工（矿）企业等内部道路里程。统计原则：按已竣工验收或交付使用的实际里程计算；两条或多条公路共同经由同一路段的重复里程，只计算一次。

内河航道里程 指在一定时期内，能通航运输船舶及排筏的天然河流、湖泊水库、运河及通航渠道的长度。包括全年季节性通航累计三个月以上的航道，不包括仅供零散流放竹、木排的河道。两省以河为界的航道里程，双方均按一半计算，以免重复。

货（客）运量 指在一定时期内，各种运输工具实际运送的货物重量(旅客数量)。货运按吨计算，客运按人计算。货物不论运输距离长短、货物类别，均按实际重量统计。旅客不论行程远近或票价多少，均按一人一次客运量统计；半价票、儿童票也按一人统计。

货（客）周转量 指在一定时期内，由各种运输工具运送的货物(旅客)数量与其相应运输距离的乘积之总和。该指标可以反映运输业生产的总成果，也是编制和检查运输生产计划，计算运输效率、劳动生产率以及核算运输单位成本的主要基础资料。计算货物周转量通常按发出站与到达站之间的最短距离，也就是计费距离计算。计算公式为：

$$\text{货物（旅客）周转量}=\sum\text{（货物（旅客）运输量}\times\text{运输距离）}$$

邮电、电信业务总量 指以货币形式表示的邮政、电信通信企业为社会提供各类邮政、电信通信服务的总数量。计算方法为各类业务的实物量分别乘以相应的不变单价，求出各类业务的货币量加总求得。没有不变单价的业务按其业务收入直接相加。

移动电话用户 指在电信运营企业营业网点办理开户登记手续，通过移动电话交换机进入移动电话网，占用移动电话号码的各类电话用户。包括各类签约用户、智能网预付费用户、无线上网卡用户。

互联网上网人数 指过去半年内使用过互联网的6周岁及以上中国居民人数。

固定电话用户 指在电信企业营业网点办理开户登记手续并已接入固定电话网上的全部电话用户。包括普通电话用户、无线市话用户、公用电话用户、窄带综合业务数字网（N—ISDN）用户、智能网专用接入终端用户等。

邮路 指各邮电局、所、代办所之间，邮电局、所与代办所、车站、码头、机场、转运站、报刊社之间，有自编或委办人员按固定班期规定路线交换邮件、报刊的路线。包括农村地区运邮兼投递的路线，不包括城市、农村地区纯投递路线。

农村投递路线 指农村局、所自编或委办人员按固定班期、规定路线至农村乡（镇）、行政村等收件单位投递邮件、报刊的路线。

十四、国内贸易

14—1 民族自治地方社会消费品零售总额、国内纯购进总额

单位：亿元

年　份	社会消费品零售总额	国内纯购进总额	#农副产品购进
1952	17.10	4.80	4.46
1957	37.35	24.00	14.37
1965	58.79	42.90	24.51
1975	102.70	82.20	36.74
1978	125.07	103.30	41.97
1980	176.67	131.23	58.09
1981	196.75	145.87	63.73
1982	217.43	163.57	75.05
1983	247.39	185.50	85.55
1984	290.28	199.69	87.16
1985	370.45	237.74	94.31
1986	415.45	277.65	105.92
1987	476.60	360.12	133.50
1988	607.27	497.83	185.76
1989	633.72	554.74	197.82
1990	681.84	618.58	227.01
1991	762.96	696.60	260.52
1992	890.41	744.32	258.28
1993	1205.10	1056.60	153.29
1994	1356.42	2027.85	280.86
1995	1169.29	2541.73	394.75
1996	1867.40	2535.08	385.49
1997	2063.72	2470.81	296.82
1998	2332.10	1406.92	
1999	2378.23	1173.70	
2000	2569.84	1321.45	
2001	2809.35	1420.59	
2002	2832.01	1479.99	
2003	3108.98	1919.62	
2004	3677.93		
2005	4874.17		
2006	5665.30		
2007	6712.45		
2008	8243.07		
2009	9857.15		
2010	11685.76		
2011	13780.51		
2012	15930.13		
2013	17987.68		
2014	20995.95		
2015	22624.62		
2016	24884.44		

注：1998年以后国内纯购进总额为限额以上社会商品购进总额。

14-2 民族自治地方分地区社会消费品零售总额(2016年)

单位：亿元

地区	社会消费品零售总额	批发零售贸易业	餐饮住宿业	其他
合计	**24884.44**	**8682.28**	**1742.30**	**481.02**
河北	221.85	191.78	28.11	1.96
内蒙古	6700.76			
辽宁	442.02	316.68	43.46	
吉林	769.72	608.37	161.35	
黑龙江	19.05			
浙江	27.90	24.80	3.10	
湖北	571.46	127.80	70.81	310.43
湖南	443.04	384.36	58.69	
广东	37.12	32.99	4.13	
广西	7027.31			
海南	117.81	96.78	21.04	
重庆	233.30	206.61	26.68	
四川	766.81	623.50	143.30	
贵州	979.94	680.95	134.16	164.81
云南	1973.72	1485.22	399.16	3.82
西藏	459.41	383.03	76.38	
甘肃	173.07	139.49	33.37	
青海	244.14	213.47	28.99	
宁夏	850.10	707.26	142.84	
新疆	2825.90	2459.19	366.71	

14-3 民族自治地方分地区限额以上批发零售贸易业商品购进、销售、库存总额(2016年)(一)

地　区	法人企业（个）	年末从业人员（人）	购进总额（亿元）	年末库存总额（亿元）
合　计	**12580**	**745071**	**13955.45**	**1582.06**
河　北	74	4748	38.19	3.98
内蒙古	2034	152238	3629.54	570.87
辽　宁	96	3093	29.31	3.02
吉　林	241	12648	292.92	44.59
黑龙江	7	101	1.31	0.40
浙　江	11	2860	86.78	0.42
湖　北	385	19046	266.78	31.25
湖　南	156	9198	107.09	13.10
广　东	56	738	145.21	2.35
广　西	3178	188602	5639.98	470.82
海　南	22	920	4.73	1.07
重　庆	358	9134	174.14	9.42
四　川	299	17856	346.41	36.43
贵　州	819	32560	256.86	48.83
云　南	1511	63063	1510.92	181.16
西　藏	109	10311	175.19	76.33
甘　肃	51	2420	36.63	2.13
青　海	89	4134	105.85	2.04
宁　夏	443	38616	1107.62	83.85
新　疆	2641	172785		

14-3 民族自治地方分地区限额以上批发零售贸易业商品购进、销售、库存总额(2016年)(二)

单位：亿元

地　　区	销售总额	批发合计	零售合计
合　　计	**24089.01**	**16683.51**	**7404.87**
河　　北	41.42	26.10	15.34
内 蒙 古	4145.61	2260.78	1884.82
辽　　宁	43.82	26.11	17.79
吉　　林	372.27	194.41	177.86
黑 龙 江	1.79	0.62	1.18
浙　　江	101.53	99.39	2.13
湖　　北	268.64	143.04	125.60
湖　　南	143.00	72.63	70.07
广　　东	157.11	153.78	3.33
广　　西	6403.21	4424.40	1978.81
海　　南	4.76	2.10	2.66
重　　庆	205.67	84.06	121.61
四　　川	451.74	311.11	140.63
贵　　州	1234.41	716.05	517.94
云　　南	1804.80	1188.12	616.69
西　　藏	227.19	119.33	107.87
甘　　肃	86.04	42.28	43.75
青　　海	126.31	112.48	13.84
宁　　夏	1201.59	811.54	390.04
新　　疆	7068.09	5895.18	1172.90

14—4 民族自治地方分地区限额以上批发零售贸易业企业财务状况(2016年)

单位：亿元

地 区	资产合计	负债合计	企业所有者权益
合 计	**12451.40**	**8919.39**	**3531.69**
河 北	26.58	17.52	9.05
内蒙古	2599.90	1978.94	620.96
辽 宁	20.59	11.94	9.61
吉 林	163.55	111.82	51.74
黑龙江	1.51	1.31	0.21
浙 江	39.30	36.87	2.43
湖 北	130.15	84.48	45.66
湖 南	74.39	42.46	31.93
广 东	20.79	12.63	8.16
广 西	3080.66	2176.87	903.79
海 南	2.84	2.08	0.76
重 庆	84.93	61.67	23.26
四 川	199.45	111.02	88.43
贵 州	802.17	570.05	231.99
云 南	930.66	489.46	441.19
西 藏	133.34	77.88	55.47
甘 肃	6.77	2.20	4.57
青 海	36.01	23.17	11.71
宁 夏	792.16	648.83	143.33
新 疆	3305.65	2458.20	847.46

主要统计指标解释

社会消费品零售总额 指企业（单位、个体户）通过交易售给个人、社会集团非生产、非经营用的实物商品金额，以及提供餐饮服务所取得的收入金额。个人包括城乡居民和入境人员，社会集团包括机关、社会团体、部队、学校、企事业单位、居委会或村委会等。

批发业 指向其他批发或零售单位（含个体经营者）及其他企事业单位、机关团体等批量销售生活用品、生产资料的活动，以及从事进出口贸易和贸易经纪与代理的活动，包括拥有货物所有权，并以本单位(公司)的名义进行交易活动，也包括不拥有货物的所有权，收取佣金的商品代理、商品代售活动；还包括各类商品批发市场中固定摊位的批发活动，以及以销售为目的的收购活动。

零售业 指百货商店、超级市场、专门零售商店、品牌专卖店、售货摊等主要面向最终消费者（如居民等）的销售活动，以互联网、邮政、电话、售货机等方式的销售活动，还包括在同一地点，后面加工生产，前面销售的店铺（如面包房）；谷物、种子、饲料、牲畜、矿产品、生产用原料、化工原料、农用化工产品、机械设备（乘用车、计算机及通信设备除外）等生产资料的销售不作为零售活动；多数零售商对其销售的货物拥有所有权，但有些则是充当委托人的代理人，进行委托销售或以收取佣金的方式进行销售。

批发零售贸易业商品购、销、存总额 指各种登记注册类型的批发和零售业企业(单位)以本企业(单位)为总体的，从国内、国外市场购进的商品总量，销售和出口的商品总量，库存的商品总量等情况。该指标可以反映商品流转过程中商品的购进、销售、库存之间的比例关系和存在的问题。

商品购进额 指从本企业以外的单位和个人购进（包括从国外直接进口）作为转卖或加工后转卖的商品金额（含增值税）。商品购进包括：(1) 从工农业生产者、批发和零售业企业、住宿和餐饮业企业、出版社或报社的出版发行部门和其他服务业企业购进的商品；(2) 从机关团体、事业单位购进的商品；(3) 从海关、市场管理部门购进的缉私和没收的商品；(4) 从居民收购的废旧商品等。不包括：(1) 企业为本单位自身经营用，不是作为转卖而购进的商品，如材料物资、包装物、低值易耗品、办公用品等；(2) 未通过买卖行为而收入的商品，如接受其他部门移交的商品、借入的商品、收入代其他单位保管的商品、其他单位赠送的样品、加工回收的成品等；(3) 经本单位介绍，由买卖双方直接结算，本单位只收取手续费的业务；(4) 销售退回和买方拒付货款的商品；(5) 商品溢余。

商品销售总额 指对本单位以外的单位和个人出售的商品金额（包括售给本单位消费用的商品，含增值税）。商品销售包括：(1) 售给城乡居民和社会集团消费用的商品；(2) 售给农业、工业、建筑业、服务业等国民经济各行业用于生产、经营用的商品，包括售予批发和零售业作为转卖或加工后转卖的商品；(3) 对国（境）外直接出口的商品。不包括：(1) 未通过买卖行为付出的商品，如随机构变动移交给其他企业单位的商品、借出的商品、归还受其他单位委托代保管的商品、付出的加工原料和赠送给其他单位的样品等；(2) 经本单位介绍，由买卖双方直接结算，本单位只收取手续费的业务；(3) 购货退回的商品；(4) 商品损耗和损失；(5) 出售本单位自用的废旧物资。

商品库存额 对于批发和零售业法人单位和个体经营户，是指报告期末取得所有权的全部商品金额（含增值税）；对于批发和零售业产业活动单位，是指报告期末实际在库且归属法人具有所有权的全部商品金额（含增值税）。库存商品包括：(1)存放在本单位(如门市部、批发站、采购站、经营处)的仓库、货场、货柜和货架中的商品；(2)挑选、整理、包装中的商品；(3)已记入购进而尚未运到本单位的商品，即发货单或银行承兑凭证已到而货未到的商品；(4)寄放他处的商品，如因购货方拒绝付款而暂时存在购货方的商品；(5)委托其他单位代销(未作销售或调出)尚未售出的商品；(6)代其他单位购进尚未交付的商品。不包括：所有权不属于本单位的商品；委托外单位加工的商品；外贸企业代理其他单位从国外进口，尚未付给订货单位的商品；代国家储备部门保管的商品。

限额以上批发零售贸易业、餐饮业统计限额标准 批发业，年末从业人员 20 人及以上，年销售额 2000 万元及以上；零售业，年末从业人员 60 人及以上，年销售额 500 万元及以上；餐饮业，年末从业人员 40 人及以上，年销售额 200 万元及以上。

十五、对外经济贸易

15–1　民族自治地方分地区对外贸易和利用外资情况

单位：万美元

年份 地区	进出口总额	进口总额	出口总额	当年新签利用外资协议（合同）项目（个）	本年实际利用外资额	年末实有外商投资企业（户）
1997	670200	213000	457200	1132	164000	6416
1998	613000	211800	401200	874	130600	7503
1999	621900	245000	376900	775	141100	6029
2000	856410	359631	496779	1137	150441	5942
2001	757372	354831	402541	1162	164514	5366
2002	1010576	460291	550285	794	167082	5252
2003	1357730	573371	784359	1036	200541	3203
2004	1733122	809524	923599	1002	185468	5310
2005	2214873	951257	1263616	969	265772	5637
2006	2752293	1035358	1718724	753	340745	2931
2007	3818965	1353481	2465484	1009	416601	5520
2008	5313640	1634242	3679399	669	693933	5073
2009	4158091	1500897	2657194	903	547223	5618
2010	5332648	2018237	3314412	871	679044	12919
2011	6984261	2727511	4256750	895	671598	11720
2012	8211217	3081398	5129819	496	713917	10259
2013	9265293	3161500	6087708	1927	953712	8612
2014	10810032	3562562	7245852	1592	713898	4080
2015	10329875	3862039	6467835	534	679395	10470
2016	9679427	4225556	5453862	654	714908	11238
合　计	**9679427**	**4225556**	**5453862**	**654**	**714908**	**11238**
河　北	10460	607	9853	1	11587	47
内蒙古	1164030	724431	439599	50	396672	3362
辽　宁	26701	1108	25593	6	554	31
吉　林	219694	106170	113524	34	9465	589
黑龙江	38		38			
浙　江	9151	265	8886		850	5
湖　北	62730		62730		4910	127
湖　南	23250	1806	21435	7	10019	22
广　东	28705	13818	14887		956	8
广　西	4762743	2470102	2292641	139	88845	4485
海　南						5
重　庆	25486	20	25466		100	
四　川	10017	3029	6988	3	4275	2
贵　州	30509	367	30142	12	72244	12
云　南	1136134	590186	545948	299	17840	339
西　藏	78192	31020	47173			236
甘　肃	1984	184	1800			
青　海	579	310	268			
宁　夏	325249	76574	248675	29	56516	584
新　疆	1763774	205558	1558217	74	40076	1384

注：进出口总额按经营单位所在地分。

主要统计指标解释

货物进出口总额 指实际进出我国国境的货物总金额。包括对外贸易实际进出口货物，来料加工装配进出口货物，国家间、联合国及国际组织无偿援助物资和赠送品，华侨、港澳台同胞和外籍华人捐赠品，租赁期满归承租人所有的租赁货物，进料加工进出口货物，边境地方贸易及边境地区小额贸易进出口货物，中外合资企业、中外合作经营企业、外商独资经营企业进出口货物和公用物品，到、离岸价格在规定限额以上的进出口货样和广告品(无商业价值、无使用价值和免费提供出口的除外)，从保税仓库提取在中国境内销售的进口货物，以及其他进出口货物。该指标可以观察一个国家在对外贸易方面的总规模。我国规定出口货物按离岸价格统计，进口货物按到岸价格统计。

进口 指直接从国外进口的商品和委托外贸部门代理进口的商品，不包括从国内有关单位（包括对外贸易部门和其他单位）购进的进口商品。对外贸易企业只统计自主经营进口的商品，不包括受托代理进口的商品。

出口 指直接向国（境）外出口商品和委托外贸部门代理出口的商品，不包括售给外贸部门出口或加工后出口的商品以及在国内市场以外币销售的商品。

商品经营单位所在地进、出口额 指在所在地海关注册登记的有进出口经营权的企业实际进、出口额。

商品目的地进口额和商品货源地出口额 目的地进口额指进口货物的消费、使用或最终抵运地的实际进口额；货源地出口额指出口货物的产地或原始发货地的实际出口额。

外商直接投资 是指外国投资者在我国境内通过设立外商投资企业、合伙企业、与中方投资者共同进行石油资源的合作勘探开发以及设立外国公司分支机构等方式进行投资。外国投资者可以用现金、实物、无形资产、股权等投资，还可以用从外商投资企业获得的利润进行再投资。

外商其他投资 指除对外借款和外商直接投资以外的各种利用外资的形式。包括企业在境内外股票市场公开发行的以外币计价的股票发行价总额，国际租赁进口设备的应付款，补偿贸易中外商提供的进口设备、技术、物料的价款，加工装配贸易中外商提供的进口设备、物料的价款。

对外直接投资 指我国企业、团体等(简称境内投资主体）在国外及港澳台地区以现金、实物、无形资产等方式投资，并以控制国(境)外企业的经营管理权为核心的经济活动。对外直接投资的内涵主要体现在一经济体通过投资于另一经济体而实现其持久利益的目标。

十六、旅　游

16-1 民族自治地方分地区世界遗产情况(2016年)

单位：个

地区	世界自然遗产	世界文化遗产	世界自然与文化遗产	人类口述和非物质遗产
全国	**11**	**35**	**4**	**26**
合计	6	4		10
河北				
内蒙古		1		2
辽宁				
吉林				
黑龙江				1
浙江				
湖北				
湖南				
广东				
广西				
海南				
重庆				
四川	3			
贵州	1			1
云南	2	1		
西藏		1		2
甘肃				1
青海				1
宁夏				
新疆		1		2

16-2 民族自治地方分地区重点文物保护单位(2016年)

单位：个

地 区	全国重点文物保护单位	古遗址	古墓葬	古建筑及历史纪念建筑物	近现代重要史迹及代表性建筑	石窟寺石 刻及其他
合 计	**512**	**222**	**82**	**127**	**55**	**26**
河 北						
内蒙古	119	70	21	21	5	2
辽 宁	14	8	6			
吉 林	14	9	4	1		
黑龙江						
浙 江	1			1		
湖 北	13	9		2	1	1
湖 南	11	1	1	4	3	2
广 东						
广 西	51	16	2	12	18	3
海 南		1			1	
重 庆	2	1			1	
四 川	20	5	1	10	3	1
贵 州	21	2	6	9	4	
云 南	49	11	2	22	10	4
西 藏	37	5	4	27	1	
甘 肃	18	13		1	1	3
青 海	21	8	4	5	3	1
宁 夏	27	14	3	7	1	2
新 疆	92	49	28	5	3	7

16-3 民族自治地方分地区国家A级旅游区（2016年）

单位：个

地区	国家AAAAA级旅游区	国家AAAA级旅游区	国家AAA级旅游区	国家AA级旅游区	国家A级旅游区
合计	**51**	**182**	**147**	**206**	**46**
河北		3	3	4	
内蒙古	4	28	29	41	7
辽宁	1	10	4	10	5
吉林	2	1	7	10	1
黑龙江				3	
浙江				2	
湖北	3	3	2	9	
湖南		5	5	2	
广东					
广西	5	46	36	5	
海南	2	1			
重庆	1	1		3	
四川	5	7			
贵州	2	3		3	
云南	5	22	13	50	8
西藏	4	9	1	2	1
甘肃		6	2	6	1
青海	1	7	11	3	
宁夏	4	13	3	8	1
新疆	12	17	31	45	22

16-4 民族自治地方分地区国家级重点风景名胜区和全国历史文化名城、名镇、名村(2016年)

单位：个

地　区	国家级风景名胜区	全国历史文化名城	全国历史文化名镇	全国历史文化名村
合　计	50	26	36	53
河　北		1		
内蒙古	2	1	4	2
辽　宁	2		1	
吉　林	2			1
黑龙江				
浙　江			1	
湖　北			1	5
湖　南	4	1	4	5
广　东				1
广　西	3	3	7	9
海　南				
重　庆			2	
四　川	4	1		1
贵　州	11	2	3	10
云　南	9	5	6	6
西　藏	4	3	2	3
甘　肃		2	1	
青　海	1	1	1	5
宁　夏	2	1		1
新　疆	6	5	3	4

16-5 民族自治地方分地区国家重点自然保护区(2016年)

地 区	国家重点自然保护区(个)	面 积(千公顷)
合 计	**121**	**81421.93**
河 北	3	77.97
内蒙古	23	3924.90
辽 宁	3	33.69
吉 林	7	508.18
黑龙江		
浙 江		
湖 北	4	183.70
湖 南	1	24.80
广 东		
广 西	15	286.20
海 南	4	81.97
重 庆		
四 川	11	1730.60
贵 州	5	152.31
云 南	12	951.48
西 藏	9	37153.10
甘 肃	4	2015.12
青 海	5	20252.50
宁 夏	6	439.21
新 疆	9	13606.20

16-6 民族自治地方分地区旅行社单位数和旅游人数(2016年)

地　区	旅行社数（个）	旅游人次合计（万人次）	国际旅游	国内旅游
合　计	**3214**	**139488.3**	**2906.4**	**137828.4**
河　北	14	686.9	0.3	686.6
内蒙古	976	9805.3	177.9	9627.4
辽　宁	54	2228.9	3.1	2227.1
吉　林	180	2271.7	71.8	2200.0
黑龙江	6	112.0		112.0
浙　江	4	780.5	1.1	779.3
湖　北	85	5310.5	46.8	5263.7
湖　南	51	2032.0	47.3	1978.8
广　东	10	745.3		745.3
广　西	722	40882.5	482.5	40400.0
海　南	17	1131.9	7.6	1124.3
重　庆	23	3826.5	2.6	3823.9
四　川	59	9921.2	1134.9	9898.1
贵　州	153	18780.1	62.6	18717.4
云　南	299	21795.3	606.0	21189.2
西　藏	13	2315.9	32.2	2283.8
甘　肃	26	2792.9	15.1	2777.8
青　海	47	3807.3	3.6	3943.2
宁　夏	121	2160.0	10.4	2149.6
新　疆	354	8101.5	200.5	7901.0

16-7 民族自治地方分地区旅游收入(2016年)

地　　区	国际旅游收入（万美元）	国内旅游收入（亿元）
合　　计	**714033.3**	**15184.5**
河　　北	306.6	47.3
内 蒙 古	113903.0	2635.6
辽　　宁	2603.4	472.8
吉　　林	33516.0	325.4
黑 龙 江		3.9
浙　　江	436.2	41.9
湖　　北	6116.1	376.1
湖　　南	6858.1	338.9
广　　东		48.4
广　　西	216427.0	4048.0
海　　南	1111.4	41.3
重　　庆		173.8
四　　川	5253.4	803.1
贵　　州	17808.3	1481.7
云　　南	194191.7	2237.6
西　　藏	19439.0	318.8
甘　　肃	1473.1	108.4
青　　海	531.7	136.5
宁　　夏	4058.2	205.0
新　　疆	90000.0	1340.0

主要统计指标解释

旅游人数 包括入境国际旅游者人数、出境居民人数和国内旅游者人数。

入境游客 指报告期内来中国（大陆）观光、度假、探亲访友、就医疗养、购物、参加会议或从事经济、文化、体育、宗教活动的外国人、港澳台同胞等游客（即入境旅游人数）。统计时，入境游客按每入境一次统计 1 人次。入境旅游人数包括入境过夜游客和入境一日游游客。

出境人数（出境游客） 指中国（大陆）居民因公或因私出境前往其他国家、中国香港特别行政区、澳门特别行政区和台湾省观光、度假、探亲访友、就医疗养、购物、参加会议或从事经济、文化、体育、宗教活动的人数（即出境游客）。统计时，出境游客按每出境一次统计 1 人次。

国内游客 指报告期内在中国（大陆）观光游览、度假、探亲访友、就医疗养、购物、参加会议或从事经济、文化、体育、宗教活动的中国（大陆）居民人数，其出游的目的不是通过所从事的活动谋取报酬。统计时，国内游客按每出游一次统计 1 人次。

国际旅游(外汇)收入 指入境游客在中国（大陆）境内旅行、游览过程中用于交通、参观游览、住宿、餐饮、购物、娱乐等全部花费。

国内旅游收入(旅游总花费) 指国内游客在国内旅行、游览过程中用于交通、参观游览、住宿、餐饮、购物、娱乐等全部花费。

国际旅行社 指经营对外招徕并接待外国人、华侨、港澳同胞和台湾同胞来中国、归国或回内地旅游业务的旅行社。

国内旅行社 指负责经营招徕、组团、接待国内旅客的旅游业务，以及不对外招徕，负责经营接待国际旅行社或其他涉外部门组织的外国人、华侨、港澳同胞和台湾同胞来中国、归国或回内地旅游业务的旅行社。

十七、银行和金融

17−1 民族自治地方金融机构存贷款年末余额

单位：亿元

年 份	各项存款	各项贷款
1989	824.19	1041.28
1990	1048.99	1449.71
1991	1226.48	1525.62
1992	1671.64	2012.49
1993	2048.81	2451.69
1994	2654.01	2961.95
1995	3865.71	4035.72
1996	4483.19	4728.59
1997	5325.62	5770.71
1998	5975.78	6188.96
1999	6918.26	6738.41
2000	7905.79	6548.01
2001	8954.49	7288.37
2002	10238.64	8039.72
2003	11749.93	9339.76
2004	13545.97	10613.63
2005	16323.84	11299.73
2006	19897.89	13419.65
2007	24208.78	15696.98
2008	30144.33	19318.35
2009	37097.90	24493.96
2010	46621.78	30578.95
2011	54671.94	37299.12
2012	64118.39	44516.93
2013	72956.77	52450.98
2014	66684.90	51456.19
2015	86180.05	66136.83
2016	103383.77	79876.69

注：1997年以前的信贷数为国家银行信贷数，1998年以后为全部金融机构数。

17-2 民族自治地方分地区金融机构信贷(2016年)

单位：亿元

地区	各项存款	各项贷款
合计	**103383.77**	**79876.69**
河北	922.24	785.50
内蒙古	21165.62	19361.01
辽宁	1162.39	632.66
吉林	1967.64	1250.99
黑龙江		
浙江	93.84	42.14
湖北	1452.26	818.29
湖南	1651.13	833.62
广东	172.17	79.61
广西	25257.56	20175.77
海南	691.87	391.44
重庆	783.00	491.41
四川	3029.01	1382.26
贵州	5332.43	3459.03
云南	8495.68	5264.05
西藏	4371.55	3045.77
甘肃	997.38	782.01
青海	1648.83	860.53
宁夏	5441.54	5667.89
新疆	18747.64	14552.71

17－3　民族自治地方上市公司股本结构及主要财务指标（一）

指　标	2000年	2001年	2002年	2003年	2004年	2006年	2007年	2008年
上市公司数目（家）	**77**	**84**	**87**	**95**	**98**	**100**	**102**	**106**
A股上市公司	76	83	86	94	96	98	101	104
B股上市公司	1	1	1	1	2	2	1	2
A、B股上市公司								
总股本（亿股）	**171.42**	**207.76**	**237.09**	**266.15**	**305.73**	**488.97**	**431.47**	**525.52**
主要财务指标（亿元）								
资产总额	865.32	1130.03	1394.94	1740.22	2084.15	2706.59	3499.36	4166.06
所有者权益合计	474.28	562.33	640.89	711.40	790.75	928.46	1220.79	1447.81
营业收入	331.63	468.72	598.93	808.65	1061.60	1609.15	2088.04	2706.37
利润总额	92.91	109.76	145.12	185.04	234.23	328.23	221.12	152.17
净利润	41.48	31.06	32.06	26.82	32.19	70.24	141.55	97.78
每股收益（元）						0.32	0.33	15.30
净资产收益率（%）	8.75	5.52	5.00	3.77	4.07	7.57	11.60	6.75

17－3　民族自治地方上市公司股本结构及主要财务指标（二）

指　标	2009年	2010年	2011年	2012年	2013年	2014年	2015年	2016年
上市公司数目（家）	**111**	**111**	**117**	**125**	**124**	**122**	**123**	**125**
A股上市公司	109	109	115	123	122	2	121	123
B股上市公司	2	2	2	2	2		2	2
A、B股上市公司								
总股本（亿股）	**437.25**	**729.95**	**834.85**	**830.19**	**888.62**	**1123.71**	**1556.96**	**1293.97**
主要财务指标（亿元）								
资产总额	3839.89	4146.09	7894.34	8846.31	9651.69	12563.50	16045.99	12821.27
所有者权益合计	1288.68	1345.76	2988.67	3401.07	3648.37	4363.66	5496.91	4243.29
营业收入	2231.63	2729.53	4879.50	4789.87	4805.97	5429.45	5303.87	3593.90
利润总额	147.67	779.22	342.79	324.58	309.17	318.17	240.74	267.09
净利润	92.90	263.42	276.19	269.84	255.05	249.66	173.10	206.92
每股收益（元）	0.24	0.62	1.16	0.95	0.88	0.22	0.10	0.27
净资产收益率（%）	7.21	19.57	9.24	7.93	6.99	5.72	3.15	4.88

17-4 民族自治地方分地区上市公司数(2016年)

地区	总计(个)	A股上市公司	B股上市公司
合计	**125**	**123**	**2**
河北			
内蒙古	25	23	2
辽宁			
吉林	1	1	
黑龙江			
浙江			
湖北			
湖南	1	1	
广东			
广西	30	30	
海南			
重庆			
四川	1	1	
贵州			
云南	3	3	
西藏	10	10	
甘肃			
青海	2	2	
宁夏	12	12	
新疆	40	40	

17−5 民族自治地方分地区上市公司主要财务指标(2016年)(一)

地 区	总股本(亿股)	资产总额(亿元)	所有者权益合计(亿元)	营业收入(亿元)
合 计	**1293.97**	**12821.27**	**4243.29**	**3593.90**
河 北				
内蒙古	772.74	7756.36	2310.38	1945.98
辽 宁				
吉 林	5.34	4.72	3.05	4.12
黑龙江				
浙 江				
湖 北				
湖 南	3.25	23.61	18.55	6.55
广 东				
广 西	203.42	2032.05	638.51	641.70
海 南				
重 庆				
四 川	3.65	24.15	12.29	9.01
贵 州				
云 南	10.31	57.43	38.65	26.87
西 藏	77.62	486.80	254.20	222.02
甘 肃				
青 海	23.07	861.09	288.36	118.01
宁 夏	83.50	593.91	277.93	233.70
新 疆	111.08	981.15	401.38	385.95

17−5 民族自治地方分地区上市公司主要财务指标(2016年)(二)

地区	利润总额(亿元)	净利润(亿元)	每股收益(元)	净资产收益率(%)
合计	**267.09**	**206.92**	**0.27**	**4.88**
河北				
内蒙古	155.54	125.86	0.16	0.05
辽宁				
吉林	0.15	0.12	0.01	0.02
黑龙江				
浙江				
湖北				
湖南	1.12	0.97	0.33	0.06
广东				
广西	47.56	35.05	0.31	0.10
海南				
重庆				
四川	0.74	0.56	0.15	0.05
贵州				
云南	5.35	4.49	0.40	0.11
西藏	34.55	30.62	0.37	0.11
甘肃				
青海	7.88	4.20	0.24	0.02
宁夏	-6.52	-9.79	-0.12	-0.03
新疆	20.73	14.84	1.16	0.32

17-6 民族自治地方上市公司总股本及财务指标(2016年)(一)

上市公司名称	总股本 (亿股)	资产总额 (万元)	所有者权益合计 (万元)	营业收入 (万元)
内蒙古	**773**	**77563638**	**23103821**	**19459783**
金河生物	6	266234	158413	149569
蒙草抗旱	10	702313	307681	286051
内蒙君正	84	1803194	1367700	571405
东宝生物	5	83313	71886	31659
金宇集团	6	434771	375266	151702
内蒙华电	58	3968276	1350576	918583
伊利股份	61	3926227	2323589	6031201
四海股份	3	41679	19504	2983
包钢股份	326	14143972	4744120	3102818
*ST明科	4	126241	88936	2824
包钢稀土	36	1562164	979856	511316
华资实业	5	256763	219858	3667
平庄能源	10	530880	408512	216667
福瑞股份	3	240664	182548	82699
北方股份	2	209201	91224	88305
兴业矿业	19	976278	486686	86571
北方创业	17	1407403	730319	1005989
西水股份	11	30586610	2702566	
亿利能源	21	2329518	1047371	1104717
鄂尔多斯	10	4526444	1401679	1659121
伊泰B股	33	7094160	2856830	2285850
远兴能源	39	2223343	975913	913594
兰太实业	4	123990	212786	252492
露天煤业	16	1395109	955609	550079
鄂资B股	10	4526444	1401679	1659121
吉　林	**5**	**47163**	**30467**	**41240**
*ST石岘	5	47163	30467	41240
湖　南	**3**	**236080**	**185482**	**65485**
酒鬼酒	3	236080	185482	65485
广　西	**324**	**28259822**	**10857187**	**11561282**
百洋股份	2	191420	112160	206853
丰林集团	5	220788	179513	124909
八菱科技	3	247266	207233	87840

17-6(一)　续表 1

上市公司名称	总股本 (亿股)	资产总额 (万元)	所有者权益合计 (万元)	营业收入 (万元)
桂冠电力	61	3955086	1513524	856498
五洲交通	8	1141864	305461	128978
南化股份	2	96644	23112	7174
南宁百货	5	224262	106185	220716
阳光股份	7	980094	369221	63956
*ST南纺	3	171395	28911	84794
南宁糖业	3	669903	160645	358882
两面针	6	327685	201219	156184
柳化股份	4	369918	-2451	207641
莱茵生物	4	243127	84582	57145
广陆数测	8	278668	160991	57462
柳钢股份	26	2081190	463490	2665040
柳工	11	2058410	884739	700540
国海证券	42	6796135	1433378	383758
桂林旅游	4	266674	153141	48624
中恒集团	35	648946	532544	167006
索芙特	8	569133	500152	127734
*ST河化	3	78518	-8910	39833
*ST国发	5	95771	68879	45541
北海港	10	1226422	738926	299454
银河科技	11	288653	211191	120460
桂东电力	8	1100453	304778	521262
皇氏乳业	8	520245	289972	244643
桂林三金	6	286985	242559	152522
贵糖股份	7	341917	263220	179212
恒逸石化	16	2753430	1321343	3241934
北生药业	4	28819	7481	4688
四　川	**4**	**241489**	**122872**	**90075**
西昌电力	4	241489	122872	90075
云　南	**10**	**574282**	**386471**	**268667**
文山电力	5	263572	159299	183627
丽江旅游	4	277774	225438	77968
景谷林业	1	32936	1734	7072

17-6(一) 续表 2

上市公司名称	总股本（亿股）	资产总额（万元）	所有者权益合计（万元）	营业收入（万元）
西　藏	**78**	**4868040**	**2541966**	**2220173**
海思科	11	371435	226455	143561
西藏药业	1	229068	65819	79681
西藏天路	7	675050	311290	250126
ST珠峰	7	194730	129877	147676
西藏旅游	2	132495	53801	12625
西藏城投	7	927128	272478	275087
梅花集团	31	1698301	929683	1109277
奇正藏药	4	207569	175136	96835
西藏发展	3	140108	126608	35745
西藏矿业	5	292155	250818	69561
青　海	**23**	**8610857**	**2883594**	**1180134**
青青稞酒	5	316268	246441	143720
盐湖股份	19	8294589	2637153	1036414
宁　夏	**83**	**5939145**	**2779298**	**2337035**
大元股份	5	395442	290398	42967
宁夏恒力	7	334594	90266	278505
赛马实业	5	783582	448918	368890
新华百货	2	445250	187278	704897
ST广夏	15	504940	393671	46313
美利纸业	7	199608	199608	58736
中银绒业	18	1160841	187819	331247
银星能源	7	1001509	293492	144256
英力特	3	333009	289510	159605
东方钽业	4	148876	148876	87114
*ST西轴	7	120056	66252	35570
青龙管业	3	84678718	26117253	31351891
新　疆	**111**	**9811492**	**4013847**	**3859460**
天山生物	2	85537	40104	37521
新疆浩源	4	107341	91168	34807
新研股份	15	806017	590301	179141
新疆天业	7	852733	429380	559739
啤酒花	6	726963	592629	899657
广汇股份	52	4333267	1300452	419435
美克股份	6	514272	320454	346651

17-6(一) 续表 3

上市公司名称	总股本（亿股）	资产总额（万元）	所有者权益合计（万元）	营业收入（万元）
新疆城建	7	1005817	199768	319068
八一钢铁	8	1101151	219749	988984
百花村	4	278393	229842	74457
友好集团	3	599217	120985	611150
新疆众和	6	969782	328259	554688
国际实业	5	311625	220402	52320
渤海租赁	62	21663210	3773688	2425755
宏源证券				
天山纺织	2	392693	375156	144300
天山股份	9	1847211	678038	500126
新中基	8	241264	76028	58818
中泰化学	21	4666826	1668193	2336232
天康生物	10	449082	270425	444414
北新路桥	6	1537082	281542	652642
ST天宏	1	116213	78335	87518
天富热电	9	1940865	487968	363604
天利高新	46	8945604	1657702	5065944
伊力特	4	271605	193438	169295
新农开发	4	280266	66137	156219
特变电工	32	7499331	2741655	4011749
中粮屯河	21	1898073	678066	1355715
新赛股份	5	252721	53364	105026
冠农股份	8	373283	211713	153749
ST香梨	1	28310	26752	6503
青松建化	14	999874	413046	180236
金风科技	27	6443716	2069879	2639583
国统股份	1	214508	96377	60073
准油股份	2	91521	34253	22371
西部建设	10	1414967	464471	1152949
*ST中葡	11	361528	243109	26463
光正钢构	5	162051	80879	49930
西部牧业	2	277289	109397	66458
新研股份	15	806017	590301	179141

17-6 民族自治地方上市公司总股本及财务指标(2016年)(二)

上市公司名称	利润总额（万元）	净利润（万元）	每股收益（元）	净资产收益率（%）
内蒙古	**1555380**	**1258583**	**0.16**	**0.05**
金河生物	21532	17423	0.26	0.11
蒙草抗旱	45283	36982	0.35	0.56
内蒙君正	180414	158349	0.19	0.12
东宝生物	2279	1923	0.04	0.03
金宇集团	77954	64276	1.11	0.17
内蒙华电	79465	59536	0.06	0.03
伊利股份	663207	566904	0.93	0.25
四海股份	1158	513	0.02	0.03
包钢股份	32880	8513		
*ST明科	1502	1502	0.03	0.02
包钢稀土	30980	8028	0.02	0.01
华资实业	866	991	0.02	
平庄能源	-31599	-32361	-0.32	-0.08
福瑞股份	18688	14813	0.46	0.08
北方股份	1735	1723	0.10	0.02
兴业矿业	15001	8920	0.06	0.02
北方创业	55534	49615	0.32	0.07
西水股份	757	33148	0.03	
亿利能源	51302	39208	0.12	0.03
鄂尔多斯	87687	57855	0.26	0.04
伊泰B股	256487	212536	0.61	0.08
远兴能源	-51522	-63360	-0.16	-0.06
兰太实业	13788	11545	0.19	0.04
露天煤业	95420	82687	0.50	0.09
鄂资B股	87687	57855	0.26	0.04
吉　林	**1474**	**1161**	**0.01**	**0.02**
*ST石岘	1474	1161	0.01	0.02
湖　南	**11193**	**9702**	**0.33**	**0.06**
酒鬼酒	11193	9702	0.33	0.06
广　西	**828841**	**648048**	**0.31**	**0.10**
百洋股份	7811	6724	0.34	0.06
丰林集团	9068	9034	0.19	0.05
八菱科技	14422	12853	0.45	0.06

17-6(二) 续表 1

上市公司名称	利润总额（万元）	净利润（万元）	每股收益（元）	净资产收益率（%）
桂冠电力	347833	290608	0.43	0.20
五洲交通	23207	19063	0.27	0.07
南化股份	-1956	-1956	0.03	0.02
南宁百货	-3166	-3428	-0.06	-0.03
阳光股份	-37398	-43889	-0.62	-0.16
*ST南纺	1701	1540	0.07	0.05
南宁糖业	3335	2004	0.06	0.01
两面针	428	-668	0.05	0.01
柳化股份	-79951	-81624	-2.04	-
莱茵生物	8109	6955	0.16	0.08
广陆数测	8972	7009	0.08	0.04
柳钢股份	22237	19644	0.08	0.04
柳工	11804	4757	0.04	0.01
国海证券	142597	106577	0.24	0.07
桂林旅游	-3491	-4675	0.02	
中恒集团	60779	48933	0.14	0.09
索芙特	40534	32051	0.46	0.06
*ST河化	-14176	-14176	-0.48	--
*ST国发	-4852	-4905	-0.07	-0.05
北海港	56062	48021	0.47	0.07
银河科技	3636	1642	0.01	0.01
桂东电力	27712	23777	0.25	0.08
皇氏乳业	34009	32720	0.35	0.11
桂林三金	47957	39366	0.67	0.16
贵糖股份	4913	3874	0.06	0.01
恒逸石化	99211	88865	0.61	0.08
北生药业	-2507	-2650	-0.07	-0.35
四　川	**7408**	**5587**	**0.15**	**0.05**
西昌电力	7408	5587	0.15	0.05
云　南	**53539**	**44917**	**0.40**	**0.11**
文山电力	18723	15938	0.33	0.10
丽江旅游	31348	25511	0.53	0.10
景谷林业	3468	3468	0.26	1.66

17-6(二)　续表 2

上市公司名称	利润总额（万元）	净利润（万元）	每股收益（元）	净资产收益率（%）
西　藏	**345453**	**306231**	**0.37**	**0.11**
海思科	50008	45265	0.42	0.20
西藏药业	22203	19940	1.36	0.30
西藏天路	38499	34823	0.38	0.11
ST珠峰	76599	64733	1.00	0.50
西藏旅游	-9819	-9827	-0.50	-0.18
西藏城投	8681	6154	0.10	0.03
梅花集团	116510	106717	0.34	0.11
奇正藏药	31376	28779	0.71	0.17
西藏发展	4622	3979	0.03	0.01
西藏矿业	6774	5671	0.04	0.01
青　海	**78824**	**41984**	**0.24**	**0.02**
青青稞酒	29883	21024	0.48	0.09
盐湖股份	48941	20959	0.18	0.01
宁　夏	**-65230**	**-97885**	**-0.12**	**-0.03**
大元股份	2977	3196	0.11	0.01
宁夏恒力	-18237	-18780	-0.28	-0.24
赛马实业	14087	9548	0.12	0.01
新华百货	8061	3501	0.28	0.03
ST广夏	1611	826	0.01	
美利纸业	960	395	0.01	
中银绒业	-96772	-106144	-0.59	-0.57
银星能源	2217	1810	0.02	
英力特	14852	10979	0.36	0.04
东方钽业	10419	2925	0.07	0.02
*ST西轴	-8443	-8443	-0.11	-0.13
青龙管业	1948518	1514774	0.06	0.01
新　疆	**207306**	**148398**	**1.16**	**0.32**
天山生物	-18672	-18342	-0.72	-0.38
新疆浩源	9479	7866	0.19	0.09
新研股份	29098	24508	0.17	0.04
新疆天业	60082	44201	0.89	0.13
啤酒花	75244	55126	0.38	0.09
广汇股份	24199	14457	0.04	0.02
美克股份	39696	33080	0.51	0.10

17-6(二) 续表 3

上市公司名称	利润总额（万元）	净利润（万元）	每股收益（元）	净资产收益率（%）
新疆城建	-25408	-21827	-0.34	-0.12
八一钢铁	3710	3710	0.05	0.02
百花村	9878	5618	0.49	0.06
友好集团	-40825	-39847	-1.28	-0.33
新疆众和	4441	3782	0.06	0.01
国际实业	4842	3587	0.07	0.02
渤海租赁	330292	284121	0.37	0.07
宏源证券				
天山纺织	77698	65920	0.67	0.18
天山股份	5530	1899	0.11	0.02
新中基	-26903	-26867	-0.33	-0.31
中泰化学	225882	193621	0.95	0.11
天康生物	42619	38988	0.41	0.15
北新路桥	5661	3091	0.07	0.02
ST天宏	10054	8475	0.76	0.11
天富热电	38073	30697	0.35	0.07
天利高新	190406	125111	0.28	0.08
伊力特	40205	27739	0.63	0.14
新农开发	-17772	-17837	-0.40	-0.23
特变电工	299049	250619	0.68	0.09
中粮屯河	66761	51046	0.25	0.08
新赛股份	-71482	-71664	-1.01	-0.77
冠农股份	5620	5079	0.03	0.01
ST香梨	-801	-863	-0.06	-0.03
青松建化	-72469	-74492	-0.42	-0.14
金风科技	355196	310573	1.08	0.15
国统股份	1173	444	0.11	0.01
准油股份	-9075	-9172	-0.38	-0.27
西部建设	43071	32099	0.31	0.07
*ST中葡	1283	1187	0.01	0.01
光正钢构	1361	813	0.01	0.01
西部牧业	-5083	-4677	-0.26	-0.05
新研股份	29098	24508	0.17	0.04

主要统计指标解释

信贷资金 指金融机构以信用方式积聚和分配的货币资金。金融机构信贷资金的来源有各项存款、金融债券、对国际金融机构负债、流通中现金、其他项目等；信贷资金的运用有各项贷款、有价证券及投资、黄金占款、外汇买卖、财政借款及在国际金融机构中的资产等。

存款 指企业、机关、团体或居民根据资金必须收回的原则，把货币资金存入银行或其他信贷机构保管并取得一定利息的一种信用活动形式。根据存款对象或性质的不同可划分为住户存款、非金融企业存款、政府存款、非银行业金融机构存款等科目。它是银行信贷资金的主要来源。

贷款 指银行或其他信贷机构根据资金必须归还的原则，按一定利率，为企业、个人等提供资金的一种信用活动形式。我国银行贷款分为短期贷款、中长期贷款、融资租赁、票据融资、各项垫款、境外贷款等。

十八、教育和科技

18-1 民族自治地方各类学校

单位：所

年 份	高等学校	中等学校	#中等专业学校	#普通中学	小 学
1952	11	531			59597
1957	14	1115			57480
1965	37	4777			140056
1975	35	8353			121110
1978	56	14277			142865
1979	63	12249	545	11704	139256
1980	63	11765	588	11177	131123
1981	67	11072	563	10509	117581
1982	68	11056	586	10470	114164
1983	76	11493	516	10977	119418
1984	74	11406	567	10839	117643
1985	86	11644	560	11084	121712
1986	93	11677	547	11130	119874
1987	100	11849	541	11308	119879
1988	101	12038	583	11455	119614
1989	106	14441	815	11626	120118
1990	105	12273	648	11625	117717
1991	104	12882	571	11563	103139
1992	102	12148	560	11588	99916
1993	101	12051	570	11481	97858
1994	104	12677	559	11880	99160
1995	105	13550	584	11606	97650
1996	96	13460	570	11484	90982
1997	92	13466	579	11486	90704
1998	94	13323	578	11364	88869
1999	95	13034	554	11209	87150
2000	97	12841	515	11208	84710
2001	105	12926	472	11433	75386
2002	116	13196	450	11862	73577
2003	135	13094	419	11711	70497
2004	149	12975	425	11653	66757
2005	155	12771	384	11559	67056
2006	167	12469	647	11247	63149
2007	171	12220	721	10885	58223
2008	192	11925	738	10622	55374
2009	196	11334		10261	52283
2010	209	11063		9944	49367
2011	211	10848		9751	46510
2012	210	10668		9469	44912
2013	212	10179		9043	41584
2014	221	10179		9388	42286
2015	228	10327		9197	38685
2016	237	10349		9160	33040

注：本表未扣除区域变动因素，年度之间不可比，下同。中等学校包括职业中学，下同。

18-2　民族自治地方各类学校专任教师

单位：万人

年　份	高等学校	中等学校	#中等专业学校	#普通中学	小　学
1952	0.06	1.02			
1957	0.26	2.22			
1965	0.62	5.30			
1975	0.79	27.47			
1978	1.49	37.70			
1979	1.68	34.78	1.63	33.15	61.25
1980	1.51	35.10	1.94	33.16	73.01
1981	1.51	31.87	1.93	29.94	72.29
1982	1.67	32.05	2.02	30.03	74.23
1983	1.90	32.41	2.09	30.32	77.12
1984	2.03	31.08	2.17	28.91	75.85
1985	2.18	33.53	2.39	31.14	60.03
1986	2.39	35.66	2.58	33.09	80.58
1987	2.55	37.39	2.78	34.61	80.71
1988	2.67	39.86	3.20	36.66	83.21
1989	3.40	47.57	10.36	37.21	84.01
1990	2.77	41.55	3.30	38.25	84.78
1991	2.70	43.09	3.24	38.90	83.96
1992	2.71	42.53	3.19	39.34	83.39
1993	2.69	42.92	3.17	39.75	83.68
1994	2.80	43.96	3.28	40.67	86.11
1995	3.69	48.90	4.07	41.47	85.83
1996	2.92	49.41	3.47	42.40	83.83
1997	2.95	52.29	3.57	44.65	88.55
1998	3.01	52.79	3.56	45.65	87.77
1999	3.10	54.29	3.59	46.97	89.89
2000	3.64	54.50	3.33	47.89	89.94
2001	3.87	55.74	3.12	49.32	86.43
2002	4.22	60.14	4.91	53.73	89.68
2003	4.88	61.54	2.67	55.51	87.69
2004	5.76	63.06	2.40	57.46	86.80
2005	6.26	66.80	2.49	61.15	88.05
2006	7.12	68.33	3.32	62.57	88.23
2007	7.59	71.55	5.29	63.66	89.21
2008	8.22	72.50	5.15	64.73	89.98
2009	8.70	71.52		66.19	90.59
2010	9.47	74.19		67.44	90.73
2011	9.69	76.84		69.88	89.39
2012	10.06	76.46		69.33	88.94
2013	10.32	75.68		68.65	86.07
2014	10.75	75.68		74.29	77.35
2015	10.94	87.62		80.28	88.32
2016	11.37	81.44		73.89	91.10

18-3 民族自治地方各类学校在校学生

单位：万人

年　份	高等学校	中等学校	#中等专业学校	#普通中学	小　　学
1952	0.45	20.94			467.31
1957	1.20	49.39			599.45
1965	3.05	95.41			1124.44
1975	3.11	362.46			1416.10
1978	5.65	682.00			1705.24
1979	6.20	628.39	7.50	610.19	1685.50
1980	7.08	601.14	18.56	582.57	1701.73
1981	7.79	509.15	15.38	493.76	1629.57
1982	7.18	469.15	13.75	455.41	1645.07
1983	7.76	486.41	14.52	471.89	1711.15
1984	8.73	508.38	17.62	490.76	1752.13
1985	10.44	573.29	20.65	516.64	1836.90
1986	11.61	595.60	21.83	573.77	1875.90
1987	12.38	608.72	22.83	585.89	1840.70
1988	13.23	610.86	25.64	585.22	1833.20
1989	13.98	707.17	27.33	579.84	1997.00
1990	13.55	509.64	25.25	584.40	1852.90
1991	13.16	665.44	27.39	589.30	1877.44
1992	14.17	627.99	28.37	599.62	1913.65
1993	16.11	606.52	32.04	574.48	1844.30
1994	18.06	643.52	35.89	607.62	1998.69
1995	18.60	721.09	39.14	631.88	1889.49
1996	18.66	767.21	48.16	667.66	2014.76
1997	20.47	819.15	43.40	721.75	2061.79
1998	22.13	867.75	47.75	763.75	2030.69
1999	26.00	918.84	51.31	809.76	1927.46
2000	34.23	978.33	52.71	872.97	1886.01
2001	44.89	999.89	49.03	901.20	1806.05
2002	56.70	1093.22	48.89	996.11	1813.33
2003	69.54	1134.98	46.62	1036.74	1738.25
2004	83.53	1169.83	49.71	1064.90	1692.94
2005	100.00	1386.97	52.38	1082.39	1667.69
2006	113.02	1218.80	85.74	1092.61	1653.10
2007	123.46	1254.29	122.80	1081.43	1645.80
2008	137.47	1231.45	115.90	1061.57	1615.53
2009	148.51	1224.75		1050.15	1580.89
2010	161.88	1248.64		1050.35	1536.29
2011	165.92	1220.30		1039.64	1484.42
2012	171.87	1218.81		1021.47	1478.70
2013	179.68	1186.71		1002.21	1445.96
2014	185.31	1186.71		1024.95	1471.65
2015	200.82	1171.83		990.54	1463.81
2016	209.57	1193.64		1014.85	1500.30

18-4 民族自治地方各类学校毕业生

单位：万人

年 份	高等学校	中等学校	#中等专业学校	#普通中学	小 学
1952	0.03	2.93			22.56
1957	0.14	7.44			69.43
1965	0.82	15.70			60.82
1975	0.76	103.71			158.30
1978	1.06	182.31			254.10
1979	1.05	219.68	3.49	216.19	224.69
1980	0.74	183.56	6.66	176.90	222.16
1981	1.21	132.36	8.17	124.19	217.55
1982	2.57	142.33	6.90	135.44	203.81
1983	2.04	143.89	5.33	129.56	214.51
1984	1.77	127.88	4.97	122.92	215.58
1985	2.04	143.00	5.40	137.60	228.02
1986	2.37	152.17	6.56	145.61	243.31
1987	3.54	162.64	7.26	155.38	251.29
1988	3.64	175.96	7.65	168.31	244.39
1989	3.63	185.75	41.33	144.42	283.60
1990	4.04	182.76	9.06	173.70	218.97
1991	3.98	177.71	8.98	161.98	237.50
1992	3.81	173.80	8.39	165.41	306.08
1993	3.65	178.64	8.80	169.84	261.09
1994	4.07	170.43	8.71	161.73	258.53
1995	5.29	193.86	9.94	171.16	257.68
1996	5.32	201.74	11.12	176.89	262.93
1997	4.99	213.64	11.26	187.72	278.73
1998	5.39	234.91	12.01	207.31	294.22
1999	5.58	244.89	13.73	215.24	313.09
2000	5.99	225.31	14.81	193.85	324.57
2001	6.69	255.77	14.27	227.53	314.90
2002	8.38	286.18	15.06	368.12	325.85
2003	12.00	312.38	16.77	281.22	315.90
2004	14.69	330.09	14.25	302.14	300.02
2005	19.26	357.83	14.01	327.41	289.12
2006	23.92	372.13	19.44	341.66	276.14
2007	28.33	384.38	26.65	346.46	271.21
2008	30.96	373.97	29.53	332.14	274.46
2009	32.98	377.46		336.00	269.58
2010	40.01	377.37		330.75	264.95
2011	40.03	375.80		331.61	258.05
2012	42.29	387.96		330.29	249.65
2013	44.74	110.13		321.83	245.45
2014	45.80	110.13		282.88	216.98
2015	48.08	373.03		317.54	230.40
2016	49.80	384.98		330.71	231.70

18—5　民族自治地方分地区高等学校基本情况（2016年）

单位：人

地　区	学校数（所）	在　校研究生数	在　校本、专科学生数	招生数	毕业生数	教职工数	#专　任教师数
合　计	**237**	**59969**	**2035777**	**620162**	**498018**	**174606**	**113726**
河　北							
内蒙古	53		436699	121850	111516	39263	25935
辽　宁							
吉　林	3	3792	25643	7474	5835	2631	1613
黑龙江							
浙　江							
湖　北	3	508	36301	9975	10664	2501	1809
湖　南	3	916	42764	15342	10499	2350	1594
广　东							
广　西	73	27713	810282	248411	189441	63690	40421
海　南							
重　庆							
四　川	3		32519	9855	8556	2012	1542
贵　州	12	597	83152	32269	17923	10022	4813
云　南	14	1026	84367	28156	20808	6050	4661
西　藏	7	1553	35034	10143	9201	3663	2467
甘　肃	2		11992	12143	10428	1043	817
青　海							
宁　夏	18	4650	117149	32353	29436	11584	8044
新　疆	46	19214	319875	92191	73711	29797	20010

18-6 民族自治地方分地区各类中等学校基本情况(2016年)

单位：人

地 区	学校数(所)	在校学生数	招生数	毕业生数	教职工数	#专任教师数
合 计	**10349**	**11936367**	**4165632**	**3849756**	**1014011**	**814355**
河 北	85	103498	37369	33670	9770	7794
内蒙古	1229	1264042	416092	449601	149227	105665
辽 宁	153	131839	42786	45732	17249	11581
吉 林	251	125229	44540	42648	19929	14390
黑龙江	16	13022	3705	3507	1392	1088
浙 江	7	7239	2577	2191	663	532
湖 北	205	227494	80841	72509	17254	14866
湖 南	379	281413	101507	89686	26316	20524
广 东	31	22414	7945	8311	2679	2100
广 西	2538	3605051	1292084	1142480	235454	197530
海 南	113	82781	28893	27767	10294	7532
重 庆	114	165566	57284	54469	12375	11008
四 川	363	410915	148079	128414	31822	26767
贵 州	1044	1349826	464035	454217	91966	79464
云 南	1280	1350416	472856	424537	107405	94579
西 藏	139	195337	68168	61365	17267	16341
甘 肃	216	180550	62184	60363	19886	16781
青 海	267	246646	86900	77573	21865	17107
宁 夏	336	505434	169974	168147	37953	33072
新 疆	1583	1667655	577813	502569	183245	135634

18—7 民族自治地方分地区普通中学基本情况(2016年)

单位：人

地区	学校数(所)	在校学生数	招生数	毕业生数	教职工数	#专任教师数
合计	**9160**	**10148500**	**3493066**	**3307088**	**916865**	**738895**
河北	73	86001	29378	27574	8344	6638
内蒙古	982	1061370	344285	380485	130833	91892
辽宁	145	125270	40455	43273	16351	10894
吉林	221	113247	40028	38434	17626	12628
黑龙江	15	12918	3683	3458	1280	991
浙江	6	5709	2023	1795	559	440
湖北	191	193083	67824	62514	15730	13533
湖南	337	244063	85259	78113	24111	18684
广东	28	20827	7336	7295	2425	1920
广西	2262	2906479	1035823	918054	207510	176797
海南	107	79977	27206	27209	9922	7203
重庆	106	150651	51010	50337	11302	10079
四川	334	367161	130893	114454	28888	24422
贵州	973	1163798	391684	399235	85122	73690
云南	1088	1202830	415522	380094	97134	86137
西藏	129	177180	60734	57203	15864	15046
甘肃	192	170351	57332	57946	18247	15532
青海	248	208347	71831	68212	20509	16034
宁夏	307	426691	141886	143768	34478	30379
新疆	1416	1432547	488874	447635	170630	125956

18—8 民族自治地方分地区职业中学基本情况（2016年）

单位：人

地 区	学校数（所）	在校学生数	招生数	毕业生数	教职工数	#专任教师数
合 计	**1189**	**1787867**	**672566**	**542668**	**97146**	**75460**
河 北	12	17497	7991	6096	1426	1156
内蒙古	247	202672	71807	69116	18394	13773
辽 宁	8	6569	2331	2459	898	687
吉 林	30	11982	4512	4214	2303	1762
黑龙江	1	104	22	49	112	97
浙 江	1	1530	554	396	104	92
湖 北	14	34411	13017	9995	1524	1333
湖 南	42	37350	16248	11573	2205	1840
广 东	3	1587	609	1016	254	180
广 西	276	698572	256261	224426	27944	20733
海 南	6	2804	1687	558	372	329
重 庆	8	14915	6274	4132	1073	929
四 川	29	43754	17186	13960	2934	2345
贵 州	71	186028	72351	54982	6844	5774
云 南	192	147586	57334	44443	10271	8442
西 藏	10	18157	7434	4162	1403	1295
甘 肃	24	10199	4852	2417	1639	1249
青 海	19	38299	15069	9361	1356	1073
宁 夏	29	78743	28088	24379	3475	2693
新 疆	167	235108	88939	54934	12615	9678

18-9 民族自治地方分地区小学基本情况(2016年)

单位：人

地　　区	学校数(所)	在校学生数	招生数	毕业生数	教职工数	#专任教师数
合　　计	**33040**	**15002955**	**2682161**	**2317005**	**915656**	**910954**
河　　北	243	168696	30210	20647	10887	10582
内 蒙 古	1730	1338134	227594	198507	117997	99358
辽　　宁	410	140015	21846	24660	12434	12879
吉　　林	430	144318	22499	25196	14884	13544
黑 龙 江	11	10592	2144	2312	942	1025
浙　　江	16	8931	1273	1524	682	624
湖　　北	515	284511	48790	43998	14972	15568
湖　　南	396	379087	71525	57779	19023	22193
广　　东	53	36546	7312	5207	2299	2435
广　　西	10173	4513712	812929	698537	239044	232548
海　　南	307	137016	23157	20264	8594	9695
重　　庆	293	198283	31363	34419	12796	12650
四　　川	1695	783445	145569	106044	42284	42008
贵　　州	3418	1433698	253071	251512	85608	82112
云　　南	5575	1775022	312454	297163	113633	112259
西　　藏	805	302892	56175	45296	21004	21084
甘　　肃	1199	289212	55017	42075	20974	21538
青　　海	709	316532	57658	48569	16066	18341
宁　　夏	1536	582883	96512	96180	32552	34116
新　　疆	3526	2159430	405063	297116	128981	146395

18—10 民族自治地方分地区教育经费支出情况(2016年)

地区	教育经费支出(万元)
合计	**41077303**
河北	265325
内蒙古	7072130
辽宁	355764
吉林	555715
黑龙江	44149
浙江	42312
湖北	542279
湖南	707064
广东	66680
广西	10111559
海南	428716
重庆	237442
四川	490844
贵州	3269641
云南	4446453
西藏	1919434
甘肃	735409
青海	690356
宁夏	1963258
新疆	7132774

18－11 民族自治地方分地区县及县以上政府部门所属研究与开发机构及情报文献机构和人员（2016年）

地　区	机构数（个）	从业人员（人）	#从事科技活动人员	#大学本科及以上学历
合　计	**763**	**48254**	**37521**	**28252**
内蒙古	151	11694	8620	6219
辽　宁	8	167	129	58
吉　林	10	279	256	189
湖　北	18	240	222	146
湖　南	7	204	192	83
广　东	4	20	11	2
广　西	197	16824	11880	9028
海　南	6	64	43	5
重　庆	6	65	74	42
四　川	19	710	596	425
贵　州	10	482	318	208
云　南	126	4517	3943	2576
西　藏	23	1760	1224	955
甘　肃	5	407	376	176
青　海	10	452	355	287
宁　夏	36	2459	1888	1540
新　疆	127	7910	7394	6313

18–12 民族自治地方分地区县及县以上政府部门所属研究与开发机构及情报文献机构经费（2016年）

单位：千元

地 区	经费收入	#科技活动收入	经费支出	#科技经费支出
合 计	**16490043**	**10813047**	**15901720**	**10296516**
内蒙古	3720964	2475657	3887265	2566648
辽 宁	25724	17243	25129	16200
吉 林	74281	54307	82585	62053
湖 北	62073	48716	65941	47238
湖 南	23693	23493	24314	19453
广 东	1618	1303	1601	1269
广 西	6152151	3439726	5877871	3336680
海 南	1999	1663	3812	1569
重 庆	33522	32399	32084	30961
四 川	175459	155545	172508	140533
贵 州	126041	84554	105316	57644
云 南	1180865	954980	1115624	917745
西 藏	786828	367113	685457	330172
甘 肃	61190	47763	59084	46133
青 海	214901	184055	202842	174739
宁 夏	946090	665829	839866	587047
新 疆	2902644	2258701	2720421	1960432

18-13 民族自治地方分地区县及县以上政府部门所属研究与开发机构及情报文献机构科技活动成果情况(2016年)

单位：篇

地　　区	发　表 科技论文	#国外发表	出　版 科技著作	有效发明 专利总数 (项)	专　利 申请数	#发明专利	专　利 授权数	#发明专利
合　　计	**10852**	**1194**	**389**	**2072**	**1706**	**1046**	**1057**	**498**
内 蒙 古	1579	49	76	207	155	62	124	37
辽　　宁	23							
吉　　林	44		1					
湖　　北	50		2	11	23	22	8	6
湖　　南	10		1					
广　　东	2		2					
广　　西	3428	370	110	950	714	523	420	232
海　　南	2							
重　　庆	16		1		2		2	
四　　川	237	5	14	23	19	5	19	11
贵　　州	82	3	1	32	9		5	2
云　　南	735	177	20	63	91	50	23	11
西　　藏	205	31	22	9	24	16	13	9
甘　　肃	72		1		1	1		
青　　海	36							
宁　　夏	764	13	65	69	51	18	40	11
新　　疆	3567	546	73	708	617	349	403	179

主要统计指标解释

普通高等学校 指通过国家普通高等教育招生考试，招收高中毕业生为主要培养对象，实施高等学历教育的全日制大学、独立设置的学院、独立学院和高等专科学校、高等职业学校及其他机构。

大学、独立设置的学院主要实施本科及本科层次以上的教育。独立学院主要实施本科层次的教育。高等专科学校、高等职业学校实施专科层次的教育。其他机构是指承担国家普通招生计划任务不计校数的机构，包括普通高等学校分校、大专班等。

研究与开发机构 指有明确的任务和研究方向，有一定学术水平的业务骨干和一定数量的研究人员，具有研究、开发、开展学术工作的基本条件，主要进行科学研究与技术开发活动，并且在行政上有独立的组织形式，财务上独立核算盈亏，有权与其他单位签订合同，在银行有单独户头的单位。包括国务院各部门、中国科学院、中国社会科学院和各省、自治区、协调以及地（市）以上［含地（市）］各部门所属的国有科学研究与技术开发机构。

研究与开发机构职工 指参与研究与试验发展项目研究、管理和辅助工作的人员，包括项目(课题)组人员，企业科技行政管理人员和直接为项目(课题)活动提供服务的辅助人员。反映投入从事拥有自主知识产权的研究开发活动的人力规模。

研究与开发经费支出合计 指调查单位用于内部开展 R&D 活动（基础研究、应用研究和试验发展）的实际支出。包括用于 R&D 项目（课题）活动的直接支出，以及间接用于 R&D 活动的管理费、服务费、与 R&D 有关的基本建设支出以及外协加工费等。不包括生产性活动支出、归还贷款支出以及与外单位合作或委托外单位进行 R&D 活动而转拨给对方的经费支出。

十九、文化和出版

19—1 民族自治地方艺术事业机构

单位：个

年份	合计	艺术表演团体	艺术表演场馆	艺术创作机构
1979	645	589		
1980	672	603		
1981	682	603		
1982	690	600		
1983	703	608		
1984	709	614		
1985	726	630		
1986	887	616		91
1987	889	607		98
1988	923	592		149
1989	843	565		101
1990	846	557		105
1991	843	545		113
1992	828	540		111
1993	820	530		109
1994	821	535		108
1995	827	535		113
1996	834	516		135
1997	856	526		142
1998	825	534		97
1999	831	511		140
2000	829	510		137
2001	819	508		144
2002	846	512		141
2003	845	513		144
2004	761	501		81
2005	764	525		67
2006	773	538		66
2007	859	651		25
2008	866	651		24
2009	953	748	186	19
2010	1006	806	177	23
2011	985	805	164	16
2012	1050	823	195	32
2013	971	848	115	8
2014	1093	975	111	7
2015	1321	1063	157	101
2016	1398	1101	173	124

注：本表未扣除区域变动因素，年度之间不可比。下同。

19-2 民族自治地方艺术事业机构职工

年 份	合 计	艺术表演团体	艺术表演场馆	艺术创作机构
1979	28466	27883		
1980	29516	28661		
1981	30291	29319		
1982	29665	28590		
1983	29013	27909		
1984	28967	27821		
1985	27961	26831		
1986	32299	28429		1168
1987	32370	28216		1356
1988	31047	26518		1681
1989	29237	24930		1379
1990	29419	25105		1308
1991	29528	24650		1663
1992	28836	24097		1599
1993	28196	23323		1653
1994	27491	22881		1601
1995	27160	22470		1646
1996	26307	21240		1806
1997	27197	21729		1996
1998	26410	21573		1243
1999	25758	20705		1776
2000	24818	20456		1691
2001	25519	21139		1686
2002	25697	21230		1627
2003	24990	20849		1696
2004	24065	20760		902
2005	24193	21012		811
2006	24417	21169		819
2007	34021	30131		188
2008	29393	25912		187
2009	31144	28201	2809	134
2010	32492	29328	3000	164
2011	32312	29633	2556	123
2012	32841	29228	3371	242
2013	34195	32911	1216	68
2014	35813	34585	1163	65
2015	40463	36332	3593	538
2016	41788	37238	3906	644

19-3 民族自治地方群众文化事业、图书馆事业机构

单位：个

年 份	群众文化机构	群众艺术馆	文化馆	文化站	图书馆
1979	2568		544	2024	
1980	3158		568	2590	
1981	3436		582	2854	331
1982	3974		562	3412	332
1983	5008		566	4442	407
1984	7169		856	6313	469
1985	7699		579	7120	494
1986	8164	73	614	7476	533
1987	8030	77	620	7333	547
1988	7980	77	623	7280	549
1989	7866	80	670	7114	551
1990	7994	79	637	7278	556
1991	8295	79	626	7590	561
1992	7531	78	635	6818	573
1993	8231	79	629	7523	573
1994	8222	81	630	7511	577
1995	8323	79	639	7605	584
1996	7624	79	653	6892	573
1997	7867	80	658	7129	596
1998	8079	82	679	7318	661
1999	7847	79	645	7123	670
2000	7812	79	655	7078	563
2001	7671	84	637	6950	563
2002	7698	83	633	8082	567
2003	7617	81	642	6894	566
2004	7925	80	632	7213	575
2005	7757	83	630	7044	591
2006	7423	82	631	6710	602
2007	7429	96	618	6715	605
2008	7582	80	643	6859	604
2009	7945		738	7207	619
2010	8618		776	7842	636
2011	8937		784	8153	653
2012	8994		789	8205	749
2013	9326		793	8533	757
2014	9496		795	8701	758
2015	9460		795	8665	758
2016	9590		801	8789	766

19—4 民族自治地方群众文化事业、图书馆事业机构职工

单位：人

年 份	群众文化事业				图书馆事业
	合 计	群众艺术馆	文化馆	文化站	
1979	7101		4896	2205	
1980	8436		5441	2995	
1981	9408		6147	3261	2853
1982	10655		6282	4373	3031
1983	11928		6527	5401	3722
1984	14682		7153	7529	4278
1985	15198		6657	8541	4698
1986	18717	1702	7495	9517	5411
1987	19162	1837	7392	9933	5775
1988	19058	1858	7451	9749	6124
1989	19180	1973	7814	9393	6241
1990	19934	1949	8221	9764	6507
1991	20313	2001	8264	10048	6794
1992	19651	1995	8182	9474	7024
1993	20425	1971	8176	10278	7088
1994	20076	1970	8106	10000	7052
1995	22305	1991	8159	12155	7165
1996	16459	1855	7614	6990	7002
1997	17556	1897	7746	7913	7311
1998	17873	1957	7771	8145	7363
1999	16969	1881	7157	7931	7202
2000	17429	1839	7183	8407	7065
2001	19072	2017	7152	9903	7204
2002	19602	2020	7083	10499	7177
2003	19734	1799	6904	11031	7024
2004	20317	1829	6894	11594	6993
2005	20215	1891	7039	11285	9598
2006	20496	1939	7047	11510	7256
2007	20458	1890	7093	11475	7432
2008	21107	1725	7314	12068	7285
2009	21982		9179	12803	7439
2010	22525		9131	13394	7499
2011	23834		9288	14546	7590
2012	25999		10500	15499	7761
2013	27794		11110	16684	7977
2014	31166		11225	19941	7877
2015	32907		11245	21662	8011
2016	36414		11287	25127	8171

19-5 民族自治地方文物事业机构和职工

单位：个、人

年 份	文物事业机构		#文物保护管理机构		#博物馆	
	机构数	职工人数	机构数	职工人数	机构数	职工人数
1983	122	1379	95	665	27	714
1984	156	1504	115	701	41	803
1985	201	1919	152	1004	49	915
1986	263	2692	204	1605	59	1087
1987	311	3020	244	1886	67	1134
1988	333	3376	256	1966	77	1410
1989	367	3478	284	2060	83	1418
1990	418	3534	327	2032	91	1502
1992	337	2959	269	1775	68	1184
1993	315	3390	243	2118	72	1272
1994	334	3349	259	2067	75	1282
1995	398	4217	317	2776	81	1441
1996	544	6884	401	2189	121	1945
1997	571	8988	415	2349	134	2099
1998	607	10461	430	2474	155	2344
1999	602	9598	435	2312	144	2183
2000	617	12240	444	2422	151	2206
2001	622	9486	441	5159	156	2417
2002	644	5652	458	2774	162	2310
2003	630	6139	445	3291	163	2391
2004	636	8896	438	5126	175	2724
2005	659	9598	456	5717	184	2808
2006	678	7176	471	3399	190	2821
2007	701	9310	467	5217	212	3219
2008	732	7943	470	3417	240	3567
2009	833	8495	499	3113	312	4437
2010	1056	12755	689	7021	344	4765
2011	1376	14791	968	7929	385	5664
2012	1387	16047	955	8506	410	6138
2013	1761	16525	1023	7820	456	7019
2014	2241	19200	1496	9840	475	7316
2015	1962	10888	1492	3449	470	7439
2016	2043	12594	1523	4315	520	8279

19-6 民族自治地方分类别按登记注册类型分的主要文化事业机构(2016年)

单位：个

类 别	合 计	按执行会计制度分类		按单位所属部门分类	
		事业	企业	文化部门	其他部门
总 计	**46708**	**14696**	**32012**	**14673**	**32035**
一、文化合计	44367	12368	31999	12442	31925
艺术表演团体	1101	436	665	478	623
其中：公有制艺术表演团体	494	436	58	478	16
艺术表演场馆	173	96	77	100	73
其中：公有制艺术表演场馆	107	96	11	100	7
公共图书馆	766	766		766	
文化馆	801	801		801	
文化站	8789	8789		8789	
其中：乡镇综合文化站	8247	8247		8247	
艺术展览创作机构	124	124		123	1
其中：美术馆	104	104		103	1
艺术教育业	10	10		10	
文化科研机构	39	39		39	
文化市场经营机构(不包括非公有制院团和场馆)	31214		31214		31214
文化行政主管部门	788	788		788	
其他文化机构	562	519	43	548	14
其中：文化市场执法机构	335	335		332	3
二、文物合计	2341	2328	13	2231	110
博物馆	520	520		505	15
文物保护管理机构	1523	1523		1473	50
文物科研机构	12	12		12	
文物商店	7		7	7	
其他文物机构	279	273	6	234	45

19—7 民族自治地方分类别按登记注册类型分的主要文化事业机构职工(2016年)

单位：人

类　别	合　计	按执行会计制度分类		按单位所属部门分类	
		事业	企业	文化部门	其他部门
总　计	**265647**	**105441**	**160206**	**109309**	**156338**
一、文化合计	250684	90545	160139	94613	156071
艺术表演团体	37238	18872	18366	21400	15838
其中：公有制艺术表演团体	21614	18872	2742	21400	214
艺术表演场馆	3906	823	3083	946	2960
其中：公有制艺术表演场馆	976	823	153	946	30
公共图书馆	8171	8171		8171	
文化馆	11287	11287		11287	
文化站	25127	25127		25127	
其中：乡镇综合文化站	23531	23531		23531	
艺术展览创作机构	644	644		641	3
其中：美术馆	528	528		525	3
艺术教育业	806	806		806	
文化科研机构	501	501		501	
文化市场经营机构(不包括非公有制院团和场馆)	137102		137102		137102
文化行政主管部门	18480	18480		18480	
其他文化机构	7422	5834	1588	7254	168
其中：文化市场执法机构	2948	2948		2934	14
二、文物合计	14963	14896	67	14696	267
博物馆	8279	8279		8024	255
文物保护管理机构	4315	4315		4310	5
文物科研机构	365	365		365	
文物商店	67		67	67	
其他文物机构	1937	1937		1930	7

19-8 民族自治地方分地区按登记注册类型分的主要文化事业机构(2016年)

单位：个

地区	合计	按执行会计制度分类		按单位所属部门分类	
		事业	企业	文化部门	其他部门
合计	**46708**	**14696**	**32012**	**14673**	**32035**
河北	475	155	320	155	320
内蒙古	8327	1942	6385	1949	6378
辽宁	548	202	346	202	346
吉林	960	220	740	222	738
黑龙江	53	21	32	21	32
浙江	54	27	27	28	26
湖北	753	176	577	176	577
湖南	2405	515	1890	518	1887
广东	126	39	87	39	87
广西	8571	1954	6617	1977	6594
海南	535	129	406	130	405
重庆	582	196	386	193	389
四川	2565	1437	1128	1434	1131
贵州	2285	850	1435	852	1433
云南	6355	1351	5004	1351	5004
西藏	2501	2214	287	2127	374
甘肃	892	450	442	460	432
青海	1056	542	514	543	513
宁夏	2425	380	2045	395	2030
新疆	5240	1896	3344	1901	3339

19－9 民族自治地方分地区按登记注册类型分的主要文化事业机构职工（2016年）

单位：人

地区	合计	按执行会计制度分类		按单位所属部门分类	
		事业	企业	文化部门	其他部门
合计	**265647**	**105441**	**160206**	**109309**	**156338**
河北	1632	523	1109	600	1032
内蒙古	40244	19689	20555	19822	20422
辽宁	2186	1029	1157	1029	1157
吉林	4677	2271	2406	2336	2341
黑龙江	271	149	122	149	122
浙江	535	201	334	229	306
湖北	5041	1443	3598	1443	3598
湖南	11340	2941	8399	2980	8360
广东	633	329	304	329	304
广西	60590	16419	44171	17923	42667
海南	3529	749	2780	898	2631
重庆	3171	957	2214	933	2238
四川	11136	4942	6194	4931	6205
贵州	13824	5487	8337	5607	8217
云南	34235	10391	23844	10396	23839
西藏	11753	10252	1501	10251	1502
甘肃	5900	3458	2442	4057	1843
青海	5875	2514	3361	2582	3293
宁夏	14544	3606	10938	4578	9966
新疆	34531	18091	16440	18236	16295

19—10 民族自治地方分地区艺术事业机构(2016年)

单位：个、座

地　区	合　计	艺术表演团　体	艺术表演场　馆	艺术创作机　构
合　计	**1398**	**1101**	**173**	**124**
河　北	45	43	1	1
内蒙古	251	186	31	34
辽　宁	13	10	3	
吉　林	19	7	10	2
黑龙江	2	2		
浙　江	10	10		
湖　北	47	45		2
湖　南	65	47	11	7
广　东	3	3		
广　西	139	100	34	5
海　南	13	10	3	
重　庆	105	105		
四　川	43	33	2	8
贵　州	53	51	2	
云　南	145	127	16	2
西　藏	101	87	14	
甘　肃	29	18	4	7
青　海	71	52	19	
宁　夏	41	34	6	1
新　疆	203	131	17	55

19-11 民族自治地方分地区艺术事业机构职工(2016年)

单位：人

地区	合计	艺术表演团体	艺术表演场馆	艺术创作机构
合计	**41788**	**37238**	**3906**	**644**
河北	510	487	20	3
内蒙古	7893	7226	395	272
辽宁	161	143	18	
吉林	483	394	83	6
黑龙江	75	75		
浙江	208	208		
湖北	1026	1009		17
湖南	2744	2130	586	28
广东	108	108		
广西	5908	4716	1136	56
海南	537	367	170	
重庆	759	759		
四川	1563	1528	15	20
贵州	1668	1567	101	
云南	6179	5393	781	5
西藏	2404	2376	28	
甘肃	762	669	55	38
青海	1393	1258	135	
宁夏	1380	1278	93	9
新疆	6027	5547	290	190

19—12 民族自治地方分地区群众文化事业、图书馆事业机构(2016年)

单位：个、座

地　　区	群众文化事业			图书馆事业
	合　计	文化馆	文化站	
合　　计	**9590**	**801**	**8789**	**766**
河　　北	126	7	119	6
内 蒙 古	1226	120	1106	117
辽　　宁	164	8	156	8
吉　　林	145	13	132	12
黑 龙 江	15	1	14	1
浙　　江	22	1	21	1
湖　　北	120	12	108	11
湖　　南	405	20	385	19
广　　东	26	3	23	3
广　　西	1292	124	1168	114
海　　南	86	8	78	8
重　　庆	172	5	167	5
四　　川	1230	54	1176	54
贵　　州	655	40	615	40
云　　南	926	89	837	87
西　　藏	774	82	692	81
甘　　肃	300	24	276	24
青　　海	347	45	302	42
宁　　夏	270	26	244	26
新　　疆	1289	119	1170	107

19—13 民族自治地方分地区群众文化事业、图书馆事业机构职工(2016年)

单位：人

地 区	群众文化事业			图书馆事业
	合 计	文化馆	文化站	
合 计	**36414**	**11287**	**25127**	**8171**
河 北	219	51	168	31
内蒙古	5016	2036	2980	1944
辽 宁	344	148	196	105
吉 林	939	539	400	282
黑龙江	39	11	28	13
浙 江	131	23	108	17
湖 北	442	126	316	108
湖 南	1056	305	751	192
广 东	101	53	48	22
广 西	5538	2139	3399	1589
海 南	256	97	159	70
重 庆	707	77	630	60
四 川	1963	580	1383	249
贵 州	1956	558	1398	278
云 南	3927	1267	2660	885
西 藏	4466	462	4004	189
甘 肃	935	301	634	224
青 海	878	468	410	266
宁 夏	1293	645	648	555
新 疆	6208	1401	4807	1092

19—14 民族自治地方分地区文物事业机构和职工(2016年)

单位：个、人

地区	文物事业机构		#文物保护管理机构		#博物馆	
	机构数	职工人数	机构数	职工人数	机构数	职工人数
合计	**2043**	**12594**	**1523**	**4315**	**520**	**8279**
河北	10	75	6	13	4	62
内蒙古	177	2309	90	684	87	1625
辽宁	15	307	7	199	8	108
吉林	25	216	12	16	13	200
黑龙江	2	17	1	3	1	14
浙江	2	25	1	6	1	19
湖北	9	101	2	1	7	100
湖南	25	496	9	94	16	402
广东	3	46			3	46
广西	193	2351	68	338	125	2013
海南	5	38			5	38
重庆	10	61	5	27	5	34
四川	54	708	31	186	23	522
贵州	61	489	32	111	29	378
云南	110	884	75	423	35	461
西藏	1051	1656	1044	1430	7	226
甘肃	44	515	11	70	33	445
青海	38	148	23	48	15	100
宁夏	35	636	22	312	13	324
新疆	174	1516	84	354	90	1162

19—15 民族自治地方广播、电视事业机构

单位：个

年 份	广播电视台	广播电台	电视台
1952		5	
1957		6	
1965		14	
1975		42	
1978		50	
1979		25	
1980		25	
1981		34	
1982		34	
1983		33	
1984		42	16
1985		54	44
1986		64	69
1987		75	69
1988		133	88
1989		107	94
1990		111	96
1991		133	96
1992		189	106
1993		152	126
1994		209	142
1995		247	206
1996		205	215
1997		202	189
1998		261	225
1999		193	193
2000		277	206
2001		84	85
2002		73	90
2003		73	94
2004	389	41	50
2005	444	41	50
2006	381	91	117
2007	348	49	65
2008	447	47	59
2009	599	47	59
2010	564	46	56
2011	523	47	58
2012	537	38	45
2013	539	27	35
2014	542	26	34
2015	545	25	33
2016	552	26	33

注:1.2001年后广播电台、电视中心台数据由国家广电总局提供，与以前数据不可比。
2.2004年及以后数据中，广播电视台指既可对外广播又可播放电视的机构，广播电台仅含播放广播的机构，电视台仅含播放电视的机构。

19-16-1　民族自治地方分地区广播电视机构设置情况(2016年)(一)

单位：个

地　区	合　计	广播电台	电视台	广播电视台
合　计	**611**	**26**	**33**	**552**
河　北	6			6
内蒙古	90	1	2	87
辽　宁	8			8
吉　林	13	1	1	11
黑龙江	1			1
浙　江	1			1
湖　北	11	1	1	9
湖　南	17	1	1	15
广　东	3			3
广　西	97	7	6	84
海　南	6			6
重　庆	4			4
四　川	53			53
贵　州	50	2	2	46
云　南	89	4	4	81
西　藏	9	1	2	6
甘　肃	16			16
青　海	10	1	5	4
宁　夏	21	1	1	19
新　疆	106	6	8	92

19-16-2 民族自治地方分地区广播电视机构设置情况（2016年）（二）

单位：个

地　区	省			
	合　计	广播电台	电视台	广播电视台
合　计	**11**	**6**	**5**	
内蒙古	2	1	1	
广　西	3	2	1	
西　藏	2	1	1	
宁　夏	2	1	1	
新　疆	2	1	1	

19-16-3 民族自治地方分地区广播电视机构设置情况（2016年）（三）

单位：个

地　区	地			
	合　计	广播电台	电视台	广播电视台
合　计	**95**	**17**	**26**	**52**
内蒙古	13		1	12
吉　林	2	1	1	
湖　北	2	1	1	
湖　南	2	1	1	
广　西	19	5	5	9
四　川	3			3
贵　州	5	1	2	2
云　南	11	3	3	5
西　藏	7		1	6
甘　肃	2			2
青　海	7	1	5	1
宁　夏	4			4
新　疆	18	4	6	8

19-16-4 民族自治地方分地区广播电视机构设置情况(2016年)(四)

单位：个

地 区	县			
	合 计	广播电台	电视台	广播电视台
合 计	**505**	**3**	**2**	**500**
河 北	6			6
内蒙古	75			75
辽 宁	8			8
吉 林	11			11
黑龙江	1			1
浙 江	1			1
湖 北	9			9
湖 南	15			15
广 东	3			3
广 西	75			75
海 南	6			6
重 庆	4			4
四 川	50			50
贵 州	45	1		44
云 南	78	1	1	76
西 藏				
甘 肃	14			14
青 海	3			3
宁 夏	15			15
新 疆	86	1	1	84

19—17—1 民族自治地方使用民族语言广播播出机构(2016年)(一)

单位：个

地　区	总 计	蒙古语	藏语	维吾尔语	苗语	彝语	壮语	朝鲜语
合　计	**138**	**46**	**14**	**55**	**1**	**2**	**15**	**5**
内蒙古	37	37						
辽　宁	3	3						
吉　林	5	1						4
黑龙江	1							1
广　西	14						14	
四　川	2							
云　南	5		2		1	1	1	
西　藏	5		5					
甘　肃	2		2					
青　海	4	1	3					
新　疆	59	4		55				

19—17—2 民族自治地方使用民族语言广播播出机构(2016年)(二)

单位：个

地　区	总 计	哈尼语	哈萨克语	傣语	傈僳语	拉祜语	景颇语	柯尔克孜语
合　计	**33**	**2**	**19**	**3**	**2**	**1**	**2**	**4**
内蒙古								
辽　宁								
吉　林								
黑龙江								
广　西								
四　川								
云　南	10	2		3	2	1	2	
西　藏								
甘　肃								
青　海								
新　疆	23		19					4

19-18-1　民族自治地方广播节目制作情况(2016年)(一)

单位：小时

地　区	全年制作广播节目时间	全年制作新闻资讯类广播节目时间	全年制作专题服务类广播节目时间	全年制作综艺类广播节目时间
合　计	**1061249**	**203833**	**315468**	**316710**
河　北	4065	82	968	2927
内蒙古	250842	41612	85258	80081
辽　宁	14807	2471	5137	4614
吉　林	35192	3720	11797	14163
黑龙江	112	71	36	5
浙　江	640	91	198	91
湖　北	4052	681	1375	983
湖　南	7529	2292	1138	1679
广　东	2190	2190		
广　西	232663	44123	39464	68562
海　南	1379	526	545	
重　庆	1340	618	207	295
四　川	5560	1768	2008	1137
贵　州	24218	5809	5681	6368
云　南	47406	11430	17793	11395
西　藏	36600	5732	12468	14353
甘　肃	10145	4327	2048	2095
青　海	2857	1099	577	931
宁　夏	61428	12912	18485	12440
新　疆	318224	62279	110285	94591

19-18-2 民族自治地方广播节目制作情况(2016年)(二)

单位：小时

地区	全年制作广播剧类广播节目时间	全年制作广告类广播节目时间	全年制作其他类广播节目时间
合计	**22203**	**91859**	**111101**
河北		9	79
内蒙古	5284	23184	15420
辽宁		1469	1116
吉林	608	4614	279
黑龙江			
浙江		30	230
湖北		375	638
湖南	661	658	1101
广东			
广西	937	18920	60644
海南		79	229
重庆			220
四川		155	492
贵州	1709	1006	3645
云南	547	1995	4240
西藏	754	2742	542
甘肃		299	1373
青海			249
宁夏	1339	7496	8752
新疆	10364	28828	11852

19-19-1 民族自治地方广播覆盖情况(2016年)(一)

地区	广播综合人口覆盖		中央节目		省级节目	
	人口(万人)	覆盖率(%)	人口(万人)	覆盖率(%)	人口(万人)	覆盖率(%)
合计	**18428.29**	**95.88**	**18271.27**	**95.06**	**17930.78**	**93.29**
河北	207.03	96.72	207.03	96.72	205.14	95.84
内蒙古	2487.85	99.09	2478.49	98.72	2334.23	92.97
辽宁	317.13	96.04	315.94	95.68	310.15	93.92
吉林	322.80	99.31	318.22	97.90	318.74	98.06
黑龙江	23.21	92.07	23.21	92.07	23.21	92.07
浙江	17.19	100.00	17.19	100.00	17.19	100.00
湖北	460.52	99.57	460.42	99.54	458.05	99.03
湖南	366.57	77.39	353.52	74.64	343.31	72.48
广东	28.50	100.00	28.50	100.00	28.50	100.00
广西	5346.95	96.90	5265.05	95.41	5217.20	94.54
海南	166.98	94.71	166.93	94.68	150.51	85.37
重庆	264.80	96.05	264.80	96.05	264.80	96.05
四川	646.54	85.93	646.54	85.93	613.08	81.48
贵州	1639.19	91.93	1637.01	91.81	1635.20	91.71
云南	2250.78	97.01	2248.59	96.91	2196.29	94.66
西藏	308.45	95.21	290.60	89.70	305.81	94.39
甘肃	357.04	98.33	344.63	94.92	329.15	90.65
青海	373.81	97.71	373.81	97.71	367.12	95.96
宁夏	645.97	96.72	645.97	96.72	645.40	96.64
新疆	2196.98	96.82	2184.82	96.28	2167.70	95.53

19-19-2 民族自治地方广播覆盖情况(2016年)(二)

地区	广播综合人口覆盖				无线广播综合覆盖			
	地市级节目		县级节目				中央节目	
	人口(万人)	覆盖率(%)	人口(万人)	覆盖率(%)	人口(万人)	覆盖率(%)	人口(万人)	覆盖率(%)
合计	**13136.34**	**68.35**	**6880.71**	**35.80**	**17844.53**	**92.84**	**17697.82**	**92.08**
河北	192.78	90.07	78.00	36.44	161.71	75.55	157.79	73.72
内蒙古	2376.82	94.67	1314.01	52.34	2482.34	98.87	2472.96	98.50
辽宁	266.80	80.79	286.90	86.88	313.81	95.03	308.98	93.57
吉林	283.67	87.27	245.94	75.66	322.72	99.28	318.18	97.89
黑龙江	23.21	92.07	23.15	91.83	23.21	92.07	23.21	92.07
浙江	8.04	46.77	8.04	46.77	17.19	100.00	17.19	100.00
湖北	365.99	79.13	110.98	23.99	457.98	99.02	457.98	99.02
湖南	264.14	55.77	170.13	35.92	350.05	73.91	338.45	71.46
广东	28.50	100.00	28.50	100.00	28.50	100.00	28.50	100.00
广西	4294.42	77.82	2014.43	36.51	5235.18	94.87	5175.72	93.79
海南			111.62	63.31	166.87	94.65	166.46	94.41
重庆			116.97	42.43	236.08	85.64	235.82	85.54
四川	375.08	49.85	95.09	12.64	620.34	82.44	620.34	82.44
贵州	682.98	38.30	213.29	11.96	1369.56	76.81	1360.73	76.31
云南	1739.49	74.97	301.57	13.00	2210.09	95.25	2207.57	95.14
西藏	59.31	18.31			303.85	93.79	288.12	88.93
甘肃	198.40	54.64	210.19	57.89	341.79	94.13	332.18	91.49
青海	78.11	20.42	29.41	7.69	373.29	97.57	373.29	97.57
宁夏	622.05	93.14	294.08	44.03	644.46	96.50	644.46	96.50
新疆	1276.55	56.26	1228.41	54.13	2185.51	96.31	2169.89	95.62

19-20 民族自治地方使用民族语言电视播出机构(2016年)(一)

单位：个

地　　区	合　计	蒙古语	藏语	维吾尔语	彝语
合　　计	**202**	**36**	**28**	**66**	**2**
内 蒙 古	29	29			
辽　　宁	1	1			
吉　　林	12	1			
黑 龙 江	1	1			
山　　东	1				
广　　西	15				
四　　川	11		11		
云　　南	16		1		2
西　　藏	9		9		
甘　　肃	2		2		
青　　海	6	1	5		
新　　疆	99	3		66	

19-20 民族自治地方使用民族语言电视播出机构(2016年)(二)

单位：个

地　　区	壮语	朝鲜语	哈萨克语	傣语	景颇语	柯尔克孜语
合　　计	**16**	**12**	**26**	**8**	**4**	**4**
内 蒙 古						
辽　　宁						
吉　　林		11				
黑 龙 江						
山　　东		1				
广　　西	15					
四　　川						
云　　南	1			8	4	
西　　藏						
甘　　肃						
青　　海						
新　　疆			26			4

19-21-1 民族自治地方电视节目制作情况(2016年)(一)

单位：小时

地区	全年制作电视节目时间	#新闻资讯类	#专题服务类	#综艺益智类	#影视剧类	#广告类
合计	**417487**	**164671**	**103862**	**42988**	**8054**	**62619**
河北	3963	787	560	546		1411
内蒙古	81352	32214	20870	10235	19	11980
辽宁	4436	1091	796	813	298	969
吉林	12454	2111	4722	2694	340	2014
黑龙江	213	101	38	5		69
浙江	479	96	54	98		110
湖北	6871	2189	945	575		1888
湖南	9316	3392	1487	892		1634
广东	687	404	1			260
广西	82523	32389	21637	5820	500	15550
重庆	1835	871	517	300		104
四川	14012	8480	2362	1045	60	902
贵州	11321	5557	1467	1242		1298
云南	39181	17268	8464	3603		4535
西藏	15692	5953	4886	713	3093	682
甘肃	6360	2286	2419	668		536
青海	3665	1864	1411	306	12	23
宁夏	26598	9617	7252	2740	2	5712
新疆	96529	38001	23974	10693	3730	12942

19–21–2 民族自治地方电视节目制作情况(2016年)(二)

单位：小时

地　区	全年制作其他类电视节目时间（小时）	全年制作电视剧数量	
		部	集
合　计	**35182**	**26**	**746**
河　北	659		
内蒙古	6031		
辽　宁	469		
吉　林	568	16	454
黑龙江			
浙　江	121		
湖　北	1271		
湖　南	1910		
广　东			
广　西	6606	4	156
重　庆	41		
四　川	1160		
贵　州	1756		
云　南	5304		
西　藏	362		
甘　肃	450		
青　海	45		
宁　夏	1270		
新　疆	7159	6	136

19—22—1 民族自治地方电视覆盖情况(2016年)(一)

地 区	电视人口综合覆盖		中央节目		省级节目	
	人 口 (万人)	覆盖率 (%)	人 口 (万人)	覆盖率 (%)	人 口 (万人)	覆盖率 (%)
合 计	**18798.03**	**97.81**	**18610.24**	**96.83**	**18097.10**	**94.16**
河 北	210.85	98.51	210.85	98.51	166.42	77.75
内蒙古	2490.26	99.19	2488.07	99.10	2282.90	90.93
辽 宁	318.37	96.41	317.21	96.06	315.44	95.52
吉 林	319.32	98.24	313.81	96.54	311.16	95.73
黑龙江	23.36	92.66	23.36	92.66	23.36	92.66
浙 江	17.19	100.00	17.19	100.00	17.19	100.00
湖 北	460.51	99.56	460.31	99.52	458.81	99.20
湖 南	456.00	96.28	455.87	96.25	414.90	87.60
广 东	28.50	100.00	28.50	100.00	28.50	100.00
广 西	5429.77	98.40	5303.67	96.11	5300.12	96.05
海 南	165.38	93.80	164.96	93.56	162.02	91.89
重 庆	270.30	98.05	270.30	98.05	270.30	98.05
四 川	706.62	93.91	706.62	93.91	656.40	87.24
贵 州	1705.23	95.63	1704.03	95.57	1693.91	95.00
云 南	2282.80	98.39	2281.47	98.33	2162.11	93.18
西 藏	312.05	96.32	293.01	90.44	308.86	95.34
甘 肃	358.00	98.60	349.95	96.38	328.27	90.41
青 海	373.25	97.56	373.25	97.56	373.13	97.53
宁 夏	663.47	99.34	663.47	99.34	663.47	99.34
新 疆	2206.80	97.25	2184.34	96.26	2159.83	95.18

19-22-2 民族自治地方电视覆盖情况(2016年)(二)

地区	电视人口综合覆盖率							
	地市级节目		县级节目		无线电视综合覆盖			
							中央节目	
	人口(万人)	覆盖率(%)	人口(万人)	覆盖率(%)	人口(万人)	覆盖率(%)	人口(万人)	覆盖率(%)
合计	**13607.31**	**70.80**	**9538.16**	**49.63**	**17915.94**	**93.22**	**17710.22**	**92.15**
河北	188.34	87.99	136.28	63.67	196.57	91.84	196.57	91.84
内蒙古	2286.14	91.06	1277.50	50.88	2382.53	94.90	2376.50	94.65
辽宁	292.46	88.57	278.93	84.47	283.98	86.00	280.58	84.97
吉林	274.14	84.34	290.27	89.30	259.51	79.84	247.31	76.08
黑龙江	20.39	80.88	12.60	49.98	23.36	92.66	23.36	92.66
浙江	8.36	48.63	8.36	48.63	17.19	100.00	17.19	100.00
湖北	409.43	88.52	284.22	61.45	458.19	99.06	458.19	99.06
湖南	275.08	58.08	204.37	43.15	440.07	92.91	440.07	92.91
广东	22.00	77.19	18.80	65.96	28.50	100.00	28.50	100.00
广西	4299.40	77.91	2737.07	49.60	5312.74	96.28	5180.29	93.88
海南					164.48	93.29	164.26	93.17
重庆			79.63	28.88	242.76	88.06	242.76	88.06
四川	457.19	60.76	383.05	50.91	675.18	89.73	675.18	89.73
贵州	698.11	39.15	295.54	16.57	1354.05	75.94	1352.54	75.85
云南	1732.05	74.65	1507.29	64.96	2206.78	95.11	2205.84	95.07
西藏	54.96	16.96			305.78	94.39	289.97	89.51
甘肃	201.73	55.56	214.68	59.13	342.97	94.46	333.68	91.90
青海	292.50	76.46	32.62	8.53	373.24	97.56	373.24	97.56
宁夏	644.15	96.45	314.01	47.02	659.43	98.74	659.43	98.74
新疆	1450.88	63.94	1462.94	64.47	2188.63	96.45	2164.76	95.40

19–23 民族自治地方出版物情况

单位：种数：种；印数：万册(份)

年份	图书		杂志		报纸	
	种数	印数	种数	印数	种数	印数
1978	1336	14279.4	78	1306.4	44	28271.3
1979	2018	13332.5	76	1226.8	62	47739.6
1980	2084	16162.5	114	2250.5	68	45109.9
1981	2343	23964.6	160	3770.7	67	52678.2
1982	3242	28089.6	163	8385.6	68	54594.5
1983	2613	17477.9	165	2480.7	79	49894.6
1984	2859	28065.2	231	8606.7	117	63627.4
1985	3365	35906.9	321	7818.8	175	76847.2
1986	3435	29287.8	332	7171.9	176	150281.9
1987	4507	29167.4	358	7273.6	214	92964.4
1988	5107	30754.8	445	8620.4	236	93274.4
1989	5696	30127.0	447	6502.9	239	76404.0
1990	5784	30166.3	544	17866.4	227	79119.6
1991	6662	39810.3	507	6561.9	245	87342.0
1992	6707	41277.0	487	6705.0	334	89412.0
1993	5907	42263.3	502	9833.3	248	71607.1
1994	8052	60986.3	631	8541.2	350	101678.5
1995	7647	42275.0	633	7881.0	340	94984.8
1996	7979	44497.3	560	7482.1	298	102861.1
1997	8417	45876.7	559	7824.4	322	116203.9
1998	10154	48507.5	542	7509.9	293	108276.7
1999	11208	48394.4	592	8069.4	347	111943.9
2000	11402	42310.0	650	8332.0	356	123277.0
2001	10089	42599.0	693	8892.0	441	132611.0
2002	10856	45564.0	750	9085.0	383	139467.0
2003	12431	43214.6	778	9981.9	381	163731.6
2004	12332	39510.9	731	8341.7	311	173632.6
2005	12592	41957.6	738	10279.5	311	169518.4
2006	15082	45838.7	580	10223.1	265	143372.3
2007	13482	45627.4	657	7729.8	315	177110.0
2008	19086	48929.1	675	7256.7	313	159786.3
2009	21518	47689.9	733	7366.0	334	165394.8
2010	20635	43098.9	739	8276.2	329	174847.8
2011	24106	49303.3	752	11088.3	333	171832.5
2012	27832	54793.5	875	12120.9	405	187051.3
2013	31065	64113.7	842	14582.7	316	191760.0
2014	33506	68877.2	5685	22165.4	353	240263.3
2015	23561	69844.0	958	27154.4	307	188006.0
2016	24886	50263.2	1952	8341.5	363	132705.0

19−24 民族自治地方分地区图书、杂志、报纸出版情况(2016年)

单位：种数：种；印数：万册(份)

地区	图书		杂志		报纸	
	种数	印数	种数	印数	种数	印数
合计	**24885.5**	**50263**	**1951.8**	**8342**	**363**	**132705**
河北						
内蒙古	3249	6172	146	1714	58	32815
辽宁	2	5	2		7	234
吉林	10349	7288	22	55	12	2740
黑龙江						
浙江					1	73
湖北	430	1378	381	1327	33	47
湖南					1	200
广东			79		19	
广西	7419	29193	181	4236	53	64275
海南	1		7	1		
重庆	1	3	415	43	39	881
四川			17	16	6	1828
贵州	28	18	93	16	11	3478
云南	270	165	209	13	38	6907
西藏	37	1490	37	233	25	7972
甘肃					2	365
青海	2	2	326	8	39	422
宁夏	3098	4549	37	679	19	10469
新疆						

主要统计指标解释

文化产业机构 指专门从事文化工作具有法人资格、独立核算的事业、企业单位以及单独核算、附属于事业单位的经营性专业文化活动单位。

文化产业机构包括艺术业、图书馆业、群众文化业、文物业、文化艺术教育业、出版业、娱乐业、文化艺术经纪与代理业以及不属于以上分类的其他文化产业。

艺术业 包括戏剧、舞蹈、音乐、美术等各种艺术团及艺术家的活动。如演员、音乐家、作家、雕刻家、画家、漫画家、雕塑家的活动等。也包括剧场、音乐厅、美术展览馆等演出、展出设施的管理。

在制度中，将艺术业分为艺术表演团体、艺术表演场所和其他艺术三类。

艺术表演团体 指由文化部门主办或实行行业管理（经文化行政部门审批或已申报登记并领取相关许可证），专门从事表演艺术等活动的各类专业艺术表演团体，含民间职业剧团。不包括群众业余文艺表演团体。

艺术表演场所 指由文化部门主办或实行行业管理（经文化市场行政部门审批或已申报登记并领取相关许可证），有观众席、舞台、灯光设备，公开售票、专供文艺团体演出的文化活动场所。

图书馆 包括公共图书馆和除部队系统外的各类单位内部举办的或单独举办的图书馆。不包括群众艺术馆、文化馆、文化站内设的图书室。目前制度仅统计公共图书馆。

群众文化机构 包括群众艺术馆、文化馆、文化站、文化宫、少年宫等群众文化活动。在制度中，目前暂时不统计文化系统外的文化宫和少年宫。

群众艺术馆、文化馆、文化站指从事群众文化工作的专业机构。不包括临时抽调人员组成、没有编制的农村和街道文化工作队、服务站等。

广播电台 经国家广播电影电视总局（原广播电影电视部，下同）批准设置并颁发许可证，独立建制，财务上独立核算，有自办节目并正式播出的无线广播播出机构。

广播节目套数 经国家广播电影电视总局批准，并在颁发许可证中载明的，用固定频率自办播出节目并编有整套节目时间表，定期向听众公布广播节目名称和播出时间和节目的套数。

广播/电视节目覆盖人口数 按一定的技术标准在对象区内能接收广播节目的人口数。

广播/电视节目综合人口覆盖率 指根据原国家广电总局制定的《广播电视人口覆盖率统计技术标准和方法》进行统计调查的，在对象区内能接收到由中央、省、地市或县通过无线、有线或卫星等各种技术方式转播的各级广播/电视节目的人口数占全国总人口数的百分比。

电视台 经国家广播电影电视总局批准设置，并颁发许可证，独立建制，财务上独立核算，有自办节目并正式播出的无线电视播出机构。

电视节目套数 经国家广播电影电视总局批准，并在颁发许可证中载明的，用固定频道自办电视节目，并编有整套节目时间表，定期向观众公布电视节目名称和播出时间的节目的套数。

电视覆盖人口数 按一定的技术标准在对象区内能接收电视节目的人口数。

电视发射台和转播台 经广播电影电视行政主管部门批准设置正式开播的电视发射台和转播台。

电影放映单位 指具有放映机器设备、固定或不固定的放映场所与专职或兼职的放映技术人员，经有关部门登记批准，经常为一定的观众对象放映电影的机构。包括经批准对外开放进行营业，并与电影发行放映管理机构分账的专用放映单位和军委系统租片单位。

二十、卫 生

20-1 民族自治地方卫生机构、床位、人员

年 份	机 构（个）	#医院、卫生院	床位(张)	#医院、卫生院	卫生技术人员（人）	#医 生
1949	361	230	3310		3531	
1952	1176	378	5711		17877	
1957	13819	603	26470	20773	65649	26825
1962	19763	3203	94769	71356	129818	59086
1965	25306	6275	120781	89497	156889	72832
1975	21575	9749	219055	190980	232218	97957
1978	23934	10191	253520	22927	279387	120711
1980	26073	10433	271463	241679	324300	140752
1981	27604	10735	276119	246922	353395	154439
1982	28237	10803	281555	251805	468850	159927
1983	28800	11349	290067	267382	387690	169141
1984	29794	11659	302321	279259	406880	176305
1985	30432	10061	312137	288732	423733	182503
1986	31168	10012	318144	294676	435882	186717
1987	31838	10129	332116	307350	451429	192597
1988	31931	10520	338892	313677	463900	215187
1989	31081	10342	347555	321659	478304	224851
1990	31973	10574	359382	331955	488661	230088
1991	32142	10680	365439	338425	500254	232819
1992	31075	10210	375377	347194	512996	236402
1993	30642	10389	419873	380079	545934	253329
1994	30588	12482	415203	380626	554220	259481
1995	28957	12331	387139	357024	527438	250733
1996	15706	12201	370171	349457	455220	209508
1997	16111	12461	378905	357059	475731	220647
1998	16724	12859	392671	370449	498720	233290
1999	16733	12464	379121	357972	482722	230138
2000	16009	12492	381979	361235	485181	231024
2001	15904	12372	385995	365274	486749	235750
2002	15319	11832	362185	346818	460043	207999
2003	15230	11768	381534	359090	463382	208246
2004	15519	11884	400448	375029	475313	213882
2005	15488	11846	409938	384466	478320	214447
2006	15463	11796	425361	399690	485766	216159
2007	47081	12198	458316	430786	578875	249957
2008	44429	11872	501968	471146	603747	256811
2009	44209	11840	550535	515809	637850	263924
2010	44681	11961	596342	557305	680547	274046
2011	45598	12049	643035	601446	720489	279269
2012	46664	12103	703973	660410	770095	289904
2013	50127	12457	767838	722156	839336	308774
2014	51892	13734	824417	782197	894210	318132
2015	52646	12689	872074	824705	950307	334031
2016	52578	47196	913846	865389	1006722	351479

注：1.本表未扣除区域变动因素，年度之间不可比。下同。
2.1996—2006年机构数不含诊所数、村卫生室、社区卫生服务中心。下同。
3.2002年卫生机构数为登记注册数。下同。
4.2002年后医生系执业(助理)医师数，故有所减少。
5.2016年以后#医院卫生院统计范围为医院、基础卫生医疗机构数，基础卫生医疗机构数包括社区卫生服务中心(站)、卫生院、门诊部、诊所、卫生所、医务室。

20-2 民族自治地方卫生机构

单位：个

年份	合计	医院	卫生院	疗养院、所	门诊部	专科防治所、站	疾病预防控制中心	妇幼保健所、站	其他
1957	13819	603		17	5541		146	641	6871
1962	19763	3203		69	15279		387	363	462
1965	25306	6275		43	17626		485	427	450
1975	21575	9749		25	10292		633	412	464
1978	23934	10191		30	11866		649	478	720
1979	25027	10254		30	12676	124	635	478	830
1980	26073	10433		34	13457	140	672	497	840
1981	27604	10735		36	14661	146	694	505	827
1982	28237	10803		41	15175	164	720	511	
1983	28800	11349		44	15130	173	727	522	855
1984	29794	11659		43	15713	187	763	545	884
1985	30432	10061		47	17761	221	817	559	966
1986	31168	10012		47	18342	249	847	591	1080
1987	31838	10129		49	18817	277	873	600	1093
1988	31931	10520		48	18488	283	862	603	1127
1989	31081	10342		46	17744	291	892	606	1160
1990	31973	10574		48	18312	300	910	625	1204
1991	32142	10680		48	18307	313	915	634	1245
1992	31075	10210		49	11568	315	930	640	1363
1993	30642	10389		64	16772	309	1004	649	1423
1994	30588	12482		65	14651	350	994	643	1403
1995	28957	12331		45	13282	331	995	630	1343
1996	15706	2548	9653	44	377	311	881	593	1299
1997	16111	2606	9855	44	435	320	893	609	1349
1998	16724	2691	10168	41	543	340	920	624	1397
1999	16733	2681	9783	38	1124	329	887	529	1362
2000	16009	2685	9807	37	339	323	884	525	1409
2001	15904	2695	9677	38	401	319	881	525	1368
2002	15319	2671	9161	36	698	278	740	387	1348
2003	15230	2603	9165	35	645	262	672	371	1477
2004	15519	2739	9145	35	571	238	502	364	1925
2005	15488	2739	9107	34	487	216	411	363	2131
2006	15463	2780	9016	33	479	190	305	361	2299
2007	47081	2907	9291	34	502	181	910	690	32566
2008	44429	2868	9004	27	495	171	893	675	30296
2009	44209	2901	8939	25	517	165	889	669	30104
2010	44681	2994	8967	23	585	162		668	31282
2011	45598	3095	8954	22	596	159		674	32098
2012	46664	3249	8854	22	646	160		675	33058
2013	50127	3459	8777	22	669	163		670	36367
2014	51892	3698	8777	20	761	162		669	37805
2015	52646	3980	8709	18	910	160		675	38194
2016	52578	4143	8694	19	1034	154	880	672	36982

注：1995年以前卫生院数字含在医院数中。

20-3 民族自治地方卫生机构床位

单位：张

年 份	合 计	医 院	卫生院	疗养院、所	门诊部	专科防治所、站	疾病预防控制中心	妇幼保健所、站	其 他
1957	26470	20773		1277					4420
1962	94769	71356		4954					18459
1965	120781	89497		3732					27552
1975	219055	190980		3178					24897
1978	253520	220927		3482					29111
1979	263202	230877		3736	25127	1035	60	426	1941
1980	271463	241679		4318	21471	1248	60	661	
1981	276119	246922		4844	19735	1299	60	882	2377
1982	281555	251805		5436	19811	1174	60	1063	2206
1983	290067	267382		5651	12034	1234	60	1376	2321
1984	302321	279259		5851	12120	1113	60	1530	2388
1985	312137	288732		6213	11972	770	75	1536	2839
1986	318144	294676		6367	11191	944	75	1824	3067
1987	332116	307350		6681	11589	1090	84	1994	3328
1988	338892	313677		6294	11756	967	118	2130	3950
1989	347555	321659		5981	11757	1384	116	2261	4391
1990	359382	331955		6262	12051	1717	117	2509	4771
1991	365439	338425		6157	11548	1772	216	2533	4788
1992	375377	347194		6508					
1993	416259	380079		12187	12709	1761	146	3464	5913
1994	415203	380626		11464	12087	1087	68	3478	5593
1995	387139	357024		6511	12017	1621	241	4076	5649
1996	370171	257701	91756	6588	2720	1308	238	4578	5282
1997	378905	260708	96351	6667	2957	1571	286	5276	5089
1998	392671	272202	98247	6637	2600	1550	293	5697	5445
1999	379121	261888	96084	6256	3266	1465	317	4696	5149
2000	381979	264963	96272	5591	2673	1570	347	5018	5545
2001	385995	268103	97171	5567	2695	1563	490	5347	5059
2002	362185	257800	89018	2249	1379	2158		3234	6347
2003	381534	269155	89935	128	1523	1480		3384	15929
2004	400448	282239	92790	2872	2127	2265		3789	14364
2005	409938	289726	94740	2804	1795	1867		3819	15173
2006	425361	299743	99947	4066	1228	1539		4001	14836
2007	458316	318697	112089	3846	1116	1235		15743	5590
2008	501968	343568	127578	3143	1063	1280		17942	6944
2009	550535	371645	144164	3601	994	1343		19089	9699
2010	596342	402269	155036	3154	1193	1453		20463	12774
2011	643035	440033	161413	2752	998	1450		21926	14463
2012	703973	491432	168978	2697	1167	1615		24188	13896
2013	767838	542952	178818	2797	1105	1890		26023	14253
2014	824417	588756	188406	2308	857	1686		27351	15053
2015	872074	630222	194048	2254	1007	1762		29350	13431
2016	913846	666144	197838	1938	921	1943		30570	14492

注：1995年以前卫生院数字含在医院数中。

20–4 民族自治地方专业卫生人员

单位：人

年 份	专业卫生人员	#卫生技术人员	#中 医	#西医师	#西医士	#中、西医结合高级医师
1957	77221	65649	15014	2997	8814	
1962	152872	129818	25980	10360	22764	
1965	184446	156889	26448	17860	28524	
1975	288559	232218	16126	35498	46333	
1978	349249	279387	20575	42574	57562	
1979	379396	302034	22663	45174	61018	
1980	407629	324300	24770	52258	63724	
1981	443076	353395	28562	58808	66940	129
1982	461245	368850	30106	60692	68954	175
1983	482042	387690	32706	65544	70723	168
1984	505994	406880	37010	65707	73377	211
1985	526965	432733	39634	64999	77710	160
1986	544777	435882	39909	66237	80391	180
1987	562349	451429	41722	69372	81304	199
1988	573682	463900	43647	114098	57023	419
1989	592461	478304	44250	123978	65180	443
1990	606085	488661	44266	127894	57470	458
1991	621172	500254	42922	129825	59664	408
1992	638230	512996	42764	130294	62864	480
1993	693651	548899	44089	143005	61875	755
1994	696548	554240	43862	152530	62169	920
1995	657512	527438	41406	146031	62171	1125
1996	579693	455220				
1997	601826	475731				
1998	629331	498720				
1999	606016	482722				
2000	606447	485181				
2001	606776	486749				
2002	568754	460043				
2003	569326	463382				
2004	581723	475313				
2005	585216	478320				
2006	592094	485766				
2007	697774	578875				
2008	726526	603747				
2009	765433	637850				
2010	816549	680547				
2011	861713	720489				
2012	919409	770095				
2013	1012319	839336				
2014	1081167	894210				
2015	1145495	950307				
2016	1209614	1006722				

20–5 民族自治地方分地区卫生机构数(2016年)(一)

单位：个

地 区	卫生机构数	医 院	卫生院	门诊部	疗养院、所	专科防治所、站	疾病预防控制中心	妇幼保健所、站	社区卫生服务中心(站)
合 计	**52578**	**4143**	**8694**	**1034**	**19**	**154**	**880**	**672**	**2927**
河 北	529	20	117	3			6	5	26
内蒙古	10370	720	1321	285	5	54	117	113	1195
辽 宁	1034	48	159	7		11	8	8	22
吉 林	1689	83	130	72	1	11	13	12	18
黑龙江	95	4	11	1			1	1	1
浙 江	53	3	22				1	1	3
湖 北	767	48	105	10		1	11	11	28
湖 南	1272	106	351	5		5	16	16	14
广 东	96	8	31	2		3	3	3	1
广 西	13242	543	1267	182	5	37	115	103	279
海 南	79	15	13	2			2	1	3
重 庆	347	39	129		1	3	4	4	9
四 川	2157	203	1176	9	1		54	54	29
贵 州	2031	341	633	3		1	44	44	105
云 南	4662	554	842	77		23	91	85	92
西 藏	1475	145	678		1		82	55	10
甘 肃	1487	54	294	1	1	1	24	23	39
青 海	911	100	265			1	40	20	81
宁 夏	1889	190	219	27	1		25	21	142
新 疆	8393	919	931	348	3	3	223	92	830

20-5 民族自治地方分地区卫生机构数(2016年)(二)

单位：个

地　区	诊所、卫生所、医务室	急救中心(站)	采供血机构	卫生监督所(中心)	医学科学研究机构	医学在职培训机构	健康教育所(站、中心)	其　他卫生机构
合　计	**30398**	**35**	**119**	**704**	**31**	**24**	**35**	**2709**
河　北	330			6				16
内蒙古	6173	8	18	114	6	4	23	214
辽　宁	617		1	5	1			147
吉　林	1272	1	8	6		1		61
黑龙江	62			1		1		12
浙　江	20			1				2
湖　北	524		2	11		1		15
湖　南	561		1	16	1			180
广　东	35			3				7
广　西	9281	4	28	110	14	1	1	1272
海　南	40		1	1				1
重　庆	151			4		1		2
四　川	550	2	5	53	1	5		15
贵　州	715	1	8	44	1	2		89
云　南	2739	11	8	84	3	4	4	45
西　藏	498		4	1		1		
甘　肃	695	1	2	22	3	3	2	322
青　海	337		7	40	1		1	18
宁　夏	1215	2	5	24			4	14
新　疆	4583	5	21	158				277

20-6 民族自治地方分地区卫生机构床位数(2016年)(一)

单位：张

地区	卫生机构	医院			卫生院	
			市	县		乡卫生院
合计	**913846**	**666144**	**364348**	**301796**	**198324**	**197838**
河北	7795	4790		4790	2704	2704
内蒙古	139236	109676	75580	34096	20002	20002
辽宁	12929	8356		8356	4161	4161
吉林	14739	11687	8287	3400	2580	2580
黑龙江	770	542		542	143	143
浙江	673	570		570	91	91
湖北	25268	15249	7822	7427	8724	8564
湖南	28105	19127	4235	14892	8015	8015
广东	1288	662		662	501	501
广西	224471	148480	94976	53504	60565	60565
海南	1006	869		869	137	137
重庆	11080	5844		5844	4341	4341
四川	35381	24678	7180	17498	9444	9444
贵州	61366	45093	14520	30573	13651	13325
云南	114469	84845	35642	49203	24263	24263
西藏	14456	10397	6197	4200	3285	3285
甘肃	14181	9479	2531	6948	3708	3708
青海	13408	10557	2062	8495	2257	2257
宁夏	36313	32027	24635	7392	2913	2913
新疆	156912	123216	80681	42535	26839	26839

20–6 民族自治地方分地区卫生机构床位数(2016年)(二)

单位：张

地　区	门诊部	疗养院、所	专科防治所、站	妇幼保健所、站	其他卫生机构
合　计	**921**	**1938**	**1943**	**30570**	**14006**
河　北				172	129
内蒙古	219	516	394	3848	4581
辽　宁	4		100	144	164
吉　林	48	48	60	189	127
黑龙江				85	
浙　江					12
湖　北			15	955	325
湖　南	40		12	461	450
广　东			46	79	
广　西	73	901	440	12442	1570
海　南					
重　庆			200	193	502
四　川		22		926	311
贵　州			60	2069	493
云　南	107		491	3937	826
西　藏		40		674	60
甘　肃	3	100		666	225
青　海			40	152	402
宁　夏		100		968	305
新　疆	427	211	85	2610	3524

20—7 民族自治地方分地区专业卫生人员(2016年)(一)

单位：人

地区	卫生人员合计	#卫生技术人员	#执业(助理)医师
合计	**1209614**	**1006722**	**351479**
河北	7784	6682	3089
内蒙古	200707	167967	64280
辽宁	14488	11629	4443
吉林	24522	20459	8501
黑龙江	1090	917	381
浙江	971	814	337
湖北	26900	23394	8328
湖南	29840	24743	8598
广东	2496	2118	706
广西	350465	284717	91951
海南	1529	1227	402
重庆	10489	8709	2996
四川	42881	35879	11381
贵州	67381	57848	19285
云南	125225	106779	34656
西藏	18231	14778	6512
甘肃	16293	12893	5187
青海	12688	11016	4209
宁夏	52499	44540	16923
新疆	203135	169613	59314

20-7 民族自治地方分地区专业卫生人员(2016年)(二)

单位：人

地 区	市属卫生人员	#卫生技术人员	#执业(助理)医生	县属专业卫生人员	#卫生技术人员	#执业(助理)医生
合 计	**381878**	**318342**	**105191**	**465236**	**391913**	**129166**
河 北				6756	5770	2591
内蒙古	71594	59457	20613	58984	49925	19763
辽 宁				11825	9402	3604
吉 林	8927	7411	2750	7395	5846	2462
黑龙江				894	753	297
浙 江				788	672	265
湖 北	7152	6034	1996	11095	9733	3414
湖 南	5086	4288	1357	20670	17131	5791
广 东				1473	1241	385
广 西	133290	109348	33656	121790	99955	28248
海 南				838	680	183
重 庆				8446	7101	2451
四 川	9389	7700	2515	27232	23256	7127
贵 州	13981	11863	4083	34792	30677	9943
云 南	35861	30728	9773	61659	52756	16288
西 藏	3560	2948	1246	4475	3783	1729
甘 肃	2224	1832	877	9060	7521	3082
青 海	3552	3011	1127	5360	4709	1768
宁 夏	17038	14615	5162	9257	8088	3133
新 疆	70224	59107	20036	62447	52914	16642

20-8 民族自治地方少数民族专业卫生人员

单位：人

年 份	专业卫生人员	#卫生技术人员	#中 医	#西医师	#西医士	#中、西医结合高级医师
1980	71694	56823	5815	8656	13782	
1981	96115	74843	7318	11197	18556	9
1982	100672	80521	8083	12038	18943	19
1983	108287	87216	8803	13509	20104	30
1984	117473	95310	10928	13818	22252	36
1985	135745	105656	11884	14926	22792	23
1986	139196	112058	12051	15516	25284	35
1987	147783	118748	12464	15360	24550	32
1988	154894	123586	13736	31191	18347	115
1989	163731	189603	14758	34717	18569	114
1990	170738	141448	14957	36825	20570	129
1991	178890	145406	11689	37943	21402	109
1992	187543	149635	14235	38438	22800	156
1993	172504	143744	13136	39007	19931	101
1994	180811	151953	14220	41238	20391	118
1995	180049	152523	13379	41363	20999	141
1996	174537	144575				
1997	183469	155803				
1998	185412	158121				
1999	185458	159199				
2000	186494	160113				
2001	184132	158169				
2002	184132	158169				
2003	196725	177110				
2004	194686	175213				

20-9 民族自治地方分地区中医中的民族医生

单位：人

年份 地区	合计	蒙医	藏医	维医	傣医
1991	5584	3325	1787	439	33
1992	4759	3325	1014	420	
1993	5649	3361	1706	525	57
1994	6098	3537	1815	707	39
1995	5702	3095	1804	767	36
1996	5557	3202	1801	461	93
1997	5857	3076	1961	660	160
1998	6252	3312	1995	736	209
1999	5970	2827	2109	853	181
2000	6744	3386	2169	934	255
2001	6440	2766	2307	1124	243
2002	6440	2766	2307	1124	243
2003	4302	2136	1723	417	26
2004	4544	2314	1759	438	33
合计	**4544**	**2314**	**1759**	**438**	**33**
河北	1				1
内蒙古	2107	2094	10		3
辽宁	125	124		1	
吉林	1				1
黑龙江	2	2			
浙江					
湖北	1	1			
湖南	2				2
广东					
广西	4	1		3	
海南					
重庆					
四川	307		304		3
贵州	2				2
云南	67	2	57	1	7
西藏	651		651		
甘肃	418	1	417		
青海	363	46	317		
宁夏	2				2
新疆	491	43	3	433	12

20-10 民族自治地方分地区卫生机构万元以上设备台数(2016年)

单位：台

地　区	合　计	10万元以下	10-49万元	50—99万元	100万元以上
合　计	**667118**	**502420**	**127066**	**20612**	**17020**
河　北	3611	2875	585	75	76
内蒙古	117738	87232	23094	3754	3658
辽　宁	6836	5263	1237	194	142
吉　林	13838	10299	2776	384	379
黑龙江	674	545	105	13	11
浙　江	866	663	164	22	17
湖　北	16074	12905	2384	459	326
湖　南	12717	10250	1845	320	302
广　东	825	568	186	43	28
广　西	184649	139020	35027	5814	4788
海　南	846	564	234	26	22
重　庆	6438	4731	1375	207	125
四　川	22674	17869	3911	551	343
贵　州	31783	24856	5415	880	632
云　南	75955	58470	13768	1967	1750
西　藏	8384	6291	1596	333	164
甘　肃	5230	4122	825	194	89
青　海	6928	5167	1427	198	136
宁　夏	35478	26213	7122	1161	982
新　疆	115574	84517	23990	4017	3050

20－11　民族自治地方农村村级卫生组织

单位：个

年　份	村总数	有卫生机构的村数	占村总数的比重(%)	无医疗点的村数	占村总数的比重(%)
1978	67937	56655	83.4	11282	16.6
1979	68783	44324	64.4	24459	35.6
1980	68916	39325	55.6	30591	44.4
1981	75257	53434	71.0	21823	29.0
1982	75523	54240	71.8	21283	28.2
1983	79105	64006	80.9	15099	19.1
1984	80406	60790	75.6	19616	24.4
1985	86764	65426	75.4	21338	24.6
1986	92575	67353	72.8	25222	27.2
1987	92822	69005	74.3	23817	25.7
1988	96096	65248	67.9	30848	32.1
1989	97459	65665	67.4	31794	32.6
1990	91092	68843	75.6	22249	24.4
1991	96525	70045	72.6	26480	27.4
1992	76188	59356	77.9	16832	22.1
1993	93939	74260	79.1	19679	20.9
1994	97287	76244	78.4	21043	21.6
1995	96685	74375	76.9	29310	23.1
1996	97140	76059	78.3	21081	21.7
1997	100012	79368	79.4	20644	20.6
1998	101644	83571	82.2	18073	17.8
1999	98496	82023	83.3	16473	16.7
2000	99621	83442	83.8	16179	16.2
2001	98091	82995	84.6	15096	15.4

20—12 民族自治地方乡村医生、卫生员、农村接生员

单位：人

年 份	乡村医生和卫生员	乡村医生	卫生员	#少数民族乡村医生和卫生员	农村接生员
1982	116965	47933	69032	49743	86158
1983	116754	55580	61174	49228	88703
1984	118730	58109	60621	52630	96148
1985	131381	62255	69129	55914	101291
1986	135634	68480	68154	57423	106411
1987	139901	72374	67527	56634	107692
1988	135751	73106	62645	55188	106464
1989	136780	75228	61552	56304	141857
1990	135424	75935	59489	54594	107261
1991	139332	79709	59623	58052	104869
1992	146472	83518	62954	44695	97374
1993	163129	100993	62136	63582	98064
1994	154147	96347	57800	63573	94585
1995	158014	102376	55639	64290	91630
1996	159529	101416	58113	66865	84919
1997	165976	108712	57264	71229	86735
1998	172286	115367	56919	68872	81786
1999	169759	116520	53239	69098	80421
2000	173025	119979	53046	70989	73321
2001	171341	120976	50365	68431	68870
2002	171341	120976	50365	68431	68870
2008	117401	106146	11255		
2009	133541	119579	13962		
2010	138114	123545	14569		
2011	149727	132385	17342		
2012	150365	132408	17957		
2013	150720	132870	17850		
2014	150205	133545	16660		
2015	147901	131414	16487		
2016	145047	129411	15636		

20—13 民族自治地方分地区乡村医生、卫生员(2016年)

单位：人

地　　区	乡村医生和卫生员	乡村医生	卫生员
合　　计	**145047**	**129411**	**15636**
河　　北	2562	2467	95
内 蒙 古	17944	16697	1247
辽　　宁	3416	3277	139
吉　　林	1888	1670	218
黑 龙 江	176	142	34
浙　　江	30	30	
湖　　北	3522	3329	193
湖　　南	4287	3674	613
广　　东	219	219	
广　　西	34981	32038	2943
海　　南	33	32	1
重　　庆	1853	1675	178
四　　川	8986	8468	518
贵　　州	11077	8091	2986
云　　南	18920	17621	1299
西　　藏	10905	8489	2416
甘　　肃	2558	2261	297
青　　海	2601	2289	312
宁　　夏	3559	3051	508
新　　疆	15530	13891	1639

20-14 民族自治地方分地区民族医院情况(2016年)

单位：个

地　　区	机构个数	床位数	人员数				
			合　计	卫生技术人员		其　他 技术人员	管理人员
				小　计	医　生		
合　　计	**241**	**24671**	**24559**	**20357**	**7777**	**1335**	**1135**
内 蒙 古	61	7659	9776	8222	3126	404	486
辽　　宁	1	300	250	209	79	1	37
吉　　林	1	80	111	95	43		16
黑 龙 江	1	100	50	40	19		1
湖　　北	3	460	599	494	167	29	30
湖　　南	3	106	59	41	21	7	6
广　　西	5	455	684	518	166	53	38
四　　川	36	1248	1353	1127	471	87	67
贵　　州	7	518	541	447	122	42	35
云　　南	5	383	446	364	132	7	46
西　　藏	29	1604	1464	1163	745	50	93
甘　　肃	10	698	548	462	249	45	14
青　　海	25	2260	1075	905	359	58	42
宁　　夏	2	40	24	20	7		2
新　　疆	52	8760	7579	6250	2071	552	222

主要统计指标解释

医疗卫生机构 指从卫生(卫生计生)行政部门取得《医疗机构执业许可证》、《计划生育技术服务许可证》，或从民政、工商行政、机构编制管理部门取得法人单位登记证书，为社会提供医疗服务、公共卫生服务或从事医学科研和医学在职培训等工作的单位。医疗卫生机构包括医院、基层医疗卫生机构、专业公共卫生机构、其他医疗卫生机构。

医院 包括综合医院、中医医院、中西医结合医院、民族医院、各类专科医院和护理院，不包括专科疾病防治院、妇幼保健院和疗养院，包括医学院校附属医院。

基层医疗卫生机构 包括社区卫生服务中心、社区卫生服务站、街道卫生院、乡镇卫生院、村卫生室、门诊部、诊所(医务室)。

专业公共卫生机构 包括疾病预防控制中心、专科疾病防治机构、妇幼保健机构（含妇幼保健计划生育服务中心)、健康教育机构、急救中心（站)、采供血机构、卫生监督机构、取得《医疗机构执业许可证》或《计划生育技术服务许可证》的计划生育技术服务机构。

其他医疗卫生机构 包括疗养院、临床检验中心、医学科研机构、医学在职教育机构、卫生监督（监测、检测）机构、医学考试中心、农村改水中心、人才交流中心、统计信息中心等卫生事业单位。

卫生人员 指在医院、基层医疗卫生机构、专业公共卫生机构及其他医疗卫生机构工作的职工，包括卫生技术人员、乡村医生和卫生员、其他技术人员、管理人员和工勤人员。一律按支付年底工资的在岗职工统计，包括各类聘任人员(含合同工)及返聘本单位半年以上人员，不包括临时工、离退休人员、退职人员、离开本单位仍保留劳动关系人员、本单位返聘和临聘不足半年人员。

卫生技术人员 包括执业医师、执业助理医师、注册护士、药师（士)、检验技师（士)、影像技师、卫生监督员和见习医（药、护、技）师（士）等卫生专业人员。不包括从事管理工作的卫生技术人员(如院长、副院长、党委书记等)。

执业医师 指《医师执业证》“级别”为“执业医师”且实际从事医疗、预防保健工作的人员，不包括实际从事管理工作的执业医师。执业医师类别分为临床、中医、口腔和公共卫生四类。

执业(助理)医师 指《医师执业证》“级别”为“执业助理医师”且实际从事医疗、预防保健工作的人员，不包括实际从事管理工作的执业助理医师。执业助理医师类别分为临床、中医、口腔和公共卫生四类。

床位数 指年底固定实有床位（非编制床位)，包括正规床、简易床、监护床、正在消毒和修理床位、因扩建或大修而停用的床位、不包括产科新生儿床、接产室待产床、库存床、观察床、临时加床和病人家属陪待床。

二十一、社会服务

21-1 民族自治地方分地区收养单位、民间组织和社区建设情况(2016年)

地区	收养单位		民间组织		社区建设	
	福利类收养单位床位数(万张)	福利类收养单位收养救助人数(万人)	单位数(个)	#社会团体	城镇社区服务设施数(个)	城镇便民、利民服务网点(个)
合计	**32.29**	**19.18**	**84917**	**52157**	**10861**	**4834**
河北	0.50	0.28	471	306	30	
内蒙古	8.93	4.47	13664	7362	2540	381
辽宁	0.69	0.42	691	388	222	
吉林	0.83	0.53	2512	1416	229	
黑龙江	0.03	0.02	54	25	8	
浙江	0.05	0.02	21	21		
湖北	1.73	1.22	2406	913	102	
湖南	1.13	0.74	2080	1116	142	
广东	0.12	0.03	177	117	188	
广西	4.65	2.87	23910	12981	1749	320
海南	0.03	0.01	635	374	22	
重庆	0.13	0.05	1257	799	110	286
四川	1.63	1.01	2440	1806	384	349
贵州	1.89	1.27	3025	2124	1017	1728
云南	2.39	1.40	11213	8567	669	21
西藏	0.43	0.37	627	571	5	
甘肃	0.31	0.22	3081	2777	368	266
青海	0.33	0.20	1261	897	303	
宁夏	1.54	0.81	5751	3792	555	2
新疆	4.95	3.24	9641	5805	2218	1481

21-2 民族自治地方分地区城镇居民最低生活保障情况(2016年)

地 区	城镇居民最低生活保障人数(人)	城镇居民最低生活保障户数(户)	城镇居民最低生活保障支出(万元)	城镇居民最低生活保障年支出水平(元/人、年)
合 计	**3155999**	**1711982**	**1398357**	**4431**
河 北	23615	11664	10156	4300
内蒙古	491401	304482	281170	5722
辽 宁	32916	20019	15205	4619
吉 林	97047	66482	54710	5638
黑龙江	5739	2988	2707	4717
浙 江	615	380	324	5270
湖 北	19545	13498	10112	5174
湖 南	92871	49373	29568	3184
广 东	1032	650	573	5549
广 西	226134	121741	99903	4418
海 南	27494	11534	10309	3750
重 庆	29312	16234	13828	4717
四 川	146522	80177	49375	3370
贵 州	104791	62242	49053	4681
云 南	496907	314603	204281	4111
西 藏	35856	20590	30145	8407
甘 肃	204551	72551	96584	4722
青 海	104207	52530	49624	4762
宁 夏	145716	77071	62060	4259
新 疆	869728	413173	328672	3779

21-3 民族自治地方分地区农村居民最低生活保障情况(2016年)

地 区	农村居民最低生活保障人数(人)	农村居民最低生活保障户数(户)	农村居民最低生活保障支出(万元)	农村居民最低生活保障年支出水平(元/人、年)
合 计	**13857177**	**6665946**	**2664111**	**1923**
河 北	133451	116519	27888	2090
内蒙古	1127626	872911	321580	2852
辽 宁	101068	63041	22318	2208
吉 林	110635	80336	23441	2119
黑龙江	10416	6851	2161	2075
浙 江	7607	4955	2066	2716
湖 北	226002	134345	53085	2349
湖 南	382108	222684	62712	1641
广 东	15843	7581	4701	2967
广 西	2905689	1019010	422456	1454
海 南	48475	20843	11261	2323
重 庆	88995	40643	24002	2697
四 川	845405	353547	163805	1938
贵 州	1303710	605429	273368	2097
云 南	2954460	1506462	551016	1865
西 藏	257236	87061	35582	1383
甘 肃	932924	288316	164204	1760
青 海	318059	97765	53084	1669
宁 夏	422218	324065	121874	2887
新 疆	1665250	813582	323507	1943

主要统计指标解释

城市居民最低生活保障人数 指在报告期末共同生活的家庭成员人均收入低于当地最低生活保障标准，且家庭财产状况符合相关规定的城镇居民，并已发放补助经费的人数。

农村居民最低生活保障人数 指报告期末共同生活的家庭成员人均收入低于当地最低生活保障标准，得到当地政府给予最低生活保障待遇的农业人口家庭人数。

社区服务机构和设施数 指报告期末设立的社区服务指导中心、社区服务中心、社区服务站、社区养老机构、社区互助型养老设施及其他社区服务机构的总和数。具有面向老人，残疾人，儿童及其家庭的商品递送、医疗保健、家庭保洁、日间照料、陪伴服务等为社区居家养老服务的设施和突出综合服务的职能。

城镇便民、利民服务网点 指报告期末居委会设立的、方便本社区居民生活服务的网点。

农村社会保障网络数 指设有社会保障委员会或领导小组，在其统一管理和指导下已有各种福利院、社会福利厂，优待和五保实行集体统筹三项或三项以上农村社会保障项目的乡（镇）个数。

陆地边境县

1—1 陆地边境县经济发展主要指标

指标	2015年	占全国比重(%)	2016年	占全国比重(%)
人口与就业				
年底总人口 (万人)	2355.56	1.71	2375.60	1.72
#少数民族人口	1172.34		1199.59	
单位就业人员数 (万人)	184.27		184.28	
地区生产总值 (亿元)	**8596.08**	**1.25**	**8883.36**	**1.19**
第一产业	1809.14	2.97	1796.44	2.82
第二产业	3469.79	1.24	3512.86	1.19
第三产业	3314.68	0.96	3574.14	0.93
人均地区生产总值 (元)	**36860.57**	**73.73**	**37394.10**	**69.27**
固定资产 (亿元)				
全社会固定资产投资总额	7977.40	1.42	8407.92	1.39
财政 (亿元)				
地方财政收入	573.11	0.69	607.79	0.38
地方财政支出	2465.37	1.64	2747.39	1.46
农业				
耕地面积 (万公顷)	594.79	4.41	646.67	4.79
灌溉面积 (万公顷)	290.24	0.44	320.71	4.78
农林牧渔总产值 (亿元)	2760.86	2.58	2732.93	2.44
主要农产品产量				
粮食产量 (万吨)	2270.86	3.65	2332.36	3.78
棉花产量 (万吨)	26.54	4.74	24.43	4.61
油料产量 (万吨)	80.39	2.27	70.65	1.95
大牲畜年底头数(万头)	839.04	6.88	908.09	7.63
羊年底头数 (万只)	3579.85	11.51	3355.82	11.14
猪年底头数 (万头)	1117.47	2.48	998.11	2.29
肉类总产量 (万吨)	234.30	2.72	237.85	2.79
工业				
规模以上工业企业资产总计(亿元)	8211.94	0.80	9749.67	0.90
教育				
普通中学				
学校数 (个)	1410	2.13	1231	1.88
在校学生数 (人)	995839	1.49	1009565	1.51
专任教师数 (人)	89395	1.73	91405	1.75
普通小学				
学校数 (个)	5114	2.68	5057	2.85
在校学生数 (人)	1516133	1.74	1562394	1.58
专任教师数 (人)	110296	1.94	112538	1.94
医疗卫生				
医院、卫生院数 (个)	1920	0.20	2336	0.24
医院、卫生院床位数(张)	84320	1.25	85687	1.20
卫生技术人员数 (人)	99047	1.24	108771	1.29

2-1 陆地边境县行政区划(2016年末)

地　　区	合计	自治县	县	旗	市	市辖区
合　　计	**139**	**17**	**67**	**15**	**32**	**8**
内 蒙 古	20			15	4	1
辽　　宁	5	1			1	3
吉　　林	10	1	2		6	1
黑 龙 江	18		10		7	1
广　　西	8		4		3	1
云　　南	25	9	11		5	
西　　藏	18		18			
甘　　肃	1	1				
新　　疆	34	5	22		6	1

2-2 我国陆地边境县(旗)、市(市辖区)分布(2016年末)

地区	个数	县、旗、市(市辖区)
内蒙古自治区	4 市 15 旗 1 市辖区	包头市：达尔罕茂明安联合旗 呼伦贝尔市：扎赉诺尔区、满洲里市、额尔古纳市 陈巴尔虎旗、新巴尔虎左旗、新巴尔虎右旗 巴彦淖尔市：乌拉特中旗、乌拉特后旗 乌兰察布市：四子王旗 兴安盟：阿尔山市、科尔沁右翼前旗 锡林郭勒盟：二连浩特市、阿巴嘎旗、苏尼特左旗 苏尼特右旗、东乌珠穆沁旗 阿拉善盟 ：阿拉善左旗、阿拉善右旗、额济纳旗
辽宁省	1 市 3 市辖区 1 自治县	丹东市：振兴区、元宝区、振安区、东港市、宽甸满族自治县
吉林省	6 市 1 市辖区 2 县 1 自治县	通化市：集安市 白山市：浑江区、临江市、抚松县、长白朝鲜族自治县 延边朝鲜族自治州 ：图们市、珲春市、龙井市、和龙市、安图县
黑龙江省	7 市 1 市辖区 10 县	鸡西市：虎林市、密山市、鸡东县 鹤岗市：萝北县、绥滨县 双鸭山市：饶河县 伊春市：嘉荫县 佳木斯市：同江市、抚远市 牡丹江市：绥芬河市、穆棱市、东宁市 黑河市：爱辉区、逊克县、孙吴县 大兴安岭地区：呼玛县、塔河县、漠河县

2-2 续表

地区	个数	县、旗、市(市辖区)
广西壮族自治区	3 市 1 市辖区 4 县	防城港市：防城区、东兴市 百色市：靖西市、那坡县 崇左市：凭祥市、宁明县、龙州县、大新县
云南省	5 市 11 县 9 自治县	保山市：腾冲市、龙陵县 普洱市：江城哈尼族彝族自治县、孟连傣族拉祜族佤族自治县 澜沧拉祜族自治县、西盟佤族自治县 临沧市：镇康县、耿马傣族佤族自治县、沧源佤族自治县 红河哈尼族彝族自治州：绿春县、金平苗族瑶族傣族自治县、河口瑶族自治县 文山壮族苗族自治州：麻栗坡县、马关县、富宁县 西双版纳傣族自治州：景洪市、勐海县、勐腊县 德宏傣族景颇族自治州 ：芒市、瑞丽市、盈江县、陇川县 怒江傈僳族自治州：泸水市、福贡县、贡山独龙族怒族自治县
西藏自治区	18 县	日喀则地区：定日县、康马县、定结县、仲巴县、亚东县、吉隆县、 聂拉木县、萨嘎县、岗巴县 林芝市 ：墨脱县、察隅县 山南市：洛札县、错那县、浪卡子县 阿里地区：噶尔县、普兰县、札达县、日土县
甘肃省	1 自治县	酒泉市：肃北蒙古族自治县
新疆维吾尔自治区	6 市 22 县 5 自治县 1 市辖区	哈密市：伊州区、伊吾县、巴里坤哈萨克自治县 阿克苏地区：温宿县、乌什县 喀什地区：叶城县、塔什库尔干塔吉克自治县 和田地区：和田县、皮山县 昌吉回族自治州：奇台县、木垒哈萨克自治县 博尔塔拉蒙古自治州：博乐市、阿拉山口市、温泉县 克孜勒苏柯尔克孜自治州：阿图什市、阿克陶县、阿合奇县、乌恰县 伊犁哈萨克自治州 ：霍尔果斯市、霍城县、昭苏县、察布查尔锡伯自治县 塔城地区：塔城市、额敏县、托里县、裕民县、和布克赛尔蒙古自治县 阿勒泰地区：阿勒泰市、布尔津县、富蕴县、福海县、 哈巴河县、青河县、吉木乃县

3—1 陆地边境县分地区年末总人口和少数民族人口(2016年)

单位：万人

地　　区	年底总人口	#少数民族人口	乡村人口	城镇人口
合　　计	**2375.60**	**1199.59**	**1426.39**	**929.14**
内 蒙 古	183.68	60.45	85.15	79.89
辽　　宁	175.88	40.50	91.09	84.79
吉　　林	195.86	46.37	58.90	136.96
黑 龙 江	290.59	17.13	128.77	161.33
广　　西	267.80	219.88	199.17	68.42
云　　南	677.97	406.83	461.18	216.79
西　　藏	36.46	33.69	29.25	7.11
甘　　肃	1.21	0.50	0.42	0.79
新　　疆	546.15	374.26	372.46	173.04

4—1 陆地边境县分地区生产总值(2016年)

单位：亿元

地　　区	地区生产总值	第一产业	第二产业	第三产业	人均地区生产总值(元)
合　　计	**8883.36**	**1796.44**	**3512.86**	**3574.14**	**37394**
内 蒙 古	1863.86	175.56	1016.20	672.18	94775
辽　　宁	517.90	98.80	159.63	259.48	28689
吉　　林	1012.83	78.09	534.41	400.33	51153
黑 龙 江	1278.56	488.37	263.88	526.31	46141
广　　西	810.44	153.26	372.66	284.51	36588
云　　南	1579.76	392.75	495.81	691.20	22771
西　　藏	89.03	12.59	41.78	34.67	19694
甘　　肃	18.82	0.52	11.56	6.74	123014
新　　疆	1712.16	396.52	616.94	698.71	31362

4-2 陆地边境县分地区生产总值指数(2016年)

地区	地区生产总值（以2015年为100）	第一产业	第二产业	第三产业
合计	**107.6**	**103.8**	**108.3**	**108.4**
内蒙古	107.4	103.8	107.5	108.4
辽宁	99.0	87.9	99.2	103.9
吉林	107.5	103.1	105.5	111.0
黑龙江	105.6	105.5	106.2	105.3
广西	108.7	103.4	109.9	109.9
云南	109.5	105.9	112.2	109.6
西藏	114.5	107.6	118.4	116.3
甘肃	102.3	105.5	109.4	97.6
新疆	109.7	104.8	111.3	109.2

4-3 陆地边境县分地区生产总值构成(2016年)

单位：%

地区	地区生产总值	第一产业	第二产业	第三产业
合计	**100**	**20.2**	**39.5**	**40.2**
内蒙古	100	9.4	54.5	36.1
辽宁	100	19.1	30.8	50.1
吉林	100	7.7	52.8	39.5
黑龙江	100	38.2	20.6	41.2
广西	100	18.9	46.0	35.1
云南	100	24.9	31.4	43.8
西藏	100	14.1	46.9	38.9
甘肃	100	2.8	61.4	35.8
新疆	100	23.2	36.0	40.8

5-1 陆地边境县单位从业人员和劳动报酬（2016年）

地 区	单位从业人员数（万人）	劳动报酬（亿元）	平均劳动报酬（元）
合 计	**184.28**	**1108.76**	**60168**
内蒙古	21.73	150.14	69105
辽 宁	10.36	34.82	33597
吉 林	21.87	93.07	42560
黑龙江	22.00	99.73	45332
广 西	14.50	103.51	71388
云 南	45.31	241.12	53217
西 藏	2.29	9.43	41262
甘 肃			
新 疆	46.23	376.94	81544

5-2 陆地边境县在岗职工和劳动报酬（2016年）

地 区	在岗职工人数（万人）	工资总额（亿元）	平均工资（元）
合 计	**168.34**	**1196.06**	**71051**
内蒙古	19.18	149.08	77736
辽 宁	10.07	34.17	33935
吉 林	19.69	83.03	42168
黑龙江	21.09	98.41	46655
广 西	11.24	55.02	48967
云 南	39.60	226.93	57301
西 藏	2.00	6.94	34707
甘 肃	0.28	14.07	504417
新 疆	45.19	528.42	116927

6-1 陆地边境县分地区全社会固定资产投资、社会消费品零售总额和进出口总额(2016年)

单位：亿元

地　区	全社会固定资产投资	社会消费品零售总额	进出口总额（亿美元）
合　计	**8407.92**	**2726.37**	**752.67**
内蒙古	1618.20	501.03	225.56
辽　宁	144.32	442.60	16.12
吉　林	957.56	427.34	18.90
黑龙江	710.15	331.09	51.34
广　西	826.29	154.59	206.05
云　南	1857.68	502.03	127.67
西　藏	115.65	14.42	0.59
甘　肃	70.55	2.06	
新　疆	2107.52	351.20	106.44

7-1 陆地边境县分地区财政收入情况(2016年)

单位：亿元

地　区	财政总收入	#地方财政收入	#各项税收
合　计	**1011.83**	**607.79**	**396.49**
内蒙古	203.11	117.61	77.57
辽　宁	64.99	34.82	32.34
吉　林	86.93	68.55	46.08
黑龙江	120.20	49.41	28.47
广　西	73.95	56.30	26.59
云　南	176.21	101.79	66.63
西　藏	50.37	5.33	3.40
甘　肃	3.32	1.42	0.80
新　疆	232.75	172.57	114.61

7-2 陆地边境县分地区各项税收情况(2016年)

单位：亿元

地 区	各项税收	#增值税	#营业税	#企业所得税	#个人所得税
合 计	**396.49**	**90.62**	**58.68**	**33.52**	**20.44**
内蒙古	77.57	12.16	10.17	5.83	3.90
辽 宁	32.34	8.68	6.56	5.84	1.10
吉 林	46.08	6.99	4.48	2.94	1.26
黑龙江	28.47	5.37	4.45	3.71	1.41
广 西	26.59	3.67	2.48	1.32	0.67
云 南	66.63	19.71	11.53	2.90	1.24
西 藏	3.40	0.56	0.97	0.19	0.05
甘 肃	0.80	0.30	0.10	0.06	0.03
新 疆	114.61	33.20	17.93	10.73	10.79

7-3 陆地边境县分地区财政支出情况(2016年)

单位：亿元

地 区	地方财政支出	#一般公共服务	#教 育	#科学技术
合 计	**2747.39**	**281.18**	**420.20**	**13.88**
内蒙古	379.13	38.82	39.23	2.30
辽 宁	88.14	7.09	16.83	0.16
吉 林	272.45	18.10	37.72	0.72
黑龙江	325.03	25.80	41.48	1.24
广 西	211.60	19.85	33.80	1.23
云 南	594.18	52.53	100.36	1.44
西 藏	116.28	19.27	11.92	0.16
甘 肃	6.65	0.76	0.47	0.02
新 疆	753.92	98.97	138.38	6.61

8–1 陆地边境县分地区农村居民生活水平情况(2016年)(一)

单位：元

地　区	农村居民人均纯收入	农村居民人均生活费支出合计	#食　品	#衣　着	#居　住
合　计	**10501**	**7646**	**2375**	**555**	**1118**
内蒙古	11972	11009	2701	826	2107
辽　宁	13834	10903	3316	894	1866
吉　林	10524	8408	2791	615	1405
黑龙江	13493	7785	2471	755	1043
广　西	9750	6837	2872	270	1271
云　南	8603	6491	2232	347	930
西　藏	8049	4504	1458	640	1228
甘　肃	21393	20877	7913	1098	2571
新　疆	11243	8008	1950	735	829

8–1 陆地边境县分地区农村居民生活水平情况(2016年)(二)

单位：元

地　区	农村居民人均生活费支出			
	#家庭设备及服务	#医疗保健支出	#交通和通讯	#娱乐教育文化服务
合　计	**469**	**704**	**1039**	**783**
内蒙古	502	1054	1759	1335
辽　宁	497	1443	1298	1337
吉　林	443	1100	1025	807
黑龙江	457	1115	896	876
广　西	387	362	831	735
云　南	447	449	1195	735
西　藏	470	866	462	239
甘　肃	1281	362	2668	2625
新　疆	531	724	823	610

9-1 陆地边境县分地区农村基层组织情况(2016年)

地　区	乡镇个数（个）	乡村人口（万人）	村民委员会（个）
合　计	**1240**	**1426.39**	**10859**
内蒙古	151	85.15	1171
辽　宁	44	91.09	452
吉　林	81	58.90	951
黑龙江	158	128.77	1414
广　西	84	199.17	1022
云　南	252	461.18	2065
西　藏	139	29.25	870
甘　肃	2	0.42	26
新　疆	329	372.46	2888

9-2 陆地边境县分地区农、林、牧、渔业总产值及指数(2016年)

单位：亿元

地　区	农林牧渔业总产值	#农业	#林业	#牧业	#渔业	农林牧渔业总产值指数
合　计	**2732.93**	**1488.11**	**261.23**	**778.68**	**182.95**	**103.1**
内蒙古	271.08	102.33	11.61	143.72	9.88	103.7
辽　宁	165.03	48.84	5.95	30.84	73.20	85.5
吉　林	130.46	89.89	12.91	22.29	4.04	97.8
黑龙江	555.45	366.51	45.05	111.17	20.43	103.5
广　西	253.65	131.49	27.19	42.45	46.65	103.6
云　南	661.93	343.53	116.90	159.10	23.93	106.0
西　藏	18.14	5.86	1.56	9.39	0.15	114.1
甘　肃	1.04	0.18	0.00	0.81		105.5
新　疆	676.15	399.48	40.05	258.92	4.66	105.5

9-3 陆地边境县分地区耕地面积和有效灌溉面积(2016年)

单位：千公顷

地　区	年末实有耕地面积	有效灌溉面积
合　计	**6466.74**	**3207.05**
内蒙古	1044.99	432.66
辽　宁	170.82	57.30
吉　林	183.65	33.81
黑龙江	1763.36	567.14
广　西	285.82	70.56
云　南	679.13	298.27
西　藏	30.95	33.37
甘　肃	0.80	0.80
新　疆	2307.22	1713.15

9-4 陆地边境县分地区主要农产品产量(2016年)

单位：万吨

地　区	粮食	油料	棉花
合　计	**2332.36**	**70.65**	**24.43**
内蒙古	272.02	30.57	0.02
辽　宁	70.71	1.23	
吉　林	78.50	0.66	
黑龙江	754.50	5.01	
广　西	70.06	1.43	0.02
云　南	328.07	9.11	
西　藏	11.43	0.75	
甘　肃	0.45	0.04	
新　疆	746.61	21.85	24.39

9–5 陆地边境县分地区牲畜年末存栏数(2016年)

单位：万头(只)

地　　区	牲畜年末存栏数		
	大牲畜	猪	羊
合　　计	**908.09**	**998.11**	**3355.82**
内 蒙 古	133.15	20.32	1387.00
辽　　宁	3.59	28.21	17.33
吉　　林	27.08	29.59	13.07
黑 龙 江	52.67	111.14	107.27
广　　西	27.15	113.48	8.81
云　　南	193.50	618.58	91.98
西　　藏	75.99	5.87	237.94
甘　　肃	1.87	0.14	35.76
新　　疆	393.08	70.78	1456.66

9–6 陆地边境县分地区畜产品产量(2016年)

单位：万吨

地　　区	肉类总产量	#猪肉	#牛肉	#羊肉
合　　计	**237.85**	**98.13**	**45.00**	**59.21**
内 蒙 古	39.37	2.69	9.18	25.75
辽　　宁	14.20	2.95	0.14	0.08
吉　　林	5.93	3.11	1.97	0.16
黑 龙 江	23.49	13.53	5.44	1.36
广　　西	14.01	9.37	1.17	0.18
云　　南	65.43	50.08	7.78	1.27
西　　藏	2.56	0.14	1.17	1.26
甘　　肃	0.25	0.01	0.02	0.17
新　　疆	72.61	16.24	18.14	28.99

9-7 陆地边境县分地区农业机械总动力和农村用电量（2016年）

地　区	农业机械总动力（万千瓦）	农村用电量（万千瓦小时）
合　计	**3159.17**	**608544.01**
内蒙古	571.36	92702.86
辽　宁	91.19	91534.24
吉　林	132.96	44281.50
黑龙江	696.36	77840.96
广　西	218.60	55466.52
云　南	578.36	84460.07
西　藏	303.73	2787.60
甘　肃	3.92	124.00
新　疆	562.70	159346.26

10-1 陆地边境县分地区规模以上工业企业单位数和资产总计（2016年）

地　区	工业企业单位数（个）	资产总计（亿元）
合　计	**2743**	**9749.67**
内蒙古	590	3380.09
辽　宁	217	302.34
吉　林	553	809.16
黑龙江	295	510.51
广　西	187	578.27
云　南	441	1480.27
西　藏	4	4.25
甘　肃	22	121.83
新　疆	434	2562.96

11-1 陆地边境县分地区普通中学和普通小学基本情况(2016年)

单位：人

地区	普通中学			普通小学		
	学校数(所)	在校学生数	#专任	学校数(所)	在校学生数	#专任教师数
合计	**1231**	**1009565**	**91405**	**5057**	**1562394**	**112538**
内蒙古	107	62714	7861	128	81255	7679
辽宁	67	46957	4939	289	63600	5158
吉林	148	53951	6581	226	62150	6568
黑龙江	148	86202	8695	217	101331	8883
广西	96	105086	5948	981	198882	10265
云南	314	340255	26749	2126	573113	34864
西藏	31	16333	1150	140	30844	2611
甘肃	2	619	82	3	627	87
新疆	318	297448	29400	947	450592	36423

12-1 陆地边境县分地区卫生机构情况(2016年)

单位：个、张、人

地区	医院、卫生院数	医院、卫生院床位数	卫生技术人员数
合计	**2336**	**85687**	**108771**
内蒙古	320	6181	12220
辽宁	70	8140	7199
吉林	211	4906	8693
黑龙江	320	11146	14121
广西	167	6990	9905
云南	427	24162	28732
西藏	160	1033	1350
甘肃	6	156	121
新疆	655	22973	26430

13—1 陆地边境县分地区收养单位、民间组织和社区建设情况(2016年)

地　　区	收养单位		民间组织		社区建设	
	福利类收养单位床位数(万张)	福利类收养单位收养救助人数(万人)	单位数(个)	#社会团体	城镇社区服务设施数(个)	城镇便民、利民服务网点(个)
合　　计	**3.73**	**2.06**	**6581**	**4455**	**1150**	**62**
内 蒙 古	0.46	0.20	808	570	308	33
辽　　宁	0.65	0.39	347	110	113	
吉　　林	1.05	0.50	1012	654	167	
黑 龙 江	0.55	0.34	558	299	82	
广　　西	0.06	0.02	766	454	66	
云　　南	0.49	0.28	1995	1603	210	
西　　藏			5	3		
甘　　肃			23	21	6	28
新　　疆	0.47	0.33	1067	741	198	1

13—2 陆地边境县分地区城镇居民最低生活保障情况(2016年)

地　　区	城镇居民最低生活保障人数(人)	城镇居民最低生活保障户数(户)	城镇居民最低生活保障支出(万元)	城镇居民最低生活保障年支出水平(包括春节等一次性补助)(元/人、年)
合　　计	**606742**	**335,221**	**267050**	**4401**
内 蒙 古	47249	30762	30176	6387
辽　　宁	23060	14917	12176	5280
吉　　林	107095	72295	49983	4667
黑 龙 江	76871	46409	37700	4904
广　　西	9628	5468	5333	5539
云　　南	106398	62255	46907	4409
西　　藏	779	380	606	7775
甘　　肃	555	287	291	5243
新　　疆	235107	102448	83879	3568

13-3 陆地边境县分地区农村居民最低生活保障情况（2016年）

地　　区	农村居民最低生活保障人数（人）	农村居民最低生活保障户数（户）	农村居民最低生活保障支出（万元）	农村居民最低生活保障年支出水平（元/人、年）
合　　计	**2050081**	**1029056**	**398318**	**1943**
内 蒙 古	75364	53545	28724	3811
辽　　宁	35113	20224	9431	2686
吉　　林	75477	55661	18654	2471
黑 龙 江	85101	57505	18920	2223
广　　西	155890	50166	21669	1390
云　　南	1097321	539826	206064	1878
西　　藏	4481	1583	559	1247
甘　　肃	547	327	442	8080
新　　疆	520787	250219	93857	1802

14—1 各陆地边境县主要经济社会指标(2016年)(一)

地区	年末总人口(万人)	地区生产总值(亿元)	人均地区生产总值(元)	规模以上工业企业资产总计(亿元)	农林牧渔业总产值(亿元)
内蒙古自治区					
达尔罕茂明安联合旗	9.70	212.83	219187	330.39	26.05
四子王旗	21.31	57.40	26959	152.30	14.99
二连浩特市	7.54	109.66	150436	40.59	1.12
阿巴嘎旗	4.44	64.30	144693	74.68	15.00
东乌珠穆沁旗	6.23	111.16	164432	930.02	31.06
苏尼特左旗	3.46	49.71	152937	23.34	11.21
苏尼特右旗	6.81	65.00	93195	86.82	10.10
满洲里市	17.21	241.55	97400	187.12	5.52
额尔古纳市	8.10	47.77	58922	28.68	23.70
陈巴尔虎旗	5.64	94.24	166557	240.10	15.89
新巴尔虎左旗	4.21	37.18	88365	31.14	10.14
新巴尔虎右旗	3.51	80.77	230356	181.05	7.20
乌拉特中旗	14.26	101.77	72686	287.34	24.91
乌拉特后旗	5.87	64.58	99354	274.28	4.91
阿拉善左旗	14.37	269.52	135002	241.94	
阿拉善右旗	2.52	29.21	109910	66.84	
额济纳旗	1.83	43.91	161137	23.55	2.99
阿尔山市	4.60	17.48	25749	20.13	4.36
科尔沁右翼前旗	33.28	100.47	33908	50.45	59.29
扎赉诺尔区	8.76	65.34	77841	109.33	2.64
辽宁省					
振安区	17.15	46.68	27219	131.82	10.58
元宝区	18.23	55.47	30437	25.90	1.13
振兴区	37.29	111.62	26660	28.18	2.89
东港市	60.46	223.84	36981	109.96	112.40
宽甸满族自治县	42.75	80.30	18782	6.48	38.03
吉林省					
集安市	21.57	110.03	51010		16.01

粮　食 总产量 （万吨）	肉　类 总产量 （万吨）	全社会固定 资产投资 （亿元）	社会消费品 零售总额 （亿元）	农民人均 纯收入 （元）	地方财政 收　入 （亿元）	地方财政 支　出 （亿元）
9.13	2.37	222.89	23.18	12691	16.59	27.13
20.03	3.28	47.58	23.09	9159	2.17	24.95
	0.31	29.42	33.78	41210	5.81	19.50
	4.03	34.83	10.96	21681	2.20	10.40
	5.32	84.22	22.11	15384	6.60	13.85
	2.37	37.25	7.12	24152	2.62	11.00
0.06	2.37	37.67	17.17	9069	3.34	14.32
	0.27	125.01	145.14		16.01	43.67
44.52	1.04	32.62	16.14	21926	2.60	16.84
12.43	1.84	29.32	6.21	18440	4.55	13.49
8.21	2.66	30.05	7.00	18110	0.97	11.94
0.78	2.25	36.07	6.63	18194	5.52	11.86
40.33	1.94	150.19	16.00	14059	8.81	27.31
8.32	0.65	100.44	8.61	12662	8.10	17.40
14.89	1.10	311.54	53.65	15953	16.76	43.09
1.17	0.32	41.23	7.29	18430	1.23	12.11
0.08	0.13	72.31	13.50	19379	6.32	13.46
6.60	0.20	43.70	7.44	8538	1.12	11.35
113.87	6.63	105.47	28.44	8523	3.20	30.75
0.01	0.30	46.40	47.57		3.08	4.73
3.36	1.58	12.64	20.47	13450	3.52	8.27
0.43	0.13	23.43	97.74	13450	4.42	6.78
1.24	0.18	16.52	120.44		11.26	8.62
51.65	7.61	77.79	132.25	14534	13.30	39.19
16.22	4.71	13.95	71.70	13000	4.92	25.27
7.26	0.60	122.04	52.66	12140	7.31	27.08

14-1(一) 续表 1

地 区	年 末 总人口 （万人）	地 区 生产总值 （亿元）	人均地区 生产总值 （元）	规模以上 工业企业资产总计 （亿元）	农林牧渔业 总产值 （亿元）
浑江区	33.07	201.80	59354	159.76	17.85
临江市	15.99	101.94	62713	68.52	13.84
抚松县	28.90	185.22	63084	140.91	37.84
长白朝鲜族自治县	8.00	41.75	51824	19.32	9.31
图们市	11.62	45.74	38895	32.94	3.07
龙井市	16.05	41.06	25307	18.54	7.77
珲春市	22.83	151.03	66211	221.75	10.60
和龙市	17.57	61.68	35107	76.83	12.58
安图县	20.27	72.57	35589	70.58	1.57
黑龙江省					
萝北县	8.47	37.42	44163	23.01	16.71
绥滨县	12.58	25.28	20099	16.62	21.46
饶河县	14.12	48.52	34244	7.12	29.62
密山市	40.87	129.96	31676	40.43	62.08
虎林市	28.11	131.91	46779	102.80	53.03
鸡东县	28.10	91.77	32657	17.14	53.64
嘉荫县	7.20	23.53	32696	9.53	19.01
绥芬河市	7.07	136.91	194322	18.22	1.96
东宁市	20.73	168.38	81230	43.93	63.75
同江市	21.15	114.03	53905	32.66	33.89
抚远县	15.62	50.69	42886	7.24	35.46
爱辉区	18.59	22.25	27181	15.81	15.63
逊克县	9.73	25.90	26316	29.36	22.63
孙吴县	10.13	15.08	15237	5.22	12.30
呼玛县	4.63	16.33	34309	14.78	16.53
塔河县	7.71	21.65	26577	4.90	20.58
漠河县	7.41	30.99	41827	18.10	21.72
穆棱市	28.37	187.99	66262	103.64	55.46
广西壮族自治区					
防城区	43.85	138.44	35857	53.53	48.16

粮　食 总产量 （万吨）	肉　类 总产量 （万吨）	全社会固定 资产投资 （亿元）	社会消费品 零售总额 （亿元）	农民人均 纯收入 （元）	地方财政 收　入 （亿元）	地方财政 支　出 （亿元）
3.34	0.66	145.10	126.57	12810	6.29	15.06
4.25	0.33	98.88	39.67	11978	6.34	27.94
8.97	0.64	142.98	55.75	12649	12.32	37.80
2.55	0.16	60.85	11.62	9427	3.31	19.26
3.63	0.22	48.86	28.95	9635	2.11	17.70
14.33	0.69	50.00	16.01	8203	2.90	23.35
11.96	1.23	148.60	58.26	11217	19.53	43.75
13.05	0.68	62.05	20.40	8080	3.39	31.31
11.59	0.73	78.20	17.44	7933	5.06	29.20
38.25	1.21	7.74	15.51	15837	3.30	16.42
47.31	0.83	13.63	10.25	5347	1.42	16.47
46.91	0.42	9.84	5.06	5977	1.15	15.29
107.72	5.13	41.20	40.64	15193	4.17	27.59
95.60	1.55	40.55	29.77	16462	5.21	22.46
64.43	4.46	25.66	22.09	14367	2.26	24.06
26.29	0.13	4.25	7.13	14133	1.35	12.63
1.12	0.25	85.48	27.26	17990	4.54	18.75
20.86	0.80	117.44	41.27	21604	5.44	20.51
79.90	1.30	50.84	21.39	6587	2.49	23.26
89.18	0.47	23.00	10.65	4403	2.07	19.42
31.82	1.02	39.49	7.10	12888	1.78	16.50
41.49	0.82	15.54	6.52	12886	2.36	16.31
25.85	0.62	12.33	7.14	10893	1.44	14.68
20.53	0.21	4.43	4.17	12583	0.97	9.89
0.89	0.33	8.84	6.99	10586	0.97	7.31
0.49	0.39	15.00	13.35	16210	1.78	9.80
39.22	3.55	194.90	54.80	16023	6.72	33.69
11.68	2.56	119.06	44.66	12621	8.70	25.70

14-1(一) 续表 2

地　区	年　末 总人口 (万人)	地　区 生产总值 (亿元)	人均地区 生产总值 (元)	规模以上 工业企业资产总计 (亿元)	农林牧渔业 总产值 (亿元)
东兴市	14.74	93.18	59637	37.85	27.88
凭祥市	11.40	65.35	55974	27.42	8.47
大新县	38.54	109.40	35921	101.86	38.51
宁明县	44.27	116.90	33463	50.45	51.79
龙州县	27.29	103.88	46136	73.39	40.09
靖西市	65.97	158.59	30610	221.78	26.73
那坡县	21.73	24.69	15555	11.97	12.01
云南省					
澜沧县	50.05	63.05	12627	322.78	31.08
江城县	12.70	26.70	21075	39.15	15.20
西盟县	9.47	12.23	12941	5.12	5.02
孟连县	14.01	26.20	18750	6.98	18.30
镇康县	18.41	39.18	21359	32.55	17.79
沧源县	18.78	37.40	19915	25.11	17.88
耿马县	29.14	81.14	26412	40.93	46.49
龙陵县	30.02	68.70	23919	2.03	28.65
腾冲市	67.83	160.12	24056	86.55	54.56
麻栗坡县	28.59	53.77	18839	60.67	18.49
马关县	37.97	78.61	20835	80.58	29.95
富宁县	42.84	77.72	17225	30.24	34.33
绿春县	24.20	29.80	12805	5.12	15.58
金平县	38.57	47.48	12759	37.88	18.72
河口县	9.21	42.14	39221	5.05	14.17
景洪市	42.11	192.50	35974	197.00	65.83
勐海县	32.80	92.53	27055	63.62	37.28
勐腊县	24.87	81.51	28028	13.04	59.14
芒市	41.57	93.72	22884	114.06	33.71
瑞丽市	20.54	86.09	42283	54.19	14.47
盈江县	32.00	78.46	24515	152.47	39.63
陇川县	19.32	39.74	20677	36.40	26.01

粮　食 总产量 （万吨）	肉　类 总产量 （万吨）	全社会固定 资产投资 （亿元）	社会消费品 零售总额 （亿元）	农民人均 纯收入 （元）	地方财政 收　入 （亿元）	地方财政 支　出 （亿元）
2.44	0.77	120.61	24.90	14960	12.51	26.45
2.10	0.57	112.51	23.14	9889	6.68	16.87
12.68	3.17	118.12	12.93	10222	3.27	23.29
7.35	1.95	120.92	15.27	9609	5.27	31.21
5.13	0.83	105.97	19.16	8844	4.75	24.95
24.23	2.96	104.27	8.27	8471	13.07	43.10
6.63	1.21	24.82	6.26	6891	2.04	20.04
26.17	2.83	52.33	17.97	8031	5.16	36.00
4.64	0.72	26.14	6.43	8315	1.70	14.03
4.55	0.42	14.22	2.72	8135	0.72	13.18
6.39	0.76	22.02	9.52	8226	1.52	15.13
9.18	1.65	91.67	8.86	8786	3.19	17.82
8.04	1.38	85.20	9.76	8658	2.37	19.87
12.37	3.04	107.27	18.99	9267	3.62	25.20
15.47	3.43	84.25	14.82	8841	5.37	23.73
43.69	11.77	169.11	39.21	9400	16.57	53.32
12.56	4.27	46.64	19.74	8302	2.90	23.28
17.99	5.10	44.02	33.46	8360	5.12	25.86
16.02	5.30	82.31	38.19	8730	2.80	29.58
11.13	3.55	86.51	8.81	7006	2.01	20.71
15.00	3.92	84.13	10.32	7121	2.24	23.23
3.14	0.78	68.64	6.83	10361	2.75	15.45
10.24	1.65	272.61	73.41	12493	11.59	39.09
30.59	1.39	44.22	20.34	9986	4.75	27.11
9.08	1.19	106.12	22.66	8981	3.64	26.86
24.78	3.08	92.97	44.14	9456	5.81	28.05
6.81	2.23	98.70	35.14	9681	7.41	21.57
23.21	2.94	82.75	30.31	8901	4.48	27.46
15.52	1.60	25.74	8.92	7954	1.88	17.75

14-1(一) 续表 3

地 区	年 末 总人口 (万人)	地 区 生产总值 (亿元)	人均地区 生产总值 (元)	规模以上 工业企业资产总计 (亿元)	农林牧渔业 总产值 (亿元)
泸水县	18.82	46.88	24959	47.11	11.08
福贡县	10.67	13.07	13038	5.03	5.04
贡山县	3.49	11.04	28658	16.63	3.55
西藏自治区					
洛札县	2.00	3.74	19326		0.60
错那县	1.56	4.50	29006		0.43
浪卡子县	3.81	5.37	14048		0.89
定结县	2.36	3.56	15511		1.00
定日县	5.79	8.22	14295		2.80
康马县	2.29	4.36	6846		1.36
聂拉木县	1.99	1.68	8961		0.78
吉隆县	1.72	4.15	26400		0.57
亚东县	1.38	5.67	41188		2.00
岗巴县	1.17	3.58	30734		0.47
仲巴县	2.55	19.51	24262		2.15
萨嘎县	1.57	3.59	22963		0.63
噶尔县	0.98	2.79	28072		0.55
普兰县	0.97	2.56	23300		0.50
日土县	1.06	3.02	27744		0.80
札达县	0.77	0.99	30565		0.36
墨脱县	1.40	4.59	35000	4.25	0.47
察隅县	3.08	7.17	23260		1.80
甘肃省					
肃北蒙古族自治县	1.21	18.82	123014	121.83	1.04
新疆维吾尔自治区					
伊州区	49.14	309.87	63215	1047.59	28.50
伊吾县	2.12	44.56	200380	166.89	8.72
巴里坤哈萨克自治县	10.71	52.66	49000	192.80	18.24
和田县	35.24	30.18	8878	44.80	10.02
皮山县	28.18	23.31	8269	6.03	10.84

粮食总产量（万吨）	肉类总产量（万吨）	全社会固定资产投资（亿元）	社会消费品零售总额（亿元）	农民人均纯收入（元）	地方财政收入（亿元）	地方财政支出（亿元）
7.00	1.60	51.42	15.15	5387	2.55	23.80
3.54	0.60	9.74	3.63	5092	0.84	14.96
1.11	0.23	8.94	2.74	5110	0.79	11.15
1.13	0.11	6.03	0.93	9980	0.22	5.27
0.54	0.12	7.18	0.94	8472	0.17	6.96
0.79	0.22	6.44	1.07	8859	0.32	5.51
0.64	0.10	10.73	0.76	5939		3.87
2.83	0.14	20.80	1.21	7386	0.71	21.47
1.16	0.14	3.41	0.46	9118	0.18	11.37
0.69	0.19	2.50	0.67	4834	0.20	6.08
0.46	0.06		0.70	7989	0.30	4.28
0.12	0.12	7.48	1.33	8821	0.83	3.55
0.28	0.09	5.92	0.46	8786	0.18	2.90
	0.32	8.15	0.57	9355	0.29	2.00
0.14	0.17	5.33	1.24	6670	0.14	9.79
0.06	0.13	2.29	0.65	8430	0.59	5.54
0.27	0.07	2.71	0.56	8029	0.28	5.28
0.10	0.24	1.46	0.64	8565	0.24	4.76
0.10	0.05	1.20	0.50	7560	0.34	5.09
0.53	0.16	1.44	0.34	8248		
1.94	0.13	17.12	1.37	8111	0.35	6.75
0.47	0.25	70.55	2.06	21393	1.42	6.65
2.80	3.45	419.93	76.70	15176	45.91	62.09
0.96	1.04	80.04	2.34	15809	2.93	10.30
9.97	2.32	44.32	6.93	11773	3.49	19.28
16.24	1.88	38.26	2.34	7485	1.83	29.95
13.61	1.88	33.02	2.30	6923	1.47	31.17

14-1(一) 续表 4

地 区	年 末 总人口 (万人)	地 区 生产总值 (亿元)	人均地区 生产总值 (元)	规模以上 工业企业资产总计 (亿元)	农林牧渔业 总产值 (亿元)
温宿县	25.94	51.64	22052	43.52	50.48
乌什县	23.91	25.53	11078	7.82	17.94
叶城县	53.00	83.34	15909	25.61	71.48
塔什库尔干塔吉克自治县	4.05	12.32	30431	6.08	2.62
阿图什市	26.88	48.23	16759	51.79	14.55
阿合奇县	4.54	8.82	19603		2.20
乌恰县	6.06	18.79	33142	24.87	1.99
阿克陶县	22.36	27.87	12520	63.40	13.90
奇台县	23.96	135.63	56618	159.29	73.40
木垒哈萨克自治县	8.84	28.03	31494	20.54	21.04
博乐市	25.84	104.17	60603	46.27	31.18
温泉县	7.42	22.33	29868	0.41	12.27
昭苏县	18.39	41.68	22433	13.94	22.23
霍城县	28.10	71.56	20694	16.58	32.42
察布查尔锡伯自治县	19.60	48.10	24497	32.84	33.21
塔城市	15.17	72.41	47639	5.39	38.52
额敏县	16.01	62.39	38970	18.99	42.00
裕民县	5.33	13.90	26095	0.66	9.31
托里县	9.42	31.93	33884	40.18	13.86
和布克赛尔蒙古自治县	5.35	34.04	52639	73.03	9.91
阿勒泰市	19.90	63.84	32574	18.65	15.98
青河县	6.59	15.01	21529	25.85	8.67
吉木乃县	3.88	10.87	27651	26.27	3.36
富蕴县	9.80	36.18	37487	153.52	11.84
布尔津县	7.29	20.12	28463	54.55	8.14
福海县	6.67	39.45	48684	20.25	20.15
哈巴河县	8.82	34.02	38563	64.09	13.65
阿拉山口市	1.17	50.34	244417	89.04	
霍尔果斯市	6.48	39.05	44782	1.45	3.51

粮　食总产量（万吨）	肉　类总产量（万吨）	全社会固定资产投资（亿元）	社会消费品零售总额（亿元）	农民人均纯收入（元）	地方财政收　入（亿元）	地方财政支　出（亿元）
32.87	3.01	94.10	12.20	15502	4.43	26.93
20.83	2.42	32.01	2.04	8015	1.13	22.52
54.09	6.58	87.00	15.12	10541	5.60	51.82
2.13	0.32	33.04	1.87	6943	1.78	17.10
20.46	1.73	46.64	12.27	6870	3.47	34.93
1.56	0.50	8.41	1.22	5913	0.82	13.53
1.02	0.56	33.63	1.60	6212	2.64	17.65
23.58	1.63	56.99	4.53	5856	3.04	34.77
77.22	12.40	302.99	27.39	15975	7.48	28.23
26.33	1.67	100.46	7.91	13581	3.70	16.31
33.11	1.23	167.76	30.62	14300	10.23	27.64
34.30	0.69	21.34	2.95	9568	1.28	13.99
20.56	3.22	22.60	6.27	12420	1.47	19.62
29.46	4.43	35.21	17.24	20023	4.08	24.84
56.62	2.35	30.06	3.42	12908	2.51	21.26
98.08	2.90	69.54	18.50	14726	5.46	21.36
99.86	2.99	65.01	15.92	13080	4.14	31.53
24.67	1.36	8.33	3.09	11723	0.91	1.75
21.79	2.03	21.31	3.47	10016	2.13	16.50
1.48	1.38	22.80	2.78	12250	5.82	13.78
3.04	2.05	46.54	26.28	12270	6.50	26.89
5.02	0.54	18.19	3.41	9258	2.13	18.34
2.65	0.44	21.80	1.39	8439	1.09	11.97
8.81	1.46	42.03	7.66	12106	8.00	20.67
6.57	1.08	30.13	14.48	11842	3.20	15.05
12.00	1.44	21.94	6.99	12583	2.71	14.09
4.08	1.38	25.76	6.76	12582	5.30	17.59
		26.35			2.74	9.88
3.92	0.24		3.26	15220	13.16	10.58

14－1 各陆地边境县经济社会指标(2016年)(二)

地区	普通中学在校学生(人)	普通中学专任教师(人)	普通小学在校学生(人)	普通小学专任教师(人)	文化馆(个)	图书馆(个)
内蒙古自治区						
达尔罕茂明安联合旗	1773	243	3204	324	1	1
四子王旗	5836	447	6486	492	1	1
二连浩特市	4357		5477		1	1
阿巴嘎旗	904	189	1579	197	1	1
东乌珠穆沁旗	2985	315	3894	227	1	1
苏尼特左旗	1132	192	1619	216	8	1
苏尼特右旗	2660	377	3257	374	1	1
满洲里市	9939	1103	8608	584		1
额尔古纳市	2906	312	3037	373	1	1
陈巴尔虎旗	987	242	2129	439	1	1
新巴尔虎左旗	180	159	1817	215	1	1
新巴尔虎右旗	655	111	1785	165	1	1
乌拉特中旗	3529	315	4197	427	1	1
乌拉特后旗	1418	228	2547	293	1	1
阿拉善左旗	8524	1002	9508	1114	1	1
阿拉善右旗	534	116	925	153	1	1
额济纳旗	803	91	1268	109	1	1
阿尔山市	172	184	1186	144		
科尔沁右翼前旗	9802	1852	16258	1548	1	1
扎赉诺尔区	3237	383	2474	285		1
辽宁省						
振安区	2096	427	5172	628	1	1
元宝区	614	82	5179	360	1	1
振兴区	770	125	12018	863	1	1
东港市	26683	2369	24616	1941	1	1
宽甸满族自治县	16794	1936	16615	1366	1	1
吉林省						
集安市	7714		7781		1	2

博物馆（个）	医院、卫生院机构数（个）	医院、卫生院床位数（张）	卫生技术人员（人）	城镇居民最低生活保障人数（人）	城镇居民最低生活保障支出（万元）	农村居民最低生活保障人数（人）	农村居民最低生活保障支出（万元）
1	23	414	546	459	415	1039	1184
3	30	387	989	5953	3144	28305	9180
2	7	227	321	577	388		
1	63	210	315	947	480	869	247
1	18	287	341	3373	1698	2442	1139
1	13	86	87	673	370	864	247
	14	202	365	2724	1645	4358	1164
2	10	915	2033	2284	1798		
1	10	435	626	4243	4055		
1	9	94	405	2866	1964	665	388
	11	80	319	1857	1356	2028	927
1	13	160	365	1748	1034	1212	441
1	17	440	399	2263	1336	6203	3986
1	12	234	519	6089	3960	4919	1901
	34	749	1669	1821	1061	959	427
2	8	190	159	159	103	129	43
1	10	165	183	269	219		
	9	158	307	5561	3315		
1	26	412	1529	3383	1836	21372	7451
1	3	336	743				
	5	460	437	2664	1496	2275	578
	1	2000	1035	5516	3407	669	194
	8	322	438	6731	3462	2257	1074
1	26	2750	3638	2346	1037	14749	3162
1	30	2608	1651	5803	2774	15163	4423
1	20	20	920	7357	2516	8956	2048

14-1(二) 续表 1

地 区	普通中学在校学生（人）	普通中学专任教师（人）	普通小学在校学生（人）	普通小学专任教师（人）	文化馆（个）	图书馆（个）
浑江区	5928	751	7274	863	1	
临江市	5981	488	5188	655	1	1
抚松县	11462	1448	11608	1413		
长白朝鲜族自治县	2552	414	2864	469	1	1
图们市	2066	460	2684	285	1	1
龙井市	1726	661	3662	605	1	1
珲春市	8022	975	10648	1087	1	1
和龙市	3433	811	4292	610	1	1
安图县	5067	573	6149	581	1	1
黑龙江省						
萝北县	3022	326	3156	387	1	1
绥滨县	4945	693	5319	302	1	1
饶河县	1429	360	3629	452	1	1
密山市	15411	1560	11535	904	1	1
虎林市	8169	610	5922	508	1	1
鸡东县	8032	578	9000	678	1	1
嘉荫县	1701	185	3003	281	1	1
绥芬河市	5726	437	7783	382	1	1
东宁市	8121	713	8734	845	1	1
同江市	3561	251	6899	645	1	1
抚远县	2682	445	3566	519	1	1
爱辉区	3957	528	8270	761	1	1
逊克县	1954	19	3477	9	1	1
孙吴县	3903	426	5567	541	1	1
呼玛县	1794	221	1787	172	1	1
塔河县	1400	270	1670	383	1	1
漠河县	2737	367	712	168	1	1
穆棱市	7658	706	11302	946	2	1
广西壮族自治区						
防城区	15872	848	35802	1630	1	1

博物馆（个）	医院、卫生院机构数（个）	医院、卫生院床位数（张）	卫　生技术人员（人）	城镇居民最低生活保障人数（人）	城镇居民最低生活保障支出（万元）	农村居民最低生活保障人数（人）	农村居民最低生活保障支出（万元）
1	13	567	395	24047	9443	9190	2287
3	81	1010	1173	10870	4462	7985	1608
	22		2051	16544	7169	12755	3551
	12	291	397	7206	3219	5442	1321
1	7	341	441	5415	3600	2633	990
1	15	610	612	7443	2500	6004	1223
1	14	737	1430	10363	6537	4529	1445
1	15	704	695	9864	6263	6915	1986
1	12	626	579	7986	4273	11068	2196
1	10	570	705	5796	2448	4864	905
	11	448	462	2752	1146	6654	1307
1	11	654	557	1963	926	4087	856
	29	2538	2642	8027	3802	14871	3353
1	110	1344	1422	7264	3510	3482	888
	17	610	770	4681	2319	6739	1634
1	11	356	213	3706	1727	4408	831
1	7	624	811	1157	555	1295	473
1	10	495	624				
1	14	426	519	5006	2382	10605	2325
	10	190	443				
1	13	368	558	6644	3511	2852	610
1	11	377	261	2524	1263	4936	1067
5	14	176	478	2952	1439	4725	946
1	11	262	307	2247	1340	1969	460
	8	540	535	4458	2406	1255	316
	8	370	632	5906	3526		
2	15	798	2182	11788	5400	12359	2950
1	13	984	1596	1035	1669	12892	2960

14-1(二) 续表 2

地区	普通中学在校学生（人）	普通中学专任教师（人）	普通小学在校学生（人）	普通小学专任教师（人）	文化馆（个）	图书馆（个）
东兴市	9745	487	21277	851	1	1
凭祥市	5123	334	10293	671	1	1
大新县	13728	856	21487	1596		1
宁明县	15977	886	32212	1652	1	1
龙州县	9093	533	14863	1000		1
靖西市	28506	1589	46086	2071	1	1
那坡县	7042	415	16862	794	1	1
云南省						
澜沧县	17491	1315	31021	1708	1	1
江城县	5797	360	9113	584	1	1
西盟县	4200	323	6777	549	1	1
孟连县	4843	312	11912	705	1	1
镇康县	9391	568	16894	1064	1	1
沧源县	8583	626	12824	1125	1	1
耿马县	11903	837	26015	1501	1	1
龙陵县	16038	1139	24626	1575	1	1
腾冲市	51250	3311	54922	2968	1	2
麻栗坡县	14097	1065	22756	1906	1	1
马关县	16885	1251	29962	1827	1	1
富宁县	26883	4302	41824	3212	1	1
绿春县	11291	912	20029	1000	1	1
金平县	19197	1322	35968	1599	1	1
河口县	3953	410	7619	665	1	1
景洪市	26758	1818	43675	2290	1	2
勐海县	11786	754	24630	1398	1	1
勐腊县	12783	921	26514	1428	1	1
芒市	13663	1043	35331	2038	1	3
瑞丽市	10061	744	17475	901	1	2
盈江县	16942	1285	28820	1733	1	1
陇川县	10134	755	16277	1021	1	1

博物馆（个）	医院、卫生院机构数（个）	医院、卫生院床位数（张）	卫生技术人员（人）	城镇居民最低生活保障人数（人）	城镇居民最低生活保障支出（万元）	农村居民最低生活保障人数（人）	农村居民最低生活保障支出（万元）
1	7	500	1002	570	354	2661	874
1	39	220	736	2212	664	4620	392
1	21	849	1175	1095	622	40151	5806
	23	1147	1402	2140	809	34817	4296
	19	1021	1288	1073	499	22411	1778
5	28	1522	2016				
1	17	747	690	1503	717	38338	5563
1	21	1185	931	3411	1356	152430	29849
1	9	470	569	2259	938	30910	5477
1	11	279	272	2381	980	36206	6293
1	8	320	469	390	189	24377	477
	13	789	745	2456	987	55296	10720
	17	570	430	4634	1780	54534	11288
1	20	1229	1089	5795	2244	58661	13096
1	16	735	540	5690	2226	57367	10855
4	32	1807	3110				
1	16	822	820	6588	3279	73557	13798
	21	1015	1238	5484	2463	89068	15578
1	16	988	747	7160	2955	83193	16005
1	16	620	328	3779	1357	85801	14923
	22	740	892	3990	1482	98025	18619
	10	735	612	9553	3788	7968	1833
2	39	4242	4656	4400	1914	8571	1509
	18	1005	1539	2095	945	13938	2916
	18	1299	1729	1801	751	9600	2353
1	28	700	3328	13809	5411	22875	5381
1	10	929	1291	4669	1899	7524	1809
	22	1161	994	6893	3113	38326	8439
	14	1061	791	5145	3208	27663	5892

14-1(二)　续表 3

地　区	普通中学在校学生（人）	普通中学专任教师（人）	普通小学在校学生（人）	普通小学专任教师（人）	文化馆（个）	图书馆（个）
泸水县	10457	803	16643	1270	1	1
福贡县	4495	358	8722	564	1	1
贡山县	1374	215	2764	233	1	1
西藏自治区						
洛札县	895	60	1492	153	1	
错那县	514		790	100	11	
浪卡子县	1643	139	3079	232	11	1
定结县	723	62	1852	149	11	2
定日县	2358	172	5890	321	14	14
康马县	757	79	1944	156	1	1
聂拉木县	776	75	1736	133	1	
吉隆县	751	63	1577	141	1	1
亚东县	414	52	1008	98	1	1
岗巴县	487	60	1014	125	6	1
仲巴县	3443	86	2427	179	14	1
萨嘎县	632	59	1580	139		
噶尔县			747	80	5	1
普兰县	322	39	870	77	3	1
日土县	540	31	1000	97	5	1
札达县	266	30	482	58	6	1
墨脱县	557	61	1019	160	1	1
察隅县	1255	82	2337	213	1	1
甘肃省						
肃北蒙古族自治县	619	82	627	87	1	1
新疆维吾尔自治区						
伊州区	27256	2076	27804	2495	2	2
伊吾县	2896	449	1636	227	1	1
巴里坤哈萨克自治县	1394	331	4700	742	1	1
和田县	19038	3678	38633	1771	1	1
皮山县	19883	1235	27493	1267	1	1

博物馆（个）	医院、卫生院机构数（个）	医院、卫生院床位数（张）	卫生技术人员（人）	城镇居民最低生活保障人数（人）	城镇居民最低生活保障支出（万元）	农村居民最低生活保障人数（人）	农村居民最低生活保障支出（万元）
1	16	970	1157				
1	8	320	266	3070	2386	44965	6936
1	6	171	189	946	1256	16466	2019
	32	35	62				
	11	63	87				
	11	57	292				
1	12	60	68				
1	15	145	144				
	11	62	99				
	10	115	158				
	1						
	8	55	56				
	6	22	61				
1	15	123	80				
	9	77	49				
				583	433	819	112
				47	33	1300	150
				58	26	1348	145
				91	114	1014	153
1	10	125	88				
	9	94	106				
1	6	156	121	555	291	547	442
1	35	2607	3807				
1	7	224	222				
1	16	220	395				
	18	1180	1308	7091	2580	66056	12245
	39	863	784	11534	4135	47740	7873

14–1(二) 续表 4

地　区	普通中学在校学生（人）	普通中学专任教师（人）	普通小学在校学生（人）	普通小学专任教师（人）	文化馆（个）	图书馆（个）
温宿县	14020	1572	23633	1650	1	1
乌什县	13332	893	22233	1321	1	1
叶城县	45101	3017	59479	3328	1	1
塔什库尔干塔吉克自治县	2227	150	3730	361	1	1
阿图什市	11965	1801	25442	2808		1
阿合奇县	2353	193	4384	594	1	1
乌恰县	1948	316	5136	915	1	1
阿克陶县	15750	1538	24098	2464	1	1
奇台县	10987	943	12048	1164	1	1
木垒哈萨克自治县	2895	381	4683	775	1	1
博乐市	10527	440	15268	1071	1	1
温泉县	4743	941	3318	572	1	1
昭苏县	7676	976	13875	1250	1	1
霍城县	15080	1346	24667	1957	1	1
察布查尔锡伯自治县	8379	1299	14912	1087	1	1
塔城市	10302	1031	10350	1087	1	1
额敏县	8414	956	12571	624	1	1
裕民县	6030	301	3914	403	1	1
托里县	5844	589	8836	933	1	1
和布克赛尔蒙古自治县	179	37	4160	573	1	1
阿勒泰市	5188	473	12051	1154	1	1
青河县	2394	240	6105	502	1	1
吉木乃县	1953	195	2846	316	1	1
富蕴县	5481	486	9721	810	1	1
布尔津县	3849	466	6135	750	1	1
福海县	3499	282	5367	679	1	1
哈巴河县	5369	463	8320	687	1	1
阿拉山口市	226	16	546	29	1	1
霍尔果斯市	1270	290	2498	57		

博物馆（个）	医院、卫生院机构数（个）	医院、卫生院床位数（张）	卫生技术人员（人）	城镇居民最低生活保障人数（人）	城镇居民最低生活保障支出（万元）	农村居民最低生活保障人数（人）	农村居民最低生活保障支出（万元）
1	21	782	839	11640	3166	15315	1764
1	11	626	274	10377	3857	43964	8056
1	43	3063	1852	26085	10504	65092	11743
1	57	206	286	3527	1505	19746	4187
	19	580	828	12728	4748	36104	5137
	8	220	423	6503	2427	9838	1778
1	13	335	387	7619	2517	11105	2265
1	18	789	812	13891	4049	36936	6491
1	17	1009	1222	1873	758	2713	635
1	11	374	533	2094	966	1924	434
1	27	1653	2244	16956	4461	12325	2138
1	9	218	405	6251	2131	7482	1620
1	17	706	720	8387	3220	16512	2518
	14	1007	923	10354	3718	21021	3501
1	21	410	1214	8744	2862	14695	2043
16	18	919	971	10086	3733	6431	935
1	22	542	245	8472	4095	11332	3370
1	20	220	448	2416	1243	3076	741
1	75	450	370	3588	1433	6186	1556
1	15	496	648	2378	1064	4095	893
1	17	1253	1466	8014	3184	11641	2273
1	10	230	249	5787	1870	10400	2076
1	9	142	206	5315	1348	6832	1409
1	12	460	877	6742	2669	8484	1718
1	11	292	529	5509	1859	6448	1265
	14	260	345	6428	2131	7506	1492
1	6	537	428	4718	1646	9788	1700
1	1	100	58				
	4		112				

牧区半牧区县

1-1 牧区半牧区县经济社会发展主要指标

指　标	2015年	占全国比重(%)	2016年	占全国比重(%)
人口				
年底总人口（万人）	4744.36	3.45	4778.69	3.46
地区生产总值（亿元）	20034.32	2.92	20711.00	2.78
第一产业	3658.14	6.01	3607.20	5.67
第二产业	9523.24	3.39	9763.16	3.30
第三产业	6852.94	1.99	7340.64	1.91
人均地区生产总值（元）	**43773.60**	**87.56**	**44497.87**	**82.43**
固定资产（亿元）				
全社会固定资产投资总额	16980.18	3.02	18259.69	3.01
财政（亿元）				
地方财政收入	1298.49	1.56	1290.34	0.81
地方财政支出	4856.36	3.23	5274.64	2.81
农业				
农林牧渔总产值（亿元）	6109.81	5.71	6011.31	5.36
粮食产量（万吨）	6603.01	10.63	6546.60	10.62
大牲畜年底头数（万头）	3681.02	30.18	4780.50	40.15
羊年底头数（万只）	11119.81	35.76	10111.24	33.58
猪年底头数（万头）	3140.36	6.96	3132.17	7.20
肉类总产量（万吨）	653.31	7.57	672.41	7.88
工业				
规模以上工业企业资产总计(亿元)	29441.49	2.88	27887.63	2.57
教育				
普通中学				
学校数（个）	2150	3.25	2147	3.28
在校学生数（人）	1983958	2.96	2003875	2.99
专任教师数（人）	193664	3.74	184483	3.53
普通小学				
学校数（个）	8367	4.39	7611	4.28
在校学生数（人）	3089850	3.55	3088528	4.61
专任教师数（人）	232447	4.09	219355	3.79
医疗卫生				
医院、卫生院数（个）	5029	0.53	6125	0.64
医院、卫生院床位数（张）	154760	2.29	162677	2.28
卫生技术人员数（人）	183866	2.30	189117	2.24
人民生活				
农村居民人均纯收入（元）	9436	87.6	10343	83.66

2—1 牧区半牧区县行政区划(2016年末)

地　　区	合计	自治县	县	旗	市	市辖区
合　　计	**269**	**18**	**181**	**46**	**20**	**4**
河　　北	6	2	4			
山　　西	1		1			
内 蒙 古	54		4	46	2	2
辽　　宁	6	2	3		1	
吉　　林	8	1	4		3	
黑 龙 江	15	1	10		4	
四　　川	48	1	44		3	
云　　南	3	1	2			
西　　藏	38		37			1
甘　　肃	20	4	15		1	
青　　海	30	2	25		3	
宁　　夏	3		3			
新　　疆	37	4	29		3	1

2—2 我国牧区半牧区县(旗)、市(市辖区)分布(2016年末)

地区	个数	县、旗、市(市辖区)
河北省	4　县 2　自治县	张家口市：张北县、康保县、沽源县、尚义县 承德市：丰宁满族自治县、围场满族蒙古族自治县
山西省	1　县	朔州市：右玉县
内蒙古自治区	46　旗 4　县 2　市辖区 2　市	包头市：达尔罕茂明安联合旗 赤峰市：林西县、阿鲁科尔沁旗、巴林左旗、巴林右旗、克什克腾旗、翁牛特旗、敖汉旗 通辽市：科尔沁区、开鲁县、科尔沁左翼中旗、科尔沁左翼后旗、库伦旗、奈曼旗、扎鲁特旗 鄂尔多斯市：东胜区、达拉特旗、准格尔旗、鄂托克前旗、鄂托克旗、杭锦旗、乌审旗、伊金霍洛旗 呼伦贝尔市：扎兰屯市、阿荣旗、陈巴尔虎旗、新巴尔虎左旗、新巴尔虎右旗、莫力达瓦达斡尔族自治旗、鄂温克族自治旗 巴彦淖尔市：磴口县、乌拉特前旗、乌拉特中旗、乌拉特后旗 乌兰察布市：察哈尔右翼中旗、察哈尔右翼后旗、四子王旗 兴安盟：突泉县、科尔沁右翼前旗、科尔沁右翼中旗、扎赉特旗 锡林郭勒盟：锡林浩特市、阿巴嘎旗、苏尼特左旗、苏尼特右旗、东乌珠穆沁旗、西乌珠穆沁旗、太仆寺旗、镶黄旗、正镶白旗、正蓝旗 阿拉善盟 ：阿拉善左旗、阿拉善右旗、额济纳旗
辽宁省	1　市 3　县 2　自治县	沈阳市：康平县 阜新市：彰武县、阜新蒙古族自治县 朝阳市：北票市、建平县、喀喇沁左翼蒙古族自治县
吉林省	3　市 4　县 1　自治县	四平市：双辽市 松原市：长岭县、乾安县、前郭尔罗斯蒙古族自治县 白城市：洮南市、大安市、镇赉县、通榆县
黑龙江省	10　县 1　自治县 4　市	齐齐哈尔市：龙江县、泰来县、甘南县、富裕县 鸡西市：虎林市 大庆市：肇州县、肇源县、林甸县、杜尔伯特蒙古族自治县 佳木斯市：同江市 绥化市：安达市、肇东市、兰西县、青冈县、明水县

2–2 续表

地区	个数	县、旗、市(市辖区)
四川省	44 县 1 自治县 3 市	阿坝藏族羌族自治州：马尔康市、汶川县、理县、茂县、松潘县、九寨沟县、金川县 小金县、黑水县、壤塘县、阿坝县、若尔盖县、红原县 甘孜藏族自治州：康定市、泸定县、丹巴县、九龙县、雅江县、道孚县、炉霍县、 甘孜县、新龙县、德格县、白玉县、石渠县、色达县、理塘县、 巴塘县、乡城县、稻城县、得荣县 凉山彝族自治州：西昌市、盐源县、德昌县、会理县、会东县、宁南县、 普格县、布拖县、金阳县、昭觉县、喜德县、冕宁县、 越西县、甘洛县、美姑县、雷波县、木里藏族自治县
云南省	1 县 1 自治县 1 市	迪庆藏族自治州：香格里拉市、德钦县、维西傈僳族自治县
西藏自治区	37 县 1 市辖区	拉萨市：林周县、当雄县 日喀则市：昂仁县、谢通门县、康马县、仲巴县、亚东县、萨嘎县、岗巴县 昌都市：卡若区、江达县、贡觉县、类乌齐县、丁青县、察雅县、八宿县 林芝市：工布江达县 山南市：曲松县、措美县、错那县、浪卡子县 那曲地区：那曲县、嘉黎县、比如县、聂荣县、安多县、申扎县、索县、 班戈县、巴青县、尼玛县 阿里地区：普兰县、札达县、噶尔县、日土县、革吉县、改则县、措勤县
甘肃省	15 县 4 自治县 1 市	兰州市：永登县 金昌市：永昌县 白银市：靖远县 武威市：民勤县、天祝藏族自治县 张掖市：山丹县、肃南裕固族自治县 酒泉市：瓜州县、肃北蒙古族自治县、阿克塞哈萨克族自治县 庆阳市：环县、华池县 定西市：漳县、岷县 甘南藏族自治州：合作市、卓尼县、迭部县、玛曲县、碌曲县、夏河县
青海省	25 县 2 自治县 3 市	海北藏族自治州：海晏县、祁连县、刚察县、门源回族自治县 黄南藏族自治州：同仁县、尖扎县、泽库县、河南蒙古族自治县 海南藏族自治州：共和县、同德县、贵德县、兴海县、贵南县 果洛藏族自治州：玛沁县、班玛县、甘德县、达日县、久治县、玛多县 玉树藏族自治州：玉树市、杂多县、称多县、治多县、囊谦县、曲麻莱县 海西蒙古族藏族自治州：德令哈市、格尔木市、乌兰县、都兰县、天峻县
宁夏回族自治区	3 县	吴忠市：盐池县、同心县 中卫市：海原县
新疆维吾尔自治区	29 县 4 自治县 4 市	乌鲁木齐市：乌鲁木齐县 哈密市：伊州区、巴里坤哈萨克自治县、伊吾县 阿克苏地区：温宿县、沙雅县 喀什地区：塔什库尔干塔吉克自治县 和田地区：民丰县 昌吉回族自治县：奇台县、木垒哈萨克自治县 博尔塔拉蒙古自治州：博乐市、精河县、温泉县 巴音郭楞蒙古自治州：尉犁县、且末县、和静县、和硕县 克孜勒苏柯尔克孜自治州：阿克陶县、阿合奇县、乌恰县 伊犁哈萨克自治州：巩留县、新源县、昭苏县、特克斯县、尼勒克县 塔城地区：塔城市、额敏县、托里县、裕民县、和布克赛尔蒙古自治县 阿勒泰地区：阿勒泰市、布尔津县、富蕴县、福海县、哈巴河县、青河县、 吉木乃县

3-1 牧区半牧区县分地区年末总人口和少数民族人口(2016年)

单位：万人

地　区	年底总人口	城镇人口	乡村人口
合　计	**4778.69**	**1362.42**	**3261.13**
河　北	201.30	40.59	160.70
山　西	11.55	6.11	5.44
内蒙古	1214.21	382.40	817.45
辽　宁	306.25	80.50	229.42
吉　林	331.45	93.18	200.52
黑龙江	618.49	195.99	422.50
四　川	714.41	146.58	480.96
云　南	40.10	11.74	28.36
西　藏	166.71	17.85	136.70
甘　肃	367.08	98.17	268.91
青　海	201.86	67.80	126.41
宁　夏	100.50	22.49	78.01
新　疆	504.78	199.02	305.76

4-1 牧区半牧区县分地区生产总值(2016年)

单位：亿元

地　区	地区生产总值	第一产业	第二产业	第三产业	人均地区生产总值
合　计	**20711.00**	**3607.20**	**9763.16**	**7340.64**	**44498**
河　北	441.01	141.08	158.44	141.49	27073
山　西	63.61	12.81	26.20	24.60	48919
内蒙古	9796.35	1025.86	5304.97	3465.52	82201
辽　宁	742.18	234.36	221.72	286.10	28411
吉　林	1596.97	302.56	718.31	576.10	48580
黑龙江	1983.26	648.50	763.76	571.01	31828
四　川	1912.86	383.88	896.61	632.37	27861
云　南	180.47	11.39	63.86	105.21	44125
西　藏	295.49	50.18	100.84	144.47	16255
甘　肃	854.16	165.18	322.75	366.22	23269
青　海	857.25	128.14	456.44	272.67	41326
宁　夏	175.79	28.43	80.68	66.68	19964
新　疆	1811.59	474.81	648.58	688.20	36100

4-2 牧区半牧区县分地区生产总值指数(2016年)

地 区	地区生产总值（以2015年为100）	第一产业	第二产业	第三产业
合 计	**106.9**	**103.5**	**107.4**	**107.9**
河 北	107.9	107.1	107.3	109.1
山 西	104.3	102.6	102.3	107.1
内蒙古	107.0	103.9	107.1	107.9
辽 宁	94.5	90.7	90.1	101.4
吉 林	106.7	103.5	107.6	107.4
黑龙江	106.5	104.5	109.2	105.6
四 川	106.1	104.1	106.4	106.5
云 南	110.7	105.2	115.1	108.7
西 藏	114.7	104.2	116.9	111.5
甘 肃	109.6	106.1	111.0	110.6
青 海	108.9	108.2	107.5	112.8
宁 夏	110.4	103.6	112.9	110.3
新 疆	109.3	105.1	111.1	110.2

4-3 牧区半牧区县分地区生产总值构成(2016年)

单位：%

地 区	地区生产总值	第一产业	第二产业	第三产业
合 计	**100**	**17.4**	**47.1**	**35.4**
河 北	100	32.0	35.9	32.1
山 西	100	20.1	41.2	38.7
内蒙古	100	10.5	54.2	35.4
辽 宁	100	31.6	29.9	38.5
吉 林	100	18.9	45.0	36.1
黑龙江	100	32.7	38.5	28.8
四 川	100	20.1	46.9	33.1
云 南	100	6.3	35.4	58.3
西 藏	100	17.0	34.1	48.9
甘 肃	100	19.3	37.8	42.9
青 海	100	14.9	53.2	31.8
宁 夏	100	16.2	45.9	37.9
新 疆	100	26.2	35.8	38.0

5−1 牧区半牧区县分地区在岗职工和劳动报酬（2016年）

地　区	在岗职工人数（万人）	工资总额（亿元）	平均工资（元）
合　计	**299.29**	**2517.16**	**84104**
河　北	7.60	39.85	52407
山　西	0.93	4.94	53060
内蒙古	108.62	1061.61	97736
辽　宁	11.78	55.56	47177
吉　林	16.43	75.78	46110
黑龙江	24.65	160.16	64965
四　川	38.11	225.63	59211
云　南	3.30	32.54	98484
西　藏	4.39	33.85	77149
甘　肃	22.18	175.25	79000
青　海	10.83	94.90	87650
宁　夏	3.78	23.53	62335
新　疆	46.69	533.56	114282

5−2 牧区半牧区县分地区农村居民生活水平情况（2016年）（一）

单位：元

地　区	农村居民人均纯收入	农村居民人均生活费支出合计	#食　品	#衣　着	#居　住
合　计	**10343.07**	**10226.03**	**3247.99**	**748.22**	**1549.65**
河　北	7642.22	6299.78	2215.29	414.95	929.11
山　西	6588.00	5628.00	2756.00	356.00	522.00
内蒙古	11200.14	9787.59	3280.79	740.87	1694.44
辽　宁	11504.88	7822.16	2276.55	536.11	1190.66
吉　林	9714.80	9921.79	3048.99	550.39	1667.54
黑龙江	10916.21	6876.94	2014.22	525.22	1151.05
四　川	10154.66	7766.12	3734.88	567.08	1118.40
云　南	7085.43	3710.30	1374.39	248.20	358.10
西　藏	9602.85	6656.05	1593.60	455.09	801.57
甘　肃	8001.81	6860.17	2396.48	530.68	1122.29
青　海	8511.84	9550.60	3516.12	1219.55	1934.10
宁　夏	7354.58	7207.48	2019.38	612.30	1402.74
新　疆	12794.43	14168.46	2266.01	863.63	1189.99

5–2 牧区半牧区县分地区农村居民生活水平情况(2016年)(二)

单位：元

地 区	农村居民人均生活费支出			
	#家庭设备及服务	#医疗保健支出	#交通和通讯	#娱乐教育文化服务
合 计	**544.51**	**824.69**	**1148.98**	**901.55**
河 北	277.88	916.83	812.33	666.55
山 西	178.00	575.00	600.00	526.00
内蒙古	671.97	938.88	1561.73	1136.67
辽 宁	334.38	931.11	1429.31	1219.14
吉 林	344.70	1123.57	1233.79	1068.54
黑龙江	325.14	768.71	922.54	686.99
四 川	464.67	412.34	720.00	546.21
云 南	260.03	296.37	579.94	564.17
西 藏	869.37	279.46	471.71	428.63
甘 肃	441.91	477.33	827.36	817.72
青 海	862.34	1120.00	1562.18	1074.25
宁 夏	450.74	911.92	935.63	761.78
新 疆	688.30	1010.73	962.24	788.43

6–1 牧区半牧区县分地区财政收支、城乡居民储蓄存款、全社会固定资产投资和社会消费品零售总额(2016年)

单位：亿元

地 区	公共财政预算收入	公共财政预算支出	城乡居民储蓄存款年末余额	全社会固定资产投资	社会消费品零售总额
合 计	**1290.34**	**5274.64**	**12525.70**	**18259.69**	**5090.44**
河 北	26.32	140.70	426.14	519.18	169.51
山 西	2.89	10.63	25.89	51.96	15.73
内蒙古	635.08	1489.83	4905.71	7565.71	1947.87
辽 宁	38.80	178.57	546.68	414.10	282.26
吉 林	51.88	281.99	1167.30	1426.83	577.85
黑龙江	87.97	389.50	908.19	790.06	384.39
四 川	138.10	833.57	1104.83	1883.96	716.85
云 南	10.63	118.66	178.81	315.46	45.90
西 藏	15.30	183.62	95.80	319.33	30.89
甘 肃	46.83	385.84	990.02	1461.52	259.65
青 海	45.06	397.50	541.65	1034.18	153.47
宁 夏	11.88	123.45	160.17	343.50	118.83
新 疆	179.60	740.77	1474.51	2133.88	387.24

7-1 牧区半牧区县分地区农业经济和规模以上工业企业资产总计(2016年)

地　区	农林牧渔业总产值 (亿元)	粮食总产量 (万吨)	规模以上工业企业资产总计 (亿元)
合　计	**6011.31**	**6546.60**	**27887.63**
河　北	248.72	91.42	922.27
山　西	12.81	3.52	192.61
内蒙古	1588.14	2158.62	15178.72
辽　宁	528.30	400.60	766.50
吉　林	580.73	930.71	1073.05
黑龙江	1041.52	1668.05	1081.47
四　川	630.42	258.07	3041.70
云　南	18.71	17.99	267.96
西　藏	72.50	26.43	21.95
甘　肃	250.12	180.03	1478.03
青　海	166.46	31.60	552.96
宁　夏	58.66	61.82	431.44
新　疆	814.22	717.75	2878.98

7-2 牧区半牧区县分地区牲畜年末存栏数和奶产量(2016年)

单位：万头(只)

地　区	牲畜年末存栏数			奶产量 (万吨)
	大牲畜	猪	羊	
合　计	**4780.50**	**3132.17**	**10111.24**	**883.25**
河　北	44.56	70.13	146.09	53.13
山　西	2.72	3.13	32.99	1.01
内蒙古	933.81	759.60	4084.60	241.84
辽　宁	85.15	371.03	311.54	39.69
吉　林	280.91	171.45	356.15	40.05
黑龙江	237.51	405.05	426.14	269.13
四　川	709.39	725.80	683.14	26.02
云　南	27.50	50.15	22.73	1.37
西　藏	673.77	47.14	663.70	14.59
甘　肃	429.64	194.82	725.22	12.11
青　海	827.81	87.33	944.69	19.93
宁　夏	8.08	6.97	215.06	48.18
新　疆	519.65	239.57	1499.19	116.18

7-3 牧区半牧区县分地区肉产量(2016年)

单位：万吨

地区	肉类总产量	#猪肉	#牛肉	#羊肉
合计	**672.41**	**255.81**	**158.22**	**162.01**
河北	18.57	7.14	6.61	2.64
山西	1.29	0.30	0.22	0.71
内蒙古	211.19	54.19	40.79	73.03
辽宁	105.26	54.55	9.72	7.75
吉林	45.61	25.47	6.31	4.53
黑龙江	82.59	45.35	18.00	4.79
四川	61.21	38.92	13.29	6.54
云南	2.99	2.09	0.50	0.16
西藏	18.03	0.34	14.57	3.60
甘肃	22.37	7.10	4.51	7.98
青海	19.89	2.01	19.84	16.81
宁夏	6.40	0.99	1.87	3.40
新疆	76.99	17.37	21.99	30.07

8-1 牧区半牧区县分地区普通中学和普通小学基本情况(2016年)

单位：人

地区	普通小学			普通中学		
	学校数(所)	在校学生数	专任教师数	学校数(所)	在校学生数	专任教师数
合计	**7611**	**3088528**	**219355**	**2147**	**2003875**	**184483**
河北	212	118610	7910	57	77208	5296
山西	11	5397	671	3	4042	461
内蒙古	940	596693	44706	451	430938	40593
辽宁	259	140188	10009	140	141711	13073
吉林	873	169794	16363	198	118393	12360
黑龙江	401	229611	20279	268	193831	27535
四川	1563	739676	39312	315	351917	23201
云南	35	27326	2281	10	20500	1504
西藏	521	183455	8587	38	52200	4287
甘肃	1251	233931	19204	250	203357	19002
青海	346	169532	8340	98	90735	5386
宁夏	456	93656	5555	40	47968	3461
新疆	743	380659	36138	279	271075	28324

9—1 牧区半牧区县分地区医疗卫生情况（2016年）

地　区	医院、卫生院机构数（个）	医院、卫生院床位数（张）	卫生技术人员（人）
合　计	**6125**	**162677**	**189117**
河　北	167	7272	5738
山　西	12	489	769
内蒙古	1505	38557	50050
辽　宁	260	10288	11463
吉　林	195	10803	14707
黑龙江	468	15494	20407
四　川	1792	31971	33493
云　南	39	1271	1840
西　藏	394	3211	3708
甘　肃	334	12330	12768
青　海	259	5824	4550
宁　夏	46	2681	2650
新　疆	654	22486	26974

10—1 牧区分地区城镇居民最低生活保障情况（2016年）

地　区	城镇居民最低生活保障人数（人）	城镇居民最低生活保障户数（户）	城镇居民最低生活保障支出（万元）	城镇居民最低生活保障年支出水平（元/人、年）
合　计	**1099218**	**598039**	**483208**	**4396**
河　北	33498	19659	12240	3654
山　西	2633	1420	1925	7309
内蒙古	210509	131570	120596	5729
辽　宁	36811	20031	17013	4622
吉　林	70371	45128	27496	3907
黑龙江	136012	87765	61508	4522
四　川	129175	70217	43102	3337
云　南	3582	2407	1191	3325
西　藏	8637	4704	5957	6897
甘　肃	87578	37547	45571	5204
青　海	78780	40580	37218	4724
宁　夏	42096	17923	18343	4357
新　疆	259536	119088	91048	3508

10-2 牧区分地区农村居民最低生活保障情况(2016年)

地　　区	农村居民最低生活保障人数（人）	农村居民最低生活保障户数（户）	农村居民最低生活保障支出（万元）	农村居民最低生活保障年支出水平（元/人、年）
合　　计	**3596494**	**1947499**	**755499**	**2101**
河　　北	204590	173048	36906	1804
山　　西	5676	5408	1991	3507
内 蒙 古	620911	472737	178608	2877
辽　　宁	85780	56330	17532	2044
吉　　林	163677	133043	30169	1843
黑 龙 江	323279	232877	67116	2076
四　　川	780654	321088	150444	1927
云　　南	7436	5159	3447	4636
西　　藏	78520	23694	9479	1207
甘　　肃	586493	175781	114716	1956
青　　海	239865	76446	38179	1592
宁　　夏	106765	88530	31464	2947
新　　疆	392848	183358	75450	1921

11-1 各牧区半牧区县主要经济社会指标(2016年)(一)

地　区	年末总人口（万人）	地区生产总值（亿元）	人均地区生产总值（元）	规模以上工业企业资产总计（亿元）	农林牧渔业总产值（亿元）
河北省	**201.30**	**441.01**	**27073**	**922.27**	**248.72**
张北县	36.47	96.23	31677	257.14	37.79
康保县	27.30	48.82	23020	89.43	40.19
沽源县	23.21	48.23	28185	103.97	36.36
尚义县	19.03	37.30	23794	129.24	22.66
丰宁满族自治县	41.11	101.41	28362	151.57	44.62
围场满族蒙古族自治县	54.18	109.01	25493	190.91	67.11
山西省	**11.55**	**63.61**	**48919**	**192.61**	**12.81**
右玉县	11.55	63.61	48919	192.61	12.81
内蒙古自治区	**1214.21**	**9846.48**	**82201**	**15178.72**	**1588.14**
达尔罕茂明安联合旗	9.70	212.83	219187	330.39	26.05
阿鲁科尔沁旗	29.66	117.40	44299	56.94	32.25
巴林左旗	34.82	130.49	41146	127.86	39.09
巴林右旗	18.46	83.08	45013	89.89	1.71
林西县	23.52	83.21	42020	90.93	21.89
克什克腾旗	25.00	157.91	79283	485.93	31.49
翁牛特旗	48.14	153.97	36859	110.27	72.70
敖汉旗	61.25	176.86	33360	70.14	72.09
科尔沁左翼中旗	52.91	168.21	34155	164.78	66.96
科尔沁左翼后旗	40.55	170.49	48107	97.59	
开鲁县	39.64	222.69	56055	218.51	83.59
库伦旗	17.91	72.07	44201	34.63	17.57
扎鲁特旗	30.63	206.36	76048	134.57	61.95
奈曼旗	44.75	157.85	36289	103.68	50.01
东胜区	26.29	942.72	180086	1872.74	2.43
达拉特旗	36.93	490.81	147809	614.43	59.30
准格尔旗	32.65	1143.21	307643	2771.00	17.05
鄂托克旗	9.79	453.46	270161	1186.04	14.08
鄂托克前旗	7.96	136.42	171477	155.15	20.76
杭锦旗	14.35	101.86	88581	226.23	31.86
乌审旗	11.34	412.46	310004	548.41	21.84
伊金霍洛旗	25.27	681.42	269640	1315.86	12.48
阿荣旗	32.08	164.15	51268	45.97	75.29
莫力达瓦达斡尔族自治旗	31.93	106.50	33362	23.75	73.72
鄂温克族自治旗	13.94	115.69	82878	281.52	13.88

粮食总产量（万吨）	肉类总产量（万吨）	全社会固定资产投资（亿元）	社会消费品零售总额（亿元）	农牧民人均纯收入（元）	地方财政收入（亿元）	地方财政支出（亿元）
91.42	**18.57**	**519.18**	**169.51**	**7642**	**26.32**	**140.70**
12.23	2.05	124.86	29.36	8589	6.79	24.62
16.15	3.24	51.00	19.61	8115	3.51	16.58
13.66	0.91	65.25	17.38	8240	2.85	20.78
5.06	1.64	15.20	12.01	7448	1.71	14.90
15.88	5.17	135.14	43.63	6829	6.75	31.08
28.44	5.57	127.73	47.53	7138	4.71	32.75
3.52	**1.29**	**51.96**	**15.73**	**6588**	**2.89**	**10.63**
3.52	0.35	51.96	15.73	6588	2.89	10.63
2158.62	**211.19**	**7565.71**	**1947.87**	**11200**	**635.08**	**1489.83**
8.86	2.37	222.89	23.18	12691	16.59	27.13
50.35	2.25	63.16	33.06	7968	3.72	30.57
44.42	1.75	105.24	42.41	8484	5.56	27.47
	3.53	69.80	24.55	8714	4.42	24.26
24.27	2.28	72.23	32.54	7969	3.67	22.60
16.75	1.85	123.76	32.95	9400	8.05	25.89
70.00	4.56	115.61	44.35	8680	4.70	34.82
76.05	7.37	123.69	46.82	9394	5.96	35.60
180.25	8.52	111.89	48.18	9704	3.62	35.41
103.45	5.22	103.18	39.07	10242	4.25	30.55
108.62	10.23	137.82	42.26	12979	4.75	25.70
		70.80	16.28	9170	1.37	19.35
52.24	8.53	156.98	33.50	12642	16.46	45.09
77.55	3.59	113.50	40.90	9429	4.19	34.26
1.19	0.24	505.69	244.05		83.33	90.27
58.32	4.44	240.80	64.69	15359	22.28	41.00
9.61	1.29	574.30	109.52	15500	81.83	96.79
9.92	2.36	340.70	43.50	15485	37.98	53.23
9.39	1.81	267.25	22.82	15603	18.10	29.91
38.60	1.98	175.00	39.20	15354	12.30	26.19
17.22	5.52	430.10	41.98	15471	33.69	41.03
8.42	0.57	437.72	53.20	15488	78.86	84.77
151.41	5.78	122.18	35.95	15165	6.35	30.27
164.13	3.10	37.07	34.68	8678	2.66	29.38
3.17	1.88	72.27	17.51	18969	7.78	21.50

11-1(一) 续表1

地　区	年末总人口（万人）	地区生产总值（亿元）	人均地区生产总值（元）	规模以上工业企业资产总计（亿元）	农林牧渔业总产值（亿元）
陈巴尔虎旗	5.64	94.24	166557	240.10	15.60
新巴尔虎左旗	4.21	37.18	88322	31.14	10.14
新巴尔虎右旗	3.51	80.77	230000	181.05	7.20
扎兰屯市	41.20	187.92	45661	96.72	67.29
磴口县	11.59	52.78	45422	75.13	13.88
乌拉特前旗	33.64	146.23	49385	152.28	50.47
乌拉特中旗	14.26	101.77	72686	287.34	24.74
乌拉特后旗	5.87	64.58	99354	274.28	4.78
察哈尔右翼中旗	20.46	57.80	23235	148.03	26.24
察哈尔右翼后旗	20.94	73.30	35004	132.43	15.99
四子王旗	21.31	57.40	26959	152.30	14.99
科尔沁右翼前旗	33.28	100.47	33908	50.45	59.29
科尔沁右翼中旗	25.55	65.96	26575	74.44	31.79
扎赉特旗	39.09	93.48	24018	73.09	61.82
突泉县	30.37	76.35	28574	77.83	38.81
锡林浩特市	18.69	228.14	86384	492.77	26.84
阿巴嘎旗	4.44	64.30	144693	74.68	14.89
苏尼特左旗	3.46	49.78	152937	23.33	11.21
苏尼特右旗	6.81	65.00	93195	86.82	10.10
东乌珠穆沁旗	6.23	111.16	164432	93.00	31.06
西乌珠穆沁旗	8.02	118.54	147771	331.96	
太仆寺旗	21.00	37.53	49115	32.39	25.42
镶黄旗	3.15	54.08	172054	70.88	6.73
正镶白旗	7.23	34.10	65176	32.04	1.01
正蓝旗	8.40	67.52	81545	145.54	0.15
阿拉善左旗	14.37	269.52	135002	241.94	
阿拉善右旗	2.52	29.21	109910	59.48	
额济纳旗	1.83	43.91	157100	23.55	2.99
科尔沁区	77.65	521.33	64259	266.48	94.67
辽宁省	**306.25**	**775.08**	**28411**	**766.50**	**528.30**
康平县	34.98	181.89	57300	275.76	64.09
阜新蒙古族自治县	72.15	121.27	18236	93.73	133.99
彰武县	40.64	83.72	20599	85.54	106.28
建平县	58.60	134.44	21353	108.16	63.15
喀喇沁左翼蒙古族自治县	42.65	85.61	29441	64.69	61.67
北票市	57.23	168.16	40144	138.63	99.11
吉林省	**331.45**	**1597.03**	**48580**	**1073.05**	**580.73**
双辽市	37.75	168.76	45612	122.65	76.50
前郭尔罗斯蒙古族自治县	58.04	350.43	60382	146.42	143.51

粮食 总产量 （万吨）	肉类 总产量 （万吨）	全社会 固定资产投资 （亿元）	社会消费品 零售总额 （亿元）	农牧民人均 纯收入 （元）	地方财政 收入 （亿元）	地方财政 支出 （亿元）
12.06	1.84	29.32	6.21	18440	4.55	13.49
7.96	2.66	30.05	7.00	18110	0.97	11.94
0.76	2.25	36.07	6.63	18194	5.52	11.86
105.22	6.36	130.26	67.18	14210	5.20	33.40
28.29	1.07	44.38	15.56	14734	2.70	14.60
67.54	2.87	112.13	31.51	14385	9.45	29.09
39.12	1.94	150.19	16.00	14059	8.81	27.31
8.07	0.65	100.44	8.61	12622	8.10	17.40
11.40	2.39	54.10	12.63	7508	1.58	18.61
9.82	1.60	60.80	26.00	9491	2.63	1.90
19.43	3.28	47.58	23.09	9159	2.17	24.95
110.45	6.54	105.47	28.44	8523	3.20	30.75
75.50	3.82	80.65	19.99	7904	2.32	28.43
126.00	7.49	72.70	31.47	8447	3.60	38.49
105.65	2.57	81.27	5.35	8193	1.65	24.98
3.57	2.49	181.41	62.54	22245	29.42	2.88
	4.03	34.83		21681	2.20	10.40
	2.37	37.25	7.12	24152	2.62	11.00
0.06	2.37	37.67	17.17	9069	3.34	14.32
	5.32	84.22	22.11	15384	6.60	13.85
0.01	4.82	102.25	20.54	21889	20.72	24.59
19.49	1.78	36.93	20.05	9771	1.41	18.48
	0.94	169.01	6.19	12166	2.57	9.77
0.50	1.47	28.24	8.34	8912	1.36	11.23
2.95	33.01	44.10	13.84	14730	5.59	14.35
14.45	1.11	311.54	53.65	15953	16.76	43.09
1.13	0.32	41.23	7.29	18430	1.23	12.11
	0.13	72.31	13.50	19379	6.32	13.46
105.02	12.67	455.69	182.73	14417	0.03	0.05
400.60	**105.26**	**414.10**	**282.26**	**11505**	**38.80**	**178.57**
60.84	13.69	181.71	35.94	10544	14.00	24.17
91.46	35.05	30.24	44.78	13004	5.70	41.30
91.60	15.38	17.35	18.75	10793	3.82	28.04
90.20	11.45	24.15	65.83	11157	5.60	29.40
25.60	9.04	43.02	48.06	11136	3.30	24.26
40.89	20.66	117.63	68.91	11268	6.37	31.39
930.71	**45.61**	**1426.83**	**577.85**	**9715**	**51.88**	**281.99**
112.35	8.52	96.86	60.46	11465	3.69	30.93
207.97	10.65	294.64	168.50	11289	11.74	41.75

11-1(一) 续表2

地 区	年末总人口（万人）	地区生产总值（亿元）	人均地区生产总值（元）	规模以上工业企业资产总计（亿元）	农林牧渔业总产值（亿元）
长岭县	63.64	320.02	50377	154.26	136.38
乾安县	27.53	205.04	74507	180.85	46.05
镇赉县	27.20	139.58	51388	81.75	55.36
通榆县	36.43	123.80	34271	53.14	37.69
洮南市	41.95	143.54	35602	181.54	48.83
大安市	38.92	145.85	37341	152.45	36.41
黑龙江省	**618.49**	**1983.27**	**31828**	**1081.47**	**1041.52**
龙江县	59.22	96.98	16338	112.57	80.98
泰来县	32.88	38.73	11785	9.12	33.71
甘南县	39.49	74.91	18969	43.69	47.17
富裕县	28.95	70.03	22731		52.76
虎林市	28.11	131.91	46779	102.80	53.03
肇州县	43.94	201.86	48788	159.22	99.57
肇源县	45.20	155.13	34324	106.35	85.51
林甸县	25.85	55.29	21318	26.38	41.60
杜尔伯特蒙古族自治县	24.18	104.90	43222	65.58	63.66
同江市	21.15	114.03	53905	32.66	33.89
兰西县	49.36	61.06	13110	15.49	56.79
青冈县	51.50	63.18	12268	47.14	77.95
明水县	33.93	62.54	18431	32.77	47.38
安达市	46.73	336.73	71733	117.55	92.96
肇东市	87.98	416.00	43546	210.14	174.55
四川省	**714.41**	**1911.20**	**27861**	**3041.70**	**630.42**
汶川县	9.76	56.65	57219	132.60	5.49
理县	4.49	23.26	48147	103.20	3.07
茂县	11.22	32.84	30074	72.47	8.00
松潘县	7.54	19.29	25759	24.45	5.37
九寨沟县	6.79	26.10	31984	58.41	3.30
金川县	7.24	12.30	16573	0.30	4.61
小金县	8.04	14.47	18032	35.32	4.56
黑水县	6.07	21.73	34943	121.35	3.90
马尔康市	5.55	24.20	40691	8.69	3.70
壤塘县	4.43	7.66	18358		3.82
阿坝县	8.04	10.41	13010	0.14	5.36
若尔盖县	7.96	16.43	21129	4.67	11.29
红原县	4.81	12.14	25768	8.40	5.91

粮食总产量（万吨）	肉类总产量（万吨）	全社会固定资产投资（亿元）	社会消费品零售总额（亿元）	农牧民人均纯收入（元）	地方财政收入（亿元）	地方财政支出（亿元）
179.79	8.62	257.48	132.44	10343	5.17	38.41
91.10	2.61	202.76	66.22	10065	3.86	23.68
101.29	4.37	149.61	32.82	8019	7.08	37.15
59.84	2.03	125.76	36.63	8124	5.49	35.61
91.87	7.56	167.16	41.26	9646	7.48	33.49
86.49	1.25	132.56	39.51	8117	7.36	40.96
1668.05	**82.59**	**790.06**	**384.39**	**10916**	**87.97**	**389.50**
194.30	9.04	105.23	33.50	12871	4.62	39.16
110.90	1.15	65.84	8.36	8682	2.14	13.58
107.85	9.90	20.20	11.45	6368	3.77	28.34
87.50	2.59	76.90	21.16	14646	3.89	22.47
92.73	1.55	40.55	29.77	16462	5.21	22.46
92.43		36.23	21.60	12234	6.95	23.14
115.93	7.87	46.58	24.78	12136	3.01	11.89
94.00	5.12	32.12	20.47	6818	24.41	20.75
82.95	4.14	42.03	19.05	12356	3.64	21.31
77.50	1.30	50.84	21.39	6587	2.49	23.26
114.62	5.17	53.63	23.78	7368	2.71	31.20
122.24	7.16	32.67	21.36	8992	2.52	31.03
94.00		18.02	17.08	8324	2.87	15.58
101.33	6.16	151.26	110.63	13977	9.32	40.36
179.77	21.45	17.96		13902	10.44	44.97
258.07	**61.21**	**1883.96**	**716.85**	**10155**	**138.10**	**833.57**
1.11	0.50	28.94	10.77	11118	3.01	14.75
0.86		48.54	4.27	10633	1.10	8.50
3.23	0.71	37.07	8.16	10848	1.69	14.95
1.90	0.57	35.31	7.83	10713	1.71	14.66
1.06	0.42	39.06	13.57	10787	2.25	13.56
1.82	0.59	37.08	4.56	10624	0.64	12.98
2.25	0.61	19.03	6.09	10596	0.66	15.33
1.53	0.54	16.51	4.22	10608	0.98	12.51
0.93	0.76	35.12	8.64	11169	1.85	11.63
0.31	0.57	14.75	2.23	9527	0.22	11.95
0.03	0.68	17.81	5.33	10611	0.55	16.55
0.27	1.72	20.40	5.04	10660	0.57	15.71
	0.77	17.04	3.17	11136	0.43	12.71

11-1(一)　续表3

地　区	年末总人口（万人）	地区生产总值（亿元）	人均地区生产总值（元）	规模以上工业企业资产总计（亿元）	农林牧渔业总产值（亿元）
康定市	8.79	18.30	20612	87.62	5.40
泸定县	5.97	14.18	20164	59.64	4.65
丹巴县	6.67	22.09	33315	130.99	4.12
九龙县	5.02	10.86	20029	14.26	3.38
雅江县	5.75	8.14	13775		3.57
道孚县	4.72	6.20	12754	6.55	3.30
炉霍县	6.84	8.92	12338	4.77	5.88
甘孜县	4.96	8.57	16772		4.81
新龙县	8.76	7.82	9092		4.84
德格县	5.69	11.04	18433	10.08	4.53
白玉县	9.37	8.37	8338		5.65
石渠县	5.53	6.90	11275		4.76
色达县	6.85	10.39	14310		5.17
理塘县	5.30	10.66	20664	10.45	4.14
巴塘县	11.15	55.08	40924	418.60	6.55
乡城县	2.96	8.74	25054	72.15	2.96
稻城县	3.18	6.51	19735		2.65
得荣县	2.60	7.03	25277	11.77	2.73
西昌市	66.31	457.20	59804	530.60	73.05
木里藏族自治县	13.99	29.74	22029	257.11	10.48
盐源县	37.91	75.78	20745	76.73	30.27
德昌县	21.48	68.20	30998	76.51	29.89
会理县	46.39	219.03	49522	2.20	72.48
会东县	42.56	124.08	33044	86.67	69.39
宁南县	19.54	54.11	28825	30.31	27.22
普格县	20.04	24.19	14376	27.54	13.57
布拖县	18.40	24.58	14052	23.46	12.21
金阳县	19.73	28.93	16850	10.29	13.16
昭觉县	32.03	27.48	10667	30.58	16.54
喜德县	21.97	19.99	11685	4.78	11.55
冕宁县	40.31	107.26	30004	111.16	37.46
越西县	35.66	36.01	12522	13.73	19.96
甘洛县	22.77	26.69	12678	41.95	10.98
美姑县	26.48	21.16	9285	33.66	15.59
雷波县	26.78	59.49	25433	69.22	19.12

粮食总产量（万吨）	肉类总产量（万吨）	全社会固定资产投资（亿元）	社会消费品零售总额（亿元）	农牧民人均纯收入（元）	地方财政收入（亿元）	地方财政支出（亿元）
1.32	0.50	38.71	10.79	9987	1.70	12.42
1.14	0.39	13.74	5.00	10650	0.91	12.60
1.95	0.32	11.39	2.83	11381	2.23	11.31
1.06	0.22	65.00	3.27	9215	2.52	14.63
1.50	0.30	15.09	2.34	8920	0.81	14.06
1.32	0.34	11.07	3.09	8649	0.52	12.81
3.77	0.48	10.14	6.25	9170	0.66	15.50
1.21	0.37	11.17	1.57	8768	0.45	12.55
1.44	0.50	8.77	2.28	8678	0.49	13.75
1.14	0.43	13.28	2.70	9173	1.76	12.07
0.82	0.50	10.56	3.70	8527	0.58	18.09
0.24	0.66	13.49	2.20	8552	0.67	20.83
1.39	0.50	16.11	5.81	8676	1.22	18.79
1.55	0.26	23.59	4.72	9154	1.15	10.98
2.22	0.49	101.57	18.78	10877	4.94	20.03
1.07	0.23	12.93	2.45	9168	0.57	8.96
1.11	0.18	20.50	2.45	9605	1.20	11.44
1.20	0.21	13.29	1.35	9023	0.52	8.90
29.51	5.77	320.38	251.46	14937	38.00	62.52
5.18	1.10	71.41	7.16	8006	5.61	26.79
17.47	3.16	57.04	21.14	9784	7.01	28.95
9.49	2.49	72.04	26.26	14527	4.95	15.90
27.94	7.82	94.03	55.69	14425	7.85	26.93
25.16	5.03	116.25	48.37	14017	8.52	25.25
8.13	2.21	110.01	20.43	13065	3.58	15.10
7.39	1.16	21.52	9.04	8241	1.78	16.65
7.21	1.12	22.02	4.65	7068	0.95	18.73
6.28	1.33	21.41	6.85	7022	1.90	18.68
10.60	2.24	30.32	7.38	7387	1.29	23.33
8.04	1.32	15.01	7.44	7031	1.04	16.48
17.54	3.19	60.73	40.79	12235	6.22	23.28
11.96	2.47	23.06	16.77	7757	1.31	22.76
8.18	1.48	19.08	9.77	6958	1.82	18.77
8.18	2.30	22.18	5.78	6889	0.68	20.81
9.10	1.70	30.43	12.39	7865	7.00	27.15

11-1(一)　续表4

地　区	年末总人口（万人）	地区生产总值（亿元）	人均地区生产总值（元）	规模以上工业企业资产总计（亿元）	农林牧渔业总产值（亿元）
云南省	**40.10**	**180.47**	**44125**	**267.96**	**18.71**
香格里拉市	17.80	110.95	62579	241.62	6.56
德钦县	6.80	27.63	40698	12.16	2.58
维西傈僳族自治县	15.50	41.88	25570	14.19	9.57
西藏自治区	**166.71**	**270.99**	**16255**	**21.95**	**72.50**
林周县	6.32	14.04	8196	1.33	3.68
当雄县	5.34	1.56	24546	10.30	4.18
昌都县	15.32	49.52	32324		3.38
江达县	9.34	14.99	16000		8.18
贡觉县	4.51	6.39	14168		
类乌齐县	5.51	8.17	14825		2.95
丁青县	9.12	16.30	17870		6.28
察雅县	6.67	0.90	13683		4.15
八宿县	4.84	6.74	16152	0.12	3.10
曲松县	1.72	5.07	29463	6.60	0.61
措美县	1.50	3.60	24056		0.45
错那县	1.56	2.71	25000		0.37
浪卡子县	3.81	5.37	14408		0.83
昂仁县	5.75	7.54	13209		2.77
谢通门县	5.04	8.09	16029	3.50	1.82
康马县	2.29	4.36	8298		1.36
仲巴县	2.49	5.43	22259		1.95
亚东县	1.38	5.67	41188		2.00
萨嘎县	1.55	3.31	15643		3.78
岗巴县	11.17	3.58	30734		0.47
那曲县	8.46	15.41	16167		3.25
嘉黎县	3.77	5.58	14808		2.28
比如县	7.26	9.45	13760		1.15
聂荣县	3.65	5.46	15165		1.32
安多县	4.20	7.58	18031		1.37
申扎县	2.14	4.58	21393		0.64
索县	5.04	6.60	13085		1.97
班戈县	4.31	6.05	14040		
巴青县	5.50	7.40	10979		1.56
尼玛县	3.41	6.20	18761		1.15

粮食总产量（万吨）	肉类总产量（万吨）	全社会固定资产投资（亿元）	社会消费品零售总额（亿元）	农牧民人均纯收入（元）	地方财政收入（亿元）	地方财政支出（亿元）
17.99	**2.99**	**315.46**	**45.90**	**7085**	**10.63**	**118.66**
7.57	1.53	163.70	32.00	7173	5.84	63.11
2.71	0.31	62.62	5.96	7115	1.69	24.89
7.72	1.16	89.14	7.94	7015	3.10	30.66
26.43	**18.03**	**319.33**	**30.89**	**9603**	**15.30**	**183.62**
6.65	0.40	15.99	1.32	8196	1.07	
	1.16	29.51	1.67	12626	2.51	10.37
2.07	1.49			27767	1.73	17.92
1.47	1.05	16.22	2.43	8770	1.00	12.32
		8.98	1.52	7977	0.29	5.68
0.86	0.56	92.40	2.80	8201	0.52	9.52
2.49	0.79			9415		9.36
1.34	0.72	5.60		8058	0.33	9.61
1.10	0.46	12.78			0.50	9.62
0.75	0.20	7.82	0.59	9679	0.55	6.66
0.36	0.23	7.87	0.66	8992	0.20	
0.51	0.12	5.46	0.80	8582	0.23	6.96
0.77	0.22	6.44	1.07	8859	0.32	5.51
1.97	0.18			6589	0.31	13.08
1.55	0.37	8.64	0.40	8001	1.08	9.42
1.12	0.14	3.41		9118	0.18	11.37
		3.61		9001	0.23	7.26
0.12	0.12			8821	0.83	3.55
0.11	0.08	3.32		6331	0.12	5.29
0.27	0.09			8786	0.18	2.90
	1.45		3.36	8901	0.47	14.28
0.12	0.73	7.69	1.62	9700		
0.37	1.16		1.85	8790	0.37	0.01
	0.90		5.64	8361	0.15	12.90
	1.42	5.06	1.83	8180	0.28	8.66
	0.61	8.19		8049	0.14	6.89
0.70	0.56	9.66	2.11	7394	0.27	8.92
		8.90	1.20	7526	0.02	
0.01	0.68			8397	0.22	9.61
0.02	0.78			8982		0.99

11-1(一) 续表5

地　区	年末总人口（万人）	地区生产总值（亿元）	人均地区生产总值（元）	规模以上工业企业资产总计（亿元）	农林牧渔业总产值（亿元）
普兰县	0.97	2.56	23300		
札达县	0.79	2.38	30565		0.30
噶尔县	1.00	2.79	28072	0.03	
日土县	1.11	3.02	27744		0.85
革吉县	1.82	3.55	19882		1.30
改则县	2.53	5.19	20494		
措勤县	1.69	2.76	16895	0.07	0.75
工布江达县	3.81	1.10	34257		2.29
甘肃省	**367.08**	**854.16**	**23269**	**1478.03**	**250.12**
永登县	43.97	98.56	28598	133.80	18.28
永昌县	23.61	65.88	27856	202.17	25.62
靖远县	50.17	70.19	15376	40.61	38.26
民勤县	27.37	77.75	32228	174.89	44.14
天祝藏族自治县	20.87	50.50	28343	39.81	12.72
肃南裕固族自治县	3.87	28.69	82998	69.67	4.82
山丹县	20.15	47.81	28472	31.29	21.48
瓜州县	14.90	75.38	50591	425.19	21.44
肃北蒙古族自治县	1.21	18.82	123014	121.83	1.00
阿克塞哈萨克族自治县	0.91	15.31	168036	26.25	0.96
环县	35.80	75.25	24305	127.51	16.10
华池县	13.65	72.46	56775	2.19	9.01
漳县	21.17	22.41	11421	10.64	9.47
岷县	45.43	31.78	6975	7.15	
合作市	9.39	36.73	38339	21.59	2.07
卓尼县	10.46	15.05	14442		5.80
迭部县	5.75	11.34	21163	25.63	3.66
玛曲县	5.75	14.76	25671	9.02	6.05
碌曲县	3.69	9.80	26162	5.21	3.66
夏河县	8.95	15.67	17553	3.56	5.58
青海省	**201.86**	**834.21**	**41326**	**552.96**	**166.46**
门源回族自治县	16.14	37.20	22954		11.62
祁连县	5.20	24.51	47121	14.69	6.05
海晏县	3.62	21.90	60348	15.06	2.51
刚察县	4.61	17.06	37054	29.10	5.83
同仁县	9.88	26.44	27518	11.00	7.38

粮食 总产量 （万吨）	肉类 总产量 （万吨）	全社会 固定资产投资 （亿元）	社会消费品 零售总额 （亿元）	农牧民人均 纯收入 （元）	地方财政 收入 （亿元）	地方财政 支出 （亿元）
0.55	0.02	2.71		8029	0.22	5.31
0.09	0.07	3.93		8133		
0.06	0.12	6.30		9122		5.24
0.11	0.15	4.48		9230	0.18	5.69
	0.16	4.35		8570	0.14	2.81
	0.40	9.04		8630	0.11	3.84
	0.20	2.91		8373	0.18	2.12
0.90	0.24	18.07		12440	0.37	
180.03	**22.37**	**1461.52**	**259.65**	**8002**	**46.83**	**385.84**
17.23	1.05	76.89	25.22	8287	4.52	23.29
32.64	1.05	71.93	25.89	11438	3.50	23.05
18.77	2.04	104.01	24.11	8085	3.22	30.57
12.64	1.97	208.76	25.93	11250	4.05	29.38
5.09	1.62	129.59	26.70	6369	4.56	35.18
2.69	0.99	31.40	5.50	14418	2.33	12.72
20.41	0.96	50.02	18.57	11295	3.48	18.39
2.97	0.80	214.21	22.09	14237	3.49	15.06
0.45	0.25	70.55	2.06	21393	1.42	6.65
0.13	0.20	41.23	2.02	22879	1.29	5.30
36.81	1.59	133.16	18.07	7088	3.01	32.09
13.66	0.59	93.60	12.16	7223	2.26	16.44
6.10	0.76	48.21	3.88	5972	1.66	13.80
6.22		61.76	9.91	4330	2.18	32.69
1.07	0.49	34.37	17.49	6627	1.84	16.20
0.73	1.11	34.26	4.27	6260	0.78	18.62
1.14	0.41		3.25	6100	0.99	13.82
	1.87	17.19	3.50	7748	1.04	14.98
0.31	0.94	15.38	3.12	7616		11.16
0.98	3.67	25.00	5.90	9061	1.23	16.45
31.60	**19.89**	**1034.18**	**153.47**	**8512**	**45.06**	**397.50**
4.97	1.51	47.44	9.24	9646	1.19	25.97
0.47	1.74	40.03	4.67	12345	0.99	12.49
0.57	0.90	27.35	3.36	11695	1.02	11.39
0.18	1.35	25.70	3.68	12864	1.16	12.94
	0.69	25.26	2.98	7861	1.02	18.13

11－1(一)　续表6

地　区	年末总人口（万人）	地区生产总值（亿元）	人均地区生产总值（元）	规模以上工业企业资产总计（亿元）	农林牧渔业总产值（亿元）
尖扎县	5.66	21.94	3875		2.63
泽库县	7.65	14.49	20011		8.24
河南蒙古族自治县	3.95	14.11	34826		8.10
共和县	13.59	70.39	50455	276.02	11.66
同德县	6.27	13.49	20478		8.98
贵德县	11.02	28.44	27192	10.79	5.56
兴海县	8.08	24.66	30505	4.28	10.06
贵南县	7.95	15.70			10.52
玛沁县	5.64	14.86		135.28	2.09
班玛县	2.94	3.61	12273		1.10
甘德县	3.84	2.93	7630	0.67	
达日县	3.57	3.09	8645		1.03
久治县	2.85	4.02	14201	1.63	1.44
玛多县	1.55	2.96	191036		0.70
玉树县	11.14	19.77	16379		5.14
杂多县	6.58	10.78	17329		
称多县	6.02		24549		2.67
治多县	4.28	6.41	6903		3.85
囊谦县	13.37	8.41	9177		1.88
曲麻莱县	0.48	6.44			4.10
格尔木市	13.66	298.50	12933		7.32
德令哈市	7.36	62.17	69612		9.19
乌兰县	3.55	16.20	36694		4.85
都兰县	9.13	33.61	36853	53.62	18.16
天峻县	2.26	10.12	44841	0.84	3.81
宁夏回族自治区	**100.50**	**175.79**	**19964**	**431.44**	**58.66**
盐池县	17.18	72.23	46635	183.02	13.52
同心县	37.67	54.72	16748	171.35	23.57
海原县	45.66	48.83	12242	77.06	23.22
新疆维吾尔自治区	**504.78**	**1822.27**	**36100**	**2878.98**	**814.22**
乌鲁木齐县	6.29	21.52	34213		11.91
伊州区	49.14	309.87	63215	1047.59	28.50
巴里坤哈萨克自治县	10.71	52.66	49000	192.80	18.24
伊吾县	2.12	44.56	200380	166.89	8.72
奇台县	23.96	135.63	56618	159.29	73.40

粮食 总产量 （万吨）	肉类 总产量 （万吨）	全社会 固定资产投资 （亿元）	社会消费品 零售总额 （亿元）	农牧民人均 纯收入 （元）	地方财政 收入 （亿元）	地方财政 支出 （亿元）
1.53	0.27	16.27	1.17	4567	0.70	8.56
	1.47	16.44	1.02	5976	0.42	15.45
		16.70	1.04	8988	0.23	10.17
4.23	1.93	145.16	14.02	10168	2.56	19.84
2.20	0.97	14.55	1.76	9212	0.38	10.39
3.21	0.95	48.90	5.58	8879	2.48	9.29
2.13	1.58	33.11	2.14	10398	1.26	13.95
5.66	1.05	10.02	4.09	8291	0.64	14.66
	0.23	22.83	0.94	9185	0.96	12.81
0.12	0.36	9.09	0.50	5688	0.25	9.23
	0.27	7.90	0.54	4997	0.25	9.88
	0.30	8.24	0.55	4584	0.28	9.89
		9.32	0.78	5621	0.48	8.03
	0.17	9.32	0.55	29355	0.10	9.65
0.41	0.94	11.83	5.56	6846		18.32
	0.59	8.53	1.12	6385	0.16	12.17
0.08	0.36	8.53	1.20	6199	0.21	11.97
	0.63	0.01	1.17	6903	0.24	9.96
0.04		10.08	1.17	4341	0.44	14.87
		9.15		6749	0.16	
		210.98	60.24	15455	18.06	36.30
		138.48	10.43	12256	4.71	18.13
		41.48	2.74	10220	1.48	9.99
5.78	0.90	41.48	5.32	10382	1.65	13.59
	0.75	19.99	5.91	10874	1.57	9.48
61.82	**6.40**	**343.50**	**118.83**	**7355**	**11.88**	**123.45**
10.68	2.11	180.28	12.30	8532	7.72	32.98
30.72	2.31	93.55	12.01	7388	2.16	43.67
20.42	1.99	69.67	94.52	6872	2.01	46.80
717.75	**76.99**	**2133.88**	**387.24**	**12794**	**179.60**	**740.77**
0.58	1.44	22.08	8.76		5.55	13.16
2.72	3.45	419.93	76.70	15176	45.91	62.09
9.67	2.32	44.32	6.93	11773	3.49	19.28
0.93	1.04	80.04	2.34	15809	2.93	10.30
74.90	13.23	302.99	27.39	15975	7.48	28.23

11－1(一) 续表7

地 区	年末总人口（万人）	地区生产总值（亿元）	人均地区生产总值（元）	规模以上工业企业资产总计（亿元）	农林牧渔业总产值（亿元）
木垒哈萨克自治县	8.84	28.03	31494	20.54	21.04
博乐市	25.84	104.17	60603	46.27	31.18
精河县	14.31	69.68	48425	45.72	43.04
温泉县	7.42	22.33	29868	4.09	12.27
尉犁县	10.33	55.10	51988	15.43	36.81
且末县	6.98	24.53	35097	8.55	20.50
和静县	18.39	70.90	36997	200.47	30.02
和硕县	6.60	33.65	46804	15.46	32.40
温宿县	26.06	51.64	22052	43.52	50.48
沙雅县	26.51	50.25	18951	39.19	34.99
阿克陶县	22.36	27.87	12520	63.40	13.90
阿合奇县	4.54	8.82	19603		2.20
乌恰县	6.06	18.97	33142	24.87	1.99
塔什库尔干塔吉克自治县	4.05	12.32	30431	6.08	2.62
民丰县	3.86	9.11	23502		3.89
巩留县	20.06	41.59	20560	84.87	23.86
新源县	32.12	80.74	25118	91.51	45.26
昭苏县	18.39	41.68	22433	13.94	22.23
特克斯县	17.06	26.12	15124	4.19	18.76
尼勒克县	18.57	46.36	24701	82.71	30.60
塔城市	15.17	72.41	47639	5.39	38.52
额敏县	16.01	62.39	38970	18.99	42.00
托里县	9.42	31.93	33884	40.18	13.86
裕民县	5.33	13.90	26095	0.82	9.31
和布克赛尔蒙古自治县	5.35	34.04	52639	73.06	9.91
阿勒泰市	19.90	63.84	32574	18.65	15.98
布尔津县	7.29	20.12	28463	54.55	8.14
富蕴县	9.80	36.18	37487	153.52	11.84
福海县	6.67	39.45	48684	20.25	20.15
哈巴河县	8.82	34.02	38563	64.09	13.65
青河县	6.59	15.01	21529	25.85	8.67
吉木乃县	3.88	10.87	27651	26.27	3.36

粮食总产量（万吨）	肉类总产量（万吨）	全社会固定资产投资（亿元）	社会消费品零售总额（亿元）	农牧民人均纯收入（元）	地方财政收入（亿元）	地方财政支出（亿元）
25.54	1.67	100.46	7.91	13581	3.70	16.31
32.11	1.23	167.76	30.62	14300	10.23	27.64
2.86	0.61	88.93	6.89	14294	4.90	10.85
33.27	0.69	21.34	2.95	9568	1.28	13.99
0.58	0.72	28.26	2.76	16516	2.40	15.77
6.43	1.29	28.19	1.59	16520	2.34	14.71
13.15	2.95	43.41	6.64	16016	4.11	23.13
13.04	0.83	15.43	2.69	15236	1.70	12.02
31.89	3.01	94.10	12.20	15502	4.43	26.93
21.86	1.50	64.27	9.64	13427	8.84	29.05
22.87	1.63	56.99	4.53	5856	3.04	54.82
1.52	0.50	8.41	1.22	5913	0.82	13.53
0.99	0.56	33.63	1.60	6212	2.64	17.65
2.06	0.32	33.04	1.87	6943	1.78	17.10
1.58	0.29	13.23	1.21	10069	1.00	6.60
36.07	3.57	28.17	7.06	20377	2.09	18.90
49.13	5.64		27.53	13797	5.91	22.73
19.95	3.22	22.60	6.27	12420	1.47	19.62
16.10	2.13	14.93	10.43	11846	1.81	17.03
18.53	4.10	32.00	8.75	12464	2.38	19.80
95.14	2.90	69.53	18.50	14726	5.46	21.36
96.86	2.99	65.01	15.92	13080	4.14	31.53
21.14	2.03	21.31	3.47	10016	2.13	16.50
23.93	1.36	7.15	3.15	11723	0.91	1.75
1.43	1.38		2.78	12250	5.82	13.78
2.95	2.05	46.54	26.28	12270	6.50	26.89
6.38	1.08	30.13	14.48	11842	3.20	15.05
8.54	1.46	42.03	7.66	12106	8.00	20.67
11.64	1.44	21.94	6.99	12583	2.71	14.09
3.95	1.38	25.76	6.76	12582	5.30	17.59
4.87	0.54	18.19	3.41	9258	2.13	18.34
2.57	0.44	21.80	1.39	8439	1.09	11.97

11-1 各牧区半牧区县主要经济社会指标(2016年)(二)

地 区	普通中学在校学生(人)	普通中学专任教师(人)	普通小学在校学生(人)	普通小学专任教师(人)
河北省	**77208**	**5296**	**118610**	**7910**
张北县	20036	1192	22116	1314
康保县	3368	509	7011	1083
沽源县	5971	729	10966	848
尚义县	4356	426	6658	836
丰宁满族自治县	16978	1342	30850	1650
围场满族蒙古族自治县	26499	1098	41009	2179
山西省	**4042**	**461**	**5397**	**671**
右玉县	4042	461	5397	671
内蒙古自治区	**401886**	**38180**	**556689**	**41247**
达尔罕茂明安联合旗	1773	243	3204	324
巴林左旗	15562	1089	19799	1253
巴林右旗	8713	776	9618	832
林西县	9244	720	10661	825
克什克腾旗	4980	817	9549	970
翁牛特旗	16653	1522	20960	1021
敖汉旗	22155	2030	31998	2112
科尔沁左翼中旗	15608	1342	24346	1810
科尔沁左翼后旗	18348	2024	21059	1697
开鲁县	6051	499	7457	648
库伦旗	13909	1186	16928	1976
扎鲁特旗	20969	1593	25629	1659
奈曼旗	26456	2164	37774	1991
东胜区	15775	1249	22489	1334
达拉特旗	15097	1512	25707	1565
准格尔旗	4090	476	10053	772
鄂托克旗	3034	427	4769	442
鄂托克前旗	4023	532	6498	499
杭锦旗	4333	468	9166	671
乌审旗	6628	972	12554	875
伊金霍洛旗	7373	1578	17593	1174
阿荣旗	7206	1266	15177	946
莫力达瓦达斡尔族自治旗	3333	935	4769	585
鄂温克族自治旗	987	242	2129	439
陈巴尔虎旗	780	159	1817	215

医院、卫生院机构数（个）	医院、卫生院床位数（张）	卫生技术人员（人）	城镇居民最低生活保障人数（人）	城镇居民最低生活保障支出（万元）	农村居民最低生活保障人数（人）	农村居民最低生活保障支出（万元）
167	**7272**	**5738**	**33498**	**12240**	**204590**	**36906**
31	1512	1551	5731	1912	39089	6824
17	739	484	5743	2040	33792	5875
17	615	369	4493	1511	29738	5512
24	658	640	5120	1706	22192	4139
30	1902	1390	6094	3070	38327	7265
48	1846	1304	6317	2001	41452	7293
12	**489**	**769**	**2633**	**1925**	**5676**	**1991**
12	489	769	2633	1925	5676	1991
1444	**37012**	**47724**	**210509**	**120596**	**620911**	**178608**
23	414	546	459	415	1039	1184
28	1298	1431	4417	2173	24619	5386
22	575	1144	4914	2250	13929	3162
21	1155	1112	5086	2535	18771	3932
24	1254	1417	3753	1957	20831	4936
30	815	1406	2395	1236	27509	6073
40	2604	1824	4282	2190	42800	8912
36	732	1051	10134	5529	32486	8932
24	1096	1201	3570	2028	8969	2524
17	579	1183	4664	2863	13275	3907
31	1035	1173	2146	1326	2086	822
23	892	1585	8434	4655	19548	5290
42	3725	4311	5075	3051	23075	6154
32	1385	2207	3423	2067	2333	1134
22	1418	2084	1109	613	8497	3478
15	593	922	1590	2312	7387	3453
9	360	244	794	568	2527	1104
15	630	557	343	452	529	730
14	438	526	346	209	2541	939
24	1153	1123	778	831	2881	1816
214	923	1338	562	527	3488	1289
24	858	1257	10134	4969	25663	5462
17	656	1047	13853	7341	23880	7825
13	94	52	22872	13781	4031	1548
11	80	319	2866	1964	665	388

11-1(二) 续表 1

地　区	普通中学在校学生（人）	普通中学专任教师（人）	普通小学在校学生（人）	普通小学专任教师（人）
新巴尔虎左旗	111	111	1785	165
新巴尔虎右旗	12003	1068	18230	1102
扎兰屯市	3245	272	3847	414
磴口县	6352	538	12860	750
乌拉特前旗	3529	315	4197	427
乌拉特中旗	1418	228	2547	293
乌拉特后旗	3156	356	3172	589
察哈尔右翼中旗	3035	576	4973	689
察哈尔右翼后旗	5836	447	6486	492
四子王旗	9802	1852	16258	1548
科尔沁右翼前旗	11190	1064	14409	1564
科尔沁右翼中旗	12833	972	21285	1875
扎赉特旗	9529	1008	13697	838
突泉县	14807		18952	
锡林浩特市	904	189	1579	197
阿巴嘎旗	1132	192	1619	216
苏尼特左旗	2660	377	3257	374
苏尼特右旗	2985	315	3894	227
东乌珠穆沁旗	1839	175	5253	310
西乌珠穆沁旗	5302	429	4714	394
太仆寺旗	1024	160	1339	138
镶黄旗	1034	213	2026	261
正镶白旗	2219	260	3532	347
正蓝旗	8524	1002	9508	1114
阿拉善左旗	534	149	925	179
阿拉善右旗	803	91	1268	109
额济纳旗	23000		3374	
辽宁省	**141711**	**13073**	**140188**	**10009**
康平县	31475	2241	16875	421
阜新蒙古族自治县	29820	3331	30672	2178
彰武县	9504	1032	18810	1393
建平县	25901	2230	29338	2215
喀喇沁左翼蒙古族自治县	21526	1835	20983	1684
北票市	23485	2404	23510	2118

医院、卫生院机构数（个）	医院、卫生院床位数（张）	卫生技术人员（人）	城镇居民最低生活保障人数（人）	城镇居民最低生活保障支出（万元）	农村居民最低生活保障人数（人）	农村居民最低生活保障支出（万元）
13	160	365	1857	1356	2028	927
31	1252	972	1748	1034	1212	441
10	756	1285	11670	6963	27349	8333
26	1387	859	4663	2605	6522	2189
17	440	399	2585	1646	17953	4171
12	234	519	2263	1336	6203	3986
28	366	311	6089	3960	4919	1901
8	670	602	4555	2439	25692	9174
30	387	989	2697	2135	20181	8235
26	412	1529	5953	3144	28305	9180
23		1563	3383	1836	21372	7451
25	1192	1114	7191	3728	17121	4545
14	865	1192	5676	2957	35884	9113
11	64	219	6361	3433	26752	6891
63	210	315	3485	2055	895	482
13	86	87	947	480	869	247
14	202	365	673	370	864	247
18	287	341	2724	1645	4358	1164
86	68	531	3373	1698	2442	1139
13	282	266	3746	1976	3244	1087
6	205	242	3740	1692	19529	3670
94	140	117	1273	798	2060	644
17	250	312	1398	743	6269	1282
34	749	1669	2211	1346	4441	1262
8	190	159	1821	1061	959	427
10	165	183	159	103	129	43
23	1231	159	269	219		
260	**10288**	**11463**	**36811**	**17013**	**85780**	**17532**
19	959	1125	2702	1395	7353	908
38	1776	1907	3094	1437	28985	6064
31	1445	1110	1806	1008	14823	3779
42	1852	2443	3466	1301	13209	2642
35	1486	2483	3595	1256	9931	1810
95	2770	2395	22148	10617	11479	2329

11-1(二) 续表 2

地 区	普通中学在校学生（人）	普通中学专任教师（人）	普通小学在校学生（人）	普通小学专任教师（人）
吉林省	**118393**	**12360**	**169794**	**16363**
双辽市	14630	1402	21794	2297
前郭尔罗斯蒙古族自治县	23679	2146	32898	3285
长岭县	23205	1607	36895	2360
乾安县	9630	990	12289	1275
镇赉县	10156	1280	16470	1680
通榆县	14770	2088	16466	1604
洮南市	14923	1322	19068	1894
大安市	7400	1525	13914	1968
黑龙江省	**193831**	**27535**	**229611**	**20279**
龙江县	12809	1485	28180	1739
泰来县	4078	9484	12451	491
甘南县	11316	940	19524	854
富裕县	9380	873	13059	923
虎林市	8169	610	5922	508
肇州县	11609	1289	16707	1931
肇源县	18218	2213	18270	2354
林甸县	9168	813	11774	1085
杜尔伯特蒙古族自治县	12836	1118	10449	844
同江市	3561	251	6899	645
兰西县	18775	1488	15443	1454
青冈县	12624	1071	14118	1603
明水县	10993	1218	9815	1310
安达市	13919	1277	15595	1598
肇东市	36376	3405	31405	2940
四川省	**351917**	**23201**	**739676**	**39312**
汶川县	6460	615	4912	639
理县	1520	238	2029	422
茂县	5460	525	6797	623
松潘县	4119	300	4537	442
九寨沟县	3851	361	4883	497
金川县	2474	347	3430	440
小金县	3842	367	4208	537
黑水县	1909	158	3305	360
马尔康市	3516	399	3353	333
壤塘县	1151	102	4497	270

医院、卫生院机构数（个）	医院、卫生院床位数（张）	卫生技术人员（人）	城镇居民最低生活保障人数（人）	城镇居民最低生活保障支出（万元）	农村居民最低生活保障人数（人）	农村居民最低生活保障支出（万元）
195	**10803**	**14707**	**70371**	**27496**	**163677**	**30169**
17	1177	2030	4793	1984	12631	2215
30	1278	2845	7133	2622	23364	4566
31	1636	2249	6828	3200	38098	4800
18	1140	1891	5466	1941	6021	1310
17	623	1138	9152	3370	24657	4207
25	1278	1380	9166	3767	20097	4606
24	2171	1621	14452	5714	17618	2868
33	1500	1553	13381	4899	21191	5597
468	**15494**	**20407**	**136012**	**61508**	**323279**	**67116**
43	1560	1835	4406	2337	18598	3975
18	720	721	4426	2045	8164	1415
19	960	1293	6242	3122	11938	2251
22	824	1175	4010	2212	12279	2461
110	1344	1422	7264	3510	3482	888
19	964	3226	12527	5944	27398	5714
16	910	736	10912	5045	10394	2677
10	648	1311	5312	2787	16475	3791
83	768	892	5739	2707	10416	2161
14	426	519	5006	2382	10605	2325
18	1097	1301	12917	5033	51961	10250
23	1260	1175	17680	7245	36541	7565
16		908	9919	3671	31947	5366
28	1783	2305	15597	6613	30561	6790
29	2230	1588	14055	6857	42520	9486
1792	**31971**	**33493**	**129175**	**43102**	**780654**	**150444**
130	501	556	1838	580	2390	406
18	210	314	1130	366	3372	629
181	593	628	13779	4347	1647	461
24	245	467	8663	2709	5121	938
3	422	528	6964	2123	8780	1618
25	283	413	915	291	5220	941
24	500	556	3051	1039	12972	2361
145	146	317	1674	561	7210	2605
17	665	897				
	231	375	1420	450	21054	3515

11-1(二) 续表 3

地 区	普通中学在校学生（人）	普通中学专任教师（人）	普通小学在校学生（人）	普通小学专任教师（人）
阿坝县	2567	166	8877	635
若尔盖县	5521	350	7910	498
红原县	7703	605	4780	414
康定市	6455	529	6123	552
泸定县	3044	252	3721	450
丹巴县	5085	231	7034	458
九龙县	2412	134	4960	326
雅江县	1740	112	4793	353
道孚县	2404	200	5449	356
炉霍县	3486	272	6117	442
甘孜县	1027	83	3709	373
新龙县	1359	143	7690	506
德格县	795	69	4567	395
白玉县	1714	116	9120	549
石渠县	1132	88	4557	309
色达县	2132	151	7356	594
理塘县	3824	245	5659	510
巴塘县	8478	632	8688	591
乡城县	1271	109	2585	268
稻城县	1230	98	2803	277
得荣县	1058	97	2060	277
西昌市	54690	3574	79852	3743
木里藏族自治县	6545	432	12497	916
盐源县	22826	1300	38432	1741
德昌县	11824	818	20493	1083
会理县	22282	1510	29838	1754
会东县	22725	1275	40597	1883
宁南县	9972	669	17527	926
普格县	8353	453	29652	1055
布拖县	4192	206	31067	1089
金阳县	6136	320	27510	1024
昭觉县	11420	470	38989	1588
喜德县	8980	467	28585	1256
冕宁县	19474	1076	41045	1845
越西县	13874	681	46356	1553

医院、卫生院机构数（个）	医院、卫生院床位数（张）	卫生技术人员（人）	城镇居民最低生活保障人数（人）	城镇居民最低生活保障支出（万元）	农村居民最低生活保障人数（人）	农村居民最低生活保障支出（万元）
28	388	70	2259	576	23318	4249
126	257	513	847	615	8220	1782
15	219	314	106	60	6408	1903
16	229	510				
18	250	283	3476	1131	1028	1544
19	201	266	1485	422	6540	1655
19	153	243	1250	482	9692	1456
24	188	265	1783	608	5523	1742
20	201	250	1208	414	15680	2395
24	300	315	957	360	11601	2138
24	134	241	1472	586	20406	3043
28	211	313	1645	769	11905	1840
19	162	201	1423	469	17052	3268
25	130	212	756	266	8707	1292
19	103	249	1212	427	37772	5550
26	94	318	782	398	13352	2388
21	153	264	1152	270	16390	2220
28	1816	1603	695	347	11204	2055
14	116	213	835	312	7669	1206
18	141	242	1208	330	8358	1215
13	81	182	359	215	7573	990
65	5573	7009	8251	2623	13510	2829
32	551	584	2581	999	15263	3415
43	1631	1286	3826	1325	42408	9299
23	1064	985	1403	466	10331	2112
55	1813	1663	6328	2103	15599	3655
26	1714	1343	7723	2493	23383	4627
28	984	925	2854	909	16656	3249
35	512	452	916	291	18370	3887
33	658	589	4046	1212	35530	5761
37	723	502	2945	932	28772	5729
50	940	591	4764	1545	45940	7364
28	509	608	4409	1809	35098	7259
52	1991	1461	2357	748	26076	5433
45	1040	926	5658	1792	42926	7572

11-1(二) 续表 4

地 区	普通中学在校学生（人）	普通中学专任教师（人）	普通小学在校学生（人）	普通小学专任教师（人）
甘洛县	10072	573	26900	1198
美姑县	7944	514	37530	1450
雷波县	11869	769	32297	1512
云南省	**20500**	**1504**	**27326**	**2281**
香格里拉市	13694	996	12590	1032
德钦县	1348	170	3569	399
维西傈僳族自治县	5458	338	11167	850
西藏自治区	**52200**	**4287**	**183455**	**8587**
林周县	2107	185	4465	356
当雄县	2056	152	54592	315
昌都县	1520	209	6640	362
江达县	1483	126	7274	253
贡觉县	751	55	4079	274
类乌齐县	1641	96	5431	308
丁青县	1997	105	7402	387
察雅县	1009	126	5033	330
八宿县	1422	95	3847	253
曲松县	606	61	1039	115
措美县	440	50	848	132
错那县	556	57	788	122
浪卡子县	1643	139	3079	232
昂仁县	2432	144	5508	312
谢通门县	1966	161	4200	330
康马县	757	314	1944	156
仲巴县	1004	83	2471	176
亚东县	414	138	52	
萨嘎县	634	59	1580	146
岗巴县	487	60	1014	125
那曲县	2312	155	8397	513
嘉黎县	1308	108	4136	234
比如县	2351	141	8723	370
聂荣县	1583	115	2958	218
安多县	6259	424	3923	284
申扎县	979	91	2432	172
索县	1369	97	7236	362

医院、卫生院机构数（个）	医院、卫生院床位数（张）	卫生技术人员（人）	城镇居民最低生活保障人数（人）	城镇居民最低生活保障支出（万元）	农村居民最低生活保障人数（人）	农村居民最低生活保障支出（万元）
32	939	762	1853	589	27328	6440
40	898	669	1756	621	37688	8061
57	1108	1020	3161	1124	29612	6348
39	**1271**	**1840**	**3582**	**1191**	**7436**	**3447**
18	769	1087				
8	201	296	4163	1024	21492	4022
13	301	457	3256	1454	51550	9643
394	**3211**	**3708**	**8637**	**5957**	**78520**	**9479**
1	38	63	1032	798	3213	554
9	73	176	702	339	4513	568
1	120	465				
15	125	171				
15	50	105				
11	125	127				
16	148	152				
14	45	103				
16	60	129				
6	34	77				
5	38	77				
11	63	87				
11	57	292				
19	95	51				
20	171	84				
11	62	19				
14	99	87				
8	55	56				
9	77	49				
6	22	61				
20	155	99	1591	1311	10850	1267
13	133	95	394	251	4242	521
13	98	97	681	445	8462	1015
12	175	80	459	254	4910	566
16	97	90	552	323	5063	612
10	95	69	351	199	3124	367
10	140	89	256	161	5644	648

11-1(二) 续表 5

地 区	普通中学在校学生（人）	普通中学专任教师（人）	普通小学在校学生（人）	普通小学专任教师（人）
班戈县	1859	101	3753	278
巴青县	2330	137	5240	230
尼玛县	1507	109	3025	195
普兰县	314	41	878	87
札达县	269		469	
噶尔县			870	88
日土县	526	33	982	102
革吉县	722	48	1838	140
改则县	1553	97	2898	190
措勤县	811	65	1498	140
工布江达县	1223	110	2913	300
甘肃省	**203357**	**19002**	**233931**	**19204**
永登县	18649	1688	21176	1937
永昌县	16066	1297	11779	853
靖远县	29822	3451	29497	2898
民勤县	14318	1228	8799	1032
天祝藏族自治县	10527	1226	10631	1334
肃南裕固族自治县	660	144	1614	198
山丹县	8494	723	11553	993
瓜州县	8818	668	9831	751
肃北蒙古族自治县	619	82	627	87
阿克塞哈萨克族自治县	542	59	800	76
环县	19502	1785	24868	1823
华池县	3871	539	9855	842
漳县	12352	1005	14106	979
岷县	30041	2373	40204	1694
合作市	8827	687	8346	685
卓尼县	6482	768	9097	768
迭部县	3983	436	4703	596
玛曲县	2838	206	5647	409
碌曲县	2739	258	3558	508
夏河县	4207	379	7240	741
青海省	**90735**	**5386**	**169532**	**8340**
门源回族自治县	11122	868	12108	756
祁连县	2584	198	3902	235

医院、卫生院机构数（个）	医院、卫生院床位数（张）	卫生技术人员（人）	城镇居民最低生活保障人数（人）	城镇居民最低生活保障支出（万元）	农村居民最低生活保障人数（人）	农村居民最低生活保障支出（万元）
13	137	190	677	445	5639	698
12	80	68	294	209	5406	648
16	76	49	323	205	4623	519
1	30	73	47	33	1300	150
8	50		91	114	1014	153
6	67	43	583	433	819	112
6	74	52	58	26	1348	145
6	44	47	121	90	2535	284
8	105	88	280	156	3537	320
5	98	48	145	165	2278	334
1						
334	**12330**	**12768**	**87578**	**45571**	**586493**	**114716**
29	1564	1408	2969	1548	30120	6336
12	366	1174	10254	4777	9624	4394
22	900	825	7620	3050	66302	11333
31	1068	1183	7666	3399	27407	4800
28	1239	901	8296	3900	44267	9122
20	404	245	1115	530	4118	1240
13	1057	1337	8062	3288	17353	3179
16	599	729	1978	5712	41014	2888
6	156	121	555	291	547	442
4	82	115	567	778		
22	772	1212	2555	1050	85688	15742
17	693	633	2443	979	18976	3374
15	618	438	3989	1949	52471	10576
24	1620	228	6860	3007	102394	23551
7	20	257	11808	4745	8561	2850
19	298	440	3220	2361	26823	3996
15	256	384	1384	825	11226	3159
11	228	348	1151	431	10327	2247
8	188	385	911	663	7608	1672
15	202	405	4175	2290	21667	3814
259	**5824**	**4550**	**78780**	**37218**	**239865**	**38179**
16	475	201	6413	3148	11600	1910
11	150	224	1646	958	4120	820

11-1(二) 续表 6

地 区	普通中学在校学生（人）	普通中学专任教师（人）	普通小学在校学生（人）	普通小学专任教师（人）
海晏县	2747	237	2741	196
刚察县	1213	86	4032	220
同仁县			1679	103
尖扎县	4206	134	6603	455
泽库县				
河南蒙古族自治县	5052		3766	225
共和县	5437	459	11341	624
同德县	3297	256	6343	353
贵德县	4163	604	8933	534
兴海县	4940	207	10578	431
贵南县	2941	293	6563	424
玛沁县	2208	127	5745	336
班玛县	3497	240	2432	169
甘德县	1055	63	3108	170
达日县	1134	106	3405	221
久治县	1139	87	2425	184
玛多县	854	45	2111	267
玉树县	5143	311	14478	671
杂多县	2246	154	8028	365
称多县	1922	133	6071	364
治多县	1776	141	3825	206
囊谦县	3514	239	9517	481
曲麻莱县	1200		3288	
格尔木市	12363		18454	
德令哈市				
乌兰县				
都兰县	3899	301	6095	350
天峻县	1083	97	1961	148
宁夏回族自治区	**47968**	**3461**	**93656**	**5555**
盐池县	6122	499	12150	852
同心县	24100	1596	39531	2109
海原县	17746	1366	41975	2594
新疆维吾尔自治区	**271075**	**28324**	**380659**	**36138**
乌鲁木齐县				
伊州区	27256	2372	27804	2829

医院、卫生院机构数（个）	医院、卫生院床位数（张）	卫生技术人员（人）	城镇居民最低生活保障人数（人）	城镇居民最低生活保障支出（万元）	农村居民最低生活保障人数（人）	农村居民最低生活保障支出（万元）
7	201	164	1347	923	2910	395
9	183	174	2618	1446	3854	796
13	121	269	6119	2903	11418	1722
14	265	204	965	609	8723	1087
10	387	202	2320	825	17886	2409
2	280	84	1187	583	5400	892
1	200	630	6732	3182	13923	2150
8	299	188	2558	1081	7968	1020
9	420	184	3113	1658	12238	2202
12	359	237	877	573	9084	2086
9	330	297	6699	2443	8481	1316
9	96		5093	2419	5870	1051
12	102	97	1126	586	5297	958
9	79	96	1381	620	6596	1165
12	170	107	1134	552	6649	1175
7		102	601	342	5020	980
5	79	86	1137	659	4532	810
15	264	178				
12	147	141	1929	650	15206	1865
11	184	125	2073	1052	18363	2390
9	211	125	1354	656	9791	1337
12	360	198	2916	1302	29024	3903
	132		1465	410	9468	1192
			4514	2363	841	353
			7137	3263	776	223
			2004	805	1127	451
13	198	237	1264	583	2211	914
12	132	121	1058	625	1489	610
46	**2681**	**2650**	**42096**	**18343**	**106765**	**31464**
10	619	480	3122	2298	13123	5276
13	962	1272	23547	9700	43471	12873
23	1100	898	15427	6345	50171	13315
654	**22486**	**26974**	**259536**	**91048**	**392848**	**75450**
			402	195	1732	581
35	2607	3807				

11-1(二) 续表 7

地 区	普通中学在校学生（人）	普通中学专任教师（人）	普通小学在校学生（人）	普通小学专任教师（人）
巴里坤哈萨克自治县	1394	331	4700	742
伊吾县	2896	449	1636	227
奇台县	10987	943	12048	1164
木垒哈萨克自治县	2895	381	4683	775
博乐市	17617	881	15268	1071
精河县	5255	788	9554	1090
温泉县	1989	941	3318	572
尉犁县	3843	335	7102	642
且末县	3466	351	5868	619
和静县	6760	881	12525	918
和硕县	2803	357	4819	616
温宿县	14020	1680	23633	1650
沙雅县	18723	1264	27549	1706
阿克陶县	15750	1538	24098	2464
阿合奇县	2353	193	4384	594
乌恰县	1948	316	5136	915
塔什库尔干塔吉克自治县	2227	150	3730	361
民丰县	1833	287	3497	421
巩留县	10198	1180	19072	1662
新源县	19499	1748	28753	2114
昭苏县	7676	976	13875	1250
特克斯县	22948	2892	10929	1690
尼勒克县	8237	817	16302	1437
塔城市	10302	1031	10350	1087
额敏县	8414	956	12571	624
托里县	5844	589	8836	933
裕民县	6030	301	3914	403
和布克赛尔蒙古自治县	179	23	4160	573
阿勒泰市	5188	473	12051	1154
布尔津县	3849	466	6135	750
富蕴县	5481	486	9721	810
福海县	3499	282	5367	710
哈巴河县	5369	463	8320	687
青河县	2394	1008	6105	562
吉木乃县	1953	195	2846	316

医院、卫生院机构数（个）	医院、卫生院床位数（张）	卫生技术人员（人）	城镇居民最低生活保障人数（人）	城镇居民最低生活保障支出（万元）	农村居民最低生活保障人数（人）	农村居民最低生活保障支出（万元）
16	220	395				
7	224	222				
17	1009	1222	1873	758	2713	635
11	374	533	2094	966	1924	434
27	1653	2244	16956	4461	12325	2138
13	370	680	7008	1656	5344	906
9	218	405	6251	2131	7482	1620
10	406	355	2870	1436	3834	708
17	477	529	4745	1650	7911	1433
67	1057	648	5873	2396	8175	1827
33	209	319	2172	801	2589	587
21	782	839	11640	3166	15315	1764
17	1191	1396	8557	2243	19311	2472
18	781	239	13891	4049	36936	6491
8	220	423	6503	2427	9838	1778
13	335	387	7619	2517	11105	2265
57	206	286	3527	1505	19746	4187
8	302	280	1849	757	4104	798
14	810	1342	8856	3424	11103	2296
17	1392	1592	8342	2637	11539	1786
17	706	720	8387	3220	16512	2518
15	451	581	8357	3688	13257	2743
19	685	748	8408	2816	13899	2877
18	919	971	10086	3733	6431	935
22	542	245	8472	4095	11332	3370
10	450	370	3588	1433	6186	1556
20	220	448	2416	1243	3076	741
15	496	648	2378	1064	4095	893
17	1253	1466	8014	3184	11641	2273
11	292	529	5509	1859	6448	1265
12	460	877	6742	2669	8484	1718
14	260	345	6428	2131	7506	1492
10	537	428	4718	1646	9788	1700
10	230	249	5787	1870	10400	2076
9	142	206	5315	1348	6832	1409

民族乡镇

1-1 全国民族乡镇基本情况

年 份	民 族乡镇数（个）	#实 际汇总数	年 末总人口（万人）	#少 数民族人口	农 业总产值（亿元）	工 业总产值（亿元）	粮 食总产量（万吨）	财 政收 入（万元）	人 均纯收入（元）
1991	1246	1031	1250.92	597.32	91.93	87.13	1195.85	396135	
1992	1260	1153	1933.72	770.83	128.22	89.90	719.58	63573	
1993	1262	1238	1759.87	868.28	157.20	187.99	1120.81	103445	
1994	1711	1258	1710.63	860.64	206.01	257.88	1511.17	94085	
1995	1267	1263	1729.24	878.93	282.15	348.92	1408.46	112923	
1996	1272	1264	1714.58	889.13	326.34	451.45	953.93	141068	
1997	1256	1207	1676.70	1011.90	382.20	547.90	2246.70	213727	
1998	1252	1249	1690.90	894.64	382.96	561.72	957.88	259527	
1999	1252	1248	1738.64	901.89	521.12	543.93	751.81	310977	1466
2000	1231	1247	1851.20	947.70	415.32	595.45	901.05	191942	1674
2001		1204	1769.59	900.31	316.89	388.90	873.52	184372	1510
2002	1190	1190	1745.18	894.94	386.73	432.13	832.92	221046	1611
2003	1173	1165	1716.13	883.20	398.29	520.42	792.69	235592	1740
2004	1159	1151	1731.21	899.91	462.84	607.36	943.47	286062	2148
2005	1159	1123	1754.05	891.21	516.15	714.99	1092.77	368015	2361
2006	1125	1125	1767.66	905.81	594.21	902.16	1067.36	414099	2648
2007	1131	1123	1800.32	923.76	827.18	1132.60	1076.59	495824	3092
2008	1135	1135	1815.38	935.07	898.62	1344.95	1161.39	682219	3420
2009	1140	1140	1830.82	943.05	932.41	1464.63	1160.58	693493	4028
2010	1137	1137	1863.43	962.30	909.96	1795.83	1233.64	819400	4526
2011	1132	1132	1890.16	972.29	949.35	1805.84	1233.77	863904	5229
2012	1120	1120	1851.80	957.78	1115.71	2048.44	1296.20	1105110	6184
2013	1086	1120	1804.30	923.40	1202.99	2159.45	1490.32	1400714	6940
2014	1091	1091	1760.00	903.60	1249.84	2225.52	1453.69	1252690	8014
2015	1025	1025	1761.35	918.06	1380.76	2163.81	1793.10	1396618	8701
2016	1026	1026	1757.13	917.87	1626.91	2353.90	1421.04	1542429	9724

2-1 全国分地区民族乡镇基本情况(2016年)

地区	民族乡镇数(个)	#民族镇	#民族苏木	行政区划面积(平方公里)	年末总人口(万人)	#少数民族
合计	**1026**	**41**	**1**	**271689**	**1757.13**	**917.87**
北京	5			621	7.90	2.14
天津	1			25	0.74	0.27
河北	50			5109	89.44	35.16
内蒙古	18		1	28022	20.51	7.13
辽宁	54			7355	88.86	51.98
吉林	33	5		7287	62.62	18.60
黑龙江	63	11		25238	99.18	40.08
江苏	1			53	2.38	0.72
浙江	18	4		1153	18.91	4.04
安徽	9			430	20.27	6.24
福建	19			2145	44.62	14.32
江西	8			1083	11.11	2.92
山东	4	4		216	15.34	3.24
河南	21	9		437	79.81	18.90
湖北	12	2		2170	29.35	13.11
湖南	84	1		11844	146.22	91.49
广东	7			1362	8.39	3.79
广西	59			15737	116.49	89.07
重庆	14			1420	16.77	7.47
四川	98			16644	74.78	35.16
贵州	193			20288	432.65	230.45
云南	140	2		41168	274.81	174.19
西藏	8			2360	0.77	0.40
陕西	3	3		745	3.91	1.23
甘肃	34			16665	32.52	21.70
青海	28			9368	22.59	15.15
新疆	42			52741	36.18	28.90

2-2 全国分地区民族乡镇村民委员会情况(2016年)

地 区	村民委员会(个)	#已通公路的村	#已通自来水的村	#已通电的村	#已通电话的村	#已通邮的村
合 计	**10040**	**9982**	**8749**	**9987**	**9720**	**8487**
北 京	62	62	62	62	62	62
天 津	13	13	11	13	13	13
河 北	651	647	571	651	651	651
内蒙古	177	176	92	174	176	138
辽 宁	510	510	342	510	510	510
吉 林	395	391	329	395	394	383
黑龙江	514	513	463	514	512	508
江 苏	6	6	6	6	6	6
浙 江	212	212	212	212	212	212
安 徽	69	69	47	69	69	69
福 建	321	321	311	321	321	321
江 西	72	72	69	72	72	72
山 东	127	127	127	127	127	127
河 南	206	206	194	206	206	206
湖 北	185	185	185	185	185	185
湖 南	1022	1016	820	1020	1008	997
广 东	50	50	50	50	50	50
广 西	593	590	503	592	590	540
重 庆	98	98	91	98	98	80
四 川	654	628	546	632	623	478
贵 州	2101	2095	1784	2082	1851	1015
云 南	1053	1053	1032	1053	1053	1044
西 藏	21	21	21	21	21	14
陕 西	25	24	24	24	24	24
甘 肃	306	306	294	306	306	271
青 海	340	339	329	340	330	264
新 疆	257	252	234	252	250	247

3-1 全国分地区民族乡镇乡镇企业情况(2016年)

地　区	乡镇企业从业人员(万人)	乡镇企业总产值(万人)	#工业企业总产值(万元)	乡镇企业年净利润总额(万元)
合　计	**83.86**	**31227458**	**23539024**	**4551835**
北　京	1.23	141111	47114	20891
天　津	0.02	5680	5100	365
河　北	10.54	5710507	4172654	516708
内蒙古	0.87	330341	282068	24300
辽　宁	5.27	2705121	1693372	138589
吉　林	4.56	2707154	1582385	233864
黑龙江	2.67	1031226	581295	111651
江　苏	1.09	1985000	1535000	11750
浙　江	1.82	468533	450791	29254
安　徽	0.77	205001	169558	14260
福　建	7.42	2589111	2313716	117664
江　西	0.86	94508	83997	10394
山　东	2.10	2027295	2522386	141949
河　南	11.52	2791247	1667171	244892
湖　北	1.93	756143	692758	63168
湖　南	3.77	577761	414115	69043
广　东	0.29	184235	148252	29663
广　西	2.11	607240	486127	78067
重　庆	0.43	106657	45852	24050
四　川	5.09	1271809	1134590	58906
贵　州	11.63	2881549	2050041	2454821
云　南	5.84	1486079	1093929	108540
西　藏	0.02			
陕　西	0.08	83624	80524	9590
甘　肃	0.90	181910	163935	17329
青　海	0.01	213	431	133
新　疆	1.01	298402	121861	21995

4-1 全国分地区民族乡镇农业基本情况(2016年)(一)

地　区	农作物总播种面积(公顷)	#粮食播种面　积
合　计	**3264838**	**2286030**
北　京	2817	2156
天　津	171	171
河　北	108502	90326
内蒙古	236443	168520
辽　宁	164572	124464
吉　林	192141	154682
黑龙江	483730	447497
江　苏	4850	4100
浙　江	17665	9296
安　徽	36942	27974
福　建	40472	19688
江　西	7746	5221
山　东	18638	14951
河　南	45969	31626
湖　北	55093	29123
湖　南	148032	94991
广　东	8481	4718
广　西	151206	82278
重　庆	27945	14940
四　川	114932	80645
贵　州	526178	340650
云　南	609588	375231
西　藏	367	140
陕　西	5882	4308
甘　肃	68295	45603
青　海	44033	22402
新　疆	144148	90329

4-1 全国分地区民族乡镇农业基本情况（2016年）（二）

地　区	农林牧渔业总产值（万元）	粮食产量（吨）	肉类总产量（吨）
合　计	**16269071**	**14210365**	**2996431**
北　京	31672	15220	2626
天　津	11050	444	640
河　北	904847	557876	131720
内蒙古	481001	1152336	38451
辽　宁	1109046	846423	248377
吉　林	781392	1415539	107842
黑龙江	1444799	3793936	657241
江　苏	59859	29100	6153
浙　江	148193	52010	10732
安　徽	172827	192958	15482
福　建	395229	118703	31362
江　西	66502	34592	9603
山　东	149044	148536	48340
河　南	248649	212284	42724
湖　北	429102	155453	43286
湖　南	860622	676202	143014
广　东	72285	26271	4815
广　西	760433	413004	87077
重　庆	149627	66649	12997
四　川	1636203	383618	511818
贵　州	2529328	1339516	254325
云　南	2763691	1551168	437970
西　藏	10422	1741	5041
陕　西	28609	10973	1889
甘　肃	236895	187455	32292
青　海	153377	151900	19695
新　疆	634366	676458	90919

5-1　全国分地区民族乡镇财政收支和人均纯收入情况(2016年)

地　区	财政收入（万元）	财政支出（万元）	人均纯收入（元）
合　计	**1542429**	**1584028**	**9724**
北　京	67493	80670	24491
天　津	1290	1290	17524
河　北	90886	66776	8837
内蒙古	28644	29115	12844
辽　宁	66873	63720	9242
吉　林	73279	70008	10167
黑龙江	65330	71860	13785
江　苏	9247	4367	28637
浙　江	34313	41572	13461
安　徽	8798	11921	12988
福　建	45861	45797	14014
江　西	19560	16385	11775
山　东	26474	18270	12343
河　南	51926	53912	10226
湖　北	29412	34242	10349
湖　南	68777	68194	5118
广　东	7019	6776	9506
广　西	52454	60982	6837
重　庆	17380	19790	9484
四　川	121052	127538	10369
贵　州	307388	302774	7467
云　南	229665	259011	7334
西　藏	1625	2178	8341
陕　西	2756	2730	8941
甘　肃	25905	26864	6644
青　海	18128	17324	8136
新　疆	70894	79965	12887

6-1 全国分地区民族乡镇教育情况(2016年)

地 区	学校总数 (所)	在校学生数 (人)	教师总数 (人)
合 计	**6106**	**1641576**	**121567**
北 京	17	8922	857
天 津	3	508	60
河 北	282	69223	5383
内蒙古	32	7679	1338
辽 宁	216	54936	5975
吉 林	129	34547	4793
黑龙江	145	32276	5001
江 苏	3	2181	161
浙 江	26	10483	858
安 徽	56	14818	1256
福 建	84	33479	2909
江 西	65	8760	585
山 东	35	12285	910
河 南	204	168436	9347
湖 北	68	15223	1693
湖 南	435	105473	7536
广 东	18	4354	492
广 西	621	107522	6666
重 庆	30	8659	662
四 川	220	67902	4541
贵 州	1718	473578	30381
云 南	1169	307393	21106
西 藏	6	2768	206
陕 西	17	3624	270
甘 肃	247	30005	2592
青 海	150	22135	1448
新 疆	110	34407	4541

7–1 全国分地区民族乡镇文化情况(2016年)

地　区	图书馆	文化站	村文化活动室
合　计	**1315**	**1204**	**10150**
北　京	4	5	59
天　津		1	13
河　北	61	50	556
内蒙古	23	22	156
辽　宁	74	54	481
吉　林	62	43	374
黑龙江	110	96	422
江　苏	1	1	8
浙　江	42	20	189
安　徽	25	9	62
福　建	13	21	303
江　西	22	26	71
山　东	9	16	170
河　南	39	24	163
湖　北	79	10	175
湖　南	206	99	1040
广　东	6	7	72
广　西	33	59	530
重　庆	15	14	99
四　川	143	146	576
贵　州	117	216	1956
云　南	48	140	1864
西　藏	6	9	18
陕　西	20	9	24
甘　肃	42	33	292
青　海	62	30	246
新　疆	53	44	231

8-1 全国分地区民族乡镇卫生情况（2016年）

地区	医院、卫生院			村卫生室	
	个数（个）	医生数（人）	病床数（张）	个数（个）	医生数（人）
合计	**1285**	**17755**	**27172**	**9708**	**11849**
天津	1	7	20	17	12
河北	65	858	1711	766	950
内蒙古	53	245	516	149	153
辽宁	56	524	1389	600	673
吉林	38	550	717	399	556
黑龙江	90	772	1639	480	632
江苏	1	36	38	6	28
浙江	19	241	218	82	87
安徽	11	144	347	68	139
福建	19	206	300	320	376
江西	9	118	202	71	101
山东	5	152	240	93	171
河南	49	3704	3760	205	279
湖北	11	296	469	161	232
湖南	128	1535	2374	998	1056
广东	7	60	113	52	54
广西	70	919	1592	557	620
重庆	15	164	260	95	100
四川	100	690	1114	564	613
贵州	264	3487	5238	2123	2366
云南	143	1731	3223	1070	1864
西藏	8	35	35	11	22
陕西	4	62	79	33	33
甘肃	37	336	425	247	238
青海	31	236	290	335	268
新疆	51	647	863	206	226

9-1 全国分地区民族乡镇农业科技情况(2016年)

地　区	农业科技与服务单位数	中高级农业技术人员数
合　计	**1836**	**8513**
北　京	4	18
天　津	1	6
河　北	108	314
内蒙古	22	104
辽　宁	208	544
吉　林	114	463
黑龙江	101	491
江　苏	7	32
浙　江	47	128
安　徽	17	38
福　建	39	178
江　西	16	50
山　东	39	125
河　南	110	614
湖　北	38	126
湖　南	130	421
广　东	15	20
广　西	72	219
重　庆	20	149
四　川	120	410
贵　州	228	1679
云　南	182	1544
西　藏		
陕　西	4	25
甘　肃	67	305
青　海	35	112
新　疆	92	398

10—1 全国各民族乡镇基本情况(2016年)(一)

民族乡镇名称	行政区划面积(平方公里)	村民委员会(个)	#已通公路的村(个)	#已通自来水的村(个)	#已通电的村(个)
北京	**621**	**62**	**62**	**62**	**62**
朝阳区常营回族乡	9				
通州区于家务回族乡	66	23	23	23	23
密云县檀营满族蒙古族乡	3				
怀柔区喇叭沟门满族乡	302	15	15	15	15
怀柔区长哨营满族乡	241	24	24	24	24
天津市	**25**	**13**	**13**	**11**	**13**
蓟县孙各庄满族乡	25	13	13	11	13
河北省	**5109**	**651**	**647**	**571**	**651**
石家庄市新乐市彭家庄回族乡	31	8	8	8	8
石家庄市藁城市九门回族乡	47	13	13	13	13
石家庄市无极县高头回族乡	32	15	15	15	15
唐山市遵化市汤泉满族乡	22	10	10	10	10
唐山市遵化市西下营满族乡	33	14	14	10	14
唐山市遵化市东陵满族乡	78	27	27	27	27
邯郸市邱县陈村回族乡	12	5	5	5	5
邯郸市大名县营镇回族乡	20	17	17	17	17
保定市易县凌云册满族回族乡	62	19	19	19	19
保定市定州市号头庄回族乡	43	17	17	17	17
保定市涞水县娄村满族乡	181	22	18	14	22
张家口市沽源县大二号回族乡	55	4	4	4	4
张家口市怀来县王家楼回族乡	132	16	16	14	16
廊坊市永清县管家务回族乡	33	12	12	12	12
廊坊市文安县大围河回族满族乡	62	24	24	24	24
承德市丰宁满族自治县南关蒙古族乡	351	14	14	14	14
承德市滦平县平坊满族乡	68	8	8	1	8
承德市滦平县安纯沟门满族乡	157	11	11	9	11
承德市滦平县五道营子满族乡	124	6	6	6	6
承德市滦平县邓厂满族乡	74	3	3	2	3
承德市滦平县马营子满族乡	141	10	10	6	10
承德市滦平县付家店满族乡	81	6	6	2	6

#已通电话的村（个）	#已通邮的村（个）	年末总人口（人）	#少数民族（人）	乡镇企业从业人员（人）	乡镇企业总产值（万元）	#工业企业（万元）
62	**62**	**79038**	**21357**	**12254**	**141111**	**47114**
		30825	8631	6052	119296	41616
23	23	26134	3603	4862		
		5213	1326			
15	15	6941	3401			
24	24	9925	4396	1340	21815	5498
13	**13**	**7350**	**2706**	**236**	**5680**	**5100**
13	13	7350	2706	236	5680	5100
651	**651**	**894444**	**351634**	**105374**	**5710507**	**4172654**
8	8	22493	6377	5655	361784	27022
13	13	47169	6017	7272	1062752	899801
15	15	36709	16327	2706	37800	35000
10	10	9964	7534	596	35700	27836
14	14	11899	5355	221	9072	43586
27	27	24140	15401	3985	131847	56859
5	5	7430	6448	2020	57289	32009
17	17	16685	4742	3200	10850	9520
19	19	31939	8231	15037	220826	163759
17	17	40345	14006	66	3918	3200
22	22	29137	14859	258	769	323
4	4	3226	933	16	270	270
16	16	8215	1996	398	1909	1545
12	12	11872	3056	1488	34000	29935
24	24	32332	5766	7663	96540	54207
14	14	19002	9936	619	40713	40713
8	8	8915	5852	140	5680	3152
11	11	13623	10898	296	2200	1920
6	6	4959	3915	245	1132	900
3	3	2722	1997	3		
10	10	9257	6361	129	2629	2629
6	6	5604	2633	1370	18000	15100

10-1(一)　续表 1

民族乡镇名称	行政区划面积（平方公里）	村民委员会（个）	#已通公路的村（个）	#已通自来水的村（个）	#已通电的村（个）
承德市滦平县西地满族乡	113	10	10	10	10
承德市滦平县小营满族乡	118	10	10	2	10
承德市滦平县大屯满族乡	154	14	14	7	14
承德市滦平县西沟满族乡	154	9	9	9	9
承德市承德县岗子满族乡	80	10	10	8	10
承德市承德县两家满族乡	101	9	9	9	9
承德市兴隆县八卦岭满族乡	102	8	8	2	8
承德市兴隆县南天门满族乡	110	10	10	2	10
承德市隆化县尹家营满族乡	82	11	11	2	11
承德市隆化县庙子沟蒙古族满族乡	95	6	6	6	6
承德市隆化县偏坡营蒙古族乡	183	14	14	9	14
承德市隆化县八达营蒙古族乡	189	12	12	12	12
承德市隆化县太平庄满族乡	173	11	11	11	11
承德市隆化县旧屯满族乡	174	11	11	8	11
承德市隆化县西阿超满族蒙古族乡	189	10	10	10	10
承德市隆化县白虎沟蒙古族满族乡	92	6	6	6	6
承德市平泉县七家岱满族乡	115	4	4	4	4
承德市平泉县平房满族蒙古族乡	127	11	11	11	11
承德市平泉县茅兰沟满族蒙古族乡	170	9	9	9	9
沧州市黄骅市羊二庄回族乡	330	48	48	48	48
沧州市黄骅市新村回族乡	43	4	4	4	4
沧州市河间市果子洼回族乡	26	20	20	20	20
沧州市献县本斋回族乡	24	11	11	11	11
沧州市沧县大褚村回族乡	55	26	26	26	26
沧州市沧县杜林回族乡	79	38	38	38	38
沧州市沧县李天木回族乡	100	14	14	14	14
沧州市沧县捷地回族乡	39	16	16	16	16
沧州市黄骅市杨三木回族乡	55	8	8	8	8
内蒙古自治区	**28022**	**177**	**176**	**92**	**174**
呼伦贝尔市莫力达瓦达斡尔族自治旗巴彦鄂温克民族乡	1500	18	18	8	18
呼伦贝尔市莫力达瓦达斡尔族自治旗杜拉尔鄂温克民族乡	530	10	10	10	10

		年　末 总人口 （人）		乡镇企业 从业人员 （人）	乡镇企业 总产值 （万元）	
#已通电话 的　村 （个）	#已通邮 的　村 （个）		#少数民族 （人）			#工业企业 （万元）
10	10	21056	7795	2100	3115	3115
10	10	15174	13404	4928	703486	696706
14	14	21489	14398	856	18126	16000
9	9	7812	6480	518	995	695
10	10	8606	3305	268	2320	2320
9	9	10796	4318	203	1528	1528
8	8	15205	11206	115	50815	39178
10	10	7553	2340	454	37108	37010
11	11	8775	6037			
6	6	6906	3608			
14	14	12860	6593	110	9210	913
12	12	14010	8250	364	6580	920
11	11	11409	7859	58	2940	2940
11	11	8181	6365	80	16	
10	10	10916	6532	88	1235	1017
6	6	8925	7163	28	170	170
4	4	9634	5639	587	5512	5512
11	11	17710	16407	166	2974	2974
9	9	19888	9531	321	690	690
48	48	54326	6784	14002	1197427	853216
4	4	10832	2105	101	1831	82
20	20	23937	6863	3596	123000	68900
11	11	14095	4080	3680	311060	280260
26	26	28084	4464	550	118230	18230
38	38	45955	5580	1340	193229	193229
14	14	41606	3761	7659	518425	350908
16	16	31378	6798	8710	97780	34850
8	8	9689	5329	2597	199441	141940
176	**138**	**205116**	**71265**	**8699**	**330341**	**282068**
18	1	15926	5177			
10	10	8047	1518			

10-1(一) 续表 2

民族乡镇名称	行政区划面积（平方公里）	村民委员会（个）	#已通公路的村（个）	#已通自来水的村（个）	#已通电的村（个）
呼伦贝尔市扎兰屯市达斡尔民族乡	417	7	7	7	7
呼伦贝尔市扎兰屯市萨马街鄂温克民族乡	2596	6	6	5	6
呼伦贝尔市扎兰屯市南木鄂伦春民族乡	2160	9	8	3	8
呼伦贝尔市阿荣旗查巴奇鄂温克民族乡	726	11	8	2	11
呼伦贝尔市阿荣旗新发朝鲜族民族乡	162	7	7	7	7
呼伦贝尔市阿荣旗音河达斡尔鄂温克民族乡	558	8	8	6	8
呼伦贝尔市阿荣旗得力其尔鄂温克民族乡	384	9	9	5	9
呼伦贝尔市根河市敖鲁古雅鄂温克民族乡	1767	1	4	1	4
呼伦贝尔市陈巴尔虎旗鄂温克苏木	6037	9	9	1	4
呼伦贝尔市额尔古纳市三河回族乡	3535	17	17	1	17
呼伦贝尔市额尔古纳市室韦俄罗斯民族乡	2068	7	7		7
兴安盟科尔沁右翼前旗满族屯满族乡	4318	9	9		9
赤峰市松山区当铺地满族乡	386	25	25	25	25
赤峰市喀喇沁旗十家满族乡	341	14	14	7	14
乌兰察布市凉城县曹碾满族乡	118	4	4	4	4
呼伦贝尔市鄂温克族自治旗巴彦塔拉达斡尔族乡	418	6	6		6
辽宁省	**7355**	**510**	**510**	**342**	**510**
沈阳市康平县柳树屯蒙古族满族乡	105	9	9	9	9
沈阳市康平县沙金台蒙古族满族乡	150	11	11	11	11
沈阳市法库县四家子蒙古族乡	95	9	9	9	9
沈阳市康平县东升满族蒙古族乡	123	10	10	10	10
沈阳市康平县西关屯蒙古族满族乡	88	9	9	9	9
大连市瓦房店市三台满族乡	130	10	10	5	10
大连市瓦房店市杨家满族乡	108	11	11		11
大连市庄河市太平岭满族乡	105	6	6	6	6
大连市庄河市桂云花满族乡	214	5	5	3	5
抚顺市抚顺县拉古满族乡	104	10	10	4	10
抚顺市抚顺县汤图满族乡	149	9	9	9	9
本溪市桓仁满族自治县雅河朝鲜族乡	212	8	8	8	8
锦州市义县地藏寺满族乡	116	5	5	2	5
锦州市义县大定堡满族乡	109	8	8		8

#已通电话的村（个）	#已通邮的村（个）	年末总人口（人）	#少数民族（人）	乡镇企业从业人员（人）	乡镇企业总产值（万元）	#工业企业（万元）
7	7	11204	2753	42	66	51
6	6	7005	1762			
8	8	14757	2466	150	900	
11	11	11006	2433	335	140	45
7	7	11712	1380	300	1600	900
8	8	12940	2690	492	1200	
9	9	14305	2015	138	926	
4	4	1460	469	110	1250	715
9	2	2651	1664	415	200	
17	17	11273	5711	149	457	457
7	1	2531	1179	162	702	
9	1	4678	4585	450	25000	22000
25	25	41752	15788	4000	148000	125000
14	14	27924	14463	1906	149000	132000
1	1	3518	2956			
6	6	2427	2256	50	900	900
510	**510**	**888567**	**519828**	**52712**	**2705121**	**1693372**
9	9	15491	8464	150	960	960
11	11	18798	13710	650	6000	4000
9	9	16412	7846	676	15700	14900
10	10	18426	7278	210	24130	9530
9	9	15520	8918	160	1600	1600
10	10	26171	11306	7941	1030410	307441
11	11	22895	7497	1354	137071	130926
6	6	21520	4829	3975	95002	70842
5	5	19605	8034	4175	294869	241890
10	10	17588	6518	1465	28160	22870
9	9	7812	7268	877	15060	6840
8	8	19779	10112	409	16669	10325
5	5	7658	3542	110	7158	6562
8	8	7374	4568	810	217000	150000

10-1(一) 续表 3

民族乡镇名称	行政区划面积（平方公里）	村民委员会（个）	#已通公路的村（个）	#已通自来水的村（个）	#已通电的村（个）
阜新市彰武县二道河子蒙古族乡	93	8	8	8	8
辽阳市辽阳县吉洞峪满族乡	282	12	12	12	12
辽阳市辽阳县甜水满族乡	314	14	14	14	14
铁岭市开原市林丰满族乡	142	10	10		10
铁岭市铁岭县白旗寨满族乡	166	9	9	9	9
铁岭市西丰县成平满族乡	147	10	10		10
铁岭市西丰县德兴满族乡	106	7	7	3	7
铁岭市西丰县和隆满族乡	265	10	10	10	10
铁岭市西丰县金星满族乡	134	9	9	7	9
铁岭市西丰县明德满族乡	116	7	7	5	7
铁岭市西丰县营厂满族乡	179	9	9	8	9
铁岭市清河区聂家满族乡	132	10	10		10
朝阳市北票市马友营蒙古族乡	210	9	9	9	9
朝阳市北票市凉水河蒙古族乡	112	6	6		6
朝阳市建平县三家蒙古族乡	160	14	14	8	14
朝阳市凌源市三家子蒙古族乡	233	17	17	15	17
朝阳市朝阳县松岭门蒙古族乡	83	6	6	4	6
朝阳市朝阳县乌兰河硕蒙古族乡	66	7	7	3	7
葫芦岛市绥中县西平坡满族乡	116	10	10	10	10
葫芦岛市绥中县范家满族乡	129	10	10	10	10
葫芦岛市绥中县高甸子满族乡	114	9	9	9	9
葫芦岛市绥中县葛家满族乡	104	10	10	6	10
葫芦岛市绥中县明水满族乡	112	8	8	8	8
葫芦岛市绥中县网户满族乡	75	14	14	6	14
葫芦岛市兴城市白塔满族乡	68	6	6	3	6
葫芦岛市兴城市大寨满族乡	77	13	13	2	13
葫芦岛市兴城市碱厂满族乡	161	7	7		7
葫芦岛市兴城市旧门满族乡	83	8	8	7	8
葫芦岛市兴城市刘台子满族乡	40	10	10	10	10
葫芦岛市兴城市南大山满族乡	130	15	15	13	15
葫芦岛市兴城市望海满族乡	81	10	10	10	10

#已通电话的村（个）	#已通邮的村（个）	年末总人口（人）	#少数民族（人）	乡镇企业从业人员（人）	乡镇企业总产值（万元）	#工业企业（万元）
8	8	13103	3606	280	1464	1130
12	12	20128	13211	3340	11312	100120
14	14	20622	17650	375	5500	4500
10	10	10685	8604	365	6500	138
9	9	13428	6042	3140	6800	6800
10	10	12588	9818	90	1500	1500
7	7	9879	8449	648	23000	20100
10	10	15312	11463	386	21000	16850
9	9	14675	9372	193	887	805
7	7	10261	7044	90	80	80
9	9	10260	6765			
10	10	11251	9805			
9	9	16599	3701	1192	29628	18409
6	6	6834	618	201	11458	11458
14	14	29275	3861	733	6204	5918
17	17	36266	2923	471	58399	45650
6	6	10369	2869	450	256000	210000
7	7	9867	3124	160	520	245
10	10	19892	18920	275	13105	2845
10	10	16380	11906	105	1330	820
9	9	19138	16387	900	10170	6940
10	10	14533	12303	452	14850	9210
8	8	14546	13800	1000	11000	3200
14	14	21500	10550	800	30500	12100
6	6	12019	9980	490	8850	8120
13	13	18754	16441	2379	27115	23550
7	7	11443	8768	1642	26334	24361
8	8	9875	5721	680	23922	21391
10	10	14638	7319	108	4916	3098
15	15	21256	18684	228	3850	2540
10	10	20093	15148	1116	38210	34134

10-1(一) 续表 4

民族乡镇名称	行政区划面积（平方公里）	村民委员会（个）	#已通公路的村（个）	#已通自来水的村（个）	#已通电的村（个）
葫芦岛市兴城市围屏满族乡	112	8	8	1	8
葫芦岛市兴城市羊安满族乡	68	11	11	11	11
葫芦岛市兴城市药王庙满族乡	138	11	11		11
葫芦岛市兴城市三道沟满族乡	170	11	11	6	11
葫芦岛市兴城市元台子满族乡	112	9	9	2	9
葫芦岛市建昌县二道湾子蒙古族乡	91	12	12	4	12
丹东市宽甸满族自治县下露河朝鲜族乡	259	6	6	6	6
丹东市东港市合隆满族乡	99	10	10	10	10
丹东市凤城市大堡蒙古族乡	266	8	8	8	8
吉林省	**7287**	**395**	**391**	**329**	**395**
延边朝鲜族自治州珲春市三家子满族乡	59	8	8	8	8
延边朝鲜族自治州珲春市杨泡满族乡	226	7	7	7	7
吉林市昌邑区土城子满族朝鲜族乡	96	12	12	12	12
吉林市龙潭区乌拉街满族镇	188	28	28	20	28
吉林市龙潭区大口钦满族镇	105	12	12	6	12
吉林市昌邑区两家子满族乡	161	13	13	13	13
吉林市永吉县金家满族乡	160	7	7	7	7
吉林市蛟河市乌林朝鲜族乡	278	20	20	20	20
通化市梅河口市小杨满族朝鲜族乡	180	17	17	16	17
通化市集安市凉水朝鲜族乡	178	9	9	9	9
通化市通化县金斗朝鲜族满族乡	110	5	5	5	5
通化市通化县大泉源满族朝鲜族乡	339	21	21	21	21
通化市辉南县楼街朝鲜族乡	119	12	12	12	12
通化市柳河县姜家店朝鲜族乡	92	10	10	10	10
通化市柳河县三元浦朝鲜族镇	385	20	20	20	20
辽源市东丰县三合满族朝鲜族乡	167	16	16	5	16
长春市双阳区双营子回族乡	76	6	6	2	6
长春市榆树市延和朝鲜族乡	20	3	3	3	3
长春市九台市胡家回族乡	169	9	9	1	9
长春市九台市莽卡满族乡	153	12	12	4	12
白城市通榆县包拉温都蒙古族乡	236	4	4	4	4

#已通电话的村（个）	#已通邮的村（个）	年末总人口（人）	#少数民族（人）	乡镇企业从业人员（人）	乡镇企业总产值（万元）	#工业企业（万元）
8	8	13364	11813	272	3246	2240
11	11	21570	13807	2162	52370	42660
11	11	16590	11000	350	6000	5000
11	11	20438	19216	1392	13356	525
9	9	18219	11060	1460	70210	57970
12	12	23595	6450			
6	6	11034	8430	90	600	
10	10	20928	13136	405	5690	4243
8	8	22311	20174	1330	9456	6036
394	**383**	**626191**	**186041**	**45621**	**2707154**	**1582385**
8	8	8347	5477	380	5600	5472
7	7	3852	2155	97	2521	
12	12	20377	10799	98	8962	5376
28	28	63864	14308	3724	177211	154000
12	12	20416	6556	2185	116000	95000
13	13	18525	4760	212	3100	2000
7	7	21164	7628	67	129	109
20	20	15992	4699	1912	7930	7878
17	17	15889	3847	545	19830	15760
9	9	5751	1199	170	9850	8966
5	5	7083	2587	298	4882	3007
21	21	24736	8075	816	14260	9600
12	12	25095	2580	1487	52856	52856
10	10	12294	4918	585	50050	7240
20	20	29632	5748	6188	130180	23985
16	16	26122	5756	6850	326427	307188
6	6	16680	5807	8570	1675000	829000
3	3	3160	3011	41	7700	
9	9	23529	9345	5240	8520	7580
12	12	33640	13466	1125	17280	5100
4	4	5165	2998	21	130	

10-1(一) 续表 5

民族乡镇名称	行政区划面积（平方公里）	村民委员会（个）	#已通公路的村（个）	#已通自来水的村（个）	#已通电的村（个）
白城市通榆县向海蒙古族乡	1175	16	16	16	16
白城市洮南市呼和车力蒙古族乡	260	7	7	7	7
白城市洮南市胡力吐蒙古族乡	150	10	10	10	10
白城市镇赉县哈吐气蒙古族乡	156	5	5	5	5
白城市镇赉县莫莫格蒙古族乡	527	13	9	10	13
白城市大安市新艾里蒙古族乡	83	5	5	5	5
白城市洮北区德顺蒙古族乡	388	19	19	19	19
松原市扶余县三骏满族蒙古族锡伯族乡	296	29	29	29	29
四平市铁东区叶赫满族镇	272	13	13	5	13
四平市公主岭市二十家子满族镇	115	9	9	9	9
四平市公主岭市龙山满族乡	147	8	8	5	8
四平市双辽市那木斯蒙古族乡	222	10	10	4	10
黑龙江省	**25238**	**514**	**513**	**463**	**514**
哈尔滨市南岗区红旗满族乡	63	8	8	8	8
哈尔滨市双城市乐群满族乡	88	9	9	9	9
哈尔滨市双城市同心满族乡	91	7	7	7	7
哈尔滨市双城市希勤满族乡	122	8	8	7	8
哈尔滨市双城市青岭满族乡	102	9	9	9	9
哈尔滨市双城市农丰满族锡伯族镇	119	9	9	9	9
哈尔滨市五常市拉林满族镇	156	13	13	13	13
哈尔滨市五常市红旗满族乡	209	12	12	10	12
哈尔滨市五常市营城子满族乡	112	7	7	7	7
哈尔滨市五常市牛家满族镇	189	15	15	15	15
哈尔滨市五常市民乐朝鲜族乡	55	6	6	6	6
哈尔滨市尚志市河东朝鲜族乡	120	9	9	9	9
哈尔滨市尚志市鱼池朝鲜族乡	460	7	7	7	7
哈尔滨市依兰县迎兰朝鲜族乡	470	15	15	10	15
齐齐哈尔市梅里斯达斡尔族区卧牛吐达斡尔族镇	473	7	7	7	7
齐齐哈尔市梅里斯达斡尔族区莽格吐达斡尔族乡	330	3	3	3	3
齐齐哈尔市泰来县宁姜蒙古族乡	379	7	7	7	7
齐齐哈尔市泰来县胜利蒙古族乡	363	5	5	5	5

#已通电话的村（个）	#已通邮的村（个）	年末总人口（人）	#少数民族（人）	乡镇企业从业人员（人）	乡镇企业总产值（万元）	#工业企业（万元）
16	16	27632	8941	135	240	
7	7	7160	2050			
10	10	8385	1781			
5	5	4995	2047			
13	13	11603	4998			
4	2	5376	1066			
19	19	21673	3821	450	3875	3000
29	29	50229	6364	95	19720	15570
13	4	30826	12860	520	9891	7198
9	9	21091	8436	1620	25000	11000
8	8	15124	4247	2190	10010	5500
10	10	20784	3711			
512	**508**	**991840**	**400840**	**26723**	**1031226**	**581295**
8	8	23000	8742	5000	342351	330000
9	9	21979	18570	307	4725	3622
7	7	23098	15706	345	70985	36388
8	8	20913	16321	610	12000	4068
9	9	20881	14778	488	90412	2030
9	9	22167	12465	435	26000	13260
13	13	55480	31518	4018	201801	50138
12	12	43216	19742	608	1840	1302
7	7	30126	21786			
15	15	41899	14253	2430	42000	20005
6	6	12208	6249	957	3256	2367
9	9	14832	6182	271	31941	31941
7	7	13161	2592	282	6120	6120
15	15	24365	3168	3210	47400	2760
7	7	13000	4700			
3	3	8064	2725	42	2514	2514
7	7	17867	3216	43	1254	77
5	5	17985	2681	393	2605	2685

10-1(一) 续表 6

民族乡镇名称	行政区划面积（平方公里）	村民委员会（个）	#已通公路的村（个）	#已通自来水的村（个）	#已通电的村（个）
齐齐哈尔市泰来县江桥蒙古族镇	279	6	6	6	6
齐齐哈尔市昂昂溪区水师营满族镇	199	6	6	6	6
齐齐哈尔市富裕县友谊达满柯族乡	673	14	14	14	14
齐齐哈尔市讷河市兴旺鄂温克族乡	374	12	12	12	12
齐齐哈尔市富拉尔基区杜尔门沁达族乡	100	3	3	2	3
牡丹江市海林市新安朝鲜族镇	131	17	17	17	17
牡丹江市穆棱市福禄朝鲜族满族乡	1079	16	16	16	16
牡丹江市宁安市江南朝、满族乡	623	25	25	23	25
牡丹江市宁安市卧龙朝鲜族乡	1180	13	13	12	13
牡丹江市东宁县三岔口朝鲜族镇	254	13	13	13	13
牡丹江市西安区海南朝鲜族乡	109	11	11	11	11
佳木斯市同江市街津口赫哲族乡	286	6	6	6	6
佳木斯市同江市八岔赫哲族乡	327	4	4	4	4
佳木斯市桦川县星火朝鲜族乡	55	14	14	8	14
佳木斯市汤原县汤旺朝鲜族乡	34	6	6	4	6
大庆市肇源县超等蒙古族乡	244	7	7	7	7
大庆市肇源县浩德蒙古族乡	152	5	5	5	5
大庆市肇源县义顺蒙古族乡	283	7	7	7	7
黑河市逊克县新鄂鄂伦春族乡	7561	5	5	4	5
黑河市逊克县新兴鄂伦春族乡	389	4	3	4	4
黑河市爱辉区新生鄂伦春族乡	1713	3	3	3	3
黑河市爱辉区四嘉子满族乡	225	6	6	6	6
黑河市爱辉区坤河达斡尔族满族乡	88	6	6	6	6
黑河市北安市主星朝鲜族乡	60	4	4	3	4
黑河市孙吴县沿江达斡尔族满族乡	576	8	8	8	8
绥化市北林区兴和朝鲜族乡	21	2	2	2	2
绥化市北林区绥胜满族镇	99	5	5	5	5
绥化市北林区永安满族镇	108	7	7	7	7
绥化市北林区红旗满族乡	100	5	5	5	5
绥化市望奎县惠七满族镇	128	8	8	8	8
绥化市望奎县厢白满族乡	151	7	7	7	7

#已通电话的村（个）	#已通邮的村（个）	年末总人口（人）	#少数民族（人）	乡镇企业从业人员（人）	乡镇企业总产值（万元）	#工业企业（万元）
6	6	22097	2709	812	1250	796
6	6	15600	3880			
14	14	25704	3011			
12	12	36844	2928	1465	12006	12006
3	3	13540	3985	124	960	4500
17	17	19162	9807	211	2130	1552
16	16	17949	3329	170	4000	2300
25	25	28034	9936			9180
13	13	17236	5631	281	8126	1974
13	13	16847	6822	488	16000	15000
11	11	18072	6465	1150	8500	2000
6	6	3909	548	38	1300	
4	4	4106	498			
14	14	10869	7100	45	2500	2152
6	6	4866	4866	106	2385	1882
7	7	18890	6158	35	600	
3	5	9861	1213			
7	7	14768	2585			
5	4	2331	633			
4	1	1643	182			
3	1	1073	195	20	80	
6	6	4527	1701	116	58	58
6	6	2561	1653	56	80	
4	4	4304	2376			
8	8	7550	2072	231	930	
2	2	3760	3685	62	3200	
5	5	24715	15450	282	2542	2040
7	7	24681	16519	100	1524	
5	5	19371	16465	246	841	1548
8	8	23000	7010	340	2780	2500
7	7	25850	14445	26	50	

10-1(一) 续表 7

民族乡镇名称	行政区划面积（平方公里）	村民委员会（个）	#已通公路的村（个）	#已通自来水的村（个）	#已通电的村（个）
绥化市望奎县灵山满族乡	81	5	5	5	5
伊春市铁力市年丰朝鲜族乡	226	10	10	10	10
鹤岗市萝北县东明朝鲜族乡	49	7	7	4	7
鹤岗市绥滨县福兴满族乡	92	3	3	3	3
大兴安岭地区呼玛县白银纳鄂伦春族乡	436	6	6	2	6
大兴安岭地区塔河县十八站鄂伦春族乡	2095	6	6	6	6
双鸭山市饶河县四排赫哲族乡	52	4	4	4	4
双鸭山市友谊县成富朝鲜族满族乡	99	4	4	2	4
七台河市勃利县杏树朝鲜族乡	105	11	11	11	11
七台河市勃利县吉兴朝鲜族、满族乡	121	14	14	14	14
鸡西市密山市和平朝鲜族乡	191	12	12	1	12
鸡西市鸡东县鸡林朝鲜族乡	51	6	6	2	6
鸡西市鸡东县明德朝鲜族乡	61	8	8	3	8
鸡西市城子河区永丰朝鲜族乡	78	7	7	7	7
江苏省	**53**	**6**	**6**	**6**	**6**
扬州市高邮市菱塘回族乡	53	6	6	6	6
浙江省	**1153**	**212**	**212**	**212**	**212**
杭州市桐庐县莪山畲族乡	29	7	7	7	7
温州市平阳县青街畲族乡	22	11	11	11	11
温州市苍南县岱岭畲族乡	21	8	8	8	8
温州市苍南县凤阳畲族乡	21	6	6	6	6
温州市文成县西坑畲族镇	47	11	11	11	11
温州市文成县周山畲族乡	14	9	9	9	9
温州市泰顺县司前畲族镇	209	13	13	13	13
温州市泰顺县竹里畲族乡	43	3	3	3	3
金华市兰溪市水亭畲族乡	47	19	19	19	19
金华市武义县柳城畲族镇	172	53	53	53	53
衢州市龙游县沐尘畲族乡	83	10	10	10	10
丽水市莲都区老竹畲族镇	84	12	12	12	12
丽水市莲都区丽新畲族乡	83	9	9	9	9
丽水市龙泉市竹垟畲族乡	102	10	10	10	10

#已通电话的村（个）	#已通邮的村（个）	年末总人口（人）	#少数民族（人）	乡镇企业从业人员（人）	乡镇企业总产值（万元）	#工业企业（万元）
5	5	18224	2772			
10	10	14708	2355	162	7300	6270
7	7	3319	3282			2660
3	3	4191	1987			
6	6	2046	391			
6	6	4164	536			
4	4	1875	209			
4	4	5249	1180			
11	11	12206	535			
14	14	10382	1863			
12	12	16758	5238	425	60800	
6	6	7820	7429	8	300	300
8	8	10069	2891	160	2100	2100
7	7	12868	921	125	1680	1200
6	**6**	**23758**	**7226**	**10932**	**1985000**	**1535000**
6	6	23758	7226	10932	1985000	1535000
212	**212**	**189073**	**40448**	**18249**	**468533**	**450791**
7	7	9550	2800	4025	130229	123929
11	11	10830	2359			
8	8	6935	2636	30	190	
6	6	5898	3059			
11	11	12188	2480	789	8699	7120
9	9	5145	1829	59	1300	1300
13	13	18805	3204	5327	29878	29878
3	3	3337	1111	110	650	650
19	19	21780	3150	2900	218000	218000
53	53	30150	3630	3358	35200	35200
10	10	11230	1619	212	6252	12
12	12	16355	3341	338	7836	7836
9	9	10582	2075	226	5020	5020
10	10	7889	2421	145	5062	5062

10-1(一) 续表 8

民族乡镇名称	行政区划面积（平方公里）	村民委员会（个）	#已通公路的村（个）	#已通自来水的村（个）	#已通电的村（个）
丽水市云和县雾溪畲族乡	33	6	6	6	6
丽水市云和县安溪畲族乡	34	8	8	8	8
丽水市遂昌县三仁畲族乡	79	8	8	8	8
丽水市松阳县板桥畲族乡	32	9	9	9	9
安徽省	**430**	**69**	**69**	**47**	**69**
淮南市谢家集区孤堆回族乡	38	8	8	8	8
合肥市肥东县牌坊回族满族乡	90	13	13	13	13
滁州市定远县二龙回族乡	41	5	5	4	5
淮南市凤台县李冲回族乡	23	6	6		6
淮南市潘集区古沟回族乡	41	12	12	4	12
六安市寿县陶店回族乡	38	4	4	4	4
宣城市宁国市云梯畲族乡	51	4	4	4	4
蚌埠市五河县临北回族乡	60	11	11	4	11
阜阳市颍上县赛涧回族乡	49	6	6	6	6
福建省	**2145**	**321**	**321**	**311**	**321**
福州市罗源县霍口畲族乡	197	24	24	24	24
福州市连江县小沧畲族乡	58	5	5	5	5
宁德市福安市坂中畲族乡	76	19	19	19	19
宁德市福安市康厝畲族乡	114	32	32	32	32
宁德市福安市穆云畲族乡	119	33	33	30	33
宁德市霞浦县盐田畲族乡	154	22	22	22	22
宁德市霞浦县崇儒畲族乡	142	27	27	27	27
宁德市霞浦县水门畲族乡	149	23	23	23	23
宁德市蕉城区金涵畲族乡	62	16	16	9	16
宁德市福鼎市硖门畲族乡	56	9	9	9	9
宁德市福鼎市佳阳畲族乡	73	12	12	12	12
漳州市漳浦县赤岭畲族乡	120	9	9	9	9
漳州市漳浦县湖西畲族乡	79	10	10	10	10
漳州市龙海市隆教畲族乡	79	10	10	10	10
三明市永安市青水畲族乡	258	21	21	21	21
三明市宁化县治平畲族乡	178	12	12	12	12

#已通电话的村（个）	#已通邮的村（个）	年末总人口（人）	#少数民族（人）	乡镇企业从业人员（人）	乡镇企业总产值（万元）	#工业企业（万元）
6	6	2185	548	35	536	
8	8	2722	741	62	1097	
8	8	8503	2088	535	12000	10200
9	9	4989	1357	98	6584	6584
69	**69**	**202748**	**62372**	**7726**	**205001**	**169558**
8	8	16132	5629	125	25896	22931
13	13	46200	6620	3651	28160	18300
5	5	15374	11853	116	6692	4719
6	6	18616	7653	337	25116	21260
12	12	32764	6422	885	79214	71200
4	4	14529	4492	365	11300	7000
4	4	6120	1849	265	15153	13953
11	11	27943	9452	1632	12410	9385
6	6	25070	8402	350	1060	810
321	**321**	**446215**	**143218**	**74237**	**2589111**	**2313716**
24	24	20429	4100	952	25757	12320
5	5	4407	2457	47	99	
19	19	26971	10203	7710	371240	336032
32	32	29358	8645	1761	108220	96420
33	33	29300	9904	364	8150	7900
22	22	31692	6912	4402	220481	177059
27	27	22225	4830	1344	52019	50764
23	23	22245	4765	11078	59426	54128
16	16	35638	7855	8653	623609	605609
9	9	21824	4756	1628	280000	262000
12	12	22277	8825	31	7554	7554
9	9	14378	11315	567	10114	9586
10	10	27567	9125	1060	5343	2172
10	10	26735	7774	1156	71209	57837
21	21	18982	5997	10968	163158	160182
12	12	14131	4725	6923	29814	27727

10-1(一) 续表 9

民族乡镇名称	行政区划面积(平方公里)	村民委员会(个)	#已通公路的村(个)	#已通自来水的村(个)	#已通电的村(个)
龙岩市上杭县官庄畲族乡	90	18	18	18	18
龙岩市上杭县庐丰畲族乡	124	14	14	14	14
泉州市惠安县百崎回族乡	17	5	5	5	5
江西省	**1083**	**72**	**72**	**69**	**72**
鹰潭市贵溪樟坪畲族乡	122	5	5	5	5
上饶市铅山县太源畲族乡	79	4	4	4	4
上饶市铅山县篁碧畲族乡	81	4	4	4	4
吉安市永丰县龙冈畲族乡	144	11	11	11	11
赣州市南康赤土畲族乡	157	18	18	15	18
吉安市青原区东固畲族乡	243	15	15	15	15
抚州市乐安县金竹畲族乡	248	10	10	10	10
吉安市峡江县金坪民族乡	10	5	5	5	5
山东省	**216**	**127**	**127**	**127**	**127**
淄博市临淄区金岭回族镇	19	10	10	10	10
聊城市莘县张鲁回族镇	83	51	51	51	51
菏泽市曹县侯集回族镇	58	32	32	32	32
德州市禹城市十里望回族镇	57	34	34	34	34
河南省	**437**	**206**	**206**	**194**	**206**
郑州市荥阳市金寨回族乡	6	2	2	2	2
周口市太康县城关回族镇	13	16	16	16	16
周口市淮阳县城关回族镇	41	15	15	15	15
周口市沈丘县槐店回族镇	29	19	19	19	19
商丘市宁陵县城关回族镇	11	5	5	5	5
商丘市睢县城关回族镇	25	7	7	7	7
商丘市民权县伯党回族乡	25	9	9	9	9
商丘市民权县胡集回族乡	22	13	13	13	13
平顶山市叶县马庄回族乡	7	8	8	8	8
平顶山市郏县姚庄回族乡	9	6	6	6	6
新乡市封丘县荆乡回族乡	8	5	5	5	5
许昌市许昌县艾庄回族乡	13	9	9	9	9
许昌市禹州市山货回族乡	12	6	6	6	6

#已通电话的村（个）	#已通邮的村（个）	年末总人口（人）	#少数民族（人）	乡镇企业从业人员（人）	乡镇企业总产值（万元）	#工业企业（万元）
18	18	32975	12309	2645	42108	31215
14	14	28712	5789	243	52156	4539
5	5	16369	12932	12705	458654	410672
72	**72**	**111100**	**29214**	**8594**	**94508**	**83997**
5	5	4503	1226	150	3526	3426
4	4	2216	856	720	7030	5150
4	4	4179	1414	218	2080	1232
11	11	15596	4706	536	29650	29350
18	18	49801	10115	2567	14637	9625
15	15	19360	5400	3850	21700	20600
10	10	12036	4317	203	4537	4204
5	5	3409	1180	350	11348	10410
127	**127**	**153411**	**32410**	**20956**	**2027295**	**2522386**
10	10	15218	5131	11459	1606781	1805428
51	51	58315	6645	1092	30389	23146
32	32	47035	14208	3115	483468	422300
34	34	32843	6426	5290	390125	271512
206	**206**	**798068**	**188966**	**115167**	**2791247**	**1667171**
2	2	7795	5728	745	59384	59384
16	16	87869	18356	2958	262300	92800
15	15	134964	22929	29220	332598	326810
19	19	125859	21791	28017	363251	208478
5	5	47795	9147	4022	88900	44082
7	7	68762	13283	13506	335321	241078
9	9	22605	9849	1799	7880	5900
13	13	19860	9460	1776	12315	9013
8	8	11645	6193	652	43875	43875
6	6	8403	4841	834	9423	5388
5	5	6453	6401	260	8765	5130
9	9	14280	1905	1820	25010	18870
6	6	13413	5726	2730	113120	84901

10-1(一) 续表 10

民族乡镇名称	行政区划面积(平方公里)	村民委员会(个)	#已通公路的村(个)	#已通自来水的村(个)	#已通电的村(个)
许昌市襄城县颍桥回族镇	10	5	5	5	5
南阳市镇平县郭庄回族乡	18	9	9	4	9
南阳市方城县袁店回族乡	35	9	9	7	9
驻马店市西平县蔡寨回族乡	20	6	6	5	6
驻马店市新蔡县李桥回族镇	41	10	10	10	10
漯河市临颍县繁城回族镇	54	32	32	28	32
洛阳市洛宁县王范回族镇	15	4	4	4	4
洛阳市瀍河回族区廛河回族乡	24	11	11	11	11
湖北省	**2170**	**185**	**185**	**185**	**185**
荆门市钟祥市九里回族乡	100	9	9	9	9
荆州市洪湖市老湾回族乡	40	10	10	10	10
荆州市松滋市卸甲坪土家族乡	103	8	8	8	8
宜昌市宜都市潘家湾土家族乡	148	9	9	9	9
十堰市郧西县湖北口回族乡	251	19	19	19	19
恩施土家族苗族自治州恩施市芭蕉侗族乡	304	18	18	18	18
恩施土家族苗族自治州宣恩县长潭河侗族乡	440	39	39	39	39
恩施土家族苗族自治州宣恩县晓关侗族乡	430	40	40	40	40
仙桃市沔城回族镇	38	12	12	12	12
神农架林区下谷坪土家族乡	216	6	6	6	6
咸宁市赤壁市周郎嘴回族镇	82	9	9	9	9
恩施土家族苗族自治州鹤峰县铁炉白族乡	234	12	12	12	12
湖南省	**11844**	**1022**	**1016**	**820**	**1020**
怀化市辰溪县罗子山瑶族乡	51	8	8	8	8
怀化市辰溪县苏木溪瑶族乡	52	10	10	10	10
怀化市辰溪县上蒲溪瑶族乡	63	8	8	8	8
怀化市辰溪县后塘瑶族乡	69	12	12	12	12
怀化市辰溪县仙人湾瑶族乡	133	16	16	16	16
怀化市洪江市深渡苗族乡	87	9	9	6	9
怀化市洪江市龙船塘瑶族乡	104	6	6	4	6
怀化市会同县炮团侗族苗族乡	85	8	8	8	8
怀化市会同县宝田侗族苗族乡	65	6	6	6	6

#已通电话的村（个）	#已通邮的村（个）	年末总人口（人）	#少数民族（人）	乡镇企业从业人员（人）	乡镇企业总产值（万元）	#工业企业（万元）
5	5	9978	3101	1425	33720	26226
9	9	13410	5239	1488	5342	4870
9	9	17123	6849	2086	12043	8277
6	6	17393	5378	1380	6180	4160
10	10	30397	6285	4620	82866	64370
32	32	62727	3613	12183	157632	82833
4	4	41132	4793	1408	42857	37812
11	11	36205	18099	2238	788465	292914
185	**185**	**293541**	**131105**	**19257**	**756143**	**692758**
9	9	12922	2968	3215	80275	71298
10	10	17000	4700	168	3675	3675
8	8	14767	9303	802	43205	37632
9	9	15335	6297	5873	229794	208731
19	19	21872	4520	236	2900	2520
18	18	67000	22000	1750	138000	138000
39	39	38820	23291	1625	18945	9803
40	40	40629	30470	1587	20675	14097
12	12	25010	8159	1980	166460	166460
6	6	5199	4250			
9	9	25578	1269	1746	42064	30692
12	12	14608	13878	275	10150	9850
1008	**997**	**1462186**	**914903**	**37724**	**577761**	**414115**
8	8	7880	4801			
10	10	9915	6878			
8	8	9620	5335			
12	12	19066	12775			
16	16	25100	10770			
9	9	10957	8961	30	150	
6	6	8702	7406	120	457	457
8	8	13045	12640			
6	6	10450	8685	198	2712	202

10-1(一)　续表 11

民族乡镇名称	行政区划面积(平方公里)	村民委员会(个)	#已通公路的村(个)	#已通自来水的村(个)	#已通电的村(个)
怀化市会同县蒲稳侗族苗族乡	56	6	6	4	6
怀化市会同县金子岩侗族苗族乡	237	26	26	9	26
怀化市会同县漠滨侗族苗族乡	76	8	8	5	8
怀化市会同县青朗侗族苗族乡	118	13	13	13	13
怀化市沅陵县二酉苗族乡	358	30	30	25	30
怀化市沅陵县火场土家族乡	101	6	6	6	6
怀化市中方县蒿吉坪瑶族乡	74	6	6	6	6
怀化市通道侗族自治县大高坪苗族乡	28	4	4	4	4
怀化市新晃侗族自治县步头降苗族乡	83	7	7	7	7
怀化市新晃侗族自治县米贝苗族乡	101	8	8	8	8
邵阳市绥宁县河口苗族乡	139	10	10	6	10
邵阳市绥宁县麻塘苗族乡	250	13	13	8	13
邵阳市绥宁县东山侗族乡	116	12	12	12	12
邵阳市绥宁县鹅公岭侗族苗族乡	77	11	11	6	11
邵阳市绥宁县寨市苗族侗族乡	419	27	27	19	27
邵阳市绥宁县乐安铺苗族侗族乡	105	8	8	8	8
邵阳市绥宁县关峡苗族乡	219	9	9	9	9
邵阳市绥宁县长铺子苗族乡	519	29	29	20	29
邵阳市隆回县山界回族乡	47	16	16	16	16
邵阳市隆回县虎形山瑶族乡	93	12	12	12	12
邵阳市洞口县那溪瑶族乡	298	12	12	8	12
邵阳市洞口县大屋瑶族乡	76	7	7	7	7
邵阳市洞口县长塘瑶族乡	64	6	6	4	6
邵阳市新宁县黄金瑶族乡	143	11	8	11	11
邵阳市新宁县麻林瑶族乡	183	11	11	2	11
永州市蓝山县荆竹瑶族乡	183	6	6	6	6
永州市蓝山县湘江源瑶族乡	56	5	5	5	5
永州市蓝山县浆洞瑶族乡	78	6	6	3	6
永州市蓝山县汇源瑶族乡	50	5	5	5	5
永州市蓝山县犁头瑶族乡	35	4	4	4	4
永州市蓝山县大桥瑶族乡	128	7	7	7	7

#已通电话的村（个）	#已通邮的村（个）	年末总人口（人）	#少数民族（人）	乡镇企业从业人员（人）	乡镇企业总产值（万元）	#工业企业（万元）
6	6	10072	9621			
26	26	32700	24000	160	3700	2600
8	8	13526	12310			
13	13	23263	15690	126	7514	3774
30	30	41645	36275			
6	6	7862	7628			
6	6	7311	4386			
4	4	4060	3958			
7	7	11850	11240			
8	8	15850	15533	300	4000	4000
10	10	15591	9782	186	6970	3019
13	13	16671	11581	355	5522	5171
12	12	18259	16980	218	7021	6866
11	11	13030	12508	70	470	365
27	27	32852	30059	256	5100	1602
8	8	10200	9867	486	5210	1998
9	9	25404	21352	2800	3050	2489
24	29	21210	14853	1995	4875	2452
16	16	26088	9180	980	9875	5060
12	12	16600	6640	521	5000	3500
12	12	11574	7063	500	24000	1735
7	7	5302	3529	110	1800	700
6	6	5273	2967	178	1110	814
11	11	8879	6659	204	6406	4567
11	11	14078	9087	738	7570	5981
6	6	4490	4252	315	5330	1420
5	5	3396	3334	51	1496	1231
6	6	5833	5391	386	3800	15880
5	5	3205	1806	12	1560	420
4	4	3090	1250	22	78	24
7	1	9971	4092	540	11897	10924

10-1(一)　续表 12

民族乡镇名称	行政区划面积（平方公里）	村民委员会（个）	#已通公路的村（个）	#已通自来水的村（个）	#已通电的村（个）
永州市江永县松柏瑶族乡	228	14	14	10	14
永州市江永县千家洞瑶族乡	367	12	12	12	12
永州市江永县兰溪瑶族乡	63	6	6	4	6
永州市江永县源口瑶族乡	203	12	12	6	12
永州市宁远县九疑瑶族乡	328	21	21	17	21
永州市宁远县棉花坪瑶族乡	59	5	3	2	5
永州市宁远县桐木漯瑶族乡	79	6	6	5	6
永州市宁远县五龙山瑶族乡	168	11	11	11	11
永州市道县横岭瑶族乡	101	8	8	1	8
永州市道县洪塘营瑶族乡	244	10	9	6	10
永州市道县审章塘瑶族乡	106	14	14	5	14
永州市祁阳县晒北滩瑶族乡	155	11	11	11	11
永州市新田县门楼下瑶族乡	127	13	13	13	13
永州市双牌县上梧江瑶族乡	196	13	13	13	13
永州市江华瑶族自治县小圩壮族乡	133	20	20	20	20
张家界市桑植县刘家坪白族乡	38	6	6	6	6
张家界市桑植县马合口白族乡	119	9	9	9	9
张家界市桑植县走马坪白族乡	141	14	14	14	14
张家界市桑植县芙蓉桥白族乡	262	13	13	11	13
张家界市桑植县洪家关白族乡	147	23	23	23	23
张家界市慈利县三官寺土家族乡	114	26	26	12	26
张家界市慈利县高峰土家族乡	148	16	16	5	16
张家界市慈利县金岩土家族乡	142	19	19	1	19
张家界市慈利县许家坊土家族乡	81	10	10	7	10
张家界市慈利县阳和土家族乡	74	10	10	10	10
张家界市慈利县甘堰土家族乡	165	35	35	13	35
张家界市慈利县赵家岗土家族乡	73	12	12	5	12
郴州市桂阳县白水瑶族乡	135	16	16	16	16
郴州市北湖区保和瑶族乡	102	11	11	11	11
郴州市北湖区仰天湖瑶族乡	176	15	15	15	15
郴州市宜章县莽山瑶族乡	89	6	6	4	6

#已通电话的村（个）	#已通邮的村（个）	年末总人口（人）	#少数民族（人）	乡镇企业从业人员（人）	乡镇企业总产值（万元）	#工业企业（万元）
14	14	28400	20675			4500
12	12	22618	20356	54	360	235
6	6	9774	9286	8	56	
12	12	24880	19438	220	2200	2100
21	21	33985	7209	485	1020	560
4	4	7021	4298	80	85	32
6	6	6120	2955	37	1780	810
11	11	11854	4398	38	409	172
8	8	10534	5601	375	1800	1400
6	9	14523	9670	384	1891	180
14	14	28761	12743			
11	11	7240	3075	61	313	284
13	13	9421	6988	14	1100	1815
13	13	14764	4566	176	824	
20	20	28469	18504	468	2615	2246
6	6	12715	11985			
9	5	15790	14024			
14	14	19249	18316			
13	12	19457	17510			
23	23	33582	30224	96	863	189
26	26	25977	23894	13	2800	50
16	16	17422	17422			
19	19	18800	16000			
10	10	21322	19198	63	530	112
10	10	20009	18585			
35	35	34282	20162	420	641	462
12	12	14014	13782	285	671	365
16	16	25402	4716	67	11200	10015
8	11	18800	2740	4720	25740	9815
15	15	24440	3646	5145	130220	130120
6	6	9062	5298	1938	7183	1084

10-1(一)　续表 13

民族乡镇名称	行政区划面积(平方公里)	村民委员会(个)	#已通公路的村(个)	#已通自来水的村(个)	#已通电的村(个)
郴州市汝城县文明瑶族乡	383	36	36	36	36
郴州市汝城县延寿瑶族乡	176	17	17	17	17
郴州市汝城县三江口瑶族乡	112	8	8	8	8
郴州市临武县西山瑶族乡	205	13	13	11	11
郴州市资兴市回龙山瑶族乡	130	11	11	11	11
郴州市资兴市八面山瑶族乡	239	15	15	15	15
常德市鼎城区许家桥回族维吾尔族乡	117	16	16	16	16
常德市汉寿县毛家滩回族维吾尔族乡	54	8	8	8	8
常德市桃源县枫树维吾尔族回族乡	59	12	12	12	12
常德市桃源县青林回族维吾尔族乡	101	13	13	13	13
株洲市炎陵县中村瑶族乡	291	12	12	12	12
衡阳市常宁市塔山瑶族乡	146	11	11	11	11
益阳市桃江县鲊埠回族乡	48	9	9	9	9
广东省	**1362**	**50**	**50**	**50**	**50**
惠州市龙门县蓝田瑶族乡	132	7	7	7	7
清远市连州市三水瑶族乡	139	4	4	4	4
清远市连州市瑶安瑶族乡	226	10	10	10	10
清远市阳山县秤架瑶族乡	567	10	10	10	10
肇庆市怀集县下帅壮族瑶族乡	77	5	5	5	5
韶关市始兴县深渡水瑶族乡	153	4	4	4	4
河源市东源县漳溪畲族乡	68	10	10	10	10
广西壮族自治区	**15737**	**593**	**590**	**503**	**592**
梧州市蒙山县长坪瑶族乡	132	5	5	5	5
梧州市蒙山县夏宜瑶族乡	117	6	6	6	6
贺州市八步区黄洞瑶族乡	189	4	4		4
贺州市平桂管理区大平瑶族乡	217	6	6		6
贺州市昭平县仙回瑶族乡	190	6	6	6	6
贺州市钟山县两安瑶族乡	130	6	6	6	6
贺州市钟山县花山瑶族乡	154	6	6	6	6
贵港市平南县马练瑶族乡	240	12	12	12	12
贵港市平南县国安瑶族乡	117	10	10	10	10

#已通电话的村（个）	#已通邮的村（个）	年末总人口（人）	#少数民族（人）	乡镇企业从业人员（人）	乡镇企业总产值（万元）	#工业企业（万元）
36	36	52375	22350	1705	20491	7869
17	17	30503	24416	724	24751	21655
7	2	9718	7012	315	5000	2100
13	7	13400	2165	86	29141	2
11	11	18900	990	25	1550	
15	15	15900	1021	400	61500	29000
16	16	33519	9672	432	17012	15136
8	8	27260	8700	760	28000	26120
12	12	32558	9490	1550	26042	26042
13	13	36856	11439	2559	18028	18028
12	12	14006	3244	73	3274	2867
11	11	12680	6363			
9	9	21954	9653	2091	12000	11500
50	**50**	**83856**	**37911**	**2874**	**184235**	**148252**
7	7	10849	10166	602	83191	68939
4	4	4398	1698	158	7405	69
10	10	12895	3594	156	10841	657
10	10	18122	4874	1013	5032	5032
5	5	11635	8034	223	5235	1995
4	4	5542	2076	168	896	354
10	10	20415	7469	554	71635	71206
590	**540**	**1164917**	**890699**	**21123**	**607240**	**486127**
5	5	3102	2692			
6	6	6945	5911			
4	1	7564	5673	346	8768	8103
6	1	14411	4899	113	1500	1200
6	6	15375	8917	322	1549	650
6	6	17697	17320	824	2342	1864
6	6	8015	6200	770	204015	203518
12	12	47025	38713	472	1450	1290
10	10	24158	22386	310	9230	8717

10-1(一)　续表 14

民族乡镇名称	行政区划面积(平方公里)	村民委员会(个)	#已通公路的村(个)	#已通自来水的村(个)	#已通电的村(个)
防城港市上思县南屏瑶族乡	527	9	9		9
防城港市防城区十万山瑶族乡	99	5	5	1	5
南宁市马山县古寨瑶族乡	152	8	8	8	8
南宁市马山县里当瑶族乡	147	9	9	9	9
南宁市上林县镇圩瑶族乡	113	11	11	11	11
柳州市三江侗族自治县同乐苗族乡	182	19	19	19	19
柳州市三江侗族自治县福禄苗族乡	168	15	15	12	15
柳州市三江侗族自治县高基瑶族乡	162	8	8	8	8
柳州市融水苗族自治县滚贝侗族乡	292	11	11	11	11
柳州市融水苗族自治县同练瑶族乡	204	6	6	6	6
柳州市柳城县古砦仫佬族乡	248	13	13	9	13
桂林市临桂县宛田瑶族乡	336	15	14	14	15
桂林市临桂县黄沙瑶族乡	198	5	5	5	4
桂林市灵川县大境瑶族乡	265	8	8	8	8
桂林市灵川县兰田瑶族乡	125	3	3	3	3
桂林市全州县蕉江瑶族乡	230	8	8	8	8
桂林市全州县东山瑶族乡	420	16	16	16	16
桂林市兴安县华江瑶族乡	423	9	9	7	9
桂林市灌阳县洞井瑶族乡	207	9	9	9	9
桂林市灌阳县西山瑶族乡	188	10	10	10	10
桂林市资源县车田苗族乡	311	12	12	12	12
桂林市资源县两水苗族乡	133	6	6	6	6
桂林市资源县河口瑶族乡	110	5	5	5	5
桂林市平乐县大发瑶族乡	456	10	8	10	10
桂林市荔浦县蒲芦瑶族乡	259	9	9	9	9
桂林市雁山区草坪回族乡	33	3	3	3	3
百色市右江区汪甸瑶族乡	547	13	13	13	13
百色市田东县作登瑶族乡	376	21	21	8	21
百色市田林县潞城瑶族乡	788	19	19	19	19
百色市田林县利周瑶族乡	253	9	9	9	9
百色市田林县八桂瑶族乡	382	12	12	12	12

#已通电话的村（个）	#已通邮的村（个）	年末总人口（人）	#少数民族（人）	乡镇企业从业人员（人）	乡镇企业总产值（万元）	#工业企业（万元）
9	9	13240	13240	52	286	286
3		12172	7893	153	4903	4903
8	8	21481	21270	50	2810	2605
9	9	21266	21020	285	166	110
11	11	25516	25192	127	1206	1206
19	19	46565	46342			
15	15	34646	33478	115	1995	
8	2	7396	5883	340	830	730
11	11	19960	16966	100	3480	900
6	6	10962	10495	118	7020	320
12	13	36601	17205	161	883	191
15	15	23183	13191	221	6015	2122
5	1	5352	2194	32	5600	5600
8	8	12399	5285	317	10463	10463
3	3	6308	3848	200	3000	2500
8	8	18070	5690	334	6500	5000
16	16	35362	30164	989	61600	52500
9	9	18153	4532	2832	153210	110882
9	9	9233	2790	560	12000	600
10	10	13086	5443	1120	12311	11119
12	12	25087	15466	1961	9511	4010
6	6	10725	7500	380	260	260
5	5	5431	2941	414	4619	2326
10	10	18698	10777	638	2152	1105
9	9	10604	7068	1018	22050	18448
3	3	5187	1976	203	49	49
13	6	27222	26921	382	10654	6740
21	21	38767	38693	92	263	75
19	7	27468	23830			
9	9	17655	15162	41	290	120
12	12	15511	14996			

10-1(一) 续表 15

民族乡镇名称	行政区划面积（平方公里）	村民委员会（个）	#已通公路的村（个）	#已通自来水的村（个）	#已通电的村（个）
百色市田林县八渡瑶族乡	677	17	17	17	17
百色市凌云县伶站瑶族乡	194	9	9	9	9
百色市凌云县朝里瑶族乡	176	6	6	6	6
百色市凌云县沙里瑶族乡	227	12	12	12	12
百色市凌云县玉洪瑶族乡	334	18	18	18	18
百色市西林县足别瑶族苗族乡	282	6	6	6	6
百色市西林县普合苗族乡	177	7	7	7	7
百色市西林县那佐苗族乡	527	18	18	18	18
河池市南丹县八圩瑶族乡	496	16	16	2	16
河池市南丹县里湖瑶族乡	363	13	13	6	13
河池市南丹县中堡苗族乡	165	6	6	1	6
河池市天峨县八腊瑶族乡	326	9	9	9	9
河池市凤山县平乐瑶族乡	175	10	10	10	10
河池市凤山县江洲瑶族乡	107	7	7	5	7
河池市凤山县金牙瑶族乡	240	12	12	12	12
河池市东兰县三弄瑶族乡	89	5	5	2	5
河池市环江毛南族自治县驯乐苗族乡	590	12	12	12	12
河池市宜州市北牙瑶族乡	370	19	19	19	19
河池市宜州市福龙瑶族乡	400	14	14	1	14
重庆市	**1420**	**98**	**98**	**91**	**98**
奉节县云雾土家族乡	81	3	3	3	3
奉节县长安土家族乡	274	8	8	8	8
奉节县龙桥土家族乡	118	6	6	4	6
奉节县太和土家族乡	135	8	8	6	8
万州区恒合土家族乡	83	14	14	14	14
万州区地宝土家族乡	44	4	4	4	4
云阳县清水土家族乡	102	14	14	14	14
巫山县红椿土家族乡	110	5	5	5	5
巫山县邓家土家族乡	58	5	5	2	5
忠县磨子土家族乡	31	7	7	7	7
武隆区石桥苗族土家族乡	103	6	6	6	6

#已通电话的村（个）	#已通邮的村（个）	年末总人口（人）	#少数民族（人）	乡镇企业从业人员（人）	乡镇企业总产值（万元）	#工业企业（万元）
17	17	22909	22309			
9	9	20075	16870			
6	6	9621	9111	56	300	
12	12	20170	14522			
18	18	23539	12870	455	8500	
6	1	9409	9199	75	800	800
7	7	11280	10908	250	3500	
18	18	27439	25341			
16	16	29191	23165	7	300	
13	13	25927	21785	25	258	
6	6	7986	7429	160	4100	3201
9	9	22419	5937			
10	10	24550	15420	370	2990	2450
7	1	12456	8719	175	1600	30
12	12	27060	9661	521	8130	5746
5	5	5628	4671			
12	12	26767	26616	1900	2650	2256
19	19	61825	48254	397	810	810
14	14	39068	27750	340	322	322
98	**80**	**167684**	**74742**	**4268**	**106657**	**45852**
3	3	4703	3557			
8	8	16611	5437	6	40	30
6	6	11734	5982	335	4480	3870
8	3	13928	6707	35	340	110
14	14	28170	15605	268	5600	1900
4	4	7973	6778	40	1900	301
14	1	18753	4686	1673	45522	19834
5	5	7418	3857			
5	5	4155	1745			
7	7	18828	8084	1627	44328	8375
6	6	12000	4000	30	1000	8564

10−1(一)　续表 16

民族乡镇名称	行政区划面积（平方公里）	村民委员会（个）	#已通公路的村（个）	#已通自来水的村（个）	#已通电的村（个）
武隆区文复苗族土家族乡	110	6	6	6	6
武隆区后坪苗族土家族乡	87	6	6	6	6
武隆区浩口苗族仡佬族乡	85	6	6	6	6
四川省	**16644**	**654**	**628**	**546**	**632**
甘孜藏族自治州九龙县子耳彝族乡	352	5	5	5	5
甘孜藏族自治州九龙县三垭彝族乡	108	4	4	4	4
甘孜藏族自治州九龙县俄尔彝族乡	115	3	3	3	3
甘孜藏族自治州九龙县小金彝族乡	42	3	3	3	3
甘孜藏族自治州九龙县朵落彝族乡	125	3	3	3	3
甘孜藏族自治州九龙县踏卡彝族乡	269	4	4	4	4
甘孜藏族自治州九龙县湾坝彝族乡	630	5	5	5	5
阿坝藏族羌族自治州松潘县十里回族乡	39	6	6	6	6
阿坝藏族羌族自治州松潘县进安回族乡	33	10	10	10	10
攀枝花市仁和区大龙潭彝族乡	279	8	8	8	8
攀枝花市仁和区啊喇彝族乡	178	6	6		6
攀枝花市米易县麻陇彝族乡	223	8	8	8	8
攀枝花市米易县白坡彝族乡	343	10	10	10	10
攀枝花市米易县湾丘彝族乡	116	6	6	6	6
攀枝花市米易县新山傈僳族乡	77	4	4	4	4
攀枝花市盐边县敢鱼彝族乡	272	14	14	14	14
攀枝花市盐边县红果彝族乡	291	11	11	2	11
攀枝花市盐边县温泉彝族乡	187	7	7	7	7
攀枝花市盐边县箐河傈僳族乡	154	6	6	1	6
攀枝花市盐边县格萨拉彝族乡	334	11	11	11	11
攀枝花市盐边县和爱彝族乡	65	4	4	4	4
攀枝花市盐边县红宝苗族彝族乡	314	7	7	7	7
泸州市叙永县白蜡苗族乡	150	7	7	7	7
泸州市叙永县合乐苗族乡	91	5	5	5	5
泸州市叙永县枧槽苗族乡	81	6	6	1	6
泸州市叙永县石坝彝族乡	35	5	4	4	4
泸州市叙永县水潦彝族乡	83	10	10	5	10

#已通电话的村（个）	#已通邮的村（个）	年末总人口（人）	#少数民族（人）	乡镇企业从业人员（人）	乡镇企业总产值（万元）	#工业企业（万元）
6	6	9445	3698	51	546	546
6	6	7593	2237	168	2101	1522
6	6	6373	2369	35	800	800
623	**478**	**747849**	**351621**	**50941**	**1271809**	**1134590**
5	5	4109	2948			
4	4	3449	3444			
3	3	3110	3106			
3	3	2823	2541			
3	3	1556	1258			
4	4	4584	4273			
5	5	7492	6900			
6	6	3626	2508	68	438	
10	10	5769	3783	854	2748	706
8	8	15782	10863			
4	6	9297	5130	30	4928	1199
8	8	8571	5829			
10	10	10496	4329	107	531	531
6	6	16131	5196	4425	650850	647752
4	4	7243	1957	568	9867	759
14	1	7910	3524	42	840	620
11	1	13657	6670	3856	7562	7240
7	1	7658	6144	21	718	605
6	1	6170	1819	105	3497	2709
11	1	12672	12286	112	5120	2100
4	4	5528	1659	290	876	750
7	1	5022	3816	108	981	720
7	7	20572	4491	172	7714	7714
5	5	12787	5412	125	1234	587
6	6	12814	4517	45	1330	1080
4	4	9394	3814	25	3803	3352
10	10	21222	11621	36	1852	1852

10-1(一)　续表 17

民族乡镇名称	行政区划面积(平方公里)	村民委员会(个)	#已通公路的村(个)	#已通自来水的村(个)	#已通电的村(个)
泸州市古蔺县箭竹苗族乡	163	8	8	8	8
泸州市古蔺县大寨苗族乡	49	3	3	3	3
泸州市古蔺县马嘶苗族乡	78	5	5	5	5
广元市青川县蒿溪回族乡	111	5	5	5	5
广元市青川县大院回族乡	50	6	6	6	6
乐山市金口河区和平彝族乡	41	6	6	6	6
乐山市金口河区共安彝族乡	171	7	7		7
南充市阆中市博树回族乡	23	8	8	5	8
宜宾市筠连县高坪苗族乡	35	5	5	5	5
宜宾市筠连县联合苗族乡	39	8	8	8	8
宜宾市筠连县团林苗族乡	46	8	8	8	8
宜宾市屏山县屏边彝族乡	94	7	7	7	7
宜宾市屏山县清平彝族乡	84	11	11	9	11
宜宾市兴文县大坝苗族乡	128	16	16	16	16
宜宾市兴文县毓秀苗族乡	87	5	5	5	5
宜宾市兴文县大河苗族乡	126	17	17	17	17
宜宾市兴文县麒麟苗族乡	115	25	25	17	25
宜宾市兴文县仙峰苗族乡	111	13	13	13	13
宜宾市珙县罗渡苗族乡	41	10	10	5	10
宜宾市珙县玉和苗族乡	25	4	4	4	4
宜宾市珙县观斗苗族乡	21	4	4	4	4
雅安市汉源县小堡藏族彝族乡	54	3	3	3	3
雅安市汉源县坭美彝族乡	67	5	5	5	5
雅安市汉源县永利彝族乡	110	6	5	6	6
雅安市汉源县顺河彝族乡	79	4	4	4	4
雅安市汉源县片马彝族乡	55	6	6	6	6
雅安市石棉县安顺彝族乡	212	6	6	6	6
雅安市石棉县先锋藏族乡	94	7	7	7	7
雅安市石棉县蟹螺藏族乡	197	7	7	7	7
雅安市石棉县回隆彝族乡	224	6	6	6	6
雅安市石棉县擦罗彝族乡	79	5	5	5	5

#已通电话的村（个）	#已通邮的村（个）	年末总人口（人）	#少数民族（人）	乡镇企业从业人员（人）	乡镇企业总产值（万元）	#工业企业（万元）
8	1	15654	3350	720	24374	14861
3	3	7563	1486	85	7200	270
5	5	13472	1653	36	600	350
5	1	3993	1513	10	50	
6	1	5704	1400	8	30	1
6	6	9588	2135	50	2800	1604
7	7	6186	2930	423	5000	5000
7	3	6991	3722	15	895	639
5	5	8081	2322	283	42252	42000
8	8	9647	3473	34	1171	1171
8	8	7088	1438	75	1220	1060
7	7	9060	3829	10	13987	13987
11	11	8919	3160	73	56	56
16	16	32244	7118	765	12500	8575
5	2	6909	2613	143	2985	1153
17	17	43663	7998	991	73777	73777
25	25	32542	7984	193	15337	8345
13	13	13191	4884	3521	48902	48902
10	10	14871	3212	290	11756	8539
4	4	6116	1898			
4	4	5572	1239	528	12092	3598
3	3	2470	786	76	1800	1000
5	5	2608	1189			
6		3235	644			
4	2	5035	1096			
6	2	5473	1942	45	90	90
6	6	9541	4197			
7	1	6994	2282	376	55390	52986
7	7	3923	2096	223	15000	988
6	6	9787	2154	205	2979	2979
5	5	4508	2430	324	5866	1784

10-1(一) 续表 18

民族乡镇名称	行政区划面积（平方公里）	村民委员会（个）	#已通公路的村（个）	#已通自来水的村（个）	#已通电的村（个）
雅安市石棉县栗子坪彝族乡	515	7	7	7	7
雅安市石棉县新民藏族彝族乡	123	9	9	9	9
雅安市石棉县挖角彝族藏族乡	187	3	3	3	3
雅安市石棉县田湾彝族乡	155	6	6	6	6
雅安市石棉县草科藏族乡	360	5	5	5	5
雅安市宝兴县跷碛藏族乡	880	5	5	5	5
雅安市荥经县宝峰彝族民族乡	21	5	5	5	5
雅安市荥经县民建彝族民族乡	14	3	3	3	3
凉山彝族自治州西昌市高草回族乡	25	7	7	3	7
凉山彝族自治州西昌市裕隆回族乡	44	9	9	4	9
凉山彝族自治州木里藏族自治县屋脚蒙古族乡	306	2	2	2	2
凉山彝族自治州木里藏族自治县俄亚纳西族乡	587	6	3	6	6
凉山彝族自治州木里藏族自治县白碉苗族乡	380	4	4	4	4
凉山彝族自治州木里藏族自治县项脚蒙古族乡	154	3	3	3	3
凉山彝族自治州木里藏族自治县固增苗族乡	389	4	4	4	4
凉山彝族自治州盐源县大坡蒙古族乡	149	5	5	2	5
凉山彝族自治州德昌县金沙傈僳族乡	74	3	3		3
凉山彝族自治州德昌县南山傈僳族乡	39	3	3	3	3
凉山彝族自治州会理县新安傣族乡	86	5	5		5
凉山彝族自治州冕宁县和爱藏族乡	96	6	4	6	4
凉山彝族自治州越西县保安藏族乡	35	22	3		3
绵阳市平武县木皮藏族乡	251	3	3	3	3
绵阳市平武县木座藏族乡	465	3	3	3	3
绵阳市平武县白马藏族乡	715	4	4	4	4
绵阳市平武县黄羊关藏族乡	199	6	6	6	6
绵阳市平武县虎牙藏族乡	484	5	5	5	5
绵阳市平武县泗耳藏族乡	548	3	3	3	3
绵阳市平武县徐塘羌族乡	121	5	5	5	5
绵阳市平武县锁江羌族乡	249	10	10	10	10
绵阳市平武县平南羌族乡	98	5	5	5	5
绵阳市北川羌族自治县桃龙藏族乡	67	7	7	7	7

#已通电话的村（个）	#已通邮的村（个）	年末总人口（人）	#少数民族（人）	乡镇企业从业人员（人）	乡镇企业总产值（万元）	#工业企业（万元）
7	1	5041	5031	8835	141099	141099
9	1	6757	2387			
3	3	3399	1604	102	5280	5280
6	6	2531	1217	50	1800	
5	5	2549	1227	332	655	655
5	1	5430	5323	67	4372	3772
5	5	4853	1275			
3	3	3381	1027			
7	7	14562	4223			
9	9	18623	5411			
2		2508	2508			
	6	6128	5258			
4	4	6182	5577			
3		3457	3300	10	30	20
4		3402	2755			
5		3871	1517			
3	3	3228	3192			
3	3	2047	2027			
5	5	4319	3027			
4	4	3331	1247			
3	3	5307	4492			
3	3	1106	760			
3	3	1785	1323			
4	1	1528	1489			
6	1	1527	495			
5	5	2762	1105	129		
3	3	858	289			
5	5	2715	2498			
10	10	6320	6002	69	200	
5	1	2300	2200			
7	7	3352	2599	2	190	2

10-1(一) 续表 19

民族乡镇名称	行政区划面积（平方公里）	村民委员会（个）	#已通公路的村（个）	#已通自来水的村（个）	#已通电的村（个）
绵阳市盐亭县大兴回族乡	24	8	8	2	8
达州市宣汉县渡口土家族乡	91	7	7	4	7
达州市宣汉县龙泉土家族乡	224	13	13	13	13
达州市宣汉县三墩土家族乡	91	7	7	7	7
达州市宣汉县漆树土家族乡	42	4	4	3	4
绵阳市平武县水田羌族乡	111	7	7	7	7
绵阳市平武县旧堡羌族乡	121	6	6	6	6
绵阳市平武县阔达藏族乡	112	6	6	6	6
绵阳市平武县土城藏族乡	222	9	9	9	9
贵州省	**20288**	**2101**	**2095**	**1784**	**2082**
贵阳市南明区小碧布依族苗族乡	64	12	12	12	12
贵阳市花溪区高坡苗族乡	119	19	19	19	19
贵阳市花溪区孟关苗族布依族乡	68	8	8	8	8
贵阳市花溪区马铃布依族苗族乡	81	3	3	3	3
贵阳市花溪区黔陶布依族苗族乡	75	7	7	7	7
贵阳市乌当区偏坡布依族乡	22	2	2	2	2
贵阳市乌当区新堡布依族乡	54	7	7	7	7
贵阳市白云区牛场布依族乡	68	13	13	13	13
贵阳市白云区都拉布依族乡	37	7	7	7	7
贵阳市清镇市麦格苗族布依族乡	125	15	15	15	15
贵阳市清镇市王庄布依族苗族乡	75	10	10	10	10
贵阳市清镇市流长苗族乡	158	26	26	5	26
贵阳市开阳县高寨苗族布依族乡	177	8	8	8	8
贵阳市开阳县南江布依族苗族乡	120	6	6	6	6
贵阳市开阳县禾丰布依族苗族乡	83	6	6	6	6
贵阳市修文县大石布依族乡	50	7	7	2	7
贵阳市息烽县青山苗族乡	49	5	5	5	5
六盘水市水城县坪寨彝族乡	97	4	4	4	4
六盘水市水城县南开苗族彝族乡	136	12	12	12	12
六盘水市水城县青林苗族彝族乡	64	4	4	4	4
六盘水市水城县金盆苗族彝族乡	107	6	6	6	6

#已通电话的村（个）	#已通邮的村（个）	年末总人口（人）	#少数民族（人）	乡镇企业从业人员（人）	乡镇企业总产值（万元）	#工业企业（万元）
8	8	7285	2480			
7	6	7373	7004	4077	16186	2916
13	1	11731	10536	5612	12702	2284
7	7		11893	7685	10110	1826
4	4	7209	6517	3444	15207	2745
7	7	4019	2300			
6	1	3552	2912	15	500	
6	6	5128	2718			
9	9	6321	4865	21	480	
1851	**1015**	**4326506**	**2304510**	**116311**	**2881549**	**2050041**
12	12	18077	7023			24700
19	19	26249	19161			
8	8	25000	10750		244433	85511
3	3	8987	6100	120	26520	9305
7	7	10922	4697	408	11000	11000
2	2	2037	1821	165	358	
7	1	5755	3135			
13	13	13880	5223	867	88159	39617
7	7	9128	4865	680	252055	252055
15	15	25310	9858	890	68500	42300
10	10	22974	7145	841	12607	10571
26	26	53364	27453	250	6000	6000
8	8	26706	8939	176	36398	34802
6	6	21178	7382	298	9600	1720
6	6	17296	6227	5624	12280	9050
7	7	13974	3705	50	95	65
5	5	7263	1994	398	1124	762
4	1	12832	3860	191	983	983
12	1	53056	26581	60	1122	1122
4	1	20870	12111	33	701	701
6	1	28860	19960	64	1388	1388

10-1(一) 续表 20

民族乡镇名称	行政区划面积(平方公里)	村民委员会(个)	#已通公路的村(个)	#已通自来水的村(个)	#已通电的村(个)
六盘水市水城县新街彝族苗族布依族乡	52	3	3	3	3
六盘水市水城县杨梅彝族苗族回族乡	160	6	6	6	6
六盘水市水城县野钟苗族彝族布依族乡	142	5	5	5	5
六盘水市水城县果布嘎彝族苗族布依族乡	107	5	5	5	5
六盘水市水城县龙场苗族白族彝族乡	101	5	5	5	5
六盘水市水城县营盘苗族彝族白族乡	114	6	6	6	6
六盘水市水城县顺场苗族彝族布依族乡	119	6	6	6	6
六盘水市水城县花戛苗族布依族彝族乡	160	5	5	5	5
六盘水市水城县猴场苗族布依族乡	155	6	6	6	6
六盘水市盘县普田回族乡	76	6	6	6	6
六盘水市盘县旧营白族彝族苗族乡	101	11	11	11	11
六盘水市盘县羊场布依族白族苗族乡	136	16	16	16	16
六盘水市盘县保基苗族彝族乡	147	7	7	7	7
六盘水市盘县淤泥彝族乡	175	19	19	18	19
六盘水市盘县普古彝族苗族乡	155	19	19	19	19
六盘水市盘县坪地彝族乡	152	15	14	15	15
六盘水市六枝特区梭戛苗族彝族乡	57	7	7	1	7
六盘水市六枝特区落别布依族彝族乡	94	13	13	13	13
六盘水市六枝特区中寨苗族彝族布依族乡	165	17	17	17	17
六盘水市六枝特区牛场苗族彝族乡	83	9	9	9	9
六盘水市六枝特区月亮河彝族苗族乡	118	17	17	17	17
遵义市仁怀市后山苗族布依族乡	72	4	4	4	4
遵义市遵义县平正仡佬族乡	150	6	6	6	6
遵义市遵义县洪关苗族乡	65	3	3	3	3
遵义市桐梓县马鬃苗族乡	109	10	10	10	10
遵义市正安县谢坝仡佬族苗族乡	97	6	6	6	6
遵义市正安县市坪苗族仡佬族乡	111	4	4	4	4
遵义市余庆县花山苗族乡	106	4	4	4	4
遵义市道真仡佬族苗族自治县上坝土家族乡	92	3	3	3	3
安顺市西秀区鸡场布依族苗族乡	110	5	5	5	5
安顺市西秀区杨武布依族苗族乡	152	11	11	11	11

#已通电话的村（个）	#已通邮的村（个）	年末总人口（人）	#少数民族（人）	乡镇企业从业人员（人）	乡镇企业总产值（万元）	#工业企业（万元）
3	1	14528	8877	20	941	941
6	1	28193	13730	52	540	540
5	1	22604	14584	70	3400	3400
5	1	20573	11632	159	1843	1843
5	1	24728	12020	230	3802	3802
6	1	20226	19863	176	1147	1147
6	1	26621	15699	329	22882	22882
5	1	20141	15087	56	8720	8720
6	1	22593	20786	46	26734	26734
6	6	14548	4025	126	496	110
11	11	30401	12324	124	386	94
16	1	39094	16281	948	1043	403
7	1	15323	13530	980	3679	1153
19		30213	18670	8200	37473	19120
13	19	21214	17134	800	3642	814
11	15	36159	11937	1500	25350	4052
7	1	21966	6599	933	14540	8666
13	13	42181	26520	6262	129042	65342
17	1	37642	36889	12113	214754	49157
9	1	26688	11098	806	34521	4536
17	2	36047	29060	5230	47600	23200
4	4	11904	5001	241	1300	600
6	6	21362	4108	1210	11275	6896
3	3	11312	1179	150	12000	9000
10	1	9401	2778			
6	6	15171	11307	438	4572	757
4	4	22360	17888	452	3987	671
4	4	15250	8378	300	1140	1140
3	3	19229	16345	3120	290656	203459
5	5	19526	7379	374	3203	2800
11	11	31817	16371	263	1360	780

10-1(一) 续表 21

民族乡镇名称	行政区划面积(平方公里)	村民委员会(个)	#已通公路的村(个)	#已通自来水的村(个)	#已通电的村(个)
安顺市西秀区岩腊苗族布依族乡	114	8	8	8	8
安顺市西秀区新场布依族苗族乡	70	8	8	8	8
安顺市西秀区黄腊布依族苗族乡	77	7	7	7	7
安顺市平坝县十字回族乡	110	11	11	11	11
安顺市平坝县羊昌布依族苗族乡	73	7	7	7	7
安顺市普定县补郎苗族乡	81	11	11	11	11
安顺市普定县猴场苗族仡佬族乡	93	10	10	10	10
安顺市普定县猫洞苗族仡佬族乡	89	15	15	14	15
毕节市七星关区大屯彝族乡	56	8	8	8	8
毕节市七星关区田坎彝族乡	58	7	7	7	7
毕节市七星关区阿市苗族彝族乡	102	13	13	13	13
毕节市七星关区团结彝族苗族乡	84	13	13	13	13
毕节市七星关区阴底彝族苗族白族乡	117	12	12	12	12
毕节市七星关区千溪彝族苗族白族乡	58	5	5	5	5
毕节市黔西县永燊彝族苗族乡	95	13	13	13	13
毕节市黔西县新仁苗族乡	69	9	9	9	9
毕节市黔西县花溪彝族苗族乡	78	10	10	10	10
毕节市黔西县中建苗族彝族乡	62	6	6	6	6
毕节市黔西县定新彝族苗族乡	95	13	13	13	13
毕节市黔西县太来彝族苗族乡	100	13	13	13	13
毕节市黔西县绿化白族彝族乡	43	7	7	7	7
毕节市黔西县红林彝族苗族乡	96	11	11	11	11
毕节市黔西县五里布依族苗族乡	84	10	10	10	10
毕节市黔西县铁石苗族彝族乡	90	10	10	10	10
毕节市大方县竹园彝族苗族乡	53	9	9	9	9
毕节市大方县响水白族彝族仡佬族乡	114	16	16	14	16
毕节市大方县鼎新彝族苗族乡	110	12	12	12	12
毕节市大方县牛场苗族彝族乡	106	10	10	10	10
毕节市大方县理化苗族彝族乡	131	10	10	5	10
毕节市大方县安乐彝族仡佬族乡	65	8	8	8	8
毕节市大方县凤山彝族蒙古族乡	84	10	10	10	10

#已通电话的村（个）	#已通邮的村（个）	年末总人口（人）	#少数民族（人）	乡镇企业从业人员（人）	乡镇企业总产值（万元）	#工业企业（万元）
8	8	21220	10299	196	1122	912
8	8	17314	6699	165	980	456
7	7	17553	16434	136	4120	3520
11	11	32107	11520	366	19762	12858
7	7	25100	15022	2290	95005	70607
11	11	27050	8548	240	2400	900
10	10	26730	9854	235	10430	3241
15	15	33540	11068	270	8600	8160
8	8	23411	4860	117	412	80
7	7	17980	4560	50	508	131
13	7	27102	8954	62	4213	2810
13	7	25692	6842	121	564	318
12	5	46224	13579	219	5238	3927
5	5	25752	7651	280	4235	4031
13	13	27974	7340	147	538	307
9	9	26123	7265	523	309	104
10	10	20083	11532	722	23335	23407
6	6	12457	3251	2364	9419	9214
13	13	24448	7633	642	2043	1179
13	13	34134	9598	898	16052	15976
7	7	28128	8731	924	47775	39167
11	11	20949	12157	408	2560	2266
10	10	23148	9074	2069	92647	90443
10	10	23608	13359	91	342	196
5	2	25813	9381	1532	28000	26500
16	1	38717	15015	110	450	120
12	12	45989	28529	494	4330	4330
10	1	49660	15341	209	1590	455
10	1	50911	19346	245	721	721
8	1	16246	11047	38	1106	1106
10	10	18924	7888	2465	108844	106844

10-1(一) 续表 22

民族乡镇名称	行政区划面积（平方公里）	村民委员会（个）	#已通公路的村（个）	#已通自来水的村（个）	#已通电的村（个）
毕节市大方县百纳彝族乡	94	8	8	8	8
毕节市大方县三元彝族苗族白族乡	86	9	9	9	9
毕节市大方县沙厂彝族乡	107	9	9	9	9
毕节市大方县黄泥彝族苗族满族乡	103	8	8	8	8
毕节市大方县核桃彝族白族乡	85	11	11	11	11
毕节市大方县八堡彝族苗族乡	127	10	10	10	10
毕节市大方县兴隆苗族乡	53	11	11	11	11
毕节市大方县大山苗族彝族乡	63	16	16	2	16
毕节市大方县星宿苗族彝族仡佬族乡	110	13	13	13	13
毕节市织金县自强苗族乡	56	13	12	3	13
毕节市织金县官寨苗族乡	106	21	21	16	21
毕节市织金县后寨苗族乡	109	20	20	20	20
毕节市织金县大平苗族彝族乡	105	24	24	11	24
毕节市织金县茶店布依族苗族彝族乡	86	5	5	5	5
毕节市织金县金龙苗族彝族布依族乡	121	11	11	11	11
毕节市织金县鸡场苗族彝族布依族乡	83	7	7	5	7
毕节市金沙县太平彝族苗族乡	107	8	8	8	8
毕节市金沙县石场苗族彝族乡	94	10	10	10	10
毕节市金沙县马路彝族苗族乡	84	7	7	3	7
毕节市金沙县安洛苗族彝族满族乡	187	16	16	1	16
毕节市金沙县新化苗族彝族满族乡	113	16	16	16	16
毕节市金沙县大田彝族苗族布依族乡	140	10	10	10	10
毕节市赫章县兴发苗族彝族回族乡	160	18	18	2	18
毕节市赫章县松林坡白族彝族苗族乡	193	26	26	21	26
毕节市赫章县雉街彝族苗族乡	83	9	9	9	9
毕节市赫章县珠市彝族乡	84	10	10	2	10
毕节市赫章县双坪彝族苗族乡	132	19	19	19	19
毕节市赫章县辅处彝族苗族乡	173	20	20	15	20
毕节市赫章县铁匠苗族乡	105	8	8	8	8
毕节市赫章县可乐彝族苗族乡	120	14	14		14
毕节市赫章县河镇彝族苗族乡	129	25	25	25	25

#已通电话的村（个）	#已通邮的村（个）	年末总人口（人）	#少数民族（人）	乡镇企业从业人员（人）	乡镇企业总产值（万元）	#工业企业（万元）
8	1	20255	12760	241	4000	4000
9	1	36620	10666	658	1278	1278
9	1	39250	12233	206	710	710
8	1	31289	9380	53	658	658
11	1	18838	5103			
10	1	14050	4655	227	4540	3000
11	1	18832	15292	147	1873	1362
16	1	32460	16547	720	1103	3
13	1	31310	18022	2418	36229	30135
13	1	23431	12275	300	3851	3851
21	1	28000	17413	2334	21027	14070
20	1	53589	27896	560	224	224
24	1	48791	25175	50	3000	
1	1	16128	4495			
11	11	31854	9383	205	3210	1317
7	1	16779	4048			
8	8	21350	9730	1563	40000	33750
10	10	22358	7474	5600	96572	96572
7	1	10436	3354	820	27785	9607
3	1	28960	11566	565	20400	18000
8	1	32033	14872	65	2096	2096
1	1	18467	9610	321	605	420
2	1	24144	13821	2318	314000	295182
1	1	45379	11067	342	330	173
1	1	17816	4826	68	5530	1350
2	2	19333	5626	348	515	415
3	1	44292	13997	250	1000	390
3	1	39929	18254	256	536	315
5	1	22257	11351	308	12315	10086
2	1	20809	5200			
10	2	29789	7149	115	3525	3525

10-1(一) 续表 23

民族乡镇名称	行政区划面积(平方公里)	村民委员会(个)	#已通公路的村(个)	#已通自来水的村(个)	#已通电的村(个)
毕节市赫章县结构彝族苗族乡	65	10	10	10	10
毕节市赫章县水塘堡彝族苗族乡	104	11	11	11	11
毕节市赫章县古达苗族彝族乡	59	6	6	6	6
毕节市纳雍县厍东关彝族苗族白族乡	92	15	15	15	15
毕节市纳雍县董地苗族彝族乡	95	25	25	25	25
毕节市纳雍县左鸠戛彝族苗族乡	88	19	19	19	19
毕节市纳雍县锅圈岩苗族彝族乡	80	12	12	12	12
毕节市纳雍县新房彝族苗族乡	117	15	15	15	15
毕节市纳雍县化作苗族彝族乡	80	16	16	16	16
毕节市纳雍县姑开苗族彝族乡	93	11	11	11	11
毕节市纳雍县羊场苗族彝族乡	110	31	31	31	31
毕节市纳雍县昆寨苗族彝族白族乡	83	8	8	8	8
毕节市纳雍县猪场苗族彝族乡	72	10	10	10	10
毕节市威宁彝族回族苗族自治县新发布依族乡	123	13	13	2	13
毕节市大方县大水彝族苗族布依族乡	85	10	10	10	10
毕节市黔西县金坡苗族彝族满族乡	97	8	7	2	8
毕节市大方县普底彝族苗族白族乡	64	6	6	6	6
毕节市黔西县仁和彝族苗族乡	44	3	3	3	3
铜仁市碧江区桐木坪侗族乡	66	3	3	3	3
铜仁市碧江区瓦屋侗族乡	115	6	6	6	6
铜仁市碧江区和平土家族侗族乡	117	9	9	9	9
铜仁市碧江区滑石侗族苗族土家族乡	73	7	7	7	7
铜仁市碧江区六龙山侗族土家族乡	96	4	4	4	4
铜仁市万山区高楼坪侗族乡	76	14	14	14	14
铜仁市万山区黄道侗族乡	92	10	10	10	10
铜仁市万山区敖寨侗族乡	91	5	5	5	5
铜仁市万山区下溪侗族乡	65	7	7	7	7
铜仁市万山区鱼塘侗族土家族苗族乡	144	14	14	14	14
铜仁市万山区大坪侗族土家族苗族乡	156	12	12	12	12
铜仁市德江县楠杆土家族乡	124	13	13	13	13
铜仁市德江县沙溪土家族乡	119	14	14	14	14

		年　末 总人口 （人）		乡镇企业 从业人员 （人）	乡镇企业 总产值 （万元）	
#已通电话 的　　村 （个）	#已通邮 的　村 （个）		#少数民族 （人）			#工业企业 （万元）
10	2	23890	10087	425	3005	2316
11	1	33580	20040	170	1350	1057
6	1	12702	4398	94	950	185
15	1	32268	15507	185	650	165
25	1	42230	13510	510	780	460
19	2	41112	25537	350	1520	1350
12	1	35201	13180	446	2083	1645
15	2	35858	8279	136	456	168
16	1	30951	16199	254	756	356
11	1	20916	14896	529	3612	325
31	1	49520	15346	150	3000	1800
8	8	13738	9191	50	7800	7640
10	10	20658	12563	2484	8200	7900
10	2	20456	14644	210	412	560
10	1	22850	10218	375	2900	2700
8	1	16097	4025	56	250	140
6	1	13366	5248	48	190	60
3	3	12659	6536	110	5780	3200
3	3	9670	7563	180	2000	
6	6	11892	10756	280	7336	6336
9	9	24054	17653			
7	7	22785	21200	120	1200	800
4	4	4635	4330			
14	14	16801	13862	5600	38650	24500
10	10	14543	13420	650	4120	
5	5	10070	10000	510	3850	1050
7	7	9856	8865	1200	3751	3751
14	14	31123	29560	120	650	
12	12	25930	22750	211	1200	
13	8	15906	13202	18	100	
14	9	13095	9690	30	450	300

10-1(一)　续表 24

民族乡镇名称	行政区划面积（平方公里）	村民委员会（个）	#已通公路的村（个）	#已通自来水的村（个）	#已通电的村（个）
铜仁市德江县桶井土家族乡	94	22	22	6	6
铜仁市德江县堰塘土家族乡	102	13	13	13	13
铜仁市德江县荆角土家族乡	98	15	15	6	15
铜仁市德江县长丰土家族乡	95	14	13	14	14
铜仁市德江县龙泉土家族乡	81	12	12	12	12
铜仁市德江县钱家土家族乡	80	13	13	13	13
铜仁市江口县德旺土家族苗族乡	267	10	10	7	7
铜仁市江口县官和侗族土家族苗族乡	120	4	4	4	4
铜仁市石阡县聚凤仡佬族侗族乡	157	18	18	9	18
铜仁市石阡县大沙坝仡佬族侗族乡	63	15	15	15	15
铜仁市石阡县枫香仡佬族侗族乡	70	12	12	12	12
铜仁市石阡县青阳苗族仡佬族侗族乡	135	14	14	14	14
铜仁市石阡县龙井侗族仡佬族乡	100	23	23	7	23
铜仁市石阡县石固仡佬族侗族乡	167	14	14	14	14
铜仁市石阡县坪地仡佬族侗族乡	123	18	18	4	18
铜仁市石阡县甘溪仡佬族侗族乡	158	9	9	5	9
铜仁市石阡县坪山仡佬族侗族乡	124	8	8	8	8
铜仁市思南县思林土家族苗族乡	56	13	13	10	13
铜仁市思南县枫芸土家族苗族乡	68	15	15	5	15
铜仁市思南县杨家坳苗族土家族乡	76	18	18	7	18
铜仁市思南县胡家湾苗族土家族乡	59	14	14	6	14
铜仁市思南县宽坪土家族苗族乡	68	14	14	4	14
铜仁市思南县三道水土家族苗族乡	62	17	17	5	17
铜仁市思南县天桥土家族苗族乡	69	12	12	5	12
铜仁市思南县兴隆土家族苗族乡	56	13	11	5	13
黔西南布依族苗族自治州晴隆县三宝彝族乡	24	3	3	3	3
黔西南布依族苗族自治州兴仁县鲁础营回族乡	145	8	8	8	8
黔西南布依族苗族自治州望谟县油迈瑶族乡	169	8	8	8	8
黔东南苗族侗族自治州从江县秀塘壮族乡	178	13	13	9	13
黔东南苗族侗族自治州从江县刚边壮族乡	145	15	15	15	15
黔东南苗族侗族自治州从江县翠里瑶族壮族乡	165	20	20	18	20

#已通电话的村（个）	#已通邮的村（个）	年末总人口（人）	#少数民族（人）	乡镇企业从业人员（人）	乡镇企业总产值（万元）	#工业企业（万元）
22	22	23130	22667	180	1000	100
13	13	16749	14404	90	380	
15	12	16737	11046	100	600	500
14	9	18982	16135	18	300	
12	12	13534	10827	65	500	
13	13	13856	13856	200	560	480
7	7	18630	11923	162	2250	1360
4	3	9763	6449	12	130	82
18	2	22822	20163	313	260	140
15	3	20953	16680	70	140	65
12	1	10860	8462	103	518	110
14	1	13756	12931	134	453	120
23	2	30718	30104	85	800	400
14	1	14512	11319	41	480	310
18	1	20554	15415	347	974	964
9	1	16756	15415	86	480	450
8	2	7327	6946	428	1200	850
5	3	14191	6487	126	310	
4	2	17766	8795	35	1500	
7	5	21566	10314	100	580	
4	2	16542	11021	58	126	
4	2	16528	8869	20	194	
7	2	20958	11832	147	1643	
4	3	16408	8594	150	615	
5	1	16836	9164	40	400	
3	1	5853	5628	33	200	
8	8	19480	7538	186	1640	520
8	1	13521	13420			
13	1	8205	7405	39	430	
15	1	11972	10779	42	200	
20	1	14420	13694	99	72	

10-1(一) 续表 25

民族乡镇名称	行政区划面积（平方公里）	村民委员会（个）	#已通公路的村（个）	#已通自来水的村（个）	#已通电的村（个）
黔东南苗族侗族自治州镇远县尚寨土家族乡	75	4	4	4	4
黔东南苗族侗族自治州麻江县坝芒布依族乡	127	7	7	7	7
黔东南苗族侗族自治州榕江县水尾水族乡	171	5	5	5	5
黔东南苗族侗族自治州榕江县三江水族乡	201	13	13	13	13
黔东南苗族侗族自治州榕江县仁里水族乡	83	8	8	8	8
黔东南苗族侗族自治州榕江县定威水族乡	147	7	7	7	7
黔东南苗族侗族自治州榕江县兴华水族乡	177	9	9	9	9
黔东南苗族侗族自治州榕江县塔石瑶族水族乡	86	9	9	9	9
黔东南苗族侗族自治州雷山县达地水族乡	73	10	10	10	10
黔东南苗族侗族自治州黎平县顺化瑶族乡	59	4	4	4	4
黔东南苗族侗族自治州黎平县雷洞瑶族水族乡	82	16	16	16	16
黔东南苗族侗族自治州岑巩县羊桥土家族乡	161	15	15	15	15
黔南布依族苗族自治州都匀市归兰水族乡	150	12	12	12	12
黔南布依族苗族自治州荔波县瑶山瑶族乡	207	8	8	6	8
黔南布依族苗族自治州荔波县黎明关水族乡	488	14	14	14	14
黔南布依族苗族自治州平塘县卡蒲毛南族	108	6	6	6	6
贵阳市花溪区湖潮布依族苗族乡	111	20	20	20	20
云南省	**41168**	**1053**	**1053**	**1032**	**1053**
昆明市晋宁县夕阳彝族乡	157	10	10	10	10
昆明市晋宁县双河彝族乡	152	6	6	6	6
昆明市宜良县九乡彝族回族乡	256	8	8	8	8
昆明市宜良县耿家营彝族苗族乡	199	9	9	9	9
昭通市昭阳区守望回族乡	67	7	7	7	7
昭通市昭阳区小龙洞回族彝族乡	124	6	6	6	6
昭通市布嘎回族乡	97	5	5	3	5
昭通市青岗岭回族彝族乡	113	7	7	7	7
昭通市鲁甸县桃源回族乡	60	7	7	7	7
昭通市鲁甸县茨院回族乡	43	6	6	6	6
昭通市大关县上高桥回族彝族苗族乡	104	6	6	6	6
昭通市永善县马楠苗族彝族乡	211	6	6	6	6
昭通市永善县伍寨彝族苗族乡	174	5	5	5	5

#已通电话的村（个）	#已通邮的村（个）	年末总人口（人）	#少数民族（人）	乡镇企业从业人员（人）	乡镇企业总产值（万元）	#工业企业（万元）
4	4	7941	7305			
7	7	16602	11763	63	87	87
5	5	4341	4311			
13	13	15036	13414	5	10	10
8	8	12297	10969			
7	7	6526	6219			
9	9	11256	11147	36	49	49
9	9	11087	10055	15		
10	1	11492	9934	15	360	
4	1	5242	5208			
16	1	13114	13050			
15	15	29053	22163			
12	12	32559	31341			
8	6	10178	9873	128	856	856
14	14	21337	17863	495	2639	2639
6	6	13395	13086	35	1000	
20	20	47105	15586			
1053	**1044**	**2748130**	**1741938**	**58414**	**1486079**	**1093929**
10	10	9725	7526	1993	12048	10240
6	6	9443	7556	1309	28093	5807
8	8	19334	5531	11	226	
9	9	18051	6179	1105	38420	36270
7	7	44824	32756			
6	6	38498	31372	1080	1300	
5	5	33095	21960	265	810	
7	7	30812	9437	146	2610	960
7	7	42054	39626	1583	66678	60001
6	6	30406	8699			
6	6	21745	7386	12	745	125
6	6	16820	5650			
5	5	15287	4404	51	4315	3841

10-1(一) 续表 26

民族乡镇名称	行政区划面积（平方公里）	村民委员会（个）	#已通公路的村（个）	#已通自来水的村（个）	#已通电的村（个）
昭通市镇雄县果珠彝族乡	91	5	5	5	5
昭通市镇雄县林口彝族苗族乡	117	8	8	8	8
昭通市彝良县龙街苗族彝族乡	238	12	12	12	12
昭通市彝良县奎香苗族彝族乡	229	8	8	8	8
昭通市彝良县树林彝族苗族乡	124	4	4	4	4
昭通市彝良县柳溪苗族乡	96	5	5	5	5
昭通市彝良县洛旺苗族乡	168	8	8	8	8
昭通市威信县双河苗族彝族乡	146	8	8	8	8
曲靖市师宗县龙庆彝族壮族乡	481	14	14	14	14
曲靖市师宗县五龙壮族乡	476	13	13	13	13
曲靖市师宗县高良壮族苗族瑶族乡	561	11	11	11	11
曲靖市罗平县长底布依族乡	89	6	6	6	6
曲靖市罗平县旧屋基彝族乡	120	7	7	7	7
曲靖市罗平县鲁布革布依族苗族乡	249	9	9	9	9
曲靖市富源县古敢水族乡	83	3	3	3	3
曲靖市会泽县新街回族乡	263	16	16	16	16
楚雄彝族自治州南华县雨露白族乡	243	7	7	7	7
楚雄彝族自治州大姚县湾碧傈僳傣族乡	557	12	12	12	12
楚雄彝族自治州永仁县永兴傣族乡	539	12	12	12	12
楚雄彝族自治州武定县东坡傣族乡	168	8	8	8	8
玉溪市红塔区小石桥彝族乡	73	3	3	3	3
玉溪市红塔区洛河彝族乡	171	5	5	5	5
玉溪市江川县安化彝族乡	96	5	5	5	5
玉溪市通海县高大傣族彝族乡	110	6	6	6	6
玉溪市通海县里山彝族乡	100	5	5	5	5
玉溪市通海县兴蒙蒙古族乡	5	3	3	3	3
玉溪市华宁县通红甸彝族苗族乡	115	6	6	6	6
玉溪市易门县十街彝族乡	159	8	8	8	8
玉溪市易门县浦贝彝族乡	179	7	7	7	7
玉溪市易门县铜厂彝族乡	293	9	9	9	9
红河哈尼族彝族自治州河口瑶族自治县桥头苗族壮族乡	175	8	8	8	8

#已通电话的村（个）	#已通邮的村（个）	年末总人口（人）	#少数民族（人）	乡镇企业从业人员（人）	乡镇企业总产值（万元）	#工业企业（万元）
5	5	41470	9746	522	5906	5906
8	8	47113	11832	120	1050	1050
12	12	48733	12903			
8	8	53927	9429			
4	4	26498	7916			
5	5	22573	5753			
8	8	32580	9086	5521	53	
8	8	34590	9283			
14	14	41638	19569	447	890	200
13	13	35560	13420	950	3890	1250
11	11	22920	22103	928	10707	1275
6	6	17991	6590	627	2000	379
7	7	11562	4519	136	905	700
9	9	19953	17777	109	1507	168
3	3	16376	5972	366	4193	2798
16	16	43061	18066			
7	7	14510	11876			
12	12	18091	10338	628	12478	7289
12	12	11978	7939	399	15914	275
8	8	14600	11900	120	9635	465
3	3	6512	2938	1128	40661	35721
5	5	10127	9202	653	20400	18418
5	5	9498	9088	23	5881	5881
6	6	11244	7609	1568	28829	24756
5	5	8861	4539	2389	143952	138170
3	3	5716	5512	409	18860	10135
6	6	10625	4616	293	6043	4419
8	8	12608	7010	1393	11720	4103
7	7	17690	9495	1297	28850	20620
9	9	21649	14342	694	11142	5035
8	8	19588	14766	444	2484	2484

10-1(一) 续表 27

民族乡镇名称	行政区划面积（平方公里）	村民委员会（个）	#已通公路的村（个）	#已通自来水的村（个）	#已通电的村（个）
红河哈尼族彝族自治州金平苗族瑶族傣族自治县者米拉祜族乡	376	4	4	4	4
红河州蒙自县期路白苗族乡	212	6	6	6	6
红河州蒙自县老寨苗族乡	157	4	4	4	4
红河州开远市大庄回族乡	104	5	5	5	5
文山壮族苗族自治州文山市东山彝族乡	159	4	4	4	4
文山壮族苗族自治州文山市红甸回族乡	91	4	4	4	4
文山壮族苗族自治州文山市秉烈彝族乡	283	10	10	10	10
文山壮族苗族自治州文山市柳井彝族乡	173	7	7	7	7
文山壮族苗族自治州文山市坝心彝族乡	126	5	5	5	5
文山州砚山县阿舍彝族乡	273	6	6	6	6
文山州砚山县维末彝族乡	581	10	10	10	10
文山州砚山县盘龙彝族乡	238	5	5	5	5
文山州砚山县干河彝族乡	237	4	4	4	4
文山州丘北县舍得彝族乡	303	7	7	7	7
文山州丘北县新店彝族乡	472	6	6	6	6
文山州丘北县树皮彝族乡	580	9	9		9
文山州丘北县八道哨彝族乡	214	5	5	1	5
文山州丘北县腻脚彝族乡	414	7	7	1	7
文山州麻栗坡县猛硐瑶族乡	215	5	5	5	5
文山州富宁县洞波瑶族乡	535	12	12	12	12
普洱市澜沧拉祜族自治县酒井哈尼族乡	381	4	4	4	4
普洱市澜沧拉祜族自治县发展河哈尼族乡	468	4	4	4	4
普洱市澜沧拉祜族自治县谦六彝族乡	896	15	15	15	15
普洱市澜沧拉祜族自治县文东佤族乡	180	6	6	6	6
普洱市澜沧拉祜族自治县安康佤族乡	197	5	5	5	5
普洱市澜沧拉祜族自治县雪林佤族乡	227	7	7	7	7
普洱市思茅区云仙彝族乡	667	12	12	12	12
普洱市思茅区龙潭彝族傣族乡	330	6	6	6	6
普洱市墨江哈尼族自治县孟弄彝族乡	211	7	7	7	7
普洱市西盟佤族自治县力所拉祜族乡	186	5	5	5	5
大理州大理市太邑彝族乡	107	5	5	5	5

#已通电话的村（个）	#已通邮的村（个）	年末总人口（人）	#少数民族（人）	乡镇企业从业人员（人）	乡镇企业总产值（万元）	#工业企业（万元）
4	4	23235	22898	56	322	322
6	6	18885	14349			
4	4	11153	6869	423	7362	1931
5	5	19058	16280	1721	22583	9068
4	4	10871	9689	244	24725	6520
4	4	14824	11499	1025	8762	5540
10	10	23400	22184	19	117	
7	7	15847	10284			
5	5	8210	4249			
6	6	24165	19877	22	157	
10	10	57756	38770			
5	5	32350	20441	403	55023	55023
4	4	24285	19750			
7	7	18966	16401	25	995	
6	6	20541	18962			
9	9	45798	27418	154	263	263
5	5	33585	23705	396	44136	40285
7	7	27171	16251	67	4970	4970
5	5	14954	14336	882	21317	16165
12	12	39602	35233	1000	1620	
4	4	13919	13239	161	635	
4	4	16240	12410	408	435	109
15	15	46289	38487	616	634	634
6	6	14438	10251	194	981	
5	5	12887	12607	35	272	
7	7	12779	12703	1378	573	
12	12	17780	6790	65	215	70
6	6	11780	4980	162	615	280
7	7	12799	10706			
5	5	11969	11443	1008	3141	3141
5	5	9255	8949	127	35000	35000

10-1(一)　续表 28

民族乡镇名称	行政区划面积(平方公里)	村民委员会(个)	#已通公路的村(个)	#已通自来水的村(个)	#已通电的村(个)
大理州鹤庆县六合彝族乡	250	13	13	13	13
大理州宾川县钟英傈僳族彝族乡	292	6	6	6	6
大理州宾川县拉乌彝族乡	242	7	7	7	7
大理州祥云县东山彝族乡	316	8	8	8	8
大理州弥渡县牛街彝族乡	264	11	11	11	11
大理州永平县北斗彝族乡	483	9	9	9	9
大理州永平县厂街彝族乡	363	11	11	11	11
大理州永平县水泄彝族乡	396	9	9	9	9
大理州云龙县苗尾傈僳族乡	662	8	8	8	8
大理州云龙县团结彝族乡	302	5	5	5	5
丽江市华坪县永兴傈僳族乡	315	7	7	7	7
丽江市华坪县通达傈僳族乡	152	5	5	5	5
丽江市华坪县新庄傈僳族傣族乡	277	7	7	7	7
丽江市华坪县船房傈僳族傣族乡	177	4	4	4	4
丽江市永胜县羊坪彝族乡	164	5	5	5	5
丽江市永胜县东山傈僳族彝族乡	379	5	5	5	5
丽江市永胜县六德傈僳族彝族乡	331	8	8	8	8
丽江市永胜县大安彝族纳西族乡	241	8	8	8	8
丽江市永胜县光华傈僳族彝族乡	170	8	8	8	8
丽江市永胜县松坪傈僳族彝族乡	291	8	8	8	8
丽江市宁蒗彝族自治县翠玉傈僳族普米族乡	618	6	6	6	6
丽江市古城区金江白族乡	89	5	5	5	5
丽江市玉龙纳西族自治县九河白族乡	359	11	11	11	11
丽江市玉龙纳西族自治县石头白族乡	574	5	5	5	5
丽江市玉龙县黎明傈僳族乡	812	7	7	7	7
保山市隆阳区瓦马彝族白族乡	307	21	21	21	21
保山市隆阳区瓦房彝族苗族乡	300	19	19	19	19
保山市隆阳区杨柳白族彝族乡	492	18	18	18	18
保山市隆阳区芒宽彝族傣族乡	510	12	12	12	12
保山市施甸县摆榔彝族布朗族乡	80	4	4	4	4
保山市施甸县木老元布朗族彝族乡	77	4	4	4	4

#已通电话的村（个）	#已通邮的村（个）	年末总人口（人）	#少数民族（人）	乡镇企业从业人员（人）	乡镇企业总产值（万元）	#工业企业（万元）
13	13	15979	15748	15	428	390
6	6	9084	5603	19	4149	4149
7	7	10554	4734	80	2050	2050
8	8	9820	9490	365	1114	695
11	11	20176	7527	457	4342	2392
9	9	13483	10282	274	34262	9586
11	11	19686	10837	100	14347	14347
9	9	17111	13283	901	64575	64575
8	8	18484	15684	1546	34156	25948
5	5	11131	10687	550	4300	3000
7	7	13735	5501	411	34520	27530
5	5	8354	6303	276	4011	529
7	7	17638	8692	33	33	33
4	4	10263	3391	80	772	
5	5	7892	7892			
5	1	8250	8100			
8	8	14273	11290	752	15152	12980
8	8	15529	11600	250	2000	1850
8	3	15109	8122			
8	8	8096	7846			
6	6	15350	11870			
5	5	3379	2858			
11	11	28585	27377	987	1370	1210
5	5	9450	9050			
7	7	15825	12992	206	5502	4250
21	21	25624	12924	43	8876	1078
19	19	33876	14161	128	12689	4488
18	18	38992	26739	3074	86247	67333
12	12	38541	25217	664	43725	41250
4	4	7393	5228			
4	4	6013	2923			

10-1(一) 续表 29

民族乡镇名称	行政区划面积(平方公里)	村民委员会(个)	#已通公路的村(个)	#已通自来水的村(个)	#已通电的村(个)
保山市龙陵县木城彝族傈僳族乡	234	5	5	5	5
保山市昌宁县珠街彝族乡	281	10	10	10	10
保山市昌宁县苟街彝族苗族乡	358	11	11	11	11
保山市昌宁县湾甸傣族乡	316	5	5	5	5
德宏傣族景颇族自治州陇川县户撒阿昌族乡	256	11	11	11	11
德宏州潞西市三台山德昂族乡	158	4	4	4	4
德宏州梁河县曩宋阿昌族乡	111	9	9	9	9
德宏州梁河县九保阿昌族乡	146	6	6	6	6
德宏州盈江县苏典傈僳族乡	428	4	4	4	4
怒江州福贡县匹河怒族乡	401	9	9	9	9
怒江傈僳族自治州泸水县洛本卓白族乡	267	8	8	8	8
迪庆州香格里拉县三坝纳西族乡	979	7	7	7	7
迪庆州德钦县霞若傈僳族乡	1414	7	7	7	7
迪庆州德钦县拖顶傈僳族乡	374	5	5	5	5
临沧市凤庆县新华彝族苗族乡	335	11	11	11	11
临沧市凤庆县腰街彝族乡	93	6	6	6	6
临沧市凤庆县郭大寨彝族白族乡	176	11	11	11	11
临沧市云县栗树彝族傣族乡	250	16	16	16	16
临沧市云县忙怀彝族布朗族乡	238	11	11	11	11
临沧市云县后箐彝族乡	187	11	11	11	11
临沧市永德县大雪山彝族拉祜族傣族乡	391	8	8	8	8
临沧市永德县乌木龙彝族乡	204	10	10	10	10
临沧市临翔区平村彝族傣族乡	297	5	5	5	5
临沧市临翔区南美拉祜乡	121	4	4	4	4
临沧市耿马傣族佤族自治县芒洪拉祜族布朗族乡	259	5	5	5	5
临沧市沧源佤族自治县勐角傣族彝族拉祜族乡	218	9	9	9	9
临沧市镇康县军赛佤族拉祜族傈僳族德昂族乡	184	6	6	6	6
西双版纳州景洪市基诺山基诺族乡	623	7	7	7	7
西双版纳州景洪市景哈哈尼族乡	399	6	6	6	6
西双版纳州勐腊县瑶区瑶族乡	464	4	4	4	4
西双版纳州勐腊县象明彝族乡	934	5	5	5	5

#已通电话的村（个）	#已通邮的村（个）	年末总人口（人）	#少数民族（人）	乡镇企业从业人员（人）	乡镇企业总产值（万元）	#工业企业（万元）
5	5	9275	3859	324	2315	110
10	10	14190	13177	253	11360	11360
11	11	23777	6097	420	20120	8032
5	5	18510	5620	677	42602	13064
11	11	25117	16777	1214	21554	
4	4	7274	5643			
9	9	25059	6452			
6	6	15640	7194	827	18425	18425
4	4	8337	6065	53	6360	6360
9	9	12019	11855	76	4708	4708
8	8	14512	11612	25	1580	1580
7	7	18455	17789	111	100672	98972
7	7	9059	8700	350	1923	1560
5	5	9858	9760	150	2034	1767
11	11	24909	17735			
6	6	9015	7851	282	2734	1835
11	11	21928	8181	61	2756	2756
16	16	21730	17116			
11	11	20215	15948			
11	11	21192	15486			
8	8	21619	6969	226	15640	8600
10	10	28200	20670	840	6230	3934
5	5	9095	5230	187	1428	
4	4	4721	4002	248	2991	2991
5	5	8719	6008			
9	9	14067	13103	127	2647	533
6	6	14503	5914	100	6671	6671
7	7	14352	13508	682	3944	1470
6	6	25935	24562	125	19877	19877
4	4	8314	7717	60	3900	1600
5	5	11105	10867	198	2202	

10-1(一) 续表 30

民族乡镇名称	行政区划面积（平方公里）	村民委员会（个）	#已通公路的村（个）	#已通自来水的村（个）	#已通电的村（个）
西双版纳州勐海县格朗和哈尼族乡	312	5	5	5	5
西双版纳州勐海县布朗山布朗族乡	1001	7	7	7	7
西双版纳州勐海县西定哈尼族乡	615	11	11	11	11
西藏省	**2360**	**21**	**21**	**21**	**21**
山南市错那县麻玛门巴族乡	107	1	1	1	1
山南市错那县贡日门巴族乡	111	2	2	2	2
山南市错那县基巴门巴族乡	89	2	2	2	2
山南市错那县勒布区勒门巴族乡	674	2	2	2	2
林芝市林芝县更章门巴族乡	333	3	3	3	3
林芝市米林县南伊珞巴乡	633	3	3	3	3
林芝市墨脱县达木珞巴族乡	39	4	4	4	4
昌都市芒康县下盐井纳西族乡	375	4	4	4	4
陕西省	**745**	**25**	**24**	**24**	**24**
商洛市镇安县西口回族镇	167	10	10	10	10
商洛市镇安县茅坪回族镇	105	7	7	7	7
安康市宁陕县江口回族镇	473	7	7	7	7
甘肃省	**16665**	**306**	**306**	**294**	**306**
临夏州广河县阿里麻土东乡族乡	35	6	6	6	6
甘南州临潭县长川回族乡	87	10	10	10	10
甘南州临潭县卓洛回族乡	25	3	3	3	3
甘南州临潭县古战回族乡	43	5	5	5	5
甘南州卓尼县勺哇土族乡	100	2	2	2	2
陇南市文县铁楼藏族乡	324	16	16	16	16
陇南市武都区坪垭藏族乡	95	9	9	6	9
陇南市武都区磨坝藏族乡	74	8	8	8	8
陇南市宕昌县新城子藏族乡	91	10	10	10	10
酒泉市肃州区黄泥堡裕固族乡	398	3	3	3	3
酒泉市玉门市小金湾东乡族乡	22	5	5	5	5
白银市会宁县新添堡回族乡	218	13	13	5	13
庆阳市正宁县五倾源回族乡	55	5	5	5	5
平凉市崆峒区峡门回族乡	209	24	24	24	24

#已通电话的村（个）	#已通邮的村（个）	年末总人口（人）	#少数民族（人）	乡镇企业从业人员（人）	乡镇企业总产值（万元）	#工业企业（万元）
5	5	17224	16738	48	4800	
7	7	22350	21655			
11	11	25453	22901	229	19938	
21	**14**	**7707**	**3987**	**156**		
1	1	226	226			
2	2	187	187	16		
2	2	219	219	43		
2	2	194	194	97		
3		659	219			
3	3	529	525			
4		1089	1071			
4	4	4604	1346			
24	**24**	**39075**	**12276**	**844**	**83624**	**80524**
10	10	18044	3873	125	4500	1500
7	7	11975	5773	59	800	700
7	7	9056	2630	660	78324	78324
306	**271**	**325168**	**217014**	**9008**	**181910**	**163935**
6	6	15502	15502			
10	10	11059	6954			
3	3	3042	2899	872	416	
5	5	5657	3372			
2	2	1877	1877			
16	16	10941	3298	207	240	107
9	9	6285	6285	57	238	
8	1	5388	1852	14	376	137
10	10	7741	2127	218	264	128
3	3	1670	1085			
5	5	5674	5674	7	88	88
13	13	19717	15183	279	5736	5624
5	5	6628	2201			
24	24	20290	18261	4626	152500	149700

10-1(一)　续表 31

民族乡镇名称	行政区划面积（平方公里）	村民委员会（个）	#已通公路的村（个）	#已通自来水的村（个）	#已通电的村（个）
平凉市华亭县神峪回族乡	101	11	11	11	11
平凉市华亭县山寨回族乡	82	8	8	8	8
平凉市崆峒区白庙回族乡	66	9	9	9	9
平凉市崆峒区大秦回族乡	58	12	12	12	12
平凉市崆峒区寨河回族乡	84	12	12	12	12
平凉市崆峒区大寨回族乡	236	24	24	24	24
平凉市崆峒区西阳回族乡	89	13	13	13	13
平凉市崆峒区上杨回族乡	44	7	7	7	7
张掖市肃南裕固族自治县祁丰藏族乡	10200	13	13	12	13
张掖市肃南裕固族自治县马蹄藏族乡	1879	23	23	23	23
张掖市肃南裕固族自治县白银蒙古族乡	498	3	3	3	3
张掖市甘州区平山湖蒙古族乡	1040	3	3	3	3
临夏州临夏县井沟东乡族乡	64	13	13	13	13
临夏州和政县梁家寺东乡族乡	39	8	8	8	8
临夏州临夏县安家坡东乡族乡	16	4	4	4	4
酒泉市瓜州县七墩回族东乡族乡	28	3	3	3	3
酒泉市瓜州县腰站子东乡族乡	137	6	6	6	6
酒泉市瓜州县广至藏族乡	135	6	6	6	6
酒泉市瓜州县沙河回族乡	48	5	5	5	5
酒泉市玉门市独山子东乡族乡	45	4	4	4	4
青海省	**9368**	**340**	**339**	**329**	**340**
西宁市大通回族土族自治县朔北藏族乡	84	18	18	18	18
西宁市大通回族土族自治县向化藏族乡	172	9	9	9	9
西宁市湟中县群加藏族乡	164	5	5	5	5
西宁市湟中县大才回族乡	72	16	16	16	16
西宁市湟中县汉东回族乡	36	4	4	4	4
海东市民和回族土族自治县杏儿藏族乡	40	7	7	7	7
海东地区乐都县下营藏族乡	98	10	10	10	10
海东地区乐都县中坝藏族乡	76	14	14	14	14
海东地区乐都县达拉土族乡	162	21	21	21	21
海东市互助土族自治县松多藏族乡	234	8	8	8	8

#已通电话的村（个）	#已通邮的村（个）	年末总人口（人）	#少数民族（人）	乡镇企业从业人员（人）	乡镇企业总产值（万元）	#工业企业（万元）
11	11	12035	4350	950	6300	4685
8	8	14151	4048	812	4056	1265
9	9	13698	6575	132	856	515
12	12	11447	10166	152	604	243
12	12	15673	13009	246	1600	262
24	24	23565	16545	15	5600	560
13	13	12796	12796			
7	7	7288	6890	246	967	621
13	4	3131	2668			
23	4	5043	2604			
3	3	634	364			
3	3	802	143			
13	13	18747	11361	10	107	
8	8	15258	14754			
4	4	11515	6102	87	506	
3	3	4069	2278			
6	6	8268	3236	78	1456	
6	6	9177	3222			
5	5	8755	1688			
4	4	7645	7645			
330	**264**	**225892**	**151502**	**100**	**213**	**431**
18	18	19335	8314			
9	9	8397	4367			
5	5	2380	1393			
16	16	26434	17711	18	6	416
4	4	5575	5575			
7	7	4496	4242	46	51	15
10	10	4717	1436			
14	14	8300	2695			
21	21	9009	5471			
8	8	6648	4779			

10-1(一) 续表 32

民族乡镇名称	行政区划面积(平方公里)	村民委员会(个)	#已通公路的村(个)	#已通自来水的村(个)	#已通电的村(个)
海东市化隆回族自治县雄先藏族乡	224	24	24	24	24
海东市化隆回族自治县查甫藏族乡	125	12	11	11	12
海东市化隆回族自治县金源藏族乡	343	14	14	14	14
海东市化隆回族自治县塔加藏族乡	194	9	9	1	9
海东市循化撒拉族自治县道帏藏族乡	607	27	27	27	27
海东市循化撒拉族自治县尕楞藏族乡	3740	11	11	9	11
海东市循化撒拉族自治县岗察藏族乡	64	3	3	3	3
海东市循化撒拉族自治县文都藏族乡	218	16	16	16	16
海北藏族自治州门源回族自治县皇城蒙古族乡	742	4	4	4	4
海东地区平安县沙沟回族乡	90	10	10	10	10
海东地区平安县巴藏沟回族乡	69	13	13	13	13
海东地区平安县石灰窑回族乡	84	14	14	14	14
海东地区平安县洪水泉回族乡	72	15	15	15	15
海东地区平安县古城回族乡	112	14	14	14	14
海东地区互助县巴扎藏族乡	523	8	8	8	8
海南藏族自治州贵德县新街回族乡	93	9	9	9	9
海北藏族自治州海晏县哈勒景蒙古族乡	448	3	3	3	3
湟源县日月藏族乡	482	22	22	22	22
新疆维吾尔自治区	**52741**	**257**	**252**	**234**	**252**
吐鲁番地区鄯善县东巴扎回族乡	19	4	4	4	4
和田地区皮山县瑙阿巴提塔吉克族乡	6000	3	3	3	3
和田地区皮山县康克尔柯尔克孜族乡	2480	2	2	2	2
巴音郭楞蒙古自治州和硕县乌什塔拉回族乡	443	8	8	8	8
昌吉回族自治州奇台县大泉塔塔尔族乡	1400	2	2	2	2
昌吉回族自治州奇台县五马场哈萨克族乡	1838	4	4	4	4
昌吉回族自治州奇台县乔仁哈萨克族乡	2132	2	2	1	2
昌吉回族自治州木垒哈萨克自治县大南沟乌孜别克族乡	1393	3	3	3	3
昌吉回族自治州玛纳斯县旱卡子滩哈萨克族乡	245	5	5	5	5
昌吉回族自治州玛纳斯县塔西河哈萨克族乡	840	6	6	6	6
昌吉回族自治州玛纳斯县清水河哈萨克族乡	2876	7	7	6	7
昌吉回族自治州阜康市三工河哈萨克族乡	1323	3	3	3	3

#已通电话的村（个）	#已通邮的村（个）	年末总人口（人）	#少数民族（人）	乡镇企业从业人员（人）	乡镇企业总产值（万元）	#工业企业（万元）
24	24	9385	6118			
12	12	6237	4000			
14	14	7003	7000			
9	9	4452	4452			
27	4	16851	15852			
3	3	5251	5251			
3		2054	2054			
14	1	8242	8242			
4	4	1933	1506			
10	10	10461	6685			
13	13	4677	2970			
14	5	8269	4277			
15	15	8133	3826			
14	14	11449	7393			
8	1	5270	3584			
9	1	6255	4542	36	156	
3		1688	1401			
22	22	12991	6366			
250	**247**	**361829**	**288955**	**10054**	**298402**	**121861**
4	4	4437	4205			
3	3	1034	1034			
2	2	1716	1716			
8	8	11695	6419			
2	2	4656	3560	49	51	454
4	4	8929	7420	64	46790	11
1	2	4005	3325	11	485	
3	3	3484	3445	19	160	
5	5	4934	3151	1098	67900	50000
6	6	4514	4162	725	20744	20744
7	7	7197	6204	318		
3	3	4862	4035			

10-1(一) 续表 33

民族乡镇名称	行政区划面积（平方公里）	村民委员会（个）	#已通公路的村（个）	#已通自来水的村（个）	#已通电的村（个）
昌吉回族自治州阜康市上户沟哈萨克族乡	3780	8	8	8	8
昌吉回族自治州昌吉市阿什里哈萨克族乡	3000	7	7	7	7
昌吉回族自治州呼图壁县石梯子哈萨克族乡	1226	6	6	6	6
乌鲁木齐市米东区柏杨河哈萨克族乡	768	6	6	6	6
克孜勒苏柯尔克孜自治州阿克陶县塔尔塔吉克族乡	1010	8	3	3	3
喀什地区塔什库尔干塔吉克自治县科克亚尔柯尔克孜族乡	602	2	2	2	2
喀什地区泽普县布依鲁克塔吉克族乡	24	4	4	4	4
喀什地区莎车县孜热普夏提塔吉克族乡	121	12	12	12	12
伊犁哈萨克自治州察布查尔锡伯自治县米粮泉回族乡	40	3	3	3	3
伊犁哈萨克自治州特克斯县科克铁热克柯尔克孜族乡	863	7	7	7	7
伊犁哈萨克自治州特克斯县呼吉尔特蒙古族乡	238	6	6	6	6
伊犁哈萨克自治州伊宁县愉群翁回族乡	152	16	16	11	16
伊犁哈萨克自治州尼勒克县科克浩特浩尔蒙古族乡	1013	10	10	4	10
伊犁哈萨克自治州霍城县伊车嘎善锡伯族乡	80	5	5	5	5
伊犁哈萨克自治州霍城县三宫回族乡	72	5	5	4	5
伊犁哈萨克自治州昭苏县胡松图喀尔逊蒙古族乡	1024	8	8	8	8
伊犁哈萨克自治州昭苏县察汗乌苏蒙古族乡	646	7	7	7	7
伊犁哈萨克自治州昭苏县夏特柯尔克孜族乡	1005	8	8	8	8
塔城地区塔城市阿西尔达斡尔族乡	402	20	20	20	20
塔城地区乌苏市塔布勒合特蒙古族乡	1854	4	4	4	4
塔城地区乌苏市吉尔格勒特郭楞蒙古族乡	306	9	9	9	9
塔城地区额敏县额玛勒郭楞蒙古族乡	402	10	10	6	10
塔城地区额敏县霍吉尔特蒙古族乡	600	5	5	5	5
阿克苏地区乌什县雅曼苏柯尔克孜族乡	1806	7	7	7	7
阿克苏地区温宿县博孜东柯尔克孜族乡	2878	9	9	9	9
哈密地区伊吾县前山哈萨克族乡	1744	4	4	4	4
哈密地区哈密市德外都如克哈萨克族乡	2000	2	2	2	2
哈密地区哈密市乌拉台哈萨克族乡	156	1	1	1	1
阿勒泰地区布尔津县禾木哈纳斯蒙古族乡	3040	2	2	2	2
阿勒泰地区阿勒泰市汗德尕特蒙古族乡	900	7	7	7	7

#已通电话的村（个）	#已通邮的村（个）	年末总人口（人）	#少数民族（人）	乡镇企业从业人员（人）	乡镇企业总产值（万元）	#工业企业（万元）
8	8	11354	7947			
7	7	8625	8414	620	23210	14000
6	6	7718	6280	39	4624	4624
6	6	5490	2893	1876	63817	12237
3	8	5204	5204			
2	2	1087	1087			
4	4	4009	2889			
12	12	10410	9864	60	330	
3	1	5940	5339			
7	7	19418	17024	3		
6	6	8237	5313	50	2701	1973
16	16	62083	58000	1568	49280	7336
10	10	23206	16601	2511	5015	4105
5	5	13813	5734	368	3300	3300
4	4	17588	15618	158	2642	2642
8	8	9683	7355			
7	7	11125	9158	39	170	
8	8	14870	13271	35		
20	20	10086	4698	55	1998	
4		3500	3076			
9	9	6060	2424	56	3250	
10	10	4832	2647	120	982	
5	2	4302	3801			
7	7	10168	10113			
9	9	7719	2504	97	730	435
4	4	2960	2883	62	223	
2	2	3340	3266			
1	1	886	886			
2	2	2632	2605			
7	7	4021	3385	53		

10-1 全国各民族乡镇基本情况(2016年)(二)

民族乡镇名称	乡镇企业年净利润总额(万元)	农林牧渔业总产值(万元)	农作物总播种面积(亩)	#粮食播种面积(亩)
北京	**20891**	**31672**	**42261**	**32341**
朝阳区常营回族乡	2682	546		
通州区于家务回族乡	18272	24009	21970	14434
密云县檀营满族蒙古族乡				
怀柔区喇叭沟门满族乡		3042	7775	6713
怀柔区长哨营满族乡	-63	4076	12516	11194
天津市	**365**	**11050**	**2570**	**2570**
蓟县孙各庄满族乡	365	11050	2570	2570
河北省	**516708**	**904847**	**1485605**	**1354896**
石家庄市新乐市彭家庄回族乡	23148	34532	54690	38010
石家庄市藁城市九门回族乡	90656	68900	53830	43330
石家庄市无极县高头回族乡	5980	46021	66720	53370
唐山市遵化市汤泉满族乡	1241	4710	13885	8995
唐山市遵化市西下营满族乡	3960	8612	7905	5385
唐山市遵化市东陵满族乡	40185	16332	25710	17855
邯郸市邱县陈村回族乡	1020	15439	17310	2996
邯郸市大名县营镇回族乡	685	2080	37260	24500
保定市易县凌云册满族回族乡	6626	25943	72100	63570
保定市定州市号头庄回族乡	365	63800	117610	76631
保定市涞水县娄村满族乡	468	19163	30915	26415
张家口市沽源县大二号回族乡	30	8400	28010	17010
张家口市怀来县王家楼回族乡	191	12264	14535	10770
廊坊市永清县管家务回族乡	1665	23992	23355	15450
廊坊市文安县大围河回族满族乡	7630	13865	47655	43800
承德市丰宁满族自治县南关蒙古族乡	3477	12011	40707	37933
承德市滦平县平坊满族乡	343	16100	10450	9325
承德市滦平县安纯沟门满族乡	179	18735	18184	13680
承德市滦平县五道营子满族乡	225	5720	8956	6320
承德市滦平县邓厂满族乡		3510	2860	2650
承德市滦平县马营子满族乡	610	10837	11253	10335
承德市滦平县付家店满族乡	1992	16500	4350	4350

粮食产量（吨）	肉类总产量（吨）	农民合作社个数（个）	农民合作社成员数（户）	农业技术服务机构个数（个）	农业技术服务机构从业人员数（人）	公共财政收入（万元）	公共财政支出（万元）
15220	**2626**	**98**	**4695**	**4**	**18**	**67493**	**80670**
						16936	20036
7013	1387	18	861	1	11	36803	36803
						3045	3045
3012	94	59	1685	2	4	7756	16115
5195	1145	21	2149	1	3	2953	4671
444	**640**	**23**	**780**	**1**	**6**	**1290**	**1290**
444	640	23	780	1	6	1290	1290
557876	**131720**	**928**	**17428**	**108**	**314**	**90886**	**66776**
19890	7530	28	336	1	4	931	931
31912	4406	17	150	2	10	4053	4053
26723	6200	24	180	2	18	790	790
3254	778			5	5	229	380
2135	827	4	57	1	5	128	420
8514	5854	8	132	2	5	393	393
1317	6250	4	463	1	3	160	160
4650	800	5	120	2	6	85	85
32713	4989	70	350	1	1	437	437
41000	4000	33	863	1	3	718	718
9762	1130	52	260	1	2	702	702
1611	446	15	116	1	2	420	420
3995	568	23	391	2	4	318	318
9125	2153	17	486	12	12	1105	1507
21908	2057	9	45	2	5	1680	1680
6851	1052	30	980	1	1	614	614
2933	5600	2	213	2	4	79	30
3878	4143	13	65	1	2	627	784
1356	3012	8	725	1	3	156	187
885	612	11	156	1	2	372	372
2014	2749	19	108	1	2	686	686
1445	3900	6	30	1	1	475	502

10-1(二) 续表 1

民族乡镇名称	乡镇企业年净利润总额（万元）	农林牧渔业总产值（万元）	农作物总播种面积（亩）	#粮食播种面积（亩）
承德市滦平县西地满族乡	900	1264	16025	15225
承德市滦平县小营满族乡	76235	9866	21223	12300
承德市滦平县大屯满族乡	3360	13450	24060	15900
承德市滦平县西沟满族乡	180	20185	9815	9815
承德市承德县岗子满族乡	27	5964	10866	9917
承德市承德县两家满族乡	22	13964	13680	11640
承德市兴隆县八卦岭满族乡	568	27691	5135	3330
承德市兴隆县南天门满族乡	2594	15059	5190	4815
承德市隆化县尹家营满族乡		14202	18705	18015
承德市隆化县庙子沟蒙古族满族乡		8404	9250	8890
承德市隆化县偏坡营蒙古族乡	2810	19210	14250	10376
承德市隆化县八达营蒙古族乡	910	15070	17222	17100
承德市隆化县太平庄满族乡	98	12968	14857	14051
承德市隆化县旧屯满族乡	5	11636	16902	16802
承德市隆化县西阿超满族蒙古族乡	282	5455	12911	10912
承德市隆化县白虎沟蒙古族满族乡	31	13698	12670	12670
承德市平泉县七家岱满族乡	1017	16157	9776	9776
承德市平泉县平房满族蒙古族乡	178	21068	24500	22630
承德市平泉县茅兰沟满族蒙古族乡	12	25254	29368	29368
沧州市黄骅市羊二庄回族乡	74854	56135	151990	149340
沧州市黄骅市新村回族乡	1102	15762		
沧州市河间市果子洼回族乡	6500	16400	43000	23460
沧州市献县本斋回族乡	22320	15060	54160	29870
沧州市沧县大褚村回族乡	1478	25005	54120	50925
沧州市沧县杜林回族乡	11761	23511	99510	89820
沧州市沧县李天木回族乡	39127	8902	133689	130255
沧州市沧县捷地回族乡	7955	19701	52630	51875
沧州市黄骅市杨三木回族乡	13287	6340	43774	43139
内蒙古自治区	**24300**	**481001**	**3546642**	**2527799**
呼伦贝尔市莫力达瓦达斡尔族自治旗巴彦鄂温克民族乡		900	520000	370000
呼伦贝尔市莫力达瓦达斡尔族自治旗杜拉尔鄂温克民族乡		828	248000	229000

粮食产量（吨）	肉　类总产量（吨）	农民合作社个数（个）	农民合作社成员数（户）	农业技术服务机构个　　数（个）	农业技术服务机构从业人员数（人）	公共财政收入（万元）	公共财政支出（万元）
7825	1623	26	314	1	5	1096	1096
3386	1802	5	102	1	2	31624	755
6978	6566	15	80	4	8	1660	460
3867	3790	6	367	2	2	89	553
4168	2912	12	400	6	18	265	612
5050	816	19	156	3	7	624	624
1090	1050	10	863	2	11	539	539
1550	730	35	320	1	12	625	519
8357	2704	3	37	3	6	419	419
4583	1604	5	30	1	2	342	342
11376	3576	15	250	1	3	690	690
17525	2250	20	198	1	3	580	580
8265	1584	4	195	1	2	703	703
9860	1765	8	180	1	4	357	357
6609	2097	9	565	1	7	560	560
5663	1837	22	280	1	1	133	566
5801	337	9	118	2	5	962	528
10852	425	16	2465	5	7	372	694
13766	1009	24	1570	4	9	644	698
38173	8654	109	1112	12	52	8704	11359
						1469	1469
11603	1993	47	473			996	1031
12030	3750	25	246	2	18	3570	3570
15463	2100	16	133	1	5	1572	1563
30535	1569	22	110	1	2	2652	6403
38750	2120	27	358	1	3	5700	4901
27360	3230	10	160	2	8	767	4209
9520	772	11	120	4	12	7474	4808
1152336	**38451**	**1191**	**12687**	**22**	**104**	**28644**	**29115**
128000	1500	118	710	1	12	1190	1190
15300	2690	103	625	1	3	938	938

10-1(二) 续表 2

民族乡镇名称	乡镇企业年净利润总额（万元）	农林牧渔业总产值（万元）	农作物总播种面积（亩）	#粮食播种面积（亩）
呼伦贝尔市扎兰屯市达斡尔民族乡	20	35000	12443	11605
呼伦贝尔市扎兰屯市萨马街鄂温克民族乡		13500	157000	112000
呼伦贝尔市扎兰屯市南木鄂伦春民族乡	300	39000	150000	75000
呼伦贝尔市阿荣旗查巴奇鄂温克民族乡	30	25000	283208	278463
呼伦贝尔市阿荣旗新发朝鲜族民族乡	800	8000	125000	100000
呼伦贝尔市阿荣旗音河达斡尔鄂温克民族乡	731	33210	181000	120000
呼伦贝尔市阿荣旗得力其尔鄂温克民族乡	231	57200	300765	289665
呼伦贝尔市根河市敖鲁古雅鄂温克民族乡	97	810	38230	14711
呼伦贝尔市陈巴尔虎旗鄂温克苏木	120	1600	105461	51470
呼伦贝尔市额尔古纳市三河回族乡	213	32300	780000	470000
呼伦贝尔市额尔古纳市室韦俄罗斯民族乡	198	4753	180000	100000
兴安盟科尔沁右翼前旗满族屯满族乡	880	50000	161325	76856
赤峰市松山区当铺地满族乡	5000	156000	201375	128370
赤峰市喀喇沁旗十家满族乡	15600	17000	80335	79659
乌兰察布市凉城县曹碾满族乡		2300	22500	21000
呼伦贝尔市鄂温克族自治旗巴彦塔拉达斡尔族乡	80	3600		
辽宁省	**138589**	**1109046**	**2468586**	**1866959**
沈阳市康平县柳树屯蒙古族满族乡	45	45868	87000	65000
沈阳市康平县沙金台蒙古族满族乡	160	41455	84000	69750
沈阳市法库县四家子蒙古族乡	281	39400	69485	56000
沈阳市康平县东升满族蒙古族乡	5390	44105	94005	61000
沈阳市康平县西关屯蒙古族满族乡	128	28500	77000	60000
大连市瓦房店市三台满族乡	20130	73969	69427	50808
大连市瓦房店市杨家满族乡	1829	26911	66063	52362
大连市庄河市太平岭满族乡	5702	42925	58017	51065
大连市庄河市桂云花满族乡	14709	34660	30283	25399
抚顺市抚顺县拉古满族乡	710	13255	38991	35533
抚顺市抚顺县汤图满族乡	1980	10000	21330	20334
本溪市桓仁满族自治县雅河朝鲜族乡	111	14966	31855	26061
锦州市义县地藏寺满族乡	1246	7653	31225	30225
锦州市义县大定堡满族乡	30000	8000	20377	18500

粮食产量（吨）	肉　类总产量（吨）	农民合作社个数（个）	农民合作社成员数（户）	农业技术服务机构个　数（个）	农业技术服务机构从业人员数（人）	公共财政收入（万元）	公共财政支出（万元）
62500	1125	53	290	1	9	2833	2795
39000	580	94	662	1	8	605	605
33750	600	115	780	2	7	1641	1612
48774	11171	150	750	1	8	1983	2071
49000		65	90	4	9	1245	1228
400000	7300	47	878	4	14	1036	1036
140000	4900	95	812	1	5	1027	1193
2996	136	10	75			1410	1327
3085	2924	20	220			1017	1165
90000	153	21	92	1	3	1610	1610
35380	577	12	60	1	6	550	438
16000	1890	14	98			1461	1461
51553	260	165	5000	1	5	5044	5044
32123	2460	63	984	1	3	2690	3037
4875	185	4	17	1	1	834	834
		42	544	1	11	1531	1531
846423	**248377**	**1416**	**32058**	**208**	**544**	**66873**	**63720**
26000	5870	45	1750	5	7	330	330
21496	3080	82	1560	3	1	641	641
39000	9100	40	470	5	15	1275	1275
45800	6000	15	300	1	8	437	437
24000	1850	30	385	5	7	850	850
22044	6950	28	1247	1	15	5271	5271
21905	11000	40	2085	1	4	6252	6252
20365	8120	34	1280	5	17	3685	3685
7652	5122	26	2450	5	16	4343	4343
26910	713	12	108	1	3	5132	1613
16954	571	44	58	1	2	930	425
10786	129	11	366	1	3	1098	1098
14151	1384	2	21	1	2	256	256
9250	1500	6	52	1	15	1000	950

10-1(二) 续表 3

民族乡镇名称	乡镇企业年净利润总额（万元）	农林牧渔业总产值（万元）	农作物总播种面积（亩）	#粮食播种面积（亩）
阜新市彰武县二道河子蒙古族乡	74	13171	90660	52368
辽阳市辽阳县吉洞峪满族乡	2423	13240	27570	22120
辽阳市辽阳县甜水满族乡	450	15700	39000	37932
铁岭市开原市林丰满族乡	270	12650	31600	27915
铁岭市铁岭县白旗寨满族乡	1300	15843	18986	18260
铁岭市西丰县成平满族乡	445	18800	38150	35899
铁岭市西丰县德兴满族乡	1698	15510	30222	24870
铁岭市西丰县和隆满族乡	980	20456	36594	31120
铁岭市西丰县金星满族乡	63	19060	44580	38025
铁岭市西丰县明德满族乡	30	17580	33200	27850
铁岭市西丰县营厂满族乡		8140	24840	24450
铁岭市清河区聂家满族乡		5911	44265	42625
朝阳市北票市马友营蒙古族乡	6475	14841	75162	38024
朝阳市北票市凉水河蒙古族乡	1003	3651	17082	16282
朝阳市建平县三家蒙古族乡	598	62700	128110	120520
朝阳市凌源市三家子蒙古族乡	10512	45138	45960	39600
朝阳市朝阳县松岭门蒙古族乡	1993	16553	21340	17900
朝阳市朝阳县乌兰河硕蒙古族乡	30	26554	35507	32726
葫芦岛市绥中县西平坡满族乡	756	24910	43065	24690
葫芦岛市绥中县范家满族乡	410	5210	40620	27120
葫芦岛市绥中县高甸子满族乡	376	11902	43650	23940
葫芦岛市绥中县葛家满族乡	723	15030	19200	13600
葫芦岛市绥中县明水满族乡	400	12560	9521	7200
葫芦岛市绥中县网户满族乡	2580	38030	59520	46387
葫芦岛市兴城市白塔满族乡	680	4810	21699	18353
葫芦岛市兴城市大寨满族乡	1474	31603	73160	57075
葫芦岛市兴城市碱厂满族乡	2187	3756	33068	18271
葫芦岛市兴城市旧门满族乡	4040	9755	19695	15967
葫芦岛市兴城市刘台子满族乡	529	9872	31278	24779
葫芦岛市兴城市南大山满族乡	215	8843	71615	23629
葫芦岛市兴城市望海满族乡	2596	23124	65356	29980

粮食产量（吨）	肉类总产量（吨）	农民合作社个数（个）	农民合作社成员数（户）	农业技术服务机构个数（个）	农业技术服务机构从业人员数（人）	公共财政收入（万元）	公共财政支出（万元）
36938	7100	94	549	3	22	1061	1061
5650	1180	53	1460	11	22	1615	1615
6500	1542	40	1600	21	5	1750	1750
10020	1996	20	296	7	26	1252	1252
11340	4711	28	834	1	5	289	289
22988	9958	30	900	1	3	602	602
12510	3900	13	145	5	18	517	517
17910	415	17	193	1	5	629	629
24573	7242	23	265	5	17	540	540
16632	6420	10	138	1	2	627	627
14670	1700	14	576	1	3	428	428
25940	4750	6	30	1	2	1772	1772
18660	6031	19	259	1	4	660	660
4224	4703	7	97	1	4	269	269
50712	4130	110	662	1	6	3273	3336
6249	3179	17	900	8	36	3228	3228
4100	4560	1	6	1	7	1230	1230
15562	6300	3	42	4	9	1224	1224
8040	9260	14	285	7	10	716	716
11455	14950	27	185	4	12	1700	1659
9584	11872	31	162	4	16	975	975
5910	3951	13	90	2	5	544	544
4569	2800	17	890	4	26	680	680
24904	12000	52	330	3	13	728	728
8840	2839	4	25	7	11	487	487
26030	4962	6	261	5	6	548	548
493	793	9	103	8	12	484	484
6544	5161	20	320	5	7	489	489
3386	2095	13	68	3	8	485	485
10738	3419	32	215	4	6	195	195
3274	7896	27	422	7	20	544	544

10-1(二) 续表 4

民族乡镇名称	乡镇企业年净利润总额（万元）	农林牧渔业总产值（万元）	农作物总播种面积（亩）	#粮食播种面积（亩）
葫芦岛市兴城市围屏满族乡	105	10392	36645	14441
葫芦岛市兴城市羊安满族乡	4377	20861	38780	21834
葫芦岛市兴城市药王庙满族乡	617	5550	29290	26414
葫芦岛市兴城市三道沟满族乡	398	7128	24725	20285
葫芦岛市兴城市元台子满族乡	4100	12400	37730	35100
葫芦岛市建昌县二道湾子蒙古族乡		9900	38985	37470
丹东市宽甸满族自治县下露河朝鲜族乡	210	6570	16430	12100
丹东市东港市合隆满族乡	146	48075	75450	47370
丹东市凤城市大堡蒙古族乡	905	11600	77219	50431
吉林省	**233864**	**781392**	**2882120**	**2320235**
延边朝鲜族自治州珲春市三家子满族乡	620	10420	37280	35230
延边朝鲜族自治州珲春市杨泡满族乡	450	15582	41250	34815
吉林市昌邑区土城子满族朝鲜族乡	421	19020	60782	59675
吉林市龙潭区乌拉街满族镇	6201	57480	142350	122625
吉林市龙潭区大口钦满族镇	4010	32440	64725	51565
吉林市昌邑区两家子满族乡	620	39080	74285	69735
吉林市永吉县金家满族乡	25	33560	93145	86590
吉林市蛟河市乌林朝鲜族乡	705	20538	121815	118935
通化市梅河口市小杨满族朝鲜族乡	1018	19007	46425	44955
通化市集安市凉水朝鲜族乡	1120	12420	18220	8235
通化市通化县金斗朝鲜族满族乡	386	9969	19343	16431
通化市通化县大泉源满族朝鲜族乡	2020	20105	59865	50805
通化市辉南县楼街朝鲜族乡	3010	30890	97410	90765
通化市柳河县姜家店朝鲜族乡	1480	12050	62160	57855
通化市柳河县三元浦朝鲜族镇	10001	12526	105645	98925
辽源市东丰县三合满族朝鲜族乡	86450	22680	64210	64210
长春市双阳区双营子回族乡	96000	75800	42860	39600
长春市榆树市延和朝鲜族乡	3800	4500	12135	12135
长春市九台市胡家回族乡	1940	36400	87150	87150
长春市九台市莽卡满族乡	1800	22450	156000	111000
白城市通榆县包拉温都蒙古族乡	60	4900	60000	46000

粮食产量（吨）	肉　类总产量（吨）	农民合作社个数（个）	农民合作社成员数（户）	农业技术服务机构个　数（个）	农业技术服务机构从业人员数（人）	公共财政收入（万元）	公共财政支出（万元）
6354	3989	21	325	7	13	471	471
10025	2171	22	115	2	5	1129	1129
10000	2988	10	340	6	6	736	736
9725	976	15	231	5	22	512	512
11240	2307	14	325	5	6	535	535
9980	3950	18	130	5	18	365	365
12100	2010	21	1964	1	2	814	814
22161	4201	64	2358	3	5	569	1041
19580	2582	46	1830	1	4	702	1129
1415539	**107842**	**1606**	**32398**	**114**	**463**	**73279**	**70008**
20000	800	33	72	2	6	560	336
10167	272	40	361	5	14	2237	1845
44852	3195	11	295	7	6	435	435
90980	23098	97	1767	5	40	2240	2240
36815	7750	48	154	1	4	780	780
41500	9800	12	110	3	9	110	100
59632	1200	56	1724	3	10	527	527
58816	4632	42	942	2	10	409	409
29967	278	56	772	6	18	645	645
2630	188	17	1265	3	11	2464	2880
7047	336	16	412	6	13	494	494
19131	1962	38	2139	5	43	2451	2451
40135	6565	103	4025	4	10	2464	2880
24259	3045	38	690	3	7	1549	1549
44395	179	77	245	6	38	4061	4061
72800	9100	69	524	3	10	4650	1710
25980	3010	52	293	2	6	28000	28000
7000	450	5	40	1	1	510	510
55000	820	30	1580	2	17	2150	2150
68600	1610	75	875	7	16	2036	2036
15260	113	13	48	1	2	71	71

10-1(二) 续表 5

民族乡镇名称	乡镇企业年净利润总额（万元）	农林牧渔业总产值（万元）	农作物总播种面积（亩）	#粮食播种面积（亩）
白城市通榆县向海蒙古族乡	157	29000	414000	99000
白城市洮南市呼和车力蒙古族乡		6500	46000	33000
白城市洮南市胡力吐蒙古族乡		1775	40800	32000
白城市镇赉县哈吐气蒙古族乡		9015	150525	133680
白城市镇赉县莫莫格蒙古族乡		15438	8895	4600
白城市大安市新艾里蒙古族乡		5250	59250	30000
白城市洮北区德顺蒙古族乡	350	42000	168285	163000
松原市扶余县三骏满族蒙古族锡伯族乡	1950	33850	233895	232200
四平市铁东区叶赫满族镇	970	31648	89430	87664
四平市公主岭市二十家子满族镇	6600	31747	107295	106170
四平市公主岭市龙山满族乡	1700	24752	84840	80535
四平市双辽市那木斯蒙古族乡		38600	11850	11150
黑龙江省	**111651**	**1444799**	**7255955**	**6712456**
哈尔滨市南岗区红旗满族乡	16453	2840	51330	32355
哈尔滨市双城市乐群满族乡	1984	40246	118457	85515
哈尔滨市双城市同心满族乡	7120	69716	7851	6331
哈尔滨市双城市希勤满族乡	490	60000	146400	110000
哈尔滨市双城市青岭满族乡	10800	150000	132825	113100
哈尔滨市双城市农丰满族锡伯族镇	7800	24556	118000	105000
哈尔滨市五常市拉林满族镇	5080	59900	164751	111075
哈尔滨市五常市红旗满族乡	95	32085	235840	235200
哈尔滨市五常市营城子满族乡		21150	108000	107500
哈尔滨市五常市牛家满族镇	2620	21320	243165	240585
哈尔滨市五常市民乐朝鲜族乡	1025	18562	62000	60000
哈尔滨市尚志市河东朝鲜族乡	30181	14603	64455	63105
哈尔滨市尚志市鱼池朝鲜族乡	600	48000	57000	54500
哈尔滨市依兰县迎兰朝鲜族乡	355	28630	182000	175000
齐齐哈尔市梅里斯达斡尔族区卧牛吐达斡尔族镇		15	240525	228975
齐齐哈尔市梅里斯达斡尔族区莽格吐达斡尔族乡		3350	192000	192000
齐齐哈尔市泰来县宁姜蒙古族乡	58	15730	209300	192990
齐齐哈尔市泰来县胜利蒙古族乡	172	18520	209715	196589

粮食产量（吨）	肉类总产量（吨）	农民合作社个数（个）	农民合作社成员数（户）	农业技术服务机构个数（个）	农业技术服务机构从业人员数（人）	公共财政收入（万元）	公共财政支出（万元）
42000	1530	65	650	5	40	700	700
21000	450	29	275	1	3	393	393
8000	497	48	240	1	4	360	360
46570	2032	28	821	1	2	148	148
36200	950	139	2390	1	2	3806	3263
18000	536	25	500	2	5	879	884
81000	1300	32	800	3	15	310	310
132100	5870	70	1816	1	10	3600	3600
43778	1212	124	870	3	18	1675	1675
62797	8445	10	108	7	55	532	532
58628	6000	15	75	1	3	406	406
90500	617	93	5520	11	15	1628	1628
3793936	**657241**	**2484**	**42434**	**101**	**491**	**65330**	**71860**
18835	1602	50	720	1	10	3974	4046
59861		76	705	1	9	525	525
60145	534	102	520	6	18	1022	1022
77000	2082	52	1480	10	70	1015	1015
84780	1545	78	413	6	24	971	971
158	1820	20	432	1	1	1125	1125
88710	9120	52	214	5	17	1704	1704
174674	560000	223	522	1	15	610	610
71550	210	85	2100	1	2	604	604
182188	1679	76	2850			2164	2164
30050	180	205	1847	3	18	435	435
38000	890	10	320	1	9	674	624
24977	372	25	213	1	5	405	405
63300	750	29	1430	1	8		
178000	12	77	350	1	2	3752	3752
480000	471	30	200	1	8	1458	1458
85120	1461	59	3232	1	3	1423	1423
85040	2302	34	3410	1	14	1144	1144

10-1(二) 续表 6

民族乡镇名称	乡镇企业年净利润总额(万元)	农林牧渔业总产值(万元)	农作物总播种面积(亩)	#粮食播种面积(亩)
齐齐哈尔市泰来县江桥蒙古族镇	587	21840	167650	159000
齐齐哈尔市昂昂溪区水师营满族镇		2698	39465	36850
齐齐哈尔市富裕县友谊达满柯族乡		7500	16488	16488
齐齐哈尔市讷河市兴旺鄂温克族乡	2401	157500	309819	309819
齐齐哈尔市富拉尔基区杜尔门沁达族乡	100	11084	92195	92095
牡丹江市海林市新安朝鲜族镇	426	19954	105242	105242
牡丹江市穆棱市福禄朝鲜族满族乡	2000	43000	192795	183285
牡丹江市宁安市江南朝、满族乡		60050	150000	150000
牡丹江市宁安市卧龙朝鲜族乡	679	56734	130023	130023
牡丹江市东宁县三岔口朝鲜族镇			82125	62625
牡丹江市西安区海南朝鲜族乡	1700	13940	59068	57842
佳木斯市同江市街津口赫哲族乡	485	15931	124800	120600
佳木斯市同江市八岔赫哲族乡		22830	211000	211035
佳木斯市桦川县星火朝鲜族乡	52	12460	69800	63420
佳木斯市汤原县汤旺朝鲜族乡	240	6160	36620	36620
大庆市肇源县超等蒙古族乡	200		1100000	80000
大庆市肇源县浩德蒙古族乡		13817	4674	4372
大庆市肇源县义顺蒙古族乡			142631	142185
黑河市逊克县新鄂鄂伦春族乡		2964	2683	2684
黑河市逊克县新兴鄂伦春族乡		1312	29919	29919
黑河市爱辉区新生鄂伦春族乡	40	500	41880	41880
黑河市爱辉区四嘉子满族乡	9	5677	77175	73560
黑河市爱辉区坤河达斡尔族满族乡	63	5740	3748	3744
黑河市北安市主星朝鲜族乡		7400	64825	56286
黑河市孙吴县沿江达斡尔族满族乡	320	21600	145320	142581
绥化市北林区兴和朝鲜族乡		4500	24630	24630
绥化市北林区绥胜满族镇	1887	14469	129375	123975
绥化市北林区永安满族镇	625	38496	11169	10802
绥化市北林区红旗满族乡	774	17299	115740	111840
绥化市望奎县惠七满族镇	500	16800	171000	150000
绥化市望奎县厢白满族乡	20	23000	187000	173000

粮食产量（吨）	肉　类总产量（吨）	农民合作社个数（个）	农民合作社成员数（户）	农业技术服务机构个　数（个）	农业技术服务机构从业人员数（人）	公共财政收入（万元）	公共财政支出（万元）
98821	845	16	1440	1	4	1500	1500
14335	65	21	210	1	10	8	8
60000	3400	7	45	1	8	1214	1214
137382	2481	72	1289	1	24	1091	1091
31012	3126	16	1864	1	7	984	984
52476	900	26	280	1	1	635	624
53637	3332	35	690	1	3	214	214
112000		5	12	1	20	680	680
78013	1260	46	658	5	23	8	8
26000	731	19	311	6	18	1197	1197
17582	12440	13	200	1	10	23	23
39200	500	16	120	1	2	360	360
72240	168	32	1395	1	3	186	186
30750	222	19	40	1	2	1213	1213
18057	68	22	889	1	1	865	865
7540		11	54			695	695
23347	734	39				639	693
71092	2600	28	825	1	2	900	900
9472	526	17	106	1	2	330	330
9200	46	16	85	1	1	475	475
5000	20	9	57	1	3	618	618
28850	648	15	460	1	1	572	572
31079	209	5	457	1	7	902	902
32810	100	6	40	1	1	450	450
78700	6500	34	2800	1	5	400	400
12021						524	524
63130	6317	24	138	1	13	1133	1133
80982	5385	17	1156	1	10	389	1477
83880	810	20	120	1	8	1511	1511
64000	1950	139	1500	1	3	10811	10811
140000	30	78	360	1	2	700	700

10-1(二) 续表 7

民族乡镇名称	乡镇企业年净利润总额（万元）	农林牧渔业总产值（万元）	农作物总播种面积（亩）	#粮食播种面积（亩）
绥化市望奎县灵山满族乡		23000	10500	9862
伊春市铁力市年丰朝鲜族乡	650	37248	5230	5205
鹤岗市萝北县东明朝鲜族乡		6356	39928	39928
鹤岗市绥滨县福兴满族乡		3410	51840	51840
大兴安岭地区呼玛县白银纳鄂伦春族乡		3713	82245	2340
大兴安岭地区塔河县十八站鄂伦春族乡		1780	38645	38645
双鸭山市饶河县四排赫哲族乡		2941		
双鸭山市友谊县成富朝鲜族满族乡		20890	91515	91515
七台河市勃利县杏树朝鲜族乡		19245	149925	138994
七台河市勃利县吉兴朝鲜族、满族乡		18710	13830	13400
鸡西市密山市和平朝鲜族乡	12160	24893	147200	117000
鸡西市鸡东县鸡林朝鲜族乡	100	7756	51700	51700
鸡西市鸡东县明德朝鲜族乡	300	10380	62140	62140
鸡西市城子河区永丰朝鲜族乡	500	9999	15695	13075
江苏省	**11750**	**59859**	**72750**	**61500**
扬州市高邮市菱塘回族乡	11750	59859	72750	61500
浙江省	**29254**	**148193**	**264979**	**139434**
杭州市桐庐县莪山畲族乡	11421	11201	15937	7483
温州市平阳县青街畲族乡		3575	3849	1844
温州市苍南县岱岭畲族乡	17	5446	6810	4125
温州市苍南县凤阳畲族乡		3240	3735	1575
温州市文成县西坑畲族镇	45	2741	7896	3589
温州市文成县周山畲族乡	390	2503	4301	2609
温州市泰顺县司前畲族镇	1494	6488	12960	7292
温州市泰顺县竹里畲族乡	240	580	821	631
金华市兰溪市水亭畲族乡	9500	18660	53730	27555
金华市武义县柳城畲族镇	1950	19125	38460	17550
衢州市龙游县沐尘畲族乡	1080	17000	14200	9300
丽水市莲都区老竹畲族镇	785	13431	28667	12954
丽水市莲都区丽新畲族乡	820	15250	24914	12886
丽水市龙泉市竹垟畲族乡	318	12779	18775	13300

粮食产量（吨）	肉类总产量（吨）	农民合作社个数（个）	农民合作社成员数（户）	农业技术服务机构个数（个）	农业技术服务机构从业人员数（人）	公共财政收入（万元）	公共财政支出（万元）
62348	672	20	175	6	13	616	616
42272	3927	19	710	1	5	1308	1308
20000	470	12	89	1	2	321	321
19522	279	5	55	1	3	160	160
610	15	22	235	3	11	1035	1031
3300	400	12	79	1	3	1469	6897
19674				1	1	395	395
47921	111	7	35	1	3		
72276	4825	66	330	1	5	900	925
83000	1100	45	720	1	3	878	805
81500	2586	108	1099	1	4	970	970
25853		23	155	2	4	1700	1700
41000	10	25	137	1	2	735	736
6535	2404	14	56	1	5	610	610
29100	**6153**	**54**	**11970**	**7**	**32**	**9247**	**4367**
29100	6153	54	11970	7	32	9247	4367
52010	**10732**	**702**	**13946**	**47**	**128**	**34313**	**41572**
3413	189	12	80	9	9	2822	2114
817	108	34	200	1	2	946	930
2050	55	48	258	1	1	1824	1824
787	97	31	160	1	1	2217	2217
1560	64	11	55	3	11	3028	3121
769	8	22	225	1	6	1020	771
2894	85	186	1500	7	35	884	8571
136	21	51	120	3	5	2663	2660
10037	5682	40	6000	4	6	3165	3165
5222	900	55	3810	10	13	5813	5813
3600	82	34	34			46	1003
5456	583	42	210	1	9	2022	1641
4243	260	8	96	1	7	910	879
5038	1164	38	252	1	3	952	829

10-1(二) 续表 8

民族乡镇名称	乡镇企业年净利润总额（万元）	农林牧渔业总产值（万元）	农作物总播种面积（亩）	#粮食播种面积（亩）
丽水市云和县雾溪畲族乡		1698	3770	1694
丽水市云和县安溪畲族乡		1779	5415	3764
丽水市遂昌县三仁畲族乡	600	8800	14214	8541
丽水市松阳县板桥畲族乡	594	3897	6525	2742
安徽省	**14260**	**172827**	**554128**	**419617**
淮南市谢家集区孤堆回族乡	1673	12027	63515	54128
合肥市肥东县牌坊回族满族乡	1830	53200	111255	60090
滁州市定远县二龙回族乡	296	11574	71003	62400
淮南市凤台县李冲回族乡	4176	13671	34154	20085
淮南市潘集区古沟回族乡	3800	17800	70600	61670
六安市寿县陶店回族乡	600	17110	49845	48049
宣城市宁国市云梯畲族乡	745	7265	7201	3495
蚌埠市五河县临北回族乡	930	28090	120255	83940
阜阳市颍上县赛涧回族乡	210	12090	26300	25760
福建省	**117664**	**395229**	**607079**	**295314**
福州市罗源县霍口畲族乡	1839	32285	24377	17647
福州市连江县小沧畲族乡	19	3346	5420	2400
宁德市福安市坂中畲族乡	8696	24257	42610	18320
宁德市福安市康厝畲族乡	1986	25300	42570	22581
宁德市福安市穆云畲族乡	810	30991	45795	23700
宁德市霞浦县盐田畲族乡	2218	23456	17805	5598
宁德市霞浦县崇儒畲族乡	317	18482	32086	9870
宁德市霞浦县水门畲族乡	816	16366	30026	7907
宁德市蕉城区金涵畲族乡	21087	10805	16300	7213
宁德市福鼎市硖门畲族乡	1537	14722	17058	6384
宁德市福鼎市佳阳畲族乡	237	23503	22189	11865
漳州市漳浦县赤岭畲族乡	687	18319	24973	11937
漳州市漳浦县湖西畲族乡	801	31821	50000	29090
漳州市龙海市隆教畲族乡	5569	22940	34385	14385
三明市永安市青水畲族乡	3861	42259	59614	23193
三明市宁化县治平畲族乡	1973	6643	24090	14370

粮食产量（吨）	肉类总产量（吨）	农民合作社个数（个）	农民合作社成员数（户）	农业技术服务机构个数（个）	农业技术服务机构从业人员数（人）	公共财政收入（万元）	公共财政支出（万元）
542	13	56	184	1	4	771	771
1482	390	17	68	1	6	732	505
2894	758	8	322	1	8	2056	2093
1070	275	9	372	1	2	2442	2665
192958	**15482**	**209**	**9172**	**17**	**38**	**8798**	**11921**
28952	576	10	383	1	4	194	656
27722	1971	50	2320	1	2	4672	3607
29278	1310	21	367	2	3	431	427
6090	1278	24	484	7	13	349	548
29693	1233	12	66	1	3	1113	1112
22422	2292	13	170	1	7	240	1646
1259	1490	7	22	1	3	432	432
34742	4432	62	4050	1	1	1109	2716
12800	900	10	1310	2	2	258	777
118703	**31362**	**687**	**9693**	**39**	**178**	**45861**	**45797**
6446	695	40	435	1	2	1648	1648
1150	55	2	71	1	2	466	466
4240	371	48	387	1	8	6167	6147
6771	1304	78	567	3	12	2048	1963
7100	335	41	208	1	12	2676	2676
2137	244	49	1969	1	8	3405	3403
3865	623	154	1426	1	1	2628	2667
2887	1434	37	334	1	5	1883	1881
1980	7631	29	295	1	11	3400	3239
2516	601	13	57	8	6	2041	2041
4080	416	33	272	1	10	1488	1502
4838	2042	31	637	1	4	598	590
12140	672	23	732	4	5	3098	3072
6035	5153	8	220	1	3	5650	5650
14191	1929	56	271	2	46	877	877
5024	711	8	650	1	7	1936	1936

10-1(二) 续表 9

民族乡镇名称	乡镇企业年净利润总额（万元）	农林牧渔业总产值（万元）	农作物总播种面积（亩）	#粮食播种面积（亩）
龙岩市上杭县官庄畲族乡	1517	14717	47154	24648
龙岩市上杭县庐丰畲族乡	326	23958	64417	40718
泉州市惠安县百崎回族乡	63368	11060	6210	3488
江西省	**10394**	**66502**	**116188**	**78312**
鹰潭市贵溪樟坪畲族乡	635	6306	3912	2567
上饶市铅山县太源畲族乡	4080	2720	1105	1100
上饶市铅山县篁碧畲族乡	416	2185	3350	2800
吉安市永丰县龙冈畲族乡	2348	22753	25800	23000
赣州市南康赤土畲族乡	1963	24363	27000	12896
吉安市青原区东固畲族乡	100	950	40000	26000
抚州市乐安县金竹畲族乡	472	4983	10321	7849
吉安市峡江县金坪民族乡	380	2242	4700	2100
山东省	**141949**	**149044**	**279575**	**224259**
淄博市临淄区金岭回族镇	90787	5326	4067	4067
聊城市莘县张鲁回族镇	1715	85415	74125	51110
菏泽市曹县侯集回族镇	48347	29138	105638	96432
德州市禹城市十里望回族镇	1100	29165	95745	72650
河南省	**244892**	**248649**	**689532**	**474385**
郑州市荥阳市金寨回族乡	17815	6835	3357	3357
周口市太康县城关回族镇	16360	17690	13200	9000
周口市淮阳县城关回族镇	48630	31718	41295	22680
周口市沈丘县槐店回族镇	9048	7631	18364	12727
商丘市宁陵县城关回族镇	6630	6066	10395	9855
商丘市睢县城关回族镇	6716	6452	10770	9225
商丘市民权县伯党回族乡	1560	16320	56925	34050
商丘市民权县胡集回族乡	2001	16007	51900	38400
平顶山市叶县马庄回族乡	2730	6235	15150	14175
平顶山市郏县姚庄回族乡	615	3828	18733	11872
新乡市封丘县荆乡回族乡	653	1724	13680	12300
许昌市许昌县艾庄回族乡	940	10530	14000	9000
许昌市禹州市山货回族乡	11312	10405	24465	20565

粮食产量（吨）	肉类总产量（吨）	农民合作社个数（个）	农民合作社成员数（户）	农业技术服务机构个数（个）	农业技术服务机构从业人员数（人）	公共财政收入（万元）	公共财政支出（万元）
9075	1536	21	518	4	12	2358	2663
18912	5394	15	623	5	16	2160	2043
5316	216	1	21	1	8	1333	1333
34592	**9603**	**144**	**4186**	**16**	**50**	**19560**	**16385**
962	7	29	145	1	3	422	768
444	135	12	282	1	3	1052	1040
1210	190	7	86	1	8	1293	1293
11614	196	22	153	3	7	2321	1788
5258	7500	22	1623	1	12	7879	5156
10700	500	21	1250	1	6	1903	1650
3379	265	22	447	7	8	1640	1640
1025	810	9	200	1	3	3050	3050
148536	**48340**	**239**	**2566**	**39**	**125**	**26474**	**18270**
1760	4832	13	381	4	17	12642	4198
66557	22085	89	1035	16	56	2923	2923
40219	1470	109	845	9	34	3809	4149
40000	19953	28	305	10	18	7100	7000
212284	**42724**	**242**	**4504**	**110**	**614**	**51926**	**53912**
2901	108			1	4	1097	815
2771	855	6	193	8	30	10538	10538
9236	3860	19	1200	21	220	13902	13902
6850	1869	8	495	5	33	8940	8940
5088	890			4	42	1639	1639
3982	2213	16	81	4	32	3528	3494
16680	4890	11	68	6	35	245	290
22899	1120	7	226	4	32	198	300
3562	1997	4	31	1	2	576	610
4776	993	5	32	2	9	840	813
6088	1501	9	46	5	8	54	449
8817	1175	5	97	9	12	460	630
9501	1069	11	85	1	7	773	670

10-1(二) 续表 10

民族乡镇名称	乡镇企业年净利润总额（万元）	农林牧渔业总产值（万元）	农作物总播种面积（亩）	#粮食播种面积（亩）
许昌市襄城县颍桥回族镇	1305	6304	14145	10065
南阳市镇平县郭庄回族乡	324	6838	40564	28232
南阳市方城县袁店回族乡	2801	12150	41670	17130
驻马店市西平县蔡寨回族乡	279	14659	43770	36080
驻马店市新蔡县李桥回族镇	7105	26000	76390	68955
漯河市临颍县繁城回族镇	5271	32210	164641	96015
洛阳市洛宁县王范回族镇	17055	4577	2703	2502
洛阳市瀍河回族区瀍河回族乡	85742	4470	13415	8200
湖北省	**63168**	**429102**	**826388**	**436845**
荆门市钟祥市九里回族乡	6480	29940	63167	44177
荆州市洪湖市老湾回族乡	576	8954	19800	16000
荆州市松滋市卸甲坪土家族乡	475	8330	26297	14083
宜昌市宜都市潘家湾土家族乡	12912	51393	42928	28421
十堰市郧西县湖北口回族乡	1070	18500	56408	35220
恩施土家族苗族自治州恩施市芭蕉侗族乡	18560	115000	99225	49797
恩施土家族苗族自治州宣恩县长潭河侗族乡	1797	41550	146900	77390
恩施土家族苗族自治州宣恩县晓关侗族乡	2482	64627	162890	86032
仙桃市沔城回族镇	13584	25044	58103	18427
神农架林区下谷坪土家族乡		3246	12180	8036
咸宁市赤壁市周郎嘴回族镇	5082	52656	107160	37760
恩施土家族苗族自治州鹤峰县铁炉白族乡	150	9862	31330	21502
湖南省	**69043**	**860622**	**2220487**	**1424859**
怀化市辰溪县罗子山瑶族乡		2285	9100	7100
怀化市辰溪县苏木溪瑶族乡		1810	5710	2104
怀化市辰溪县上蒲溪瑶族乡		4200	6420	5640
怀化市辰溪县后塘瑶族乡		2820	12150	8200
怀化市辰溪县仙人湾瑶族乡		8782	26870	22042
怀化市洪江市深渡苗族乡	20	3885	14980	13961
怀化市洪江市龙船塘瑶族乡	226	2840	11789	10791
怀化市会同县炮团侗族苗族乡		1198	4000	3842
怀化市会同县宝田侗族苗族乡	202	3405	11875	8515

粮食产量（吨）	肉 类总产量（吨）	农民合作社个数（个）	农民合作社成员数（户）	农业技术服务机构个 数（个）	农业技术服务机构从业人员数（人）	公共财政收入（万元）	公共财政支出（万元）
4567	1280	5	75	5	24	555	555
10018	180	18	125	1	6	114	525
8116	2912	19	171	1	11	740	742
15600	2450	26	135	2	16	580	580
27398	5560	8	490	1	7	215	801
40637	5317	63	397	27	41	1424	2111
1132	2279	2	557	2	43	3417	3417
1665	206					2091	2091
155453	**43286**	**479**	**16769**	**38**	**126**	**29412**	**34242**
23666	3795	66	525	6	12	2610	2610
7899	205	33	2600	1	1	570	570
4314	1517	17	901	15	20	965	965
7710	5951	42	653	2	15	7007	8542
8255	2320	16	1100	3	16	470	470
10877	7063	67	4685	1	22	6673	5918
15208	8797	62	2132	2	13	7466	7466
18131	5748	101	3231	1	10	1300	5412
36149	3993	25	127	1	4	930	930
1652	495	8	85	1	3	891	798
15240	1835	22	234	5	10	685	623
6352	1567	28	581	1	3	737	737
676202	**143014**	**1058**	**31862**	**130**	**421**	**68777**	**68194**
3900	485	8	165	1	2	387	387
2255	260	6	108	1	3	435	435
4100	650	2	100	1	1	719	719
6080	690	14	105	1	2	717	717
13230	2520	15	620	1	2	854	851
9200	2000	6	303	1	2	862	862
4561	623	8	325	1	2	720	720
2294	35	11	50	1	7	554	500
3345	572	12	872	1	3	535	535

10-1(二) 续表 11

民族乡镇名称	乡镇企业年净利润总额（万元）	农林牧渔业总产值（万元）	农作物总播种面积（亩）	#粮食播种面积（亩）
怀化市会同县蒲稳侗族苗族乡		3420	16578	10977
怀化市会同县金子岩侗族苗族乡	900	9000	37000	23000
怀化市会同县漠滨侗族苗族乡		3900	16369	9005
怀化市会同县青朗侗族苗族乡		5666	29872	14963
怀化市沅陵县二酉苗族乡		20740	95680	60462
怀化市沅陵县火场土家族乡		210	12578	6650
怀化市中方县蒿吉坪瑶族乡		5013	6163	4520
怀化市通道侗族自治县大高坪苗族乡		1245	5870	2400
怀化市新晃侗族自治县步头降苗族乡		3532	15917	11341
怀化市新晃侗族自治县米贝苗族乡	300	2735	30909	19958
邵阳市绥宁县河口苗族乡	4788	8274	2069	1014
邵阳市绥宁县麻塘苗族乡	1042	6782	21699	15506
邵阳市绥宁县东山侗族乡	372	2600	22797	20007
邵阳市绥宁县鹅公岭侗族苗族乡	58	5637	12516	8972
邵阳市绥宁县寨市苗族侗族乡	2100	2656	21970	15000
邵阳市绥宁县乐安铺苗族侗族乡	2872	5898	10080	8525
邵阳市绥宁县关峡苗族乡	1150	2584	2576	2429
邵阳市绥宁县长铺子苗族乡	1756	8128	1652	1365
邵阳市隆回县山界回族乡	120	12325	46567	22390
邵阳市隆回县虎形山瑶族乡	1000	7019	70826	17436
邵阳市洞口县那溪瑶族乡	1750	600	17750	7920
邵阳市洞口县大屋瑶族乡	15	100	3750	3570
邵阳市洞口县长塘瑶族乡	21	99	2388	2110
邵阳市新宁县黄金瑶族乡	2026	3108	14400	9371
邵阳市新宁县麻林瑶族乡	301	2863	21026	11290
永州市蓝山县荆竹瑶族乡	3380	3670	2565	1200
永州市蓝山县湘江源瑶族乡	381	2735	4816	2910
永州市蓝山县浆洞瑶族乡	485	2900	5200	3680
永州市蓝山县汇源瑶族乡	145	750	1520	920
永州市蓝山县犁头瑶族乡	18	4364	4521	1386
永州市蓝山县大桥瑶族乡	3969	13692	17486	8946

粮食产量（吨）	肉　类总产量（吨）	农民合作社个数（个）	农民合作社成员数（户）	农业技术服务机构个　数（个）	农业技术服务机构从业人员数（人）	公共财政收入（万元）	公共财政支出（万元）
2770	780	5	240	1	1	659	659
12000	1000	13	500	3	10	1636	1600
6678	581	8	245	2	4	918	780
6106	1297	13	390	3	8	788	759
19682	1869	42	680	2	12	1538	1538
2468	580	5	65	1	1	554	554
1808	310	11	500	1	4	634	630
1221	286	6	180	2	2	225	308
3543	623	1	20	1	1	653	653
6137	1328	10	350	1	2	765	759
6759	2258	17	2856	2	6	257	257
7360	2455	9	63	2	3	217	289
9103	2330	47	321	1	3	98	321
6160	1485	8	180	1	2	288	301
3895	1020	84	417	3	16	350	357
4773	825	3	28	1	2	789	758
2450	1506	33	528	1	5	1120	1350
3250	6433	48	513	1	10	1228	1218
12215	1122	1	5	1	6	2076	2076
7153	1284	10	443	1	6	1921	1921
3700	1312	5	70	1	2	396	390
1496	594	2	34	1	2	50	180
1338	260	2	67	1	2	59	162
3596	518	6	890	1	5	1875	1875
4930	1128	7	1010	1	5	1290	1255
1371	460	4	38	1	3	268	258
1298	766	3	296	1	2	280	276
280	85	5	60	1	1	268	260
850	560			1	1	188	186
549	65	4	110	1	1	250	250
4358	215	6	78	1	1	413	412

10−1(二) 续表 12

民族乡镇名称	乡镇企业年净利润总额（万元）	农林牧渔业总产值（万元）	农作物总播种面积（亩）	#粮食播种面积（亩）
永州市江永县松柏瑶族乡		6200	37387	25463
永州市江永县千家洞瑶族乡	200	6000	20000	17664
永州市江永县兰溪瑶族乡	9	4012	13493	5900
永州市江永县源口瑶族乡	1670	13480	24033	8764
永州市宁远县九疑瑶族乡	510	8950	19986	15100
永州市宁远县棉花坪瑶族乡	27	1136	2826	1536
永州市宁远县桐木漯瑶族乡	241	63	3371	1456
永州市宁远县五龙山瑶族乡	75	569	1186	5768
永州市道县横岭瑶族乡	320	7621	30012	17112
永州市道县洪塘营瑶族乡	941	8342	26513	16570
永州市道县审章塘瑶族乡		9420	36342	24540
永州市祁阳县晒北滩瑶族乡	164	3121	7560	4751
永州市新田县门楼下瑶族乡	120	1520	4068	1600
永州市双牌县上梧江瑶族乡	453	3117	31795	15266
永州市江华瑶族自治县小圩壮族乡	1542	4991	20297	12473
张家界市桑植县刘家坪白族乡		2450	12500	11200
张家界市桑植县马合口白族乡		3827	26143	18449
张家界市桑植县走马坪白族乡		4038	33903	20348
张家界市桑植县芙蓉桥白族乡		8654	13116	9878
张家界市桑植县洪家关白族乡	265	6882	21846	19237
张家界市慈利县三官寺土家族乡	380	7582	49781	28243
张家界市慈利县高峰土家族乡		12042	27000	21000
张家界市慈利县金岩土家族乡		4106	33000	25200
张家界市慈利县许家坊土家族乡	140	4758	36758	18750
张家界市慈利县阳和土家族乡		3971	33441	24853
张家界市慈利县甘堰土家族乡	175	11298	33900	25020
张家界市慈利县赵家岗土家族乡	121	3988	28517	20250
郴州市桂阳县白水瑶族乡	552	6718	32795	15779
郴州市北湖区保和瑶族乡		11940	41340	15908
郴州市北湖区仰天湖瑶族乡	320	4318	39251	17806
郴州市宜章县莽山瑶族乡	1583	3011	18244	11358

粮食产量（吨）	肉类总产量（吨）	农民合作社个数（个）	农民合作社成员数（户）	农业技术服务机构个数（个）	农业技术服务机构从业人员数（人）	公共财政收入（万元）	公共财政支出（万元）
13000	3000	4	78	2	11	200	200
8000	500	3	5	2	5	3000	2200
2962	28	4	102	1	3	47	141
10265	5623	5	124	2	8	144	140
15600	7200	22	340	5	14	420	420
2113	1921	3	21	2	2	226	226
752	230					340	268
1896	1093	3	22	1	3	391	421
6882	1500	2	54	2	2	35	35
5824	415	4	26	1	1	158	158
13380	4250	21	350	3	6	380	380
1838	336	3	25	1	1	412	401
1300	65	5	96	1	4	230	230
5232	1152	5	620	1	7	612	610
17421	560	3	24	1	7	580	580
5872	490	3	60	1	2	725	725
5983	703	9	45	2	5	1415	1415
6510	858	6	42	1	2	1032	879
14633	484	25	516	1	5	1525	1726
12035	9160	12	528	1	6	7147	7147
11962	1856	5	193	7	8	340	340
10400	2682	9	35	1	4	256	256
9850	141			4	8	689	689
8437	2475	5	36	4	10	420	420
9896	1200	4	20	1	2	303	303
9360	1620	9	1004	2	5	488	389
6657	845	5	128	1	6	617	617
5720	2375	11	56	1	1	1453	1253
6825	2120	9	83	1	4	872	915
6768	2295	18	709	3	6	1210	1210
4002	510	18	601	1	1	641	684

10-1(二)　续表 13

民族乡镇名称	乡镇企业年净利润总额（万元）	农林牧渔业总产值（万元）	农作物总播种面积（亩）	#粮食播种面积（亩）
郴州市汝城县文明瑶族乡	1386	16748	83396	55765
郴州市汝城县延寿瑶族乡	7351	334760	51187	33840
郴州市汝城县三江口瑶族乡	2300	5786	20003	16230
郴州市临武县西山瑶族乡	52	30	8374	4218
郴州市资兴市回龙山瑶族乡	660	9106	57691	40369
郴州市资兴市八面山瑶族乡	9450	9007	51432	28570
常德市鼎城区许家桥回族维吾尔族乡	1295	21782	163473	112112
常德市汉寿县毛家滩回族维吾尔族乡	3000	5000	64000	62000
常德市桃源县枫树维吾尔族回族乡	986	27812	92004	54317
常德市桃源县青林回族维吾尔族乡	837	58463	151053	97705
株洲市炎陵县中村瑶族乡	1123	5085	17886	12653
衡阳市常宁市塔山瑶族乡		1250	580	420
益阳市桃江县鲊埠回族乡	1400	4200	21000	18000
广东省	**29663**	**72285**	**127210**	**70776**
惠州市龙门县蓝田瑶族乡	6991	19938	31236	19365
清远市连州市三水瑶族乡	52	4488	5409	1934
清远市连州市瑶安瑶族乡	7850	8165	15136	7067
清远市阳山县秤架瑶族乡		13835	20830	7957
肇庆市怀集县下帅壮族瑶族乡	785	12859	18003	12845
韶关市始兴县深渡水瑶族乡	347	4168	13165	5250
河源市东源县漳溪畲族乡	13638	8832	23431	16358
广西壮族自治区	**78067**	**760433**	**2268097**	**1234170**
梧州市蒙山县长坪瑶族乡		3643	8962	3786
梧州市蒙山县夏宜瑶族乡		4185	18570	6345
贺州市八步区黄洞瑶族乡	3825	9463	15894	6404
贺州市平桂管理区大平瑶族乡	900		30467	15591
贺州市昭平县仙回瑶族乡	240	9523	25125	15375
贺州市钟山县两安瑶族乡	1259	12332	23220	16515
贺州市钟山县花山瑶族乡	19463	11990	10545	6135
贵港市平南县马练瑶族乡	130	13595	60300	20450
贵港市平南县国安瑶族乡	916	21505	30500	9700

粮食产量（吨）	肉类总产量（吨）	农民合作社个数（个）	农民合作社成员数（户）	农业技术服务机构个数（个）	农业技术服务机构从业人员数（人）	公共财政收入（万元）	公共财政支出（万元）
23604	1926	66	2427	1	22	2735	2684
12525	1076	30	319	1	5	2739	2678
6500	520	23	320	2	4	982	935
24025	86	16	58	1	5	115	98
14414	3090	31	670	1	5	1042	1042
7854	3898	28	880	1	3	1100	1100
37102	5856	18	1561	2	13	312	369
50000	9000	21	1600	1	5	900	890
16295	6752	17	1260	1	9	1124	1120
34166	8875	15	1684	1	12	1696	1691
2765	398	26	365	1	4	752	752
315	610	26	920	7	25	360	360
7000	70	6	30	2	7	780	780
26271	**4815**	**113**	**1157**	**15**	**20**	**7019**	**6776**
6075	1477	18	156	8	8	1511	1510
670	386	5	161	2	2	383	382
2290	640	16	83	1	1	953	953
2401	381	22	110	1	3	1466	1426
5854	612	11	124	1	4	1840	1638
1797	436	6	286	1	1	370	370
7184	883	35	237	1	1	496	496
413004	**87077**	**890**	**14914**	**72**	**219**	**52454**	**60982**
989	112	10	48	1	2	235	205
2105	316	6	213	1	2	717	717
2049	548	5	136	1	2	1599	1592
8442	560	13	13	1	1	548	548
3819	1166	15	193	4	8	368	368
6533	1926	5	148	2	9	202	1095
2244	1502	3	120	1	6	409	876
8108	2280	15	121	2	3	432	1893
5272	1602	3	50	1	2	600	448

10-1(二) 续表 14

民族乡镇名称	乡镇企业年净利润总额（万元）	农林牧渔业总产值（万元）	农作物总播种面积（亩）	#粮食播种面积（亩）
防城港市上思县南屏瑶族乡	158	8459	48326	12354
防城港市防城区十万山瑶族乡	612	2013	9690	7065
南宁市马山县古寨瑶族乡	426	9757	34490	27435
南宁市马山县里当瑶族乡	128	8308	30070	24650
南宁市上林县镇圩瑶族乡		11803	29439	21800
柳州市三江侗族自治县同乐苗族乡		17899	41955	22245
柳州市三江侗族自治县福禄苗族乡	210	46683	1939	927
柳州市三江侗族自治县高基瑶族乡	42	7909	18620	8940
柳州市融水苗族自治县滚贝侗族乡	710	8251	22340	13028
柳州市融水苗族自治县同练瑶族乡	1380	4360	15850	10800
柳州市柳城县古砦仫佬族乡	50	61520	130950	54000
桂林市临桂县宛田瑶族乡	902	17600	45120	25515
桂林市临桂县黄沙瑶族乡	1762	5530	18945	9540
桂林市灵川县大境瑶族乡	3000	8230	27450	14565
桂林市灵川县兰田瑶族乡	300	5023	18112	7275
桂林市全州县蕉江瑶族乡	350	9750	38130	17580
桂林市全州县东山瑶族乡	2820	13360	87480	46515
桂林市兴安县华江瑶族乡	23560	14168	24810	15285
桂林市灌阳县洞井瑶族乡	600	7120	35865	21540
桂林市灌阳县西山瑶族乡	2579	5805	32190	17880
桂林市资源县车田苗族乡	3510	27205	46290	22035
桂林市资源县两水苗族乡	160	18570	43575	20670
桂林市资源县河口瑶族乡	566	9916	21285	8685
桂林市平乐县大发瑶族乡	910	22310	45230	24272
桂林市荔浦县蒲芦瑶族乡	2235	9978	25685	9840
桂林市雁山区草坪回族乡	128		9135	2445
百色市右江区汪甸瑶族乡	57	44500	89865	38745
百色市田东县作登瑶族乡	69	615	67278	35064
百色市田林县潞城瑶族乡		21750	56874	33893
百色市田林县利周瑶族乡	55	18692	42489	19903
百色市田林县八桂瑶族乡		18714	47631	20527

粮食产量（吨）	肉类总产量（吨）	农民合作社个数（个）	农民合作社成员数（户）	农业技术服务机构个数（个）	农业技术服务机构从业人员数（人）	公共财政收入（万元）	公共财政支出（万元）
3025	519	8	25	1	2	2058	2058
1887	432	4	20	1	3	201	940
7029	1904	22	755	3	7	4808	4709
5578	1767	9	330	1	7	362	362
4775	1856	31	478	1	12	223	582
6692	1894	28	247	1	4	989	989
6100	2503	10	103	1	3	926	905
2741	690	10	630	1	2	407	395
4178	832	6	35	2	3	260	1074
3261	643	13	68	1	2	780	780
19708	2199	21	235	3	13	1523	865
8061	2481	6	455	1	4	915	915
2678	267	10	47	1	2	431	985
4650	5960	7	30	2	2	393	1679
1764	500	7	35	1	1	294	1032
6791	2154	8	458	1	5	380	380
19353	2597	3	15	1	6	633	633
5977	1600	3	162	1	4	1267	791
14374	937	12	48	1	4	360	400
12967	959	11	60	1	2	873	901
7744	1242	31	1023	1	10	1667	1606
23296	1279	15	40	1	4	110	110
2313	411	1	34	1	1	710	710
8055	1186	15	147	1	5	1003	1003
3706	1024	7	105	1	4	1003	1003
1500	845	3	48	1	7	567	588
11530	3993	13	194	1	2	2134	2339
9813	1974	26	42	1	5	3800	3746
10042	1751	12	97	1	1	1669	1669
6667	3200	31	582	1	1	1576	1576
6635	1430	7	51	2	3	2357	2357

10-1(二) 续表 15

民族乡镇名称	乡镇企业年净利润总额（万元）	农林牧渔业总产值（万元）	农作物总播种面积（亩）	#粮食播种面积（亩）
百色市田林县八渡瑶族乡		19955	47648	24932
百色市凌云县伶站瑶族乡		3	40200	20100
百色市凌云县朝里瑶族乡	150	3425	19485	11175
百色市凌云县沙里瑶族乡		11341	42555	26685
百色市凌云县玉洪瑶族乡	850	19000	7156	264
百色市西林县足别瑶族苗族乡		4055	17205	17205
百色市西林县普合苗族乡	800	3850	39241	15000
百色市西林县那佐苗族乡		5650	55788	41745
河池市南丹县八圩瑶族乡	8	17097	49860	29835
河池市南丹县里湖瑶族乡	26	10489	44955	31200
河池市南丹县中堡苗族乡	180	4135	18315	9480
河池市天峨县八腊瑶族乡		11726	63615	44205
河池市凤山县平乐瑶族乡	260	4430	43650	27200
河池市凤山县江洲瑶族乡	75	4888	24060	15465
河池市凤山县金牙瑶族乡	715	7225	41175	26970
河池市东兰县三弄瑶族乡			6133	4190
河池市环江毛南族自治县驯乐苗族乡	925	17000	29000	18400
河池市宜州市北牙瑶族乡	46	64131	136875	71790
河池市宜州市福龙瑶族乡	20		110490	83010
重庆市	**24050**	**149627**	**419169**	**224100**
奉节县云雾土家族乡		4177	19415	8139
奉节县长安土家族乡	10	11850	59949	32421
奉节县龙桥土家族乡	1720	9986	52293	20289
奉节县太和土家族乡	94	4170	42389	17564
万州区恒合土家族乡	1090	49800	33975	23657
万州区地宝土家族乡	35	1927	8831	4680
云阳县清水土家族乡	15914	15774	27743	22074
巫山县红椿土家族乡		3907	15628	6564
巫山县邓家土家族乡		4278	27281	16097
忠县磨子土家族乡	4436	12543	31976	24384
武隆区石桥苗族土家族乡	130	7526	3589	1949

粮食产量（吨）	肉类总产量（吨）	农民合作社个数（个）	农民合作社成员数（户）	农业技术服务机构个数（个）	农业技术服务机构从业人员数（人）	公共财政收入（万元）	公共财政支出（万元）
7850	3617	16	97	1	2	1300	1300
5346	1100	13	148	1	1	1077	1158
2703	499	4	126	1	2	881	756
5997	725	14	177	1	1	1022	1022
6500	1200	31	1268	1	2	2186	2186
4055	695	8	64	1	1	480	480
4800	1250	8	850	1	2	12	11
11352	1350	24	156	1	3		
6955	1412	27	298	1	3	130	642
6193	1253	5	30	1	3	55	591
1985	328	16	90	1	3	530	461
9248	1503	18	196	2	6	1719	1617
6650	1060	65	780	1	10	500	500
3016	756	33	467	1	2	539	539
5419	1350	85	1675	1	4	665	665
1014	378	9	50	1	2	416	416
8030	4630	16	627	1	2	950	950
23225	1994	9	38	1	1	115	901
20214	936	24	136	1	3	88	964
66649	**12997**	**236**	**6022**	**20**	**149**	**17380**	**19790**
2167	32	13	13	3	5	690	690
9426	921	40	620	2	10	2409	2409
5645	1399	27	123	1	7	2639	2960
6276	790	19	255	1	3	1738	1738
1780	419	2	12	1	21	331	2327
1798	181	5	155	1	6	146	
9933	1014	8	164	1	11	60	878
1855	742	1	57	1	4	1242	1020
2474	1458	16	143	1	3	652	652
8302	988	12	345	1	12	1087	1087
5782	1125	15	68	1	13	2064	2064

10-1(二) 续表 16

民族乡镇名称	乡镇企业年净利润总额（万元）	农林牧渔业总产值（万元）	农作物总播种面积（亩）	#粮食播种面积（亩）
武隆区文复苗族土家族乡	136	11054	46526	22838
武隆区后坪苗族土家族乡	485	7462	32310	15930
武隆区浩口苗族仡佬族乡		5173	17265	7515
四川省	**58906**	**1636203**	**1723975**	**1209680**
甘孜藏族自治州九龙县子耳彝族乡		1369	4766	3940
甘孜藏族自治州九龙县三垭彝族乡		1783	6221	4440
甘孜藏族自治州九龙县俄尔彝族乡		1236	5100	3920
甘孜藏族自治州九龙县小金彝族乡		1167	3700	2500
甘孜藏族自治州九龙县朵落彝族乡		1024	1933	1583
甘孜藏族自治州九龙县踏卡彝族乡		1803	4457	3233
甘孜藏族自治州九龙县湾坝彝族乡		2586	7800	6400
阿坝藏族羌族自治州松潘县十里回族乡			269	193
阿坝藏族羌族自治州松潘县进安回族乡			53	36
攀枝花市仁和区大龙潭彝族乡		19280	54405	43365
攀枝花市仁和区啊喇彝族乡	178	14137	21195	14175
攀枝花市米易县麻陇彝族乡		10090	21196	8195
攀枝花市米易县白坡彝族乡	107	18706	25995	12900
攀枝花市米易县湾丘彝族乡	1	15742	24435	17085
攀枝花市米易县新山傈僳族乡	1324	11311	23355	10665
攀枝花市盐边县敢鱼彝族乡	80	2984	19856	11707
攀枝花市盐边县红果彝族乡	1050	9800	23147	16347
攀枝花市盐边县温泉彝族乡	132	9467	15040	11235
攀枝花市盐边县箐河傈僳族乡	1039	4387	10185	10185
攀枝花市盐边县格萨拉彝族乡	1420	12610	3281	2590
攀枝花市盐边县和爱彝族乡	220	5000	17891	9524
攀枝花市盐边县红宝苗族彝族乡	112	4200	10783	7857
泸州市叙永县白蜡苗族乡	1409	8998	50273	38920
泸州市叙永县合乐苗族乡	83	6827	38674	25317
泸州市叙永县枧槽苗族乡	100	3816	35590	21973
泸州市叙永县石坝彝族乡	295	3103	18503	15231
泸州市叙永县水潦彝族乡	753	6662	38857	24353

粮食产量（吨）	肉类总产量（吨）	农民合作社个数（个）	农民合作社成员数（户）	农业技术服务机构个数（个）	农业技术服务机构从业人员数（人）	公共财政收入（万元）	公共财政支出（万元）
4608	2146	18	2696	4	39	1995	1636
4472	823	44	390	1	9	1990	1990
2132	960	16	981	1	6	338	338
383618	**511818**	**1051**	**32371**	**120**	**410**	**121052**	**127538**
1047	112			1	2	401	401
1464	125	18	382	2	4	558	558
1295	160			2	2	390	390
832	623			2	4	407	407
498	28	1	63	2	2	365	365
1047	149			2	4	600	600
2880	652	2	50	1	2	711	711
726	128	12	78	1	2	510	604
139	91	10		1	2	1699	1699
12544	18035	45	1381	1	2	86	1974
5196	942	24	189	1	10	57	2792
3663	1020	12	360	1	6	1426	1426
4136	1213	35	1833	1	2	1788	1788
6707	841	13	1910	1	3	3683	3683
4606	1308	10	301	1	1	1419	1419
3360	1020	24	162	1	3	1051	1008
5365	1345	15	352	1	2	1088	1046
2192	2422	8	215	1	2	318	318
2225	763	9	250	1	3	412	420
6120	2960	13	256	1	2	1226	1226
1984	474	6	707	1	3	616	616
1562	652	9	72	1	2	721	783
9868	1940	12	92	1	2	5489	5489
4853	1571	14	612	1	7	472	472
3825	1382	5	85	1	5	2884	2815
2076	1572	7	538	1	3	897	924
11875	9236	7	237	2	4	5786	6469

10-1(二) 续表 17

民族乡镇名称	乡镇企业年净利润总额（万元）	农林牧渔业总产值（万元）	农作物总播种面积（亩）	#粮食播种面积（亩）
泸州市古蔺县箭竹苗族乡	2671	9248	29306	28860
泸州市古蔺县大寨苗族乡	120	6603	11571	10920
泸州市古蔺县马嘶苗族乡	120	7601	41283	24655
广元市青川县蒿溪回族乡	15	8672	14625	10575
广元市青川县大院回族乡	5	4165	19668	14227
乐山市金口河区和平彝族乡	840	3500	14291	13988
乐山市金口河区共安彝族乡	3500	6499	10507	7595
南充市阆中市博树回族乡	35	6090	19350	10490
宜宾市筠连县高坪苗族乡	300	5134	20434	14834
宜宾市筠连县联合苗族乡	574	10960	20666	18041
宜宾市筠连县团林苗族乡	960	22	19501	15710
宜宾市屏山县屏边彝族乡	80	9997	20969	15855
宜宾市屏山县清平彝族乡	18	8801	22832	16915
宜宾市兴文县大坝苗族乡	1055	9916	60320	50292
宜宾市兴文县毓秀苗族乡	148	3827	19135	12099
宜宾市兴文县大河苗族乡	5868	11500	104589	59278
宜宾市兴文县麒麟苗族乡	294	18580	56000	38000
宜宾市兴文县仙峰苗族乡	5446	13561	30450	20450
宜宾市珙县罗渡苗族乡	763	6714	38897	21232
宜宾市珙县玉和苗族乡		856424	9275	7457
宜宾市珙县观斗苗族乡	1451	2714	8775	6571
雅安市汉源县小堡藏族彝族乡	150	917	4720	4720
雅安市汉源县坭美彝族乡		3560	17772	12738
雅安市汉源县永利彝族乡		3638	20595	13356
雅安市汉源县顺河彝族乡		5231	7922	6372
雅安市汉源县片马彝族乡		8649	20479	20107
雅安市石棉县安顺彝族乡		6285	14425	8734
雅安市石棉县先锋藏族乡	6735	4881	16083	10553
雅安市石棉县蟹螺藏族乡	6700	2500	3000	1000
雅安市石棉县回隆彝族乡	205	2560	7652	3682
雅安市石棉县擦罗彝族乡	374	2600	7127	3020

粮食产量（吨）	肉类总产量（吨）	农民合作社个数（个）	农民合作社成员数（户）	农业技术服务机构个数（个）	农业技术服务机构从业人员数（人）	公共财政收入（万元）	公共财政支出（万元）
7022	1310	25	178	2	5	346	1873
2977	513	6	46	2	3	215	108
6108	601	30	230	1	2	148	1520
2521	66	11	585	1	3	318	318
3230	57	4	540	1	1	436	436
2231	1341	31	261	1	1	689	689
1149	348	22	68	1	5	993	907
3893	827	18	672	1	4	824	824
8500	1523	6	523	1	5	867	839
5019	780	7	500	1	5	768	768
2655	1498	4	9	1	5	796	688
3027	62	13	72	1	7	1397	989
3644	946	11	278	1	7	1175	1211
20106	3500	46	535	3	10	270	2246
4082	95	3	412	1	3	1629	1327
21489	8000	42	951	1	6	36200	36200
14763	430	14	62	5	8	3183	2858
8145	3457	12	130	1	6	2530	2530
5866	3068	16	355	1	1	597	597
2816	11104	8	205	1	3	432	432
2321	1308	5	409	1	4	498	477
1177	552	9	56	1	3	2153	2153
7897	562	15	365	1	4	498	498
406	406	21	223	1	4	348	348
1580	502	6	142	1	6	492	474
3431	403	27	182	1	70	531	531
1910	2709	7	875	1	5	991	991
2242	800	13	185	1	3	872	872
400	205	14	90	1	5	939	1175
819	161	3		1	3	1003	911
729	170	5	150	1	2	1186	651

10-1(二) 续表 18

民族乡镇名称	乡镇企业年净利润总额（万元）	农林牧渔业总产值（万元）	农作物总播种面积（亩）	#粮食播种面积（亩）
雅安市石棉县栗子坪彝族乡	2989	3783	7456	3910
雅安市石棉县新民藏族彝族乡		46431	22926	13394
雅安市石棉县挖角彝族藏族乡	-172	1586	4779	2211
雅安市石棉县田湾彝族乡	2300	4368	10510	5661
雅安市石棉县草科藏族乡	100	3090	11098	7485
雅安市宝兴县跷碛藏族乡	92	6296	13357	12487
雅安市荥经县宝峰彝族民族乡		1285	9416	6264
雅安市荥经县民建彝族民族乡		2560	9734	6377
凉山彝族自治州西昌市高草回族乡		16975	45448	37057
凉山彝族自治州西昌市裕隆回族乡		29027	55505	48495
凉山彝族自治州木里藏族自治县屋脚蒙古族乡		1005	5312	4883
凉山彝族自治州木里藏族自治县俄亚纳西族乡		2512	13944	12915
凉山彝族自治州木里藏族自治县白碉苗族乡		2350	11320	11320
凉山彝族自治州木里藏族自治县项脚蒙古族乡	10	2800	8389	7318
凉山彝族自治州木里藏族自治县固增苗族乡		2491	10273	9424
凉山彝族自治州盐源县大坡蒙古族乡		1017	9236	5327
凉山彝族自治州德昌县金沙傈僳族乡		3475	7560	5010
凉山彝族自治州德昌县南山傈僳族乡		4850	4395	2180
凉山彝族自治州会理县新安傣族乡		7259	15775	11245
凉山彝族自治州冕宁县和爱藏族乡		2235	9500	6029
凉山彝族自治州越西县保安藏族乡		2938	15277	12610
绵阳市平武县木皮藏族乡		408	233	204
绵阳市平武县木座藏族乡		1324	735	600
绵阳市平武县白马藏族乡		570	780	
绵阳市平武县黄羊关藏族乡		211290	5166	5166
绵阳市平武县虎牙藏族乡		3721	2515	963
绵阳市平武县泗耳藏族乡		1700	1096	1096
绵阳市平武县徐塘羌族乡		2311	11000	7000
绵阳市平武县锁江羌族乡	80	500	19000	12000
绵阳市平武县平南羌族乡		19	6500	6150
绵阳市北川羌族自治县桃龙藏族乡		5734	27335	12858

粮食产量（吨）	肉类总产量（吨）	农民合作社个数（个）	农民合作社成员数（户）	农业技术服务机构个数（个）	农业技术服务机构从业人员数（人）	公共财政收入（万元）	公共财政支出（万元）
1042	425	5	567	1	1	1417	1186
3339	153	11	769			907	801
418	69	6	90	1	2	567	468
1138	819	5	105	1	3	1085	439
1325	225	3	371	1	1	604	604
2348	383604	44	577	2	3	1674	1735
1500	390	5	23	1	3	422	422
1973	48	1	14	1	4	34	34
13290	2480	17	753	1	12	204	204
17910		10	90	1	2	1102	933
680	107					175	180
2675	6200	10	257	1	13	317	317
2599	2778	4	1380	1	14	333	333
18913	350	3	130	1	2	1200	500
1793	296	1	4	1	8	122	168
2939	1171	1	5	1	1	131	131
1724	224	1	5	1	3	274	316
1352	165	2	30	1	3	150	150
3529	4103	3	10	1	2	120	120
2210	511	6	200	1	4		
3775	469	1	10			485	475
44	86	4	147	1	1	294	221
63	149	6	78	1	1	384	384
	83	22	110	2	2	661	472
1028	189	1	9	2	2	265	265
385	200	9	190	2	3	583	489
152	240	6	35	1	1	284	610
1400	21	5	30	1	2	226	359
180	760	4	18	2	2		
5400	330	3	20	1		385	389
1868	141	14	280	2	4	582	289

10-1(二) 续表 19

民族乡镇名称	乡镇企业年净利润总额（万元）	农林牧渔业总产值（万元）	农作物总播种面积（亩）	#粮食播种面积（亩）
绵阳市盐亭县大兴回族乡		7465	15847	11112
达州市宣汉县渡口土家族乡		4915	13380	9514
达州市宣汉县龙泉土家族乡		3850	20740	16262
达州市宣汉县三墩土家族乡	6230	3078	30835	18638
达州市宣汉县漆树土家族乡	248	4626	19254	9363
绵阳市平武县水田羌族乡		2500	26009	26009
绵阳市平武县旧堡羌族乡	300	1457	15000	4728
绵阳市平武县阔达藏族乡		28	5377	3437
绵阳市平武县土城藏族乡		2936	2784	2784
贵州省	**2454821**	**2529328**	**7892664**	**5109754**
贵阳市南明区小碧布依族苗族乡		29876		
贵阳市花溪区高坡苗族乡		25252	3751	1445
贵阳市花溪区孟关苗族布依族乡		15240	2599	868
贵阳市花溪区马铃布依族苗族乡	3200	4397	9650	5700
贵阳市花溪区黔陶布依族苗族乡	3000	26800	30045	7515
贵阳市乌当区偏坡布依族乡	201	5675	565	256
贵阳市乌当区新堡布依族乡		15800	25500	13500
贵阳市白云区牛场布依族乡	555	34405	61700	15540
贵阳市白云区都拉布依族乡	3556	12873	11055	3870
贵阳市清镇市麦格苗族布依族乡	8500	17848	37530	20030
贵阳市清镇市王庄布依族苗族乡	5714	20500	48332	25332
贵阳市清镇市流长苗族乡	4822	34742	82170	41752
贵阳市开阳县高寨苗族布依族乡	1302	24330	65295	30060
贵阳市开阳县南江布依族苗族乡	2661	21568	56715	27435
贵阳市开阳县禾丰布依族苗族乡	9323	21317	47985	19770
贵阳市修文县大石布依族乡	45	14771	43410	19020
贵阳市息烽县青山苗族乡	487	13881	39345	13725
六盘水市水城县坪寨彝族乡	145	8854	14250	9489
六盘水市水城县南开苗族彝族乡	166	25810	57014	43019
六盘水市水城县青林苗族彝族乡	104	12079	29882	22461
六盘水市水城县金盆苗族彝族乡	203	18394	39874	30470

粮食产量（吨）	肉　类总产量（吨）	农民合作社个数（个）	农民合作社成员数（户）	农业技术服务机构个　数（个）	农业技术服务机构从业人员数（人）	公共财政收入（万元）	公共财政支出（万元）
3875	726	5	321	5	3	597	597
3276	948	11	163	1	6	924	934
5390	911	15	4622	1	3	1543	1543
6669	929	9	600	1	5	1039	1039
2805	804	1	50	1	4	576	576
4000	344	1	5	2	1	703	703
4000	1600	18	150	1	1	421	421
259	387	5	30	1	1	526	526
2114	316	8	709	1	2	1354	1361
1339516	**254325**	**3545**	**42067**	**228**	**1679**	**307388**	**302774**
				1	5	13700	2219
8136	4146	19	420	1	7	407	1871
4670	2106	2	25	1	6	1424	1424
1500	619	10	232	1	7	1098	1385
1869	1032	9	80	1	6	636	1166
402	284	2	20	1	6	750	750
3200	450	7	350	1	5	1868	1868
4396	998	32	1247	1	13	628	1784
1126	1243	3	140	1	6	2763	3429
6265	2181	12	278	3	12	1600	2365
5668	2310	10	47	1	12	1465	2140
9897	4651	27	157	1	9	2390	2247
7681	2993	36	180	3	6	591	1768
7088	2311	26	182	3	11	426	1768
5176	1679	36	108	3	12	1152	1974
4110	1271	41	41	3	11		
3785	1015	7	500	1	3	680	680
2945	290	4	20	1	5	1280	1272
14825	1785	10	115	1	10	2540	2534
4423	450	19	100	1	8	1318	1316
10080	1030	3	16	1	10	1312	1315

10-1(二)　续表 20

民族乡镇名称	乡镇企业年净利润总额（万元）	农林牧渔业总产值（万元）	农作物总播种面积（亩）	#粮食播种面积（亩）
六盘水市水城县新街彝族苗族布依族乡	139	10204	20264	11139
六盘水市水城县杨梅彝族苗族回族乡	101	21300	62400	38155
六盘水市水城县野钟苗族彝族布依族乡	244	14219	44410	24900
六盘水市水城县果布嘎彝族苗族布依族乡	273	11222	39415	28877
六盘水市水城县龙场苗族白族彝族乡	563	14647	29184	23025
六盘水市水城县营盘苗族彝族白族乡	170	11975	26947	13606
六盘水市水城县顺场苗族彝族布依族乡	3367	16317	29640	24153
六盘水市水城县花戛苗族布依族彝族乡	1306	9866	24823	19204
六盘水市水城县猴场苗族布依族乡	3957	20404	36608	24125
六盘水市盘县普田回族乡	106	5980	14434	6250
六盘水市盘县旧营白族彝族苗族乡	81	8087	37560	17270
六盘水市盘县羊场布依族白族苗族乡	296	12046	36603	22453
六盘水市盘县保基苗族彝族乡	836	4389	38371	17620
六盘水市盘县淤泥彝族乡	8512	7944	30900	29863
六盘水市盘县普古彝族苗族乡	352	10300	37033	36500
六盘水市盘县坪地彝族乡	2326	7650	56913	43547
六盘水市六枝特区梭戛苗族彝族乡	1140	7056	29115	20565
六盘水市六枝特区落别布依族彝族乡	15677	31463	40605	28020
六盘水市六枝特区中寨苗族彝族布依族乡	21133	21548	46755	29876
六盘水市六枝特区牛场苗族彝族乡	8576	29099	46395	29340
六盘水市六枝特区月亮河彝族苗族乡	3460	30849	63300	38535
遵义市仁怀市后山苗族布依族乡	210	5790	20543	20186
遵义市遵义县平正仡佬族乡	2123	11508	57405	33240
遵义市遵义县洪关苗族乡	2500	20204	75465	26280
遵义市桐梓县马鬃苗族乡		12000	14500	5500
遵义市正安县谢坝仡佬族苗族乡	1762	9365	29505	21637
遵义市正安县市坪苗族仡佬族乡	397	6685	49213	24671
遵义市余庆县花山苗族乡	760	14080	48153	16219
遵义市道真仡佬族苗族自治县上坝土家族乡	61038	16350	64245	33015
安顺市西秀区鸡场布依族苗族乡	192	15370	53770	20020
安顺市西秀区杨武布依族苗族乡	109	19856	70937	47094

粮食产量（吨）	肉类总产量（吨）	农民合作社个数（个）	农民合作社成员数（户）	农业技术服务机构个数（个）	农业技术服务机构从业人员数（人）	公共财政收入（万元）	公共财政支出（万元）
4387	674	16	16	1	8	1250	1250
6800	1280	8	22	1	7	1980	1959
5333	740	7	430	1	5	1470	1473
4763	425	18	96	1	7	1459	1451
7264	1270	12	96	1	5	1976	1966
5465	530	4	90	1	8	1562	1558
6388	380	50	283	1	4	1490	1488
5040	360	5	60	1	7	1480	1476
4975	1085	26	130	1	7	1678	1639
4568	320	6	38	1	6	1100	1576
8476	1552	5	68	1	19	668	1668
7713	1342	16	50	1	19	3607	3081
7549	872	17	52	1	9	1444	1361
8473	3308	40	665	1	23	4547	5680
11109	3870	7	410	1	17	1040	1764
10310	3182	15	45	6	21	1710	2336
6625	573	8	40	3	17	868	939
16319	4280	29	130	1	24	726	1716
11862	709	30	150	3	35	575	1937
8622	1532	17	90	3	19	234	1191
12462	2143	51	255	3	33	379	1724
6896	1100	8	42	1	4	1314	1314
10407	1012	8	400	1	9	1513	1513
7528	2646	17	1035	1	5	758	1283
5300	1700	19	390	1	7	1136	1056
3386	3760	17	237	1	12	1876	1876
13722	1746	11	63	1	4	1989	908
11730	6144	5	133	3	5	1930	1930
7128	1825	12	55	1	30	1709	1381
6741	2020	16	515	1	8	2034	2034
42121	3378	30	822	1	19	2376	2376

10-1(二) 续表 21

民族乡镇名称	乡镇企业年净利润总额（万元）	农林牧渔业总产值（万元）	农作物总播种面积（亩）	#粮食播种面积（亩）
安顺市西秀区岩腊苗族布依族乡	163	16861	54048	20320
安顺市西秀区新场布依族苗族乡	75	22698	33084	14320
安顺市西秀区黄腊布依族苗族乡	471	9630	33986	18790
安顺市平坝县十字回族乡	2500	19905	80442	68850
安顺市平坝县羊昌布依族苗族乡	5860	15600	45800	22400
安顺市普定县补郎苗族乡	300	21400	34600	31000
安顺市普定县猴场苗族仡佬族乡	6120	17596	40782	22266
安顺市普定县猫洞苗族仡佬族乡	2230	19680	45100	27415
毕节市七星关区大屯彝族乡	81	4614	55652	41078
毕节市七星关区田坎彝族乡	241	4153	49000	38002
毕节市七星关区阿市苗族彝族乡	982	6984	99400	82950
毕节市七星关区团结彝族苗族乡	92	4135	56140	41951
毕节市七星关区阴底彝族苗族白族乡	986	4621	10479	89369
毕节市七星关区千溪彝族苗族白族乡	322	7316	73000	45120
毕节市黔西县永燊彝族苗族乡	66	23909	72696	52201
毕节市黔西县新仁苗族乡	37	22598	76764	36370
毕节市黔西县花溪彝族苗族乡	2825	19886	49710	30450
毕节市黔西县中建苗族彝族乡	1140	19864	42592	23552
毕节市黔西县定新彝族苗族乡	248	24470	73145	35724
毕节市黔西县太来彝族苗族乡	1944	26671	80009	53179
毕节市黔西县绿化白族彝族乡	5785	20222	44491	20175
毕节市黔西县红林彝族苗族乡	310	21510	4966	34761
毕节市黔西县五里布依族苗族乡	11217	22014	57397	27432
毕节市黔西县铁石苗族彝族乡	42	24977	85587	35264
毕节市大方县竹园彝族苗族乡	3000	4108	44790	34254
毕节市大方县响水白族彝族仡佬族乡	58	8920	78345	53576
毕节市大方县鼎新彝族苗族乡	264	13070	97177	81023
毕节市大方县牛场苗族彝族乡	636	20587	46736	30748
毕节市大方县理化苗族彝族乡	223	13871	82013	56285
毕节市大方县安乐彝族仡佬族乡	186	8903	21000	21000
毕节市大方县凤山彝族蒙古族乡	9000	6325	21000	19020

粮食产量（吨）	肉类总产量（吨）	农民合作社个数（个）	农民合作社成员数（户）	农业技术服务机构个数（个）	农业技术服务机构从业人员数（人）	公共财政收入（万元）	公共财政支出（万元）
6714	2419	17	160	1	7	2221	2221
7160	2850	23	115	1	6	2200	2200
10200	2130	8	162	1	7	1302	1302
16089	3108	37	1100	1	18	1990	1898
8325	2352	16	488	1	15	1179	1010
8200	1683	12	186	1	6	2465	2512
6154	1318	12	204	1	12	2015	2085
9510	3306	22	120	1	15	1035	826
4128	823	6	412	1	5	1082	1082
3609	915	6	43	1	5	1297	1297
8354	826	11	61	1	5	153	153
7532	792	21	92	1	11	1152	1152
12588	1289	26	143	1	13	1251	1251
8550	904	11	65	1	9	973	973
8420	914	13	96	1	8	1448	1626
8616	943	10	63	1	7	1327	1490
7281	887	10	95	1	6	1190	1337
5557	888	7	69	1	5	1111	1248
7163	896	23	227	1	7	1489	1672
10204	893	13	66	1	8	1792	2013
4641	944	21	104	1	10	1327	1490
6564	970	11	55	1	7	2185	2454
7880	916	10	65	1	9	1378	1547
8261	1037	10	65	1	10	1863	2093
4102	1651	9	103	1	15	1302	1287
8681	1104	8	35	1	9	1820	1710
9263	1638	11	96	1	11	2589	1610
5115	1592	45	225	1	14	2286	1780
8231	1723	16	65	1	18	3302	2148
7408	812	8	105	1	10	1772	1179
5000	1057	15	130	1	4	1050	1050

10-1(二) 续表 22

民族乡镇名称	乡镇企业年净利润总额（万元）	农林牧渔业总产值（万元）	农作物总播种面积（亩）	#粮食播种面积（亩）
毕节市大方县百纳彝族乡	5896	10000	89550	64036
毕节市大方县三元彝族苗族白族乡	658	8957	86405	56565
毕节市大方县沙厂彝族乡	560	12568	56475	56475
毕节市大方县黄泥彝族苗族满族乡	486	12365	88203	64692
毕节市大方县核桃彝族白族乡		6000	35719	34500
毕节市大方县八堡彝族苗族乡	670	6400	46253	32854
毕节市大方县兴隆苗族乡	797	3650	10500	8900
毕节市大方县大山苗族彝族乡	980	14800	30085	16028
毕节市大方县星宿苗族彝族仡佬族乡	8800	8425	50172	40172
毕节市织金县自强苗族乡	1346	2800	3962	2699
毕节市织金县官寨苗族乡	15000	2405	21587	18000
毕节市织金县后寨苗族乡	150	6500	55008	28209
毕节市织金县大平苗族彝族乡	1800	8500	27409	2000
毕节市织金县茶店布依族苗族彝族乡		15000	23100	12000
毕节市织金县金龙苗族彝族布依族乡	1005	17912	27910	17214
毕节市织金县鸡场苗族彝族布依族乡		14350	47270	34170
毕节市金沙县太平彝族苗族乡	870	10500	27720	17600
毕节市金沙县石场苗族彝族乡	27000	13576	29137	24942
毕节市金沙县马路彝族苗族乡	550	13745	10264	6380
毕节市金沙县安洛苗族彝族满族乡	100	23500	73560	54600
毕节市金沙县新化苗族彝族满族乡	200	9800	69421	30511
毕节市金沙县大田彝族苗族布依族乡	120	43000	48785	29850
毕节市赫章县兴发苗族彝族回族乡	57215	16000	72618	55562
毕节市赫章县松林坡白族彝族苗族乡	41	11450	125288	77213
毕节市赫章县雉街彝族苗族乡	220	9650	41020	30110
毕节市赫章县珠市彝族乡	231	22000	64349	40025
毕节市赫章县双坪彝族苗族乡	200	39367	103684	71445
毕节市赫章县辅处彝族苗族乡	93	8090	81365	64307
毕节市赫章县铁匠苗族乡	2463	20223	52291	34561
毕节市赫章县可乐彝族苗族乡		2467	43600	38600
毕节市赫章县河镇彝族苗族乡	1200	3210	62516	43987

粮食产量（吨）	肉类总产量（吨）	农民合作社个数（个）	农民合作社成员数（户）	农业技术服务机构个数（个）	农业技术服务机构从业人员数（人）	公共财政收入（万元）	公共财政支出（万元）
7021	859	7	87	1	6	2114	1206
6028	1452	5	45	1	5	1068	1068
9256	1405	56	321	1	4	1339	1339
9567	1523	7	56	1	10	1032	1032
6900	340	41	287	1	4	1840	1146
1193	543	10	30	1	5	1839	1118
2377	741	16	89	1	7	873	1026
4280	240	35	180	1	13	2431	1677
3372	1460	13	29	1	3	2129	1598
1350	1250	12	24	1	4	1911	1205
8000	1305	4	63	1	15	2147	1571
5774	346	11	30	1	23	2834	1779
505	2190	47	150	1	17	220	250
3000	700	8	53	1	4	1122	1120
5600	1472	11	148	4	20	188	178
6490	1149	5	35	1	3	1178	1178
4335	1250	14	120	1	12	1952	1952
6069	2930	5	50	2	7	1824	1824
2460	970	4	43	1	6	683	683
6100	1850	21	105	1	8	2402	2402
6680	1420	29	90	1	7	2474	2474
36000	584	13	200	3	7	1441	1441
9610	6036	24	108	1	9	1319	3714
14512	667	14	217	1	7	2692	2600
6710	1020	11	55	2	43	3147	3147
8405	991	6	62	1	8	2968	2958
40150	3278	12	236	1	6	1218	2415
12321	1640	24	136	1	7	209	293
6782	1091	40	240	1	4	2356	2356
41006	545	5	12	1	8	2440	2440
8011	1052	27	246	1	10	4150	4230

10-1(二) 续表 23

民族乡镇名称	乡镇企业年净利润总额（万元）	农林牧渔业总产值（万元）	农作物总播种面积（亩）	#粮食播种面积（亩）
毕节市赫章县结构彝族苗族乡	316	38000	50445	31485
毕节市赫章县水塘堡彝族苗族乡	141	18900	55290	38340
毕节市赫章县古达苗族彝族乡	100	1810	28510	17096
毕节市纳雍县厍东关彝族苗族白族乡	98	4510	47610	32440
毕节市纳雍县董地苗族彝族乡	165	9750	59580	49110
毕节市纳雍县左鸠戛彝族苗族乡	160	6915	60180	51500
毕节市纳雍县锅圈岩苗族彝族乡	276	3666	41580	37150
毕节市纳雍县新房彝族苗族乡	48	5022	58140	45630
毕节市纳雍县化作苗族彝族乡	256	3155	44340	34320
毕节市纳雍县姑开苗族彝族乡	310	4850	48780	38745
毕节市纳雍县羊场苗族彝族乡	400	9000	51256	38237
毕节市纳雍县昆寨苗族彝族白族乡	645	1782	23000	8000
毕节市纳雍县猪场苗族彝族乡	1500	6100	16200	10120
毕节市威宁彝族回族苗族自治县新发布依族乡	175	4800	18000	15000
毕节市大方县大水彝族苗族布依族乡	810	11654	80484	61340
毕节市黔西县金坡苗族彝族满族乡	30	9849	22951	13591
毕节市大方县普底彝族苗族白族乡	55	2300	16000	13280
毕节市黔西县仁和彝族苗族乡	1000	2500	25744	20950
铜仁市碧江区桐木坪侗族乡	1200	11153	18000	12000
铜仁市碧江区瓦屋侗族乡	785	12116	9560	1250
铜仁市碧江区和平土家族侗族乡		10842	36257	18250
铜仁市碧江区滑石侗族苗族土家族乡	600	34540	58880	35200
铜仁市碧江区六龙山侗族土家族乡		5812	3219	2900
铜仁市万山区高楼坪侗族乡	12540	8500	21780	14520
铜仁市万山区黄道侗族乡	1450	7420	10520	7120
铜仁市万山区敖寨侗族乡	1650	5120	9001	1895
铜仁市万山区下溪侗族乡	1250	8000	7508	6810
铜仁市万山区鱼塘侗族土家族苗族乡	350	9300	39000	20000
铜仁市万山区大坪侗族土家族苗族乡	346	5453	61942	45107
铜仁市德江县楠杆土家族乡	40	16625	59610	36120
铜仁市德江县沙溪土家族乡	80	17256	65085	35595

粮食产量（吨）	肉　类总产量（吨）	农民合作社个数（个）	农民合作社成员数（户）	农业技术服务机构个　数（个）	农业技术服务机构从业人员数（人）	公共财政收入（万元）	公共财政支出（万元）
8775	650	78	390	1	13	1510	1510
8300	510	31	145	1	11	1050	1050
2210	335	32	155	1	9	68	68
4903	750	65	320	1	8	1808	1808
8760	1078	90	445	1	11	2723	2723
6213	785	56	274	1	6	2839	2839
5420	750	38	185	1	8	1096	1096
5446	812	32	160	1	5	1931	687
5006	620	61	298	1	7	2378	2378
5526	523	54	270	1	3	1345	1345
7745	3610	4	18	1	7	1000	990
5000	170	22	150	1	2	593	575
3100	402	24	285	1	3	2380	1526
6800	1400	34	115	1	8	2200	1876
9950	370	36	127	1	5	2241	1396
1438	900	32	214	1	7	1685	1168
6500	490	17	68	1	3	1447	980
6285	174	10	60	1	1	728	720
5210	580	60	700	2	3	995	985
4846	516	13	478	1	8	2725	2725
7848	2210	40	113	1	6	2242	2242
10500	850	31	35	1	16	1896	1896
1100	516	4	50	1	6	1503	1503
4526	1200	36	712	1	8	4823	4823
3005	500	30	150	1	5	1044	1044
1050	1400	27	270	1	7	1250	1250
3020	1980	12	75	1	4	1533	1533
11200	2317	72	280	1	8	1722	1722
23560	985	23	135	1	8	1812	1812
2835	992	18	530	1	4	1605	1605
2965	1026	20	840	1	5	1999	1999

10–1(二) 续表 24

民族乡镇名称	乡镇企业年净利润总额（万元）	农林牧渔业总产值（万元）	农作物总播种面积（亩）	#粮食播种面积（亩）
铜仁市德江县桶井土家族乡	45	15956	46920	32055
铜仁市德江县堰塘土家族乡	280	24285	69420	31260
铜仁市德江县荆角土家族乡	100	17552	56010	33675
铜仁市德江县长丰土家族乡	60	20347	52605	33480
铜仁市德江县龙泉土家族乡	60	16939	51285	31845
铜仁市德江县钱家土家族乡	65	17766	55500	31800
铜仁市江口县德旺土家族苗族乡	606	3607	19200	15320
铜仁市江口县官和侗族土家族苗族乡	35	1752	4933	800
铜仁市石阡县聚风仡佬族侗族乡	70	12912	23032	19577
铜仁市石阡县大沙坝仡佬族侗族乡	42	13724	13791	6052
铜仁市石阡县枫香仡佬族侗族乡	160	9856	8240	7280
铜仁市石阡县青阳苗族仡佬族侗族乡	117	6200	12000	6853
铜仁市石阡县龙井侗族仡佬族乡	192	12853	21125	17322
铜仁市石阡县石固仡佬族侗族乡	129	10201	21845	18560
铜仁市石阡县坪地仡佬族侗族乡	253	11215	28715	22952
铜仁市石阡县甘溪仡佬族侗族乡	125	9650	26140	16360
铜仁市石阡县坪山仡佬族侗族乡	300	8010	10350	8250
铜仁市思南县思林土家族苗族乡	209	11831	44325	26550
铜仁市思南县枫柸土家族苗族乡	350	14931	50910	30300
铜仁市思南县杨家坳苗族土家族乡	351	17249	56490	46590
铜仁市思南县胡家湾苗族土家族乡	60	12140	40335	21930
铜仁市思南县宽坪土家族苗族乡	40	13551	43680	23265
铜仁市思南县三道水土家族苗族乡	328	12672	45450	32130
铜仁市思南县天桥土家族苗族乡	415	14093	45915	27330
铜仁市思南县兴隆土家族苗族乡	150	11482	41880	25770
黔西南布依族苗族自治州晴隆县三宝彝族乡	30	9200	5370	5370
黔西南布依族苗族自治州兴仁县鲁础营回族乡	520	7010	54900	30700
黔西南布依族苗族自治州望谟县油迈瑶族乡		5167	36555	19185
黔东南苗族侗族自治州从江县秀塘壮族乡	150	4006	15900	5100
黔东南苗族侗族自治州从江县刚边壮族乡	50	6775	9782	6467
黔东南苗族侗族自治州从江县翠里瑶族壮族乡	48	6850	32115	8700

粮食产量（吨）	肉类总产量（吨）	农民合作社个数（个）	农民合作社成员数（户）	农业技术服务机构个数（个）	农业技术服务机构从业人员数（人）	公共财政收入（万元）	公共财政支出（万元）
2782	1035	8	162	1	4	2901	2901
3338	1244	23	1230	1	6	2928	2928
2781	1105	12	165	1	15	1900	1900
2792	1563	26	2800	1	4	1882	1882
3001	1159	20	340	1	3	1547	1547
3426	982	14	910	1	6	1781	1781
1767	1809	8	106	1	2	165	187
324	680	6	65	1	2	65	78
9980	1431	19	532	1	10	756	756
5952	1410	18	220	1	8	95	901
3520	1700	12	287	1	4	5120	5170
3000	890	14	302	1	3	802	802
8488	1960	19	356	1	5	1202	1110
8254	986	16	287	1	10	1770	1770
11026	1253	20	362	1	3	969	969
6712	804	9	109	1	1	78	808
4210	485	12	381	1	3	280	280
5947	1218	7	182	1	3	161	161
7785	1045	5	132	1	10	1377	1423
9254	1377	8	210	1	15	1532	1425
5303	1195	10	180	1	16	110	948
5375	1175	9	196	1	15	1304	1052
7711	1115	15	186	1	14	1626	1806
6813	1260	7	285	1	16	1264	1264
6833	1412	5	135	1	18	1521	1191
2800	3000	3	452	1	4	366	277
7300	1230	8	50	1	7	1682	1682
4870	446	11	68	2	10	876	895
3400	710	8	213	1	3	565	546
3452	800	10	242	1	4	1026	800
3925	260	5	79	1	3	1344	848

10−1(二) 续表 25

民族乡镇名称	乡镇企业年净利润总额（万元）	农林牧渔业总产值（万元）	农作物总播种面积（亩）	#粮食播种面积（亩）
黔东南苗族侗族自治州镇远县尚寨土家族乡		5962	32720	13300
黔东南苗族侗族自治州麻江县坝芒布依族乡	31	4873	41052	23550
黔东南苗族侗族自治州榕江县水尾水族乡		2513	2189	1558
黔东南苗族侗族自治州榕江县三江水族乡	5	7408	17919	9752
黔东南苗族侗族自治州榕江县仁里水族乡		2369	12752	6950
黔东南苗族侗族自治州榕江县定威水族乡		3560	15426	6021
黔东南苗族侗族自治州榕江县兴华水族乡	25	5159	9963	6624
黔东南苗族侗族自治州榕江县塔石瑶族水族乡		8930	12247	11183
黔东南苗族侗族自治州雷山县达地水族乡	210	7266	17653	11143
黔东南苗族侗族自治州黎平县顺化瑶族乡		1373	6975	4260
黔东南苗族侗族自治州黎平县雷洞瑶族水族乡		2387	27360	12360
黔东南苗族侗族自治州岑巩县羊桥土家族乡		16000	61500	31530
黔南布依族苗族自治州都匀市归兰水族乡		22917	57927	39508
黔南布依族苗族自治州荔波县瑶山瑶族乡	200	9967	18772	6026
黔南布依族苗族自治州荔波县黎明关水族乡	600	23348	48951	26790
黔南布依族苗族自治州平塘县卡蒲毛南族	200	14320	26770	13000
贵阳市花溪区湖潮布依族苗族乡		18000	12086	7076
云南省	**108540**	**2763691**	**9143825**	**5628461**
昆明市晋宁县夕阳彝族乡	1235	12908	27603	14808
昆明市晋宁县双河彝族乡	2904	25967	33807	10205
昆明市宜良县九乡彝族回族乡	55	24774	61950	56400
昆明市宜良县耿家营彝族苗族乡	2673	41666	77235	55620
昭通市昭阳区守望回族乡		21498	91874	44479
昭通市昭阳区小龙洞回族彝族乡	560	17800	75100	60825
昭通市布嘎回族乡	55	19550	77100	34200
昭通市青岗岭回族彝族乡	1350	9678	39580	36250
昭通市鲁甸县桃源回族乡	9738	17714	78590	34232
昭通市鲁甸县茨院回族乡		18000	23412	21412
昭通市大关县上高桥回族彝族苗族乡	190	10900	53900	52200
昭通市永善县马楠苗族彝族乡		5520	38542	26320
昭通市永善县伍寨彝族苗族乡	1635	6695	68763	43215

粮食产量（吨）	肉类总产量（吨）	农民合作社个数（个）	农民合作社成员数（户）	农业技术服务机构个数（个）	农业技术服务机构从业人员数（人）	公共财政收入（万元）	公共财政支出（万元）
3670	580	4	24	1	2	2209	1647
5000	948	6	85	2	7	457	456
939	20	11	64	1	3	616	616
4687	619	27	164	1	6	1381	1151
4816	122	10	52	1	5	1270	882
2551	222	4	80	1	5	877	621
3593	316	8	40	1	2	1318	962
3258	435	15	77	1	4	1124	1124
4011	684	10	1130	1	6	947	947
897	103	4	18	1	3	882	618
4128	157	7	151	1	2	1055	932
8210	1263	15	97	1	7	1198	1198
10990	4390	26	400	1	7	1686	1683
2109	617	19	104	1	7	976	1159
7458	1771	44	220	1	7	1337	1267
5700	500	4	42	1	6	1029	1569
270	957	12	320	1	11	4869	4684
1551168	**437970**	**1893**	**99702**	**182**	**1544**	**229665**	**259011**
5094	898	6	162	1	3	1504	1622
2778	2575	10	337	2	6	2234	1514
12900	4000	12	680	1	10	1520	1520
13458	5293	12	480	2	11	776	776
18725	2051	1	60	1	10	1441	1137
20090	2019	10	310	1	13	1197	1674
6940	365	3	810	1	29	260	250
14750	3880	3	894	1	12	1243	1243
12554	2408	7	472	1	8	4227	4227
8661	1510	8	998	1	8	6646	6646
8794	1284	7	352	1	6	1259	1259
4972	418	11	329	1	6	2325	2528
7112	2116			1	6	943	1344

10-1(二) 续表 26

民族乡镇名称	乡镇企业年净利润总额（万元）	农林牧渔业总产值（万元）	农作物总播种面积（亩）	#粮食播种面积（亩）
昭通市镇雄县果珠彝族乡	1906	28748	88945	71896
昭通市镇雄县林口彝族苗族乡	500	46342	102000	85000
昭通市彝良县龙街苗族彝族乡		14859	95991	42165
昭通市彝良县奎香苗族彝族乡		29669	63048	41022
昭通市彝良县树林彝族苗族乡		4727	51668	41668
昭通市彝良县柳溪苗族乡		16200	32692	26073
昭通市彝良县洛旺苗族乡	42	10090	57200	34341
昭通市威信县双河苗族彝族乡		17473	74306	65882
曲靖市师宗县龙庆彝族壮族乡	534	67578	191625	80700
曲靖市师宗县五龙壮族乡	1889	52489	175560	38670
曲靖市师宗县高良壮族苗族瑶族乡	1754	12825	146800	52100
曲靖市罗平县长底布依族乡	596	17650	78225	26925
曲靖市罗平县旧屋基彝族乡	150	8560	19867	14564
曲靖市罗平县鲁布革布依族苗族乡	235	69331	29000	15900
曲靖市富源县古敢水族乡	300	14700	45605	23200
曲靖市会泽县新街回族乡		30965	57500	57190
楚雄彝族自治州南华县雨露白族乡		23929	39610	26280
楚雄彝族自治州大姚县湾碧傈僳傣族乡	1463	20658	40786	28260
楚雄彝族自治州永仁县永兴傣族乡	1520	16348	42599	25426
楚雄彝族自治州武定县东坡傣族乡	650	16234	26450	14600
玉溪市红塔区小石桥彝族乡	3112	18156	35100	8800
玉溪市红塔区洛河彝族乡	-8983	22669	27068	6999
玉溪市江川县安化彝族乡	311	14859	49781	11100
玉溪市通海县高大傣族彝族乡	2936	17271	28577	13371
玉溪市通海县里山彝族乡	4708	18090	38118	16008
玉溪市通海县兴蒙蒙古族乡	1708	6948	9361	743
玉溪市华宁县通红甸彝族苗族乡	1328	13168	38644	14326
玉溪市易门县十街彝族乡	582	12566	50405	25207
玉溪市易门县浦贝彝族乡	3689	27057	50300	27357
玉溪市易门县铜厂彝族乡	1960	23837	84346	40346
红河哈尼族彝族自治州河口瑶族自治县桥头苗族壮族乡	368	7800	42819	36614

粮食产量（吨）	肉　类总产量（吨）	农民合作社个数（个）	农民合作社成员数（户）	农业技术服务机构个　　数（个）	农业技术服务机构从业人员数（人）	公共财政收入（万元）	公共财政支出（万元）
16651	4272	32	1355	1	3	2166	2166
18494	3412	1	55	1	3	3201	3201
13857	3399	2	20	3	4	1508	1508
23300	3194	2	150	6	15	1622	1523
10467	1000	4	36	1	7	787	786
8339	1485	9	50	1	2	520	542
11577	2742	2	48	1	2	1305	1144
15320	3225			5	8	4518	4286
26139	12779	13	619	1	14	2076	2076
23202	9460	13	105	1	16	3450	3450
16978	7127	11	322	1	15	1582	1582
8850	3400	14	303	1	12	950	1214
7440	2650	3	25	5	15	1075	1155
6298	4032	16	685	1	32	2605	2709
7110	4810	12	259	1	5	494	1696
19180	13485	7	517	1	6	1969	2480
7167	3184	19	1265	1	13	1570	1570
9401	1508	13	978	1	17	1439	1531
7220	3553	9	310	1	19	5026	4420
5640	4200	7	194	2	11	618	610
3311	2838	1	275	4	10	3019	1693
2960	5083	4	242	1	12	3403	2263
5417	970	5	342	1	4	1446	1176
5720	2898	7	550	1	5	511	1206
5489	2634	4	139	1	5	842	1830
289	588	11	189	1	5	181	617
4132	1820	3	181	3	10	838	1178
8730	5549	19	1043	3	9	1276	1274
8391	7354	19	756	1	17	1390	1390
12247	4979	14	1150	1	4	1291	1291
11363	2487	9	109	1	6	180	5363

10-1(二) 续表 27

民族乡镇名称	乡镇企业年净利润总额（万元）	农林牧渔业总产值（万元）	农作物总播种面积（亩）	#粮食播种面积（亩）
红河哈尼族彝族自治州金平苗族瑶族傣族自治县者米拉祜族乡	168	12837	51241	29485
红河州蒙自县期路白苗族乡		15100	51540	41770
红河州蒙自县老寨苗族乡	244	15397	60665	40770
红河州开远市大庄回族乡	1129	40040	50397	35867
文山壮族苗族自治州文山市东山彝族乡	1443	9984	50423	26555
文山壮族苗族自治州文山市红甸回族乡	721	12635	66243	27540
文山壮族苗族自治州文山市秉烈彝族乡	22	14520	93764	52118
文山壮族苗族自治州文山市柳井彝族乡		10536	58458	32510
文山壮族苗族自治州文山市坝心彝族乡		8695	41045	20370
文山州砚山县阿舍彝族乡	65	17274	99800	58800
文山州砚山县维末彝族乡		72665	437009	301325
文山州砚山县盘龙彝族乡	12816	36162	195829	97222
文山州砚山县干河彝族乡		20457	133048	54432
文山州丘北县舍得彝族乡	128	11647	89004	65487
文山州丘北县新店彝族乡		22053	88117	61526
文山州丘北县树皮彝族乡	167	59651	308610	84700
文山州丘北县八道哨彝族乡	2136	47418	141373	75058
文山州丘北县腻脚彝族乡	450	8100	151522	58050
文山州麻栗坡县猛硐瑶族乡	1689	16087	55385	32902
文山州富宁县洞波瑶族乡		34700	141770	59246
普洱市澜沧拉祜族自治县酒井哈尼族乡	92	9810	57006	34807
普洱市澜沧拉祜族自治县发展河哈尼族乡	88	7879	53371	38109
普洱市澜沧拉祜族自治县谦六彝族乡	222	26582	124433	107222
普洱市澜沧拉祜族自治县文东佤族乡	154	12729	69846	50391
普洱市澜沧拉祜族自治县安康佤族乡	12	6239	58120	40601
普洱市澜沧拉祜族自治县雪林佤族乡	74	5578	38576	28281
普洱市思茅区云仙彝族乡	33	7430	74250	61995
普洱市思茅区龙潭彝族傣族乡	155	5280	33900	30300
普洱市墨江哈尼族自治县孟弄彝族乡		9674	52090	35250
普洱市西盟佤族自治县力所拉祜族乡		7523	34816	28091
大理州大理市太邑彝族乡	5000	11557	21100	18500

粮食产量（吨）	肉类总产量（吨）	农民合作社个数（个）	农民合作社成员数（户）	农业技术服务机构个数（个）	农业技术服务机构从业人员数（人）	公共财政收入（万元）	公共财政支出（万元）
10268	2590	5	129	3	8	971	965
8935	2926	4	105	1	9	1524	1218
8635	2685	2	152	1	12	1050	926
12033	5277	33	290	1	17	1885	1079
7318	2130	7	362	1	5	934	1088
7957	2122	9	745	1	4	961	946
15004	2906	18	589	1	9	1294	1330
7361	2140	9	260	1	11	1602	1349
5690	1600	11	326	1	2	981	994
13778	3209	16	263	1	15	615	3946
45897	8801	31	2869	1	9	625	1603
22619	4020	28	981	1	8	1481	1359
15912	3680	22	1440	1	7	983	1053
17045	6305	5	270	1	4	1533	1423
13787	4940	9	147	1	4	1091	1091
19606	11542	22	1900	1	8	2416	2113
17491	11547	37	462	1	6	2191	2054
16491	11162	13	406	1	3	1356	2804
7710	2266	12	381	3	16	710	3882
17366	4823	11	322	1	4	1623	1394
8780	790	4	80	1	11	3617	3617
10887	1802	8	283	1	13	2681	2681
24147	2050	11	406	1	26	7346	7346
11792	1269	14	369	1	13	2788	2705
5747	467			1	10	2689	2689
6025	522	2	320	1	10	3530	3336
11400	2108	4	760	3	38	696	1206
4893	1115	3	620	4	25	625	951
7931	1000	7	419	2	17	785	954
6434	562	20	3023	1	30	1008	1008
7300	2553	3	70	1	10	1258	1171

10－1(二)　续表 28

民族乡镇名称	乡镇企业年净利润总额（万元）	农林牧渔业总产值（万元）	农作物总播种面积（亩）	#粮食播种面积（亩）
大理州鹤庆县六合彝族乡	260	12196	31537	25000
大理州宾川县钟英傈僳族彝族乡	204	13249	28672	19752
大理州宾川县拉乌彝族乡	345	11936	29320	18200
大理州祥云县东山彝族乡	128	12333	28086	17600
大理州弥渡县牛街彝族乡	664	34118	56120	35524
大理州永平县北斗彝族乡	517	35705	47775	42005
大理州永平县厂街彝族乡	1200	39451	70740	56400
大理州永平县水泄彝族乡	7559	28327	63950	55800
大理州云龙县苗尾傈僳族乡	3187	11100	56310	44000
大理州云龙县团结彝族乡	1400	11823	39160	30200
丽江市华坪县永兴傈僳族乡	2850	14358	37538	30432
丽江市华坪县通达傈僳族乡	497	7503	30207	19452
丽江市华坪县新庄傈僳族傣族乡	9	34546	43770	34360
丽江市华坪县船房傈僳族傣族乡	512	8127	24144	20408
丽江市永胜县羊坪彝族乡		3686	30096	26709
丽江市永胜县东山傈僳族彝族乡		11558	24102	14803
丽江市永胜县六德傈僳族彝族乡	834	8015	27890	24600
丽江市永胜县大安彝族纳西族乡	160	10260	34993	24993
丽江市永胜县光华傈僳族彝族乡		8620	33245	29190
丽江市永胜县松坪傈僳族彝族乡		4016	35890	23098
丽江市宁蒗彝族自治县翠玉傈僳族普米族乡		8409	26125	21734
丽江市古城区金江白族乡		3535	9150	7065
丽江市玉龙纳西族自治县九河白族乡	51	27007	68437	50007
丽江市玉龙纳西族自治县石头白族乡		9100	24810	15910
丽江市玉龙县黎明傈僳族乡	290	11924	64282	40748
保山市隆阳区瓦马彝族白族乡	193	34241	82078	58013
保山市隆阳区瓦房彝族苗族乡	122	55500	110060	72221
保山市隆阳区杨柳白族彝族乡	6415	79142	151900	95178
保山市隆阳区芒宽彝族傣族乡	720	79500	111084	64033
保山市施甸县摆榔彝族布朗族乡		9622	33999	24878
保山市施甸县木老元布朗族彝族乡		4422	11199	10130

粮食产量（吨）	肉类总产量（吨）	农民合作社个数（个）	农民合作社成员数（户）	农业技术服务机构个数（个）	农业技术服务机构从业人员数（人）	公共财政收入（万元）	公共财政支出（万元）
5222	2878	16	825	1	15	1053	1053
6078	991	18	1159	1	18	888	888
6067	2238	21	1584	1	7	702	1176
6331	2070	13	1204	1	18	1194	1375
15220	7076	12	610	1	7	889	1825
10188	3228	49	1560	1	8	655	1252
14019	3229	50	1036	1	11	1266	1061
14004	3200	57	1684	1	8	987	1124
13600	3953	6	128	1	17	1714	1196
8653	3283	32	960	1	8	567	1002
5958	659	14	510	1	14	2684	2526
2831	572	8	489	1	13	894	966
8644	1134	7	500	1	17	1082	1062
4520	363	22	925	1	14	500	501
5898	545	4	226	1	7	1281	1254
4327	2018	15	45	1	17	819	699
6085	1725	36	780	1	7	1250	1150
5578	1844	8	190	1	26	631	631
9462	2633	19	380	1	8	1568	1637
5480	1897	9	465	1	7	1039	1101
4821	1446			1	15	783	785
2029	164	7	188	1	2	1140	1099
13957	5628	18	485	1	6	1990	9440
6676	3520	14	560	1	6	1430	1430
9061	4324	26	481	1	4	1893	1990
21885	9627	15	3429	2	19	2259	2259
32955	9270	22	1615	1	12	2147	2147
44536	10487	51	5908	2	15	1337	2488
36560	9719	61	5801	2	10	1287	2950
6321	1758	12	1243	2	21	486	2256
4019	1573	9	296	1	19	2711	2397

10-1(二) 续表 29

民族乡镇名称	乡镇企业年净利润总额（万元）	农林牧渔业总产值（万元）	农作物总播种面积（亩）	#粮食播种面积（亩）
保山市龙陵县木城彝族傈僳族乡	178	18236	44925	26138
保山市昌宁县朱街彝族乡	514	19015	74953	50300
保山市昌宁县苟街彝族苗族乡	1810	36650	81498	49050
保山市昌宁县湾甸傣族乡	4770	18259	88266	30300
德宏傣族景颇族自治州陇川县户撒阿昌族乡	6585	37113	127578	84252
德宏州潞西市三台山德昂族乡		11127	39408	23988
德宏州梁河县曩宋阿昌族乡		11731	49560	30471
德宏州梁河县九保阿昌族乡	100	12982	38061	21787
德宏州盈江县苏典傈僳族乡	2029	5126	45738	23302
怒江州福贡县匹河怒族乡	522	3477	63977	30706
怒江傈僳族自治州泸水县洛本卓白族乡	150	2445	49650	36090
迪庆州香格里拉县三坝纳西族乡	-17507	7918	48810	43950
迪庆州德钦县霞若傈僳族乡	100	5912	21951	16035
迪庆州德钦县拖顶傈僳族乡	746	4861	27807	21271
临沧市凤庆县新华彝族苗族乡		16570	94892	77782
临沧市凤庆县腰街彝族乡	809	15729	42045	25565
临沧市凤庆县郭大寨彝族白族乡	106	19722	67327	43165
临沧市云县栗树彝族傣族乡		19590	68415	50190
临沧市云县忙怀彝族布朗族乡		20600	46780	46780
临沧市云县后箐彝族乡		20340	79452	67900
临沧市永德县大雪山彝族拉祜族傣族乡	4800	17296	109960	51507
临沧市永德县乌木龙彝族乡	464	19049	121611	86968
临沧市临翔区平村彝族傣族乡	156	9966	39907	18542
临沧市临翔区南美拉祜乡	349	6120	37957	17410
临沧市耿马傣族佤族自治县芒洪拉祜族布朗族乡		16400	45700	19000
临沧市沧源佤族自治县勐角傣族彝族拉祜族乡	218	7847	59000	45300
临沧市镇康县军赛佤族拉祜族傈僳族德昂族乡	422	19361	69658	51600
西双版纳州景洪市基诺山基诺族乡	1064	20589	36811	33171
西双版纳州景洪市景哈哈尼族乡	410	27721	13561	9942
西双版纳州勐腊县瑶区瑶族乡	300	25697	28599	18765
西双版纳州勐腊县象明彝族乡	65	42933	32317	29907

粮食产量（吨）	肉　类总产量（吨）	农民合作社个数（个）	农民合作社成员数（户）	农业技术服务机构个　数（个）	农业技术服务机构从业人员数（人）	公共财政收入（万元）	公共财政支出（万元）
7124	1484	18	2537	1	8	3387	3387
11686	5830	12	702	1	5	1563	4567
12130	8756	29	2340	1	7	1860	1882
11838	6208	28	2390	2	9	2841	2841
37201	2658	11	532	1	11	1863	1603
7733	850	15	457	1	14	1722	1423
9597	1184	12	680	1	15	1409	1279
6528	1193	18	886	2	17	1436	1393
5304	745	5	326	1	4	1180	1233
4528	645	9	312	1	15	970	1279
3712	959	1	23	1	15	1354	1359
13133	1872	70	718	2	13	8069	7235
3925	535	7	78	1	4	2887	1640
6336	706	13	940	1	4	1743	1538
14180	2578	23	3250	1	19	1050	1050
4830	1500	8	2102	1	14	1878	1354
8797	3848	5	2570	1	12	2522	2522
12815	3650	16	165	1	3		780
11820	3390	11	120	1	11		902
14680	2350	11	120	1	5		884
14360	3275	13	573	1	12	947	947
13478	1767	22	326	1	5	1006	1006
4918	1139	8	172	1	3	2052	1182
3005	360	10	249	1	6	2872	2268
5232	598	2	30	1	12	784	809
11846	413	22	640	1	8	1325	1370
9650	2352	10	737	1	5	1143	1138
10191	552	4	297	1	7	2134	2075
3594	487	9	224	1	24	1572	1635
5232	580	3	82	1	15	650	1215
9653	399	11	148	1	21	178	2065

10−1(二) 续表 30

民族乡镇名称	乡镇企业年净利润总额（万元）	农林牧渔业总产值（万元）	农作物总播种面积（亩）	#粮食播种面积（亩）
西双版纳州勐海县格朗和哈尼族乡	600	26672	53196	31762
西双版纳州勐海县布朗山布朗族乡		20394	56002	37488
西双版纳州勐海县西定哈尼族乡		22210	127581	93455
西藏省		**10422**	**5509**	**2099**
山南市错那县麻玛门巴族乡		62	117	117
山南市错那县贡日门巴族乡		197	158	158
山南市错那县基巴门巴族乡		167	450	450
山南市错那县勒布区勒门巴族乡		101	32	32
林芝市林芝县更章门巴族乡		282	484	
林芝市米林县南伊珞巴乡		389	1446	1157
林芝市墨脱县达木珞巴族乡		225	2604	
昌都市芒康县下盐井纳西族乡		9000	217	185
陕西省	**9590**	**28609**	**88229**	**64621**
商洛市镇安县西口回族镇	430	12718	45283	33567
商洛市镇安县茅坪回族镇	160	8461	32315	25206
安康市宁陕县江口回族镇	9000	7430	10631	5848
甘肃省	**17329**	**236895**	**1024419**	**684045**
临夏州广河县阿里麻土东乡族乡		3321	12993	11600
甘南州临潭县长川回族乡		3448	27811	11907
甘南州临潭县卓洛回族乡			6300	1889
甘南州临潭县古战回族乡			4752	4752
甘南州卓尼县勺哇土族乡		1583	5045	2061
陇南市文县铁楼藏族乡	80	3600	20966	19394
陇南市武都区坪垭藏族乡		1375	18765	12773
陇南市武都区磨坝藏族乡	276	970	20366	11056
陇南市宕昌县新城子藏族乡	42	1118	8389	5800
酒泉市肃州区黄泥堡裕固族乡		4716	6366	2151
酒泉市玉门市小金湾东乡族乡	10	5010	21000	960
白银市会宁县新添堡回族乡	689	10240	94192	91817
庆阳市正宁县五倾源回族乡		3765	27155	16692
平凉市崆峒区峡门回族乡	13440	16900	65530	46240

粮食产量（吨）	肉类总产量（吨）	农民合作社个数（个）	农民合作社成员数（户）	农业技术服务机构个数（个）	农业技术服务机构从业人员数（人）	公共财政收入（万元）	公共财政支出（万元）
12394	893	9	300	1	18	1220	1297
9687	626	17	228	1	20	1896	1411
25300	697	25	2277	1	9	3745	2772
1741	**5041**	**18**	**204**			**1625**	**2178**
31	9					387	599
59	19	1	12			388	500
70	21	1	20			423	549
7	12	1	97			427	530
277	69	13	65				
566							
732	4912	2	10				
10973	**1889**	**101**	**1317**	**4**	**25**	**2756**	**2730**
5488	726	51	255	1	3	1110	1110
4208	706	27	162	2	11	821	821
1277	457	23	900	1	11	825	799
187455	**32292**	**615**	**11774**	**67**	**305**	**25905**	**26864**
6245	361	6	60	1	5		
2130	534	86		3	5	977	841
341		3	37			284	284
923		32					
339	333	5	117	1	3		
4043	450	18	42	3	23	280	280
2796	155	9	76	4	5	254	254
2635	281	18	58	2	4	230	230
2861	28	8	240	1	7	1067	2930
1099	308	15	15	1	1	715	569
561	980	22	323	1	5	50	55
11948	1465	36	325	5	6	1831	1831
6763	103	17	237	1	14	1352	1288
17700	1570	13	799	5	43	1124	1124

10-1(二) 续表 31

民族乡镇名称	乡镇企业年净利润总额（万元）	农林牧渔业总产值（万元）	农作物总播种面积（亩）	#粮食播种面积（亩）
平凉市华亭县神峪回族乡	510	12731	53964	42059
平凉市华亭县山寨回族乡	280	13118	48637	26063
平凉市崆峒区白庙回族乡	342	13211	52100	38700
平凉市崆峒区大秦回族乡	153	7915	38651	24308
平凉市崆峒区寨河回族乡	110	9185	65420	56427
平凉市崆峒区大寨回族乡	230	17460	138500	109000
平凉市崆峒区西阳回族乡		8713	65172	50102
平凉市崆峒区上杨回族乡	712	5279	32252	21176
张掖市肃南裕固族自治县祁丰藏族乡		7381	6734	5052
张掖市肃南裕固族自治县马蹄藏族乡		171	20003	15339
张掖市肃南裕固族自治县白银蒙古族乡		354	1114	764
张掖市甘州区平山湖蒙古族乡		801	687	342
临夏州临夏县井沟东乡族乡	20	5539	26850	20200
临夏州和政县梁家寺东乡族乡		58532	25385	11430
临夏州临夏县安家坡东乡族乡	130	2015	10359	9500
酒泉市瓜州县七墩回族东乡族乡		3625	14235	2214
酒泉市瓜州县腰站子东乡族乡	305	1813	30273	5660
酒泉市瓜州县广至藏族乡				
酒泉市瓜州县沙河回族乡		8545	26819	4628
酒泉市玉门市独山子东乡族乡		4460	27634	1990
青海省	**133**	**153377**	**660488**	**336029**
西宁市大通回族土族自治县朔北藏族乡		21642	40901	14822
西宁市大通回族土族自治县向化藏族乡		8803	31212	15900
西宁市湟中县群加藏族乡		2935	6200	3380
西宁市湟中县大才回族乡	120	12459	37980	12980
西宁市湟中县汉东回族乡		2157	13506	9127
海东市民和回族土族自治县杏儿藏族乡	13	1947	10933	10433
海东地区乐都县下营藏族乡		3488	8610	2310
海东地区乐都县中坝藏族乡		6423	17895	15604
海东地区乐都县达拉土族乡		5823	22226	19340
海东市互助土族自治县松多藏族乡		5604	22822	12276

粮食产量（吨）	肉类总产量（吨）	农民合作社个数（个）	农民合作社成员数（户）	农业技术服务机构个数（个）	农业技术服务机构从业人员数（人）	公共财政收入（万元）	公共财政支出（万元）
8520	1280	19	1500	2	13	2198	2198
7536	1133	18	1600	2	15	1455	1455
11420	3812	18	175	7	31	873	846
11730	1621	15	129	1	29	1180	1017
13738	2052	9	352	3	6	120	120
20775	1500	35	140	4	4	1828	1681
13683	1188	20	764	4	16	771	771
6209	2454	6	325	1	5	148	148
2081	1263	20	100	2	10	1148	1054
108	1642	51	112	1	9	1450	1420
434	163	6	36	1	7	558	517
154	300	16	80	1	4	888	888
13889	3152	13	1253	1	3	502	502
4230	317	11	83			823	853
6225	2700	5	780	1	3	408	408
792	186	14	261	1	1	490	490
2979	102	23	575	1	5	729	740
	9	5	412	5	18	764	758
1883	237	9	498	1	5	633	577
684	612	14	270			775	735
151900	**19695**	**657**	**4922**	**35**	**112**	**18128**	**17324**
3593	1791	42	79	5	2	1148	1148
13492	624	34	105			575	575
1429	150	10	100			293	281
12491	1229	13	75	1	6	544	544
1356	263	11	11			352	352
5932	443	33	66	4	4	83	83
850	785	14	70			655	531
22231	766	3	3	1	2	570	540
5557	210	2	150	1	2	858	781
800	495	6	50	2	4	513	513

10-1(二) 续表 32

民族乡镇名称	乡镇企业年净利润总额（万元）	农林牧渔业总产值（万元）	农作物总播种面积（亩）	#粮食播种面积（亩）
海东市化隆回族自治县雄先藏族乡		6128	37030	16373
海东市化隆回族自治县查甫藏族乡		3933	30278	16102
海东市化隆回族自治县金源藏族乡		5604	21042	7823
海东市化隆回族自治县塔加藏族乡		3531	11145	7756
海东市循化撒拉族自治县道帏藏族乡		14826	39464	21500
海东市循化撒拉族自治县尕楞藏族乡		4510	17560	12257
海东市循化撒拉族自治县岗察藏族乡				
海东市循化撒拉族自治县文都藏族乡		5325	23723	18235
海北藏族自治州门源回族自治县皇城蒙古族乡		4089	16240	16240
海东地区平安县沙沟回族乡		4548	10468	10468
海东地区平安县巴藏沟回族乡		840	20836	13200
海东地区平安县石灰窑回族乡		1400	48500	10000
海东地区平安县洪水泉回族乡		1142	61940	24009
海东地区平安县古城回族乡		5089	39200	23821
海东地区互助县巴扎藏族乡		3471	7896	2233
海南藏族自治州贵德县新街回族乡		2852	26700	7190
海北藏族自治州海晏县哈勒景蒙古族乡				
湟源县日月藏族乡		14809	36180	12650
新疆维吾尔自治区	**21995**	**634366**	**2162225**	**1354932**
吐鲁番地区鄯善县东巴扎回族乡		17605	5576	120
和田地区皮山县瑙阿巴提塔吉克族乡		500	864	864
和田地区皮山县康克尔柯尔克孜族乡		461	1010	1010
巴音郭楞蒙古自治州和硕县乌什塔拉回族乡		57500	215000	110739
昌吉回族自治州奇台县大泉塔塔尔族乡	142	21630	55200	27800
昌吉回族自治州奇台县五马场哈萨克族乡			122400	75000
昌吉回族自治州奇台县乔仁哈萨克族乡	220	12698	26000	14000
昌吉回族自治州木垒哈萨克自治县大南沟乌孜别克族乡	60	4739	12790	5300
昌吉回族自治州玛纳斯县旱卡子滩哈萨克族乡	5449	12100	11269	3011
昌吉回族自治州玛纳斯县塔西河哈萨克族乡	2390	10482	14700	10100
昌吉回族自治州玛纳斯县清水河哈萨克族乡		14768	15108	5953
昌吉回族自治州阜康市三工河哈萨克族乡		17688	55300	21000

粮食产量（吨）	肉类总产量（吨）	农民合作社个数（个）	农民合作社成员数（户）	农业技术服务机构个数（个）	农业技术服务机构从业人员数（人）	公共财政收入（万元）	公共财政支出（万元）
9229	552	24	132	2	8	245	245
9804	497	18	97	2	6	184	184
1244	926	11	63	2	4	148	148
5512	614	6	37	2	4	137	137
8600	480	24	373			869	869
10328	296	20	20			694	694
	12	7	484				
6017	494	73	223			720	720
221	1340	9	84	1	36	352	352
3800	360	9	253	1	10	1462	1326
3700	100	9	13	1	3	1838	1731
2200	350	28	485	3	4	1457	1303
6894	750	78	390	1	1	1223	1123
7842	1182	72	390	2	8	667	609
1799	542	7	7	1	4	493	493
2367	178	35	558	1	2	479	479
	1269	23	385	1	1	438	430
4614	2998	36	219	1	1	1133	1133
676458	**90919**	**850**	**17250**	**92**	**398**	**70894**	**79965**
52	676	1		4	22	1157	1157
275	27					32	25
334	60					25	25
55369	1520	58	642	1	9		
18652	2070	25	825	5	17	456	456
31476	2094	30	830	5	24	888	888
5580	4685	6	152	1	13	882	882
2103	1394	40	372	2	13	986	986
1347	247	26	494	1	2	820	820
4800	1610	11	150	1	2	538	538
2871	3262	13	252	1	4	8113	8113
9083	960	40	1194	1	2	2040	2040

10-1(二) 续表 33

民族乡镇名称	乡镇企业年净利润总额（万元）	农林牧渔业总产值（万元）	农作物总播种面积（亩）	#粮食播种面积（亩）
昌吉回族自治州阜康市上户沟哈萨克族乡		61630	276000	11750
昌吉回族自治州昌吉市阿什里哈萨克族乡	5532	25493	29532	10863
昌吉回族自治州呼图壁县石梯子哈萨克族乡		38375	104629	59040
乌鲁木齐市米东区柏杨河哈萨克族乡	2764	1535	10435	2654
克孜勒苏柯尔克孜自治州阿克陶县塔尔塔吉克族乡		214	7743	4749
喀什地区塔什库尔干塔吉克自治县科克亚尔柯尔克孜族乡		1037	2109	2109
喀什地区泽普县布依鲁克塔吉克族乡		2390	11090	3100
喀什地区莎车县孜热普夏提塔吉克族乡	170	15633	82150	25000
伊犁哈萨克自治州察布查尔锡伯自治县米粮泉回族乡		12575	24731	21668
伊犁哈萨克自治州特克斯县科克铁热克柯尔克孜族乡		27001	55900	155900
伊犁哈萨克自治州特克斯县呼吉尔特蒙古族乡	1423	21507	40300	40300
伊犁哈萨克自治州伊宁县愉群翁回族乡	500	48650	118540	110532
伊犁哈萨克自治州尼勒克县科克浩特浩尔蒙古族乡	543	38500	89606	68472
伊犁哈萨克自治州霍城县伊车嘎善锡伯族乡	561	2	44580	40412
伊犁哈萨克自治州霍城县三宫回族乡	-200	21166	31515	21865
伊犁哈萨克自治州昭苏县胡松图喀尔逊蒙古族乡		8702	58630	44568
伊犁哈萨克自治州昭苏县察汗乌苏蒙古族乡	30	33366	79600	49700
伊犁哈萨克自治州昭苏县夏特柯尔克孜族乡		22082	78200	76500
塔城地区塔城市阿西尔达斡尔族乡	996	28543	220400	208400
塔城地区乌苏市塔布勒合特蒙古族乡		5814	17724	2157
塔城地区乌苏市吉尔格勒特郭楞蒙古族乡	215	13340	52000	26400
塔城地区额敏县额玛勒郭楞蒙古族乡	1002	9923	55000	16278
塔城地区额敏县霍吉尔特蒙古族乡		6968	41449	36287
阿克苏地区乌什县雅曼苏柯尔克孜族乡		10760	23300	19000
阿克苏地区温宿县博孜东柯尔克孜族乡	198	5120	31037	21012
哈密地区伊吾县前山哈萨克族乡				
哈密地区哈密市德外都如克哈萨克族乡			11306	
哈密地区哈密市乌拉台哈萨克族乡			6003	
阿勒泰地区布尔津县禾木哈纳斯蒙古族乡		550		
阿勒泰地区阿勒泰市汗德尕特蒙古族乡		3320	23499	1320

粮食产量（吨）	肉　类总产量（吨）	农民合作社个数（个）	农民合作社成员数（户）	农业技术服务机构个　数（个）	农业技术服务机构从业人员数（人）	公共财政收入（万元）	公共财政支出（万元）
5273	896	75	1605	8	8	2231	2854
4802	9280	22	1106	5	31	1720	1720
25820	1068	75	360	5	25	120	120
930	1150	28	1175	1	2	3171	3070
1956	203	2	43	1	6		
476	318	4	80	1	2	978	978
1500	290	2	200	4	4	90	110
12193	250	5	10	5	25	488	387
12423	868	10	170	2	2	121	121
119842	3480	33	1033	1	17	7001	7001
5594	2086	32	1172	1	16	4700	4700
49654	14582	8	154	6	28	8024	7986
26532	4297	11	40	6	21	1192	1164
26678	1257	17	1315	4	13	1000	1000
12609	3859	16	419	1	3	982	937
15600	416	17	255	1	1	21	21
21376	3188	16	628	2	3	396	637
25627	3135	15	215	1	4	1052	1052
135193	2900	125	698	1	4	2798	2756
65	120	5	20	1	2	707	707
9740	650	29	570	1	4	2240	2240
4923	1428	11	55	1	4	2952	1527
7826	792	7	30	1	5	1421	11250
8500	4460	4	255	2	5	1598	1598
9000	7213	8	582	1	3	1460	1460
	180	2	15	3	14	3188	3240
	241	4	25	1	21	1741	1756
	200	3	27	1	5	1036	1033
	3	2	17	1	7	2528	2607
386	3505	12	65	1	5		

10-1 全国各民族乡镇基本情况(2016年)(三)

民族乡镇名称	农民人均纯收入(元)	学校数(个)	在校学生数(人)	教师数(人)
北京	**24491**	**17**	**8922**	**857**
朝阳区常营回族乡	28218	9	5805	507
通州区于家务回族乡	22829	4	1596	187
密云县檀营满族蒙古族乡		1	1077	73
怀柔区喇叭沟门满族乡	20762	2	246.	50
怀柔区长哨营满族乡	19898	1	198	40
天津市	**17524**	**3**	**508**	**60**
蓟县孙各庄满族乡	17524	3	508	60
河北省	**8837**	**282**	**69223**	**5383**
石家庄市新乐市彭家庄回族乡	14003	9	1432	120
石家庄市藁城市九门回族乡	16318	5	4258	250
石家庄市无极县高头回族乡	13900	8	2040	150
唐山市遵化市汤泉满族乡	8653	3	482	28
唐山市遵化市西下营满族乡	8544	1	970	57
唐山市遵化市东陵满族乡	7820	7	1920	127
邯郸市邱县陈村回族乡	11403	1	450	35
邯郸市大名县营镇回族乡	8995	6	2255	135
保定市易县凌云册满族回族乡	3610	3	1298	87
保定市定州市号头庄回族乡	9000	16	4535	225
保定市涞水县娄村满族乡	4519	7	1178	119
张家口市沽源县大二号回族乡	4870	1	67	16
张家口市怀来县王家楼回族乡	7965	2	501	46
廊坊市永清县管家务回族乡	8712	4	1100	95
廊坊市文安县大围河回族满族乡	9690	14	4050	291
承德市丰宁满族自治县南关蒙古族乡	3487	15	1552	154
承德市滦平县平坊满族乡	3608	1	266	44
承德市滦平县安纯沟门满族乡	3030	6	686	54
承德市滦平县五道营子满族乡	2800	1	217	17
承德市滦平县邓厂满族乡	2720	1	120	15
承德市滦平县马营子满族乡	3280	1	381	42
承德市滦平县付家店满族乡	4358	6	202	25

图书馆（个）	文化站（个）	村文化活动室（个）	医院、卫生院（个）	#医生数（人）	#病床数（张）	村卫生室（个）	#医生数（人）
4	**5**	**59**	**4**	**168**	**65**	**58**	**71**
1	1		1	50			
1	1	23	1	70	50	21	28
	1						
1	1	15	1	19	6	15	22
1	1	21	1	29	9	22	21
	1	**13**	**1**	**7**	**20**	**17**	**12**
	1	13	1	7	20	17	12
61	**50**	**556**	**65**	**858**	**1711**	**766**	**950**
1	1	5	1	15	25	8	8
11	1	13	1	24	30	13	15
1	1	15	1	15	60	15	33
1	1	10	2	10	160	17	21
1	1	14	1	11	10	19	25
1	1	27	2	36	59	27	27
1	1	2	1	14	20	3	4
1	1	17	1	14	35	17	19
1	1	19	1	25	30	19	55
1	1	7	2	38	78	17	38
2	1	7	1	15	23	26	26
2	1	4	1	6	16	4	4
1	1	14	2	12	32	14	14
1	1	6	1	17	36	12	12
1	1	24	2	39	46	24	24
1	1	9	1	14	36	14	15
1	1	8	1	9	16	8	7
1	1	11	2	8	23	12	12
1	1	6	1	6	10	6	6
1	1	3	1	3	8	3	3
1	1	3	1	5	12	10	10
1	1	6	1	3	16	6	6

10-1(三) 续表 1

民族乡镇名称	农民人均纯收入（元）	学校数（个）	在校学生数（人）	教师数（人）
承德市滦平县西地满族乡	8800	6	1641	98
承德市滦平县小营满族乡	6200	5	787	71
承德市滦平县大屯满族乡	4020	2	1165	83
承德市滦平县西沟满族乡	4000	1	348	25
承德市承德县岗子满族乡	6149	1	483	43
承德市承德县两家满族乡	6113	1	438	26
承德市兴隆县八卦岭满族乡	10800	3	1153	67
承德市兴隆县南天门满族乡	8500	2	368	31
承德市隆化县尹家营满族乡	7050	7	586	41
承德市隆化县庙子沟蒙古族满族乡	7500	1	382	22
承德市隆化县偏坡营蒙古族乡	6580	6	670	51
承德市隆化县八达营蒙古族乡	5950	9	630	65
承德市隆化县太平庄满族乡	5730	9	540	44
承德市隆化县旧屯满族乡	5651	1	465	41
承德市隆化县西阿超满族蒙古族乡	5845	8	448	49
承德市隆化县白虎沟蒙古族满族乡	6979	5	428	46
承德市平泉县七家岱满族乡	4830	5	492	61
承德市平泉县平房满族蒙古族乡	4120	11	1091	102
承德市平泉县茅兰沟满族蒙古族乡	5640	9	1084	119
沧州市黄骅市羊二庄回族乡	14220	13	3286	420
沧州市黄骅市新村回族乡	12597			
沧州市河间市果子洼回族乡	8730	3	1641	157
沧州市献县本斋回族乡	8350	6	1455	93
沧州市沧县大褚村回族乡	12512	12	2920	248
沧州市沧县杜林回族乡	9560	15	4008	322
沧州市沧县李天木回族乡	8053	10	4400	273
沧州市沧县捷地回族乡	12512	8	7672	577
沧州市黄骅市杨三木回族乡	12873	5	682	76
内蒙古自治区	**12844**	**32**	**7679**	**1338**
呼伦贝尔市莫力达瓦达斡尔族自治旗巴彦鄂温克民族乡	5500	1	54	60
呼伦贝尔市莫力达瓦达斡尔族自治旗杜拉尔鄂温克民族乡	5500	1	142	52

图书馆（个）	文化站（个）	村文化活动室（个）	医院、卫生院（个）	#医生数（人）	#病床数（张）	村卫生室（个）	#医生数（人）
1	1	7	1	6	40	10	10
1	1	10	2	11	15	11	11
1	1	14	1	8	30	14	14
1	1	9	1	6	18	9	9
1	1	10	1	5	19	10	10
1	1	9	1	6	26	12	12
1	1	8	1	8	20	8	8
1	1	8	1	9	16	10	9
1	1	1	1	11	15	2	2
1	1	6	1	8	15	6	6
1	1	5	1	29	19	10	10
1	1	12	1	13	23	9	12
1	1	9	1	9	30	8	8
1	1	11	1	9	15	8	8
1	1	10	1	13	15	10	13
1	1	4	1	7	15	4	4
1	1	5	1	6	10	4	5
1	1	14	2	14	20	14	14
1	1	11	2	11	24	11	11
3	1	32	3	57	56	48	52
1	1	4	2	104	109	4	8
1	1	20	1	24	20	18	22
1	1	11	1	12	15	14	22
	1	26	2	32	66	30	61
	1	38	1	25	65	75	75
	1	8	3	45	90	69	98
1	1	16	1	20	112	32	40
1	1	8	1	11	12	12	12
23	**22**	**156**	**53**	**245**	**516**	**149**	**153**
	1	18	1	4	10	16	16
1	1	10	1	3	6	10	8

10-1(三) 续表 2

民族乡镇名称	农民人均纯收入（元）	学校数（个）	在校学生数（人）	教师数（人）
呼伦贝尔市扎兰屯市达斡尔民族乡	15000	1	507	83
呼伦贝尔市扎兰屯市萨马街鄂温克民族乡	10800	4	465	68
呼伦贝尔市扎兰屯市南木鄂伦春民族乡	12800	3	548	120
呼伦贝尔市阿荣旗查巴奇鄂温克民族乡	15648	1	648	71
呼伦贝尔市阿荣旗新发朝鲜族民族乡	20000			
呼伦贝尔市阿荣旗音河达斡尔鄂温克民族乡	17200	2	582	113
呼伦贝尔市阿荣旗得力其尔鄂温克民族乡	15200	2	705	82
呼伦贝尔市根河市敖鲁古雅鄂温克民族乡	17200	1	688	116
呼伦贝尔市陈巴尔虎旗鄂温克苏木	15868			
呼伦贝尔市额尔古纳市三河回族乡	19500	3	863	114
呼伦贝尔市额尔古纳市室韦俄罗斯民族乡	14000	1		9
兴安盟科尔沁右翼前旗满族屯满族乡	13000	1	287	76
赤峰市松山区当铺地满族乡	12163	8	1312	210
赤峰市喀喇沁旗十家满族乡	9858	3	878	164
乌兰察布市凉城县曹碾满族乡	6800			
呼伦贝尔市鄂温克族自治旗巴彦塔拉达斡尔族乡	13745			
辽宁省	**9242**	**216**	**54936**	**5975**
沈阳市康平县柳树屯蒙古族满族乡	8400	1	926	124
沈阳市康平县沙金台蒙古族满族乡	9980	1	1580	196
沈阳市法库县四家子蒙古族乡	12800	1	630	80
沈阳市康平县东升满族蒙古族乡	10700	1	1100	120
沈阳市康平县西关屯蒙古族满族乡	8800	1	1136	119
大连市瓦房店市三台满族乡	15464	5	903	97
大连市瓦房店市杨家满族乡	12677	4	764	95
大连市庄河市太平岭满族乡	11191	5	902	114
大连市庄河市桂云花满族乡	10500	5	724	137
抚顺市抚顺县拉古满族乡	9780	1	747	111
抚顺市抚顺县汤图满族乡	10500	1	524	59
本溪市桓仁满族自治县雅河朝鲜族乡	4500	1	195	27
锦州市义县地藏寺满族乡	8660	2	247	54
锦州市义县大定堡满族乡	6571	1	415	56

图书馆（个）	文化站（个）	村文化活动室（个）	医院、卫生院（个）	#医生数（人）	#病床数（张）	村卫生室（个）	#医生数（人）
6	1	6	1	4	8	6	15
	1	6	1	21	20	6	6
8	2	8	2	14	61	1	1
1	1	11	1	6	18	10	11
	1	9	1	8	4	11	11
	1	9	1	27	29	8	8
	1	9	1	5	12	12	12
1	1	1	1	3	4		
1	1	9	1	5	10		
1	1	1	2	30	60	15	15
	1	1	1	17	8	6	4
1	1	9	1	35	45	5	5
	1	25	33	47	160	25	25
3	1	14	2	9	45	14	14
	4	4	1	1	8	4	2
	1	6	1	6	8		
74	**54**	**481**	**56**	**524**	**1389**	**600**	**673**
1	1	9	1	13	20	9	9
1	1	11	1	21	19	19	19
1	1	9	1	5	20	9	9
1	1	10	1	17	20	10	10
	1	9	1	9	20	9	15
	1	10	1	22	30	19	20
1	1	11	1	29	39	11	11
	1	6	1	6	36	6	6
	1	5	2	8	40	8	25
1	1	10	1	3	12	10	14
1	1	9	1	11	12	8	8
1	1	8	1	4	9	9	12
	1	5	1	5	12	5	5
8	1	8	1	7	60	8	8

10-1(三) 续表 3

民族乡镇名称	农民人均纯收入（元）	学校数（个）	在校学生数（人）	教师数（人）
阜新市彰武县二道河子蒙古族乡	9565	1	777	102
辽阳市辽阳县吉洞峪满族乡	10270	9	1380	131
辽阳市辽阳县甜水满族乡	10900	8	1182	142
铁岭市开原市林丰满族乡	9275	4	459	68
铁岭市铁岭县白旗寨满族乡	10600	2	886	80
铁岭市西丰县成平满族乡	9936	4	476	75
铁岭市西丰县德兴满族乡	6300	1	205	29
铁岭市西丰县和隆满族乡	10226	4	820	98
铁岭市西丰县金星满族乡	9323	3	415	46
铁岭市西丰县明德满族乡	9363	1	259	39
铁岭市西丰县营厂满族乡	9050	3	544	67
铁岭市清河区聂家满族乡	11800	1	590	71
朝阳市北票市马友营蒙古族乡	12286	7	1088	159
朝阳市北票市凉水河蒙古族乡	7450	2	170	47
朝阳市建平县三家蒙古族乡	12500	8	2891	235
朝阳市凌源市三家子蒙古族乡	7985	13	2635	293
朝阳市朝阳县松岭门蒙古族乡	11400	4	694	72
朝阳市朝阳县乌兰河硕蒙古族乡	6660	5	860	88
葫芦岛市绥中县西平坡满族乡	9560	5	1465	72
葫芦岛市绥中县范家满族乡	9203	2	1064	83
葫芦岛市绥中县高甸子满族乡	9520	6	1200	105
葫芦岛市绥中县葛家满族乡	5500	1	1049	126
葫芦岛市绥中县明水满族乡	7280	4	1273	87
葫芦岛市绥中县网户满族乡	10500	4	1589	108
葫芦岛市兴城市白塔满族乡	9000	6	905	125
葫芦岛市兴城市大寨满族乡	11200	8	2251	216
葫芦岛市兴城市碱厂满族乡	3412	4	1057	112
葫芦岛市兴城市旧门满族乡	8863	4	814	89
葫芦岛市兴城市刘台子满族乡	11000	5	1294	107
葫芦岛市兴城市南大山满族乡	9126	4	1341	126
葫芦岛市兴城市望海满族乡	9650	6	1845	168

图书馆（个）	文化站（个）	村文化活动室（个）	医院、卫生院（个）	#医生数（人）	#病床数（张）	村卫生室（个）	#医生数（人）
	1	8	1	12	8	10	10
1	1	12	1	7	70	12	13
14	1	14	1	12	70	17	19
1	1	10	1	6	16	10	10
1	1	9	1	6	15	9	11
	1	10	1	3	12	20	24
1	1	9	1	5	15	8	8
1	1	10	1	10	19	10	20
1	1	5	1	3	8	10	15
1	1	7	1	13	15	12	13
1	1	9	1	5	21	9	9
1	1	10	1	8	10	10	10
1	1	9	1	11	21	18	21
	1	6	1	5	32	10	14
1	1	14	1	8	20	14	16
17	1	17	2	7	38	17	17
1	1	6	1	10	8	15	22
	1	5	1	4	18	7	7
1	1		1	8	60	11	11
1	1	3	1	22	70	10	10
1	1	9	1	26	50		
1	1	10	1	6	12	1	1
1	1	8	1	22	36	8	8
1	1	14	1	22	35	14	14
	1	6	1	5	15	10	10
	1	3	1	15	20	13	13
1	1	7	1	8	30	6	6
	1	8	1	8	26	10	10
	1	10	1	2	10	18	18
1	1	17	1	17	20	13	13
1	1	10	1	3	20	10	10

10－1(三)　续表 4

民族乡镇名称	农民人均纯收入（元）	学校数（个）	在　校学生数（人）	教师数（人）
葫芦岛市兴城市围屏满族乡	8834	6	1109	99
葫芦岛市兴城市羊安满族乡	11500	4	981	172
葫芦岛市兴城市药王庙满族乡	3532	8	1227	129
葫芦岛市兴城市三道沟满族乡	3500	3	1185	118
葫芦岛市兴城市元台子满族乡	11580	5	1062	142
葫芦岛市建昌县二道湾子蒙古族乡	9450	7	2059	177
丹东市宽甸满族自治县下露河朝鲜族乡	4800	1	770	104
丹东市东港市合隆满族乡	5650	5	989	107
丹东市凤城市大堡蒙古族乡	11000	8	1283	172
吉林省	**10167**	**129**	**34547**	**4793**
延边朝鲜族自治州珲春市三家子满族乡	12600	1	47	48
延边朝鲜族自治州珲春市杨泡满族乡	13328	1	45	30
吉林市昌邑区土城子满族朝鲜族乡	11000	3	1072	92
吉林市龙潭区乌拉街满族镇	10288	6	3145	351
吉林市龙潭区大口钦满族镇	12080	2	1010	116
吉林市昌邑区两家子满族乡	11068	5	1237	106
吉林市永吉县金家满族乡	10076	2	620	103
吉林市蛟河市乌林朝鲜族乡	11678	4	979	221
通化市梅河口市小杨满族朝鲜族乡	10883	5	437	73
通化市集安市凉水朝鲜族乡	11959	1	225	45
通化市通化县金斗朝鲜族满族乡	14595	1	111	26
通化市通化县大泉源满族朝鲜族乡	10470	4	1145	199
通化市辉南县楼街朝鲜族乡	12747	3	1495	209
通化市柳河县姜家店朝鲜族乡	13057	1	261	26
通化市柳河县三元浦朝鲜族镇	12249	3	1781	149
辽源市东丰县三合满族朝鲜族乡	12480	14	2390	259
长春市双阳区双营子回族乡	12100	5	1297	208
长春市榆树市延和朝鲜族乡	18720	1	4	9
长春市九台市胡家回族乡	8200	1	2225	199
长春市九台市莽卡满族乡	9100	3	1934	275
白城市通榆县包拉温都蒙古族乡	4950	1	228	75

图书馆（个）	文化站（个）	村文化活动室（个）	医院、卫生院（个）	#医生数（人）	#病床数（张）	村卫生室（个）	#医生数（人）
	1	8	1	3	20	16	16
1	1	11	1	4	23	15	15
1	1	11	1	7	20	11	11
	1	11	1	5	20	15	15
1	1	9	1	4	20	18	18
	1	12	1	20	35	13	13
1	1	6	1	4	30	9	9
1	1	10	1	8	32	10	1
1	1	8	1	10	20	11	21
62	**43**	**374**	**38**	**550**	**717**	**399**	**556**
1	1	8	1	14	12	8	7
8	1	7	1	8	6	6	6
1	1	12	1	8	15	10	32
	1	28	1	42	70	29	79
	1	12	1	16	36	12	16
2	1	13	1	13	12	13	20
1	1	7	1	5	12	7	25
1	1	20	2	27	9	20	27
1	1	17	1	14	18	17	17
1	1	9	1	6	9	4	4
1	1	5	1	6	15	5	5
1	1	20	2	35	77	18	22
12	1	12	1	55	28	20	29
11	11	10	1	3	16	10	7
	1	20	1	70	60	20	20
1	1	16	3	54	65	13	13
1	1	6	1	13	10	13	17
1	1	3	1	1	8		
2	1	9	1	9	9	2	17
	1	12	1	11	22	12	12
1	1	4	1	3	7	4	4

10–1(三) 续表 5

民族乡镇名称	农民人均纯收入(元)	学校数(个)	在校学生数(人)	教师数(人)
白城市通榆县向海蒙古族乡	5900	3	1429	337
白城市洮南市呼和车力蒙古族乡	3900	6	495	113
白城市洮南市胡力吐蒙古族乡	3740	2	503	93
白城市镇赉县哈吐气蒙古族乡	6400	2	268	41
白城市镇赉县莫莫格蒙古族乡	7051	2	568	187
白城市大安市新艾里蒙古族乡	6300	1	248	80
白城市洮北区德顺蒙古族乡	9500	9	900	127
松原市扶余县三骏满族蒙古族锡伯族乡	10950	9	3295	305
四平市铁东区叶赫满族镇	8800	11	1660	329
四平市公主岭市二十家子满族镇	8800	3	540	105
四平市公主岭市龙山满族乡	9800	4	1401	86
四平市双辽市那木斯蒙古族乡	9000	10	1552	171
黑龙江省	**13785**	**145**	**32276**	**5001**
哈尔滨市南岗区红旗满族乡	17800	2	765	147
哈尔滨市双城市乐群满族乡	15021	2	827	123
哈尔滨市双城市同心满族乡	15080	5	1095	92
哈尔滨市双城市希勤满族乡	13600	1	902	99
哈尔滨市双城市青岭满族乡	15000	2	647	115
哈尔滨市双城市农丰满族锡伯族镇	14100	3	452	58
哈尔滨市五常市拉林满族镇	19100	5	2210	149
哈尔滨市五常市红旗满族乡	16900	2	1275	120
哈尔滨市五常市营城子满族乡	16500	4	860	170
哈尔滨市五常市牛家满族镇	20000	3	2513	190
哈尔滨市五常市民乐朝鲜族乡	21656	1	18	47
哈尔滨市尚志市河东朝鲜族乡	17790	1	43	65
哈尔滨市尚志市鱼池朝鲜族乡	14000	2	190	56
哈尔滨市依兰县迎兰朝鲜族乡	13000	4	490	105
齐齐哈尔市梅里斯达斡尔族区卧牛吐达斡尔族镇	6000	4	316	121
齐齐哈尔市梅里斯达斡尔族区莽格吐达斡尔族乡	9070	1	112	42
齐齐哈尔市泰来县宁姜蒙古族乡	8728	4	970	142
齐齐哈尔市泰来县胜利蒙古族乡	7260	5	967	85

图书馆（个）	文化站（个）	村文化活动室（个）	医院、卫生院（个）	#医生数（人）	#病床数（张）	村卫生室（个）	#医生数（人）
1	1	16	2	19	45	16	16
2	1	7	1	3	8	7	7
1	1	10	1	3	16	10	10
2	1	5	1	4	4	5	5
	1	13	1	4	6	13	13
1	1	5	1	3	14	4	3
3	1	19	1	9	12	19	19
	1	10	1	28	18	43	43
1	1	13	1	42	30	13	26
	1	8	1	6	15	8	15
1	1	8	1	3	15	8	10
3	1	10	1	13	18	10	10
110	**96**	**422**	**90**	**772**	**1639**	**480**	**632**
2	1	8	1	50	70	12	12
	2	9	1	5	19	9	16
	1	6	1	5	20	11	2
8	4	1	1	33	16	16	31
	1	6	1	8	40	14	2
1	1	9	1	21	19	9	9
2	1	1	2	93	180	13	13
2	1	7	1	15	12	11	11
1	1	1	1	6	10	6	30
	1	15	1	9	25	15	15
1	6	6	1	3	30	6	6
1	1	9	1	8	69	2	2
1	1	5	1	7	20	9	9
	1	7	2	7	22	14	23
1	1	7	1	39	132	7	11
1	1	3	1	6	56	3	3
1	1	7	1	7	20	7	18
5	1	5	1	29	37	10	10

10-1(三) 续表 6

民族乡镇名称	农民人均纯收入（元）	学校数（个）	在校学生数（人）	教师数（人）
齐齐哈尔市泰来县江桥蒙古族镇	10208	4	1029	125
齐齐哈尔市昂昂溪区水师营满族镇	13024	1	495	90
齐齐哈尔市富裕县友谊达满柯族乡	10939	3	2455	174
齐齐哈尔市讷河市兴旺鄂温克族乡	8775	8	1665	150
齐齐哈尔市富拉尔基区杜尔门沁达族乡	18071	3	898	136
牡丹江市海林市新安朝鲜族镇	19250	1	565	100
牡丹江市穆棱市福禄朝鲜族满族乡	14380	3	157	73
牡丹江市宁安市江南朝、满族乡	16200	7	1471	220
牡丹江市宁安市卧龙朝鲜族乡	16761	1	467	87
牡丹江市东宁县三岔口朝鲜族镇	22400	5	218	78
牡丹江市西安区海南朝鲜族乡	19798	2	174	67
佳木斯市同江市街津口赫哲族乡	15640	1	17	16
佳木斯市同江市八岔赫哲族乡	14740	1	36	16
佳木斯市桦川县星火朝鲜族乡	11719	1	2	9
佳木斯市汤原县汤旺朝鲜族乡	11340	1	17	21
大庆市肇源县超等蒙古族乡	9660	1	1060	156
大庆市肇源县浩德蒙古族乡	11000	1	402	107
大庆市肇源县义顺蒙古族乡	10200	4	1023	135
黑河市逊克县新鄂鄂伦春族乡	10854			
黑河市逊克县新兴鄂伦春族乡	7777			
黑河市爱辉区新生鄂伦春族乡	11800	1	2	14
黑河市爱辉区四嘉子满族乡	10260	2	101	58
黑河市爱辉区坤河达斡尔族满族乡	14094	1	6	12
黑河市北安市主星朝鲜族乡	12500			
黑河市孙吴县沿江达斡尔族满族乡	14200	1	84	37
绥化市北林区兴和朝鲜族乡	14279	1		17
绥化市北林区绥胜满族镇	11888	3	768	143
绥化市北林区永安满族镇	12570	2	560	114
绥化市北林区红旗满族乡	10456	2	475	51
绥化市望奎县惠七满族镇	5100	2	545	114
绥化市望奎县厢白满族乡	9980	10	240	137

图书馆（个）	文化站（个）	村文化活动室（个）	医院、卫生院（个）	#医生数（人）	#病床数（张）	村卫生室（个）	#医生数（人）
1	1	6	1	11	14	13	18
6	1	6	1	16	24	6	13
4	5	5	14	14	32	2	2
	1	12	2	23	24	12	12
3	1	3	1	14	19	3	6
	1	17	1	26	35	11	11
16	16	1	1	5	18	15	18
1	1	25	1	5	20	27	32
1	1	10	1	6	20	15	15
1	1	13	1	22	25	13	21
	1	11	1	6	20	7	7
1	1	6	1	10	8	4	3
4	1	4	1	6	8	4	4
6	1	11	1	4	12		
	1	6	1	6	24	2	2
	1	7	1	6	10	7	21
1	1	2	1	6	20	5	16
	1	7	1	2	12	7	7
1	1	5	1	4	5	2	2
3	1	3	1	8	4	1	1
	1	3	1	7	3		
	1	7	1	5	5	6	6
1	1	6	1	6	2	6	6
	1	3	1	5	8	1	1
1	1	8	1	20	15	8	8
2	1	2	1	5	24	2	2
	1	5	1	5	16	9	24
2	1	5	10	24	100	9	9
	1	5	1	18	20	5	10
	1	8	1	25	20	8	24
	1	7	1	19	15	7	7

10-1(三) 续表 7

民族乡镇名称	农民人均纯收入（元）	学校数（个）	在校学生数（人）	教师数（人）
绥化市望奎县灵山满族乡	3800	5	325	112
伊春市铁力市年丰朝鲜族乡	12295	1	250	57
鹤岗市萝北县东明朝鲜族乡	17360	1	9	17
鹤岗市绥滨县福兴满族乡	6120	1	30	20
大兴安岭地区呼玛县白银纳鄂伦春族乡	12748	1	100	29
大兴安岭地区塔河县十八站鄂伦春族乡	8887	1	191	57
双鸭山市饶河县四排赫哲族乡	11670	1	8	8
双鸭山市友谊县成富朝鲜族满族乡	13123			
七台河市勃利县杏树朝鲜族乡	10466	5	588	96
七台河市勃利县吉兴朝鲜族、满族乡	10180	2	678	77
鸡西市密山市和平朝鲜族乡	15961	1	335	90
鸡西市鸡东县鸡林朝鲜族乡	12000	1	50	6
鸡西市鸡东县明德朝鲜族乡	13000	1	128	49
鸡西市城子河区永丰朝鲜族乡	16419			
江苏省	**28637**	**3**	**2181**	**161**
扬州市高邮市菱塘回族乡	28637	3	2181	161
浙江省	**13461**	**26**	**10483**	**858**
杭州市桐庐县莪山畲族乡	19835	2	408	40
温州市平阳县青街畲族乡	8102	1	120	18
温州市苍南县岱岭畲族乡	12522	1	218	28
温州市苍南县凤阳畲族乡	12260	1	72	13
温州市文成县西坑畲族镇	10302	2	823	80
温州市文成县周山畲族乡	10552			
温州市泰顺县司前畲族镇	15134	4	1948	142
温州市泰顺县竹里畲族乡	12953			
金华市兰溪市水亭畲族乡	12650	2	1115	79
金华市武义县柳城畲族镇	11920	4	2926	222
衢州市龙游县沐尘畲族乡	13448	2	285	34
丽水市莲都区老竹畲族镇	14344	1	1552	116
丽水市莲都区丽新畲族乡	17800	1	329	17
丽水市龙泉市竹垟畲族乡	16750	2	211	20

图书馆（个）	文化站（个）	村文化活动室（个）	医院、卫生院（个）	#医生数（人）	#病床数（张）	村卫生室（个）	#医生数（人）
		5	1	10	10	6	19
10	1	10	1	17	34	10	10
7	7	7	1	5	16	2	2
1	1	3	1	5	9	3	3
	1	6	1	4	8	8	4
1	1	6	4	15	60	3	3
	1	4	1	4	3	3	2
	1	1	1	6	18		
	1	11	1	3	12	10	10
	1	14	1	1	20	15	14
	1	12	1	7	31	12	12
8	1	6	1	1	19	1	1
1	1	1	1	4	20	6	6
	1	5				10	15
1	**1**	**8**	**1**	**36**	**38**	**6**	**28**
1	1	8	1	36	38	6	28
42	**20**	**189**	**19**	**241**	**218**	**82**	**87**
1	1	7	1	7		5	
2	1	9	1	5	3	2	4
1	1	8	1	10	2		
1	1	6	1	10	2		
7	3	11	1	13	30	5	5
	1	4	1	2			
1	1	10	1	35	10	8	5
1	1	3	1	2	3		
	1	19	2	43	18	19	19
1	1	40	1	52	110	8	9
1	1	10	1	6		10	10
1	1	12	1	14	20	13	14
10	1	9	1	8	10	3	
12	1	10	1	6	1	2	2

10-1(三) 续表 8

民族乡镇名称	农民人均纯收入（元）	学校数（个）	在校学生数（人）	教师数（人）
丽水市云和县雾溪畲族乡	13248			
丽水市云和县安溪畲族乡	11998	1	103	13
丽水市遂昌县三仁畲族乡	14648	1	252	19
丽水市松阳县板桥畲族乡	16272	1	121	17
安徽省	**12988**	**56**	**14818**	**1256**
淮南市谢家集区孤堆回族乡	10135	6	1782	106
合肥市肥东县牌坊回族满族乡	15326	15	2010	320
滁州市定远县二龙回族乡	9920	1	399	53
淮南市凤台县李冲回族乡	12152	5	1188	97
淮南市潘集区古沟回族乡	11688	7	3256	252
六安市寿县陶店回族乡	9765	4	723	63
宣城市宁国市云梯畲族乡	19473	1	150	25
蚌埠市五河县临北回族乡	15503	12	1824	168
阜阳市颍上县赛涧回族乡	12200	5	3486	172
福建省	**14014**	**84**	**33479**	**2909**
福州市罗源县霍口畲族乡	10775	3	538	78
福州市连江县小沧畲族乡	10698			
宁德市福安市坂中畲族乡	17131	11	10866	759
宁德市福安市康厝畲族乡	16335	2	1551	137
宁德市福安市穆云畲族乡	15229	2	511	70
宁德市霞浦县盐田畲族乡	15391	5	1427	149
宁德市霞浦县崇儒畲族乡	14591	3	317	70
宁德市霞浦县水门畲族乡	13079	2	574	76
宁德市蕉城区金涵畲族乡	14374	4	3428	293
宁德市福鼎市硖门畲族乡	13800	5	1640	150
宁德市福鼎市佳阳畲族乡	13891	1	261	59
漳州市漳浦县赤岭畲族乡	14366	3	1332	97
漳州市漳浦县湖西畲族乡	15770	8	2556	146
漳州市龙海市隆教畲族乡	12486	11	1636	170
三明市永安市青水畲族乡	17286	3	1311	112
三明市宁化县治平畲族乡	12500	3	790	78

图书馆（个）	文化站（个）	村文化活动室（个）	医院、卫生院（个）	#医生数（人）	#病床数（张）	村卫生室（个）	#医生数（人）
1	1	6	1	5			
1	1	8	1	7		1	7
	1	8	1	8	8	5	11
1	1	9	1	8	1	1	1
25	**9**	**62**	**11**	**144**	**347**	**68**	**139**
	1	8	1	20	20	8	11
13	1	13	3	22	80	13	13
1	1	5	1	16	15	4	15
6	1	6	1	12	30	6	6
1	1	5	1	16	36	12	17
1	1	4	1	11	20	4	6
1	1	4	1	8	8	4	4
1	1	11	1	13	18	11	29
1	1	6	1	26	120	6	38
13	**21**	**303**	**19**	**206**	**300**	**320**	**376**
	1	24	1	6	15	24	24
	1	5	1	3	10	2	2
2	1	19	1	29	15	19	19
	2	32	1	4	3	23	25
	1	33	1	14		22	22
1	1	22	1	8	15	20	26
1	1	27	1	6	10	13	15
1	1	23	1	7	15	14	14
3	1	16	1	13	16	22	32
1	1	9	1	5	12	11	11
	2	12	1	2	15	12	12
	1	9	1	9	18	11	11
	1	10	1	8	12	15	21
1	1	10	1	10	23	20	20
1	1	3	1	23	20	21	36
1	1	12	1	4	21	12	15

10-1(三) 续表 9

民族乡镇名称	农民人均纯收入（元）	学校数（个）	在校学生数（人）	教师数（人）
龙岩市上杭县官庄畲族乡	12246	4	1494	122
龙岩市上杭县庐丰畲族乡	13874	11	955	202
泉州市惠安县百崎回族乡	12447	3	2292	141
江西省	**11775**	**65**	**8760**	**585**
鹰潭市贵溪樟坪畲族乡	13750	4	275	54
上饶市铅山县太源畲族乡	12100	1	164	26
上饶市铅山县篁碧畲族乡	10786	1	332	28
吉安市永丰县龙冈畲族乡	12389	13	1875	90
赣州市南康赤土畲族乡	12186	21	3209	188
吉安市青原区东固畲族乡	11239	10	1565	80
抚州市乐安县金竹畲族乡	9302	14	1103	103
吉安市峡江县金坪民族乡	11748	1	237	16
山东省	**12343**	**35**	**12285**	**910**
淄博市临淄区金岭回族镇	17819	2	798	93
聊城市莘县张鲁回族镇	12100	12	6065	415
菏泽市曹县侯集回族镇	10902	16	3902	220
德州市禹城市十里望回族镇	12300	5	1520	182
河南省	**10226**	**204**	**168436**	**9347**
郑州市荥阳市金寨回族乡	15670	1	350	24
周口市太康县城关回族镇	11213	16	20164	972
周口市淮阳县城关回族镇	7906	26	23000	526
周口市沈丘县槐店回族镇	15578	23	23984	2312
商丘市宁陵县城关回族镇	7630	11	26450	1146
商丘市睢县城关回族镇	7723	18	42642	2031
商丘市民权县伯党回族乡	6110	7	1710	146
商丘市民权县胡集回族乡	5700	7	1980	136
平顶山市叶县马庄回族乡	5385	7	1182	158
平顶山市郏县姚庄回族乡	7209	5	596	46
新乡市封丘县荆乡回族乡	5835	3	896	65
许昌市许昌县艾庄回族乡	8800	3	1030	65
许昌市禹州市山货回族乡	14624	3	1002	68

图书馆（个）	文化站（个）	村文化活动室（个）	医院、卫生院（个）	#医生数（人）	#病床数（张）	村卫生室（个）	#医生数（人）
	1	18	1	26	35	27	30
	1	14	1	18	20	27	27
1	1	5	1	11	25	5	14
22	**26**	**71**	**9**	**118**	**202**	**71**	**101**
	1	5	1	1	18	3	3
1	1	4	1	8	16	3	1
	1	4	1	15	14	2	2
1	1	11	1	18	32	17	23
	19	17	1	43	41	18	36
17	1	15	1	16	50	15	16
2	1	10	2	11	16	10	15
1	1	5	1	6	15	3	5
9	**16**	**170**	**5**	**152**	**240**	**93**	**171**
1	1	10	2	37	60	5	9
1		51	1	42	80	42	52
	8	32	1	26	50	17	65
7	7	77	1	47	50	29	45
39	**24**	**163**	**49**	**3704**	**3760**	**205**	**279**
1	1	2	1	9	20	2	4
2	1	12	7	811	571	11	33
3	1	15	7	745	412	17	22
1	1	9	4	296	262	9	15
1	1	5	9	872	760	5	5
1	1	7	6	596	1168	14	19
	1	9	1	24	40	13	13
	1	4	1	20	40	13	13
	1		1	21	35	8	10
1	1	6	1	13	18	6	6
5	1	5	1	15	20	3	3
	1	9	1	20	20	9	9
6	1	6	1	12	20	6	6

10-1(三) 续表 10

民族乡镇名称	农民人均纯收入（元）	学校数（个）	在校学生数（人）	教师数（人）
许昌市襄城县颍桥回族镇	9200	3	795	82
南阳市镇平县郭庄回族乡	8020	9	1675	95
南阳市方城县袁店回族乡	8924	9	1761	157
驻马店市西平县蔡寨回族乡	8820	7	2071	119
驻马店市新蔡县李桥回族镇	11230	13	3779	286
漯河市临颍县繁城回族镇	9809	26	7238	485
洛阳市洛宁县王范回族镇	10668	5	5619	387
洛阳市瀍河回族区瀍河回族乡	14000	2	512	41
湖北省	**10349**	**68**	**15223**	**1693**
荆门市钟祥市九里回族乡	15599	2	682	112
荆州市洪湖市老湾回族乡	9140	1	967	72
荆州市松滋市卸甲坪土家族乡	11952	3	933	73
宜昌市宜都市潘家湾土家族乡	15570	2	509	62
十堰市郧西县湖北口回族乡	6002	10	2642	150
恩施土家族苗族自治州恩施市芭蕉侗族乡	8894	18	4137	269
恩施土家族苗族自治州宣恩县长潭河侗族乡	7907	9	2441	129
恩施土家族苗族自治州宣恩县晓关侗族乡	9625	12	2268	156
仙桃市沔城回族镇	15244	3	1659	89
神农架林区下谷坪土家族乡	7172	2	431	39
咸宁市赤壁市周郎嘴回族镇	13458	5	52	492
恩施土家族苗族自治州鹤峰县铁炉白族乡	7868	3	1201	89
湖南省	**5118**	**435**	**105473**	**7536**
怀化市辰溪县罗子山瑶族乡	3250	9	236	42
怀化市辰溪县苏木溪瑶族乡	1950	1	539	47
怀化市辰溪县上蒲溪瑶族乡	2450	1	292	45
怀化市辰溪县后塘瑶族乡	3280	7	1088	82
怀化市辰溪县仙人湾瑶族乡	4179	2	1297	83
怀化市洪江市深渡苗族乡	9148	1	334	42
怀化市洪江市龙船塘瑶族乡	3200	1	328	48
怀化市会同县炮团侗族苗族乡	2576	5	1183	55
怀化市会同县宝田侗族苗族乡	2055	1	475	48

图书馆（个）	文化站（个）	村文化活动室（个）	医院、卫生院（个）	#医生数（人）	#病床数（张）	村卫生室（个）	#医生数（人）
	1	5	1	13	55	5	5
	1	1	1	18	22	9	13
1	1	9	1	21	45	9	12
	1	6	1	12	20	6	24
1	1	10	1	52	62	10	15
1	1	30	1	105	80	32	34
4	4	2	1	23	57	7	7
11	1	11	1	6	33	11	11
79	**10**	**175**	**11**	**296**	**469**	**161**	**232**
	1	9	1	33	44	9	9
11	1	9	1	7	25	7	11
	1	9	1	15	28	9	17
1	1	9	1	6	25	9	19
		19	1	32	16	19	19
26	1	8	1	108	80	20	67
39	1	39	1	11	60	28	28
1	1	40	1	21	75	29	31
1	1	12	1	19	60	12	12
	1		1	13	20	6	6
	1	9	1	32	21	9	9
	1	12	1	12	35	10	10
206	**99**	**1040**	**128**	**1535**	**2374**	**998**	**1056**
1	1	10	1	8	12	10	10
1	1	10	1	9	23	10	12
	1	8	1	12	15	8	8
1	1	10	1	19	43	12	12
	1	14	1	20	25	12	12
	1	6	1	13	12	6	6
	1	6	1	13	22	5	5
1	1	8	1	17	30	12	12
1	1	6	1	6	20	6	10

10-1(三)　续表 11

民族乡镇名称	农民人均纯收入（元）	学校数（个）	在校学生数（人）	教师数（人）
怀化市会同县蒲稳侗族苗族乡	3024	3	827	58
怀化市会同县金子岩侗族苗族乡	5600	4	1980	130
怀化市会同县漠滨侗族苗族乡	1965	5	1084	67
怀化市会同县青朗侗族苗族乡	3500	5	2007	155
怀化市沅陵县二酉苗族乡	3167	5	2061	222
怀化市沅陵县火场土家族乡	2456	1	440	51
怀化市中方县蒿吉坪瑶族乡	4520	1	310	41
怀化市通道侗族自治县大高坪苗族乡	2642	4	288	21
怀化市新晃侗族自治县步头降苗族乡	1850	1	778	60
怀化市新晃侗族自治县米贝苗族乡	3230	2	1282	84
邵阳市绥宁县河口苗族乡	3765	3	682	88
邵阳市绥宁县麻塘苗族乡	5230	2	571	54
邵阳市绥宁县东山侗族乡	6085	4	997	75
邵阳市绥宁县鹅公岭侗族苗族乡	2895	1	524	47
邵阳市绥宁县寨市苗族侗族乡	3520	5	1488	85
邵阳市绥宁县乐安铺苗族侗族乡	6850	2	313	38
邵阳市绥宁县关峡苗族乡	4850	4	1649	120
邵阳市绥宁县长铺子苗族乡	5153	3	1783	120
邵阳市隆回县山界回族乡	3480	6	2212	136
邵阳市隆回县虎形山瑶族乡	1826	10	2075	78
邵阳市洞口县那溪瑶族乡	3976	11	1190	75
邵阳市洞口县大屋瑶族乡	3018	1	196	25
邵阳市洞口县长塘瑶族乡	3020	3	345	34
邵阳市新宁县黄金瑶族乡	1906	4	1188	63
邵阳市新宁县麻林瑶族乡	1145	4	1162	79
永州市蓝山县荆竹瑶族乡	3400	1	124	16
永州市蓝山县湘江源瑶族乡	2667	3	112	15
永州市蓝山县浆洞瑶族乡	2800	1	213	25
永州市蓝山县汇源瑶族乡	2650	2	156	14
永州市蓝山县犁头瑶族乡	2580	2	107	13
永州市蓝山县大桥瑶族乡	3645	1	843	42

图书馆（个）	文化站（个）	村文化活动室（个）	医院、卫生院（个）			村卫生室（个）	
				#医生数（人）	#病床数（张）		#医生数（人）
3	1	9	1	11	20	10	11
3	3	26	3	43	120	23	23
8	1	8	1	20	36	8	8
15	1	13	2	26	62	13	19
5	1	1	3	47	77	22	22
	1	6	1	13	25	4	4
	1	6	1	6	4	6	6
	1	4	1	3	3	4	4
1	1	7	1	5	22	4	
		8	2	10	57	15	15
2	2	10	2	17	28	10	10
1	2	10	2	12	21	11	11
1	1	12	1	26	30	12	12
1	1	11	1	12	20	11	12
3	3	27	2	28	30	27	30
	1	8	1	10	10	8	11
1	1	19	3	21	10	19	19
2	1	29	2	28	12	29	27
1	1	16	1	6	20	24	24
1	1	12	1	13	12	12	12
	1	12	1	20	12	12	12
	1	7	1	3	4	6	6
	1	6	1	6	6	6	6
	1	11	1	14	8	10	10
	1	11	1	15	18	11	11
9	1	8	1	5	6	5	5
6	1	5	1	5	3	2	2
1	1	6	1	6	10	3	3
1	1	5	1	3	2	1	
1	1	4	1	3		1	1
1	1	10	1	13	12	10	10

10-1(三) 续表 12

民族乡镇名称	农民人均纯收入（元）	学校数（个）	在校学生数（人）	教师数（人）
永州市江永县松柏瑶族乡	2505	3	2719	182
永州市江永县千家洞瑶族乡	3000	3	1618	200
永州市江永县兰溪瑶族乡	2219	1	550	32
永州市江永县源口瑶族乡	1811	5	1253	70
永州市宁远县九疑瑶族乡	3782	4	2231	162
永州市宁远县棉花坪瑶族乡	3230	3	623	19
永州市宁远县桐木漯瑶族乡	3445	3	416	33
永州市宁远县五龙山瑶族乡	4129	2	773	45
永州市道县横岭瑶族乡	3500	5	922	63
永州市道县洪塘营瑶族乡	2566	6	1008	57
永州市道县审章塘瑶族乡	4470	20	1985	158
永州市祁阳县晒北滩瑶族乡	6100	4	198	21
永州市新田县门楼下瑶族乡	2855	1	320	35
永州市双牌县上梧江瑶族乡	2344	3	251	46
永州市江华瑶族自治县小圩壮族乡	8950	11	3955	205
张家界市桑植县刘家坪白族乡	4372	7	598	47
张家界市桑植县马合口白族乡	3356	2	960	75
张家界市桑植县走马坪白族乡	7550	6	1218	75
张家界市桑植县芙蓉桥白族乡	3229	5	1021	114
张家界市桑植县洪家关白族乡	4293	9	3529	353
张家界市慈利县三官寺土家族乡	4131	20	2867	193
张家界市慈利县高峰土家族乡	5854	9	1786	107
张家界市慈利县金岩土家族乡	3385	1	1457	68
张家界市慈利县许家坊土家族乡	3045	1	2245	91
张家界市慈利县阳和土家族乡	6213	1	1536	77
张家界市慈利县甘堰土家族乡	4725	15	3042	181
张家界市慈利县赵家岗土家族乡	4530	16	1703	71
郴州市桂阳县白水瑶族乡	8370	21	1460	79
郴州市北湖区保和瑶族乡	9830	6	1895	82
郴州市北湖区仰天湖瑶族乡	11248	20	1745	140
郴州市宜章县莽山瑶族乡	3495	4	648	43

图书馆（个）	文化站（个）	村文化活动室（个）	医院、卫生院（个）	#医生数（人）	#病床数（张）	村卫生室（个）	#医生数（人）
4	1	14	2	39	45	29	29
	1	12	1	20	10	12	12
	1	11	1	4	25	11	11
		18	1	12	32	20	20
30	1	21	3	42		33	33
1	1	5	1	3		1	1
8	1	6	1	1	4	8	7
1	1	15	2	15	4	11	12
	8	8	1	12	20	9	9
	1	10	2	25	25	10	10
15	1	14	2	26	35	14	14
1	1	11	1	5	20	5	5
	1	13	1	12	10	13	14
	1	13	2	10	9	6	10
	1	18	2	16	4	11	11
	1	13	1	11	27	6	6
	1	9	2	20	30	10	10
	1	14	2	27	28	21	20
1	1	13	3	13	28	10	6
	1	23	2	48	49	23	33
11	1	26	1	30	25	18	18
	1	17	1	7	18	11	11
	1	19	1	5	10	14	14
13	1	16	1	20	25	10	10
11	1	10	1	10	25	8	8
2	2	29	2	45	45	22	22
	1	12	1	4	15	12	11
3	1	20	3	21	16	13	13
2	1	11	2	36	42	11	14
	3	15	3	36	52	15	15
1	1	7	1	4	18	3	3

10-1(三) 续表 13

民族乡镇名称	农民人均纯收入（元）	学校数（个）	在校学生数（人）	教师数（人）
郴州市汝城县文明瑶族乡	6150	22	6252	298
郴州市汝城县延寿瑶族乡	6176	6	3179	179
郴州市汝城县三江口瑶族乡	5934	2	1406	79
郴州市临武县西山瑶族乡	2139	3	513	36
郴州市资兴市回龙山瑶族乡	14650	5	572	78
郴州市资兴市八面山瑶族乡	17034	3	798	80
常德市鼎城区许家桥回族维吾尔族乡	8994	4	2013	194
常德市汉寿县毛家滩回族维吾尔族乡	8500	3	1200	120
常德市桃源县枫树维吾尔族回族乡	5280	4	2248	209
常德市桃源县青林回族维吾尔族乡	10409	16	2183	220
株洲市炎陵县中村瑶族乡	5489	3	976	106
衡阳市常宁市塔山瑶族乡	4860	10	1100	89
益阳市桃江县鲊埠回族乡	11300	5	1742	101
广东省	**9506**	**18**	**4354**	**492**
惠州市龙门县蓝田瑶族乡	13225	2	754	91
清远市连州市三水瑶族乡	5680	1	145	16
清远市连州市瑶安瑶族乡	8685	1	582	67
清远市阳山县秤架瑶族乡	11282	4	902	101
肇庆市怀集县下帅壮族瑶族乡	11523	1	1050	84
韶关市始兴县深渡水瑶族乡	12196	1	106	26
河源市东源县漳溪畲族乡	8728	8	815	107
广西壮族自治区	**6837**	**621**	**107522**	**6666**
梧州市蒙山县长坪瑶族乡	4661	1	71	15
梧州市蒙山县夏宜瑶族乡	4329	6	613	69
贺州市八步区黄洞瑶族乡	7310	2	448	33
贺州市平桂管理区大平瑶族乡	7820	6	1767	79
贺州市昭平县仙回瑶族乡	7850	6	960	53
贺州市钟山县两安瑶族乡	8610	13	1602	114
贺州市钟山县花山瑶族乡	8567	7	780	57
贵港市平南县马练瑶族乡	8074	14	3572	186
贵港市平南县国安瑶族乡	7248	9	1168	68

图书馆（个）	文化站（个）	村文化活动室（个）	医院、卫生院（个）	#医生数（人）	#病床数（张）	村卫生室（个）	#医生数（人）
1	1	37	3	66	110	39	39
4	1	17	2	25	26	14	14
1	1	11	2	26	56	11	11
2	1	13	2	8	6	6	6
	1	7	2	14	16	9	9
2	2	15	2	20	20	8	11
1	1	16	3	76	141	16	24
	1	8	1	35	30	17	17
1	1	12	1	23	48	15	15
1	1	13	2	48	222	13	25
	1	22	3	17	30	12	22
14	1	12	2	13	26	9	9
3	1	9	1	18	45	9	9
6	**7**	**72**	**7**	**60**	**113**	**52**	**54**
1	1	8	1	13	30	7	7
	1	6	1	6	10	4	4
1	1	29	1	6	12	10	10
1	1	10	1	16	19	10	8
1	1	5	1	5	7	7	11
1	1	4	1	4	5	4	4
1	1	10	1	10	30	10	10
33	**59**	**530**	**70**	**919**	**1592**	**557**	**620**
	1	3	1	2	5	5	5
2	1	6	1	5	16	6	6
	1	4	1	7	12	4	4
	1		1	10	24	6	8
1	1	6	1	6	12	6	15
1	1	6	1	8	26	6	9
	1	6	1	13	6	6	6
	1	12	2	34	87	12	17
	1	10	1	7	16	10	10

10-1(三) 续表 14

民族乡镇名称	农民人均纯收入（元）	学校数（个）	在校学生数（人）	教师数（人）
防城港市上思县南屏瑶族乡	6926	5	1226	103
防城港市防城区十万山瑶族乡	7041	5	1102	53
南宁市马山县古寨瑶族乡	5230	11	2046	127
南宁市马山县里当瑶族乡	4930	9	1780	125
南宁市上林县镇圩瑶族乡	6954	10	2328	126
柳州市三江侗族自治县同乐苗族乡	6625	31	6331	309
柳州市三江侗族自治县福禄苗族乡	6080	15	4048	185
柳州市三江侗族自治县高基瑶族乡	10020	9	555	39
柳州市融水苗族自治县滚贝侗族乡	5234	10	1074	64
柳州市融水苗族自治县同练瑶族乡	4282	6	676	42
柳州市柳城县古砦仫佬族乡	9146	14	2341	228
桂林市临桂县宛田瑶族乡	8105	5	1643	122
桂林市临桂县黄沙瑶族乡	6598	2	163	27
桂林市灵川县大境瑶族乡	6380	5	640	73
桂林市灵川县兰田瑶族乡	5300	1	291	40
桂林市全州县蕉江瑶族乡	6800	12	1130	90
桂林市全州县东山瑶族乡	5346	32	2562	181
桂林市兴安县华江瑶族乡	13000	7	658	95
桂林市灌阳县洞井瑶族乡	6300	8	711	70
桂林市灌阳县西山瑶族乡	5260	12	691	77
桂林市资源县车田苗族乡	9010	26	2294	172
桂林市资源县两水苗族乡	8970	7	210	40
桂林市资源县河口瑶族乡	7896	5	148	20
桂林市平乐县大发瑶族乡	9218	10	821	103
桂林市荔浦县蒲芦瑶族乡	7199	15	508	58
桂林市雁山区草坪回族乡	9520	3	433	43
百色市右江区汪甸瑶族乡	9936	8	2713	153
百色市田东县作登瑶族乡	6605	21	3561	202
百色市田林县潞城瑶族乡		10	3860	166
百色市田林县利周瑶族乡	6450	5	1560	85
百色市田林县八桂瑶族乡	6520	3	1942	90

图书馆（个）	文化站（个）	村文化活动室（个）	医院、卫生院（个）	#医生数（人）	#病床数（张）	村卫生室（个）	#医生数（人）
1	1	9	1	3	10	9	9
	1	5	1	2	10	5	5
	1	6	1	12	32	9	9
	1	10	1	16	12	10	10
	1	11	1	8	18	11	14
1	1	19	1	42	49	13	13
	1	1	1	15	45	14	14
	1	8	1	16	12	8	8
1	1	11	1	2	25	11	
1	1	6	1	3	23	6	6
1	1	15	1	12	61	7	8
	1	15	1	15	12	15	15
1	1	4	1	14	3	5	5
	1	5	1	7	20	8	9
2	1	2	1	6	16	3	3
1	1	8	1	13	17	8	16
1	1	16	1	23	23	16	28
1	1	8	1	25	25	20	34
	1	9	1	12	28	9	9
	1	10	1	8	26	10	10
	1	12	1	11	60	12	12
1	1	1	1	6	8	6	12
	1	5	1	11	10	6	6
	1	6	1	8	20	7	7
1	1	5	1	17	14	11	13
1	1	3	1	5	10	3	6
1	1	13	2	64	61	13	13
	1	21	1	22	48	21	37
1	1	8	2	41	37	11	11
	1	9	1	15	35	9	4
3	1	12	2	17	26	12	12

10−1(三) 续表 15

民族乡镇名称	农民人均纯收入（元）	学校数（个）	在校学生数（人）	教师数（人）
百色市田林县八渡瑶族乡		7	2665	143
百色市凌云县伶站瑶族乡	5869	13	2238	114
百色市凌云县朝里瑶族乡	5850	6	1086	63
百色市凌云县沙里瑶族乡	5014	20	2499	176
百色市凌云县玉洪瑶族乡	6400	13	2577	135
百色市西林县足别瑶族苗族乡	8317	4	737	44
百色市西林县普合苗族乡	4850	5	1350	51
百色市西林县那佐苗族乡	8492	5	2876	156
河池市南丹县八圩瑶族乡	6556	17	4117	201
河池市南丹县里湖瑶族乡	6428	13	3075	153
河池市南丹县中堡苗族乡	7110	7	960	62
河池市天峨县八腊瑶族乡	7232	12	2361	178
河池市凤山县平乐瑶族乡	4400	13	2400	150
河池市凤山县江洲瑶族乡	4800	8	1788	104
河池市凤山县金牙瑶族乡	4145	34	3907	290
河池市东兰县三弄瑶族乡	4665	2	340	25
河池市环江毛南族自治县驯乐苗族乡	6490	13	2113	128
河池市宜州市北牙瑶族乡	9096	27	6154	314
河池市宜州市福龙瑶族乡	9679	16	3252	197
重庆市	**9484**	**30**	**8659**	**662**
奉节县云雾土家族乡	9308	1	272	21
奉节县长安土家族乡	7887	3	851	104
奉节县龙桥土家族乡	9286	4	608	42
奉节县太和土家族乡	8756	4	729	49
万州区恒合土家族乡	9450	2	1239	108
万州区地宝土家族乡	9045	1	440	30
云阳县清水土家族乡	8290	2	1725	85
巫山县红椿土家族乡	8627	2	275	18
巫山县邓家土家族乡	8370	3	250	18
忠县磨子土家族乡	11124	2	486	41
武隆区石桥苗族土家族乡	11450	2	626	51

图书馆（个）	文化站（个）	村文化活动室（个）	医院、卫生院（个）	#医生数（人）	#病床数（张）	村卫生室（个）	#医生数（人）
1	1	13	2	20	50	16	16
1	1	10	1	28	25	8	8
1	1		1	3	15	5	5
	1	12	1	5	22	12	8
2	1	18	2	6	24	7	3
	1	6	1	17	9	6	6
	1	7	1	5	12	6	6
	1	18	2	19	47	18	18
1	1	16	1	9	31	15	17
1	1	13	1	10	6	13	2
1	1	6	1	15	5	6	6
	1	10	3	22	60	6	18
1	1	10	1	13	38	10	10
	1	7	1	4	25	7	7
	1	12	2	35	48	12	12
	1	5	1	2	8	5	
1	1	12	1	35	15	8	12
	1	19	2	85	107	19	19
	1	10	1	23	45	9	9
15	**14**	**99**	**15**	**164**	**260**	**95**	**100**
1	1	3	1	7	10	3	3
	1	8	1	13	25	7	5
	1	6	1	7	10	5	5
	1	8	1	19	20	6	6
1	1	14	1	12	25	13	15
1	1	4	1	5	20	4	4
2	1	14	2	25	40	14	14
5	1	5	1	16	18	4	5
	1	5	1	7	8	6	6
1	1	8	1	12	40	13	13
1	1	6	1	12	12	6	6

10-1(三) 续表 16

民族乡镇名称	农民人均纯收入（元）	学校数（个）	在校学生数（人）	教师数（人）
武隆区文复苗族土家族乡	11245	1	405	38
武隆区后坪苗族土家族乡	9546	2	310	30
武隆区浩口苗族仡佬族乡	10446	1	443	27
四川省	**10369**	**220**	**67902**	**4541**
甘孜藏族自治州九龙县子耳彝族乡	11918	2	152	15
甘孜藏族自治州九龙县三垭彝族乡	10668	2	337	17
甘孜藏族自治州九龙县俄尔彝族乡	10406	1	248	13
甘孜藏族自治州九龙县小金彝族乡	10764	2	171	13
甘孜藏族自治州九龙县朵落彝族乡	10036	1	83	11
甘孜藏族自治州九龙县踏卡彝族乡	10811	1	133	10
甘孜藏族自治州九龙县湾坝彝族乡	11252	5	914	52
阿坝藏族羌族自治州松潘县十里回族乡	11432	1	208	30
阿坝藏族羌族自治州松潘县进安回族乡	11489			
攀枝花市仁和区大龙潭彝族乡	15999	1	767	65
攀枝花市仁和区啊喇彝族乡	14162	1	379	48
攀枝花市米易县麻陇彝族乡	14067	1	301	18
攀枝花市米易县白坡彝族乡	15338	1	452	54
攀枝花市米易县湾丘彝族乡	11495	2	2073	174
攀枝花市米易县新山傈僳族乡	13856	1	366	36
攀枝花市盐边县敢鱼彝族乡	11610	1	235	28
攀枝花市盐边县红果彝族乡	10853	1	734	62
攀枝花市盐边县温泉彝族乡	11566	1	819	51
攀枝花市盐边县箐河傈僳族乡	11885	1	604	47
攀枝花市盐边县格萨拉彝族乡	11376	1	484	50
攀枝花市盐边县和爱彝族乡	11610	1	388	27
攀枝花市盐边县红宝苗族彝族乡	11526	1	81	16
泸州市叙永县白蜡苗族乡	7059	1	2714	137
泸州市叙永县合乐苗族乡	7171	1	1569	83
泸州市叙永县枧槽苗族乡	7670	2	2025	116
泸州市叙永县石坝彝族乡	8115	4	1353	77
泸州市叙永县水潦彝族乡	7921	1	3682	208

图书馆（个）	文化站（个）	村文化活动室（个）	医院、卫生院（个）			村卫生室（个）	
				#医生数（人）	#病床数（张）		#医生数（人）
1	1	6	1	12	8	6	9
1	1	6	1	8	18	2	3
1	1	6	1	9	6	6	6
143	**146**	**576**	**100**	**690**	**1114**	**564**	**613**
1			1	1	5		
1			1	3	8		
1	1		1	2	5		
1			1	1	5		
1			1	1	5		
1	1		1	3	5		
	5		1	3	16		
1		1	1	7	2	2	5
1	1	10				10	10
	1	8	1	26	30	11	12
	1	6	1	7	13	5	5
	1	8	1	6	9	7	7
	1	10	1	6	8	10	8
	1	6	1	9	19	13	14
	1	4	1	6	5	4	5
1	1	14	1	8	6	3	1
1	1	11	1	14	14	4	2
1	1	7	1	6	8	7	7
		6	1	14	8	6	6
1	1	11	1	10	20	11	11
4	1	4	1	8	6	5	5
7	1	7	1	5	6	7	7
	1	7	1	12	50	7	14
	1	5	1	5	30	5	5
	1		1	5	33	4	4
	1	5	1	4	25	4	5
	1	10	1	10	50	8	23

10-1(三) 续表 17

民族乡镇名称	农民人均纯收入（元）	学校数（个）	在校学生数（人）	教师数（人）
泸州市古蔺县箭竹苗族乡	10850	5	1310	92
泸州市古蔺县大寨苗族乡	9670	3	368	42
泸州市古蔺县马嘶苗族乡	9290	4	1880	105
广元市青川县蒿溪回族乡	10370	1	162	23
广元市青川县大院回族乡	9629	1	374	48
乐山市金口河区和平彝族乡	8656	3	1325	105
乐山市金口河区共安彝族乡	10537	2	374	42
南充市阆中市博树回族乡	12922	1	198	42
宜宾市筠连县高坪苗族乡	12310	2	917	48
宜宾市筠连县联合苗族乡	12612	5	1378	57
宜宾市筠连县团林苗族乡	12385	6	610	38
宜宾市屏山县屏边彝族乡	10010	2	1042	47
宜宾市屏山县清平彝族乡	9963	7	1400	97
宜宾市兴文县大坝苗族乡	9243	5	3904	230
宜宾市兴文县毓秀苗族乡	10585	3	640	47
宜宾市兴文县大河苗族乡	11700	13	2869	157
宜宾市兴文县麒麟苗族乡	9185	11	3442	198
宜宾市兴文县仙峰苗族乡	14736	6	963	94
宜宾市珙县罗渡苗族乡	11832	2	1457	89
宜宾市珙县玉和苗族乡	9964	3	760	58
宜宾市珙县观斗苗族乡	10169	4	839	42
雅安市汉源县小堡藏族彝族乡	8968	1	244	20
雅安市汉源县坭美彝族乡	9200	2	252	16
雅安市汉源县永利彝族乡	7683	1	79	14
雅安市汉源县顺河彝族乡	9313	1	108	16
雅安市汉源县片马彝族乡	9860	2	262	20
雅安市石棉县安顺彝族乡	10234	4	764	43
雅安市石棉县先锋藏族乡	10319	3	1070	67
雅安市石棉县蟹螺藏族乡	10408	2	179	23
雅安市石棉县回隆彝族乡	10754	4	571	35
雅安市石棉县擦罗彝族乡	10415	3	574	28

图书馆（个）	文化站（个）	村文化活动室（个）	医院、卫生院（个）	#医生数（人）	#病床数（张）	村卫生室（个）	#医生数（人）
	1	8	1	6	26	8	8
	1	3	1	3	15	6	6
	1	5	1	15	20	8	35
	1	5	1	4	8	6	7
	1	6	1	3	8	6	6
7	1	6				6	6
	1	7	1	7	4	7	7
	1	7	1	8	10	5	5
	1	5	1	6	6	5	4
1	1	8	1	4	6	8	8
	1	8	1	3	3	6	6
	1	7	1	2	10	2	2
9	11	11	1	17	27	4	4
	1	16	1	17	65	16	18
1	1	5	1	10	15	9	11
19	1	18	1	28	28	36	52
1	2	23	2	9	32	27	27
	1	13	1	14	11	13	13
10	1	10	1	7	17	10	10
	1	4	1	10	5	4	4
1	1	4	1	6	3	4	4
1	1	3	1	6	4	1	1
6	6	5	1	6	4	2	2
	1	6	1	3	4	4	3
5	5	4	1	8	5	2	2
1	1	6	1	9	7	5	5
	1	6	1	15	8	5	1
3	1	7	1	12	5	7	3
1	1	7	1	9	26	4	4
	1	6	1	11	6	5	5
5	5	5	4	4	4	4	4

10-1(三) 续表 18

民族乡镇名称	农民人均纯收入（元）	学校数（个）	在校学生数（人）	教师数（人）
雅安市石棉县栗子坪彝族乡	10420	2	473	32
雅安市石棉县新民藏族彝族乡	10407	2	825	43
雅安市石棉县挖角彝族藏族乡	10567	1	345	18
雅安市石棉县田湾彝族乡	10371	1	212	15
雅安市石棉县草科藏族乡	10420	1	172	16
雅安市宝兴县跷碛藏族乡	11442	1	158	20
雅安市荥经县宝峰彝族民族乡	6953	2	361	33
雅安市荥经县民建彝族民族乡	8330	1	200	20
凉山彝族自治州西昌市高草回族乡	12986	3	1271	103
凉山彝族自治州西昌市裕隆回族乡	13840	4	2632	135
凉山彝族自治州木里藏族自治县屋脚蒙古族乡	5583	4	199	24
凉山彝族自治州木里藏族自治县俄亚纳西族乡	4800	8	682	35
凉山彝族自治州木里藏族自治县白碉苗族乡	8266	8	691	53
凉山彝族自治州木里藏族自治县项脚蒙古族乡	7068	2	540	34
凉山彝族自治州木里藏族自治县固增苗族乡	6050	1	318	23
凉山彝族自治州盐源县大坡蒙古族乡	8850	1	116	15
凉山彝族自治州德昌县金沙傈僳族乡	10007	1	468	23
凉山彝族自治州德昌县南山傈僳族乡	8450	1	275	20
凉山彝族自治州会理县新安傣族乡	6870	1	192	12
凉山彝族自治州冕宁县和爱藏族乡	7000	1	160	11
凉山彝族自治州越西县保安藏族乡	6808	3	397	22
绵阳市平武县木皮藏族乡	9354	1	17	7
绵阳市平武县木座藏族乡	9422	1	38	11
绵阳市平武县白马藏族乡	7695			
绵阳市平武县黄羊关藏族乡	9288	1	17	6
绵阳市平武县虎牙藏族乡	8467	1	82	10
绵阳市平武县泗耳藏族乡	349	1	5	2
绵阳市平武县徐塘羌族乡	5536	1	81	12
绵阳市平武县锁江羌族乡	11009	2	146	25
绵阳市平武县平南羌族乡	8834	1	50	17
绵阳市北川羌族自治县桃龙藏族乡	9933	1	65	13

图书馆（个）	文化站（个）	村文化活动室（个）	医院、卫生院（个）	#医生数（人）	#病床数（张）	村卫生室（个）	#医生数（人）
1	1	7	1	3	9	4	
	1	9	1	13	15	6	2
1	1	3	1	7	5	1	1
1	1	6	1	10	5	3	4
	1	5	1	2	9	4	4
5	1	5	1	20	12	4	4
1	1	5	1	9	15	5	5
	1	3	1	8	3	2	2
	1	7	1	12	11	8	16
	1	9	1	7	15	17	17
2	2	2	1	4	6	2	2
3		1	1	3	6	6	6
4	4	4	1	6	8	4	4
4	4	3	1	10	10	3	3
	1	4	1	6	10	4	4
	1	3	1	8	7		
	1	3	1	2	4	3	3
1	1	3	1	6	3	3	3
6	1	5	1	6	6	4	4
7	6	6	1	4	2	5	2
	1	3	1	7	4	3	3
1	1	3	1	2	3		
	1	3	1	2	3	3	3
4	4	4	1	5	4		
	1	6	1	6	4	6	2
1	5	1	1	5	2	4	
1	1	3	1	2	18	3	2
1	1	5	1	6	8	5	6
	1	10	1	8	5	9	10
	1	1	1	4	10	4	4
1	1	7	1	2	5	6	6

10－1(三)　续表 19

民族乡镇名称	农民人均纯收入（元）	学校数（个）	在校学生数（人）	教师数（人）
绵阳市盐亭县大兴回族乡	12487	1	132	16
达州市宣汉县渡口土家族乡	7017	1	745	29
达州市宣汉县龙泉土家族乡	7119	1	1404	72
达州市宣汉县三墩土家族乡	7445	2	1829	92
达州市宣汉县漆树土家族乡	7122	1	536	24
绵阳市平武县水田羌族乡	7287	1	104	14
绵阳市平武县旧堡羌族乡	8269	1	81	7
绵阳市平武县阔达藏族乡	9409	1	157	17
绵阳市平武县土城藏族乡	9458	2	139	19
贵州省	**7467**	**1718**	**473578**	**30381**
贵阳市南明区小碧布依族苗族乡	14000	3	1022	118
贵阳市花溪区高坡苗族乡	10962	7	3017	195
贵阳市花溪区孟关苗族布依族乡	13670	8	3802	249
贵阳市花溪区马铃布依族苗族乡	10988	4	412	53
贵阳市花溪区黔陶布依族苗族乡	13841	5	606	52
贵阳市乌当区偏坡布依族乡	14048	2	214	32
贵阳市乌当区新堡布依族乡	14500	5	391	65
贵阳市白云区牛场布依族乡	14006	9	1800	121
贵阳市白云区都拉布依族乡	12466	3	872	56
贵阳市清镇市麦格苗族布依族乡	10835	8	1635	118
贵阳市清镇市王庄布依族苗族乡	11200	2	1770	122
贵阳市清镇市流长苗族乡	11844	23	5794	357
贵阳市开阳县高寨苗族布依族乡	10181	6	1266	98
贵阳市开阳县南江布依族苗族乡	11080	6	1187	95
贵阳市开阳县禾丰布依族苗族乡	10988	3	1026	75
贵阳市修文县大石布依族乡	8538	1	1204	76
贵阳市息烽县青山苗族乡	12495	4	690	60
六盘水市水城县坪寨彝族乡	7399	6	1089	84
六盘水市水城县南开苗族彝族乡	7808	16	5669	304
六盘水市水城县青林苗族彝族乡	7413	9	2589	167
六盘水市水城县金盆苗族彝族乡	7436	8	4016	224

图书馆（个）	文化站（个）	村文化活动室（个）	医院、卫生院（个）	#医生数（人）	#病床数（张）	村卫生室（个）	#医生数（人）
	1	8	1	10	19	8	10
	1	7	1	8	10	7	7
	1	13	1	5	12	13	13
1	1	3	1	8	20	7	7
1	1	4	1	5	10	4	4
1	1	7	1	3	4	7	5
1	1	6	1	2	5	6	6
	1	6	1	7	7	5	5
	9	9	1	3	17	8	5
117	**216**	**1956**	**264**	**3487**	**5238**	**2123**	**2366**
1	1	12	1	9	2	13	13
1	1	19	1	12	10	19	19
	1	8	3	23	60	9	9
1	1	3	1	6	6	3	3
	1	7	1	8	8	7	7
	1	2	1	2	2	1	1
	1	7	1	12	5	7	7
4	1	13	1	30	20	13	13
	1	7	1	8	16	7	7
	1	15	1	34	18	17	17
	1	10	1	18	18	10	10
	1	26	1	16	35	26	26
	1	8	1	36	30	21	21
	1	6	1	31	30	6	6
	1	6	1	21	30	6	11
	1	7	1	16	12	7	8
11	6	5	1	10	28	6	6
1	1	4	1	16	10	4	7
1	1	12	1	42	30	7	14
1	1	4	1	20	12	4	8
	1	6	1	18	20	6	9

10-1(三) 续表 20

民族乡镇名称	农民人均纯收入（元）	学校数（个）	在校学生数（人）	教师数（人）
六盘水市水城县新街彝族苗族布依族乡	7529	5	2117	84
六盘水市水城县杨梅彝族苗族回族乡	7438	9	4482	172
六盘水市水城县野钟苗族彝族布依族乡	7390	7	3641	145
六盘水市水城县果布嘎彝族苗族布依族乡	7418	4	1447	89
六盘水市水城县龙场苗族白族彝族乡	7816	8	2492	152
六盘水市水城县营盘苗族彝族白族乡	7458	7	2231	151
六盘水市水城县顺场苗族彝族布依族乡	7491	7	2209	143
六盘水市水城县花戛苗族布依族彝族乡	7419	7	2560	119
六盘水市水城县猴场苗族布依族乡	7736	10	2459	147
六盘水市盘县普田回族乡	7140	7	928	96
六盘水市盘县旧营白族彝族苗族乡	7696	7	1683	131
六盘水市盘县羊场布依族白族苗族乡	7946	7	3339	202
六盘水市盘县保基苗族彝族乡	7024	3	1448	89
六盘水市盘县淤泥彝族乡	9626	7	3071	201
六盘水市盘县普古彝族苗族乡	8627	11	2246	165
六盘水市盘县坪地彝族乡	7032	11	3587	222
六盘水市六枝特区梭戛苗族彝族乡	7826	11	3742	194
六盘水市六枝特区落别布依族彝族乡	7560	9	3217	235
六盘水市六枝特区中寨苗族彝族布依族乡	7581	16	4509	252
六盘水市六枝特区牛场苗族彝族乡	7613	12	3339	147
六盘水市六枝特区月亮河彝族苗族乡	7844	15	3296	179
遵义市仁怀市后山苗族布依族乡	9690	2	1578	95
遵义市遵义县平正仡佬族乡	7529	8	1915	191
遵义市遵义县洪关苗族乡	7930	5	1147	116
遵义市桐梓县马鬃苗族乡	7440	7	626	62
遵义市正安县谢坝仡佬族苗族乡	8267	4	1047	102
遵义市正安县市坪苗族仡佬族乡	8262	6	1783	134
遵义市余庆县花山苗族乡	9363	5	1100	144
遵义市道真仡佬族苗族自治县上坝土家族乡	8325	6	2457	174
安顺市西秀区鸡场布依族苗族乡	8546	4	3524	158
安顺市西秀区杨武布依族苗族乡	9507	12	2683	147

图书馆（个）	文化站（个）	村文化活动室（个）	医院、卫生院（个）	#医生数（人）	#病床数（张）	村卫生室（个）	#医生数（人）
	1	3	1	8	13	3	5
	1	13	1	29	20	13	13
	1	5	1	20	30	5	7
	1	5	1	24	6	5	5
	1	7	1	29	40	5	14
	1	6	1	17	14	6	6
	1	6	1	25	20	6	11
	1	5	1	23	40	5	18
	1	6	1	8	10	7	11
1	1	6	1	13	20	6	12
	1	11	1	8	20	11	23
1	1	6	2	33	95	16	16
1	1	7	1	10	30	7	7
	1	19	2	41	111	20	20
	1	19	1	15	48	19	19
	1	15	2	35	60	15	29
1	1	7	1	29	20	7	7
	1	13	1	40	33	13	13
	1	17	1	38	50	17	22
	1	9	1	19	15	9	16
	1	17	1	26	33	17	17
	1	4	1	5	17	4	8
	1	4	2	11	18	10	10
4	1	6	1	8	7	6	11
	1	10	1	18	7	8	8
	1	6	1	22	55	6	11
	1	4	1	26	25	4	9
1	1	4	1	25	115	4	8
	1	3	1	12	16	3	19
1	1	5	1	9	20	11	11
1	1	11	1	7	40	11	11

10－1(三)　续表 21

民族乡镇名称	农民人均纯收入（元）	学校数（个）	在　校学生数（人）	教师数（人）
安顺市西秀区岩腊苗族布依族乡	7983	10	2160	126
安顺市西秀区新场布依族苗族乡	8223	4	1120	121
安顺市西秀区黄腊布依族苗族乡	8340	4	1588	113
安顺市平坝县十字回族乡	7350	19	3962	288
安顺市平坝县羊昌布依族苗族乡	7779	9	2839	199
安顺市普定县补郎苗族乡	6700	7	2371	196
安顺市普定县猴场苗族仡佬族乡	7250	17	3807	250
安顺市普定县猫洞苗族仡佬族乡	8650	8	1608	115
毕节市七星关区大屯彝族乡	6021	8	3029	176
毕节市七星关区田坎彝族乡	5631	5	1583	101
毕节市七星关区阿市苗族彝族乡	5215	10	2526	232
毕节市七星关区团结彝族苗族乡	6012	14	2926	261
毕节市七星关区阴底彝族苗族白族乡	7152	16	5973	373
毕节市七星关区千溪彝族苗族白族乡	7634	6	3069	260
毕节市黔西县永燊彝族苗族乡	7321	11	1722	138
毕节市黔西县新仁苗族乡	7355	12	2755	183
毕节市黔西县花溪彝族苗族乡	7294	12	1828	135
毕节市黔西县中建苗族彝族乡	7325	7	1220	108
毕节市黔西县定新彝族苗族乡	7328	11	2016	149
毕节市黔西县太来彝族苗族乡	7486	15	3159	218
毕节市黔西县绿化白族彝族乡	7741	7	1825	115
毕节市黔西县红林彝族苗族乡	7567	11	2436	143
毕节市黔西县五里布依族苗族乡	7347	14	2986	184
毕节市黔西县铁石苗族彝族乡	7480	12	2135	157
毕节市大方县竹园彝族苗族乡	6800	10	2048	196
毕节市大方县响水白族彝族仡佬族乡	8668	14	3590	249
毕节市大方县鼎新彝族苗族乡	7620	16	6292	400
毕节市大方县牛场苗族彝族乡	8339	13	6606	413
毕节市大方县理化苗族彝族乡	7720	16	3765	266
毕节市大方县安乐彝族仡佬族乡	5687	7	1295	101
毕节市大方县凤山彝族蒙古族乡	8242	7	2774	156

图书馆（个）	文化站（个）	村文化活动室（个）	医院、卫生院（个）	#医生数（人）	#病床数（张）	村卫生室（个）	#医生数（人）
	1	8	1	7	9	13	16
	1	8	1	5	10	8	13
	1	7	1	11	20	7	7
	1	11	1	17	10	23	23
	1	7	1	19	41	7	7
	1	11	1	25	23	11	12
	1	10	1	19	12	12	16
1	1	15	1	7	15	17	17
	1	8	2	9	30	8	8
	1	7	1	21	34	11	22
	1	3	1	13	25	13	13
	1	13	1	19	42	13	17
	1	12	2	34	76	12	24
	1	5	2	8	25	5	5
	1	13	1	10	23	13	13
	1	9	1	22	34	9	9
	1	10	1	18	14	10	10
	1	6	1	12	31	6	6
	1	13	1	10	20	13	13
	1	13	1	7	32	13	13
	1	7	1	5	20	7	7
	1	11	1	5	10	11	11
	1	10	1	5	20	10	10
	1	10	1	26	22	10	10
	1	9	2	33	85	9	26
	1	15	1	21	45	14	27
	1	12	2	14	43	13	13
	1	10	2	47	20	13	13
	1	10	2	19	80	10	13
	1	8	2	37	50	8	8
1	1	9	1	23	15	13	13

10-1(三) 续表 22

民族乡镇名称	农民人均纯收入（元）	学校数（个）	在校学生数（人）	教师数（人）
毕节市大方县百纳彝族乡	7500	10	1780	140
毕节市大方县三元彝族苗族白族乡	6284	11	2372	179
毕节市大方县沙厂彝族乡	6672	11	3989	271
毕节市大方县黄泥彝族苗族满族乡	7058	11	3863	238
毕节市大方县核桃彝族白族乡	7358	11	3881	203
毕节市大方县八堡彝族苗族乡	7336	12	2319	154
毕节市大方县兴隆苗族乡	7297	6	988	91
毕节市大方县大山苗族彝族乡	7200	14	3287	172
毕节市大方县星宿苗族彝族仡佬族乡	6311	8	3589	145
毕节市织金县自强苗族乡	7248	10	2516	132
毕节市织金县官寨苗族乡	3202	9	3878	176
毕节市织金县后寨苗族乡	7183	15	5472	245
毕节市织金县大平苗族彝族乡	3429	18	7160	302
毕节市织金县茶店布依族苗族彝族乡	6218	8	2360	140
毕节市织金县金龙苗族彝族布依族乡	7068	11	3213	234
毕节市织金县鸡场苗族彝族布依族乡	7382	10	1569	118
毕节市金沙县太平彝族苗族乡	7830	10	2165	189
毕节市金沙县石场苗族彝族乡	8015	13	5262	320
毕节市金沙县马路彝族苗族乡	6950	6	1569	118
毕节市金沙县安洛苗族彝族满族乡	3146	12	5103	198
毕节市金沙县新化苗族彝族满族乡	7202	9	2614	120
毕节市金沙县大田彝族苗族布依族乡	7800	8	2454	163
毕节市赫章县兴发苗族彝族回族乡	7048	14	5135	232
毕节市赫章县松林坡白族彝族苗族乡	7432	19	5652	325
毕节市赫章县雉街彝族苗族乡	4280	10	1824	257
毕节市赫章县珠市彝族乡	7272	8	3670	208
毕节市赫章县双坪彝族苗族乡	7212	18	6320	350
毕节市赫章县辅处彝族苗族乡	6546	15	5621	291
毕节市赫章县铁匠苗族乡	7529	11	2721	149
毕节市赫章县可乐彝族苗族乡	7120	10	4572	252
毕节市赫章县河镇彝族苗族乡	6543	11	3860	211

图书馆（个）	文化站（个）	村文化活动室（个）	医院、卫生院（个）	#医生数（人）	#病床数（张）	村卫生室（个）	#医生数（人）
	1	8	1	10	32	8	8
	1	9	2	18	70	10	10
	1	9	2	26	79	9	9
	1	8	1	31	20	8	8
	1	11	1	22	20	11	11
	1	10	2	16	20	11	11
1	1	11	1	13	20	11	11
1	1	16	1	39	50	16	32
14	14	13	1	24	25	13	13
	1	13	1	20	23	13	26
	1	19	17	26	112	21	21
	1		2	46	30	20	20
	1	24	2	15	10	24	24
1	1	5	1	18	14	5	5
1	1	11	2	23	40	11	11
	1	7	1	18	16	8	8
	1	8	1	9	15	8	8
	1	11	3	18	100	20	20
1	1	7	1	24	20	8	8
	1	16	2	15	35	16	16
	1	16	1	9	29	16	6
	1	10	1	16	20	10	10
	1	18	1	7	6	13	
	1	26	1	11	10	26	26
	1	9	1	10	12	9	9
	1	10	1	3	20	10	10
	1	19	3	35	54	19	19
	1	20	2	7	18	20	22
	1	8	1	2	20	8	8
	1	14	2	26	45	14	14
	1	25	1	5	19	24	25

10-1(三) 续表 23

民族乡镇名称	农民人均纯收入（元）	学校数（个）	在校学生数（人）	教师数（人）
毕节市赫章县结构彝族苗族乡	7581	10	3250	196
毕节市赫章县水塘堡彝族苗族乡	6800	13	5679	285
毕节市赫章县古达苗族彝族乡	4953	7	3033	137
毕节市纳雍县厍东关彝族苗族白族乡	5120	11	4250	253
毕节市纳雍县董地苗族彝族乡	7067	8	5520	294
毕节市纳雍县左鸠戛彝族苗族乡	7140	13	5777	264
毕节市纳雍县锅圈岩苗族彝族乡	6634	17	7182	273
毕节市纳雍县新房彝族苗族乡	6735	15	4758	263
毕节市纳雍县化作苗族彝族乡	5669	14	4633	236
毕节市纳雍县姑开苗族彝族乡	5489	10	3743	198
毕节市纳雍县羊场苗族彝族乡	6120	22	8800	420
毕节市纳雍县昆寨苗族彝族白族乡	7083	7	1185	93
毕节市纳雍县猪场苗族彝族乡	7250	11	1894	167
毕节市威宁彝族回族苗族自治县新发布依族乡	7180	13	3348	193
毕节市大方县大水彝族苗族布依族乡	7245	10	2091	156
毕节市黔西县金坡苗族彝族满族乡	6716	8	1581	125
毕节市大方县普底彝族苗族白族乡	7278	6	838	112
毕节市黔西县仁和彝族苗族乡	7772	5	2440	168
铜仁市碧江区桐木坪侗族乡	8123	6	665	96
铜仁市碧江区瓦屋侗族乡	8430	3	568	91
铜仁市碧江区和平土家族侗族乡	7332	11	1253	162
铜仁市碧江区滑石侗族苗族土家族乡	8100	8	972	108
铜仁市碧江区六龙山侗族土家族乡	7610	2	154	23
铜仁市万山区高楼坪侗族乡	8000	9	1936	133
铜仁市万山区黄道侗族乡	7420	10	1320	95
铜仁市万山区敖寨侗族乡	7510	8	596	95
铜仁市万山区下溪侗族乡	7540	7	755	65
铜仁市万山区鱼塘侗族土家族苗族乡	7120	13	2740	191
铜仁市万山区大坪侗族土家族苗族乡	7727	11	2750	132
铜仁市德江县楠杆土家族乡	5900	7	1739	132
铜仁市德江县沙溪土家族乡	6737	9	1174	111

图书馆（个）	文化站（个）	村文化活动室（个）	医院、卫生院（个）	#医生数（人）	#病床数（张）	村卫生室（个）	#医生数（人）
1	1	10	2	21	20	10	10
1	1	11	1	49	50	11	11
1	1	6	1	8	35	6	6
1	1	15	2	7	35	15	15
1	1	25	1	12	45	25	25
1	1	19	1	7	40	19	19
1	1	12	1	19	20	12	12
1	1	15	1	9	20	12	12
1	1	16	1	13	32	16	16
1	1	11	1	7	20	11	11
	1	19	1	31	25	31	31
	1	8	1	13	40	8	8
	1	10	1	13	20	13	13
	1	13	17	160	200	13	16
	1	10	1	14	56	10	10
	1	8	1	12	24	6	8
	1	3	1	22	31	6	6
	1	3	4	20	40	3	3
1	1	1	1	15	10	3	3
1	1	4	1	7	12	6	6
	1	8	1	14	10	14	18
	1	7	1	21	11	7	7
1	1	4	1	8	5	4	4
2	1	15	1	6	10	16	16
1	1	10	1	10	10	10	10
1	1	5	1	17	7	8	8
1	1	7	1	17	9	8	8
1	1	14	1	32	57	16	16
1	1	10	1	10	24	11	23
	1	12	1	12	18	13	12
	1	15	1	14	30	14	8

10-1(三) 续表 24

民族乡镇名称	农民人均纯收入(元)	学校数(个)	在校学生数(人)	教师数(人)
铜仁市德江县桶井土家族乡	2896	14	2801	210
铜仁市德江县堰塘土家族乡	6810	10	1388	159
铜仁市德江县荆角土家族乡	6600	3	883	82
铜仁市德江县长丰土家族乡	6500	6	2049	153
铜仁市德江县龙泉土家族乡	5100	5	1559	142
铜仁市德江县钱家土家族乡	6700	8	1480	143
铜仁市江口县德旺土家族苗族乡	3286	8	1661	48
铜仁市江口县官和侗族土家族苗族乡	2880	5	615	30
铜仁市石阡县聚凤仡佬族侗族乡	7246	14	1308	171
铜仁市石阡县大沙坝仡佬族侗族乡	6712	10	2096	161
铜仁市石阡县枫香仡佬族侗族乡	6327	8	691	80
铜仁市石阡县青阳苗族仡佬族侗族乡	6850	11	732	105
铜仁市石阡县龙井侗族仡佬族乡	7466	8	2583	205
铜仁市石阡县石固仡佬族侗族乡	6500	11	1361	148
铜仁市石阡县坪地仡佬族侗族乡	7472	10	1788	150
铜仁市石阡县甘溪仡佬族侗族乡	4768	8	1420	119
铜仁市石阡县坪山仡佬族侗族乡	6957	7	715	82
铜仁市思南县思林土家族苗族乡	6033	6	1826	135
铜仁市思南县枫芸土家族苗族乡	7754	6	1657	116
铜仁市思南县杨家坳苗族土家族乡	5897	9	3115	141
铜仁市思南县胡家湾苗族土家族乡	6730	6	2306	199
铜仁市思南县宽坪土家族苗族乡	6664	8	2438	144
铜仁市思南县三道水土家族苗族乡	5712	7	2023	170
铜仁市思南县天桥土家族苗族乡	7603	6	1311	113
铜仁市思南县兴隆土家族苗族乡	6613	8	1664	134
黔西南布依族苗族自治州晴隆县三宝彝族乡	5487	1	502	37
黔西南布依族苗族自治州兴仁县鲁础营回族乡	6592	10	2031	131
黔西南布依族苗族自治州望谟县油迈瑶族乡	7070	5	1123	97
黔东南苗族侗族自治州从江县秀塘壮族乡	6770	6	801	79
黔东南苗族侗族自治州从江县刚边壮族乡	6750	6	961	52
黔东南苗族侗族自治州从江县翠里瑶族壮族乡	7542	7	1530	92

图书馆（个）	文化站（个）	村文化活动室（个）	医院、卫生院（个）	#医生数（人）	#病床数（张）	村卫生室（个）	#医生数（人）
	2	22	1	17	19	11	21
	1	13	2	10	25	13	16
	1	15	1	14	25	15	16
	1	15	1	14	27	14	14
	1	12	1	8	50	12	18
	1	14	1	12	15	13	14
1	1	7	1	8	18	7	7
1	1	4	1	6	10	4	4
	1	18	1	15	20	17	17
1	4	15	1	20	15	14	14
	1	11	1	15	20	12	12
1	2	5	1	18	23	13	13
2	1	23	1	22	18	23	23
	1	5	1	22	15	14	14
1	1	18	1	12	25	18	19
	1	9	1	20	20	7	7
1	1	8	1	18	12	7	7
1	1	4	1	16	10	13	13
1	1	15	1	10	16	15	15
1	1	18	1	23	8	18	18
1	1	14	1	12	10	14	14
1	1	14	1	16	20	14	14
1	1	1	2	54	111	17	17
1	1	2	1	11	10	12	12
1	1	13	1	15	20	13	13
	1	3	1	3	2	3	3
	1	8	1	4	8	7	8
1	1	8	1	14	10	7	7
1	1	4	1	8	23	5	5
	1	15	1	15	17	15	15
	1	1	1	21	15	20	20

10-1(三) 续表 25

民族乡镇名称	农民人均纯收入（元）	学校数（个）	在校学生数（人）	教师数（人）
黔东南苗族侗族自治州镇远县尚寨土家族乡	7310	3	1071	67
黔东南苗族侗族自治州麻江县坝芒布依族乡	5943	3	996	81
黔东南苗族侗族自治州榕江县水尾水族乡	6797	1	492	32
黔东南苗族侗族自治州榕江县三江水族乡	6960	11	1685	77
黔东南苗族侗族自治州榕江县仁里水族乡	7173	8	904	86
黔东南苗族侗族自治州榕江县定威水族乡	6818	6	935	53
黔东南苗族侗族自治州榕江县兴华水族乡	7173	6	1157	62
黔东南苗族侗族自治州榕江县塔石瑶族水族乡	7312	6	1364	72
黔东南苗族侗族自治州雷山县达地水族乡	6695	5	1145	61
黔东南苗族侗族自治州黎平县顺化瑶族乡	6882	4	364	26
黔东南苗族侗族自治州黎平县雷洞瑶族水族乡	7257	4	963	51
黔东南苗族侗族自治州岑巩县羊桥土家族乡	6832	13	3362	195
黔南布依族苗族自治州都匀市归兰水族乡	8134	13	2200	260
黔南布依族苗族自治州荔波县瑶山瑶族乡	8000	5	1021	66
黔南布依族苗族自治州荔波县黎明关水族乡	8452	8	903	85
黔南布依族苗族自治州平塘县卡蒲毛南族	8277	7	958	90
贵阳市花溪区湖潮布依族苗族乡	11326	16	5251	118
云南省	**7334**	**1169**	**307393**	**21106**
昆明市晋宁县夕阳彝族乡	9107	2	559	56
昆明市晋宁县双河彝族乡	10120	3	989	88
昆明市宜良县九乡彝族回族乡	6910	4	2094	148
昆明市宜良县耿家营彝族苗族乡	6871	6	1847	143
昭通市昭阳区守望回族乡	6080	8	4051	308
昭通市昭阳区小龙洞回族彝族乡	5050	10	5070	252
昭通市布嘎回族乡	4750	6	4345	259
昭通市青岗岭回族彝族乡	4865	11	4123	235
昭通市鲁甸县桃源回族乡	7253	13	5052	413
昭通市鲁甸县茨院回族乡	6659	7	4102	342
昭通市大关县上高桥回族彝族苗族乡	5180	10	1998	153
昭通市永善县马楠苗族彝族乡	3025	4	1436	109
昭通市永善县伍寨彝族苗族乡	4678	1	1996	95

图书馆（个）	文化站（个）	村文化活动室（个）	医院、卫生院（个）			村卫生室（个）	
				#医生数（人）	#病床数（张）		#医生数（人）
	1	4	1	17	14	3	3
	1	7	1	9	11	9	9
	1	5	1	12	6	5	3
	1	8	1	17	15	11	11
1	1	8	1	12	10	7	6
	1	7	1	16	7	5	1
	1	9	1	6	12	9	9
	1	9	1	16	10	9	5
5	1	10	1	11	13	8	8
	1	4	1	4	7	3	5
1	1	13	1	3	10	12	12
	1	15	1	35	35	14	14
	1	12	3	39	16	12	12
3	1	8	2	17	25		
14	1	14	3	33	29	6	6
1	1	6	1	16	13	6	3
1	1	20	1	20	12	20	20
48	**140**	**1864**	**143**	**1731**	**3223**	**1070**	**1864**
	1	10	1	6	10	10	10
	1	6	1	16	10	6	10
	1	8	1	9	22	8	10
	1	9	1	8	25	9	9
	1	7	1	13	32	7	14
	1	4	1	31	50	6	20
	1	5	1	12	20	5	18
	1	7	1	12	39	7	16
	1	7	1	18	65	7	18
	1	6	1	30	70	6	20
1	1	6	1	7	20	6	14
	1	6	1	11	15	6	6
1	1	5	1	13	30	5	7

10-1(三) 续表 26

民族乡镇名称	农民人均纯收入（元）	学校数（个）	在校学生数（人）	教师数（人）
昭通市镇雄县果珠彝族乡	7259	20	8305	326
昭通市镇雄县林口彝族苗族乡	6726	21	8731	332
昭通市彝良县龙街苗族彝族乡	4612	18	8215	422
昭通市彝良县奎香苗族彝族乡	5886	14	8355	452
昭通市彝良县树林彝族苗族乡	4496	11	4454	197
昭通市彝良县柳溪苗族乡	5763	11	3338	172
昭通市彝良县洛旺苗族乡	5800	17	3101	149
昭通市威信县双河苗族彝族乡	5760	13	3315	260
曲靖市师宗县龙庆彝族壮族乡	4890	15	6377	281
曲靖市师宗县五龙壮族乡	4564	13	2967	202
曲靖市师宗县高良壮族苗族瑶族乡	5079	16	4894	229
曲靖市罗平县长底布依族乡	6000	7	2226	157
曲靖市罗平县旧屋基彝族乡	5223	9	1204	119
曲靖市罗平县鲁布革布依族苗族乡	8503	10	2370	194
曲靖市富源县古敢水族乡	10223	12	1826	148
曲靖市会泽县新街回族乡	10368	15	3083	278
楚雄彝族自治州南华县雨露白族乡	10038	8	1218	71
楚雄彝族自治州大姚县湾碧傈僳傣族乡	6314	7	1862	135
楚雄彝族自治州永仁县永兴傣族乡	8580	4	561	60
楚雄彝族自治州武定县东坡傣族乡	6356	9	1247	91
玉溪市红塔区小石桥彝族乡	13397	4	677	75
玉溪市红塔区洛河彝族乡	12375	4	978	141
玉溪市江川县安化彝族乡	9694	3	529	51
玉溪市通海县高大傣族彝族乡	12213	4	674	63
玉溪市通海县里山彝族乡	7590	1	873	59
玉溪市通海县兴蒙蒙古族乡	10808	1	792	26
玉溪市华宁县通红甸彝族苗族乡	6632	6	1284	121
玉溪市易门县十街彝族乡	10920	11	1247	137
玉溪市易门县浦贝彝族乡	11779	8	1390	191
玉溪市易门县铜厂彝族乡	10653	10	1720	237
红河哈尼族彝族自治州河口瑶族自治县桥头苗族壮族乡	4432	10	1821	243

图书馆（个）	文化站（个）	村文化活动室（个）	医院、卫生院（个）	#医生数（人）	#病床数（张）	村卫生室（个）	#医生数（人）
	1	5	1	10	20	5	15
	1	8	1	21	30	9	34
	1	12	1	17	30	12	23
	1	1	1	15	18	8	20
	1	4	1	13	29	4	10
1	1	5	1	6	15	5	13
1	1	8	1	15	36	9	26
	1	6	1	18	10	8	25
	1	14	1	19	30	14	40
1	1	13	1	28	50	13	26
	1	11	1	50	36	11	11
	1	7	1	6	12	6	10
	1	14	1	10	12	7	7
	1	9	2	17	36	9	9
	1	5	1	7	7	4	4
1	1	16	1	16	20	16	16
	1	26	1	13	12	6	8
	1	12	1	7	10	12	20
	1	35	1	19	15	11	11
1	1	17	1	16	20	7	14
1	1	3	1	11	15	3	3
1	1	5	1	5	10	3	5
	1	5	1	8	10	5	5
1	1	6	1	5	9	6	6
	1	6	1	6	8	6	6
	1	4	1	6	25	2	5
	1	6	1	7	11	6	6
	1	8	1	12	10	8	8
	1	7	1	13	12	7	11
1	1	9	1	19	10	8	16
	1	8	1	6	30	8	8

10-1(三) 续表 27

民族乡镇名称	农民人均纯收入（元）	学校数（个）	在校学生数（人）	教师数（人）
红河哈尼族彝族自治州金平苗族瑶族傣族自治县者米拉祜族乡	6214	9	3594	130
红河州蒙自县期路白苗族乡	5012	8	1878	146
红河州蒙自县老寨苗族乡	7512	6	1421	90
红河州开远市大庄回族乡	12563	14	2240	160
文山壮族苗族自治州文山市东山彝族乡	8318	1	1023	61
文山壮族苗族自治州文山市红甸回族乡	8560	4	1552	87
文山壮族苗族自治州文山市秉烈彝族乡	7401	11	3134	166
文山壮族苗族自治州文山市柳井彝族乡	5394	5	1461	93
文山壮族苗族自治州文山市坝心彝族乡	5857	1	621	44
文山州砚山县阿舍彝族乡	8341	9	3337	176
文山州砚山县维末彝族乡	8753	14	5085	309
文山州砚山县盘龙彝族乡	9177	9	3320	288
文山州砚山县干河彝族乡	8582	11	2676	241
文山州丘北县舍得彝族乡	5975	7	1626	95
文山州丘北县新店彝族乡	7072	6	3501	182
文山州丘北县树皮彝族乡	7963	13	6333	369
文山州丘北县八道哨彝族乡	7559	10	4231	325
文山州丘北县腻脚彝族乡	7773	11	4506	276
文山州麻栗坡县猛硐瑶族乡	8116	12	2066	172
文山州富宁县洞波瑶族乡	8961	16	3962	210
普洱市澜沧拉祜族自治县酒井哈尼族乡	4195	4	1532	88
普洱市澜沧拉祜族自治县发展河哈尼族乡	3200	4	1326	83
普洱市澜沧拉祜族自治县谦六彝族乡	4667	15	3864	284
普洱市澜沧拉祜族自治县文东佤族乡	3078	8	1198	96
普洱市澜沧拉祜族自治县安康佤族乡	2612	5	1038	69
普洱市澜沧拉祜族自治县雪林佤族乡	2238	7	1128	103
普洱市思茅区云仙彝族乡	3900	7	1560	218
普洱市思茅区龙潭彝族傣族乡	3840	7	1760	110
普洱市墨江哈尼族自治县孟弄彝族乡	6466	2	567	44
普洱市西盟佤族自治县力所拉祜族乡	8152	5	1093	96
大理州大理市太邑彝族乡	8458	6	687	96

图书馆（个）	文化站（个）	村文化活动室（个）	医院、卫生院（个）	#医生数（人）	#病床数（张）	村卫生室（个）	#医生数（人）
	1	4	1	6	33	9	12
	1	16	1	6	10	9	9
	1	4	1	7	16	4	19
	1	20	1	9	35	5	19
	1	4	1	10	10	4	11
	1	2	1	24	50	3	14
	1	10	1	14	30	10	22
	1	7	1	12	18	7	12
	1	5	1	10	10	4	10
	1	89	1	15	30	6	20
	1	105	1	40	90	9	25
	1	67	1	34	24	8	21
	1	55	1	7	20	7	19
1	1	7	1	18	12	7	18
	1	6	1	8	13	6	19
	1	9	1	22	52	13	15
	1	22	1	8	40	5	12
	1	7	1	15	50	7	19
	1	5	1	10	16	5	13
1	1	42	1	32	40	12	24
	1	4	1	5	20	4	4
	1	4	1	7	15	4	4
	1	15	1	6	30	15	15
	1	6	1	5	15	6	6
	1	5	1	3	16	5	5
	1	7	1	4	10	7	7
	1	12	1	18	15	9	9
	1	5	1	16	10	6	6
	1	7	1	6	10	7	7
1	1	5	1	6	14	5	5
1	1	5	1	10	13	8	22

10−1(三)　续表 28

民族乡镇名称	农民人均纯收入（元）	学校数（个）	在校学生数（人）	教师数（人）
大理州鹤庆县六合彝族乡	4657	16	1340	108
大理州宾川县钟英傈僳族彝族乡	5874	6	844	95
大理州宾川县拉乌彝族乡	10526	3	1239	86
大理州祥云县东山彝族乡	5773	9	1018	76
大理州弥渡县牛街彝族乡	4827	11	1798	145
大理州永平县北斗彝族乡	8580	7	1100	113
大理州永平县厂街彝族乡	9679	12	2206	171
大理州永平县水泄彝族乡	8430	10	1784	153
大理州云龙县苗尾傈僳族乡	6087	8	1444	114
大理州云龙县团结彝族乡	6000	6	1350	92
丽江市华坪县永兴傈僳族乡	5832	11	968	94
丽江市华坪县通达傈僳族乡	7658	3	547	47
丽江市华坪县新庄傈僳族傣族乡	10796	10	1127	109
丽江市华坪县船房傈僳族傣族乡	6325	5	593	62
丽江市永胜县羊坪彝族乡	7498	5	469	62
丽江市永胜县东山傈僳族彝族乡	6875	5	891	80
丽江市永胜县六德傈僳族彝族乡	7008	7	1808	128
丽江市永胜县大安彝族纳西族乡	7498	11	1500	133
丽江市永胜县光华傈僳族彝族乡	6538	8	1384	137
丽江市永胜县松坪傈僳族彝族乡	6865	9	930	94
丽江市宁蒗彝族自治县翠玉傈僳族普米族乡	5451	7	1596	123
丽江市古城区金江白族乡	9792	5	221	34
丽江市玉龙纳西族自治县九河白族乡	7856	12	2109	230
丽江市玉龙纳西族自治县石头白族乡	7322	7	697	83
丽江市玉龙县黎明傈僳族乡	7990	8	1320	132
保山市隆阳区瓦马彝族白族乡	7586	20	2896	226
保山市隆阳区瓦房彝族苗族乡	8428	19	3392	226
保山市隆阳区杨柳白族彝族乡	9599	18	3048	198
保山市隆阳区芒宽彝族傣族乡	12838	14	4555	278
保山市施甸县摆榔彝族布朗族乡	8001	6	845	89
保山市施甸县木老元布朗族彝族乡	6025	4	696	68

图书馆（个）	文化站（个）	村文化活动室（个）	医院、卫生院（个）	#医生数（人）	#病床数（张）	村卫生室（个）	#医生数（人）
	1	13	1	7	20	13	26
1	1	47	1	12	12	6	6
	1	35	1	7	20	7	25
	1	8	1	7	10	8	13
1	1	14	1	14	24	11	23
1	1	9	1	9	20	9	9
	1	15	1	12	30	11	24
1	1	9	1	6	17	9	10
	1	9	1	13	16	8	8
1	1	5	1	6	20	5	7
1	1	7	1	19	27	7	7
	1	5	1	11	10	5	9
1	1	20	1	16	20	7	7
1	1	11	1	7	15	4	4
	1	5	1	5	10	5	5
1	1	5	1	8	15	5	5
1	1	8	1	11	12	8	20
	1	8	2	8	10	8	8
	1	8	1	6	9	7	20
	1	8	1	14	12	8	24
	1	3	1	11	17	6	13
1	1	30	1	4	4	4	4
1	1	11	1	5	21	11	11
	1	11	1	6	6	5	5
	1	7	1	7	14	7	9
1	1	21	2	24	84	21	26
1	1	19	1	30	50	19	55
1	1	18	1	31	50	18	54
1	1	12	1	23	65	12	40
1	1	4	1	9	30	4	4
	1	5	1	10	30	4	4

10-1(三)　续表 29

民族乡镇名称	农民人均纯收入（元）	学校数（个）	在校学生数（人）	教师数（人）
保山市龙陵县木城彝族傈僳族乡	9198	6	1226	93
保山市昌宁县珠街彝族乡	6696	11	1649	123
保山市昌宁县苟街彝族苗族乡	8661	8	2478	205
保山市昌宁县湾甸傣族乡	11806	5	2114	121
德宏傣族景颇族自治州陇川县户撒阿昌族乡	7668	12	2968	211
德宏州潞西市三台山德昂族乡	5678	2	722	65
德宏州梁河县曩宋阿昌族乡	6964	11	1892	234
德宏州梁河县九保阿昌族乡	6921	9	1429	159
德宏州盈江县苏典傈僳族乡	4371	8	1789	125
怒江州福贡县匹河怒族乡	5016	2	1514	107
怒江傈僳族自治州泸水县洛本卓白族乡	3697	9	1876	100
迪庆州香格里拉县三坝纳西族乡	6631	2	1027	115
迪庆州德钦县霞若傈僳族乡	8315	1	1066	113
迪庆州德钦县拖顶傈僳族乡	8603			
临沧市凤庆县新华彝族苗族乡	9550	20	3300	185
临沧市凤庆县腰街彝族乡	8850	8	1215	80
临沧市凤庆县郭大寨彝族白族乡	8727	16	2659	163
临沧市云县栗树彝族傣族乡	8896	14	2857	153
临沧市云县忙怀彝族布朗族乡	8902	11	2155	160
临沧市云县后箐彝族乡	8460	12	2162	161
临沧市永德县大雪山彝族拉祜族傣族乡	9939	8	3326	142
临沧市永德县乌木龙彝族乡	6449	13	3425	186
临沧市临翔区平村彝族傣族乡	8218	4	1285	96
临沧市临翔区南美拉祜乡	6819	1	575	46
临沧市耿马傣族佤族自治县芒洪拉祜族布朗族乡	5253	7	1005	67
临沧市沧源佤族自治县勐角傣族彝族拉祜族乡	8353	10	1464	149
临沧市镇康县军赛佤族拉祜族傈僳族德昂族乡	9815	9	2387	125
西双版纳州景洪市基诺山基诺族乡	10645	1	588	57
西双版纳州景洪市景哈哈尼族乡	16402	4	3450	208
西双版纳州勐腊县瑶区瑶族乡	7561	3	1295	79
西双版纳州勐腊县象明彝族乡	7639	3	1751	88

图书馆（个）	文化站（个）	村文化活动室（个）	医院、卫生院（个）	#医生数（人）	#病床数（张）	村卫生室（个）	#医生数（人）
1	1	5	1	11	55	5	9
	1	12	1	10	20	10	10
	1	11	1	13	50	11	13
	1	5	1	13	30	5	6
1	1	80	1	5	20	10	11
	1	4	1	14	14	4	4
1	1	59	1	7	20	9	10
1	1	46	1	13	20	10	13
	1	4	1	8	12	3	2
1	1	9	1	7	20	9	9
1	1	8	1	2	15	8	8
1	1	7	1	7	8	6	10
1	1	7	1	5	20	7	10
1	1	5	1	6	31	5	10
	1	17	1	14	20	11	11
	1	6	1	11	12	6	7
	1	11	1	16	11	11	13
	1	16	1	12	12	16	27
	1	11	1	17	28	11	16
	1	11	1	16	20	11	22
	1	8	1	31	30	8	8
	1	10	1	10	15	10	12
	1	5	1	9	12	5	5
	1	4	1	10	10	4	8
6	1	19	1	5	14	5	8
1	1	41	1	17	23	9	9
	1	6	1	7	40	6	6
	1	46	1	14	30	7	11
	1	25	1	13	50	6	6
	1	4	1	4	12	5	8
	1	5	1	5	18	7	14

10–1(三) 续表 30

民族乡镇名称	农民人均纯收入（元）	学校数（个）	在校学生数（人）	教师数（人）
西双版纳州勐海县格朗和哈尼族乡	10266	5	627	60
西双版纳州勐海县布朗山布朗族乡	6675	5	2421	128
西双版纳州勐海县西定哈尼族乡	6565	3	1365	89
西藏省	**8341**	**6**	**2768**	**206**
山南市错那县麻玛门巴族乡	11567	1	48	10
山南市错那县贡日门巴族乡	10435			
山南市错那县基巴门巴族乡	9909			
山南市错那县勒布区勒门巴族乡	13852			
林芝市林芝县更章门巴族乡		1	25	2
林芝市米林县南伊珞巴乡	14498	1	151	31
林芝市墨脱县达木珞巴族乡		1	144	18
昌都市芒康县下盐井纳西族乡	10250	2	2400	145
陕西省	**8941**	**17**	**3624**	**270**
商洛市镇安县西口回族镇	8170	7	1550	110
商洛市镇安县茅坪回族镇	8985	6	1171	65
安康市宁陕县江口回族镇	10421	4	903	95
甘肃省	**6644**	**247**	**30005**	**2592**
临夏州广河县阿里麻土东乡族乡	5016	9	1687	111
甘南州临潭县长川回族乡	6880	11	836	93
甘南州临潭县卓洛回族乡	6054	2	192	21
甘南州临潭县古战回族乡	5691	5	680	76
甘南州卓尼县勺哇土族乡	6483	2	228	24
陇南市文县铁楼藏族乡	5253	10	972	82
陇南市武都区坪垭藏族乡	3568	9	327	36
陇南市武都区磨坝藏族乡	3612	10	388	26
陇南市宕昌县新城子藏族乡	5410	6	650	65
酒泉市肃州区黄泥堡裕固族乡	12702	1	85	10
酒泉市玉门市小金湾东乡族乡	11595	1	1280	69
白银市会宁县新添堡回族乡	5150	14	1239	121
庆阳市正宁县五倾源回族乡	6796	6	554	62
平凉市崆峒区峡门回族乡	8958	19	1397	156

图书馆（个）	文化站（个）	村文化活动室（个）	医院、卫生院（个）	#医生数（人）	#病床数（张）	村卫生室（个）	#医生数（人）
	1	7	1	10	14	6	6
	1	7	1	11	24	7	14
	1	11	1	20	20	13	27
6	**9**	**18**	**8**	**35**	**35**	**11**	**22**
1	1	1	1	6	3		
1	1	1	1	2	4	2	4
1	1	1	1	2	4		
1	1	1	1	2			
	1	3	1	3	6	3	6
1	1	3	1	1	5	3	6
1	1	4	1	6	3	2	4
	2	4	1	13	10	1	2
20	**9**	**24**	**4**	**62**	**79**	**33**	**33**
11	1	10	2	30	27	12	12
8	7	7	1	6	18	10	10
1	1	7	1	26	34	11	11
42	**33**	**292**	**37**	**336**	**425**	**247**	**238**
	1	6	1	10	15	6	6
1	1	10	1	16	14	10	10
		3	1	4	5	1	1
	1	5	1	6	5	5	6
	1	2	1	5	3		
1	1	16	1	8	12	16	16
1	1	9	1	8	9	9	8
1	1	8	1	5	8	8	2
	1	10	1	4	8	2	1
	1	3	1	4	10		
7	1	5	1	5	16		
	1	13	1	8	15	13	13
	1	5	1	10	6	5	3
2	1	24	1	23	14	24	24

10-1(三) 续表 31

民族乡镇名称	农民人均纯收入（元）	学校数（个）	在校学生数（人）	教师数（人）
平凉市华亭县神峪回族乡	4558	13	1229	133
平凉市华亭县山寨回族乡	4358	9	1111	114
平凉市崆峒区白庙回族乡	7894	10	1285	132
平凉市崆峒区大秦回族乡	6301	8	1154	103
平凉市崆峒区寨河回族乡	6119	13	2019	137
平凉市崆峒区大寨回族乡	6456	18	1553	127
平凉市崆峒区西阳回族乡	6518	12	1360	102
平凉市崆峒区上杨回族乡	7123	7	901	67
张掖市肃南裕固族自治县祁丰藏族乡	15848	1	155	34
张掖市肃南裕固族自治县马蹄藏族乡	12975	2	218	56
张掖市肃南裕固族自治县白银蒙古族乡	14289		70	
张掖市甘州区平山湖蒙古族乡	8689	1		3
临夏州临夏县井沟东乡族乡	5360	14	1366	156
临夏州和政县梁家寺东乡族乡	4336	8	1858	96
临夏州临夏县安家坡东乡族乡	7482	9	1303	118
酒泉市瓜州县七墩回族东乡族乡	7760	1	548	21
酒泉市瓜州县腰站子东乡族乡	11900	6	849	56
酒泉市瓜州县广至藏族乡	7600	6	682	64
酒泉市瓜州县沙河回族乡	8719	3	465	39
酒泉市玉门市独山子东乡族乡	6170	1	1364	82
青海省	**8136**	**150**	**22135**	**1448**
西宁市大通回族土族自治县朔北藏族乡	10980	6	1768	126
西宁市大通回族土族自治县向化藏族乡	8914	2	729	57
西宁市湟中县群加藏族乡	8066	1	311	24
西宁市湟中县大才回族乡	8135	7	3623	132
西宁市湟中县汉东回族乡	10962	3	547	21
海东市民和回族土族自治县杏儿藏族乡	7960	7	399	39
海东地区乐都县下营藏族乡	8009	6	331	34
海东地区乐都县中坝藏族乡	7099	10	212	29
海东地区乐都县达拉土族乡	3650	10	1231	30
海东市互助土族自治县松多藏族乡	6666	4	353	37

图书馆（个）	文化站（个）	村文化活动室（个）	医院、卫生院（个）			村卫生室（个）	
				#医生数（人）	#病床数（张）		#医生数（人）
12	1	11	1	10	18	12	12
9	1	8	1	14	10	9	9
1	1	9	1	17	23	9	9
1	1	12	1	13	18	12	12
1	1	12	1	13	16	12	12
1	1	24	2	19	17	24	24
1	1	13	1	16	13	13	13
1	1	7	1	10	16	7	7
	1	13	2	15	30	5	6
	1	12	3	17	19	1	2
	1	1				2	2
1	1	3	1	5	7	1	
	1	13	1	6	14	13	13
	1	7	1	27	15	8	8
	1	4	1	15	16	4	4
1	1	3	1	8	6	2	1
	1	6	1	3	9	6	6
	1	6	1	2	13	5	5
	1	5	1	3	16	3	3
	1	4	1	7	9		
62	**30**	**246**	**31**	**236**	**290**	**335**	**268**
	1	18	2	11	12	18	18
	1	9	1	29	7	9	9
	1	5	1	5	8	5	5
	1	15	1	21	16	15	14
	1	1				3	3
		4	1	3	4	7	
	1	10	1	5	10	10	
16	1	2	1	5	16	14	14
1	1	21	1	4	5	21	21
8	8	8	1	6	8	8	8

10-1(三) 续表 32

民族乡镇名称	农民人均纯收入（元）	学校数（个）	在校学生数（人）	教师数（人）
海东市化隆回族自治县雄先藏族乡	8248	5	653	47
海东市化隆回族自治县查甫藏族乡	8023	5	517	25
海东市化隆回族自治县金源藏族乡	7202	4	431	24
海东市化隆回族自治县塔加藏族乡	7356	4	348	18
海东市循化撒拉族自治县道帏藏族乡	7430	19	1793	136
海东市循化撒拉族自治县尕楞藏族乡	6989	8	859	65
海东市循化撒拉族自治县岗察藏族乡	6282	1	232	15
海东市循化撒拉族自治县文都藏族乡	5850	18	2656	126
海北藏族自治州门源回族自治县皇城蒙古族乡	17217			
海东地区平安县沙沟回族乡	7387	3	1256	86
海东地区平安县巴藏沟回族乡	7716	3	402	51
海东地区平安县石灰窑回族乡	7005	7	462	56
海东地区平安县洪水泉回族乡	8546	3	160	28
海东地区平安县古城回族乡	8333	5	1001	77
海东地区互助县巴扎藏族乡	8945	5	377	43
海南藏族自治州贵德县新街回族乡	7454	1	364	21
海北藏族自治州海晏县哈勒景蒙古族乡	19631			
湟源县日月藏族乡	8901	3	1120	101
新疆维吾尔自治区	**12887**	**110**	**34407**	**4541**
吐鲁番地区鄯善县东巴扎回族乡	12275	1	384	40
和田地区皮山县瑙阿巴提塔吉克族乡	6950	1	106	7
和田地区皮山县康克尔柯尔克孜族乡	6373	1	158	10
巴音郭楞蒙古自治州和硕县乌什塔拉回族乡	15945	2	1160	168
昌吉回族自治州奇台县大泉塔塔尔族乡	15957	1	272	62
昌吉回族自治州奇台县五马场哈萨克族乡	15170	2	601	109
昌吉回族自治州奇台县乔仁哈萨克族乡	15121	1	197	39
昌吉回族自治州木垒哈萨克自治县大南沟乌孜别克族乡	12567	1	348	51
昌吉回族自治州玛纳斯县旱卡子滩哈萨克族乡	17036	1	489	57
昌吉回族自治州玛纳斯县塔西河哈萨克族乡	16510	2	342	72
昌吉回族自治州玛纳斯县清水河哈萨克族乡	14963	2	371	124
昌吉回族自治州阜康市三工河哈萨克族乡	15840			

图书馆（个）	文化站（个）	村文化活动室（个）	医院、卫生院（个）	#医生数（人）	#病床数（张）	村卫生室（个）	#医生数（人）
			2	7	19	24	
			1	3	10	12	
			1	3	10	24	
			1	3	10	9	
		27	1	12	24	27	27
			1	8	6	9	11
1	1	3	1	4	4	3	3
	1	16	1	39	20	16	11
	1	4	1	7	2	4	4
2	1	10	1	10	8	10	9
1	1	13	1	13	4	13	13
	1	14	1	8	4	12	12
15	1	15	1	8	11	11	11
14	1	14	1	4	8	12	14
	1	8	1	3	12	8	8
1	1	4	1	7	30	6	6
3	3	3	3	1	8	3	3
	1	22	1	7	14	22	44
53	**44**	**231**	**51**	**647**	**863**	**206**	**226**
	1	3	1	8			
2	1	3	1	6	8	3	4
1	1	2	1	11	20	2	4
	1	7	1	21	34	5	6
1	1	3	1	10	15	6	6
	1	4	1	6	10	5	6
1	1	1	1	12	8	1	2
	1	3	1	5	12	3	5
	1	5	1	19	15	2	2
	1	6	1	12	10	5	5
	1	7	1	23	22	7	10
	1	5	1	14	10	2	2

10-1(三) 续表 33

民族乡镇名称	农民人均纯收入（元）	学校数（个）	在校学生数（人）	教师数（人）
昌吉回族自治州阜康市上户沟哈萨克族乡	16111	2	550	146
昌吉回族自治州昌吉市阿什里哈萨克族乡	15409	1	621	110
昌吉回族自治州呼图壁县石梯子哈萨克族乡	14308	1	594	92
乌鲁木齐市米东区柏杨河哈萨克族乡	12430	1	293	38
克孜勒苏柯尔克孜自治州阿克陶县塔尔塔吉克族乡	4222	4	608	152
喀什地区塔什库尔干塔吉克自治县科克亚尔柯尔克孜族乡	8427	1	104	18
喀什地区泽普县布依鲁克塔吉克族乡	7800	1	339	41
喀什地区莎车县孜热普夏提塔吉克族乡	6847	6	2450	180
伊犁哈萨克自治州察布查尔锡伯自治县米粮泉回族乡	15054	1	935	92
伊犁哈萨克自治州特克斯县科克铁热克柯尔克孜族乡	9327	11	2197	287
伊犁哈萨克自治州特克斯县呼吉尔特蒙古族乡	10239	4	671	113
伊犁哈萨克自治州伊宁县愉群翁回族乡	13482	17	7021	712
伊犁哈萨克自治州尼勒克县科克浩特浩尔蒙古族乡	13495	5	1736	227
伊犁哈萨克自治州霍城县伊车嘎善锡伯族乡	15370	6	1140	122
伊犁哈萨克自治州霍城县三宫回族乡	13127	4	2096	209
伊犁哈萨克自治州昭苏县胡松图喀尔逊蒙古族乡	13834	2	1009	120
伊犁哈萨克自治州昭苏县察汗乌苏蒙古族乡	13541	2	1071	140
伊犁哈萨克自治州昭苏县夏特柯尔克孜族乡	11451	2	1320	213
塔城地区塔城市阿西尔达斡尔族乡	17479	4	456	89
塔城地区乌苏市塔布勒合特蒙古族乡	14898	4	96	19
塔城地区乌苏市吉尔格勒特郭楞蒙古族乡	14386	1	515	55
塔城地区额敏县额玛勒郭楞蒙古族乡	13920	1	436	92
塔城地区额敏县霍吉尔特蒙古族乡	11572	2	732	127
阿克苏地区乌什县雅曼苏柯尔克孜族乡	7039	3	1144	92
阿克苏地区温宿县博孜东柯尔克孜族乡	3164	3	805	90
哈密地区伊吾县前山哈萨克族乡	16500	1	323	47
哈密地区哈密市德外都如克哈萨克族乡	9600	1	124	24
哈密地区哈密市乌拉台哈萨克族乡	12000	1	145	18
阿勒泰地区布尔津县禾木哈纳斯蒙古族乡	17500	2	320	64
阿勒泰地区阿勒泰市汗德尕特蒙古族乡	12202	1	128	73

图书馆（个）	文化站（个）	村文化活动室（个）	医院、卫生院（个）	#医生数（人）	#病床数（张）	村卫生室（个）	#医生数（人）
	1	7	1	13	15	7	7
1	1	7	1	13	20	7	7
1	1	6	1	12	15	4	2
1	1	6	1	26	12	6	6
	3	4	2	16	20	7	18
3	1	1	1	8	20	1	1
	1	4	1	2	10	4	
	1	12	1	26	30	12	7
	1	1	1	11	12	2	4
7	1	7	1	22	12	5	5
1	1	5	1	18	5	4	4
	1	16	1	121	190	16	16
1	1	10	1	20	25	10	13
1	1	5	6	7	25	5	7
4	1	4	1	7	21	4	4
	1	6	1	11	20	1	1
7	1	7	3	13	38	2	7
1	1	8	1	5	25	4	4
	1	20	1	13	9	20	10
	1	4	1	5	4		
	1	9	1	5	16	9	9
	1	7	1	26	10	6	9
	1	5	1	4	10	5	5
	1	1	1	13	32	7	7
6	1	6	2	11	17	9	
6	1	4	1	14	20	2	2
1	1	1	1	31	34	2	12
	1	1	1	6	8		
	1	2	1	16	10	1	4
7	1	6	1	5	14	3	3

主要统计指标解释

乡镇企业　指农村集体经济组织或者农民投资为主，在乡镇（包括所辖村）举办的承担支援农业义务的以及外地人（包括城里人）在农村、乡镇兴办的以吸收农村剩余劳动力就业为主和具有发展农村经济本质特征的各类企业和个体工商户。

所谓投资为主，是指农村集体经济组织或者农民投资超过百分之五十，或者虽不足百分之五十，但能起到控股或者实际支配作用。

实际支配作用是指企业投资虽不以农村集体经济组织或农民为主，但是利用了农村耕地，利用了农村基础设施、资源和劳动力，由农村集体经济组织或农民参与管理。

全国少数民族发展情况

一、人　口

1–1 历次人口普查全国分民族人口

单位：人

民 族	历次普查人口数					
	1953年	1964年	1982年	1990年	2000年	2010年
全国总计	**577856141**	**691220104**	**1003913927**	**1130510638**	**1242612226**	**1332810869**
汉族	542824056	651296368	936674944	1039187548	1137386112	1220844520
蒙古族	1451035	1965766	3411367	4802407	5813947	5981840
回族	3530498	4473147	7228398	8612001	9816805	10586087
藏族	2753081	2501174	3847875	4593072	5416021	6282187
维吾尔族	3610462	3996311	5963491	7207024	8399393	10069346
苗族	2490874	2782088	5021175	7383622	8940116	9426007
彝族	3227750	3380960	5453564	6578524	7762272	8714393
壮族	6864585	8386140	13383086	15555820	16178811	16926381
布依族	1237714	1348055	2119345	2548294	2971460	2870034
朝鲜族	1111275	1339569	1765204	1923361	1923842	1830929
满族	2399228	2695675	4304981	9846776	10682262	10387958
侗族	712802	836123	1426400	2508624	2960293	2879974
瑶族	665933	857265	1411967	2137033	2637421	2796003
白族	567119	706623	1132224	1598052	1858063	1933510
土家族		524755	2836814	5725049	8028133	8353912
哈尼族	481220	628727	1058806	1254800	1439673	1660932
哈萨克族	509375	491637	907546	1110758	1250458	1462588
傣族	478966	535389	839496	1025402	1158989	1261311
黎族	360950	438813	887107	1112498	1247814	1463064
傈僳族	317465	270628	481884	574589	634912	702839
佤族	286158	200272	298611	351980	396610	429709
畲族		234167	371965	634700	709592	708651
高山族	329	366	1650	2877	4461	4009
拉祜族	139060	191241	304256	411545	453705	485966
水族	133566	156099	286908	347116	406902	411847
东乡族	155761	147443	279523	373669	513805	621500
纳西族	143453	156796	251592	277750	308839	326295
景颇族	101852	57762	92976	119276	132143	147828

注：1. 各年度人口均为中国大陆人口普查数，不包括现役军人。
2. 少数民族人口合计数中不包括其他未识别的民族人口和外国人加入中国籍人口数。
3. 1982年人口数未包括西藏间接调查的28601人，据有关资料计算，如包括间接调查人口数，1982年门巴族约为6248人，珞巴族约为2065人。
4. 2010年人口数为人口普查机器汇总数据。

1-1 续表

单位：人

民 族	历次普查人口数					
	1953年	1964年	1982年	1990年	2000年	2010年
柯尔克孜族	70944	70151	113386	143537	160823	186708
土族	53277	77349	159632	192568	241198	289565
达斡尔族		63394	94126	121463	132394	131992
仫佬族		52819	90357	160648	207352	216257
羌族	35660	49105	102815	198303	306072	309576
布朗族		39411	58473	82398	91882	119639
撒拉族	30658	34664	69135	87546	104503	130607
毛南族		22382	38159	72370	107166	101192
仡佬族		26852	54164	438192	579357	550746
锡伯族	19022	33438	83683	172932	188824	190481
阿昌族		12032	20433	27718	33936	39555
普米族		14298	24238	29721	33600	42862
塔吉克族	14462	16236	26600	33223	41028	51069
怒族		15047	22896	27190	28759	37524
乌孜别克族	13626	7717	12213	14763	12370	10569
俄罗斯族	22656	1326	2917	13500	15609	15393
鄂温克族	4957	9681	19398	26379	30505	30875
德昂族		7261	12297	15461	17935	20556
保安族	4957	5125	9017	11683	16505	20074
裕固族	3861	5717	10568	12293	13719	14378
京族		4293	13108	18749	22517	28199
塔塔尔族	6929	2294	4122	5064	4890	3556
独龙族		3090	4633	5825	7426	6930
鄂伦春族	2262	2709	4103	7004	8196	8659
赫哲族		718	1489	4254	4640	5354
门巴族		3809	1140	7498	8923	10561
珞巴族			1066	2322	2965	3682
基诺族			11962	18022	20899	23143
其他未识别民族	1017299	32411	799705	752347	734438	640101
外国人加入中国籍	1004	7416	4937	3498	941	1448

1-2 历次人口普查少数民族人口的分布情况(一)

单位：人，%

地区	1953年			1964年		
	绝对数	占该地区总人口的比重(%)	占全国少数民族人口的比重(%)	绝对数	占该地区总人口的比重(%)	占全国少数民族人口的比重(%)
全　国	**34013782**	**5.89**	**100.00**	**39883909**	**5.77**	**100.00**
北　京	168404	6.08	0.50	283524	3.75	0.71
天　津	79857	2.96	0.23	115613	2.70	0.29
河　北	715752	1.75	2.10	621926	1.50	1.56
山　西	20316	0.14	0.06	40100	0.22	0.10
内蒙古	959336	15.73	2.82	1604756	13.00	4.02
辽　宁	1482619	8.07	4.36	1858900	6.90	4.66
吉　林	1193237	10.67	3.51	1342170	8.57	3.37
黑龙江	944328	7.98	2.78	1087045	5.40	2.73
上　海	31461	0.51	0.90	43591	0.40	0.11
江　苏	66362	0.16	0.20	83002	9.19	0.21
浙　江	30854	0.14	0.09	106411	0.38	0.27
安　徽	133801	0.45	0.39	155256	0.50	0.39
福　建	19979	0.15	0.06	147017	0.88	0.37
江　西	2001	0.01	0.01	9300	0.04	0.02
山　东	252506	0.52	0.74	294643	0.53	0.74
河　南	405715	0.93	1.19	517195	1.03	1.30
湖　北	35434	0.13	0.10	183035	0.54	0.46
湖　南	586737	1.78	1.72	1275719	3.43	3.20
广　东	430279	1.25	1.27	747181	1.75	1.87
广　西	7337944	37.51	21.57	8553300	41.03	21.45
海　南						
四　川	2022315	3.11	5.95	1728955	2.54	4.33
贵　州	3562493	23.69	10.47	4009683	23.39	10.05
云　南	5411883	31.59	15.91	6384114	31.13	16.01
西　藏	1273969	100.00	3.75	1213796	97.01	3.04
陕　西	56272	0.36	0.17	93978	0.45	0.24
甘　肃	1486775	11.71	4.37	955396	7.56	2.40
青　海	854136	50.95	20.51	829318	38.65	2.18
宁　夏				650366	30.86	1.63
新　疆	4449017	93.01	13.08	4948619	68.07	12.41

1-2 历次人口普查少数民族人口的分布情况(二)

单位：人，%

地区	1982年			1990年		
	绝对数	占该地区总人口的比重(%)	占全国少数民族人口的比重(%)	绝对数	占该地区总人口的比重(%)	占全国少数民族人口的比重(%)
全　国	**66434341**	**6.62**	**100.00**	**90567245**	**8.01**	**100.00**
北　京	322320	3.49	0.49	413937	3.83	0.46
天　津	164241	2.12	0.25	202642	2.31	0.22
河　北	853275	1.61	1.28	2408876	3.94	2.66
山　西	63760	0.25	0.10	82061	0.29	0.09
内蒙古	2996477	15.55	4.51	4166260	19.42	4.60
辽　宁	2909615	8.15	4.38	6165508	15.62	6.81
吉　林	1829555	8.11	2.75	2525212	10.24	2.79
黑龙江	1613043	4.94	2.43	1997934	5.67	2.21
上　海	49748	0.42	0.07	62171	0.47	0.07
江　苏	110559	0.18	0.17	153060	0.23	0.07
浙　江	161546	0.42	0.24	212582	0.51	0.23
安　徽	261760	0.53	0.39	324227	0.58	0.36
福　建	250449	0.97	0.38	465995	1.55	0.51
江　西	22052	0.07	0.03	101144	0.27	0.11
山　东	407849	0.55	0.61	505694	0.60	0.56
河　南	799338	1.07	1.20	1008972	1.18	1.11
湖　北	1778494	3.72	2.68	2140188	3.97	2.36
湖　南	2201087	4.08	3.31	4823649	7.95	5.33
广　东	1057527	1.78	1.59	354625	0.56	0.39
广　西	13933250	38.26	20.97	16577113	39.24	18.30
海　南				1114803	17.00	1.23
四　川	3660402	3.67	5.51	4889295	4.56	5.40
贵　州	6675360	23.38	10.05	10504828	32.43	11.60
云　南	10277069	31.57	15.47	12351834	33.41	13.64
西　藏	1769935	94.97	2.66	2112168	96.18	2.33
陕　西	133098	0.46	2.20	156403	0.48	0.17
甘　肃	1555186	7.95	2.34	1857467	8.30	2.05
青　海	1535774	39.42	2.31	1878028	42.14	2.07
宁　夏	1244238	31.94	1.87	1549067	33.27	1.71
新　疆	7797344	59.61	11.74	9961202	62.42	10.45

1-2 历次人口普查少数民族人口的分布情况(三)

单位：万人

地区	2000年			2010年		
	总人口	少数民族人口	占总人口比例(%)	总人口	少数民族人口	占总人口比例(%)
全　国	**126583**	**10643**	**8.41**	**133972**	**11379**	**8.49**
北　京	1382	59	4.26	1961	80	4.08
天　津	1001	26	2.64	1294	33	2.55
河　北	6744	291	4.31	7185	299	4.16
山　西	3297	10	0.29	3571	9	0.25
内蒙古	2376	493	20.76	2471	506	20.48
辽　宁	4238	678	16.02	4375	664	15.18
吉　林	2728	246	9.03	2746	219	7.97
黑龙江	3689	185	5.02	3831	137	3.58
上　海	1674	10	0.60	2302	28	1.22
江　苏	7438	25	0.33	7866	38	0.48
浙　江	4677	40	0.85	5443	121	2.22
安　徽	5986	38	0.63	5950	40	0.67
福　建	3471	58	1.67	3689	80	2.17
江　西	4140	11	0.27	4457	15	0.34
山　东	9079	62	0.68	9579	73	0.76
河　南	9256	113	1.22	9402	113	1.20
湖　北	6028	262	4.34	5724	247	4.32
湖　南	6440	658	10.21	6568	655	9.97
广　东	8642	123	1.42	10430	206	1.98
广　西	4489	1721	38.34	4603	1711	37.17
海　南	787	136	17.29	867	145	16.72
重　庆	3090	198	6.42	2885	194	6.73
四　川	8329	415	4.98	8042	491	6.11
贵　州	3525	1334	37.85	3475	1255	36.12
云　南	4288	1433	33.41	4597	1534	33.37
西　藏	262	246	94.07	300	276	91.93
陕　西	3605	18	0.49	3733	19	0.51
甘　肃	2562	223	8.69	2558	241	9.42
青　海	518	236	45.51	563	264	46.92
宁　夏	562	194	34.53	630	223	35.39
新　疆	1925	1143	59.39	2181	1307	59.92

注：2000年和2010年人口数为人口普查快速汇总数据。

1-3 全国少数民族分布的主要地区

民　族	分布的主要地区
蒙古族	内蒙古、辽宁、吉林、河北、黑龙江、新疆
回族	宁夏、甘肃、河南、新疆、青海、云南、河北、山东、安徽、辽宁、北京、内蒙古、天津、黑龙江、陕西、贵州、吉林、江苏、四川
藏族	西藏、四川、青海、甘肃、云南
维吾尔族	新疆
苗族	贵州、湖南、云南、广西、重庆、湖北、四川
彝族	云南、四川、贵州
壮族	广西、云南、广东
布依族	贵州
朝鲜族	吉林、黑龙江、辽宁
满族	辽宁、河北、黑龙江、吉林、内蒙古、北京
侗族	贵州、湖南、广西
瑶族	广西、湖南、云南、广东
白族	云南、贵州、湖南
土家族	湖南、湖北、重庆、贵州
哈尼族	云南
哈萨克族	新疆
傣族	云南
黎族	海南
傈僳族	云南、四川
佤族	云南
畲族	福建、浙江、江西、广东
高山族	台湾、福建
拉祜族	云南
水族	贵州、广西

1-3 续表

民 族	分布的主要地区
东乡族	甘肃、新疆
纳西族	云南
景颇族	云南
柯尔克孜族	新疆
土族	青海、甘肃
达斡尔族	内蒙古、黑龙江
仫佬族	广西
羌族	四川
布朗族	云南
撒拉族	青海
毛南族	广西
仡佬族	贵州
锡伯族	辽宁、新疆
阿昌族	云南
普米族	云南
塔吉克族	新疆
怒族	云南
乌孜别克族	新疆
俄罗斯族	新疆、黑龙江
鄂温克族	内蒙古
德昂族	云南
保安族	甘肃
裕固族	甘肃
京族	广西
塔塔尔族	新疆
独龙族	云南
鄂伦春族	黑龙江、内蒙古
赫哲族	黑龙江
门巴族	西藏
珞巴族	西藏
基诺族	云南

1-4 2010年全国人口普查各民族分城市、镇、乡村的人口

单位：人，%

民　族	总人口	城市人口	镇人口	乡村人口
全国总计	**1332810869**	**403760040**	**266245506**	**662805323**
汉族	1220844520	386027166	247209627	587607727
少数民族合计	111324800	17680203	18916027	74728570
少数民族占全国比重	8.35	4.38	7.10	11.27
蒙古族	5981840	1351092	1411757	3218991
回族	10586087	3606760	2057256	4922071
藏族	6282187	315622	923177	5043388
维吾尔族	10069346	1161024	1092195	7816127
苗族	9426007	958670	1457396	7009941
彝族	8714393	523907	1120997	7069489
壮族	16926381	2685283	3132374	11108724
布依族	2870034	347835	404996	2117203
朝鲜族	1830929	999237	271198	560494
满族	10387958	2608600	1935398	5843960
侗族	2879974	291661	585784	2002529
瑶族	2796003	258966	393313	2143724
白族	1933510	273943	388571	1270996
土家族	8353912	1132394	1785132	5436386
哈尼族	1660932	83289	204994	1372649
哈萨克族	1462588	125800	211905	1124883
傣族	1261311	116239	291357	853715
黎族	1463064	120068	262798	1080198
傈僳族	702839	14950	60685	627204
佤族	429709	16036	63211	350462
畲族	708651	113750	118551	476350
高山族	4009	1593	826	1590
拉祜族	485966	16305	62724	406937
水族	411847	32688	47784	331375
东乡族	621500	41258	62481	517761
纳西族	326295	78456	39339	208500
景颇族	147828	11615	17536	118677
柯尔克孜族	186708	12099	23428	151181

1-4 续表

单位：人

民 族	总人口	城市人口	镇人口	乡村人口
土族	289565	41623	52268	195674
达斡尔族	131992	38755	37252	55985
仫佬族	216257	44439	51264	120554
羌族	309576	21506	74048	214022
布朗族	119639	4896	13622	101121
撒拉族	130607	17270	22019	91318
毛南族	101192	15408	18982	66802
仡佬族	550746	65389	130285	355072
锡伯族	190481	74997	25881	89603
阿昌族	39555	3090	5960	30505
普米族	42862	2530	6139	34193
塔吉克族	51069	1865	7784	41420
怒族	37524	1865	4319	31340
乌孜别克族	10569	4906	2317	3346
俄罗斯族	15393	10888	2133	2372
鄂温克族	30875	6003	10720	14152
德昂族	20556	1196	1911	17449
保安族	20074	1510	2375	16189
裕固族	14378	3000	3879	7499
京族	28199	9251	6217	12731
塔塔尔族	3556	1416	702	1438
独龙族	6930	326	828	5776
鄂伦春族	8659	2298	2794	3567
赫哲族	5354	2356	1269	1729
门巴族	10561	520	1890	8151
珞巴族	3682	122	398	3162
基诺族	23143	3638	1608	17897
其他未识别的民族	640101	52304	119571	468226
外国人加入中国籍	1448	367	281	800

1-5　2010年全国人口普查各民族6岁及6岁以上人口的受教育状况（一）

单位：人，%

民　族	合　　计	未上过学	小　学	初　中
全国总计	**1242546122**	**62136405**	**357211733**	**518176222**
汉族	1140804980	53726722	317175239	482244975
少数民族合计	101741142	8409683	40036494	35931247
少数民族占全国比重(%)	8.19	13.53	11.21	6.93
蒙古族	5493484	181845	1576111	2092137
回族	9684824	829803	3451225	3256837
藏族	5652093	1727358	2593670	751132
维吾尔族	8911219	312376	3705107	3741470
苗族	8509677	872566	3919856	2722963
彝族	7792892	1114281	4190993	1744197
壮族	15450124	734370	5587561	6601655
布依族	2598781	317940	1169545	824977
朝鲜族	1764882	22789	236872	766999
满族	9644853	206212	2635047	4433743
侗族	2619132	173293	1023789	1013249
瑶族	2496825	166437	1097493	874247
白族	1785320	104148	693269	649936
土家族	7630400	466043	2790562	2887431
哈尼族	1495794	217182	807352	341877
哈萨克族	1305071	20763	473830	535399
傣族	1154883	130337	613322	293869
黎族	1317322	85524	411397	639645
傈僳族	640339	118004	358140	122790
佤族	398890	54899	232864	83034
畲族	643415	40412	259014	235542
高山族	3674	95	751	1287
拉祜族	446816	70495	278976	69673
水族	370377	48543	174757	109644
东乡族	551196	97262	357318	68468
纳西族	307242	23495	105359	103015

1-5(一) 续表

单位：人，%

民 族	合 计	未上过学	小 学	初 中
景颇族	132808	12534	72498	34975
柯尔克孜族	165498	5220	75643	54936
土族	266248	28772	103264	78400
达斡尔族	121946	1414	25607	51541
仫佬族	195734	8194	74142	73733
羌族	289490	20394	122080	90504
布朗族	108074	15420	63324	20384
撒拉族	113873	24119	58679	19217
毛南族	91706	3876	35010	36031
仡佬族	497661	45033	208655	162617
锡伯族	176497	1972	36721	77860
阿昌族	34844	2794	17424	10518
普米族	39094	5688	15467	10921
塔吉克族	45716	1601	22758	13707
怒族	34002	5117	15952	8259
乌孜别克族	9596	196	2809	2857
俄罗斯族	14516	183	2125	4420
鄂温克族	28111	348	6261	11070
德昂族	18251	3530	10389	3269
保安族	17517	1930	10442	3041
裕固族	13441	822	5056	3765
京族	25159	1392	6674	10191
塔塔尔族	3244	46	710	967
独龙族	6220	1018	2623	1681
鄂伦春族	7884	109	1407	3017
赫哲族	4940	94	820	1827
门巴族	9509	3559	3466	1214
珞巴族	3213	882	1554	413
基诺族	21014	1911	8616	7162

1—5　2010年全国人口普查各民族6岁及6岁以上人口的受教育状况(二)

单位：人，%

民　族	高　中	大学专科	大学本科	研　究　生
全国总计	**186646865**	**68610519**	**45625793**	**4138585**
汉族	176525992	64353701	42822692	3955659
少数民族合计	10120873	4256818	2803101	182926
少数民族占全国比重(%)	5.42	6.20	6.14	4.42
蒙古族	860899	420682	335274	26536
回族	1240522	504660	371555	30222
藏族	270620	192834	111515	4964
维吾尔族	586636	382935	178129	4566
苗族	619448	235032	132635	7177
彝族	448569	183627	106949	4276
壮族	1653720	560431	296407	15980
布依族	168197	72622	43878	1622
朝鲜族	456566	130639	141342	9675
满族	1273292	576376	477022	43161
侗族	247176	101127	57878	2620
瑶族	220155	81596	53343	3554
白族	195778	79341	59298	3550
土家族	936733	330121	204943	14567
哈尼族	84070	29350	15456	507
哈萨克族	159961	79416	34739	963
傣族	70756	30213	15860	526
黎族	128694	35779	15722	561
傈僳族	24620	10959	5654	172
佤族	17969	7289	2746	89
畲族	68856	21606	16961	1024
高山族	742	385	374	40
拉祜族	15415	7680	4425	152
水族	23003	8911	5291	228
东乡族	17049	7041	3926	132
纳西族	39320	20933	14308	812

1–5(二) 续表

单位：人，%

民 族	高 中	大学专科	大学本科	研 究 生
景颇族	7859	3435	1467	40
柯尔克孜族	16131	10030	3443	95
土族	30221	13319	11726	546
达斡尔族	21767	11807	9132	678
仫佬族	22281	9977	6952	455
羌族	32378	15323	8395	416
布朗族	5083	2289	1528	46
撒拉族	6051	3427	2287	93
毛南族	9597	4376	2677	139
仡佬族	43041	21667	16020	628
锡伯族	29729	15525	13495	1195
阿昌族	2386	1051	650	21
普米族	3870	1836	1274	38
塔吉克族	4137	2979	519	15
怒族	2571	1451	630	22
乌孜别克族	1692	1079	919	44
俄罗斯族	3531	2272	1847	138
鄂温克族	5318	2998	1987	129
德昂族	674	263	124	2
保安族	1202	601	291	10
裕固族	1788	1186	774	50
京族	3963	1658	1219	62
塔塔尔族	643	426	433	19
独龙族	497	282	108	11
鄂伦春族	1511	1011	764	65
赫哲族	920	574	637	68
门巴族	597	373	290	10
珞巴族	175	83	105	1
基诺族	1973	942	390	20

1-6 2010年全国人口普查各民族15岁及15岁以上的文盲人口状况

单位：人，%

民 族	15岁及15岁以上人口	文盲人口	文盲人口占15岁及以上人口比例
全国总计	**1111488248**	**54190864**	**4.88**
汉族	1024636211	47108426	4.60
少数民族合计	86852037	7082438	8.15
少数民族占全国比重	7.81	13.07	
蒙古族	4805740	156455	3.26
回族	8345262	749916	8.99
藏族	4671710	1382295	29.59
维吾尔族	7464351	256724	3.44
苗族	7025185	754482	10.74
彝族	6340355	919980	14.51
壮族	13496217	600570	4.45
布依族	2109850	285427	13.53
朝鲜族	1677260	17216	1.03
满族	8632096	170832	1.98
侗族	2228281	151472	6.80
瑶族	2125293	136168	6.41
白族	1526504	84352	5.53
土家族	6475074	414066	6.39
哈尼族	1276730	178784	14.00
哈萨克族	1115037	12446	1.12
傣族	1008297	112823	11.19
黎族	1128234	75775	6.72
傈僳族	541808	100448	18.54
佤族	344456	47085	13.67
畲族	561607	32922	5.86
高山族	3270	84	2.57
拉祜族	389618	56991	14.63
水族	298766	43409	14.53
东乡族	450604	82038	18.21
纳西族	271264	20515	7.56

1-6 续表

单位：人，%

民　族	15岁及15岁以上人口	文盲人口	文盲人口占15岁及以上人口比例
景颇族	111711	10014	8.96
柯尔克孜族	138037	4161	3.01
土族	228647	26212	11.46
达斡尔族	108406	947	0.87
仫佬族	170896	6557	3.84
羌族	251028	18618	7.42
布朗族	90914	11444	12.59
撒拉族	93341	22520	24.13
毛南族	78306	3107	3.97
仡佬族	394113	39694	10.07
锡伯族	156598	1368	0.87
阿昌族	28325	2303	8.13
普米族	32685	5037	15.41
塔吉克族	37678	1411	3.74
怒族	28781	4138	14.38
乌孜别克族	8224	129	1.57
俄罗斯族	13013	142	1.09
鄂温克族	24543	254	1.03
德昂族	15293	3271	21.39
保安族	14207	1667	11.73
裕固族	11714	729	6.22
京族	21482	1151	5.36
塔塔尔族	2869	33	1.15
独龙族	5205	887	17.04
鄂伦春族	6828	71	1.04
赫哲族	4436	70	1.58
门巴族	7634	2759	36.14
珞巴族	2538	790	31.13
基诺族	18332	1785	9.74

1-7 2010年全国人口普查各民族分产业的人口

单位：人，%

民族	总计	第一产业	第二产业	第三产业
全国总计	**71547989**	**34584219**	**17284443**	**19679327**
汉族	65539943	30416927	16553309	18569707
少数民族合计	5978017	4144630	727539	1105848
少数民族占全国比重	8.36	11.98	4.21	5.62
蒙古族	302690	192045	27118	83527
回族	512837	270396	73806	168635
藏族	320211	262995	10460	46756
维吾尔族	545158	449906	21541	73711
苗族	502575	353974	87130	61471
彝族	511991	422672	37748	51571
壮族	965994	669288	136494	160212
布依族	151167	104854	27244	19069
朝鲜族	72332	19133	14607	38592
满族	557607	325949	81427	150231
侗族	159794	101525	31794	26475
瑶族	155806	114989	21977	18840
白族	108565	72575	14387	21603
土家族	418466	252259	83056	83151
哈尼族	101348	79930	9499	11919
哈萨克族	63313	49574	2492	11247
傣族	78770	63746	4517	10507
黎族	81296	65968	4570	10758
傈僳族	45768	41066	1640	3062
佤族	27923	21815	3262	2846
畲族	36129	18063	9544	8522
高山族	218	95	42	81
拉祜族	33055	29040	1385	2630
水族	22627	17040	3321	2266
东乡族	40761	35883	1300	3578
纳西族	19443	13119	853	5471
景颇族	8811	7252	445	1114

1-7 续表

单位：人，%

民 族	总 计	第一产业	第二产业	第三产业
柯尔克孜族	8546	6942	283	1321
土族	15978	11032	2141	2805
达斡尔族	5796	3042	516	2238
仫佬族	10431	5821	2029	2581
羌族	18297	13345	1613	3339
布朗族	7402	6327	401	674
撒拉族	5589	3650	291	1648
毛南族	5758	3662	1070	1026
仡佬族	26501	16389	4968	5144
锡伯族	9934	5339	1356	3239
阿昌族	2138	1688	204	246
普米族	2433	1892	148	393
塔吉克族	2119	1881	46	192
怒族	2215	1773	137	305
乌孜别克族	375	124	49	202
俄罗斯族	617	113	85	419
鄂温克族	1352	791	84	477
德昂族	1255	1127	40	88
保安族	1009	780	63	166
裕固族	800	527	65	208
京族	1293	633	117	543
塔塔尔族	188	103	14	71
独龙族	453	400	17	36
鄂伦春族	340	103	31	206
赫哲族	244	79	50	115
门巴族	603	509	19	75
珞巴族	182	159	3	20
基诺族	1514	1248	40	226
其他未识别的民族	29951	22616	3583	3752
外国人加入中国籍	78	46	12	20

1-8 2010年全国人口普查各民族分年龄的人口

单位：人，%

民族	人口总计	0-14岁	15-60岁	61岁以上
全国总计	**1332810869**	**221322621**	**933893808**	**177594440**
汉族	1220844520	196208309	858795454	165840757
少数民族合计	111324800	24906147	74725436	11693217
少数民族占全国比重	8.35	11.25	8.00	6.58
蒙古族	5981840	1176100	4351233	454507
回族	10586087	2240825	7172993	1172269
藏族	6282187	1610477	4117366	554344
维吾尔族	10069346	2604995	6664484	799867
苗族	9426007	2400822	6019521	1005664
彝族	8714393	2374038	5578659	761696
壮族	16926381	3430164	11371698	2124519
布依族	2870034	760184	1768421	341429
朝鲜族	1830929	153669	1365732	311528
满族	10387958	1755862	7544429	1087667
侗族	2879974	651693	1858387	369894
瑶族	2796003	670710	1842364	282929
白族	1933510	407006	1307009	219495
土家族	8353912	1878838	5373544	1101530
哈尼族	1660932	384202	1128229	148501
哈萨克族	1462588	347551	1024109	90928
傣族	1261311	253014	892225	116072
黎族	1463064	334830	1004243	123991
傈僳族	702839	161031	479809	61999
佤族	429709	85253	306638	37818
畲族	708651	147044	477440	84167
高山族	4009	739	2896	374
拉祜族	485966	96348	347918	41700
水族	411847	113081	255321	43445
东乡族	621500	170896	395139	55465
纳西族	326295	55031	228744	42520
景颇族	147828	36117	101059	10652

1-8 续表

单位：人，%

民 族	人口总计	0-14岁	15-60岁	61岁以上
柯尔克孜族	186708	48671	123555	14482
土族	289565	60918	207268	21379
达斡尔族	131992	23586	98926	9480
仫佬族	216257	45361	147537	23359
羌族	309576	58548	217159	33869
布朗族	119639	28725	81517	9397
撒拉族	130607	37266	82562	10779
毛南族	101192	22886	65777	12529
仡佬族	550746	156633	330184	63929
锡伯族	190481	33883	138387	18211
阿昌族	39555	11230	25499	2826
普米族	42861	10176	28958	3727
塔吉克族	51069	13391	33895	3783
怒族	37523	8742	25109	3672
乌孜别克族	10569	2345	7237	987
俄罗斯族	15393	2380	11208	1805
鄂温克族	30875	6332	23159	1384
德昂族	20556	5263	13882	1411
保安族	20074	5867	12473	1734
裕固族	14378	2664	10212	1502
京族	28199	6717	18421	3061
塔塔尔族	3556	687	2509	360
独龙族	6930	1725	4649	556
鄂伦春族	8659	1831	6438	390
赫哲族	5354	918	4051	385
门巴族	10561	2927	6891	743
珞巴族	3682	1144	2292	246
基诺族	23143	4811	16071	2261
其他未识别的民族	640101	207992	371899	60210
外国人加入中国籍	1448	173	1019	256

1-9　2010年全国人口普查各民族分性别出生人口和死亡人口(2009.11.1—2010.10.31)

单位：人，%

民　族	出　生　人　数			死　亡　人　数		
	小　计	男	女	小　计	男	女
全国总计	**1190060**	**652073**	**537987**	**7421990**	**4293783**	**3128207**
汉族	1059649	582390	477259	6823973	3937020	2886953
少数民族合计	129819	69336	60483	595028	354912	240116
少数民族占全国比重	10.91	10.63	11.24	8.02	8.27	7.68
蒙古族	5504	2877	2627	24817	15455	9362
回族	12113	6501	5612	47198	27664	19534
藏族	6812	3490	3322	39143	21133	18010
维吾尔族	17132	8741	8391	52855	31018	21837
苗族	11714	6436	5278	52259	31466	20793
彝族	12041	6348	5693	52195	31585	20610
壮族	19946	11047	8899	92308	55667	36641
布依族	3758	2124	1634	18944	11321	7623
朝鲜族	684	378	306	10337	6133	4204
满族	7439	3992	3447	46716	28915	17801
侗族	3498	1937	1561	17354	10245	7109
瑶族	3329	1841	1488	14343	8997	5346
白族	1850	928	922	11687	6690	4997
土家族	7871	4175	3696	45272	26593	18679
哈尼族	2337	1220	1117	10540	6367	4173
哈萨克族	2331	1195	1136	6809	4403	2406
傣族	1508	780	728	7627	4341	3286
黎族	2053	1110	943	6456	3961	2495
傈僳族	986	536	450	5045	2982	2063
佤族	545	270	275	3132	1873	1259
畲族	591	332	259	4072	2616	1456
高山族	1		1	10	7	3
拉祜族	603	298	305	3657	2201	1456
水族	633	357	276	3481	2137	1344
东乡族	1103	611	492	2632	1440	1192
纳西族	255	134	121	2036	1128	908
景颇族	301	151	150	1062	640	422

1-9 续表

单位：人，%

民　族	出生人数			死亡人数		
	小计	男	女	小计	男	女
柯尔克孜族	246	134	112	881	517	364
土族	282	150	132	1663	983	680
达斡尔族	118	57	61	547	363	184
仫佬族	254	137	117	859	539	320
羌族	325	161	164	1535	896	639
布朗族	164	91	73	671	393	278
撒拉族	240	115	125	467	268	199
毛南族	113	67	46	559	346	213
仡佬族	562	287	275	3109	1931	1178
锡伯族	105	62	43	682	463	219
阿昌族	60	33	27	202	127	75
普米族	49	26	23	236	145	91
塔吉克族	75	43	32	233	131	102
怒族	43	26	17	324	185	139
乌孜别克族	8	3	5	30	21	9
俄罗斯族	7	2	5	57	34	23
鄂温克族	34	20	14	121	86	35
德昂族	42	23	19	141	81	60
保安族	41	26	15	84	43	41
裕固族	11	6	5	63	39	24
京族	27	16	11	186	110	76
塔塔尔族	2	1	1	17	10	7
独龙族	8	4	4	64	41	23
鄂伦春族	3	2	1	35	21	14
赫哲族	3	1	2	10	5	5
门巴族	15	10	5	119	71	48
珞巴族	11	5	6	44	28	16
基诺族	33	19	14	102	57	45
其他未识别的民族	582	340	242	2956	1829	1127
外国人加入中国籍	10	7	3	33	22	11

二、教 育

2–1 全国分地区少数民族教职工(2016年)(一)

单位：人

地区	普通高等学校	成人高等学校	中等职业教育
全国	**140282**	**2160**	**46808**
北京	8081	170	488
天津	1781	45	194
河北	4810	12	1606
山西	358	6	51
内蒙古	12242	103	3876
辽宁	11380	206	3531
吉林	7218	105	1156
黑龙江	4142	121	302
上海	1806	20	155
江苏	2486	7	174
浙江	1516	10	236
安徽	1024	12	151
福建	1079	4	189
江西	768	10	68
山东	2128	7	275
河南	2766	32	418
湖北	7851	22	1098
湖南	4998	21	2644
广东	4238	26	841
广西	14678	380	6266
海南	614	12	284
重庆	1721	26	852
四川	3653	59	782
贵州	11600	127	5719
云南	9697	17	5659
西藏	1417		796
陕西	1559	13	80
甘肃	2211	14	1029
青海	1417	44	899
宁夏	2144	21	585
新疆	8899	508	6404

2-1 全国分地区少数民族教职工(2016年)(二)

单位：人

地 区	普通中学	特殊教育学校	小 学	幼儿园
全 国	**571602**	**5289**	**600315**	**249875**
北 京	4890	86	3271	2865
天 津	1651	31	1119	444
河 北	16251	227	18203	5591
山 西	318	6	186	90
内蒙古	36502	437	34445	14917
辽 宁	40589	439	27799	13266
吉 林	11493	154	7936	2289
黑龙江	7586	65	4857	1017
上 海	1151	17	427	379
江 苏	1122	20	686	506
浙 江	2119	19	2095	1240
安 徽	1444	18	1214	568
福 建	1939	45	2405	1038
江 西	654	8	637	392
山 东	2721	22	2054	1199
河 南	4333	49	4217	2164
湖 北	13028	113	11753	5292
湖 南	40221	247	29005	16852
广 东	9056	134	3456	5636
广 西	75340	934	93877	47390
海 南	4816	15	6555	3043
重 庆	12166	92	13173	4863
四 川	13133	105	26637	5068
贵 州	86047	739	85576	40694
云 南	52210	470	74576	24209
西 藏	10961	175	19131	3848
陕 西	828	8	540	486
甘 肃	9905	33	13497	4480
青 海	12082	51	11377	6668
宁 夏	9024	76	9691	4325
新 疆	88022	454	89920	29056

2-2 全国少数民族专任教师

单位：万人

年　份	高等学校	中等技术学校	中等师范学校	普通中学	职业中学	小　　学
1951				0.27		–
1952	0.06			0.45		5.98
1957	0.19			1.17		9.82
1963	0.10	0.12	0.05	1.32	0.06	7.24
1965	0.33	0.11	0.04	1.46	0.28	13.32
1975	0.27			6.85		27.17
1978	0.59	0.27	0.20	11.23		31.02
1979	0.72	0.29	0.22	10.82		31.30
1980	0.78	0.35	0.26	11.23	0.07	32.94
1981	0.84	0.38	0.24	10.52	0.09	33.06
1982	0.92	0.44	0.27	10.42	0.13	34.32
1983	1.08	0.49	0.27	10.72	0.23	34.49
1984	1.08	0.52	0.28	11.24	0.36	37.80
1985	1.28	0.60	0.32	12.56	0.56	39.78
1986	1.42	0.78	0.36	13.92	0.68	42.13
1987	1.54	0.81	0.42	15.05	0.84	43.68
1988	1.69	0.85	0.44	15.85	1.63	42.12
1989	1.75	0.92	0.47	17.39	1.03	46.25
1990	1.78	0.97	0.51	18.30	1.09	45.87
1991	1.89	1.01	0.53	19.21	1.19	46.41
1992	1.94	1.05	0.51	20.00	1.29	47.63
1993	1.94	1.04	0.52	20.21	1.39	47.72
1994	2.11	1.10	0.52	20.76	1.40	47.88
1995	2.20	1.16	0.58	22.25	1.50	50.19
1996	2.20	1.22	0.60	23.34	1.82	51.55
1997	2.28	1.27	0.62	24.69	1.66	52.79
1998	2.32	1.26	0.62	26.03	1.64	53.69
1999	2.33	1.25	0.61	27.14	1.68	54.51
2000	2.51	1.26	0.53	28.16	1.63	55.30
2001	2.87	1.16	0.47	30.04	1.63	57.47
2002	3.35	1.05	0.46	31.70	1.65	57.23
2003	3.63	0.87	0.37	33.35	0.30	57.09
2004	4.30	0.82	0.35	34.61	0.28	56.86
2005	4.65			36.18	0.21	56.93
2006	5.03			37.44	0.17	57.20
2007	5.52			38.18	0.12	57.79
2008	5.83			38.93	0.08	58.11
2009	6.20			39.90	0.05	58.52
2010	6.48			40.62	0.04	58.39
2011	6.86			46.15		53.58
2012	7.16			42.19		58.56
2013	7.94			47.88		54.38
2014	8.23			49.30		59.56
2015	8.58			50.29		54.82
2016	9.10			51.61		55.75

注：2003年以后职业中学数仅指职业初中数。(下同)

2-3 全国少数民族专任教师占全国专任教师总数的比重

单位：%

年　份	高等学校	中等技术学校	中等师范学校	普通中学	职业中学	小　　学
1951				2.6		
1952				2.9		
1957	2.8			3.9		4.3
1963	2.2	2.5	4.1	3.1	3.9	2.8
1965	2.4	2.5	3.5	3.2	1.4	3.5
1975	1.7	4.2		3.3		5.2
1978	2.9	3.9	6.6	3.5		5.9
1979	3.0	3.7	6.4	3.5		5.8
1980	3.2	3.9	6.9	3.7	3.2	6.0
1981	3.4	3.9	6.4	3.7	3.0	5.9
1982	3.2	4.0	6.7	3.9	3.3	6.2
1983	3.6	4.2	6.9	4.1	3.1	6.4
1984	3.4	4.3	6.6	4.4	3.5	7.0
1985	3.7	4.7	6.9	4.7	3.9	7.4
1986	3.8	5.4	7.3	5.0	4.2	7.8
1987	4.0	5.2	7.8	5.2	4.5	8.0
1988	4.3	5.1	7.7	5.4	8.0	7.7
1989	4.4	5.4	8.2	5.8	4.8	8.3
1990	4.4	5.5	8.7	6.0	4.9	8.2
1991	4.8	5.7	9.3	6.2	5.1	8.4
1992	5.0	5.9	8.9	6.4	5.2	8.6
1993	5.0	5.7	9.0	6.4	5.3	8.6
1994	5.3	5.9	8.7	5.3	5.1	8.5
1995	5.5	5.9	9.4	6.7	5.1	8.9
1996	5.5	6.0	9.5	6.7	5.9	9.0
1997	5.6	6.0	9.8	6.9	5.2	9.1
1998	5.7	6.1	5.7	7.0	4.9	9.2
1999	5.5	6.2	9.9	7.1	5.0	9.3
2000	5.4	6.2	9.9	7.0	5.1	9.4
2001	5.4	6.3	10.4	7.2	5.3	9.7
2002	5.4	6.2	12.2	7.2	5.3	9.9
2003	5.0			7.4		10.0
2004	5.0			7.4		10.1
2005	4.8			7.6		10.2
2006	4.6			7.7		10.2
2007	4.7			7.8		10.3
2008	4.7			7.9		10.3
2009	4.8			8.0		10.4
2010	5.0			8.1		10.4
2011	4.9			9.1		10.4
2012	5.0			8.3		10.5
2013	5.5			9.4		9.7
2014	5.4			9.6		10.6
2015	5.5			9.7		9.6
2016	5.7			9.9		9.6

2-4 全国分地区少数民族专任教师(2016年)(一)

单位：人

地　区	普通高等学校	成人高等学校	中等职业教育
全　国	**91037**	**1284**	**36483**
北　京	3941	89	350
天　津	1132	23	149
河　北	3369	10	1213
山　西	250	3	33
内蒙古	8065	52	2869
辽　宁	7721	131	2616
吉　林	4217	35	804
黑龙江	2402	41	201
上　海	1205	11	113
江　苏	1649	5	158
浙　江	1092	8	203
安　徽	698	5	118
福　建	753	1	164
江　西	622	8	56
山　东	1501	7	201
河　南	1894	11	285
湖　北	4149	16	890
湖　南	3575	13	2174
广　东	2799	5	681
广　西	8444	246	4635
海　南	427	9	186
重　庆	1163	13	718
四　川	2543	46	604
贵　州	8382	70	4869
云　南	6990	4	4411
西　藏	879		731
陕　西	1035	5	65
甘　肃	1484	12	711
青　海	1068	34	646
宁　夏	1520	11	432
新　疆	6068	360	5197

2–4 全国分地区少数民族专任教师(2016年)(二)

单位：人

地区	普通中学	特殊教育学校	小学	幼儿园
全国	**516093**	**4574**	**557524**	**161621**
北京	3945	74	2943	1891
天津	1437	24	1011	310
河北	14012	182	16855	3814
山西	287	6	173	49
内蒙古	29068	381	27132	10409
辽宁	35055	367	24240	9124
吉林	9558	130	6935	1394
黑龙江	6669	54	4403	626
上海	1029	13	387	297
江苏	1052	16	661	352
浙江	2005	19	2016	783
安徽	1299	16	1196	396
福建	1759	40	2332	625
江西	627	7	629	248
山东	2547	17	1998	822
河南	3930	44	4037	1368
湖北	12079	103	11560	2720
湖南	37486	219	27925	9444
广东	8309	108	3233	3791
广西	67558	764	88285	25738
海南	4313	13	6252	1619
重庆	11373	83	12877	2809
四川	12191	86	24837	3853
贵州	79913	669	79484	26281
云南	48330	408	71809	16107
西藏	10593	160	18978	3064
陕西	747	7	503	282
甘肃	9187	22	13084	3281
青海	11327	50	10436	4224
宁夏	8620	75	9548	2545
新疆	79788	417	81765	23355

2–5 全国少数民族在校学生

单位：万人

年份	高等学校	中等技术学校	中等师范学校	普通中学	职业中学	小学
1950	0.13					
1951		0.07	0.45	4.03		94.3
1952	0.29	0.26	1.62	7.32		147.4
1957	1.61	1.77	1.97	27.69		319.4
1962	2.87	1.31	0.94	29.47		
1963					1.21	299.2
1965	2.19	1.09	0.81	37.18	1.35	521.9
1975	3.06			155.69		770.8
1978	3.60	2.84	3.03	246.75		768.6
1979	3.74	3.22	3.97	205.87		737.8
1980	4.29	3.93	4.47	199.30	1.46	752.2
1981	5.12	3.91	3.90	177.06	1.36	735.6
1982	5.39	4.10	3.46	177.96	1.77	823.9
1983	5.96	4.48	3.74	182.97	3.62	821.9
1984	6.93	5.24	4.21	202.07	6.17	910.1
1985	9.41	6.65	4.98	224.47	8.74	954.8
1986	9.95	7.57	5.62	254.06	10.32	1033.7
1987	11.87	8.50	6.22	280.07	12.43	1051.3
1988	12.54	8.83	6.18	281.64	26.39	983.6
1989	13.16	9.95	6.28	283.54	13.65	1052.1
1990	13.79	11.41	6.77	294.62	15.06	1069.5
1991	14.18	11.93	6.70	308.59	16.51	980.6
1992	15.29	12.71	7.09	320.88	18.37	1122.3
1993	16.32	14.30	7.67	313.69	18.62	1140.2
1994	17.79	15.69	7.52	324.23	18.98	1149.2
1995	18.76	18.43	8.84	346.65	23.78	1200.2
1996	19.68	21.05	9.02	370.19	24.57	1251.1
1997	21.68	23.71	9.13	403.93	22.93	1248.2
1998	22.63	25.25	9.72	449.16	22.86	1240.2
1999	24.77	27.96	9.71	463.29	24.15	1214.2
2000	31.99	28.98	9.47	498.91	23.88	1181.6
2001	40.97	27.60	8.70	482.84	25.07	1172.0
2002	52.39	27.17	7.82	613.16	26.55	1149.7
2003	65.52	18.88	5.10	654.46	8.74	1120.70
2004	75.59	18.72	3.71	676.11	8.95	1097.15
2005	95.32			684.74	8.55	1078.07
2006	107.55			689.38	3.47	1081.28
2007	115.35			685.46	3.10	1074.18
2008	127.99			680.23	2.19	1070.79
2009	141.05			679.94	1.61	1059.12
2010	150.83			680.34	1.15	1048.24
2011	167.62			683.67		1044.02
2012	176.88			678.26		1037.54
2013	183.74			681.93		1040.95
2014	198.57			696.94		1058.97
2015	213.74			710.07		1094.97
2016	231.02			727.04		1136.67

2–6 全国少数民族在校学生占全国在校学生总数的比重

单位：%

年 份	高等学校	中等技术学校	中等师范学校	普通中学	职业中学	小 学
1951	1.4	0.4	2.1	2.6		2.2
1952	1.5	0.9	4.7	2.9		2.9
1957	3.7	3.7	6.7	4.4		5.0
1962	3.5	3.7	5.2	3.9	3.9	4.1
1965	3.2	2.8	5.2	4.0	2.3	4.5
1975	6.1	7.6		3.5	5.0	5.1
1978	4.2	5.4	8.4	3.8		5.3
1979	3.7	4.5	8.2	3.5		5.0
1980	3.8	5.2	9.3	3.6	3.2	5.1
1981	4.0	6.2	8.9	3.6	2.8	5.1
1982	4.7	6.5	8.4	3.9	2.5	5.9
1983	4.9	6.5	8.2	4.2	3.0	6.0
1984	5.0	6.5	8.2	4.4	3.5	6.7
1985	5.3	6.6	8.9	4.8	3.8	7.1
1986	5.3	6.6	9.2	5.2	4.0	7.8
1987	6.1	7.0	9.5	5.7	4.7	8.2
1988	6.1	6.5	9.0	5.9	9.4	7.8
1989	6.3	6.7	9.2	6.3	4.8	11.2
1990	6.6	7.3	10.0	6.4	5.1	8.7
1991	6.9	7.4	10.1	6.6	5.2	8.1
1992	7.0	7.3	10.7	6.7	5.4	9.2
1993	6.4	6.8	10.6	6.6	5.1	9.2
1994	6.4	6.5	9.6	5.5	4.7	9.0
1995	6.5	6.4	10.4	6.5	5.3	9.1
1996	6.5	6.3	10.3	6.5	5.2	9.2
1997	6.8	6.3	10.0	6.7	4.5	8.9
1998	6.6	6.2	10.6	7.1	4.2	8.9
1999	6.0	6.6	10.7	6.8	4.5	9.0
2000	5.8	7.0	12.3	6.8	4.7	9.1
2001	5.7	7.0	13.1	7.5	5.4	9.3
2002	5.8	6.9	13.0	9.3	5.2	9.5
2003	5.9			7.6		9.6
2004	5.7			7.8		9.8
2005	6.1			8.0		9.9
2006	6.2			8.2		10.1
2007	6.1			8.3		10.2
2008	6.3			8.4		10.4
2009	6.6			8.6		10.5
2010	7.0			8.6		10.4
2011	6.8			9.1		10.5
2012	7.4			9.4		10.7
2013	7.7			9.4		10.7
2014	7.8			10.3		11.2
2015	7.6			10.4		12.2
2016	7.4			10.4		10.7

2-7 全国分地区少数民族在校学生（2016年）（一）

单位：人

地区	博士生（含科研机构）	硕士生（含科研机构）	普通高等学校（普通本、专科）	成人高等学校（成人本、专科）	中等职业教育
全国	**21865**	**93456**	**2310203**	**27351**	**1221422**
北京	5736	15208	67669	967	4532
天津	579	3008	37879	511	2352
河北	148	1791	78094	637	29307
山西	37	238	16727	11	230
内蒙古	407	4700	113671	175	41812
辽宁	1901	8889	172281	1511	55666
吉林	1185	5684	65399	632	6737
黑龙江	1054	2789	44628	303	5965
上海	1532	3810	32629	89	2564
江苏	1006	4859	47649	89	2366
浙江	351	1083	24212	136	7343
安徽	188	719	14273	27	2860
福建	212	1120	27073	268	6676
江西	51	539	45963	272	1661
山东	176	1346	42981	141	4758
河南	73	1062	47153	319	6136
湖北	1454	5303	113192	138	27724
湖南	1709	3966	130467	378	72792
广东	747	2961	25564	332	9719
广西	184	3389	243338	2545	197349
海南	9	226	19229	34	25563
重庆	478	2463	62397	4508	37302
四川	847	3621	102265	4244	54555
贵州	96	2492	223224	2115	193880
云南	293	3476	177715	2526	161488
西藏	34	370	24221		18032
陕西	775	2341	30913	471	2592
甘肃	336	1829	53095	83	12051
青海	20	611	29242	1637	28632
宁夏	35	549	42656	766	26813
新疆	212	3014	154404	1486	171965

2-7 全国分地区少数民族在校学生(2016年)(二)

单位：人

地　区	普通中学	特殊教育学校	小　学	幼儿园
全　国	**7270442**	**46569**	**11366692**	**4128476**
北　京	40016	339	71268	31142
天　津	19121	87	25671	5457
河　北	191611	693	330324	102754
山　西	3472	19	4717	989
内蒙古	307535	1948	391790	156163
辽　宁	327461	1173	394547	103887
吉　林	84861	304	95488	22823
黑龙江	63701	182	69059	13178
上　海	14270	69	13894	6929
江　苏	20495	98	27247	5335
浙　江	40412	155	104450	53626
安　徽	20274	41	23719	5374
福　建	48244	375	85510	20485
江　西	6699	64	10646	4377
山　东	40214	133	61982	16928
河　南	75369	135	94876	30063
湖　北	153946	724	221029	77935
湖　南	402162	2249	632777	249938
广　东	68160	253	158650	38344
广　西	1079192	5710	1736121	713406
海　南	80579	221	141906	39315
重　庆	166308	1268	205169	72651
四　川	293956	2544	684443	242415
贵　州	1228209	6876	1544896	598848
云　南	918350	8549	1488751	466989
西　藏	170542	2525	294849	90411
陕　西	8211	35	11474	4900
甘　肃	134788	965	260565	100809
青　海	169830	2232	287288	106752
宁　夏	173717	1844	284277	81598
新　疆	918737	4759	1609309	664655

2-8 全国民族学院(大学)教职工(一)

单位：人

年 份	合 计	中央民族大学	内蒙古民族大学	大连民族学院	中南民族大学
1978	4888	11731			
1979	5616	1380			
1980	6241	1674			
1981	7652	1849			674
1982	7997	1911			718
1983	8255	1933			803
1984	8466	1945			877
1985	9431	2125			1000
1986	9902	2200			1085
1987	10403	2386			1145
1988	10377	2248			1218
1989	10641	2034			1231
1990	10593	1938			1265
1991	10612	2034			1264
1992	10570	1877			1264
1993	10584	1837			1254
1994	10629	1791			1210
1995	10752	1821			1215
1996	10452	1551			1220
1997	10668	1544			1128
1998	11342	1776		205	1129
1999	10621	1763		289	1126
2000	10549	1591		330	1124
2001	11041	1587		469	1395
2002	11939	1536		515	1371
2003	13691	1501	1664	574	1325
2004	14469	1547	1678	642	1430
2005	15355	1638	1821	713	1545
2006	16457	1813	1837	807	1673
2007	16819	1879	1755	841	1725
2008	17171	1918	1793	919	1807
2009	17430	2029	1762	982	1767
2010	18102	1897	1769	1288	1891
2011	18507	1730	1754	1305	1941
2012	19070	1973		1268	1915
2013	19650	1943	1760	1335	2042
2014	21632	2008		1349	2021
2015	19058	2000		1256	1910
2016	19070	1973		1268	1915

2-8 全国民族学院(大学)教职工(二)

单位：人

年 份	湖北民族学院	广东民族学院	广西民族大学	西南民族大学	贵州民族学院
1978		145	759	630	139
1979		179	808	738	186
1980		240	845	803	224
1981		279	917	829	335
1982		338	918	950	378
1983		364	914	992	415
1984		394	295	1046	402
1985		411	970	1127	906
1986		436	1007	1168	654
1987		429	1055	1204	722
1988		423	1054	948	780
1989	477	434	1045	1206	792
1990	512	421	1049	1192	792
1991	518	410	1033	1170	753
1992	550	399	1018	1161	843
1993	540	419	1049	1164	882
1994	558	439	1047	1157	888
1995	591	463	1050	1143	920
1996	601	467	1048	1108	956
1997	611	491	1052	1252	934
1998	1079	510	1028	1192	923
1999	1066		1003	993	880
2000	1080		1008	1004	890
2001	1086		967	1006	898
2002	1119		1007	1382	851
2003	1163		1043	1316	909
2004	1221		1120	1436	986
2005	1281		1158	1497	1049
2006	1451		1202	1564	1084
2007	1428		1185	1608	1124
2008	1365		1156	1667	1135
2009	1396		1134	1696	1129
2010	1433		1200	1795	1136
2011	1473		1209	1857	1191
2012	1511		1962	1931	1484
2013	1468		1217	1920	1283
2014	1477		1653	1974	1347
2015	1481		1968	1951	1442
2016	1511		1962	1931	1484

2-8 全国民族学院(大学)教职工(三)

单位:人

年 份	云南民族大学	西藏民族学院	西北民族大学	青海民族大学	北方民族大学
1978	416	568	586	472	
1979	484	633	634	574	
1980	509	630	655	661	
1981	624	641	828	676	
1982	725	650	844	565	
1983	776	609	873	576	
1984	783	609	903	582	
1985	554	562	941	654	181
1986	915	559	1011	639	228
1987	953	597	1011	654	247
1988	948	873	971	655	268
1989	956	581	958	659	268
1990	960	561	970	646	281
1991	944	567	981	648	290
1992	953	574	998	614	319
1993	928	575	996	616	324
1994	980	577	1010	594	378
1995	984	591	1000	589	385
1996	918	601	1006	570	406
1997	977	596	995	582	402
1998	975	577	984	546	418
1999	911	561	979	554	496
2000	909	553	986	568	506
2001	943	554	990	580	566
2002	867	667	1087	902	635
2003	864	549	1056	1023	704
2004	911	581	1115	1030	772
2005	947	627	1183	1045	851
2006	1004	661	1286	1193	882
2007	985	699	1466	1215	909
2008	1027	729	1503	1221	931
2009	1067	775	1532	1198	963
2010	1152	823	1579	1165	974
2011	1216	881	1721	1144	1075
2012	1566	990	1961	1137	1372
2013	1336	945	1992	1135	1274
2014	1431	971	1992	2078	1330
2015	1506	972	2085	1118	1369
2016	1566	990	1961	1137	1372

2-9 全国民族学院(大学)专任教师(一)

单位：人

年 份	合 计	中央民族大学	内蒙古民族大学	大连民族学院	中南民族大学
1978	2121	563			
1979	2430	673			
1980	2891	818			185
1981	3253	732			306
1982	3334	775			302
1983	3479	781			344
1984	3516	809			363
1985	3874	804			419
1986	4092	834			439
1987	4208	855			432
1988	4557	821			525
1989	4484	800			462
1990	4393	763			472
1991	4241	720			471
1992	4332	687			503
1993	4466	678			522
1994	4486	701			512
1995	4629	740			526
1996	4702	797			530
1997	4755	760			516
1998	4897	730		73	509
1999	4780	722		129	512
2000	4816	700		156	511
2001	5361	698		281	709
2002	6171	714		367	731
2003	7223	734	806	403	758
2004	8073	751	803	467	837
2005	8933	859	939	490	957
2006	9952	959	1021	573	998
2007	10180	1003	955	634	1044
2008	10902	1040	1004	640	1093
2009	11096	1175	1034	672	1131
2010	11589	1036	1048	808	1201
2011	12621	1052	1045	817	1255
2012	12845	1218		884	1371
2013	13273	1106	1152	852	1329
2014	14789	1197		858	1317
2015	12801	1212		858	1301
2016	12845	1218		884	1371

2-9 全国民族学院(大学)专任教师(二)

单位：人

年 份	湖北民族学院	广东民族学院	广西民族大学	西南民族大学	贵州民族学院
1978		68	307	318	34
1979		84	315	324	56
1980		96	327	347	68
1981		113	410	356	119
1982		129	381	426	156
1983		153	400	461	157
1984		160	410	432	163
1985		167	435	488	388
1986		181	449	464	283
1987		182	445	468	302
1988		182	446	495	386
1989	197	189	447	490	359
1990	228	180	441	444	375
1991	225	177	424	442	306
1992	243	174	426	440	385
1993	233	192	453	518	418
1994	282	202	470	439	420
1995	296	202	500	448	430
1996	326	211	431	473	429
1997	325	225	491	452	436
1998	529	247	440	412	469
1999	532		462	408	449
2000	524		460	426	447
2001	521		481	498	469
2002	555		521	774	490
2003	564		534	713	512
2004	655		605	914	562
2005	692		616	984	611
2006	834		717	1010	645
2007	819		741	1064	655
2008	783		758	1156	655
2009	801		777	1229	694
2010	812		849	1307	719
2011	988		867	1375	718
2012	1087		954	1551	1073
2013	1021		841	1519	857
2014	1095		910	1596	932
2015	1077		949	1566	1003
2016	1087		954	1551	1073

2-9 全国民族学院(大学)专任教师(三)

单位：人

年 份	云南民族大学	西藏民族学院	西北民族大学	青海民族大学	北方民族大学
1978	163	193	246	229	
1979	182	223	272	301	
1980	209	203	314	314	
1981	272	226	289	330	
1982	321	209	376	259	
1983	340	185	400	258	
1984	336	185	401	257	
1985	219	235	424	211	84
1986	403	235	438	270	96
1987	436	224	474	287	103
1988	442	389	436	298	137
1989	445	244	431	292	128
1990	422	234	429	274	131
1991	406	229	439	271	131
1992	389	232	444	241	168
1993	376	238	443	226	169
1994	377	232	449	209	193
1995	396	233	437	222	199
1996	416	243	427	217	202
1997	424	243	438	221	193
1998	420	233	442	194	199
1999	428	241	449	200	248
2000	433	235	459	209	256
2001	442	240	483	218	321
2002	446	239	564	419	351
2003	464	259	577	477	422
2004	513	303	683	541	439
2005	560	354	754	610	507
2006	642	488	806	731	528
2007	686	468	874	702	535
2008	732	519	883	717	564
2009	762	564	910	714	633
2010	872	592	942	707	696
2011	946	596	1060	697	758
2012	1174	607	1246	685	995
2013	1072	657	1299	640	928
2014	1119	729	1365	616	966
2015	1119	716	1356	650	994
2016	1174	607	1246	685	995

2-10 全国民族学院(大学)在校学生(一)

单位：人

年 份	合 计	中央民族大学	内蒙古民族大学	大连民族学院	中南民族大学
1978	6902	1337			
1979	7384	1474			
1980	8477	1778			
1981	10059	2126			161
1982	9556	1977			514
1983	11337	2135			1078
1984	14045	2487			1591
1985	18369	3255			2060
1986	21497	3211			3826
1987	20267	3171			2760
1988	22144	3374			3004
1989	22932	2983			3039
1990	22095	2723			3064
1991	21400	2416			2952
1992	22836	2366			2997
1993	26638	2726			3532
1994	30782	2871			4393
1995	32625	3512			4750
1996	33516	3948			5536
1997	35081	3995			5695
1998	39332	3850		650	5848
1999	42751	3799		1533	6478
2000	52098	3881		2543	7037
2001	71096	4784		4237	8997
2002	86681	6373		5595	11764
2003	115966	8100	13185	7238	13198
2004	133865	9715	16402	8571	15551
2005	146716	10766	16013	9277	16817
2006	154992	11127	15653	10196	17837
2007	162947	11237	17169	10996	18477
2008	178566	11305	16563	11868	19027
2009	190116	11271	17867	13089	19757
2010	194458	11236	19686	13883	20697
2011	204368	11247	19892	14747	21601
2012	215182	11270		16994	24018
2013	223553	11312	20664	14859	23433
2014	223553	11310		15126	23860
2015	217878	11360	21040		24020
2016	215182	11270		16994	24018

2–10 全国民族学院（大学）在校学生（二）

单位：人

年 份	湖北民族学院	广东民族学院	广西民族大学	西南民族大学	贵州民族学院
1978		402	1306	933	178
1979		532	1316	1198	176
1980		123	1586	1439	260
1981		547	1584	1436	241
1982		395	1366	1513	391
1983		518	1493	1674	638
1984		737	1933	1924	910
1985		1041	2562	2315	1338
1986		1266	2479	2386	1603
1987		1144	2285	2471	1728
1988		1569	2302	2680	1764
1989	1639	1850	2204	2572	1728
1990	1792	1204	2188	2480	1654
1991	1834	1052	2022	2649	1477
1992	2099	1298	2492	2740	1450
1993	2143	1594	2942	3197	1726
1994	2178	2215	3464	3708	2173
1995	2211	2464	3602	3585	2663
1996	2348	2530	3634	3664	2181
1997	2586	2551	4040	3901	2349
1998	4093	2620	4620	4353	2655
1999	4701		5423	4445	3489
2000	5682		6624	5445	4489
2001	6584		7713	7211	6073
2002	7570		9074	9804	7239
2003	8391		9996	12871	8791
2004	9574		11270	15115	8682
2005	11114		12410	16660	9926
2006	12095		13599	17558	9440
2007	12504		14337	18130	8249
2008	13453		14689	19023	8757
2009	12938		14795	20090	9925
2010	13498		15237	21850	11613
2011	14910		15329	22950	12422
2012	16658		16597	27597	17626
2013	17556		15766	25942	14035
2014	17726		15854	26850	14709
2015	17968		16204	27511	15913
2016	16658		16597	27597	17626

2–10 全国民族学院(大学)在校学生(三)

单位：人

年 份	云南民族大学	西藏民族学院	西北民族大学	青海民族大学	北方民族大学
1978	793	496	514	943	
1979	854	201	790	843	
1980	895	314	734	1108	
1981	1167	438	1006	1353	
1982	858	418	1005	1119	
1983	1068	409	1118	1206	
1984	1432	409	1302	1320	
1985	1979	559	1631	1363	266
1986	2344	838	1909	1241	394
1987	2366	837	1949	1185	371
1988	2665	1098	2067	1218	403
1989	2489	697	2046	1141	544
1990	2526	663	2009	1149	643
1991	2557	586	2006	1100	689
1992	2562	618	2299	1124	891
1993	2653	951	2731	1248	1195
1994	2618	1184	2879	1376	1723
1995	2528	1539	2613	1450	1708
1996	2624	1283	2640	1508	1620
1997	2835	1244	2807	1520	1558
1998	3103	1317	2873	1566	1784
1999	3764	1588	3573	1690	2268
2000	4612	2098	4329	2229	3129
2001	5437	2494	6051	2915	4363
2002	6866	3199	7265	6640	5292
2003	7993	3781	9484	6655	6283
2004	8988	5604	10920	6372	7101
2005	8845	7497	12756	6781	7854
2006	9019	8435	13908	7155	8970
2007	9430	9334	15262	7662	10160
2008	10451	10024	16802	8036	11470
2009	12662	9813	18413	8442	12830
2010	15194	9074	19833	8587	14070
2011	17743	8699	21057	8401	15370
2012	21997	9453	24412	8987	19573
2013	20500	8950	23708	8533	18295
2014	20899	9297	24427	8380	19046
2015	21376	9573	24687	8608	19618
2016	21997	9453	24412	8987	19573

2–11 全国民族学院(大学)教职工基本情况(2016年)(一)

单位：人

单位	总计	校本部职工	专任教师	正高级	副高级	中级	初级
合计	**19070**	**18673**	**12845**	**2228**	**4386**	**4708**	**1057**
中央民族大学	1973	1838	1218	336	400	405	40
内蒙古民族大学							
大连民族学院	1268	1268	884	149	295	386	54
中南民族大学	1915	1891	1371	214	501	513	45
湖北民族学院	1511	1375	1087	164	335	480	104
广西民族大学	1962	1924	954	191	268	372	13
西南民族大学	1931	1918	1551	174	432	783	155
贵州民族学院	1484	1449	1073	164	515	269	124
云南民族大学	1566	1550	1174	180	338	480	125
西藏民族学院	990	990	607	68	215	242	56
西北民族大学	1961	1961	1246	271	513	315	143
青海民族学院	1137	1137	685	159	244	151	57
北方民族大学	1372	1372	995	158	330	312	141

2–11 全国民族学院(大学)教职工基本情况(2016年)(二)

单位：人

单位	无职称	行政人员	教辅人员	工勤人员	科研机构人员	校办企业人员	其他附设机构
合计	**466**	**2745**	**1951**	**1132**	**115**		**282**
中央民族大学	37	404	145	71	58		77
内蒙古民族大学							
大连民族学院		173	169	42			
中南民族大学	98	303	155	62	3		21
湖北民族学院	4	136	132	20	6		130
广西民族大学	110	203	241	526	1		37
西南民族大学	7	247	71	49	13		
贵州民族学院	1	189	127	60	18		17
云南民族大学	51	183	134	59	16		
西藏民族学院	26	131	199	53			
西北民族大学	4	361	293	61			
青海民族学院	74	234	115	103			
北方民族大学	54	181	170	26			

2-12 全国民族学院(大学)学生基本情况(2016年)

单位：人

单 位	本、专科生		
	在校学生	招生数	毕业生数
合 计	**215182**	**54335**	**50554**
中央民族大学	11270	2766	2766
大连民族学院	16994	4350	3586
湖北民族学院	16658	3585	4911
中南民族大学	24018	5963	5789
广西民族学院	16597	4323	3838
西南民族大学	27597	6807	6646
贵州民族学院	17626	5129	3499
云南民族大学	21997	5617	4991
西藏民族学院	9453	2372	2464
西北民族大学	24412	6008	5704
青海民族学院	8987	2470	1950
北方民族大学	19573	4945	4410

三、文 化

3-1 全国少数民族文字出版物情况

单位：种数：种；印数：万册(份)

年 份	图 书		期 刊		报 纸	
	种数	印数	种数	印数	种数	印数
1952	621	661	15	169	20	2933
1957	1763	1462	35	244	32	2434
1962	942	910	27	170	32	2252
1965	1694	2480	36	268	36	3955
1970	312	1331	5	93	5	3262
1975	1226	3365	18	237	10	6461
1978	1386	3179	35	313	11	7072
1980	1921	3427	42	575	18	7384
1981	1904	2652	63	590	18	6631
1982	2270	3330	75	631	18	7063
1983	2327	3358	74	616	19	7927
1984	2524	3514	76	748	42	15175
1985	2759	3629	109	1035	57	11402
1986	2972	3635	126	1085	56	12561
1987	3157	4184	128	1148	70	13306
1988	3294	3816	541	1350	76	13411
1989	3260	3853	153	1280	75	9031
1990	3251	3867	131	1027	79	14837
1991	3575	4922	142	1006	81	11983
1992	3065	4326	167	1354	83	11981
1993	3500	5090	173	1291	87	11513
1994	3248	4552	178	1247	92	12526
1995	3342	4791	185	1197	92	16833
1996	3209	5060	183	1011	89	14917
1997	3429	4999	184	970	88	10527
1998	4108	5376	184	1099	83	9651
1999	4591	6021	185	1009	81	10486
2000	5062	5640	193	863	84	10116
2001	4779	5306	202	990	92	12396
2002	5125	5729	211	978	89	10229
2003	4787	5034	205	781	88	13130
2004	5457	6355	193	584	89	14404
2005	5295	6755	192	466	82	10966
2006	5931	6518	192	651	82	11809
2007	5561	6444	192	758	82	12740
2008	5563	3797	192	650	82	14964
2009	8535	6689	192	612	82	12184
2010	7593	4925	207	850	82	19846
2011	9275	7310	222	894	84	20070
2012	9119	6659	228	1240	98	20828
2013	9511	7168	231	1272	101	20989
2014	8031	5853	227	1255	103	21443
2015	9192	6912	223	1246	103	19609
2016	9436	8238	225	1273	105	22261

3–2 全国少数民族文字出版的图书(一)

单位：种数：种；印数：万册(份)；印张：万印张

年份	总计				书籍			
	种数		印数	印张	种数		印数	印张
	合计	#新出			合计	#新出		
1952	621	534	661	1714	391	341	281	739
1957	1763	1504	1462	6320	1204	1120	685	3122
1962	942	627	910	4111	361	341	202	1230
1965	1694	1290	2480	9276	644	560	1002	4650
1970	312	247	1331	4874	159	134	797	3556
1975	1226	1072	3365	12428	762	720	1868	8514
1978	1386	1120	3179	12346	750	689	874	4914
1979	1544	1290	2707	14166	803	791	716	5571
1980	1921	1456	3427	16854	1047	976	905	6449
1981	1904	1471	2652	16249	1038	973	776	6991
1982	2270	1713	3330	18882	1232	1132	1033	7919
1983	2237	1683	3358	19783	1267	1182	1113	8974
1984	2524	1931	3514	21177	1483	1379	1142	9854
1985	2759	2075	3629	20253	1602	1478	1111	8168
1986	2972	2108	3635	21030	1679	1567	1021	8158
1987	3157	2022	4184	22878	1752	1532	1215	9134
1988	3294	1975	3816	21647	1842	1580	1046	7958
1989	3260	1783	3853	22059	1709	1385	1124	8088
1990	3251	1869	3867	21673	1734	1422	1049	7853
1991	3575	1913	4922	25103	1700	1369	1201	8220
1992	3065	1556	4326	2549	1536	1207	1096	8104
1993	3500	1995	5090	26069	1704	1353	1398	9087
1994	3428	1827	4552	25869	2277	1535	2136	12926
1995	3342	1473	4791	24943	1547	1085	1411	8521
1996	3209	1431	5060	26523	1607	1080	1648	8635
1997	3429	1361	4999	27022	1959	1143	1784	9027
1998	4108	1548	5376	30291	2412	1341	2164	11418
1999	4591	1828	6021	34557	2367	1473	1896	11156
2000	5062	2078	5640	33514	2598	1741	1510	9965
2001	4779	2374	5306	32241	2451	1933	1412	9254
2002	5125	2329	5729	34765	2548	1840	1552	10524
2003	4787	2275	5034	31947	2624	1683	1501	9289
2004	5457	2430	6355	40022	2832	1798	1458	10137
2005	5295	2522	6755	44154	2606	1669	1424	9902
2006	5931	2811	6518	47302	3324	2156	1382	12493
2007	5561	2175	6444	42347	4543	1821	5264	35770
2008	5563	2543	3797	26679	4734	2285	2780	21057
2009	8535	3163	6689	45988	5361	2687	2705	19106
2010	7593	3173	4925	35335	6050	2828	3362	24323
2011	9275	3675	7310	53867	5586	3091	2559	23236
2012	9119	3629	6659	51739	5652	3113	3013	24889
2013	9511	3824	7168	52675	6117	3351	3521	26940
2014	8031	3883	5853	47467	4838	3391	2554	24851
2015	9192	4369	6912	53543	6314	3896	3471	28525
2016	9436	4082	8238	65751	6284	3625	3837	30520

3-2 全国少数民族文字出版的图书(二)

单位：种数：种；印张：万印(份)；印张：万印张

年 份	课本				图片			
	种数		印数	印张	种数		印数	印张
	合计	#新出			合计	#新出		
1952	230	193	380	975	41	41	29	18
1957	509	341	759	3180	50	43	18	18
1962	550	256	640	2820	31	30	68	61
1965	787	561	1150	4404	263	169	328	222
1970	75	35	316	1144	78	78	218	174
1975	358	246	939	3481	106	106	558	433
1978	537	340	1629	6829	99	91	676	603
1980	808	414	1958	9713	66	66	564	692
1981	803	436	1692	8998	63	62	184	260
1982	974	517	2170	10820	64	64	27	143
1983	975	420	2020	10499	85	81	225	310
1984	946	464	2198	11145	95	88	174	121
1985	1084	525	2326	11885	73	72	192	201
1986	1263	515	2561	12686	30	26	53	179
1987	1330	416	2847	13566	75	74	124	154
1988	1400	345	2669	13197	52	50	101	299
1989	1509	356	2624	13644	42	42	105	154
1990	1482	413	2754	13582	35	34	64	226
1991	1828	497	3671	16616	47	47	50	233
1992	1488	309	3154	14261	41	40	76	163
1993	1780	628	3623	16837	16	14	71	97
1994	1137	283	2361	12843	14	9	55	99
1995	1780	373	3346	16283	15	15	34	20
1996	1592	343	3403	17860	10	8	9	10
1997	1464	213	3204	17908	6	5	11	24
1998	1677	193	3199	18805	19	14	13	67
1999	2204	337	4100	22871	20	18	25	108
2000	2455	334	4124	23838	9	3	6	11
2001	2311	427	3886	22978	17	14	8	9
2002	2555	472	4163	24137	22	17	14	89
2003	2142	583	3521	22623	21	9	12	18
2004	2611	619	4890	29873	14	13	7	12
2005	2689	853	5331	34239				
2006	2605	653	5134	34802				
2007	1009	347	1175	6545				
2008	826	257	1015	5620				
2009	3154	470	3962	26811				
2010	1523	327	1548	10948	4	2	2	4
2011	3665	562	4703	30559				
2012	3457	510	3639	26834				
2013	3390	473	3643	25721				
2014	3187	489	3295	22599				
2015	2876	471	3438	25007				
2016	3149	456	4396	35207				

3-3 全国分地区少数民族文字出版的图书（2016年）（一）

单位：种数：种；印数：万册(份)；印张：千印张

地　区	总　计				书　籍			
	种数合计	#新　出	印　数	印　张	种数合计	#新　出	印　数	印　张
全国合计	**9436**	**4082**	**8238**	**657513**	**6284**	**3625**	**3837**	**305200**
中央合计	570	365	336	46113	520	344	324	44114
地　方	8866	3717	7902	611400	5764	3281	3513	261086
内 蒙 古	2025	802	1356	109046	1271	726	518	47429
辽　宁	267	170	77	4520	217	141	60	3472
吉　林	708	282	183	15636	458	247	118	10299
黑 龙 江	111	101	7	743	111	101	7	743
广　西	35	25	18	1087	22	21	9	624
四　川	549	233	373	38186	349	195	135	18264
贵　州	19	14	5	686	18	13	5	661
云　南	183	181	55	4657	147	146	38	3046
西　藏	451	181	505	40737	310	179	193	20370
甘　肃	103	99	39	7052	103	99	39	7052
青　海	286	83	297	23425	138	83	88	7126
新　疆	4129	1546	4987	365625	2620	1330	2303	142000

3-3 全国分地区少数民族文字出版的图书(2016年)(二)

单位：种数：种；印数：万册(份)；印张：千印张

地　区	课　本			
	种数合计	#新 出	印 数	印 张
全国合计	**3149**	**456**	**4396**	**352074**
中央合计	50	21	12	1999
地　方	3099	435	4384	350075
内 蒙 古	754	76	838	61617
辽　宁	48	29	16	1042
吉　林	250	35	65	5337
黑 龙 江				
广　西	13	4	9	463
四　川	200	38	238	19922
贵　州	1	1		25
云　南	35	34	14	1490
西　藏	141	2	312	20367
甘　肃				
青　海	148		209	16299
新　疆	1509	216	2683	223513

注：本年出版少数民族文字图书的文种有：布依文、朝鲜文、德宏傣文、侗文、规范彝文、哈尼文、哈萨克文、景颇文、柯尔克孜文、拉祜文、傈僳文、满文、蒙古文、苗文、纳西文、佤文、维吾尔文、西双版纳文、锡伯文、瑶文、载佤文、藏文、壮文等23种。

3–4 全国少数民族文字出版的期刊、报纸

单位：种数：种；印数：万册(份)；印张：万印张

年份	期刊			报纸		
	种数	印数	印张	种数	印数	印张
1950				14	259	205
1952	15	169	311	20	2933	2043
1957	35	244	757	32	2434	2432
1962	27	170	617	32	2252	2002
1965	36	268	846	36	3955	4159
1970	5	93	659	5	3262	3880
1975	18	237	1346	10	6461	6211
1978	35	313	2022	11	7072	7416
1979	41	392	2084	12	6078	6291
1980	42	575	2441	18	7384	6231
1981	63	590	2462	18	6631	5541
1982	75	631	2432	18	7063	6598
1983	74	616	2495	19	7927	8377
1984	76	748	3123	42	15175	13657
1985	109	1035	4745	57	11402	9331
1986	126	1085	4991	56	12561	11070
1987	128	1148	4742	70	13306	11571
1988	154	1350	5823	76	13411	11829
1989	153	1280	5188	75	9031	7998
1990	131	1027	4221	79	14837	13957
1991	142	1006	4151	81	11983	10819
1992	167	1354	5124	83	11981	10410
1993	173	1291	5011	87	11513	8831
1994	178	1247	4577	92	12526	12102
1995	185	1197	4544	92	16833	14078
1996	183	1011	3983	89	14917	10728
1997	184	970	3723	88	10527	9596
1998	184	1099	4207	83	9651	9227
1999	185	1009	3919	81	10486	11996
2000	193	863	3349	84	10116	10133
2001	202	990	3759	92	12396	12705
2002	211	978	3693	89	10229	11001
2003	205	781	3037	88	13130	15149
2004	193	584	2383	89	14404	17495
2005	192	466	2186	82	10966	12131
2006	192	651	2655	82	11809	12800
2007	192	758	3130	82	12740	14526
2008	192	650	2889	82	14964	30570
2009	192	612	2742	82	12184	15329
2010	207	850	3754	82	19846	24427
2011	222	894	4090	84	20070	32599
2012	228	1240	5380	98	20828	31650
2013	231	1272	5515	101	20989	33431
2014	227	1255	5849	103	21443	31768
2015	223	1246	5859	103	19609	27977
2016	225	1273	6050	105	22261	33092

3–5 全国分地区少数民族文字出版的期刊(2016年)(一)

单位：种数：种；印数：万册(份)；印张：千印张

地区	合计				综合类			
	种数	平均期印数	总印数	总印张	种数	平均期印数	总印数	总印张
总计	**225**	**124**	**1273**	**60502**	**9**	**3**	**35**	**1715**
中央	19	20	128	6928	3	1	14	609
地方	206	104	1145	53574	6	2	21	1106
内蒙古	42	27	412	18359				
吉林	13	4	43	2953				
黑龙江	2	1	4	218				
广西	1		2	54				
四川	4	2	7	366				
云南	3		2	84				
西藏	16	6	40	1832	1		1	100
甘肃	3	1	2	201				
青海	12	3	13	916				
新疆	110	60	619	28590	5	1	19	1005

3–5 全国分地区少数民族文字出版的期刊(2016年)(二)

单位：种数：种；印数：万册(份)；印张：千印张

地区	哲学、社会科学类				自然科学、技术类			
	种数	平均期印数	总印数	总印张	种数	平均期印数	总印数	总印张
总计	**76**	**77**	**872**	**38891**	**40**	**13**	**123**	**5745**
中央	11	18	105	5618				
地方	65	60	767	33273	40	13	123	5745
内蒙古	19	24	380	16132	8	1	10	449
吉林	4	3	33	1903	2		2	121
黑龙江								
广西								
四川	2	2	6	320				
云南								
西藏	5	5	32	1200	3		1	72
甘肃	2			32				
青海	5	1	5	297	2		1	62
新疆	28	26	310	13389	25	11	110	5041

3–5 全国分地区少数民族文字出版的期刊(2016年)(三)

单位：种数：种；印数：万册(份)；印张：千印张

地　区	文化、教育类				文学、艺术类			
	种　数	平均期印　数	总印数	总印张	种　数	平均期印　数	总印数	总印张
总　计	**37**	**13**	**130**	**5255**	**63**	**18**	**113**	**8896**
中　央					5	1	9	701
地　方	37	13	130	5255	58	16	104	8196
内蒙古	3		5	334	12	2	17	1443
吉　林	3		4	260	4	1	4	670
黑龙江					2	1	4	218
广　西					1		2	54
四　川					2		1	46
云　南					3		2	84
西　藏	4	1	4	302	3	1	2	158
甘　肃					1	1	2	169
青　海	2		2	172	3	1	4	386
新　疆	25	11	114	4187	27	10	67	4967

3–5 全国分地区少数民族文字出版的期刊(2016年)(四)

单位：种数：种；印数：万册(份)；印张：千印张

地　区	少儿读物类				画刊类			
	种　数	平均期印　数	总印数	总印张	种　数	平均期印　数	总印数	总印张
总　计	**6**	**16**	**290**	**10939**	**5**	**2**	**17**	**739**
中　央					3	1	14	609
地　方	6	16	290	10939	2	1	3	129
内蒙古	2	9	217	8664				
吉　林	1	1	10	603				
黑龙江	1	1	3	150				
广　西								
四　川								
云　南								
西　藏								
甘　肃								
青　海								
新　疆	2	5	60	1522	2	1	3	129

3–6　全国分地区少数民族文字出版的报纸（2016年）

单位：种数：种；印数：万册(份)；印张：千印张

地　区	合　计			
	种　数	平均期印数	总印数	总印张
总　计	**105**	**122**	**22261**	**330924**
中　央	4	5	1825	18250
地　方	101	117	20436	312674
内蒙古	13	11	2368	33847
辽　宁	3	1	124	1069
吉　林	8	5	714	12680
黑龙江	2	2	369	6880
广　西	1		15	150
四　川	3	2	285	2849
云　南	8	4	226	1878
西　藏	11	16	3015	54844
青　海	7	4	192	1567
新　疆	45	71	13130	196910

3–7　全国少数民族文字期刊出版数量与上年相比增减的百分比（2016年）

单位：%

地　区	种　数	总印数	总印张
总　计	**0.90**	**2.15**	**3.26**
中　央	-5.00	1.84	0.94
地　方	1.48	2.19	3.57

3–8　全国少数民族文字报纸出版数量与上年相比增减的百分比（2016年）

单位：%

地　区	合　计			
	种　数	平均期印数	总印数	总印张
总　计	**1.94**	**6.87**	**13.53**	**18.28**
中　央				
地　方	2.02	7.19	14.92	19.56

3-9 主要少数民族语言广播播出基本情况(2016年)

地 区	广播使用语言	合计	转中央台节目	转省级台节目	转地市级台节目	制作节目播出时间
	(种)	时:分	时:分	时:分	时:分	时:分
合 计	蒙古语	**246541 : 8**	**73100 : 00**	**25658 : 40**	**17576 : 48**	**108190 : 40**
内蒙古		190089 : 38	63772 : 30	17120 : 40	10245 : 48	84472 : 40
辽 宁		13104 : 30	2007 : 30	365 : 00		6992 : 00
吉 林		243 : 00	221 : 00	205 : 00		2980 : 00
黑龙江		8760 : 00	464 : 00	596 : 00	7331 : 00	348 : 00
青 海		4360 : 00		780 : 00		2840 : 00
新 疆		24387 : 00	6635 : 00	6592 : 00		10558 : 00
合 计	朝鲜语	**26072 : 55**	**990 : 30**			**15645 : 30**
辽 宁						
吉 林		26072 : 55	990 : 30			15645 : 30
合 计	藏语	**54418 : 7**	**4449 : 15**	**9293 : 00**	**1394 : 00**	**33658 : 52**
四 川		6825 : 00	195 : 00	5110 : 00	1394 : 00	64 : 00
云 南		5069 : 00	432 : 00	295 : 00		3335 : 00
西 藏		27273 : 25	1115 : 00	2743 : 00		21443 : 25
甘 肃		8087 : 42	1734 : 15	365 : 00		4146 : 27
青 海		7163 : 00	973 : 00	780 : 00		4670 : 00
合 计	维吾尔语	**261789 : 45**	**37888 : 26**	**80493 : 55**	**7758 : 40**	**122981 : 49**
新 疆		261789 : 45	37888 : 26	80493 : 55	7758 : 40	122981 : 49

3-10 主要少数民族语言电视播出基本情况(2016年)

地 区	电视节目播出语种种类	合计	转中央台节目	转省级台节目	转地市级台 节 目	制作节目播出时间
	(种)	时：分	时:分	时:分	时:分	时:分
合 计		**194204 ：00**	**34366 ：45**	**27595 ：00**	**6503 ：18**	**54765 ：51**
内蒙古		157232 ：00	32778 ：45	15112 ：00	6376 ：48	47029 ：21
辽 宁		2580 ：00	183 ：00			1303 ：00
吉 林	蒙古语	7300 ：00	296 ：00	365 ：00		2729 ：00
黑龙江		8760 ：00		7719 ：00		307 ：00
青 海		6037 ：00	365 ：00			1940 ：00
新 疆		12295 ：00	744 ：00	4399 ：00	126 ：30	1457 ：30
合 计	朝鲜语	**69973 ：6**	**1658 ：10**	**69 ：00**	**12 ：00**	**22597 ：11**
吉 林		69973 ：6	1658 ：10	69 ：00	12 ：00	22597 ：11
合 计		**122240 ：66**	**9253 ：41**	**12442 ：20**	**3712 ：00**	**33683 ：40**
四 川		37866 ：00	2936 ：00	1581 ：30	901 ：00	12242 ：30
云 南		6168 ：00	880 ：00	724 ：00		1978 ：00
西 藏	藏语	43922 ：1	3979 ：11	4164 ：50	2690 ：00	8431 ：00
甘 肃		9382 ：30	182 ：00		121 ：00	3461 ：30
青 海		24901 ：36	1276 ：30	5972 ：00		7570 ：40
合 计	维吾尔语	**333498 ：35**	**27470 ：20**	**50270 ：22**	**9895 ：3**	**66274 ：00**
新 疆		333498 ：35	27470 ：20	50270 ：22	9895 ：3	66274 ：00
合 计	哈萨克语	**93847 ：34**	**4401 ：40**	**16393 ：26**	**1421 ：20**	**14025 ：20**
新 疆		93847 ：34	4401 ：40	16393 ：26	1421 ：20	14025 ：20

四、体 育

4-1 全国少数民族传统体育运动会情况

届 次	时 间	地 点	参加代表团（个）	运动员人数（个）	比赛项目（个）	表演项目（个）
1	1953.11	天津	15	395	6	414
2	1982.9	呼和浩特	29	863	2	68
3	1986.8	乌鲁木齐	29	1097	7	115
4	1991.11	南宁	30	1740	9	120
5	1995.11	昆明	31	2342	11	129
6	1999.8—9	拉萨、北京	31	3390	14	150
7	2003.9	银川、石嘴山	34	3735	14	125
8	2007.11	广州	34	6381	15	149
9	2011.9	贵阳	34	6790	16	185
10	2015.8	鄂尔多斯	33	7000	17	140

4–2 全国少数民族在队运动员和教练员

单位：人

年 份	少数民族运动员	少数民族教练员
1991	1120	296
1992	1197	306
1993	954	289
1994	998	326
1995	941	262
1996	1018	258
1997	1049	261
1998	1064	269
1999	1026	242
2000	1105	252
2001	1137	247
2002	1063	239
2003	1234	1791
2004	1195	1846
2005	1204	1804
2006	1150	1840
2007	1400	2268
2008	1756	1950
2009	1729	1631
2010	2103	1712
2011	2261	2089
2012	2224	457
2013	2141	511
2014	2078	411
2015	2215	382
2016	2338	384

注：2002年以前少数民族教练员为一线教练员，2003年后教练员指一、二、三线教练员。

4-3 全国分地区少数民族在队运动员和教练员(2016年)

单位：人

地 区	少数民族运动员	少数民族教练员
全 国	**2338**	**384**
中 央	2	5
地 方	2336	379
北 京	63	9
天 津	35	6
河 北	40	4
山 西	27	2
内蒙古	301	51
辽 宁	184	25
吉 林	36	16
黑龙江	42	19
上 海	12	3
江 苏	20	5
浙 江	16	5
安 徽	9	5
福 建	8	4
江 西	1	2
山 东	19	11
河 南	29	17
湖 北	34	3
湖 南	51	9
广 东	23	8
广 西	262	29
海 南	33	5
四 川	6	1
贵 州	88	6
云 南	48	7
西 藏	136	24
重 庆	151	23
陕 西	24	13
甘 肃	169	19
青 海	60	10
宁 夏	74	6
新 疆	335	32

五、民族贸易和民族用品生产

5-1 全国分地区定点边销茶企业生产情况(2016年)

地　　区	企业数 (个)	从业人员 年末数 (人)	#专　　业 技术人员 (人)	边　销 茶产量 (吨)	边销茶产量 占企业产品 总产量的 比重(%)
合　计	**45**	**10416**	**1616**	**89595**	**67.2**
内蒙古	**1**	**12**	**4**	**100**	**100.0**
包头市容兴茶叶精制厂		12	4	100	100.0
浙　　江	**3**	**318**	**60**	**12256**	**95.1**
武义骆驼九龙砖茶有限公司		105	16	5936	95.0
新昌县江南诚茂砖茶有限公司		85	21	3700	100.0
宁波赤岩峰茶业有限公司		128	23	2620	89.0
湖　　北	**5**	**1201**	**267**	**14419**	**79.5**
赵李桥茶厂有限责任公司		459	68	4004	81.2
富华茶业有限公司		72	5	412	100.0
柏墩砖茶厂		149	33	1900	90.0
羊楼洞茶业有限公司		486	159	7103	73.5
赵李桥锦合茶业有限公司		35	2	1000	70.0
湖　　南	**11**	**2420**	**641**	**25426**	**68.6**
安华怡清源茶业有限公司		402	40	1183	40.6
紫艺茶业有限公司		178	38	4009	85.0
益阳茶厂有限公司		325	52	2176	75.0
白沙溪茶厂有限责任公司		662	300	2865	69.5
安化茶厂有限公司		177	65	275	13.6
益阳香炉山茶业有限公司		35	6	1300	80.0
临湘市茶业有限责任公司		32	16	3200	100.0
临湘永巨茶业有限公司		148	32	3722	90.0
临湘市明伦茶业有限公司		280	52	6000	71.0
浩茗茶业食品有限公司		96	12	396	27.0
阿香茶果食品有限公司		85	28	300	20.0
四　　川	**11**	**1332**	**364**	**25708**	**72.7**
雅安茶厂有限公司		130	26	1300	91.0
雅安市友谊茶叶有限公司		110	23	3823	87.0

边销茶销售量（吨）	边销茶产　值（万元）	边销茶产值占企业产品总产值的比重(%)	边销茶销售收入（万元）	边销茶销售利润（万元）	全年流动资金贷款额（万元）	享受流动资金贷款利率优惠额（万元）	减　免增值税（万元）
85715	**141311**	**54.0**	**116331**	**13881**	**86751**	**13207**	**4685**
80	**82**	**100.0**	**66**	**10**			**2**
80	82	100.0	66	10			2
9968	**9801**	**91.8**	**9031**	**452**	**8810**	**65**	**620**
4428	4281	88.0	4281	277	4110		120
3550	3200	100.0	2900	120	3310	25	421
1990	2320	89.0	1850	55	1390	40	79
9488	**16943**	**62.5**	**11750**	**599**	**4576**		**336**
2822	5241	73.0	3626	73	3626		326
375	350	100.0	319	10			10
1800	2106	90.0	2340	234			
3651	8246	51.3	4625	239	350		
840	1000	66.0	840	42	600		
21682	**30351**	**49.3**	**29428**	**1768**	**28350**	**601**	**1059**
1020	1100	32.8	942	13	1200	30	39
857.7	4879	80.0	5077	382	3800	47	
2333.12	2379	37.0	2550		7000	191	102
2931.61	7902	46.2	8062	425	12000	233	350
247.61	317	21.0	334	5			49
1183	1105	73.0	1006	71			146
3200	2900	100.0	2900	300			180
3644	3893	90.0	3768	302	450	1	113
5700	5230	33.7	4280	248	500	1	
265.43	376	25.4	252	23	1100	28	43
300	270	20.0	257		2300	68	37
34768.6	**37704**	**53.8**	**30366**	**2006**	**18005**	**324**	**1947**
11950	8950	87.0	1325	154	3920		225
3807	3440	65.0	3507	107			5

5-1 续表

地　区	企业数（个）	从业人员年末数（人）	#专业技术人员（人）	边销茶产量（吨）	边销茶产量占企业产品总产量的比重(%)
吉祥茶业有限公司		120	69	4785	74.0
雅安市名山县西藏朗赛茶厂		40	10	2800	99.9
雅安市蔡龙茶厂		107	37	1540	87.7
平武雪宝顶茶叶(集团)有限责任公司		78	12	1400	60.0
洪雅县松潘民族茶厂		46	10	1850	100.0
宜宾市外贸金叶茶业有限责任公司		137	45	3558	83.0
茶业集团股份有限公司		352	87	3825	27.5
巴山雀舌名茶实业有限公司		137	25	747	89.0
炉霍雪域俄色有限责任公司		75	20	80	75.0
贵　州	**4**	**263**	**52**	**6400**	**64.5**
桐梓县金龙茶叶有限责任公司					
湄江印象茶业有限责任公司		128	15	5054	60.0
镇宁县金瀑农产品开发有限责任公司		45	8	1200	90.0
梵锦茶业有限公司		90	29	146	88.0
广　西	**3**	**523**	**65**	**3351**	**78.9**
广西梧州茂圣茶业有限公司		283	36	853	71.6
广西壮族自治区梧州茶厂		93	18	2026	100
广西金花茶业有限公司		147	11	472	45.8
陕　西	**1**	**244**	**33**	**829.72**	**100**
咸阳泾谓茯茶有限公司		244	33	829.72	100
云　南	**6**	**4103**	**130**	**1104**	**20.2**
下关沱茶(集团)股份有限公司		282	35	734	31.9
龙生茶叶股份有限公司		230	40	105	3.0
普洱市江城牛洛河茶叶股份能限公司		3411	29	104	5.0
耿马县国营洛凌茶厂		132	12	13	1.0
双江自治县双龙古茶厂		24	6		
陇川县纵歌茶厂		24	8	148	35.0

边销茶销售量（吨）	边销茶产　值（万元）	边销茶产值占企业产品总产值的比重(%)	边销茶销售收入（万元）	边销茶销售利润（万元）	全年流动资金贷款额（万元）	享受流动资金贷款利率优惠额（万元）	减　免增值税（万元）
4352	3545	55.0	3614	72	6000	173	145
2700	3000	99.9	3700	480	1150	29	400
1540	1148	87.7	1148	92	200		
1300	1050	35.0	900	40	1350		45
1540	600	100.0	580	63			
3353.6	7759	81.0	7310	585	3090		1127
3449	5957	27.5	5853	199	200	65	
714	1315	12.0	1299	134	1895		
63	940	55.0	1130	80	200	57	
5891	**9438**	**58.2**	**10494**	**4337**	**6800**	**4540**	**52**
4665	5058	45.0	3814	667	800	40	52
1080		90.0	2300	180			
146	4380	88.0	4380	3490	6000	4500	
1824.9	**23365**	**74.1**	**16448**	**3117**	**10530**	**7604**	
775.9	9755	72.6	7499	556	7680	7600	
633	9274	100.0	4965	2274	550	4	
416	4336	49.1	3984	287	2300		
829.72	**9232**	**100.0**	**4091**	**748**	**2280**		
829.72	9232	100.0	4091	748	2280		
1182	**4395**	**12.4**	**4657**	**845**	**7400**	**73**	**670**
801	3733	19.7	4001	812	3000	73	78
105	180	3.2	180	1	1100		
113	170	4.0	181	2	1700		592
13	16	1.0	16	1	500		
2			3		1000		
148	296	35.0	276	30	100		

5-2 国家专项安排用于民族贸易和民族用品生产的主要原材料和技术改造贷款

年份	专项原材料		技术改造专项贷款及贴息(万元)		
	黄金(两)	白银(万两)	贷款	贴息	#中央
1991	8000	23.23			
1992	8100	23.23			
1993	14600	23.23	4000		
1994	24000	23.23	4000		
1995	25600	25.36	4000		
1996	24000	25.36			
1997	25600	25.36	7050		
1998	27520	25.36	8230		
1999	28000		14329		
2000	28000		10000	596	298
2001	1300(公斤)		10000	598	299
2002			10000	598	299
2003			10000	598	299
2004			10000	598	299
2005			10000	598	299
2006			50000	2796	1398
2007			50000	3126	1563
2008			50000	3126	1563
2009			50000	3184	1592
2010			50000	2656	1328
2011			100000		2753
2012			100000		3000
2013			100000		3000
2014			100000		3000
2015			100000		3000
2016			100000		3000

六、其 他

6-1 历届中国共产党全国代表大会少数民族中央委员、候补中央委员人数

届次	时间	地点	代表总数	#少数民族代表	中央委员、中央候补委员总数	#少数民族中央委员、中央候补委员人数
第一届	1921.7.23—31	上海	12	1		
第二届	1922.7.16—23	上海	12	1	5	
第三届	1923.6.12—20	广州	30余人		14	
第四届	1925.1.11—22	上海	20		14	
第五届	1927.4.27—5.9	武汉	80	1	45	
第六届	1928.6.18—7.11	莫斯科	118		36	1
第七届	1945.4.23—6.11	延安	755		77	2
第八届	1956.9.15—27	北京	1133		170	10
第九届	1969.4.1—24	北京	1512		279	
第十届	1973.8.24—28	北京	1249		319	15
第十一届	1977.8.12—18	北京	1510		333	16
第十二届	1982.9.1—11	北京	1749	104	348	31
第十三届	1987.10.25—11.1	北京	1936		285	32
第十四届	1992.10.12—18	北京	1989	198	319	32
第十五届	1997.9.12—18	北京	2048	219	344	38
第十六届	2002.11.8—14	北京	2114	230	356	35
第十七届	2007.10.15—21	北京	2213	242	371	40
第十八届	2012.11.8—14	北京	2270	249	376	39

6–2 历届全国人民代表大会少数民族代表人数

届 次	时 间	代表总数	#少数民族代表数	少数民族代表比例（%）	少数民族（个）
第一届	1954年	1226	178	14.50	30
第二届	1959年	1226	179	14.60	30
第三届	1964年	3040	372	12.20	53
第四届	1975年	2885	270	9.40	54
第五届	1978年	3497	381	10.90	54
第六届	1983年	2978	403	13.60	55
第七届	1988年	2970	445	14.90	55
第八届	1993年	2898	554	18.60	55
第九届	1998年	2979	428	14.37	55
第十届	2003年	2985	415	13.90	55
第十一届	2008年	2987	411	13.76	55
第十二届	2013年	2987	409	13.69	55

6–3 历届中国人民政治协商会议全国委员会少数民族委员人数

届 次	时 间	委员总数	#少数民族委员数	少数民族委员比例（%）	少数民族（个）
第一届	1949年	198	19	9.60	10
第二届	1954年	753	61	8.10	16
第三届	1959年	1071	78	7.29	19
第四届	1965年	1199	81	6.76	20
第五届	1978年	2268	147	6.49	31
第六届	1983年	2228	185	8.31	37
第七届	1988年	2180	222	10.19	45
第八届	1993年	2172	101	4.65	55
第九届	1998年	2196	259	11.80	55
第十届	2003年	2238	262	11.70	55
第十一届	2008年	2237	250	11.18	55
第十二届	2013年	2237	258	11.53	55

6-4 国务院历次全国民族团结进步表彰情况(一)

单位：个，人

地区	总计			1988年第一次表彰			1994年第二次表彰		
	集体	个人	#女	集体	个人	#女	集体	个人	#女
总计	**1833**	**1842**	**330**	**565**	**601**	**106**	**642**	**613**	**106**
北京	36	24	5	12	5	2	12	9	2
天津	27	23	6	9	5	1	8	8	1
河北	42	42	7	11	14	3	15	13	1
山西	12	17	3	3	4	1	4	5	
内蒙古	93	98	18	34	34	8	29	33	5
辽宁	75	62	12	26	16	4	25	22	4
吉林	52	71	12	15	26	4	18	22	3
黑龙江	47	47	5	18	12	2	16	16	2
上海	31	20	7	8	6	2	11	7	1
江苏	19	22	2	5	7	1	7	7	1
浙江	21	17	5	7	5	2	7	6	2
安徽	17	20	2	5	5		6	8	1
福建	27	16	3	8	4	1	11	6	1
江西	15	10	2	4	3	1	4	3	1
山东	32	34	7	10	9	2	11	12	1
河南	37	31	3	15	7		10	13	2
湖北	49	46	12	13	15	5	19	14	3
湖南	71	55	9	25	16	3	22	20	1
广东	21	21	2	4	8		8	7	2
广西	128	119	26	46	39	6	41	41	10
海南	35	30	6	11	9	2	12	10	1
重庆	15	11	3						
四川	67	87	12	18	37	5	29	30	4
贵州	97	81	24	33	29	7	33	23	8
云南	127	113	16	45	39	3	47	30	7
西藏	50	80	21	10	38	9	19	21	5
陕西	17	18	3	3	7	1	7	5	1
甘肃	63	60	8	18	24	1	22	19	3
青海	57	52	10	26	16	5	17	16	2
宁夏	49	64	12	17	25	4	17	17	2
新疆	108	163	33	24	61	15	40	45	10
其他	296	288	34	82	76	6	115	125	19

6-4 国务院历次全国民族团结进步表彰情况(二)

地区	1999年第三次表彰			2005年第四次表彰			2009年第五次表彰			2014年第六次表彰		
	集体	个人	#女	集体	个人	#女	集体	个人	#女	集体	个人	#女
总　计	**626**	**628**	**118**	**642**	**676**	**135**	**739**	**749**	**161**	**678**	**818**	**195**
北　京	12	10	1	12	10	3	15	13	5	14	15	5
天　津	10	10	4	9	10	4	10	11	6	9	12	4
河　北	16	15	3	17	18	2	19	19	4	17	22	5
山　西	5	8	2	5	7	2	7	8	2	6	8	
内蒙古	30	31	5	32	31	4	32	34	4	31	38	8
辽　宁	24	24	4	22	23	5	25	24	4	25	26	9
吉　林	19	23	5	19	23	5	20	22	3	19	24	8
黑龙江	13	19	1	17	15	2	17	18	2	15	20	8
上　海	12	7	4	13	7	3	16	7	3	13	10	4
江　苏	7	8		10	8	2	11	10	6	11	11	1
浙　江	7	6	1	8	8	1	9	10	4	8	13	4
安　徽	6	7	1	7	8	3	9	9	2	8	9	
福　建	8	6	1	8	10	1	10	11	1	9	14	2
江　西	7	4		8	4	2	8	7	3	7	8	3
山　东	11	13	4	13	11	2	14	13	2	13	15	3
河　南	12	11	1	13	12	3	17	12	3	14	16	3
湖　北	17	17	4	17	18	2	19	19	6	17	20	5
湖　南	24	19	5	24	22	4	28	25	4	25	30	4
广　东	9	6		11	11	1	15	11	2	17	19	3
广　西	41	39	10	42	42	11	44	44	11	40	49	23
海　南	12	11	3	11	12	2	13	13	3	12	15	4
重　庆	15	11	3	16	13	2	16	15	5	14	17	5
四　川	20	20	3	23	23	3	29	27	4	26	34	5
贵　州	31	29	9	33	32	5	35	34	11	32	38	15
云　南	35	44	6	39	40	8	39	40	7	37	44	12
西　藏	21	21	7	21	21	9	24	28	5	22	31	9
陕　西	7	6	1	6	6		8	8	3	8	7	1
甘　肃	23	17	4	21	21	4	24	21	3	19	26	2
青　海	14	20	3	17	18	3	18	20	3	17	21	3
宁　夏	15	22	6	18	19	6	21	21	7	18	24	7
新　疆	44	57	8	40	52	13	40	53	16	37	51	14
其　他	99	87	9	90	121	18	127	142	17	118	131	16

主要统计指标解释

普通高等学校 指通过国家普通高等教育招生考试，招收高中毕业生为主要培养对象，实施高等学历教育的全日制大学、独立设置的学院、独立学院和高等专科学校、高等职业学校及其他机构。

大学、独立设置的学院主要实施本科及本科层次以上的教育。独立学院主要实施本科层次的教育。高等专科学校、高等职业学校实施专科层次的教育。其他机构是指承担国家普通招生计划任务不计校数的机构，包括普通高等学校分校、大专班等。

成人高等学校 指通过国家成人高等教育招生考试，招收具有高中毕业或同等学力的人员为主要培养对象，利用函授、业余、脱产等多种形式，对其实施高等学历教育的学校。包括：职工高等学校、农民高等学校、管理干部学院、教育学院、独立函授学院、广播电视大学、其他机构。其他机构是指承担国家成人招生计划任务不计校数的机构。

其他资料

其他资料一　全国行政区划（2016年底）

单位：个

省级区划名称	地　级		县　级					乡镇级			
	区划数	#地级市	区划数	#市辖区	#县级市	#县	#自治县	区划数	#镇	#乡级	#街道
全　　国	**334**	**293**	**2851**	**954**	**360**	**1366**	**117**	**41002**	**20883**	**10870**	**8105**
	334										
北　京　市			16	16				336	143	38	150
天　津　市			16	16				246	124	3	118
河　北　省	11	11	168	47	19	96	6	2303	1107	844	302
山　西　省	11	11	119	23	11	85		1398	564	632	202
内蒙古自治区	12	9	103	23	11	17		1185	503	272	239
辽　宁　省	14	14	100	59	16	17	8	1587	642	212	677
吉　林　省	9	8	60	21	20	16	3	938	428	182	300
黑　龙　江　省	13	12	128	65	19	43	1	1249	521	365	311
上　海　市			16	16				214	107	2	105
江　苏　省	13	13	96	55	21	20		1288	763	69	455
浙　江　省	11	11	89	36	19	33	1	1392	655	274	449
安　徽　省	16	16	105	44	6	55		1497	953	289	246
福　建　省	9	9	85	28	13	44		1124	638	288	179
江　西　省	11	11	100	24	11	65		1563	824	579	152
山　东　省	17	17	137	54	27	56		1826	1106	73	647
河　南　省	17	17	158	52	21	85		2447	1120	682	633
湖　北　省	13	12	103	39	24	37	2	1244	759	168	307
湖　南　省	14	13	122	35	16	64	7	2012	1135	401	393
广　东　省	21	21	121	64	20	34	3	1607	1128	11	461
广西壮族自治区	14	14	111	40	7	52	12	1305	788	330	128
海　南　省	4	4	23	8	5	4	6	218	175	21	22
重　庆　市			38	26		8	4	1042	622	190	216
四　川　省	21	18	183	52	16	111	4	4731	2105	2182	346
贵　州　省	9	6	88	15	7	54	11	1572	832	326	221
云　南　省	16	8	129	16	15	69	29	1529	681	545	163
西藏自治区	7	5	74	6		68		706	140	545	12
陕　西　省	10	10	107	29	3	75		1295	988	23	284
甘　肃　省	14	12	86	17	4	58	7	1386	741	487	124
青　海　省	8	2	43	6	3	27	7	427	140	225	34
宁夏回族自治区	5	5	22	9	2	11		237	102	90	45
新疆维吾尔自治区	14	4	105	13	24	62	6	1098	349	522	184
香港特别行政区											
澳门特别行政区											
台　湾　省											

注：乡镇级总数包含河北省、新疆维吾尔自治区的各一个区公所。

其他资料二 国民经济和社会发展总量与速度指标

指 标	总量指标			
	1978	2000	2015	2016
人口 (万人)				
总人口(年末)	96259	126743	137462	138271
城镇人口	17245	45906	77116	79298
乡村人口	79014	80837	60346	58973
就业 (万人)				
就业人员数	40152	72085	77451	77603
第一产业	28318	36043	21919	21496
第二产业	6945	16219	22693	22350
第三产业	4890	19823	32839	33757
城镇就业	9514	23151	40410	41428
城镇登记失业人数	530	595	966	982
国民经济核算				
国民总收入 (亿元)	3678.7	99066.1	686449.6	741140.4
国内生产总值 (亿元)	3678.7	100280.1	689052.1	744127.2
第一产业	1018.5	14717.4	60862.1	63670.7
第二产业	1755.2	45664.8	282040.3	296236
第三产业	905.1	39897.9	346149.7	384220.5
人均国内生产总值 (元)	385	7942	50251	53980
人民生活				
全国居民人均可支配收入 (元)			21966	23821
城镇居民人均可支配收入 (元)	343	6280	31195	33616
农村居民人均可支配收入 (元)	133.6	2253.4	11422	12363
财政 (亿元)				
一般公共预算收入	1132	13395	152269	159605
一般公共预算支出	1122	15887	175878	187755
环境、灾害				
废水中化学需氧量排放量(万吨)			2295	1047
废气中二氧化硫排放量 (万吨)			1974	1103
能源 (万吨标准煤)				
能源生产总量	62770	138570	361476	346000
能源消费总量	57144	146964	429905	436000

指数(%) (2016为以下各年)			平均增长速度(%)	
1978	2000	2015	1979—2016	2001—2016
143.6	109.1	100.6	1.0	0.6
459.8	172.7	102.8	4.2	3.7
74.6	73.0	97.7	-0.8	-2.1
193.3	107.7	100.2	1.8	0.5
75.9	59.6	98.1	-0.7	-3.4
321.8	137.8	98.5	3.2	2.2
690.3	170.3	102.8	5.4	3.6
435.4	178.9	102.5	4.1	4.0
185.3	165.0	101.7	1.7	3.4
3216.7	428.3	106.7	9.8	10.2
3229.7	424.8	106.7	9.8	10.1
517.0	187.7	103.3	4.5	4.3
5015.1	467.6	106.1	11.2	10.8
4481.7	467.5	107.8	10.8	10.8
2240.2	389.1	106.1	8.8	9.5
14096.1	1191.5	104.8	14.3	18.0
16732.6	1181.9	106.8	14.8	17.9
		45.6		
		55.9		
551.2	249.7	95.7	4.7	6.3
763.0	296.7	101.4	5.6	7.5

其他资料二　续表 1

指　　标	总量指标			
	1978	2000	2015	2016
固定资产投资				
全社会固定资产投资总额(亿元)		32918	562000	606466
#房地产开发		4984	95979	102581
全社会住宅投资		7594	80248	83660
全社会房屋施工面积(万平方米)		265294	1292372	1264395
#住宅		180634	669297	660662
全社会房屋竣工面积(万平方米)		181974	350973	312119
#住宅		134529	179738	171471
对外经济贸易　(亿美元)				
货物进出口总额	206.4	4743.0	39530.3	36855.6
出口额	97.5	2492.0	22734.7	20976.3
进口额	108.9	2250.9	16795.6	15879.3
外商直接投资		407.2	1262.7	1260.0
农业				
农林牧渔业总产值　(亿元)	1397.0	24915.8	107056.4	112091.3
主要农产品产量　(万吨)				
粮　食	30476.5	46217.5	62143.9	61625.0
棉　花	216.7	441.7	560.3	529.9
油　料	521.8	2954.8	3537.0	3629.5
肉　类		6013.9	8625.0	8537.8
水产品	465.4	3706.2	6699.6	6901.3
工业				
主要工业产品产量				
原　煤　(亿吨)	6.2	13.8	37.5	34.1
原　油　(万吨)	10405.0	16300.0	21455.6	19968.5
天然气　(亿立方米)	137.3	272.0	1346.1	1368.7
水　泥　(万吨)	6524.0	59700.0	235918.8	241031.0
粗　钢　(万吨)	3178.0	12850.0	80382.5	80760.9
钢　材　(万吨)	2208.0	13146.0	112349.6	113460.7
汽　车　(万辆)	14.9	207.0	2450.4	2811.9
发电机组　(万千瓦)	483.8	1249.0	12431.4	13119.8
金属切削机床　(万台)	18.3	17.7	75.5	67.3
发电量　(亿千瓦小时)	2566.0	13556.0	58145.7	61424.9
规模以上工业企业主要指标　(亿元)				

指数(%)(2016为以下各年)			平均增长速度(%)	
1978	2000	2015	1979—2016	2001—2016
		107.9		21.6
		106.9		23.3
	476.6	97.8		11.8
	365.7	98.7		9.5
	171.5	88.9		4.6
	127.5	95.4		2.1
17856.4	777.1	93.2	15.0	14.6
21514.2	841.7	92.3	15.6	15.3
14581.5	705.5	94.5	14.4	13.9
	309.5	99.8		7.8
788.9	201.5	103.9	5.7	4.8
202.2	133.3	99.2	1.9	1.9
244.6	120.0	94.6	2.4	1.2
695.6	122.8	102.6	5.4	1.4
	142.0	99.0		2.4
1483.0	186.2	103.0	7.6	4.2
551.9	246.4	91.0	4.7	6.2
191.9	122.5	93.1	1.8	1.4
996.8	503.2	101.7	6.4	11.4
3694.5	403.7	102.2	10.2	9.8
2541.3	628.5	100.5	9.1	13.0
5138.6	863.1	101.0	11.2	15.5
18859.2	1358.4	114.8	15.2	19.0
2711.8	1050.4	105.5	9.3	17.0
367.2	381.0	89.1	3.6	9.3
2393.8	453.1	105.6	9.0	10.6

其他资料二　续表 2

指　　标	总量指标			
	1978	2000	2015	2016
资产总计		126211	1023398	1085866
主营业务收入		84152	1109853	1158999
利润总额		4393	66187	71921
建筑业				
建筑业总产值　(亿元)		12498	180757	193567
房地产业				
房地产企业房屋施工面积　(万平方米)		65897	735693	758975
房地产企业房屋竣工面积　(万平方米)		25105	100039	106128
房地产企业商品房销售面积(万平方米)		18637	128495	157349
#住宅		16570	112412	137540
房地产企业商品房销售额　(亿元)		3935	87281	117627
#住宅		3229	72770	99064
批发、零售和旅游业				
社会消费品零售总额　(亿元)	1558.6	39106	300931	332316
入境旅客　(万人次)	180.9	8344.4	13382.0	13844.0
外国入境旅客　(万人次)	23.0	1016.0	2598.5	2815.0
国内旅客　(亿人次)		7	40	44
国际旅游收入　(亿美元)	2.6	162.2	1136.5	1200.0
国内旅游总花费　(亿元)		3175.5	34195.1	39390.0
交通运输业				
客运量　(万人)	253993	1478573	1943271	1900194
铁　路	81491	105073	253484	281405
公　路	149229	1347392	1619097	1542759
水　运	23042	19386	27072	27234
民　航	231	6722	43618	48796
货运量　(万吨)	319431	1358682	4175886	4386763
铁　路	110119	178581	335801	333186
公　路	151602	1038813	3150019	3341259

指数(%)(2016为以下各年)			平均增长速度(%)	
1978	2000	2015	1979—2016	2001—2016
	860.4	106.1		15.4
	1377.3	104.4		19.1
	1637.0	108.7		20.5
	1548.8	107.1		20.0
	1151.8	103.2		17.7
	422.7	106.1		10.1
	844.3	122.5		15.3
	830.0	122.4		15.2
	2988.9	134.8		25.4
	3068.3	136.1		25.6
21321.5	849.8	110.4	15.6	15.3
7652.0	165.9	103.5	12.4	3.4
12260.5	277.1	108.3	13.9	7.0
	596.8	111.0		12.6
45627.4	739.6	105.6	18.0	14.3
	1240.4	115.2		18.3
748.1	128.5	97.8	5.6	1.7
345.3	267.8	111.0	3.4	6.8
1033.8	114.5	95.3	6.5	0.9
118.2	140.5	100.6	0.5	2.3
21123.8	725.9	111.9	15.6	14.1
1373.3	322.9	105.0	7.3	8.1
302.6	186.6	99.2	3.0	4.2
2204.0	321.6	106.1	8.7	8.1

其他资料二　续表 3

指　　标	总量指标			
	1978	2000	2015	2016
水　运	47357.0	122391.0	613567.0	638237.8
民　航	6	197	629	668
管　道	10347	18700	75870	73411
沿海规模以上港口货物吞吐量　(万吨)	19834	125603	784578	810933
民用汽车拥有量　(万辆)	135.8	1608.9	16284.5	18574.5
#私人汽车		625	14099	16330
邮政、电信和信息软件业				
邮政业务总量　(亿元)	14.9	232.8	5078.7	7397.2
电信业务总量　(亿元)	19.2	4559.9	23346.3	15617.0
移动电话年末用户　(万户)		8453.3	127139.7	132193.4
固定电话年末用户　(万户)	192.5	14482.9	23100	20662
局用交换机容量　(万门)	405.9	17825.6	26446.5	22441.6
互联网宽带接入用户　(万户)			25946.57	29720.65
软件业务收入　(亿元)			42847.92	48232.22
金融业				
社会融资规模增量　(万亿元)			15.41	17.82
货币和准货币(M2)　(万亿元)		13.46	139.23	155.01
货币(M1)　(万亿元)		5.31	40.10	48.66
流通中现金(M0)　(万亿元)		1	6	7
金融机构人民币各项存款余额(万亿元)	0.115501	12	136	151
金融机构人民币各项贷款余额(万亿元)	0.189042	10	94	107
股票筹资额　(亿元)		2103.2	10974.9	16257.4
保险公司保费金额　(亿元)		1598.0	24282.5	30904.2
保险公司赔款及给付金额　(亿元)		526.0	8674.1	10515.7
科学技术				
研究与试验发展经费支出　(亿元)		895.7	14169.9	15676.7
发明专利申请授权数　(万件)		1.3	35.9	40.4
技术市场成交额　(亿元)		650.8	9836.0	11407.0
教育				
专任教师数　(万人)				
#普通高等学校	20.6	46.3	157.3	160.2

指数(%)(2016为以下各年)			平均增长速度(%)	
1978	2000	2015	1979—2016	2001—2016
1347.7	521.5	104.0	7.3	11.6
10437.7	339.6	106.2	13.4	8.5
709.5	392.6	96.8	5.4	9.5
4088.6	645.6	103.4	10.5	13.2
13673.8	1154.5	114.1	14.2	17.7
	2611.5	115.8		24.3
49579.4	68391.0	145.7	18.3	22.0
81465.6	68392.0	66.9	19.9	23.0
	1563.8	104.0		20.1
10731.3	142.7	89.4	13.5	2.4
5529.1	125.9	84.9	11.5	1.5
		114.5		
		112.6		
	995.1	113.3		16.6
	748.3	115.2		14.4
	440.4	104.9		10.4
130376.7	1039.9	112.4	20.9	16.9
56391.7	990.6	114.3	18.9	16.5
	773.0	148.1		14.6
	1519.6	120.0		19.9
	1649.1	120.2		20.5
	1750.2	110.6		21.0
	3109.3	112.5		25.8
	1752.8	116.0		21.0
777.7	346.1	101.9	5.7	8.6

其他资料二　续表 4

指　　标		总量指标			
		1978	2000	2015	2016
普通高中		74.1	75.69	169.5354	173.3459
初中		244.1	328.7	347.6	348.8
普通小学		522.6	586.0	568.5	578.9
在校学生数	(万人)				
#普通本专科		85.6	556.1	2625.3	2695.8
普通高中		1553.1	1201.3	2374.4	2366.6
初中		4995.2	6256.3	4312.0	4329.4
普通小学		14624	13013	9692	9913
教育经费支出	(亿元)		3849.1	36129.2	
卫生					
医院	(个)	9293.0	16318.0	27587.0	29140.0
医院床位数	(万张)	110.0	216.7	533.1	568.9
执业(助理)医师	(万人)	97.8	207.6	303.9	319.1
卫生总费用	(亿元)	110.2	4586.6	40974.6	46344.9
文化					
图书出版总印数	(亿册、亿张)	37.7	62.7	86.6	90.4
电视节目制作时间	(万小时)		58.5	352.0	350.7
故事影片产量	(部)	46.0	91.0	686.0	772.0
社会保险					
社会保险基金收入	(亿元)		2644.9	46012.1	53562.7
社会保险基金支出	(亿元)		2385.6	38988.1	46888.4
参加基本养老保险人数	(万人)		13617.4	85833.4	88776.8
参加失业保险人数	(万人)		10408.4	17326.0	18088.8
参加城镇基本医疗保险人数	(万人)		3786.9	66581.6	74391.6

注：1.本表价值指标除邮电业务总量按不变价格计算外，其余均按当年价格计算。邮电业务总量2000年及以前按1990年不变价格计算，2001—2010年按2000年不变价格计算，2011年起按2010年不变价格计算。

2.本表速度指标中，国民总收入、国内生产总值及三次产业增加值、农林牧渔业总产值、邮电业务总量和城乡居民收入指标均按可比价格计算。固定资产投资平均增长速度按累计法计算。

3.2011年起，固定资产投资除房地产投资、农村个人投资外，统计起点由50万元提高至500万元，城镇固定资产投资数据发布口径改为固定资产投资(不含农户)，即原口径的城镇固定资产投资加上农村企事业组织的项目投资。

指数(%)（2016为以下各年）			平均增长速度(%)	
1978	2000	2015	1979—2016	2001—2016
233.9	229.0	102.2	2.3	5.7
142.9	106.1	100.3	1.0	0.4
110.8	98.8	101.8	0.3	-0.1
3149.3	484.8	102.7	9.8	11.1
152.4	197.0	99.7	1.1	4.6
86.7	69.2	100.4	-0.4	-2.4
67.8	76.2	102.3	-1.0	-1.8
313.6	178.6	105.6	3.1	3.9
517.2	262.6	106.7	4.5	6.6
326.2	153.7	105.0	3.2	2.9
42051.4	1010.4	113.1	17.7	16.7
239.4	144.0	104.3	2.4	2.5
	599.5	99.6		12.7
1678.3	848.4	112.5	7.9	15.3
	2025.1	116.4		22.2
	1965.5	120.3		22.0
	651.9	103.4		13.3
	173.8	104.4		3.8
	1964.4	111.7		22.0

附录

收编了各类少数民族方面的资料。

全国人大、政协少数民族领导人名单

■历届全国人大常委会少数民族副委员长、全国政协常委会少数民族副主席简表

届次	年份	全国人大常委会副委员长	年份	全国政协常委会副主席
第一届	1954	达赖喇嘛·丹增嘉措(藏)、赛福鼎·艾则孜(维吾尔)	1949	
第二届	1959	达赖喇嘛·丹增嘉措(藏)、赛福鼎·艾则孜(维吾尔)、班禅额尔德尼·确吉坚赞(藏)	1954	班禅额尔德尼·确吉坚赞(藏)、包尔汉(维吾尔)
第三届	1964	赛福鼎·艾则孜(维吾尔)、阿沛·阿旺晋美(藏)	1959	包尔汉(维吾尔)、帕巴拉·格列朗杰(藏)、阿沛·阿旺晋美(藏)
第四届	1975	韦国清(壮)、赛福鼎·艾则孜(维吾尔)、乌兰夫(蒙古)、阿沛·阿旺晋美(藏)	1965	韦国清(壮)、帕巴拉·格列朗杰(藏)
第五届	1978	乌兰夫(蒙古)、韦国清(壮)、赛福鼎·艾则孜(维 吾尔)、阿沛·阿旺晋美(藏)	1978	乌兰夫(蒙古)、韦国清(壮)、杨静仁（回)、帕巴拉·格列朗杰(藏)
第六届	1983	韦国清(壮)、阿沛·阿旺晋美(藏)、班禅额尔德尼·确吉坚赞(藏)、赛福鼎·艾则孜(维吾尔)	1983	杨静仁(回)、帕巴拉·格列朗杰(藏)、包尔汉(维吾尔)
第七届	1988	乌兰夫(蒙古)、韦国清(壮)、阿沛·阿旺晋美(藏)、班禅额尔德尼·确吉坚赞(藏)、赛福鼎·艾则孜(维吾尔)、廖汉生(土家)	1988	杨静仁(回)、帕巴拉·格列朗杰(藏)、司马义·艾买提(维吾尔)
第八届	1993	帕巴拉·格列朗杰(藏)、布赫(蒙古)、铁木尔·达瓦买提(维吾尔)	1993	阿沛·阿旺晋美(藏)、赛福鼎·艾则孜(维吾尔)
第九届	1998	帕巴拉·格列朗杰(藏)、布赫(蒙古)、铁木尔·达瓦买提(维吾尔)	1998	阿沛·阿旺晋美(藏)、赵南起(朝鲜)、白 立忱(回)
第十届	2003	司马义·艾买提(维吾尔)、热地（藏)、乌云其木格（女，蒙古）	2003	帕巴拉·格列朗杰（藏)、阿沛·阿旺晋美(藏)、阿不来提·阿不都热西提（维吾尔)、白立忱(回）、李兆焯（壮）
第十一届	2008	乌云其木格（女，蒙古)、司马义·铁力瓦尔地（维吾尔族）	2008	帕巴拉·格列朗杰（藏)、阿沛·阿旺晋美(藏)、阿不来提·阿不都热西提（维吾尔)、白立忱(回)
第十二届	2013	向巴平措（藏族)、艾力更·依明巴海（维吾尔族）	2013	帕巴拉·格列朗杰（藏)、王正伟（回)、马飚（壮)、齐续春（满）

全国人大民委、国家民委、全国政协民委主要领导人名单

■历届全国人大民委、国家民委和全国政协民委主任简表

届次	时间	全国人大民委主任	时间	国家民委主任	时间	全国政协民委主任
第一届	1954.9	刘格平(回)	1949.10	李维汉	1949.9	乌兰夫(蒙古)
第二届	1959.4	刘格平(回)	1954.9	乌兰夫(蒙古)	1954.12	卢汉(彝)
第三届	1965.4	谢扶民(壮)	1959.4	乌兰夫(蒙古)	1964.12	卢汉(彝)
第四届			1965.1	乌兰夫(蒙古)	1964.12	卢汉(彝)
第五届	1979.7	阿沛·阿旺晋美(藏)	1978.3	杨静仁(回)	1978.2	萨空了(蒙古)
第六届	1983.6	阿沛·阿旺晋美(藏)	1986.1	司马义·艾买提(维吾尔)	1983.6	马信(回)
第七届	1988.3	阿沛·阿旺晋美(藏)	1988.4	司马义·艾买提(维吾尔)	1988.3	杨静仁(回)
第八届	1993.3	王朝文(苗)	1993.3	司马义·艾买提(维吾尔)	1993.3	金鉴(满)
					1995.3	赵朴初
第九届	1998.3	王朝文(苗)	1998.3	李德洙(朝鲜)	1998.3	乌力吉(蒙古)
第十届	2003.3	多吉才让（藏）	2003.3	李德洙(朝鲜)	2003.3	钮茂生（满）
第十一届	2008.3	马启智（回）	2008.3	杨晶(蒙古)	2008.3	田聪明
第十二届	2013.3	李景田（满）	2013.3	王正伟（回）	2013.3–2016.3	朱维群
				巴特尔(蒙古)	2016.3	

注：1．历届人大民委所设为主任委员。

2．政协一至六届设民族组，从第七届起设民族委员会，第八届常委会第十二次会议将民族委员会与宗教委员会合并为民族和宗教委员会。

3．一至四届称中央民委，从第五届起称国家民委；第一届中央民委主任由中央人民政府委员会任命，从第二届起由全国人大或其常委会任命。

中国共产党第十六届至十八届中央委员会少数民族委员、候补委员及中央纪律检查委员会少数民族委员名单

■中国共产党第十六届中央委员会少数民族委员名单(15 人)(按姓氏笔画为序)

马启智(回族)	乌云其木格(女，蒙古族)	石宗源(回族)
白立忱(回族)	司马义·艾买提(维吾尔族)	列确(藏族)
回良玉(回族)	多吉才让(藏族)	李兆焯(壮族)
李德洙(朝鲜族)	杨正午(土家族)	阿不来提·阿不都热西提(维吾尔族)
钮茂生(满族)	热地(藏族)	戴秉国(土家族)

■中国共产党第十六届中央委员会少数民族候补委员名单(20 人)(按得票多少排序，票数相同的按姓氏笔画为序)

艾斯海提·克里木拜(哈萨克族)	王正伟(回族)	全哲洙(朝鲜族)
黄瑶(布依族)	彭祖意(瑶族)	杨晶(蒙古族)
黄选平(回族)	符桂花(女，黎族)	管国忠(傣族)
石玉珍(女，苗族)	白春礼(满族)	向巴平措(藏族)
李景田(满族)	罗正富(彝族)	李克(壮族)
仁青加(藏族)	司马义·铁力瓦尔地(维吾尔族)	李成玉(回族)
欧泽高(藏族)	王正福(苗族)	

■中国共产党第十六届中央纪律检查委员会少数民族委员名单(7 人)(按姓氏笔画为序)

马子龙(回族)	王正福(苗族)	巴特尔(蒙古族)
司马义·铁力瓦尔地(维吾尔族)	布穷(藏族)	李成玉(回族)
欧泽高(藏族)		

■中国共产党第十七届中央委员会少数民族委员名单(16 人)(按姓氏笔画为序)

王正伟（回族）	乌云其木格(女，蒙古族)	艾斯海提·克里木拜（哈萨克族）
石宗源（回族）	白立忱（回族）	司马义·铁力瓦尔地（维吾尔族）
列确（藏族）	回良玉（回族）	向巴平措（藏族）
李成玉（回族）	李兆焯（壮族）	李景田（满族）
杨晶（蒙古族）	陆兵（壮族）	阿不来提·阿不都热西提（维吾尔族）
戴秉国（土家族）		

■中国共产党第十七届中央委员会少数民族候补委员名单(24 人)

（按得票多少排序，票数相同的按姓氏笔画为序）

符跃兰（女，黎族）	马飚（壮族）	旦科（藏族）
全哲洙（朝鲜族）	罗正富（彝族）	刘慧（女，回族）
余远辉（瑶族）	努尔·白克力（维吾尔族）	黄康生（布依族）
刘学普（土家族）	刘振来（回族）	金振吉（朝鲜族）
巴音朝鲁（蒙古族）	刘晓凯（苗族）	咸辉（女，回族）
谌贻琴（女，白族）	白春礼（满族）	多吉（藏族）
李克（壮族）	李康（女，壮族）	武吉海（苗族）
刀林荫（女，傣族）	雷春美（女，畲族）	乌兰（女，蒙古族）

■中国共产党第十七届中央纪律检查委员会少数民族委员名单(8 人)(按姓氏笔画为序)

王正福（苗族）	仁青加（藏族）	巴特尔(蒙古族)
朱明国（黎族）	李汉柏（白族）	欧泽高（藏族）
金道铭（满族）	贺邦靖（女，白族）	

■中国共产党第十八届中央委员会少数民族委员名单（10 人）（按姓氏笔画为序）

马飚（壮族）	王正伟（回族）	巴音朝鲁（蒙古族）
巴特尔（蒙古族）	白玛赤林（藏族）	白春礼（满族）
全哲洙（朝鲜族）	杨晶（蒙古族）	陈求发（苗族）
努尔·白克力（维吾尔族）		

■中国共产党第十八届中央委员会少数民族候补委员名单（29 人）

（按得票多少排序，票数相同的按姓氏笔画为序）

刘晓凯（苗族）	陈志荣（黎族）	金振吉（朝鲜族）
咸辉（女，回族）	马顺清（回族）	朱明国（黎族）
刘学普（土家族）	杨崇勇（满族）	余远辉（瑶族）
陈武（壮族）	陈鸣明（布依族）	赵金（彝族）
赵立雄（白族）	洛桑江村（藏族）	谌贻琴（女，白族）
蓝天立（壮族）	旦科（藏族）	刘慧（女，回族）
夏杰（女，回族）	叶红专（土家族）	尔肯江·吐拉洪（维吾尔族）
李康（女，壮族）	李昌平（藏族）	努尔兰·阿不都满金（哈萨克族）
欧阳坚（白族）	刀林荫（女，傣族）	公保扎西（藏族）
雷春美（女，畲族）	乌兰（女，蒙古族）	

■中国共产党第十八届中央纪律检查委员会少数民族委员名单（4 人）（按姓氏笔画为序）

马勇霞（女，回族）	丹珠昂奔（藏族）	石生龙（满族）
多杰热旦（藏族）		

中国少数民族文化资料

■中国少数民族语言系属

汉藏语系	藏缅语族	藏语、门巴语、珞巴语、彝语、哈尼语、白语、羌语、傈僳语、纳西语、拉祜语、景颇语、土家语、普米语、怒语、独龙语、阿昌语、基诺语
	壮侗语族	壮语、侗语、布依语、傣语、水语、黎语、毛南语、仫佬语
	苗瑶语族	苗语、瑶语、畲语
	语族未定	仡佬语
阿尔泰语系	突厥语族	维吾尔语、哈萨克语、柯尔克孜语、撒拉语、乌孜别克语、塔塔尔语、裕固(尧乎尔)语
	蒙古语族	蒙古语、达斡尔语、东乡语、土族语、保安语、裕固(恩格尔)语
	通古斯–满语族	满语、鄂温克语、鄂伦春语、锡伯语、赫哲语
	语族未定	朝鲜语
印欧语系	斯拉夫语族	俄罗斯语
	伊朗语族	塔吉克语
南亚语系	孟高棉语族	佤语、德昂语、布朗语
南岛语系	印尼语族	高山语

注：1．京族语的系属尚未确定。

2．回族、满族大部通用汉语(满语只在极少数满族人口中使用)。

■中国各民族文字类型

象形文字	纳西族东巴文
汉字及其变体	汉文、方块壮字、方块侗字、水书、白文。
音节文字	纳西族哥巴文、彝文。
拼音文字	(一)印度字母体系—藏文、傣文。 (二)阿拉伯字母体系—老维吾尔文、老哈萨克文以及乌孜别克文、柯尔克孜文、塔塔尔文。 (三)回鹘文字母体系—蒙古文、“托忒蒙古文”、锡伯文。 (四)朝鲜文字母体系—朝鲜文。 (五)拉丁字母体系—壮文、景颇文、拉祜文、佤文、傈僳文、新维吾尔文、新哈萨克文以及布依、苗、黎、纳西、侗、哈尼各族的文字方案。 (六)斯拉夫字母体系—俄罗斯族的俄文。

■中国各民族名称的罗马字母拼写法

民族	罗马字母拼写法	字母代码	民族	罗马字母拼写法	字母代码
汉族	Han	HA	柯尔克孜族	Kirgiz	KG
蒙古族	Mongol	MG	土族	Tu	TU
回族	Hui	HU	达斡尔族	Daur	DU
藏族	Zang	ZA	仫佬族	Mulao	ML
维吾尔族	Uygur	UG	羌族	Qiang	QI
苗族	Miao	MH	布朗族	Blang	BL
彝族	Yi	YI	撒拉族	Salar	SL
壮族	Zhuang	ZH	毛南族	Maonan	MN
布依族	Buyei	BY	仡佬族	Gelao	GL
朝鲜族	Chosen	CS	锡伯族	Xibe	XB
满族	Man	MA	阿昌族	Achang	AC
侗族	Dong	DO	普米族	Pumi	PM
瑶族	Yao	YA	塔吉克族	Tajik	TA
白族	Bai	BA	怒族	Nu	NU
土家族	Tujia	TJ	乌孜别克族	Uzbek	UZ
哈尼族	Hani	HN	俄罗斯族	Russ	RS
哈萨克族	Kazak	KZ	鄂温克族	Ewenki	EW
傣族	Dai	DA	德昂族	Deang	DE
黎族	Li	LI	保安族	Bonan	BN
傈僳族	Lisu	LS	裕固族	Yugur	YG
佤族	Va	VA	京族	Gin	GI
畲族	She	SH	塔塔尔族	Tatar	TT
高山族	Gaoshan	GS	独龙族	Derung	DR
拉祜族	Lahu	LH	鄂伦春族	Oroqen	OR
水族	Sui	SU	赫哲族	Hezhen	HZ
东乡族	Dongxiang	DX	门巴族	Monba	MB
纳西族	Naxi	NX	珞巴族	Lhoba	LB
景颇族	Jingpo	JP	基诺族	Jino	JN

■中国少数民族主要节日

民族	主要节日	时间
阿昌族	火把节	农历六月二十五日
	会街节	农历九月初十
	泼水节	农历二月二十九日
	撒 神	农历七月初一
	尝新节	农历八月十五日
白 族	三月街	农历三月十五日
	火把节	农历六月二十四日
	渔潭会	农历八月十五日
保安族	圣纪节	伊斯兰教历三月十二日
	开斋节	伊斯兰教历九月三十日
	古尔邦节	伊斯兰教历十二月十日
布朗族	开门节	傣历十二月十五日
	关门节	傣历九月十五日
	泼火节	农历二月十九日
布依族	六月六	农历六月初六
	三月三	农历三月初三
	四月八	农历四月初八
朝鲜族	元 日	农历正月初一
	上元节	农历正月初五
	寒食节	农历四月初五
	端 午	农历五月初五
哈尼族	十月节	农历十月初一
	六月节	农历六月二十四日
哈萨克族	圣纪节	伊斯兰教历三月十二日
	开斋节	伊斯兰教历九月三十日
	古尔邦节	伊斯兰教历十二月十日
赫哲族	赫哲年	农历正月初一
回 族	圣纪节	伊斯兰教历三月十二日
	开斋节	伊斯兰教历九月三十日
	古尔邦节	伊斯兰教历十二月十日
基诺族	打铁节	农历一月
	火把节	农历六月
京 族	哈 节	农历六月初十（万尾、巫头）
		农历八月初十（山心岛）

民族	主要节日	时间
京 族	哈 节	农历正月二十五（江龙）
德昂族	泼水节	农历四月十五日
东乡族	圣纪节	伊斯兰教历三月十二日
	开斋节	伊斯兰教历九月三十日
	古尔邦节	伊斯兰教历十二月十日
侗 族	芦笙节	农历六月至九月
	侗 年	农历十一月十九日
	斗牛节	农历二月
	吃新节	农历六月至七月
独龙族	卡雀哇	农历十月中下旬
俄罗斯族	复活节	公历三、四月
鄂伦春族	春节	农历正月初一
鄂温克族	米阔鲁节	农历五月二十二日
高山族	新年祭	农历十二月
仡佬族	灯杆节	农历正月初一
	仡佬节	农历三月初三
	尝新节	农历六、七月
拉祜族	库扎节	傣历三月
	火把节	农历六月二十四日
	尝新节	傣历十二月
黎族	三月三	农历三月初三
傈僳族	收获节	农历九月
	澡塘节	农历正月初三
	过年节	农历正月初一
	刀杆节	农历二月初八
珞巴族	旭独龙节	藏历二月
	隆德节	藏历四月
满 族	颁金节	阴历十一月十三日
	庙 会	农历四月
景颇族	目脑节	农历正月十五日
柯尔克孜族	圣纪节	伊斯兰教历三月十二日
	开斋节	伊斯兰教历九月三十日
	古尔邦节	伊斯兰教历十二月十日
	诺劳孜	农历正月初一

续表

民族	主要节日	时间
达斡尔族	春节(阿涅)	农历正月初一
傣族	泼水节	傣历六月六日
	开门节	傣历十二月十五日
	关门节	傣历九月十五日
苗族	龙船节	农历五月二十四日
	吃新节	农历六月初六
	赶秋节	农历九月
仫佬族	依饭节	农历十月
	后生节	农历正月或七月
纳西族	正月农具会	农历正月二十日
	三月龙王庙会	农历三月十五日
	七月骡马会	农历七月十五日
怒族	鲜花节	农历三月十五日
普米族	大过年	农历正月初七
	大十五节	农历十二月十五日
	尝新节	农历九月
	转山节	农历七月十五日
土家族	过赶节	农历十二月二十九日
	祈禳节	农历正月初三
	牛王会	农历八月初八
土族	擂台会	农历二月初二
	火神节	农历正月二十九日
	端阳	农历五月初五
佤族	火把节	农历六月二十四日
	播种节	农历三月十五日
	新米节	农历七、八月
维吾尔族	古尔邦节	伊斯兰教历十二月十日
	开斋节	伊斯兰教历九月三十日
	努鲁斯节	伊斯兰教历八月十四日
乌孜别克族	古尔邦节	伊斯兰教历十二月十日
	开斋节	伊斯兰教历九月三十日
	圣纪节	伊斯兰教历三月十二日
锡伯族	春节	农历十二月二十三日至次年正月初二
毛南族	庙节	农历五月
	南瓜节	农历九月初九
蒙古族	蒙古族新年	农历正月初一
	那达慕大会	农历七～八月
苗族	苗年节	农历十月初五
	四月八	农历四月初八
门巴族	藏历年	藏历正月初一
	望果节	藏历八月间
羌族	羌族大年	农历正月初一
	青苗会	农历三月十二日
	端午节	农历五月初五日
撒拉族	开斋节	伊斯兰教历九月三十日
	圣纪节	伊斯兰教历三月十二日
	古尔邦节	伊斯兰教历十二月十日
畲族	分龙节	农历五月十五日
水族	借额节	农历九月
	卯节	农历五、六月
塔吉克族	古尔邦节	伊斯兰教历十二月十日
	迄脱迄迪	农历三月间
	尔爱脱节	
	肉孜节	伊斯兰教历九月三十日
塔塔尔族	古尔邦节	伊斯兰教历十二月十日
	开斋节	伊斯兰教历九月三十日
	圣纪节	伊斯兰教历三月十二日
瑶族	盘王节	农历十月十六日
	尝新节	农历八、九月
	歌节	农历三月初三
彝族	二月八	农历二月初八
	送年节	农历三月初七
裕固族	春节	农历正月初五
	端午节	农历五月初五
	中秋节	农历八月十五
藏族	藏历年	藏历正月初一
	望果节	藏历八月间
	雪顿节	藏历七月一日
壮族	三月三	农历三月初三
	中元节	农历七月十四日

■民族自治地方全国重点文物保护单位

（截至 2016 年）

地 区	数量	名 称	时 代	地 址
（一）古遗址：222 处				
内蒙古自治区	70	辽上京遗址	辽	巴林左旗
		辽中京遗址	辽	宁城县
		大窑遗址	旧石器时代	呼和浩特市
		居延遗址	汉	额济纳旗
		嘎仙洞遗址	北魏	鄂伦春自治旗
		元上都遗址	元	正蓝旗
		兴隆洼遗址	新石器时代	敖汉旗
		大甸子遗址	青铜时代	敖汉旗
		固阳秦长城遗址	秦	固阳县
		缸瓦窑遗址	辽	赤峰市
		敖伦苏木城遗址	元	达尔罕茂明安联合旗
		萨拉乌苏遗址	旧石器时代	乌审旗
		岱海遗址群	新石器时代	凉城县
		庙子沟遗址	新石器时代	察哈尔右翼前旗
		架子山遗址群	青铜时代	喀喇沁旗
		大井古铜矿遗址	青铜时代	林西县
		城子山遗址	青铜时代	敖汉旗
		和林格尔土城子遗址	汉至唐	和林格尔县
		黑山头城址	金、元	额尔古纳市
		金界壕遗址	金	呼伦贝尔盟、兴安盟、通辽市、赤峰市、乌兰察布盟、包头市
		应昌路故城遗址	元	克什克腾旗
		黑城遗址	西夏至元	额济纳旗
		阿善遗址	新石器时代	包头市
		赵宝沟遗址	新石器时代	敖汉旗
		红山遗址群	新石器时代至青铜时代	赤峰市
		夏家店遗址群	新石器时代至战国	赤峰市
		朱开沟遗址	新石器时代至商	伊金霍洛旗
		秦直道遗址	秦	鄂尔多斯市
		麻池城遗址和召湾墓群	汉	包头市
		黑城城址	汉	宁城县
		朔方郡故城	汉	磴口市、巴彦淖尔市
		霍洛柴登城址	汉	杭锦旗
		克里孟城址	汉至南北朝	察哈尔右翼后旗
		沃野镇故城	汉至南北朝	乌拉特前旗
		白灵淖尔城址	南北朝	固阳县
		十二连城城址	隋至唐	准格尔旗
		城川城址	唐	鄂托克前旗
		查干浩特城址	辽至明	阿鲁科尔沁旗

续表 1

地　区	数量	名　称	时　代	地　址
内蒙古自治区		安答堡子城址	金至元	达尔罕茂明安联合旗
		净州路故城	金至元	四子王旗
		砂井路总管府故城	元	四子王旗
		巴彦乌拉城址	元	鄂温克族自治旗
		蘑菇山北遗址	旧石器时代	内蒙古自治区呼伦贝尔市满洲里市
		金斯太洞穴遗址	旧石器时代、商	内蒙古自治区锡林郭勒盟东乌珠穆沁旗
		辉河水坝遗址	新石器时代	内蒙古自治区呼伦贝尔市鄂温克族自治旗
		哈克遗址	新石器时代	内蒙古自治区呼伦贝尔市海拉尔区
		白音长汗遗址	新石器时代	内蒙古自治区赤峰市林西县
		兴隆沟遗址	新石器时代	内蒙古自治区赤峰市敖汉旗
		魏家窝铺遗址	新石器时代	内蒙古自治区赤峰市红山区
		富河沟门遗址	新石器时代	内蒙古自治区赤峰市巴林左旗
		寨子圪旦遗址	新石器时代	内蒙古自治区鄂尔多斯市准格尔旗
		草帽山遗址	新石器时代	内蒙古自治区赤峰市敖汉旗
		马架子遗址	新石器时代、夏、商、周	内蒙古自治区赤峰市喀喇沁旗
		三座店石城遗址	夏至商	内蒙古自治区赤峰市松山区
		二道井子遗址	夏至商	内蒙古自治区赤峰市红山区
		太平庄遗址群	夏至商	内蒙古自治区赤峰市松山区
		尹家店山城遗址	夏至商	内蒙古自治区赤峰市松山区
		南山根遗址	周	内蒙古自治区赤峰市宁城县
		奈曼土城子城址	战国至秦汉	内蒙古自治区通辽市奈曼旗
		云中郡故城	战国至隋唐	内蒙古自治区呼和浩特市托克托县
		浩特陶海城址	辽	内蒙古自治区呼伦贝尔市陈巴尔虎旗
		灵安州遗址	辽	内蒙古自治区通辽市库伦旗
		豫州城遗址及墓地	辽	内蒙古自治区通辽市扎鲁特旗
		韩州城遗址	辽	内蒙古自治区通辽市科尔沁左翼后旗
		饶州故城址	辽	内蒙古自治区赤峰市林西县
		武安州遗址	辽、金、元	内蒙古自治区赤峰市敖汉旗
		宁昌路遗址	辽、金、元	内蒙古自治区赤峰市敖汉旗
		吐列毛杜古城遗址	金	内蒙古自治区兴安盟科尔沁右翼中旗
		四郎城古城	金、元、明	内蒙古自治区锡林郭勒盟正蓝旗
		燕家梁遗址	元	内蒙古自治区包头市九原区
		新忽热古城址	元、明	内蒙古自治区巴彦淖尔市乌拉特中旗

续表 2

地　区	数量	名　称	时　代	地　　址
辽宁省	8	查海遗址	新石器时代	阜新蒙古族自治县
		庙后山遗址	旧石器时代	本溪满族自治县
		永陵南城址	汉至魏晋	辽宁省抚顺市新宾满族自治县
		高俭地山城	汉至唐	辽宁省本溪市桓仁满族自治县
		下古城子城址	汉至唐	辽宁省本溪市桓仁满族自治县
		赫图阿拉故城	明	新宾满族自治县
		五女山山城	高句丽（公元前 37– 668 年）	桓仁满族自治县
		东山嘴遗址	新石器时代	喀左自治县
		金牛山遗址	旧石器时代	营口县
		姜女石遗址	秦 汉	绥中县
		凤凰山山城	高句丽（公元前 37– 668 年）	凤城市
		海城仙人洞遗址	旧石器时代	海城市
		新乐遗址	新石器时代	沈阳市
		高台山遗址	新石器时代	新民市
		石台子山城	汉至唐	沈阳市
		牛河梁遗址	新石器时代	凌源县、建平县
吉林省	9	渤海中京城遗址	渤海（公元 698–926 年）	和龙市
		八连城遗址	唐、五代	珲春市
		塔虎城	辽、金	前郭尔罗斯蒙古族自治县
		百草沟遗址	战国至晋	汪清县
		城山子山城	唐	敦化市
		磨盘村山城	唐至金	图们市
		石人沟遗址	旧石器时代	吉林省延边朝鲜族自治州和龙市
		萨其城址	唐	吉林省延边朝鲜族自治州珲春市
		温特赫部城址与裴优城址	唐、金	吉林省延边朝鲜族自治州珲春市
湖北省	9	建始直立人遗址	旧石器时代	建始县
		施州城址	宋	恩施市
		唐崖土司城址	元至清	咸丰县
		容美土司遗	明至清	鹤峰县
		长阳人遗址	旧石器时代	湖北省宜昌市长阳土家族自治县
		不二门遗址	商、周	湖南省湘西土家族苗族自治州永顺县
		魏家寨古城遗址	汉	湖南省湘西土家族苗族自治州保靖县
		里耶大板遗址与墓群	汉	湖南省湘西土家族苗族自治州龙山县
		四方城遗址	战国至汉	湖南省湘西土家族苗族自治州保靖县

续表 3

地　区	数量	名　称	时　代	地　　址
湖南省	1	老司城遗址	五代至清	永顺县
广西壮族自治区	16	百谷和高岭坡遗址	旧石器时代	百色市、田东县
		甑皮岩遗址	新石器时代	桂林市
		顶蛳山遗址	新石器时代	邕宁县
		白莲洞遗址	旧石器至新石器时代	柳州市
		鲤鱼嘴遗址	旧石器至新石器时代	柳州市
		感驮岩遗址	新石器时代至战国	那坡县
		秦城遗址	秦至晋	兴安县
		智城城址	唐	上林县
		柳城巨猿洞	旧石器时代	广西壮族自治区柳州市柳城县
		布兵盆地洞穴遗址群	旧石器时代	广西壮族自治区百色市田东县
		那赖遗址	旧石器时代	广西壮族自治区百色市田阳县
		晓锦遗址	新石器时代	广西壮族自治区桂林市资源县
		大浪古城遗址	汉	广西壮族自治区北海市合浦县
		草鞋村遗址	汉	广西壮族自治区北海市合浦县
		越州故城	南朝	广西壮族自治区钦州市浦北县
		中和窑址	宋	广西壮族自治区梧州市藤县
海南省	1	信冲洞遗址	旧石器时代	海南省昌江黎族自治县
重庆市	1	重庆治锌遗址群	明至清	重庆市丰都县、石柱土家族自治县
四川省	5	营盘山和姜维城遗址	新石器时代	茂县、汶川县
		大洋堆遗址	周至战国	西昌市
		哈休遗址	新石器时代	四川省阿坝藏族羌族自治州马尔康县
		罕额依新石器时代文化遗址和汉代石棺葬墓群	新石器时代、汉	四川省甘孜藏族自治州丹巴县
		永平堡古城	明	四川省绵阳市北川羌族自治县
贵州省	2	龙广观音洞遗址	旧石器时代至新石器时代	贵州省黔西南布依族苗族自治州安龙县
		普安铜鼓山遗址	战国至西汉	贵州省黔西南布依族苗族自治州普安县
内蒙古自治区	11	太和城遗址	南诏（公元 649–902 年）	大理白族自治州大理市
		元谋猿人遗址	旧石器时代	元谋县
		腊玛古猿化石地点		禄丰县
		石佛洞遗址	新石器时代	耿马傣族佤族自治县
		白羊村遗址	新石器时代	宾川县
		山龙山于图山城址	唐	巍山彝族回族自治县
		元谋古猿化石地点	旧石器时代	云南省楚雄彝族自治州元谋县
		玉水坪遗址	旧石器时代至新石器时代	云南省怒江傈僳族自治州兰坪白族普米族自治县

续表 4

地　区	数量	名　称	时　代	地　　址
内蒙古自治区		大墩子遗址	新石器时代	云南省楚雄彝族自治州元谋县
		海门口遗址	新石器时代至夏、商、周	云南省大理白族自治州剑川县
		银梭岛遗址	新石器时代至商	云南省大理白族自治州大理市
西藏自治区	5	古格王国遗址	约为公元十世纪前后	扎达县
		卡若遗址	新石器时代	昌都县
		拉加里王宫遗址	13 世纪至 18 世纪	曲松县
		小恩达遗址	新石器时代	西藏自治区昌都地区昌都县
		皮央和东嘎遗址	宋至明	西藏自治区阿里地区札达县
甘肃省	13	齐家坪遗址	新石器时代	广河县
		林家湾遗址	新石器时代	东乡县
		八角城城址	唐至明	夏河县
		半山遗址	新石器时代	甘肃省临夏回族自治州广河县
		然闹遗址	新石器时代	甘肃省甘南藏族自治州迭部县
		磨沟遗址（含墓群）	新石器时代至商	甘肃省甘南藏族自治州临潭县
		新庄坪遗址	新石器时代至商	甘肃省临夏回族自治州积石山保安族东乡族撒拉族自治县
		边家林遗址	新石器时代至商	甘肃省临夏回族自治州康乐县
		马家塬遗址	新石器时代、战国	甘肃省天水市张家川回族自治县
		草沟井城址	汉至明	甘肃省张掖市肃南裕固族自治县
青海省	8	马厂塬(yuán)遗址	新石器时代	民和回族土族自治县
		西海郡故城遗址	汉至南北朝	海晏县
		喇家遗址	新石器时代	民和回族土族自治县
		塔温搭里哈遗址	青铜时代	都兰县
		宗日遗址	新石器时代	青海省海南藏族自治州同德县
		塔里他里哈遗址	商至周	青海省海西蒙古族藏族自治州都兰县
		门源古城	宋	青海省海北藏族自治州门源回族自治县
		贡萨寺旧址与宗喀巴大殿	清	青海省玉树藏族自治州治多县
宁夏回族自治区	14	水洞沟遗址	旧石器时代	灵武县
		开城遗址	元	固原县
		鸽子山遗址	旧石器时代	青铜峡市
		菜园遗址	新石器时代	海原县
		照壁山铜矿遗址	汉	中卫市
		灵武窑址	宋至明	灵武市
		张家场城址	汉	盐池县
		页河子遗址	新石器时代	宁夏回族自治区固原市隆德县
		固原古城遗址	汉至清	宁夏回族自治区固原市原州区

续表 5

地　区	数量	名　称	时　代	地　　址
宁夏回族自治区		省嵬城址	宋	宁夏回族自治区石嘴山市惠农区
		七营北嘴城址	宋至明	宁夏回族自治区中卫市海原县
		柳州城址	宋至明	宁夏回族自治区中卫市海原县
		大营城址	宋至明	宁夏回族自治区固原市原州区
		兴武营城址	明	宁夏回族自治区吴忠市盐池县
新疆维吾尔族自治区	49	高昌故城	高昌（公元 500–640 年）	吐鲁番县
		雅尔湖故城	高昌（公元 500–640 年）	吐鲁番县
		楼兰故城遗址	汉至晋	若羌县
		北庭故城遗址	唐	吉木萨尔县
		尼雅遗址	西汉－西晋	民丰县
		苏巴什佛寺遗址	南北朝－唐	库车县
		奴拉赛铜矿遗址	青铜时代	尼勒克县
		圆沙古城	汉	于田县
		克孜尔尕哈烽燧	汉	库车县
		孔雀河烽燧群	汉至晋	尉犁县
		罗布泊南古城遗址	汉至晋	若羌县
		莫尔寺遗址	汉至唐	疏附县
		托库孜萨来遗址	汉至唐	巴楚县
		米兰遗址	汉至唐	若羌县
		安迪尔古城遗址	汉至唐	民丰县
		石头城遗址	晋至清	塔什库尔干塔吉克自治县
		七个星佛寺遗址	晋至宋	焉耆回族自治县
		热瓦克佛寺遗址	南北朝	洛浦县
		白杨沟佛寺遗址	唐	哈密市
		大河古城	唐	巴里坤县
		乌拉泊古城	唐至元	乌鲁木齐县
		台藏塔遗址	唐至宋	吐鲁番市
		丹丹乌里克遗址	南北朝至唐	策勒县
		麻扎塔格戍堡址	唐	墨玉县
		通古斯巴西城址	唐	新和县
		骆驼石旧石器遗址	旧石器时代	新疆维吾尔自治区塔城地区和布克赛尔蒙古自治县
		岳公台一西黑沟遗址群	春秋至战国	新疆维吾尔自治区哈密地区巴里坤哈萨克自治县
		龟兹故城	西汉至宋	新疆维吾尔自治区阿克苏地区库车县
		石人子沟遗址群	汉	新疆维吾尔自治区哈密地区巴里坤哈萨克自治县
		营盘古城古墓群及古墓群	汉至晋	新疆维吾尔自治区巴音郭楞蒙古自治州尉犁县

续表 6

地　区	数量	名　称	时　代	地　址
新疆维吾尔族自治区		喀拉墩遗址	汉至南北朝	新疆维吾尔自治区和田地区于田县
		乌什喀特古城遗址	汉至唐	新疆维吾尔自治区阿克苏地区新和县
		石城子遗址	东汉	新疆维吾尔自治区昌吉回族自治州奇台县
		达玛沟佛寺遗址	南北朝	新疆维吾尔自治区和田地区策勒县
		克斯勒塔格佛寺遗址	唐	新疆维吾尔自治区阿克苏地区柯坪县
		兰城遗址	唐	新疆维吾尔自治区巴音郭楞蒙古自治州和硕县
		唐王城遗址	唐	新疆维吾尔自治区阿克苏地区库车县
		阿萨古城遗址	唐至宋	新疆维吾尔自治区吐鲁番地区鄯善县
		达勒特古城遗址	唐至元	新疆维吾尔自治区博尔塔拉蒙古自治州博乐市
		唐朝墩古城遗址	唐至元	新疆维吾尔自治区昌吉回族自治州奇台县
		夏塔古城遗址	唐至元	新疆维吾尔自治区伊犁哈萨克自治州昭苏县
		昌吉州境内烽燧群	唐至清	新疆维吾尔自治区昌吉回族自治州木垒哈萨克自治县、奇台县、吉木萨尔县、阜康市、昌吉市、呼图壁县、玛纳斯县
		古代吐鲁番盆地军事防御遗址	唐至清	新疆维吾尔自治区吐鲁番地区吐鲁番市、托克逊县、鄯善县
		哈密境内烽隧遗址	唐至清	新疆维吾尔自治区哈密地区哈密市、巴里坤哈萨克自治县、伊吾县
		柳中古城遗址	唐至清	新疆维吾尔自治区吐鲁番地区鄯善县
		道尔本厄鲁特森木古城遗址	明	新疆维吾尔自治区塔城地区和布克赛尔蒙古自治县
		惠远新、老古城遗址	清	新疆维吾尔自治区伊犁哈萨克自治州霍城县
		阔纳齐兰遗址	清	新疆维吾尔自治区阿克苏地区柯坪县
		伊犁清代卡伦遗址	清	新疆维吾尔自治区伊犁哈萨克自治州霍城县、察布查尔锡伯自治县
(二) 石窟寺、石刻及其他：26 处				
内蒙古自治区	2	阴山岩画	新石器至青铜时代	乌拉特前旗、乌拉特后旗、乌拉特中旗、磴口县
		真寂之寺石窟	辽	巴林左旗
湖北省	1	仙佛寺石窟	唐	来凤县
湖南省	2	溪州铜柱	五代	湘西土家族苗族自治州永顺县
		阳华岩摩崖	唐至清	江华瑶族自治县
广西壮族自治区	3	花山岩画	战国至东汉	宁明县
		桂林石刻	唐至清	桂林市
		柳侯祠碑刻	宋至民国	柳州市

续表 7

地　区	数量	名　称	时　代	地　　址
四川省	1	博什瓦黑岩画	唐至宋	昭觉县
云南省	4	石钟山石窟	南诏、大理（公元 649-1094 年）	大理白族自治州剑川县
		南诏铁柱	南　诏	弥渡县
		元世祖平云南碑	元	大理市
		沧源崖画	新石器时代	沧源县
甘肃省	3	炳灵寺石窟	北魏至明	临夏县
		马蹄寺石窟群	十六国～清	肃南裕固族自治县
		文殊山石窟	北朝～西夏	肃南裕固族自治县
青海省	1	贝大日如来佛石窟寺和勒巴沟摩崖	唐	玉树县
宁夏回族自治区	2	须弥山石窟	北朝至唐	固原县
		贺兰山岩画	元	贺兰县
新疆维吾尔族自治区	7	克孜尔千佛洞	唐至宋	拜城县
		库木吐喇千佛洞	唐至宋	库车县
		柏孜克里克千佛洞	唐至元	吐鲁番县
		森木塞姆千佛洞	晋－宋	库车县
		克孜尔尕哈石窟	北朝至唐	库车县
		平定准噶尔勒铭碑	清	昭苏县
		吐峪沟石窟	南北朝至唐	鄯善县
（三）古墓葬：82 处				
内蒙古自治区	21	辽陵及奉陵邑(含怀凌陵及奉陵)	辽	巴林右旗、巴林左旗
		成吉思汗陵	1954 年迁建	伊金霍洛旗
		宝山、罕苏木墓群	辽	阿鲁科尔沁旗
		扎赉诺尔墓群	汉	满洲里市
		王昭君墓	汉	呼和浩特市
		韩匡嗣家族墓地	辽	巴林左旗
		吐尔基山墓	辽	科尔沁左翼后旗
		萧氏家族墓	辽	奈曼旗
		张应瑞家族墓地	元	翁牛特旗
		南宝力皋吐古墓地	新石器时代	内蒙古自治区通辽市扎鲁特旗
		小黑石沟墓群	西周至战国	内蒙古自治区赤峰市宁城县
		团结墓地	东汉	内蒙古自治区呼伦贝尔市海拉尔区
		和林格尔东汉壁画墓	东汉	内蒙古自治区呼和浩特市和林格尔县
		谢尔塔拉墓地	唐至五代	内蒙古自治区呼伦贝尔市海拉尔区
		奈林稿辽墓群	辽	内蒙古自治区通辽市库伦旗
		耶律祺家族墓	辽	内蒙古自治区赤峰市阿鲁科尔沁旗

续表 8

地 区	数量	名 称	时 代	地 址
内蒙古自治区		耶律琮墓	辽	内蒙古自治区赤峰市喀喇沁旗
		沙日宝特墓群	辽	内蒙古自治区赤峰市阿鲁科尔沁旗
		砧子山古墓群	元	内蒙古自治区锡林郭勒盟多伦县
		恩格尔河墓群	元	内蒙古自治区锡林郭勒盟苏尼特左旗
		和硕端静公主墓	清	内蒙古自治区赤峰市喀喇沁旗
辽宁省	6	永陵	清	新宾满族自治县
		马城子墓地	夏至西周	辽宁省本溪市本溪满族自治县
		望江楼墓地	西汉王东汉	辽宁省本溪市桓仁满族自治县
		雅河流域墓群	汉至唐	辽宁省本溪市桓仁满族自治县
		冯家堡子墓地	汉至唐	辽宁省本溪市桓仁满族自治县
		关山辽墓	辽	辽宁省阜新市阜新蒙古族自治县
吉林省	4	干沟子墓群	战国至西汉	长白朝鲜族自治县
		龙头山古墓群	渤海	和龙市
		六顶山古墓	渤海(公元 698—927 年)	延边朝鲜族自治州敦化市
		鸭绿江上游积石墓群	汉至唐	吉林省白山市浑江区、江源区、临江市、长白朝鲜族自治县
湖南省	1	里耶麦茶战国墓群	战国	湖南省湘西土家族苗族自治州龙山县
广西壮族自治区	2	合浦汉墓群	汉	合浦县
		凤腾山古墓群	清	广西壮族自治区河池市环江毛南族自治县
四川省	1	凉山大石墓群	战国至汉	德昌县、喜德县
贵州省	6	交乐墓群	汉	兴仁县
		务川大坪墓群	汉	贵州省遵义市务川仡佬族苗族自治县
		兴义万屯墓群	东汉	贵州省黔西南布依族苗族自治州兴义市
		惠水仙人桥洞葬	明至清	贵州省黔南布依族苗族自治州惠水县
		黔南水族墓群	明至清	贵州省黔南布依族苗族自治州三都水族自治县、荔波县
		明十八先生墓	清	贵州省黔西南布依族苗族自治州安龙县
云南省	2	万家坝古墓群	明	云南省楚雄彝族自治州楚雄市
		顺荡火葬墓群	明	云南省大理白族自治州云龙县
西藏自治区	4	藏王墓	公元七世纪	穷结县
		烈山墓地	唐	朗县
		吉堆吐蕃墓群	唐	洛扎县
		查木钦墓群	唐	拉孜县
青海省	4	杂涅墓群	唐	青海省玉树藏族自治州玉树县
		玉树古墓群	唐	青海省玉树藏族自治州治多县、玉树县、称多县

续表 9

地　区	数量	名　称	时　代	地　　址
青海省		街子拱北	清	青海省海东地区循化撒拉族自治县
		热水墓群	唐	都兰县
宁夏回族自治区	3	西夏陵	西夏	银川市
		固原北朝隋唐墓地	北朝至唐	宁夏回族自治区固原市原州区
		窖子梁唐墓	唐	宁夏回族自治区吴忠市盐池县
新疆维吾尔族自治区	28	小河墓地	公元前 2000 年~公元前 1500 年	新疆维吾尔自治区巴音郭楞蒙古自治州若羌县
		阔科克古墓群	青铜时代	新疆维吾尔自治区阿勒泰地区布尔津县
		拜其尔墓地	青铜时代	新疆维吾尔自治区哈密地区伊吾县
		大喀纳斯景区墓葬群	青铜时代至铁器时代	新疆维吾尔自治区阿勒泰地区布尔津县
		赛里木湖古墓群	青铜时代、汉至唐	新疆维吾尔自治区博尔塔拉蒙古自治州博乐市
		阿日夏特科克石围及石堆墓群	春秋至战国	新疆维吾尔自治区博尔塔拉蒙古自治州温泉县
		阿敦乔鲁石栅古墓群及岩画群	春秋至战国	新疆维吾尔自治区博尔塔拉蒙古自治州温泉县
		库车友谊路墓群	晋、十六国	新疆维吾尔自治区阿克苏地区库车县
		小洪纳海石人墓	隋、唐	新疆维吾尔自治区伊犁哈萨克自治州昭苏县
		默拉纳额什丁麻扎	明	新疆维吾尔自治区阿克苏地区库车县
		阿斯塔纳古墓群	晋至唐	吐鲁番市
		阿巴和明麻札	清	喀什市
		三海子墓葬及鹿石	青铜时代	青河县
		焉不拉克古墓群	青铜时代	哈密市
		察乌乎古墓群	青铜时代	和静县
		切木尔切克石人及石棺墓群	青铜时代至汉、魏	阿勒泰市
		扎滚鲁克石墓群	青铜时代至汉、晋	且末县
		山普拉古墓群	汉、晋	洛浦县
		楼兰墓群	新石器时代至晋	若羌县
		五堡墓群	青铜时代	哈密市
		洋海墓群	青铜时代至唐	鄯善县
		阿日夏特石人墓	隋至唐	温泉县
		麻赫穆德•喀什噶里墓	元	疏附县
		速檀•歪思汗麻扎	明	伊宁县
		叶尔羌汗国王陵	明	莎车县
		艾比甫•艾洁木麻扎	清	阿图什市
		哈密回王墓	清至民国	哈密市
		吐虎鲁克 · 铁木尔汗麻扎	元	霍城县

续表 10

地　区	数量	名　称	时　代	地　　址
（四）古建筑及历史纪念建筑物：127 处				
内蒙古自治区	21	万部华严经塔	辽	呼和浩特市
		金刚座舍利宝塔	清	呼和浩特市
		美岱召	明	土默特右旗
		五当召	清	包头市
		汇宗寺	清	多伦县
		福会寺	清	喀喇沁旗
		喀喇沁亲王府及家庙	清	喀喇沁旗
		和硕恪靖公主府	清	呼和浩特市
		开鲁县佛塔	元	开鲁县
		清水河县长城	明	清水河县
		纳林塔秦国长城遗址	战国	伊金霍洛旗
		锦山龙泉寺	清	喀喇沁旗
		大召	明至清	呼和浩特市
		绥远城墙和将军衙署	清	呼和浩特市
		贝子庙	清	锡林浩特市
		定远营	清	阿拉善左旗
		灵悦寺	清	喀喇沁旗
		诺尔古建筑群	清	多伦县
		库伦三大寺	清	库伦旗
		僧格林沁王府	清	科尔沁左翼后旗
		宝善寺	清	阿鲁科尔沁旗
吉林省	1	灵光塔	渤　海	长白朝鲜族自治县
浙江省	1	时思寺	元至清	景宁畲族自治县
湖北省	2	鱼木寨	明至清	利川市
		大水井古建筑群	清	利川市
湖南省	4	马田鼓楼	清	通道侗族自治县
		芋头侗寨古建筑群	明、清	通道侗族自治县
		坪坦风雨桥	清	通道侗族自治县
		凤凰古城堡	清	凤凰县
广西壮族自治区	12	经略台真武阁	明	容县
		程阳永济桥	民国	三江县
		灵渠	秦	兴安县
		大土阁	明	合浦县
		莫土司衙署	明、清	忻城县
		靖江王府及王陵	明	桂林市

续表 11

地　区	数量	名　称	时　代	地　　址
广西壮族自治区		岜团桥	清	三江侗族自治县
		临贺故城	汉至清	贺州市
		江头村和长岗岭村古建筑群	明至民国	灵川县
		马殷庙	明至清	富川瑶族自治县
		燕窝楼	明至清	全州县
		恭城古建筑群	明至清	恭城瑶族自治县
四川省	10	卓克基土司官寨	清	马尔康县
		德格印经院	清	德格县
		直波碉楼	清	马尔康县
		松潘古城墙	明	松潘县
		棒托寺	明、清	壤塘县
		丹巴古碉群	唐至清	丹巴县
		措尔机寺	元至清	壤塘县
		日斯满巴碉房	元至明	壤塘县
		松格嘛呢石经城和巴格嘛呢石经墙	明至清	石渠县
		波日桥	清	新龙县
贵州省	9	增冲鼓楼	清	从江县
		青龙洞	清	镇远县
		福泉城墙	明	福泉市
		郎德上寨古建筑群	明、清	雷山县
		地坪风雨桥	清	黎平县
		寨英村古建筑群	明至清	松桃苗族自治县
		飞云崖古建筑群	明至清	黄平县
		旧州古建筑群	明至清	黄平县
		葛镜桥	明	福泉市
云南省	22	崇圣寺三塔	唐、五代	大理白族自治州大理市
		广允缅寺	清	沧源佤族自治县
		景真八角亭	清	勐海县
		曼飞龙塔	清	景洪市
		大宝积宫与琉璃殿	明	玉龙纳西族自治县
		中心镇公堂	清	香格里拉县
		喜洲白族古建筑群	明、清	大理市
		建水文庙	明、清	建水县
		水目寺塔	唐至明	祥云县
		佛图寺塔	唐	大理市
		大姚白塔	唐	大姚县

续表 12

地　区	数量	名　称	时　代	地　址
云南省		指林寺大殿	元至清	建水县
		宝山石头城	元	玉龙纳西族自治县
		州城文庙和武庙	明至清	宾川县
		龙华寺	明至清	姚安县
		朝阳楼	明	建水县
		西门街古建筑群	明	剑川县
		沙溪兴教寺	明至民国	剑川县
		孟连宣抚司署	清	孟连傣族拉祜族佤族自治县
		曼短佛寺	清	勐海县
		双龙桥	清	建水县
		长春洞	清	巍山彝族回族自治县
		寿国寺	清	维西傈僳族自治县
西藏自治区	27	大昭寺		拉萨市
		昌珠寺		乃东县
		萨迦寺	元	萨迦县
		布达拉宫	明至民国	拉萨市
		噶丹寺	明初至清	拉萨市
		扎什伦布寺	明初至清	日喀则县
		哲蚌寺	明	拉萨市
		色拉寺	明	拉萨市
		罗布林卡	清	拉萨市
		夏鲁寺	元至清	日喀则市
		桑耶寺	789–799 年	扎囊县
		托林寺	宋	扎达县
		扎塘寺	1081–1093 年	扎囊县
		白居寺	明	江孜县
		朗色林庄园	明	扎囊县
		曲德寺、卓玛拉康	公元 10 世纪、公元 1274 年	吉隆县（大唐天竺使出铭公元 658 年）
		色喀古托寺	公元 1080 年	洛扎县
		科迦寺	公元 996 年	普兰县
		小昭寺	公元 641 年	拉萨市
		吉如拉康	唐至清	乃东县
		松卡石塔	唐	扎囊县
		聂塘卓玛拉康	宋	曲水县
		敏竹林寺	明	扎囊县
		查杰玛大殿	元至清	昌都地区

续表 13

地　区	数量	名　称	时　代	地　　址
西藏自治区		平措林寺	明	拉孜县
		邦纳寺	明	索县
		康松桑卡林	清	扎囊县
甘肃省	1	拉卜楞寺	清	夏河县
青海省	5	隆务寺	明、清	同仁县
		贵德文庙及玉皇阁	明、清	贵德县
		藏娘佛塔及桑周寺	北宋至清	玉树县
		格萨尔三十大将军灵塔和达那寺	宋、元	囊谦县
		却藏寺	清	互助土族自治县
宁夏回族自治区	7	海宝塔	清	银川市
		同心清真大寺	清	同心县
		拜寺口双塔	西夏	贺兰县
		一百零八塔	元	青铜峡市
		承天寺塔	清	银川市
		董府	清	吴忠市
		宁夏秦长城遗址	战国	彭阳县、西吉县、固原县
新疆维吾尔自治区	5	苏公塔	清	吐鲁番市
		伊犁将军府	清	伊宁市
		昭苏圣佑庙	清	昭苏县
		艾提尕尔清真寺	明	喀什市
		靖远寺	明	察布查尔锡伯自治县
（五）革命遗址、革命纪念建筑物及近现代重要史迹和代表性建筑：55 处				
内蒙古自治区	5	乌兰夫故居	清至民国	土默特左旗
		成吉思汗庙	民国	乌兰浩特市
		“独贵龙”运动旧址	1919～1921 年	乌审旗
		百灵庙起义旧址	1936 年	达尔罕茂明安联合旗
		内蒙古自治政府成立大会会址	1947 年	乌兰浩特市
湖北省	1	五里坪革命旧址	1929～1933 年	鹤峰县
湖南省	3	沈从文故居	清	凤凰县
		湘鄂川黔革命根据地旧址	1934～1935 年	张家界市、永顺县、龙山县
		抗日胜利芷江洽降旧址	1945 年	芷江侗族自治县
广西壮族自治区	18	金田起义地址	1851 年	桂平县金田村
		中国工农红军第七军、第八军军部旧址	1929～1930 年	百色市、龙州县
		李宗仁故居(包括李宗仁府邸)	1921、1948 年	临桂县、桂林市
		李济深故居	民国	苍梧县

续表 14

地　区	数量	名　称	时　代	地　址
广西壮族自治区	18	右江工农民主政府旧址	1929 年	田东县
		八路军桂林办事处旧址	1938 年	桂林市
		北海近代建筑	近代	北海市
		刘永福、冯子材旧居建筑群	清	钦州市
		连城要塞遗址和友谊关	明至清	北海市、防城港市、宁明县、凭祥市、龙州县、大新县、靖西县、那坡县
		容县近代建筑	清至民国	容县
		太平天国永安活动旧址	1851 年	蒙山县
		马胖鼓楼	民国	三江侗族自治县
		梧州中山纪念堂	民国	梧州市
		广西农民运动讲习所旧址	1925 年	东兰县
		红军标语楼	1930 年	河池市
		湘江战役旧址	1934 年	兴安县、 全州县、灌阳县
		昆仑关战役旧址	1939～1940 年	南宁市、宾阳县、柳州市
		胡志明旧居	1942～1954 年	柳州市
海南省	1	陵水县苏维埃政府　旧址	1927～1928 年	陵水黎族自治县
重庆市	1	赵世炎故居	1904～1914 年	酉阳自治县
四川省	3	泸定桥	1935 年	甘孜藏族自治州泸定县
		阿坝红军长征遗迹	1935 年	小金县、黑水县、松潘县、若尔盖县、茂县、红原县
		白利寺	1936～1950 年	甘孜藏族自治州泸定县
贵州省	4	黔东特区革命委员会旧址	1934 年	沿河土家族自治县、德江县、印江土家族苗族自治县
		黎平会议会址	1934 年	黎平县
		“二十四道拐”抗战公路	1936 年	晴隆县
		和平村旧址	1941～1944 年	镇远县
云南省	10	纳楼长官司署	清	建水县
		南甸宣抚司署	清、民国	梁河县
		五家寨铁路桥	清	屏边苗族自治县
		茨中教堂	清	德钦县
		蒙自海关旧址	清至民国	蒙自县
		鸡街火车站	民国	个旧市
		企鹤楼	民国	石屏县
		陈氏宗祠	民国	石屏县
		允燕塔	民国	盈江县
		民族团结誓词碑	1951 年	普洱哈尼族彝族自治县
西藏自治区	1	江孜宗山抗英遗址	1904 年	江孜县

续表 15

地　区	数量	名　称	时　代	地　　址
甘肃省	1	俄界会议旧址	1935 年	迭部县
青海省	3	第一个核武器研制基地旧址	1957～1995 年	海晏县
		新寨嘉那嘛呢	清	玉树县
		循化西路红军革命旧址	1939～1946 年	循化撒拉族自治县
宁夏回族自治区	1	将台堡革命旧址	1936 年	西吉县
新疆维吾尔自治区	3	坎尔井地下水利工程	清	吐鲁番市
		塔城红楼	清至民国	塔城市
		三区革命政府政治文化活动中心旧址	民国	伊宁市

■民族自治地方全国历史文化名城

(截至 2016 年)

河北省	承德市
内蒙古自治区	呼和浩特市
湖南省	凤凰县
广西壮族自治区	桂林市　柳州市　北海市
四川省	会理县
贵州省	遵义市　镇远县
云南省	昆明市　大理市　丽江市　巍山彝族回族自治县　建水县
西藏自治区	拉萨市　日喀则市　江孜县
甘肃省	天水市　张掖市
青海省	同仁县
宁夏回族自治区	银川市
新疆维吾尔自治区	喀什市　吐鲁番市　库车县　伊宁市　特克斯县

■民族自治地方中国历史文化名镇

(截至 2016 年)

内蒙古自治区	多伦县多伦淖尔镇
	丰镇市隆盛庄镇
	喀喇沁旗王爷府镇
	库伦旗库伦镇
辽宁省	新宾满族自治县永陵镇
浙江省	景宁畲族自治县鹤溪镇
湖北省	宣恩县椒园镇
湖南省	龙山县里耶镇
	永顺县芙蓉镇
	泸溪县浦市镇
	花垣县边城镇
广西壮族自治区	昭平县黄姚镇
	灵川县大圩镇
	阳朔县兴坪镇
	兴安县界首镇
	恭城瑶族自治县恭城镇
	贺州市八步区贺街镇
	鹿寨县中渡镇
重庆市	石柱县西沱镇
	酉阳土家族苗族自治县龙潭镇
贵州省	黄平县旧州镇
	雷山县西江镇
	松桃苗族自治县寨英镇
云南省	禄丰县黑井镇
	剑川县沙溪镇
	孟连县娜允镇
	宾川县州城镇
	洱源县凤羽镇
	蒙自县新安所镇
西藏自治区	乃东县昌珠镇
	日喀则市萨迦镇
甘肃省	临潭县新城镇
青海省	循化撒拉族自治县街子镇
新疆维吾尔自治区	鄯善县鲁克沁镇
	霍城县惠远镇
	富蕴县可可托海镇

■民族自治地方中国历史文化名村

（截至 2016 年）

内蒙古自治区	土默特右旗美岱召镇美岱召村
	包头市石拐区五当召镇五当召村
吉林省	图们市月晴镇白龙村
湖北省	恩施市崔家坝镇滚龙坝村
	恩施市宣恩县沙道沟镇两河口村
	宣恩县沙道沟镇两河口村
	宣恩县椒园镇庆阳坝村
	利川市谋道镇鱼木村
湖南省	祁阳县潘市镇龙溪村
	龙山县苗儿滩镇捞车村
	通道侗族自治县坪坦乡坪坦村
	通道侗族自治县双江镇芋头村
	永顺县灵溪镇老司城村
广东省	连南瑶族自治县三排镇南岗古排村
广西壮族自治区	富川瑶族自治县朝东镇秀水村
	灵山县佛子镇大芦村
	南宁市江南区江西镇扬美村
	玉林市玉州区城北街道办事处高山村
	富川瑶族自治县朝东镇福溪村
	灌阳县文市镇月岭村
	灵川县青狮潭镇江头村
	兴安县漠川乡榜上村
	阳朔县白沙镇旧县村
四川省	丹巴县梭坡乡莫洛村
	汶川县雁门乡萝卜寨村
贵州省	锦屏县隆里乡隆里村
	黎平县肇兴乡肇兴寨村
	从江县往洞乡增冲村
	三都县都江镇怎雷村
	雷山县郎德镇上郎德村
	务川县大坪镇龙潭村
	从江县丙妹镇岜沙村
	黎平县茅贡乡地扪村
	榕江县栽麻乡大利村
	务川仡佬族苗族自治县大坪镇龙潭村
云南省	云龙县诺邓镇诺邓村
	石屏县宝秀镇郑营村

续表

云南省	巍山县永建镇东莲花村
	祥云县云南驿镇云南驿村
	弥渡县密祉乡文盛街村
	永平县博南镇曲硐村
西藏自治区	吉隆县吉隆镇帮兴村
	尼木县吞巴乡吞达村
	工布江达县错高乡错高村
甘肃	天水市麦积区麦积镇街亭村
	天水市麦积区新阳镇胡家大庄村
青海省	同仁县年都乎乡郭麻日村
	玉树县仲达乡电达村
	循化撒拉族自治县清水乡大庄村
	玉树县安冲乡拉则村
	班玛县灯塔乡班前村
宁夏回族自治区	中卫市香山乡南长滩村
新疆维吾尔自治区	鄯善县吐峪沟乡麻扎村
	哈密市回城乡阿勒屯村
	哈密市五堡乡博斯坦村
	特克斯县喀拉达拉乡琼库什台村

中国少数民族文学、少数民族题材作品“骏马奖”资料

■历届全国少数民族文学“骏马奖”获奖作品

	第一届	第二届	第三届	第四届	第五届	第六届	第七届	第八届	第九届	第十届	第十一届
长篇小说	7	4	6	6	8	7	7	5	5	5	5
中、短篇小说集(中、短篇小说)	29	51	14	28	14	15	17	6	5	5	5
诗歌集(诗集、长诗、短诗)	59	33	10	25	13	14	10	5	7	5	5
散文、报告文学集(散文、报告文学)	17	12	5	11	10	12	12	10	8	10	9
评论集(评论)		6	1	4	4	4	4	5	5		
儿童文学集(儿童文学)	8		3	3	1	4	2				
电影文学	4										
剧　本	5										
翻译奖		8(人)	4(人)	6(人)	3(人)	6(人)	4(人)	1（人）	4（人）	4（人）	3（人）
新人新作			18	16	10						
特别奖			22			1					
荣誉奖	11	13									
人口较少民族特别奖									5		
合　计	140	127	83	99	63	63	56	32	39	29	27

■历届全国少数民族题材电视“骏马奖”评奖活动

届数	时间	地点	主办单位	协办单位	承办单位
第一届	1986 年	呼和浩特	国家民委　文化部　中国文联 中国视协		内蒙古自治区广电厅、民委、视协
第二届	1988 年	昆明	国家民委　文化部　中国文联 中国视协		云南省广电厅、民委、视协
第三届	1990 年	乌鲁木齐	国家民委　文化部　中国文联 中国视协		新疆维吾尔自治区广电厅、民委、视协
第四届	1992 年	南宁	国家民委　广电部　文化部 中国文联	中国视协	广西壮族自治区广电厅、民委、视协
第五届	1994 年	成都	国家民委　广电部　文化部 中国文联	中国视协	四川省广电厅、民委、视协
第六届	1996 年	北京	国家民委　广电部　文化部 中国文联	中国视协	国家民委文化宣传司
第七届	1998 年	广州	国家民委　广电部　文化部 中国文联	中国视协	广州市广电局广州电视台、广东省民委
第八届	2000 年	北京	国家民委　广电部　文化部 中国文联	中国视协	北京电视台
第九届	2002 年	济南	国家民委　广电部　文化部 中国文联	中国视协	山东省民委、广电局、文化厅、文联承办、山东电视综艺频道具体承办
第十届	2004 年	呼和浩特	国家民委　广电部　文化部 中国文联	中国视协	内蒙古自治区民委、广电厅、文化厅、文联承办

■历届全国少数民族题材电视“骏马奖”获奖作品

（单位：部）

	第一届	第二届	第三届	第四届	第五届	第六届	第七届	第八届	第九届	总计
北　京			1			3	1	4	6	15
天　津					1	1				2
河　北				2	1		1	2	1	7
山　西	1		1					1		3
吉　林	1	4	5	4	4	4	4	5	5	36
内蒙古	2	3	11	5	10	7	14	14	14	80
辽　宁	1				1	2				4
吉　林	1	4	5	4	4	4	4	5	5	36
黑龙江	1			1	2	2	2	3	5	16
上　海			1	1	1		3	4	1	11
江　苏				1		1			2	4
浙　江		1	1							2
安　徽				1					1	2
福　建					1	1		1	1	4
江　西										
山　东				1	1	2	2	6	17	29
河　南										
湖　北			2	4	1	1	2	3	4	17
湖　南		2	3	3	3	5	3	4	4	27
广　东			1	1	1	2	1	1		7
广　西	1	2	7	17	4	3	2	9	11	56
海　南				1		1		2		4
重　庆										
四　川		1	2	2	15	2	3	2	5	32
贵　州	2	1	1	3			2	3	3	15
云　南	2	5	4	4	3	7	10	14	16	65
西　藏	1	1	4	4	4	4	5	2		25
陕　西	1		1							2
甘　肃	1	1	2	2	6	2		6	2	22
青　海		1	1	4	3	4	9	10	15	47
宁　夏	1	1	1	2	2	2	2	3	1	15
新　疆	1	5	14	20	14	14	19	27	33	147
中央电视台			5	1	3	5	4	17	33	68
中国电视剧制作中心		2			1	1			2	6
中央电视台新影制作中心									4	4
中国广播艺术团								1	2	3
中国农业电影电视中心									2	2
合计	17	34	73	88	86	80	93	149	195	815

■历届全国少数民族题材电影“骏马奖”获奖作品

(单位：部，人)

	第一届(1994 年)	第二届(1998 年)	第三届(2002 年)
故事片一等奖	1	1	1
故事片二等奖	3	1	2
故事片三等奖	6	1	1
故事片评委会特别奖	1		
故事片评委会提名奖(纪念奖)	23		5
儿童片一等奖			
儿童片二等奖			
儿童片三等奖			2
儿童片评委会提名奖			2
纪录片一等奖	1		
纪录片二等奖	2		
纪录片三等奖	3		
优秀纪录片奖			2
美术片一等奖	1		
美术片二等奖	2	1	
美术片三等奖	1	1	
优秀美术片奖			2
科教片一等奖	1		
优秀电视电影奖			2
最佳编剧(优秀编剧)	1(人)	2(人)	4(人)
最佳导演(优秀导演)	2(人)	2(人)	2(人)
最佳摄影(优秀摄影)		1(人)	1(人)
最佳男演员(优秀男演员)	1(人)	1(人)	1(人)
最佳女演员(优秀女演员)	1(人)	1(人)	1(人)
少数民族语优秀译制片奖	36		
少数民族语优秀译制片奖(蒙古语)		3	2
少数民族语优秀译制片奖(藏语)		1	3
少数民族语优秀译制片奖(维吾尔语)		4	2
少数民族语优秀译制片奖(哈萨克语)		1	1
少数民族语优秀译制片奖(彝语)		2	2
少数民族语优秀译制片奖(壮语)		2	6
少数民族语优秀译制片奖(傣语)		1	2
少数民族语优秀译制片奖(侗语)		1	2
少数民族语优秀译制片奖(佤语)			1
少数民族语优秀译制片奖(傈僳语)		1	
少数民族语优秀译制片奖(苗语)		2	
少数民族语译制片综合技术奖(蒙古语)		1	1
少数民族语译制片综合技术奖(藏语)		1	2
少数民族语译制片综合技术奖(维吾尔语)		1	2
少数民族语译制片综合技术奖(哈萨克语)			
少数民族语译制片综合技术奖(彝语)		1	
少数民族语译制片综合技术奖(壮语)		1	
少数民族语译制片综合技术奖(侗语)		1	
少数民族语译制片综合技术奖(鄂温克语)		1	
少数民族语译制片综合技术奖(佤语)		1	
少数民族语译制片综合技术奖(苗语)			1

中国少数民族传统体育运动会资料

■历届全国少数民族传统体育运动会

项目	第一届	第二届	第三届	第四届
时间	1953 年 11 月 8 日—12 日	1982 年 9 月 2 日—8 日	1986 年 8 月 10 日—17 日	1991 年 11 月 10 日—17 日
地点	天津市	呼和浩特市	乌鲁木齐市	南宁市
参加单位	华北、东北、西北、中南、西南、东南等 6 大行政区和内蒙古、解放军、铁路系统共 9 个单位	29 个省、自治区、直辖市代表团	29 个省、自治区、直辖市代表团	30 个省、自治区、直辖市代表团
民族及人数	蒙古、回、藏、维吾尔、哈萨克、苗、满、朝鲜、傣、纳西、塔塔尔等 12 个民族，395 名运动员	55 个少数民族，863 名运动员、教练员，其中：少数民族运动员 593 人；2 个观摩团，400 多人；300 多名中外记者	55 个少数民族，1097 名运动员、教练员，其中：少数民族运动员 777 人；29 个观摩团，872 人；中外记者 580 人；港澳同胞及外国朋友 45 人	55 个少数民族，1740 名运动员。29 个观摩团，有教练员、裁判员、工作人员、少数民族体育先进地区和单位代表、新闻工作者共 4500 人
比赛项目	举重、拳击、石锁、摔跤、击剑和步射(弓箭射准)	射箭邀请赛、中国式摔跤比赛	摔跤、射箭、赛马、叼羊、射弩、抢花炮、秋千	龙舟、抢花炮、秋千、射弩、珍珠球、木球、摔跤、赛马和武术
表演项目	武术(分棒术和器械，共 383 项)、民间体育(分石提、爬杆等 22 项)、骑术(各种马上技巧表演 9 项)	傣族的孔雀拳、蒙古族的赛骆驼、赛马等 68 项	表演项目 115 项	表演项目 120 项

续表

项目	第五届	第六届	
时间	1995 年 11 月 5 日—12 日	1999 年 9 月 24 日—30 日	1999 年 8 月 18 日—23 日
地点	昆明市	北京市(主赛场)	拉萨市(分赛场)
参加单位	31 个省、自治区、直辖市代表团，新疆生产建设兵团、解放军代表团、台湾少数民族代表团	31 个省、自治区、直辖市代表团，新疆生产建设兵团、解放军代表团、台湾少数民族代表团	31 个省、自治区、直辖市代表团、新疆生产建设兵团、解放军代表团
民族及人数	55 个少数民族，2342 名运动员。30 个省、自治区、直辖市组织了观摩团。运动员、教练员、工作人员、观摩人员、少数民族体育模范代表，中外记者及来宾共 7000 人参加了运动会。	55 个少数民族，2626 名运动员。各省、自治区、直辖市组织了观摩团、运动员、教练员、工作人员、观摩人员、少数民族体育模范代表及记者共计 6000 人。	35 个少数民族，764 名运动员。各省、自治区、直辖市组织了 33 个代表团和 40 个观摩团。运动员、教练员、工作人员、观摩人员及记者共计 2386 人。
比赛项目	抢花炮、珍珠球、木球、民族式摔跤(博克、且里西、格、北嘎、绊跤)、秋千、武术、射弩、龙舟、马上项目(速度赛马、走马、跑马、射击、跑马射箭、跑马拣哈达、叼羊)、打陀螺、毽球等共 11 项	抢花炮、珍珠球、毽球、蹴球、木球、秋千、武术、龙舟、民族式摔跤(博克、格、且里西、北嘎、绊跤)、马上项目(速度赛马、走马、跑马、射击、跑马射箭、跑马拾哈达)等 10 个项目	马上项目、射弩、打陀螺、押加等 4 个项目。
表演项目	表演项目 129 项	表演项目 11 项	表演项目 39 项

项目	第七届	第八届	第九届	第十届
时间	2003 年 9 月 6 日—13 日	2007 年 11 月 10 日—18 日	2011 年 9 月 10 日—2011 年 9 月 18 日	2015 年 8 月 9 日–17 日
地点	银川市（主赛场） 石嘴山市（分赛场）	广州市	贵阳市	鄂尔多斯市
参加单位	31 个省、自治区、直辖市代表团，新疆生产建设兵团、解放军代表团、台湾少数民族代表团	31 个省、自治区、直辖市代表团，新疆生产建设兵团、解放军代表团、台湾少数民族代表团	31 个省、自治区、直辖市代表团，新疆生产建设兵团、中国人民解放军、台湾少数民族代表团。	全国各省、自治区、直辖市及中国人民解放军、新疆生产建设兵团
民族及人数	55 个少数民族，3735 名运动员。30 个省、自治区、直辖市组织了观摩团。运动员、教练员、工作人员、观摩人员、少数民族体育模范代表，中外记者及来宾共 9039 人参加了运动会。	55 个少数民族，6381 名运动员。30 个省、自治区、直辖市组织了观摩团。运动员、教练员、工作人员、观摩人员、少数民族体育模范代表，中外记者及来宾共 1.5 万人参加了运动会。	由 55 个少数民族，6771 名运动员。31 个省、自治区、直辖市组织了观摩团。运动员、教练员、工作人员、观摩人员、少数民族体育模范代表，中外记者及来宾近万人参加了运动会。	由 55 个少数民族，运动员、教练员、裁判员及工作人员的总人数预计将达到 9000 人。
比赛项目	抢花炮、珍珠球、木球、民族式摔跤(博克、且里西、格、北嘎、绊跤)、秋千、武术、射弩、龙舟、马术(速度赛马、走马、跑马射箭、跑马射击、跑马拾哈达)、打陀螺、毽球、蹴球、高脚竞速、押加等共 14 项	抢花炮、珍珠球、木球、民族式摔跤(博克、且里西、格、北嘎、绊跤、朝鲜族式摔跤)、秋千、武术、射弩、龙舟、马术(速度赛马、走马、跑马射箭、跑马射击、跑马拾哈达)、打陀螺、毽球、蹴球、高脚竞速、板鞋竞速、押加等共 15 项	花炮、珍珠球、木球、蹴球、毽球、龙舟、独竹漂、秋千、射弩、陀螺、押加、高脚竞速、板鞋竞速、武术、民族式摔跤（搏克、且里西、格、北嘎、绊跤、希日木）、马术（速度赛马、走马、跑马射击、跑马射箭、跑马拾哈达）等 16 个大项。	花炮、珍珠球、木球、蹴球、毽球、龙舟、独竹漂、秋千、射弩、陀螺、押加、高脚竞速、板鞋竞速、少数民族武术、民族式摔跤、马术、 民族健身操等 17 项
表演项目	表演项目 125 项。	表演项目 148 项。	3 个大类，共 188 项。	表演项目 140 项。

■中国少数民族传统体育运动竞赛项目

项目名称	项目内容	
1．花炮	男子	16 人集体项目
2．珍珠球	男子	14 人集体项目
	女子	14 人集体项目
3．木球	男子	10 人集体项目
4．蹴球	男子	单蹴、双蹴
	女子	单蹴、双蹴
	男女混合	双蹴
5．毽球	男子	6 人集体项目
	女子	6 人集体项目
6．龙舟	男子	直道竞速：250 米、500 米、800 米
	女子	直道竞速：250 米、500 米、800 米
	男女混合	直道竞速：250 米、500 米、800 米
7．秋千	女子	团体赛
		双人触铃、双人高度
		单人触铃、单人高度
8．射弩	男女混合	团体
	男子	全能
		20 米双轮跪姿
		20 米双轮立姿
	女子	全能
		15 米双轮跪姿
		15 米双轮立姿
9．陀螺	男子	3 人团体赛
		个人赛
	女子	3 人团体赛
		个人赛

续表

项目名称	项目内容	
10．押加	男子	55 公斤、60 公斤、70 公斤、80 公斤、80 公斤以上级
11．高脚竞速	男子	200 米竞速、2×200 米接力
	女子	200 米竞速、2×200 米接力
	男女混合	4×100 米混合接力
12．武术	男子、女子拳术	A 组：各种长拳、南拳、太极拳
		B 组：形意拳、八卦拳、八极拳、通臂拳、翻子拳、劈挂拳、地躺拳、象形拳、查拳、华拳、花拳、炮拳、洪拳、红拳、少林拳
		C 组：除 A、B 外的各种拳术套路
	男子、女子器械	A 组：长拳类刀、剑、枪、棍
		B 组：各种双、软器械
		C 组：除 A、B 外的各种单器械
	男子、女子对练	3 人以内各种对练套路(不允许混合)
13．民族式摔跤(男子项目)	博克(蒙式)团体、个人赛	
	且里西(维式)52 公斤、62 公斤、74 公斤、90 公斤、90 公斤以上	
	格(彝式)52 公斤、62 公斤、74 公斤、90 公斤、90 公斤以上	
	北嘎(藏式)52 公斤、62 公斤、74 公斤、90 公斤、90 公斤以上	
	绊跤(回式)52 公斤、62 公斤、74 公斤、90 公斤、90 公斤以上	
14．马术	速度赛马：1000 米、2000 米、3000 米、5000 米、10000 米	
	走马：1000 米、2000 米、5000 米	
	跑马射击	
	跑马射箭	
	跑马拾哈达	
15.独竹漂	男子直道竞速 60 米、100 米	
	女子直道竞速 60 米、100 米	
16.板鞋竞速	男子三人板鞋	
	女子三人板鞋	
	三人板鞋 4×100 米混合接力	
17.民族健身操	由国家民委为第十届全国少数传统体育运动会民族健身操比赛组织创编的规定套路。	

中国民族自治地方世界遗产、国家级自然保护区、风景名胜区和旅游区名单

■民族自治地方世界遗产（截至 2016 年）

	省区	名称	地　址
世界文化遗产	内蒙古自治区	元上都遗址	内蒙古自治区锡林郭勒
	西藏自治区	布达拉宫（大昭寺、罗布林卡）	西藏自治区拉萨市
	云南省	红河哈尼梯田	云南省红河哈尼族彝族自治州元阳县
	新疆维吾尔自治区	丝绸之路中国部分	新疆维吾尔自治区高昌故城、交河故城、克孜尔尕哈峰燧、克孜尔石窟、苏巴什佛寺遗址、北庭故城遗址
世界自然遗产	四川省	九寨沟	四川省阿坝藏族羌族自治州九寨沟县
		黄龙	四川省阿坝藏族羌族自治州松潘县
		四川大熊猫栖息地	四川省阿坝藏族羌族自治州小金县
	云南省	三江并流	云南省迪庆藏族自治州、怒江傈僳族自治州
	云南省、贵州省	中国南方喀斯特	云南省石林彝族自治县、贵州省黔南布依族苗族自治州荔波县
	新疆维吾尔自治区	新疆天山	新疆维吾尔自治区
世界人类口述和非物质遗产	内蒙古自治区	蒙古族长调民歌	内蒙古自治区
		蒙古族呼麦	内蒙古自治区、阿拉泰、哈卡斯
	吉林省、黑龙江省、辽宁省	朝鲜族农乐舞	吉林省、黑龙江省、辽宁省等朝鲜族聚居区
	贵州省、湖北省、广西省、四川省、云南省	贵州侗族大歌	贵州、湖北、广西、湖南等省区
	西藏自治区	藏戏	西藏自治区、青海、甘肃、四川、云南等藏语地区
		《格萨尔》史诗	西藏自治区、青海省、甘肃省、四川省、新疆维吾尔自治区
	甘肃省	甘肃花儿	临夏回族自治州
	青海省	青海热贡艺术	青海省同仁县地区
	新疆维吾尔族自治区	新疆《玛纳斯》	新疆维吾尔自治区
		新疆维吾尔木卡姆艺术	新疆维吾尔自治区

■民族自治地方国家级自然保护区名录

（截至 2016 年）

地区	保护区名称	行政区域	面积(公顷)	主要保护对象	类型	建立时间
河北省	红松洼草原	围场县	7300	草原生态系统	草原草甸	1994－8－1
	塞罕坝	围场县	20029.8	森林－草原交错带生态系统	草原草甸	2007－4－6
	滦河上游	围场县	50637.4	滦河上游的自然生态环境、森林生态系统及其生物多样性和珍稀濒危的野生动植物物种	森林和野生动物	2008－1－14
内蒙古自治区	赛罕乌拉	巴林左旗	100400	森林及马鹿等野生动物	森林生态	1997－4－1
	达里诺尔鸟类	克什克腾旗	119413	珍稀鸟类	野生动物	1987－9－8
	白音敖包云杉林	克什克腾旗	13862	沙地云杉林	森林生态	1979－10－4
	黑里河	宁城县	27638	森林生态系统	森林生态	1996－12－31
	大黑山	敖汉旗	86799	天然阔叶林	森林生态	1996－9－1
	汗玛	根河市	107348	森林生态系统	森林生态	1996－11－29
	红花尔基樟子松林	额温克旗	20085	樟子松林	森林生态	1998－5－1
	辉河	鄂温克族自治旗	346848	湿地、珍禽、草原	内陆湿地	1997－12－1
	达赉湖	新巴尔虎右旗	740000	湖泊、湿地、草原生态系统	内陆湿地	1987－1－1
	科尔沁	科尔沁右翼中旗	126987	湿地珍禽、灌丛及疏林草原	野生动物	1986－6－1
	图牧吉	扎赉特旗	94830	草原生态系统及大鸨等珍禽	草原草甸	1996－8－1
	大青沟	科尔沁左翼后旗	8183	针阔混交林	森林生态	1988－5－9
	锡林郭勒草原	锡林浩特市	580000	草甸草原、沙地疏林	草原草甸	1985－8－8
	鄂尔多斯遗鸥	鄂尔多斯市东胜区	14770	遗鸥及其生境	野生动物	1991－1－1
	西鄂尔多斯	鄂托克旗、乌海市	555849	古老残遗濒危植物	野生植物	1986－12－1
	乌拉特梭梭林－蒙古野驴	乌拉特后旗	68000	梭梭林、蒙古野驴及荒漠生态系统	荒漠生态	1985－10－1
	内蒙古贺兰山	阿拉善左旗	67710	水源涵养林、野生动植物	森林生态	1992－10－27
	额济纳胡杨林	额济纳旗	26253	胡杨林	荒漠生态	1968－6－1
	阿鲁科尔沁	阿鲁科尔沁旗	136793	沙地草原、湿地生态系统及珍稀鸟类	森林生态	2005－7－23
	哈腾套海	磴口县	123600	荒漠植被和野生动植物	荒漠生态	2005－7－23
	额尔古纳	额尔古纳市	124527	寒温带针叶林	森林生态	2006－2－11
	鄂托克恐龙遗迹化石	鄂托克旗查布苏木	46410	多种类型的恐龙足迹化石，以及恐龙骨骼化石	地质遗迹	2007－4－6
	大青山	乌兰察布市卓资县、呼和浩特市、包头市	388577	山地森林灌丛珍稀野生动植物及水源涵养地	森林生态	2008－1－14
辽宁省	老秃顶子	桓仁、新宾县	15219	长白植物区系原生型森林及紫杉、人参等珍稀物种	森林生态	1981－9－18
	白石砬子	宽甸县	7467	原生型红松阔叶混交林	森林生态	1981－9－9
	海棠山	阜新蒙古族自治县	11002.7	油松栎类混交的顶极群落及野生动物	森林生态	2007－4－6

续表 1

地区	保护区名称	行政区域	面积(公顷)	主要保护对象	类型	建立时间
吉林省	伊通火山群	伊通自治县	765	火山地质遗迹	地质遗迹	1984-6-27
	鸭绿江上游	长白县	20306	冷水性鱼类	野生动物	1996-10-1
	天佛指山松茸	龙井市	77317	松茸及森林生态系统	野生植物	1996-8-22
	长白山	安图县	196465	森林及野生动物	森林生态	1960-4-1
	珲春东北虎	珲春市	108700	东北虎、豹及其栖息地	野生动物	2005-7-23
	查干湖	吉林省西部前郭、乾安和大安2县1市	50684	半干旱地区湖泊水生生态系统、湿地生态系统和野生珍稀、濒危鸟类	内陆湿地和水域生态	2007-4-6
	雁鸣湖	敦化	53940	牡丹江上游湿地及黑鹳、东方白鹳、丹顶鹤、中华秋沙鸭等濒危水禽及东北虎迁移的重要生态通道	内陆湿地和水域生态	2007-4-6
湖北省	神农架	房县、兴山、巴东	70467	森林生态系统及珍稀动物金丝猴等	森林生态	1986-7-9
	后河	五峰自治县	10340	原始森林珍稀动植物	森林生态	2000-4-1
	星斗山	利川、咸丰、恩施市	68339	水杉、珙桐及森林植被	野生植物	1988-1-1
	七姊妹山	宣恩县	34550	典型的中亚热带山地常绿阔叶林生态系统、珙桐为主的珍稀濒危植物及群落、大型猫科动物为主的珍稀濒危动物及其栖息环境和亚高山泥炭藓沼泽湿地	野生植物	2008-1-14
湖南省	小溪	永顺县	24800	原始次生林	森林生态	1985-7-16
广西壮族自治区	大明山	武鸣、马山、上林县	16994	季风常绿阔叶林、水源涵养林及自然景观	森林生态	1981-8-1
	花坪	龙胜、临桂县	17400	银杉及典型常绿阔叶林生态系统	野生植物	1961-11-1
	猫儿山	资源、兴安县	17009	典型常绿阔叶林生态系统、水源涵养林	森林生态	1976-5-1
	山口红树林	合浦县	8000	红树林生态系统	海洋海岸	1990-9-30
	岑王老山	田林县、凌云县	18994	南亚热带中山常绿阔叶混交林、垂直带谱森林生态系统和黑颈长尾雉、叉孢苏铁、伯乐树等珍稀濒危物种	森林生态	2007-4-6
	九万山	融水苗族自治县、罗城仫佬族自治县、环江毛南族自治县	25212.8	水源涵养林	森林生态	2007-4-6
广西壮族自治区	合浦儒艮	合浦县	35000	儒艮及海洋生态系统	野生动物	1986-4-27
	北仑河口海洋	防城市防城区	3000	红树林生态系统	海洋海岸	1990-3-4
	防城上岳金花茶	防城市防城区	9195	金花茶及森林生态系统	野生植物	1986-4-5
	十万大山	上思、钦州、防城	58277	水源涵养林	森林生态	1982-6-1
	弄岗	龙州、宁明县	10080	石灰岩季节雨林生态系统、白头叶猴、黑叶猴等	森林生态	1978-1-1

续表 2

地区	保护区名称	行政区域	面积(公顷)	主要保护对象	类型	建立时间
广西壮族自治区	大瑶山	金秀自治县	24907	水源林及瑶山鳄蜥、银杉	森林生态	1982-6-1
	木论	环江自治县	8969	中亚热带石灰岩、常绿阔叶混交林生态系统	森林生态	1991-8-18
	千家洞	灌阳县	12231	亚热带常绿阔叶林	森林生态	2006-2-11
	金钟山黑颈长尾雉	隆林各族自治县、西林县	20924.4	黑颈长尾雉	野生动物	2008-1-14
海南省	尖峰岭	乐东自治县	20170	热带雨林生态系统	森林生态	1976-10-1
	五指山	琼中自治县	13435.9	热带原始林生态系统	森林生态	1985-11-1
	霸王岭	昌江自治县	29980	黑冠长臂猿及生境	野生动物	1980-4-9
	吊罗山	陵水县、保亭县、琼中县	18389	森林生态系统及珍稀动植物	森林生态	2008-1-14
四川省	马边大风顶	马边自治县	30164	大熊猫及森林生态系统	野生动物	1977-5-1
	卧龙	汶川县	200000	大熊猫及森林生态系统	野生动物	1975-1-1
	九寨沟	九寨沟县	64297	大熊猫及森林生态系统	野生动物	1978-1-1
	四姑娘山	小金县	48500	野生动物及高山生态系统	野生动物	1996-11-29
	若尔盖湿地	若尔盖县	166571	高寒沼泽湿地及黑颈鹤等野生动物	内陆湿地	1994-8-18
	贡嘎山	康定、泸定县	400000	珍稀动物及高山生物多样性	森林生态	1997-12-8
	察青松多	白玉县	143682.6	白唇鹿、金钱豹等野生动物	野生动物	1995-1-1
	亚丁	稻城县	134400	森林生态系统、野生动植物、冰川	森林生态	1997-12-16
	美姑大风顶	美姑县	50655	大熊猫及森林生态系统	野生动物	1982-1-1
	长江上游珍稀、特有鱼类国家级自然保护区		33174	珍稀鱼类	野生动物	1987-12-4
	海子山	甘孜藏族自治州稻城县、理塘县	459161	高寒湿地生态系统	内陆湿地	2008-1-14
贵州省	梵净山	江口、印江、松涛	41900			1986-7-9
	麻阳河黑叶猴	沿河自治县	31113	黑叶猴等珍稀动物及生境	野生动物	1987-8-1
	草海	威宁自治县	12000	高原湿地生态系统及黑颈鹤等	内陆湿地	1985-1-1
	雷公山	黔东南自治州	47300	中亚热带森林及秃杉等珍稀植物	森林生态	1982-6-1
	茂兰	荔波县	20000	喀斯特地貌为主的森林生态系统	森林生态	1986-4-9
云南省	哀牢山	新平县	67700	原始森林、黑长臂猿等珍稀动植物	森林生态	1986-3-1
	高黎贡山					
	大围山	屏边自治县	43993	南亚热带常绿阔叶林及珍稀动物	森林生态	1986-6-1
	金平分水岭	金平自治县	42027	热带半山山地苔藓常绿阔叶林以及珍稀动植物	森林生态	1986-6-1

续表 3

地区	保护区名称	行政区域	面积(公顷)	主要保护对象	类型	建立时间
	绿春黄连山	绿春县	65058	亚热带常绿阔叶林生态系统、野生动植物	森林生态	1983-4-1
	文山老君山	文山县	26867	原始阔叶林	森林生态	1958-10-8
	无量山	景东、南涧县	30938	亚热带常绿阔叶林及长臂猿等	森林生态	1988-3-1
	西双版纳	西双版纳自治州	241776	热带森林生态系统及珍稀野生动植物	森林生态	1958-10-9
	纳板河	景洪县	26100	森林和野生动植物	森林生态	1992-7-1
	苍山洱海	大理市	79700	断层湖泊、古代冰川遗迹、弓鱼、苍山冷杉、杜鹃林	内陆湿地	1981-11-5
	白马雪山	德钦县	276432	高山针叶林、滇金丝猴	森林生态	1984-1-1
	南滚河	沧源自治县	50887	亚洲象及其栖息的热带季雨林	野生动物	1980-1-1
西藏自治区	雅鲁藏布江中游黑颈鹤	林周县	614350	黑颈鹤及其越冬生境	野生动物	1993-1-1
	芒康滇金丝猴	芒康县	185300	滇金丝猴及其生态系统	野生动物	1993-1-1
	珠穆朗玛峰	日喀则地区	3381000	高山森林及荒漠生态系统	森林生态	1988-4-5
	色林错	申扎县	2032380	黑颈鹤繁殖地、高原湿地生态系统	野生动物	1993-1-1
	羌塘	双湖、文南、改则等	29800000	藏羚羊、野牦牛等野生动物及高原荒漠生态系统	荒漠生态	1993-4-4
	雅鲁藏布大峡谷	墨脱县	916800	热带山地垂直带植被及珍贵动植物	森林生态	1985-7-9
	察隅慈巴沟	察隅县	101400	羚羊、山地亚热带森林生态系统	森林生态	1985-1-1
	拉鲁湿地	拉萨市	1220	高寒湿地生态系统	内陆湿地	2005-7-23
	类乌齐马鹿	类乌齐县	120614	马鹿、白唇鹿等野生动物及其生境、自然植被	野生动物	2005-7-23
甘肃省	莲花山	卓尼、康乐县	11691	森林生态系统	森林生态	1982-12-1
	尕海-则岔	碌曲县	247431	候鸟等野生动物、森林生态、石林等	野生动物	1995-10-1
	盐池湾	肃北蒙古族自治县	1360000	白唇鹿及过渡带生态系统	荒漠生态	2006-2-11
	安南坝野骆驼	阿克塞哈萨克族自治县	396000	野骆驼及其荒漠生态系统	野生动物	2006-2-11
青海省	孟达	循化自治县	17290	森林生态系统及珍稀生物物种	森林生态	1980-4-1
	青海湖	刚察县	495200	斑头雁、棕头鸥等水禽及生态系统	野生动物	1975-8-8
	可可西里	玉树自治州	4500000	藏羚羊、野驴、野牦牛等有蹄类动物及生态系统	野生动物	1995-10-8
	隆宝	玉树县	10000	黑颈鹤、天鹅等水禽及草甸生态系统	野生动物	1986-8-9
	三江源	玉树县	15230000	珍稀动物、湿地、森林、高寒草甸、冰川等生态系统	内陆湿地	2000-5-1
宁夏回族自治区	贺兰山	银川市	206266	森林生态系统、野生动植物资源	森林生态	1982-7-1
	沙坡头	中卫县	13722	自然沙生植被及人工植被、野生动物	荒漠生态	1984-9-1

续表 4

地区	保护区名称	行政区域	面积(公顷)	主要保护对象	类型	建立时间
宁夏回族自治区	罗山	同心县	33710	水源涵养林	森林生态	1982–7–1
	白芨滩	灵武市	74843	天然柠条母树林及沙生植被	荒漠生态	1985–1–4
	六盘山	固原县	26667	野生动物及水源涵养林	森林生态	1982–5–9
	哈巴湖	盐池县	84000	过渡区荒漠–湿地生态系统	内陆湿地	2006–2–11
新疆维吾尔自治区	阿尔金山	若羌县	4500000	三大有蹄类野生动物	荒漠生态	1983–1–1
	罗布泊野骆驼	若羌县	7800000	野骆驼及其生境	野生动物	1986–1–1
	巴音布鲁克	和静县	100000	天鹅等珍稀水禽、沼泽	野生动物	1980–5–9
	托木尔峰	温宿县	237600	野生动植物	森林生态	1980–1–1
	西天山	巩留县	31217	雪岭云杉林森林生态系统	森林生态	1983–1–2
	甘家湖梭梭林	乌苏县	54667	梭梭林及生境	荒漠生态	1983–10–1
	哈纳斯	布尔津、哈巴河县	220162	西伯利亚动植物区系及自然景观	森林生态	1980–5–1
	塔里木胡杨	尉犁县、轮台县	395420	胡杨林及其荒漠生态系统	森林生态	2006–2–11
	艾比湖湿地	博乐市、精河县	267085	湿地及珍稀野生动植物	内陆湿地	2007–4–6

■民族自治地方国家 AAAAA 级旅游区（点）名单

（截至 2016 年）

地　区	数量（个）	名　　称
内蒙古自治区	4	鄂尔多斯达拉特旗响沙湾旅游景区
		鄂尔多斯伊金霍洛旗成吉思汗陵旅游区
		呼伦贝尔市满洲里市中俄边境旅游区
		阿尔山 · 柴河旅游景区
辽宁省	1	本溪市本溪满族自治县本溪水洞景区
吉林省	2	延边朝鲜族自治州安图县长白山景区
		延边朝鲜族自治州敦化市六鼎山文化旅游区
湖北省	3	宜昌长阳县清江画廊景区
		恩施土家族苗族自治州恩施市恩施大峡谷景区
		恩施州巴东神农溪纤夫文化旅游区
广西壮族自治区	5	桂林市漓江景区
		桂林市乐满地度假世界
		桂林独秀峰 · 靖江王城景区
		南宁市青秀山旅游区
		桂林市两江四湖(秀峰区) · 象山(象山区)景区
海南省	2	保亭县呀诺达雨林文化旅游区
		陵水县分界洲岛旅游区

续表

地　区	数量（个）	名　　称
重庆市	1	酉阳桃花源景区
四川省	5	绵阳北川羌城旅游区
		阿坝藏族羌族自治州九寨沟旅游景区
		阿坝藏族羌族自治州松潘县黄龙风景名胜区
		阿坝藏族羌族自治州汶川特别旅游区
		甘孜藏族自治州泸定县海螺沟景区
贵州省	2	安顺市镇宁布依族苗族自治县黄果树瀑布景区
		黔南布依族苗族自治州荔波县樟江景区
云南省	5	迪庆藏族自治州香格里拉普达措国家公园
		西双版纳傣族自治州勐腊县中科院西双版纳热带植物园
		大理白族自治州大理市崇圣寺三塔文化旅游区
		丽江市玉龙纳西族自治县玉龙雪山景区
		昆明市石林彝族自治县石林风景区
西藏自治区	4	拉萨布达拉宫景区
		拉萨大昭寺景区
		林芝市工布江达县巴松措景区
		日喀则市桑珠孜区扎什伦寺景区
青海省	1	海东市互助土族自治县互助土族故土园旅游区
宁夏回族自治区	4	石嘴山市沙湖旅游景区
		中卫市沙坡头旅游景区
		银川市西夏区宁夏镇北堡西部影视城
		银川市灵武市水洞沟旅游区
新疆维吾尔自治区	12	伊犁哈萨克自治州阿勒泰地区哈巴河县白沙湖景区
		昌吉回族自治州阜康市天山天池风景名胜区
		喀什地区喀什市噶尔老城景区
		伊犁哈萨克自治州特克斯县喀拉峻景区
		巴音郭楞蒙古自治州和静县巴音布鲁克景区
		吐鲁番市葡萄沟风景区
		阿勒泰地区喀纳斯景区
		喀什地区泽普县金胡杨景区
		伊犁地区新源县那拉提旅游风景区
		阿勒泰地区富蕴县可可托海景区
		乌鲁木齐天山大峡谷
		巴音郭楞蒙古自治州博湖县博斯腾湖景区

■民族自治地方国家 AAAA 级旅游区（点）名单

（截至 2016 年）

地　区	数量（个）	名　称
内蒙古自治区	19	内蒙古格根塔拉草原旅游中心
		鄂尔多斯市释尼召旅游景区
		满洲里中俄互市贸易旅游区
		包头五当召
		阿拉善盟贺兰山南寺生态旅游区
		呼伦贝尔市海拉尔农业发展园区
		通辽市库伦三大寺
		二连浩特市恐龙地质公园
		鄂尔多斯市秦直道旅游区
		鄂尔多斯市察罕苏力德游牧生态旅游区
		呼伦贝尔市扎兰屯吊桥公园
		包头市北方兵器城
		红花尔基樟子松国家森林公园
		满洲里俄罗斯套娃广场
		呼伦贝尔市陈巴尔虎旗呼和诺尔旅游景区
		扎赉诺尔猛犸旅游旅游景区
		锡林郭勒盟太仆寺旗御马苑旅游区
		呼伦贝尔市海拉尔农业发展园区
		满洲里市红色国际秘密交通线教育基地暨国门景区
辽宁省	13	本溪关门山国家森林公园
		阜新海棠山风景名胜区
		阜新瑞应寺景区
		阜新宝地斯帕温泉度假区
		阜新黄家沟旅游度假区
		抚顺赫图阿拉城
		桓仁五女山风景区
		新宾猴石国家森林公园
		宽甸天华山风景名胜区
		宽甸天桥沟国家级森林公园
		本溪铁刹山风景区
		本溪关门山水库风景区
		清原红河峡谷漂流区
吉林省	1	长白山国家级自然保护区
湖北省	4	恩施咸丰唐崖河景区
		恩施利川腾龙洞风景旅游区

续表 1

地　区	数量（个）	名　称
湖北省	4	恩施建始野三河旅游区
		恩施利川佛宝山大峡谷漂流景区
湖南省	5	湘西州吉首市乾州古城景区
		湘西州凤凰奇梁洞景区
		湘西州芙蓉镇景区
		湘西州猛洞河漂流景区
		湘西州凤凰古城景区
广西壮族自治区	36	广西科学技术馆
		七星景区
		芦笛景区
		防城港白浪滩
		桂林穿山景区
		北海银滩旅游区
		南宁八桂田园景区
		象山景区（原象山公园、滨江公园）
		桂林世外桃源旅游区
		柳州龙潭景区
		柳侯公园
		柳州立鱼峰风景区
		柳州城市规划展览馆
		柳州园博园
		柳州文庙
		柳州工业博物馆
		融安大良石门仙湖景区
		融水贝江景区
		融水龙女沟
		南宁嘉和城景区
		百色乐业大石围天坑群景区
		百色起义纪念馆
		靖西县古龙山峡谷群生态旅游景区
		钦州八寨沟旅游景区
		梧州市骑楼城–龙母庙景区
		兴业鹿峰山风景区
		大新德天跨国瀑布景区
		靖西通灵大峡谷景区
		桂林市荔浦丰鱼岩田园旅游度假区
		桂林市龙胜温泉旅游度假区

续表 2

地　区	数量（个）	名　称
广西壮族自治区	36	柳州市三江程阳侗族八寨景区
		柳城知青城
		柳州都乐岩景区
		防城港东兴屏峰雨林公园
		玉林市陆川谢鲁温泉休闲景区
		贺州市昭平黄姚古镇风景名胜区
海南省	1	陵水南湾猴岛生态景区
重庆市	3	酉阳县龚滩古镇
		重庆酉阳龙潭古镇景区
		重庆石柱大风堡景区
四川省	8	阿坝州汶川大禹农庄
		阿坝州汶川大禹祭坛
		阿坝州小金四姑娘山
		凉山州邛海泸山国家级风景名胜区
		凉山州泸沽湖旅游景区
		北川药王谷风景区
		峨边黑竹沟
		泸定海螺沟冰川森林公园
贵州省	3	黔南州荔波樟江风景名胜区
		黔南州平塘掌布“藏子石”景区
		黔西南州万峰林景区
云南省	20	西双版纳傣族园
		西双版纳原始森林公园
		大理南诏风情岛
		泸西阿庐古洞景区
		建水燕子洞风景名胜区
		大理宾川鸡足山景区
		德宏南甸宣抚司署
		西双版纳野象谷景区
		西双版纳热带花卉园
		德宏州潞西市勐巴娜西珍奇园
		德宏州瑞丽市莫里热带雨林景区
		迪庆香格里拉松赞林寺景区
		迪庆香格里拉蓝月山谷景区
		楚雄州禄丰世界恐龙谷
		楚雄州彝人古镇
		楚雄州元谋土林

续表 3

地　区	数量（个）	名　称
云南省	20	红河州建水文庙
		文山州丘北普者黑景区
		西双版纳州景洪曼听公园
		西双版纳州勐泐文化园
西藏自治区	9	西藏博物馆
		米林南伊沟旅游景区
		西藏林芝巴松措旅游区
		西藏罗布林卡
		林芝雅鲁藏布大峡谷旅游景区
		林芝鲁朗风景区
		日喀则扎什伦布寺
		日喀则地区珠穆朗玛峰国家级自然保护区
		山南地区桑耶寺
甘肃省	6	肃南马蹄寺风景名胜区
		松鸣岩风景名胜区
		冶力关风景区
		拉卜楞寺
		卓尼县大峪沟景区
		黄河三峡风景名胜区
青海省	10	马步芳公馆景区
		格尔木昆仑旅游区
		互助土族故土园旅游区
		塔尔寺旅游区
		青海湖景区
		青海省博物馆
		大通县老爷山风景名胜区
		循化撒拉族绿色家园
		青海藏医药文化博物馆
		青海金银滩景区
宁夏回族自治区	13	黄沙古渡生态旅游区
		宁夏贺兰山苏峪口国家森林公园
		西夏陵
		贺兰山岩画
		水洞沟
		中华回乡文化园
		宁夏科技馆
		六盘山国家森林公园

续表 4

地　区	数量（个）	名　称
宁夏回族自治区	13	鸣翠湖国家湿地公园
		滚钟口
		黄河大峡谷 · 中华黄河坛旅游区
		固原博物馆
		须弥山石窟风景名胜区
新疆维吾尔族自治区	15	布尔津县喀纳斯风景名胜区
		乌鲁木齐市红山公园景区
		新疆民街民俗博物馆
		新疆那拉提旅游风景区
		乌鲁木齐市水磨沟风景区
		新疆生产建设兵团军垦博物馆
		克孜勒苏柯尔克孜自治州阿克陶县克州冰川公园
		艾提尕民俗文化旅游风景区
		察布查尔县锡伯民俗风情园
		库车王府
		龟兹绿洲生态园
		和硕县金沙滩旅游景区
		乌鲁木齐市新疆维吾尔自治区博物馆
		吐鲁番地区库木塔格沙漠风景区
		昌吉杜氏旅游景区
		阿克苏地区温宿县天山神木园景区

■民族自治地方国家 AAA 级旅游区（点）名单

（截至 2016 年）

地　区	数量（个）	名　称
河北省	3	丰宁白云古洞景区
		桃林口水库
		祖山风景区
内蒙古自治区	29	包头新世纪青年生态园
		希拉穆仁草原旅游中心
		鄂尔多斯世珍园
		鄂尔多斯恩格贝旅游区
		内蒙古敕勒川哈素海旅游区
		阿拉善盟通湖草原旅游区
		乌兰察布市辉腾锡勒草原明珠接待中心
		锡林郭勒盟赛汗塔拉旅游娱乐园
		锡林郭勒盟西乌旗蒙古汗城旅游区
		兴安盟成吉思汗庙景区

续表 1

地区	数量（个）	名称
内蒙古自治区	29	兴安盟科右前旗万豪蒙古大营
		鄂尔多斯市七星湖沙漠生态旅游区
		鄂尔多斯草原旅游区
		鄂尔多斯市九成功生态园
		鄂尔多斯市巴图湾旅游区
		呼伦贝尔市莫尔道嘎国家森林公园
		呼伦贝尔市红花尔基森林公园
		呼伦贝尔市中国达斡尔民族园
		呼伦贝尔市呼和诺尔草原旅游度假区
		呼伦贝尔市海拉尔国家森林公园
		呼伦贝尔市扎兰屯秀水山庄
		呼伦贝尔市布苏里度假山庄
		赤峰市曼坨山庄
		包头市石门风景区
		包头市美岱召文物旅游点
		包头市梅力更风景旅游区
		呼和浩特市乌兰夫纪念馆
		呼和浩特市乌素图森林旅游开发区
		呼和浩特市大召寺
辽宁省	4	本溪桓仁县望天洞
		本溪观音阁水库景区
		阜蒙县蒙古贞庄园旅游景区
		宽甸黄椅山森林公园
吉林省	7	长白县长白朝鲜族民俗村
		伊通满族自治县南山风景区
		长白朝鲜族自治县望天鹅旅游风景区
		和龙仙境台风景区
		汪清县满天星国家森林公园
		长白山迷宫
		安图县长白山和平滑雪场
湖北省	2	恩施州龙麟宫景区
		恩施市梭布垭风景区
湖南省	5	麻阳滕代远纪念馆
		邵阳城步南山牧场景区
		怀化通道龙底生态漂流景区
		湘西花垣边城
		皇都侗文化村
广西壮族自治区	36	南宁良凤江国家森林公园
		南宁武鸣伊岭岩风景区
		桂林阳朔文化古迹山水园
		桂林丰鱼岩旅游度假区
		桂林漓江民俗风情园

续表 2

地　区	数量（个）	名　　称
广西壮族自治区	36	桂林银子岩旅游度假区
		桂林尧山景区
		桂林龙胜温泉旅游度假区
		柳州都乐岩风景区
		桂林资江景区
		桂林刘三姐景观园
		阳朔聚龙潭度假公园
		百色澄碧湖风景区
		南宁乡村大世界
		柳州花果山生态景区
		阳朔图腾古道景区
		临桂十二滩漂流景区
		桂林会仙岩景区
		钦州龙门群岛海上生态公园
		桂平龙潭国家森林公园
		南丹温泉公园
		宜州金浪湾景区
		宜州会仙山景区
		隆安龙虎山风景区
		横县九龙瀑布群景区
		昆仑关旅游风景区
		宾阳蔡氏书香古宅群景区
		融水贝江景区
		阳朔鉴山寺景区
		阳朔九马画山景区
		桂林雁山园景区
		荔浦天河瀑布景区
		东兴陈公馆景区
		平桂十八水景区
		田东十里莲塘景区
		武宣百崖大峡谷景区
云南省	13	大理蝴蝶泉公园
		武定狮子山景区
		腾冲火山国家公园
		红河州建水朱家花园景区
		西双版纳州勐景来旅游景区

续表 3

地　区	数量（个）	名　　称
云南省	13	迪庆州霞给藏族文化村旅游景区
		丽江东巴谷生态民族村
		楚雄州博物馆
		楚雄黑井古镇
		西双版纳勐泐文化园
		巍山县东莲花旅游区
		大理市上关花景区
		迪庆州香格里拉硕都湖旅游景区
西藏自治区	1	拉萨市娘热度假村
甘肃省	2	肃南马蹄寺风光旅游区
		临夏枹罕山庄
青海省	11	大通老爷山风景名胜区
		贵德黄河奇石苑
		龙羊峡旅游景区
		青海茶卡盐湖旅游景区
		可鲁克湖——托素湖高原生态旅游景区
		玛多黄河源旅游区
		玉树新寨嘉那嘛呢景区
		勒巴沟——文成公主庙景区
		玉树当卡寺旅游景区
		玉树结古寺旅游景区
		玉树称多拉布民俗村
宁夏回族自治区	3	宁夏平罗玉皇阁景区
		宁夏青铜峡旅游区
		宁夏中卫高庙保安寺
新疆维吾尔自治区	31	哈密地区天山风景名胜区
		巴州和硕县金沙滩旅游度假区
		巴州博湖县阿洪口旅游风景区
		阿勒泰地区福海海滨旅游区
		乌鲁木齐水磨沟生态旅游区
		新疆阿勒泰市桦林公园
		昌吉黑马科技园
		阜康市恒泰齐鲁山庄
		吐鲁番坎儿井游乐园
		哈密亚尔丹风景旅游区
		沙湾县温泉旅游区
		喀什地区泽普县金湖杨国家森林公园区
		喀什市艾提噶尔民俗文化旅游区

续表 4

地　区	数量（个）	名　　称
新疆维吾尔族自治区	31	喀什市西山民族风情园
		伊犁州伊宁市城市海景
		巩留县库尔德宁生态旅游区
		察布查尔锡伯自治县锡伯民俗风情园
		阿勒泰五指泉景区
		富蕴县可可托海景区
		裕民县塔斯特风景旅游区
		乌鲁木齐市植物园
		乌鲁木齐雅马里克山旅游风景区
		鄯善县吐峪沟景区
		吐鲁番火焰山景区
		吐鲁番沙漠生态旅游风景区
		吐鲁番大漠土艺馆
		巴州莲花湖风景旅游区
		巴州相思湖旅游度假区
		乌鲁木齐东白杨沟风景区
		青格达湖旅游风景区
		一万泉旅游度假村

■民族自治地方国家 AA 级旅游区（点）名单

（截至 2016 年）

地　区	数量（个）	名　　称
河北省	4	承德宽城县塞外“潘龙湖”景区
		承德九龙松景区
		承德市丰宁千松坝森林公园
		承德市云雾山省级森林公园
内蒙古自治区	41	赤峰市布日敦沙漠旅游区
		鄂尔多斯市绿洲宾馆旅游区
		呼伦贝尔盟巴彦呼硕草原旅游区
		呼伦贝尔盟侵华日军海拉尔要塞遗址
		呼伦贝尔盟牙克石凤凰山庄
		呼伦贝尔盟满洲里市达赉湖旅游区
		兴安蒙古包旅游村
		兴安盟阿尔山国家森林公园
		锡林郭勒盟锡日塔拉草原旅游度假村
		锡林郭勒盟葛根敖包草原旅游度假村

续表 1

地　区	数量（个）	名　　称
内蒙古自治区	41	锡林郭勒盟多伦县南沙梁旅游区
		锡林郭勒盟多伦县滦源殿旅游度假村
		乌兰察布盟辉腾锡勒铁骑旅游中心
		乌兰察布盟辉腾锡勒外事旅游中心
		巴彦淖尔市镜湖生态旅游区
		乌兰察布市铁骑草原旅游中心
		乌兰察布市辉腾锡勒草原旅游中心
		乌兰察布市岱海自然生态旅游度假区
		乌兰察布市阿贵庙旅游点
		乌兰察布市集宁老虎山公园
		兴安盟科右中旗翰嘎利湖生态景区
		兴安盟科右中旗蒙格罕山生态旅游景区
		鄂尔多斯市陶亥召
		鄂尔多斯市柒开淖旅游区
		鄂尔多斯市昭君城旅游区
		呼伦贝尔市牙克石凤凰山滑雪场
		呼伦贝尔市鹿鸣山庄
		呼伦贝尔市绰源国家森林公园
		呼伦贝尔市扎兰屯吊桥公园
		呼伦贝尔市陈巴尔虎旗金帐汗蒙古部落
		呼伦贝尔市鄂伦春博物馆
		呼伦贝尔市嘎仙洞景区
		赤峰市达里湖旅游区
		赤峰市赤峰市植物园
		赤峰市巴林左旗召庙
		赤峰市翁牛特旗红山湖
		赤峰市红山区红山公园
		包头市庙法寺
		通辽市珠日河草原旅游区
		通辽市霍林郭勒市静湖度假村
		通辽市霍林郭勒市怪山风景旅游区
辽宁省	10	本溪铁刹山风景区
		鞍山岫岩药山风景区
		岫岩龙潭湾风景区

续表 2

地　区	数量（个）	名　　称
辽宁省	10	抚顺夏湖军旅生活旅游度假区
		阜新瑞应寺风景区
		阜新关山风景区
		本溪天龙洞风景区
		朝阳喀左天成观
		阜新三塔沟自然生态旅游区
		阜新乌兰木图山风景区
吉林省	10	长白石林风景区
		长白塔山公园
		敦化六项山风景区
		珲春防川风景区
		安图县红旗朝鲜族民俗村
		安图县福满生态沟
		安图县长白山文化博览城
		安图县长白山峡谷浮石林景区
		伊通县满族民俗馆
		伊通满族自治县大孤山旅游风景区
黑龙江省	3	大庆市杜尔伯特蒙古族自治县寿山民俗休闲度假村
		连环湖狩猎场
		大庆市杜尔伯特蒙古族自治县草原赛马场
浙江省	2	景宁县草鱼塘森林公园
		景宁“畲乡之窗”旅游区
湖北省	9	来凤龙嘴峡景区
		鹤峰湘鄂边苏区鹤峰革命烈士陵园
		利川市朝阳洞景区
		利川市福宝山生态综合开发区
		利川大水井古建筑群
		利川玉龙洞景区
		恩施州枫香坡侗族风情寨
		建始县朝阳观旅游区
		巴东县无源洞景区
湖南省	2	通道独岩公园
		靖州苗族侗族自治县文峰塔景区
广西壮族自治区	5	防城港十万大山国家森林公园

续表 3

地　区	数量（个）	名　　称
广西壮族自治区	5	宜州市白龙公园
		宜州市刘三姐故居
		宜州市古龙河漂流景区
		防城港火山岛景区
重庆市	3	酉阳龚滩古镇
		石柱县毕兹卡绿宫
		重庆市酉阳县赵世炎烈士故居
贵州省	3	黔南州都匀西山公园
		黔南州东山公园
		黔西南州贵州奇香园旅游区
云南省	50	楚雄太阳历公园
		紫溪山风景区
		永仁方山景区
		大理市洱海公园
		大理天镜阁景区
		上关花——天龙洞景区
		剑川满贤林景区
		鹤庆县新华民族村
		弥度县东山森林公园
		漾鼻石门关景区
		丽江文笔山景区
		玉柱擎天景点
		丽江东巴王国文化旅游景点
		丽江东巴万神园
		依拉草原旅游景区
		迪庆州博物馆
		藏经堂旅游景区
		迪庆州民族服饰旅游展演中心
		中甸纳帕海景区
		中甸天生桥温泉景区
		砚山浴仙湖景区
		富宁驮娘江景区
		弥勒白龙洞景区
		石屏焕文公园
		开远市南洞名胜风景保护区
		大槟榔园民族文化生态旅游村
		新化古州野林

续表 4

地　区	数量（个）	名　　称
云南省	50	高香生态茶文化旅游区
		新平哀牢山陇西世族庄园
		元江世界第一高桥旅游风景区
		澜沧拉祜风情旅游区
		西盟佤族生态旅游区
		孟连土司边境旅游区
		普洱茶马古道源旅游区
		景谷佛迹仙踪、芒玉峡谷康体旅游区
		墨江北回归线标志园
		西双版纳州民族风情园
		西双版纳猴山景区
		西双版纳雨林谷
		德宏民族风情浏览区
		瑞丽独树成林景点
		瑞丽旅游淘宝场
		临沧茶文化风景园
		临沧五老山国家森林公园
		永德忙海湖景区
		云县漫湾百里长湖景区
		祥云云南驿景区
		大理南国城
		文山广南八宝风景区
		沧源崖画景区
西藏自治区	2	西藏昌都地区然乌湖
		西藏昌都地区查杰玛大殿
甘肃省	6	临夏市人民公园
		临夏市东郊公园
		夏河桑科草原
		甘南州合作市当州草原风景区
		甘南州安多合作米拉日巴佛阁
		甘南州玛曲天下黄河第一弯旅游风景区
青海省	3	土楼观
		西宁东关清真大寺
		民和桃花园林
宁夏回族自治区	8	银川金水园
		银川海宝塔寺
		银川贺兰山滚中口
		宁夏华夏珍奇艺术城

续表 5

地　区	数量（个）	名　　称
宁夏回族自治区	8	宁夏青铜峡旅游区
		固原须弥山石窟
		宁夏兵沟旅游区
		宁夏大武口北武当生态旅游区
新疆维吾尔自治区	45	哈密天宝康乐中心
		石河子市北湖旅游风景区
		石河子市周恩来总理纪念碑馆
		石河子市高新农业技术示范园区
		博州博格达温泉度假村
		伊犁州阿克塔斯避暑山庄
		伊犁州尼勒克次森林度假村
		阿克苏天山神木园
		阿克苏天山神秘大峡谷
		克州喀拉库勒湖
		喀什阿帕尔霍加墓
		乌鲁木齐市水上乐园
		乌鲁木齐市植物园
		乌鲁木齐市银都度假村
		昌吉市人民公园
		石河子市屯垦第一连
		石河子市巴音山庄
		哈密天山之夏狩猎场
		巴里坤县怪石山旅游度假村
		喀什盘橐城
		克拉玛依市展览馆
		克拉玛依市阳光水世界
		克拉玛依市大漠高尔夫球场
		克拉玛依市白杨河大峡谷
		阿勒泰大小东沟景区
		米泉市天地园农庄
		乌鲁木齐市盐湖生态旅游区
		蔬附县大众旅游度假村
		喀什市玉素甫·哈斯·哈吉甫墓
		伊宁市伊犁河民族文化旅游村

续表 6

地　区	数量（个）	名　　称
新疆维吾尔自治区	45	察布查尔锡伯自治县清水湖生态旅游度假村
		阿勒泰市塘巴湖水上乐园
		阿勒泰市齐背岭旅游区
		阿勒泰地区文物博物馆
		阿勒泰市金山葡萄风景区
		阿勒泰市驼峰景区
		中科院生地所标本馆
		乌鲁木齐天牧玫瑰园
		乌鲁木齐板房沟科技示范基地
		乌鲁木齐燕尔窝风景区
		巴州金海湾疗养培训中心
		阿克苏塔里木祥龙湖风景区
		巴州罗布人村寨
		沙湾县三道河子林场森林公园
		怪石峪旅游风景区

■民族自治地方国家 A 级旅游区（点）名单

（截至 2016 年）

地　区	数量（个）	名　　称
内蒙古自治区	7	包头市美岱召文物旅游点
		赤峰市勃隆克沙漠旅游区
		鄂尔多斯市转龙湾旅游度假村
		锡林郭勒盟苏尼特右旗社保局旅游点
		赤峰市巴林右旗巴林蒙古部落
		呼伦贝尔市贝尔湖旅游景区
		包头市西河水库旅游度假村
辽宁省	5	鞍山岫岩清凉山风景区
		鞍山岫岩罗圈背风景区
		本溪山河天然浴场旅游区
		阜新东郊湖风景区
		抚顺红河谷风景旅游度假区
吉林省	1	松原市孝庄祖陵旅游区
云南省	8	牟定化佛山景区
		文山西华公园
		思茅小黑江森林公园
		勐海景真八角亭景点

续表

地　区	数量（个）	名　　称
云南省	8	勐海打洛独树成林景点
		盈江凯棒亚湖景区
		凤庆凤山公园
		临沧西门公园
西藏自治区	1	西藏拉萨市热堆寺卓玛拉康
甘肃省	1	肃北县人民公园
宁夏回族自治区	1	泾源胭脂峡
新疆维吾尔自治区	22	塔城市垂钓公园
		昌吉州杜氏旅游度假村
		博州怪石沟
		博州青格里度假村
		昌吉州玛纳斯县北公园
		昌吉州清水泉旅游度假村
		沙湾县森林公园
		巴里坤县古民宅
		布尔津县阳光沙滩
		昌吉市绿野山庄
		呼图壁县公园
		乌鲁木齐市六十户乡生态渔村
		塔城地区沙湾县东大塘旅游区
		阿勒泰市额河奇石古城
		青河县白桦公园
		青河县天林度假村
		阿勒泰地区矿产陈列馆
		乌鲁木齐卧龙岗庄园
		温宿县稻香园度假村
		沙雅县园中园休闲度假村
		阿克苏市多浪公园
		乌鲁木齐市雷鸣山庄

■民族自治地方国家级风景名胜区名单

（截至 2016 年）

地　区	数量（个）	风景名胜区名单
内蒙古自治区	2	扎兰屯风景名胜区
		额尔古纳风景名胜区
辽宁省	2	青山沟风景名胜区
		本溪水洞风景名胜区
吉林省	2	仙景台风景名胜区
		防川风景名胜区

续表

地　区	数量（个）	风景名胜区名单
湖南省	4	猛洞河风景名胜区
		德夯风景名胜区
		万佛山–侗寨风景名胜区
		湖南省凤凰风景名胜区
广西壮族自治区	3	桂林漓江风景名胜区
		桂平西山风景名胜区
		花山风景名胜区
四川省	4	黄龙寺－九寨沟风景名胜区
		贡嘎山风景名胜区
		四姑娘山风景名胜区
		邛海－螺髻山风景名胜区
贵州省	11	黄果树风景名胜区
		㵲阳河风景名胜区
		荔波樟江风景名胜区
		马岭河峡谷风景名胜区
		都匀斗篷山－剑江风景名胜区
		黎平侗乡风景名胜区
		紫云格凸河穿洞风景名胜区
		平塘风景名胜区
		榕江苗山侗水风景名胜区
		沿河乌江山峡风景名胜区
		瓮安江界河风景名胜区
云南省	9	路南石林风景名胜区
		西双版纳风景名胜区
		大理风景名胜区
		三江并流风景名胜区
		丽江玉龙雪山风景名胜区
		瑞丽江—大盈江风景名胜区
		省建水风景名胜区
		普者黑风景名胜区
		阿庐风景名胜区
西藏自治区	4	雅砻河风景名胜区
		纳木措–念青唐古拉山风景名胜区
		唐古拉山–怒江源风景名胜区
		西藏自治区土林–古格风景名胜区
青海省	1	青海湖风景名胜区
宁夏回族自治区	2	西夏王陵风景名胜区
		宁夏回族自治区须弥山石窟风景名胜区
新疆维吾尔自治区	6	天山天池风景名胜区
		库木塔格沙漠风景名胜区
		博斯腾湖风景名胜区
		赛里木湖风景名胜区
		托木尔大峡谷风景名胜区
		罗布人村寨风景名胜区

中国民族自治区、自治州、自治县（旗）、民族乡镇、市辖民族区名单

■中国民族自治区、自治州、自治县一览表

民族自治地方	建立时间	首府驻地	面积(万平方公里)
自治区			
内蒙古自治区	1947.5.1	呼和浩特市	118.3000
广西壮族自治区	1958.3.15	南宁市	23.6660
西藏自治区	1965.9.1	拉萨市	122.8400
宁夏回族自治区	1958.10.25	银川市	6.6400
新疆维吾尔自治区	1955.10.1	乌鲁木齐市	166.0400
自治州			
吉林省			
延边朝鲜族自治州	1952.9.3	延吉市	4.3559
湖北省			
恩施土家族苗族自治州	1983.12.1	恩施市	2.3902
湖南省			
湘西土家族苗族自治州	1957.9.20	吉首市	1.5461
四川省			
甘孜藏族自治州	1950.11.24	康定县城关镇	15.1078
凉山彝族自治州	1952.10.1	西昌市	6.0111
阿坝藏族羌族自治州	1953.1.1	马尔康镇	8.3201
贵州省			
黔东南苗族侗族自治州	1956.7.23	凯里市	3.0339
黔南布依族苗族自治州	1956.8.8	都匀市	2.6207
黔西南布依族苗族自治州	1982.5.1	兴义市	1.6804
云南省			
西双版纳傣族自治州	1953.1.24	允景洪镇	1.9700
德宏傣族景颇族自治州	1953.7.24	芒市镇	1.1526
怒江傈僳族自治州	1954.8.23	鲁掌镇	1.4703
大理白族自治州	1956.11.22	大理市	2.9460
迪庆藏族自治州	1957.9.13	中心镇	2.3870
红河哈尼族彝族自治州	1957.11.18	蒙自市	3.2929
文山壮族苗族自治州	1958.4.1	开化镇	3.2239
楚雄彝族自治州	1958.4.15	楚雄市	2.9256

续表 1

民族自治地方	建立时间	首府驻地	面积(万平方公里)
甘肃省			
甘南藏族自治州	1953.10.1	合作镇	4.0898
临夏回族自治州	1956.11.19	临夏市	0.8166
青海省			
玉树藏族自治州	1951.12.25	结古镇	18.8794
海南藏族自治州	1953.12.6	恰卜恰镇	4.5895
黄南藏族自治州	1953.12.22	隆务镇	1.7921
海北藏族自治州	1953.12.31	浩门镇	3.9354
果洛藏族自治州	1954.1.1	大武镇	7.6312
海西蒙古族藏族自治州	1954.1.25	德令哈市	32.5785
新疆维吾尔自治区			
巴音郭楞蒙古自治州	1954.6.23	库尔勒市	46.2700
博尔塔拉蒙古自治州	1954.7.13	博乐市	2.5074
克孜勒苏柯尔克孜自治州	1954.7.14	阿图什市	6.9112
昌吉回族自治州	1954.7.15	昌吉市	7.7129
伊犁哈萨克自治州	1954.11.27	伊宁市	49.0039
自治县(旗)			
河北省			
孟村回族自治县	1955.11.30	孟村镇	0.0393
大厂回族自治县	1955.12.7	大厂镇	0.0176
青龙满族自治县	1987.5.10	青龙镇	0.3309
丰宁满族自治县	1987.5.15	大阁镇	0.8747
围场满族蒙古族自治县	1990.6.12	围场镇	0.9058
宽城满族自治县	1990.6.16	宽城镇	0.1933
内蒙古自治区			
鄂伦春自治旗	1951.10.1	阿里河镇	6.0378
鄂温克族自治旗	1958.8.1	巴彦托海镇	1.8750
莫力达瓦达斡尔族自治旗	1958.8.15	尼尔基镇	1.0985
辽宁省			
喀喇沁左翼蒙古族自治县	1958.4.1	大城子镇	0.2238
阜新蒙古族自治县	1958.4.7	阜新镇	0.6284
新宾满族自治县	1985.6.7	新宾镇	0.4287
岫岩满族自治县	1985.6.11	岫岩镇	0.4507
清原满族自治县	1990.6.6	清原镇	0.3926
本溪满族自治县	1990.6.8	小市镇	0.3362
桓仁满族自治县	1990.6.10	桓仁镇	0.3548
宽甸满族自治县	1990.6.12	宽甸镇	0.6125

续表 2

民族自治地方	建立时间	首府驻地	面积(万平方公里)
吉林省			
前郭尔罗斯蒙古族自治县	1956.9.1	前郭镇	0.7076
长白朝鲜族自治县	1958.9.15	长白镇	0.2498
伊通满族自治县	1989.8.30	伊通镇	0.2523
黑龙江省			
杜尔伯特蒙古族自治县	1956.12.5	泰康镇	0.6427
浙江省			
景宁畲族自治县	1984.12.24	鹤溪镇	0.1950
湖北省			
长阳土家族自治县	1984.12.8	龙舟坪镇	0.3430
五峰土家族自治县	1984.12.12	五峰镇	0.2072
湖南省			
通道侗族自治县	1954.5.7	双江镇	0.2225
江华瑶族自治县	1955.11.25	沱江镇	0.3216
城步苗族自治县	1956.11.30	儒林镇	0.2620
新晃侗族自治县	1956.12.5	新晃镇	0.1511
芷江侗族自治县	1987.9.24	芷江镇	0.2096
靖州苗族侗族自治县	1987.9.27	渠阳镇	0.2211
麻阳苗族自治县	1990.4.1	高村镇	0.1561
广东省			
连南瑶族自治县	1953.1.25	三江镇	0.1231
连山壮族瑶族自治县	1962.9.26	吉田镇	0.1264
乳源瑶族自治县	1963.10.1	乳城镇	0.2125
广西壮族自治区			
龙胜各族自治县	1951.8.19	龙胜镇	0.2537
金秀瑶族自治县	1952.5.28	金秀镇	0.2517
融水苗族自治县	1952.11.26	融水镇	0.4665
三江侗族自治县	1952.12.3	古宜镇	0.2455
隆林各族自治县	1953.1.1	新州镇	0.3542
都安瑶族自治县	1955.12.15	安阳镇	0.4092
巴马瑶族自治县	1956.2.6	巴马镇	0.1966
富川瑶族自治县	1984.1.1	富阳镇	0.1572
罗城仫佬族自治县	1984.1.10	东门镇	0.2639
环江毛南族自治县	1987.11.24	思恩镇	0.4558

续表 3

民族自治地方	建立时间	首府驻地	面积(万平方公里)
大化瑶族自治县	1987.12.23	大化镇	0.2754
恭城瑶族自治县	1990.10.15	恭城镇	0.2149
海南省			
乐东黎族自治县	1987.12.28	抱由镇	0.2746
琼中黎族苗族自治县	1987.12.28	营根镇	0.2693
保亭黎族苗族自治县	1987.12.30	保城镇	0.1161
昌江黎族自治县	1987.12.30	石碌镇	0.1596
白沙黎族自治县	1987.12.30	牙叉镇	0.2118
陵水黎族自治县	1987.12.30	陵城镇	0.1128
重庆市			
秀山土家族苗族自治县	1983.11.7	中和镇	0.2450
酉阳土家族苗族自治县	1983.11.11	钟多镇	0.5173
彭水苗族土家族自治县	1984.11.10	汉葭镇	0.3903
石柱土家族自治县	1984.11.18	南宾镇	0.3031
四川省			
北川羌族自治县	2003.10.25	曲山镇	0.2865
木里藏族自治县	1953.2.19	博瓦镇	1.3246
峨边彝族自治县	1984.10.5	沙坪镇	0.2395
马边彝族自治县	1984.10.9	民建镇	0.2383
贵州省			
威宁彝族回族苗族自治县	1954.11.11	城关镇	0.6294
松桃苗族自治县	1956.12.31	城关镇	0.2861
三都水族自治县	1957.1.2	三合镇	0.2384
镇宁布依苗族自治县	1963.9.11	城关镇	0.1721
紫云苗族布依族自治县	1966.2.11	松山镇	0.2284
关岭布依族苗族自治县	1981.12.31	关索镇	0.1468
玉屏侗族自治县	1984.11.7	平溪镇	0.0517
印江土家族苗族自治县	1987.11.20	印江镇	0.1961
沿河土家族自治县	1987.11.23	和平镇	0.2469
务川仡佬族苗族自治县	1987.11.26	都濡镇	0.2773
道真仡佬族苗族自治县	1987.11.29	玉溪镇	0.2156
云南省			
峨山彝族自治县	1951.5.12	双江镇	0.1972
澜沧拉祜族自治县	1953.4.7	勐朗镇	0.8807
江城哈尼族彝族自治县	1954.5.18	勐烈镇	0.3476
孟连傣族拉祜族佤族自治县	1954.6.16	孟连镇	0.1957
耿马傣族佤族自治县	1955.10.16	耿宣镇	0.3837
宁蒗彝族自治县	1956.9.20	大兴镇	0.0206

续表 4

民族自治地方	建立时间	首府驻地	面积(万平方公里)
贡山独龙族怒族自治县	1956.10.1	茨开镇	0.4506
巍山彝族回族自治县	1956.11.9	文华镇	0.2266
石林彝族自治县	1956.12.31	鹿阜镇	0.1777
玉龙纳西族自治县	1961.4.10	黄山镇	0.6521
屏边苗族自治县	1963.7.1	玉屏镇	0.1906
河口瑶族自治县	1963.7.11	河口镇	0.1313
沧源佤族自治县	1964.2.28	勐董镇	0.2539
西盟佤族自治县	1965.3.5	西盟镇	0.1391
南涧彝族自治县	1965.11.27	南涧镇	0.1802
墨江哈尼族自治县	1979.11.28	玖联镇	0.5459
寻甸回族彝族自治县	1979.12.20	仁德镇	0.3966
元江哈尼族彝族傣族自治县	1980.11.12	澧江镇	0.2858
新平彝族傣族自治县	1980.11.25	桂山镇	0.4223
维西傈僳族自治县	1985.10.13	保和镇	0.4661
漾濞彝族自治县	1985.11.1	上街镇	0.1957
禄劝彝族苗族自治县	1985.11.25	屏山镇	0.4378
金平苗族瑶族傣族自治县	1985.12.7	金河镇	0.3677
普洱哈尼族彝族自治县	1985.12.15	宁洱镇	0.367
景东彝族自治县	1985.12.20	锦屏镇	0.4532
景谷傣族彝族自治县	1985.12.25	威远镇	0.7777
双江拉祜族佤族布朗族傣族自治县	1985.12.30	勐勐镇	0.2292
兰坪白族普米族自治县	1988.5.25	金顶镇	0.4555
镇沅彝族哈尼族拉祜族自治县	1990.5.15	按板镇	0.4223
甘肃省			
天祝藏族自治县	1950.5.6	华藏寺镇	0.7147
肃北蒙古族自治县	1950.7.29	党城湾镇	6.6748
东乡族自治县	1950.9.25	锁南镇	0.151
张家川回族自治县	1953.7.6	张家川镇	0.1293
肃南裕固族自治县	1954.4.20	红湾寺镇	2.3041
阿克塞哈萨克族自治县	1954.4.27	博罗转井镇	3.3333
积石山保安族东乡族撒拉族自治县	1981.9.30	吹麻滩镇	0.091
青海省			
门源回族自治县	1953.12.19	浩门镇	0.6896
互助土族自治县	1954.2.17	威远镇	0.332

续表 5

民族自治地方	建立时间	首府驻地	面积(万平方公里)
化隆回族自治县	1954.3.1	巴燕镇	0.2740
循化撒拉族自治县	1954.3.1	积石镇	0.1749
河南蒙古族自治县	1954.10.16	优干宁	0.6250
民和回族土族自治县	1986.6.27	上川口镇	0.1780
大通回族土族自治县	1986.7.10	桥头镇	0.3090
新疆维吾尔自治区			
焉耆回族自治县	1954.3.15	焉耆镇	0.2439
察布查尔锡伯自治县	1954.3.25	察布查尔镇	0.4469
木垒哈萨克自治县	1954.7.17	木垒镇	1.3235
和布克赛尔蒙古自治县	1954.9.10	和布克赛尔镇	3.2000
塔什库尔干塔吉克自治县	1954.9.17	塔什库尔干镇	5.2300
巴里坤哈萨克自治县	1954.9.30	巴里坤镇	3.5714

■中国民族乡镇一览表

地　区	数　量	乡镇名称
北京市	5	朝阳区常营回族乡、通州区于家务回族乡、密云县檀营满族蒙古族乡、怀柔区喇叭沟门满族乡、怀柔区长哨营满族乡
天津市	1	蓟县孙各庄满族乡
河北省	50	石家庄市新乐市彭家庄回族乡、石家庄市藁城市九门回族乡、石家庄市无极县高头回族乡、唐山市遵化市汤泉满族乡、唐山市遵化市西下营满族乡、唐山市遵化市东陵满族乡、邯郸市邱县陈村回族乡、邯郸市大名县营镇回族乡、保定市易县凌云册满族回族乡、保定市定州市号头庄回族乡、保定市涞水县娄村满族乡、张家口市沽源县大二号回族乡、张家口市怀来县王家楼回族乡、廊坊市永清县管家务回族乡、廊坊市文安县大围河回族满族乡、承德市丰宁满族自治县南关蒙古族乡、承德市滦平县平坊满族乡、承德市滦平县安纯沟门满族乡、承德市滦平县五道营子满族乡、承德市滦平县邓厂满族乡、承德市滦平县马营子满族乡、承德市滦平县付家店满族乡、承德市双滦区西地满族乡、承德市滦平县小营满族乡、承德市滦平县大屯满族乡、承德市滦平县西沟满族乡、承德市承德县岗子满族乡、承德市承德县两家满族乡、承德市兴隆县八卦岭满族乡、承德市兴隆县南天门满族乡、承德市隆化县尹家营满族乡、承德市隆化县庙子沟蒙古族满族乡、承德市隆化县偏坡营满族乡、承德市隆化县八达营蒙古族乡、承德市隆化县太平庄满族乡、承德市隆化县旧屯满族乡、承德市隆化县西阿超满族蒙古族乡、承德市隆化县白虎沟蒙古族满族乡、承德市平泉县七家岱满族乡、承德市平泉县平房满族蒙古族乡、承德市平泉县茅兰沟满族蒙古族乡、沧州市黄骅市羊二庄回族乡、沧州市黄骅市新村回族乡、沧州市河间市果子洼回族乡、沧州市献县本斋回族乡、沧州市沧县大褚村回族乡、沧州市沧县杜林回族乡、沧州市沧县李天木回族乡、沧州市沧县捷地回族乡、沧州市黄骅市羊三木回族乡
内蒙古自治区	18	呼伦贝尔市莫力达瓦达斡尔族自治旗巴彦鄂温克民族乡、呼伦贝尔市莫力达瓦达斡尔族自治旗杜拉尔鄂温克民族乡、呼伦贝尔市扎兰屯市达斡尔民族乡、呼伦贝尔市扎兰屯市萨马街鄂温克民族乡、呼伦贝尔市扎兰屯市南木鄂伦春民族乡、呼伦贝尔市阿荣旗查巴奇鄂温克民族乡、呼伦贝尔市阿荣旗新发朝鲜族民族乡、呼伦贝尔市阿荣旗音河达斡尔鄂温克民族乡、呼伦贝尔市阿荣旗得力其尔鄂温克民族乡、呼伦贝尔市根河市敖鲁古雅鄂温克民族乡、呼伦贝尔市陈巴尔虎旗鄂温克苏木、呼伦贝尔市额尔古纳市三河回族乡、呼伦贝尔市额尔古纳市室韦俄罗斯民族乡、兴安盟科尔沁右翼前旗满族屯满族乡、赤峰市松山区当铺地满族乡、赤峰市喀喇沁旗十家满族乡、乌兰察布市凉城县曹碾满族乡、呼伦贝尔市鄂温克族自治旗巴彦塔拉达斡尔族乡

续表 1

地　区	数　量	乡镇名称
辽宁省	54	沈阳市康平县柳树屯蒙古族满族乡、沈阳市康平县沙金台蒙古族满族乡、沈阳市法库县四家子蒙古族乡、沈阳市康平县东升满族蒙古族乡、沈阳市康平县西关屯蒙古族满族乡、大连市瓦房店市三台满族乡、大连市瓦房店市杨家满族乡、大连市庄河市太平岭满族乡、大连市庄河市桂云花满族乡、抚顺市抚顺县拉古满族乡、抚顺市抚顺县汤图满族乡、本溪市桓仁满族自治县雅河朝鲜族乡、丹东市宽甸满族自治县下露河朝鲜族乡、丹东市东港市合隆满族乡、丹东市凤城市大堡蒙古族乡、锦州市义县地藏寺满族乡、锦州市义县大定堡满族乡、阜新市彰武县二道河子蒙古族乡、辽阳市辽阳县吉洞峪满族乡、辽阳市辽阳县甜水满族乡、铁岭市开原市林丰满族乡、铁岭市铁岭县白旗寨满族乡、铁岭市西丰县成平满族乡、铁岭市西丰县德兴满族乡、铁岭市西丰县和隆满族乡、铁岭市西丰县金星满族乡、铁岭市西丰县明德满族乡、铁岭市西丰县营厂满族乡、铁岭市清河区聂家满族乡、朝阳市北票市马友营蒙古族乡、朝阳市北票市凉水河蒙古族乡、朝阳市建平县三家蒙古族乡、朝阳市凌源市三家子蒙古族乡、朝阳市朝阳县松岭门蒙古族乡、朝阳市朝阳县乌兰河硕蒙古族乡、葫芦岛市绥中县西平坡满族乡、葫芦岛市绥中县范家满族乡、葫芦岛市绥中县高甸子满族乡、葫芦岛市绥中县葛家满族乡、葫芦岛市绥中县明水满族乡、葫芦岛市绥中县网户满族乡、葫芦岛市兴城市白塔满族乡、葫芦岛市兴城市大寨满族乡、葫芦岛市兴城市碱厂满族乡、葫芦岛市兴城市旧门满族乡、葫芦岛市兴城市刘台子满族乡、葫芦岛市兴城市南大山满族乡、葫芦岛市兴城市望海满族乡、葫芦岛市兴城市围屏满族乡、葫芦岛市兴城市羊安满族乡、葫芦岛市兴城市药王满族乡、葫芦岛市兴城市三道沟满族乡、葫芦岛市兴城市元台子满族乡、葫芦岛市建昌县二道湾子蒙古族乡
吉林省	33（其中民族镇 5）	延边朝鲜族自治州珲春市三家子满族乡、延边朝鲜族自治州珲春市杨泡满族乡、吉林市昌邑区土城子满族朝鲜族乡、吉林市龙潭区乌拉街满族镇、吉林市龙潭区大口钦满族镇、吉林市昌邑区两家子满族乡、吉林市永吉县金家满族乡、吉林市蛟河市乌林朝鲜族乡、通化市梅河口市小杨满族朝鲜族乡、通化市集安市凉水朝鲜族乡、通化市通化县金斗朝鲜族满族乡、通化市通化县大泉源满族朝鲜族乡、通化市辉南县楼街朝鲜族乡、通化市柳河县姜家店朝鲜族乡、通化市柳河县三元浦朝鲜族镇、辽源市东丰县三合满族朝鲜族乡、长春市双阳区双营子回族乡、长春市榆树市延和朝鲜族乡、长春市九台市胡家回族乡、长春市九台市莽卡满族乡、白城市通榆县包拉温都蒙古族乡、白城市通榆县向海蒙古族乡、白城市洮南市呼和车力蒙古族乡、白城市洮南市胡力吐蒙古族乡、白城市镇赉县哈吐气蒙古族乡、白城市镇赉县莫莫格蒙古族乡、白城市大安市新艾里蒙古族乡、白城市洮北区德顺蒙古族乡、松原市扶余县三骏满族蒙古族锡伯族乡、四平市铁东区叶赫满族镇、四平市公主岭市二十家子满族镇、四平市公主岭市龙山满族乡、四平市双辽市那木斯蒙古族乡
黑龙江省	63（其中民族镇 11）	哈尔滨市南岗区红旗满族乡、哈尔滨市双城市乐群满族乡、哈尔滨市双城市同心满族乡、哈尔滨市双城市希勤满族乡、哈尔滨市双城市青岭满族乡、哈尔滨市双城市农丰满族锡伯族镇、哈尔滨市五常市拉林满族镇、哈尔滨市五常市红旗满族乡、哈尔滨市五常市营城子满族乡、哈尔滨市五常市牛家满族镇、哈尔滨市五常市民乐朝鲜族乡、哈尔滨市尚志市河东朝鲜族乡、哈尔滨市尚志市鱼池朝鲜族乡、哈尔滨市依兰县迎兰朝鲜族乡、齐齐哈尔市梅里斯达斡尔族区卧牛吐达斡尔族镇、齐齐哈尔市梅里斯达斡尔族区莽格吐达斡尔族乡、齐齐哈尔市泰来县宁姜蒙古族乡、齐齐哈尔市泰来县胜利蒙古族乡、齐齐哈尔市泰来县江桥蒙古族镇、齐齐哈尔市昂昂溪区水师营满族镇、齐齐哈尔市富裕县友谊达满柯族乡、齐齐哈尔市讷河市兴旺鄂温克族乡、齐齐哈尔市富拉尔基区杜尔门沁达族乡、牡丹江市海林市新安朝鲜族镇、牡丹江市西安区海南朝鲜族乡、牡丹江市宁安市江南朝鲜族满族乡、牡丹江市宁安市卧龙朝鲜族乡、牡丹江市东宁县三岔口朝鲜族镇、牡丹江市穆棱市福禄朝鲜族满族乡、佳木斯市同江市街津口赫哲族乡、佳木斯市同江市八岔赫哲族乡、佳木斯市汤原县汤旺朝鲜族乡、佳木斯市桦川县星火朝鲜族乡、大庆市肇源县超等蒙古族乡、大庆市肇源县浩德蒙古族乡、大庆市肇源县义顺蒙古族乡、黑河市逊克县新鄂鄂伦春族乡、黑河市逊克县新兴鄂伦春族乡、黑河市爱辉区新生鄂伦春族乡、黑河市爱辉区四嘉子满族乡、黑河市爱辉区坤河达斡尔族满族乡、黑河市北安市主星朝鲜族乡、黑河市孙吴县沿江达斡尔族满族乡、绥化市北林区兴和朝鲜族乡、绥化市北林区绥胜满族镇、绥化市北林区永安满族镇、绥化市北林区红旗满族乡、绥化市望奎县惠七满族镇、绥化市望奎县厢白满族乡、绥化市望奎县灵山满族乡、伊春市铁力市年丰朝鲜族乡、鹤岗市萝北县东明朝鲜族乡、

续表 2

地　区	数　量	乡镇名称
黑龙江省	63（其中民族镇 11）	鹤岗市绥滨县福兴满族乡、大兴安岭地区呼玛县白银纳鄂伦春族乡、大兴安岭地区塔河县十八站鄂伦春族乡、双鸭山市饶河县四排赫哲族乡、双鸭山市友谊县成富朝鲜族满族乡、七台河市勃利县杏树朝鲜族乡、七台河市勃利县吉兴朝鲜族满族乡、鸡西市密山市和平朝鲜族乡、鸡西市鸡东县鸡林朝鲜族乡、鸡西市鸡东县明德朝鲜族乡、鸡西市城子河区永丰朝鲜族乡
江苏省	1	扬州市高邮市菱塘回族乡
浙江省	18(其中民族镇 4)	金华市兰溪市水亭畲族乡、金华市武义县柳城畲族镇、衢州市龙游县沐尘畲族乡、丽水市莲都区老竹畲族镇、丽水市莲都区丽新畲族乡、丽水市龙泉市竹垟畲族乡、丽水市云和县雾溪畲族乡、丽水市云和县安溪畲族乡、丽水市遂昌县三仁畲族乡、丽水市松阳县板桥畲族乡、杭州市桐庐县莪山畲族乡、温州市平阳县青街畲族乡、温州市苍南县岱岭畲族乡、温州市苍南县凤阳畲族乡、温州市文成县西坑畲族镇、温州市文成县周山畲族乡、温州市泰顺县司前畲族镇、温州市泰顺县竹里畲族乡
安徽省	9	淮南市谢家集区孤堆回族乡、合肥市肥东县牌坊回族满族乡、滁州市定远县二龙回族乡、淮南市凤台县李冲回族乡、淮南市潘集区古沟回族乡、淮南市寿县陶店回族乡、宣城市宁国市云梯畲族乡、蚌埠市五河县临北回族乡、阜阳市颍上县赛涧回族乡
福建省	19	福州市罗源县霍口畲族乡、福州市连江县小沧畲族乡、宁德市福安市坂中畲族乡、宁德市福安市康厝畲族乡、宁德市福安市穆云畲族乡、宁德市霞浦县盐田畲族乡、宁德市霞浦县崇儒畲族乡、宁德市霞浦县水门畲族乡、宁德市蕉城区金涵畲族乡、宁德市福鼎市硖门畲族乡、宁德市福鼎市佳阳畲族乡、漳州市漳浦县赤岭畲族乡、漳州市漳浦县湖西畲族乡、漳州市龙海市隆教畲族乡、三明市永安市青水畲族乡、三明市宁化县治平畲族乡、龙岩市上杭县官庄畲族乡、龙岩市上杭县庐丰畲族乡、泉州市惠安县百崎回族乡
江西省	8	鹰潭市贵溪市樟坪畲族乡、上饶市铅山县太源畲族乡、上饶市铅山县篁碧畲族乡、吉安市永丰县龙冈畲族乡、赣州市南康市赤土畲族乡、吉安市青原区东固畲族乡、抚州市乐安县金竹畲族乡、吉安市峡江县金坪民族乡
山东省	4(其中民族镇 4)	淄博市临淄区金岭回族镇、聊城市莘县张鲁回族镇、菏泽市曹县侯集回族镇、德州市禹城市十里望回族镇
河南省	21(其中民族镇 9)	郑州市荥阳市金寨回族乡、周口市太康县城关回族镇、周口市淮阳县城关回族镇、周口市沈丘县槐店回族镇、商丘市宁陵县城关回族镇、商丘市睢县城关回族镇、商丘市民权县伯党回族乡、商丘市民权县胡集回族乡、平顶山市叶县马庄回族乡、平顶山市郏县姚庄回族乡、新乡市封丘县荆乡回族乡、许昌市许昌县艾庄回族乡、许昌市禹州市山货回族乡、许昌市襄城县颍桥回族镇、南阳市镇平县郭庄回族乡、南阳市方城县袁店回族乡、驻马店市西平县蔡寨回族乡、驻马店市新蔡县李桥回族镇、漯河市临颍县繁城回族镇、洛阳市洛宁县王范回族镇、洛阳市瀍河回族区瀍河回族乡
湖北省	12(其中民族镇 2)	荆门市钟祥市九里回族乡、荆州市洪湖市老湾回族乡、荆州市松滋市卸甲坪土家族乡、宜昌市宜都市潘家湾土家族乡、十堰市郧西县湖北口回族乡、恩施土家族苗族自治州恩施市芭蕉侗族乡、恩施土家族苗族自治州宣恩县长潭河侗族乡、恩施土家族苗族自治州宣恩县晓关侗族乡、仙桃市沔城回族镇、神农架林区下谷坪土家族乡、咸宁市赤壁市周郎嘴回族镇、恩施土家族苗族自治州鹤峰县铁炉白族乡
湖南省	84	怀化市辰溪县罗子山瑶族乡、怀化市辰溪县苏木溪瑶族乡、怀化市辰溪县上蒲溪瑶族乡、怀化市辰溪县后塘瑶族乡、怀化市辰溪县仙人湾瑶族乡、怀化市洪江市深渡苗族乡、怀化市洪江市龙船塘瑶族乡、怀化市会同县炮团侗族苗族乡、怀化市会同县宝田侗族苗族乡、怀化市会同县蒲稳侗族苗族乡、怀化市会同县金子岩侗族苗族乡、怀化市会同县漠滨侗族苗族乡、怀化市会同县青朗侗族苗族乡、怀化市沅陵县二酉苗族乡、怀化市沅陵县火场土家族乡、怀化市中方县蒿吉坪瑶族乡、怀化市通道侗族自治县大高坪苗族乡、怀化市新晃侗族自治县步头降苗族乡、

续表 3

地　区	数　量	乡镇名称
湖南省	84	怀化市新晃侗族自治县米贝苗族乡、邵阳市绥宁县河口苗族乡、邵阳市绥宁县麻塘苗族乡、邵阳市绥宁县东山侗族乡、邵阳市绥宁县鹅公岭侗族苗族乡、邵阳市绥宁县寨市苗族侗族乡、邵阳市绥宁县乐安铺苗族侗族乡、邵阳市绥宁县关峡苗族乡、邵阳市绥宁县长铺子苗族乡、邵阳市隆回县山界回族乡、邵阳市隆回县虎形山瑶族乡、邵阳市洞口县那溪瑶族乡、邵阳市洞口县大屋瑶族乡、邵阳市洞口县长塘瑶族乡、邵阳市新宁县黄金瑶族乡、邵阳市新宁县麻林瑶族乡、永州市蓝山县荆竹瑶族乡、永州市蓝山县湘江源瑶族乡、永州市蓝山县浆洞瑶族乡、永州市蓝山县汇源瑶族乡、永州市蓝山县犁头瑶族乡、永州市蓝山县大桥瑶族乡、永州市江永县松柏瑶族乡、永州市江永县千家洞瑶族乡、永州市江永县兰溪瑶族乡、永州市江永县源口瑶族乡、永州市宁远县九疑瑶族乡、永州市宁远县棉花坪瑶族乡、永州市宁远县桐木漯瑶族乡、永州市宁远县五龙山瑶族乡、永州市道县横岭瑶族乡、永州市道县洪塘营瑶族乡、永州市道县审章塘瑶族乡、永州市祁阳县晒北滩瑶族乡、永州市新田县门楼下瑶族乡、永州市双牌县上梧江瑶族乡、永州市江华瑶族自治县小圩壮族乡、张家界市桑植县刘家坪白族乡、张家界市桑植县马合口白族乡、张家界市桑植县走马坪白族乡、张家界市桑植县芙蓉桥白族乡、张家界市桑植县洪家关白族乡、张家界市慈利县三官寺土家族乡、张家界市慈利县高峰土家族乡、张家界市慈利县金岩土家族乡、张家界市慈利县许家坊土家族乡、张家界市慈利县阳和土家族乡、张家界市慈利县甘堰土家族乡、张家界市慈利县赵家岗土家族乡、郴州市桂阳县白水瑶族乡、郴州市北湖区保和瑶族乡、郴州市北湖区仰天湖瑶族乡、郴州市宜章县莽山瑶族乡、郴州市汝城县文明瑶族乡、郴州市汝城县延寿瑶族乡、郴州市汝城县三江口瑶族乡、郴州市临武县西山瑶族乡、郴州市资兴市回龙山瑶族乡、郴州市资兴市八面山瑶族乡、常德市鼎城区许家桥回族维吾尔族乡、常德市汉寿县毛家滩回族维吾尔族乡、常德市桃源县枫树维吾尔族回族乡、常德市桃源县青林回族维吾尔族乡、株洲市炎陵县中村瑶族乡、衡阳市常宁市塔山瑶族乡、益阳市桃江县鲊埠回族乡
广东省	7	惠州市龙门县蓝田瑶族乡、清远市连州市三水瑶族乡、清远市连州市瑶安瑶族乡、清远市阳山县秤架瑶族乡、肇庆市怀集县下帅壮族瑶族乡、韶关市始兴县深渡水瑶族乡、河源市东源县漳溪畲族乡
广西壮族自治区	59	梧州市蒙山县长坪瑶族乡、梧州市蒙山县夏宜瑶族乡、贺州市八步区黄洞瑶族乡、贺州市平桂区大平瑶族乡、贺州市昭平县仙回瑶族乡、贺州市钟山县两安瑶族乡、贺州市钟山县花山瑶族乡、贵港市平南县马练瑶族乡、贵港市平南县国安瑶族乡、防城港市上思县南屏瑶族乡、防城港市防城区十万山瑶族乡、南宁市马山县古寨瑶族乡、南宁市马山县里当瑶族乡、南宁市上林县镇圩瑶族乡、柳州市三江侗族自治县同乐苗族乡、柳州市三江侗族自治县福禄苗族乡、柳州市三江侗族自治县高基瑶族乡、柳州市融水苗族自治县滚贝侗族乡、柳州市融水苗族自治县同练瑶族乡、柳州市柳城县古砦仫佬族乡、桂林市临桂县宛田瑶族乡、桂林市临桂县黄沙瑶族乡、桂林市灵川县大境瑶族乡、桂林市灵川县兰田瑶族乡、桂林市全州县蕉江瑶族乡、桂林市全州县东山瑶族乡、桂林市兴安县华江瑶族乡、桂林市灌阳县洞井瑶族乡、桂林市灌阳县西山瑶族乡、桂林市资源县车田苗族乡、桂林市资源县两水苗族乡、桂林市资源县河口瑶族乡、桂林市平乐县大发瑶族乡、桂林市荔浦县蒲芦瑶族乡、桂林市雁山区草坪回族乡、百色市右江区汪甸瑶族乡、百色市田东县作登瑶族乡、百色市田林县潞城瑶族乡、百色市田林县利周瑶族乡、百色市田林县八桂瑶族乡、百色市田林县八渡瑶族乡、百色市凌云县伶站瑶族乡、百色市凌云县朝里瑶族乡、百色市凌云县沙里瑶族乡、百色市凌云县玉洪瑶族乡、百色市西林县足别瑶族苗族乡、百色市西林县普合苗族乡、百色市西林县那佐苗族乡、河池市南丹县八圩瑶族乡、河池市南丹县里湖瑶族乡、河池市南丹县中堡苗族乡、河池市天峨县八腊瑶族乡、河池市凤山县平乐瑶族乡、河池市凤山县江洲瑶族乡、河池市凤山县金牙瑶族乡、河池市东兰县三弄瑶族乡、河池市环江毛南族自治县驯乐苗族乡、河池市宜州市北牙瑶族乡、河池市宜州市福龙瑶族乡

续表 4

地　区	数　量	乡镇名称
重庆市	14	奉节县云雾土家族乡、奉节县长安土家族乡、奉节县龙桥土家族乡、奉节县太和土家族乡、万州区恒合土家族乡、万州区地宝土家族乡、云阳县清水土家族乡、巫山县红椿土家族乡、巫山县邓家土家族乡、忠县磨子土家族乡、武隆区石桥苗族土家族乡、武隆区文复苗族土家族乡、武隆区后坪苗族土家族乡、武隆区浩口苗族仡佬族乡
四川省	98	甘孜藏族自治州九龙县子耳彝族乡、甘孜藏族自治州九龙县三垭彝族乡、甘孜藏族自治州九龙县俄尔彝族乡、甘孜藏族自治州九龙县小金彝族乡、甘孜藏族自治州九龙县朵落彝族乡、甘孜藏族自治州九龙县踏卡彝族乡、甘孜藏族自治州九龙县湾坝彝族乡、阿坝藏族羌族自治州松潘县十里回族乡、阿坝藏族羌族自治州松潘县进安回族乡、攀枝花市仁和区大龙潭彝族乡、攀枝花市仁和区啊喇彝族乡、攀枝花市米易县麻陇彝族乡、攀枝花市米易县白坡彝族乡、攀枝花市米易县湾丘彝族乡、攀枝花市米易县新山傈僳族乡、攀枝花市盐边县敢鱼彝族乡、攀枝花市盐边县红果彝族乡、攀枝花市盐边县温泉彝族乡、攀枝花市盐边县箐河傈僳族乡、攀枝花市盐边县格萨拉彝族乡、攀枝花市盐边县和爱彝族乡、攀枝花市盐边县红宝苗族彝族乡、泸州市叙永县白蜡苗族乡、泸州市叙永县合乐苗族乡、泸州市叙永县枧槽苗族乡、泸州市叙永县石坝彝族乡、泸州市叙永县水潦彝族乡、泸州市古蔺县箭竹苗族乡、泸州市古蔺县大寨苗族乡、泸州市古蔺县马嘶苗族乡、广元市青川县蒿溪回族乡、广元市青川县大院回族乡、乐山市金口河区和平彝族乡、乐山市金口河区共安彝族乡、南充市阆中市博树回族乡、宜宾市筠连县高坪苗族乡、宜宾市筠连县联合苗族乡、宜宾市筠连县团林苗族乡、宜宾市屏山县屏边彝族乡、宜宾市屏山县清平彝族乡、宜宾市兴文县大坝苗族乡、宜宾市兴文县毓秀苗族乡、宜宾市兴文县大河苗族乡、宜宾市兴文县麒麟苗族乡、宜宾市兴文县仙峰苗族乡、宜宾市珙县罗渡苗族乡、宜宾市珙县玉和苗族乡、宜宾市珙县观斗苗族乡、雅安市汉源县小堡藏族彝族乡、雅安市汉源县坭美彝族乡、雅安市汉源县永利彝族乡、雅安市汉源县顺河彝族乡、雅安市汉源县片马彝族乡、雅安市石棉县安顺彝族乡、雅安市石棉县先锋藏族乡、雅安市石棉县蟹螺藏族乡、雅安市石棉县回隆彝族乡、雅安市石棉县擦罗彝族乡、雅安市石棉县栗子坪彝族乡、雅安市石棉县新民藏族彝族乡、雅安市石棉县挖角彝族藏族乡、雅安市石棉县田湾彝族乡、雅安市石棉县草科藏族乡、雅安市宝兴县跷碛藏族乡、雅安市荥经县宝峰彝族民族乡、雅安市荥经县民建彝族民族乡、凉山彝族自治州西昌市高草回族乡、凉山彝族自治州西昌市裕隆回族乡、凉山彝族自治州木里藏族自治县屋脚蒙古族乡、凉山彝族自治州木里藏族自治县俄亚纳西族乡、凉山彝族自治州木里藏族自治县白碉苗族乡、凉山彝族自治州木里藏族自治县项脚蒙古族乡、凉山彝族自治州木里藏族自治县固增苗族乡、凉山彝族自治州盐源县大坡蒙古族乡、凉山彝族自治州德昌县金沙傈僳族乡、凉山彝族自治州德昌县南山傈僳族乡、凉山彝族自治州会理县新安傣族乡、凉山彝族自治州冕宁县和爱藏族乡、凉山彝族自治州越西县保安藏族乡、绵阳市平武县木皮藏族乡、绵阳市平武县木座藏族乡、绵阳市平武县白马藏族乡、绵阳市平武县黄羊关藏族乡、绵阳市平武县虎牙藏族乡、绵阳市平武县泗耳藏族乡、绵阳市平武县徐塘羌族乡、绵阳市平武县锁江羌族乡、绵阳市平武县平南羌族乡、绵阳市北川羌族自治县桃龙藏族乡、绵阳市盐亭县大兴回族乡、达州市宣汉县渡口土家族乡、达州市宣汉县龙泉土家族乡、达州市宣汉县三墩土家族乡、达州市宣汉县漆树土家族乡、绵阳市平武县水田羌族乡、绵阳市平武县旧堡羌族乡、绵阳市平武县阔达藏族乡、绵阳市平武县土城藏族乡

续表 5

地 区	数 量	乡镇名称
贵州省	193	贵阳市南明区小碧布依族苗族乡、贵阳市花溪区高坡苗族乡、贵阳市花溪区孟关苗族布依族乡、贵阳市花溪区马铃布依族苗族乡、贵阳市花溪区黔陶布依族苗族乡、贵阳市乌当区偏坡布依族乡、贵阳市乌当区新堡布依族乡、贵阳市白云区牛场布依族乡、贵阳市白云区都拉布依族乡、贵阳市清镇市麦格苗族布依族乡、贵阳市清镇市王庄布依族苗族乡、贵阳市清镇市流长苗族乡、贵阳市开阳县高寨苗族布依族乡、贵阳市开阳县南江布依族苗族乡、贵阳市开阳县禾丰布依族苗族乡、贵阳市修文县大石布依族乡、贵阳市息烽县青山苗族乡、六盘水市水城县坪寨彝族乡、六盘水市水城县南开苗族彝族乡、六盘水市水城县青林苗族彝族乡、六盘水市水城县金盆苗族彝族乡、六盘水市水城县新街彝族苗族布依族乡、六盘水市水城县杨梅彝族苗族回族乡、六盘水市水城县野钟苗族彝族布依族乡、六盘水市水城县果布嘎彝族苗族布依族乡、六盘水市水城县龙场苗族白族彝族乡、六盘水市水城县营盘苗族彝族白族乡、六盘水市水城县顺场苗族彝族布依族乡、六盘水市水城县花戛苗族布依族彝族乡、六盘水市水城县猴场苗族布依族乡、六盘水市盘县普田回族乡、六盘水市盘县旧营白族彝族苗族乡、六盘水市盘县羊场布依族白族苗族乡、六盘水市盘县保基苗族彝族乡、六盘水市盘县淤泥彝族乡、六盘水市盘县普古彝族苗族乡、六盘水市盘县坪地彝族乡、六盘水市六枝特区梭戛苗族彝族乡、六盘水市六枝特区落别布依族彝族乡、六盘水市六枝特区中寨苗族彝族布依族乡、六盘水市六枝特区牛场苗族彝族乡、六盘水市六枝特区月亮河彝族苗族乡、遵义市仁怀市后山苗族布依族乡、遵义市遵义县平正仡佬族乡、遵义市遵义县洪关苗族乡、遵义市桐梓县马鬃苗族乡、遵义市正安县谢坝仡佬族苗族乡、遵义市正安县市坪苗族仡佬族乡、遵义市余庆县花山苗族乡、遵义市道真仡佬族苗族自治县上坝土家族乡、安顺市西秀区鸡场布依族苗族乡、安顺市西秀区杨武布依族苗族乡、安顺市西秀区岩腊苗族布依族乡、安顺市西秀区新场布依族苗族乡、安顺市西秀区黄腊布依族苗族乡、安顺市平坝县十字回族乡、安顺市平坝县羊昌布依族苗族乡、安顺市普定县补郎苗族乡、安顺市普定县猴场苗族仡佬族乡、安顺市普定县猫洞苗族仡佬族乡、毕节市七星关区大屯彝族乡、毕节市七星关区田坎彝族乡、毕节市七星关区阿市苗族彝族乡、毕节市七星关区团结彝族苗族乡、毕节市七星关区阴底彝族苗族白族乡、毕节市七星关区干溪彝族苗族白族乡、毕节市黔西县永燊彝族苗族乡、毕节市黔西县新仁苗族乡、毕节市黔西县花溪彝族苗族乡、毕节市黔西县中建苗族彝族乡、毕节市黔西县定新彝族苗族乡、毕节市黔西县太来彝族苗族乡、毕节市黔西县绿化白族彝族乡、毕节市黔西县红林彝族苗族乡、毕节市黔西县五里布依族苗族乡、毕节市黔西县铁石苗族彝族乡、毕节市大方县竹园彝族苗族乡、毕节市大方县响水白族彝族仡佬族乡、毕节市大方县鼎新彝族苗族乡、毕节市大方县牛场苗族彝族乡、毕节市大方县理化苗族彝族乡、毕节市大方县安乐彝族仡佬族乡、毕节市大方县风山彝族蒙古族乡、毕节市大方县百纳彝族乡、毕节市大方县三元彝族苗族白族乡、毕节市大方县沙厂彝族乡、毕节市大方县黄泥彝族苗族满族乡、毕节市大方县核桃彝族白族乡、毕节市大方县八堡彝族苗族乡、毕节市大方县兴隆苗族乡、毕节市大方县大山苗族彝族乡、毕节市大方县星宿苗族彝族仡佬族乡、毕节市织金县自强苗族乡、毕节市织金县官寨苗族乡、毕节市织金县后寨苗族乡、毕节市织金县大平苗族彝族乡、毕节市织金县茶店布依族苗族彝族乡、毕节市织金县金龙苗族彝族布依族乡、毕节市织金县鸡场苗族彝族布依族乡、毕节市金沙县太平彝族苗族乡、毕节市金沙县石场苗族彝族乡、毕节市金沙县马路彝族苗族乡、毕节市金沙县安洛苗族彝族满族乡、毕节市金沙县新化苗族彝族满族乡、毕节市金沙县大田彝族苗族布依族乡、毕节市赫章县兴发苗族彝族回族乡、毕节市赫章县松林坡白族彝族苗族乡、毕节市赫章县雉街彝族苗族乡、毕节市赫章县珠市彝族乡、毕节市赫章县双坪彝族苗族乡、毕节市赫章县辅处彝族苗族乡、毕节市赫章县铁匠苗族乡、毕节市赫章县可乐彝族苗族乡、毕节市赫章县河镇彝族苗族乡、毕节市赫章县结构彝族苗族乡、毕节市赫章县水塘堡彝族苗族乡、毕节市赫章县古达苗族彝族乡、毕节市纳雍县厍东关彝族苗族白族乡、毕节市纳雍县董地苗族彝族乡、毕节市纳雍县左鸠戛彝族苗族乡、毕节市纳雍县锅圈岩苗族彝族乡、毕节市纳雍县新房彝族苗族乡、毕节市纳雍县化作苗族彝族乡、毕节市纳雍县姑开苗族彝族乡、毕节市纳雍县羊场苗族彝族乡、毕节市纳雍县昆寨苗族彝族白族乡、毕节市纳雍县猪场苗族彝族乡、毕节市威宁彝族回族苗族自治县新发布依族乡、毕节市大方县大水彝族苗族布依族乡、毕节市黔西县金坡苗族彝族满族乡、毕节市大方县普底彝族苗族白族乡、毕节市黔西县仁和彝族苗族乡、铜仁市碧江区桐木坪侗族乡、铜仁市碧江区瓦屋侗族乡、铜仁市碧江区和平土家族侗族乡、铜仁市碧江区滑石侗族苗族土家族乡、

续表 6

地 区	数 量	乡镇名称
贵州省	193	铜仁市碧江区六龙山侗族土家族乡、铜仁市万山区高楼坪侗族乡、铜仁市万山区黄道侗族乡、铜仁市万山区熬寨侗族乡、铜仁市万山区下溪侗族乡、铜仁市万山区鱼塘侗族土家族苗族乡、铜仁市万山区大坪侗族土家族苗族乡、铜仁市德江县楠杆土家族乡、铜仁市德江县沙溪土家族乡、铜仁市德江县桶井土家族乡、铜仁市德江县堰塘土家族乡、铜仁市德江县荆角土家族乡、铜仁市德江县长丰土家族乡、铜仁市德江县龙泉土家族乡、铜仁市德江县钱家土家族乡、铜仁市江口县德旺土家族苗族乡、铜仁市江口县官和侗族土家族苗族乡、铜仁市石阡县聚凤仡佬族侗族乡、铜仁市石阡县大沙坝仡佬族侗族乡、铜仁市石阡县枫香仡佬族侗族乡、铜仁市石阡县青阳苗族仡佬族侗族乡、铜仁市石阡县龙井侗族仡佬族乡、铜仁市石阡县石固仡佬族侗族乡、铜仁市石阡县坪地仡佬族侗族乡、铜仁市石阡县甘溪仡佬族侗族乡、铜仁市石阡县坪山仡佬族侗族乡、铜仁市思南县思林土家族苗族乡、铜仁市思南县枫柸土家族苗族乡、铜仁市思南县杨家坳苗族土家族乡、铜仁市思南县胡家湾苗族土家族乡、铜仁市思南县宽坪土家族苗族乡、铜仁市思南县三道水土家族苗族乡、铜仁市思南县天桥土家族苗族乡、铜仁市思南县兴隆土家族苗族乡、黔西南布依族苗族自治州晴隆县三宝彝族乡、黔西南布依族苗族自治州兴仁县鲁础营回族乡、黔西南布依族苗族自治州望谟县油迈瑶族乡、黔东南苗族侗族自治州从江县秀塘壮族乡、黔东南苗族侗族自治州从江县刚边壮族乡、黔东南苗族侗族自治州从江县翠里瑶族壮族乡、黔东南苗族侗族自治州镇远县尚寨土家族乡、黔东南苗族侗族自治州麻江县坝芒布依族乡、黔东南苗族侗族自治州榕江县水尾水族乡、黔东南苗族侗族自治州榕江县三江水族乡、黔东南苗族侗族自治州榕江县仁里水族乡、黔东南苗族侗族自治州榕江县定威水族乡、黔东南苗族侗族自治州榕江县兴华水族乡、黔东南苗族侗族自治州榕江县塔石瑶族水族乡、黔东南苗族侗族自治州雷山县达地水族乡、黔东南苗族侗族自治州黎平县顺化瑶族乡、黔东南苗族侗族自治州黎平县雷洞瑶族水族乡、黔东南苗族侗族自治州岑巩县羊桥土家族乡、黔南布依族苗族自治州都匀市归兰水族乡、黔南布依族苗族自治州荔波县瑶山瑶族乡、黔南布依族苗族自治州荔波县黎明关水族乡、黔南布依族苗族自治州平塘县卡蒲毛南族、贵阳市花溪区湖潮布依族苗族乡
云南省	140	昆明市晋宁县夕阳彝族乡、昆明市晋宁县双河彝族乡、昆明市宜良县九乡彝族回族乡、昆明市宜良县耿家彝族苗族乡、昭通市昭阳区守望回族乡、昭通市昭阳区小龙洞回族彝族乡、昭通市昭阳区布嘎回族乡、昭通市昭阳区青冈岭回族彝族乡、昭通市鲁甸县桃源回族乡、昭通市鲁甸县茨院回族乡、昭通市大关县上高桥回族彝族苗族乡、昭通市永善县马楠苗族彝族乡、昭通市永善县伍寨彝族苗族乡、昭通市镇雄县果珠彝族乡、昭通市镇雄县林口彝族苗族乡、昭通市彝良县龙街苗族彝族乡、昭通市彝良县奎香苗族彝族乡、昭通市彝良县树林彝族苗族乡、昭通市彝良县柳溪苗族乡、昭通市彝良县洛旺苗族乡、昭通市威信县双河苗族彝族乡、曲靖市师宗县龙庆彝族壮族乡、曲靖市师宗县五龙壮族乡、曲靖市师宗县高良壮族苗族瑶族乡、曲靖市罗平县长底布依族乡、曲靖市罗平县旧屋基彝族乡、曲靖市罗平县鲁布革布依族苗族乡、曲靖市富源县古敢水族乡、曲靖市会泽县新街回族乡、楚雄彝族自治州南华县雨露白族乡、楚雄彝族自治州大姚县湾碧傈僳族傣族乡、楚雄彝族自治州永仁县永兴傣族乡、楚雄彝族自治州武定县东坡傣族乡、玉溪市红塔区小石桥彝族乡、玉溪市红塔区洛河彝族乡、玉溪市江川县安化彝族乡、玉溪市通海县高大傣族彝族乡、玉溪市通海县里山彝族乡、玉溪市通海县兴蒙蒙古族乡、玉溪市华宁县通红甸彝族苗族乡、玉溪市易门县十街彝族乡、玉溪市易门县浦贝彝族乡、玉溪市易门县铜厂彝族乡、红河哈尼族彝族自治州河口瑶族自治县桥头苗族壮族乡、红河哈尼族彝族自治州金平苗族瑶族傣族自治县者米拉祜族乡、红河哈尼族彝族自治州蒙自县期路白苗族乡、红河哈尼族彝族自治州蒙自县老寨苗族乡、红河哈尼族彝族自治州开远市大庄回族乡、文山壮族苗族自治州文山市东山彝族乡、文山壮族苗族自治州文山市红甸回族乡、文山壮族苗族自治州文山市秉烈彝族乡、文山壮族苗族自治州文山市柳井彝族乡、文山壮族苗族自治州文山市坝心彝族乡、文山壮族苗族自治州砚山县阿舍彝族乡、文山壮族苗族自治州砚山县维末彝族乡、文山壮族苗族自治州砚山县盘龙彝族乡、文山壮族苗族自治州砚山县干河彝族乡、文山壮族苗族自治州丘北县舍得彝族乡、文山壮族苗族自治州丘北县新店彝族乡、文山壮族苗族自治州丘北县树皮彝族乡、

续表 7

地　区	数　量	乡镇名称
云南省	140	文山壮族苗族自治州丘北县八道哨彝族乡、文山壮族苗族自治州丘北县腻脚彝族乡、文山壮族苗族自治州麻栗坡县猛硐瑶族乡、文山壮族苗族自治州富宁县洞波瑶族乡、普洱市澜沧拉祜族自治县酒井哈尼族乡、普洱市澜沧拉祜族自治县发展河哈尼族乡、普洱市澜沧拉祜族自治县谦六彝族乡、普洱市澜沧拉祜族自治县文东佤族乡、普洱市澜沧拉祜族自治县安康佤族乡、普洱市澜沧拉祜族自治县雪林佤族乡、普洱市思茅区云仙彝族乡、普洱市思茅区龙潭彝族傣族乡、普洱市墨江哈尼族自治县孟弄彝族乡、普洱市西盟佤族自治县力所拉祜族乡、大理白族自治州大理市太邑彝族乡、大理白族自治州鹤庆县六合彝族乡、大理白族自治州宾川县钟英傈僳族彝族乡、大理白族自治州宾川县拉乌彝族乡、大理白族自治州祥云县东山彝族乡、大理白族自治州弥渡县牛街彝族乡、大理白族自治州永平县北斗彝族乡、大理白族自治州永平县厂街彝族乡、大理白族自治州永平县水泄彝族乡、大理白族自治州云龙县苗尾傈僳族乡、大理白族自治州云龙县团结彝族乡、丽江市华坪县永兴傈僳族乡、丽江市华坪县通达傈僳族乡、丽江市华坪县新庄傈僳族傣族乡、丽江市华坪县船房傈僳族傣族乡、丽江市永胜县羊坪彝族乡、丽江市永胜县东山傈僳族彝族乡、丽江市永胜县六德傈僳族彝族乡、丽江市永胜县大安彝族纳西族乡、丽江市永胜县光华傈僳族彝族乡、丽江市永胜县松坪傈僳族彝族乡、丽江市宁蒗彝族自治县翠玉傈僳族普米族乡、丽江市古城区金江白族乡、丽江市玉龙纳西族自治县九河白族乡、丽江市玉龙纳西族自治县石头白族乡、丽江市玉龙纳西族自治县黎明傈僳族乡、保山市隆阳区瓦马彝族白族乡、保山市隆阳区瓦房彝族苗族乡、保山市隆阳区杨柳白族彝族乡、保山市隆阳区芒宽彝族傣族乡、保山市施甸县摆榔彝族布朗族乡、保山市施甸县木老元布朗族彝族乡、保山市龙陵县木城彝族傈僳族乡、保山市昌宁县朱街彝族乡、保山市昌宁县苟街彝族苗族乡、保山市昌宁县湾甸傣族乡、德宏傣族景颇族自治州陇川县户撒阿昌族乡、德宏傣族景颇族自治州芒市三台山德昂族乡、德宏傣族景颇族自治州梁河县曩宋阿昌族乡、德宏傣族景颇族自治州梁河县九保阿昌族乡、德宏傣族景颇族自治州盈江县苏典傈僳族乡、怒江傈僳族自治州福贡县匹河怒族乡、怒江傈僳族自治州泸水县洛本卓白族乡、迪庆藏族自治州香格里拉县三坝纳西族乡、迪庆藏族自治州德钦县霞若傈僳族乡、迪庆藏族自治州德钦县拖顶傈僳族乡、临沧市凤庆县新华彝族苗族乡、临沧市凤庆县腰街彝族乡、临沧市凤庆县郭大寨彝族白族乡、临沧市云县栗树彝族傣族乡、临沧市云县忙怀彝族布朗族乡、临沧市云县后箐彝族乡、临沧市永德县大雪山彝族拉祜族傣族乡、临沧市永德县乌木龙彝族乡、临沧市临翔区平村彝族傣族乡、临沧市临翔区南美拉祜乡、临沧市耿马傣族佤族自治县芒洪拉祜族布朗族乡、临沧市沧源佤族自治县勐角傣族彝族拉祜族乡、临沧市镇康县军赛佤族拉祜族傈僳族德昂族乡、西双版纳傣族自治州景洪市基诺山基诺族乡、西双版纳傣族自治州景洪市景哈哈尼族乡、西双版纳傣族自治州勐腊县瑶区瑶族乡、西双版纳傣族自治州勐腊县象明彝族乡、西双版纳傣族自治州勐海县格朗和哈尼族乡、西双版纳傣族自治州勐海县布朗山布朗族乡、西双版纳傣族自治州勐海县西定哈尼族乡
西藏自治区	9	山南市错那县麻玛门巴族乡、山南市错那县贡日门巴族乡、山南市错那县基巴门巴族乡、山南市错那县勒布区勒门巴族乡、林芝市林芝县更章门巴族乡、林芝市米林县南伊珞巴乡、林芝市墨脱县达木珞巴族乡、昌都市芒康县下盐井纳西族乡、山南市隆子县斗玉洛巴乡
陕西省	3(其中民族镇 3)	商洛市镇安县西口回族镇、商洛市镇安县茅坪回族镇、安康市宁陕县江口回族镇

续表 8

地　区	数　量	乡镇名称
甘肃省	34	临夏回族自治州广河县阿里麻土东乡族乡、甘南藏族自治州临潭县长川回族乡、甘南藏族自治州临潭县卓洛回族乡、甘南藏族自治州临潭县古战回族乡、甘南藏族自治州卓尼县勺哇土族乡、陇南市文县铁楼藏族乡、陇南市武都区坪垭藏族乡、陇南市武都区磨坝藏族乡、陇南市宕昌县新城子藏族乡、酒泉市肃州区黄泥堡裕固族乡、酒泉市玉门市小金湾东乡族乡、白银市会宁县新添堡回族乡、庆阳市正宁县五倾源回族乡、平凉市崆峒区峡门回族乡、平凉市华亭县神峪回族乡、平凉市华亭县山寨回族乡、平凉市崆峒区白庙回族乡、平凉市崆峒区大秦回族乡、平凉市崆峒区寨河回族乡、平凉市崆峒区大寨回族乡、平凉市崆峒区西阳回族乡、平凉市崆峒区上杨回族乡、张掖市肃南裕固族自治县祁丰藏族乡、张掖市肃南裕固族自治县马蹄藏族乡、张掖市肃南裕固族自治县白银蒙古族乡、张掖市甘州区平山湖蒙古族乡、临夏回族自治州临夏县井沟东乡族乡、临夏回族自治州和政县梁家寺东乡族乡、临夏回族自治州临夏县安家坡东乡族乡、酒泉市瓜州县七墩回族东乡族乡、酒泉市瓜州县腰站子东乡族乡、酒泉市瓜州县广至藏族乡、酒泉市瓜州县沙河回族乡、酒泉市玉门市独山子东乡族乡
青海省	28	西宁市大通回族土族自治县朔北藏族乡、西宁市大通回族土族自治县向化藏族乡、西宁市湟中县群加藏族乡、西宁市湟中县大才回族乡、西宁市湟中县汉东回族乡、西宁市湟源县日月藏族乡、海东市民和回族土族自治县杏儿藏族乡、海东市乐都县下营藏族乡、海东市乐都县中坝藏族乡、海东市乐都县达拉土族乡、海东市互助土族自治县松多藏族乡、海东市化隆回族自治县雄先藏族乡、海东市化隆回族自治县查甫藏族乡、海东市化隆回族自治县金源藏族乡、海东市化隆回族自治县塔加藏族乡、海东市循化撒拉族自治县道帏藏族乡、海东市循化撒拉族自治县尕楞藏族乡、海东市循化撒拉族自治县岗察藏族乡、海东市循化撒拉族自治县文都藏族乡、海东市平安县沙沟回族乡、海东市平安县巴藏沟回族乡、海东市平安县石灰窑回族乡、海东市平安县洪水泉回族乡、海东市平安县古城回族乡、海东市互助土族自治县巴扎藏族乡、海北藏族自治州门源回族自治县皇城蒙古族乡、海北藏族自治州海晏县哈勒景蒙古族乡、海南藏族自治州贵德县新街回族乡
新疆维吾尔自治区	42	吐鲁番市鄯善县东巴扎回族乡、和田地区皮山县瑙阿巴提塔吉克族乡、和田地区皮山县康克尔柯尔克孜族乡、巴音郭楞蒙古自治州和硕县乌什塔拉回族乡、昌吉回族自治州奇台县大泉塔塔尔族乡、昌吉回族自治州奇台县五马场哈萨克族乡、昌吉回族自治州奇台县乔仁哈萨克族乡、昌吉回族自治州木垒哈萨克自治县大南沟乌孜别克族乡、昌吉回族自治州玛纳斯县旱卡子滩哈萨克族乡、昌吉回族自治州玛纳斯县塔西河哈萨克族乡、昌吉回族自治州玛纳斯县清水河哈萨克族乡、昌吉回族自治州阜康市三工河哈萨克族乡、昌吉回族自治州阜康市上户沟哈萨克族乡、昌吉回族自治州昌吉市阿什里哈萨克族乡、昌吉回族自治州呼图壁县石梯子哈萨克族乡、乌鲁木齐市米东区柏杨河哈萨克族乡、克孜勒苏柯尔克孜自治州阿克陶县塔尔塔吉克族乡、喀什地区塔什库尔干塔吉克自治县科克亚尔柯尔克孜族乡、喀什地区泽普县布依鲁克塔吉克族乡、喀什地区莎车县孜热普夏提塔吉克族乡、伊犁哈萨克自治州察布查尔锡伯自治县米粮泉回族乡、伊犁哈萨克自治州特克斯县科克铁热克柯尔克孜族乡、伊犁哈萨克自治州特克斯县呼吉尔特蒙古族乡、伊犁哈萨克自治州伊宁县愉群翁回族乡、伊犁哈萨克自治州尼勒克县科克浩特浩尔蒙古族乡、伊犁哈萨克自治州霍城县伊车嘎善锡伯族乡、伊犁哈萨克自治州霍城县三宫回族乡、伊犁哈萨克自治州昭苏县胡松图喀尔逊蒙古族乡、伊犁哈萨克自治州昭苏县察汗乌苏蒙古族乡、伊犁哈萨克自治州昭苏县夏特柯尔克孜族乡、塔城地区塔城市阿西尔达斡尔族乡、塔城地区乌苏市塔布勒合特蒙古族乡、塔城地区乌苏市吉尔格勒特郭楞蒙古族乡、塔城地区额敏县额玛勒郭楞蒙古族乡、塔城地区额敏县霍吉尔特蒙古族乡、阿克苏地区乌什县雅曼苏柯尔克孜族乡、阿克苏地区温宿县博孜东柯尔克孜族乡、哈密市伊吾县前山哈萨克族乡、哈密市哈密市德外都如克哈萨克族乡、哈密市哈密市乌拉台哈萨克族乡、阿勒泰地区布尔津县禾木哈纳斯蒙古族乡、阿勒泰地区阿勒泰市汗德尕特蒙古族乡

■中国市辖民族区一览表

地　区	市辖民族区名称
内蒙古自治区	呼和浩特市回族区
黑龙江省	齐齐哈尔市梅里斯达斡尔族区
河南省	郑州市管城回族区
	洛阳市瀍河回族区
	开封市顺河回族区

注：全国现有市辖“民族区”5个。

中国陆地边境县、牧区半牧区县、民族贸易县、民族自治地方国家扶贫工作重点县

■中国陆地边境县(旗)、市(市辖区)一览表

地区	自治州(盟、地、市)	县、旗、市(市辖区)
内蒙古自治区	包头市	达尔罕茂明安联合旗
	呼伦贝尔市	扎赉诺尔区　满洲里市　额尔古纳市
		陈巴尔虎旗　新巴尔虎左旗　新巴尔虎右旗
	巴彦淖尔市	乌拉特中旗　乌拉特后旗
	乌兰察布市	四子王旗
	兴安盟	阿尔山市　科尔沁右翼前旗
	锡林郭勒盟	二连浩特市　阿巴嘎旗　苏尼特左旗
		苏尼特右旗　东乌珠穆沁旗
	阿拉善盟	阿拉善左旗　阿拉善右旗　额济纳旗
辽宁省	丹东市	振兴区　元宝区　振安区　东港市　宽甸满族自治县
吉林省	通化市	集安市
	白山市	浑江区　临江市　抚松县　长白朝鲜族自治县
	延边朝鲜族自治州	图们市　珲春市　龙井市　和龙市　安图县
黑龙江省	鸡西市	虎林市　密山市　鸡东县
	鹤岗市	萝北县　绥滨县
	双鸭山市	饶河县
	伊春市	嘉荫县
	佳木斯市	同江市　抚远市
	牡丹江市	绥芬河市　穆棱市　东宁市
	黑河市	爱辉区　逊克县　孙吴县
	大兴安岭地区	呼玛县　塔河县　漠河县
广西壮族自治区	防城港市	防城区　东兴市
	百色市	靖西市　那坡县
	崇左市	凭祥市　宁明县　龙州县　大新县
云南省	保山市	腾冲市　龙陵县
	普洱市	江城哈尼族彝族自治县　孟连傣族拉祜族佤族自治县
		澜沧拉祜族自治县　西盟佤族自治县
	临沧市	镇康县　耿马傣族佤族自治县　沧源佤族自治县
	红河哈尼族彝族自治州	绿春县　金平苗族瑶族傣族自治县　河口瑶族自治县
	文山壮族苗族自治州	麻栗坡县　马关县　富宁县

续表

地区	自治州(盟、地、市)	县、旗、市(市辖区)
	西双版纳傣族自治州	景洪市　勐海县　勐腊县
	德宏傣族景颇族自治州	芒市　瑞丽市　盈江县　陇川县
	怒江傈僳族自治州	泸水市　福贡县　贡山独龙族怒族自治县
西藏自治区	日喀则地区	定日县　康马县　定结县　仲巴县　亚东县　吉隆县 聂拉木县　萨嘎县　岗巴县
	林芝市	墨脱县　察隅县
	山南市	洛札县　错那县　浪卡子县
	阿里地区	噶尔县　普兰县　札达县　日土县
甘肃省	酒泉市	肃北蒙古族自治县
新疆维吾尔自治区	哈密市	伊州区　伊吾县　巴里坤哈萨克自治县
	阿克苏地区	温宿县　乌什县
	喀什地区	叶城县　塔什库尔干塔吉克自治县
	和田地区	和田县　皮山县
	昌吉回族自治州	奇台县　木垒哈萨克自治县
	博尔塔拉蒙古自治州	博乐市　阿拉山口市　温泉县
	克孜勒苏柯尔克孜自治州	阿图什市　阿克陶县　阿合奇县　乌恰县
	伊犁哈萨克自治州	霍尔果斯市　霍城县　昭苏县　察布查尔锡伯自治县
	塔城地区	塔城市　额敏县　托里县　裕民县　和布克赛尔蒙古自治县
	阿勒泰地区	阿勒泰市　布尔津县　富蕴县　福海县 哈巴河县　青河县　吉木乃县

注：1.名单顺序按民政部编《中华人民共和国行政区划简册》排列。
2.统计口径以沿陆地国境线的县级行政区划为单位。
3.资料截止时间为 2016 年 12 月 31 日。
4.新疆建设兵团 58 个边境团场暂未列入本表。

中国牧区、半牧区县(旗)一览表

地　区	分　类	县　数	县(旗)名单
河北	半牧区	6	张北县、康保县、沽源县、尚义县、 丰宁满族自治县、围场满族蒙古族自治县
山西	半牧区	1	右玉县
内蒙古	牧区	34	达尔罕茂明安联合旗、阿鲁科尔沁旗、巴林左旗、巴林右旗、克什克腾旗、翁牛特旗、科尔沁区、科尔沁左翼中旗、科尔沁左翼后旗、扎鲁特旗、鄂托克前旗、鄂托克旗、杭锦旗、乌审旗、陈巴尔虎旗、新巴尔虎左旗、新巴尔虎右旗、鄂温克族自治旗、乌拉特中旗、乌拉特后旗、四子王旗、科尔沁右翼中旗、锡林浩特市、阿巴嘎旗、苏尼特左旗、苏尼特右旗、东乌珠穆沁旗、西乌珠穆沁旗、镶黄旗、正镶白旗、正蓝旗、阿拉善左旗、阿拉善右旗、额济纳旗
	半牧区	20	林西县、敖汉旗、开鲁县、库伦旗、奈曼旗、东胜区、达拉特旗、准格尔旗、伊金霍洛旗、扎兰屯市、阿荣旗、莫力达瓦达斡尔族自治旗、磴口县、乌拉特前旗、察哈尔右翼中旗、察哈尔右翼后旗、突泉县、科尔沁右翼前旗、扎赉特旗、太仆寺旗

续表

地　区	分　类	县　数	县(旗)名单
辽宁	半牧区	6	康平县、彰武县、阜新蒙古族自治县
			北票市、建平县、喀喇沁左翼蒙古族自治县
吉林	牧区	1	通榆县
	半牧区	7	双辽市、长岭县、乾安县、前郭尔罗斯蒙古族自治县
			洮南市、大安市、镇赉县
黑龙江	牧区	7	龙江县、甘南县、富裕县、肇源县、杜尔伯特蒙古族自治县、安达市、青冈县
	半牧区	8	泰来县、虎林市、肇州县、林甸县、同江市、肇东市、兰西县、明水县
四川	牧区	10	松潘县、壤塘县、阿坝县、若尔盖县、红原县、德格县、白玉县、石渠县、色达县、理塘县
	半牧区	38	马尔康市、汶川县、理县、茂县、九寨沟县、金川县、小金县、黑水县、康定市、泸定县、丹巴县、九龙县、雅江县、道孚县、炉霍县、甘孜县、新龙县、巴塘县、乡城县、稻城县、得荣县、西昌市、盐源县、德昌县、会理县、会东县、宁南县、普格县、布拖县、金阳县、昭觉县、喜德县、冕宁县、越西县、甘洛县、美姑县、雷波县、木里藏族自治县
云南	牧区	3	香格里拉市、德钦县、维西傈僳族自治县
西藏	牧区	13	当雄县、仲巴县、萨嘎县、那曲县、嘉黎县、聂荣县、安多县、申扎县、班戈县、巴青县、革吉县、改则县、措勤县
	半牧区	25	林周县、昂仁县、谢通门县、康马县、亚东县、岗巴县、卡若区、江达县、贡觉县、类乌齐县、丁青县、察雅县、八宿县、工布江达县、曲松县、措美县、错那县、浪卡子县、比如县、索县、尼玛县、普兰县、札达县、噶尔县、日土县
甘肃	牧区	7	天祝藏族自治县、肃南裕固族自治县、肃北蒙古族自治县、阿克塞哈萨克族自治县、玛曲县、碌曲县、夏河县
	半牧区	13	永登县、永昌县、靖远县、民勤县、山丹县、瓜州县、环县、华池县、漳县、岷县、合作县、卓尼县、迭部县
青海	牧区	26	海晏县、祁连县、刚察县、泽库县、河南蒙古族自治县、共和县、同德县、兴海县、贵南县、玛沁县、班玛县、甘德县、达日县、久治县、玛多县、玉树市、杂多县、称多县、治多县、囊谦县、曲麻莱县、德令哈市、格尔木市、乌兰县、都兰县、天峻县
	半牧区	4	门源回族自治县、同仁县、尖扎县、贵德县
宁夏	牧区	1	盐池县
	半牧区	2	同心县、海原县
新疆	牧区	22	伊吾县、塔什库尔干塔吉克自治县、民丰县、木垒哈萨克自治县、温泉县、和静县、阿合奇县、乌恰县、新源县、昭苏县、特克斯县、尼勒克县、托里县、裕民县、和布克赛尔蒙古自治县、阿勒泰市、布尔津县、富蕴县、福海县、哈巴河县、青河县、吉木乃县
	半牧区	15	乌鲁木齐县、伊州区、巴里坤哈萨克自治县、温宿县、沙雅县、奇台县、博乐市、精河县、尉犁县、且末县、和硕县、阿克陶县、巩留县、塔城市、额敏县

■民族自治地方国家扶贫工作重点县一览表

地　区	数　量	县(旗、市)名称
河北	3	丰宁满族自治县、围场满族蒙古族自治县、青龙满族自治县
内蒙古	31	武川县、阿鲁科尔沁旗、巴林左旗、巴林右旗、林西县、翁牛特旗、喀喇沁旗、宁城县、敖汉旗、科尔沁左翼中旗、科尔沁左翼后旗、库伦旗、奈曼旗、莫力达瓦达斡尔族自治旗、鄂伦春自治旗、卓资县、化德县、商都县、兴和县、察哈尔右翼前旗、察哈尔右翼中旗、察哈尔右翼后旗、四子王旗、阿尔山市、科尔沁右翼前旗、科尔沁右翼中旗、扎赉特旗、突泉县、苏尼特右旗、太仆寺旗、正镶白旗

续表

地　区	数　量	县(旗、市)名称
吉林	4	龙井市、和龙市、汪清县、安图县
湖北	9	长阳土家族自治县、恩施市、利川市、建始县、巴东县、宣恩县、咸丰县、来凤县、鹤峰县
湖南	10	江华瑶族自治县、城步苗族自治县、通道侗族自治县、泸溪县、凤凰县、花垣县、保靖县、古丈县、永顺县、龙山县
广西	28	龙胜各族自治县、隆安县、马山县、天等县、龙州县、田东县、德保县、靖西市、那坡县、凌云县、乐业县、西林县、田林县、隆林各族自治县、凤山县、东兰县、巴马瑶族自治县、都安瑶族自治县、大化瑶族自治县、罗城仡佬族自治县、环江毛南族自治县、忻城县、三江侗族自治县、融水苗族自治县、金秀瑶族自治县、上林县、昭平县、富川县、
海南	3	白沙黎族自治县、琼中黎族苗族自治县、保亭黎族苗族自治县
重庆	4	石柱土家族自治县、彭水苗族土家族自治县、酉阳土家族苗族自治县、秀山土家族苗族自治县
四川	20	马边彝族自治县、小金县、黑水县、壤塘县、甘孜县、德格县、石渠县、色达县、理塘县、盐源县、普格县、布拖县、金阳县、昭觉县、喜德县、越西县、甘洛县、美姑县、雷波县、木里藏族自治县
贵州	36	道真仡佬族苗族自治县、务川仡佬族苗族自治县、关岭布依族苗族自治县、镇宁布依族苗族自治县、紫云苗族布依族自治县、威宁彝族回族苗族自治县、印江土家族苗族自治县、沿河土家族自治县、松桃苗族自治县、兴仁县、普安县、晴隆县、贞丰县、望谟县、册亨县、安龙县、黄平县、施秉县、三穗县、岑巩县、天柱县、锦屏县、剑河县、台江县、黎平县、榕江县、从江县、雷山县、麻江县、丹寨县、荔波县、独山县、平塘县、罗甸县、长顺县、三都水族自治县
云南	46	禄劝彝族苗族自治县、寻甸回族彝族自治县、宁蒗彝族自治县、宁洱哈尼族彝族自治县、墨江哈尼族自治县、景东彝族自治县、镇沅彝族哈尼族拉祜族自治县、江城哈尼族彝族自治县、孟连傣族拉祜族佤族自治县、澜沧拉祜族自治县、西盟佤族自治县、双江拉祜族佤族布朗族傣族自治县、沧源佤族自治县、双柏县、南华县、姚安县、大姚县、永仁县、武定县、泸西县、元阳县、红河县、金平县、绿春县、文山市、砚山县、西畴县、麻栗坡县、马关县、丘北县、广南县、富宁县、梁河县、泸水市、福贡县、贡山独龙族怒族自治县、兰坪白族普米族自治县、香格里拉市、德钦县、维西傈僳族自治县、漾濞彝族自治县、南涧彝族自治县、巍山彝族回族自治县、金平苗族瑶族傣族自治县、屏边苗族自治县、勐腊县
甘肃	14	张家川回族自治县、天祝藏族自治县、临夏县、康乐县、永靖县、广河县、和政县、东乡族自治县、积石山保安族东乡族撒拉族自治县、合作市、临潭县、卓尼县、舟曲县、夏河县
青海	12	大通回族土族自治县、民和回族土族自治县、化隆回族自治县、循化撒拉族自治县、泽库县、甘德县、达日县、杂多县、治多县、囊谦县、玛多县、曲麻莱县
宁夏	8	盐池县、同心县、原州区、海原县、西吉县、隆德县、泾源县、彭阳县
新疆	27	巴里坤哈萨克自治县、乌什县、柯坪县、阿图什市、阿克陶县、阿合奇县、乌恰县、疏附县、疏勒县、英吉沙县、莎车县、叶城县、岳普湖县、伽师县、塔什库尔干塔吉克自治县、和田县、墨玉县、皮山县、洛浦县、策勒县、于田县、民丰县、察布查尔锡伯自治县、尼勒克县、托里县、青河县、吉木乃县

■中国民族贸易县(旗)、市一览表

地　区	数　量	县(旗、市)名称
河北	5	青龙满族自治县、丰宁满族自治县、围场满族蒙古族自治县、宽城满族自治县、孟村回族自治县
内蒙古	57	苏尼特左旗、阿巴嘎旗、西乌珠穆沁旗、镶黄旗、正镶白旗、正蓝旗、苏尼特右旗、东乌珠穆沁旗、多伦县、太仆寺旗、达尔罕茂明安联合旗、四子王旗、商都县、化德县、察哈尔右翼前旗、察哈尔右翼右旗、察哈尔右翼后旗、乌拉特中旗、乌拉特后旗、鄂托克旗、杭锦旗、准格尔旗、乌审旗、伊金霍洛旗、鄂托克前旗、林西县、巴林右旗、阿鲁科尔沁旗、克什克腾旗、翁牛特旗、巴林左旗、宁城县、敖汉旗、喀喇沁旗、科尔沁右翼前旗、扎赉特旗、科尔沁左翼后旗、科尔沁右翼中旗、库伦旗、奈曼旗、扎鲁特旗、陈巴尔虎旗、新巴尔虎左旗、新巴尔虎右旗、额尔古纳左旗、鄂温克族自治旗、莫力达瓦达斡尔族自治旗、鄂伦春自治旗、阿拉善左旗、阿拉善右旗、额济纳旗、科尔沁左翼中旗、托克托县、清水河县、武川县、和林格尔县、固阳县
辽宁	5	阜新蒙古族自治县、喀喇沁左翼蒙古族自治县、新宾满族自治县、岫岩满族自治县、桓仁满族自治县
吉林	5	安图县、长白朝鲜族自治县、龙井市、和龙市、汪清县
黑龙江	1	杜尔伯特蒙古族自治县
浙江	1	景宁畲族自治县
湖北	10	来凤县、鹤峰县、咸丰县、利川市、巴东县、建始县、宣恩县、恩施市、五峰土家族自治县、长阳土家族自治县
湖南	12	龙山县、桑植县、永顺县、保靖县、花垣县、古丈县、泸溪县、凤凰县、新晃侗族自治县、通道侗族自治县、城步苗族自治县、江华瑶族自治县
广东	3	连山壮族瑶族自治县、连南瑶族自治县、乳源瑶族自治县
广西	34	那坡县、凌云县、乐业县、西林县、隆林各族自治县、平果县、田林县、德保县、靖西县、田东县、马山县、上林县、天等县、大新县、龙州县、宁明县、隆安县、上思县、巴马瑶族自治县、环江毛南族自治县、罗城仫佬族自治县、东兰县、凤山县、都安瑶族自治县、天峨县、南丹县、大化瑶族自治县、金秀瑶族自治县、融水苗族自治县、三江侗族自治县、忻城县、资源县、龙胜各族自治县、富川瑶族自治县
海南	8	保亭黎族苗族自治县、白沙黎族自治县、乐东黎族自治县、琼中黎族苗族自治县、东方黎族自治县、陵水黎族自治县、昌江黎族自治县、通什市
重庆	5	酉阳土家族苗族自治县、秀山土家族苗族自治县、黔江区、彭水苗族土家族自治县、石柱土家族自治县
四川	51	马尔康县、茂县、红原县、阿坝县、汶川县、若尔盖县、理县、黑水县、小金县、松潘县、金川县、九寨沟县、壤塘县、峨边彝族自治县、马边彝族自治县、冕宁县、宁南县、德昌县、会东县、会理县、昭觉县、金阳县、甘洛县、布拖县、普格县、喜德县、雷波县、越西县、美姑县、木里藏族自治县、盐源县、米易县、盐边县、康定县、九龙县、炉霍县、甘孜县、雅江县、新龙县、道孚县、白玉县、理塘县、德格县、乡城县、石渠县、稻城县、色达县、巴塘县、泸定县、德荣县、丹巴县
贵州	51	道真仡佬族苗族自治县、剑河县、台江县、黎平县、榕江县、从江县、雷山县、丹寨县、黄平县、锦屏县、天柱县、麻江县、施秉县、镇远县、三穗县、岑巩县、荔波县、罗甸县、惠水县、三都水族自治县、平塘县、独山县、长顺县、贵定县、龙里县、福泉县、瓮安县、松桃苗族自治县、沿河土家族自治县、印江土家族苗族自治县、卢丰县、望谟县、册亨县、安龙县、晴隆县、兴仁县、普安县、威宁彝族回族苗族自治县、赫章县、纳雍县、镇宁布依族苗族自治县、紫云苗族布依族自治县、关岭布依族苗族自治县、大方县、黔西县、织金县、金沙县、水城县、盘县特区、六枝特区、务川仡佬族苗族自治县

续表

地　区	数　量	县(旗、市)名称
云南	68	富宁县、麻栗坡县、马关县、文山县、砚山县、丘北县、广南县、西畴县、屏边苗族自治县、河口瑶族自治县、金平苗族瑶族傣族自治县、绿春县、元阳县、红河县、泸西县、石屏县、武定县、禄劝彝族自治县、石林彝族自治县、巍山彝族回族自治县、南涧彝族自治县、漾濞彝族自治县、剑川县、鹤庆县、云龙县、弥渡县、洱源县、祥云县、宾川县、永平县、景谷傣族彝族自治县、江城哈尼族彝族自治县、孟连傣族拉祜族佤族自治县、西盟佤族自治县、澜沧拉祜族自治县、墨江哈尼族自治县、峨山彝族自治县、新平彝族傣族自治县、元江哈尼族彝族傣族自治县、勐海县、勐腊县、潞西县、陇川县、盈江县、梁河县、福贡县、泸水县、贡山独龙族怒族自治县、兰坪白族普米族自治县、香格里拉县、维西傈僳族自治县、德钦县、宁蒗彝族自治县、丽江纳西族自治县、耿马傣族佤族自治县、镇康县、沧源佤族自治县、双江拉祜族佤族布朗族傣族自治县、寻甸回族彝族自治县、景东彝族自治县、镇源彝族哈尼族拉祜族自治县、龙陵县、南华县、牟定县、大姚县、双柏县、永仁县、姚安县
甘肃	20	张家川回族自治县、临潭县、舟曲县、玛曲县、夏河县、卓尼县、迭部县、碌曲县、临夏市、临夏县、永靖县、和政县、康乐县、广河县、东乡族自治县、积石山保安族东乡族撒拉族自治县、天祝藏族自治县、肃南裕固族自治县、肃北蒙古族自治县、阿克塞哈萨克族自治县
青海	33	门源回族自治县、祁连县、刚察县、海晏县、尖扎县、同仁县、河南蒙古族自治县、泽库县、贵德县、同德县、兴海县、贵南县、共和县、玛沁县、班玛县、甘德县、达日县、久治县、玛多县、玉树县、杂多县、称多县、治多县、囊谦县、曲麻莱县、乌兰县、都兰县、天峻县、循化撒拉族自治县、化隆回族自治县、互助土族自治县、民和回族土族自治县、大通回族土族自治县
宁夏	9	同心县、盐池县、固原县、西吉县、泾源县、海原县、隆德县、灵武县、彭阳县
新疆	53	且末县、若羌县、和静县、和田市、和田县、皮山县、洛浦县、民丰县、策勒县、墨玉县、于田县、坷坪县、乌什县、温宿县、喀什市、巴楚县、伽师县、疏附县、疏勒县、英吉沙县、岳普湖县、麦盖提县、莎车县、泽普县、塔什库尔干塔吉克自治县、叶城县、尼勒克县、新源县、巩留县、伊吾县、巴里坤哈萨克自治县、阿图什市、阿克陶县、阿合奇县、乌恰县、奇台县、木垒哈萨克自治县、温泉县、察布查尔锡伯自治县、霍城县、昭苏县、特克斯县、和布克赛尔蒙古自治县、裕民县、额敏县、托里县、阿勒泰市、布尔津县、青河县、哈巴河县、富蕴县、福海县、吉木乃县

注：吉林省珲春市和新疆维吾尔自治区博乐市、塔城市、焉耆回族自治县境内距县城(市区)100 公里以上，交通不便，少数民族聚居的 16 个乡镇按民族贸易县内的乡镇对待，享受国家有关民族贸易优惠政策。

中国民族特需商品定点生产企业、产品名录

■中国民族特需商品定点生产企业、产品一览表

“十二五”期间全国少数民族特需商品定点生产企业名单及其生产的少数民族特需商品目录

定点企业名称	民族特需用品名称
北京市（20 家）	
北京月盛斋清真食品有限公司	清真食品
北京老马清真食品有限责任公司	清真食品
北京民族印务有限责任公司	少数民族文体用品
北京金维福仁清真食品有限公司	清真食品
北京祥聚斋食品有限公司	清真食品
北京祥益斋食品厂	清真食品
北京薛家赢清真肉类食品加工配送中心	清真食品
北京剧装厂	少数民族服装
北京东来顺集团有限责任公司	清真食品
北京市珐琅厂有限责任公司	少数民族工艺美术品
北京工美集团有限责任公司	少数民族工艺美术品
北京市美术红灯厂有限责任公司	少数民族工艺美术品
北京金漆镶嵌有限责任公司	少数民族工艺美术品
北京象牙雕刻厂有限责任公司	少数民族工艺美术品
北京三江宏利牧业有限公司	清真食品
北京窦店益生清真肉业有限公司	清真食品
北京卓宸畜牧有限公司	清真食品
北京隆昊肉类食品有限公司	清真食品
北京市如意食品有限责任公司	清真食品
北京大顺斋食品有限责任公司	清真食品
天津市(35 家)	
天津市春合体育用品厂	少数民族文体用品
天津市天发重型水电设备制造有限公司	少数民族生产工具
天津市天塑科技集团有限公司第二塑料制品厂	少数民族生产工具
天津华韵乐器有限公司	少数民族文体用品
天津市华龙餐具有限公司	少数民族日用杂品

续表 1

定点企业名称	民族特需用品名称
天津市远东科技工艺发展有限公司	少数民族日用杂品
天津市中环电子计算机有限公司	少数民族文体用品
天津市鑫海地毯有限公司	少数民族针纺织
天津斯必得服装集团有限公司	少数民族服装
天津名都皮革制品有限公司	少数民族鞋帽
天津市兴凯体育器械有限公司	少数民族文体用品
天津市澳玛化妆品有限公司	少数民族日用杂品
天津市金锚集团有限责任公司	少数民族生产工具
天津市兴华森亚迪服饰有限公司	少数民族服装
天津市第三食品加工厂	清真食品
天津伊利康业冷冻食品有限公司	清真食品
天津市北辰区顺义清真牛羊肉综合加工厂	清真食品
天津市天方清真食品有限公司	清真食品
天津耳朵眼炸糕餐饮有限责任公司	清真食品
天津市桂顺斋糕点有限公司	清真食品
天津市桂顺斋糕点食品二厂	清真食品
天津市古兰斋清真食品有限公司	清真食品
天津市河东鸿起顺饭庄有限公司	清真食品
天津津河乳业有限公司	清真食品
天津市全兴源牛羊肉类食品有限公司	清真食品
天津大宇食品科技有限公司	清真食品
天津市顺峰工贸有限公司	少数民族生产工具
天津竟成家纺饰品有限公司	少数民族针纺织
天津天星科生皮革制品有限公司	少数民族鞋帽
天津市佳世通金属制品有限公司	少数民族生产工具
天津市凯达重型水电设备制造有限公司	少数民族生产工具
天津伊利乳业有限责任公司	清真食品
天津市春升清真食品有限公司	清真食品
天津神农种业有限责任公司	清真食品
天津金土地食品有限公司	清真食品
河北省(51 家)	
河北健民淀粉糖业有限公司	清真食品
宁晋县福兰德服装有限公司	少数民族服装

续表 2

定点企业名称	民族特需用品名称
河北宁纺集团有限责任公司	少数民族针纺织
玉锋实业集团有限公司	清真食品
今麦郎食品有限公司	清真食品
河北德凯纺织有限公司	少数民族针纺织
河北御芝林药业有限公司	少数民族药
河北华香清真肉类加工有限责任公司	清真食品
河北天赐调料有限公司	清真食品
邯郸市名福植物油有限责任公司	清真食品
河北美佳食品有限公司	清真食品
河北康远清真食品有限公司	清真食品
邯郸摩罗丹药业股份有限公司	少数民族药
河北鼎康粮油有限公司	清真食品
邯郸隆润纺织有限责任公司	少数民族针纺织
河北东明牛皮制革有限公司	少数民族服装
益海（石家庄）粮油工业有限公司	清真食品
河北古城香业集团股份有限公司	少数民族日用杂品
沧州伊杰清真肉类食品有限公司	清真食品
石家庄华莹玻璃制品有限公司	少数民族日用杂品
张北县祥云食品有限公司	清真食品
保定津海服装有限公司	少数民族服装
唐山法立德清真食品有限公司	清真食品
石家庄常山纺织股份有限公司	少数民族针纺织
河北美客多食品集团有限公司	清真食品
黄骅市和顺伊城清真肉食有限公司	清真食品
阜城县华兴服装有限公司	少数民族服装
衡水一壶斋工艺品有限公司	少数民族工艺美术品
秦皇岛正大有限公司	清真食品
河北三环太阳能有限公司	少数民族日用杂品
河北巴迈隆实业集团有限公司	少数民族服装
承德华富玻璃器皿有限公司	少数民族日用杂品
河北正先食品有限公司	清真食品
河北唐龙纺织集团有限公司	少数民族针纺织
定州伊利乳业有限责任公司	清真食品

续表 3

定点企业名称	民族特需用品名称
宁晋县诚宏铜业有限公司	少数民族日用杂品
河北宝泰食品有限公司	清真食品
光为绿色新能源股份有限公司	少数民族日用杂品
河北蓝鸟家具股份有限公司	少数民族家具
河北强盛风电设备有限公司	少数民族日用杂品
廊坊伊利乳品有限公司	清真食品
唐山中红三融畜禽有限公司	清真食品
大厂回族自治县福华肉类有限公司	清真食品
滦县伊利乳业有限责任公司	清真食品
承德格林食品有限公司	清真食品
张北顺达油脂有限责任公司	清真食品
衡水遨宇纺织有限公司	少数民族针纺织
大厂回族自治县跃华食品有限公司	清真食品
承德开源地毯有限公司	少数民族针纺织
河北荣达畜禽有限公司	清真食品
秦皇岛市牧羊源食品有限公司	清真食品
山西省(29家)	
山西省平遥县龙海实业有限公司	清真食品
山西绿洲纺织有限责任公司	少数民族针纺织
晋城东方玻璃制品有限公司	少数民族日用杂品
山西大象农牧集团有限公司	清真食品
山西粟海集团有限公司	清真食品
山西忠民集团有限公司	清真食品
山西永济晋美油脂有限公司	清真食品
山西华晋纺织印染有限公司	少数民族针纺织
山西卓里集团有限公司	少数民族生产工具
山西卫氏鱼康实业有限公司	少数民族药
山西迎太塑料有限公司	少数民族生产工具
新绛县鸿远纺织有限责任公司	少数民族针纺织
山西金绛食品有限公司	清真食品
山西宏艺玻璃器皿有限责任公司	少数民族日用杂品
山西红萍服饰有限公司	少数民族服装
山西兵娟制衣有限公司	少数民族服装

续表 4

定点企业名称	民族特需用品名称
山西中德塑钢型材有限责任公司	少数民族生产工具
山西华晟果蔬饮品有限公司	清真食品
祁县红海玻璃有限公司	少数民族日用杂品
翼城县华煜离心球墨铸管有限责任公司	少数民族生产工具
山西吉利尔潞绸集团织造股份有限公司	少数民族服装
山西汤荣机械制造股份有限公司	少数民族生产工具
山西双银电热能有限公司	少数民族生产工具
山西光宇半导体照明股份有限公司	少数民族日用杂品
汾州裕源土特产品有限公司	清真食品
山西胡兰食品有限公司	清真食品
山西兴业绿源农牧业开发有限公司	清真食品
太原市牛羊肉类加工厂	清真食品
长治市雄丰清真养殖屠宰有限公司	清真食品
内蒙古自治区(120 家)	
内蒙古鹿王羊绒有限公司	少数民族针纺织
内蒙古圣鹿源生物科技股份有限公司	少数民族工艺美术品
内蒙古伊德清真肉业食品有限公司	清真食品
包头市都仁装饰工程有限公司	少数民族日用杂品
四子王旗民族贸易有限责任公司	清真食品
赤峰凯兰羊绒制品有限公司	少数民族针纺织
赤峰昭乌达羊绒制品有限责任公司	少数民族服装
内蒙古苏尼特肉业有限责任公司	清真食品
内蒙古蒙元牧业有限责任公司	清真食品
阿巴嘎旗百吉乐民族置业有限责任公司	少数民族工艺美术品
察哈尔右翼后旗察哈尔民族服饰服装有限责任公司	少数民族服装
内蒙古赛罕安达羊绒制品有限公司	少数民族针纺织
通辽今日印刷有限公司	少数民族文体用品
鄂托克旗景程皮毛制品厂	少数民族针纺织
内蒙古乌拉美羊业有限责任公司	清真食品
内蒙古鲁花葵花仁油有限公司	清真食品
阿拉善右旗民族工艺地毯有限责任公司	少数民族针纺织
包头市那日苏马头琴文化传播有限公司	少数民族文体用品
呼伦贝尔市中荣食品有限公司	清真食品

续表 5

定点企业名称	民族特需用品名称
赤峰宝山能源（集团）贺麒铜业有限责任公司	少数民族日用杂品
内蒙古乌兰布和乳业有限公司	清真食品
二连浩特市策格文化传播有限公司	少数民族工艺美术品
内蒙古金川伊利乳业有限责任公司	清真食品
内蒙古伊利实业集团股份有限公司	清真食品
扎兰屯伊利乳业有限责任公司	清真食品
内蒙古蒙药股份有限公司	少数民族药
内蒙古通辽岳泰股份有限公司	少数民族生产工具
奈曼旗华宝麦饭石系列产品有限公司	少数民族日用杂品
奈曼旗金秋农牧业科技发展有限公司	少数民族生产工具
内蒙古重鹤畜牧有限公司	清真食品
通辽市锦绣木业有限公司	少数民族家具
通辽市草原旭日食品有限责任公司	清真食品
内蒙古谷道粮原农产品有限责任公司	清真食品
通辽东北六药业有限公司	少数民族药
内蒙古科尔沁民族文化服饰有限公司	少数民族服装
内蒙古兴雅包装有限公司	少数民族文体用品
内蒙古科尔沁牛业股份有限公司	少数民族生产工具
扎鲁特旗北方食品有限公司	少数民族生产工具
内蒙古清谷新禾有机食品集团有限责任公司	清真食品
通辽市泽强医药有限责任公司	少数民族药
通辽朵兰纺织品有限公司	少数民族服装
内蒙古维尔农业有限公司	清真食品
通辽谷润肉业有限公司	清真食品
内蒙古蒙古王实业股份有限公司	少数民族文体用品
通辽市大漠绿洲养殖有限公司	少数民族生产工具
奈曼旗天兴民族木业有限公司	少数民族家具
通辽市阳光畜牧发展有限责任公司	清真食品
通辽绿丰肉食品有限公司	清真食品
天蒙羊绒有限公司	少数民族针纺织
通辽市润旺生物质加工有限责任公司	少数民族生产工具
通辽市东蒙肉业有限公司	清真食品
内蒙古联亿羊业有限公司	少数民族鞋帽

续表 6

定点企业名称	民族特需用品名称
内蒙古元丰木业有限公司	少数民族家具
通辽余粮畜业开发有限公司	少数民族生产工具
扎鲁特旗鑫诚肉食品有限公司	少数民族生产工具
扎鲁特旗罕山肉业有限责任公司	清真食品
扎鲁特旗希日莫羊绒纺织品有限责任公司	少数民族针纺织
内蒙古王峰拖拉机制造有限公司	少数民族生产工具
通辽卓衡机械制造有限公司	少数民族生产工具
包头万青网围栏有限公司	少数民族生产工具
阿鲁科尔沁旗塔山食品有限责任公司	清真食品
克什克腾旗天太皮毛皮革有限责任公司	少数民族鞋帽
内蒙古蒙都羊业食品有限公司	清真食品
内蒙古东方万旗肉牛产业有限公司	清真食品
内蒙古塞飞亚农业科技发展股份有限公司	清真食品
内蒙古独伊佳食品有限公司	清真食品
赤峰天奇制药有限责任公司	少数民族药
赤峰金碧药业有限公司	少数民族药
内蒙古中敖食品有限公司	清真食品
巴林左旗福山食品有限责任公司	清真食品
内蒙古草原金峰集团霞光肉类营销有限责任公司	清真食品
赤峰丹龙药业有限公司	少数民族药
赤峰他林草都清真肉业有限责任公司	清真食品
翁牛特旗路路通商贸有限责任公司	少数民族针纺织
巴林右旗巴林广告印刷有限责任公司	少数民族文体用品
赤峰市新州中药饮片有限公司	少数民族药
内蒙古茂源国际绒业有限公司	少数民族针纺织
二连市长青民族服装有限责任公司	少数民族服装
二连浩特市元兴民族文化发展有限责任公司	少数民族生产工具
阿拉善左旗驼中王绒毛制品有限责任公司	少数民族针纺织
内蒙古大盛业羊绒制品有限公司	少数民族针纺织
内蒙古大唐药业有限公司	少数民族药
内蒙古森木民族用品有限责任公司	少数民族生产工具
呼和浩特市苏鲁锭皮业有限责任公司	少数民族工艺美术品
呼和浩特市舞美艺术服装厂	少数民族服装

续表 7

定点企业名称	民族特需用品名称
呼和浩特市御盛斋食品有限责任公司	清真食品
内蒙古伊鑫源肉业有限责任公司	清真食品
内蒙古蒙伊萨食品有限责任公司	清真食品
包头伊利乳业有限责任公司	清真食品
内蒙古华德牧草机械有限责任公司	少数民族生产工具
呼伦贝尔绿祥清真肉食品有限责任公司	清真食品
鄂温克族自治旗伊赫塔拉畜牧业发展有限责任公司	清真食品
陈巴尔虎旗夏家食品有限责任公司	清真食品
内蒙古蒙犇畜牧有限责任公司	清真食品
内蒙古安达牧业有限公司	清真食品
内蒙古草原兴牧肉类有限公司	清真食品
乌兰浩特中蒙制药有限公司	少数民族药
乌兰浩特兴安岭拖拉机有限公司	少数民族生产工具
内蒙古扎赉特旗鑫神峰制衣厂	少数民族服装
内蒙古科右中旗兴华高级服装厂	少数民族服装
锡林郭勒盟穆兴皮毛制品有限公司	少数民族针纺织
锡林郭勒盟正林畜产品有限责任公司	清真食品
锡林郭勒盟伊顺清真肉类有限责任公司	清真食品
锡林郭勒盟伊荣清真肉食品有限责任公司	清真食品
锡林浩特伊利乳品有限责任公司	清真食品
锡林郭勒盟云华民族文化服饰发展有限公司	少数民族服装
苏尼特左旗盛草网围栏有限责任公司	少数民族生产工具
内蒙古西乌珠穆沁旗沁绿肉类食品有限责任公司	清真食品
正镶白旗伊盛肉类有限责任公司	清真食品
内蒙古福瑞中蒙药科技股份有限公司	少数民族药
内蒙古马志全清真食品有限公司	清真食品
乌兰察布市草原肉食品有限责任公司	清真食品
鄂尔多斯市阿腾莎民族用品有限责任公司	少数民族工艺美术品
鄂尔多斯市锡尼绒毛厂	少数民族针纺织
巴彦淖尔伊利乳业有限责任公司	清真食品
内蒙古美洋洋食品有限公司	清真食品
内蒙古草原宏宝食品有限公司	清真食品
阿拉善左旗善玉雕刻有限公司	少数民族工艺美术品

续表 8

定点企业名称	民族特需用品名称
阿拉善右旗腾飞民族工艺品有限责任公司	少数民族文体用品
内蒙古奥特奇蒙药股份有限公司	少数民族药
辽宁省(91 家)	
沈阳萃华金银珠宝股份有限公司	少数民族工艺美术品
大连东风纺织工艺品有限公司	少数民族针纺织
瓦房店市欣惠达装饰品有限公司	少数民族服装
岫岩满族自治县万金润玉雕有限公司	少数民族工艺美术品
本溪湘泉建陶有限责任公司	少数民族日用杂品
辽宁超懿工贸集团有限公司	少数民族针纺织
阜新福棉纺织有限责任公司	少数民族针纺织
辽宁中泽集团朝阳纺织有限责任公司	少数民族针纺织
朝阳市新隆毛纺织集团有限公司	少数民族针纺织
北票新元纺织有限公司	少数民族针纺织
沈阳宏发企业集团家俱有限公司	少数民族家具
大连俊铭服装有限公司	少数民族服装
大连天益玻璃制品有限公司	少数民族生产工具
辽宁伊利乳业有限公司	清真食品
瓦房店龙城肉食品加工有限公司	清真食品
大连华富食品有限公司	清真食品
辽宁振隆特产股份有限公司	清真食品
鞍山市晋丰达牧业有限公司	清真食品
北票市宏发食品有限公司	清真食品
辽宁宏达牛业发展有限公司	清真食品
丹东药业集团有限公司	少数民族药
阜新蒙药有限责任公司	少数民族药
辽宁康博士制药有限公司	少数民族药
海城柏仙太子服饰有限公司	少数民族服装
辽宁柞蚕丝绸科学研究院有限责任公司	少数民族针纺织
阜新天祺玛瑙玉器开发有限责任公司	少数民族工艺美术品
调兵山宏大肉禽加工有限责任公司	清真食品
雪龙黑牛股份有限公司	清真食品
辽宁宏达费氏食品工业有限公司	清真食品
阜新维远食品科技有限公司	清真食品

续表 9

定点企业名称	民族特需用品名称
辽宁佳泰实业有限公司	少数民族服装
阜新霍氏兄弟鞋业有限责任公司	少数民族鞋帽
铁岭市永发茧产品有限公司	少数民族服装
朝阳朝工机械有限公司	少数民族生产工具
大连四方电泵有限公司	少数民族生产工具
朝阳宾朋毛巾有限责任公司	少数民族针纺织
建平县臣龙机械有限责任公司	少数民族生产工具
喀左永达民族陶业有限公司	少数民族日用杂品
辽宁通达泵业集团有限公司	少数民族生产工具
海城市海富染整印花有限公司	少数民族针纺织
本溪满族自治县鑫盛陶瓷厂	少数民族日用杂品
辽宁飞天针织品有限责任公司	少数民族服装
喀左县民族地毯厂	少数民族针纺织
朝阳飞马集团机械制造有限公司	少数民族生产工具
大连丽豪硕服装辅料有限公司	少数民族服装
岫岩满族自治县万客来玉石床垫有限公司	少数民族工艺美术品
鞍山中通发展有限公司	少数民族日用杂品
大连俊峰热工工程设备有限公司	少数民族日用杂品
辽宁兴达金属钢网有限公司	少数民族生产工具
桓仁鑫艺有限公司	少数民族日用杂品
抚顺市立营木业有限责任公司	少数民族生产工具
丹东市唐人服饰有限公司	少数民族服装
本溪天龙古洞旅游开发有限责任公司	少数民族工艺美术品
锦州市夏氏满族工艺发展有限公司	少数民族针纺织
朝阳市龙泉家俱有限责任公司	少数民族家具
朝阳黑猫伍兴岐炭黑有限责任公司	少数民族针纺织
葫芦岛佰宏制衣有限公司	少数民族服装
清原满族自治县鹏发木制品有限公司	少数民族家具
大连俊铭时装有限公司	少数民族日用杂品
抚顺海源肉禽加工有限公司	清真食品
阜新东祥油脂有限责任公司	清真食品
大连明达食品有限公司	清真食品
阜新六和农牧有限公司	清真食品

续表 10

定点企业名称	民族特需用品名称
辽宁鑫枫牧业股份有限公司	清真食品
清原得胜禽业有限公司	清真食品
开原市赢得肉禽有限责任公司	清真食品
辽宁宏福肉类集团有限公司	清真食品
沈阳福来食品实业有限公司	清真食品
沈阳冠卓牧业有限公司	清真食品
中敖西丰清真食品有限公司	清真食品
抚顺顺意清真食品有限公司	清真食品
本溪万顺达发展有限公司	清真食品
辽阳市真乐回族食品有限公司	清真食品
辽宁绿源肉业有限公司	清真食品
鞍山市九股河食品有限责任公司	清真食品
朝阳华瑞棉业有限责任公司	少数民族针纺织
辽宁宏兴包装制品有限公司	少数民族文体用品
朝阳小平五丰木业有限公司	少数民族家具
本溪冶炼集团有限公司	少数民族日用杂品
丹东优耐特纺织品有限公司	少数民族针纺织
辽宁北方曲轴有限公司	少数民族日用杂品
鞍山永安包装工业有限公司	少数民族文体用品
葫芦岛市天天清真牛羊定点屠宰有限公司	清真食品
辽宁成大木业有限公司	少数民族家具
阜新市联成裘革制衣有限公司	少数民族鞋帽
辽宁东明工艺品有限公司	少数民族工艺美术品
本溪九鲲鹏制衣有限公司	少数民族服装
辽宁龙江工艺品有限公司	少数民族日用杂品
海城鸿尊达牧业有限公司	清真食品
喀左飞鹏机械制造有限公司	少数民族日用杂品
凌源市鑫晟木业有限公司	少数民族家具
吉林省(102 家)	
吉林省长春皓月清真肉业股份有限公司	清真食品
吉林华康药业股份有限公司	少数民族药
延边路兴沥青贮运有限责任公司	少数民族日用杂品
伊通满族自治县芮来满族服饰有限公司	少数民族服装

续表 11

定点企业名称	民族特需用品名称
延边大学草仙药业有限公司	少数民族药
吉林市吉东木业有限公司	少数民族家具
长春老韩头清真食品有限公司	清真食品
吉林市东福实业有限公司	清真食品
吉林市宏林陶瓷有限责任公司	少数民族日用杂品
延边白头山制药有限公司	少数民族药
吉林省东明清真食品有限公司	清真食品
修正药业集团股份有限公司	少数民族药
吉林丽美坚木业股份有限公司	少数民族家具
吉林省天地美清真食品有限公司	清真食品
白城天福粮油食品集团有限公司	清真食品
大森林食品有限公司	清真食品
吉林市红阳农业开发有限公司	清真食品
延边新华印刷有限公司	少数民族文体用品
长春市紫玉木兰工艺有限公司	少数民族鞋帽
吉林华商建设集团有限公司	少数民族日用杂品
吉林龙鑫药业有限公司	少数民族药
延边天元机械有限公司	少数民族生产工具
敦化市洪源木业有限公司	少数民族家具
珲春弘丰制衣有限公司	少数民族服装
敦化市鸿发食品有限责任公司	清真食品
吉林奥箭集团大成木业有限责任公司	少数民族家具
敦化市中信木业有限责任公司	少数民族家具
吉林康乃尔药业有限公司	少数民族药
吉林市富薪木业有限责任公司	少数民族日用杂品
长春大华实业集团有限公司	少数民族家具
吉林福源馆食品集团有限责任公司	清真食品
吉林吉春制药股份有限公司	少数民族药
长春市桥霖木业有限公司	少数民族家具
吉林省东丰药业股份有限公司	少数民族药
东丰县鹏翔牧业有限责任公司	清真食品
前郭尔罗斯蒙古族自治县哈萨尔王食品有限公司	清真食品
松原市弘晟喷灌喷泉工程有限公司	少数民族生产工具

续表 12

定点企业名称	民族特需用品名称
白城电力镇赉变压器有限责任公司	少数民族日用杂品
大安市安大牧业有限责任公司	清真食品
延边恒达实业集团有限公司	少数民族日用杂品
吉林三三零五机械厂	少数民族日用杂品
吉林延边林业集团珲春森林山木业有限公司	少数民族家具
图们市华仁塑料制品有限公司	少数民族日用杂品
吉林正方农牧股份有限公司	清真食品
吉林卓越实业股份有限公司	清真食品
吉林一正药业集团有限公司	少数民族药
敦化市金诚实业有限责任公司	少数民族文体用品
地球卫士环保新材料股份有限公司	少数民族文体用品
吉林延边林业集团八家子林业有限公司	少数民族家具
吉林宝信清真食品有限公司	清真食品
吉林草还丹药业有限公司	少数民族药
吉林省东北亚药业股份有限公司	少数民族药
延吉市明珠实业有限公司	少数民族服装
延吉新树杰木业有限公司	少数民族家具
敦化市金海木业有限公司	少数民族家具
白山市喜丰塑业有限公司	少数民族生产工具
吉林天力泰药业有限公司	少数民族药
吉林天宇建设集团股份有限公司	少数民族日用杂品
吉林福敦木业有限公司	少数民族家具
延吉市海金蒲民族被有限公司	少数民族针纺织
吉林郭尔罗斯生物饲料有限公司	少数民族生产工具
延边石岘白麓纸业股份有限公司	少数民族文体用品
敦化市吉森木业有限责任公司	少数民族家具
延边宝利祥蜂业有限公司	清真食品
吉林益民堂制药有限公司	少数民族药
敦化市中联木业有限公司	少数民族家具
延边泛西方塑料有限公司	少数民族日用杂品
延边海宇服饰有限公司	少数民族服装
延边阿里郎包装有限责任公司	少数民族文体用品
延边畜牧开发集团有限公司	清真食品

续表 13

定点企业名称	民族特需用品名称
延边方园木业有限责任公司	少数民族家具
敦化市德信木业有限责任公司	少数民族家具
敦化市大福门业有限公司	少数民族家具
天成玉米开发有限公司	清真食品
敦化市森泰木业有限责任公司	少数民族家具
安图亚鑫木制品有限公司	少数民族家具
延边瑞迪神高新技术开发有限公司	少数民族日用杂品
吉林福康医药生物科技有限公司	少数民族药
珲春运达针织服装有限公司	少数民族服装
延边大宗实业有限公司	少数民族服装
吉林新元木业有限公司	少数民族家具
吉林省长春清真肉业集团有限公司	清真食品
延边商业集团有限公司	少数民族文体用品
敦化市北营木业有限责任公司	少数民族家具
敦化市森翔木业有限责任公司	少数民族家具
吉林成达食品有限公司	清真食品
吉林九江潮集团有限公司	清真食品
吉林市吉兴粮业有限公司	清真食品
敦化市振鑫钢铁改制有限责任公司	少数民族日用杂品
伊通满族自治县盛世服饰有限公司	少数民族服装
吉林省鸿乔木业有限责任公司	少数民族家具
吉林六鼎山实业有限公司	少数民族服装
敦化市广晟油脂生物科技有限责任公司	少数民族生产工具
敦化市亚联机械制造有限公司	少数民族日用杂品
吉林敖东药业集团延吉股份有限公司	少数民族药
吉林延边林业集团和龙林业有限公司	少数民族家具
吉林敖东延边药业股份有限公司	少数民族药
敦化市敖东食品开发有限责任公司	清真食品
吉林敖东集团金海发药业股份有限公司	少数民族药
通钢集团敦化塔东矿业有限责任公司	少数民族日用杂品
四平成达食品有限公司	清真食品
珲春兴业木业有限责任公司	少数民族家具

续表 14

定点企业名称	民族特需用品名称
黑龙江省(29 家)	
牡丹江北方水泥有限公司	少数民族日用杂品
黑龙江天顺源清真食品有限公司	清真食品
大庆市杜尔伯特伊利乳业有限责任公司	清真食品
绥化市肇东市伊利乳业有限责任公司	清真食品
黑龙江宾西牛业	清真食品
东宁县吉信木业有限责任公司	少数民族家具
齐齐哈尔市瑞盛食品制造有限公司	清真食品
黑河市嫩江县清真肉类加工厂	清真食品
哈尔滨常皓清真牧业有限公司	清真食品
齐齐哈尔市再志清真屠宰场	清真食品
黑龙江源和盛清真食品有限公司	清真食品
齐齐哈尔三义成清真食品有限公司	清真食品
鹤岗市丰荟回民食品有限责任公司	清真食品
鹤岗市清真定点屠宰厂	清真食品
哈尔滨市冰城牧业有限公司	清真食品
双鸭山饶河脉动珍稀动物繁育有限公司	少数民族服装
黑龙江赛路恩电子产品开发有限公司	少数民族文体用品
齐齐哈尔市龙江县伊龙清真食品有限责任公司	清真食品
黑龙江省大庆皓月清真食品工业有限公司	清真食品
牡丹江市王旺回民食品有限公司	清真食品
集贤县晨光牧业有限公司	清真食品
大庆市国康木业有限公司	少数民族家具
佳木斯富锦市明达牧业有限责任公司	清真食品
牡丹江市回回顺清真食品有限公司	清真食品
大庆市怡丽美服装服饰有限公司	少数民族服装
齐齐哈尔市伊旺食品有限公司	清真食品
安达市伊利乳业有限责任公司	清真食品
黑龙江省蓝艺地毯集团有限公司	少数民族针纺织
双鸭山黑龙江农垦北大荒牛业有限公司	清真食品
上海市(8 家)	
上海民族乐器一厂	少数民族文体用品
中国第一铅笔有限公司	少数民族文体用品

续表 15

定点企业名称	民族特需用品名称
上海老凤祥有限公司	少数民族工艺美术品
上海东亚食品工业有限公司	清真食品
上海伊利爱贝食品有限公司	清真食品
上海牛羊肉公司	清真食品
上海爱普食品工业有限公司	清真食品
上海圣华副食品有限公司	清真食品
江苏省(59家)	
江苏华佳丝绸有限公司	少数民族针纺织
江苏宏健粮油科技发展有限公司	清真食品
江苏省华扬太阳能有限公司	少数民族日用杂品
江苏泗绢集团有限公司	少数民族针纺织
江苏玖久丝绸股份有限公司	少数民族针纺织
江苏龙嫂绿色食品有限公司	清真食品
南京云锦研究所股份有限公司	少数民族针纺织
南京金箔集团有限责任公司	少数民族工艺美术品
南京绿柳居清真食品有限公司	清真食品
南京清真安乐园菜馆	清真食品
南京韩复兴清真食品有限公司	清真食品
南京清真桃源村食品厂有限公司	清真食品
徐州益客食品有限公司	清真食品
徐州澳华肉食品有限公司	清真食品
常州环球地毯制造有限公司	少数民族针纺织
苏州市青田企业发展有限公司	少数民族针纺织
苏州华思丝绸印染有限公司	少数民族针纺织
苏州剧装戏具合作公司	少数民族服装
南通市苏中纺织有限公司	少数民族针纺织
南通罗盖特生物科技有限公司	清真食品
益海（连云港）粮油工业有限公司	清真食品
连云港天明自然纤维制品有限公司	少数民族针纺织
扬州纪元纺织有限公司	少数民族针纺织
扬州玉器厂	少数民族工艺美术品
扬州漆器厂	少数民族工艺美术品
扬州神州风力发动机有限公司	少数民族日用杂品

续表 16

定点企业名称	民族特需用品名称
宿迁洋河纺织有限公司	少数民族针纺织
宿迁天辰纺织有限公司	少数民族针纺织
吴江市新申织造有限公司	少数民族针纺织
吴江赴东纺织集团有限公司	少数民族针纺织
吴江飞翔印染有限公司	少数民族针纺织
大丰市佳丰油脂有限责任公司	清真食品
丹阳市通泰纺织有限公司	少数民族针纺织
泗阳县嘉泰纺织有限公司	少数民族针纺织
江苏伟楼生物科技有限公司	清真食品
江苏康乃馨织造有限公司	少数民族针纺织
江苏玉人服装有限公司	少数民族针纺织
江苏高和机电股份有限公司	少数民族日用杂品
金海新源电气江苏有限公司	少数民族日用杂品
江苏东佳木业有限公司	少数民族家具
江苏宝宝宿迁国民生物科技有限公司	清真食品
南京海锚电器织造有限公司	少数民族日用杂品
南京双峰油泵油嘴有限公司	少数民族生产工具
南京朝中食品有限责任公司	清真食品
苏州民族乐器一厂有限公司	少数民族文体用品
连云港飞雁毛毯有限责任公司	少数民族针纺织
盐城顶益食品有限公司	清真食品
张家港市大新毛纺有限公司	少数民族针纺织
吴江市震洲喷气织造厂	少数民族针纺织
仪征苏豪制衣有限公司	少数民族服装
江苏箭鹿毛纺股份有限公司	少数民族针纺织
江苏春绿粮油有限公司	清真食品
江苏苏龙纺织科技集团有限公司	少数民族针纺织
江苏宝龙集团有限公司	清真食品
扬州市华光双瑞实业有限公司	少数民族生产工具
吴江市双益化纺实业有限公司	少数民族针纺织
盐城蓝多特纺织原料有限公司	少数民族针纺织
江苏海利达纺织有限公司	少数民族针纺织
江苏柏泰集团有限公司	少数民族服装

续表 17

定点企业名称	民族特需用品名称
浙江省(6 家)	
杭州翠沁斋清真食品有限公司	清真食品
景宁畲族自治县龙凤民族服饰有限公司	少数民族针纺织
衢州安康民族工艺饰品有限公司	少数民族工艺美术品
新昌县江南诚茂砖茶有限公司	边销茶(紧压茶)
浙江武义骆驼九龙砖茶有限公司	边销茶(紧压茶)
宁波赤岩峰茶业有限公司	边销茶(紧压茶)
安徽省(18 家)	
安庆市清怡针纺织品有限责任公司	少数民族针纺织
铜陵锦鹏工艺品有限责任公司	少数民族针纺织
安庆市柏兆记工贸实业发展有限公司	清真食品
安徽省林锦记食品工业有限公司	清真食品
安徽华卫集团禽业有限公司	清真食品
安徽协和成药业饮片有限公司	清真食品
安徽鑫河清真牛羊肉加工有限公司	清真食品
安徽康尔美油脂有限公司	清真食品
安徽远旺清真食品有限责任公司	清真食品
全椒县礼庚管坝牛肉有限公司	清真食品
合肥桂和农牧渔发展有限公司	清真食品
合肥新晟天工贸有限公司	少数民族鞋帽
安徽省凤阳县御膳油脂有限公司	清真食品
滁州市琅琊米源斋清真食品厂	清真食品
天长市鑫光民族服饰有限公司	少数民族服装
亳州市永刚饮片厂有限公司	清真食品
淮南市碗碗香豆业有限公司	清真食品
安徽金丰粮油股份有限公司	清真食品
福建省(4 家)	
福安市珍华工艺品有限公司	少数民族工艺美术品
福建盈盛号金银饰品有限公司	少数民族工艺美术品
福建省满园春茶业有限公司	边销茶(紧压茶)
正大（中国）服饰有限公司	少数民族服装
江西省(13 家)	
江西桐青金属工艺品有限公司	少数民族工艺美术品

续表 18

定点企业名称	民族特需用品名称
余干县民族乐器有限公司	少数民族文体用品
德兴市百勤异 VC 钠有限公司	清真食品
景德镇远景瓷业有限公司	少数民族日用杂品
景德镇佳洋陶瓷有限公司	少数民族日用杂品
九江市清真梁启发食品厂	清真食品
九江市清真梁义隆食品有限公司	清真食品
九江市清真牛羊禽蛋加工厂	清真食品
江西牛牛乳业有限责任公司	清真食品
江西南方黑芝麻食品有限责任公司	清真食品
江西绿源油脂实业有限公司	清真食品
江西仙客来生物科技有限公司	清真食品
景德镇诺耐新材料科技有限公司	少数民族日用杂品
山东省(94 家)	
青岛九联集团股份有限公司	清真食品
青岛清光食品有限公司	清真食品
泰山石膏股份有限公司	少数民族日用杂品
山东康平纳集团有限公司	少数民族针纺织
肥城市龙祥纺织有限公司	少数民族针纺织
山东金马工业集团股份有限公司	少数民族生产工具
山东银凤股份有限公司	少数民族日用杂品
山东神龙毯业有限公司	少数民族针纺织
中澳控股集团有限公司	清真食品
谷神生物科技集团有限公司	清真食品
山东鼎力枣业食品集团有限公司	清真食品
山东鑫亚工业股份有限公司	少数民族生产工具
临清三和纺织集团有限公司	少数民族针纺织
山东泉林纸业有限责任公司	少数民族文体用品
山东凤祥股份有限公司	清真食品
阳谷县鲁信清真食业有限公司	清真食品
山东冠洲股份有限公司	少数民族生产工具
冠县冠星纺织有限责任公司	少数民族针纺织
山东东阿钢球集团有限公司	少数民族日用杂品
山东汇通纺织有限公司	少数民族针纺织

续表 19

定点企业名称	民族特需用品名称
山东省阳信广富畜产品有限公司	清真食品
山东渤海油脂工业有限公司	清真食品
山东滨州亚光毛巾有限公司	少数民族针纺织
山东鲁花浓香花生油有限公司	清真食品
山东达驰电气有限公司	少数民族生产工具
淄博兰雁集团有限责任公司	少数民族针纺织
金乡县华光食品进出口有限公司	清真食品
山东明胜纺织有限公司	少数民族针纺织
山东齐旺达包装制品有限公司	少数民族生产工具
东辰控股集团有限公司	清真食品
希森三和集团有限公司	清真食品
三阳纺织有限公司	少数民族针纺织
莱阳鲁花浓香花生油有限公司	清真食品
烟台龙源油食品有限公司	清真食品
山东春雪食品有限公司	清真食品
山东圣豪家纺有限公司	少数民族针纺织
山东黎明纺织有限公司	少数民族针纺织
山东禹王实业有限公司	清真食品
山东益寿食品股份有限公司	清真食品
无棣伊德圆畜牧有限公司	清真食品
山东峰宇面粉有限公司	清真食品
山东胜通化工有限公司	少数民族生产工具
莱芜泰禾生化有限公司	清真食品
山东常林机械集团股份有限公司	少数民族生产工具
山东华盛农业药械有限责任公司	少数民族生产工具
中通客车控股股份有限公司	少数民族生产工具
中冶纸业银河有限公司	少数民族文体用品
山东润源实业有限公司	少数民族生产工具
山东奥克特化工有限公司	少数民族药
山东省曹普工艺有限公司	少数民族家具
威海毛纺织集团有限公司	少数民族针纺织
日照东升地毯有限公司	少数民族针纺织
山东华誉集团有限公司	清真食品

续表 20

定点企业名称	民族特需用品名称
山东龙大植物油有限公司	清真食品
山东宇泰光电科技有限公司	少数民族日用杂品
山东华兴纺织集团有限公司	少数民族针纺织
山东中奥毯业有限公司	少数民族针纺织
青岛东生集团股份有限公司	清真食品
山东超越纺织有限公司	少数民族针纺织
山东巨益新能源有限公司	少数民族日用杂品
山东中谷淀粉糖有限公司	清真食品
青岛长寿食品有限公司	清真食品
山东智德纺织有限公司	少数民族针纺织
泰安鲁普耐特塑料有限公司	少数民族生产工具
山东桑乐太阳能有限公司	少数民族日用杂品
山东洪丰面粉有限公司	清真食品
金猴集团有限公司	少数民族服装
山东如意科技集团有限公司	少数民族针纺织
山东飞泰纺织有限公司	少数民族针纺织
诸城外贸有限责任公司	清真食品
山东岱银纺织集团股份有限公司	少数民族针纺织
招远市针织厂有限公司	少数民族针纺织
山东香驰粮油有限公司	清真食品
山东绿健生物技术有限公司	清真食品
阳信亿利源清真肉类有限公司	清真食品
蓬莱汇洋食品有限公司	清真食品
淄博欧木特种纸业有限公司	少数民族日用杂品
山东新光股份有限公司	少数民族针纺织
山东招金银楼有限公司	少数民族工艺美术品
山东万得福实业集团有限公司	清真食品
日照海通丝业有限公司	少数民族针纺织
武城县英潮经贸有限公司	清真食品
淄博大染坊丝绸集团有限公司	少数民族针纺织
邹平三星油脂工业有限公司	清真食品
山东清田塑工有限公司	少数民族生产工具
山东兴泉油脂有限公司	清真食品

续表 21

定点企业名称	民族特需用品名称
昌邑华晨纺织印染有限公司	少数民族针纺织
山东鸿润油脂有限公司	清真食品
山东红叶地毯有限公司	少数民族针纺织
山东呈祥电工电气有限公司	少数民族日用杂品
山东环球印铁制罐有限公司	少数民族日用杂品
青岛春明调味品有限公司	清真食品
齐鲁宏业纺织集团有限公司	少数民族针纺织
青岛品品好粮油有限公司	清真食品
河南省(87 家)	
焦作隆丰皮草企业有限公司	少数民族针纺织
河南阿凡提食品股份有限公司	清真食品
中牛集团有限公司	少数民族鞋帽
河南华英农业发展股份有限公司	清真食品
河南羚锐制药股份有限公司	少数民族药
南阳纺织集团有限公司	少数民族针纺织
河南新野纺织股份有限公司	少数民族针纺织
河南大用实业有限公司	清真食品
焦作大用实业有限公司	清真食品
河南大用邦杰食品有限公司	清真食品
河南省淇县永达食业有限公司	清真食品
鹤壁朝歌纺织有限公司	少数民族针纺织
濮阳新三强纺织有限公司	少数民族针纺织
新乡景弘印染有限公司	少数民族针纺织
河南太行振动机械股份有限公司	少数民族生产工具
郑州天方食品集团有限公司	清真食品
郑州泰阳纺织有限公司	少数民族针纺织
河南省中原皓月清真食品工业有限公司	清真食品
洛阳金香斋食品有限公司	清真食品
河南省金牛足食品有限公司	清真食品
河南省天鹅型材有限公司	少数民族日用杂品
沁阳市金牛皮业有限公司	少数民族针纺织
河南伊赛牛肉股份有限公司	清真食品
沁阳市亚中皮毛制品有限公司	少数民族针纺织

续表 22

定点企业名称	民族特需用品名称
河南省诚实人食品有限公司	清真食品
开开援生制药股份有限公司	少数民族药
邓州雪阳集团股份有限公司	少数民族针纺织
河南省星河油脂有限公司	清真食品
河南梦想食品有限公司	清真食品
漯河市永利食品有限公司	清真食品
漯河市永光电气设备有限公司	少数民族日用杂品
河南九华纺织有限公司	少数民族针纺织
河南尚正食品有限公司	清真食品
沁阳市大扬鞋材有限公司	少数民族鞋帽
河南省武陟县亨威皮毛服装有限公司	少数民族针纺织
沁阳市星月工贸实业有限公司	少数民族针纺织
沁阳市协和皮业有限公司	少数民族针纺织
河南粤禽农牧有限公司	清真食品
安阳市健丰食品有限公司	清真食品
鹤壁市豫光面粉有限公司	清真食品
河南豪丰机械制造有限公司	少数民族生产工具
河南银丰机械制造有限公司	少数民族生产工具
尉氏县凯华皮革有限公司	少数民族服装
河南昌泰电力设备有限公司	少数民族日用杂品
漯河双汇万中禽业加工有限公司	清真食品
淮阳县辉华面业有限公司	清真食品
河南辅仁堂制药有限公司	少数民族药
驻马店联顺食品有限公司	清真食品
河南启明肉食品有限公司	清真食品
河南天瀛食品科技有限公司	清真食品
河南省宛西制药股份有限公司	少数民族药
河南三源粮油食品有限责任公司	清真食品
河南黄国粮业有限公司	清真食品
河南山信粮业有限公司	清真食品
民权县科农食品贸易有限公司	清真食品
河南五环彩印包装股份有限公司	少数民族文体用品
河南义江民族服饰有限公司	少数民族服装

续表 23

定点企业名称	民族特需用品名称
河南花仙子粮油加工有限公司	清真食品
漯河市天味食品有限公司	清真食品
河南省隆庆祥服饰有限公司	少数民族针纺织
河南永达清真食品有限公司	清真食品
内黄县意隆纺织有限责任公司	少数民族针纺织
河南省淇花食用油有限公司	清真食品
新野县康园纺织有限公司	少数民族针纺织
商丘市农家源粮油有限公司	清真食品
信阳市四季香茶业有限公司	边销茶(紧压茶)
焦作市金厨食品有限公司	清真食品
修武县顾氏畜产制品有限责任公司	少数民族针纺织
罗山县高盛瓷业有限公司	少数民族日用杂品
河南帮太食品有限公司	清真食品
河南省华鹏棉业有限公司	少数民族针纺织
商丘市银河棉业股份有限公司	少数民族针纺织
夏邑县淮海铸造有限公司	少数民族日用杂品
鄢陵县鑫鑫肠衣有限公司	清真食品
河南米多奇食品有限公司	清真食品
河南永达生物食品有限公司	清真食品
河南森源集团有限公司	少数民族日用杂品
淅川县豫西清真肉业有限公司	清真食品
河南新能光伏有限公司	少数民族日用杂品
河南七点半食品有限公司	清真食品
洛阳市伊伊清真食品有限公司	清真食品
南乐县大乐面粉有限公司	清真食品
尉氏纺织有限公司	少数民族针纺织
河南省新野鹏升纺织有限公司	少数民族针纺织
新野县华星棉纺织有限责任公司	少数民族针纺织
河南九华山茶业有限公司	边销茶(紧压茶)
河南一加一面粉有限公司	清真食品
湖北省(44 家)	
湖北采花茶业有限公司	少数民族日用杂品
湖北新桥生物科技有限责任公司	少数民族日用杂品

续表 24

定点企业名称	民族特需用品名称
湖北任森农业科技发展有限公司	清真食品
枝江步步升布艺有限公司	少数民族鞋帽
远安县德中茧丝有限责任公司	少数民族针纺织
宜昌雅佳明妃家具有限公司	少数民族家具
宜昌市雅尊服饰有限公司	少数民族服装
恩施新佰佳民族工艺开发有限公司	少数民族日用杂品
恩施州青山木业有限公司	少数民族家具
湖北龙船调服饰有限公司	少数民族服装
湖北锐强农机制造有限公司	少数民族生产工具
湖北香连药业有限责任公司	少数民族药
湖北爱茵木塑制品有限责任公司	少数民族日用杂品
建始永恒太阳能光电科技有限公司	少数民族日用杂品
恩施州鑫鑫麻织品有限责任公司	少数民族针纺织
湖北宝石花工艺品有限公司	少数民族工艺美术品
来凤金凤建材工业有限责任公司	少数民族日用杂品
荆门市奥斯曼复合材料有限公司	少数民族日用杂品
十堰市伊兰清真实业有限公司	清真食品
武当山特区有宏精铸有限公司	少数民族工艺美术品
神农架神农御酒有限责任公司	少数民族针纺织
武汉清真牛羊加工有限公司	清真食品
武汉市副食品商业储备有限公司	清真食品
唐古拉汉藏文化交流有限公司	少数民族工艺美术品
松滋市银舟棉业有限公司	少数民族针纺织
襄阳新襄棉纺织有限公司	少数民族针纺织
襄阳市天佐农牧有限公司	清真食品
宜城市天鑫油脂有限公司	清真食品
湖北雪美实业股份有限公司	少数民族针纺织
湖北巨源油业有限公司	清真食品
房县昂欣布业有限责任公司	少数民族针纺织
宜昌三峡制药有限公司	少数民族药
湖北省赵李桥茶厂有限责任公司	边销茶(紧压茶)
湖北富华茶业有限公司	边销茶(紧压茶)
宣恩县安居建材有限公司	少数民族日用杂品

续表 25

定点企业名称	民族特需用品名称
湖北宏远药业有限公司	少数民族药
恩施州土司皇宫刺绣有限公司	少数民族鞋帽
恩施州百贝木业有限公司	少数民族家具
宜昌市形成服饰有限公司	少数民族服装
山泰水电设备制造有限责任公司	少数民族生产工具
湖北瑞源纺织有限责任公司	少数民族针纺织
咸宁市柏墩生甡川砖茶厂	边销茶(紧压茶)
羊楼洞茶业有限公司	边销茶(紧压茶)
湖北赵李桥锦合茶叶有限公司	边销茶(紧压茶)
湖南省(72 家)	
吉首诚成纺织有限公司	少数民族针纺织
湘西自治州长丰纺织有限责任公司	少数民族针纺织
酒鬼酒股份有限公司	少数民族日用杂品
湘西土家族苗族自治州民族中医院	少数民族药
湘西宏成制药有限责任公司	少数民族药
湘西土家族苗族自治州人民医院	少数民族药
湖南湘泉药业股份有限公司	少数民族药
湘西自治州锦绣湘西民族文化产业有限公司	少数民族家具
湘西自治州毕果民族服饰研制中心	少数民族服装
吉首银世界珠宝首饰有限公司	少数民族工艺美术品
古丈县卓良木业有限责任公司	少数民族家具
湖南永顺锦帛钰纺织有限责任公司	少数民族针纺织
湖南本草制药有限责任公司	少数民族药
湖南省泸溪县金旭冶化有限责任公司	少数民族日用杂品
花垣县民族民间工艺美术厂	少数民族针纺织
凤凰古城文化旅游投资股份有限公司	少数民族服装
凤凰县长松投资有限公司	少数民族服装
湘西自治州丰达合金科技有限公司	少数民族服装
湘西自治州天源建材有限责任公司	少数民族日用杂品
湘西芙蓉镇景点圈旅游投资开发股份有限公司	少数民族鞋帽
龙山县叶氏民族工艺有限公司	少数民族针纺织
吉首市宗南重工制造有限公司	少数民族生产工具
湘西自治州兄弟玻璃有限公司	少数民族日用杂品

续表 26

定点企业名称	民族特需用品名称
湖南恒兴木业有限公司	少数民族家具
永顺县土家村姑实业有限责任公司	少数民族针纺织
泸溪县鑫兴冶化有限公司	少数民族工艺美术品
泸溪县金瑞冶化有限责任公司	少数民族工艺美术品
湖南省花垣苗河文化产品有限公司	少数民族工艺美术品
凤凰县铭城旅游设施维护建设有限责任公司	少数民族工艺美术品
湖南金丰纺织集团有限公司	少数民族针纺织
怀化市安江纺织有限责任公司	少数民族针纺织
怀化市恒裕实业有限公司	少数民族日用杂品
新晃老蔡食品有限责任公司	清真食品
怀化正好制药有限公司	少数民族药
湖南佳惠百货有限责任公司	少数民族服装
湖南正清制药集团股份有限公司	少数民族药
洪江市华宇竹业有限公司	少数民族家具
怀化华宏印务有限公司	少数民族文体用品
湖南绿步科技有限责任公司	少数民族日用杂品
湖南恒伟药业股份有限公司	少数民族药
湖南敬和堂制药有限公司	少数民族药
张家界惊梦酒业食品有限责任公司	少数民族日用杂品
张家界金鲵生物工程股份有限公司	少数民族针纺织
张家界三木能源开发有限公司	少数民族日用杂品
张家界康华实业有限公司	少数民族工艺美术品
靖州苗族侗族自治县人民医院	少数民族药
桃江县湘益木业有限责任公司	少数民族家具
桃源县义哥清真牛肉食品厂	清真食品
黄龙洞投资股份有限公司	少数民族服装
湖南省恒鑫饰品有限公司	少数民族工艺美术品
张家界永兴玻璃有限公司	少数民族日用杂品
城步苗族自治县玉兰民族服装厂	少数民族服装
长沙沙坪金球湘绣有限公司	少数民族针纺织
湖南永州奔腾彩印有限公司	少数民族文体用品
湖南省回春堂药业有限公司	少数民族药
靖州县金茶油科技开发有限责任公司	少数民族服装

续表 27

定点企业名称	民族特需用品名称
湖南华洋铜业股份有限公司	少数民族日用杂品
张家界康茜置业有限公司	少数民族日用杂品
怀化湘鹤（集团）电缆科技有限公司	少数民族生产工具
桃江县牛魔王食品有限公司	清真食品
城步苗族自治县银河纸业有限责任公司	少数民族文体用品
安化怡清源茶业有限公司	边销茶(紧压茶)
湖南紫艺茶业有限公司	边销茶(紧压茶)
益阳茶厂有限公司	边销茶(紧压茶)
湖南省白沙溪茶厂有限责任公司	边销茶(紧压茶)
湖南省安化茶厂	边销茶(紧压茶)
湖南益阳香炉山茶业有限公司	边销茶(紧压茶)
临湘市茶业有限责任公司	边销茶(紧压茶)
湖南省临湘永巨茶业有限公司	边销茶(紧压茶)
临湘市明伦茶业有限公司	边销茶(紧压茶)
湖南浩茗茶业食品有限公司	边销茶(紧压茶)
湖南阿香茶果食品有限公司	边销茶(紧压茶)
广东省(8 家)	
广州市回民饭店有限公司	清真食品
广州市塞俩目食品实业发展有限公司	清真食品
广州江村多营禽畜肉业有限公司	清真食品
连南瑶族自治县鹿鸣茧丝绸有限责任公司	少数民族针纺织
乳源瑶族自治县粮食购销有限责任公司	少数民族针纺织
龙门县南昆山乳业有限公司	清真食品
东源县黄龙岩旅游发展有限公司	少数民族服装
连山壮族瑶族自治县山韵民族文化传媒发展有限公司	少数民族服装
广西壮族自治区(132 家)	
广西五丰粮食集团有限公司	清真食品
南宁锦虹棉纺织有限责任公司	少数民族针纺织
广西南方黑芝麻食品股份有限公司	清真食品
南南铝业股份有限公司	少数民族日用杂品
广西横县鸿达茧丝绸有限公司	少数民族针纺织
广西皇氏甲天下乳业股份有限公司	清真食品
广西万通制药有限公司	少数民族药

续表 28

定点企业名称	民族特需用品名称
广西博科药业有限公司	少数民族药
广西集盛食品有限公司	清真食品
广西上林大染坊茧丝绸有限公司	少数民族针纺织
广西南宁德致药业有限公司	少数民族药
广西立盛茧丝绸有限公司	少数民族针纺织
广西万寿堂药业有限公司	少数民族药
广西金花茶业有限公司	边销茶(紧压茶)
广西百大丝绸集团有限公司	少数民族针纺织
广西千珍制药有限公司	少数民族药
横县桂华茧丝绸有限责任公司	少数民族针纺织
广西南宁百洋食品有限公司	清真食品
广西桂西制药有限公司	少数民族药
南宁市八桂纸业有限公司	少数民族文体用品
广西恒拓医药投资集团有限公司	少数民族药
南宁市维威制药有限公司	少数民族药
广西健丰药业有限公司	少数民族药
广西乐达包装有限公司	少数民族生产工具
广西莫老爷食品有限公司	清真食品
南宁五菱桂花车辆有限公司	少数民族生产工具
横县万力隆皮业有限责任公司	少数民族服装
广西南宁百会药业集团有限公司	少数民族药
南宁市上英印刷有限责任公司	少数民族文体用品
宾阳县民族织锦厂	少数民族针纺织
广西金海堂药业有限责任公司	少数民族药
广西金嗓子有限责任公司	少数民族药
广西银钢南益制造有限公司	少数民族生产工具
柳州两面针股份有限公司	少数民族日用杂品
鹿寨县贵盛茧丝工贸有限公司	少数民族针纺织
柳州华晟纺织有限公司	少数民族针纺织
广西壮族自治区花红药业股份有限公司	少数民族药
柳州中皓油脂工业有限公司	清真食品
柳州市润澄针织有限公司	少数民族针纺织
广西天天乐药业股份有限公司	少数民族药

续表 29

定点企业名称	民族特需用品名称
柳州市汇利丰茧丝绸有限责任公司	少数民族针纺织
广西正堂药业有限责任公司	少数民族药
广西日田丝业有限责任公司	少数民族针纺织
广西三江艺尚民族工艺商贸有限公司	少数民族工艺美术品
柳州市柳城鹏鑫源茧丝绸有限公司	少数民族针纺织
广西日田药业集团有限责任公司	少数民族药
柳州市柳城县石门山丝绸有限公司	少数民族针纺织
广西圣特药业有限公司	少数民族药
广西亿康药业股份有限公司	少数民族药
广西柳城县鸿艺丝绸有限公司	少数民族针纺织
广西仙草堂制药有限责任公司	少数民族药
融安桂华茧丝绸有限责任公司	少数民族针纺织
广西柳州长安制药有限公司	少数民族药
柳州市明盈针织服装厂	少数民族服装
广西鹿寨县华顺贸易有限责任公司	少数民族针纺织
广西柳州金杉木业有限公司	少数民族日用杂品
柳城县鼎铭金属制品有限公司	少数民族生产工具
广西融安县金鼎制丝有限责任公司	少数民族针纺织
桂林南药股份有限公司	少数民族药
桂林三金药业股份有限公司	少数民族药
桂林兄弟木业有限责任公司	少数民族家具
广西荔浦桂邦家居有限公司	少数民族家具
桂林金色雨林木业有限责任公司	少数民族家具
广西荔浦肥涛食品饮料有限公司	清真食品
桂林裕祥家居用品有限公司	少数民族家具
桂林中族中药股份有限公司	少数民族药
广西梧州制药(集团)股份有限公司	少数民族药
广西梧州冰泉实业股份有限公司	清真食品
广西华虹蚕丝股份有限公司	少数民族针纺织
广西梧州茂圣茶业有限公司	边销茶(紧压茶)
梧州神冠蛋白肠衣有限公司	清真食品
广西玉兰制药有限公司	少数民族药
广西壮族自治区梧州茶厂	边销茶(紧压茶)

续表 30

定点企业名称	民族特需用品名称
蒙山县五丰丝绸有限公司	少数民族针纺织
蒙山县辉明丝绸制品有限公司	少数民族针纺织
广西华虹绢纺有限公司	少数民族针纺织
北海洪恩水产有限公司	清真食品
北海保通冷冻食品有限公司	清真食品
广西恒拓集团仁盛制药有限公司	少数民族药
广西灵山县宇峰保健食品有限公司	清真食品
广西桂合集团有限公司	少数民族针纺织
广西钦州力顺机械有限公司	少数民族生产工具
广西半宙天龙制药有限公司	少数民族药
广西世彪药业有限公司	少数民族药
钦州承坭斋陶艺有限公司	少数民族日用杂品
广西中和兽药厂	少数民族药
广西源安堂药业有限公司	少数民族药
平南县兽药厂	少数民族药
广西清隆机械制造有限公司	少数民族生产工具
广西平南新马工艺品有限公司	少数民族工艺美术品
广西三环企业集团股份有限公司	少数民族日用杂品
广西容县美柏工艺品有限公司	少数民族工艺美术品
广西开元机器制造有限责任公司	少数民族生产工具
广西北流仲礼瓷业有限公司	少数民族日用杂品
广西玉林制药集团有限责任公司	少数民族药
广西南山瓷器有限公司	少数民族日用杂品
广西中医药大学制药厂	少数民族药
广西玉林大金大药业有限公司	少数民族药
广西博白东美工艺品有限公司	少数民族日用杂品
靖西县壮锦厂	少数民族针纺织
广西高山茧丝绸科技有限公司	少数民族针纺织
广西灵峰药业有限公司	少数民族药
广西贺州市美仪瓷业有限责任公司	少数民族日用杂品
广西江缘茧丝绸有限公司	少数民族针纺织
广西嘉联丝绸有限公司	少数民族针纺织
广西都安建兴机械有限公司	少数民族生产工具

续表 31

定点企业名称	民族特需用品名称
广西东兰花神丝绸有限公司	少数民族针纺织
广西华佳丝绸有限公司	少数民族针纺织
广西双蚁药业有限公司	少数民族药
广西方略集团龙州制药有限公司	少数民族药
广西汇工印业有限公司	少数民族文体用品
宾阳县茧丝工贸有限责任公司	少数民族针纺织
广西天景山丝绸有限公司	少数民族针纺织
广西金鼎家具集团有限公司	少数民族家具
广西方略药业集团有限公司	少数民族药
广西北斗星动物保健品有限公司	少数民族药
广西圣保堂药业有限公司	少数民族药
南宁市宾阳县嘉利丝业有限公司	少数民族针纺织
广西康华药业有限责任公司	少数民族药
南宁桂通连印务有限责任公司	少数民族文体用品
广西潘多拉科工贸有限公司	少数民族文体用品
广西隆鑫工贸发展有限公司	少数民族服装
忻城县瑞龙丝业有限责任公司	少数民族针纺织
广西古方药业有限公司	少数民族药
广西盛世鸿霞玻璃钢制品有限公司	少数民族工艺美术品
广西志光办公家具有限公司	少数民族家具
鹿寨古典桑蚕丝织有限公司	少数民族针纺织
广西中天药业有限公司	少数民族药
广西鸿博药业有限公司	少数民族药
广西金茶王油脂有限公司	清真食品
广西民族印刷包装集团有限公司	少数民族文体用品
上林海润丝业有限公司	少数民族针纺织
海南省（3 家）	
海南锦绣织贝有限公司	少数民族针纺织
海南美裕营销有限公司	少数民族工艺美术品
陵水藤竹工艺品有限公司	少数民族家具
重庆市（15 家）	
重庆周君记火锅食品有限公司	清真食品
重庆市天润食品开发有限公司	清真食品

续表 32

定点企业名称	民族特需用品名称
重庆市双河丝绸有限公司	少数民族针纺织
重庆市万州区三峡绣手工艺品有限公司	少数民族针纺织
重庆市海伦地毯有限公司	少数民族针纺织
重庆长宏木业有限公司	少数民族家具
大足石刻艺术品公司	少数民族工艺美术品
重庆市七姝民族工艺品开发有限公司	少数民族针纺织
重庆市乐尔佳机械有限公司	少数民族日用杂品
重庆德庄农产品开发有限公司	清真食品
重庆天宏鞋业有限公司	少数民族针纺织
重庆鸿庆食品有限公司	清真食品
重庆宏普食品有限公司	清真食品
重庆峰谷美地生态养蜂有限公司	清真食品
重庆建容木制品有限公司	少数民族家具
四川省(54 家)	
成都永业有限公司	少数民族家具
四川鑫利达皮具伞业有限责任公司	少数民族家具
雅安市名山县西藏朗赛茶厂	边销茶(紧压茶)
四川省洪雅县松潘民族茶厂	边销茶(紧压茶)
四川吉祥茶业有限公司	边销茶(紧压茶)
雅安市友谊茶叶有限公司	边销茶(紧压茶)
四川省雅安茶厂有限公司	边销茶(紧压茶)
雅安市蔡龙茶厂	边销茶(紧压茶)
四川省叙府茶业有限公司	边销茶(紧压茶)
宜宾市外贸金叶茶业有限责任公司	边销茶(紧压茶)
四川巴山雀舌名茶实业有限公司	边销茶(紧压茶)
四川省平武茶业有限责任公司	边销茶(紧压茶)
凉山彝族自治州民政民族工艺厂	少数民族工艺美术品
凉山阿英莫彝族精品服饰有限公司	少数民族服装
凉山州鸿腾清真食品有限公司	清真食品
甘孜州华康进出口有限责任公司	少数民族工艺美术品
石渠县太阳部落土特产品有限责任公司	少数民族服装
康定青藏谷地农牧业生物科技有限公司	清真食品
甘孜州神螺藏医药研究开发中心	少数民族药

续表 33

定点企业名称	民族特需用品名称
道孚县雪域安巴民间工艺品有限责任公司	少数民族工艺美术品
九寨沟天然药业集团有限责任公司	少数民族药
阿坝县联营民族特需用品工艺厂	少数民族工艺美术品
九寨沟高原食品有限公司	清真食品
阿坝州新希望牦牛产业有限公司	清真食品
成都伊利乳业有限责任公司	清真食品
成都天和银楼有限责任公司	少数民族工艺美术品
自贡市扎染工艺有限公司	少数民族针纺织
四川荣州动物药业有限公司	少数民族药
自贡市博宏丝绸有限公司	少数民族针纺织
四川自贡百味斋食品有限公司	清真食品
乐山市金源纺织有限责任公司	少数民族针纺织
四川省犍为罗城忠烈塑料有限责任公司	少数民族生产工具
四川罗城牛肉食品有限公司	清真食品
四川省美宁实业集团清真食品有限公司	清真食品
四川华峰总公司成都公司	少数民族家具
绵阳市永隆清真食品有限责任公司	清真食品
四川省邛崃市冉义镇新民民族用品有限责任公司	少数民族针纺织
成都弘光工艺品有限公司	少数民族工艺美术品
四川阳光教学设备有限公司	少数民族家具
四川洪兴工贸有限公司	少数民族家具
四川嘎玛博秀雪艺文化发展有限公司	少数民族工艺美术品
炉霍雪域俄色有限责任公司	边销茶(紧压茶)
四川康定金珠制药有限责任公司	少数民族药
康定康藏工艺品制造有限公司	少数民族工艺美术品
道孚亚姆热旅游开发有限责任公司	少数民族工艺美术品
四川宇妥藏药药业有限责任公司	少数民族药
阿坝州红祥民族工艺品开发有限责任公司	少数民族工艺美术品
阿坝州雪松牦牛肉干有限公司	清真食品
成都市棒棒娃实业有限公司	清真食品
四川省丹丹调味品有限公司	清真食品
四川金宫川派味业有限公司	清真食品
成都市荣泰清真食品有限责任公司	清真食品

续表 34

定点企业名称	民族特需用品名称
四川省阿坝州茂县兄弟牦牛肉制品厂	清真食品
犍为县罗城海氏回族食品有限责任公司	清真食品
贵州省(80 家)	
贵阳德昌祥药业有限公司	少数民族药
贵州恒霸药业有限责任公司	少数民族药
贵州健兴药业有限公司	少数民族药
贵州绿太阳制药有限公司	少数民族药
贵州益康制药有限公司	少数民族药
贵州太和制药有限公司	少数民族药
贵州威门药业股份有限公司	少数民族药
贵阳新天药业股份有限公司	少数民族药
贵州汉方制药有限公司	少数民族药
贵州万顺堂药业有限公司	少数民族药
贵州远程制药有限责任公司	少数民族药
贵州维康药业有限公司	少数民族药
贵州地道药业有限公司	少数民族药
贵州同济堂制药有限公司	少数民族药
际华 3537 制鞋有限责任公司	少数民族鞋帽
贵州多彩民族民间文化发展有限公司	少数民族工艺美术品
贵州金芦笙有限公司	少数民族针纺织
贵州高原彝药厂	少数民族药
贵州百祥制药有限责任公司	少数民族药
贵州三力制药有限责任公司	少数民族药
贵州百灵企业集团和仁堂药业有限公司	少数民族药
贵州科辉制药有限公司	少数民族药
贵州好一多乳业股份有限公司	清真食品
贵州伊然红清真食品有限公司	清真食品
贵州多彩雪飞文化旅游商品有限公司	少数民族针纺织
贵州益佰制药有限公司	少数民族药
贵州百灵企业集团制药股份有限公司	少数民族药
贵州顺健制药有限公司	少数民族药
贵州牛来香实业有限公司	清真食品
平坝县杨平清真食品厂	清真食品

续表 35

定点企业名称	民族特需用品名称
安顺市鸿泰蜡染开发有限公司	少数民族针纺织
安顺大明屯堡文化艺术发展有限公司	少数民族工艺美术品
安顺市屯堡雕刻艺术有限公司	少数民族工艺美术品
贵州万胜药业有限责任公司	少数民族药
贵州旭阳食品（集团）有限公司	清真食品
贵州三仁堂药业有限公司	少数民族药
贵州宏奇药业有限公司	少数民族药
六盘水民艺苑商贸有限公司	少数民族服装
贵州榜香郁苗绣服饰开发有限公司	少数民族服装
贵州仰阿莎民族工艺品有限责任公司	少数民族工艺美术品
锦屏县打岩塘鸿发石材有限责任公司	少数民族日用杂品
黔东南州九黎苗妹工艺品有限公司	少数民族工艺美术品
雷山县津龙民族商贸有限责任公司	少数民族工艺美术品、针纺织
剑河县章氏古典家具有限公司	少数民族日用杂品
黔东南朵碟朵阿旅游商品开发有限公司	少数民族针纺织
黔东南州太阳鼓苗侗刺绣有限责任公司	少数民族针纺织
贵阳杏林堂制药有限公司	少数民族药
贵州飞云岭药业股份有限公司	少数民族药
贵州奥特药业有限公司	少数民族药
贵州信邦制药股份有限公司	少数民族药
贵州盛世龙方制药股份有限公司	少数民族药
贵州省都匀瑞祥民族纺织品有限公司	少数民族针纺织
贵州特色制药有限责任公司	少数民族药
贵州永红食品有限公司	清真食品
平塘县禄麒牙舟古陶文化有限公司	少数民族日用杂品
贵州良济药业有限公司	少数民族药
兴仁县马大姐食品有限公司	清真食品
贵州苗药药业有限公司	少数民族药
贵州省兴义市布谷鸟民族实业发展有限公司	少数民族服装
黔西南州金艺商贸发展有限公司	清真食品
贵州兴诚华英食品有限公司	清真食品
黔西南州晶晶民族文化旅游产品发展有限公司	少数民族服装
贵州百灵企业集团世禧制药有限公司	少数民族药

续表 36

定点企业名称	民族特需用品名称
威宁县毛纺有限责任公司	少数民族针纺织
大方彝族漆器工艺品发展有限公司	少数民族工艺美术品
贵州千红万紫民族工艺开发有限公司	少数民族服装、针纺织
贵州省玉屏侗族自治县箫笛厂	少数民族文体用品
贵州省松桃梵净山苗族文化旅游产品开发有限公司	少数民族针纺织
关岭布依族苗族自治县蒙固祯民族服装厂	少数民族服装
六盘水市钟山区德付木雕工艺厂	少数民族日用杂品
黎平民族刺绣服饰厂	少数民族服装、针纺织
贵州省凯里锦天纺织有限公司	少数民族针纺织
台江县锦绣图腾工艺品有限公司	少数民族针纺织
贵州省施秉县舞水云台旅游商品开发有限公司	少数民族服装
贵州省福泉市机械厂	少数民族生产工具
镇宁自治县瀑乡蜡妹民族旅游商品有限公司	少数民族工艺美术品
贵州省关岭鹏强银饰工艺品有限公司	少数民族工艺美术品
水城县金来民族服饰加工厂	少数民族服装
贵州丹寨宁航蜡染有限公司	少数民族针纺织
贵州苗珍堂生物科技有限公司	少数民族针纺织
云南省(116 家)	
昆明鸿运玖久丝绸有限公司	少数民族针纺织
石林毕氏民族服装服饰有限公司	少数民族针纺织
云南龙布瑞农特产品有限公司	少数民族针纺织
玉溪市桦星织带有限责任公司	少数民族针纺织
云南省通海民族织染厂	少数民族针纺织
姚安县麻纺织厂	少数民族针纺织
云南海润茧丝绸有限公司	少数民族针纺织
云南大姚棉织有限责任公司	少数民族针纺织
云南嘉宏纺织集团有限公司	少数民族针纺织
文山钰幅戎民族刺绣有限公司	少数民族针纺织
西双版纳民族文化传播有限公司	少数民族针纺织
巍山县三彝扎染工贸有限公司	少数民族针纺织
巍山县蓝龙扎染有限责任公司	少数民族针纺织
巍山县兴国扎染有限公司	少数民族针纺织
大理滇西纺织有限责任公司	少数民族针纺织

续表 37

定点企业名称	民族特需用品名称
弥渡县民族线带厂	少数民族针纺织
鹤庆县茧丝有限责任公司	少数民族针纺织
丽江毛纺织品有限责任公司	少数民族针纺织
丽江七星民族用品纺织服饰有限公司	少数民族针纺织
云南长秀服装厂	少数民族服装
楚雄红枫叶制衣有限公司	少数民族服装
楚雄四喜服饰文化有限责任公司	少数民族服装
楚雄市振翼实业有限公司	少数民族服装
开远市跃进彩妹手工制绣有限责任公司	少数民族服装
建水县民族金银首饰有限责任公司	少数民族服装
澜沧兰花花民族服饰文化有限公司	少数民族服装
西盟佤山服饰有限公司	少数民族服装
巍山县民族工艺服装厂	少数民族服装
贡山县民族服装厂	少数民族服装
丽江涵蜜金民族服饰工贸有限公司	少数民族服装
丽江丽雪民族服装有限公司	少数民族服装
丽江纳西人民族服装工贸有限公司	少数民族服装
丽江市宁蒗县阿妈六斤民族服饰有限公司	少数民族服装
丽江市古城区皮毛皮革厂	少数民族鞋帽
石林瓷业有限责任公司	少数民族日用杂品
曲靖珠源瓷业有限公司	少数民族日用杂品
曲靖石林锦达瓷业有限公司	少数民族日用杂品
云南省易门益兴瓷业有限公司	少数民族日用杂品
云南省易门华盛瓷业有限公司	少数民族日用杂品
澜沧盛鑫陶瓷制品有限责任公司	少数民族日用杂品
鹤庆县走夷方文化传播有任公司	少数民族日用杂品
瑞丽市荣丰现代装饰装璜有限责任公司	少数民族日用杂品
德钦县益西藏文化产业有限公司	少数民族日用杂品
香格里拉县尼西乡黑陶开发有限责任公司	少数民族日用杂品
丽江市宁蒗县再生木业有限责任公司	少数民族日用杂品
香格里拉县尼西黑土陶开发有限责任公司	少数民族日用杂品
新平美坚新型竹材有限公司	少数民族家具
澜沧县桂华家具有限公司	少数民族家具

续表 38

定点企业名称	民族特需用品名称
镇沅县祥惠木业有限责任公司	少数民族家具
剑川县狮河木雕有限公司	少数民族家具
剑川县方圆石雕石材有限责任公司	少数民族家具
剑川狮河金达木器木雕有限公司	少数民族家具
剑川县宏盛古建筑工程有限责任公司	少数民族家具
新平鹏源彩印包装厂	少数民族文体用品
石屏县坝心印刷厂	少数民族文体用品
西双版纳报社印刷厂	少数民族文体用品
德宏民族出版社印刷厂	少数民族文体用品
怒江报社民族印刷有限责任公司	少数民族文体用品
丽江印刷有限责任公司	少数民族文体用品
丽江华丽印刷有限责任公司	少数民族文体用品
石林印象柿子食品文化有限公司	少数民族工艺美术品
华宁县宁州舒氏陶艺有限责任公司	少数民族工艺美术品
保山市金齿永子文化传媒有限责任公司	少数民族文体用品
云南通海民族银饰制品有限公司	少数民族工艺美术品
新平彝族傣族自治县综合厂	少数民族工艺美术品
楚雄彝艺民族文化旅游产品开发公司	少数民族工艺美术品
武定县民族工艺饰品厂	少数民族工艺美术品
永仁县天彝苴却砚文化开发有限责任公司	少数民族工艺美术品
石屏县恒誉实业有限公司	少数民族工艺美术品
广南县跃升民族银饰工艺有限公司	少数民族工艺美术品
大理文州银都水乡旅游投资有限公司	少数民族工艺美术品
芒市海华开发有限公司民族金银首饰厂	少数民族工艺美术品
德钦县民族用品开发有限责任公司	少数民族工艺美术品
丽江市古城区民族首饰有限公司	少数民族工艺美术品
曲靖市寥廓鑫源工贸有限公司	少数民族生产工具
曲靖市塑料集团公司	少数民族生产工具
马龙县佳誉塑料制品有限公司	少数民族生产工具
宣威市中博塑料有限公司	少数民族生产工具
曲靖市麒麟金叶塑料有限公司	少数民族生产工具
云南科地塑胶有限公司	少数民族生产工具
玉溪市兴红太阳能设备有限公司	少数民族生产工具

续表 39

定点企业名称	民族特需用品名称
玉溪市旭日塑料有限公司	少数民族生产工具
云南大姚机械配件厂	少数民族生产工具
云南省前所机制农具厂	少数民族生产工具
沧源自治县佤山旅游产品开发有限责任公司	少数民族生产工具
云南生物谷灯盏花药业有限公司	少数民族药
昆明群芳药业有限公司	少数民族药
云南永孜堂制药有限公司	少数民族药
滇虹药业集团玉溪生物制药有限公司	少数民族药
云南维和药业股份有限公司	少数民族药
云南龙发制药有限公司	少数民族药
楚雄云中制药有限责任公司	少数民族药
云南盘龙云海药业有限公司	少数民族药
云南金碧制药有限公司	少数民族药
昆明制药集团金泰得药业股份有限公司	少数民族药
云南特安呐制药股份有限公司	少数民族药
西双版纳版纳药业有限责任公司	少数民族药
西双版纳雨林制药有限责任公司	少数民族药
大理州中药制药有限公司	少数民族药
云南大理瑞鹤药业有限公司	少数民族药
昆明华曦牧业集团有限公司	清真食品
云南寻甸仁德食品有限公司	清真食品
寻甸县东发食品有限公司	清真食品
云南海潮集团天牧肉牛产业有限公司	清真食品
云南省鲁甸县理世实业有限公司	清真食品
云南滇回马氏食品有限公司	清真食品
玉溪市回族糕点糖果厂	清真食品
云南天方食品有限公司	清真食品
云南保山同心食品有限公司	清真食品
腾冲县高黎贡山生态茶业有限责任公司	清真食品
楚雄市树苴乡农业技术综合开发公司	清真食品
云南开远泰昌清真食品有限公司	清真食品
开远市坤杰清真食品有限责任公司	清真食品
文山华博贸易有限责任公司	清真食品

续表 40

定点企业名称	民族特需用品名称
永平县阿巧嬢清真食品有限责任公司	清真食品
云南下关沱茶集团股份有限公司	边销茶(紧压茶)
西藏自治区(50 家)	
西藏自治区拉萨皮革厂	少数民族鞋帽
西藏康曲民族经济文化发展有限公司	少数民族针纺织、工艺美术品
西藏银桥股份有限公司	少数民族工艺美术品
西藏阿卓商贸有限公司	少数民族工艺美术品
拉萨唐杰工艺品有限责任公司	少数民族日用杂品、工艺美术品
西藏蓝雪工贸有限公司	少数民族针纺织、工艺美术品
西藏日喀则地区亚美民族手工业产品有限责任公司	少数民族工艺美术品
西藏仁布县玉石雕刻厂	少数民族工艺美术品
拉孜旅游文化发展有限责任公司	少数民族日用杂品
改则县鑫隆乡镇企业民族手工艺厂	少数民族针纺织
洛扎县洛扎扎镇门当居委会民族手工艺编织厂	少数民族针纺织
西藏琼结县水晶玉石厂	少数民族工艺美术品
山南地区扎囊县阳光氆氇编织厂	少数民族针纺织
西藏那曲兴达民族产品开发股份合作有限责任公司	少数民族工艺美术品
西藏自治区藏药厂	少数民族药
西藏藏药集团股份有限公司	少数民族药
西藏藏医学院藏药有限公司	少数民族药
西藏神猴药业有限责任公司	少数民族药
西藏山南雍布拉康藏药厂	少数民族药
西藏金哈达药业有限公司	少数民族药
西藏昌都日通藏医药研制中心藏药厂	少数民族药
西藏昌都光宇利民药业有限责任公司	少数民族药
西藏龙凤地毯加工有限公司	少数民族针纺织
西藏卓玛民族手工艺品有限公司	少数民族针纺织
西藏帮锦镁朵工贸有限公司	少数民族针纺织
西藏日喀则市康帕地毯厂	少数民族针纺织
西藏自治区江孜县地毯厂	少数民族针纺织
山南乃东县地毯厂	少数民族针纺织
西藏浪卡子地毯厂	少数民族针纺织
西藏拉萨地毯有限责任公司	少数民族针纺织

续表 41

定点企业名称	民族特需用品名称
拉萨市城关区地毯厂	少数民族针纺织
西藏那曲地区纳木措地毯实业有限责任公司	少数民族针纺织
西藏优格仓工贸有限公司	少数民族日用杂品
西藏珠穆拉瑞商贸发展有限公司	少数民族日用杂品
西藏日喀则市得勒棉崇藏香有限责任公司	少数民族日用杂品
扎囊县敏珠林寺藏香厂	少数民族日用杂品
西藏圣海螺民族产品开发有限公司	少数民族日用杂品
西藏吞柏古藏香有限公司	少数民族日用杂品
西藏洛卓龙商贸有限公司	少数民族日用杂品
拉萨彩泉福利民族手工业有限公司	少数民族服装
江孜县民族服装厂	少数民族服装
拉萨荣恒服装有限责任公司	少数民族服装
西藏自治区江孜铁木家具厂	少数民族家具
日喀则市扎西吉彩金银铜器加工厂	少数民族工艺美术品
西藏自治区日喀则市铁器厂	少数民族日用杂品
拉萨市城关区古艺建筑美术公司	少数民族工艺美术品
拉萨市茂源家具装潢有限责任公司	少数民族家具
西藏童嘎家私有限公司	少数民族家具
西藏柒木家私有限公司	少数民族家具
拉萨市城关区毛纺二厂	少数民族针纺织
陕西省(23 家)	
西安市凯丽思清真食品有限责任公司	清真食品
陕西顶麦食品有限公司	清真食品
华丰食品（咸阳）有限公司	清真食品
陕西心特软食品有限公司	清真食品
陕西子祺食品有限公司	清真食品
陕西蒲城华星食品有限公司	清真食品
定边县付翔食品有限责任公司	清真食品
陕西建忠佳家乐食品有限公司	清真食品
陕西华祥食品（集团）有限公司	清真食品
宝鸡惠民奶业有限公司	清真食品
宝鸡华龙牧业集团有限公司	清真食品
西北二棉纺织有限公司	少数民族针纺织

续表 42

定点企业名称	民族特需用品名称
陕西怡泽茯茶有限公司	边销茶(紧压茶)
陕西德富祥食品餐饮有限公司	清真食品
陕西雍城面业有限公司	清真食品
宝鸡同盛食品有限公司	清真食品
陕西三原兴邦油品有限公司	清真食品
西安三宝双喜清真食品有限公司	清真食品
西安哈牙食品有限公司	清真食品
岐山华祥纸箱有限公司	少数民族文体用品
陕西福万家食品有限公司	清真食品
西安嘉奥调味食品有限公司	清真食品
陕西三秦香食品有限公司	清真食品
甘肃省(105 家)	
兰州庄园牧场股份有限公司	清真食品
甘肃雅赛尼工贸有限公司	少数民族服装
兰州国智民贸有限公司	少数民族工艺美术品
兰州马大胡子餐饮服务有限公司	清真食品
兰州吉祥斋西饼食品有限公司	清真食品
兰州依果商贸有限公司	少数民族服装
兰州东方宫清真餐饮有限公司	清真食品
兰州忠华商贸有限公司	清真食品
兰州小二黑食品有限公司	清真食品
兰州伊利乳业有限公司	清真食品
甘肃阿敏生物清真明胶有限公司	清真食品
兰州百味全清真食品有限公司	清真食品
兰州市永登吉福清真肉食品有限公司	清真食品
肃北县温格金民族贸易有限公司	少数民族工艺美术品
肃南县草原惠成食品有限公司	清真食品
肃南县富达民族服饰工艺有限公司	少数民族服装
山丹县康源清真牛羊肉食品有限公司	清真食品
民勤县德兴食品有限公司	清真食品
武威天润白牦牛绿色食品开发有限公司	清真食品
甘肃伊真堂药业有限公司	少数民族药
甘肃伊发药业有限公司	少数民族药

续表 43

定点企业名称	民族特需用品名称
岷县瑞丰药业有限公司	少数民族药
定西伊兰纯牛业有限公司	清真食品
临洮巍雅斯名表眼镜有限公司	少数民族工艺美术品
甘肃德煌炘园食品有限公司	清真食品
白银特澳特番茄制品有限公司	清真食品
天水市康宁生物科技有限公司	少数民族药
平凉市凯沣贸易进出口有限公司	清真食品
平凉市景兴清真肉品有限公司	清真食品
华亭县宏源牧业有限公司	清真食品
庆阳北地红调味食品有限公司	清真食品
甘肃华羚酪蛋白股份有限责任公司	清真食品
甘南藏族自治州燎原乳业有限责任公司	清真食品
甘南州澎曹民族产品开发有限责任公司	少数民族服装
甘南州恒达商贸开发有限责任公司	少数民族日用杂品
甘南州晟羚肉类加工有限责任公司	清真食品
甘南州科瑞乳品开发有限公司	清真食品
甘南州玛曲雪原肉业有限公司	清真食品
甘肃安多清真绿色食品有限公司	清真食品
甘南州夏河县雪域藏香厂	少数民族日用杂品
甘南州恒发商贸有限责任公司	少数民族日用杂品
甘南州伊丰源商贸开发有限责任公司	清真食品
甘南州卡加曼藏药开发有限公司	少数民族药
甘南州临潭县金洮良种牛繁育有限责任公司	清真食品
甘南州羚城藏族文化科技开发有限责任公司	少数民族日用杂品、工艺美术品
甘南州玛曲县昌翔清真肉业有限公司	清真食品
甘南州玛曲县安泰旅游产品有限责任公司	少数民族日用杂品、工艺美术品
甘南州迭部迭山藏药有限责任公司	少数民族药
甘南州卓尼县鼎元艺术品开发有限责任公司	少数民族日用杂品
甘南藏药有限公司	少数民族药
临夏市兴强地毯有限责任公司	少数民族针纺织
临夏市友和商贸有限责任公司	少数民族日用杂品
甘肃临夏雪羚毛纺地毯有限责任公司	少数民族针纺织
临夏市协恒源副食品有限责任公司	清真食品

续表 44

定点企业名称	民族特需用品名称
临夏市什锦清真食品有限责任公司	清真食品
临夏市天宝食品有限责任公司	清真食品
临夏市清河源清真食品有限责任公司	清真食品
临夏市泉乳乳品有限责任公司	清真食品
临夏市南园清真食品有限责任公司	清真食品
临夏州顺发清真食品有限公司	清真食品
临夏州华安生物制品有限责任公司	清真食品
临夏州雪峰清真冷冻食品有限责任公司	清真食品
临夏回族自治州兰州穆斯林经济贸易公司	清真食品
临夏华羚酪蛋白有限公司	清真食品
临夏市维良毛纺织品有限公司	少数民族针纺织
临夏市鑫磊农具制造有限公司	少数民族生产工具
临夏市兴元皮毛制品有限责任公司	少数民族鞋帽
临夏伊尔雅有限责任公司	少数民族服装
临夏滨河物流有限责任公司	少数民族针纺织
临夏学和民族用品厂	少数民族鞋帽
甘肃佳家味清真食品有限公司	清真食品
临夏市树人商贸有限责任公司	少数民族服装
临夏银星清真餐饮有限责任公司	清真食品
临夏市盛德工贸有限责任公司	少数民族针纺织
临夏州福源豆业清真食品有限责任公司	清真食品
临夏八坊商贸有限责任公司	少数民族生产工具
临夏市临牛农机有限责任公司	少数民族生产工具
甘肃省临夏永恒实业有限公司	少数民族药
临夏恒丰实业有限责任公司	清真食品
临夏县莲花湖食品有限责任公司	清真食品
临夏县爱丽福清真食品有限责任公司	清真食品
临夏县绿康清真冷冻食品有限责任公司	清真食品
临夏润兴清真食品有限公司	清真食品
甘肃圣泽园清真食品生产集团有限公司	清真食品
临夏州燎源乳业有限责任公司	清真食品
临夏州汇通木业有限责任公司	少数民族家具
临夏县伊美清真食品有限责任公司	清真食品

续表 45

定点企业名称	民族特需用品名称
临夏县穆伊肉食品有限责任公司	清真食品
甘肃省宏良皮业有限公司	少数民族鞋帽
广河县顺发商贸有限公司	少数民族针纺织
广河县银河毛纺织有限公司	少数民族针纺织
广河县陇黔商贸有限公司	少数民族针纺织
甘肃清源皮业有限公司	少数民族鞋帽
广河县诚德民族用品公司	少数民族服装
广河县雪羚农产品有限公司	清真食品
广河县雪峰农产品有限公司	少数民族针纺织
甘肃伊朊生物制品有限公司	清真食品
广河县汇源畜产品有限公司	少数民族针纺织
甘肃丰源农业开发有限公司	清真食品
甘肃伊尊民族用品工贸有限公司	少数民族服装
积石山县进军药业有限责任公司	少数民族药
积石山县三联副食品经销有限责任公司	清真食品
积石山县保安民族腰刀制造有限公司	少数民族日用杂品
甘肃威宝淀粉有限公司	清真食品
甘肃康美现代牧产业集团有限责任公司	清真食品
青海省(54 家)	
青海藏羊地毯（集体）有限公司	少数民族针纺织
青海雪舟三绒集团	少数民族针纺织
金诃藏药股份有限公司	少数民族药
青海绿草原食品有限公司	清真食品
青海省海湖藏毯有限公司	少数民族针纺织
青海久美藏药药业有限公司	少数民族药
青海百德投资发展有限公司	清真食品
湟源县活力朔料制品有限责任公司	少数民族日用杂品
青海伊佳民族用品有限公司	少数民族鞋帽
青海省威乐木业有限责任公司	少数民族生产工具
民和县康益达有限公司	少数民族日用杂品
青海仙红辣椒开发集体有限公司	清真食品
同仁县热贡艺术有限公司	少数民族工艺美术品
青海柴达木高科技药业有限公司	少数民族药

续表 46

定点企业名称	民族特需用品名称
乌兰县蒙方民族用品有限公司	少数民族生产工具
丹噶尔皮绣研制开发有限公司	少数民族针纺织
柴达木羊绒有限公司	少数民族针纺织
青海塔尔寺旅游资源开发有限公司	少数民族工艺美术品
西宁泰诚工贸有限责任公司	少数民族日用杂品
青海藏之堂科贸有限公司	少数民族针纺织
青海可可西里食品有限公司	清真食品
青海伊佳民族服饰有限责任公司	少数民族服装
青海裕泰畜产品有限公司	清真食品
青海三江雪食品饮料有限公司	清真食品
青海芳谱精炼油有限公司	清真食品
青海吉友湟源醋实业有限公司	清真食品
青海青海湖乳业有限责任公司	清真食品
青海缘汇木雕工艺有限公司	少数民族工艺美术品
湟中县佛光工艺雕塑有限责任公司	少数民族工艺美术品
互助县塞纳文化发展有限公司	少数民族针纺织
海南州布绣嘎玛民族工艺品有限责任公司	少数民族针纺织
贵南县东格尔藏绣科技有限责任公司	少数民族针纺织
尖扎县宗喀民族藏香有限公司	少数民族日用杂品
刚察县草原肉食品有限公司	清真食品
青海省帝玛尔藏药药业有限公司	少数民族药
门源县伊源奶制品有限责任公司	清真食品
青海循化县博艺旅游文化有限公司	少数民族工艺美术品
青海博热工贸有限公司	少数民族日用杂品
海晏县夏华清真肉食品有限公司	清真食品
循化县甲秀畜产品开发有限公司	清真食品
泽库县民族服饰加工厂	少数民族服装
青海伊之堂文化旅游开发有限公司	少数民族针纺织
循化县藏族服装加工开发公司	少数民族服装
循化县岗拉民族用品有限公司	少数民族工艺美术品
青海玉良工艺有限责任公司	少数民族工艺美术品
尖扎县衣之贵民族服装有限公司	少数民族服装
天峻县桑木纯精乳制品加工专业合作社	清真食品

续表 47

定点企业名称	民族特需用品名称
海南州五彩藏绣艺术有限公司	少数民族针纺织
西宁伊品园食品有限公司	清真食品
青海湖源牧开发有限公司	清真食品
河南县民族贸易有限公司	少数民族日用杂品
泽库县赛日龙藏文化工艺有限公司	少数民族工艺美术品
民和银昊工贸有限公司	少数民族日用杂品
海西州绿色能源有限公司	少数民族生产工具
宁夏回族自治区(88 家)	
宁夏圣雪绒羊绒有限公司	少数民族服装
宁夏中银绒业股份有限公司	少数民族服装
宁夏嘉源绒业集团有限公司	少数民族服装
宁夏荣昌绒业集团有限公司	少数民族服装
宁夏宏达羊绒制品有限公司	少数民族服装
宁夏灵武圣雪绒羊绒制品有限公司	少数民族服装
宁夏阿尔法绒业有限公司	少数民族服装
宁夏特米尔羊绒制品有限公司	少数民族服装
宁夏金海皮业有限责任公司	少数民族针纺织
吴忠市万绨旎民族服饰有限责任公司	少数民族服装
宁夏雄鹰皮草有限责任公司	少数民族服装
宁夏同心县生海绒业有限责任公司	少数民族服装
宁夏同心祥福绒毛制品有限公司	少数民族服装
盐池县忠信畜产品开发有限公司	少数民族服装
宁夏盐池恒纳地毯有限公司	少数民族针纺织
宁夏盛源绒业有限公司	少数民族服装
宁夏紫荆花纸业有限公司	少数民族文体用品
宁夏回乡文化实业有限公司	少数民族工艺美术品
宁夏全保家具有限公司	少数民族家具
宁夏天马冶化（集团）股份有限公司	少数民族工艺美术品
平罗县赛云建材有限公司	少数民族日用杂品
固原源通环保技术有限公司	少数民族生产工具
宁夏科豪陶瓷有限公司	少数民族日用杂品
宁夏夏进制箱包装有限公司	少数民族文体用品
宁夏泰瑞制药有限公司	少数民族药

续表 48

定点企业名称	民族特需用品名称
宁夏多维药业有限公司	少数民族药
银川市金河乳业有限公司	清真食品
银川伊布拉欣清真食品有限公司	清真食品
宁夏安优卜清真食品有限公司	清真食品
宁夏伊味清真食品有限公司	清真食品
宁夏伊品生物科技股份有限公司	清真食品
宁夏北方乳业有限责任公司	清真食品
宁夏大北农科技实业有限公司	清真食品
宁夏厚生记食品有限公司	清真食品
宁夏平顺源清真食品有限公司	清真食品
宁夏成玉植物油有限公司	清真食品
宁夏夏进乳业集团股份有限公司	清真食品
宁夏万胜生物工程有限公司	清真食品
宁夏吴忠市国军清真食品有限公司	清真食品
宁夏红果乳业有限公司	清真食品
宁夏涝河桥清真肉食品有限公司	清真食品
宁夏雪泉乳业有限公司	清真食品
宁夏红山河食品有限公司	清真食品
吴忠市兴达粮油有限公司	清真食品
宁夏国平油脂有限公司	清真食品
青铜峡市清真食品有限责任公司	清真食品
宁夏同心阿伊河清真肉食品有限公司	清真食品
宁夏夏华肉食品有限公司	清真食品
宁夏杞芽食品科技有限公司	清真食品
德泓（宁夏）国际纺织有限公司	少数民族服装
银川市富邦印刷包装有限公司	少数民族文体用品
宁夏汇川服装有限公司	少数民族服装
宁夏吴忠市精艺裘皮制品有限公司	少数民族服装
固原贤明民族服饰有限公司	少数民族服装
灵武市嘉艺科技有限公司	少数民族服装
宁夏海原国华农机制造有限责任公司	少数民族生产工具
宁夏启元国药有限公司	少数民族药
宁夏启元药业有限公司	少数民族药

续表 49

定点企业名称	民族特需用品名称
宁夏金岛食品有限公司	清真食品
宁夏家家食用油有限公司	清真食品
宁夏天人和豆制品有限公司	清真食品
银川原源食用油有限公司	清真食品
宁夏优素福清真食品有限公司	清真食品
宁夏鼎润清真食品有限公司	清真食品
宁夏伊顺园农工贸有限公司	清真食品
银川泰丰生物科技有限公司	清真食品
宁夏曼苏尔清真食品有限公司	清真食品
宁夏贺兰县红星粮油加工厂（有限公司）	清真食品
宁夏敬义泰清真食品有限公司	清真食品
宁夏乐口福食品有限公司	清真食品
宁夏亿美生物科技有限公司	清真食品
宁夏野娇娇食品有限公司	清真食品
宁夏沙湖清真食品有限公司	清真食品
宁夏周家八食品有限公司	清真食品
平罗县黄渠桥老豆腐制品有限公司	清真食品
宁夏华恩食品有限公司	清真食品
宁夏伊宁和清真豆制品有限公司	清真食品
宁夏宁杨清真食品有限公司	清真食品
宁夏肯萨清真方便面肉制品有限公司	清真食品
宁夏吴忠市金瑞清真食品有限公司	清真食品
吴忠市生利来清真食品有限公司	清真食品
吴忠市曼苏尔清真食品有限公司	清真食品
吴忠市嘉禾粮油食品有限公司	清真食品
宁夏伊友乳业有限公司	清真食品
宁夏顺宝现代农业有限公司	清真食品
中卫市金帝冷冻食品有限责任公司	清真食品
宁夏昊裕油脂有限公司	清真食品
青铜峡市明珠圆清真食品乳业有限责任公司	清真食品
新疆维吾尔自治区（268 家）	
中粮屯河股份有限公司	清真食品
新疆果业集团有限公司	清真食品

续表 50

定点企业名称	民族特需用品名称
麦趣尔集团股份有限公司	清真食品
新疆泰昆集团股份有限公司	清真食品
新疆康尤美粮油集团有限公司	清真食品
新疆金鑫生物科技发展有限公司	清真食品
精河县精棉棉业有限责任公司	清真食品
新疆九禾种业有限责任公司	清真食品
新疆哈巴河县雅居床服有限责任公司	少数民族服装
新疆震企生物科技有限公司	清真食品
精河县托里棉花加工厂	清真食品
新疆奎屯天康植物蛋白有限公司	清真食品
新和健鹰纺织有限公司	少数民族针纺织
哈密协力棉业有限公司	少数民族针纺织
疏勒县丰润油脂有限公司	清真食品
新疆麦趣尔食品有限公司	清真食品
新疆笑厨食品有限公司	清真食品
新疆仓麦园有限责任公司	清真食品
新疆江皓工贸有限公司	清真食品
新疆阿尔曼清真食品工业集团有限公司	清真食品
新疆玉泰驼绒纺织品有限公司	少数民族针纺织
新疆维吾尔药业有限责任公司	少数民族药
新疆帕尔拉克进出口贸易有限公司	少数民族针纺织
新疆海奥油脂科技发展有限公司	清真食品
新疆康尤美昭苏油脂有限公司	清真食品
安琪酵母（伊犁）有限公司	清真食品
福海县大尾羊有限责任公司	清真食品
昌吉市昌鼎工贸有限公司	清真食品
昌吉市沈派西域老回民饭庄	清真食品
新疆麦趣尔集团有限责任公司	清真食品
新疆华兴投资集团有限公司	清真食品
昌吉金西域棉业有限责任公司	少数民族针纺织
新疆天山毛纺织股份有限公司	少数民族服装
华凌畜牧产业开发有限公司	清真食品
新疆银朵兰维药股份有限公司	少数民族药

续表 51

定点企业名称	民族特需用品名称
新疆维阿堂制药有限公司	少数民族药
乌鲁木齐市古再丽文化艺术有限责任公司	少数民族服装
新疆五江兴华实业有限公司	少数民族日用杂品
新疆维吾尔自治区新华书店	少数民族文体用品
哈密市长青农牧有限公司	清真食品
哈密长河工贸集团长兴畜产品工贸有限责任公司	清真食品
新疆天娇红农业科技开发有限公司	清真食品
新疆阿克苏天康植物蛋白有限公司	清真食品
巴楚县金谷油脂有限公司	清真食品
喀什佰佳肉业有限责任公司	清真食品
喀什市新艺工艺美术有限责任公司	少数民族针纺织
喀什阿米娜清真食品有限公司	清真食品
喀什远东陶瓷有限公司	少数民族日用杂品
新疆南达乳业有限公司	清真食品
新疆西昆仑骨明胶有限公司	清真食品
新疆绿草原肉禽食品有限公司	清真食品
焉耆县三宇实业有限责任公司	清真食品
新疆博湖县万福食品有限责任公司	清真食品
新疆永升嘉轩食品有限责任公司	清真食品
西域旅游开发股份有限公司	少数民族工艺美术品
玛纳斯恒泰实业有限公司	清真食品
玛纳斯县来利塑料制品厂	少数民族生产工具
昌吉市银洋生物有限公司	清真食品
新疆天山骄子食品有限责任公司	清真食品
伊宁向新禽业有限责任公司	清真食品
伊犁百信草原蜂业有限责任公司	清真食品
新疆旺利隆商贸有限公司	清真食品
伊犁三润食品有限责任公司	清真食品
伊犁阿旺都食品有限责任公司	清真食品
伊犁德康粮贸有限责任公司	清真食品
伊犁德利发食品有限责任公司	清真食品
新疆绿洲国信植物蛋白有限公司	清真食品
新疆鸿锦枸杞实业有限公司	清真食品

续表 52

定点企业名称	民族特需用品名称
精河县鑫源油脂有限责任公司	清真食品
新疆精河县天顺祥棉花加工有限公司	少数民族针纺织
新疆伊犁巴口香实业有限责任公司	清真食品
伊犁雪莲乳业有限公司	清真食品
伊犁伊力特乳业有限责任公司	清真食品
新疆伊源乳业股份有限公司	清真食品
博湖县阿勒奇民族工艺品有限公司	少数民族工艺美术品
新疆盛康粮油有限公司	清真食品
伊犁万顺油脂有限公司	清真食品
昭苏县草原粮油实业有限责任公司	清真食品
新疆伊品酪蛋白有限公司	清真食品
新疆金汇食品有限公司	清真食品
新疆阳派食品有限公司	清真食品
伊犁天药生物科技有限公司	少数民族工艺美术品
新疆昌润商贸有限责任公司	清真食品
新疆芳草湖益民塑料化工有限公司	少数民族生产工具
呼图壁县天山气流纺有限公司	少数民族针纺织
吉木萨尔县二工乡天元粮油制品农民专业合作社	清真食品
昌吉市麦客来达氏回民食品厂	清真食品
阜康市金岭粮油工贸有限责任公司	清真食品
新疆开利地毯织造有限公司	少数民族针纺织
伊宁市塔斯布拉克民族服装公司	少数民族服装
霍城县代吾然地毯有限公司	少数民族针纺织
克拉玛依市阿丽米热商贸有限责任公司	清真食品
伊犁华蓝木业有限公司	少数民族家具
新疆天宝祥食品有限公司	清真食品
精河县康瑞棉花加工有限公司	少数民族针纺织
精河县力达纺织有限公司	少数民族针纺织
博乐市家乐油脂有限责任公司	清真食品
博乐市博水缘食品有限责任公司	清真食品
新疆福鑫粮油有限公司	清真食品
博尔塔拉蒙古自治州万力源科技开发有限责任公司	少数民族日用杂品
沙雅鸿兴油脂有限责任公司	清真食品

续表 53

定点企业名称	民族特需用品名称
新疆塔河明珠果业有限公司	清真食品
新疆旺源驼奶实业有限公司	清真食品
阿勒泰冰花食品有限责任公司	清真食品
阿克苏伊格尔食品有限公司	清真食品
阿克苏塔里木畜产品有限公司	清真食品
温宿县海川乳业有限公司	清真食品
沙雅富宏棉纺有限公司	少数民族针纺织
新疆多浪畜产品开发有限责任公司	清真食品
库车县亚地卡尔民族手工艺品制造有限公司	少数民族针纺织
阿克陶县益丰实业有限公司	清真食品
新疆锡力旦科技文化发展有限公司	少数民族文体用品
新疆雅徕维吾尔厨具有限公司	少数民族日用杂品
新疆香巴拉食品有限公司	清真食品
新疆西尔丹食品有限公司	清真食品
新疆紫罗兰食品有限公司	清真食品
新疆金派利尔食品有限公司	清真食品
新疆新粮油脂有限责任公司	清真食品
喀什德吾苒发展有限公司	清真食品
新疆阿布丹食品开发有限公司	清真食品
和田阳光沙漠玫瑰有限责任公司	清真食品
新疆西域玫瑰精细化工有限公司	少数民族工艺美术品
英吉沙县民族小刀制品有限责任公司	少数民族日用杂品
莎车县农工商民族食品有限责任公司	清真食品
喀什市古城民族用品有限责任公司	少数民族针纺织
麦盖提县古刀郎有限责任公司	清真食品
伽师县前程股份合作印刷厂	少数民族文体用品
福海县布伦托海水产养殖开发有限公司	清真食品
布尔津县卧龙湾旅游开发有限责任公司	少数民族工艺美术品
福海县海瑞有限责任公司	清真食品
阿勒泰地区金农农牧业开发有限责任公司	清真食品
哈巴河县桦林节水设备有限公司	少数民族生产工具
吉木乃县粮油收储有限责任公司	清真食品
新疆阿勒泰地区哈萨克医医院	少数民族药

续表 54

定点企业名称	民族特需用品名称
福海水产有限责任公司	清真食品
哈密金牛盖瑞乳业有限公司	清真食品
新疆和硕丁丁食品有限责任公司	清真食品
新疆瑞源乳业有限公司	清真食品
石河子汇昌油脂有限责任公司	清真食品
新疆石河子花园乳业有限公司	清真食品
哈密摆氏清真食品配送中心有限公司	清真食品
巴里坤老油坊粮油商业有限公司	清真食品
和田地毯有限责任公司	少数民族针纺织
和田维吾尔药业有限责任公司	少数民族药
新疆纳克西湾手工地毯开发有限公司	少数民族针纺织
吐鲁番地区民心工贸有限责任公司	清真食品
吐鲁番地区维吾尔医医院制药厂	少数民族药
鄯善县库木塔格农产品农民专业合作社	清真食品
新疆和静县羽彩民族工艺品有限公司	少数民族工艺美术品
和静利华食品有限责任公司	清真食品
新疆青鹤实业（集团）有限公司	清真食品
新疆博湖县红丰食品有限责任公司	清真食品
新疆博湖县蓝翔食品水产有限公司	清真食品
尉犁同丰油脂工贸有限责任公司	清真食品
新疆宏景清真食品股份有限公司	清真食品
新疆红帆生物科技有限公司	清真食品
新疆天意节水设备有限公司	少数民族生产工具
尉犁县永发塑业有限责任公司	少数民族生产工具
巴州友邦生物科技有限公司	清真食品
新疆新建番茄制品有限公司	清真食品
新疆绿翔牧业有限责任公司	清真食品
额敏县万通畜牧有限责任公司	清真食品
新疆红花缘科技有限公司裕民公司	清真食品
新疆谢利盖畜牧有限责任公司	清真食品
和布克赛尔县江格王绒制品有限公司	少数民族针纺织
沙湾县盖瑞乳业有限责任公司	清真食品
和布克赛尔蒙古自治县蒙哥尔肉类开发有限公司	清真食品

续表 55

定点企业名称	民族特需用品名称
克拉玛依独山子马合苏提商贸有限公司	清真食品
爱萨拉商贸有限责任公司	清真食品
新疆中太肉联有限责任公司	清真食品
新疆惠利灌溉科技有限公司	少数民族生产工具
新疆古丽汗手工地毯开发有限公司	少数民族针纺织
新疆塔里木震企生物科技有限公司	清真食品
哈密华艺文体发展有限公司	少数民族工艺美术品
国药集团新疆制药有限公司	少数民族药
新疆奇康哈博维药有限公司	少数民族药
巴州哈力馨蒙西医医院	少数民族药
新疆尤再尔农业科技发展有限公司	清真食品
新疆精河县永合力纺织有限公司	少数民族针纺织
新疆曼福农业科技开发有限公司	少数民族针纺织
鄯善县哈木热汗手工地毯厂	少数民族针纺织
察布查尔锡伯自治县沁源油脂有限责任公司	清真食品
新疆新华印刷厂	少数民族文体用品
新疆奥斯曼生物资源有限公司	少数民族日用杂品
新疆庄子实业有限公司	清真食品
新疆恒远中汇彩印包装有限公司	少数民族文体用品
新疆新华华龙印务有限责任公司	少数民族文体用品
塔城市鹏坤玉米食品有限责任公司	清真食品
乌鲁木齐市安卡维文软件开发有限公司	少数民族文体用品
哈密市新潮工贸有限公司	清真食品
乌市米娜娃时装商贸有限公司	少数民族服装
新疆亲努尔生物科技有限公司	少数民族日用杂品
哈密新世纪服装有限责任公司	少数民族服装
哈密市红柳清真家禽屠宰厂	清真食品
新疆壹俐绮服饰文化发展有限公司	少数民族服装
新疆银谷泰油脂有限公司	清真食品
岳普湖县大陆公司油脂化工厂	清真食品
伽师县鼎鑫油脂有限责任公司	清真食品
新疆百味餐饮食品有限公司	清真食品
喀什知心食品有限责任公司	清真食品

续表 56

定点企业名称	民族特需用品名称
昌吉市飞马财富商贸有限责任公司	清真食品
莎车县维吾尔医医院	少数民族药
巴楚县那斯尔实业有限公司	清真食品
巴州众恒油脂有限公司	清真食品
若羌银河油脂工贸有限公司	清真食品
吐鲁番市民族工艺玉器地毯厂	少数民族针纺织
新疆巴什格穆时尚服饰设计制作有限公司	少数民族服装
新疆爱勒塔记民族服装有限公司	少数民族服装
洛浦县民乐民族地毯有限责任公司	少数民族针纺织
和田县毛丹王地毯有限责任公司	少数民族针纺织
伊宁市漫紫拉民族产品编织厂	少数民族服装
和田市塔瓦热克地毯有限责任公司	少数民族针纺织
新疆天山水泥股份有限公司	少数民族日用杂品
新疆哈密长联肠衣有限公司	清真食品
新疆西部节水科技股份有限公司	少数民族生产工具
新疆锦德食品有限责任公司	清真食品
阿瓦提县永和油脂化工有限责任公司	清真食品
新疆康源番茄制品有限公司	清真食品
新疆云龙油脂有限公司	清真食品
新疆天玛生态食品有限公司	清真食品
新疆中德农业发展有限公司	清真食品
和田天王纺织有限公司	少数民族针纺织
若羌金丰源纺织有限公司	少数民族针纺织
新疆隆平高科弘安天然色素有限公司	清真食品
喀什昆仑维吾尔药业股份有限公司	少数民族药
尼勒克县美特尔乳业有限公司	清真食品
吉木萨尔县新明农牧机械制造厂	少数民族生产工具
玛纳斯县兴隆塑料制品厂	少数民族生产工具
麦盖提县青年油脂有限责任公司	清真食品
和田市友谊牛羊定点屠宰有限责任公司	清真食品
洛浦县白城地毯厂	少数民族针纺织
洛浦县故乡地毯有限公司	少数民族针纺织
新疆白花村金面王食品有限责任公司	清真食品

续表 57

定点企业名称	民族特需用品名称
伊犁霍尔果斯枣索制革厂	少数民族针纺织
新汶矿业集团（伊犁）泰山阳光新型建材有限公司	少数民族工艺美术品
和静县瑞和番茄制品有限责任公司	清真食品
和硕县天喜食品有限责任公司	清真食品
呼图壁县嘉泰油脂有限责任公司	清真食品
玛纳斯县金丰植物油工贸有限责任公司	清真食品
呼图壁县景泰番茄制品有限公司	清真食品
玛纳斯县胜旗塑化工贸有限公司	少数民族生产工具
伊犁大草原农牧有限责任公司	清真食品
伊犁西天山农牧发展有限责任公司	清真食品
伊犁蓝海食品有限公司	清真食品
库尔勒金阳光服装有限责任公司	少数民族服装
新疆意诺牧业科技有限公司	清真食品
巴州新州喀尔万食品开发有限公司	清真食品
新疆天盛实业有限公司	少数民族针纺织
于田县农佳乐地毯厂	少数民族针纺织
洛浦县时代地毯厂	少数民族针纺织
新疆秦星实业投资有限公司	清真食品
乌鲁木齐市一帆电子有限公司	少数民族文体用品
新疆富洋食品有限公司	清真食品
库车县天山畜产品有限责任公司	清真食品
新疆塔城储绿粮油集团面粉加工有限公司	清真食品
新疆娜尔格兰科技发展有限公司	清真食品
岳普湖益华纸业包装有限公司	少数民族文体用品
克拉玛依市奥兹库瓦提食品有限公司	清真食品
巴州中星油脂有限公司	清真食品
哈密市正商油脂有限公司	清真食品
新疆赛湖渔业科技开发有限公司	清真食品
阿勒泰市达尔汗农业开发有限责任公司	清真食品
阿克苏地区久久棉纺有限公司	少数民族针纺织
新疆红彤彤食品有限公司	清真食品
哈密市夏尔拉山食品有限公司	清真食品
托克逊县三源油脂有限责任公司	清真食品

续表 58

定点企业名称	民族特需用品名称
托克逊县地方国营牧场	清真食品
托克逊县天福食品有限责任公司	清真食品
新疆生产建设兵团(25 家)	
新疆中基番茄制品有限责任公司	清真食品
新疆新光油脂有限公司	清真食品
新疆绿翔牧业有限责任公司	清真食品
新疆弘生家纺有限公司	少数民族针纺织
新疆天润生物科技股份有限公司	清真食品
新疆昌恒纺织有限责任公司	少数民族针纺织
新疆奎屯绿源酱业有限公司	清真食品
沙湾盖瑞乳业有限责任公司	清真食品
新疆五家渠鑫宝农业科技开发有限公司	清真食品
新疆伊犁伊帕尔汗香料发展有限责任公司	少数民族工艺美术品
图木舒克市前海棉纺织有限责任公司	少数民族针纺织
图木舒克疆绒纺织有限公司	少数民族针纺织
福海县额河牧业有限责任公司	清真食品
石河子康隆油脂工贸有限责任公司	清真食品
和田昆仑山印业有限公司	少数民族文体用品
新疆震企油脂有限公司	清真食品
北屯额河草原食品有限责任公司	清真食品
乌苏市泉盛饲料有限责任公司	清真食品
新疆保康油脂有限公司	清真食品
新疆顶山食品有限公司	清真食品
奎屯润泽塑业科技有限公司	少数民族生产工具
银桥国际控股（新疆奎屯市）乳业有限公司	清真食品
焉耆天湖鹅业开发有限公司	清真食品
乌苏高泉天天乳业有限责任公司	清真食品
新疆绿翔纺织品有限责任公司	少数民族针纺织